DZIEJE
LITERATURY
POLSKIEJ

JULIAN KRZYŻANOWSKI

DZIEJE LITERATURY POLSKIEJ

od początków
do czasów
najnowszych

PAŃSTWOWE WYDAWNICWO NAUKOWE

Bibliografię oraz indeks
opracowała
Zofia Świdwińska-Krzyżanowska

Okładkę, wyklejkę i kartę tytułową
projektował
Henryk Białoskórski

Redaktor techniczny
Witold Motyl

Korektorki
*Jolanta Kerc
Krystyna Wyszomirska*

Państwowe Wydawnictwo Naukowe, Warszawa 1972

*

Wydanie drugie. Nakład 70 000 + 280 egzemplarzy.
Arkuszy wydawniczych 50,5; drukarskich 42,5 + 32 wkł.
Papier satynowany klasa III 70 g, 61 × 86 cm.
Wkładki na papierze rotograwiurowym kl. III 120 g, 61 × 86 cm.
Druk ukończono w listopadzie 1972 r. Zam. 2294/72; K-1/218
Cena zł 90,—

*

Poznańskie Zakł. Graficzne im. M. Kasprzaka w Poznaniu

I. ALEGORYZM ŚREDNIOWIECZNY

1. KULTURA POLSKI ŚREDNIOWIECZNEJ

STOSUNKOWO późno, bo dopiero w drugiej połowie w. X, Polska, o której sporo wcześniejszych wiadomości przekazali pisarze obcy: ruscy, niemieccy, arabscy i inni, wystąpiła jako zorganizowane państwo, energicznie broniące swych praw do życia. Władca jednego z plemion wielkopolskich, Mieszko, w toku walk z napastnikami germańskimi, z których pierwsza datowana przypada na r. 963, ochrzcił się w r. 966, by dzięki temu zdobyć prawa, których poganinowi odmawiano. Do końca stulecia nie szczędził też zabiegów, by przez zjednoczenie plemion w dorzeczu środkowej Odry, Warty i Wisły, Polan, z których sam pochodził, oraz Kujawian, Ślęzan, Wiślan i Mazowszan stworzyć organizację państwową, mającą widoki trwałości. Syn jego Bolesław (zm. 1025), któremu historia nadała zaszczytny przydomek Chrobrego lub Wielkiego, dzieło ojcowskie rozbudował tak znacznie, iż mógł sięgnąć po koronę królewską, symbolizującą zarówno przezwyciężenie separatyzmów plemiennych, jak i samodzielne stanowisko Polski w świecie chrześcijańskim.

Przyszłość jednak dowiodła, iż plany Bolesława były zbyt śmiałe i trudne dla młodego państwa. Potomkowie jego nie zdołali utrzymać korony, a utracił ją ostatecznie jego prawnuk Bolesław Śmiały w krwawym zatargu z kościołem, władcy zaś późniejsi, panujący w dzielnicach, na które królestwo się rozpadło (1138), przez półtora wieku w walkach wewnętrznych i w wojnach z napastnikami z zewnątrz zagubili niemal całkowicie ideologię swych wielkich przodków, pierwszych Piastów na tronie. Dopiero dwaj ostatni przedstawiciele dynastii, drobny ciałem i pochodzeniem, lecz potężny duchem Władysław Łokietek (zm. 1333) i jego syn, Kazimierz Wielki (zm. 1370), przywrócili państwu jego dawną świetność. Łokietek tedy odzyskał w r. 1320 koronę, Kazimierz zaś przez śmiałe reformy prawne, ekonomiczne i poniekąd społeczne, zatarłszy ślady rozbicia wewnętrznego, przez rozsądną zaś politykę zagraniczną zapewniwszy państwu bezpieczeństwo, skierował je na szlaki wspaniałego rozwoju.

Na szlakach tych utrzymywała państwo dynastia Jagiellonów, wprowadzona na tron (1386) przez księcia Litwy, Władysława Jagiełłę, męża wnuki Kazimierzowej, Jadwigi. Rezultat tego małżeństwa, unia z Litwą, pozwolił Polsce unieszkodliwić najgroźniejszego z wrogich sąsiadów, Krzyżaków, rosnąca zaś potęga dynastii sprawiła, iż Polska w. XV stała się mocarstwem stanowiącym o losach Europy Środkowej.

Czynnikiem, który przez lat pół tysiąca rozstrzygał o losach kraju, byli jego władcy, organizujący państwo i współdziałający przy tworzeniu się średniowiecznego narodu wśród nieustannych tarć, zatargów i przeróżnych trudności, nie obywających się bez krwi rozlewu. W procesie tym rolę ogromną, podobnie jak w całej feudalnej Europie, odgrywał Kościół, wspierający królów i książąt, ale każący sobie za pomoc płacić przywilejami politycznymi i ekonomicznymi i usiłujący całkowicie uniezależnić się od państwa, a nawet, niejednokrotnie, państwo uzależnić od siebie. Na tym tle dochodziło do ostrych konfliktów nie tylko w pierwszym stuleciu istnienia państwa polskiego, ale również u schyłku średniowiecza, za rządów Kazimierza Jagiellończyka (zm. 1492), który energicznie zmagał się z potężnym klerem. W toku tych zapasów powstało i rozrosło się możnowładztwo, które, wyodrębniwszy się ze stanu rycerskiego, pod koniec rządów Kazimierza Wielkiego doszło do takiego znaczenia, iż po śmierci ostatniego Piasta mogło wprowadzić na tron nową dynastię. Umocnił się też stan rycerski, który — wzbogacony w w. XV — począł przekształcać się w szlachtę, głównego producenta majątku narodowego, i narzucać swą wolę panującemu. Klasa ta równocześnie, w chwili, gdy Polska wraz z resztą Europy wkraczała w progi dziejów nowożytnych, wysuwała się na czoło narodu przez ograniczenie praw plebejskich, mieszczan i chłopów, czym wykreślała ich z rzędu czynników decydujących o polityce państwa, zdobywała bowiem monopol sprawowania w nim rządów.

W ten sposób w przeciągu lat pięciuset plemiona, które niegdyś Mieszko i Chrobry siłą zmuszali do zjednoczenia, zmieniły się w jednolity naród, o strukturze odmiennej od reszty Europy, świadomy swego znaczenia i mocy, silnie zorganizowany i gotów sam stanowić o własnych losach.

Czynnikiem, który do tej niewątpliwej dojrzałości doprowadził, była zbiorowa, zróżnicowana kultura społeczna, wytworzona na ziemiach Polski w ciągu stuleci, dzielących Mieszka od Kazimierza Jagiellończyka. Wyrastała ona z dwu podłoży: rodzimego — słowiań-

1. Kultura Polski średniowiecznej

skiego, pierwotnie pogańskiego, i napływowego — pojawiającego się z nową religią i tymi wszystkimi pierwiastkami, które były z nią związane w świecie zachodnim, skąd chrystianizm do nas przychodził. Dwie te warstwy pierwiastków kulturalnych, początkowo wrogie sobie, z biegiem stuleci tak ściśle się z sobą zrosły, iż rozpoznanie ich i odgraniczenie, poza dziedziną języka, jest dzisiaj niemożliwe. Przyczyniało się do tego oddziaływanie dworu panującego, w okresie dzielnicowym dworów książęcych, oraz organizacji kościelnych, zwłaszcza kurii biskupich i klasztorów. Dwór panującego, za którym szło otaczające go możnowładztwo i rycerstwo, przejmował obyczaje obce wraz z ich nazwami i powoli je spolszczał, czego dowodzą wyrazy takie, jak: „król", „ksiądz" = książę, „rycerz", „szlachta" — wywodzące się z języków germańskich. A podobnie postępował Kościół, działający za pośrednictwem swych wyższych dostojników i klasztorów, czego znowu dowodzi słownictwo wyrazami takimi, jak: „kościół", „kapłan", „pacierz", „klasztor", „cmentarz", „szkoła" i mnóstwem innych. W obydwu tych środowiskach, a od w. XIII również w miastach, które po najazdach tatarskich zaludniać poczęli koloniści niemieccy, wytworzyła się swoista kultura prawna, ujednolicona dopiero w czasach Kazimierza Wielkiego, dzięki uporządkowaniu przezeń prawodawstwa.

Rządy i reformy ostatniego z Piastów miały charakter przełomowy w dziedzinie całej kultury, król ten bowiem dbał nie tylko o stronę polityczną i prawną państwa, ale rozumiejąc doniosłość nauki, usiłował stworzyć jej własne ognisko. Owocem tych dążeń było powstanie w Krakowie w r. 1364 studium uniwersyteckiego, które wprawdzie się nie utrzymało, ale którego tradycję podjęła królowa Jadwiga, przeznaczając w testamencie część swego majątku na ufundowanie uniwersytetu. Uczelnia ta powstała w rok po jej śmierci, tj. w r. 1400, i z miejsca poczęła odgrywać rolę niezwykle doniosłą dla państwa i narodu. Jej przedstawiciele brali czynny udział w życiu politycznym Europy w. XV, występując jako rzecznicy państwa polskiego na soborach, na których roztrząsano najdonioślejsze sprawy świeckie i kościelne. Wychowankowie „studium generalnego", jak zwano uniwersytet, zajmując wysokie stanowiska w państwie i kościele, walnie przyczynili się do wspaniałego rozkwitu kulturalnego, znamiennego dla Polski stulecia XV.

Powolnemu aż po czasy Kazimierza Wielkiego, a począwszy od nich coraz to silniejszemu wzrostowi kultury społecznej i umysłowej towarzyszył rozwój kultury artystycznej, przebiegający bardzo nierównomiernie na ziemiach polskich. Rozkwitała ona w oparciu o Kościół, jako organizację, która skupiała w swym ręku największe środki finansowe, a nie przechodziła przez te wszystkie wstrząsy, które w okresie rozbicia dzielnicowego osłabiały władzę książęcą i znaczenie życia dworskiego. Gdy więc z zamków królewskich i książęcych dochowały się do dzisiaj jedynie części rezydencji Kazimierza Wielkiego na Wawelu, w obrębie tego samego wzgórza odkryto starą budowlę kościelną, kaplicę św. Feliksa i Adaukta, pochodzącą z czasów pierwszych Piastów. Gdy w Gnieźnie i Poznaniu nie ma śladu zamków sprzed w. XIII, wspaniałe kościoły, katedry i opactwa, z biegiem wieków przebudowywane i zmieniane, pochodzą z w. XI i przede wszystkim XII. Nad zabytkami jednak romańskimi górują budowle gotyckie Wrocławia, Legnicy i innych miast śląskich, wznoszone przez książąt piastowskich, kościoły wielkopolskie i kujawskie, Poznania, Gniezna i Kruszwicy, wreszcie kościoły małopolskie z krakowskimi na miejscu pierwszym. Ściany ich pokrywano freskami, których resztki wydobywa się dzisiaj starannie spod warstw późniejszego tynku, ołtarze zaś wykonywali nieraz mistrzowie tacy, jak Wit Stwosz, którego arcydzieło, rzeźbiony w drzewie ołtarz, zachowało się szczęśliwie w kościele Mariackim. Jedynie Mazowsze, z wyjątkiem starego Płocka, prowincja kresowa, przez całe wieki trzymająca się z dala od życia ogólnopaństwowego, skupionego początkowo wokół Gniezna, później wokół Krakowa, pozostało na uboczu również na polu architektury monumentalnej.

Znaczenie tej architektury w dziejach naszej kultury średniowiecznej polegało nie tylko i nie tyle na fakcie, że jej zabytki są dzisiaj dotykalnymi dokumentami świetnej a odległej przeszłości, lecz na tym, iż zabytki te były w średniowieczu ogniskami życia umysłowego, i to aż po epokę Kazimierza Wielkiego, a nawet później, już po powstaniu uniwersytetu jagiellońskiego, w stopniu daleko wyższym niż dwory królewskie, a tym mniej książęce. W nich to bowiem żyli, wychowywali się, kształcili i pracowali „literaci", tzn. ludzie biegli w piśmie, powoływani stąd do kancelarii państwowych. Tutaj powstawały pierwsze biblioteki, jak kapitulna krakowska, której najdawniejszy katalog pochodzi z r. 1110. Tutaj tworzono nowe księgi, potrzebne do codziennego użytku kościelnego, na których kartach marginalnie zapisywano godne pamięci wydarzenia, takie jak pod r. 966 „Mesco baptisatur" (Mieszko się chrzci). Tutaj uczono posługiwania się pismem używanym w całym niemal świecie chrześcijańskim, a więc pismem łacińskim. Tutaj wreszcie, poczynając od w. XIII, gdy obok dawnych klasztorów arystokratycznych, benedyktyńskich i cysterskich, pojawiły się nowe, demokratyczne („żebrzące"), rozwinięto bardzo ożywioną akcję pogłębiania i upowszechniania chrześcijaństwa, przy czym nieśmiało próbowano pisać w „języku gminnym", polskim. Proces ten, gdy raz się rozpoczął, jął zataczać kręgi coraz rozleglejsze i zapuszczać korzenie coraz głębiej, by w rezultacie, po przełamaniu wielu trudności, przyczynić się do wytworzenia u schyłku średniowiecza poczucia samodzielności, odrębności i jedności narodowej.

2. KRONIKARZE I PUBLICYŚCI

Podczas gdy wiadomości o pierwszych koronowanych przedstawicielach dynastii Piastów są zastanawiająco skąpe, stosunki te zmieniają się z początkiem w. XII dzięki *Kronice* Galla-Anonima. Łacińskie to dzieło powstało na dworze Bolesława Krzywoustego ok. r. 1113, wyszło zaś spod pióra człowieka pracującego w kancelarii książęcej. Imienia jego nie znamy, z samej jednak *Kroniki* wyczytać można, iż był to cudzoziemiec, który „nie chciał darmo jeść chleba polskiego", prawdopodobnie pochodzący z Franeji, choć do przybranej swej ojczyzny przybył zapewne jako zakonnik z Węgier. O przybranej zaś ojczyźnie mówić można, kronikarz bowiem nie ukrywał swego przywiązania do Polski i jej władcy. Jego kronika jest dziełem o dużej wartości historycznej, autor bowiem przedmiot swój znał doskonale, opierał się na spostrzeżeniach własnych, na tradycji dworskiej, na opowiadaniach wreszcie uczestników zdarzeń, które opisywał. Mimo swych związków z dworem nie łgał i nie zatajał prawdy, jak dowodzi ujęcie przezeń zatargu Bolesława Śmiałego z biskupem Stanisławem ze Szczepanowa.

Wykształcenie literackie Gallusa, prawdopodobnie znajomość rycerskiej epiki francuskiej, podobnie jak tradycja kronikarska, sprawiły, iż uwagę skupiał na wielkich postaciach i wydarzeniach, chociaż nie stronił i od drobnych a charakterystycznych obrazków. Wydarzeniami tymi były sprawy wojenne, na ich zaś tle dał trzy wyraziste portrety trzech Bolesławów: Chrobrego, Śmiałego i Krzywoustego, związane z sobą wspólną ideologią. Chrobry wywalczył wielkość Polski, linię jego zagubił popędliwością Śmiały, zadaniem Krzywoustego był powrót na zwycięskie szlaki wielkiego pradziada. Czyny wojenne bohaterów otrzymały w *Kronice* Galla niezwykły wyraz artystyczny, i to nie tylko w entuzjastycznym tonie, w jakim utrzymane są opisy śmiertelnych a zwycięskich zapasów z wrogami, zwłaszcza z Niemcami, ale również w formie zewnętrznej opowieści. Relację swą bowiem kronikarz niejednokrotnie przystrajał rymami, a nawet przeplatał ustępami poetyckimi, ujętymi w leoninach, jak zwiemy łacińskie wiersze rymowane. Żywość i plastyka opowiadania, uskrzydlonego polotem poetyckim sprawiają, iż najdawniejsza kronika polska stała się nie tylko doniosłym źródłem historycznym, ale również niepospolitym dziełem literackim.

Następca Galla, mistrz W i n c e n t y K a d ł u b e k (zm. 1223), biskup krakowski, na starość zakonnik, reprezentuje zupełnie inne stanowisko. Biorąc za punkt wyjścia przedstawienie dziejów Polski, obraz ich zrobił tematem rozprawy moralistycznej, napisanej ku zbudowaniu czytelnika, a ujętej ze stanowiska ulubionej w średniowieczu alegorii. W rezultacie więc wiadomości historyczne jego *Kroniki polskiej* tak dalece przesunęły się na plan dalszy, że dzieło to poczytano — niesłusznie zresztą — za encyklopedyczny zarys zasad wychowania. Nie ustalanie faktów, lecz ich oświetlanie według zasad moralnych ku zbudowaniu czytelnika — oto zadanie, które pobożny biskup sobie postawił i które rozwiązywał zgodnie ze swymi założeniami, to znaczy niedokładnie i stronniczo, tak że wartość historyczna jego pracy jest bardzo nikła. Mimo to — w przeciwieństwie do mało znanego Galla — kronika Kadłubka cieszyła się ogromną popularnością, stała się nawet podręcznikiem uniwersyteckim.

Zawodna jako produkt myśli naukowej, jest *Kronika polska* godnym uwagi dziełem literackim. Uczony autor umiał opowiadać: stąd podania krakowskie o Krakusie i Wandzie, podobnie jak obrazki historyczne bawią czytelnika swym naiwnym rysunkiem, swym bezwiednym komizmem, swą wreszcie wymową moralną, bardzo nieraz nowoczesną. Uwagi Kadłubka o wartości człowieka zależnej nie od jego pochodzenia, lecz postępowania będą się powtarzać u jego następców po piórze co najmniej do końca w. XVIII. Do tego dochodzi wyszukana szata językowa jego prozy, utkana z przeróżnych subtelności i usiłująca sięgać poziomu poezji, nie tylko w żałobnym dialogu alegorycznym ku czci Kazimierza Sprawiedliwego, ale i w całości dzieła. Jego znaczenie polega na fakcie, iż jest to pierwsze dzieło literackie pióra polskiego.

W półtora wieku później w ślady Kadłubka wstąpił autor *Kroniki wielkopolskiej*, kustosz gnieźnieński G o c ł a w B a s z k o (zm. 1297 lub 1298). Waga tego dziełka leży przede wszystkim w tym, iż zaokrągla ono całość naszych podań związanych z pradziejami Polski. Gdy więc Gallowi zawdzięczamy podania wielkopolskie o Popielu i Piaście, Kadłubkowi zaś małopolskie, związane z Wawelem, od Baszki pochodzi etymologiczne podanie o Lechu i jego braciach, Czechu i Rusie, praojcach trzech narodów słowiańskich. On również zapisał podanie tyniecko-wiślickie o Walgierzu Udałym (tzn. dzielnym) i jego zdradzieckiej żonie, Heligundzie, mające wielu krewniaków w literaturze krajów zachodnich. Rówieśnikiem Baszka był archidiakon krakowski J a n k o z C z a r n k o w a (ok. 1320 — ok. 1387). Dzieło jego, *Kronika*, poświęcone rządom Kazimierza Wielkiego, a po nim siostry jego a matki Ludwika węgierskiego, Elżbiety, to twór bardzo niezwykły, bo pełen akcentów osobistych, plotek dworskich, wiadomości dla ogółu nie przeznaczonych, obraz stosunków za ostatniego z Piastów. W jego świetle średniowiecze, na które z perspektywy stuleci człowiek dzisiejszy spogląda jako na czasy wielkich ludzi i wielkich wydarzeń, ukazuje się jako epoka ludzi od wielkości dalekich, namiętnych gwałtowników i sprytnych intrygantów, ale postaci żywych, barwnych i zajmujących.

Koronę wysiłków dotychczasowych, przypadających raz na stulecie, stanowią *Annales* (1455 - 1480) J a n a D ł u g o s z a (1415 - 1480), wynik nie tylko olbrzymiej pracy autora, ale również pomnik kultury średniowiecza polskiego, u którego schyłku powstało. Długosz, wychowanek Uniwersytetu Jagiellońskiego i dworu kardynała Oleśnickiego, dyplomata wysyłany w misjach politycznych za granicę, namiętny przeciwnik polityki kościelnej Kazimierza Jagiellończyka, później wychowawca jego synów, wreszcie arcybiskup lwowski, był człowiekiem zdumiewająco pracowitym i wielostronnym. Rozumiejąc wielkość czasów, na które przypadło jego życie, i doniosłość spraw politycznych, w których brał udział, postanowił dać monumentalny obraz Polski w. XV. Po imponujących bogactwem studiach przygotowawczych, takich jak opis diecezji krakowskiej, oparty na dokładnej znajomości stosunków geograficznych, statystycznych i ekonomicznych, zabrał się do syntezy dziejów ojczystych. Oparł ją na starannie sprawdzonych wiadomościach swych poprzedników, kronikarzy polskich i obcych, sięgał również do źródeł innych, do dokumentów archiwalnych, do żywej tradycji i do własnej znajomości swej epoki, całość zaś obrazu ujmował syntetycznie, usiłując nieuniknione luki zapełniać domysłami, do których materiału dostarczały mu analogie do stosunków obcych. Stąd np., mając zbyt nikłe dane o religii pogańskich Polan, obraz jej zbudował z pierwiastków, które podsunęła mu znajomość mitologii starożytnej.

Postawa ideologiczna odbijała się zupełnie wyraźnie na stosunku historyka do omawianych przezeń zjawisk, ale nie paczyła ich nadmiernie. Długosz stał nieugięcie na stanowisku przewagi kościoła nad państwem, nadto z mniej lub więcej tajoną niechęcią spoglądał na Jagiellonów: i jedno, i drugie wyniósł z otoczenia swego patrona, Oleśnickiego. Uprzedzenia te jednak nie przeszkadzały mu oceniać słusznie polityki Jagiełły i Kazimierza Jagiellończyka, tam zwłaszcza, gdzie widział jej korzystne wyniki dla Polski. Podobnie, nie wpadając w naiwności Kadłubka, przy różnych sposobnościach podkreślał swój patriotyzm, tak samo bowiem jak Gallus uważał historię za narzędzie do sławienia wielkości ojczyzny. Nie przesłaniało mu to jednak wcale prawdy, a taki jego stosunek do opisywanych wydarzeń zaważył niekorzystnie na dalszych losach jego dzieła. Czytywana w rękopisach, z których korzystali przede wszystkim historycy

w. XVI i późniejsi, wielka praca Długosza poszła pod prasę dopiero w w. XVII, ale urwała się na tomie pierwszym, szlachecka bowiem opinia publiczna spowodowała zawieszenie druku księgi, która przeczyła powszechnie uznawanym poglądom na powstanie wolności szlacheckiej. W rezultacie całość *Historii Polski* udostępniło dopiero wydanie jej w Niemczech w r. 1711 - 1712 (przekład pol. w *Opera Omnia*, 1878 - 1887; od 1961 ukazuje się nowy przekład pod red. J. Dąbrowskiego).

Postawa polityczna Długosza, świadcząca o samodzielności poglądów wielkiego historyka, nie była w w. XV czymś wyjątkowym, od samych bowiem początków tego stulecia, niewątpliwie w oparciu o uniwersytet, który jako korporacja śmiało zabierał głos w sprawach doniosłych dla życia zbiorowego, występowali pisarze polityczni, którzy słowem i piórem wypowiadali się publicznie, i to często wbrew panującym poglądom. Tak więc w delegacji polskiej wysłanej w r. 1415 na sobór w Konstancji, na którym rozpatrywano zawiłe zagadnienia religijne, jak sprawa husytyzmu, przypłacona śmiercią na stosie jego twórcy, Jana Husa, i polityczne, jak stosunki polsko-krzyżackie, znalazł się przedstawiciel uniwersytetu jagiellońskiego, prawnik P a w e ł W ł o d k o w i c (zm. 1435). Broniąc energicznie polityki polskiej przeciw Krzyżakom, Włodkowic charakteryzował wymownie jej zasady: chrześcijańską miłość bliźniego i pokoju, realizowane przez jego państwo w stosunku do Litwy, a potępiał głoszone przez Zakon zasady i stosowane metody przemocy i wojny. Co osobliwsza, Włodkowic mocno podkreślał, iż przemawia nie jako ambasador, zawodowy polityk, lecz jako „doktor", przedstawiciel nauki. A w wiele lat później inny profesor uniwersytetu, J a n z L u d z i s k a, witając wjeżdżającego do Krakowa Kazimierza Jagiellończyka (1447), wymownie upominał się o krzywdy stanu chłopskiego (w niedługim czasie miały je przypieczętować akty prawodawcze, przykuwające chłopa do ziemi pańszczyźnianej).

Jako trzecie znamienne wystąpienie w dziedzinie palących zagadnień politycznych wspomnieć należy traktat *Monumentum de Reipublicae ordinatione* (Uwagi o uporządkowaniu państwa) J a n a O s t r o r o g a (1436 - 1501), napisany u schyłku w. XV. Autor, wojewoda poznański i dyplomata posłujący do Rzymu (gdzie, mówiąc nawiasem, ośmieszył się, prawiąc za Kadłubkiem o bohaterskich czynach bajecznych Polaków), w traktacie swym poruszył sprawę, która przez dalszych sto lat miała występować raz po raz w obradach sejmowych i publicystyce — sprawę zależności Polski od papiestwa. Chodziło zwłaszcza o „świętopietrze", daninę wysyłaną do Rzymu, następnie o udział duchowieństwa w świadczeniach na rzecz państwa, a więc o ograniczenie potęgi finansowej Kościoła w kraju, o sprawy zatem, które dopiero w lat kilkadziesiąt później, w okresie reformacji, zostały — i to połowicznie — załatwione. Ostroróg namiętnie zwalczał finansowe roszczenia duchowieństwa w imię godności i niezależności narodowej, śmiało dając wyraz tym tendencjom, które od początku wieku przejawiały się u pisarzy zarówno katolickich, jak husyckich, a które przyświecały polityce kościelnej Kazimierza Jagiellończyka. Rzecz znamienna, choć naturalna, iż autor *Monumentum*, rozwijający radykalne pomysły w stosunku do Kościoła, wobec klas plebejskich zajmował stanowisko nieprzejednanie konserwatywne, na ich udział w życiu państwowym spoglądał oczyma ogółu szlacheckiego, który wygrywając trudności polityczne króla i państwa konsekwentnie dążył do zdobywania praw, ale tylko dla siebie.

3. PROZA KOŚCIELNA ŁACIŃSKO-POLSKA

Każda epoka ma swych herosów, których czci, których podobiznami zdobi ulice miast i budynki publiczne. Średniowiecze czciło królów i świętych. Sławę pierwszych głosiły kroniki, o drugich mówiły legendy, zespalane w biografie, zwane żywotami świętych. W Polsce żywociarze wyprzedzili kroniki, gdy bowiem Chrobry po stu latach dopiero doczekał się portretu literackiego, jego przyjaciel, biskup praski Wojciech, lekkomyślny misjonarz, który śmierć męczeńską poniósł wcześniej, niż zdołał nawrócić jednego choćby pogańskiego Prusaka, otrzymał taki portret bezpośrednio po zgonie. Żywot ten, dzieło obcego pióra, cenimy jako jedno z najdawniejszych źródeł wiadomości o Chrobrym właśnie.

Żywociarstwo polskie rozwinęło się znacznie później, bo dopiero w w. XIII, w okresie wzmożonych uczuć religijnych, wywołanych klęskami żywiołowymi, do których zaliczano również najazd tatarski. Wówczas to, w związku z kanonizacją Stanisława Szczepanowskiego (1253), która miała duże znaczenie polityczne, uzyskanie bowiem patrona narodowego było czynnikiem ułatwiającym zjednoczenie księstw dzielnicowych w jedno państwo, pojawiły się żywoty biskupa-męczennika. Autorem najobszerniejszego był dominikanin, Wincenty z Kielc. Stulecie to wydało nadto żywoty błogosławionych księżniczek polskich, Cunegundis-Kingi i Salomei, oraz energicznego zakonnika z rodu Odrowążów, Hiacynta-Jacka. Dzieła te, pisane po klasztorach, odznaczające się nieraz wykwintnym stylem, doskonale wprowadzają w atmosferę czasów i przynoszą **mnóstwo szczegółów obyczajowych.**

Wśród szczegółów tych są m. in. wiadomości, iż już księżna Kinga która po śmierci męża, Bolesława Wstydliwego, osiadła w założonym przez siebie klasztorze klarysek w Starym Sączu, posiadała psałterz w języku polskim. Najdawniejszy jednak z psałterzy dzisiaj znanych pochodzi z czasów znacznie późniejszych, powstał bowiem dopiero ok. r. 1400. Jest to *Psałterz królowej Jadwigi*, inaczej zwany „floriańskim" od opactwa św. Floriana w Austrii, gdzie dostał się przypadkiem i gdzie przeleżał całe wieki. Sporządzono go jako podarek zakonny, zapewne w Kłodzku, dla świątobliwej królowej, która najwidoczniej nie dożyła wykończenia całości dzieła. Bezcenny ten dokument, pierwsza księga spisana po polsku, jest pomnikiem językowym, naocznie pokazującym, z jak dużymi trudnościami łamać się musiał pisarz, gdy w języku żywym, mówionym, wystarczającym na co dzień, usiłował wyrazić bogactwo zjawisk psychologicznych zawarte w modlitewniku starohebrajskim. Ubóstwo słownika, płynność form fleksyjnych, nieporadność składniowa — wszystko sprzysięgało się przeciw zamiarowi, a jednak dzieło pracowitego, anonimowego pioniera polskiej prozy artystycznej dobiegło końca. Wersety psałterzowe sprzed sześciu wieków wyglądają dzisiaj bardzo nieporadnie, a jednak mają swoją wymowę, jednak zachowały coś z siły oryginału.

Zadanie daleko łatwiejsze miał ks. Andrzej z Jaszowic, kapelan królowej Zofii, który w r. 1455 w Nowym Mieście Korczynie ukończył przekład całej Biblii, sporządzony na polecenie jego pani i zwany *Biblią królowej Zofii*. Z przekładu tego, opartego na nie znanym dzisiaj tekście czeskim, zachowała się jedynie duża część Starego Testamentu i stanowi, podobnie jak dzieło poprzednie, nieocenione źródło wiadomości o polszczyźnie średniowiecznej. Jego twórca nie zawsze umiał sprostać zadaniu, niejednokrotnie tłumaczył — i to niedokładnie — wyrazy, nie zdania, mimo to ustalił polskie brzmienie Biblii w sposób, który następcy jego będą powtarzali przez całe wieki.

Wymownym dowodem postępu w tej dziedzinie jest największy z pomników literackich tej epoki, tzw. *Rozmyślanie przemyskie*, znane z rękopisu, który pochodzi wprawdzie z wczesnych lat w. XVI, odtwarza jednak dawniejszy tekst średniowieczny. Właściwy tytuł tego zabytku brzmi: *Rozmyślanie o żywocie Pana Jezusa*, co o tyle nie odpowiada treści dzieła, iż obejmuje ono również żywot Matki Boskiej. *Rozmyślanie* jest okazem rzadkiej u nas, choć bardzo popularnej u innych Słowian, literatury apokryficznej, tolerowanej na ogół przez Kościół, bo prawiącej o życiu Chrystusa, choć w sposób odbiegający od Ewangelii i innych dzieł kanonicznych, a więc wchodzących w skład ksiąg biblijnych. *Rozmyślanie* tedy przynosi barwny i zajmujący obraz żywota Matki Boskiej i dzieciństwa małego Jezusa, złożony z mnóstwa drobnych opowiadań, które po apokryfach odziedziczyły legendy, znane w całej Europie. Legendy to takie, jak zaślubiny świętej dzieweczki z oblubieńcem, którego różdżka zakwitła w świątyni, jak cuda dzieciątka, które ożywia ptaszki z gliny ulepione, i wiele innych. Atmosfera cudowności łączy się tutaj, podobnie jak w malarstwie średniowiecznym, z realistycznym odtwarzaniem życia codziennego. Życie Chrystusa ujęte jest na ogół zgodnie z przekazem ewangelicznym, z silną domieszką patosu, zwłaszcza w opisie męki i śmierci.

Inne opowiadania apokryficzne, zachowane w późniejszych rękopisach, są również powtórzeniem tekstów średniowiecznych. Tak więc i krakowskie *Rozmyślania dominikańskie* (1532), i Wawrzyńca z Łaska (ok. 1540) *Sprawa chędoga o męce Pana Chrystusowej*, i *Ewangelia Nikodema* zawierają znane pomysły, które będą żyły w folklorze i powtarzały się w literaturze popularnej, pomysły mianowicie przedstawiające zstąpienie Chrystusa do otchłani, skrępowanie szatana i wybawienie patriarchów z Adamem na czele.

Pomysły apokryficzne żyły w kazaniach średniowiecznych i za ich pośrednictwem upowszechniały się. Zakony w. XIII, z których dominikański zwał się urzędowo kaznodziejskim, akcję misyjną prowadziły przede wszystkim za pośrednictwem „słowa bożego". Kaznodzieje posługiwali się łacińskimi zbiorami gotowych kazań i sami na miejscu zbiory takie sporządzali. Wygłaszali jednak kazania po polsku, słuchacze bowiem uczonego języka kościelnego nie znali. By sobie ułatwić zadanie, kaznodzieja miał przed oczyma tekst łaciński, który doraźnie tłumaczył, przy tym nieraz nad wyrazami i zwrotami łacińskimi wpisane były „glossy", odpowiednie wyrazy i zwroty polskie. Kazania łacińskie powstawały w całej Europie, autorami ich bywali również Polacy, jak dominikanin śląski, Peregryn z Opola, żyjący w czasach Łokietka. Zbiorów takich po archiwach kościelnych i klasztornych, skąd sporo ich przeszło do bibliotek publicznych, zachowało się mnóstwo. Przewertował je niegdyś Aleksander Brückner, by wydobyć z nich niezwykle ciekawe materiały dotyczące kultury obyczajowej naszego średniowiecza. Okazało się, iż stanowią one istną, a dotąd nie wyzyskaną kopalnię wiadomości folklorystycznych, ich autorzy bowiem, gromiąc przesądy i zabobony, omawiali przeróżne, żywe dotąd wierzenia ludowe; występując przeciw zabawom w domu i przede wszystkim poza domem, szkicowali ich charakter; wpajając zasady postępowania moralnego odwoływali się do przysłów, przytaczając je niekiedy w brzmieniu polskim; dla zilustrowania suchego wywiadu teologicznego opowiadali „przykłady", budujące historyjki, dotąd powtarzane w tradycji ludowej.

Gdy łacińskie kodeksy kaznodziejskie, zwłaszcza z w. XV, liczą się na setki, ze zbiorów polskich zachowały się dwa tylko: *Kazania świętokrzyskie* i *Kazania gnieźnieńskie*. Pierwsze odkrył Brückner na użytych do oprawy zbioru, pochodzącego z biblioteki benedyktyńskiej na św. Krzyżu, paskach pergaminowych, na których zachowały się jedynie nikłe resztki zaginionej całości. Całość ta powstała prawdopodobnie w Leżajsku, może w w. XIII, a może w XIV, w każdym jednak razie jej fragmenty są czcigodną relikwią literacką, najdawniejszym okazem tekstu polskiego, utrwalonego w piśmie ręką świadomego swych celów artysty. Krótkie i skąpe w słowa *Kazania świętokrzyskie* są śliczną próbką myśli średniowiecznej, lubującej się w rozważaniach liczbowych, potrójnych i poczwórnych, posługującej się alegorycznym tłumaczeniem wersetów biblijnych i wrażliwej nie tylko na precyzję, ale i na piękno wyrazu. Staranny dobór słownictwa, stosowanie aliteracji, dbałość o tok rytmiczny zdań, kończących się niekiedy rymami — wszystko to sprawia, iż przy całej swej prostocie najdawniejszy zabytek prozy polskiej jest swoistym cackiem artystycznym.

Inny charakter mają *Kazania gnieźnieńskie*. Długie, starannie rozwijające materię przemówienia wykazują również wszelkie typowe zabiegi techniczne stosowane przez pisarzy średniowiecznych, a więc wykładnię alegoryczną spraw omawianych, nieraz ujętą w szablonowe ramki liczbowe, ale zaznacza się w nich skłonność do snucia opowieści o charakterze niemal epickim. Skłonność ta sprawia, iż w tok rozważań kaznodzieja wplótł dużo obrazków pochodzenia apokryficznego i legendarnego, jak opowieść o dwu „babkach" asystujących przy narodzeniu Chrystusa lub jak znaną starą legendę rzymską o wizji cesarza Augusta, dzięki której imperator dowiedział się o przyjściu na świat władcy odeń potężniejszego. Wskutek tego *Kazania gnieźnieńskie* obok wartości podstawowej, swego artyzmu, mają znaczenie dodatkowe, wskazują bowiem naocznie drogę, na której dokonywało się nasycanie folkloru polskiego pierwiastkami legendarnymi. Dodać wreszcie należy, iż część dzieła jest podwójnie rodzima, niektóre z nich mianowicie są przekładami z łacińskich kazań Peregryna z Opola.

Proza średniowieczna, u schyłku swego reprezentowana przez *Rozmyślanie przemyskie* i *Kazania gnieźnieńskie*, wybiega daleko poza stadium, którego wyrazem były przekłady biblijne, słusznie poczytywane za zabytki językowe, ukazuje bowiem polszczyznę dojrzałą, sięgającą poziomu języka artystycznego — nie tylko tworzywa, ale już i narzędzia, służącego wyrażaniu pomysłów literackich.

Podstawą języka artystycznego była oczywiście mowa potoczna, która rozwijała się samorzutnie w ciągu wieków, przy czym dokumentów owego rozwoju przed w. XIV prawie nie posiadamy. Wpraw-

Karta *Kroniki* Galla Anonima w odpisie z XIV wieku

Św. Wojciech, miniatura z rękopisu *Żywoty arcybiskupów gnieźnieńskich* z pocz. XVI wieku (w medalionie Bolesław Chrobry), mal. Stanisław Samostrzelnik

3. Proza kościelna łacińsko-polska

dzie bulla papieska z r. 1136, zwana nieraz „złotą bullą języka polskiego", wymienia sporo nazw miejscowych oraz imion, ale pierwsze zdanie polskie, zapisane na Śląsku w *Księdze henrykowskiej* („daj, ać ja pobruczę" — mówi do żony mąż, chcący jej dopomóc w bruczeniu, tj. mieleniu na żarnach), powstało dopiero w r. 1270. *Kazania świętokrzyskie* jednak dowodzą, iż w w. XIV wykształcone jednostki językiem rodzimym posługiwały się zupełnie swobodnie.

Język ten, zachowując podstawowe pierwiastki słowiańskie, wykazywał w średniowieczu mnóstwo swoistych właściwości, które zaniknęły w w. XVI i później, pozostawiając tylko pewne ślady w gwarach. Należały do nich: czas przeszły, zwany w nauce aorystem („bych" — byłem), liczba podwójna w czasownikach i rzeczownikach („robiliśwa", „idzieta", „obiedwie kolenie", żywe do dziś „oczy", „uszy", „ręce"), zaimki jak „jen" = który i „si" = ten („do siego roku"), wreszcie bogate zasoby słownikowe, mające dotąd odpowiedniki w innych językach słowiańskich, u nas zaś zapomniane.

Stosunki z sąsiadami i łacina kościelna zasiliły słownictwo polskie mnóstwem terminów zawodowych, odbiły się również znamiennie w obrębie imiennictwa i nazewnictwa. W dziedzinie więc terminologii kościelnej zniknęła stara „cerkiew", wyparta przez „kościół", pochodzący od „castellum" — kasztelu, zamku; duchownego nazwano „kapłanem" od „kapły" — kaplicy (capella). Nazwy nabożeństw, jak „msza" (missa), „nieszpór" (vespera) i modlitw („żołtarz" = psałterz, „pacierz" = pater noster), to kalki odpowiednich wyrazów łacińskich W podobny sposób spolszczono imiona kościelne, robiąc z Piotra Piecha i Piesia, z Pawła Pasia i Paska, z Benedykta Bienia, Bieńka, Bieniasza, z Bernarda Biernata. Niekiedy imiona łacińskie zabawnie tłumaczono; tak więc z Laurentiusa powstał Wawrzyniec, jako że „laurus" zwano wawrzynem; tak z Ignatiusa Hińcza lub Żegota, bo „ignis" to ogień, a „żec" — palić; tak Lasotę zrobiono z Sylwestra wedle „silva" — las. Dzisiaj imiona te i im podobne, zarówno w postaci pierwotnej, jak pochodnej, pełnią funkcję wyłącznie nazwisk.

Od Niemców szła terminologia rycerska i mieszczańska. „Rycerz" i „szlachta", „herb" i „rynsztunek", „pancerz", „hełm" i „szabla" są przykładami kategorii pierwszej. Budowa i organizacja miast, zakładanych „na prawie niemieckim", wprowadziła do języka polskiego mnóstwo wyrazów, w niemczyźnie dzisiejszej już nie spotykanych. „Rynek" z „ratuszem" po środku, z „pręgierzem" obok niego, ulice „brukowane" kamieniem lub „cegłą", „budynki" z „gmachami" (pokojami), z „warsztatami" rzemieślników — ilustrują bogactwo tych nalotów słownikowych. Towarzyszy im duża grupa wyrazów oznaczających administrację miejską, od „burmistrza", „wójta" i „sołtysa" poczynając, po „wiertelników" i „ceklarzy", urzędników i pachołków policyjnych, oraz „usknachtów", stróżów domowych i nocnych. Wprawdzie na przełomie w. XV i XVI miasta spolszczyły się niemal bez reszty, ale związane z nimi słownictwo weszło tak głęboko w mowę potoczną, iż w wielu wypadkach jedynie oko zawodowego badacza dostrzega obce pochodzenie wyrazów powszechnie używanych.

Czechom wreszcie zawdzięczamy również niejedno, zarówno w wymowie, jak w słownictwie, jak wreszcie w imiennictwie. Jeśli więc obok „ganić" mamy: „hańbić", „hańba", „haniebny", a obok wyrazów „drugi", „drużyna" — „druha", jeśli mówimy „obywatel" zamiast „obywaciel", to wyrazy z „h" i przyrostek „tel" są pochodzenia czeskiego. Podobnie w zakresie słownictwa wojskowego wyrazy, jak „porucznik" czy „rusznica", etymologicznie związane z „ręką", samym swoim brzmieniem wskazują, iż z Czech przybyły. Co osobliwsza, dwa imiona męskie, i to bardzo pospolite, mają u nas postać nie rodzimą, ta bowiem poszła w niepamięć, lecz czeską. Tak więc Włodzisław, żywy dotąd w nazwach jak Włocławek, został wyparty przez czeskiego Władysława. Podobnie pradawny Więcław, znaczący to samo co Bolesław, „więce" bowiem i „bole" znaczyły to samo, zniknął wyparty przez Wacława.

Ale właśnie dzięki zdolności przyswajania sobie pierwiastków obcych, co — jak wiadomo — było i jest zjawiskiem pospolitym w każdym języku, polszczyzna średniowieczna stała się w ciągu stuleci narzędziem giętkim i zdolnym do wyrażania świata myśli, wspólnego całej owoczesnej kulturze europejskiej i osiągnęła stadium, w którym mógł w niej wystąpić język artystyczny.

4. POEZJA KOŚCIELNA ŁACIŃSKO-POLSKA

Wkraczająca w w. X na ziemię Polan kultura chrześcijańska zastawała na niej kulturę miejscową, rodzimą, obejmującą niewątpliwie jakieś pierwiastki literackie, a więc ustnie przekazywane podania i pieśni. I jedne, i drugie skazane były prędzej czy później na zagładę, i to nie tylko dlatego, że były to przeżytki świata pogańskiego, ale i dlatego, że przez długie lata duchowieństwo w Polsce rekrutowało się z cudzoziemców, którym kultura miejscowa była obca, tak że spoglądali na nią wrogo albo co najwyżej obojętnie. I jeśli jakieś okruchy podań, związanych z dynastią, ocalały dzięki kronikarzom, pieśni zniknęły bez śladu, tak że dzisiaj nie umiemy ich sobie nawet wyobrazić.

Kultura zaś chrześcijańsko-kościelna niosła z sobą własne utwory literackie, łacińskie pieśni kościelne ludności polskiej obce, bo niezrozumiałe. Na ich pniu powstawać musiały nowe, ale najdawniejsze

4. Poezja kościelna łacińsko-polska

ich próbki pochodzą dopiero z połowy w. XIII, z epoki kanonizacji św. Stanisława. Upamiętniono ją hymnem *Gaude mater Polonia*. Żywy jednak ruch religijny, który tak korzystnie odbił się na rozwoju ówczesnej prozy, doprowadzić musiał prędzej czy później do powstania pieśni polskich, wymaganych przez liturgię, potrzebnych w nabożeństwie czasu wielkich świąt. Istotnie też z czasów Kazimierza Wielkiego, bo z r. 1365, pochodzi zapisana w Płocku pieśń wielkanocna:

> *Chrystus z martwych wstał je,*
> *ludu przykład dał je,*
> *eż nam z martwych wstaci,*
> *z Bogiem krolewaci. Kyrie eleison.*

Nieznany autor dał tu wierny przekład zwrotki łacińskiego hymnu:

> *Christe surrexisti, exemplum dedisti,*
> *ut nos resurgamus et tecum vivamus.*

Sędziwa pieśń płocka ma jednak rywalkę, o metryce wprawdzie późniejszej, bo zapisaną w Krakowie dopiero w r. 1408, ale wedle mocno zakorzenionej opinii pochodzącą z czasów znacznie dawniejszych. Jest to hymn *Bogurodzica*, wedle zbożnej legendy piętnastowiecznej ułożony przez św. Wojciecha, a zatem powstały na samym schyłku w. X. Pieśń, której brzmienie już w w. XV nastręczało trudności, w rękopisie najstarszym składa się z dwu tylko zwrotek:

> *Bogu rodzica, Dziewica,*
> *Bogiem sławiena Maryja,*
> *Twego syna, gospodzina*
> *Matko zwolena Maryja.*
> *Zyszczy nam, spuści nam, Kyrie eleison.*
>
> *Twego dziela krzciciela, Bożycze,*
> *Usłysz głosy, napełń myśli człowiecze!*
> *Słysz modlitwę, jąż nosimy,*
> *A dać raczy, jegoż prosimy,*
> *A na świecie zbożny pobyt,*
> *Po żywocie rajski przebyt! Kyrie eleison.*

W przekładzie na język współczesny znaczy to: Boga-rodzico, dziewico, błogosławiona Mario! Twego syna-pana matko wybrana, Mario, pozyskaj nam, spuść nam, kyrie eleison. Dla twego chrzciciela, Synu boży, usłysz głosy, spełnij myśli ludzkie: usłysz modlitwę, którą zanosimy, a dać racz, o co prosimy: a na świecie zamożny pobyt (dobrobyt), po żywocie rajski przybytek, kyrie eleison.

Podstawowe trudności rozumienia tego krótkiego tekstu polegają na fakcie, iż po pierwsze zawiera on wyrazy o brzmieniu lub znaczeniu poza nim nie spotykanym (Bogurodzica, Bogiem sławiena, gospodzin, dziela, Bożyce, zbożny, przebyt), powtóre zaś podaje wyrazy w postaci „słowiańskiej", a nie polskiej (sławiena, gospodzina, zwolena). Pierwsze były niezrozumiałe i w rękopisach zwykle je przekręcano, drugie — poczytywane za czechizmy, stały się źródłem pomysłu o autorstwie biskupa praskiego.

Sprawie pochodzenia, brzmienia i znaczenia *Bogurodzicy* poświęcono kilkadziesiąt rozpraw, zawierających kilkanaście hipotez, tak rozbieżnych, iż niczego właściwie nie wyjaśniły, opierały się bowiem na analizie szczegółów, błędnie uogólnianych na całość pieśni. Analiza zaś, która usiłuje brać w rachubę wszystkie składniki hymnu i całość ich rzucić na tło kulturowe, w którym mógł powstać, prowadzi do wniosków radykalnie odbiegających od poglądów dotychczasowych. Wnioski te każą przyjąć, iż *Bogurodzica*, hymn dynastii Jagiellońskiej, a tym samym państwowy, powstała dopiero za czasów Jagiełły, może w związku z jego koronacją (1386), i była napisana językiem dla nowego króla zrozumiałym; rzekome czechizmy i większość wyrazów-unikatów, jak „Bogurodzica", „gospodzin", „twego dziela", tłumaczą się z tego stanowiska jasno, jako rusycyzmy, całość zaś pieśni odpowiada stylowi czasów króla Władysława, fundatora kaplic, zdobionych bizantyjskimi malowidłami. Hipoteza taka pozwala zarazem rozumieć dalsze losy *Bogurodzicy*, jak pieśń zwykle zwano, śpiewanej podczas uroczystości dworskich i przed bitwami. Jako hymn państwowy otwierała ona zbiory praw koronnych i litewskich, począwszy od kodeksu Jana Łaskiego (1506), dzięki czemu „pieśń ojczysta" stała się pierwszym polskim tekstem poetyckim utrwalonym w druku. A tekst ten nie zamknął się w obrębie dwu zwrotek z r. 1407, w miarę czasu bowiem przyrastały do nich pieśni inne, pasyjna i wielkanocna o wyprowadzeniu z otchłani patriarchów z Adamem, „bożym kmieciem" na czele, zwrotki o królowej Zofii i jej synach. Wiek XVI jednak przyniósł zaćmienie *Bogurodzicy*. **Dopiero w w.** XIX przypomniano ją ponownie i tradycję jej ożywili Niemcewicz, Słowacki, Norwid — upatrujący w niej najdawniejszy okaz poezji w języku polskim.

Produkcja pieśniowa w. XV była bardzo bogata. Kwitnęła ona po klasztorach męskich i kobiecych, zwłaszcza franciszkańskich, z zasady bezimienna, wyjątkowo bowiem tylko spotykamy nazwiska jej twórców, a i te niewiele nam mówią. Do twórców tych należał bernardyn warszawski, Ładysław z Gielniowa, zm. 1505, autor *Żołtarza Jezusowego*, starannie i pomysłowo ułożonej pieśni pasyjnej. Kim był jego rówieśnik, Słopuchowski, którego nazwisko widnieje na zbiorku pieśni świętokrzyskich, pytać daremnie. Może benedyktynem z Łysicy, zapisującym utwory, które znał z praktyki codziennej. W zbiorku jego pieśń, znowuż pasyjna, bo *planctus* (płacz) Matki Boskiej pod krzyżem Chrystusa, ma dużą wymowę artystyczną. Twierdzenie, iż jest ona okruchem zaginionego, najdawniejszego widowiska dramatycznego, misterium pasyjnego, jakkolwiek prawdopodobne, nie wykracza poza sferę domysłów; pewne jest natomiast co innego: oto *Żale Matki Boskiej*, jak utwór ten zwykle nazywamy, włączone do pieśni innej, śpiewano na Śląsku jeszcze u schyłku w. XIX.

Cały duży zasób pieśni religijnych w. XV dzielimy mechanicznie według świąt kalendarza kościelnego, przy czym w powstałych w ten sposób grupach spotykamy niejednokrotnie utwory o zdumiewającej doskonałości artystycznej. Dotyczy to zwłaszcza pieśni maryjnych, subtelnych w rysunku spraw, które stanowią ich tkań tematyczną, starannych w doborze wyrazów, odznaczających się nieraz niezwykłą budową wiersza.

Inna wyrazista grupa to kolędy, pisane z widocznym umiłowaniem przedmiotu, a odznaczające się niekiedy wyszukaną pomysłowością. Są więc wśród nich ludowo brzmiące kołysanki, ale na przykład kolęda „Augustus kiedy królował" ma układ abecadłowy (zwrotki rozpoczynają się od wyrazów na kolejne litery abecadła), uczoną zaś formę uzyskały sceny adoracji Dzieciątka. Z kolęd tych jedną przynajmniej („Anioł pasterzom mówił") śpiewa się dotąd w czasie pasterki.

Obok pieśni, przedstawicielek poezji lirycznej, średniowiecze lubowało się w wierszowanych legendach, które zresztą również bywały śpiewane, a nie czytane. Znamy jedną z nich tylko, ale wiadomo, iż było ich więcej. Jeszcze czasu ostatniej wojny istniały urywki legendy o św. Jerzym, zniszczone, zanim zdążono je ogłosić. Utwór zaś zachowany, *Legenda o św. Aleksym*, należy do najpopularniejszych i najbardziej typowych opowieści ascetycznych średniowiecza, wywodzących się z bliskiego Wschodu. Aleksy, możnego rodu młodzieniec, porzuca młodą żonę, pokutuje za nie popełnione grzechy, żyje jako nie poznany nędzarz w swym własnym domu, śmierci zaś jego towarzyszą przeróżne cuda, które pozwalają go odpoznać. Miłość Boga, połączona z podeptaniem naturalnych uczuć ludzkich i fanatycznym kultem cierpienia, otrzymały w legendzie o św. Aleksym wyraz doskonały, czym tłumaczy się jej rozgłos w średniowieczu i później. W Polsce była ona źródłem legendy o Kazimierzu Korsaku, który życie spędził na wzór Aleksego. (Jest on bohaterem powieści Z. Kossak-Szczuckiej pt. *Suknia Dejaniry*, 1939, mającej za tło XVII-wieczną szlachecką Polskę).

5. POEZJA ŚWIECKA ŁACIŃSKO-POLSKA

Poezji kościelnej w Polsce średniowiecznej towarzyszyła poezja świecka, najpierw łacińska, później w języku polskim. Poezja łacińska, o ile ją znamy, nie przedstawiała się ani bogato, ani zbyt oryginalnie. Już tedy w w. XIII powstał we Wrocławiu poemat epicki *Carmen Mauri* „o dziejach Pietrka", znakomitego komesa Piotra Dunina Własta, fundatora wielu kościołów, powiernika książęcego, ukaranego potem oślepieniem. Czasów Łokietka sięga pieśń o pokonanym przezeń wójcie krakowskim, Albercie, podobnie jak naiwny, choć czarujący prostotą wiersz nagrobkowy Bolesława Chrobrego. Epoka znowuż Kazimierza Wielkiego wydała dłuższy a dziwaczny poemat Frowina pt. *Antigameratus*, satyrę przeciw rozpustnikom, a zarazem zbiór homonimów (wyrazów brzmiących tak samo, ale różnych znaczeniem) wyzyskanych przez uczonego autora jako rymy.

Dopiero jednak w. XV przynosi utworów łacińskich więcej, i to bardziej interesujących ze względu na pisarzy aniżeli na ich wierszowane wypowiedzi. Tak więc sekretarz nadworny, Stanisław Ciołek, pisał paszkwile na trzecią żonę Jagiełły, a panegiryki dla czwartej, Sonki. Jednemu z panegiryków nadał postać bardzo ciekawej pochwały Krakowa. Tak poprzednik Długosza na arcybiskupstwie lwowskim, Grzegorz z Sanoka, sławił pośmiertnie Jagiełłę i układał jakieś, dzisiaj nie znane wierszyki miłosne. Tak anonimowy poeta stworzył pełną wdzięku pieśń niedźwiedniczą, utrzymaną w tonie wierszy układanych przez wagantów, wędrownych studentów. Z innych wreszcie, również anonimowych utworów poetyckich wspomnieć należy łacińskie echa klęski pod Warną, głoszące, iż młodziutki król Władysław nie poległ i zapowiadające jego powrót. Poezja ta przygotowywała grunt dla twórczości rodzimej, dla wierszy w języku polskim.

Pojawiały się one od wczesnych lat w. XV aż po jego koniec i przypuszczać wolno — mimo skromnej liczby zachowanych — że było ich sporo, ponieważ jednak nikt się o nie nie troszczył, uległy zagładzie z wyjątkiem tych, które ocalały przypadkiem, zapisane na kartach dzieł, przedstawiających dla czytelnika czy posiadacza jakąś wartość szczególną. Autorów ich, poza drobnymi wyjątkami, nie znamy, w owych zaś wyjątkowych wypadkach mamy nazwiska, które niewiele mówią. Najdawniejsze z nich, Słota czy może Złota, umieszczone zostało zwyczajem średniowiecznym w tzw. przesłaniu, tj. zakończeniu utworu:

*Też, miły Gospodnie moj,
Słota, grzeszny sługa Twoj,
Prosi za to Twej miłości,
Udziel nam wszem swej radości! Amen.*

Sam utwór, który zatytułować by można *Pieśń o chlebowym stole*, jest wierszem świeckim, pouczającym, jak należy zachować się przy stole podczas „czci" (uczty), i przy sposobności człowiekowi „jeżdżałemu", dobrze wychowanemu bywalcowi, przeciwstawia gruboskórnego prostaka, który razi nie tylko ruchami, ale również i „grubą" mową, plugawymi przekleństwami. Czynnikiem łagodzącym prostackie obyczaje biesiadników jest obecność „pięknej twarzy", później płcią nadobną zwanej, a więc pań, którymi „stoi wiesiele", prawdziwa zabawa. (Utwór ten, niestety, przepadł, spalony wraz z innymi w czasie Powstania warszawskiego).

W zupełnie inne środowisko prowadzi swawolna pieśniczka, *Cantilena inhonesta*, zachowana w rękopisie franciszkanina śląskiego, Mikołaja z Koźla, ręką jakiegoś zgorszonego czytelnika starannie zamazana inkaustem, spod którego tekst jej wydobyto niedawno nowoczesnymi metodami fotograficznymi. Piosenka, zaczynająca się od „Chcym na pannu żałować", odtwarza hulaszczy ton wierszy wagranckich i — stosując rozmaite przyzwoitki wyrazowe — wprowadza pomysły, dotąd żywe w naszej poezji ludowej.

Inny obrazek obyczajowy wystąpił w wierszu o leniwym chłopie, którego temat zapowiada wstęp: „Chytrze bydlą (postępują) z pany kmiecie". Rzecz, ujęta ze stanowiska właściciela małego folwarku czy zarządcy, zawiera zabawny, wyrazisty szkic oracza, który pracując na pańskim polu ucieka się do rozmaitych wybiegów, byle dzień przemitrężyć.

W pieśni piętnastowiecznej doszły do głosu zagadnienia aktualne, co właśnie każe przypuścić, iż teksty dzisiaj nam znane stanowią zaledwie część utworów, które u schyłku średniowiecza powstały, dowodzą one bowiem, iż pisarze ówcześni żywo reagowali na bodźce, których dostarczało życie. Pogłosem więc ruchów religijnych wywołanych przez husytyzm jest pieśń pióra jego zwolennika, J ę d r z e j a G a ł k i z D o b c z y n a. Autora, „mistrza" krakowskiego, jego stanowisko religijne, husyckie, naraziło na ostry konflikt z uniwersytetem; skądinąd wiadomo, iż „uchodząc przed stosem", schronił się w Czechach i wśród taborytów odgrywał pewną rolę. W rytmie typowej pieśni husyckiej ułożył on namiętny atak na Rzym i politykę jego „popów", potomków antychrysta, dowodząc, iż uroszczenia papieży opierają się na fałszerstwie, na wyłudzeniu władzy przez „pirzwego popa Lasotę" (Sylwestra) od cesarza Konstantyna. Nauce rzymskiej pieśń przeciwstawia poglądy wiklefickie jako wyraz prawdziwego chrystianizmu.

Nie mniej interesującym dokumentem świadczącym o ścisłym związku poezji z życiem jest *Pieśń o zabiciu Andrzeja Tęczyńskiego*, wywołana głośną awanturą krakowską za rządów Kazimierza Jagiellończyka (1461). Butny wielmoża uderzył płatnerza, z którego roboty był niezadowolony; za pobitym ujęli się inni mieszczanie, którzy dokonując samosądu zabili Tęczyńskiego w zakrystii kościoła Franciszkanów. Pociągnięci do odpowiedzialności za tumult, rajcy miejscy przypłacili go głowami, literackim zaś pogłosem wydarzenia stała się pieśń, zachęcająca do zemsty potomków zabitego. *Pieśń* była więc wyrazem tych tendencji szlacheckich, które w statutach piotrkowskich (1346 - 1347) doprowadziły do prawnego upośledzenia klas plebejskich, mieszczan i chłopów.

Nad całą tą „zbieraną drużyną" wierszy przygodnych góruje rozmiarami, horyzontami i artyzmem *Rozmowa Mistrza ze Śmiercią*. Autora jej nie znamy, zwłaszcza że rękopis płocki *Rozmowy*, zniszczony czy przynajmniej zaginiony czasu drugiej wojny światowej, nie miał końca, w którym mogło być przesłanie z imieniem twórcy poematu. Koniec ten wprawdzie zachował się w przekładzie ruskim utworu, ale przekład mógł przesłanie, dla czytelników jego obojętne, pominąć.

Rozmowa ma ulubioną w średniowieczu formę dialogu czy raczej sporu między przerażonym mistrzem Polikarpem a Śmiercią, strasznym widziadłem z kosą w ręku. Śmierć przechwala się swą wszechmocą, panowaniem nad wszystkim, od królów w koronach po nędzarzy, nad zbrodniarzami i nad cnotliwymi, nad człowiekiem i nad marnym zwierzątkiem leśnym. Opowiada też o swym powstaniu, wyszła bowiem z jabłka rajskiego, które Ewa zerwała i spożyła z Adamem. Od pomysłów tych, bardzo pospolitych, nawiązujących do malowideł zwanych tańcami śmierci, a ukazujących kościsty szkielet, który obchodzi się jednakowo z papieżami w tiarach, władcami w koronach, biskupami w infułach, aż po biednych chłopów, słowem od obrazów makabrycznych ten *De Morte prologus* — bo i taką nazwę dialog nosi — przechodzi do efektów komicznych, do wycieczek przeciwko pospolitym grzechom ludzkim. Wycieczki te, skierowane raczej przeciwko życiu miejskiemu aniżeli dworskiemu czy rycerskiemu, godzące raczej w prostych mnichów aniżeli w biskupów, otrzymały w *Rozmowie* postać zabawnych szkiców: oto lekarz, który „faści", oszukuje swych pacjentów; obok niego karczmarz,

5. Poezja świecka łacińsko-polska

który podobnie postępuje ze swą klientelą, pojąc ją złym piwem; dalej spasiony ksiądz z kilku „podgardłkami", tj. fałdami podbródka; stosunkowo sporo miejsca przypada złym mnichom, którzy, wyrwawszy się z murów klasztornych, upajają się pijacką wolnością. Przeciwieństwem ich są cnotliwe zakonnice i pobożne panny, kandydatki do nieba, o których prawi pod koniec dialog, nie wspominający — rzecz znamienna — piekła, poza wzmianką o pojeniu grzeszników smołą. W ten sposób, w ramach pomysłu alegorycznego, wyraża się realizm średniowieczny, lubujący się w efektach naturalistycznych, zwłaszcza w szczegółowym opisie samej Śmierci.

Narzędziem tego realizmu jest język dialogu, żywy, nieraz dowcipny, przetkany wyrażeniami dosadnymi i sporą ilością przysłów, po raz pierwszy literacko wyzyskanych nie dla zawartego w nich morału, lecz jako środek wyrazu artystycznego, dosadne uwypuklenie danej sytuacji. Wskutek tego właśnie *Rozmowie Mistrza ze Śmiercią* przypisać trzeba czołowe stanowisko w naszej poezji średniowiecznej, tym bardziej że ostateczna wymowa dialogu polega nie na „memento mori" i nie na pobożnych rozważaniach o życiu pozagrobowym, nad przechwałkami bowiem niszczycielki życia tryumf odnosi ostatecznie życie właśnie, ponieważ uwaga czytelnika skupia się na śmiesznych stronach istnienia ludzkiego, na komicznych osobistościach i sytuacjach.

Szczupły zasób polskiej poezji średniowiecznej świeckiej rozszerzyć można pozycjami, które jedynie dzięki formie artystycznej wkraczają w dziedzinę sztuki słowa, tj. wierszami mnemotechnicznymi. I wtedy więc, i później rzeczy, które należało zapamiętać, wyrażano wierszem. Tak postępowano w kościele, gdzie były wierszowane kalendarze, tzw. cizjojanusy, ułatwiające księdzu zapamiętanie świąt dorocznych, lub gdzie wierszowane dziesięcioro przykazań łatwo było wbić w pamięć wiernych. Do tych samych sztuczek uciekała się szkoła, wpajająca uczniom formuły gramatyki czy logiki ułożone wierszem. Z łaciny na język polski metodę tę w połowie w. XV przeniósł profesor krakowski, J a k u b P a r k o s z o w i c z Żurawicy, autor przepisów ortograficznych, przeznaczonych dla osób, które chciały pisać „prawie" (poprawnie) po polsku. Jego „obiecado" (abecadło) obejmowało litery „grube" dla spółgłosek twardych, niezmiękczonych i okrągłe dla spółgłosek miękkich; istniejące wówczas jeszcze samogłoski długie Jakub pisał literami podwojonymi:

Kto chce pisać doskonale
język polski i też prawie,
umiej obiecado moje,
kterez tak popisał tobie:

*aby pisał tak krotkie a,
aa sowito, gdzie się wzdłużaa,
podług tego będzie pisaan
ludzi wszytkich ociec Adaam.*

Przepisy Parkoszowica pokazują równocześnie typowe właściwości wiersza polskiego, ustalone w poezji średniowiecznej zarówno kościelnej, jak świeckiej. Rozwinęła się ona na pniu metryki owoczesnej, stosowanej w wierszach łacińskich, kościelnych i szkolnych. Metryka ta opierała się na zasadzie tej samej ilości zgłosek w odpowiadających sobie wierszach, a więc na zasadzie sylabizmu (zgłoskowości), w przeciwieństwie do metryki starożytnej, przyjmującej za podstawę iloczas, tzn. pewien układ zgłosek długich i krótkich. Z miar wierszowych najpospolitsze były: ośmiozgłoskowiec, jedenastozgłoskowiec i trzynastozgłoskowiec, przy czym dwa ostatnie wymagały średniówki, jedenastozgłoskowiec po zgłosce piątej, trzynastozgłoskowiec po siódmej. Ponieważ jednak w poezji łacińskiej obok wierszy sylabicznych istniały również tzw. „prozy" i „sekwencje", stosujące wiersze o różnej ilości zgłosek, przyjmuje się dzisiaj, iż polską poezję średniowieczną cechuje sylabizm względny, dopuszczający sąsiedztwo wierszy o zbliżonej ilości zgłosek, w utworze więc jak *Rozmowa Mistrza ze Śmiercią,* w zasadzie zbudowanym z ośmiozgłoskowców, występują również siedmiozgłoskowce i dziewięciozgłoskowce.

Średniowieczny zgłoskowiec łaciński stosował nadto nie znane poezji antycznej rymy, które pod wpływem leoninów z łaciny przeszły do poezji w językach nowoczesnych. W wierszu polskim były to w zasadzie rymy żeńskie, wymagające tożsamości począwszy od zgłoski akcentowanej, a więc przedostatniej (rodz-ica: dziew-ica, boż-ycze: człow-iecze), pospolite jednak były również najrozmaitsze asonanse, jak „doskonale — prawie" lub „moje — tobie", gdzie układy tych samym samogłosek (a: e, o: e) mają różne spółgłoski (l: w', j: b'). Pospolite wreszcie były rymy oparte na tożsamości zgłoski końcowej „pob-yt: przeb-yt", „dziewic-a: Marij-a", wskutek czego rymowały się wyrazy dwuzgłoskowe i jednozgłoskowe: „krótkie a: wzdłuż-a", „chleb: potrz-eb". W wypadkach, gdy na końcu dwu wierszy znalazły się wyrazy jednozgłoskowe („gospodnie moj: sługa twoj), skłonni jesteśmy dzisiaj upatrywać rymy męskie, najniesłuszniej, w wierszu bowiem i średniowiecznym, i szesnastowiecznym podstawą rytmu, a więc i rymu, który jest składnikiem rytmu, był nie akcent wyrazowy, lecz przycisk, odrębny akcent rytmiczny; ze**staw więc:** „sługa twoj" brzmiał jak: „dobranoc", „Białystok", czyli że końcowy wyraz jednozgłoskowy nie był akcentowany, poprzedzający go zaś wyraz dwuzgłoskowy miał przycisk na zgłosce końcowej („slugà — twoj").

Skrzyżowanie wierszy różnej długości prowadziło, już w średniowieczu, do tworzenia wysoce nieraz artystycznych układów zwrotkowych, spotykanych w naszych pieśniach religijnych, jakkolwiek najpospolitsza była zwrotka czterowierszowa o rymach parzystych.

6. ZMIERZCH ŚREDNIOWIECZA I BRZASK NOWEJ EPOKI

Przystępując do podsumowania znaczenia średniowiecza w dziejach literatury polskiej, dostrzec je można w fakcie, iż po kilku wiekach nikłego bytowania, obliczonego na zaspokojenie potrzeb nie tyle narodu, co dynastii i Kościoła, literatura ta od czasów Kazimierza Wielkiego rozwija się energicznie, rośnie na siłach, staje się polską nie tylko z imienia, lecz również z języka i w ciągu w. XV odrabia zaległości poprzednich stuleci. Odrabia je w ten sposób, że stwarza język literacki, kształcąc go odpowiednio na wzorach łacińskich i zmuszając do wyrażania subtelności, spotykanych dotąd w prozie kronik czy ksiąg biblijnych i w wierszu hymnów kościelnych. Doskonaląc swe narzędzie, za jego pomocą literatura ta usiłuje przyswoić sobie rodzaje literackie najpospolitsze, a więc pieśni treści religijnej i opowiadania legendarne lub apokryficzne, by z kolei spróbować sił własnych na polu utworów związanych z rzeczywistością polską i poświęconych jej artystycznemu odtworzeniu. Ponieważ wskutek okoliczności takich, jak rozdrobnienie państwa na słabe ekonomicznie i politycznie drobne księstwa, proces ten, pozbawiony wyraźnego ogniska, jakim w państwie feudalnym mógł być dwór królewski lub klasa społeczna o wyraźnym obliczu kulturalnym, rozpoczął się bardzo późno, później niż w jakimkolwiek innym państwie zachodnioeuropejskim, nie wyłączając ościennych Czech, średniowiecze polskie nie zdobyło się na dzieła większe, choćby przyswojone z literatur obcych, ograniczało się do rzeczy drobnych, wydało bowiem jedyną pracę o charakterze monumentalnym — częściowo tylko literacką *Historię* Jana Długosza. W pisywanych jednak po polsku owych utworach drobnych literatura średniowiecza przez skierowanie uwagi na życie bieżące i jego aktualne zagadnienia oraz przez udoskonalenie środków wyrazu artystycznego położyła silne podstawy pod rozwój swój dalszy, przygotowała jego warunki. Tak więc przez nagromadzenie najrozmaitszych pomysłów podaniowych, legendarnych i baśniowych, stworzyła duży zasób wątków, które będą powracały u pisarzy stuleci późniejszych i żyły w tradycji ludowej nieraz po dzień dzisiejszy.

I. Alegoryzm średniowieczny

Rozmach znamienny dla kultury literackiej, o której w obrębie w. XV mówić już można, nie ustał, rzecz prosta, w r. 1492, który poczytujemy za datę zamykającą średniowiecze, tym bardziej iż daty graniczne prądów literackich są z natury rzeczy, jako wynik pewnych konwencji, zawsze zmienne. Stąd ruch literacki, rozbudzony u schyłku średniowiecza, będzie trwał przez całą pierwszą połowę w. XVI, mniej więcej po r. 1543, który często poczytuje się za datę rozpoczynającą okres następny, renesansowy. W obrębie bowiem tego półwiecza pojawi się mnóstwo dzieł, które i pochodzeniem swym, i charakterem będą nawiązywały do tradycji średniowiecznych, tak że właściwe ich miejsce byłoby przed r. 1500, a nie po nim. Ponieważ jednak tworzą one stadium przejściowe do literatury renesansowej, wygodniej będzie omówić je w ramach chronologicznych, w których istotnie występują.

Rozmach zaś, o którym mowa, pozostawał w niewątpliwym, choć trudno uchwytnym związku z faktem, iż zmierzchowi alegoryzmu średniowiecznego w Polsce towarzyszył brzask humanizmu renesansowego, którego ogniskami były dwór królewski i uniwersytet. Z nowymi prądami stykali się dyplomaci polscy, wysyłani na dwory obce, prądy te upowszechniali przybysze zagraniczni, znajdujący zajęcie na dworze wawelskim lub w lektoriach uniwersyteckich. I dzięki tym właśnie stosunkom zadanie literatury przygotowującej nadejście nowych czasów było znakomicie ułatwione.

II. HUMANIZM RENESANSOWY

1. KULTURA „ZŁOTEGO WIEKU" ZYGMUNTOWSKIEGO

Tum primum nomen magni immortale Maronis
Audivi et nomen, Naso beate, tuum.
Audivi, colere incepi dixique poetis
Post Divos terras maius habere nihil.

I wdarłem się na skałę pięknej Kalijopy,
Gdzie dotychmiast nie było znaku polskiej stopy.

CZTEROWIERSZ pierwszy znaczy: „Tam po raz pierwszy usłyszałem nieśmiertelne imię wielkiego Marona i twoje imię, błogosławiony Nasonie. Usłyszałem, czcić począłem i rzekłem sobie, iż po bogach świat nie ma nic większego od poetów". Tak pisał ok. r. 1540 młodo zgasły poeta wielkopolski Klemens Janicius, wspominając swe pierwsze zetknięcie na ławie szkolnej z poezją starożytną. W czterdzieści lat później Jan Kochanowski z dumą stwierdził, jakie były wyniki tego zetknięcia w twórczości jego własnej, w poezji polskiej. Dwie te dopełniające się wzajemnie wypowiedzi są czymś w rodzaju formuły, która ukazuje podstawową właściwość człowieka w. XVI, jego nowy stosunek do świata oglądanego ze stanowiska nie nauki średniowiecznej, lecz nowej, renesansowej, humanistycznej. Gdy tedy człowiek średniowieczny był wyznawcą teocentryzmu, poglądu na świat opartego na nauce Kościoła, a interesującego się przede wszystkim Bogiem i zagadnieniami religijnymi, nowy człowiek, wykształcony na filozofii Platona i Cicerona, wielbiciel kultury starożytnej, której odrodzenia (renesansu) dokonał, był wyznawcą antropocentryzmu, środek bowiem jego zainteresowań stanowiły „res humanae" — sprawy ludzkie.

Czynniki natury ekonomicznej, społecznej i politycznej, najpierw we Włoszech, później w innych krajach Europy zachodniej sprawiły, iż Renesans umacniał się coraz bardziej i stawał się prądem kulturowym obejmującym całą niemal Europę, prądem uniwersalnym, dostosowującym się do warunków miejscowych różnych w różnych krajach. Wszędzie jednak opierał się on na tej klasie społecznej, która posiadała odpowiednie środki finansowe, pozwalające jej dobijać się poważnej roli w życiu publicznym. Wszędzie miał charakter świecki, występował więc przeciw wytworzonym w średniowieczu przerostom życia religijnego i wszechwładzy Kościoła, łącząc się często z reformacją, a więc ruchem religijnym wymierzonym przeciw Kościołowi katolickiemu. Wszędzie głosił kult świata starożytnego, jego filozofii i literatury, jako wzorców, wedle których należało budować kulturę nowoczesną. Wszędzie wreszcie podkreślał swą wiarę w człowieka i jego rozum, w znaczenie racjonalizmu jako systemu, który stanowi podłoże nauki, prowadzącej do prawdziwego poznania praw, jakie rządzą światem przyrody i światem ludzkim. W istocie swej był więc Renesans prądem o potężnym ładunku rewolucyjnym, jakkolwiek ten jego charakter hamowały najrozmaitsze czynniki odziedziczone po średniowieczu, a przezwyciężane stopniowo dopiero w stuleciach późniejszych. Typowym przykładem są tu dzieje polskiego wkładu w dziedzinę kultury renesansowej, tj. kopernikańskiego systemu budowy wszechświata. System ten, kładący nowe fundamenty pod nauki nie tylko przyrodnicze, ale również humanistyczne, obalający całą dawniejszą wiedzę o wszechświecie, ziemi i człowieku, dopiero w dwieście pięćdziesiąt lat po śmierci swego twórcy (zm. 1543) zdobył powszechne uznanie, zanadto bowiem odbiegał nie tylko od nauki kościelnej, ale również od odwiecznych nawyków myślowych jednostek nawet najświatlejszych i najbardziej postępowych.

Wśród czynników ogólnoeuropejskich, które znakomicie przyczyniły się do upowszechnienia humanizmu renesansowego, bo tak określić można ideologię nowego prądu, miejsce czołowe przypadło wynalazkowi druku w drugiej połowie w. XV. Gdy dawniej książka pisana dostępna była nikłej grupie czytelników, zazwyczaj duchownych, już w w. XV poczęła ona zmieniać się w przedmiot użytku codziennego, „prasowana" bowiem, tj. powielana mechanicznie, rozchodziła się w setkach i tysiącach egzemplarzy i, stosunkowo tania, docierała do ludzi nie będących bogaczami. To jej rewolucyjne znaczenie przyczyniło się w bardzo wydatnym stopniu do zeświecczenia nauki, która w średniowieczu była wyłącznym, uprzywilejowanym zajęciem kleru. Wprawdzie jeszcze w w. XVI warunki materialne sprawiały, iż ludzie poświęcający się nauce żyli z chleba kościelnego, zjawiskiem jednak coraz pospolitszym bywali uczeni świeccy, nie-

1. Kultura «złotego wieku» zygmuntowskiego

kiedy eks-duchowni, którzy bądź w ramach uniwersytetów, bądź na własną rękę zajmowali się nauką. Tak było z wielkim humanistą Erazmem z Rotterdamu, obok niego zaś wymienić można sporą liczbę ludzi nauki we wszystkich krajach Europy.

Świecki stosunek człowieka Renesansu do życia odbił się bardzo znamiennie również na sztuce. I to przede wszystkim może na architekturze, która w średniowieczu cały swój wysiłek kładła we wspaniałe katedry i kościoły. Wprawdzie renesansowi papieże nie szczędzili złota na budowle kościelne, jak dowodzi słynna bazylika św. Piotra w Rzymie, architekci renesansowi jednak pozostawili po sobie mnóstwo wspaniałych gmachów publicznych świeckich, zamków i pałaców królewskich. W malarstwie natomiast i rzeźbie mistrzom renesansowym zawdzięczamy wprawdzie mnóstwo fresków i płócien o tematyce religijnej, ale po pierwsze, obrazy te i posągi zawierają wiele pierwiastków czysto ludzkich, po wtóre zaś, towarzyszą im arcydzieła o tematyce wyłącznie świeckiej, przy czym portrety wprowadzają ogromną galerię postaci, świadczących o bardzo wnikliwym i głębokim zainteresowaniu się wyłącznie człowiekiem.

Do zjawisk wreszcie renesansowych należy również reformacja, wielki ruch religijny, który rozbił jedność średniowiecznego katolicyzmu i na jej gruzach wzniósł mnóstwo nowych wyznań. Ustalenie stosunku reformacji do Renesansu jest zagadnieniem trudnym, bo wysoce zawiłym. Zarówno tedy szwajcarski kalwinizm, jak niemiecki luteranizm były wyrazem protestu przeciw Renesansowi, zwłaszcza jego moralności, protestu korzeniami tkwiącego w tradycji religijnej średniowiecza. Wskutek tego działalność reformatorów nacechowana była niejednokrotnie fanatyzmem nie ustępującym katolickiemu. Wskutek tego też zrodzony na renesansowym gruncie włoskim radykalny i wolnomyślicielski arianizm spotykał się z równie energicznym potępieniem ze strony innych akatolików, jak katolików. Równocześnie jednak pewne pierwiastki renesansowe weszły w skład zasad przyjętych przez protestantów, a przede wszystkim racjonalizm, wiodący do krytycyzmu wobec dogmatów katolickich i dopuszczający — w pewnych określonych granicach — prawo indywidualnego rozumienia tekstów biblijnych. Dzięki temu reformacja współdziałała — przy dużych ograniczeniach — z Renesansem w wielkiej sprawie wyzwolenia człowieka nowoczesnego z pęt „przesądów światło ćmiących".

Całe to ogromne i różnorodne zjawisko, Renesansem zwane, oddziaływało na Polskę przez cały w. XV. Posłami włoskimi do Jagiełły bywali znakomici humaniści. Delegaci polscy na sobory i posłowie królewscy do Rzymu i innych stolic stykali się z nowymi prądami, nabywali — jak Długosz — dzieła pisarzy starożytnych i przywozili je do kraju. Duże znaczenie miały tu stosunki z Węgrami, krajem od dawna związanym z kulturą włoską. Stąd występować mogli tacy ludzie, jak Grzegorz z Sanoka, towarzyszący Warneńczykowi w czasie jego podróży na Węgry, filolog, który ponoć Wergilego wykładał na uniwersytecie krakowskim, a później, jako arcybiskup lwowski energicznie krzewił nową kulturę (mówiono o nim, że przepędzał z karczem podwładnych księży). U niego to znalazł oparcie ruchliwy literat włoski, któremu zawdzięczamy piękną biografię Grzegorza, Filip Buonaccorsi (1437 - 1496), znany pod humanistycznym przydomkiem Kallimacha. Uciekając przed policją papieską, Kallimach dostał się do dalekiej Polski, gdzie zrobił świetną karierę. Wychowawca młodych królewiczów, synów Kazimierza Jagiellończyka, zaszczepił im oraz ich towarzyszom, paniczom z rodów znakomitych, kulturę humanistyczną, potem zaś pełnił różne doniosłe funkcje dyplomatyczne. Późniejsza opinia szlachecka poczytywała go za złego ducha Jagiellonów, inspiratora pomysłów obliczonych na wprowadzenie monarchii absolutnej kosztem przywilejów szerokich mas szlacheckich. W ten sposób bezwiednie i niedokładnie, a przecież w jakiś sposób trafnie, tradycja uchwyciła niewątpliwy związek między politycznym życiem kraju a Renesansem. Bo właśnie ono w stopniu bardzo silnym przyczyniło się do zakorzenienia się tego prądu na gruncie polskim.

Zwycięska, jakkolwiek w całej pełni nie wyzyskana, wojna z Krzyżakami wpłynęła korzystnie na wzrost dobrobytu w Polsce, przed krajem bowiem rolniczym otworzyły się szlaki handlowe na Bałtyku ułatwiające eksport produktów, które w uprzemysłowionych krajach zachodnich znajdowały chętnych nabywców. Eksport obejmował produkty rolne i leśne, Wisłą i jej dorzeczami spławiane do Gdańska, skąd pszenica, drzewo masztowe i półsurowce drzewne szły do krajów skandynawskich, do Niemiec, Niderlandów i Anglii. Niedawne rycerstwo poczęło przekształcać się w „kupców a ratajów (rolników)", jak to sformułuje Kochanowski w satyrze na rabunkową gospodarkę leśną ok. r. 1560, przerzucać się na nowe dziedziny gospodarki, oparte na taniej pracy chłopa pańszczyźnianego i na najrozmaitszych przywilejach, krępujących handel prowadzony przez mieszczan, a więc klasę, która w dziedzinie tej wyspecjalizowała się w innych krajach Europy.

Porastające w pierze masy szlacheckie, które stanowiły zwyczajowo siłę obronną państwa, już w toku końcowych walk z Zakonem były na tyle silne, iż mogły przeciwstawić się skutecznie nie tylko mieszczaństwu i chłopom, ale również innym „stanom", które dotychczas rozstrzygały o losach państwa — królowi, możnowładztwu

Mikołaj Rej, drzeworyt XIX-wieczny Bronisława Puca

Krotka rozpra-
wa miedzy trze-
mi osobami/ Pánem/ Woytem/ á
Plebanem, Ktorzy y swe y innich
ludzi przygody wyczytáią, A
tákież y zbytki y pożytki dzi
sieyssego swiátá,

W Krákowie przez Mácieiá
Szarffenberká, Latá.
1 5 4 3.

Karta tytułowa *Krótkiej rozprawy* Mikołaja Reja, wyd. 1543

1. Kultura «złotego wieku» zygmuntowskiego

i duchowieństwu. Zapasy o władzę, po zapowiedziach tego w czasach Kazimierza Jagiellończyka, rozpoczęły się za rządów jego synów, zwłaszcza Zygmunta I, „króla Starego", i w toku jego długiego panowania (1506 - 1548), następnie zaś za czasów jego syna, Zygmunta Augusta (zm. 1572), doprowadziły do przekształcenia średniowiecznej „korony" czy „królestwa" w monarchiczną rzecz pospolitą szlachecką, ustrój dość dziwaczny, na czele jego bowiem stał król obieralny „viritim", a więc głosami całej powszechności szlacheckiej.

Przeszło pół wieku trwające zapasy, rozgrywające się na arenie sejmowej, a wspierane rosnącą falą publicystyki, maskowały swój charakter rewolucyjny nazwami najpierw „egzekucji dóbr", później „egzekucji praw"; nazwy te głosiły, iż przeprowadzone reformy nie wprowadzały jakoby niczego nowego, iż opierały się na prawach istniejących, ale dotąd nie wykonywanych, nie egzekwowanych. W istocie jednak chodziło o radykalną przebudowę odziedziczonego po średniowieczu ustroju, począwszy od jego podstaw ekonomicznych, do których zabrała się egzekucja dóbr. Ponieważ ogromne ilości majątku państwowego, znajdującego się w ręku królewskim, przeszły w w. XV w posiadanie rodów magnackich, dobra te odzyskano dla skarbu z tym, że „kwartę", tj. jedną czwartą płynących z nich dochodów, przeznaczano na utrzymanie stałego wojska. Ta reforma finansów miała dla szlachty podwójne znaczenie; poważnie, choć na czas niedługi, osłabiała możnowładztwo, którego szeregi na dobitkę bardzo wówczas przerzedły, wiele bowiem starych rodów wygasło około połowy stulecia; po wtóre, stworzenie stałego wojska, nawet w. liczbie niedostatecznej, zwalniało masy szlacheckie od służby wojskowej, od „ciągnienia" na wojnę, a tym samym ułatwiało jej nowe zajęcie — gospodarkę w majątkach.

Zwycięską rozgrywkę przeprowadzono również z drugim przeciwnikiem, potężnym politycznie i ekonomicznie, którym był kler; obóz egzekucyjny wyzyskał „nowinki" — jak nazywano ruch reformacyjny — by złamać doniosłe przywileje kościelne, dokuczliwe dla szlachty, a więc sądownictwo duchowne oraz daniny w naturze, zwane „dziesięcinami". Zawiodły natomiast próby zmuszenia Kościoła do udziału w wydatkach państwowych, projektów bowiem, by z majątków duchownych utrzymywać wojsko, a nawet szkolnictwo, przeprowadzić się nie udało.

Egzekucja praw ograniczała wreszcie w stopniu bardzo znacznym centralną władzę państwową, króla; doraźnie było to korzystne dla państwa, szkodliwość reformy miała okazać się dopiero w przyszłości. Potęga Jagiellonów opierała się w stopniu niemałym na fakcie, iż byli oni dziedzicznymi i samowładnymi panami na Litwie, co nieraz w sporach z krnąbrnymi poddanymi w Koronie wyzyskiwali. Ostatni przedstawiciel dynastii, król patriota, Zygmunt August, w Unii Lubelskiej r. 1569 dla dobra państwa z przywileju tego zrezygnował, spełniając tym samym najtrudniejsze do zrealizowania życzenie szermierzy reformy. Jego następcom wyborcy mieli stawiać warunki, „pacta conventa", których dotrzymanie nowi królowie musieli zaprzysięgać. Ograniczeniu dalej uległa władza sądownicza króla, przekazana powoływanym drogą wyborów trybunałom. Zachwianiu wreszcie uległa jego władza ustawodawcza, która powoli i stopniowo poczęła przechodzić do sejmu, tak że już drugi z królów obieralnych, Stefan Batory, żachał się, iż nie będzie królem malowanym.

Co jednak to wszystko miało wspólnego z Renesansem? Odpowiedź na to daje sama nazwa Rzeczypospolitej Polskiej, żywcem przeniesiona z Rzymu starożytnego. Oto szermierze egzekucji praw, statyści, a więc działacze polityczni, mieli dobre wykształcenie klasyczne, orientowali się w dziejach prawodawstwa rzymskiego i w systemach politycznych świata starożytnego, w jego „policjach" czyli ustrojach, po grecku wyrazem „politeia" oznaczanych. Wzory antyczne cenili tak, jak w średniowieczu wzory biblijne dochodząc nieraz do zaślepienia, nie dostrzegali bowiem, iż wedle schematów odległych w czasie i przestrzeni nie można kształtować życia nowoczesnego, które wyrosło z zupełnie innych warunków i rozwijało się na odmiennym podłożu. Zaślepienie to było jednak wyrazem poszukiwania nowych form państwowych, form świeckich, odmiennych od dziedzictwa średniowiecznego.

Ponadto szermierzami egzekucji byli ludzie o wybitnej indywidualności, jak „trybun ludu szlacheckiego", Jan Zamoyski, późniejszy kanclerz i hetman — ludzie o indywidualności renesansowej, o dużych i wszechstronnych zdolnościach, świetni znawcy świata starożytnego, po mistrzowsku władający wytworną łaciną humanistyczną, językiem ówczesnej dyplomacji i ówczesnej nauki. Język ten ułatwiał im utrzymywanie kontaktów z całą Europą, a równocześnie dawał im gwarancję, że uwiecznią ich „dobrą sławę". Ludzie ci bowiem, wychowani w zasadach, które głosił humanizm, ostateczny cel swej działalności, za którą zresztą kazali sobie dobrze płacić, widzieli nie tyle w nagrodzie wiecznej, ile w dobrobycie doczesnym i „dobrej sławie" u potomności.

Dobrobyt ten (wygodne życie codzienne, wspaniałe stroje, smaczna kuchnia, wytworne mieszkanie, kulturalne rozrywki) szczyt swój osiągał na dworach nie tylko królewskich, ale również magnackich, duchownych i świeckich, i prowadził do powstawania nowych rodów magnackich. Najbardziej znamiennym przykładem jest tu kariera Jana Zamoyskiego, który na egzekucji praw wymierzonej przeciw możnowładztwu dorobił się niemal udzielnego państwa w państwie,

1. Kultura «złotego wieku» zygmuntowskiego

tak dalece, że w swoim Zamościu mógł porwać się na stworzenie uniwersytetu, na co gdzie indziej pozwalali sobie królowie i książęta. Z Zamoyskim szli o lepsze magnaci duchowni, wprowadzający swe rody w szeregi możnowładców.

Miłośnicy „dobrej sławy" usiłowali zdobywać ją już za życia przez roztaczanie opieki nad sztuką, przez uprawianie mecenatu. Przygarniali więc zdolnych artystów, łożąc na ich wykształcenie, ułatwiając im karierę, niekiedy obsypując ich złotem. W dziedzinie literatury mecenat ten dawał nieraz wyniki bardzo dobre, chociaż w olbrzymiej większości wypadków prowadził do rozrostu pustego panegiryzmu, do powodzi próżnych słów, chwalących bardzo wątpliwe zasługi. W Polsce jagiellońskiej głównym ośrodkiem mecenatu literackiego była kancelaria królewska, zatrudniająca „sekretarzy Jego Królewskiej Mości". Niektórzy z nich, jak Zamoyski, robili wspaniałe kariery polityczne; inni, a tych była większość, otrzymywali katedry biskupie; byli jednak wśród sekretarzy ludzie, jak Jan Kochanowski lub Łukasz Górnicki, którzy mecenatowi, nie zawsze królewskiemu, zawdzięczali możliwość rozwinięcia zdolności literackich, przy czym dodać należy, iż mecenasi nie stosowali kryteriów klasowych, opieką swą otaczając zdolnych pisarzy pochodzenia nie tylko szlacheckiego, ale również Janicjuszów i Górnickich, a więc synów chłopskich i mieszczańskich.

Mecenat renesansowy sięgał również w dziedzinę sztuk innych, zwłaszcza architektury, i to przede wszystkim świeckiej. Wprawdzie do jej klejnotów należy grobowa kaplica zygmuntowska w katedrze wawelskiej, ale podobnych zabytków mamy stosunkowo mało. Górowały nad nimi pałace królewskie i magnackie, poczynając od wspaniałej rezydencji wzniesionej przez Zygmunta I na Wawelu. W ślady zaś króla szli magnaci świeccy i duchowni oraz municipia miejskie i patrycjat mieszczański. Gmachy takie, jak Sukiennice na rynku krakowskim, jak ratusze w Poznaniu, Tarnowie, Sandomierzu, Zamościu, dotąd głoszą wielkość sztuki renesansowej. Tworzyli je, niestety, nie mistrzowie miejscowi, lecz obcy, przeważnie z Włoch sprowadzani. „Ingenia" (talenty) bowiem polskie, a raczej szlacheckie, jak sarkał Górnicki i jak jeszcze w połowie w. XIX ubolewał będzie Norwid, nie kierowały się ku architekturze i sztukom plastycznym. Odbiło się to znamiennie na losach rzeźby i malarstwa. Czasy Renesansu mianowicie w dbałości o „dobrą sławę" przywiązywały ogromną wagę do rzeźby nagrobkowej. Wspaniałymi jej okazami, i to nie tylko kaplicą zygmuntowską, szczyci się katedra wawelska; niezwykle piękne grobowce Tarnowskich w Tarnowie, Szydłowieckich w Opatowie i dużo dzieł mniej głośnych po kościołach krakowskich i innych, stanowią imponujące dopełnienie sarkofagów wawelskich.

Twórcami jej byli jednak znowuż rzeźbiarze włoscy. A nie inaczej było w dziedzinie malarstwa. Zamek wawelski na wesele „króla młodego", Zygmunta Augusta, przyozdobiono „Potopem", serią niezwykle pięknych arrasów, sprowadzonych z zagranicy. Freski znowuż, zdobiące krużganki wawelskie, wyszły spod pędzla Hansa Dürera, młodszego brata sławnego Albrechta.

Ludzie renesansowi lubili i umieli się bawić. Nieodzownym zaś składnikiem zabawy była muzyka. Ona uświetniała barwne widowiska o charakterze raczej baletowym niż teatralnym, urządzane w czasie uroczystości rodzinnych, ona towarzyszyła przedstawieniom teatralnym, ona przygrywała podczas uczt i wszelkich innych rozrywek. Dość przypomnieć, iż nowoczesna opera jest dzieckiem renesansu włoskiego. A w tej dziedzinie kultura polska czasów zygmuntowskich przynosi duże niespodzianki. Mikołaj Rej od w. XVI znany jest jako wybitny pisarz, dopiero jednak od lat niewielu wiemy z rachunków dworskich, iż występował on na dworze Zygmunta Starego z wyszkolonym przez siebie chórem własnych śpiewaków. Pióro Kochanowskiego w przysłowiowym zwrocie „Nie każdy weźmie po Bekwarku lutnię" unieśmiertelniło ulubionego muzyka Zygmunta Augusta, lutnistę węgierskiego. Obok niego jednak historyk muzyki zna dzieła i nazwiska wybitnych muzyków polskich. Zachowały się więc tabulatury: organowa Jana z Lublina (1540) i lutniowa nieznanego kompozytora, kompozytorzy zaś, jak Sebastian z Felsztyna, Marcin Leopolita, Mikołaj Gomółka, Wojciech Długoraj, nade wszystko zaś Wacław z Szamotuł i Mikołaj Zieleński, reprezentują bardzo wysoki poziom sztuki muzycznej w Polsce renesansowej, muzyki zarówno kościelnej, jak — i to przede wszystkim — świeckiej.

Całość kultury „złotego wieku" Jagiellonów, jak wiek XVI w Polsce przyjęto nazywać, robi z odległości czterech stuleci wrażenie epoki niezwykle pogodnej i harmonijnej, wolnej od tragicznych powikłań i wydarzeń. Wrażenie takie płynie stąd, iż czasy zygmuntowskie miały charakter na ogół pokojowy, jakkolwiek bowiem w pierwszej połowie stulecia, za Zygmunta Starego, Litwa była ustawicznie w stanie pogotowia wojennego, to w Koronie tego nie odczuwano, a wojny prowadzone za tegoż króla, podobnie jak wojny w czasach Stefana Batorego, miały charakter zwycięski. Co ważniejsza, Polska, która umiała uniknąć starcia z potęgą turecką, wdzierającą się w środek Europy, uniknęła również wojen religijnych, mimo iż zalała ją fala reformacji, niosąca w sobie zarodki walk religijnych. Było to niewątpliwie wynikiem tolerancyjnej polityki obydwu Zygmuntów i następcy ich, Batorego, dzięki której nie doszło ani do starć zbrojnych, ani do prześladowania zwolenników wyznań niekatolickich. Wprawdzie Zygmunt Stary wydawał edykty przeciw luteranom, ale

1. Kultura «złotego wieku» zygmuntowskiego

pozostawały one na papierze, czemu dziwić się nie należy, gdy się pamięta, iż król ten miał w senacie swego siostrzeńca, księcia pruskiego Albrechta, który porzuciwszy godność wielkiego mistrza krzyżackiego i katolicyzm przeszedł na luteranizm, złożył hołd na rynku krakowskim (1525) i zmienił się w lojalnego wasala Jagiellonów.

Reformacja była jednym z najosobliwszych zjawisk w dziejach kultury polskiej. Luteranizm przyjął się w miastach, gdy szlachta lgnęła raczej do „wyznania helweckiego", kalwinizmu. Nurt reformacji rozlał się bardzo szeroko, ale płytko, i tę jego słabość trafnie dostrzegł Kochanowski, gdy ironicznie pisał, że „teraz wszyscy każą, a żaden nie słucha", że „sami jęli się kazać i żony wćwiczyli". Słabość ta wystąpiła wyraźnie w pomysłach niezależnego od Rzymu kościoła narodowego. Teoretyków i zwolenników miał ten ruch nawet na szczytach hierarchii kościelnej, losy jego zależały jedynie od decyzji hamletyzującego Zygmunta Augusta, ale na krok stanowczy król zdobyć się nie chciał, zasłaniając się tradycjami swego rodu. Nie miał w sobie żarliwości religijnej, na cały ruch spoglądał tak, jak Kochanowski: z melancholijnie wyrozumiałym uśmiechem mędrca-humanisty. Dlatego też nie potępiał wyznania, które w ostatnich latach jego rządów pojawiło się w Polsce, krzewione przez przybyszów włoskich (Fausta Socyna i innych), zmuszonych do opuszczenia ojczyzny z racji swych radykalnych poglądów teologicznych i polityczno-społecznych. Wyznanie to, noszące różne nazwy (socynianie, arianie, unitarianie, antytrynitarze, bracia polscy), było wynikiem skrzyżowania tendencji reformacyjnych z duchem Renesansu, religią humanistyczną, odrzucającą to wszystko, co reformacja wyniosła z głębi średniowiecza, z fanatyzmem włącznie. Odrzucając tradycyjne formy życia kościelnego, a wraz z nim formuły teologiczne, myśliciele ariańscy z antropocentryzmu humanistycznego wysnuwali konsekwentny wniosek, iż kamieniem węgielnym chrystianizmu jest doskonałość natury ludzkiej, tak czysta, iż sięga boskości, za wcielenie jej zaś uznawali Chrystusa-człowieka, który doszedł poziomu bóstwa. To było kamieniem obrazy dla wszystkich innych wyznań i sprawiło, iż „chrystian" z równą nienawiścią traktowali katolicy, jak luteranie, jak kalwiniści. Zygmunt August nie dożył Konfederacji Warszawskiej, powstałej po jego śmierci (1573), aktu prawnego, którym dysydenci, a więc akatolicy, zapewnili sobie prawa przysługujące katolikom, z tym jednak zastrzeżeniem, iż z praw tych korzystać nie mogli arianie.

Słabość reformacji polskiej sprawiła, iż pod koniec stulecia, za Zygmunta III Wazy, poczęła ona dość szybko wygasać. Działalność faworyzowanych przez króla jezuitów, którzy znakomicie zorganizowali własne szkolnictwo, przyciągające dzieci innowierców, osiągnęła to, iż zarówno magnaci, jak szlachta coraz częściej powracali do katolicyzmu. Kontrreformacja, bez uciekania się do przemocy, zwyciężała na całej linii. Zdecydowany opór stawili jej tylko arianie, którzy w ośrodkach swych, w Rakowie i Lublinie, prowadzili długie i namiętne dyskusje z jezuitami. Ostatecznie jednak i oni przycichli, zwłaszcza że w w. XVII dotknęły ich ostre represje, zakończone wygnaniem z kraju.

Jakkolwiek krótkotrwała i powierzchowna, reformacja nie przeszła bez śladów w kulturze Polski renesansowej. Obok ludzi, którzy dla korzyści materialnych, opanowania dóbr kościelnych, dla ambicji przewodzenia wśród współwyznawców, dla mody wreszcie przyswajali sobie „nowinki", było w Polsce sporo osób o dużych i głębokich zainteresowaniach religijnych; w wyznaniach akatolickich szukały one zaspokojenia swych potrzeb duchowych, rozwiązania wątpliwości, na które dogmatyka katolicka nie dawała zadowalającej odpowiedzi. Jednostki te ostatecznie lądowały w arianizmie albo wracały do katolicyzmu, odnowionego przez sobór trydencki (1545 - - 1563). W ten sposób reformacja wzbogacała, niejednokrotnie zaś wprost budziła życie wewnętrzne, uczuciowe i intelektualne. Życie to szukało sobie wyrazu w słowie mówionym i pisanym, roztrząsającym przeróżne subtelności filozoficzne, i to w języku nie tylko łacińskim, ale również polskim. W ten sposób reformacja w dziedzinie życia religijnego szła ręka w rękę z egzekucją praw w zakresie życia politycznego, obie zaś wywarły wpływ bardzo silny na język, na jego usprawnienie, na jego umiejętność wyrażania tego, co do owej chwili wypowiadać można było tylko po łacinie. W ten sposób życie oddziaływało coraz silniej na literaturę, poszerzając i pogłębiając jej tematykę i doskonaląc jej środki wyrazu, jej formy artystyczne, odziedziczone po średniowieczu.

Stuletni ten proces przechodził różne stadia, zależne od tego, co działo się w życiu. Na ogół występują w nim wyraźnie trzy fazy, pokrywające się z panowaniem Zygmunta Starego, następnie Zygmunta Augusta i Stefana Batorego, wreszcie Zygmunta III Wazy.

Faza wstępna, nasiąkania kultury polskiej pierwiastkami humanizmu renesansowego, sięga od jakiegoś r. 1506, gdy Zygmunt I wstąpił na tron, po rok 1543, o lat pięć wcześniejszy od daty zgonu „króla Starego"; na rok ten przypada śmierć Kopernika i Janicjusza, a zarazem wydanie kilku znakomitych dzieł Mikołaja Reja, Andrzeja Frycza Modrzewskiego, Stanisława Orzechowskiego i innych. Faza ta, przynosząca świetny rozwój drukarstwa w Krakowie, obejmuje równocześnie bogaty rozkwit literatury tworzonej przez mieszczan i, jak każda faza wstępna, wyrasta ze skrzyżowania się przeżytków średniowiecznych z nowościami renesansowymi.

Faza druga, czas dojrzałości, sięga roku 1584, daty śmierci Jana Kochanowskiego, o dwa lata wyprzedzającej śmierć Batorego. Lata te, wypełnione energiczną akcją obozu egzekucji praw, wprowadzają do literatury głównie pisarzy szlacheckich, a ich produkcja piśmiennicza odtwarza wszystkie podstawowe składniki humanizmu polskiego.

Faza wreszcie końcowa sięga roku 1620, w którym umiera świetny tłumacz, Piotr Kochanowski, a na polach Cecory ginie Stanisław Żółkiewski, znakomity wojownik, ostatni przedstawiciel polityki renesansowej i wybitny pisarz-pamiętnikarz. Faza to schyłkowa; przypada na nią zmierzch Renesansu, przechodzącego stopniowo w barok; nowe stosunki polityczne i kulturowe, których sygnałami są zarówno wojna turecka, jak kontrreformacja, wnoszą do literatury nowe tematy, które siłą rzeczy wyrażają się w formach starych, ale coraz częściej szukają nowych środków wyrazu.

2. POEZJA POLSKO-ŁACIŃSKA

Zygmunt I, gdy losy wbrew wszelkiemu prawdopodobieństwu, bo po bezdzietnej śmierci dwu starszych braci, dały mu tron, wychowanek Kallimacha, otarty w świecie obcym, cenił sztukę i umiał z niej korzystać. Toteż dwór jego stwarzał zapotrzebowanie na poezję i stał się na swój sposób jej ogniskiem. Zadaniem jej było uświetniać uroczystości państwowe i rodzinne, posunięcia polityczne mądrego władcy, jak głośny zjazd wiedeński r. 1515, jak wyniesienie na tron, najpierw wielkoksiążęcy, później królewski, małoletniego syna, jak zwycięstwa nad Moskwą czy Wołoszą, aż po zgon samego króla — mecenasa po półwiekowych blisko rządach w r. 1548. Wydarzenia znowuż rodzinne, małżeństwa, zwłaszcza poślubienie Bony, z biegiem zaś lat ożenki syna i zamążpójście córek wywoływały powódź wierszy, pełniących funkcję dzisiejszych sprawozdań prasowych.

Panegirystów dostarczały uniwersytet i kancelaria nadworna, poetom miejscowym towarzyszyli zagraniczni, utwory bowiem, obliczone na wywołanie rozgłosu europejskiego, pisywano — wedle gotowych recept poetyckich — w języku łacińskim, chociaż, jak się okaże, ucho królewskie nie było obojętne na pieśni Muzy polskiej.

Wśród całej tej plejady nie brakło poetów, w większości jednak byli to rzemieślnicy pióra, jak P a w e ł z K r o s n a (zm. 1517), profesor uniwersytetu, czy jego uczeń, J a n z W i ś l i c y (ok. 1485 - ok. 1520). Wymienia się ich od dawna, jako najdawniejszych chwalców Zygmunta, choć ich kute z mozołem kulawe zwrotki saficki e i dystychy elegijne mają wartość jedynie dokumentów kultury literackiej. Że jednak nawet przy bardzo miernych zdolnościach natchnienia szkolne pozwalały wzbić się ponad szablony, dowiódł ich rówieśnik, Mikołaj z Husowa (Hussovianus) (ok. 1480 - ok. 1533), dworzanin biskupi, który wraz ze swym chlebodawcą znalazł się w Rzymie i dla zaspokojenia zainteresowań myśliwskich papieża napisał wierszem traktat o żubrze, największej osobliwości puszcz polskich. *Carmen de bisonte*, bo tak brzmi tytuł utworu (1523), okazał się utworem klasy zgoła nieprzeciętnej, przyniósł bowiem bardzo plastyczny opis borów polskich i litewskich z niezwykle wyrazistymi obrazkami życia żubra i polowań na niego, tak że autorowi, poecie bardzo miernemu, udało się stworzyć niewątpliwe dzieło sztuki, znajdujące po wiekach miłośników nie tyle wśród myśliwych, ile wśród pisarzy.

Pierwszym jednak wśród panegirystów wawelskich był nie chudopachołek, lecz zdolny i ambitny biskup — kortezan, zręczny dworak, typowy przedstawiciel kleru renesansowego w jego pospolitej a gorszej odmianie, Andrzej Krzycki (1482 - 1537). Obsypywany łaskami Bony, której zawdzięczał biskupstwo płockie, Krzycki zabłysnął kąśliwymi epigramami, w których nie szczędził bynajmniej także swej dostojnej opiekunki, gdy robiąc aluzję do jej herbu przedstawiającego węża i do podania o smoczej jamie podrwiwał, iż niegdyś smok siedział pod zamkiem wawelskim, a teraz osiadł na nim. Hulaka i miłośnik pornografii, okupujący sprośne koncepty niewątpliwym dowcipem, w epigramach swych dał znakomity obraz życia dworzan królewskich, szkicując sylwetki najrozmaitszych Falstaffów epoki zygmuntowskiej. W razie potrzeby jednak umiał uderzać w tony poważne, jak dowiódł utworami na wesele Zygmunta z Boną, na zwycięstwa hetmanów królewskich nad wrogiem i przede wszystkim wierszem politycznym, wymownie malującym grozę niebezpieczeństwa tureckiego i trudną sytuację Rzeczypospolitej.

Inny dworzanin, Jan Dantyszek (1485 - 1548), jak nazwał się od miasta rodzinnego Gdańska, przez długie lata posłujący u cesarza Karola V, w utworach młodzieńczych, nieco, choć niewiele, wstrzemięźliwszych od fraszek Krzyckiego, spowiadał się ze swych przygód po świecie. Z biegiem lat jednak spoważniał i otrzymawszy od króla biskupstwo warmińskie, jedyne, które nie wymagało szlacheckiego pochodzenia, Dantyszek zapomniał o doświadczeniach dworskich i obowiązki swe spełniał aż nadto rygorystycznie, jak dowodzi biografia Kopernika, którego surowy zwierzchnik gromił za utrzymywanie młodej gospodyni. Od pisywanych na starość wierszy pobożnych, dźwięczących echami psalmów pokutnych, wyższe są jednak elegie autobiograficzne Krzyckiego, zajmujące jako wizerunek typowego przedstawiciela kultury duchowej czasów Odrodzenia.

2. Poezja polsko-łacińska

Osobna wzmianka należy się **Krzysztofowi Kobylińskiemu**, którego nieduży tomik epigramów (1558) zawiera utwór bardzo niezwykły, bo w dystychach elegijnych wyrażoną autentyczną bajkę ludową. Treścią jej są losy chłopca, zaklętego w baranka i jego siostry, poślubionej przez króla, a utopionej przez zazdrosną rywalkę. Co niezwyklejsze, bajkę ilustruje dobrze wykonany drzeworyt, przedstawiający nieszczęsną wodnicę.

Nad wszystkich tych poetów-rymarzy wzbił się talentem młodo zmarły, ubogi ksiądz podkrakowski, z pochodzenia chłop kujawski, **Klemens Janicius** (1516-1543). Dzięki pomocy mecenasów, biskupa Krzyckiego i wojewody Piotra Kmity, chłopski syn zdobył wykształcenie uniwersyteckie w Bolonii, zakończone otrzymaniem wieńca laurowego, nagrody poetów. Świetnie zapowiadający się *poeta laureatus* nie zdołał rozwinąć swego talentu wskutek śmierci przedwczesnej. Wyrazem tego talentu stały się elegie, pod zapożyczonym wprawdzie od ubóstwianego Owidiusza tytułem *Tristia* (Smutki), ale tytuł ten doskonale odpowiadał i dziejom, i usposobieniu pisarza, borykającego się z biedą, z łaską pańską, z nurtującą go nieuleczalną chorobą. Tym, co trzymało go przy życiu, było poczucie własnej odrębności i wartości, głębokie przywiązanie do poezji, w której widział własne powołanie, kult przyjaźni jako czynnika ułatwiającego współżycie ludzkie, wreszcie podziw dla świata, który go otaczał i czarował swym urokiem. Do tego dochodziło głębokie, ale od egotyzmu wolne zainteresowanie własnym życiem duchowym. Wszystkie te pierwiastki, doskonale zharmonizowane, złożyły się na pełną ujmującej szczerości i bezpośredniości elegię autobiograficzną *O sobie samym do potomności*. Zainteresowania te nie przeszkadzały jednak młodemu poecie pilnie obserwować życie, z którym stykał się na dworach swoich mecenasów, obserwację zaś ułatwiał mu zmysł satyryczny, pozwalający dostrzegać komiczne właściwości ludzi, przedmiotów, wydarzeń. Dzięki temu Janicius napisał sporo zabawnych nieraz epigramów oraz dłuższą satyrę wymierzoną przeciw „Różnorodności strojów polskich". Uwagi o nich włożył w usta wywołanego z grobu Jagiełły i błazna Stańczyka, inaczej Stasia Gąski, sławnego trefnisia królewskiego, na którego dowcipie się poznał i którego pierwszy do literatury wprowadził. O rozeznaniu wreszcie Janicjusza w życiu politycznym świadczy jego satyra, piętnująca sobkostwo szlachty, dbałej jedynie o własne sprawy, obojętnej zaś wobec potrzeb państwa. Satyra, wywołana przez „wojnę kokoszą", która była czymś w rodzaju powszechnego strajku powołanych na pospolite ruszenie mas szlacheckich przeciw zarządzeniom króla, dowodziła, iż młody poeta nie darmo przebywał u boku Krzyckiego i Kmity, równocześnie zaś zapowiadała pisarza, zdolnego przyodziewać gorzkie prawdy polityczne w szatę pięknego. słowa. I dlatego właśnie wielostronne zainteresowania Janicjusza, dodane do jego umiejętności posługiwania się językiem artystycznym, wynoszą go nad ogół innych wierszopisów łacińskich jego epoki.

Ich twórczość zbiorowa, jakkolwiek przeważnie związana z chwilą bieżącą, pozostawiła jednak głębokie ślady w literaturze w. XVI, upowszechniła bowiem pewne tematy, demonstrowała sposoby ich ujmowania w języku łacińskim, zachęcała więc niejako do podejmowania takich samych prób w języku polskim. W ślady panegirystów łacińskich pierwszy poszedł — jak się okaże — przyjaciel Janicjusza, Stanisława Kleryka, w swych wierszach polskich na uroczystości dworskie. Niezależnie jednak od niego pomysłami wyprowadzonymi przez Krzyckiego czy Janicjusza posługiwać się będą późniejsi poeci polscy, od Reja poczynając po pisarzy z końca stulecia.

3. POECI MIESZCZAŃSCY

Gdy w zakresie poezji łacińskiej czynnikiem decydującym były potrzeby i mecenat dworu królewskiego, o losach poezji polskiej rozstrzygało bezimienne zapotrzebowanie czytelnicze, zaspokajane przez „impresorów" krakowskich, drukarzy-wydawców, robiących na książce polskiej doskonałe interesy. Nie potrafimy odpowiedzieć na pytanie, kim byli jej odbiorcy. Możliwe, iż dużą rolę odgrywały wśród nich kobiety, wątpliwości natomiast nie ulega, iż najpotrzebniejsze były książki do użytku kościelnego i szkolnego, jako że spotykamy je wśród najstarszych druków polskich, tłoczonych przez zaradnego Floriana Unglera. Spod jego mianowicie prasy wyszedł w r. 1513 modlitewnik, dzieło jednego z najbardziej interesujących i zagadkowych pionierów literatury w języku polskim, B i e r n a t a z L u b l i n a (ok. 1465 - ok. 1529).

Mieszczanin z pochodzenia, lekarz z zawodu, radykał z przekonań, pisarz wreszcie z zamiłowania, należał Biernat do tych szermierzy postępu, których wśród mieszczaństwa krakowskiego ok. r. 1520 było wielu i którzy z zainteresowaniem nadstawiali ucha na wiadomości z Niemiec po wystąpieniu Lutra. Pośrednio wiadomo, iż Biernat w debatach na temat reformacji brał żywy i czynny udział, jakkolwiek wypowiedzi jego w tej sprawie nie ocalały. Do pracy literackiej przystąpił jednak już wcześniej, w r. 1513 bowiem ukazał się jego *Raj Duszny*, modlitewnik, poczytywany za „pierwszą książkę polską", choć może jest tylko najdawniejszą książką, z której kilka kart dochowało się do naszych czasów. Bardzo być może, iż spod jego pióra wyszedł, sporządzony w r. 1515, znany zaś z dwu wydań późniejszych przekład alegorycznej „powieści", drukowanej jako *Historya o Szczęściu* lub *Fortuny i cnoty różność*. Utwór ten, dzieło prawdopodobnie królewicza czeskiego Hynka z Podiebradu, pokazuje na przykładzie butnego a lekkomyślnego młodzieńca kruchość kariery dworskiej. Tekst czeski był też prawdopodobnie źródłem *Dialogu Palinura z Karonem*, zachowanego w sporym fragmencie, a roztrząsającego zagadnienia zbliżone do tematyki dziełka poprzedniego, bo sprawę złego władcy, który postrachem wymusza sobie posłuch, otoczony jednak nienawiścią poddanych nie żyje szczęśliwie.

Głównym jednak dziełem Biernata jest *Żywot Ezopa Fryga, mędrca obyczajnego, z przypowieściami jego*, wydany w r. 1522, zachowany zaś w unikacie wznowienia z r. 1578. Tytuł ten objął dwa utwory różne charakterem i pochodzeniem: biografię Ezopa, mitycznego autora popularnych bajek zwierzęcych oraz okazały zbiór owych bajek. Część pierwsza, biografia Ezopa, to typowy romans błazeński, utkany z przygód franta czy raczej „z głupia franta", „morosofa", jak po grecku figurę taką zwano. Osobnik upośledzony społecznie i fizycznie, bo i niewolnik, i człek szpetny, na dobitkę jąkała, odznacza się zdumiewającą pomysłowością, umie znaleźć wyjście z każdej sytuacji i wystrychnąć na dudka swego pana, przeciwnika czy prześladowcę, słowem Szwejk antyczny. Dzięki temu Ezop nie tylko że zdobywa wolność, ale zostaje wszechwładnym doradcą, ministrem władcy wschodniego, któremu dopomaga do pokojowego zwycięstwa nad sąsiadami. Ostatecznie jednak Ezop ginie, oskarżony o zbrodnię, której nie popełnił, o kradzież podrzuconego mu kubka ze świątyni w Delfach.

Do wyłożonych wierszem ośmiozgłoskowym barwnych dziejów „mędrca obyczajnego" Biernat dodał ponad dwie setki tzw. bajek ezopowych, które w postaci greckiej czy łacińskiej żyły przez całe średniowiecze. Teksty ich, przełożone gładko, tłumacz opatrzył swymi komentarzami, odpowiadającymi temu, co po grecku zwano „epimythion", po łacinie „morałem", a co po polsku „pobajczem" nazwać by można. W uwagach tych doszła do głosu cierpka mądrość życiowa Biernata, zaprawiona radykalizmem zarówno tam, gdzie mówił o „wysokich stanach" panujących i możnowładcach, jak i tam, gdzie rozprawiał się z klerem, zwłaszcza zakonnym. Pobajcza zaś uzupełnił znakomicie przysłowiami, które umieszczał bądź w swych uwagach, bądź — i to przede wszystkim — nad bajkami jako ich tytuły. Wyzyskując w ten sposób podwójne znaczenie wyrazu „przypowieść", stosowanego równie dobrze do bajki zwierzęcej jak do przysłowia, stał się Biernat nie tylko najdawniejszym bajkopisem, ale również pierwszym przysłowioznawcą polskim.

Jego Ezop, w poglądach bliski radykalizmowi humanistycznemu, w technice pisarskiej związany jest najściślej z średniowieczem. Jego słownictwo wykazuje mnóstwo wyrazów, które w w. XVI nie były w użyciu, jego formy gramatyczne odtwarzają stosunki, znane z tekstów w. XV, jego wiersz to typowa miara poezji średniowiecznej. Ale właśnie dlatego uznać go trzeba za typowego przedstawiciela fazy wstępnej w dziejach polskiej literatury renesansowej.

Że jednak pochodzenie plebejskie nie zawsze i nie wszędzie wiodło do radykalizmu, dowodzi kariera życiowa i literacka innego pisarza czasów Zygmunta Starego, Stanisława Gąsiorka (ok. 1494 - 1562), zwanego z łacińska Anserinus, na utworach zaś podpisującego się jako Stanisław z Bochni lub Stanisław Kleryka, niekiedy Kleryka Królewski.

Mieszczanin bocheński, prawdopodobnie bez wykształcenia uniwersyteckiego, jeden z kapelanów dworskich, umiał sobie pozyskać względy króla, który nie szczędził mu dowodów łaski, dając mu zasobne probostwa, m.in. w Wieliczce, co upamiętnił dowcipnym epigramem Janicius, i w nie istniejącym dzisiaj kościele krakowskim. Były to zapewne nagrody nie tyle dla pobożnego kapłana, ile dla człowieka, który po polsku usiłował robić to, co bardziej odeń wykształceni rówieśnicy robili po łacinie, nagrody dla pisarza — poety. A może i dla człowieka o pewnych zaletach towarzyskich, znanego np. z dowcipu. Zalety te były może źródłem zabawnego dziełka, które Stanisław z Bochni wydał w r. 1531 pt. *Fortuna*, a które długie lata cieszyło się poczytnością. Był to podręcznik wróżbiarski, łączący pomysł ruletki z systemem losów wyciąganych przez papugę na katarynce grajka odpustowego. Gdy część pierwsza trąciła kawałem, parodią znaków zodiaku, części drugiej patronowały uroczyste Sybille, wróżki przyszłości. Stara ta zabawka była jednak tylko czymś przygodnym w dorobku Gąsiorka, godzącym w cele daleko wyższe.

Stał się on mianowicie piewcą uroczystości dworskich, takich jak „powyszenie" młodziutkiego królewicza na tron wielkoksiążęcy i koronacja jego, jak wesele królewny Izabelli wydanej za Jana Zapolyę, a równocześnie wyrazicielem trosk politycznych króla, który córkę niebacznie zaplątał w sieć intryg węgierskich związanych z podbojami tureckimi. Wszystkie te utwory kapelana Stanisława, czy to będzie epitalamium dla Izabeli, czy lament z powodu okrucieństw tureckich, czy wiersze o królewiczu, wyrosły na pniu tradycji średniowiecznej i mają w sobie coś z pieśni kościelnej, jej ton modlitewny, jej powagę, jej ufność w pomoc bożą. We wszystkich przebija kult mądrego i dobrego „króla starego". Wszędzie też dochodzi do głosu historia, dowodząc, iż pisarz dobrze orientował się w sprawach polityki bieżącej. Na tle takiej faktury bardzo zabawnie wyglądają próbki zdobnictwa w guście renesansowym, w rodzaju „Juno, Wenus i Pallas, ty trzy zacne panie", które występują jako swachy królewny polskiej, równie zabawnie, jak w łacińskim epitalamium Krzyckiego, który bóstwa olimpijskie wysyłał do Kozienic, do myśliwskiego pałacyku króla Zygmunta. Ponieważ znamienne właściwości techniki Gąsiorkowej występują również w pełnej powagi pieśni żałobnej wielbiącej Zygmunta Starego, uznać ją się musi za dzieło Kleryki.

Z mniejszą pewnością powiedzieć to można również o dwu czy może nawet trzech utworach innych, których anonimowość jest może dziełem przypadku, uszkodzenia tekstu czy niedokładności opisu. Dwa pierwsze to pieśni żałobne ku czci nieszczęsnej Barbary Radziwiłłówny. Pierwsza z nich, przemówienie zmarłej królowej do przechodnia spoglądającego na jej grób, uderza głębią refleksji o niestałości szczęścia; druga to typowo średniowieczny spór, zmarła wyrzuca Fortunie, iż źle się z nią obeszła, Fortuna natomiast wylicza względy, którymi darzyła Barbarę. Młoda ofiara losu była, jak wiadomo, celem bardzo ostrych, niejednokrotnie obrzydliwych ataków, wymierzanych przeciwko wybrance Zygmunta Augusta, ataków, w których i Rej niesławnie maczał pióro. Gdy się o nich pamięta, obie pieśni pogrzebowe uderzają pełnym godności tonem „już mnie daj umarłej pokój", przesłonięciem przykrych spraw z kroniki dworskiej całunem wieczności.

Zamiłowania historyczne Kleryki nasuwają wreszcie domysł, iż on był również autorem długiej, w ośmiozgłoskowcu ułożonej pieśni o Grunwaldzie, rozpoczynającej się wierszem „We wtorków dzień apostolski". Sama pieśń, dokładnie odtwarzająca Długosza, nie ma wprawdzie (poza urokiem dawności) zalet literackich, korzystnie natomiast świadczy czy to o samym Kleryce, czy przynajmniej o zainteresowaniach bezimiennych pisarzy stosujących tę samą technikę literacką, którą znamy z jego utworów. Pisarze ci, dotrzymujący kroku dworskim łacinnikom, ale układający wiersze polskie, przygotowywali drogę poezji czasów późniejszych, dziełu Kochanowskiego.

4. ROZKWIT PROZY MIESZCZAŃSKIEJ

Działalność drukarzy krakowskich, którzy już w ostatniej ćwierci w. XV tłoczyli księgi kościelne, a których tradycję podjął w początkach w. XVI Niemiec z pochodzenia, Jan Haller, wydając m.in. wspaniały kodeks prawny arcybiskupa Jana Łaskiego z *Bogarodzicą* na czele, przybrała na sile ok. r. 1520, gdy rozpoczęli oni systematyczne nasycanie rynku książką polską. Florian Ungler, Jeronim Wietor,

Szarffenbergerowie, chronieni przywilejami królewskimi, stanowiącymi odpowiednik dzisiejszych ustaw o prawie autorskim, zorganizowali sobie współpracę literacką, wciągając do niej mistrzów i bakałarzy uniwersyteckich, od których nie można było wymagać dzieł oryginalnych, którzy jednak okazywali się dobrymi tłumaczami. Pożyteczną, tę pracę, wykonywaną nieraz kolektywnie, drukarze osłaniali górnymi frazesami, głoszącymi ich troskę o język polski, a pomieszczanymi w dedykacjach dla wysokich urzędników państwowych, którzy zaszczyt ten okupywali jeśli nie gotówką, to pomocą w uzyskiwaniu korzystnych przywilejów. Troska o język dała jeden wynik doniosły, podyktowany zresztą koniecznościami ekonomicznymi, tj. pisownię, której zasady, obowiązujące po dzień dzisiejszy, ustalono właśnie w oficynach drukarskich Krakowa czasów Zygmunta Starego. Pisownia średniowieczna, oparta na wyrażaniu dźwięków polskich literami łacińskimi, była chwiejna i rozrzutna; zaimek np. „się" w postaci „schye" wymagał aż pięciu znaków, co w praktyce drukarskiej znaczyło całe skrzynie kosztownych a zbędnych czcionek metalowych. Ustalenie pisowni prostszej dawało oszczędności metalu, papieru, czasu i pracy przy składaniu i druku.

Dobór dzieł przekładanych dostosowano do nawyków czytelnika, odziedziczonych po średniowieczu, obejmował więc on teksty religijne i świeckie, nie zawsze odpowiadające upodobaniu tłumaczy. Bardzo zabawnym wyrazem ich niezadowolenia był protest uczonego A n d r z e j a G l a b e r a, który — dla chleba — przełożył średniowieczną, prostacką książeczkę o fizjologii ludzkiej, zwaną *Problemata Aristotelis*, ale ostrą jej krytykę po łacinie przemycił w tekście polskim, przeznaczając ją widocznie dla bardziej wymagającego a wykształconego czytelnika. Na ogół jednak bakałarze nie mieli zastrzeżeń Glaberowych i z podjętych zobowiązań wywiązywali się, jak umieli, zazwyczaj znośnie, niekiedy znakomicie.

Należał do nich B a l t a z a r O p e ć, dobry tłumacz *Żywota Pana Jezu Krysta* (1522), dzieła niezwykle popularnego, które w ludowej literaturze dewocyjnej miało utrzymać się do w. XIX. Opecia jednak zaćmił rozmachem i poziomem swych prac J a n z K o s z y c z e k, autor pieśni religijnych, nade wszystko zaś doskonały tłumacz utworów należących do klasycznych okazów „powieści ludowej", czytanych od średniowiecza po dzień dzisiejszy. Działalność swą rozpoczął od znakomitego spolszczenia tekstu wyjątkowo trudnego, pełnego przysłów i naszpikowanego kalamburami — od *Marchołta*, humoreski, której pełny tytuł brzmi: *Rozmowy, które miał król Salomon mądry z Marchołtem grubym a sprosnym*. Treścią tej niedużej książeczki, z ilustracjami, starannie wydanej przez Wietora w r. 1521, są zawody między „mędrcem Pańskim" a sprytnym prostakiem, chło-

4. Rozkwit prozy mieszczańskiej

pem Marchołtem, który płata dotkliwe kawały dostojnemu przeciwnikowi i ostatecznie go w kozi róg zapędza. Utwór parodiujący głośne aforyzmy Salomonowej księgi mądrości, w przekładzie Janowym otrzymał szatę słowną nie ustępującą pełnemu konceptów oryginałowi łacińskiemu. W jakieś dwadzieścia lat później, ok. r. 1540, Jan z Koszyczek przyswoił *Poncjana*, czyli *Historię o siedmiu mędrcach*, światowej sławy zbiór nowel pochodzenia wschodniego, związanych opowiadaniem ramowym, zbliżonym do powieści biblijnej o Józefie w Egipcie, tj. kłopotami młodego królewicza z rozpustną macochą. Niemal równocześnie ukazała się inna praca bakałarza Jana, dokonana przy pomocy drukarza o ambicjach literackich, Jana z Sącza, mianowicie tomik *Historie rozmaite z Rzymskich i innych dziejów*. Był to wybór czterdziestu opowiadań z *Gesta Romanorum*, ogromnego zbioru „egzemplów", po polsku przykładami zwanych, a więc powiastek, które kaznodzieje wplatali w tok kazań, by urozmaicić i przybliżyć słuchaczom trudne wywody teoretyczne. Dzięki *Poncjanowi* i *Historiom* Jan z Koszyczek nasycił folklor polski wątkami bajkowymi, popularnymi w całej Europie średniowiecznej; co osobliwsza, opowiadania jego upowszechniały się na Rusi i zabarwiły wydatnie tameczną tradycję ludową.

Trzecim z wybitnych pisarzy mieszczańskich był **Andrzej Glaber z Kobylina**, tłumacz nie tylko wspomnianych *Problemata Aristotelis*, czyli *Gadek o składności członków człowieczych* (1535), ale również dzieła niepospolitego, a zaczytanego niemal doszczętnie, *Sarmacji* Macieja Miechowity. Glaber zajmował się nie tylko przekładami, lecz także musiał być czymś w rodzaju redaktora literackiego w drukarniach krakowskich, opiekującego się wydaniami dzieł cudzych, do których pisywał przedmowy. On to wreszcie w pamiętnym r. 1543, ogłosił traktacik *Sjem niewieści*, wzorowany na dziełku Erazma z Rotterdamu, ciekawy jako satyra na zbytkowne życie kobiet, a wypełniony mnóstwem szczegółów obyczajowych z życia polskiego.

Równocześnie ukazywały się przekłady anonimowe innych, arcypopularnych powieści średniowiecznych. Należała do nich *Historia o żywocie Aleksandra Wielkiego*, z której już Kadłubek czerpał swe fantastyczne pomysły do dziejów Polski, a którą w r. 1510 bardzo nieudolnie przełożył jakiś Leonard z Bończy. Tłumaczenie jego zachowało się tylko w rękopisie, w druku zaś niezwykłą poczytność zdobył bezimienny przekład krakowski z r. 1550, upowszechniający egzotyczne przygody Macedończyka, jego walki nie tylko z dzikusami, ale i z potworami w rodzaju bazyliszka.

Wziętością i żywotnością romans o królu macedońskim pobił *Sowiźrzał krotochwilny i śmieszny*, ludowy wesołek niemiecki, psotnik nad psotnikami, płatający dokuczliwe figle każdemu, kto miał nieszczęście zajść mu drogę, zarówno chłopom i rzemieślnikom, plebanom i mnichom, jak magnatom i książętom. Przygody jego czytywano u nas najpierw w przekładzie z czeskiego, drukowanym ok. r. 1540 pt. *Sownociardłko;* dopiero jednak niewiele późniejszy przekład z niemieckiego, odtwarzający nazwisko Eulenspiegel (tj. sowie zwierciadło) wyrazem Sowiźrzał, utrzymał się przez całe wieki jako ulubiony zbiór kawałów komicznych, typowy okaz niewybrednej, nieraz prostackiej humorystyki ludowej.

Z przekładów innych, odmiennego pokroju i pochodzenia, wspomnieć trzeba *Pamiętniki Janczara,* dużą księgę, którą mimo jej znacznych rozmiarów przez trzy stulecia często przepisywano, a która dopiero w w. XIX doczekała się druku. Autor jej, poturczony Rac Serb), K o n s t a n t y M i c h a ł o w i ć z O s t r o w i c y, uczestnik bitwy warneńskiej (1444), naszkicował w *Pamiętnikach* barwny obraz potęgi otomańskiej, zagrażającej po podbiciu cesarstwa bizantyjskiego Europie, ponieważ zaś dzieło jego miało charakter memoriału do użytku koronowanych czytelników wyjaśniał, w jaki sposób z potęgą tą rozprawić by się można. Zajmującą pracę „Janczara Polaka", jak autora u nas nieraz nazywano, przełożono na przełomie w. XV i XVI, stwarzając w ten sposób pierwsze ogniwo literackich związków polsko-serbskich.

Ówczesne warunki polityczne sprawiły, iż *Kronika* Konstantego, bo i tak ją zwano, znalazła rychło odpowiednik, niezwykły ze względu i na autora, i na tłumacza, i na swą wartość literacką. Oto wojewoda sieradzki, S t a n i s ł a w Ł a s k i, znakomity wojownik i dyplomata, przyjaciel Franciszka I, którego ratował z opałów, gdy niefortunny król francuski dostał się do niewoli cesarskiej, wydał w r. 1545 traktat pt. *Napomnienie polskie ku zgodzie do wszech krześcianów wobec, a mianowicie ku Polakom uczynione,* podający środki przeciwstawienia się Turcji w postaci przymierza wszystkich państw europejskich. Ogłaszając tę rzecz pod pseudonimem, wojewoda zataił własne nazwisko i funkcję oraz nazwisko autora, którym był ni mniej ni więcej tylko Erazm z Rotterdamu. Łaski utwór znakomitego humanisty przełożył tylko, ale zrobił to po mistrzowsku. Jego proza jasno wykłada argumenty polityczne, zdobiąc je świetnie dobranymi przesłowiami, urozmaicając zaś przebłyskami cięte ironii. Ponieważ przekładów z Erazma, chętnie czytywanego w oryginale, było niewiele, praca Łaskiego nabiera wyjątkowej doniosłości.

Osiągnięcia tłumaczy prozy łacińskiej, czy to średniowiecznych konceptów Marchołta, czy wytwornych pomysłów Erazma, świadczyły, iż proza polska u schyłku pierwszej fazy dziejów naszego Renesansu doszła do nie byle jakiej sprawności artystycznej. Wyrazem jej stała się drobnostka, sama przez się błaha, ale gdy ją rzucić na odpowiednie tło, nabierająca swoistej wymowy. Jest nią broszurka *Ludycje wieśne* (1543), parodia sławnych kalendarzy krakowskich, podających „iudicia", prognozy roczne, nie tylko pogody, lecz również klęsk żywiołowych i wydarzeń politycznych. Nieznany autor, wprowadzając stałe elementy kalendarzowe, jak piękna kolęda noworoczna, wydrwił zgrabnie przesądy i zabobony wierzeniowe, pospolite nie tylko w połowie w. XVI, ale spotykane w folklorze o lat czterysta późniejszym, ukazując je w świecie zapadłej wsi podgórskiej i stworzył całostkę bardzo pomysłową, równie zabawną dziś, jak w chwili swego powstania.

Proza czasów Zygmunta Starego, wytwór pisarzy mieszczańskich (Łaski bowiem jest tu chyba jedynym wyjątkiem), bo i autor *Ludycyj wieśnych*, produktu kultury dworskiej, nie musiał być koniecznie szlachcicem, stanowiła wyraźny pomost między tradycjami średniowiecza a wymaganiami nowych czasów i ich kultury. Odrabiała więc zaległości stuleci dawniejszych, przyswajała bowiem w przekładach dzieła, które stanowiły kanon literatury wspólnej wszystkim narodom Europy zachodniej, ale tłumaczonej tam znacznie wcześniej. Równocześnie zaś kładła podwaliny literatury ludowej dla Europy nie tylko środkowej, ale i wschodniej, i to literatury zarówno drukowanej jak ustnej. Równocześnie wreszcie torowała drogę wielu zjawiskom, które w całej pełni wystąpić miały w następnej, szczytowej fazie humanizmu renesansowego Polski jagiellońskiej.

5. MARCIN BIELSKI I INNI HISTORYCY

Jednym z przejawów ruchu umysłowego, który w pierwszej połowie w. XV wydał obfitą produkcję panegiryczną, było żywe zainteresowanie historią i geografią, występujące w nauce ogólnoeuropejskiej, a zwrócone przede wszystkim ku krajom mało znanym. Na fali tych zainteresowań wyrosły prace **Macieja z Miechowa** (Miechowity 1457 - 1523), lekarza nadwornego Zygmunta Starego: jego łacińska *Kronika polska*, oparta na Długoszu odpowiednio uzupełnionym i zastępująca jego nie wydrukowane dzieło, oraz nieduża monografia geograficzna *Tractatus de duabus Sarmatiis*, co Glaber zatytułował *Polskie wypisanie dwojej krainy świata*, pierwsza relacja o Europie wschodniej prostująca bajki, które o krainach tych powtarzano przez całe wieki w świecie zachodnim. Obydwa te dzieła rychło przełożono na język polski, przy czym *Sarmację* w kilku wydaniach zaczytano tak doszczętnie, iż znamy ją z jedynego egzemplarza, i to zdefektowanego. Dzieło to, podobnie jak mapa świata sporządzona przez Biernata Wapowskiego oraz piękny szkic Jodoka Decjusza *O czasach króla Zygmunta*, świadczyło wyraźnie, iż Polska renesansowa pragnęła wiadomości o szerokim świecie, ujmowała je naukowo i przekazywała Europie zachodniej.

Atmosfera ta sprawiła, iż w r. 1551 pojawiła się *Kronika wszystkiego świata*, zarys historii powszechnej od stworzenia Adama i Ewy poczynając, sięgający w. XVI. Autorem tej pracowitej kompilacji był M a r c i n B i e l s k i (ok. 1495 -1575), pisarz, którego nazwać by można pierwszym polskim literatem z zawodu, przez lata całe bowiem działał piórem, i to w najrozmaitszych dziedzinach, uprawiając obok historii poezję i prozę, satyrę i nawet dramat. Karierę pisarską rozpoczął późno, wydawszy w r. 1535 *Żywoty filozofów*, które wybrał z dzieła Mikulasza Konaczka, które z kolei było czeskim przekładem łacińskiej pracy średniowiecznego uczonego angielskiego, Gwaltera Burleya. Ten produkt obskurnej erudycji scholastycznej stanowił przedziwną mieszaninę wiadomości o myślicielach i pisarzach starożytnych z przeróżnymi bajkami o „mędrcach", którzy nigdy nie istnieli, i należy bardziej do krainy folkloru niż do historii myśli filozoficznej.

Z dzieł innych oryginalnych *Komedia Justyna i Konstancjej* (1557) była bardzo pomysłową, nie pierwszą zresztą, próbą stworzenia moralitetu polskiego, opartego na motywach typowych dla tej odmiany dramatu, takich jak śmierć grzesznika, walka o jego duszę oraz dalsze losy jego dzieci. Jeszcze wyżej Bielski sięgnął w *Satyrach*, bardzo urozmaiconych, bo stosujących i alegorię polityczną (*Sen majowy*), i pomysły zapożyczone z dzieł autorów nowszych, jak Erazmów *Sjem niewieści* czy Kochanowskiego *Satyr* antyczny, krytykujący stosunki polskie. Szczególnie *Rozmowa nowych proroków, dwu baranów o jednej głowie, starych obywatelów krakowskich* (1587), od których nazwę wzięła znana kamienica na rynku krakowskim, należy do najświetniejszych obrazków życia codziennego w Polsce jagiellońskiej. Ludny rynek stołeczny, opisany bardzo szczegółowo, pisarzowi szlacheckiemu, przyzwyczajonemu do staroświeckich warunków wiejskich, nasuwa cierpkie i jednostronne uwagi o kulturze mieszczańskiej, ale przejawy tej kultury opisuje on barwnie i zajmująco, co ważniejsza, robi to on jeden jedyny, żaden bowiem pisarz mieszczanin na nic podobnego się nie zdobył.

W literaturze jednak Marcin Bielski utrzymał się nie jako satyryk i moralista, lecz jako historyk, kronikarz dziejów dawnych i własnej epoki. On to przecież udostępnił czytelnikowi i nie drukowanego Długosza, i Miechowitę, on czasy zygmuntowskie przedstawił w obrazie obfitym nie tylko w informacje historyczne, ale również w mnóstwo wiadomości o życiu codziennym, o drobnych wydarzeniach,

5. Marcin Bielski i inni historycy

o postaciach nie tylko znakomitych polityków, bo i Stańczykowi dużo miejsca poświęcił, nie zapomniał nawet o pieśniach popularnych, które słyszał w młodych latach i o których od niego tylko wiemy. Dzięki temu *Kronika,* wygładzona i przeredagowana przez syna autora, Joachima Bielskiego, ruchliwego poetę, i wydana (1597) pt. *Kronika polska,* stała się na dwa wieki podstawowym źródłem wiedzy o dawnej Polsce dla szerokich mas szlacheckich, rywalizując zwycięsko z księgą Kromera.

M a r c i n K r o m e r (ok. 1512 - 1589), mieszczanin z Biecza, biskup warmiński, następca kardynała Stanisława Hozjusza, i jak on — czołowy szermierz katolicyzmu, był pisarzem łacińskim klasy bardzo wysokiej, choć i prozą polską władał znakomicie. Dowiódł tego traktatem *Rozmowy Dworzanina z Mnichem* (1551), po łacinie i niemiecku wydawanym wielokrotnie poza Polską. W *Historyi prawdziwej* o księciu finlandzkim Janie znowuż (1570) dał pełen szlachetnego patosu obraz cierpień późniejszego króla szwedzkiego i jego żony, Katarzyny Jagiellonki, więzionych przez obłąkanego Eryka XIV. Głównym jednak dziełem biskupa humanisty była dla zagranicy przeznaczona i wytworną łaciną napisana obszerna historia Polski (*De origine et rebus gestis Polonorum* 1555), praca nie oryginalna wprawdzie, ale inteligentnie i ze smakiem artystycznym mówiąca obcemu czytelnikowi o ojczyźnie autora i jej świetnej przeszłości. Kronika ta, gładko przełożona przez Marcina Błażewskiego (1611), cieszyła się równą popularnością jak dzieło Bielskiego i, od Kochanowskiego poczynając, stanowiła ulubioną lekturę pisarzy. Dopełnił ją Kromer zgrabną monografią krajoznawczą, zatytułowaną *Polonia* (1577), dającą barwny opis przyrody polskiej, charakterystykę ludności i jej obyczajów.

Wartki tok wydarzeń politycznych za dwu ostatnich Jagiellonów sprawił, że usiłowano je ujmować sposobem kronikarskim w prozie zarówno łacińskiej jak polskiej.

Tak więc „wojnę kokoszą" przedstawiają łacińskie *Annales* Orzechowskiego, sprawy zaś z czasów Zygmunta Augusta — polskie *Dzieje w Koronie* Górnickiego.

Przede wszystkim jednak wypadki ostatniej ćwierci wieku, jak trzy burzliwe elekcje, operetkowe pojawienie się Henryka Walezego, wojny Batorego z Moskwą, pierwsze lata rządów Zygmunta III, w początkach w. XVII urozmaicone „smutą" moskiewską i polskim w niej udziałem, wszystko to walnie przyczyniło się do nowego rozkwitu historiografii, odmiennej jednak od szlaków, którymi przebiegał jej rozwój w czasach Bielskiego i Kromera. Szedł on w trzech kierunkach: spraw wschodu, heraldyki i pamiętnikarstwa.

Kierunek pierwszy, niezbyt dokładnie określony przymiotnikiem „wschodni", obejmował sprawy wschodnich połaci ziem Rzeczypospolitej, litewskich, ruskich i wołoskich. Nad wielu innych, pisujących po łacinie, jak Stanisław Sarnicki, lichy historyk, ale niezastąpiony informator o sprawach dotyczących kultury, m. in. folkloru, wzbił się M a t y a s S t r y j k o w s k i, autor dużej księgi pod dziwacznym tytułem *Która przedtym nigdy światła nie widziała, Kronika polska, litewska, żmodzka i wszystkiej Rusi* (1582). Autor jej, niegodziwy wierszorób, zamierzał początkowo i to dzieło wierszem napisać, ostatecznie ograniczył się do dużych wstawek epickich, tam zwłaszcza, gdzie wprowadzał bitwy, oraz do utrzymania narracji w tonie wyraźnie epickim. Przede wszystkim jednak dla Litwy zrobił to, co Bielski dla Korony, porządnie i szczegółowo wyłożył jej dzieje, zapuszczając się w szczegóły obyczajowe i dzięki temu stał się po wiekach nieocenionym i niezastąpionym źródłem wiadomości, uwiecznionym w zdaniu *Pana Tadeusza* „Stryjkowski gęsto pisze o tym", dla samego Mickiewicza i jego pokolenia, dla poetów, dramaturgów i powieściopisarzy, zainteresowanych tematyką z przeszłości Litwy.

Kierunek heraldyczny obrał B a r t o s z P a p r o c k i (ok. 1543 - 1614), ruchliwy „rymarz" o bardzo osobliwej kulturze literackiej, trącącej średniowieczną, dużej pracowitości i dość niezwykłych kolejach burzliwego żywota. Owa kultura sprawiła, iż Paprocki przerabiał w czasach Batorego, a więc wówczas, gdy poezja renesansowa Kochanowskiego doszła do szczytu, utwory średniowieczne, jak *Koło rycerskie* (1576), które z rycerstwem nic nie miało wspólnego, było bowiem zbiorem dziwacznie alegorycznych bajek, lub jak *Historia o Ekwanusie, królu skockim* (1578), głośny traktat, usiłujący rozstrzygnąć pytanie, kto — mężczyzna czy kobieta — ponosi odpowiedzialność za miłość. Ostatecznie Paprocki wyspecjalizował się w heraldyce, napisał tedy rymowany herbarz *Gniazdo cnoty* (1578), a w lat kilka później dużą księgę prozą *Herby rycerstwa polskiego* (1584). Ten słownik encyklopedyczny rodów polskich, wertowany w w. XIX przez wszelkiego rodzaju gawędziarzy romantycznych, jest dokumentem literackim niezwykłej doniosłości, pracowity bowiem autor-erudyta zebrał w nim dużo wiadomości, pozwalających zrozumieć kulturę literacką w. XVI, zwłaszcza że nie pomijał współczesnych sobie pisarzy i nieraz odwoływał się do ich utworów. Prace heraldyczne prowadził Paprocki dalej w Czechach, gdzie osiadł jako emigrant polityczny po wstąpieniu na tron Zygmunta III, ogłaszając herbarze szlachty czeskiej i morawskiej oraz szerząc kult Kochanowskiego, którego sam na czeski bardzo zabawnie, czy może tylko nieudolnie, przekładał. Ostatnie zresztą lata, jako już stary rozbitek życiowy, spędził w Polsce, gdzie zbiorki jego wierszy, tchnące nienawiścią do kobiet, chętnie czytywano.

Na czasy batoriańskie przypadło nie tylko ukazanie się foliałów Stryjkowskiego i Paprockiego, lecz również intensywna praca historyków pisujących po łacinie o wydarzeniach dziejowych, w których sami brali taki czy inny udział. Wtedy więc Świętosław Orzelski napisał duże dzieło o pierwszym bezkrólewiu, wtedy też działał oficjalny historiograf królewski, R a j n o l d   H e i d e n s t e i n (1553 - - 1620), piszący przy ścisłej współpracy samego Batorego i Jana Zamoyskiego. Król Stefan bowiem tak dużą wagę przywiązywał do rozgłosu, iż w czasie wypraw moskiewskich miał w obozie drukarnię polową, z której wychodziły komunikaty przeznaczone dla Europy zachodniej. Zależało mu więc na tym, by przebieg owych wypraw otrzymał postać monumentalną, którą uczonemu inflantczykowi istotnie udało się osiągnąć (w *De bello Moscovitico commentariorum libri sex* 1585). Króla naśladował jego najbliższy pomocnik, Zamoyski, którego piękną biografię zawdzięczamy również Heidensteinowi. Historyk uwiecznił go bowiem również w syntetycznym zarysie dziejów trzydziestolecia po śmierci Zygmunta Augusta, tj. *Rerum Polonicarum libri XII* (1672).

Gdy wreszcie w pierwszych latach w. XVII wybuchła sprawa moskiewska, wywołana ukazaniem się Dymitra Samozwańca, który dzięki pomocy magnatów i awanturników polskich zdobył koronę carską, niezwykłe jego przygody odbiły się w relacjach równie niezwykłych pamiętnikarzy: poszukiwacza przygód wojennych, statysty przypadkowo wplątanego w obce mu wydarzenia, człowieka wreszcie, który na ich przebieg wywierał wpływ decydujący. „Smutę" (zamęt) moskiewską tedy opisał towarzysz pancerny Samuel Maskiewicz, oglądający ją oczyma żołnierza, następnie Stanisław Niemojewski, wysłany do Dymitra z klejnotami Anny Jagiellonki, wreszcie hetman Stanisław Żółkiewski, który na czele wojsk Rzeczypospolitej po zwycięskiej bitwie pod Kłuszynem usiłował biegiem wydarzeń pokierować tak, jak — w jego przekonaniu — wymagały interesy zarówno Polski, jak Rosji. Wszyscy trzej pamiętnikarze mieli duże zdolności pisarskie, dzięki czemu wspomnienia ich — niezależnie od wartości historycznej — są niezwykle interesującymi dokumentami literackimi, ukazującymi, w jaki sposób Polak Renesansu reagował na obcy mu kulturalnie, a więc egzotyczny świat słowiańskiego Wschodu. Innymi słowy, trzy pamiętniki z czasów Samozwańca, drukiem ogłoszone dopiero w w. XIX, stanowią znakomite dopełnienie szlaku, naszkicowanego w początkach w. XVI przez *Sarmację* Miechowity.

6. TWÓRCZOŚĆ MIKOŁAJA REJA

Twórczość Mikołaja z Nagłowic Reja (1505 - 1569) wiąże się bardzo ściśle z życiem klasy społecznej, która go wydała i w której karierze politycznej odegrał on niepoślednią rolę jako działacz społeczny i religijny oraz jako pisarz — z życiem szlachty, która za rządów dwu ostatnich Jagiellonów przeprowadziła egzekucję praw, a więc wieloletnią reformę ustroju państwa, by w ten sposób zapewnić sobie naczelne w nim stanowisko. W akcji tej czynnikami bardzo doniosłymi były zarówno słowo żywe — mowy sejmowe, starannie zapisywane w diariuszach sejmowych, jak słowo drukowane — bogata publicystyka, omawiająca sprawy świeckie i religijne, państwowe i kościelne. W obydwu tych dziedzinach Rej odgrywał rolę nie byle jaką, jako działacz polityczny, szermierz religijny i płodny pisarz. Wszystko to sprawiło, iż przez długie lata utrzymywała się legenda literacka w postaci formuły, głoszącej, iż pan z Nagłowic był ojcem piśmiennictwa polskiego, wyrosła zresztą na gruncie nieznajomości licznych jego poprzedników, przeważnie mieszczan, których pamięć zaćmiła sława popularnego autora *Źwierciadła*. Dzieło to niepospolicie przyczyniło się do powstania i trwałości legendy, na jego bowiem kartach znajdowano nie tylko dwa drzeworyty, przekazujące potomnym podobizny głośnego pisarza, ale również jego wysoce pochlebny, choć na pozór bardzo skromny życiorys, zgrabnie skreślony piórem przyjaciela — współwiercy. Legenda ta zwycięsko oparła się atakom religijnych przeciwników Reja — teologów katolickich, którzy pod koniec w. XVI usiłowali z apostoła protestanckiego robić potwora, żarłoka i pijanicę, i dotąd nie wywołała rewizji naukowej, jakkolwiek narosłe w nowszych czasach materiały pozwalają wprowadzić niejedną poprawkę do *Żywota i spraw poćciwego ślachcica polskiego Mikołaja Reja*, jak brzmi tytuł owego szkicu biograficznego, napisanego przez Andrzeja Trzycieskiego.

Spojrzenie zaś krytyczne na Reja wskazuje, iż był to typowy przedstawiciel szlachty renesansowej, człowiek pełen arcyludzkich sprzeczności, które umiał jednak jakoś przezwyciężać czy przynajmniej godzić. „Dobry towarzysz", jednający sobie wszędzie przyjaciół — a równocześnie namiętny pieniacz, prowadzący mnóstwo procesów; stroniący od obowiązków urzędniczych miłośnik niezależności — a zarazem działacz polityczny, występujący przeciw drażliwemu królowi, którego jednak sobie nie naraził; jowialny kompan — a zarazem żarliwy kaznodzieja; chwalca miernego „staniku" ziemiańskiego — i nabywca ogromnych majątków; człowiek wreszcie, który wyglądał na prostaka i nieuka — a porywał się na zadania, które wymagały starannego wykształcenia humanistycznego — oto część owych sprzeczności, które nie przeszkodziły jednak Rejowi zrobić wspaniałej kariery życiowej i pisarskiej.

Ułatwiła mu ją niewątpliwie pracowitość, która budzi podziw nawet wówczas, gdy zna się jego metody twórcze. Polegały one w stopniu niemałym na stosowaniu powszechnej wówczas zasady bezceremonialnego lekceważenia tego, co dzisiaj nazywa się własnością literacką. Zainteresowany dziełem, które wpadło mu w ręce, Rej przyswajał je sobie spokojnie, rzadko tylko wskazując źródło swych pomysłów. Obojętne, czy była to „komedia święta" humanisty holenderskiego, moralitet łacinnika niemieckiego, wierszowany traktat myśliciela włoskiego, rozprawa Cicerona czy Seneki — pan z Nagłowic obce utwory przerabiał wedle własnych wymagań, do głowy mu bowiem nie przychodziło, iż odlegli czytelnicy potomni będą go pomawiać o plagiatorstwo i mozolnie doszukiwać się źródeł jego zapożyczeń. Ale bo jedynie przy takim stosunku do dorobku cudzego dojść było można podówczas do wielotomowej produkcji własnej, nie zawsze zresztą oznaczonej nazwiskiem jej autora.

Z wielotomowej tej produkcji powstałej w latach blisko trzydziestu (1540 - 1568) nie wszystko się zachowało. Zaginęły tedy wczesne dialogi, dzisiaj znane tylko z tytułów, drobnych ułomków lub, jak *Warwas*, z przekładu na czeski, tak że twórczość płodnego pisarza znamy dopiero od r. 1543, w którym ukazała się *Krótka rozprawa*, po której nastąpiły *Żywot Józefa* (1545) i *Kupiec* (1549). Jeśli do tego dodać znane z rękopisu dialogi *Lew z Kotem* i *Rzeczpospolita chramiąc tuła się po świecie...* (1549), otrzymamy cykl utworów Reja-dramaturga, obejmujący dialogi o dużej rozpiętości, dwa z nich bowiem wiążą się z tradycjami bardziej ambitnymi, *Żywot Józefa* mianowicie spokrewniony jest z misteriami, *Kupiec* zaś z moralitetami. Subtelności te dla Reja jednak nie istniały, samouk bowiem, który ze szkoły wyniósł jedynie sztukę czytania i pisania oraz znajomość łaciny, na zasady techniki dramatycznej nie zwracał najmniejszej uwagi. Z tym wszystkim okoliczność, że dawał dialogi właśnie, zastanawia, zwłaszcza gdy wiemy, iż ich autor popisywał się na dworze wawelskim zorganizowanym przez siebie zespołem, którego program obejmował zapewne nie tylko popisy wokalne i muzyczne, ale i taneczne. Innymi słowy — tkwił w Reju materiał na dramaturga, choć pisarz możliwości tych nie chciał czy raczej nie umiał wyzyskać. Użytek właściwy zrobił z nich jednak w dialogu *Krótka rozprawa miedzy trzemi osobami, Panem, Wojtem a Plebanem*, wierszowanym traktacie politycznym, wykładającym program egzekucji praw, aktualny w r. 1543. W rozmowie przedstawicieli trzech stanów wiejskich autor zaatakował energicznie, choć oględnie, politykę starego króla, który mimo niedawnych doświadczeń „wojny kokoszej" —

usiłował bagatelizować żądania mas szlacheckich, nie doceniał bowiem ich siły i znaczenia. Ustami rozmówców wiejskich dialog zaatakował to wszystko, co było kamieniem obrazy dla szlachty, a więc niedowład sądownictwa, złą organizację wojskową, nieudolność władzy ustawodawczej, gospodarkę wreszcie finansową państwa, w którym bogate duchowieństwo uchylało się od świadczeń podatkowych. Publicysta, śmiało wytykający to wszystko, co wymagało reformy, był równocześnie satyrykiem-moralistą, wprowadził więc do *Krótkiej rozprawy* mnóstwo zjadliwych a równocześnie zabawnych wycieczek przeciw odwiecznym grzechom społecznym, takim jak marnotrawstwo kobiet-strojniś, jak rujnujące namiętności myśliwskie, jak życie nad stan miłośników jadła i napoju, i sporo innych. Wycieczki te, maskując poniekąd ostrość ataku politycznego, sprawiły, iż dialog stał się znakomitym obrazem życia codziennego, ukazanego w sposób realistyczny, literaturze polskiej przed r. 1543 nie znany. Wymowę utworu spotęgowała niedwuznacznie postawa Reja wobec chłopa. Nie umiejąc zdobyć się na jakiś program realny, którego nie miał obóz egzekucjonistów, autor *Krótkiej rozprawy* mówił bez ogródek, iż w sytuacji ówczesnej cały ciężar obowiązków publicznych spadał na chłopa właśnie, nie taił swego dlań współczucia i tym akcentem niemal rozpaczy dialog kończył. Sam zaś dialog był alarmem polityczno-społecznym, domagającym się zmiany polityki u „sprawców", a więc panujących, którzy nie dostrzegali potrzeb zaniedbanej Rzeczypospolitej, a właśnie jej skargi stanowią epilog *Krótkiej rozprawy*. Zagadnienia te miały powracać u Reja przez lat wiele aż po *Źwierciadło*, a więc dzieło jego ostatnie.

Pociski satyryczne *Krótkiej rozprawy*, żywo przypominającej polemiczne dialogi protestantów niemieckich, wymierzone były w dużym stopniu przeciwko duchowieństwu polskiemu, jego niedbalstwu, chciwości, niemoralnemu życiu, nie poruszały natomiast zagadnień teologicznych, co wskazywałoby, iż Rej w r. 1543 nie zerwał jeszcze z katolicyzmem. Nastąpiło to dopiero w kilka lat później, jak dowodzi dialog *Kupiec*, wymierzony przeciw katolickiej etyce, bo wydrwiwający wartość dobrych uczynków i głoszący jawnie zasady luteranizmu. Jego autor, podobnie jak ogół szlachty małopolskiej oraz prowincyj litewskich, rychło przerzucił się na „wyznanie helweckie", a więc kalwinizm, i zmienił się w apostoła nowej wiary. Z jej stanowiska napisał dzieło swe najpopularniejsze, które w samym w. XVI miało pięć wydań i przekład litewski, a które wyszło jako okazały foliał w r. 1557 pod długim tytułem *Świętych słów a spraw pańskich (...) Kronika albo Postilla, polskim językiem a prostym wykładem też dla prostaków krótce uczyniona.* Dowcip polegał na tym, iż Rej, nie pierwszy zresztą, o rok bowiem wcześniej zrobił to Jan

Seklucjan, katolicką, tradycyjną nazwę, stosowaną do zbiorów kazań komentujących urywek ewangelii (post illa verba — po tych słowach odczytanego rozdziału ewangelii), przeniósł na kazania własne, wykładające naukę Kalwina. W wywodach, które nazywał kazaniami lub rozprawami, atakował oczywiście Rzym i papiestwo, ale robił to bardzo oględnie, zajmując się nie tyle zagadnieniami czysto teologicznymi, dogmatycznymi, ile etyką a raczej moralnością chrześcijańską. Podstawy i zasady jej przedstawiał w sposób prosty, bo dla prostaczków przeznaczony i nie wykraczający poza obręb życia i doświadczenia ludzkiego. Wskutek tego, przy stałym odwoływaniu się do Boga i norm biblijnych, *Postylla* była księgą w daleko wyższym stopniu świecką aniżeli duchowną. Dla czytelnika zaś dzisiejszego dzieło Reja ma wartość podobną tej, dla której cenimy kazania średniowieczne. Autor mianowicie, znakomity obserwator-realista, doskonale zorientowany w życiu swych czasów, raz po raz odwoływał się do tego życia i wprowadzał świetne obrazki ze znanych sobie stosunków. Dzięki temu *Postylla* jest cennym źródłem wiadomości folklorystycznych o zwyczajach i obyczajach Polski szesnastowiecznej, o jej poglądach, wyrażanych w przysłowiach, o jej przebogatym, obrazowym i soczystym języku potocznym. Dzieło to, w wydaniach późniejszych poszerzane, nie wyczerpało jednak energii apostolskiej pisarza, jeszcze bowiem w osiem lat później porwał się na zadanie daleko trudniejsze, tj. *Apocalypsis* (1565), przeróbkę komentarza teologa szwajcarskiego, Bullingera, do najtrudniejszej i najbardziej zagadkowej księgi Nowego Testamentu, a nie była to bynajmniej osamotniona wycieczką w dziedzinę dociekań teologicznych.

Omówionym dziełom towarzyszyła praktyczna działalność pana z Nagłowic na polu organizowania ruchu reformacyjnego w Polsce. Jej wyrazem bardzo znamiennym była niezwykła scena, gdy Rej z ramienia delegacji sejmowej zwracał się do Zygmunta Augusta z wezwaniem, by król porzucił katolicyzm. Wyrazem innym była jego działalność pisarska, tj. tom ośmiowierszowych epigramów pt. *Źwierzyniec* (1562). Zbiór to bardzo niezwykły, „wierszyki" bowiem jego przynoszą zwięzłe charakterystyki kilkudziesięciu wybitnych postaci Polski renesansowej, od panujących poczynając, przy czym wśród sportretowanych znaleźli się i sam Rej, i Jan Kochanowski, nadto uwagi o wielu rodach, zwłaszcza małopolskich. Bogactwo tych „rozdziałów" *Źwierzyńca* jest tak duże, iż komentarz do nich stałby się automatycznie monograficznym opisem elity kulturalnej Polski renesansowej. Rozdziały dalsze ukazują m.in. „przypadki osób, ku sprawam świeckich należących.", tj. przynoszą świetne szkice z życia codziennego, w mieście i na wsi, przy czym „stanów duchownym przypadki" nielitościwie natrząsają się z duchowieństwa katolickiego, z hierarchii kościelnej i obrzędów kościelnych. Dopiero tutaj przemówił Rej-poeta jako gorliwy rzecznik reformacji. Dopełnienie wreszcie *Żwierzyńca* stanowią *Przypowieści przypadłe inaczej Figliki* (1574), prawiące w ośmiowierszach o „rozlicznych ludzi przypadkach dworskich", czyli komicznych przygodach. Weszły tu wprawdzie i autentyczne anegdoty z dworu wawelskiego, większość jednak kawałów, zazwyczaj rubasznych, a niekiedy mocno drastycznych, autor jowialista powtórzył za głośnymi facecjonistami łacińskimi swoich czasów, jak Włoch Poggio lub Niemiec H. Bebel.

Poważne akcenty moralistyczne, spotykane w dużych partiach *Żwierzyńca*, w całej okazałości wystąpiły w dwu innych dziełach Reja, spokrewnionych tematycznie i opatrzonych podobnymi tytułami. Pierwsze to *Wizerunk własny żywota człowieka poczciwego* (1558), drugie to *Żywot człowieka poczciwego*, stanowiący trzon napisanego w dziesięć lat później tomu zatytułowanego *Żwierciadło*. *Wizerunek własny*, a więc „prawdziwy portret", ogromny poemat w dwunastu „rozdziałach" powstanie swe zawdzięczał dwu pasjom Reja, poznawczej i dydaktycznej, i lepiej świadczył o ambicji pisarza niż o jego kulturze naukowej i literackiej. Jest to mianowicie swobodna przeróbka wierszowanego traktatu łacińskiego *Zodiacus vitae* Palingeniusa (P. A. Manzolliego), w którym autor, podrzędny humanista włoski, pedantycznie i oschle, choć bardzo uczenie, wyłożył zasady moralności renesansowej. Rej, który nie zawsze umiał sobie radzić z subtelnymi wywodami trudnego oryginału, i jego całości, i częściom nadał inny charakter; wprowadził tedy ramkę alegoryczną, pospolitą u pisarzy średniowiecznych; przedstawił wędrówkę młodego adepta wiedzy, każąc mu studiować u dwunastu mędrców, noszących imiona nie zawsze znane dziejom filozofii, i słuchać ich uczonych wykładów o wszelkich możliwych cnotach człowiekowi potrzebnych i wadach, które mu szkodzą. Wywody te pod piórem pisarza polskiego otrzymały nieraz postać bardzo swojską, postać świetnych obrazków z życia codziennego, zabarwionych często satyrycznie, zaprawionych dowcipem, ujętych w sposób realistyczny, a tu i ówdzie rzuconych na tło pejzażu polskiego, malowanego prymitywnie, ale świadczącego o dużej wrażliwości autora na barwy i kształt otaczającej go przyrody. Można oczywiście naśmiewać się z bezwiednych „przypadków dworskich" pisarza-nieuka, zabłąkanego w krainach niedostępnej mu myśli humanistycznej, ale równie dobrze można, czy nawet trzeba, spojrzeć z szacunkiem na wysiłek intelektualny, na który się zdobył, by krainy te zwiedzić i udostępnić czytelnikowi, i to udostępnić w sposób pełen artyzmu, prymitywnego wprawdzie, ale niewątpliwego.

Popularność *Wizerunku*, który w wieku XVI miał dwa wznowienia (1560, 1585), dowodzące, jak dzieło to było potrzebne, a może i inne okoliczności, pojawienie się *Dworzanina polskiego* (1566) Górnickiego, poświęconego również „człowiekowi poćciwemu", choć na odmiennym poziomie, sprawiły, iż pod koniec życia Rej raz jeszcze powrócił do aktualnych zagadnień moralności renesansowej w dużym foliancie pod sążnistym tytułem *Żwierciadło albo kstałt w ktorym każdy stan snadnie sie może swym sprawam jako we żwierciedle przypatrzyć* (1568). Okazały tom, starannie odbity u drukarza Rejowego, Matysa Wirzbięty, był czymś w rodzaju księgi ku czci zasłużonego pisarza, przynosił bowiem dwie jego podobizny, cykl sławiących go wierszy, pochlebny jego życiorys, a wreszcie obok dzieła nowego *Żywot człowieka poczciwego* wiązankę wierszy dawniejszych, *Apoftegmatów*, oraz nowszych, jak wywołane przez przeczucie rychłej śmierci elegijno-moralistyczne *Żegnanie z światem*.

Trzonem całości był tu — jak się rzekło — *Żywot*, duży traktat prozą, raz jeszcze roztrząsający problematykę *Wizerunku*, ale w ujęciu nowym, bardziej konkretnym i praktycznym, bo ograniczonym wyłącznie do życia polskiego, i to życia szlacheckiego. Wbrew bowiem tytułowi *Żwierciadło* wprowadziło obraz nie „każdego stanu" ówczesnego narodu, pomijało bowiem — co zrozumiałe — stany plebejskie, mieszczan i chłopów, ale również duchowieństwo, ograniczając się do „człowieka poćciwego", a więc szlachcica, z pewnymi wycieczkami w świat dwu „stanów" innych, tj. możnowładców i króla.

Tak ograniczywszy swe pole widzenia, autor dla uwag swych znalazł nową ramę — biografię, obejmującą życie ziemianina od urodzenia po śmierć, wstawiając w nią trzy księgi, poświęcone młodości, „wiekowi średniemu" i starości. Wątek biograficzny wypełnił mnóstwem wstawek najrozmaitszego pochodzenia, nieźle świadczących o jego oczytaniu, zwłaszcza w autorach klasykach, jak Cicero lub Seneka, których duże traktaty moralistyczne sumiennie postreszczał, nie mówiąc już o literaturze mniej dostojnej, jak zbiory najrozmaitszych powiastek, wyzyskane w jego dziełach dawniejszych. Nie ten jednak czcigodny balast erudycyjny, nie wycieczki w światy myśli naukowej stanowią o wartości historycznej i artystycznej *Żywota*, lecz treści jego rodzime, oparte na rozległej i głębokiej znajomości życia polskiego, te treści, które sprawiają, iż na dzieło Reja spoglądano nieraz jako na romans obyczajowy czy encyklopedię wiadomości o życiu szlachcica renesansowego. Wiadomości te zaś otrzymały postać zarówno rozważań ogólnych na temat człowieka i społeczeństwa, jak relacji o życiu codziennym, jak wreszcie — i to przede wszystkim — precyzyjnych szkiców i soczystych obrazków rzucanych na papier z nieomylną precyzją świetnego obserwatora realisty, pisarza, który spostrzeżenia swe umiał zaprawiać najrozmaitszymi odcieniami komizmu, przy czym bardzo często wyrozumiały humorysta górował nad cierpkim satyrykiem.

Stanowiące naturalną, zamkniętą całość trzy księgi *Żywota* prawią niemal wyłącznie o życiu ziemianina na wsi, jedynie bowiem drobny fragment ukazuje przelotnie służbę wojskową młodego panicza. Pomawiano wskutek tego autora o brak poczucia obywatelskiego, o obojętność na sprawy życia zbiorowego, sprawy obowiązków wobec państwa i narodu. Zarzuty te wyrosły z niedostrzeżenia, iż *Żywot* ma również księgę czwartą, zatytułowaną *Przemowa krótka*, a ściśle biorąc: *Spólne narzekanie wszej Korony na porządną niedbałość naszę*, nie mieszczącą się w ramach biografii, choć stanowiącą jej organiczny składnik. Księga ta poświęcona jest obowiązkom publicznym „człowieka poćciwego" i sięga w życie stanów prowadzących politykę państwową, a więc magnatów, „panów rady", senatorów, którzy wraz ze „stanem" najwyższym, królem, czuwają nad bezpieczeństwem państwa. Szlachcic zwyczajny, sprawujący czynności poselskie, jest naturalnym współpracownikiem owych Stanów. W rezultacie księga czwarta jest traktatem politycznym, szkicującym podstawowe problemy egzekucji praw, powtarzającym to wszystko, co Rej głosił poprzednio w *Krótkiej rozprawie* i *Źwierzyńcu*, z tą tylko różnicą, iż obecnie — nie bez wpływu innych pisarzy politycznych — w *Spólnym narzekaniu wszej Korony* silnie zabrzmiały akcenty biblijne, prorocze przewidywanie nieszczęść, a więc akcenty, jakie wiąże się nawykowo z wystąpieniami Skargi, który szedł tutaj szlakiem utorowanym przez Reja.

7. ANDRZEJ FRYCZ MODRZEWSKI, STANISŁAW ORZECHOWSKI, PIOTR SKARGA

Reformy polityczne, nazywane egzekucją praw, miały przebieg stopniowy i powolny, objęły bowiem lat niemal sześćdziesiąt i dokonywały się przy wtórze bardzo żywej działalności literackiej, częściowo utrwalonej w diariuszach sejmowych, częściowo w druku, w postaci takich czy innych ulotek. W dziedzinie pierwszej, czasu obrad sejmowych popisywali się mówcy nieraz znakomici, a należał do nich sam Zygmunt August. Jego wystąpienia, zwłaszcza u schyłku rządów, m.in. „na dokończeniu sejmu lubelskiego" w r. 1569, pełne głębokiej troski o losy państwa, należały do najwspanialszych wypowiedzi, jakie można było usłyszeć w Polsce renesansowej. Popisy zaś krasomówcze wzmogły się z chwilą, gdy w pierwszych latach rządów Zygmunta Augusta w zakresie egzekucji praw znalazły się również zagadnienia religijne, a więc sprawa wzajemnego stosunku katolicyzmu i wyznań reformowanych i sprawa wyznania państwowego, przy czym obok zabiegów o to stanowisko ze strony katolików duże szanse miał pomysł utworzenia kościoła narodowego. Debatom na te tematy słownym towarzyszyła bogata publicystyka, wydając nieraz dzieła znakomite, o zasięgu europejskim. Należały do nich *Rozmowy Dworzanina z Mnichem* Kromera, poza Polską czytywane w przekładach łacińskim i niemieckim, u nas rozgłosem nie ustępowała im antykatolicka *Obrona nauki prawdziwej i wiary starodawnej krześcijańskiej* (1560), późniejszy tytuł *Apologia więtsza* (1584, 1604), płomienne wystąpienie eks-księdza M a r c i n a K r o w i c k i e g o (ok. 1501 - 1573), pełen żółci atak na „wszetecznicę babilońską", Rzym papieski. Z całej tej ogromnej produkcji, której charakteru i doniosłości ocenić poprawnie nie umiemy — nie mamy przecież monografii, która ukazywałaby całość dramatycznych dziejów reformacji w Polsce — wydobyć można sporo dzieł, które z najrozmaitszych względów zasługują na uwagę. Zamiast tego wypadnie tutaj ograniczyć się do trzech wystąpień, które od dawna uchodzą za najbardziej znamienne, a które związane są z nazwiskami trzech świetnych prozaików, Modrzewskiego, Orzechowskiego i Skargi. Nazwiska te łączy jedna cecha wspólna, typowa dla Odrodzenia polskiego: wszyscy trzej pisarze byli znakomitymi łacinnikami, jakkolwiek tylko Modrzewski pisał wyłącznie po łacinie. Szczegół to o tyle doniosły, że wszyscy oni tym samym reprezentowali szczyty kultury renesansowej i jej stosunek do świata antycznego, bądź bierny i niewolniczy, bądź czynny i twórczy, ale zawsze aktualny, ten sam, dzięki któremu państwo polskie z królem obieralnym na czele miało urzędową nazwę Rzeczypospolitej. Jak zaś stosunek ten był żywy i wiążący w różnych sytuacjach, dowodzi pewna wypowiedź Orzechowskiego, księdza, który namiętnie atakował kler polski za jego zdzierstwo chłopów, a równocześnie chłopów tych, wraz z kupcami i rzemieślnikami, nie uznawał za obywateli Rzeczypospolitej. Dlaczego? Wyjaśniał: „jeśli się kto z was tym obrazi, co powiem, to niechaj Arystotelesowi, nie mnie za to łaje". Po czym uczenie przytaczał poglądy myśliciela ateńskiego na ustrój państwa. Innymi słowy, antyczne tradycje epoki Renesansu były motorami postępu, ale bywały również i hamulcami wstecznictwa, odwołującego się do wielkiego autorytetu przeszłości.

Jak zaś działały owe motory postępu, dowiodła działalność pisarska A n d r z e j a F r y c z a M o d r z e w s k i e g o (ok. 1503 - 1572), jednego z najznakomitszych myślicieli społecznych w. XVI w Polsce, a może i w całej Europie. Wójt wolborski, człowiek o rzetelnym wykształceniu humanistycznym, prawnik raczej niż filozof, dworzanin i klient magnackiego rodu Łaskich, przyjaciel głośnego reformatora Jana Łaskiego, wreszcie sekretarz królewski, był Frycz jednym z najradykalniejszych szermierzy postępu i już swym pierwszym wystąpieniem wywołał dużo niechęci. W r. 1543 mianowicie wydrukował w Krakowie cztery traktaty *De poena homicidii*, o karze za zabójstwo, innej dla szlachcica, a innej dla plebejusza, innej za głowę szlachecką, innej za plebejską. Odrzucając te subtelne rozróżnienia, Frycz domagał się jednolitego kodeksu karnego dla wszystkich zabójców. Postulat ten, wyprzedzający reformę sądownictwa europejskiego o całe dwa stulecia, był częścią tylko rozległego programu opartego na gruntownie przemyślanych poglądach religijno-filozoficznych, które Frycz szczegółowo wyłożył w dużym traktacie *Commentarii de Republica emendanda* (1551 - 1554), w postaci kalekiej drukowanym w Krakowie, rozdziały bowiem o Kościele i szkole musiał ze względów cenzuralnych opuścić. Autorowi chodziło tutaj nie o państwo polskie, jakkolwiek jego znajomość była dlań punktem wyjścia. Myśliciel, zapatrzony we wzory starożytne, miał na widoku wzorcowe państwo wczesnokapitalistyczne i jego potrzeby w zakresie obyczajów, praw, organizacji wojny, kościoła i szkoły. Jakkolwiek autorowi przyświecał ideał doskonałego i wszechstronnego rozwoju jednostki, postulowany przez myśl humanistyczną, rozumiał on doskonale potrzeby życia zbiorowego wyrażane w organizacji państwowej. W rezultacie więc oświadczał się za skrępowaniem roszczeń indywidualistycznych na rzecz dobrze rozumianego dobra ogółu. I ten właśnie rygoryzm, wynikający ze znajomości stosunków polskich z ich anarchią szlachecką, wiódł Frycza na szczyty jego myśli, których nigdy całkowicie nie odsłonił. Chodziło tu o niewątpliwe przekonanie pisarza, iż w s z y s c y ludzie są równi wobec prawa, jakkolwiek poglądu tego nie mógł jasno sformułować. Dlaczego, wyjaśnia najwybitniejszy myśliciel francuski pokolenia następnego, Jean Bodin, mówiący o Fryczu, którego rozumowanie odgadł: „większej niedorzeczności nie mógł napisać, kto jak on pragnie ukształtować prawa i obyczaje swej rzeczypospolitej". Tym niewątpliwie tłumaczy się wstrzemięźliwość Frycza w formułowaniu poglądów polityczno-społecznych, tym też okoliczność, iż nie zrozumiany przez swoich a odepchnięty przez obcych, był równie osamotniony, jak w dziedzinie fizyki i astronomii Kopernik, którego przełomowe dzieło dziwnym trafem wyszło w tym samym roku 1543, w którym wystąpił reformator „porządku moralnego", Frycz Modrzewski właśnie. Pomysły Modrzewskiego dotyczące m.in. spraw takich, jak to, co dzisiaj nazwalibyśmy ubezpieczeniem społecznym czy opieką nad starcami lub szkolnictwem państwowym, spotykały się stale ze sprzeciwami, i to niekoniecznie natury wyznaniowej. Jeśli katolicy polscy gnębili go w kraju, to współwyznawcy kalwińscy podstawiali mu nogę w Szwajcarii, gdy Oporinus w Bazylei podejmował druk wydania zbiorowego jego dzieł, wśród nich zaś całości *Commentarii de Republica emendanda*. Wynik zaś tego wszystkiego był taki, iż Frycz ostatecznie znalazł się w gronie arian polskich, którzy w wiele lat po jego zgonie ogłosili jego traktaty poświęcone zagadnieniom dogmatycznym, których w Szwajcarii drukować nie chciano, dotyczącym prymatu papieża, grzechu pierworodnego, predestynacji, nade wszystko zaś natury Chrystusa (*Silvae quatuor* 1590). Zwycięstwo zaś kontrreformacji w Polsce sprawiło, iż — jakkolwiek dzieło *O poprawie Rzeczypospolitej*, przełożone przez Cypriana Bazylika (1577) ukazało się niedługo po śmierci autora i było wznowione w r. 1770, Frycz Modrzewski pozostał pisarzem nieznanym. Dopiero dziś oceniono jego znaczenie w sposób należyty, sporządzono bowiem krytyczne wydanie jego dzieł w oryginale łacińskim (*Opera omnia*, t. I - V, 1953 - 1960, wyd. K. Kumaniecki) i w poprawnym przekładzie polskim (*Dzieła wszystkie*, t. I - V, 1953 - 1959).

W stosunkach Frycza z jego bezpośrednimi odbiorcami, czytelnikami mu współczesnymi, niepiękną rolę odegrał jego przyjaciel Orzechowski, który atakował go w druku jako heretyka, ogłaszając dialog pt. *Fricius* (1562), wymierzony przeciw jego poglądom. Jeśli Frycz odpoznał autora, napaść nie zaskoczyła go chyba. A znano Orzechowskiego powszechnie jako jednego z najgłośniejszych warchołów i człowieka, którego zmiana poglądów niewiele kosztowała. S t a n i s ł a w O r z e c h o w s k i (1513 - 1566) bowiem, wykształcony za granicą teolog-humanista, człowiek o wybitnym talencie pisarskim, przez całe życie prowadził zaciekłe walki z przeciwnikami istotnymi i urojonymi, posługując się bogatym zasobem sofizmatów, które zawdzięczał swej kulturze literackiej, a którymi posługiwał się w sprawach zarówno słusznych, jak — i to daleko częściej — wątpliwych i niesłusznych. Syn ziemi przemyskiej i awanturnik polityczny, był jednym z tych duchownych, którzy w czasach Renesansu i reformacji łatwo dawali upust swym namiętnościom i nie liczyli się z żadnymi autorytetami prócz własnej samowoli. Życie kanonika przemyskiego, bo taką godność piastował, splotło się w pewnej chwili w sposób dla niego wręcz tragiczny z zagadnieniami nurtującymi życie publiczne. Idąc mianowicie za przykładem księży, którzy zmianę wyznania rozpoczynali od małżeństwa, Orzechowski ożenił się, ale pozostał przy katolicyzmie i, pociągnięty do odpowiedzialności przez swego biskupa, rozpoczął wieloletnią, beznadziejną walkę przeciw celibatowi duchownych katolickich, i to nie tylko w sporze ze swym bezpośrednim zwierzchnikiem, ale i w kurii rzymskiej, by ostatecznie nie dostać aprobaty swego małżeństwa. Sprawy osobiste zbuntowanego kanonika splatały się tu w kłębowisko nie do rozwikłania z zagadnieniami reformy Kościoła i z walką szlachty przeciwko klerowi i przyniosły niepohamowanemu publicyście ogromny rozgłos. Jako publicysta zaś miał Orzechowski dość ograniczony zasób tematów, do których powracał raz po raz. Jednym z nich było niebezpieczeństwo tureckie, przedstawiane z patosem Demostenesa w łacińskich traktatach, *Turcykami* zwanych (1543), skierowanych do całego świata chrześcijańskiego, a nawołujących do nowej krucjaty. Drugim była obrona zagrożonej jakoby przez tyranię panującego wolności szlacheckiej i związany z tym system poglądów politycznych autora. Obronę tej wolności włożył w usta *Wiernego poddanego* (*Fidelis subditus* 1543), jak zatytułował traktat dedykowany Zygmuntowi Augustowi i pouczający go, jak ma rządzić. Od łaciny, którą władał wspaniale, przeszedł do świetnej prozy polskiej w cyklu rozpraw, którymi włączył się w publicystykę egzekucyjną, ogłaszając w r. 1563 *Rozmowę albo Dialog około egzekucyjej Polskiej Korony* oraz *Quincunx* (1564), w dwa lata zaś później rzecz nazwaną *Policyja Królestwa Polskiego*. Dziwaczne poglądy Orzechowskiego wyraz najjaskrawszy otrzymały w środkowym członie tej trylogii, w rozumowaniu nawołującym do wprowadzenia w Polsce ustroju teokratycznego, szkicowanego niegdyś w bullach papieskich w. XIII, gdy Rzym sięgał po władzę polityczną nad światem. Pisarz polski posłużył się tutaj argumentacją rzekomo nieodpartą, geometryczną, ustrój państwa ujmował w postaci ostrosłupa czworobocznego, zwanego „kwinkunksem" lub cynkiem, i dowodził, iż władza królewska pochodzi od Kościoła i na nim się opiera, a wskutek tego państwo musi Kościołowi podlegać. Tego rodzaju pomysł, zgodny zresztą z tendencjami katolicyzmu, ale nigdy tak otwarcie nie wypowiadany, osłaniał właściwe cele Orzechowskiego, któremu chodziło o przywrócenie duchowieństwu tej pozycji politycznej i ekonomicznej, którą odebrała mu egzekucja praw, i nie świadczył korzystnie o zdolnościach dyplomatycznych pisarza, który dolewał oliwy do ognia w chwili najmniej odpowiedniej. Ale to był właśnie styl działalności kanonika przemyskiego, który miał w tece wcześniejszy, nie wydrukowany traktat *Respublica Polona* (1543), gdzie gwałtownie atakował właśnie duchowieństwo polskie za jego zdzierstwa i ucisk chłopa. Ten styl sprawił, iż w chwili, gdy polityka państwa szukała sposobu rozwiązania trudnej sprawy ziem litewsko-ruskich i prawosławia, Orzechowski ze ślepą wyniosłością prawił o niższości szlachty litewskiej od koronnej, motywując to niższością księstwa od królestwa i miotał się przeciwko Kościołowi wschodniemu.

Następcą warcholskiego trybuna szlacheckiego i kościelnego był bardziej odeń umiarkowany, późniejszy szermierz zwycięskiej kontrreformacji, Piotr Skarga (1536-1612), wybitny działacz jezuicki i czynny polityk za czasów Zygmunta III, znienawidzony jako "szara eminencja" przez rokoszan skupionych przy wojewodzie Zebrzydowskim. Zarówno pochodzenie mieszczańskie czy przynajmniej drobnoszlacheckie, jak tresura zakonna, jak wreszcie zdrowy rozsądek sprawiły, iż Skarga, również świetny publicysta, nigdy nie wpadał w znamienną dla Orzechowskiego przesadę, że umiał liczyć się z wymaganiami rzeczywistości i utrzymywać się w jej granicach.

Znakomity mówca, przez wiele lat kaznodzieja nadworny, z konieczności poruszał najrozmaitsze zagadnienia aktualne i osiągnięta biegłość w tej dziedzinie sprawiła, iż formę cyklu kazań nadał traktatowi, w którym wyłożył swe poglądy na państwo i jego ustrój, znanemu pod nazwą *Kazań sejmowych*.

Traktat ten miał cel wyraźny, jakkolwiek przesłonięty ostrożnie przez pisarza, liczącego się z owoczesną sytuacją. Chodziło mu mianowicie o pozyskanie opozycji magnackiej przeciw królowi, reprezentowanej przez odsuniętego od władzy hetmana Zamoyskiego, o przekonanie jej, iż konieczne jest wzmocnienie władzy królewskiej uszczuplonej w czasie walki o egzekucję praw. Kaznodzieja zajmował tu stanowisko zbliżone do "monarchomachów" francuskich, torujących drogę "światłemu absolutyzmowi" stulecia następnego. Mimo całej jednak ostrożności wywody Skargi były zbyt ostre jak na stosunki polskie, toteż *Kazania sejmowe*, wydane w r. 1597 i wznowione w r. 1600, w dziesięć lat później ukazały się w postaci okrojonej, zapewne przez cenzurę zakonną, bez ataków na anarchię szlachecką i bez uwag *O monarchii i królestwie*, a więc tego, co nadawało im aktualność publicystyczną.

Traktat Skargi, zbudowany przez dobrego znawcę ówczesnych stosunków politycznych wedle wszelkich wymagań retoryki starożytnej, odznacza się klasyczną prostotą układu, szlachetną szatą językową i staranną analizą rzeczywistości polskiej na schyłku w. XVI. Rozpoczęty kazaniem *O mądrości potrzebnej do rady*, ustalającym zasadniczy zrąb rozważań ujętych jako opis chorób, które toczą i rujnują ustrój państwa, przechodzi do słynnego wywodu *O miłości ojczyzny*, po czym kazania dalsze (o zgodzie, o stosunkach religijnych i wadach prawodawstwa) przynoszą przegląd niedomagań ustrojowych Polski za rządów Zygmunta III, całość zaś kończy wspaniały w swej potędze wniosek, piętnujący "niekarność grzechów jawnych". Przy całej odległości dwu tych pisarzy *Kazania sejmowe* można zestawiać z wielkim dziełem Modrzewskiego, Skarga bowiem patrzy bystro, widzi jasno i ma odwagę mówić o tym, co widzi wokół siebie, a o czym inni publicyści nie chcieli czy nie śmieli wspominać. Oczywiście, iż sprzyjała temu ufność w stanowisko własne i szatę duchowną, ale wspomniana poprzednio cenzura *Kazań sejmowych* dowodzi, iż Skarga nie zawsze szedł po linii giętkich zasad zakonnych. Sposób zaś, w jaki piętnował „złodziejskie serca" możnowładców, utożsamiających swe „pojedynkowe pożytki" z dobrem ogółu, lub gromił ucisk chłopa czy akcentował konieczność bezinteresownej miłości ojczyzny, dowodzi i szlachetności uczuć kaznodziei, i jego odwagi w mówieniu prawd niekoniecznie przyjemnych dla słuchaczy. Inna sprawa, że ta rozległość horyzontów polityczno-moralnych miała u Skargi swe naturalne granice. Przedstawiciel organizacji powołanej do bezwzględnej walki z herezją i dawny przeciwnik Zgody Sandomierskiej, Skarga nie mógł zdobyć się na tolerancję wobec innych wyznań i nie wahał się poświęcać interesów państwa na rzecz wymagań polityki Kościoła. Nie wpadał wprawdzie na bezdroża teokratycznych konceptów Orzechowskiego, nie głosił otwarcie zależności króla od papieża, nie dopuszczał jednak myśli o rozbieżności polityki władzy duchownej i świeckiej; możliwej tam tylko, gdzie wszyscy obywatele wyznawali tę samą religię, a dla jezuity religią tą mógł być tylko katolicyzm.

Ostrożność Skargi w snuciu myśli politycznych oraz forma kazań, zwłaszcza ich głośne zakończenie zapowiedzią nieuchronnej kary bożej za grzechy przeciw narodowi i państwu, stały się źródłem osobliwej legendy literackiej, spotęgowanej przez popularność nazwiska pisarza, związaną zresztą nie z jego działalnością kaznodziejską, lecz z jego pracą żywociarską. W r. 1579 mianowicie ukazało się jego ogromne dzieło *Żywoty świętych*, które w biegu wieków miało kilkadziesiąt wydań i stało się polską „złotą legendą". Twórca natomiast *Kazań sejmowych* doczekał się sławy niezwykłej dzięki spojrzeniu nań Adama Mickiewicza i Jana Matejki, twórców wspomnianej legendy. Skarga mianowicie, doskonale obeznany z zasadami retoryki antycznej, zwłaszcza cycerońskiej, oraz z pracami swych poprzedników, publicystów katolickich i akatolickich, jak Orzechowski i Rej, w zakończeniu swego dzieła politycznego spojrzał na „grzechy jawne" nie okiem statysty, dowodzącego spokojnie oczywistej szkodliwości niedomagań ustroju państwowego, lecz okiem biblijnego proroka, powołanego do gromienia występków ludzkich. Poprzedników, którzy zresztą rychło poszli w zapomnienie, przewyższył siłą i wyrazistością swych „pogróżek" i wspaniałą postawą, którą jezuicki „lichy proroczyna", a zarazem „poseł nie z jednego powiatu" zajął, postawą rzecznika żywotnych spraw całego narodu. W pełnych grozy biblijnej obrazach, nagromadzonych w kazaniu *O niekarności grzechów jawnych*, ukazał przyszłe losy „nieszczęśliwego królestwa", które „pęknie" pod ciosami wrogów, „jako ten garniec, którego skorupki spoić się i naprawić nie mogą". Gdy mianowicie po rozbiorach poezja

Karpińskiego i Woronicza uderzyła w rozpaczliwe tony biblijne i bezwiednie nawiązała do tradycji skargowskiej, gdy akcenty te później podjęła poezja romantyczna, Mickiewicz w prelekcjach paryskich spojrzał na autora *Kazań sejmowych* nie tylko jako na pisarza-patriotę posługującego się poetyckim językiem proroków biblijnych, ale — i to przede wszystkim — jako na jasnowidzącego zwiastuna przyszłych nieszczęść pozbawionego samodzielności państwowej narodu.

Legenda ta, naiwna i bezpodstawna, utrwalona znanym obrazem Jana Matejki, który w *Kazaniu Skargi* ukazał go jako groźnego proroka, stała się bezwiednym wyrazem hołdu dla pisarza, a raczej typu pisarza, który w okresie świetności Renesansu miał odwagę wybiegać myślą poza otaczającą go codzienność i szukać odpowiedzi na pytania dotyczące życia i losów całego narodu.

Krąg łacinników polskich i apologetów katolicyzmu z końca w. XVI zamyka opat jędrzejowski, ruchliwy dyplomata, S t a n i s ł a w R e s z k a (1544 - 1600). Miłośnik i znawca kultury włoskiej, szczycący się przyjaźnią Tassa, autor dzieł teologicznych — jednego polskiego i wielu łacińskich, był znakomitym eseistą. W swych listach (*Stanislai Rescii Epistolarum liber unus* 1594, *Epistolarum pars posterior* 1598) dał kilka doskonałych szkiców o miastach i obyczajach włoskich, m.in. o Wenecji, o Neapolu, przy czym jeden z nich, poświęcony Rzymowi czasu „miłościwego lata" 1575 r., napisał — i to świetnie — po polsku.

8. PROZA REFORMACYJNA

Zainteresowania polityczne i religijne wywołane przez egzekucję praw i reformację, a ukoronowane syntetycznymi systemami Modrzewskiego, Orzechowskiego i Skargi, wywołały całą powódź zarówno utworów drobnych, jak dzieł wielkich, wśród których na uwagę szczególną zasługują rzeczy związane z reformacją. Idzie tu oczywiście nie o ich stronę teologiczną, doniosłą dla badacza myśli religijnej, lecz o fakt, że są one dokumentami kultury renesansowej dotyczącej spraw literackich.

Wśród dzieł tego właśnie rodzaju rzuca się w oczy duża liczba prac kaznodziejskich, pisywanych, jak świadczy twórczość Reja, nie tylko przez duchownych, i to pisanych z myślą o czytelniku, a nie słuchaczu, rzekome bowiem kazanie było odmianą traktatu moralistycznego. Słowem są to postylle pióra ludzi, o których uzdolnieniach kaznodziejskich wiemy bardzo niewiele lub nic zgoła, a którzy interesowali i dotąd interesują jako pisarze. W dziedzinie tej górowali postyllografowie innowiercy z Rejem na czele, którego tu raz jeszcze wymienić trzeba nie tylko dlatego, iż jego „kroniką spraw pańskich" miała pokaźną ilość wydań i przekładów, ale dlatego, że stworzyła ona pewien typ oraz że wywołała bardzo niezwykłą reakcję w obozie katolickim. Zaniepokojeni jej powodzeniem jezuici postanowili ją wyprzeć, zadania tego zaś podjął się uczony biblista, Jakub Wujek, pisząc *Postyllę* (1573), która poświęcona była w całości walce z księgą kalwińskiego teologa-amatora i z zapasów z nim wyszła pobita.

W ślady Reja poszli inni pisarze protestanccy, z których dwaj zajaśnieli talentem pisarskim, G r z e g o r z z Ż a r n o w c a oraz K r z y s z t o f K r a i ń s k i. Grzegorz, którego *Postyllę* (1580) przedrukowywano dla użytku protestantów śląskich jeszcze w w. XIX, w foliale, ogromem swym bijącym księgę Reja, napisanym językiem soczystym, przetkanym mnóstwem przysłów, obok roztrząsań teoretycznych dał dużo dobrze opowiedzianych „przykładów" i obrazków obyczaju staropolskiego, wiejskiego i miejskiego, a podobnie postępował i Krzysztof Kraiński w swej *Postylli Kościoła powszechnego* (1608). Dzięki temu postylle ich, podobnie jak Rejowa, stanowią źródło do poznania folkloru staropolskiego, nie mniej cenne od kazań średniowiecznych, ale w przeciwieństwie do nich dotąd niemal zupełnie nie wyzyskane.

Polemiki religijne, które w postyllach zajmowały sporo miejsca, a które dotyczyły nie tylko zagadnień teologicznych, nieraz bowiem mówiły dużo o osobach atakowanych i ośmieszanych bezlitośnie oraz o aktualnych sprawach politycznych i społecznych, dochodziły do głosu w dziełach osobnych, puszczanych w świat czasu namiętnych kampanii, toczonych przy rozmaitych okazjach. Tak było po r. 1550, gdy z jednej strony dobiegająca końca egzekucja praw rozbijała ostatecznie przewagę kleru, z drugiej zaś noszono się z zamysłami stworzenia kościoła narodowego. Nową falę namiętnych sporów wywołały lata po Zgodzie Sandomierskiej, gdy ataki katolickie skierowały się przeciw nie objętemu nią arianizmowi, który w pisarzach Rakowa i Lublina znalazł świetnych szermierzy. Podobnie, gdy przystąpiono do realizacji wielkiego dzieła połączenia Kościołów zachodniego i wschodniego, którym jeszcze w w. XV zajmowano się na soborach, a które w Polsce miało ogromną doniosłość polityczną, dzieła zmarnowanego przez fanatyzm jezuicki i ślepotę klasową szlachty, zawarcie unii brzeskiej poprzedziły długie a burzliwe dyskusje i polemiki. Brali w nich udział pisarze duchowni i świeccy, przedstawiciele obydwu wyznań katolickiego i prawosławnego, przy czym zarówno pisarze świeccy, jak M a r c i n B r o n i e w s k i, autor pod pseudonimem Krzysztofa Filaleta wydanej *Apokrisis* (1597), jak duchowni prawosławni pisali polszczyzną nie ustępującą językowi

8. Proza reformacyjna

ich przeciwników. W tych sporach, zarówno podjazdowych utarczkach na pióra, jak długoletnich walkach, obok pisarzy klasy tak wysokiej, jak Orzechowski, Kromer, Skarga po stronie katolickiej, w obozie akatolickim zabłysnęło wielu znakomitych polemistów, jak luteranie, Stanisław Murzynowski i Marcin Krowicki, lub arianie, Szymon Budny czy Marcin Czechowicz, otoczeni dużym gronem współwyznawców. Bronią posługiwano się bardzo różną, od parukartkowych ulotek o charakterze zjadliwych pamfletów, po setki stronic liczące księgi, szermujące dużą erudycją teologiczną i sprawnością dialektyki, „alegujące" zaś, czyli argumentujące odwoływaniem się nie do obskurnych teologów średniowiecznych, lecz do „czystego słowa bożego", czerpanego z ksiąg biblijnych. W daleką przeszłość bowiem odeszły czasy plebana wiejskiego, w którego mieszkaniu „spleśniałą biblią strzygą w kącie mole".

Plebani katoliccy i duchowni wszelkich innych wyznań przekształcili się w znakomitych znawców Biblii i historii kościelnej, sypiących cytatami i umiejących uzasadniać swe poglądy. Po zapadłych wsiach i miasteczkach obradowały synody innowierców, których uczestnicy skakali sobie do oczu, kłócąc się zacieke o przeróżne subtelności dogmatyczne. Ale też na głuchej prowincji dobrać można było grono zawołanych teologów i filologów i zasadzić ich do pracy zespołowej nad przekładem Biblii. Rezultaty zaś były zdumiewające. Gdy do połowy w. XVI nie było w Polsce ani jednego tłumaczenia Nowego Testamentu, od r. 1551, gdy pojawił się w Królewcu przekład Stanisława Murzynowskiego, ukazały się ariański Marcina Czechowicza i dwa katolickie: Jana Leopolity oraz Jakuba Wujka (1593). Ile zaś rzetelnego wysiłku w pracę tę włożono, świadczą uwagi Jana Seklucjana w tekście Murzynowskiego czy egzemplarz przekładu Czechowicza w Muzeum Brytyjskim, opatrzony notkami angielskimi z końca w. XVI, podającymi w wątpliwość, czy tłumacz słusznie wyrazem „ułuda" określił zjawę Chrystusa na jeziorze Genezaret. Co większa, każde wyznanie usiłowało zdobyć się na własny przekład całości Biblii. Kalwini więc przygotowali wspaniałą Biblię Brzeską (1563) — wynik pracy zespołowej, jeszcze okazalej katolicy wydali przekład Jana Nicza ze Lwowa, zwanego Leopolitą (1561); na samym schyłku stulecia jezuicki zespół redakcyjny puścił w świat przekład Jakuba Wujka, który chwili tej nie doczekał; ariańską Biblię, zw. Nieświeską, przełożył Szymon Budny .(1570), wykonana zaś zespołowo Biblia Gdańska do użytku luteranów wyszła dopiero w r. 1632.

W ten sposób Reformacja odrobiła wiekowe zaległości, imponująco wzbogacając i doskonaląc język artystyczny, bibliści bowiem polscy dbali nie tylko o dokładność filologiczną przekładanych tekstów, ale również zwracali baczną uwagę na doskonałość wyrazu, na bogactwo słownikowe i melodię wersetów biblijnych.

9. ŁUKASZ GÓRNICKI I PARENEZA HUMANISTYCZNA

Człowiek renesansowy odczuwał bardzo wyraźnie piękno zaklęte w słowie, stykając się jednak z dziełem literackim, szukał w nim przede wszystkim pożytku, takiej czy innej nauki. Pod tym względem nie umiał wyzwolić się spod wpływu tradycji średniowiecznej, zwłaszcza że współdziałał z nią autorytet Horacjusza, jego nakaz łączenia pożytku z przyjemnością, jako szczytowego wyniku pracy pisarza. Na tym podłożu rozwinął się dydaktyzm humanistyczny, zwany parenezą, tj. zachęcaniem do cnót, zdobiących człowieka doskonałego.

Młodzi Polacy, którym poglądy tego rodzaju wpajał już Kallimach, a którzy później gromadnie wyjeżdżali na studia wyższe do Włoch — uniwersytet jagielloński bowiem w w. XVI podupadł i stracił siłę przyciągania młodzieży szlacheckiej — polerując obyczaje w świecie romańskim, przywozili zza Alp kulturę towarzyską i umysłową, wysoce cenioną w kraju, gdzie na Wawelu trzęsła wszystkim królowa Bona i gdzie panował wychowany na sposób włoski Zygmunt August. Dzięki i samemu władcy, i popieranym przez niego wychowankom Bolonii, Padwy, Rzymu, na pniu starej, średniowieczyzną przesiąkniętej kultury polskiej poczęła wyrastać nowa, dworsko-włoska, która do swego rodzimego podłoża miała się tak, jak renesansowy pałac Zygmunta Starego do stanowiącego jego część zamku Kazimierza Wielkiego o potężnych murach i ciężkich sklepieniach.

Królowi na krzewieniu kultury, w której dzięki matce się wychował, bardzo zależało i z jego inicjatywy wyszedł pomysł dzieła, które miało ukazać kultury tej powabny wzorzec — pomysł *Dworzanina Polskiego* (1566). Wykonanie pracy powierzył swemu ulubionemu dworzaninowi, Ł u k a s z o w i G ó r n i c k i e m u (1527 - 1603), synowi mieszczanina oświęcimskiego, a siostrzeńcowi Stanisława Gąsiorka Kleryki, któremu zawdzięczał humanistyczne wykształcenie. Zadanie, którego Górnicki się podjął, polegało na spolszczeniu arcydzieła renesansowej pracy włoskiej *Il Cortegiano* pióra Baltazara Castiglione. Chodziło nie o przekład, lecz o spolszczenie, polegające na przeniesieniu treści księgi o dworzaninie z Urbino na stosunki polskie, przy równoczesnym zachowaniu jej wytwornej formy. Z zadania tego Górnicki wywiązał się znakomicie, chociaż — jak sam wyznawał — nie było ono łatwe. Trudności wprawdzie nie nastręczało zastąpienie dworu książęcego w Urbino podmiejską willą biskupa Maciejowskiego w Prądniku, ani nawet usunięcie kobiet, którym Castiglione kazał przemawiać, a których rola w przekładzie przypadła dworzanom biskupim; trudności nie do pokonania wystąpiły tam, gdzie przeróżnych subtelności z dziedziny platonizmu renesansowego nie można było wyrazić w języku polskim, nie miał on bowiem odpowiedniego słownictwa filozoficznego. Mimo to Górnicki wyszedł obronną ręką. Rezygnując tedy z tego wszystkiego, co w jego warunkach było nieosiągalne, potrafił jednak w „grach rozmownych" swych dworzan odtworzyć podstawowy zrąb wywodów humanisty włoskiego, i to bardzo wiernie, z tym tylko że dostosował je do wymagań życia polskiego. Kultura umysłowa, towarzyska i fizyczna „dworzanina polskiego", pojętego jako człowiek nowoczesny, zachowała wyrazistość, cechującą oryginał włoski. Człowiek nowoczesny znaczy tu osobnika spełniającego te wszystkie warunki, które obowiązywały wychowanka i wyznawcę zasad humanistycznych, zdecydowanie świeckich, zagadnienia religijne bowiem pozostają właściwie poza obrębem rozmów dworskich w willi biskupiej na Prądniku.

Że jednak i z trudnościami filozoficznymi radzić sobie umiał autor *Dworzanina polskiego*, dowiódł, gdy w związku z rozrywkami życia kulturalnego wypadło mu zająć się żartami i dowcipami. Wywód na ten temat Castiglione poprzedził uwagami teoretycznymi z dziedziny psychologii i estetyki, podkreślając takie cechy zjawisk komicznych, jak nieoczekiwaność pomysłu, jak posługiwanie się kontrastem, jak pewien umiar w dozowaniu — co Górnicki bardzo zgrabnie powtórzył. Wywody swe autor włoski zilustrował mnóstwem anegdot, tłumacz zaś częściowo je wprowadził do tekstu polskiego, częściowo zastąpił rodzimymi, opowiedzianymi tak zgrabnie, że *Dworzanin polski* stał się doniosłą pozycją w dziejach facecji polskiej. Górnicki wreszcie, doskonały znawca i języka włoskiego, i łaciny, był pisarzem wrażliwym na sprawy językowe, w pracę więc swą włożył dużo starania o jej stronę artystyczną. Zdania tedy wiązał w długie, znakomicie zestrojone okresy, tak że w prozie swej osiągał doskonałość, do której przyzwyczajało go rozczytywanie się w pisarzach starożytnych i humanistycznych.

Dworzanin polski jako próba zaszczepienia wytwornej kultury włoskiej na pniu rodzimej, szlacheckiej, „grubej" i od wyrafinowania dalekiej, małe miał widoki powodzenia, jak dowodzi Rejów *Żywot człowieka poczciwego*, ale bynajmniej nie przeszedł nie zauważony. Właśnie Rej pewne jego postulaty przenosił na kulturę zwyczajnego ziemianina, dopiero jednak w w. XVIII, w dziełach takich, jak Krasickiego *Pan Podstoli*, pomysły Górnickiego znalazły grunt podatny i przyczyniły się do unowocześnienia poglądów na charakter kulturalnego obywatela. Sam Górnicki, który był talentem raczej przetwórczym niż torującym nowe szlaki literackie, nie poprzestał na *Dworzaninie*, lecz próbował sił i na innych polach. Dał więc zajmujący szkic historyczny *Dziejów w Koronie Polskiej (...) od r. 1538, aż do r. 1572* (1637), gdzie przedstawił głównie stosunki dworskie około połowy w. XVI, z mnóstwem wiadomości o ludziach i sprawach, których i które znał z doświadczenia osobistego. Do ruchu egzekucyjnego i problemu władzy królewskiej nawiązywał w traktacie *Rozmowa Polaka z Włochem o wolnościach i prawach polskich*, tłumaczył wreszcie poprawnie wierszem i prozą swego ulubionego pisarza Senekę, wszędzie i stale wykazując dbałość o piękno wyrazu artystycznego.

W opinii czasów i swoich, i późniejszych utrzymał się jednak przede wszystkim jako autor *Dworzanina*. Do dzieła tego, w jego części poświęconej komizmowi, nawiązywał anonimowy pisarz, który w kilka lat później, około r. 1570 wydał w Krakowie duży zbiór *Facecyj polskich*, wybranych ze źródeł obcych, z analogicznych tomów, ogłaszanych przez humanistów łacińskich, niemieckich, jak Johannes Gast, i włoskich, jak Lodovico Domenichi, przy czym weszła tu garść humoresek z *Dekameronu* Boccaccia. Nieznany autor nie zapomniał również o kawalarzach rodzimych, o błaznach Stańczyku i Ziębie, komiczne zaś opowiadania przenosił, metodą Górnickiego, w środowisko polskie, na zamek i przedmieścia Krakowa.

Za wzorem Górnickiego szli jednak przede wszystkim autorzy humanistycznych „zwierciadeł", ukazujących wzorowych obywateli pełniących najrozmaitsze funkcje społeczne. Tak więc Paprocki pisał o *Hetmanie*, a uczony profesor krakowski, J a k u b   G ó r s k i w *Radzie pańskiej* (1597) opartej na źródle hiszpańskim, dał szczegółowy, znakomitym językiem wyrażony portret wzorowego „rady", tj. senatora, doradcy królewskiego. Traktatom w języku polskim towarzyszyły łacińskie, jak *De legato*, rzecz o obowiązkach dyplomaty pióra K r z y s z t o f a   W a r s z e w i c k i e g o, opartą na bogatym doświadczeniu autora, który długie lata spędził na dworach europejskich, lub *De optimo senatore* (Wenecja 1568) W a w r z y ń c a   G r z y m a ł y G o ś l i c k i e g o (ok. 1530 - 1607), studium o wzorowym senatorze, które miało przekład angielski (*The Accomplished Senator*) i uchodzi za źródło postaci Poloniusza w *Hamlecie* Shakespeare'a.

W rezultacie więc renesansowe „zwierciadła", prócz roli, jaką odegrały dzięki Górnickiemu i Rejowi w Polsce, miały doniosłe znaczenie jako ogniwa wiążące wieloraką literaturę polską z myślą humanistyczną renesansowej Europy.

10. POEZJA JANA KOCHANOWSKIEGO

Środowisko dworskie, którego kulturę umysłową i towarzyską utrwalali „S. R. M. secretarii", sekretarze Króla Jegomości, do których grona należało wielu późniejszych dostojników państwowych, jak choćby kanclerz i hetman Jan Zamoyski, nieśmiertelność literacką zdobyło dzięki niedużemu tomikowi *Fraszek* pióra J a n a K o- c h a n o w s k i e g o, pierwszego i na długie lata jedynego wielkiego poety polskiego.

„W równym szczęściu urodzony", a więc syn średniozamożnej rodziny ziemiańskiej z okolic Radomia, światło dzienne ujrzał w r. 1530 i szedł przez życie przeważnie o własnych siłach, choć nie bez pomocy życzliwych ludzi. Po studiach wstępnych w Krakowie i Królewcu rzetelne wykształcenie filologiczne zdobył na uniwersytecie padewskim, gdzie równocześnie uprawiał poezję łacińską (1552 - 1559), po powrocie zaś do kraju sługiwał na dworach magnackich, sposobiąc się równocześnie do kariery duchownej, do której zresztą zbytnio mu się nie śpieszyło. Wspierany przez wpływowych mecenasów, wśród których znalazł wielbiciela i przyjaciela w osobie podkanclerzego i biskupa Piotra Myszkowskiego, wszedł ostatecznie w służbę królewską (1564). Nie zdoławszy jednak pozyskać łask Zygmunta Augusta, wycofał się z Wawelu, osiadł w dziedzicznej wsi Czarnolesie i rezygnując z widoków kościelnych, choć dziwiono się, „czemu imo się puszcza wielkie dziesięciny", ożenił się (1575), by ostatnich dziewięć lat parać się gospodarstwem i pracą pisarską. Plonu jej pełnego nie było mu dane oglądać, przed ukazaniem się bowiem wydania zbiorowego zaskoczyła go śmierć w Lublinie 22 sierpnia r. 1584.

Niebogaty w sensacyjne wydarzenia żywot Kochanowskiego kryje mnóstwo zagadek, wobec których stoimy bezsilni, nie mamy bowiem klucza do ich rozwiązania. Jedynymi dokumentami są tu wypowiedzi samego poety, ale budowane tak, że niepodobna rozgraniczyć w nich prawdy i zmyślenia, „tak tam ścieżki mylne", jak sam napisał, przestrzegając przed próbami wnikania w ich „umysł zakryty". Dotyczy to na przykład w dużym stopniu postawy politycznej Kochanowskiego, związanej z jego latami pobytu na dworze wawelskim. Poeta żywo interesował się egzekucją praw i w publicystyce brał udział, parafrazując w poematach *Zgoda* i *Satyr* mowy urzędowe swych mecenasów, podkanclerzych, sławiąc zaś (w *Proporcu*) unię lubelską i jej twórcę, „pomazańca", Zygmunta Augusta. Za tego rodzaju usługi koledzy-rówieśnicy z kancelarii dworskiej dochodzili do urzędów lub innych nagród. Tak przecież już sławny pisarz Rej posiadał zabawny dokument, którym niegdyś Zygmunt I nadał mu wieś jako

"Vati polono alias rymarzowi" (wyraz ostatni był odpowiednikiem łacińskiego „rimarius", co Kochanowski oddawał słowem „pisorym"). On sam niczym podobnym pochlubić się nie mógł i pewnego dnia opuścił dwór, krok ten uzasadniając w liście poetyckim (*Marszałek*) twierdzeniem: „Ani ja dbam o pompę, ani o infuły, uczciwe wychowanie — to moje tytuły". Mimo zapewnień o stoickiej obojętności na bogactwa, w wierszu brzmi wyraźnie jakieś rozczarowanie, rezultat doznanego ciężkiego zawodu, najniewątpliwiej związanego z „infułami". Sprawa druga — to postawa religijna poety, którego Trzecieski wymienia jako akatolika, któremu mecenasował książę Albrecht pruski, a który nie tylko miał prebendy katolickie, ale był dworzaninem i przyjacielem biskupów. Obfita i piękna twórczość religijna autora *Psałterza Dawidowego* każe przyjąć, iż zajął on postawę ponadwyznaniową, która pozwalała mu dworować sobie zarówno z duchowieństwa katolickiego, jak i z protestanckiego, wszelki fanatyzm zaś był mu zupełnie obcy. Był humanistą i z bardzo ludzkiego stanowiska spoglądał na zagadnienia religijne, uznając w całej pełni ich znaczenie dla człowieka, ale z dala trzymając się od sporów, których były przedmiotem.

Postawa zaś humanisty wystąpiła u Kochanowskiego ze szczególną wyrazistością w dwu dziedzinach: w jego stosunku do otoczenia i do samego siebie. *Fraszki* mianowicie są istną skarbnicą wierszy do przyjaciół i o przyjaciołach; dowodzą one, iż przyjaźń była dla poety jedną z największych wartości w życiu, że słodziła mu zawody, które krzyżowały jego plany, że podtrzymywała go w chwilach trudnych, że krzepiła jego wiarę w sens życia i wartość człowieka. Przyjaciół tych znamy; jednym z nich był Łukasz Górnicki, towarzyszyli mu zaś dwaj Jędrzeje, często we *Fraszkach* wymieniani: Patrycy Nidecki, uczony filolog, i Trzecieski, wytworny poeta łaciński, który w pięknej elegii pocieszał, jak mógł i umiał, autora *Marszałka* w chwili kryzysu, w utworze tym utrwalonego. Daleko zawilsza jest inna sprawa, wierszy o kobietach, zarówno w elegiach łacińskich, jak we *Fraszkach* i *Pieśniach*. Zajmowano się nimi wielokrotnie, usiłując daremnie uchwycić ich związek z życiem poety. Próby te, poza jednym wyjątkiem, zawiodły, pewne jest tylko jedno — fakt, iż Kochanowski pierwszy w Polsce wymownie i nowocześnie posługiwał się wytwornym językiem miłosnym, iż subtelnie przedstawiał radości i smutki człowieka zakochanego. Wyjątek zaś to niezwykle piękne wiersze do żony, sławiące zarówno jej urodę, jak i stateczność jako pani domu i dobrej towarzyszki męża. W utworach wreszcie o sobie samym, a jest ich dużo, Kochanowski chętnie zwierzał się ze swych zadań i zajęć pisarskich. Pracę poetycką traktował jako chlubny zawód, który uprawiał, choć wiedział, że „z rymów co za korzyść krom próżnego dźwięku", i skarżył się dotkliwie na obojętność odbiorców, gdy „poeta słuchaczów próżny, gra za płotem, Przeciwiając się świerczom...". Skargi te zresztą nie miały podstawy, liryka bowiem, „kochanie wieku tego" ceniono bardzo wysoko, tym bardziej iż głosiciel hasła „Służmy poczciwej sławie" realizował je w swej twórczości, tak że w dziełach jego otrzymały wyraz doskonały niemal wszystkie doniosłe sprawy, które za jego życia zaprzątały działaczy politycznych i ogół szlachecki. Żywo zainteresowany przeszłością narodu, uczulony był na jego honor, toteż bardzo silnie reagował na wydarzenia takie, jak ucieczka Henryka Walezego i jej pogłosy literackie, tj. francuski pamflet na Polskę i Polaków Filipa Desportesa, na który odpowiedział wierszem łacińskim, lub jak nie pomszczony napad Tatarów na Podole w XVI w., piętnowany przez poetę jako „wieczna sromota", a u schyłku życia z podziwem śledził przebieg wojny moskiewskiej, prowadzonej przez „króla niezwalczonego".

Gorący i czynny patriota, chciał „służyć ojczyźnie miłej", a wyraz „ojczyzna" on właśnie upowszechnił swą bronią przyrodzoną, piórem poetyckim. Literaturę polską usiłował wznieść na poziom, który czasu swych podróży obserwował we Włoszech i Francji, tj. przyswoić jej nowości, utrwalone na fali Odrodzenia, umocnić to, co zastał jako dorobek Reja i jego rówieśników, nade wszystko zaś wydoskonalić czy może nawet stworzyć język artystyczny, by zdołał on wyrażać to wszystko, co dochodziło do głosu w języku łacińskim, którym i sam władał po mistrzowsku.

Rozeznanie w tych sprawach i odtworzenie drogi poetyckiej Kochanowskiego rozbija się o mnóstwo trudności, do wymienionych bowiem poprzednio zagadek biograficznych dochodzi brak dokumentów tak istotnych, jak autografy poety. Potomność obeszła się nielitościwie z jego papierami, zarówno osobistymi, a więc listami, z których zachowały się cztery zaledwie, jak i z rękopisami utworów z nich bowiem znamy jeden tylko, i to łaciński. Relacji współczesnych mamy również bardzo niewiele, tak że skazani jesteśmy na to tylko, co analiza naukowa pozwala wydobyć z tekstów jego dzieł.

A już sama ich objętość wskazuje, iż w przeciwieństwie do wielkich twórców renesansowych, którzy lubowali się w formach monumentalnych, w poematach liczących dziesiątki pieśni, Kochanowski był miłośnikiem form małych, lirykiem, który starannie cyzelował swe pieśni i fraszki, nowelistą kreślącym drobne obrazki wierszem, satyrykiem, który poprzestawał na krótkich wycieczkach przeciw zdrożnościom życia publicznego, dramaturgiem wreszcie, który zdobył się na jedną zaledwie tragedię typu antycznego, ale nie osiągającą pełnego wymiaru stosowanego w tym typie. W rezultacie dziełem jego najdłuższym jest przekład *Psałterza Dawidowego*, stanowiący jedną trzecią puścizny polskiej poety czarnoleskiego, przy czym praca ta zajęła również jedną trzecią lat jego kariery literackiej.

To upodobanie w miniaturach poetyckich, związane może z metodą pracy, poświadczoną przez fakt, że w utworach, które za życia poety miały wznowienia, wprowadzał on zmiany i poprawki, uniemożliwiło mu stworzenie w jednym dziele rozległej wizji syntetycznej czasów, w których żył, epickiej czy dramatycznej. Dzięki jednak pewnym zabiegom kompozycyjnym, takim jak łączenie utworów lirycznych w cykle, jak niezwykła kondensacja treści lub staranny dobór tematów, autor *Trenów* wyrównywał tę niedomogę swego „dowcipu", którą sam widocznie odczuwał, skoro zamierzony poemat epicki o Warneńczyku zaczynał od wezwania do Muz, prosząc o pomoc: „Żebym ja, ile chęci, tyle miał i siły służyć ojczyźnie miłej" przez uświetnienie jej bohaterskiej przeszłości.

A jednak — mimo braku wielkich obrazów epickich — poezja Kochanowskiego wzięta jako całość mówi o życiu Polski renesansowej więcej niż liczbowo znacznie od niej obfitszy dorobek pisarski Mikołaja Reja. Twórca *Satyra* umiał doskonale gospodarować na polu literackim, dobierając starannie to, co określał jako „sprawy ważne na ziemi, sprawy ważne w niebie", a więc tematy doniosłe, które ujmował w sposób wysoce precyzyjny i zwięzły, unikając gadulstwa, a wnioski podając w zdaniach aforystycznych, łatwych do zapamiętania i ujmowanych jako pointa czy to całych utworów, czy ich ważnych ustępów.

Tak postępował już w swych utworach publicystycznych, które napisał, gdy przekroczył trzydziestkę i miał duże doświadczenie zdobyte w toku pracy nad młodzieńczymi elegiami łacińskimi. Były to *Zgoda* i *Satyr*, wierszowane parafrazy oficjalnych przemówień dwu biskupów — podkanclerzych, którzy z urzędu prawili o programie rządowym. Mistrzowskie panowanie poety nad słowem zilustrować można jego ujęciem zagadnień najbardziej drażliwych, bo religijno-kościelnych. *Zgoda* atakuje więc duchowieństwo, jego rozpustę, „rozkoszy nieprzystojne i próżne biesiady", jego zmaterializowanie i nieuctwo. Celność pocisków Kochanowskiego łatwo ocenić, zestawiając jego uwagi z wcześniejszą o lat dwadzieścia *Krótką rozprawą* Reja, który atakował niemal wyłącznie zdzierstwo kleru, dwie inne wady wspominając tylko mimochodem. Kochanowski ujmuje całość zagadnienia i wyciąga z niej wniosek zaskakujący ironicznym ujęciem i obosieczny, głosi bowiem, iż upadek duchowieństwa wywołał hałaśliwe a płytkie wystąpienia świeckich zwolenników reformy religijnej, którzy znajomość teologii zastąpili amatorskim fantazjowaniem.

*Świetcy, widząc ich nierząd, w rzeczy poprawili,
Jęli się sami kazać i żony wćwiczyli.
Więc teraz wszyscy każą, a żaden nie słucha.
Spytajże, skąd apostoł? — Duch — pry — gdzie chce, dmucha.*

Całe dzieje sobiepaństwa i anarchizmu, a więc tego, co w dużym stopniu przyczyniło się do upadku reformacji w Polsce, która nie zdobyła się na własny kościół narodowy, odczytać można w tym ironicznym czterowierszu, drukowanym w r. 1564, w chwili, gdy ruch reformacyjny dochodził swego szczytu. A podobnie poeta stawiał inne, może jeszcze drażliwsze zagadnienie, grabieży majątków kościelnych przez świeżo upieczonych protestantów; narażając się na zarzut, iż jest „papieżnikiem", autor *Zgody* dowodził, iż interesy i samej szlachty, i państwa wymagają innego sposobu rozwiązywania tej sprawy.

Ta sama niezwykła umiejętność dostrzegania i ukazywania szczegółów charakterystycznych w zawiłych zjawiskach życiowych legła u podstaw dzieła, obfitego w zagadki, ale dającego obraz czasów zygmuntowskich tak rozległy i barwny, iż podobnego nie zna literatura w. XVI ani dwu wieków późniejszych. Są nim *Fraszki*, wydane w r. 1584, a więc tuż przed śmiercią czy może nawet po śmierci poety, który sam je do druku przygotował. Powstawały one przez lat wiele jako rezultat obserwacyj życia na dworach króla, biskupów i magnatów, na sejmach i sejmikach, w podróżach i po tawernach krakowskich i warszawskich. Doszły do tego anegdoty zasłyszane w gronie „dobrych towarzyszów" i pomysły wyczytane u epigramatyków starożytnych, a wreszcie refleksje nad sobą samym i otoczeniem. W ten sposób „fraszki nieprzepłacone" stały się czymś w rodzaju albumu czy pamiętnika poety, zbiorem migawek poetyckich, przynoszących portreciki kilkudziesięciu przyjaciół i znajomych, od dygnitarzy państwowych po figury niemal błazeńskie, wśród których nie zabrakło również Stańczyka - Gąski, uczczonego pełnym sentymentu nagrobkiem. W towarzystwie tym znalazły się również kobiety, od czcigodnych matron po przedstawicielki krakowskiego półświatka. Obok ludzi weszły do *Fraszek* i zwierzęta, jak wierzchowiec poety „Glinka białogrzywy", i budowle, jak budzący podziw most warszawski, i drzewa, jak nieśmiertelna lipa ocieniająca dworek czarnoleski. W rezultacie te trzy setki miniaturek rymowanych to przebogata galeria szkiców z życia szlacheckiego i dworskiego, duchownego i wojskowego, wiejskiego i miejskiego Polski renesansowej, ujętych realistycznie, zabarwionych nieraz komizmem, zarówno dowcipami jak kawałami sytuacyjnymi, niejednokrotnie śliskimi, które sam poeta wplótł w tok rzeczy poważnych, a które w wydaniach pośmiertnych wyodrębniano, by uniknąć zgorszenia czytelników.

Głównym bohaterem *Fraszek* Kochanowski zrobił samego siebie; świadczy o tym śliczna autobiografijka *Do gór i lasów,* otwierająca ich „księgi trzecie", świadczą wiersze *Do Jędrzeja* i do innych przyjaciół, świadczą wreszcie wypowiedzi na temat własnej twórczości, m. in. wspomniane tylko co uwagi o fraszce, jej charakterze i jej powołaniu, śmiało broniące jej okazów nieprzyzwoitych. Widać tu wyraźnie, jak poeta do swego dzieła był przywiązany i jak trafnie oceniał jego wartość. W jednej fraszce zapewniał przecież, iż ten, kto się do zbiorku dostanie, żyć będzie dłużej, niż gdyby mu portret zawieszono „u świętego Frącka", czyli w zachowanej do dziś galerii portretów dostojników Kościoła w krużgankach franciszkańskich w Krakowie.

Życie wewnętrzne pisarza, barwnymi pasmami przewijające się w epigramach, wystąpiło nie mniej wyraźnie w jego liryce, a więc w zbiorku *Pieśni księgi dwoje,* wydanym osobno dopiero pośmiertnie (1586) oraz w *Trenach* (1580), które ukazały się wprawdzie wcześniej, ale powstały później od większości utworów nazwanych pieśniami. Zbiorek owych *Pieśni,* obejmujący pół setki utworów lirycznych, uzupełniony *Fragmentami,* obok rzeczy wspomnianych poprzednio w związku z postawą Kochanowskiego-patrioty przyniósł dużo nowości, bo wierszy filozoficznych i miłosnych. Pierwsze to piękne i głębokie wypowiedzi pisarza-humanisty na temat tego, co w życiu najwyżej cenił, a więc wartości prawdziwego człowieka. Sprawy te były oklepankami, powtarzanymi przez wszystkich humanistów, nie wyłączając autora *Wizerunku* i *Żywota człowieka poczciwego,* oklepankami, których wzory stworzyli Cicero, Seneka i inni znakomici „autorzy", pisarze starożytni, zwłaszcza rzymscy. Kochanowski jednak, wiedziony niezawodnym instynktem poetyckim, potrafił w zużyte szablony wlać nowe życie, umiał nadać im charakter wypowiedzi żywych i wieczyście aktualnych, równie cennych dla Polaka epoki Zygmunta Augusta, jak były niegdyś dla Rzymianina w początkach naszej ery. Pisząc bowiem swe *Pieśni,* widział ich odbiorcę, człowieka sobie współczesnego, któremu pragnął zaszczepić te wszystkie wartości etyczne, które uznał za swoje własne w czasie studiów nad kulturą antyczną.

Warstwę drugą stanowiły tu erotyki, w których — obok motywów tradycyjnych, jak bardzo zresztą zgrabna pieśń pod zamkniętymi drzwiami kupnej kochanki — zabrzmiały akcenty nowe i niezwykłe, słowa tęsknoty za ukochaną i wyrazy podziwu dla jej wartości duchowych, pasujących ją na godnego towarzysza życia. Wyrazy te rozległy się w Polsce po raz pierwszy, by stać się podstawą jakiegoś nowego, poprzednio nie znanego stosunku osobników płci odmiennej.

W *Pieśniach* wreszcie poeta otwarcie i wymownie głosił pochwały świata i życia, jako wartości trwałych i godnych tego, by o nie zabiegać. Rozmiłowany w otaczającym go świecie, którego urokowi poświęcił wspaniały hymn *Czego chcesz od nas, Panie, za Twe hojne dary*, wrażliwy na piękno przyrody opanowanej przez pracowite dłonie człowieka, dostrzegający w niej ład kosmiczny, który chciałby widzieć również w dobrze zorganizowanym społeczeństwie, podziw swój dla urody życia Kochanowski najpełniej wyraził w *Pieśni świętojańskiej o Sobótce*. W cyklu dwunastu pieśni, śpiewanych przez panny przy ognisku, ukazał tu „wieś spokojną, wieś wesołą", oglądaną oczyma obchodzącego imieniny zamożnego ziemianina, który nie wymaga od świata zbyt wiele, ma bowiem głębokie poczucie wartości człowieka i jest przekonany o wartości otaczającej go tradycyjnej kultury. Sielankowy cykl pieśni nie jest poematem filozoficznym o rozległych horyzontach myślowych; to tylko bezpretensjonalne ujęcie spraw, które szeroko przedstawiał *Żywot człowieka poczciwego*, a które tutaj otrzymały wzorową postać artystyczną.

Optymizm bijący z tego polskiego „snu nocy letniej", wiara w wartość człowieka i jego osiągnięć, okazał się dla Kochanowskiego deską ratunku w katastrofalnym przeżyciu, które wystawiło na próbę cały jego pogląd na świat, oparty na — zdawałoby się — niezachwianych podstawach, do których doszła podziwiana w epoce Renesansu myśl filozoficzna starożytnej Grecji i przede wszystkim jej dziedzica, Rzymu. Śmierć ukochanego dziecka, trzyletniej Orszulki, w której upatrywał „Safo słowieńską", przyszłą poetkę polską, dziedziczkę nie tylko majątku, ale i „lutni", wstrząsnęła pisarzem nie tylko jako ojcem, bo wywołała dramat filozoficzny, dramat załamanego, choć ostatecznie ocalonego poglądu na świat. Okazało się w praktyce, iż normalne dla człowieka renesansowego racjonalistyczne pojmowanie zjawisk życia ludzkiego nie wytrzymują próby rzeczywistości. Śmierć bowiem to zjawisko naturalne w starości, ale śmierć dziecka, jako gwałt zadany życiu, rujnuje wszelkie systemy filozoficzne i rozumowo uzasadnić się nie da. Tragiczny ten konflikt, wyrażony już w *Antygonie* Sofoklesa, sprawia, iż stoickie poglądy „Arpina wymownego", Cicerona, bożyszcza ludzi renesansowych, okazują się niczym, że prawdą jest tylko cierpienie i korne poddanie się tajemniczym prawom przyrody. Wygłasza je matka poety, która ukazuje mu się w wizji sennej i poucza go, iż jest tylko człowiekiem, który winien pogodzić się z „prawem krzywdy pełnym", bo innego wyjścia nie ma. „Ludzkie przygody ludzkie (tj. po ludzku) noś!" — oto ostateczny wydźwięk *Trenów*.

Ten dramat myśliciela renesansowego równoważą w poemacie inne jego składniki, które cykl żałobny wiążą bezpośrednio z życiem. *Treny* realistyczne, prawiące o zmarłej dziewczynce i jej rodzicach, tchną takim umiłowaniem dworku, którego ściany rozbrzmiewały szczebiotem dziecka, iż one narzucają się wyobraźni czytelnika i sprawiają, iż w utworze upatrywano jedynie „pomnik bólu ojcowskiego", a nie dramat — i to niezwykły — o charakterze filozoficznym. Dopiero równoważność obydwu elementów dowodzi, iż przebolesne przejścia osobiste stały się dla autora *Trenów* tworzywem literackim, nowatorsko wprowadzonym do dzieła sztuki, jak zresztą tworzywem tym było bardzo często jego życie psychiczne, obserwowane wnikliwie i uznawane za jakość godną wyrażenia w słowie, bo rokującą istotną trwałość. Ale właśnie dzięki temu *Treny* uznać trzeba za trzeci, obok Kopernika i Modrzewskiego, wkład polski do kultury światowej. Gdy tamci dwaj reprezentują myśl naukową i myśl społeczną, dzieło Kochanowskiego ukazuje potęgę uczucia, a raczej myśl filozoficzną załamującą się w katastrofalnym konflikcie ze zranionym boleśnie uczuciem.

Końcowe akordy *Trenów* mają charakter religijny, związany wyraźnie z wieloletnią i bardzo ambitną pracą nad przekładem *Psałterza Dawidowego* (1579), ofiarowanego z piękną dedykacją Piotrowi Myszkowskiemu. Wspaniały ten pomnik starohebrajskiej literatury religijnej ujął poeta w sposób humanistyczny, zastępujący wersety Dawida zwrotkami horacjańskimi. Psalmy jego, powszechnie podziwiane, śpiewano przez wieki w kościołach katolickich i zborach protestanckich w Polsce, w Rosji i Rumunii w cerkwiach prawosławnych.

Na rok przed *Psałterzem* ukazała się *Odprawa posłów greckich* Kochanowskiego, śmiała próba tragedii, antycznej w treści i w formie. Wydarzenie znane z *Iliady*, nieudane poselstwo Greków do Troi z żądaniem zwrotu Heleny, oblókł poeta w szatę tragedii, zbudowanej z epejzodiów i chórów. Dzieło wypełnił głębokimi refleksjami na temat patriotyzmu i pierwiastkami lirycznymi. Liryzm przemówił w skardze Kassandry, opłakującej przyszłą zgubę ojczyzny. Tragedia, wystawiona podczas wesela Zamoyskiego, doczekała się wznowienia w w. XX (grana była m. in. na dziedzińcu wawelskim).

Potomni, ceniący wysoko twórcę *Trenów* i *Psałterza*, widzieli w nim poetę wzniosłego, on sam zresztą spoglądał na siebie w ten właśnie sposób, gdy *Pieśni* zamykał obrazem swej sławy pośmiertnej, i to sławy międzynarodowej. Wzniosłości jednak w dziele jego zbiorowym towarzyszyły inne pierwiastki, które dzieło to zbliżyły ku ziemi i mocno na niej osadzały. Poeta realista, doskonały obserwator i znawca życia jednostkowego i zbiorowego, odznaczał się

Jan Kochanowski, drzeworyt XIX-wieczny W. Eliasza Radzikowskiego

FRASZEK
Janá Kochánowſkiégo
XIEGI III.

Do gór, y láſów.

Wſokié góry y odźiané láſy/
　　Jáko rad ná was pátrzę/á ſwé cząſy
Młodſzé wſpominam/któré tu zoſtáły/
　　Kiedy ná ſtátek człowiek máło dbáły
Gdźiem potym niebył: czegom nieſkoſztował:
　　Jażem przez morze głębokie żeglował/
Jażem Fráncuzy/ ia Niemce/ ia Włochy/
　　Jażem náwiedźił Sibylliné lochy.
Dźiś żak ſpokoyny/ iutro przypáſány
　　Do mieczá rycérz: dźiś miedzy dworzány
W páńſkim pałacu/ iutro záſie cichy
　　Xiądz w kápitule: tylko że nie z mnichy

Fraszki Jana Kochanowskiego, wyd. 1584

Piotr Skarga, mal. artysta nieznany

Jan Andrzej Morsztyn, miedzioryt Jeana Edelincka

dużą wrażliwością na zjawiska śmieszne i dał temu wyraz w pomysłowym posługiwaniu się efektami komicznymi. Odpowiadały one jego uzdolnieniom, ułatwiały porozumienie z czytelnikiem szukającym w lekturze poezji nie tylko pouczenia i głębi przeżyć estetycznych, ale również rozrywki. „Ale śmiechy, ale żarty zwykły zbierać moje karty" — pisał autor *Fraszek* na ich wstępie, a uwaga ta dotyczyła nie tylko tego zbiorku. W zgodzie bowiem z upodobaniami i własnymi, i epoki, Kochanowski z powodzeniem uprawiał epikę heroikomiczną, tworząc nie tylko zgrabną humoreskę *Szachy*, ale również nie ukończoną *Brodę*. Występując na polu publicystyki autor *Zgody* i *Satyra* nie tylko informował o potrzebach reform politycznych i atakował to wszystko, co stało im na zawadzie, ale równocześnie bawił dowcipnymi wycieczkami przeciwko temu, co mu się nie podobało w życiu publicznym, jak nieuctwo kleru, zanik tradycji rycerskich u szlachty czy niski poziom szkolnictwa uniwersyteckiego. A wreszcie zasada „Niech drudzy za łby chodzą, a ja się dziwuję", sformułowana we *Fraszkach*, sprawiła, iż te umiłowane „drobiażdżki" czy „głupstewka", przez Reja „figlikami" zwane, pozwoliły Kochanowskiemu zabłysnąć całym bogactwem humoru, ogarnąć życie spojrzeniem pełnym wybaczającej wyrozumiałości. I to spojrzeniem człowieka „dwornego", a więc wytwornego, który nie gorszy się tym, co go śmieszy u innych, ale sam na ośmieszenie się nie naraża. Ta właśnie wytworność, widoczna w utworach komicznych Kochanowskiego, daleka od rubasznych, a nieraz wręcz ordynarnych pomysłów przedstawiciela kultury szlacheckiej, Reja, sprawia, iż twórca *Pieśni* i *Fraszek*, *Proporca* i *Trenów* wyniósł literaturę polską na ten wysoki poziom, który w życiu towarzyskim i w dziedzinie sztuki ustaliła kultura czasów Renesansu.

11. PRODUKCJA POETYCKA U SCHYŁKU WIEKU

Śmierć Kochanowskiego w r. 1584 przyjąć można za próg końcowej fazy humanizmu renesansowego w Polsce, już bowiem w cyklu *Żalów nagrobnych*, którymi Sebastian Fabian Klonowic żegnał „kochanie tego wieku", zabrzmiały akcenty obce twórcy *Trenów*, a zapowiadające odmienny smak w literaturze, smak barokowy. Czasy po Kochanowskim, jak przystało na lata schyłkowe i przejściowe, z jednej strony były kontynuacją dzieła wielkiego poety przez pisarzy, którzy się wychowali na jego twórczości, z drugiej zaś wprowadzały dużo nowości, rezultatu innych warunków życia i upodobań płynących z dalekiego świata. Działanie zaś tych wszystkich czynników odbiło się znacznie wyraźniej w poezji niż w innych dziedzinach literatury pod zachód humanizmu.

Jednym z przejawów nowych kierunków był wzrost zainteresowań życiem wewnętrznym człowieka, wyrażającym się w pogłębieniu żarliwości religijnej, co stanowiło wynik nie tylko kontrreformacji, ale i samej reformacji, poszerzającej świadomość człowieka renesansowego nowymi doświadczeniami psychicznymi. Teraz jednak sprawy, które do niedawna były przedmiotem rozważań teoretycznych, zmieniły się w tematy wyznań lirycznych.

Wystąpiło to bardzo znamiennie w niedużym zbiorku *Rytmów abo wierszy polskich*, wydanym dopiero w dwadzieścia lat po przedwczesnym zgonie młodego autora, M i k o ł a j a S ę p a S z a r z y ń s k i e g o, który zmarł w r. 1581, a więc przed Kochanowskim, a który jednak pierwszy dał wyraz tendencjom, które rychło miały przyjąć się i zapanować powszechnie, tendencjom barokowym. Pisywał tedy psalmy, z natury rzeczy przypominające Kochanowskiego, nie poprzestawał jednak na nich, uciekał się do form bardziej nowoczesnych, mianowicie do trudnego sonetu. W sonetach też doszła do głosu jego głęboka pobożność, poczucie obcej Kochanowskiemu marności, nietrwałości życia i korny kult „Panny bezrównej", Matki Boskiej. W nich też wystąpiły jego, przez chorobę spotęgowane czy może nawet wywołane skłonności mistyczne, pragnienie bezpośredniego obcowania z bóstwem, łagodzące mu gorycz i trud Hiobowego „bojowania" z własnymi słabościami w życiu codziennym. Te nastroje religijne nie przeszkadzały jednak potomkowi rycerzy, od wieków pędzących w ziemi przemyskiej czujny żywot wojenny, dostrzec wielkości bohaterstwa, które opiewał w „dumach", sławiąc miejscowych bojowników poległych w obronie kraju przed najazdami tatarskimi. Porywy rycerskich swych czasów wspaniale wyśpiewał w pełnym przejęcia wierszu ku czci króla Stefana, jako tego, który umiał rozbudzić w narodzie przygaszone przez lata pokoju poczucie wielkości.

Tyś wskrzesił naszę sławę, ty bowiem pokoje
Wyrodnym smaczne sercom ganisz i do zbroje
Potrzebną chęć pobudzasz...

Gładkością dźwięcznej formy, której opory Szarzyński łamał wprawdzie, ale nie bez widocznego wysiłku, górował nad nim podobny tonacją religijną S e b a s t i a n G r a b o w i e c k i (ok. 1540 - 1607), autor dwu *Setników rymów duchownych* (1590). Duży ten zbiór, obejmujący trzysta wierszy refleksyjnych, pochodzenia przeważnie obcego, bo przekładanych z włoskiego. wprowadził do liryki polskiej

11. Produkcja poetycka u schyłku wieku

pomysły dawniej w niej nie spotykane, pospolite w medytacjach o grzechu, śmierci i potępieniu, powracające w coraz to nowych odmianach, obsesyjne i sięgające granic obłędu religijnego. Motywy te poeta przystroił w niesłychanie wytworną, wyszukaną szatę, układając starannie dobrane słowa w schematy rytmiczne wydoskonalone w poezji włoskiej, w zwrotki tak w Polsce wyjątkowe, jak sekstyna liryczna. Przygnębiająca jednak monotonia tematów i sztuczność formy sprawiły, iż *Setniki* Grabowieckiego, interesujące jako eksperyment wirtuozji poetyckiej, pozostały w literaturze polskiej zjawiskiem izolowanym, swoistym pomnikiem kultury kontrreformacyjnej.

Podobną doskonałość formy w poezji świeckiej osiągnęli dwaj dworzanie królewscy, J a n S m o l i k (ok. 1560 - po 1598) i A n d r z e j Z b y l i t o w s k i (ok. 1565-ok. 1608); pierwszy — autor niedużego zbiorku, który dopiero w w. XX doczekał się druku, drugi — ruchliwy literat Obaj płynęli na fali tradycji odziedziczonej po Kochanowskim, obydwum jednak przy dużej sprawności pisarskiej nie udało się wyjść poza starannie szlifowane wiersze o nikłej tematyce, niejednokrotnie panegiryczno-dworskiej.

Że jednak kariera dworska i konieczność pisywania panegiryków niekoniecznie wiodły na bezdroża, dowodzi twórczość S z y m o n a S z y m o n o w i c a (1558 - 1629), najwybitniejszego poety wśród następców Kochanowskiego. Świetny humanista o wykształceniu filologicznym, podziwiany w Europie zachodniej dla „złotych poemacików" łacińskich, w życiu okazał się człowiekiem na miarę niecodzienną. Protegowany Jana Zamoyskiego, a później dworzanin-przyjaciel, pomagał hetmanowi w urządzeniu akademii w Zamościu, wraz z drukarnią, biblioteką i innymi zakładami naukowymi, wykazując w pracy tej niepospolite zdolności organizacyjne. Nie przeszkadzała mu ona w twórczości łacińskiej, zwłaszcza na polu dramatu, do którego jednak nie miał zdolności. Toteż i *Castus Joseph*, osnuty na znanym wątku biblijnym, i *Pentesilea*, z dziejów wojny trojańskiej, mimo znakomitej szaty słownej pozostały tylko ambitnymi próbkami.

Na drogę właściwą Szymonowic wkroczył dość nieoczekiwanie, by dojść po niej do późno wydanych *Sielanek* (1614). Początkiem jej były panegiryki, którymi poeta — mieszczanin — zdobywał sobie możnych protektorów. Z motywów tam wyzyskanych Szymonowic postanowił stworzyć nowość, w której miał zresztą poprzednika, Stanisława Przerembskiego, twórcę podziwianych przez Kochanowskiego, zaginionych „skotopasek"; nazwa ta była kopią językową „bukolików", obrazków pasterskich, inaczej idyllami zwanych, od czasów zaś poety zamojskiego oznaczanych wyrazem „sielanka", tj. dziewczyna wiejska, panna. Przyświecały mu w pracy nad tym gatunkiem literackim wzory starożytne, zarówno bukoliki Wergiliusza, jak — i to przede wszystkim — idylle greckie Teokryta. Stosując powszechną w epoce Renesansu, u nas uświęconą przez praktykę Kochanowskiego metodę łączenia motywów antycznych z materiałem rodzimym czerpanym z życia codziennego, potrafił twórca *Sielanek* z życia tego wydobyć mnóstwo barwnych szczegółów i skomponować je w obrazki o wymowie artystycznej nie mniej doskonałej aniżeli w utworach poety czarnoleskiego, a nacechowanej znacznie większą dozą realizmu. Tak więc w sielance *Czary*, idącej wiernie za pomysłem Teokryta, dał zajmujący obrazek zabobonnych praktyk, za pomocą których zakochana dziewczyna wiejska pragnie utrzymać przy sobie chłopca, ale obrazek ten wyposażył szczegółami z życia chłopów w okolicach Zamościa. Tak w sielankę *Kołacze* wplótł długie, uczone, mitologiczne „pieśni" czy raczej opowiadania panien, ale nacisk główny położył nie na ową wstawkę, lecz na realistycznie odmalowane wesele w zasobnym dworze szlacheckim. Oczekiwanie pana młodego, którego przyjazd zapowiada wróżebne „krzektanie" sroczki, pojawienie się panicza w orszaku dorodnych towarzyszów, przyjmowanie gości i ceremonie weselne — stanowią plastyczną całość, której każdy szczegół odznacza się epicką wyrazistością. W podobny sposób zbudowane są i inne sielanki, choć stosunek ilościowy i jakościowy pierwiastków tradycyjnych, konwencjonalnych, literackich do zaobserwowanych doskonale w życiu wiejskim, i to w życiu pracowitym, ulega w nich znacznym wahaniom. Od dawna za najcenniejszą uchodzi słusznie sielanka *Żeńcy* — wolny od domieszki pomysłów mitologicznych i daleki od nastrojów idyllicznych obrazek pracy przy żniwie, wykonywanej przez gromadkę dziewcząt pańszczyźnianych pod dozorem srogiego starosty, tj. ekonoma folwarcznego. Jego „pożynaj, nie postawaj"!, czemu wtórują razy spadające na ofiary pracy pańszczyźnianej, które podołać jej nie mogą, rozlega się na łanie, gdzie spotyka się z pieśnią przekornej przodownicy, umiejącej rozbroić wiejskiego satrapę. Dziewczyna schlebia mu w oczy, wydrwiwając go równocześnie w rozmowie z przyjaciółką. Rozmowa ta daje zarazem znakomicie wykonane szkice charakterologiczne i starosty, i podstarzałej klucznicy, która i samego starostę za łeb trzyma, i znęca się nad czeladzią. Obrazek, zgodnie z tradycją idylli „malowany w słońcu", nie skrywa jednak posępnych cieni twardej rzeczywistości życia chłopa pańszczyźnianego, ale robi to w sposób niezwykle dyskretny, iście renesansowy. Nad szczegółami takimi, jak skatowanie chorej wyrobnicy, tak że „aż się krwią oblinęła", lub wzmianka o zapędach erotycznych starosty, góruje pomysłowość młodej żniwiarki, która śmiechem rozbraja grozę sytuacji i która głosi przekonanie, że sprawiedliwość jest dziełem praw przyrody, krzywionych przez złość ludzką. Dziewczyna mianowicie śpiewa śliczną piosenkę o „słoneczku, dnia oku pięknego", przewijającą się przez całą sielankę; słońce jest symbolem owych praw, od których odbiegają „zwyczaje" krzywdzicieli, praw, które do Żeńców wprowadzają nutę humanistycznego optymizmu.

Wysoką wartość artystyczną *Sielanek*, na którą składa się obecność pierwiastków realistycznych i humanistyczna ideologia, protest przeciw uciskowi społecznemu, potęguje ich język, równie czysty i precyzyjny jak język Kochanowskiego, urozmaicony domieszką słownictwa ukraińskiego i wyrazistymi przysłowiami. Mickiewicz, omawiając w prelekcjach paryskich *Sielanki*, garść wydobytych z nich przysłów przytoczył w ich brzmieniu oryginalnym, polskim, składając tym samym hołd sztuce mistrza poezji renesansowej.

Realizm, z dużym umiarem stosowany przez Szymonowica, u innych pisarzy na przełomie stuleci XVI i XVII występował tak silnie, iż zadecydował o charakterze ich twórczości. Jakie były przyczyny tego zjawiska, odpowiedzieć nie umiemy. Przypuszczać wprawdzie można, iż działały tutaj te same czynniki, które wyrzeźbiły twórczość Reja, zwłaszcza że omawiani pisarze bliżsi są jego kierunkowi aniżeli zasadom Kochanowskiego. Czynnikami tymi byłoby pochodzenie pisarzy z prowincji, z mało kulturalnych, konserwatywnych środowisk szlacheckich, trudno jednak zrozumieć, dlaczego nalotu starej tradycji domowej nie usunęła szkoła.

Poczet owych realistów otwiera z okolic Halicza pochodzący żołnierz-zawadiaka, którego po trzecim bezkrólewiu losy rzuciły na Węgry — A d a m C z a h r o w s k i (zm. ok. 1600). Jego prostackie wiersze, wydane jako *Treny i rzeczy rozmaite* (1597), produkt sztuki domorosłej i prymitywnej, nie zasługiwałyby na uwagę, gdyby nie kilka utworów pochodzenia wschodniego, osnutych na opowiadaniach Turków, z którymi stykał się w latach węgierskich, oraz bardzo piękna duma żołnierska, sławiąca Podole, a rychło upowszechniona jako pieśń popularna.

Kulturę wyższą, ale również prymitywną, mimo poloru szkolnego, miał S t a n i s ł a w G r o c h o w s k i (ok. 1542 - 1612), spod Warszawy, ksiądz i płodny wierszopis. Tłumacz hymnów kościelnych i ckliwej liryki religijnej poetów jezuickich, zawodowy panegirysta, w twórczości oryginalnej zdobył się jedynie na satyrę, wywołaną drobnym wydarzeniem w życiu duchowieństwa, artystycznie zaś słabą. To samo powiedzieć można o P i o t r a Z b y l i t o w s k i e g o (1569 - 1649) *Przyganie wymyślnym strojom białogłowskim* (1600), która ma większe znaczenie w historii krawiectwa polskiego aniżeli w historii literatury.

Ten naiwny realizm, polegający na rzemieślniczo dokładnym opisywaniu zjawisk, nie zaś na artystycznym dostrzeganiu i ukazywaniu ich cech znaczących, charakterystycznych, stał się podstawą twórczości pisarza bardzo nierównego i wskutek tego zagadkowego, S e b a s t i a n a F a b i a n a K l o n o w i c a (ok. 1545 - 1602). Burmistrz Lublina w czasach, gdy „gród trybunalski" nabrał znaczenia niemal stolicy, na sesje bowiem najwyższej instancji sądowej zjeżdżała corocznie szlachta z całego kraju, świadek — i prawdopodobnie uczestnik — prac żywego ośrodka ariańskiego, miał Klonowic dobre wykształcenie humanistyczne, zdobył dużą erudycję i opanował technikę wiersza łacińskiego. Dowodzą tego jego utwory po łacinie pisane, z których dwa słusznie uchodzą za reprezentatywne okazy kultury humanistycznej. *Roxolania* (1584) tedy jest wyjątkowo pięknym opisem Rusi Czerwonej, Podola i Wołynia, zgrabnym studium krajoznawczym, przynoszącym barwny obraz życia chłopa ukraińskiego, jego zwyczajów i obyczajów, jego pracy, jego charakteru. Dokładność obserwacji, obejmującej właściwości charakterystyczne przyrody i człowieka, sięga tak daleko, iż badacz dawnej kultury społecznej i materialnej w poemacie Klonowica znajduje nieraz odpowiedź na pytania, które wydają się nierozwiązalne. A to samo dotyczy folkloru, któremu w utworze autor wyznaczył dużo miejsca. Dzięki temu *Roxolanii* przypada bardzo poczesne miejsce w galerii dzieł, w której prozę przedstawiają Miechowity *Sarmacja* czy Kromera *Polonia*, tym bardziej iż poemat, napisany dźwięcznymi dystychami, odznacza się nieraz polotem, kiedy indziej humorem. W porównaniu z tym pięknym produktem sztuki humanistycznej bardzo niekorzystnie wygląda ogromny, kilkanaście tysięcy heksametrów liczący traktat moralistyczny *Victoria deorum in qua continetur veri herois educatio* (1587). Wychodząc od alegorycznie tłumaczonego mitu o walce bogów olimpijskich z tytanami, uczony poeta stworzył nieskładną encyklopedię wszelkich cnót i wad, którymi zajmowała się etyka renesansowa, gubiącą się w roztrząsaniu bez końca tych samych zagadnień moralnych. Czytelnik renesansowy lubował się w utworach tego pokroju; pisywano je we wszystkich językach, jak dowodzi choćby *Wizerunk* Reja. Z perspektywy wieków natomiast *Zwycięstwo bogów* jest dziwacznym produktem pracowitej erudycji i niczym więcej; jako dzieło filozoficzne razi brakiem oryginalnego systemu, powtarza poglądy powszechnie znane, a jako dzieło literackie uderza chaotycznością nieskładnie zestawionych pomysłów.

Przechodząc, jak Kochanowski lub Szymonowic, od twórczości łacińskiej do polskiej, burmistrz lubelski obrał nie prosty szlak *Roxolanii*, lecz bezdroża swego drugiego dzieła, by się na nich artystycznie najzupełniej zagubić. Wrodzona postawa realisty podsunęła mu doskonały temat do utworu *Flis, to jest spuszczanie statków Wisłą i inszymi rzekami do niej przypadającymi* (1595), chodziło bowiem

11. Produkcja poetycka u schyłku wieku

o dziedzinę zjawisk doniosłych ekonomicznie, bogatych obyczajowo, a literacko nietkniętych. W rezultacie wyrósł z tego zajmujący przewodnik krajoznawczy, opis miast i osad nadwiślańskich, dopełniony wiadomościami o flisactwie, uwzględniający przejawy folkloru kwitnącego na galarach i nawet odrębność pracy zawodowej. Relację tę, cenną jako dokument dawnego życia, pisarz spowił długimi i artystycznie najzupełniej chybionymi wywodami, wymierzonymi przeciw handlowi wiślanemu, a ujętymi ze stanowiska nie ekonomisty, lecz moralisty. Boli go to, iż handel przemienia w złoto „poty cnych kmiotków", czyli opiera się na wynikach pracy pańszczyźnianej, podstawowym jednak celem jego pocisków jest to, że handel jest źródłem zbytku i — do tego sprowadza się filozofia ekonomiczna *Flisa*. Argument zaś dodatkowy przynosi alegoryczne rozumienie żeglugi jako obrazu żywota ludzkiego — w rezultacie zaś poemat, który mógł, jak *Roxolania*, dać obraz nie znanych postaci życia polskiego, rozpłynął się w mętnych ogólnikach, wtłoczonych na dobitkę w okowy lirycznej zwrotki saflickiej.

Alegorysta zaciążył na realiście również w drugim jego traktacie wierszowanym, *Worek Judaszów* (1600). Punktem wyjścia były tu okruchy średniowiecznych legend o przeniewierczym apostole, którego mieszek na pieniądze uszyty był ze skór lisiej, wilczej, rysiej i lwiej, alegorycznie znaczących nieuczciwe zdobywanie cudzego majątku sprytem lub rozmaitymi rodzajami przemocy. Pomysł ten dostarczył ram do rozważań, snutych przez prawnika doskonale zorientowanego w prawodawstwie rzymskim i praktyce miejskiego sądownictwa polskiego, rozważań obficie ilustrowanych obrazkami spraw rozpatrywanych przez „ławy", a załatwianych ostatecznie przez „małodobrego", tj. kata, wieszającego złoczyńców. Dzięki takiemu ujęciu pomysłu *Worek Judaszów* przyniósł dużą serię doskonale zaobserwowanych i z surowym realizmem wykonanych szkiców obyczajowych z życia mętów miejskich i wiejskich, złodziejaszków i złodziei, koniokradów i handlarzy żywym towarem, oszustów wszelkiego rodzaju, włóczęgów i „luźnych" łowców cudzego dobra. Krzywdy plebejskie, ucisk chłopski i mieszczański znalazły w Klonowicu gorącego, choć bezsilnego obrońcę. W całości jednak *Worek Judaszów* nie dał tego, co alegoryczny jego tytuł zapowiadał, a o czym burmistrz „grodu trybunalskiego" i właściciel kamienicy stojącej naprzeciw trybunału niejedno wiedział i miał do powiedzenia. Satyryk tedy pominął występki klas uprzywilejowanych, nawet szlachty, a cóż dopiero możnowładztwa świeckiego i duchownego — sprawy skór rysiej i lwiej. Tłumaczy się to zwykle jego pochodzeniem mieszczańskim, nie pozwalającym mu piętnować możnych świata tego. Bardziej jednak prawdopodobna jest okoliczność inna, którą wyjaśni kiedyś biografia pisarza, mianowicie jego zagadkowe związki z arianizmem — związki, o których świadczy sam *Worek Judaszów*, odbity w ariańskiej drukarni Sternackiego w Rakowie. Odwagę satyryka można było przypłacić oskarżeniem o herezję i jego konsekwencjami, a na to patrycjusz lubelski zdobyć się nie mógł i nie chciał. Zresztą niedomówienia stworzonej przezeń ponurej wizji życia miejskiego miały i mają swą dostateczną wymowę.

Poezja jako narzędzie myśli politycznej i społecznej, ograniczona u Klonowica, przy sposobności wypowiadała ostro i śmiało bolączki owoczesnego życia w wystąpieniach o charakterze zbiorowym czy grupowym. Sposobnością taką był rokosz Zebrzydowskiego, zbrojny protest źle zorganizowanych warchołów magnackich i szlacheckich przeciwko polityce króla, inspirowanej przez jezuitów, w szczególności — jak się mówiło powszechnie — przez Piotra Skargę. Rokosz skończył się na niczym, towarzysząca mu zaś poezja, której twórcami byli m.in. Szymonowic, Jan Jurkowski, Kacper Miaskowski, Jan Szczęsny Herburt, a więc ludzie pochodzenia mieszczańskiego, szlacheckiego i magnackiego, nie odegrała ani w życiu, ani w literaturze roli wybitniejszej.

Drugim ośrodkiem, skąd wychodziły głosy protestujące przeciw niedomaganiom życia zbiorowego, daleko trwalsze, artystycznie zaś donioślejsze, był osobliwy światek klechów krakowskich i podkrakowskich, twórców literatury „sowiźrzalskiej", tj. popularnej humorystyki mieszczańskiej. Klechami zwano służbę kościelną, obejmującą nauczycieli szkółek parafialnych, organistów i kantorów, ludzi, którzy niekiedy liznęli trochę łaciny, w większości jednak mieli nie ukończoną szkołę, nieraz nawet studia uniwersyteckie. Ludzie ci, często wyzyskiwani przez swych chlebodawców, proboszczów wiejskich i miejskich, wskutek pewnych reform diecezjalnych na przełomie XVI i XVII w. znaleźli się w sytuacji materialnej bardzo trudnej, tracąc pracę, wynagradzaną wprawdzie marnie, ale zapewniającą chleb i dach nad głową. Wówczas to pojawiła się seria satyrycznych pisemek w rodzaju *Synodu klechów podgórskich* (1607), wołających o ratunek dla zagrożonych przedstawicieli bezrobotnej inteligencji, bo tak by to zjawisko społeczne nazwać można. W szeregach jej zaś znalazło się sporo jednostek utalentowanych, które jak sto lat wcześniej ich przodkowie, współpracownicy drukarzy krakowskich, wzięły się do pracy literackiej na polu popłatnej widocznie humorystyki popularnej. Ponieważ za patrona literackiego uznały one starego wesołka Sowiźrzała, wprowadzając jego nazwisko do tytułów swych dziełek (jak *Sowiźrzał nowy* 1614) lub posługując się nim jako pseudonimem w rodzaju „Januarius Sovizralius", A. Brückner, który produkcję ich z zapomnienia odgrzebał i przypomniał, nazywał ją „literaturą sowiźrzalską".

Nazwisk jej twórców nie znamy, ukrywali się bowiem zwykle pod mniej lub więcej zabawnymi pseudonimami, jak Niedopytalski, Trzyprztycki, Pięknorzycki, Jan z Kijan, czy Jan z Wychylówki, więc miejscowości fikcyjnych, w wyjątkowych zaś wypadkach, gdy były one autentyczne, jak Jan Jurkowski, niewiele więcej mówiły od pseudonimów lub anonimów, tyle zazwyczaj, iż nosili je bakałarze wiejscy zajęci niekiedy na dworach magnackich. Do wyjątków takich należy Adam Wodzisławczyk (Władysławiusz), papiernik i drukarz, oraz Jan Jurkowski.

Sowiźrzali literaccy z zamiłowaniem uprawiali satyrę, w postaci bądź fraszki, bądź dłuższych obrazków, zwłaszcza piosenki, zapuszczali się wreszcie na pole dramatu. W dziedzinie zaś pierwszej, satyrycznej, zbliżali się i doborem tematów, i sposobem ich ujęcia do Klonowica, z tą tylko podstawową różnicą, iż patrycjusz lubelski stronił od konceptów nieprzyzwoitych, gdy oni — osłonięci maską pseudonimu lub anonimu — chętnie je stosowali. Fraszkopisowie sowiźrzalscy, powołujący się niekiedy na Kochanowskiego, z którym mało mieli wspólnego, byli dobrymi obserwatorami życia miejskiego i wiejskiego, znakomicie dostrzegali jego śmieszności i w swych migawkowych obrazkach pokazywali całą jego rozmaitość, przy czym na ostre akcenty zdobywali się stosunkowo rzadko. Inaczej było w satyrach dłuższych, jak J u r k o w s k i e g o *Poselstwo z Dzikich Pól* (1606), generalny atak na łotrostwo, które bakałarz pilzneński dokoła siebie dostrzegał, ale ujmował je tak ogólnikowo, iż w anonimowym utworze nie powiedział więcej, niż wyczytać można w *Worku Judaszowym* Klonowica, który przypomina jedna z najlepszych satyr, bezimienna *Peregrynacja dziadowska* (1612), doskonały szkic obyczajowy na temat plagi społecznej, którą wówczas w całej Europie byli żebracy jarmarczni i odpustowi. Satyra, u nas niesłusznie poczytywana za utwór dramatyczny, obok walorów ciekawego dokumentu historycznego ma dużą wartość literacką dla bogactwa plastycznie ukazanych sylwetek ludzkich oraz realistycznie ujętych sytuacji życiowych. Cała ta produkcja, dzisiaj przeceniana jako plebejska, choć i teraz, i później palce w niej maczali pisarze pochodzenia szlacheckiego, dworzanie a nawet księża, stanowi znakomite dopełnienie obrazu literatury renesansowej, poszerza go bowiem o dziedziny i sprawy, które u Reja czy Kochanowskiego występowały zazwyczaj przygodnie, u sowiźrzałów zaś pojawiły się jako wyłączny przedmiot uwagi twórców i odbiorców.

Grupa druga twórczości sowiźrzalskiej, dzieląca jej losy podwójnie, reprezentowana bowiem przez licho wykonywane i zachowane w unikatach druki, tępiona zaś na równi z nią przez cenzurę kościelną, m.in. przez krakowski indeks książek zabronionych biskupa Szyszkowskiego z r. 1617, obejmuje mnóstwo zbiorków pieśni, śpiewników. W tytułach ich lub podtytułach występowały często wyrazy „taniec" lub „padwan", doskonale znane już w czasach Kochanowskiego, z których pochodzi zbiorek najdawniejszy, zachowany w tabulatorze lutniowej. Tytuły brzmiały: *Dama dla uciechy młodzieńcom i pannom, w której się zamykają pieśni, tańce i padwany rozmaite* albo: *Dzwonek serdeczny, do którego się co żywo na głos zbiega, tak młodzieńcy jako i panny; Koło tańca wesołego* itp. Zbiorki te, niestety bez nut, wydawane anonimowo, przynosiły równie bezimienny repertuar pieśni popularnych, tworzonych po miastach przez żaków, praktykantów adwokackich zajętych w kancelariach „patronów", przez klechów i innych bywalców tawern; po dworach zwłaszcza kresowych, gdzie utrzymywano „kozaczków" obdarzonych pięknym głosem i umiejętnością gry na lutni czy bandurze; po stanicach, rozrzuconych na pograniczu południowo-wschodnim Rzeczypospolitej, czym tłumaczy się domieszka pieśni ukraińskich. Pieśni te i piosenki wprowadzały często akcenty komiczne, prześmiewały więc mieszkańców pewnych prowincji czy drwiły z pewnych zawodów. Szczególnie pokpiwano z zawadiackich a biednych Mazurów:

Mazowiecki kaftan Zgoninami natkan,
Co sie Mazur ruszy, Z kaftana sie kruszy!

Albo:

Mazurowie mili, Gdzieście się popili?
W Warce na gorzałce, W Czersku na złym piwsku?

Wśród pieśni rzemieślniczych wspomnieć warto bardzo zabawną parodię rycerskiej pieśni Czahrowskiego wymierzoną przeciw szewcom, ośmieszanym już we wczesnych latach w. XVI.

Obok pieśni komicznych w śpiewnikach dużo miejsca zajmowała liryka miłosna, a więc wyznania, skargi i westchnienia, ujmowane niekiedy bardzo wytwornie i subtelnie, a niejednokrotnie przemieszane z motywami mocno obcesowymi, odziedziczonymi po wagantach średniowiecznych i żakach renesansowych. Trafiały się i pieśni o charakterze balladowym, wreszcie anakreontyki oparte na pomysłach przypomnianych przez sztukę Renesansu. Pieśni pierwsze cechował niejednokrotnie wdzięk liryki ludowej, jak:

Anusiu kochana, Nad inne wybrana,
Czarne oczki u ciebie, Sama wabisz do siebie.

11. Produkcja poetycka u schyłku wieku

Z pieśni-ballad najpiękniejsza, pełna zmysłowego czaru, rozpoczynająca się wierszem: „Pod jaworowym cieniem wróży panna pierścieniem", wprowadza przekomarzanie się zakochanej pary. Inna, ukraińska z języka i bohaterów, polska z pochodzenia, to *Pieśń o Kulinie* (znana pod różnymi tytułami: jako *Kozaczek, Pieśń Kozaka Płachty* itp.), dialog dziewczyny i Kozaka na temat miłości i niewygód obozowego żywota. Zdobyła ona ogromną popularność i wywołała mnóstwo naśladowań, nawet w postaci „kozaczków duchownych", prawiących o zatargach duszy z ciałem. Pieśni wreszcie, jak „Szła Filida do ogrodu", wprowadzają kłopoty antycznego Amorka z polskimi dziewczętami.

Pieśni te, świadectwo wysokiego poziomu twórczości codziennej, poezji na użytek chwili, stanowią charakterystyczne wiązadło między epokami bardzo od siebie odległymi, przechowując bowiem pogłosy liryki średniowiecznej, sięgają głęboko w w. XIX, gdy z ust mieszkańców zaścianków mazowieckich czy wsi małopolskich spisywał je Oskar Kolberg, znakomity badacz polskiej kultury ludowej. Równocześnie, ponieważ zbiorki ich masowo pojawiły się na schyłku okresu Renesansu polskiego, głosząc piękno życia i jego przyjemności, dowodzą one, jak głęboko i szeroko poglądy humanistyczne wniknęły w kulturę polską i jak trwałe pozostawiły w niej ślady. Na jej nizinach pozwalają stwierdzić trwałość i żywotność tego samego procesu, który równocześnie rzucał ostatnie, wspaniałe blaski na szczytach literatury w działalności pisarskiej dziedzica wielkiego imienia i talentu, w pracy **Piotra Kochanowskiego**.

Pisarz ten (1566 - 1620), bratanek poety czarnoleskiego, dworzanin i sekretarz królewski, człowiek ze starannym wykształceniem humanistycznym, obdarzył literaturę polską przekładem dwu arcydzieł włoskiej poezji renesansowej. Pierwsze z nich, olbrzymi poemat Ludwika Ariosta *Orland szalony*, w 46 pieśniach reprezentuje Renesans włoski u szczytu rozwoju, drugi, Torkwata Tassa *Goffred abo Jeruzalem wyzwolona* w 20 pieśniach, odtwarzając wszystkie podstawowe nurty wielkiego prądu, stanowi jednak zapowiedź jego końca i zbliżanie się innych, nowych czasów. *Orland szalony* w przekładzie Kochanowskiego dopiero w w. XX doczekał się druku (1905), *Jeruzalem wyzwolona* natomiast wyszła w r. 1618, a więc tuż przed zgonem tłumacza. Poemat o pierwszej wyprawie krzyżowej, pełen bojowego rozmachu, u nas niekiedy zwany „historią obozową", z miejsca wszedł do literatury polskiej nie tylko jako wielki przekład wielkiego dzieła — a Kochanowski istotnie pracę swą wykonał wspaniale — ale również i przede wszystkim jako utwór bliski czytelnikowi, wyrażający znakomicie podstawowe tendencje epoki.

Dla polskich pisarzy wieków późniejszych, jak Mickiewicz czy

Słowacki, stał się on księgą wtajemniczającą w wielką przeszłość rycerską własnego narodu. I dlatego właśnie ukazanie się *Jeruzalem wyzwolonej* niemal równocześnie ze śmiercią tłumacza uważać trzeba za końcową datę humanizmu renesansowego w Polsce.

12. DRAMATURGIA WIEKU XVI

Kultura renesansowa była podłożem, na którym powstała i rozwinęła się dramaturgia polska. Początki jej tonęły wprawdzie w głębi średniowiecza, ale tradycje te były i są tak nikłe, iż trudno było na nich budować. Istniał tedy dramat liturgiczny jako składnik nabożeństw kościelnych, zwłaszcza wielkanocnych, ale nie wychodził poza progi kościelne. Uchwały synodów dowodzą, iż w w. XIII i XIV odbywały się widowiska na cmentarzach przykościelnych, kończone gorszącymi zabawami rozochoconych widzów. O sztuce jednak teatralnej we właściwym znaczeniu tego wyrazu mówić można dopiero od czasów Zygmunta Starego, na którego dworze żacy uniwersyteccy wystawili w r. 1522 lichy dramat lichego humanisty niemieckiego Lochera, w marnym przekładzie ogłoszony w dwadzieścia lat później jako *Sąd Parysa* (1542). Dopiero jednak na drugą połowę stulecia, a ściśle biorąc na ćwierć jego ostatnią, przypada rozkwit dramatu renesansowego.

Przygotowały go, rzecz pewna, utwory takie, jak pospolite podówczas dialogi, odznaczające się czasem niewątpliwym zacięciem dramatycznym, niekiedy związane pośrednio z misteriami i moralitetami, a więc odmianami dramatu średniowiecznego, żywymi w stuleciu XVI. Wszak Rejów *Żywot Józefa* (1545) wywodzimy z holenderskiego dramatu szkolnego, choć pisarz polski dzieło swe przeznaczał dla czytelnika, nie dla widza, którego doczekał się dopiero w w. XX! Podobnie głośny moralitet o losach każdego człowieka (*Homulus, Everyman*) stał się podstawą i *Kupca* Reja (1549), i *Komediej Justyna i Konstancjej* Bielskiego (1557), przy czym Rej poszedł za jego humanistyczną przeróbką o charakterze szkolnym.

Z dialogów tych jeden zwłaszcza budzi najżywsze zainteresowanie — i to z wielu względów — mianowicie anonimowa *Tragedia żebracza* (1551). Z oryginału znamy zaledwie kilka kartek, całość jednak zachowała się w przekładzie czeskim, w którym była bardzo popularna. Treścią jej jest wesele szajki zawodowych żebraków obchodzone w karczmie i poturbowanie przypadkowego świadka zabawy, przejezdnego kupca, wreszcie frantowski sąd w tej sprawie u żebraczego wójta, przewodzącego cechowi włóczęgów. Sam pomysł dialogu, bardzo niezwykły, musiał się podobać, skoro jeszcze po

12. Dramaturgia wieku XVI

latach kilkudziesięciu żywe jego pogłosy wystąpią w sowiźrzalskiej satyrze *Peregrynacja dziadowska* (1612). I nie dziwota, dialog bowiem jest tak żywy i wyrazisty, iż przypisać by go można Rejowi, gdyby nie zalety techniczne, zwięzłość słowa i wartkość akcji, zdecydowanie obce pióru, które wydało *Krótką rozprawę*, a zwłaszcza *Kupca*.

Na ostatnie zaś ćwierćwiecze przypada zaskakująca obfitość dat i tytułów, tworząc splot zjawisk, w których wzajemnych stosunkach i charakterze niełatwo się rozeznać. Będą tu więc i zagadkowe pogłosy tradycji dawnej, i próby nawiązania do świata starożytnego polegające na przyswajaniu jego utworów dramatycznych, i wyjątkowe pomysły stworzenia nowej dramaturgii własnej, i wreszcie, już w w. XVII, eksperymenty literackie nie wyjaśnionego dotąd pochodzenia. Rzecz całą komplikuje okoliczność ważna, choć niejasna, działalność mianowicie zespołów teatralnych, częściowo amatorskich, częściowo w jakimś stopniu zawodowych. Pierwsze popisują się czasu uroczystości na dworach magnackich, takich jak warszawskie wesele hetmana Zamoyskiego, uświetnione wystawieniem tragedii Kochanowskiego. O zespołach półzawodowych można myśleć w związku z konwiktową sceną jezuicką, która od pierwszych prób, podjętych w Pułtusku, rozrastała się systematycznie i działała coraz intensywniej. A wreszcie sprawą sporną jest istnienie stałych kompanii aktorskich, które — jak przyjmował niegdyś pierwszy poważny badacz „teatru ludowego", Stanisław Windakiewicz — występowały w różnych okolicach kraju. Ale dzięki współistnieniu i współdziałaniu tych wszystkich okoliczności w końcowym dwudziestoleciu w. XVI stoi kolebka nowoczesnego dramatu polskiego.

Z nawiązywania do tradycji średniowiecznej wyrosła *Historia o chwalebnym zmartwychwstaniu Pańskim*, wydana pod nazwiskiem M i k o ł a j a z W i l k o w i e c k a, który mógł być jej autorem, choć bardziej prawdopodobny jest domysł, iż wydał on tylko tekst starego misterium, zwanego też „dialogiem częstochowskim" i wystawianego na Jasnej Górze jeszcze w w. XVIII, choć śmiertelnie ośmieszyła go krytyka czasów Oświecenia. *Historia o chwalebnym zmartwychwstaniu*, jedyny u nas w w. XVI okaz misterium, zachowany w tekście, który opatrzono wskazówkami reżyserskimi, jest klasycznym okazem widowiska wielkanocnego, z jego typowymi składnikami, jak kupowanie maści przez trzy Marie, jak rubaszne rozmowy strażników u grobu Chrystusa, jak wstąpienie Chrystusa do piekieł i popłoch zaskoczonych tym diabłów. Religijna wzniosłość miesza się tu z groteską, tworząc całość równie prymitywną jak malowidła czy rzeźby średniowieczne, ale pełną swoistego wdzięku. Jak walory *Historii* przemawiają również do współczesnego widza, dowiodło obecnie ogromne powodzenie i u nas, i za granicą (Londyn, Moskwa, Paryż, Praga, Wiedeń, Wenecja) widowiska tego, wystawionego przez teatry łódzki (1961) i warszawski (1962).

Równocześnie oddziaływała tradycja dramaturgii klasycznej upowszechnianej przekładami, a wzmacnianej wpływami łacińskiego dramatu humanistycznego. Tak więc w papierach po Kochanowskim zachował się urywek tragedii Eurypidesa *Alcestis*, tak Łukasz Górnicki starannie przetłumaczył tragedię Seneki *Troas*, tak biblijna tragedia Jerzego Buchanana *Jeftes* ukazała się w gładkim ujęciu Jana Zawickiego, a nawet z tego samego kręgu pomysłów wywodzący się *Castus Joseph* Szymonowica znalazł tłumacza w Stanisławie Gosławskim (1597). W ten sposób wytworzyła się odpowiednia atmosfera, na której tle zrozumiałe jest jeśli nie powstanie, to przynajmniej wystawienie *Odprawy posłów greckich* (1578), jedynej u nas oryginalnej przedstawicielki tragedii renesansowej, opartej na motywach homeryckich i „przyganiającej" — wedle wyrażenia Kochanowskiego — formie tragedii greckiej, czyli formę tę stosującej. Rzecz dziwna, iż okazała się ona utworem odosobnionym, czego ani jej uczona tematyka, ani kunsztowna postać nie tłumaczą, i jedno, i drugie bowiem nie było czymś obcym coraz liczniejszym wychowankom szkoły jezuickiej, której dramat od tematyki greckiej bynajmniej nie stronił.

Nieco później na prywatnych i przygodnie działających scenach po dworach zamożnej szlachty pojawiły się pierwsze próby komediowe. W tym samym mianowicie r. 1597 wystąpili równocześnie A d a m K o ł e k (Paxillus) i Ciekliński. Pierwszy z nich, student krakowski, który mieszczańskie swe nazwisko na łacinę przełożył, wydał *Komedyę o Lizydzie w stan małżeński wstępującej*, utwór niezwykle zabawny, bo wzruszająco niezaradny, przeznaczony na wesele we dworze wiejskim. Popędy miłosne panuicy, którą „dojrzałość chłości" i która na gwałt szuka kogoś, kto by je zaspokoił, młody pisarz urozmaicił błazeńskimi występami dwu tradycyjnych parazytów, żarłoka i opoja, ratujących komizm utworu, którego tytuł zapowiada komedię. Zupełnie inaczej postąpił pisarz drugi.

P i o t r C i e k l i ń s k i (1558 - 1604), wysoki urzędnik państwowy i dyplomata, zażyły przyjaciel Jana Zamoyskiego, w jego środowisku i nie bez jego wpływu spolszczył komedię Plauta *Trinummus*, dając jej tytuł *Potrójny*, co było nazwą monety, trzechgroszówki. Zachował więc wątek oryginału, kłopoty godnego obywatela, który opiekuje się majątkiem nieobecnego przyjaciela, zagrożonym przez jego syna hulakę, ale akcję przeniósł na bruk lwowski i postaciom komediowym nadał nazwiska polskie. Skarbkiem tedy nazwał właściciela domu i wyprawił go w podróż do Francji, jego lekkomyślnego syna —

12. Dramaturgia wieku XVI

Pangraczem, mizernego zaś prawnika, który za pieniądze podejmuje się funkcyj niekoniecznie zaszczytnych — Pierczykiem (od starych terminów „prza" — proces i „pierca" — proceśnik, pieniacz). Efekty komiczne skupił głównie w dialogach rozrzutnego Pangracza ze sprytnym służącym i w łgarskich wykrętach Pierczyka. Oparł je na wyzyskaniu języka ulicy lwowskiej, wprowadzając mnóstwo wyrazów i zwrotów mało przyzwoitych, poza *Potrójnym* nie spotykanych nawet u pisarzy sowiźrzalskich, którzy Lwowa renesansowego i jego obyczajów nie znali. Całość zaś sztuki rzucił na tło polskie czasów Batorego, akcentując ich bohatersko-wojenne nastroje i uzasadniając w ten sposób politykę króla i Zamoyskiego, któremu zarazem pośrednio hołd składał. Wszystkie te czynniki sprawiają, iż komedia Plauta „w giermak polski przystrojona", jak rzecz określali autorzy pochwalnych epigramów dodanych do jej tekstu, starannie odbitego w drukarni zamojskiej, należy do najwybitniejszych zjawisk w świecie polskiej dramaturgii renesansowej.

Komedie Paxillusa i Cieklińskiego szły po linii zainteresowań rozległych i powszechnych, nie zawsze dzisiaj uchwytnych, bo wychodzących ze środowisk radykalnie odmiennych, dotąd bliżej nie znanych, a dla braku odpowiednich dokumentów niełatwych do poznania. Odmiennych, bo obejmujących scenę jezuicką z jednej, scenę zaś popularną czy sowiźrzalską z drugiej strony. Jezuicka dramaturgia szkolna, stawiająca sobie dwa zadania praktyczne: naukę moralności i wdrożenie w łacinę jako język żywy, zgodnie z instrukcją dopuszczała jedynie utwory pisane przez swych nauczycieli, i to łacińskie, treści budującej, czerpanej z tradycji kościelnej lub opartej na alegoriach. Nawiązywała w ten sposób do średniowiecznych misteriów i moralitetów, prawdopodobnie więc za ich wzorem stosowała intermedia czy interludia, krótkie obrazki komiczne, wstawiane między akty sztuk poważnych lub między sztuki, jeśli kilka ich wchodziło w skład widowiska. W ten sposób powstała furtka, przez którą na scenę wkraczał język polski, intermedia bowiem szermowały nieraz dowcipami rodzimymi, których po łacinie nie dało się wyrazić. Na domysł taki naprowadza okoliczność, iż autorem intermedium *Szołtys z klechą* (1598) był jezuita pułtuski, S e b a s t i a n S k a r g a. Ponieważ zaś inne współczesne komedyjki tematycznie i technicznie są owemu intermedium bardzo bliskie, narzuca się nieodparcie przypuszczenie, iż wyszły one ze wspólnego kręgu, od którego zresztą rychło dalsza produkcja komediowa miała się oderwać.

Komedyjki te to para żywych obrazków: *Wyprawa plebańska* (1590) oraz *Albertus z wojny* (1596). Obie są dialogami starego, dobrodusznego niedołęgi, plebana wiejskiego spod Krakowa, i jego klechy Albertusa. Zmuszony do świadczeń wojennych Pleban wyręcza się sługą kościelnym, którego wyprawia do obozu. Komizm sytuacji, która w kilkanaście lat później powtórzy się w arcydziele Cervantesa, polega na wyekwipowaniu klechy na tandecie krakowskiej, na nabyciu iście muzealnego rynsztunku i odpowiedniego rumaka. Dowcip anonimowego pisarza święci tu prawdziwy tryumf, Pleban bowiem i Albertus kupują sprzęt przeosobliwy i nie nadający się do użytku, pomysłowo wetknięty im przez bezczelnych handlarzy. O dalszych żałosnych losach tego donkiszotowskiego ekwipunku mówi dialog drugi, *Albertus z wojny*. Klecha pojawia się na plebanii i prawi o swych przewagach — o marsze (szkapie), która utonęła na błotnistej drodze, utraciwszy wprzód ogon, za który niefortunny jeździec usiłował wyciągnąć ją z kałuży, i o dalszych okolicznościach, gdy kolejno pozbywał się kopii, miecza i reszty uzbrojenia. Albertus jednak zmienił się gruntownie, z gapowatego klechy przerobił się w zuchwałego łazika, dezertera, kurołapa — i co najosobliwsze, za swe zasługi wojenne będzie się upominał o nagrodę. W ten sposób zabawny obrazek obyczajowy przekształca się w dowcipną i ciętą satyrę na nadużycia wojskowe, na wszelkiego rodzaju maruderów, którzy bywali plagą spokojnej ludności.

Pomysł przyjął się, Albertus poszedł w przysłowie i wydał niespodziewane potomstwo literackie, chociaż już nie na scenie jezuickiej, lecz na deskach zagadkowego teatru popularnego. W ćwierć wieku mianowicie po *Wyprawie plebańskiej* ukazała się *Komedia rybałtowska nowa* (1615), w której przymiotnik „rybałtowski" znaczył dokładnie to samo, co „sowiźrzalski" lub „kleszy". Tematem jej była rozprawa wygłodniałych klechów, z Albertusem na czele, z konfederatem usiłującym ograbić chłopa. Różnica między maruderem dawniejszym a konfederatem polegała na pewnego rodzaju uprawnieniu rabunku. Konfederaci, żołnierze oddziałów, którym skarb nie wypłacił zaległego żołdu, wybierali „stacje" — należność w naturze — po dobrach królewskich, przy sposobności zaś, jak w omawianej komedyjce, napastowali również wsie sąsiednie. Komedia więc godziła w stary cel, nadużycia wojskowe.

Wspomniany teatr popularny uprawiał, jak się zdaje, widowiska dość osobliwe, które jego historyk nazwał moralitetami karnawałowymi, jako że kilka sztuk, z *Komedią rybałtowską* włącznie, zawiera aluzje do mięsopustu, jak brzmiał polski odpowiednik karnawału, lub ma charakter sztuk wystawianych w czasie „ostatków", a spotykanych w wielu krajach, m.in. w sąsiednich Niemczech. Sztuką taką była zapewne *Tragedya o polskim Scilurusie*, na pewno zaś trzy utwory inne: *Dziewosłąb dworski*, *Mięsopust* i *Marancja*.

Tragedya o polskim Scilurusie (1604), wyszła spod pióra satyryka sowiźrzalskiego J a n a J u r k o w s k i e g o, który zbudował ją po-

12. Dramaturgia wieku XVI

mysłowo z pierwiastków starych i znanych; należy do nich śmierć ojca dzielącego mienie między trzech synów, jak w moralitecie Bielskiego, — choć motyw ten Jurkowski zhumanizował pomysłami starożytnymi; należy tu dalej historia o jednym z owych synów, rozpustnym podróżniku Parysie, zabitym w bójce ulicznej i porwanym przez diabłów; syn drugi obiera karierę wojskową i zasługuje się ojczyźnie; syn trzeci, duchowny, ale przede wszystkim uczony moralista, snuje goryczy pełne refleksje na temat upadku kultury i znikczemnienia świata, człowieka, nade wszystko zaś możnowładztwa polskiego. Sztukę urozmaicają dwa, a właściwie trzy intermedia, z których jedno, typowa „diaboleria" piekielna, wiąże się ściśle z akcją, gdy dwa inne są luźnymi wstawkami. Jedno, *Matys z Ktosiem*, jest dialogiem dwu złodziejaszków wiejskich, medytujących, co by i komu „sprysnąć" nocą. Drugie, rozmowa dorobkiewicza Orczykowskiego ze studentem, którego chciałby pozyskać, a raczej wyzyskać jako nauczyciela swego bardzo licznego potomstwa, jest najjadliwszą satyrą staropolską na kołtunerię szlachecką i najwymowniejszym protestem gołego inteligenta przeciw pomiataniu przez wzbogacone chamstwo. Dramat, zbudowany bardzo zgrabnie, odświeża umiejętnie stare motywy przez nadanie im nowej wymowy społecznej, przez poruszenie spraw przemilczanych, wreszcie przez nowe środki wyrazu artystycznego, tak osobliwe, iż *Tragedya o polskim Scilurusie* najeżona jest łamigłówkami słownikowymi i stylistycznymi. Groteskę tedy diabelską o wyprawieniu grzesznika do piekła, co wedle wyobrażeń greckich załatwiał ponury przewoźnik, autor naszpikował wyrazami kostyrskimi, tj. używanymi przez miłośników kart i kości, oraz zwrotami flisackimi. W dialogu złodziejskim zastosował słownictwo zawodowe, żargon złodziejski. Wypowiedź wreszcie Darmochwała, marszałka dworu Parysowego, wypełnił typowymi konceptami sowiźrzalskimi, opartymi na zamiennikach i omówieniach, których rozszyfrowanie wymaga pewnej gimnastyki umysłowej. Wskutek tego *Tragedya o polskim Scilurusie* jest najznakomitszym okazem dramaturgii sowiźrzalskiej, komedii rybałtowskiej czy mieszczańskiej.

Poziomu jej nie osiągają trzy inne utwory anonimowe: *Dziewosłąb dworski* (ok. 1620), *Marancja* (ok. 1620) i *Mięsopust* (1622), odznaczające się akcją bardzo pomysłową, nieraz zawikłaną, łączącą pomysły realistyczne z fantastycznymi, a urozmaiconą mnóstwem konceptów typowo sowiźrzalskich. Podstawą ich są kawały płatane przez podochoconych kompanów ofiarom ich żartów. W *Marancji* więc, podstarzałej kucharce lwowskiej, chcącej wyjść za mąż, młody frant, udający szlachcica, urządza fikcyjny ślub i przebrany za księdza towarzysz wiąże ręce młodej pary nie stułą, lecz postronkiem, punkt kulminacyjny zaś polega na umieszczaniu łoża weselnego na balii, tak że

Marancję zamiast rozkoszy małżeńskich spotyka nieoczekiwana kąpiel. W *Mięsopuście* znowuż podchmieleni kompanowie przebierają zalanego do nieprzytomności towarzysza za wołu, którego chciwy karczmarz chce zarżnąć ukradkiem. W rezultacie więc moralitet karnawałowy zmienia się w farsę, mniej lub więcej zabawną.

13. JĘZYK LITERATURY RENESANSOWEJ

Proces, który w kulturze literackiej Europy wystąpił już w w. XII i rósł w siły przez całe średniowiecze, polegający na stopniowym wypieraniu łaciny przez języki „wulgarne" czy „wernakularne", a więc gminne czy ludowe, a który wykazywał dużą żywotność jeszcze w w. XIV, z jego końcem wygasł, języki bowiem nowoczesne wszystkie odniosły zwycięstwo. Od czasów Renesansu one właśnie stały się wyłącznym tworzywem, z którego poczęto budować dzieła literackie. We Włoszech czy Francji zwycięstwo to poprzedziły niedługie nie tyle boje, co dyskusje, gdzie indziej, jak w Polsce, fakt, że znakomici pisarze, którzy rozpoczynali od łaciny, stopniowo zastępowali ją językami narodowymi i w nich tworzyli dzieła swe najdoskonalsze, wystarczał do zakończenia wielowiekowego procesu. Koniec jego następował w chwili, gdy wytworzyła się nowa świadomość językowa, oparta na przekonaniu, iż dany język może pełnić te wszystkie funkcje, które uchodziły za wyłączny przywilej łaciny.

W Polsce czynnikami, które stopniowo doprowadziły do powstania tej świadomości, były wypowiedzi drukarzy krakowskich, reklamujących swe wydawnictwa jako zdobycze polszczyzny, następnie oświadczenia pisarzy w rodzaju głośnej uwagi Reja, iż Polacy mówią językiem własnym, nie gęsim, przede wszystkim jednak prace naukowe, choćby błahe, które wskazywały, jak w mowie potocznej wyrażać subtelności zdobywane przez naukę łaciny.

Należały do nich książeczyny elementarne, takie jak *Namowy rozliczne* (1527) Jana Murmeliusa, zabawny samouczek dla żaków, podający łacińskie i niemieckie odpowiedniki najprostszych zdań polskich, wśród których znalazła się również garść przysłów. Stadium wyższe i trudniejsze to podręcznik dwu bakałarzy prowincjonalnych, obliczony na opanowanie tajników łaciny mówionej, zbiór wyrażeń idiomatycznych z komedyj Terencjusza, stąd zatytułowany *Ex P. Terentii comoediis... Colloquiorum formulae* (1545), wznawiany wielokrotnie, przy czym jako odpowiedniki przysłów rzymskich podano przysłowia polskie o tym samym czy zbliżonym znaczeniu, choć formalnie, słownikowo odmienne. Poziom jeszcze wyższy i w owoczesnych stosunkach kulturowych ostateczny stanowiły prace językowe czy języ-

13. Język literatury renesansowej

koznawcze, poświęcone gramatyce języka polskiego i jego słownictwu. Gramatykę tedy pierwszą ujął dla potrzeb szkoły ariańskiej w Pińczowie P i o t r S t o j e ń s k i, Francuz z pochodzenia, Statoriuszem się zwący. Jego *Polonicae grammatices institutio* (1568), oparta na systemie łacińskim, materiał dowodowy czerpała nie tylko z mowy żywej, ale z dzieł klasyków owoczesnych, Reja i Kochanowskiego. Pierwszy zaś słownik łacińsko-polski ułożył dworzanin radziwiłłowski J a n M ą c z y ń s k i (ok. 1520 - ok. 1587), ogłaszając w Królewcu w r. 1564 imponujący *Lexicon Latino-Polonicum*. Księga ta, wyzyskiwana przez wszystkich słownikarzy późniejszych, jest nadal podstawowym źródłem wiadomości o polszczyźnie, i to źródłem niezastąpionym.

Istnienie tych prac sprawiło, iż student polski na uniwersytecie niemieckim, S a l o m o n R y s i ń s k i (zm. 1625), mógł zadziwić swego profesora wiadomością o bogatych zasobach przysłów polskich i wynieść z rozmów na ten temat zachętę do ich opracowania, czym później się istotnie zajął (1618). Im też niewątpliwie przypisać należy doniosły krok, zrealizowany w szkole jezuickiej — ustalenie pisowni polskiej. Dla druków zrobili to wprawdzie w początkach wieku „impresorowie" krakowscy, w piśmie natomiast posługiwano się literami wedle własnego widzi mi się. Chaosowi usiłowano zaradzić, gdy właściciel znakomitej drukarni i wykształcony humanista, J a n J a n u s z o w s k i, wezwawszy do współpracy poetę Kochanowskiego i prozaika Górnickiego, sporządził projekt ortografii polskiej (1594, *Nowy karakter polski... y Orthographia polska...*). Dopiero jednak praktyka szkolna jezuicka wprowadziła tutaj ład na całe dwa wieki.

Ze stanowiska historii literatury, interesującej się językiem jako tworzywem, z którego pisarz drogą świadomych, nieraz bardzo pracowitych zabiegów kształtuje narzędzie do wyrażania swych myśli, język artystyczny, rzeczą istotną jest wyjaśnienie, jak język ten powstawał i do zadań swych się sposobił, jakie czynniki ułatwiały czy utrudniały pracę nad nim pisarza. Sprawy te, którymi u nas poczęto bliżej interesować się dopiero w latach ostatnich, najogólniej ująć można tak oto:

Pierwsza połowa w. XVI ustaliła język literacki, stosowany najpierw w literaturze, później w kancelarii dworskiej i w ślady jej idących innych urzędach państwowych, a wreszcie w szkole. Język ten wyrósł na pniu narzecza małopolskiego, przede wszystkim krakowskiego, z tą tylko różnicą, iż odrzucił jego mazurzenie. Porównanie tekstów literackich w. XV z drukami krakowskimi czasów zygmuntowskich dowodzi, iż gdy pierwsze w wymowie i słownictwie zachowywały właściwości gwarowe wielkopolskie i mazurskie, drugie stosują normę krakowską, która odtąd obowiązuje w całym języku literackim. Norma ta, przestrzegana zapewne przez redaktorów, usuwa również archaizmy występujące niekiedy u pisarzy starszych wiekiem, walczy też z wulgaryzmami, jakkolwiek wrażliwość na nie, cecha indywidualna, ulega znacznym nieraz wahaniom. Normę tę stosują nie tylko drukarze; przejmują ją i przyjmują również literaci, zwłaszcza „dworni", nawykli do obyczaju zagranicznego na Wawelu, po dworach magnackich, ich zaś przykład działa na pisarzy „domowych".

Praca pisarzy sprawia, iż udział ich w rozbudowie i udoskonaleniu języka literackiego jest bardzo znaczny, szczególnie w zakresie słownictwa. Czynnikiem, który mocno krępował ich na każdym kroku, było ubóstwo w słowniku abstraktów, wyrazów oznaczających pojęcia filozoficzne, psychologiczne, socjologiczne i inne naukowe, wkraczające jednak w praktykę codzienną. By niedomaganiu temu zaradzić, uciekano się do zapożyczeń i neologizmów, polszczono więc wyrazy czeskie, łacińskie, niemieckie, tłumacze Biblii czerpali nawet z zasobów ruskich. Niektórzy pisarze, jak np. Rej, kuli masowo nowotwory słownikowe, wykazując przy tym dużą pomysłowość. Inni, wprowadzając stylizację, tworzyli składanki przymiotnikowo-rzeczownikowe typu „białoskrzydły", co u schyłku wieku, w fazie końcowej Renesansu zmieniło się w dokuczliwą manierę.

Wzrost doskonałości języka w obrębie dwu pokoleń można by zilustrować, zestawiając Bielskiego i Reja z Kochanowskim i Górnickim. Pierwsza para rówieśników, wychowanych na kulturze średniowiecznej, radziła sobie, jak umiała, z trudnościami i słownictwa, i składni, zarówno w wierszu, jak w prozie. Słownictwo pozbawione precyzji wiodło do gadatliwości, do piętrzenia wyrazów bliskoznacznych, przetykanych nieporadnie zaimkami nieokreślonymi i rozsadzało miarę wiersza, w prozie zaś wiodło do zdań kulawych, o składni dziwacznej, utrudniającej zrozumienie sensu. Para druga, Kochanowski i Górnicki, humaniści wyszkoleni na gramatyce i poetyce łacińskiej, obeznani z jej rygorystycznymi wymaganiami, zarówno świadomie, jak bezwiednie zasady jej przenosili na język polski. Kochanowski więc, doskonale obeznany z techniką pisarską Wergiliusza i Horacego, którzy umiejętnie godzili wymagania składni i miar poetyckich, to samo osiągał w swych utworach, gdy regularnie budowane zdania zamykał w ramach dwuwierszy i zwrotek. A podobnie postępował Górnicki, znawca Cicerona i Seneki, wyćwiczony w posługiwaniu się okresami składniowymi wedle wzoru mistrzów prozy rzymskiej. Sprawy te zaktualizował u nas zaciekły spór (1561) o zasady budowy okresów, prowadzony przez jezuitę Benedykta Herbesta z profesorem uniwersytetu Jakubem Górskim, dotyczący wprawdzie łaciny, ale nieobojętny jako świadectwo zainteresowań epoki, w której kształtował się nowoczesny język artystyczny litera-

13. Język literatury renesansowej

tury polskiej. W rezultacie zaś nasza proza renesansowa, służąca zaspokojeniu potrzeb rozbudzonej myśli politycznej i religijnej, osiągnęła u schyłku wieku tę doskonałość wyrazu, którą podziwiać w niej będą pisarze stuleci późniejszych, doskonałość, której wzorem była proza starożytnego Rzymu.

Schyłkowa faza Renesansu polskiego nie uniknęła jednak nowości, które miała rozwinąć w całej pełni dopiero literatura barokowa, a które u pisarzy humanistycznych pojawiały się bardzo rzadko. Wśród nich rzuca się w oczy upodobanie do zdobnictwa polegającego na wprowadzeniu języka charakterystycznego, by pokazać znamienne osobliwości środowisk ludzkich. U pisarzy więc na przełomie w. XVI i XVII spotyka się gwary flisacką czy wielkomiejską, a nawet żargon złodziejski, stosowane niekoniecznie jako środki ekspresji komicznej, obliczone na wywołanie śmiechu. Z nowymi czasami zmieniały się zadania artystyczne, wyrobiony zaś język umiał je zaspokoić w zupełności. Literatura w. XVI, w stuleciach późniejszych poczytywana za klasyczną, tj. wzorową, istotnie ustaliła pewne wzory, zwłaszcza w dziedzinie środków wyrazu artystycznego, w dziedzinie formy i to zarówno w wierszu, jak i w prozie.

Przede wszystkim tedy pisarze nawet wcześni usiłowali położyć kres chaosowi odziedziczonemu po średniowieczu w obrębie budowy wiersza. Nawet pisarz tak średniowieczny, jak Marcin Bielski, marginesy *Komedii Justyna i Konstancjej* opatrzył notkami oznaczającymi liczbę zgłosek w danych wierszach, a jego rówieśnicy i następcy kładli duży nacisk na zasadę równozgłoskowości odpowiadających sobie miar wierszowych; pozostawało to zapewne w związku ze sposobem słuchowego udostępniania wiersza, który śpiewano czy przynajmniej recytowano śpiewnie, a nie deklamowano, nie mówiąc już o czytaniu cichym. Pieśni jeszcze dla Kochanowskiego były naprawdę pieśniami. Mniej natomiast uwagi zwracano na wewnętrzną budowę wiersza jako jednostki rytmicznej. Dbano wprawdzie o jej rozczłonkowanie za pomocą średniówki tam, gdzie ją stosowano, ale spadku przedśredniówkowego nie dostrzegano wyraźnie, tak że Kochanowski swój jedenastozgłoskowiec budował w ten sposób:

Słońce już padło, // ciemna noc nadchodzi,
Nie wiem, co za głos // uszu mych dochodzi

(*Pieśni* 1, 17), gdzie w wierszu drugim przycisk padał na wyraz „za", a nie na „głos". Ten sam jednak poeta zupełnie wyraźnie odróżniał dwie odmiany trzynastozgłoskowca, gdy obok pospolitego typu (7+6):

Wielkieś mi uczyniła // pustki w domu moim,
Moja droga Orszulo, // tym zniknieniem swoim

wprowadzał w *Trenach* rzadki typ (8+5):

> *Ucieszna moja śpiewaczko! // Safo słowieńska,*
> *Na którą nie tylko moja // cząstka ziemieńska...*

Duży natomiast nacisk kładziono na spadek końcowy, podkreślany funkcją rymu. Zniknęły więc asonanse czy rymoidy średniowieczne, wyparte przez poprawne rymy żeńskie, konsekwentnie używane przez Kochanowskiego, a umożliwiające nie tylko stosowanie sztuczek, jak „raki", ale — i to przede wszystkim — budowę zwrotek lirycznych i epickich oraz układów takich, jak — rzadki zresztą — sonet.

Sylabiczny wiersz rymowy wypiera układy dawniejsze, a więc średniowieczne próby wiersza przyciskogłoskowego, tak częste, choć konsekwentnie nie stosowane, we wcześniejszych utworach Reja z ich monotonnym tokiem trocheicznym. Ostatnim bodajże okazem starej mody będzie młodzieńcza *Zuzanna* Kochanowskiego.

> *Niechaj / się źli / nie ko / chają / w swojej / wszetecz / ności!*
> *Żywie / Bóg na / niebie / który / karze / ludzkie / złości.*

Kochanowski, który okazyjnie próbował nawet wiersza tonicznego, swoją bowiem humoreskę *Carmen macaronicum* ujął w heksametrach, stosował również wiersz biały, w nim bowiem ułożył *Odprawę posłów greckich*. Miał tutaj wprawdzie poprzedników, ale nie drukowanych, nie znalazł zaś uczniów, tak że próba jego była zjawiskiem na długie lata odosobnionym, świadczy ona jednak wymownie i korzystnie o poczynaniach polskich pisarzy renesansowych, którzy dla nowych treści szukali również nowych form wyrazu.

A podobnie ułożyły się stosunki w dziedzinie prozy. Wiek XVI w Polsce, gdy na uniwersytecie krakowskim spierano się namiętnie o budowę okresów retorycznych, wiek, który wydał dzieła Stanisława Orzechowskiego, Łukasza Górnickiego i Piotra Skargi, był okresem powstania i wspaniałego rozkwitu prozy polskiej. Wymienieni pisarze mieli bardzo staranne wykształcenie humanistyczne, byli doskonale oczytani w dziełach Cicerona i jego precyzję usiłowali osiągnąć w pracach swoich, nie tylko łacińskich, ale również polskich. I jeśli gdzie, to tutaj odnaleźć można kolebkę tego stylu prozy, której dziedzictwo odżyje w dziełach Sienkiewicza i Żeromskiego.

14. ŻNIWO I POKŁOSIE

Najbardziej uderzającą cechą kultury literackiej czasów Renesansu jest jej powszechność. Zasięgiem swym obejmuje ona szerokie kręgi odbiorców literatury, udostępnionej przez wynalazek druku. Należą do nich panujący ze swym otoczeniem, należą czytelnicy

14. Żniwo i pokłosie

szlacheccy i mieszczańscy, dalej duchowni, a wreszcie rozmaici, niezbyt możni nabywcy książeczek groszowych, licho na marnym papierze odbijanych. Możni świata tego patronują poczynaniom literackim, a mecenat, nawet w Polsce, gdzie miasta były upośledzone, nie ogranicza się do wielmożów jedynie, lecz ma przedstawicieli również wśród patrycjatu mieszczańskiego. Mecenasów zaś charakteryzuje szeroki liberalizm przy doborze osób, nad którymi roztaczają opiekę. Czynnikiem rozstrzygającym jest nie ich pochodzenie klasowe, lecz talent. Dzięki temu w szeregach pisarzy obok nielicznych stosunkowo jednostek pochodzenia magnackiego, obok tłumu ludzi pochodzenia szlacheckiego, często drobnoszlacheckiego, występuje przez cały wiek XV i początki w. XVII dużo mieszczan, wyjątkowo zaś trafiają się również chłopscy synowie. Dzięki temu rzeczpospolita literacka jest bardzo — jak na owe czasy — demokratyczna i w dziełach odbijających doświadczenie życiowe jej członków znajdują wyraz niemal wszystkie strony zbiorowego życia narodu. Literatura, i to nie tylko polityczna, porusza niejednokrotnie sprawy tak specjalne i wiedzie do takich zakamarków owoczesnej codzienności, iż jej badacz musi zwracać się o pomoc do historyków różnych dziedzin, stosunków politycznych, społecznych, ekonomicznych i innych, by stwierdzić, iż nie pozostaje mu nic innego, jak szukać odpowiedzi na własną rękę; świat zagadnień poruszanych przez literaturę jest znacznie bogatszy od dzisiejszej wiedzy naukowej o naszym Renesansie. Literatura bowiem, która w w. XVI nie stroniła od zajmowania się palącymi zagadnieniami życia zbiorowego, która brała czynny udział w egzekucji praw i wielkim ruchu religijnym, jest przewodniczką po Polsce renesansowej i komentatorką zjawisk wielkich i odrębnych, które otaczały człowieka owych czasów i tworzyły zbiorowe życie narodu. I to nie tylko dlatego, iż sternicy nawy państwowej uciekali się do pomocy pisarzy, którym mecenasowali i od których wymagali propagowania swych poglądów, lecz i dlatego, iż pisarze ci podzielali owe poglądy i poczytywali sobie za obowiązek przyczyniać się do ich upowszechniania.

Na tle barwnego nurtu historii politycznej i obyczajowej rysują się bardzo nieraz wyraziście sylwety wybitnych pisarzy, których indywidualność rzuca się w oczy, mimo ubóstwa dokumentów biograficznych, nie zawsze zresztą naukowo dotąd wyzyskanych. Kariery życiowe pisarzy renesansowych proszą się wręcz o dobre pióro powieściowe, którego doczekać się nie mogą. Te czy owe sceny z ich życia mają zacięcie niemal szekspirowskie. Ot — dla przykładu — uczony kanonik i przyszły historyk Kromer na zamku wawelskim, pustym, bo dostojnych władców i dworzan wypędziła z Krakowa zaraza, prowadzi wieczorne gawędy z błaznem-humanistą, Stańczykiem, starcem osiemdziesięcioletnim, który opowiada mu o czasach minionych i bezpowrotnych. Albo Mikołaj Rej z delegatami sejmu zwraca się do Zygmunta Augusta, nalegając usilnie, by król porzucił katolicyzm. Albo Kochanowski, który w pewnej chwili, rozgoryczony doznanymi zawodami, macha ręką na wszystko, porzuca dwór, chroni się w zacisze wiejskie i postępek ten, przekreślający całą jego dotychczasową karierę, wyjaśnia, czy może raczej zaciemnia, we wspaniałym liście poetyckim do swego zwierzchnika marszałka. Albo Klonowic, fatalnie uwikłany w niefortunne małżeństwo, zagrożony nadto prześladowaniami jako wróg jezuitów i niewątpliwy heretyk. Albo wreszcie stary Szymonowic, wychowawca małego syna wielkiego ojca, spoglądający na ruinę wielkich zamysłów przyjaciela-mecenasa, Jana Zamoyskiego, których realizacji poświęcił najlepsze lata swego życia, by pełen goryczy jego schyłek pędzić w ustroniu wiejskim, do pustelni podobnym. Tego rodzaju wypadki wymownie świadczą o niezwykłości ludzi, którzy stworzyli literaturę Polski renesansowej.

Działalność ich nieraz nie zamykała się w granicach kraju, w czasie bowiem swych młodzieńczych wyjazdów na studia nawiązywali stosunki często serdeczne z najwybitniejszymi niekiedy twórcami literatury renesansowej, a przynajmniej orientowali się w ich osiągnięciach i znaczeniu. Tak było z luminarzem w skali ogólnoeuropejskiej, Erazmem z Rotterdamu, któremu mecenasowali Łascy. Z Tassem przyjacielskie stosunki łączyły dyplomatę i pisarza Stanisława Reszkę. Kochanowski, który pielgrzymował do grobu Petrarki, z entuzjazmem wspominał czołowego poetę „Plejady" francuskiej, Ronsarda, w którego pozycji literackiej był doskonale zorientowany. A cóż dopiero mówić o rzeszy humanistów pomniejszych, włoskich, niemieckich, francuskich, niderlandzkich i nawet angielskich, dla których Polska przestała być białą plamą na mapie Europy, zmieniła się bowiem w krainę realizującą wspólne zadania życiowe. Dzieła ich docierały do bibliotek polskich, takich jak królewska Zygmunta Augusta czy magnackie lub profesorskie, jak choćby zbiór Szymonowica, i na odwrót witali oni chętnie prace łacińskie pisarzy polskich.

Dorobek bowiem myśli polskiej, poczynając od dzieła Kopernika, falą coraz szerszą wpływa do nauki europejskiej. Reprezentują go prace publicystyczne, takie jak Orzechowskiego nawoływania do krucjat przeciw Turkom, następnie książki i księgi geograficzne i historyczne, jak traktaty Miechowity i Kromera lub Kromerowy podręcznik dziejów Polski. W literaturze religijnej czasów reformacji niepospolite miejsce przypadło wywodom zarówno apologetów, jak przeciwników katolicyzmu, a więc rozprawom biskupów Hozjusza i Kromera oraz dziełom zbiorowym Modrzewskiego, wspaniale wydanym w Bazylei przez Oporina.

Nad całością tego wkładu, z którego wymieniono tutaj jedynie pozycje czołowe, górują dwa systemy, które wybiegając przed swą epokę, dopiero w dwa wieki później ustaliły się w świecie myśli europejskiej czy światowej. Pierwszy, obejmujący sprawy „porządku fizycznego" — to system Kopernika, ujmujący zasady budowy wszechświata. Drugi, dotyczący „porządku moralnego", a więc budowy społeczeństwa, narodu, państwa — to system Modrzewskiego. Pierwszy wkroczył w całości w świat nauki. Drugi, proklamujący nowe zasady współżycia ludzkiego, powoli i stopniowo zdobywał uznanie dla swych części składowych, takich jak jednolite prawodawstwo, jak szkolnictwo świeckie, jak wreszcie zasada równości wszystkich obywateli. Obydwa zaś wyrastały z podstawy wspólnej — z nowego i nowoczesnego, humanistycznego pojmowania roli człowieka w świecie przyrody i w świecie ludzkim, z postawy renesansowej.

Temu wejściu na rynek światowy książki polskiej w szacie językowej łacińskiej towarzyszyła jej penetracja w świat słowiański, w literaturę czeską i krajów Rusi. Przekładom czeskim zawdzięczamy niejednokrotnie znajomość tekstów, których oryginały polskie uległy zagładzie, ponieważ zaś chodzi tu niekiedy o dzieła wysokiej klasy, najbliżsi sąsiedzi zachodni godnie zrewanżowali się za wyzyskiwanie ich zasobów literackich przez tłumaczy polskich w pierwszych latach ery zygmuntowskiej. Na Rusi znowuż, zarówno moskiewskiej jak ukraińskiej, czytywano w przekładach nie tylko kroniki Bielskiego i Stryjkowskiego, prawiące o wspólnych sprawach obydwu narodów, ale również pisma teologiczne Skargi i Reja, którego *Postylla* cieszyła się tam wziętością nie mniejszą niż w Polsce. Obok nich oddziaływali obaj Kochanowscy, nie tylko bowiem *Psałterz Dawidów* Jana, ale nawet *Jeruzalem wyzwolona* Piotra znalazły tłumaczy. Szczególną jednak popularność zdobyły tam sobie teksty powieściowe, takie jak *Historia o siedmi mędrcach, Sowiźrzał, Magielona, Historia o cesarzu Otonie, Facecje polskie*, których przekłady zachowały się w mnóstwie odpisów z w. XVII i XVIII, przy czym niektóre wątki, jak końcowa opowieść o wiernych przyjaciołach z *Siedmi mędrców*, oddziałały silnie na rosyjską epikę ludową.

To europejskie znaczenie polskiej literatury renesansowej było odpowiednikiem procesów, które dokonały się w jej obrębie i znalazły sobie wyraz w jej osiągnięciach, dostępnych odbiorcy, dla którego była bezpośrednio przeznaczona, tj. czytelnikowi polskiemu. Wymagał on jednego: przekonania o wartości swej literatury, a wyrazem tej wartości musiał być kanon pisarzy i dzieł. Literatura renesansowa kanon taki stworzyła, wysuwając na czoło poetów Kochanowskiego i Reja, na czoło prozaików — poza Bielskim i Kromerem, autorami dzieł historycznych — Skargę. Opinia ta wytworzyła się nie tyle w rozważaniach teoretycznych, choć i takie były, lecz w praktyce. Dzieła Kochanowskiego, wznawiane wielokrotnie aż po r. 1640, wywołały powódź naśladowców, stworzyły swoistą szkołę, w której prym przypadł niezliczonym trenopisom, kroku zaś dotrzymywała im nie mniej liczna rzesza fraszkopisów.

Ustalenie się kanonu literackiego było równocześnie znakiem ostatecznego zwycięstwa języka polskiego nad łacińskim. Poeci i prozaicy czasów zygmuntowskich dowiedli, iż idąc ich szlakiem można było w języku ojczystym wyrazić to wszystko, co powiedzieć się chciało, tak że — poza niewielu wyjątkami — twórczość łacińska malała. Upowszechniony zaś wiersz polski stawał się narzędziem wyrażającym postawę jednostki i zbiorowości w sprawach zarówno błahych, jak doniosłych, codziennych i niespodzianych, narzędziem niebezpiecznym dla kultury literackiej, władać nim bowiem mogli równie dobrze mistrzowie poezji, jak pospolici rzemieślnicy skłonni do grafomanii. I jedni, i drudzy jednak wyznawali wspólną zasadę, w pracy swej szli za gotowymi wzorami, za które człowiek renesansowy uważał znakomitych pisarzy starożytnych. Ostateczną jednak zdobyczą kultury renesansowej było przezwyciężenie łaciny, a wskutek tego miejsce klasyków grecko-rzymskich zajęli klasycy narodowi. Zjawisko to wystąpiło również w kulturze polskiej, gdzie począwszy od w XVI poczęło się mówić z dumą o pisarzach własnych, mistrzach polskich.

Spadek po nich odziedziczony otoczono kultem, krzewionym zarówno przez pisarzy pokoleń późniejszych, jak przez naukowo przygotowanych miłośników przeszłości. Że kult ten nie wygasł, dowiodły zjazdy Renesansowi poświęcone — krakowski w r. 1930, i warszawski w r. 1953, obydwa uwieńczone bogatym dorobkiem poznawczym.

III. LITERATURA BAROKOWA

1. CHARAKTER KULTURY BAROKOWEJ

BAROK, określenie od końca w. XIX stosowane również do produkcji pisarskiej XVII stulecia, jest dotąd — mimo iż używa się go powszechnie — terminem spornym. Wywodzi się on z dziedziny architektury i sztuk plastycznych, których swoistą odrębność od dawna nazywano barokiem, przy czym, ponieważ odrębność tę zazwyczaj oceniano ujemnie, dopatrując się w niej przesady, wyrazy „barok" i „barokowy" nabrały również odcienia ujemnego. Dzisiaj w tym potocznym znaczeniu wyszły one z użycia, sprawy zaś baroku jako odrębnego kierunku literackiego budzą żywe zainteresowanie, dostrzega się w nim bowiem nie „zepsucie smaku", ustalonego przez sztukę renesansową, lecz realizację nowych, jemu właściwych zasad i upodobań estetycznych. Dostrzega się w nim dalej nie wytwór kultury jezuickiej i nie przejaw kontrreformacji, barok bowiem występuje równie dobrze w krajach katolickich, jak akatolickich, jego zaś powszechność tłumaczyć by można dwoma czynnikami. Był on tedy produktem czasów poreformacyjnych, wynikiem tego, iż reformacja głęboko przeorała całość kultury europejskiej, że przekształciła ona psychikę zarówno narodów, które pozostały przy katolicyzmie, jak narodów, które od niego odeszły. Wynikiem tego stały się zjawiska zarówno dodatnie, jak ujemne. Do pierwszych należało rozbudzenie zainteresowania życiem wewnętrznym, przejawiającym się w tworzeniu nowych systemów filozoficznych i religijnych, do drugich gorliwość religijna, wyrodniejąca aż nadto często w fanatyzm, równie pospolity w obozie katolickim, jak akatolickim. Krótko mówiąc, reformacja, która korzeniami tkwiła w średniowieczu, gdy siły kultury renesansowej wyczerpały się, jej następczyni, kulturze barokowej, przekazała mnóstwo tradycji średniowiecznych, które — przekształcone pod naciskiem nowych warunków ekonomicznych, społecznych i politycznych — zadecydowały o charakterze baroku, jego sztuki i literatury. Dotykalnym symbolem tych procesów jest bardzo pospolite na gruncie polskim zjawisko architekturalne — olbrzymia ilość średniowiecznych kościołów gotyckich zachowała się dotąd w postaci, którą nadała im przebudowa w czasach baroku.

Nowe warunki ekonomiczne i społeczno-polityczne sprawiły, iż wiek XVII był, w przeciwieństwie do swego poprzednika, stuleciem ustawicznych i długotrwałych wojen, którym towarzyszyły potężne wstrząsy rewolucyjne, przy czym i jedne i drugie miały bardzo często zabarwienie wyraźnie religijne. Wojna trzydziestoletnia w Niemczech, wojny kozacka, szwedzka, moskiewska i turecka w Polsce, wojny Ludwika XIV, zapasy wreszcie cesarstwa z potęgą otomańską, następnie zaś fronda francuska, purytanizm angielski, „smuta" rosyjska, wojny ukraińskie Chmielnickiego — oto długa seria wydarzeń, które radykalnie przekształciły zarówno polityczne oblicze Europy w. XVII, jak odbiły się na psychice zamieszkujących ją narodów. W toku wojen odżył stary, średniowieczny typ rycerza, walczącego i ginącego za wiarę, równie powszechny w protestanckich Niemczech i w purytańskiej Anglii, jak w katolickiej Hiszpanii lub Polsce. Wyparł on beztroskiego poszukiwacza przygód, wojennych czy podróżniczych, nic więc dziwnego, że na samym początku stulecia pojawiła się nieśmiertelna karykatura ginącego typu w romansie Cervantesa o Don Kichocie, typ zaś nowy, bohaterskiego rycerza i męczennika w jednej osobie, wystąpił w tej samej Hiszpanii, jako książę niezłomny Calderona. Nie bez wymowy jest też okoliczność, iż bohater średniowiecznej epiki hiszpańskiej, Cyd, zdobył teraz jako bohater tytułowy tragedii Corneille'a znaczenie światowe i że ta właśnie tragedia, w przekładzie wystawiona po zakończeniu wojny szwedzkiej w Warszawie, stała się zawiązkiem polsko-francuskich stosunków literackich.

Osiemdziesięcioletnie rządy Wazów (1587 - 1668), Zygmunta III (zm. 1632), Władysława IV (zm. 1648), i Jana Kazimierza (zamknięte abdykacją w r. 1668 niefortunnego króla), podobnie jak ich następców „piastów" — Michała Korybuta Wiśniowieckiego (zm. 1673) i Jana III Sobieskiego (zm. 1696), obfitowały w nadmiar wojen, przeważnie zwycięskich, ale przeplatanych klęskami, co gorsza wygrywanych na polach bitew, przegrywanych zaś politycznie.

Kirchholm (1605), Kłuszyn (1610), Chocim (1621), Beresteczko (1651), Chocim (1673), Wiedeń (1683) — sławą okryły oręż polski i zacierały wspomnienie Cecory (1620), Piławiec (1648), Batoha (1652), Komarna (1673), wojnom zaś z wrogiem, którego definitywnie nigdy pokonać nie umiano, towarzyszyło wyczerpanie ekonomiczne i ruina kraju, rokosze możnowładców, bunty niekarnego, bo niepłatnego wojska i nieuchronny upadek znaczenia państwa.

Wielkie reformy polityczne epoki jagiellońskiej poczęły obecnie okazywać swe strony ujemne. Ograniczenie władzy królewskiej doprowadziło do jej szkodliwego osłabienia. Nieoczekiwanym następstwem unii z Litwą stał się wzrost potęgi możnowładztwa na ziemiach litewsko-ruskich, „królewiąt" kresowych, dbałych o swe interesy rodowe, obojętnych na losy Rzeczypospolitej. Odrosło znaczenie Kościoła, który w ręku zakonów, zwłaszcza jezuitów, skupił ogromne kapitały. Masy wreszcie szlacheckie, zdobywszy władzę, przeobraziły ją w narzędzie anarchii, zwanej „złotą wolnością", a służącej interesom magnackim. W ślad za hegemonią warstw uprzywilejowanych i upadkiem ekonomicznym kraju nastąpił zanik warstwy mieszczańskiej, w okresie poprzednim tyle zasłużonej dla rozkwitu kultury.

Stosunki te, które w sposób zgubny dla Polski poczęły rysować się już za długich, pół wieku trwających rządów Zygmunta III, obrót katastrofalny przybrały pod Janem Kazimierzem, a w całej pełni wystąpiły po zgonie Sobieskiego, gdy na tron powołano elektora saskiego Augusta, a po nim jego nieudolnego syna, Augusta III (1733 - 1763). Jako rezultat zmian politycznych, zachodzących powoli w w. XVII, w znacznym stopniu wskutek nieudolnej polityki Polski, na pograniczach jej, zachodnim i wschodnim, powstały potęgi polityczne o aspiracjach mocarstwowych: królestwo pruskie oraz cesarstwo rosyjskie. W tych warunkach słabe państwo polskie, rządzone przez króla cudzoziemca, który gotów był je sprzedać dla własnej korzyści, staczało się powoli, ale nieuchronnie w przepaść, uzależniało się od obcych, posługujących się rodami magnackimi jako uległym narzędziem w swym ręku. Wskutek tego czasy saskie stały się najczarniejszą kartą w dziejach Polski, okresem powolnego, ale stałego chylenia się ku upadkowi politycznemu. Podejmowano w nich oczywiście próby wyjścia z ponurej sytuacji, próby te jednak skazane były na niepowodzenie.

Kultura tego długiego okresu, obejmującego lat blisko sto pięćdziesiąt (1620 - 1763), w zasadzie barokowa, składała się z wielu różnych nurtów, zależnych od przebiegu procesów społeczno-politycznych, występujących z różnym nasileniem w różnych dziesięcioleciach, a warunkowanych przez sytuację polityczną państwa. W pierwszej tedy połowie w. XVII oddziaływały jeszcze tradycje renesansowej przeszłości, jakkolwiek nie miały one oparcia na dworze królewskim, zarówno dlatego iż król Zygmunt III poza imieniem i krwią po matce Jagiellonównie mało miał wspólnego ze swymi wielkimi imiennikami, dziadem Zygmuntem Starym i wujem Zygmuntem Augustem, jak i dlatego że stolica państwa stawała się z konieczności leżąca w jego centrum Warszawa, miasto nowe i bez tradycji kulturalnych. Króla wyręczał w pewnym stopniu królewicz Władysław, a po tej samej linii mecenasowania szli magnaci, jak rosnący w potęgę coraz większą litewscy Radziwiłłowie. Wysiłki ich jednak nie miały naturalnego podłoża w szkolnictwie, uniwersytet krakowski bowiem nie umiał podźwignąć się z upadku, w którym tkwił już w w. XVI, akademie zaś zamojska i jezuicka w Wilnie nie odgrywały większej roli w życiu kraju, który szkołę średnią oddał jezuitom, zazdrośnie strzegącym swego monopolu na nauczanie. Znakomite i wysoko postawione szkoły różnowiercze przestały istnieć, zgniecione falą kontrreformacji. Na wysyłanie synów na studia zagraniczne pozwolić sobie mogli jedynie magnaci — rezultatem zaś tych stosunków było zwężenie horyzontów kulturalnych, odbijające się przede wszystkim na charakterze i poziomie literatury.

Radykalna zmiana nastąpiła w połowie wieku jako rezultat wojen kozackich. Gdyby ok. r. 1560 zapytać Kochanowskiego, czym się zajmuje, odpowiedziałby, iż od lat dziesięciu trzyma pióro w ręku. O sto lat odeń młodszy Kochowski na to samo pytanie odparłby: „decennio hastam tractavi", tzn. „przez dziesięć lat posługiwałem się kopią". Młodzieży, która w chwili wystąpienia Chmielnickiego mogła była zaczynać studia wyższe, zastąpił je obóz i wieloletnia wojaczka. Do tego zaś doszły dwa jeszcze czynniki nie mniej doniosłe. Wojny kozackie zepchnęły z ziem wschodnich do Polski środkowej i zachodniej masy uchodźców, „egzulantów", którzy stali się podstawą bezrolnego proletariatu szlacheckiego, a którzy w życie zbiorowe wnosili swe odrębne nawyki, obyczaje, język, kulturę towarzyską, przepojoną pierwiastkami ukraińskimi i wschodnimi. Zjawisko to nasiliło się w czasach Sobieskiego, którego ciągłe wojny z Turcją zorientalizowały życie szlacheckie od strojów i broni po strawę i język. Wszystkie te pierwiastki oddziałały bardzo silnie na kulturę barokową w Polsce i ostatecznie wytworzyły jej odmianę bardzo pospolitą i powszechną, nazwaną trafnie barokiem sarmackim. Szlachcic przy karabeli-demeszce i z podgoloną czupryną, perorujący po łacinie, którą wyniósł ze szkoły jezuickiej, czy podobnie noszący się król Jan, pisujący czułe, frazesami francuskimi przetykane listy do królowej Marysieńki — to charakterystyczni przedstawiciele baroku sarmackiego. Kultura ta szczyty osiągnie w epoce saskiej, by jaskrawych przedstawicieli znaleźć w groteskowych osobach Radziwiłła Panie Kochanku czy Potockiego, starosty kaniowskiego.

Kultura barokowa w Polsce objęła nie tylko literaturę, ale również inne dziedziny sztuki. Przede wszystkim tedy większość zabytkowych kościołów i klasztorów na ziemiach polskich pochodzi z w. XVII. Wśród nich najbardziej imponujące rozmiarami i prze-

1. Charakter kultury barokowej

różnymi sztuczkami (jak sale przenoszące z kąta do kąta szept, niedosłyszalny pośrodku) są kościoły jezuickie, katedra lubelska, kościół św. Piotra i Pawła (z grobem Skargi) w Krakowie i tysiące innych. Niewiele natomiast ocalało rezydencji świeckich, jak budzące podziw pałace warszawskie, Kazanowskich czy Kazimierzowski, w którego wielokrotnie przebudowywanych murach mieści się dziś uniwersytet, nie mówiąc już o zamku królewskim, z którego po drugiej wojnie światowej pozostały jedynie fundamenty. Architektura ta, by dodać nawiasem, sięgała na Ruś, do Połocka i Kijowa, gdzie ślady jej podziwiać można m. in. w Soborze Sofijskim, oraz do Szwecji.

W budynkach kościelnych barokowe wnętrza zdobiono przebogatymi rzeźbami i malowidłami dłuta i pędzla artystów, których nazwiska niewiele dzisiaj mówią, mistrzowie ci bowiem nie doczekali się dotąd opracowania, a dzieła ich, zwłaszcza obrazy — artystycznej konserwacji. Dla przykładu wymienić należy Krzysztofa Boguszewskiego i Wojciecha Borzymowskiego, których wysoko ceniono. Rzecz znamienna, że malarze świeccy zdobywali nieraz uznanie u obcych, Jan Ziarnko we Francji, a bracia Lubienieccy, Teodor i Krzysztof, w Niemczech i Holandii. W Polsce, gdzie sprowadzano chętnie artystów obcych, doskonałe portrety tworzył Jan Aleksander Tretko.

Barok wreszcie, w stopniu wyższym jeszcze niż renesans, lubował się w muzyce i rozkwit jej w Polsce Wazów przedstawia się daleko bogaciej niż za Jagiellonów. Kwitnęła tedy muzyka świecka, związana z teatrem dworskim, stworzonym w nowo zbudowanym zamku warszawskim dla opery włoskiej. Tradycje jej utrzymały się przez lat sto z okładem, aż po czasy Augusta III, w których stanowią jedną z wyjątkowych kart w dziejach sztuki. Opis teatru Władysława IV znajdujemy w nieudolnym traktacie A d a m a J a r z ę b s k i e g o (*Gościniec abo krótkie opisanie Warszawy* 1643), który w poezji był lichym wierszokletą, w architekturze natomiast zdobywał się na dzieła dobre, a w muzyce koncertowej zajaśniał mistrzostwem jako twórca dwudziestu ośmiu utworów o charakterze instrumentalnym. Obok niego Marcin Mielczewski i Bartłomiej Pękiel, członkowie orkiestry nadwornej, pozostawili reprezentacyjne kompozycje muzyczne o wartości europejskiej. Muzyce zaś świeckiej kroku dotrzymywała kościelna, tworzona przez takich mistrzów, jak organista i dyrygent chóru w katedrze gnieźnieńskiej, M i k o ł a j Z i e l e ń s k i, autor dzieł *Offertoria totius anni* i *Communiones totius anni* (1611), wspaniale drukowanych we Włoszech.

Teoretycy poezji barokowej, jak jezuita Sarbiewski, usiłując uchwycić jej istotę, stosowali formułkę: jedność w wielości; miała ona znaczyć bogactwo ilościowe przejawów zespołu podstawowych, jednolitych pierwiastków jakościowych. Formułka ta da się przenieść na całość kultury barokowej w Polsce, gdzie, przyjąwszy ową jednolitość znamienną dla całego kierunku, w dziejach jego dostrzega się zwyczajne trzy fazy rozwojowe: wstępną, pełną i schyłkową, ukazujące kolejne występowanie przejawów o różnej intensywności w różnych czasach.

Faza wstępna, przypadająca na lata 1620-1650, związana z tradycjami Renesansu, odznacza się bogactwem kwitnącej liryki; w fazie pełnej, w latach 1650-1700, wypełnionej nieustannymi wojnami i tym wszystkim, co było ich następstwem w życiu zbiorowym, na czoło twórczości pisarskiej wysunie się epika historyczna; faza schyłkowa wreszcie, czasy saskie, 1704-1763, obok zaniku zjawisk dotychczasowych obejmuje przejawy zapowiadające nadejście nowości.

Takie rozumienie dialektyki rozwoju kultury i literatury barokowej w Polsce odbiega znacznie od utartych poglądów na tę sprawę, przyjmujących, iż czasy saskie stanowią pewną jednolitą i odrębną całość. Takie ich rozumienie, niewątpliwie słuszne ze stanowiska historii politycznej, nie odpowiada wymaganiom historii literatury, która okresem nazywa odcinek czasu wypełniony odrębnym, samodzielnym zespołem zjawisk tworzących prąd literacki. Czasy saskie prądu takiego nie wykazują, żyją resztkami wyrodniejącego baroku, posługują się jego manierą w kulturze w ogóle, w literaturze w szczególności. Stąd niepodobna w nich widzieć nic innego, jak tylko końcową fazę baroku.

Doniosłość zaś poprawnego włączenia czasów saskich w nurt kultury barokowej wiąże się ściśle z rozwojem literatury, i to w skali nie tylko polskiej. Barok mianowicie, który rozkrzewił się w całej Europie i opanował wszystkie kraje słowiańskie, był prądem nie tylko o dużym zasięgu terytorialnym i chronologicznym, ale i o niezwykłej trwałości. Tym się tłumaczy, iż przeniknął on bardzo głęboko kulturę polską i ukształtował ją po swojemu, tak że na rozwoju jej dalszym zaważył bardzo silnie, toteż żałosne jego dziedzictwo odzywać się będzie bardzo długo i nieprędko zostanie przezwyciężone.

2. LIRYKA OKRESU BAROKU

Już u Szarzyńskiego, liryka, dostrzegało się akcenty, które w całej pełni wystąpiły w poezji lirycznej okresu baroku, początkowo w krajach romańskich, następnie w innych europejskich. Liryka bowiem była rodzajem literackim, który w twórczości barokowej realizował zasady nowego prądu najłatwiej i upowszechniał go najwcześniej. Wśród zasad tych miejsce naczelne przypadało zaskakiwaniu czytelnika niezwykłością, przykuwaniu jego uwagi efektami retorycznymi opartymi na kontrastach, niewoleniu go kwiecistością słów i zagadkowością pomysłowych, wyszukanych obrazów poetyckich, wśród których rola niepospolita przypadała alegorii. Nowy styl, a na wyraz ten kładziono duży nacisk, posługiwał się wyszukanymi pomysłami, konceptami, stąd we Włoszech zwano go konceptyzmem od „concetto" — pomysł, w Hiszpanii kultyzmem, od „culto" — wymyślony, wyszukany, we Francji stylem wykwintnym („le style précieux"). Nazwy inne wywodziły się od jego wybitnych wirtuozów; we Włoszech mówiło się o „marinizmie", w Hiszpanii o „gongoryzmie", według nazwisk Jana Baptysty Mariniego i Luisa de Gongora. Pod piórem ich, podziwianym i naśladowanym w całej Europie, odżywały wyszukane formy liryki średniowiecznej, misterne układy rytmiczne i stylistyczne, na które kładziono nacisk tak duży, iż w krytyce późniejszej utrwaliło się przekonanie, iż twórczość literacką pisarzy barokowych cechowała przewaga formy nad treścią, wiodąca do przesady, i tym właśnie w poezji tłumaczy się ujemne znaczenie wyrazu „barok", jakkolwiek zjawisko to wystąpiło przede wszystkim w dziedzinie sztuk plastycznych, w architekturze i rzeźbie.

Niewątpliwie w poglądzie tym tkwiło dużo słuszności, poezja barokowa bowiem, zwłaszcza liryczna, istotnie nie dostrzegała często granicy między sztuką i sztucznością i lubowała się w konceptach formalnych, które były sztuczkami, igraszkami dowcipnego pióra i niczym więcej. Igraszki te miały nawet osobną nazwę „ikonu" (z greckiego eikon — obraz), polegającego na rozbudowywaniu obrazu słownego, tropu, w samodzielny obraz poetycki przez stosowanie odpowiednich zabiegów technicznych, przypominających formułki logiczne czy matematyczne. O co tu chodziło, zilustrować łatwo na próbkach wybitnych liryków polskich. W madrygale Jana Andrzeja Morsztyna, opartym na bardzo pospolitym ikonie, dwuwierszowy koncept Kochanowskiego — prośba do panny, która w pierścionku ma diament, a w sercu krzemień, by dała się zmiękczyć — urósł do kunsztownego wywodu:

> *Twarde z wielkim żelazo topione kłopotem,*
> *Twardy dyament żadnym nie pożyty młotem,*
> *Twardy dąb wiekiem starym skamieniały,*
> *Twarde skały na morskie nie dbające wały.*
> *Twardszaś ty, panno, której łzy me nie złamały,*
> *Nad żelazo, dyament, twardy dąb i skały.*

Sztuczka polega więc na dobraniu czterech przedmiotów a, b, c, d o wspólnej cesze niezwykłej twardości (x), zakończonym stwierdzeniem, iż przedmiot piąty, e, serce panny, jest twardszy od ich sumy, a więc e (x) ⩾ (a + b + c + d) (x). Gdy tutaj na plan pierwszy rzuca się anaforycznie podkreślony przymiotnik o podwójnym znaczeniu, w innych konceptach poeta wyzyskuje zestawienia rzeczy rzadkich i niepodobnych do siebie: jak porównanie zakochanego do owada w dawnej Polsce tak niezwykłego, jak jedwabnik, lub porównanie nieszczęśliwego kochanka do trupa; pomysłowość polega tu na znalezieniu nieoczekiwanych podobieństw tam, gdzie doszukać się ich może tylko niezwykły dowcip.

Istnym majstersztykiem tej samej metody, ale stosującej formułkę daleko zawilszą, jest wiersz *Na oczy królewny angielskiej*, przypisywany niegdyś Morsztynowi, choć autorem jego był Daniel Naborowski, który zresztą tylko zgrabnie spolszczył madrygał poety francuskiego, H. Laugier de Porchères. Część pierwsza wierszyka zestawia oczy pięknej panny z czterema błyszczącymi przedmiotami, od ogni po słońce, ułożonymi w porządku rosnącym; część druga odwołuje zestawienie, motywując ten zabieg odpowiednio; część wreszcie trzecia potwierdza je, ale w sposób spotęgowany, głosząc, iż oczy panny są jak suma wymienionych przedmiotów.

Zdarzało się, że ikon wyrastał z monotropicznie rozbudowanej przenośni, jak w pieśni Pomozji u Szymona Zimorowicza, który wychodząc od pospolitego motywu ognia miłości i strumieni łez, stworzył niezwykłą osobliwostkę:

Do ciebie ja przez morze łez mych nie przebędę,
Choć w okręt z strzał serdecznych zbudowany wsiędę,
Choć Kupido na żagle da mi skrzydła swoje,
Chociaż Wenus sztyrować będzie nawę moję.
Bo wiatr mego wzdychania tak poburzył wody
I żal mój nagły takie wzbudził niepogody,
Że niżeli na drugą nadziei mej stronę
Przyjadę, we łzach własnych nieszczęsna utonę.

Tak przedstawiały się szablony, stosowane przez pisarzy wielkich i małych, wymagające niezwykłej sprawności poetyckiej, drobne nawet potknięcie zmieniało bowiem dowcipne cacka w płody chybionego konceptu. Sztuki sporządzania ich, wyjąwszy oczywiście erotyki, uczyła szkoła, jak dowodzi choćby podręcznik jezuicki, wykłady Sarbiewskiego *O poezji doskonałej (De perfecta poesi)*, starannie opisujący zabiegi czy chwyty („modi") techniczne, których opanowanie na ławie klasy, zwanej poetyką, sprawiło, iż armie wierszorobów płodami swymi zasypywały pole literatury.

Jej teoretyk, Maciej Kazimierz Sarbiewski (1595--1640), nauczyciel w szkołach jezuickich, pod koniec życia kapelan

2. Liryka okresu baroku

nadworny Władysława IV, człowiek o rozległym wykształceniu humanistycznym zdobytym w Rzymie, budził swymi utworami podziw w całej Europie jako „Horacy chrześcijański". Obdarzony przez papieża Urbana VIII wieńcem laurowym, pisywał wyłącznie po łacinie, tomiki zaś jego pieśni, drukowane chętnie poza Polską, zdobiła nieraz karta tytułowa wydania z r. 1625, skomponowana przez wielkiego Rubensa.

Zaszczytny tytuł „Horacego chrześcijańskiego" poeta jezuicki zawdzięczał iście mistrzowskiemu opanowaniu techniki liryka rzymskiego, stosowanej do tematów aktualnych w jego czasach. Stał się on tedy heroldem utopijnej polityki papieskiej, głoszącej konieczność ogólnoeuropejskiej wyprawy przeciw Turkom. Poeta wyzyskiwał przy tym sposobność sławienia swej ojczyzny, która na własną rękę i odosobniona zmagała się pod Cecorą i Chocimiem z potęgą otomańską. Wielbiciel Kochanowskiego, w niezwykle wiernym i pięknym przekładzie łacińskim udostępnił Europie jego pieśń o spustoszeniu Podola przez Tatarów *(Wieczna sromota)*, podobnie jak i starą *Bogurodzicę*, którą gładko sparafrazował. Poza tym w dźwięcznych strofach opiewał swe rodzinne strony mazowieckie, unikając szczęśliwie retoryki, która była nieuniknionym składnikiem pieśni politycznych.

Jak przystało na poetę jezuitę, uprawiał Sarbiewski zawodowo lirykę religijną, stosując w niej pospolite szablony tematyczne, nie zawsze smaczne, w rodzaju wyznań religijno-miłosnych wzorowanych na erotyku horacjańskim. Obok tego jednak zdobywał się na akcenty bardzo niezwykłe i głębokie, gdy podbudowywał swe pieśni rozważaniami filozoficznymi o istocie bóstwa, gdy wyrażał tęsknotę duszy ludzkiej za nieosiągalną doskonałością, gdy wielkość Boga odczytywał w pięknie przyrody.

Zamiłowany horacjanista, efekty swego starożytnego mistrza urozmaicał pomysłowo i ze smakiem konceptami nowoczesnymi, barokowymi, osiągając rzadko spotykaną harmonię pierwiastków odległych od siebie w czasie, a przecież dających jednolity stop artystyczny, doskonale wyrażający postawę wobec świata człowieka wieku XVII.

Sarbiewski jako poeta wyłącznie łaciński nie był wprawdzie wyjątkiem, ale był niewątpliwie przeżytkiem, obok bowiem jego wytwornych pieśni z rozmachem żywiołu płynęła szeroka rzeka poezji polskiej, w której nurcie nierzadko bywały okazy równie wytwornej sztuki słowa. Należy do nich zbiorek *Roksolanki* młodo zmarłego w r. 1629 liryka lwowskiego, S z y m o n a Z i m o r o w i c z a, wydany dopiero w r. 1654, pierwszy w Polsce zbiorek pieśni wyłącznie miłosnych. Układ całości, przeznaczonej na uświetnienie wesela, które stanowi obramienie chórów panieńskich i „młodzieńskich", sprawił, iż *Roksolanki* poczytuje się niesłusznie za sielankę, choć — wedle terminologii owoczesnej — są to typowe „tańce" czy „padwany", a więc pieśni i piosenki miłosne o bardzo różnej treści, formie i nastroju, skargi i żale, wyznania i zwierzenia, proste i uczone, ale zawsze świeże i pełne wdzięku. Rozmaitość pomysłów i umiarkowana kwiecistość słowa chronią zbiorek od nieuchronnej, zdawałoby się, monotonii. Są w nim pieśni, które uznać by można za dowcipnie postawione i znakomicie rozwiązane ćwiczenia na niezwykłe tematy. Przykładem może być przytoczona tu Pomozja, ujmująca żeglugę jako alegorię miłości, a okręt jako alegoryczny obraz uczuć człowieka zakochanego. Treść wiersza, psychologia uczuć miłosnych, żywionych nie wiadomo przez chłopca czy dziewczynę, niknie tutaj zupełnie, przesłonięta kunsztownym układem niezwykłych zestawień, budzącym zresztą pewien nastrój, zastępujący opis uczucia. Na ogół jednak nad takimi ćwiczeniami poetyckimi górują w *Roksolankach* pieśni inne, często pełne ruchu, żywe, wymownie prawiące o zmartwieniach dziewcząt i chłopców, pieśni z pełnymi wdzięku szkicami przyrody, czy to w ogródku wiejskim, czy w lasach podmiejskich, nad tym wszystkim zaś unosi się posępne widmo przeczuwanej przez młodego poetę śmierci, której skontrastowanie z młodością i miłością stwarza znamienny dla upodobań epoki dysonans.

Cechę wreszcie charakterystyczną *Roksolanek* stanowi ich niezwykła melodyjność. Są to istotnie pieśni, które później żyły po dworach i dworkach, skąd z biegiem czasu dostały się do ludu. Niekiedy dźwięczą w nich tony ludowe, jak w pieśni, w której występuje tak popularne później imię Haliny:

> *Próżno mój ogródek fijołki pachniące,*
> *Próżno mój różaniec rozwija swe pącze,*
> *Nie masz cię, nadobna Halino,*
> *Nie masz cię, kochana dziewczyno.*

Pochodzenie tych akcentów jest proste. W studiach nad zbiorem Zimorowicza wyławiano starannie spotykane w nim pogłosy poezji starożytnej, nieuniknione u wykształconego pisarza barokowego, nie zwrócono zaś uwagi na naturalne, rodzime podłoże *Roksolanek*, na to, że wyrosły one na gruncie popularnych śpiewników w rodzaju *Damy dla uciechy* czy *Pieśni, tańców i padwanów*, których typowe pomysły młody poeta opracował po swojemu, by wznieść je na poziom prawdziwego artyzmu.

Tylko co wspomniane przeoczenie naukowe pozostaje w związku z nie zbadanymi dotąd dziejami książki polskiej w. XVII, której losy niekorzystnie odbiły się na naszej znajomości literatury barokowej.

2. Liryka okresu baroku

Książki mianowicie drukowane w pierwszej połowie omawianego stulecia zachowały się niejednokrotnie w unikatach, niełatwo dostępnych badaniom naukowym, wiele zaś dzieł już wówczas w ogóle nie doczekało się druku, krążyło w odpisach, które sporządzali miłośnicy poezji, a które upowszechniły dopiero wydania w w. XX. Takim miłośnikiem był np. Jakub Trembecki, którego „silva rerum", jak często nazywano zbiory rękopiśmienne, ocaliła mnóstwo poetów barokowych. *Wirydarz poetycki*, bo taki był jej tytuł, ukazał pisarzy nigdy nie drukowanych, a godnych najwyższej uwagi. Znaleźli się wśród nich poeci dworu radziwiłłowskiego, Daniel Naborowski (1573 - 1640), Olbrycht Karmanowski (zm. 1640) i inni, uprawiający poezję doraźną, pisujący wiersze ulotne różnej treści i wartości, nieodzowne jednak dla poznania dorobku poetyckiego epoki, a zawierające nieraz utwory tak znamienne, jak wspomniany madrygał Naborowskiego o oczach królewny angielskiej.

Wśród „zbieranej drużyny" pisarzy często bezimiennych dwu przynajmniej wspomnieć tu trzeba, pewne ich bowiem utwory rzuciły pomost między poezję religijną i świecką czasów baroku, Twardowskiego i Żabczyca.

Kacper Twardowski (ok. 1592 - ok. 1641), mieszczanin małopolski, był i przedstawicielem, i ofiarą kultury barokowej. Zapadłszy po napisaniu zgrabnego cyklu wierszy miłosno-alegorycznych w ciężką chorobę, uznał ją za karę bożą i gdy wyzdrowiał, sporządził „palinodię", wiersze erotyczne przerobił na ascetyczne! Czy leczniczy ten zabieg, w którym bujna fantazja naukowa dopatrzyła się źródła kantyczki w podaniach o czarnoksiężniku Twardowskim, wyszedł poecie na zdrowie, nie wiemy, bo nie znamy jego biografii. Z utworów zaś, w których widzieć by można odgłosy jego nowej postawy, ciekawszych jako dokumenty folkloru niż dzieła sztuki, najdoskonalszy to wdzięczna kolęda, realistyczne malowidło szopki betleemskiej, w której małego Jezuska obsługują aniołowie; jeden robi kolebkę, drugi grzeje wodę na kąpiel, trzeci suszy pieluszki Boskiego niemowlęcia. Słowem śliczna pastorałka, w prostym, ale wzorowym wierszu wyrażająca te wszystkie realistyczne drobiazgi, w których lubowało się średniowiecze, jak dowodzą choćby kazania gnieźnieńskie, a które przeszły do kolęd ludowych, pastorałkami zwanych i znających również zniekształconą kolędę Twardowskiego, który zresztą na tym polu wtórował tylko Żabczycowi.

Jan Żabczyc (zm. po r. 1629), choć chudopachołek — dworzanin, wysługujący się rozmaitym chlebodawcom, był autorem sporej ilości tomików najróżniejszych: panegiryków dla magnatów, satyr o zacięciu sowiźrzalskim i utworów gnomicznych, w których dzielił się z czytelnikiem wynikami własnego gorzkiego doświadczenia. Z dziełek tych jedno uszło niepamięci, choć — jakby na ironię — nie wsławiło nazwiska swego twórcy. Są to *Symfonie anielskie* (1630), zbiorek kolęd, przedrukowanych pod nazwiskiem Jana Dachnowskiego, który prawdopodobnie po śmierci autora przywłaszczył sobie jego pracę, a żyjących dotąd anonimowo w przekazie ustnym. Miliony ludzi, którzy z przejęciem śpiewają kolędę „Przybieżeli do Betleem pasterze", nie słyszały nigdy nazwiska Żabczyca, któremu tę pieśń i sporo innych, równie popularnych, zawdzięcza polska kultura literacka. Znaczenie ich opiera się na wielu czynnikach, wśród których niepoślednim jest ich doskonałość artystyczna, ich prostota i ich wyrazistość. Żabczyc mianowicie w *Symfoniach anielskich* połączył dwa światy tak sobie dalekie, jak pobożność jezuicka i swawolna pieśń świecka, tańcem nazywana. Przede wszystkim więc uderzył w ton kolęd pastoralnych, które za wzorem poezji jezuickiej pisywał Stanisław Grochowski, a które do stajenki betleemskiej wprowadzały ludzi prostych, pasterzy, przy czym przerabiał — być może — jakieś teksty gotowe. Następnie zaś zastosował do nich metodę kontrafaktury, polegającą na przenoszeniu ulubionych melodii świeckich na teksty religijne. Żabczyc mianowicie „symfonie" swe ułożył wedle melodii popularnych „tańców", przez bogobojnego biskupa krakowskiego pomieszczonych na indeksie ksiąg zakazanych. Kierowany niezawodnym słuchem poetyckim, utworom, które otrzymały skoczne melodie taneczne, nadał charakter realistyczno-świecki i w ten sposób stworzył pastorałkę, a więc odmianę kolędy, którą w w. XIX wyda ks. M. Mioduszewski w osobnym tomiku, opatrzonym uwagą, iż zawarte w nim pieśni śpiewać należy w domu, nie w kościele.

Nad ogół poetów pierwszej połowy w. XVII wybił się wyższy od nich pochodzeniem, zdolnościami i stanowiskiem **Jan Andrzej Morsztyn** (1620 - 1693). Dworzanin Władysława IV i Jana Kazimierza, ulubieniec kulturalnej królowej Ludwiki Marii, podskarbi wielki koronny i przywódca opozycji za Jana Sobieskiego, agent Ludwika XIV w Polsce i wreszcie emigrant polityczny, spędzający stare lata we Francji, w młodości żywo interesował się literaturą i temu właśnie zawdzięcza uznanie, z którym wspomina się jego nazwisko, choć na karcie historii politycznej wywołuje ono raczej odrazę, towarzyszącą imionom intrygantów i zdrajców narodu.

Miłośnik i dobry znawca współczesnej mu poezji włoskiej i francuskiej, Morsztyn przyczynił się do upowszechnienia ich w Polsce. Z ogromnego więc poematu Mariniego o treści mitologicznej (*Adone*) wybrał prześliczny epizod, najdawniejszą baśń europejską o miłości Amora i królewny Psyche, i zgrabnie przełożył ją oktawą. W treść jej, przygody Psyche, którą za złamanie przyrzeczenia boski jej mąż opuścił i która poszukuje go po świecie całym, tłumacz-dworak wplótł gładki komplement dla swej królewskiej patronki, wprowadził więc Psyche między panny dworskie Ludwiki Marii w Warszawie. Znamienny ten koncept należy do tej samej kategorii ozdobników, co „faunowie leśni" w *Sobótce* Jana Kochanowskiego i świadczy o swobodzie, z jaką poeta barokowy mógł wiązać pomysły mitologiczne z życiem własnych czasów. Z natchnienia królowej wyrósł również drugi przekład Morsztyna, tragedia *Cid albo Roderik* Corneille'a, wystawiona w r. 1662 na zamku warszawskim podczas uroczystości związanych z pokojem oliwskim, kończącym wojnę szwedzką. Samym wyborem tematu tłumacz dowiódł, iż rycerski duch epoki, wymownie przemawiający w gromkich tyradach bohatera tragedii, nie był mu obcy.

Prócz przekładów pisywał Morsztyn, zwłaszcza w młodości, mnóstwo wierszy i wierszyków ulotnych, rymowanych listów do przyjaciół i znajomych, fraszek i piosenek miłosnych, których drukować nie zamierzał, choć krążyły one szeroko w odpisach. Ich dwa zbiory, *Lutnia* oraz *Kanikuła albo Psia gwiazda*, który to tytuł znaczy wakacje czy wczasy, wydane — i to w sposób daleki od poprawności — dopiero w w. XIX, objęły obok utworów oryginalnych sporo przeróbek i naśladowań pisarzy starożytnych i nowszych, m. in. Mariniego. Większość ich to typowe okazy muzy barokowej, ikony i przeróżne koncepty, związane z życiem dworskim w stopniu nie mniej silnym niż *Fraszki* Kochanowskiego, od których różnią się erotyzmem jaskrawym, niejednokrotnie wyuzdanym, ale szelmowsko dowcipnym. Dowcip, jak wiadomo, nie znosi gadulstwa, wymaga zwięzłości i trafności w doborze słów — cechy te zaś autor *Kanikuły* posiadał w stopniu wręcz wyjątkowym. I dlatego jego igraszki poetyckie, obojętna czy będą to madrygały, sławiące wdzięki panien z fraucymeru królowej, czy cięte jak żądło osy drwiny z osób, które ośmieszał, czy zabawne wyznania własnych powodzeń i niepowodzeń, są klasycznymi okazami eleganckiej poezji dworskiej i na tym polega ich znaczenie w dziejach polskiej poezji barokowej. Znakomicie wyrażone, wymowy swej nie straciły po wiekach i dzisiaj jeszcze stanowią prawdziwą ozdobę każdej antologii liryki staropolskiej, wyróżniając się lekkością i polotem, właściwościami więc niekoniecznie znamiennymi dla psychiki i kultury sarmackiej.

3. HISTORYCY I PAMIĘTNIKARZE

To, co o żołnierzu chocimskim mówił Wacław Potocki, pisząc, że

...się rodził w obozie, we krwi go kąpała,
A trzaskiem muszkietowym matka usypiała,

zastosować by można do większości szlacheckich, a niekiedy i mieszczańskich pisarzy polskich w. XVII. Echa obozowe, huczące przez długie dziesięciolecia po całym kraju, pogłosy wielkich zwycięstw i wielkich klęsk, docierając do najdalszych zakątków Rzeczypospolitej, budziły radość lub smutek i odbijały się w słowie pisanym, choć nie zawsze utrwalanym drukiem. Nawet w poezji dworskiej, u zatopionego w rozmyślaniach kapelana królewskiego, Sarbiewskiego, czy u gładkiego dyplomaty, Morsztyna, dostrzega się bez trudu oddziaływanie wypadków historyczno-wojennych, a cóż dopiero mówić o ludziach, którzy brali w nich udział bezpośredni i po swojemu odczuwali wielkość przeżytych wydarzeń.

Z wydarzeń tych już w początkach stulecia przewroty zachodzące w Moskwie po wygaśnięciu Rurykowiczów budziły powszechne zainteresowanie, tym większe, iż Dymitrowi Samozwańcowi towarzyszyli awanturnicy polscy, po jego zaś upadku doszło do wojny, zwycięsko przeprowadzonej przez hetmana Stanisława Żółkiewskiego. Pamiętniki: hetmański Ż ó ł k i e w s k i e g o i husarski S a m u e l a M a s k i e w i c z a reprezentują dwa różne stanowiska: pierwszy jest dziełem mądrego statysty, drugi poszukiwacza przygód, obydwa zaś są niezwykle ciekawymi relacjami o egzotycznym świecie rosyjskim.

Ze względu na egzotyzm daleko ciekawszy musiał być, zaginiony niestety, pamiętnik K r z y s z t o f a A r c i s z e w s k i e g o (1592 - - 1656), znakomitego wojownika, który niepoślednią rolę odegrał w czasie zapasów z Chmielnickim. „Starszy nad armatą koronną", czyli naczelny wódz artylerii, brał udział we francuskiej wojnie domowej, następnie zaś uzyskał w służbie holenderskiej stanowisko generała i admirała sił morskich w Brazylii, gdzie odznaczył się w walkach z Hiszpanami. Tych właśnie spraw dotyczył jego pamiętnik, o którego poziomie dać może wyobrażenie twórczość liryczna Arciszewskiego, jego *Lament* i *Rekurs z Indiej do Niderlandu*, pełne tęsknoty za dalekim krajem, ujętej w tonacji homeryckiej: „Chwała bądź Bogu, Już znowuż w progu Ojczyzny mojej, Czuję jej dymy, Widzę kominy Rodziny swojej".

Ujmowanym na gorąco wspomnieniom towarzyszyło pokaźne żniwo dzieł historycznych, bardziej ambitnych, zabiegających o stworzenie obrazu ogólnego o aspiracjach naukowych. Tak więc S t a n i s ł a w K o b i e r z y c k i w dwu ogromnych dziełach łacińskich przedstawił czasy Władysława IV i oblężenie Częstochowy, a W e s p a z j a n K o c h o w s k i w czterech foliałach, z których trzy tylko zdołał wydrukować, pokusił się o ukazanie dziejów Polski w trzeciej części stulecia, od śmierci Władysława IV po zgon króla Michała, a więc wojnę kozacką, szwedzką, moskiewską i turecką. Tym wielkim poczynaniom towarzyszyły mniejsze, jak opowieść o wojnie chocim-

3. Historycy i pamiętnikarze

skiej z r. 1621 J a k u b a S o b i e s k i e g o (1588 - 1646), ojca późniejszego króla, lub ks. A u g u s t a K o r d e c k i e g o (1603 - 1673) o oblężeniu Częstochowy w r. 1655. Wszystkie te dzieła pisane były w języku łacińskim, chodziło w nich bowiem o monumentalne ujęcie dziejów bieżących dla czytelnika nie tylko krajowego, ale również zagranicznego. Tak było na szczytach, u ludzi, którzy uważali się za historyków z urzędu (a Kochowski był nadwornym historiografem króla Jana) lub w przedstawionych wydarzeniach odegrali wybitną rolę. A podobnie działo się u dołu, gdzie byli wojskowi, osiadłszy na wsi, pragnęli sąsiadom lub dzieciom przekazać wiadomości o tym, co widzieli i przeszli w wieloletnich walkach już to na kresach wschodnich, już to w czasie wypraw zagranicznych, poczynając od przygód „elearów", tj. lisowczyków, którzy brali udział w wojnie trzydziestoletniej, lub Marka Jakimowskiego, który na opanowanej przez więźniów galerze zbiegł z niewoli tureckiej, po żołnierzy głośnej dywizji Czarnieckiego, walczącego ze Szwedami na półwyspie duńskim. Nie obywało się przy tym bez koloryzowania, fantazjowania, graniczącego z pospolitym łgarstwem, ale za to — dzięki urozmaiceniu barwnej prawdy wymysłem — spod piór pamiętnikarzy szlacheckich wychodziły nieraz pięknie nakreślone i pełne humoru obrazki, tak żywe i plastyczne, iż ogłaszanie pamiętników tych w wiekach późniejszych, np. Paska w r. 1836, stawało się wielkim wydarzeniem literackim, dostarczały one bowiem gotowego lub półgotowego materiału twórcom powieści i dramatów historycznych.

J a n C h r y z o s t o m P a s e k (ok. 1636 - 1701) wybił się nad innych talentem i popularnością. Zawadiaka mazowiecki spod Rawy, po latach służby pod Czarnieckim, osiadł w Krakowskiem, ożenił się, a po poszczerbieniu łbów sąsiadom, dworującym sobie z Mazura, zdobył wśród nich uznanie i znaczenie, ale ostatecznie awanturniczy żywot zakończył jako banita. Jego wspomnienia, pisane w późnej starości, zachowane w kilku odpisach zastępujących autograf, opowiadają o wojnie szwedzkiej i moskiewskiej, o rokoszu Lubomirskiego i ostatnich latach Jana Kazimierza, o elekcji i nieudolnych rządach króla Michała, o czasach Sobieskiego wreszcie. Doniosłość ich jednak polega nie na stronie ich historycznej, jakkolwiek wnoszą one dużo wiadomości o życiu politycznym burzliwej epoki, o przebiegu tej czy innej kampanii, o obradach przy różnych okazjach, ilustrowanych dokumentami, które Pasek — zwyczajem w jego czasach powszechnym — przytacza w odpisie. Pamiętnikarz ten bowiem to urodzony gawędziarz, przy sposobności rad klimkiem rzucający, a zarazem doskonały obserwator ludzi, z którymi się stykał, i spraw, w których brał udział w toku swego bogatego w przygody żywota. Przygody te są dlań niepośledniej wagi, czy będzie to pielgrzymka do miejsca odpustowego, czy bitwa z nieprzyjacielem lub bójka z przypadkowym przeciwnikiem, wycieczka morska czy historia Robaka, sławnej wydry ofiarowanej królowi jegomości. To, co historyk pominąłby milczeniem jako szczegół obojętny, w opowiadaniu Paska ożywa, nabiera ruchu, mieni się barwami i przemawia głośno a zajmująco. Zaobserwowane znakomicie drobiazgi, ważne i nieważne, nocleg na trupie, któremu w brzuchu kruczy, pijacka rąbanina z sąsiadami, pobicie pazia Mazepy na komnatach królewskich, zmyślona historia miłości, którą ku gładkiemu wojakowi zapałała szlachcianka duńska — oto seria szkiców i obrazków, które wręcz proszą się o ołówek dobrego rysownika i które zresztą znalazły świetnego ilustratora w Antonim Zaleskim, twórcy cyklu akwarel, niegdyś bardzo popularnych. Cóż dopiero mówić o przygodach pana Paskowych, ukazujących jego rolę w sprawach, na których przedstawieniu szczególnie mu zależało, takich jak wystąpienie przed sądem senatorskim oskarżonego o robotę spiskową lub funkcja „przystawa", a więc dowódcy konwoju przy poselstwie moskiewskim! W relacjach tych rysuje się niezrównany humor gawędziarza-fececjonisty, dostrzegającego komiczne strony życia tam nawet, gdzie ktoś inny łamałby ręce z rozpaczy lub pienił się z wściekłości. Wszystko to Pasek odziewa w szaty słowa jędrnego i dobitnego, często rubasznego, urozmaiconego zwrotami przysłowiowymi i obficie, choć nie nadmiernie, upstrzonego łaciną.

Dzięki temu jego pamiętniki, niezależnie od swej wartości dokumentarnej, przemawiają do czytelnika nowoczesnego jako niezrównany autoportret szlachcica — wiarusa z epoki „królów piastów", i to szlachcica typowego, głupiego choć sprytnego, zacofanego, przesądnego, niezbyt liczącego się z wymaganiami honoru, choć na tym punkcie bardzo drażliwego, skłonnego do frazesu, któremu brak pokrycia w uczynkach, i są znakomitym dziełem literackim, zastępującym romans historyczno-obyczajowy, którego czasy te nie wydały. I z tego właśnie stanowiska spoglądali na Paska rozmiłowani w nim dramaturgowie i powieściopisarze, ze Słowackim i Sienkiewiczem na czele. Z jego opowiadań uczyli się oni stylu staropolskiego, by stosować go w dziełach własnych, na żywocie jego modelowali postaci i wydarzenia z czasów Wazów, niekiedy i jego samego wprowadzali na scenę, bądź epizodycznie (w *Mazepie* Słowackiego), bądź nawet (jak uczynił to Antoni Małecki) w sztukach mu poświęconych.

4. EPIKA HISTORYCZNA I SATYRA POLITYCZNA

Żywe zainteresowania historyczne, które wydały obfity plon pamiętnikarski, znalazły równocześnie odbicie w barokowej epice histo-

4. Epika historyczna i satyra polityczna

rycznej, do której bogatego rozkwitu przyczyniły się nadto czynniki innego rzędu, tkwiące w owoczesnej kulturze literackiej. Sarbiewski tedy, wykładając zasady „poezji doskonałej", na miejsce w niej naczelne wysunął poezję epicką, za której wzór poczytywał *Eneidę*, a której i sam próbował bez powodzenia w poemacie na temat z dziejów Polski. Pisarzowi barokowemu bliższy od słonecznego Wergiliusza, choć i ten bohatera przez piekło przeprowadził, był epik późniejszy z okresu „srebrnej łaciny", Lukan, posępny twórca *Farsalii*, piewca bratobójczej wojny domowej i miłośnik makabrycznej dziwności. Stąd, gdy *Eneidę* w końcu w. XVI przełożył Andrzej Kochanowski, brat Jana, i nie znalazł naśladowców, *Farsalia* pojawiła się w sto lat później w trzech równoczesnych przekładach, dwu wierszem i jednym prozą. Lukan odpowiadał nadto upodobaniom barokowym dzięki swej formie, zawiłym osobliwościom językowym i stylistycznym, zbliżonym do „konceptów", a obcym klasycznej łacinie „złotego okresu". Pisarz zaś starożytny znajdował jednego jeszcze sprzymierzeńca w *Goffredzie* Tassa przełożonym przez Piotra Kochanowskiego, tak dalece, iż gdy epik barokowy skupiał uwagę na którymś z wielkich wojowników swej epoki — Żółkiewskim, Chodkiewiczu, Czarnieckim czy Sobieskim — automatycznie niemal uderzał w ton oktawy Tassowej:

Wojnę pobożną śpiewam i hetmana,
  Który święty grób Pański wyswobodził,
O, jako wiele dla Chrystusa Pana
  Rozumem czynił i ręką dowodził!
Darmo miał sobie przeciwnym szatana,
  Co nań Libiją i Azyją zwodził.
Dał mu Bóg, że swe ludzie rozproszone
Zwiódł pod chorągwie święte rozciągnione.

Wielkie dzieło epika włoskiego uczyło techniki batalistycznej, nadto przemawiało do wyobraźni pierwiastkami baśniowo fantastycznymi, obcymi tradycji starożytnej, ale znakomicie ją dopełniającymi. Ogół tych czynników, płynących zarówno z życia politycznego epoki, jak i z osobistego doświadczenia pisarzy i z kultury ich literackiej, przyczynił się do rozkwitu w Polsce epiki przede wszystkim historycznej, której towarzyszyły odmiany inne, mianowicie epika fantastyczna i wreszcie epika religijna.

Epikę historyczną uprawiali pisarze najrozmaitsi, więksi i mniejsi, znani i nie znani, wśród jej okazów bowiem, i to nawet najznakomitszych, spotykamy dzieła anonimowe, co tłumaczy się niewątpliwie wadliwością przekazu rękopiśmiennego. Jedni z nich mieli wyraźną świadomość artystyczną, pragnęli dać dzieła epickie, inni szli za starą tradycją średniowieczną, która nie widziała różnicy między wierszem i prozą, rymowali więc zawzięcie materię historyczną, tworząc ogromne nieraz kroniki wierszem. Posługując się powszechnie stosowanymi szablonami, treść do swych dzieł czerpali nie tyle z własnej znajomości wydarzeń, które przemówiły do ich wyobraźni, lecz z gotowych ich ujęć, zwłaszcza łacińskich. Tak więc pamiętnik Jakuba Sobieskiego stał się źródłem poematu Wacława Potockiego o *Wojnie Chocimskiej*, tak na pamiętniku Kordeckiego oparł się nie znany autor poematu *Obleżenie Jasnej Góry Częstochowskiej*, tak wreszcie — by na tym poprzestać — Wespazjan Kochowski, którego Sobieski umyślnie z sobą zabrał, przebieg wyprawy wiedeńskiej opisał w „Komentarzu" łacińskim, który natychmiast przekuł na polskie oktawy, treść jego urozmaicając ornamentami w guście Tassa. Rezultatem takiej techniki, odtwórczej raczej niż twórczej, była szarzyzna kronik wierszowanych niemal wszystkich, rozświetlana gdzieniegdzie pomysłami powieściowymi, przede wszystkim zaś wzbogacana rozważaniami moralistyczno-publicystycznymi, polska bowiem epika barokowa przejęła funkcje, które w wieku poprzednim pełniła publicystyka.

Pomijając pisarzy drobniejszych, których interesowały wojny szwedzka i moskiewska w początkach stulecia, jako czołowego kronikarza-epika wymienić należy S a m u e l a z e S k r z y p n y T w a r d o w s k i e g o (ok. 1600 - 1661), pracowitego wielkopolanina, który czasu wieloletniego pobytu na dworach kresowych, u książąt Zbaraskich i innych, zebrał dużo wiadomości i spostrzeżeń o ludziach i wydarzeniach, układając z tego materiału najpierw kroniczki, a później rozległe kroniki wierszem o poselstwie swego chlebodawcy do Turcji, w którym uczestniczył jako sekretarz (*Przeważna legacya J. O. książęcia Krzysztofa Zbaraskiego* 1633), czy o młodych latach króla Władysława (*Władysław IV* 1649), zaprawione wprawdzie domieszką panegiryzmu, ale bogate w charakterystyczne wiadomości. Z dzieł tych najważniejsze, owoc dużej pracy, wykonanej, gdy powrócił pod koniec życia do Wielkopolski, to okazały tom pt. *Wojna domowa z Kozaki i Tatary* (1681), bardzo szczegółowa, na świadectwach uczestników i dokumentach oparta relacja o wojnie z Chmielnickim, rzucona na tło szeroko zarysowanych dziejów polityki polskiej dotyczącej południowo-wschodnich obszarów państwa. Przytłoczony lawiną faktów, bezcennych zarówno dla historyka tych czasów, jak i dla pisarza, który by w nich szukał materiału dla powieści czy dramatu, kronikarz barokowy nie zdobył się ani na plastyczną wizję epoki, ani na słuszną ocenę ideologii politycznych, które doprowadziły do tragicznego konfliktu, rozsiał jed-

4. Epika historyczna i satyra polityczna

nak na kartach swego dzieła mnóstwo obrazów mniej lub więcej epizodycznych, nie pozbawionych dużej wymowy i dowodzących, iż Twardowski był nie tylko rzemieślnikiem literackim.

Nakazom zaś wyobraźni, hamowanym w kronikach przez wymagania prawdy historycznej, pofolgował w dwu innych utworach o wartości nierównej, typowych jednak jako wyraz upodobań i pisarza, i jego wieku. W r. 1655 wydał on powieść wierszem pt. *Nadobna Paskwalina z hiszpańskiego świeżo w polski przemieniona ubiór*, osobliwą przeróbkę sławnego romansu pastoralnego Hiszpana J. Montemayora (*Diana enamorada* — Diana zakochana). Skąd go znał, to zagadka nie rozwiązana dotąd, mimo iż poświęcono jej kilka studiów; niedawno zresztą odnalazła się nowela polska, streszczająca powieść pasterską. Twardowski historię dumnej panny, którą bogini ukarała, skazując ją na nieodwzajemnioną miłość, i która wstąpiła ostatecznie do klasztoru, przekształcił bardzo zabawnie, mieszając szczegóły mitologiczne i realistyczne, zaczerpnięte z obserwacji życia polskiego. Tak więc przyczyną nieszczęść Paskwaliny jest jej rywalizacja z boginią Wenerą, tak ich sprawca Amorek, zwyciężony przez pokutnicę, wiesza się z rozpaczy na drzewie mirtowym. W ten sposób pomysły przez pisarzy hiszpańskich ujmowane z wdziękiem, który rozumiał i odczuwał u nas J. A. Morsztyn, poeta dworski, przeniknąwszy do wyobraźni szlachcica-sarmaty, zmieniały się w karykaturę tym zabawniejszą, że mimowolną i bezwiedną.

Tam natomiast, gdzie Twardowski obracał się w świecie wyobrażeń sobie znanych, okazywał się artystą zdolnym do pisania rzeczy o dużym uroku, dowodzącym jego wrażliwości na piękno. Tak jest w poemacie pisanym oktawą, a opatrzonym niezbyt zgrabnym tytułem *Dafnis drzewem bobkowym* (1638). Opowieść Owidiusza o Dafnidzie, która, chroniąc się przed natarczywą miłością Apollina, przemieniła się w drzewo laurowe (bobkowe), bardzo zręcznie skomponowana, uderza bogatymi odcieniami języka miłosnego i dzięki temu bliższa jest liryce dworskiej aniżeli poezji szlacheckiej. Szczegół to tym niezwyklejszy, iż podnietę do swego poematu Twardowski zawdzięczał operze włoskiej wystawionej „na teatrum króla jegomości", znanej mu z widowni czy choćby tylko ze słyszenia. Być może, iż poeta uległ tutaj czarowi sielankowo-mitologicznych pieśni, spotykanych w zbiorach tańców, a nacechowanych lekkością i delikatnością słowa w stopniu znacznie wyższym aniżeli sąsiadujące z nimi pieśni o religijnej tematyce polskiej. Od dawna zresztą wiadomo, iż w *Dafnidzie* podzwaniają echa miłosnych wyznań z romansowych części *Jeruzalem wyzwolonej*, a więc dzieła, które autorowi kronik historycznych nie było obce.

Gdy inni kronikarze, dotąd albo bliżej nie znani, rękopiśmienne bowiem ich twory spoczywają zapomniane w bibliotekach lub archiwach, albo znani tylko z drugiej ręki, jak taki Gabriel Krasiński, który na gorąco spisywał wierszem wieści do wsi jego dochodzące z dalekiego świata, szli torem Twardowskiego i poprzestawali na opowiadaniu czysto historycznym, znalazł się za Michała Korybuta anonimowy poeta, który zapragnął stworzyć polski odpowiednik *Jeruzalem wyzwolonej*. W dużym, bo dwanaście pieśni liczącym poemacie *Oblężenie Jasnej Góry Częstochowskiej* wyzyskał on dzieła łacińskie Kobierzyckiego i Kordeckiego, by na ich podstawie dokładnie ukazać przebieg oblężenia przez Szwedów forteczki jasnogórskiej, ze szczegółowym opisem wszystkich szturmów nieprzyjaciela i wycieczek dzielnej załogi. Nie pominął oczywiście wszelkich cudów, wyliczanych starannie przez źródła, na których się opierał. Co gorsza, poczytując dokładność za podstawowy warunek dzieła epickiego, streścił w poemacie zarówno układy prowadzone przez obrońców klasztoru z napastnikami, jak narady oblężonych i wysuwane w nich „racje", zarówno niezłomnych zwolenników walki do ostatniego tchu, jak ich bojaźliwych oponentów, którzy w poddaniu widzieli jedyny ratunek. W rezultacie więc *Oblężenie* — to gładko rymowana kronika częstochowska, łącząca sprawy ważne i nieważne. Do pierwszych należy staranna charakterystyka bohaterskiego przeora, ojca Augustyna, człowieka, który w oświetleniu poematu ma całkowite poczucie odpowiedzialności za swoje stanowisko i rozumie doniosłość oporu jako pobudki moralnej dla całego narodu. Przykładem drugich może być wiadomość o zabiciu pociskiem szwedzkim „trzech na stajni rumaków w klasztorze, Która pod murem stojała na dworze", „tak że ni kopyty, Upadłszy, nie grzebł żaden z nich zabity".

Ambicje nie znanego autora nie pozwoliły mu jednak poprzestać na samym odtwarzaniu tego, co wyczytał u kronikarzy; zagrzany przykładem Tassa postanowił dać jakąś własną „Częstochowę wyzwoloną". By to osiągnąć, uciekł się do zabiegu, który po wiekach zastosują w *Kordeckim* i *Potopie* Kraszewski i Sienkiewicz — wprowadził do poematu postaci zmyślone z ich równie fikcyjnymi przygodami, zwłaszcza panie o imionach przypominających dziewczęta z *Roksolanek*. Jedna z nich, Lidora, żona zamkniętego w twierdzy rycerza, wpada w ręce szwedzkie i, stawiona przed Millerem, zamierza odegrać rolę nowej Judyty, zamordować generała, ostatecznie jednak udaje się jej przedostać do Częstochowy bez szkody dla nieprzyjaciela. Ciekawszy jest epizod z Liobą, która wskutek choroby wpada w sen letargiczny i w jego czasie zwiedza zaświaty, zwłaszcza część nieba przeznaczoną dla rycerzy, którzy zginęli w obronie ojczyzny. Ta fantastyka religijna w pewnej chwili rozbrzmiewa silnym

4. Epika historyczna i satyra polityczna

akcentem publicystycznym. Z wyżyny niebieskiej widać grzechy ludzkie jednostkowe i zbiorowe, m.in. rabunki żołnierskie dokonywane na bezbronnych chłopach:

> *Na inszym miejscu z łupieży ubogiej*
> *Prasy natkane stoją jako brogi;*
> *Fanty w nich widać: siermięgi, żupany,*
> *Lemiesze, jarzma, sierpy i kaftany,*
> *A co dziwniejsza — z ucisku wielkiego*
> *Krew się z nich sączy do nurtu jednego.*

Nad rzeką krwi niewinnych ofiar unosi się ptactwo drapieżne: „na zsiadłej krwi siedzą Sytni sępowie, a przecie krew jedzą".

Autorowi nie udało się osiągnięcie zamierzonego celu — nie potrafił w całość harmonijną zespolić różnorodnych pierwiastków autentycznych i fikcyjnych, historycznych i literackich. Mimo to jednak bogactwo obrazków, takich jak cudowne ocalenie niemowlęcia, koło którego kolebki padł granat niewypał, następnie nastrojowe pejzaże nocne — rzadkość w poezji owoczesnej — dalej opisy drzew i kwiatów, to znów poetyczne, ale nieprzesadne przemówienia bohaterskich osobistości, utrzymane nieraz w tonie podniosłym, niemal biblijnym, a wreszcie szkice bojowe naturalne w poemacie wojennym — wszystko to sprawia, iż *Oblężenie Jasnej Góry Częstochowskiej* stanowi szczytowe osiągnięcie naszej barokowej epiki historycznej.

Historyzm barokowy, jak nazwać by można omawiane tu zjawisko, o którego sile i prężności świadczy fakt, iż wywołał on tyle utworów nieprzeciętnych, nie ograniczył się w poezji do epiki kronikarskiej, lecz — mniej lub więcej przygodnie — znajdował wyraz również poza jej obrębem. Dowodzi tego np. owoczesna literatura panegiryczna, lekceważona — nie bez słuszności — ale przynosząca niekiedy dane, które na zlekceważenie bynajmniej nie zasługują. Tak więc, od czasów Sienkiewicza, oblężenie Zbaraża przez wojska kozackie i tureckie urosło do wymiarów spraw w przeszłości Polski niezwykle doniosłych, oświetlanych przez historię polityczną i historię literatury. Nitk jednak z przedstawicieli tych nauk nie zwrócił uwagi na to, że najwymowniejszy może, iście epicki opis Zbaraża znaleźć można w poemacie wywołanym przez śmierć kasztelana Firleja, którego Sienkiewicz zaledwie wspomniał, i to od strony anegdotycznej. Jako że bohater zbaraski był kalwinem! Podobnie *Morska nawigacja do Lubeka* M a r c i n a B o r z y m o w s k i e g o (1662), bardzo w naiwności swej zabawny opis podróży wzdłuż południowych wybrzeży Bałtyku, w pewnej chwili zaskakuje czymś nieoczekiwanym, panegiryczną relacją o księciu Jeremim Wiśniowieckim. Zabiegając o względy wdowy po nim, autor przypomniał niezwykłą karierę królewięcia zadnieprzańskiego, którego prochy znalazły miejsce wiecznego spoczynku w klasztorze w górach Świętokrzyskich.

Przykładem, jak silnie historia bieżąca oddziałała na literaturę, może być satyra barokowa, stanowiąca naturalne dopełnienie epiki historycznej, bo nie tylko porusza ona sprawy polityczne, ale niejednokrotnie kładzie na nie nacisk większy niż na obyczajowe. Tak jest u braci Opalińskich, którzy w życiu politycznym swych czasów odgrywali rolę bardzo wybitną, a stosunek własny do niego wypowiedzieli nie tylko w niezwykle interesującej korespondencji, ale również w dziełach literackich. Krzysztof Opaliński (1609--1655), wojewoda poznański i sprawca haniebnej kapitulacji pod Ujściem, oddającej bez wystrzału Wielkopolskę Szwedom, w *Satyrach* (1650), w których dał niezwykle posępny obraz zbiorowego życia polskiego, zaatakował energicznie „opresję chłopską", ucisk ekonomiczny wsi pańszczyźnianej, z tego też stanowiska spoglądał na wojnę kozacką, nie kryjąc wcale sympatii dla jej wodza. Inna sprawa, że pisał swe uwagi w pierwszych stadiach wojny, gdy następstw jej politycznych niepodobna było jeszcze przewidzieć ni ocenić. Łukasz Opaliński (1612 - 1662) znowuż, marszałek wielki koronny, w ciętej satyrze *Coś nowego* (1652), obejmującej mnóstwo zagadnień najrozmaitszych, rozprawił się z późniejszym zdrajcą Hieronimem Radziejowskim, obwiniając go nie tylko o kradzież pieniędzy publicznych, lecz i o spowodowanie klęski piławieckiej i zerwanie sejmu w r. 1652 za sprawą Sicińskiego, który pierwszy wystąpił z „liberum veto". Rzecz znamienna, iż autor, ukryty pod maską satyryka sowiźrzalskiego, potępiał fatalne wydarzenie życia parlamentarnego nie tylko jako statysta zatroskany o dobro państwa, ale również jako magnat, z pogardą spoglądający na obskurnego szlachetkę z głuchej prowincji.

Przykładem innym była twórczość patrycjusza lwowskiego, Józefa Bartłomieja Zimorowicza (1597 - 1677), który u schyłku życia wydał — i to pod imieniem młodo zgasłego brata Szymona — swe *Sielanki nowe ruskie* (1663). Pisarz polsko-łaciński, bardzo płodny, autor satyrycznych obrazków utrzymanych w tonie sowiźrzalskim i kronikarskich relacyj o Lwowie, w *Sielankach* stworzył cykl niezwykle interesujących szkiców z życia chłopa ukraińskiego, opartych na doskonałej znajomości miejscowego folkloru. Jak przystało na sielankopisa, posługiwał się chętnie motywami miłosnymi i przy tej sposobności odsłonił swe barokowo-sarmackie upodobania, łącząc arcyniezgrabnie „ucieszne willaneski" i ich koncepty z nawykami „podolskich skotopasów". Zdolnościami zaś świetnego realisty satyryka zabłysnął w dwu sielankach mechanicznie rozdwojonych,

DAPHNIS
DRZEWEM BOBKOWYM,

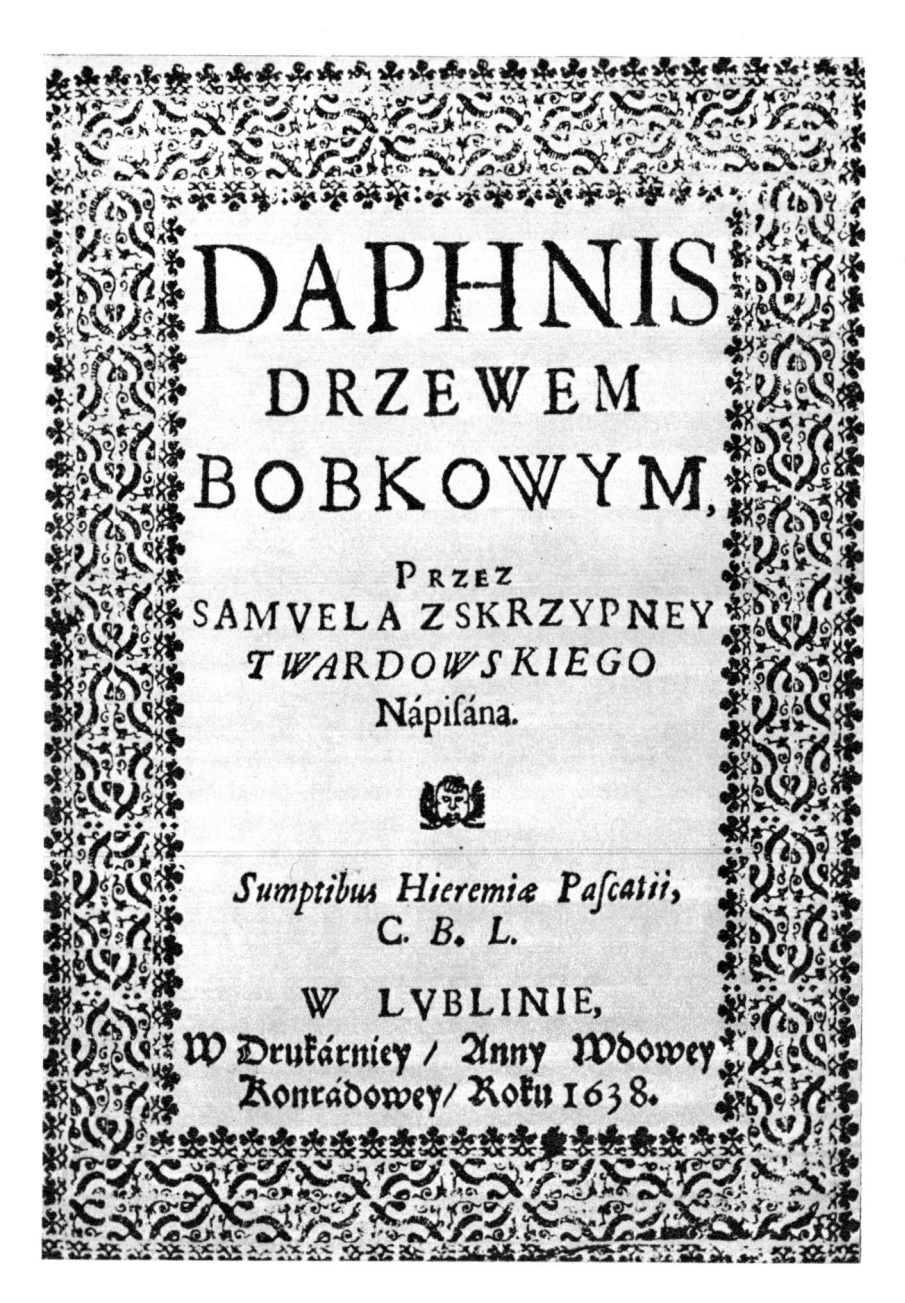

Przez
SAMVELA Z SKRZYPNEY
TWARDOWSKIEGO
Nápiſána.

Sumptibus Hieremiæ Paſcatii,
C. B. L.

W LVBLINIE,
W Drukárniey / Anny Wdowey
Konrádowey / Roku 1638.

Karta tytułowa *Dafnis* Samuela Twardowskiego, wyd. 1638

CHRISTOPHORVS *Comes de Bnin Opalenski Palatinus posnaniensis, regni Poloniæ primi ordinis senator sremensis. Osecensis. Medilesensis Gubernator ad contrahendum nomine Sacræ Regiæ Majestatis Poloniæ et Sueciæ matrimonium. suprema cum potestate in Gallias Legatus.*

Corn. Meyssens sculp. Joan. Meyssens exc. Antverpiæ

Krzysztof Opaliński, miedzioryt Corneliusa Meyssensa

4. Epika historyczna i satyra polityczna

tj. w *Kozaczyźnie* i w *Burdzie ruskiej*. Prawią one o okrucieństwach wojny domowej doświadczonych przez mieszkańców przedmieść i wsi podmiejskich czasu oblężenia Lwowa przez Chmielnickiego. Są to pierwsze i na długie lata jedyne w literaturze polskiej reportaże z przebiegu rewolucji społecznej i religijnej, ukazanej w całej jej grozie, bez żadnych upiększeń i przemilczeń.

Epice historycznej towarzyszyła bogata produkcja na polu poezji, którą można by nazwać fantastyczną, choć właściwiej byłoby mówić o powieści wierszem czy epice powieściowej. Powstawała ona w dokładnie taki sam sposób, jak kroniki; pisarze barokowi przerabiali lub nawet przekładali wierszem nowele, a nawet długie teksty powieściowe, łacińskie czy inne. Tak postąpił autor *Nadobnej Paskwaliny*, Twardowski, tak Wacław Potocki z ogromnym romansem łacińskim J. Barclaya *Argenidą*, tak wielu innych z utworami, które nie zawsze umiemy zidentyfikować.

Chronologicznie na miejsce pierwsze wysuwa się tutaj J a r o s z (Hieronim) M o r s z t y n (ok. 1580 - przed 1623), autor dwu tomików, które w druku ukazały się dopiero w połowie wieku, zapewne w sporo lat po śmierci autora, pod dziwacznymi tytułami jak *Antypasty małżeńskie*, gdzie wyraz pierwszy znaczy przekąskę, tytuł więc głosił, iż miłość to wstęp do małżeństwa. Autor, typowy poeta barokowy, bardzo zresztą nierówny, może tylko dlatego, że nie mamy pewności, czy *Sumariusz*, duży zbiór rękopiśmienny utworów lirycznych, wyszedł w całości spod jego pióra, przerobił czy przełożył, przeważnie wierszem, sześć nowel miłosnych, pochodzenia niewątpliwie włoskiego, z których *Historya ucieszna o zacnej królewnie Banialuce* zdobyła rozgłos największy, utrwalony w przysłowiu „pleść banialuki". Jest to pierwsza w języku polskim bajka fantastyczna o poszukiwaniu utraconej żony. Młody królewicz, poznawszy w lesie zaklętą królewnę, nie spełnia warunku, którym mógłby ją odczarować, traci ją i po długich poszukiwaniach, w których dopomagają mu trzej pustelnicy, trafia do jej zamku, służy jej w przebraniu, daje się poznać i wreszcie poślubia odnalezioną. Skrzydła lekkiej baśni autor obciążył balastem okropnej erudycji geograficznej i zoologicznej, przekształcając ją niemal w traktat. Erudycja ta zresztą budziła podziw przyrodników, folklorystów i nawet historyków literatury, Morsztyn bowiem, wprowadzając gromadę ptaków zwołaną przez pustelnika, by dowiedzieć się od nich, gdzie szukać królewny, wymienił kilkadziesiąt czasowników z języka myśliwskiego stosowanych do głosów ptasich.

Z utworów innych Morsztyna dwa zasługują na uwagę, mianowicie przekład wierszem głośnej noweli Boccaccia o księżniczce Gismondzie, której okrutny ojciec kazał zjeść serce zamordowanego kochanka, i w stopniu jeszcze wyższym przekład najsławniejszej noweli z tego samego *Dekamerona*, kończącej go *Gryzeldy*. Nowelę o cierpliwej księżnie, z pochodzenia dziewczynie wiejskiej, którą mąż wystawił na potworną próbę, bo pozornie odebrał jej dzieci, a ją samą wyrzucił, przekładano u nas już w w. XVI wierszem i prozą z wersji łacińskiej Petrarki. Morsztyn w oparciu o tekst Petrarki, odtworzony w bardzo gładkiej prozie, rzecz całą spolszczył, robiąc z niej *Historię o Przemysławie książęciu oświecimskim i o Cecyliej, małżonki jego, dziwnej stateczności*.

Analogiczną drogę obrał A d a m K o r c z y ń s k i w poemacie o *Złocistej przyjaźnią zdradzie*, opartym na doskonałym opowiadaniu z *Siedmiu mędrców* o rycerzu, który podstępnie wyłudził od łatwowiernego króla jego urodziwą żonę. Wierszopis barokowy stary wątek zlokalizował we Włoszech, rycerza zastąpił paniczem polskim, który podkopem dostaje się do mieszkania młodej żony starego urzędnika i uwozi ją za zgodą oszukanego męża. Bardzo być może, iż Korczyński opracował w swym poemacie jakąś nowelę włoską. Za przypuszczeniem tym przemawiałby motyw dość niezwykły: oto uwodziciel korzysta z pomocy eunucha, sługi zdradzonego Włocha, który w ten sposób mści się na swym panu za to, iż ten kazał go niegdyś wytrzebić.

Galerię wierszowanych powieści w. XVII zamykają dwa dzieła egzotyczne, choć każde z innego względu. Pierwsze to *Gulistan to jest Ogród różany* Saadiego (XIII w.), z perskiego przełożony przez S a m u e l a O t w i n o w s k i e g o, urzędowego dragomana polskiego w Stambule. Nie był to pierwszy wkład orientalistyczny w naszej literaturze, już bowiem w końcu w. XVI pojawiały się w niej pogłosy opowiadań ustnych, były to jednak drobiazgi. Otwinowski natomiast przyswoił dzieło wysokiej wartości, po raz pierwszy udostępnione w języku europejskim. Egzotyk drugi to od dawna i w Europie, i nawet w Polsce zadomowiony romans o Barlaamie i Jozafacie, utwór bardzo niezwykły, bo schrystianizowana biografia Buddy. Rzecz, znana już naszym kaznodziejom średniowiecznym, teraz dopiero, za czasów Sobieskiego, doczekała się przekładu wierszem przez księdza M a t e u s z a I g n a c e g o K u l i g o w s k i e g o (*Królewic indyjski w polski strój przybrany* 1688), autora traktatów moralistycznych i fraszkopisa, który w ten sposób bezwiednie nawiązał do tradycyj średniowiecznych, sekundując innemu księdzu, niegdyś kapelanowi czarnieczczyków, S. Piskorskiemu, który w tych samych latach stary „romans duchowny" przełożył prozą.

Charakter barokowych powieści wierszem wyjaśnia, dlaczego można je nazywać epiką fantastyczną, nawet tam, gdzie nie ma istot fantastycznych, niezwykłość bowiem przygód wkracza w granice cudowności. Że jednak *Banialuka* w zespole tym nie była wyjątkiem, dowodzi druga bajka, o sto z okładem lat od niej późniejsza, *Fabuła o książęciu Adolfie*, młodzieńcu, który w krainie baśni żył poza działaniem czasu i śmierci, gdy zaś wrócił na ziemię, podzielić musiał los śmiertelników. Autorką poematu była poetka czasów saskich, E l ż b i e t a D r u ż b a c k a (ok.1695-1765), autorka kilku ogromnych, nie drukowanych romansów wierszem, prawdopodobnie przerobionych z obcych źródeł. Źródłem *Fabuły* była rzecz literacka Marii d'Aulnoy (*L'Histoire d'Hippolyte, comte de Douglas* 1690), która obok Charles Perraulta, klasyka bajki francuskiej, walnie przyczyniła się do upowszechnienia jej w czasach Ludwika XIV.

Epoka baroku, tak spragniona cudowności, iż szukała jej w świecie baśni, z natury rzeczy żywo interesowała się cudownością oficjalną, poczytywaną nie za produkt wyobraźni, lecz za rzeczywistość, a więc cudownością religijną. Wyrazem jej poetyckim w obrębie epiki stawały się niekiedy poematy o życiu i działalności Chrystusa, oparte przede wszystkim na ewangeliach, wprowadzające jednak również pomysły pochodzenia apokryficznego. W Polsce utwory takie pisywali i duchowni, i świeccy, a więc księża S z y m o n G a w ł o w i c k i (*Jezus Nazareński* 1686) czy W a l e n t y O d y m a l s k i (*Świat naprawiony* 1670), którym patronował Tasso, oraz W a c ł a w P o t o c k i, autor poematu *Nowy zaciąg pod chorągiew starą tryumfującego Jezusa* (1698). W ich ślady szli wierszopisowie czasów saskich, zdobywający się na pomysły tak średniowieczem pachnące, jak wierszowane przekłady całej Biblii. Mniejszym natomiast powodzeniem cieszyły się tematy żywociarskie, choć w czasach Sobieskiego i one znalazły amatora w osobie dominikanina, Tomasza Nargielewicza; poświęcił on im duże dzieło, które druku się nie doczekało i — jak się zdaje — zaginęło bez śladu.

5. TWÓRCZOŚĆ WACŁAWA POTOCKIEGO I TOWARZYSZÓW

Produkcja literacka Polski barokowej miała charakter masowy, ale twórcy i wytwórcy nie była to masa szara i bez wyrazu, w skład jej bowiem wchodzili ludzie bardzo różni, a więc najwyżsi urzędnicy państwowi, do których w czasach saskich przyłączyła się nawet głowa koronowana, Stanisław Leszczyński, przedstawiciele duchowieństwa, szlachta cywilna i wojskowa, wreszcie mieszczanie, zarówno patrycjusze, jak inteligenci-proletariusze, zwani klechami oraz rybałtami. Nad cały ten różnobarwny tłum wzbił się pisarz, którego wielkość zarysowała się dopiero w perspektywie czasu, Wacław Potocki: Wyjątkowo pracowity i płodny, dzieł swych w druku niemal nie oglądał, umierając pozostawił je w rękopisach, których część drobną wydano w w. XVIII, inną, jeszcze drobniejszą, w w. XIX. Dzięki Aleksandrowi Brücknerowi poznali się na nich dopiero czytelnicy w. XX. Dotychczas jednak spuścizna pisarska Potockiego nie doczekała się wydania zbiorowego, które umożliwiłoby zarówno rozwiązanie przeróżnych zagadek, które nastręcza, jak ocenę osiągnięć i zasług pisarza, którego — na podstawie domysłów tylko — poczytujemy za najwybitniejszego poetę barokowego w Polsce.

Wacław Potocki (1621-1696), zamożny ziemianin małopolski z okolic Biecza, był niezwykle ciekawym typem literata wiejskiego, który rzadko wychylał się poza obręb swych ukochanych Bieszczadów, a brak przygód w życiu wojennym i politycznym swych czasów nadrabiał rozczytywaniem się w książkach, które przypadkiem w rękę mu wpadły czy które z odległego Krakowa udało mu się sprowadzić. W tych warunkach do ogromnej ilościowo twórczości doszedł trybem podówczas pospolitym, tzn. przeróżne dzieła łacińskie przerabiał na wiersze polskie, obojętna, czy był to modny romans (*Argenida*), czy diariusz chocimski Jakuba Sobieskiego, czy przysłowia (*Adagia*) Erazma z Rotterdamu, czy okazała kronika rodów szlacheckich, a więc herbarz, czy jeszcze coś innego. Taka metoda pracy nie przeszkadzała mu jednak wykazywać znacznej samodzielności, tym bardziej iż brzmienia przerabianych oryginałów nigdy nie trzymał się niewolniczo, że przekształcał je po swojemu, wplatając w nie pomysły własne, uwagi, refleksje, spostrzeżenia zebrane w ciągu długiego, a niełatwego żywota. Nieszczęścia rodzinne, trudna sytuacja arianina, który pod grozą konfiskaty majątku i banicji przyjął katolicyzm, co zresztą nie uchroniło go od prześladowań, skłonność wreszcie do nieuniknionej w takich warunkach samotności — wszystko to sprawiło, iż Potocki, obejmując wzrokiem szczupłe stosunkowo horyzonty, sięgał za to w głąb obserwowanych zjawisk i w dziełach swych stworzył obraz życia szlacheckiego bardzo na ogół jednolity, choć przeważnie zamknięty w granicach podgórskiego powiatu.

Faktowi, że poeta nie brał udziału z bronią w ręku w wydarzeniach, które na czasy jego przypadły, przypisać można, że odczuwając wielkość wypadków dziejowych szukał jej raczej w przeszłości niż w historii bieżącej. Nie wojny kozacka i szwedzka, lecz o pół wieku wcześniejsza turecka, znana mu z diariusza Jakuba Sobieskiego, przykuła uwagę twórcy *Wojny chocimskiej*. Mimo jednak pewnej odległości, mimo legendy wijącej się wokół postaci zmarłego hetmana Chodkiewicza, nie potrafił Potocki zdobyć się na nic większego od kroniki obozowej, gubiącej się w tysiącach szczegółów i szczególików, pozbawionej nerwu epickiego, tak że w rezultacie

5. Twórczość Wacława Potockiego

stanowi ona nieprzebrane mnóstwo wyrazistych, lecz jako całość monotonnych szkiców z rycerskiej przeszłości. Monotonię tę okupują co prawda energicznie i z widocznym umiłowaniem kreślone portrety wodzów, zwłaszcza „hetmana serdecznego", starego Karola Chodkiewicza, oraz drobne sceny charakterystyczne, całość urozmaicają nadto częste wycieczki publicystyczne pisarza, rzecz jednak zabawna, wycieczki te godzą bardzo często w próżnię. Jedna z najświetniejszych i najbardziej znanych, nacechowana gryzącą ironią i pełna rysów dobrze podpatrzonych, wymierzona jest przeciw zniewieścieniu pokolenia, do którego należał sam autor. Pokolenie to, zdaniem pisarza („samiśmy się w pigmejów postrzygli i karły"), tak dalece zmarniało, że jego przedstawiciele siadać by mogli w strzemionach rycerzy chodkiewiczowskich niby w wygodnych krzesłach. I pomyśleć, że gromy te godzą w pokolenie, które w czasie, gdy Potocki rymy swe układał, pod tym samym Chocimiem na kopytach koni husarskich roznosiło znacznie silniejsze zastępy tureckie, a w dziesięć lat później sławą ataku wiedeńskiego zdumiało całą Europę. Słowem, nad epikiem brał w Potockim górę niejednokrotnie zrzędny moralista.

Ale te właśnie skłonności sprawiły, że autor *Wojny chocimskiej* był wręcz wymarzonym materiałem na satyryka, umiejącego trafnie podchwycić przeróżne ujemne strony swych czasów i znakomicie je odtworzyć, z tym zresztą, że w oświetleniu ludzi i spraw raz po raz stwierdzić wypada znaczną przesadę. Przesadę zresztą naturalną, nieuniknioną u satyryka, równoważoną jednak przez umiejętność podpatrzenia i plastycznego wyrażenia wad w organizacji społecznej czy w organizacji psychicznej u ogółu szlacheckiego czy u składających go jednostek. Ta umiejętność sprawia, że satyryk wobec tego, co w życiu dostrzega, cofa się, chowa za obserwatora, w skupieniu śledzącego, jak to jest i co to znaczy.

Z tych trojakich skłonności Potockiego wyrósł ogromny zbiór rymowanych wierszy i wierszyków pod długim, dziwacznie napuszonym, goniącym za konceptami tytułem: *Ogród ale nieplewiony, bróg ale co snop to inszego zboża, kram rozlicznego gatunku...,* zwany w skróceniu *Ogrodem fraszek*. Nie są to fraszki w rodzaju znanym nam z Kochanowskiego, pisarz bowiem barokowy nie chce i nie umie być zwięzłym, obca mu jest klasyczna prostota. Jakkolwiek tworzy on setki zabawnych epigramów, tam zwłaszcza gdzie chodzi o ulubione dowcipy na temat śmiesznych nazwisk, w całości jednak *Ogrodu* przytłaczającą większość stanowią dłuższe, nieraz nawet bardzo długie opowiadania i opowiadanka, traktaty i traktaciki moralne, obrazy i obrazki z życia codziennego, anegdoty zasłyszane w sąsiedztwie lub wyczytane w księgach, ale bardzo często dostosowane do życia polskiego, tak że robią wrażenie czegoś, co istotnie znane było pisarzowi z bezpośredniego doświadczenia. Dopiero dokładniejsze badania naukowe wskazują, że chodzi tu o rzeczy z dawien dawna znane, choćby z *Facecji polskich*. Podobnie ma się rzecz ze zbiorem drugim, równie okazałym a zatytułowanym *Moralia*, w którym jednak nad obrazkami z życia przeważają roztrząsania teoretyczne, uwagi nad przeróżnymi, z różnych stanowisk oświetlanymi zagadnieniami etycznymi. Uwagi te jednak raz po raz odwołują się do współczesnego pisarzowi życia polityczno-społecznego i piętnują jego zwyrodnienia, a więc przekupstwo na sejmach i sejmikach, zepsucie duchowieństwa, ucisk chłopski i nędzę żołnierską, tak że są głosem protestu przeciwko złu, które nurtowało życie zbiorowe epoki Sobieskiego, i to głosem tak silnym, iż na podobny zdobędą się dopiero poeci romantyczni.

W sumie zbiory te, wzięte jako całość, to olbrzymia księga przeróżnych wiadomości o samym pisarzu i o jego najbliższym otoczeniu, o szlachcie województwa krakowskiego, o życiu polskim za czasów Michała Koryhuta i Sobieskiego. W setkach obrazków (sam *Ogród fraszek* obejmuje około 1800 pozycji) przewijają się bliżsi i dalsi znajomi Potockiego, tak że na podstawie tej lektury ułożyć by można rodzaj herbarza, wymieniającego mnóstwo poza tym nieznanych osobistości. Przygody ich, poważne i niepoważne, w domu i w drodze, na wsi i w mieście, plotki o nich krążące, anegdoty o nich opowiadane, stosunki ich ze wsią, z księdzem plebanem czy z Żydem arendarzem, stanowią nie kończące się pasmo wiadomości i wiadomostek, niekiedy bardzo ciekawych, niekiedy dość monotonnych. Sprawy ważne i błahe przykuwają uwagę pisarza; jakaś wizyta u niezbyt gościnnego sąsiada i spóźniony powrót po niewygodnych drogach górskich ciemną nocą, jakaś pijatyka i rąbanina, jakieś nieudałe polowanie — dostarczają mu materiału do zajmujących nieraz szkiców, kreślonych drobiazgowo, niby karty pamiętnika domatora na wsi, gdzie każda nowostka i nowinka budzą żywe zajęcie. Przyjazd nieoczekiwany kogoś, kto w drodze prosić musiał o gościnność, pojawienie się w opłotkach dworskich niewiadomego włóczęgi, może dezertera, a może rabusia, myszkującego, by bandę opryszków z gór nocą naprowadzić, przybycie kogoś z sejmiku czy sejmu, a cóż dopiero powrót uczestnika dalekiej wyprawy ukraińskiej czy wiedeńskiej — stają się tutaj wielkim wydarzeniem dnia, upamiętnianym wieczorem przy świetle „jarzących" świec na kartach księgi. Dzięki temu właśnie stanowi ona rodzaj encyklopedii życia domowego pod koniec w. XVII i niewyczerpane źródło przeróżnych informacji dla badacza dawnego obyczaju.

Z kart tej księgi wychyla się zarazem poważna i zamyślona twarz

5. Twórczość Wacława Potockiego

samego poety, który umie wprawdzie śmiać się szeroko od ucha do ucha w dobrym towarzystwie, w samotności jednak, zwłaszcza w latach późniejszych, łatwo zapada w ponurą zadumę. W chwilach takich na kartach *Ogrodu fraszek* pojawiają się przejmujące skargi na świat i ludzi, na nietolerancję religijną, na przewrotność, na niedbalstwo wobec wymagań życia zbiorowego i państwowego. Refleksje przybierają wówczas ton elegiczno-satyryczny, jak w satyrze *Śpi świat pijany*:

> *Diabeł na warcie, żeby nikt nie budził, stoi.*
> *Grozi palcem z daleka, psów nawet popoi,*
> *Żeby spali.*

To znów elegia przemienia się w żarliwą modlitwę do sprawiedliwego Boga z prośbą o pomoc w przetrzymaniu przeciwności:

> *Zmiłuj, Panie, nade mną, nim dusze pozbędę,*
> *Daj fortecę Świętemu Duchowi w komendę,*
> *Żeby wszystkie szatańskie wykurzywszy draby*
> *Nowe do serca mego wrót przykuł antaby,*
> *Mnie odział i utwierdził, nad który być spiża*
> *Hartowniejsza nie może, zbroją Twego krzyża.*

Urywek ten ukazuje najistotniejsze właściwości sztuki pisarskiej Potockiego. Cechuje autora *Wojny chocimskiej* niezwykłe bogactwo i rozmaitość języka; z tego stanowiska jeden to z najbardziej interesujących pisarzy dawnej Polski. Język codzienny, szkolny, wojskowy, folwarczny, medyczny, z mnóstwem rzadko gdzie indziej spotykanych wyrazów i bardzo nieraz malowniczych, a prawie zawsze dosadnych zwrotów ma on zawsze i stale na swe usługi. Język to równocześnie doskonale obrazowy, wyrazy układają się w kombinacje nowe i niezwykłe, inna rzecz, że bardzo często w sztuczności swej nadmiernie prozaiczne. Wyobraźnia poety gromadzi tyle podrzędnych szczegółów i szczególików, że pod ich nadmiarem łamią się linie zamierzonego obrazu. W przytoczonym wypadku prośba o opiekę boską w chwili śmierci zmienia się w obraz szatana i jego żołnierzy, wypędzonych z fortecy serca, gdy Duch św. został jej komendantem, utwierdzenie zaś łaski — to zaopatrzenie bramy fortecy-serca nowymi sztabami i odzianie jej czy jej mieszkańca w nową zbroję. Alegoria to niewątpliwie pomysłowa, ale godna raczej rubasznego kaznodziei obozowego aniżeli poety obdarzonego dobrym smakiem. Dziwaczność konceptu potęguje jeszcze bardziej jego ujęcie składniowe. Maniera, którą stosował już Szarzyński, a której źródłem była zawiła składnia łacińska, w poezji nadużywająca inwersji, u Potockiego dochodzi do absurdu; chcąc rozumieć jego zdania, trzeba je wprzód poddać starannej analizie, czyli — co na jedno wyjdzie — przełożyć je na prozę. W omawianym urywku, rozwiązując matecznik szyku przestawnego, otrzymujemy zdanie, w którym logiczną kolejność wyrazów wskazują cyfry: daj (1) Świętemu (2) Duchowi (3) w komendę (4) fortecę (5) żeby (6) wykurzywszy (7) wszystkich (8) szatańskich (9) drabów (10) nowe (11) antaby (12) przykuł (13) do (14) wrót (15) mego (16) serca (17). Liczby te w ujęciu Potockiego idą w takim oto porządku: 1 — 3 — 4 — 5 — 2 — 6 — 9 — 7 — 8 — 10 — 11 — 17 — 16 — 12 — 15 — 14 — 13. Ten przeosobliwy łamaniec sprawia, iż lekka sztuka barokowa przeradza się tu w pomysłową, ale ciężką i niezgrabną sztuczność baroku sarmackiego

Wieloletnia praktyka pisarska sprawiła, iż myśl poety swobodnie biegła po wybojach sztucznego stylu i wydawała dziesiątki, a raczej setki tysięcy wierszy, wypełniających foliały, które w sto lat później staną się ozdobą zbiorów biskupa Załuskiego i innych bibliotek. Spora ich część to nowele i powieści, różne tematyką i pochodzeniem, czerpane bowiem z Liwiusza (*Wirginia*) i z historyków i nowelistów francuskich, dostępnych w tekstach łacińskich. Rozmiarami góruje tutaj ogromna *Argenida* Jana Barclaya, a rywalizuje z nią rozmiarami *Syloret,* przeróbka wierszem *Etiopik* Heliodora, głośnego romansu greckiego, który na łacinę w w. XVI przełożył Stanisław Warszewicki, na język polski zaś Andrzej Zacharzewski. Kolos trzeci z tej serii to rymowany herbarz, *Poczet herbów* (1696), w potężnym foliale z dedykacją dla króla Jana ogłoszony drukiem za życia poety.

Całość tej niezwykle obfitej puścizny literackiej Potockiego uderza jedną cechą zastanawiającą: dysproporcją między rodzajem talentu poety a rozmachem jego pracy. Autor *Ogrodu fraszek* i *Moraliów* był mistrzem form drobnych, krótkich, realistycznych obrazków, wykonywanych z flamandzką precyzją rysunku, zaprawionych komizmem we wszelkich jego przejawach, porywał się zaś na wielkie dzieła epickie, nad których całością nie panował, gubiąc jej perspektywy w nawale szczegółów. W rezultacie więc z perspektywy wieków podziwiamy w nim mistrza, który w tysiącach owych obrazków dał ogromną, panoramiczną wizję życia szlacheckiego w jego najrozmaitszych przejawach; rozjaśniając ją dobrodusznym humorem, to znów mrocząc sarkazmem satyryka. Nad swymi rówieśnikami górował nie tylko pracowitością i umiejętnością obserwacji, ale również rozległością horyzontów umysłowych, zdobytą zarówno rozległą lekturą, jak i gorzkimi doświadczeniami. Wychowany w ideologii ariańskiej, za jej pośrednictwem nawiązywał do tradycji renesansowych, równocześnie zaś wybiegał przed swe posępne czasy poglądami, które

5. Twórczość Wacława Potockiego

dopiero w wiele lat po jego zgonie miały począć zdobywać sobie uznanie w pismach głosicieli Oświecenia. Splot wszystkich tych czynników sprawia, iż postać Wacława Potockiego rysuje się na tle baroku polskiego bardzo wyraziście i odrębnie i domaga się miejsca osobnego i szczytowego. Był on typowym przedstawicielem baroku sarmackiego, ale bez jego fanatyzmu i jego tępoty umysłowej.

Charakter sarmacki posiada również twórczość poetycka zaprzyjaźnionego z Potockim liryka **Wespazjana Kochowskiego** (1633-1700). Poeta ten, spędziwszy lata młode na wojnie, osiadł po pokoju oliwskim na wsi w rodzinnej Sandomierszczyźnie, z której rzadko się wychylał czy to do Krakowa, gdzie ciągnęły go dobre stosunki z królem Janem, który Kochowskiego mianował urzędowym historykiem i z tego tytułu do udziału w wyprawie wiedeńskiej nakłonił, czy na sejmy i sejmiki, podczas których historyk obserwował wydarzenia bieżące. Rezultatem tej pracy były okazałe, w trzech tomach wydane łacińskie *Annales*, czyli kronika polska, obejmująca wydarzenia znane nam z *Trylogii* Sienkiewicza, tj. czasy Jana Kazimierza, i w nie ogłoszonym już drukiem tomie czwartym czasy króla Michała. *Trylogię* należało tutaj wspomnieć, opowiadanie bowiem Kochowskiego, bardzo malownicze, nie pozbawione zupełnie wyraźnych akcentów poetyckich, było Sienkiewiczowi doskonale znane i dostarczyło mu mnóstwa charakterystycznych wiadomości, wyzyskanych przez niego dla odmalowania epoki *Ogniem i mieczem* oraz *Potopu*. *Annales* (roczniki) Kochowskiego nazywa się zwykle „Klimakterami", na klimaktery bowiem, czyli okresy siedmioletnie, podzielił on ich całość, wierząc przesądnie w tajemniczą wagę liczby siedem i przyjmując, że co siedem lat jakieś przełomowe a fatalne wydarzenie decydowało o biegu wypadków.

Z zainteresowań pisarza, odbitych w dziełach jego historycznych, wyrosła również jego twórczość poetycka, nawiązująca z jednej strony do Kochanowskiego, którego wielbicielem był przez całe życie, z drugiej zaś do wydarzeń, które przeżyć mu wypadło. Pisywał więc Kochowski nieudolne poematy religijne, opracowując w nich nabożeństwa różańcowe czy pasyjne; tematy religijne przewijają się również w zbiorze jego poezyj pod wyszukanym, paradoksalnym tytułem *Niepróżnujące próżnowanie* czyli *Liryka i epigramata polskie* (1674). W pieśniach religijnych, uświetniających miejsca święte i świętych Pańskich, zwłaszcza Matkę Boską, uderza korna wiara człowieka, który w religii znajdował uzasadnienie spraw nie poddających się uzasadnieniu rozumowemu zarówno w życiu osobistym, jak i zbiorowym. Zwłaszcza klęski wojenne, przeplatane głośnymi zwycięstwami, nabierały w jego oczach sensu dzięki zastosowaniu do życia politycznego katechizmowej zasady, głoszącej, że Bóg karze występki, a nagradza cnoty. Punkt wyjścia stanowiła tu dla poety wiara, zadokumentowana głośnymi ślubami Jana Kazimierza, że Bóg specjalną opieką otacza Polskę. Wyrazem tej wiary stała się piękna pieśń, w której konający na Golgocie Zbawiciel błogosławi dalekiej, nieznanej krainie na północy, oparta na motywie, który po wiekach podejmie nasza poezja romantyczna, gdy Słowacki stworzy prześliczny obrazek Jezusika, dotykającego korony polskiej, a Norwid poemacik dramatyczny poprzedzi cytatem z tej właśnie pieśni Kochowskiego.

Samo zaś życie polityczne, pełne szczęku oręża, wydało w zbiorze Kochowskiego sporą grupę pieśni, które śpiewami historycznymi nazwać by można, ukazują się bowiem w nich sylwetki wodzów, pod którymi poeta służył (zwłaszcza Czarnieckiego), oraz wydarzenia, w których czy to sam brał czynny udział, czy te, które głośnym echem odbiły się w szeregach wojskowych, jak klęska pod Batohem, gdzie poległ kwiat młodzieży rycerskiej.

Jak przystało wreszcie na dzieło wielbiciela poety czarnoleskiego, *Nieprzóżnujące próżnowanie* oraz dodane do liryków *Fraszki*, krótkie, zwięzłe i zazwyczaj dowcipne, zawierają mnóstwo obrazków z bieżącego życia wiejskiego, miłosnych, refleksyjnych i satyrycznych, pochwał beztroskiej pracy ziemianina czy wycieczek przeciwko zdrożnościom ówczesnego społeczeństwa.

Te same motywy, poddane jednak bardzo niezwykłej zasadzie kompozycyjnej, ujmującej je w jednolitą całość, najpełniejszy wyraz otrzymały w majestatycznej *Psalmodii polskiej* (1695), napisanej w dziesięciolecie bitwy wiedeńskiej. Pisarz, który w katechizmie znajdował klucz do rozumienia historii, dawny żołnierz, który odczuwał doniosłość przeżywanych wydarzeń, gdy czas zatarł wspomnienia ujemnych stron kampanii tureckiej, w jej wodzu, królu Janie, ujrzał wybrańca Pańskiego, człowieka powołanego do wielkiej roli, częściowo dopiero odegranej pod Wiedniem, roli wyzwoliciela Europy spod jarzma tureckiego. Dzięki takiemu spojrzeniu sam król urósł do wymiarów bohatera biblijnego, jego czyny zaś rozbłysły wielkością spraw wiecznych. Taką oto wizję niedawnej przeszłości odział Kochowski w formę niezwykle melodyjnej, aż do przeładowania bogatej, rytmicznej prozy biblijnej. Dzięki wyborowi tej szaty zniknęły ziemskie kontury wypadku historycznego, cała sprawa wiedeńska przeniosła się w dziedzinę, w której zaciera się granica między rzeczywistością i cudem, gdzie Bóg przemawia bezpośrednio do człowieka, gdzie cała natura wchodzi w życie ludzkie jako żywy uczestnik.

5. Twórczość Wacława Potockiego

„Stała się pomoc sąmsiedzka utwierdzeniem tronu zachodniego, a szabla ratujących Sarmatów odwetowaniem państw winorodnej Pannoniej.
Morze Czarne, ze zwycięstwem powracających widząc, zaburzyło się, a Dunaj jako szalony siedmią gąb wpadał do Euksynu gwałtownie.
Przyległe góry z niezwykłej uczynności skakały radosne, a pagórki winogradów jako jagnięta młode".

Ten podniosły styl biblijny, dzięki któremu Sobieski przerodził się w jakiegoś św. Jerzego, pogromcę straszliwego smoka, nie wyklucza jednak konceptów w guście sarmackiego baroku. Przyroda, wedle wyobrażeń poety, tworzy teatralne kulisy widowiska, w rodzaju tych, w których lubowała się epoka, wznosząc z desek piramidy, łuki i wieże ku uświetnieniu uroczystości państwowych:

„Układa się w ostrokończastą Krępak piramidę, na której by wiecznotrwałym stylem odrysowano sławne imię niezwyciężonego monarchy, Jana Trzeciego".

W ten sposób nawet w natchnionym dziele sztuki przebija się przecież upodobanie w sztuczności; konieczność posługiwania się konceptem nakazuje pisarzowi wrażenia z przemarszu przez przełęcze karpackie ująć w postaci pomysłu obliczonego na zadziwienie czytelnika swą niezwykłością.

Niejednokrotnie przecież surowa prawda brała górę nad sztucznym konwenansem, choć zdarzało się to rzadko. Jednym z niewielu znamiennych przykładów jest twórczość **Zbigniewa Morsztyna** (ok. 1628 - 1689), autora zbioru wierszy *Muza domowa* (1652 - 1683, wyd. 1954), zaufanego dworzanina Radziwiłłów, poczytywanego za autora zgrabnego i wysoce pochlebnego życiorysu księcia Bogusława, któremu przez lat wiele służył. Czasu najazdu szwedzkiego Morsztyn przebył oblężenie Krakowa i dolę żołnierską, głód, biedę, choroby przejmująco opisał, z pełną świadomością, iż rzeczywistość służby wojskowej wygląda całkiem inaczej w życiu, a inaczej w ujęciu literackim. Już sama jednak odległość jego relacji od triumfalnego tonu *Psalmodii polskiej*, której autor brał przecież udział w potrzebie wiedeńskiej i był świadkiem jej części drugiej, rozegranej na Węgrzech, wskazuje, jak bogata była skala środków artystycznych, którymi posługiwała się poezja barokowa.

6. PROZA MORALISTYCZNA I POWIEŚCIOWA

Produkcja literacka stulecia wojen dwa miała oblicza. Pierwsze z nich, historyczne, znalazło bogaty wyraz w epice historycznej, opartej — jak się wskazało — na kronikach wydarzeń bieżących, wojen z sąsiadami. Wojnom tym jednak towarzyszyły potężne wstrząsy wewnętrzne, wojny domowe, związane z faktem, iż egzekucja praw z w. XVI, a więc wieloletni proces reform polityczno-społecznych, przeżyła się i ustępować musiała naciskowi nowych stosunków zarówno ogólnoeuropejskich, jak i specyficznie polskich. Wiek XVII był epoką rosnącego absolutyzmu, zarówno bowiem we Francji, jak w Niemczech, jak w Rosji po dłuższych lub krótszych okresach zamętu i anarchii rządy takiego Ludwika XIV, Fryderyka Wielkiego czy Piotra Wielkiego, stanowiły wynik długich procesów krystalizowania się władzy monarchicznej. Tendencje te oddziaływały również na Rzeczpospolitą szlachecką, której wszyscy niemal panujący, od Zygmunta III poczynając, usiłowali wzmocnić władzę królewską i wszyscy przegrywali. Przywódcy mas szlacheckich, magnaci, jak Mikołaj Zebrzydowski za rządów Zygmunta III lub Jerzy Lubomirski za Jana Kazimierza, doprowadzali do zbrojnych rokoszów, nad którymi królowie odnosili wprawdzie zwycięstwa, lecz były to zwycięstwa Pyrrusowe. Za Sobieskiego do rokoszu otwartego nie doszło, ale w zatargu z magnaterią król został pokonany. A nie lepiej ułożyły się losy Stanisława Leszczyńskiego czasu wojny północnej.

Wszystkie te wydarzenia wywoływały istną powódź ulotek, broszur wierszem i prozą, atakujących politykę króla, piętnujących jego doradców, przedstawiających żałosne wyniki ich poczynań. Typowym przykładem tej literatury mogą być pospolite skargi na nadużycia żołnierskie związane z tzw. stacjami. Po ukończonych kampaniach wojska domagały się wypłaty zaległego żołdu, którego pusty skarb uregulować nie mógł. Do czasu załatwienia tych spraw oddziały stacjonowały w królewszczyznach, majątkach państwowych, a przy sposobności grabiły sąsiednie majątki duchowne i szlacheckie.

Literatura polityczna poruszała niekiedy zagadnienia religijne czy raczej polityczno-kościelne i na tym tle dwie sprawy zarysowały się szczególnie ostro, jezuicka i ariańska.

Rokosz Zebrzydowskiego tedy skierowany był nie tylko przeciw królowi Zygmuntowi III, ale również przeciw jego jezuickiemu otoczeniu, zwłaszcza przeciwko Piotrowi Skardze, który już dawniej, w *Kazaniach sejmowych*, ostrożnie głosił konieczność silnej władzy królewskiej. W bogatej publicystyce rokoszańskiej rozległy się głosy domagające się wypędzenia z Polski jezuitów. W obronie zaatakowanych stanął kanonik sandomierski, K a s p e r C i c h o c k i (1545 - 1616),

6. Proza moralistyczna i powieściowa

który w pakownej księdze łacińskiej nazwanej *Rozmowami w Osieku* (*Alloquiorum Osiecensium... libri V* 1615) dał znamienną apologię kontrreformacji, miotając gromy na samą reformację, jej rzeczników i jej zwolenników. Wśród pierwszych znalazł się Erazm z Rotterdamu, wśród drugich awansowany na Antychrysta król angielski Jakub I. Obrażony król wysłał do Warszawy posła domagającego się ukarania zuchwałego napastnika, który na szczęście umarł w porę, czym ułatwił umorzenie kłopotliwego zatargu dyplomatycznego.

Analogiczny zatarg wybuchnął w dziesięć lat później w Krakowie, sięgnął Rzymu i trwał przez dziesięciolecie następne, aż do śmierci bigota w koronie, Zygmunta III. Oto jezuici już od końca w. XVI usiłowali opanować Uniwersytet Jagielloński, który bronił się energicznie przeciw tym zakusom. Jego wybitny przedstawiciel, **Jan Brożek** (Broscius) (1585 - 1652), znakomity matematyk i astronom, zwolennik Kopernika, ogłosił w r. 1625 anonimowo rozprawę *Gratis*, wymierzoną nie tylko przeciw owym zabiegom krakowskim, ale przeciw całej polityce Towarzystwa Jezusowego, a napisaną ze stanowiska nie protestanckiego, lecz katolickiego. Druk trzech dialogów, czwarty bowiem musiał czekać na ogłoszenie aż trzy wieki, wywołał nie byle awanturę, bo rozruchy studenckie, ukaranie pręgierzem i wyświeceniem drukarza, domaganie się kary dla autora, którego pomna rokoszu szlachta krakowska wzięła w obronę, a wreszcie układy z kurią papieską, zakończone dopiero przez Władysława IV, który po wstąpieniu na tron utrącił projekty jezuickie i wystąpił w obronie Uniwersytetu. Książka Brożka, którą przesadnie zestawiano u nas z *Prowincjałkami* Pascala, choć to tylko doniosły dokument, a nie dzieło sztuki, ma swe znaczenie jako znamienny epizod postępowej myśli polskiej w walce z kontrreformacyjnym obskurantyzmem.

Akcję Brożka prowadził dalej jego uczeń, **Szymon Starowolski** (1588 - 1656), kanonik krakowski, którego pamięć utrwaliło piękne podanie z czasów najazdu szwedzkiego. Gdy Karol Gustaw, oprowadzany przez Starowolskiego po katedrze na Wawelu, zrobił złośliwą aluzję do ucieczki Jana Kazimierza, stary kanonik odparł spokojnie: „Deus mirabilis, Fortuna variabilis!" Starowolski, pracowity kompilator, dostawca kilkudziesięciu podręczników z najrozmaitszych dziedzin, pisanych przeważnie po łacinie, był człowiekiem na sprawy kraju bardzo wrażliwym i swemu przywiązaniu do kultury rodzimej dawał wyraz w dziełkach i dziełach takich, jak *Setnik pisarzów polskich* (*Scriptorum Polonicorum Hekatontas* 1625), katalogu czy słowniku poetów i uczonych, po których poszły analogiczne wiadomości o mówcach, tj. politykach, oraz wojownikach polskich. Rzeczy te, podobnie jak traktaty *Polonia* (1632) i *Wystąpienie przeciw* *oszczercom Polski (Declamatio contra obtrectatores Poloniae,* 1631) przeznaczone dla czytelnika obcego, były narzędziem uczciwej informacji i propagandy. Czytelnikowi własnemu Starowolski dawał utwory takie, jak *Pochwała Akademii Krakowskiej* (1638), nawiązująca do działalności Brożka, oraz okazały tom *Pomników Polski (Monumenta Sarmatarum* 1655), zbiór napisów grobowych, zebranych po kościołach i zamkach, bezcenne źródło starożytnicze.

Czytelnik otrzymywał nadto mnóstwo pism polskich Starowolskiego, kazań i traktatów politycznych, które autor tworzył torem poprzedników renesansowych, m. in. Skargi, gdy w *Prawym rycerzu* (1648) i w *Reformacji obyczajów polskich* (ok. 1650) energicznie atakował znane przywary ówczesnego życia zbiorowego — w szczególności zaś ucisk chłopów i upośledzenie mieszczan — nie szczędząc bardzo ostrych uwag wymierzonych przeciw szlachcie i magnatom.

Uwagi takie wychodziły również spod pióra przedstawicieli samego możnowładztwa polskiego, jak dowodzą omówione tutaj satyry braci Opalińskich. Nie byli oni osamotnieni, wtórowali im bowiem inni wysocy dostojnicy państwowi, jak Stanisław Herakliusz Lubomirski, syn rokoszanina i marszałek wielki koronny za czasów Sobieskiego. W gronie tym zaś wyróżnia się A n d r z e j M a k s y m i l i a n F r e d r o (ok.1620-1679), jedna z najbardziej zagadkowych, mało znanych postaci tej epoki. Kasztelan i wojewoda, dyplomata i polityk, nawet wojownik, w życiu publicznym swych czasów roli wybitnej nie odegrał, choć w wielu głośnych wydarzeniach brał czynny udział. Mimo tych zajęć znajdował dość czasu na prace literackie, łacińskie, historyczne i moralistyczne, które zresztą, po okresie znacznego nieraz powodzenia, z czasem poszły w niepamięć. Tak było z *Monita politico-moralia et Icon ingeniorum* (1664), dziełem, które do końca w. XVII miało kilkanaście wydań i doczekało się przekładów na francuski i niemiecki. Był to zbiór uwag i aforyzmów, zaspokajający te same potrzeby epoki, które doszły dwa lata wcześniej do głosu w *Maksymach* La Rochefoucaulda we Francji. Duże doświadczenie człowieka skłonnego do refleksji nad sprawami, które obserwował w różnych środowiskach ludzkich i wyniki jej usiłował ująć lapidarnie ku pożytkowi pokoleń, dostarczyło treści obydwu myślicielom, Francuzowi i Polakowi. Polak jednak daleko więcej uwagi poświęcał życiu publicznemu i jego sprawom niż rówieśnik jego francuski, co może wiązało się z okolicznością, iż w dziele łacińskim powtórzył on niejedno spostrzeżenie, które wcześniej sformułował w swym dziele polskim, noszącym tytuł *Przysłowia mów potocznych, obyczajowe, radne, wojenne* (1658), a bardzo popularnym, bo wznawianym dziesięciokrotnie.

Punktem wyjścia były dla niego przysłowia czy — co na jedno

6. Proza moralistyczna i powieściowa

wychodzi — przypowieści pospolite, zbierane przez poprzedników takich, jak Rysiński czy Cnapius; cytował je niejednokrotnie, zaopatrując je uwagami od siebie, przede wszystkim jednak nacisk kładł na spostrzeżenia własne, odpowiednio uogólnione i ujęte w sposób zwięzły a wyrazisty. W ich zaś obrębie dużo miejsca wyznaczał sprawom życia zbiorowego, i to życia polskiego. To, co jego poprzednicy, moraliści dawniejsi, wykładali systematycznie w dużych rozprawach, w ujęciu Fredry rozpryskiwało się na setki wypowiedzi krótkich, zwartych, łatwych do zapamiętania. W aforyzmach Fredry pobrzmiewają nieraz akcenty pełne goryczy, tam zwłaszcza, gdzie mówiono o stosunkach polskich. Wtajemniczony w arkana polityczne, w intrygi dworskie i sejmowe, z niedowierzaniem spogląda na „nowinki" obce i tworzy mit, Kochanowskiemu już znany, o doskonałości dawnych obyczajów. „Nowi Polacy, cudzoziemskie smakując rady, domowe sobie zmierzili porządki, nowych nie dokazują, a stare zatracą; nie poratuje Polski — tylko stary geniuszem Polak". To stanowisko każe mu wystąpić przeciwko przysłowiowej formule o nierządzie polskim, przy czym cytuje ją w zagadkowej postaci, wskazującej może na obce jej pochodzenie: „Kto mówi «Nierządem Polska stoi», sam ma nierząd w głowie. Jedź do Rzymu, nam zostaw wioski i przysłowie". Niechęć do cudzoziemczyzny nie była jednak u Fredry wynikiem ciasnoty umysłowej, jak dowodzi jego dzieło *Militarium seu axiomatum belli ad harmoniam togae accommodatorum libri* (1668), wykład zasad ustroju państwa nowoczesnego o gospodarce merkantylistycznej, głoszących konieczność interwencji państwa w stosunkach ekonomicznych i administracyjnych, opieki nad komunikacją, handlem, rzemiosłem, szkolnictwem.

Rzecz jednak znamienna, iż ten wysoki urzędnik państwowy i człowiek o głowie otwartej był w pewnych dziedzinach obskurantem, zdumiewająco naiwnym synem swego wieku. Żałosnym dokumentem tej sprawy jest jego ostatnie dzieło, napisane w r. 1676, a wydane dopiero w pięćdziesiątą rocznicę jego śmierci, gruby kwartant pt. *Vir consilii* (1730). Tytuł ten nie znaczy „pana rady", a więc senatora, lecz posła sejmowego, samo zaś dzieło jest podręcznikiem wymowy, sprowadzonej do umiejętności preparowania panegiryków w napuszonym stylu baroku sarmackiego. Jak zaś sam autor żałosną tę elukubrację sobie cenił, dowodzi okoliczność, iż w r. 1673 rękopis jej przesłał do Akademii Krakowskiej, która jednak na wydrukowanie się nie zdobyła, a w trzy lata później drugi egzemplarz ofiarował Sobieskiemu, który na ten podarek imieninowy odpowiedział listem odręcznym, naszpikowanym potwornymi makaronizmami. Ale właśnie dlatego A. M. Fredro jest bardzo, może nawet najbardziej typowym reprezentantem baroku polskiego, człowiekiem i pisarzem, który prosi się o monografię.

Prozie moralistycznej towarzyszyła w w. XVII nie mniej obfita produkcja powieściowa, nie zawsze zresztą ujmowana prozą. Rzecz to zrozumiała, gdy się zważy dwie okoliczności. Pierwsza to fakt, iż w. XVII był wiekiem jeśli nie narodzin, to bogatego rozkwitu powieści nowoczesnej, obejmującej romanse pastoralne, pseudohistoryczne, z pierwszymi próbami romansu psychologicznego, uprawiane we Francji i Włoszech, skąd docierały do Europy środkowej. Druga — to tradycja odziedziczona po w. XVI, a sprawiająca, iż teksty prozaiczne przekuwano na wiersze oraz że równocześnie pojawiły się przekłady tych samych powieści w prozie i wierszu. Potocki, autor *Argenidy* i *Syloreta*, ilustruje metodę pierwszą, jako przykład drugiej wskazać można praktyki choćby czasów saskich. Wtedy to głośną *Dianeę* (1627) Giana Francesca Loredana przełożono dwukrotnie prozą i dwukrotnie wierszem; powieść Marii d'Aulnoy przetłumaczył prozą J. J. N. Raczyński, część zaś tego przekładu przewierszowała, jak już wspomnieliśmy, Elżbieta Drużbacka.

Nowości pochodzenia romańskiego, chciwie czytywane na dworze Ludwiki Marii i Marii Kazimiery i w środowiskach magnackich, od połowy w. XVII znajdowały tłumaczy, najpierw wśród mężczyzn, w epoce saskiej zaś również wśród kobiet. Do pierwszych należał K r z y s z t o f P i e k a r s k i, który w r. 1651 przełożył powieść Loredana *Adam*, w rok później zaś jako powieść przyswoił teksty Andreiniego, w oryginale należące do commedia dell'arte (*Bohatyr straszny*). Z powieści włoskich największy rozgłos zdobył *Koloander Leonildzie wierny*, romans G. A. Mariniego, wznawiany parę razy w w. XVIII i z biegiem czasu ośmieszony na równi z *Banialuką*. Na tle tych poczynań wyrosło zjawisko bardzo osobliwe — cała grupa wierszowanych powieści Elżbiety Drużbackiej, poetki czasów saskich, posługującej się metodą Potockiego, tj. zawzięcie rymującej duże, dotąd nie zidentyfikowane romanse obce.

Podobnie było w dziedzinie noweli, której spore zbiory zachowały się w rękopisach, przeważnie anonimowych lub tak zakonspirowanych, iż ustalenie ich autorstwa jest niewykonalne.

7. DRAMATURGIA BAROKOWA

Dramaturgia barokowa, która już na początku w. XVII przedstawiała się okazale, w dziesięcioleciach późniejszych rozwijała się nadal trwale, choć losów jej w szczegółach odtworzyć nie umiemy. Rozwój ten związany był bardzo ściśle z owoczesnym życiem teatralnym,

ILLUSTRISSIMUS DOMINUS DNS. LUCAS COMES DE BNIN OPALINSKI MARESCALCUS RUBIESSOVIENSIS ETC. ETC. PRÆFECTUS

Łukasz Opaliński, miedzioryt Jeremiasza Falcka, 1653

MERKVRIVSZ
POLSKI,
Dźieie wszytkiego świátá w sobie zámykáiący
dla Informácyey pospolitey.

W Krákowie 3. Ianuarij 1661.

Ten iest, że ták rzeke, iedyny porarm do-
wćipu ludzkiego, vmieć y wiedźieć iák
naywiecey: tym się karmi, tym się ćie-
ssy, tym się kontentuie. Miedzy wiá-
domośćiámi záś rzeczy rożnych, záraz
po Bogu, naypierwsze mieysce ma, y
naypotrzebnieysza człowiekowi, *cogni-
tio rerum, & actionum humanarum,* kto-
ra naytáćniey podawa Historya, iáko
mater prudentiæ, & magistra vitæ. Tá
przykłádámi y doświádczeniem vczy, przestrzega, napomina, stro-
fuie, y vmietność spraw ludzkich y postępkow czyni. Lecz Historya stárych nazbyt y niepámiętnych wiekow nie iest do tego ták
skuteczna, iáko tych, ktore nam są bliższe. Insze bowiem czásy,
co raz insze niosą obyćáie; *& experientia non aquiritur,* tylko *ex
similitudine temporum & morum.*

Ztądźie nie nagániono podobno, lubo nowa dotąd Polszcze rzecz
przed sie biorę, gdym vmyślił, wieku teráźnieyszego wiádomośći
przykłádem obcych národow, co tydźień do druku podáwáć, y ile

---

Najstarsza gazeta w języku polskim, wyd. w r. 1661 w Krakowie, a następnie w Warszawie, założona z inicjatywy dworu królewskiego przy współudziale Łukasza Opalińskiego: nr ze stycznia 1661

7. Dramaturgia barokowa

do którego materiałów mamy wprawdzie dużo, są one jednak zbyt ułamkowe, by na ich podstawie można było odtworzyć jako tako pełny obraz całości. Należą do nich m. in. programy teatralne, które miały funkcję nie znanego podówczas afisza, podawały bowiem tytuł i treść granej sztuki, samych jednak sztuk zachowało się niewiele, częściowo w drukach, częściowo w kodeksach rękopiśmiennych, których sporo zaginęło w r. 1944, w zniszczonych zbiorach Biblioteki Narodowej w Warszawie.

Życie zaś teatralne miało kilka ośrodków o różnej trwałości, poczynając od dworu królewskiego po rozmaite widowiska jednorazowe i przygodne. Opera włoska Władysława IV, jakieś poczynania za czasów Jana Kazimierza, teatr nadworny Sobieskiego śladów pozostawiły dużo, tekstów zaś literackich bardzo mało, bo zaledwie *Wybawienie Ruggiera z wyspy Alcyny* w zgrabnym przekładzie S. S. Jagodyńskiego (1628), *Cyda* w przekładzie J. A. Morsztyna i *Wiernego pasterza* Guariniego w przekładzie zapewne Jerzego Lubomirskiego oraz *Amintę* Tassa w przekładzie tegoż Morsztyna i *Andromachę* Racine'a, przełożoną przez Stanisława Morsztyna. Z komedyj S. H. Lubomirskiego i innych wnosić wolno o istnieniu teatru magnackiego, którego działalność wystąpi wyraźnie dopiero w czasach saskich. Teksty utworów związanych z Sieradzem czy Kamionką Strumiłową dowodzą, iż na głuchej prowincji w karnawale czy podczas odpustów i jarmarków odbywały się widowiska. Kodeksy wreszcie pochodzenia zakonnego mówią dużo o scenach szkolnych z jezuicką na miejscu naczelnym, którymi klasztory reklamowały się świeckim dobrodziejom.

Cały repertuar barokowy, obecnie dopiero udostępniany w druku, rozpada się na kilka grup różnego pochodzenia i wartości. Pierwszą, najmniej liczną, stanowią wybitne utwory pochodzenia romańskiego, włoskiego i francuskiego, dzieła Tassa i Guariniego, Corneille'a i Racine'a, świadczące o szlachetnych ambicjach przedstawicieli kultury dworskiej, usiłujących nawiązywać kontakty z wielką dramaturgią Zachodu. Rysem uderzającym jest tu upodobanie w dramacie pastoralnym, którego miłośnikami są nie tylko Morsztyn i Jerzy Lubomirski, ale również syn ostatniego, Stanisław Herakliusz, autor pełnej wdzięku komedii *Ermida, albo królowa pasterska*, której źródeł nie znamy. Być może, iż przygody wytwornej panny, łudzącej się, że w środowisku pasterskim kwitną cnoty nie spotykane w kulturze dworskiej, zrodziły się w wyobraźni dramaturga polskiego, ale gdyby nawet przypuszczenie to okazało się słuszne, należałoby pamiętać, iż wyobraźnię tę syciły pomysły komedii włoskiej. Dowodzą tego inne utwory St. H. Lubomirskiego, utrzymane najdokładniej w stylu commedia dell'arte, a więc sztuk włoskich, operujących stałymi schematami sytuacyjnymi i stałymi postaciami-typami, rozgrywające się nadto nie w Polsce, lecz we Włoszech czy Hiszpanii. W utworach swych Lubomirski jednak nie ograniczył się do kopiowania pomysłów wyłącznie obcych, swych bowiem sprytnych służących i wesołków wyposażył konceptami sowiźrzalskimi i przede wszystkim obdarował ich językiem sowiźrzałów polskich. W ten sposób arlekinady włoskie nabrały charakteru rodzimego w takim samym stopniu, jak kawały *Bohatyra strasznego* w przekładzie Krzysztofa Piekarskiego.

Ten niezwykły zabieg Lubomirskiego dowodzi pośrednio, jak dużym i powszechnym powodzeniem cieszyło się potomstwo *Albertusa*, komedia sowiźrzalska czy rybałtowska. On sam wystąpił w humoresce *Albertus rotmistrz* (1640), która niestety zaginęła, ale do rodziny jego zaliczyć można komedyjkę karnawałową *Z chłopa król* (1637), dzieło nie znanego skądinąd P i o t r a B a r y k i. Zagadkowy autor wyzyskał tu słynny wątek komiczny, wiązany z przygodami François Villona, a wsławiony przez Szekspirowskie *Poskromienie złośnicy*, u nas spopularyzowany przez *Facecje polskie* humoreską *O pijanicy, co cesarzem był*. Znudzeni życiem garnizonowym żołnierze znajdują rozrywkę mięsopustną: pijanego do utraty przytomności sołtysa przebierają za króla, składają mu hołdy, upijają ponownie i cieszą się z wyrządzonej mu psoty. Koncept, który w dwieście lat później odżyje w *Panu Jowialskim* i *Balladynie*, Baryka opracował w sposób wręcz znakomity, robiąc z niego przezabawną farsę, wypełnioną mnóstwem szczegółów ujętych realistycznie, tak dalece, iż jego utwór poczytać by można za odbicie wydarzenia rzeczywistego, nie zaś za produkt tradycji literackiej. Całość urozmaicił intermediami, doskonale zrobionymi i dostosowanymi do jej charakteru, ponieważ poszerzają one obraz życia żołnierskiego szczegółami nowymi, a niewątpliwie wziętymi z rzeczywistości.

Baryka był jednak wyjątkiem, jego bowiem rówieśnicy zdobyli się tylko na intermedia, realistyczne obrazki życia codziennego, tryskające niekiedy dowcipem, ale drobne i rozmiarem, i problematyką, i artyzmem. To i owo z nich ukazywało się drukiem, większość zachowała się w rękopisach. Z rzeczy drukowanych wymienić warto dwie przynajmniej, obie oparte na pomysłach facecyjnych. Tak więc *Komedya o Wawrzku* (1612) to humoreska o głupawym chłopie, który wioząc na sprzedaż drwa do miasta zabiera z sobą nierozgarniętego syna, oddaje go w ręce „kałamarzowi" (bakałarzowi) i żąda, by małomiasteczkowy pedagog w przeciągu kilku godzin wykształcił drągala. Nieobeznany z dyscypliną szkolną gamoń dostaje parę razy w skórę — i na tym polega dowcip intermedium. Intermedium drugie ukazało się w r. 1640 jako utwór osobny pt. *Lament chłopski na pany*. Treścią jego są skargi na różne postaci ucisku pańszczyźnianego, przede wszystkim zaś średniowieczna przypowieść o „nierównych

7. Dramaturgia barokowa

dzieciach Ewy". Matka rodu ludzkiego, zawstydzona swą nadmierną płodnością, część synów przedstawiła Bogu, który ich pobłogosławił, część zaś ukryła w brudnym zakamarku. Pobłogosławieni dali początek klasom uprzywilejowanym, pozbawieni błogosławieństwa — klasom upośledzonym. Starą przypowieść ożywił, jak się okaże, teatr jezuicki.

Intermedia przypomniały i upowszechniły mnóstwo kawałów z popularnej humorystyki średniowiecznej, ponadto zaś ustaliły spory zasób typów komicznych, jak głupawy lekarz wystrychnięty na dudka przez sprytnego pacjenta, jak zagubiony w mieście gapowaty chłop, jak kuty na cztery nogi „służały", a więc żołnierz bez zajęcia itd., itd. Rzadko natomiast dochodziła w nich do głosu problematyka istotnie doniosła, w rodzaju cierpkich uwag Jurkowskiego o wyzyskiwaniu bezrobotnych inteligentów. Zadaniem intermedium było bawić i rozśmieszać i funkcję tę pełniło ono zazwyczaj znakomicie. Przy sposobności zaś ukazało ono dużo charakterystycznych postaci, znanych z owoczesnej satyry obyczajowej, ale na deski sceniczne wprowadzonych w ruchu i obdarzonych dowcipnym słowem, tak że zbiór intermediów da kiedyś interesującą galerię figur znanych wprawdzie, ale zdolnych budzić trwałe zainteresowanie czytelnika czy widza teatralnego.

W środowisku, które wytwarzało zabawne intermedia, powstały prawdopodobnie również teksty utworów, żywych dotąd pod nazwą jasełek, w w. XVII zaś zwanych po łacinie *Dialogus de nativitate*, dialogiem o Bożym Narodzeniu. Łożyskiem ich była wprawdzie tradycja średniowiecznych misteriów, którą w naszych czasach bardzo pomysłowo odtworzyć usiłował w swej *Pastorałce* Leon Schiller (1931) — a więc historia grzechu pierworodnego, zmazanego przez Chrystusa — dramaturgowie jednak w. XVII ograniczali się zazwyczaj do przekazu ewangelicznego, któremu nadawali postać spopularyzowaną przez kolędy. Poprzestawali oni na „actus pastorum" jako punkcie wyjścia, a więc realistycznie ujętej scenie, w której gromadka pasterzy wiejskich dowiaduje się o przyjściu na świat Zbawiciela. Krótką taką scenę z nie oznaczonego rękopisu wprowadził w w. XIX ks. M. Mioduszewski do swych kantyczek i stworzył tym fundament dla wszystkich późniejszych widowisk jasełkowych. Komiczny ten obrazek, pełen konceptów sowiźrzalskich, znakomicie odpowiada atmosferze intermediów i odtwarza ludowe wyobrażenia o szopce betleemskiej, niezależnie od tego, gdzie one powstały. Obok tej wersji jednak istniała druga, znacznie rozleglejsza, bliższa relacji ewangelicznej i bogatsza w szczegóły obyczajowe. Z wielu różnych jej ujęć najciekawsze może pochodzi ze spalonego w oblężonej we wrześniu 1939 r. Warszawie rękopisu misjonarskiego. Tekst w oryginale zatytułowany *Dialogus in laudem Christi nati*, wydany zaś pod bezsensownym tytułem *Misterna* (!) *personata*, wprowadza kłopoty sędziwego oblubieńca Józefa, który daremnie szuka dachu, pod którym jego młodziutka żona odbyć mogłaby połóg. Nieznany autor tekst swój urozmaicił mnóstwem wstawek intermedialnych, w których pojawia się równie dobrze głupawy chłop, któremu padła kobyła, jak baba czarownica, jak wreszcie zdezorientowany maruder, niedobitek przegranych wojsk szwedzkich.

Wśród bogatego wreszcie zasobu kodeksów jezuickich, z których najdawniejsze, pułtuskie z w. XVI, nie dochowały się, pozycję wyjątkową stanowi rękopis poznański, czasu wojny szwedzkiej wywieziony do Uppsali, gdzie przetrwał do dzisiaj. *Tragoediae sacrae*, jak brzmi jego tytuł, obejmują dramaty łacińskie z wstawkami polskimi, typowe dla repertuaru jezuickiego. Są tam więc utwory oparte na „przykładach" kaznodziejskich, są osnute na motywach hagiograficznych, po czym niektóre z nich wyszły spod pióra znakomitego słownikarza, Grzegorza Knapa (Cnapiusa), pierwszego chyba z uczonych polskich niepotrzebnie tracącego czas i siły na rzeczy leżące poza obrębem jego właściwych uzdolnień. Nie on był jednak autorem pięcioaktowego moralitetu łacińskiego z partiami chóralnymi w języku polskim, zatytułowanego *Antithemius*, tj. bezprawnik czy gwałtownik. Treścią sztuki są losy satrapy prowincjalnego, magnata, który nie uznaje praw innych poza własną samowolą, dokucza sąsiadom, znęca się nad podwładnymi oficjalistami i srogo uciska chłopów. Straszna śmierć tego tyrana, stratowanego kopytami końskimi, i makabryczne znęcanie się szatanów nad trupem, powtórzone za *Scilurusem* Jurkowskiego lub może za wspólnym źródłem obydwu moralitetów, dopełnia całości, która ze względu na swe akcenty społeczne należy do dzieł najostrzej potępiających nadużycia systemu pańszczyźnianego. Tutaj to właśnie w funkcji intermedium występuje *Lament chłopski na pany*, tutaj też chór potępieńców ze szczegółowym opisem męczarni piekielnych potęguje ponury koloryt żałobnego widowiska. Autora *Antithemiusa* nie znamy; władał on znakomicie łaciną i umiał świetnie pisać po polsku. Przypuszczenie, iż był nim wybitny jezuita poznański, M a t e u s z B e m b u s (1567 - 1645), jest wysoce prawdopodobne, choć dramat jest wyrazem nie tyle indywidualnych poglądów swego twórcy, ile postawy Towarzystwa Jezusowego, które po swojemu, ale niewątpliwie szczerze głosiło ewangeliczną zasadę miłości bliźniego. Działalność swą dramaturgiczną pisarze jezuiccy uprawiali również w czasach saskich i stanisławowskich aż do kasaty w r. 1773, z tą tylko różnicą, iż z biegiem czasu obok utworów łacińskich, obliczonych na zbudowanie i umoralnienie widza, wystawiali również polskie. Robili to pod naciskiem nowych prądów, występujących w konkurencyjnych szkołach innych zakonów, i za przykładem swych współbraci francuskich, którzy usiłowali dotrzymać kroku dramatowi wystawianemu w teatrach publicznych. Kierunek ten znajdzie wyraz najpełniejszy w twórczości Franciszka Bohomolca, który rzuci pomost między komedią konwiktową a zwyczajną komedią czasów Stanisława Augusta. Pionierami zaś nowości w sztuce dramatycznej staną się pisarze epoki saskiej, dostawcy sztuk dla własnych teatrów dworskich: w Nieświeżu F r a n c i s z k a U r s z u l a R a d z i w i ł ł o w a (1705 - - 1753), w Podhorcach W a c ł a w R z e w u s k i (1706 - 1779). Księżna litewska tworzy okazały tom sztuk, w których stara tradycja barokowa łączy się przeosobliwie z wytworami nowej mody, obok więc dramatów, jak *Złoto w ogniu*, utworu wprowadzającego Przemysława Oświęcimskiego i cierpliwą Cecylię z noweli Jarosza Morsztyna, scena nieświeska daje próbki komedii Moliera, a nie stroni również od rzeczy opartych na pomysłach baśniowych. Konsekwentniej postępuje pan na Podhorcach, hetman Rzewuski, który przerabia również komedie molierowskie, trzymając się ściślej oryginału, ale porywa się na zadania bardziej ambitne, pisze bowiem pierwsze tragedie osnute na wydarzeniach z historii Polski, a więc o Warneńczyku i Żółkiewskim, czym toruje drogę późniejszemu rozwojowi dramaturgii narodowej.

Dramat barokowy nie zdobył się na żadne dzieło naprawdę wybitne, ale wykazał wielką żywotność i prężność jako dziedzina twórczości pisarskiej sięgająca głęboko w przeszłość, a zarazem rzutująca w przyszłość.

8. CZASY SASKIE — MROK I ŚWIT

Czasy saskie, w początkach swych wypełnione wojną północną, która Polskę politycznie, ekonomicznie i kulturalnie doprowadziła do stanu ostatecznej ruiny, sięgającej wprawdzie już epoki Sobieskiego, ale wówczas przesłanianej świetnymi, choć nietrwałymi zwycięstwami nad Turkiem, w literaturze stały się schyłkową fazą baroku w postaci całkowicie zwyrodniałego baroku sarmackiego. Tłum pisarzy, rzadko mających własną, odrębną fizjognomię, rozpadł się na dwie grupy — górną i dolną, kulturalną i niekulturalną, magnacką i szlachecką; obie, mimo różnic majątku i wykształcenia, są podobne do siebie w tym, że literaci zarówno „urodzeni", pałacowi, jak dworkowi do granic nonsensu doprowadzili metodę pracy pisarskiej stosowaną przez pokolenie poprzednie, tzn. całe lata mozolnego a jałowego wysiłku wkładali w przerabianie, zwykle wierszem, utworów obcych, niezbyt nadających się do takich operacyj.

Świadczy o tym, działalność literacka Stanisława Leszczyńskiego (1677 - 1766), lepszego myśliciela niż króla i lepszego prozaika niż poety, choć ani myślicielowi, ani prozaikowi nadmiaru zalet przyznać niepodobna. Za myśliciela „filozof dobroczynny" uchodził jako autor traktatu *Głos wolny wolność ubezpieczający* (1733), który energicznie zaatakował podstawowe błędy w ustroju politycznym Polski szlacheckiej, tj. wolną elekcję i liberum veto, domagając się tronu dziedzicznego i nowoczesnego systemu obrad parlamentarnych, opartego na głosowaniu większością. Traktat bardzo rozsądny otrzymał jednak szatę językową wręcz okropną. Obecnie autorstwo niefortunnego króla zostało tak podważone, iż można *Głos* wykreślić z jego dorobku. Leszczyński potrafił też dać wierszowany przekład całej Biblii, a wtórowali mu rozmaici bogobojni zakonnicy, jak gdyby nie było starych, dobrych przekładów tego dzieła prozą. Leszczyński jednak i ludzie jego klasy mieli jakieś horyzonty europejskie i rozleglejsze zainteresowania literackie, nie zawsze zresztą najszczęśliwiej wyzyskiwane.

Do ludzi tych należał zwolennik króla-rodaka, hetman Jan Stanisław Jabłonowski (1669 - 1731), za przekonania swe więziony przez Augusta Mocnego i przymusową bezczynność urozmaicający sobie zajęciami pisarskimi. Z prac jego przekład Ezopa (*Ezop nowy polski... Sto i oko bajek...*, 1731) towarzyszył dziełu bardzo osobliwemu, drukiem nie ogłoszonemu, a opatrzonemu łokciowym tytułem *Politica włoska i polska albo przysłowia włoskie po włosku zebrane i na polski język przetłumaczone* (1715), tj. dużemu zbiorowi włoskich i polskich przysłów z cennym komentarzem, wyjaśniającym ich sens i znaczenie. Uwagi paremiologa z musu nie zawsze są trafne, nieraz polegają na błędnych domysłach, mimo to tłumaczą one wiele i wyniki ich — za pośrednictwem późniejszych miłośników przysłowia, którzy rękopis Jabłonowskiego czytali — weszły do dorobku nauki polskiej. Do ludzi tych należeli dalej Franciszka Urszula Radziwiłłowa i Wacław Rzewuski, organizatorzy teatrów i autorzy sztuk dla nich pisanych. Wszyscy ci pisarze jednak, przy całej odmienności od szarego ogółu wierszorobów w kontuszach, sutannach i habitach, mówili wspólnym z nimi językiem artystycznym, sadzili się na wspólne koncepty, mieli wspólne poglądy na zadania literackie, tak że odróżnienie ich dzieł jest często niemożliwe, a twórczość ich wywiera wrażenie produkcji raczej gromadnej czy stadnej niż zindywidualizowanej.

Gdy mówi się o ciemnocie czasów saskich, jako przykład wymienia się zwykle dwa nazwiska o swoistym rozgłosie, przytaczane i ośmieszane w czasach późniejszych, Niesieckiego i Chmielowskiego. Powiada się, iż szlachcic za Sasów, gdy nie jadł, nie pił, nie popusz-

8. Czasy saskie — mrok i świt

czał pasa i nie gardłował na sejmikach, wiedzę o świecie polskim czerpał z Niesieckiego, o świecie zaś w ogóle z Chmielowskiego. Uogólnienie takie jest błędne, bo po pierwsze autorzy to bardzo różnej wagi, po wtóre zaś pozostałe po nich dzieła z różnych względów godne są zainteresowania.

Kasper Niesiecki (1682-1744), jezuita lwowski, w swej *Koronie polskiej* (1728-1743), ogromnym herbarzu, produkcie wieloletniej mozolnej pracy, zebrał i uporządkował imponującą liczbę wiadomości o rodach i osobach, dzięki czemu historyk kultury znajduje w nim nieocenione źródło informacji o sprawach, skądinąd zupełnie nie znanych. Na uczonego więc heraldyka niepodobna zwalać odpowiedzialności za „gust do ukwaszonych ogórków, do herbów", charakterystyczny dla szlachty polskiej jego czasów, ani za epidemię panegiryków zalewającą piśmiennictwo ówczesne.

Benedykt Chmielowski (1700-1763) pleban w Firlejowie, wydał pod tasiemcowym, wypełniającym całą stronicę tytułem, rozpoczynającym się od wyrazów *Nowe Ateny*, pierwszą encyklopedię polską, płód monstrualnej erudycji we wszelakich dziedzinach wiedzy i okaz przezabawnej, napuszonej głupoty. Imponujące grubością, a bardzo poczytne tomy in quarto, spóźnione jeśli nie o trzy, to przynajmniej o dwa wieki, mają dzisiaj niezwykłą wartość, jako jedyny w swoim rodzaju słownik folkloru staropolskiego. Chcąc poznać takie czy inne poglądy i przesądy, zabobonne wierzenia i praktyki magiczne, żywe nieraz i dotąd po zapadłych wsiach górskich, należy iść jak w dym do autora *Nowych Aten*, który z całą powagą, odwołując się do mędrców starożytnych i średniowiecznych, udzieli żądanych wyjaśnień, „mądrym dla memoriału, idiotom dla nauki".

W mrokach jednak saskich, które szczegółowo i barwnie przedstawi ksiądz Jędrzej Kitowicz w znakomitym *Opisie obyczajów za panowania Augusta III*, poczęły przebijać światełka i światła, zapowiadające zmianę na lepsze. Pojawiało się coraz więcej ludzi, którzy, choć wychowani w kulturze baroku sarmackiego, usiłowali otrząsnąć się z niej i wypowiadali jej stanowczą walkę. Jednym z nich był uczony, biskup kijowski, Józef Jędrzej Załuski (1702-1774), miłośnik książek i niestrudzony ich zbieracz po zakamarkach klasztornych, po dworach i pałacach. Ocalił on od zagłady mnóstwo dzieł dawnych, druków i rękopisów, jak choćby pamiętniki Paska lub pisma Wacława Potockiego, by uporządkowane swe zbiory udostępnić ogółowi w bibliotece otwartej w Warszawie w r. 1747, pierwszej w Polsce bibliotece publicznej. Rozkochany w pracy literackiej i naukowej (pisywał okropne wiersze w stylu sarmackobarokowym), Załuski otaczał się uczonymi polskimi i obcymi. Wśród współpracowników jego wyróżnili się zwłaszcza dwaj Niemcy z Saksonii: sekretarz biskupa i kierownik biblioteki Jan Daniel Janocki i lekarz Wawrzyniec Krzysztof Mitzler de Kolof. Pierwszy kładł podwaliny pod bibliografię polską, której doskonałym znawcą był sam Załuski, drugi zakładał pierwsze w Polsce czasopisma naukowe i literackie. Biblioteka Załuskiego, licząca 300 000 druków i 10 000 rękopisów, ofiarowana przezeń państwu, podzieliła polityczne losy Polski. Skonfiskowana po rozbiorach i przewieziona do stolicy Rosji, gdzie weszła w skład Cesarskiej Biblioteki w Petersburgu, po pierwszej wojnie światowej powróciła do kraju i stała się podstawą Biblioteki Narodowej w Warszawie; w czasie drugiej wojny, po powstaniu warszawskim r. 1944, została barbarzyńsko podpalona przez hitlerowców, tak że zaledwie dziesiąta część jej zbiorów uszła zagłady.

Działalność Załuskiego nie była zjawiskiem odosobnionym, w tym samym bowiem kierunku, choć na innym polu, rozwijał akcję przebudowy kultury polskiej S t a n i s ł a w K o n a r s k i (1700 - 1773), reformator wychowania w „szkołach pobożnych", jak nazywano zakon pijarów, do którego należał. Otoczony dużym gronem współbraci, których pracą kierował, Konarski, człowiek z wykształceniem europejskim, postanowił złamać monopol szkolnictwa jezuickiego i w pijarskich „szkołach dla szlachty" (collegia nobilium), poczynając od warszawskiej (1741), rozsianych po całej Polsce, realizował swój program wychowania narodowego. Szkoły pijarskie, ograniczając wszechwładztwo łaciny, wprowadzały języki nowoczesne, wśród nich i polski, przede wszystkim zaś kładły duży nacisk na nauki przyrodnicze i oparty na nich system „filozofii nowoczesnej", stanowiącej podstawę zachodnioeuropejskiego poglądu na świat. Tutaj to młodzież dowiadywała się po raz pierwszy o Koperniku i jego nauce o budowie kosmosu. Reforma Konarskiego miała podwójne znaczenie: zmusiła jezuitów do unowocześnienia ich szkół, przede wszystkim zaś w szkołach pijarskich wychowała pokolenie przyszłych bojowników o nową postać życia politycznego w Polsce.

Zadania bowiem, które sobie stawiał Konarski, obliczone były na cele polityczne. Dowiódł tego dziełem swym największym, nawiązującym do poglądów *Głosu wolnego*, traktatem *O skutecznym rad sposobie* (1760 - 1763), tj. o reformie obrad sejmowych. Dowodził tutaj namacalnie i niezbicie, opierając się na dziejach sejmów polskich, które znał jak nikt inny, sam bowiem wydawał *Volumina legum*, tj. materiały do nich, że zasada liberum veto była nonsensem, szkodliwym dla życia państwowego, że uchwały podejmowane większością głosów są jedyną słuszną metodą obradowania, i w ten sposób walnie przyczynił się do zmiany ustroju, którą przeprowadzić mieli jego wychowankowie.

Znaczenie traktatu Konarskiego polegało nie tyle na logice, z jaką uczony pijar dowodził teoretycznej i praktycznej absurdalności sposobu obrad poczytywanego za „źrenicę wolności" szlacheckiej, ile na tym, iż człowiek powszechnie znany i szanowany ośmielił się targnąć na uznawaną powszechnie świętość, że zachwiewał poglądami bezmyślnych zwolenników przeszłości, a tym samym torował drogę bojownikom jutra. Zasługi te uznała potomność. Na rozkaz Stanisława Augusta wybito medal ku czci Konarskiego z lapidarnym napisem: *Sapere auso* (Temu, co miał odwagę myśleć).

9. ARTYZM JĘZYKOWY BAROKU

W obrębie lat stu pięćdziesięciu, w których panował w kulturze polskiej barok literacki, dokonały się znamienne zmiany językowe, zarówno w mowie potocznej, jak w języku artystycznym, niezwykle doniosłe dla całości dziejów języka, bo istniejące po dzień dzisiejszy. Słupami granicznymi były tu prace językoznawcze, ustalające i porządkujące zasoby językowe w układzie słownikowym na początku w. XVII, by u końca procesu, w połowie w. XVIII, przejść do stadium gramatyczno-normatywnego, do opisu systemu języka literackiego jako układu zjawisk, którego znajomość, zaszczepiona w nauce szkolnej, obowiązywała wykształconego Polaka.

Punktem wyjścia były tutaj prace wspomnianego już wyżej jezuity, G r z e g o r z a K n a p a (1564 - 1639), z łacińska zwanego Cnapiusem, co z kolei spolszczono w postaci K n a p s k i. Ogłosił on w r. 1621 okazały foliał, który nazwał „Skarbcem polsko-łacińsko-greckim" (*Thesaurus Polono-Latino-Graecus...*), gdzie dla niezwykle bogatego słownictwa polskiego dobrał odpowiedniki z języków klasycznych. W przeciwieństwie do swego poprzednika, Mączyńskiego, który usiłował zaspokoić potrzeby czytelnika myślącego po łacinie, leksykograf jezuicki miał na oku czytelnika polskiego, którego usiłował zorientować w bogactwie mowy ojczystej, zdolnej wyrazić wszystko, o czym mówił język klasycznego Rzymu. Cnapius poszedł dalej, w r. 1632 bowiem do dwu tomów słownika wyrazowego dodał słownik frazeologiczny. Zatytułował go wprawdzie *Adagia Polonica*, tj. przysłowia polskie, ale w gruncie rzeczy, obok przysłów, które opracował znakomicie, wprowadził mnóstwo zwrotów przysłowiowych i najrozmaitszych wyrażeń potocznych, zaopatrzonych w odpowiedniki łacińskie i greckie, a wydobytych zarówno z języka mówionego, jak z dzieł literackich, w których otrzymały one postać artystyczną. Materiały słownikarza jezuickiego wyzyskali jego następcy, z Lindem na miejscu naczelnym, mimo to praca Cnapiusa jest dotąd niezastąpionym przewodnikiem w krainie języka literatury renesansowej,

pozwala bowiem zrozumieć powiedzenia Reja czy Kochanowskiego, których ani u Lindego, ani w słownikach późniejszych szukać by daremnie.
W granicach jednak w. XVII dokonało się mnóstwo przeobrażeń, których Cnapius uwzględnić nie zdołał, a które wystąpiły w ówczesnej twórczości literackiej. Ustaliły się mianowicie podówczas bez walki, drogą naturalnego rozwoju te stosunki w języku, które znamy dzisiaj. Wpływy gwar, zachowujących stare formy, pospolite w w. XVII, nie miały tu większego znaczenia, gwary bowiem do głosu w słowie drukowanym dochodziły tylko wyjątkowo, dla celów charakteryzacyjnych, zwłaszcza komicznych, w intermediach np., gdzie chłopi przemawiali z mazurska lub ruska. Pisarze natomiast, pochodzący z prowincji, wyzbywali się właściwości dialektycznych, w czym dopomagali im drukarze, usuwając z tekstów to, co mogłoby razić ogół czytelników.

Zmiany natomiast duże zaobserwować można w słownictwie zawodowym. W życiu literackim brali wybitny nieraz udział żołnierze, którzy lata całe spędzali na wschodnich kresach Rzeczypospolitej i tam ulegali wpływom języka miejscowego. Wojny kozackie wywołały masowy napływ szlachty kresowej w głąb państwa, szlachty, która w stosunkach codziennych posługiwała się często językiem białoruskim lub ukraińskim. Stosunki ze Wschodem, stykanie się z Tatarami, pobyt w niewoli, bogate zdobycze po wyprawach tureckich — wszystko to sprawiło, że jak w obyczaju, zwłaszcza w stroju i uzbrojeniu, tak w języku pojawić się musiało mnóstwo nowości pochodzenia wschodniego. Tak więc, w przeciwieństwie do w. XVI, gdy wpływy wschodnie nie przekraczały normalnie granic województw kresowych, obecnie w języku całej Polski, głównie za pośrednictwem wojska, upowszechniają się całe grupy słownictwa zawodowego, nazwy koni („bachmat"), części stroju („baczmagi" — buty, „burka" — płaszcz, „bukłak" — manierka skórzana, „burdziuk" — przywiązany do siodła worek na wino lub wodę, „demeszka" — szabla damasceńska), nazwy różnych czynności wojskowych („kałauz" — przewodnik, „kałauzować" — prowadzić) itd., itd. Gdy się czyta *Wojnę chocimską* Potockiego, a więc dzieło poety, który sam wprawdzie ze Wschodem bezpośrednio się nie stykał, ale dbał o zachowanie kolorytu wschodniego, spotyka się całe ustępy naszpikowane wyrazami technicznymi, wymagającymi słownika, a świadczącymi, jak dalece w Polsce czasów Sobieskiego wyrazy te były pospolite, jak głęboko weszły w zwyczaj codzienny.

Ze słownictwem pochodzenia turecko-tatarskiego szło w zawody ruskie, zarówno kozacko-wojskowe, jak i oznaczające inne dziedziny życia. Rzecz jednak znamienna, że słownictwo to, upowszechniające

9. Artyzm językowy baroku

się również drogą czysto literacką, poprzez bezimienne pieśni ruskie lub pieśni zawierające wstawki ruskie, oraz poprzez dzieła pochodzących z Rusi, a piszących po polsku literatów, wnosiło do języka wyrazy o zabarwieniu uczuciowym zwykle ujemnym. „Czereda" (zamiast polskiej „trzody"), „wataha", „horda" (z tatarskiej „ordy") utrzymały się na oznaczenie niesfornej gromady ludzkiej, „hałas" i „huk" na oznaczenie niemiłych, bo zbyt silnych zjawisk akustycznych, dawniej grzmotem zwanych, „ramota" (z ruskiego „hramota" — pismo) w sensie głupstwa, głupiego opowiadania itd., itd. Zrozumieć to łatwo, gdy się zważy, że język ukraiński był językiem chłopów i Tatarów, stąd tworząca język literacki szlachta na przybyszów tej kategorii spoglądała z niechęcią i lekceważeniem.

Ważnym czynnikiem w życiu języka były dwory magnackie, których panowie z orszakiem służby młodość spędzali na studiach zagranicznych, zwykle we Włoszech, i przywozili stamtąd do kraju niejedną nowość, zaznaczoną w języku, a więc konie i pojazdy włoskie („dzianety" i „karoce") dalej stroje włoskie i upodobanie do win i potraw włoskich, stąd w języku upowszechniały się niezliczone, dzisiaj przeważnie (prócz wyrazów jak „łazanki") zapomniane ich nazwy. Studiom włoskim zawdzięczali przyszli wodzowie również wykształcenie wojskowe i dzięki temu do języka polskiego wchodziły zarówno wyrazy tak rzadkie, jak „infanteria" lub „kawaleria", oraz tak pospolite, jak „forteca" lub otaczająca ją „fosa". W tej samej dziedzinie oddziaływał język francuski, pospolity na dworach królowych Ludwiki Marii i Marii Kazimiery. O jego rozległości przekonać się łatwo, czytając choćby korespondencję króla Jana z żoną. Z dworów zaś królewskiego i magnackich obydwa języki romańskie szerzyły się wśród szlachty, chętnie tańczącej pańskie „galardy i padwany", a później jeszcze „kuranty", urządzającej przy dworkach „dziardyny" lub „wirydarze" (tj. ogródki — oba wyrazy pochodzenia włoskiego).

Na ogół szlachecki działała wreszcie bardzo silnie szkoła jezuicka, wbijająca w głowy skutecznie łacinę z ułożonej wierszem gramatyki Alwara, ucząca składania wierszy łacińskich i układania łacińskich przemówień; klasy zajęciom tym poświęcone zwały się „poetyka" i „retoryka". Rzecz jasna, że wychowankowie zdobycze łaciny przenosili na język polski i, popisując się jej znajomością, wplatali w polszczyznę całe strzępy frazesów, wyniesionych ze szkoły lub wyczytanych w „autorach". Zjawisko to, zwane makaronizowaniem, nierzadkie w poezji, nagminnie występowało w prozie, tak że w takich np. pamiętnikach Paska mamy całe duże partie naszpikowane łaciną. Sarkali na ten zwyczaj moraliści ówcześni, Potocki czy Krzysztof Opaliński, sami jednak nie zawsze od wytykanego błędu uchronić się umieli. Potocki np. wyrzekał:

> Co tamten we trzech słowach zamknął, ten trzydzieści
> Pisze, a sentencya jeszcze się nie zmieści,
> Która im jest zwięźlejsza i piórem, i usty,
> Im krótsza, tym większe ma w uszu ludzkich gusty...
> Mieszają też łaciny drudzy połowicę,
> Nie piszą ci po polsku, lecz macaronice.
> Jak by w słomianej strzesze blachą łatał dziury.

„Sentencya" (zdanie) i „gusty" wskazują, że owo łatanie strzechy blachą nieobce było samemu autorowi *Moraliów*.

Ponieważ scharakteryzowane tu, obce składniki polszczyzny barokowej nie występowały oddzielnie, lecz się mieszały, ponieważ w dodatku człowiekowi tej epoki obca była zalecana przez Potockiego zwięzłość, lubował się on bowiem, jak i sam Potocki zresztą, w rozwlekłym gadulstwie, pozwalającym mu popisywać się wyniesioną spod jezuickiego bizuna erudycją, ponieważ wreszcie miłe mu były koncepty, częściej rubaszne niż wytworne — zarówno poezja, jak proza epoki baroku zawiera mnóstwo przezabawnych karykatur literackich, tym śmieszniejszych, że ich twórcy brali je na serio. Dla przykładu warto przytoczyć urywek z oświadczyn Paska. Młody weteran, naśladując zaloty ludowe, taką oto pali mówkę, sowicie upstrzoną mądrościami łacińskimi:

> „Moja mości pani! Damie w domu waszmość paniej prezentuję się komplementem, ale tylko za rekwizycyją jegomości pana rodzonego waszmość paniej wstąpiłem na czas krótki kłaniać waszmość paniej. Aleć tak mi się tu upodobała pasza, żebym na jedną strawę przyjął służbę do Gód, a za dobrym ukontentowaniem i w dalsze nie wymówiłbym się czasy. Jeżeliby na cokolwiek przygodziłaby się usługa moja waszmość paniej, sam się dobrowolnie z tą odzywam ochotą. Bo krwawymi Marsa nasyciwszy się zabawami, już też potrzebniejszą ku starości rad bym odmienił szarżą, to jest uczyć się ekonomiki przy dobrej jakiej gospodyniej, przystawszy za parobka albo — jako tu zowią — poganiacza. Waszmość moja wielce mościa pani! Jeżeli nie masz kompletu sług sobie potrzebnych, a ja w kompucie życzliwych zmieścić się mogę, jeżeli moję do swojej usługi gardzić będziesz ochotę czyli akceptować, racz się rekoligować; o zasługach zaś w żadną nie wchodzę kontrowersyją, aż wprzód od wasz-

9. Artyzm językowy baroku

mość paniej usłyszę, z jaką ta moja do przysługi waszmość paniej opowiedziana ochota przyjęta będzie wdzięcznością."

Tak to wyglądał język potoczny w chwilach uroczystych, w nieuroczystych zaś podobnie. Język artystyczny nie mógł oczywiście nie odbić tego stanu rzeczy. Wprawdzie ten czy ów z kulturalnych literatów podawał rozsądne przepisy przeciw nadużyciom słowa, przepisy te jednak bywały grochem na ścianę. Tak np. Stanisław Herakliusz Lubomirski zaznaczał wyraźnie, zastanawiając się nad sztuką pisarską, że styl „każdy jest dobry, kiedy jest sposobny do wyrażenia tej materyjej, o której rzecz traktuje albo wypisuje", i dodawał: „kto zaś niezgodnym do swej materyjej stylem pisze, grzeszy przeciw rozsądkowi, który jest duszą, żywiołem i temperamentem każdego pisma"; pytał wreszcie: „Jako to byłoby, kiedy by kto, chcąc gospodarską albo wiejską lubo ogrodniczą pisać rzecz, wybornym i krasomóstwu nie gospodarstwu służącym stylem opisywał ją?". Odpowiedź dawało życie, przynosząc utwory długie i gadatliwe, obliczone na popisanie się łatwością słowa, a wewnętrznie puste. Tak było w czasach saskich, aż po wystąpienie Konarskiego, który ośmieszywszy manierę barokową w traktacie łacińskim „Jak unikać błędów wymowy" (*De emendandis eloquentiae vitiis*), ustalił nowe zasady i, co ważniejsza, przez zastosowanie tych zasad w szkole, przygotował grunt do radykalnej, choć powolnej zmiany.

Konarski pisał jednak w chwili, gdy barok zamierał, gdy faza jego schyłkowa weszła w stadium beznadziejnego rozkładu. Prócz tego uczony pijar nie mógł orientować się należycie w puściźnie literackiej wygasającego prądu, była ona bowiem niedostępna i miała czekać co najmniej półtora wieku na swoich odkrywców. Nawet i dzisiaj zresztą poprawna ocena osiągnięć literackich baroku polskiego nie jest rzeczą łatwą. Że zaś były one istotne, sprawdzić można choćby w tej dziedzinie techniki pisarskiej, którą nazywamy wersyfikacją.

Poeci barokowi, uczniowie bez wyjątku Kochanowskiego, przejęli jego spadek i szli zupełnie wyraźnie jego tropem, który zresztą usiłowali wzbogacić w miarę swych sił i zdolności. Stosowali więc miary równozgłoskowe z rymami żeńskimi, jakkolwiek tu i ówdzie, jak np. u Szymona Zimorowicza, pojawiały się pierwsze próby wiersza sylabotonicznego. Jeśli jednak w zakresie budowy wiersza nowości było niewiele, wystąpiły one, i to masowo, w dziedzinie strofiki. Poezja barokowa więc upowszechniła zwrotki włoskie, w w. XVI niemal nie spotykane, takie jak oktawa, i układy zwrotkowe, takie jak sonet. Począwszy tedy od Piotra Kochanowskiego co najmniej i jego przekładu *Jeruzalem wyzwolonej,* oktawa staje się zwrotką typową, nagminną, stosowaną przez pisarzy i dworskich, i szlacheckich. Sonet natomiast, ulubiona forma Szarzyńskiego, ogranicza się do kręgów dworskich. Obok tego jednak poeci polskiego baroku porywają się na zadania tak trudne, jak sestina liryczna, i umieją im podołać, podobnie jak najrozmaitszym sztuczkom rymotwórczym, zainicjowanym niegdyś przez Kochanowskiego. Inna sprawa, iż techniczne te zdobycze szybko poszły w niepamięć, tak iż u schyłku w. XVIII sonet poczytywano u nas za nowalię poetycką.

Dodać należy, iż dbałość o formę literacką nie ograniczyła się jedynie do mowy wiązanej, lecz objęła również prozę. Wyrazem najznamienniejszym i najświetniejszym tej tradycji stała się *Psalmodia polska* Kochowskiego, pierwsza u nas próba prozy rytmicznej czy poetyckiej, opartej na wzorze wersetów biblijnych. Wystąpienie Kochowskiego stanowi znamienny wyraz poszukiwania nowych dróg ekspresji poetyckiej, i to wyraz artystycznie znakomity, ilustrujący samodzielność literackiej kultury baroku.

W zagadnieniach tych jednak ani Konarski, ani jego rówieśnicy orientować się nie mogli, oburzeni bowiem zwyrodniałymi przejawami baroku sarmackiego, wypowiadali mu walkę i żądali radykalnej zmiany.

Czynnikiem, który na przebieg tej zmiany wpływał silnie, a zarazem ustalał jej normy w codziennym użyciu praktycznym, stała się *Gramatyka dla szkół narodowych* (1778) O n u f r e g o K o p c z y ń s k i e g o (1735 - 1817), pierwsza samodzielna i poważna próba ujęcia w całość systematyczną zjawisk języka żywego. Gramatyk pijarski zjawiska te wtłaczał w ramy stosowane w gramatyce łacińskiej, a więc nie zawsze przydatne dla materiału polskiego, równocześnie jednak kładł kres anarchii barokowej i wprowadzał za pośrednictwem szkoły nowoczesny, zdyscyplinowany język literacki.

10. PUŚCIZNA BAROKOWA

Poprawna ocena baroku, a zwłaszcza jego doniosłości w rozwoju polskiej kultury literackiej, jest zadaniem trudnym, zarówno dlatego iż pełna charakterystyka tego prądu jest wciąż jeszcze nie zrealizowanym postulatem naukowym, jak i ze względu na długotrwałość baroku w Polsce, wskutek czego w jego zasięgu pozostaje ogromna liczba zjawisk, dotąd należycie nie zbadanych.

Typowym przykładem występujących tu trudności może być masowość produkcji pisarskiej, zdecydowanie odmienna od elitarno- -jednostkowych metod pracy literackiej w czasach Renesansu. Maso-

10. Puścizna barokowa

wość ta każe przypuścić, iż literatura barokowa miała w jakimś sensie charakter demokratyczny, związany z powstaniem demokracji szlacheckiej, posiadającej swoistą kulturę demokratyczną, opartą z kolei na odpowiednim wykształceniu, niegłębokim wprawdzie, ale rozległym i powszechnie dostępnym, obejmującym jaką taką znajomość łaciny i, oczywiście, umiejętność czytania i pisania. Zanik analfabetyzmu w szerokich masach „narodu szlacheckiego" przyczynił się tak wybitnie do wzrostu literatury, iż doprowadził wręcz do grafomanii, na którą sarkał już w początkach stulecia patrycjusz lwowski, Szymon Szymonowic, wychowany w dobrych tradycjach renesansowych:

*Wszystko się pomyka
Na dół: zginęli dawni dobrzy kantorowie,
A miasto nich leda kto muzykiem się zowie.
I pieśni marne jakieś, nastrzępione słówki...*

A w pół wieku później jego współziomek i uczeń, J. B. Zimorowicz, to samo zjawisko potępiał w sposób daleko ostrzejszy:

*Tak to jest, że co żywo wierszyki partoli...
Pełna niedoszłych nasza poetów ojczyzna,
Że miary zawierszona nie ma już Polszczyzna.
Lada partacz wyrwie się z pospolitych ludzi,
To wiersze niepoczesne natychmiast paskudzi...*

Masowość i demokratyzm piśmiennictwa barokowego sprawiły, iż przezwyciężeniu uległa jednostronność renesansowego stosunku do świata kultury, iż mimo tradycyjnego szacunku dla łaciny i poezji starożytnej w obrębie zjawisk literackich poczęły występować pierwiastki poprzednio albo nie spotykane, albo spychane na plan dalszy. Wśród nich miejsce naczelne przypada temu, co nazwać by można rodzimością, a więc wrażliwością na przejawy pospolitego życia codziennego, i to nie tylko szlacheckiego, lecz również mieszczańskiego. Jeśli czasy późniejsze z entuzjazmem przyjęły pamiętniki Paska, jeśli jeszcze później z żywym zainteresowaniem poczęto przyglądać się wydobywanej z zapomnienia puściźnie Wacława Potockiego lub studiować utwory z zakresu teatru ludowego i literatury mieszczańskiej, czy jak ją nazwiemy, to wszędzie tu podstawą zajęcia się tymi dziedzinami był przez rozwój realizmu dziewiętnastowiecznego rozbudzony kult realistycznie rozumianej rodzimości. U pisarzy barokowych wystąpiła ona nie tylko w scenach i scenkach z życia dworskiego, żołnierskiego, klasztornego, szkolnego, w obrazach wprowadzających całą rozmaitość typów ludzkich w mieście i na wsi, w obozie i na trakcie, w kościele i karczmie, w walce z wrogiem, w rąbaninie szlacheckiej czy przy zabawie pod dachem dworku szlacheckiego, ale również w ich upodobaniach, wykraczających poza dziedziny codzienności, choć związanych z nią bardzo mocno.

Nie przypadkiem tedy w kulturze barokowej baśniowa królewna Banialuka straciła imię własne na rzecz pospolitego i poszła w przysłowie. W środowisku, gdzie z lekceważeniem spoglądano na „babskie bajki", ulegano równocześnie czarowi fantastyki, budzonemu wprawdzie, ale widocznie nie zaspokajanemu przez cudowność opowieści religijnych. Zainteresowania folklorystyczne znajdowały wyraz nie tylko w popularności powieści ludowych odziedziczonych po w. XVI, lecz wywoływały popyt na przygody Syloretów, Koloandrów, Argenid i Paskwalin, jak dowodzą odpisy dzieł tego pokroju, nieraz bardzo długich, a nie zawsze drukowanych. Zainteresowania te szły także w kierunku pieśni ludowych, zwłaszcza balladowych, oraz wszelkiego rodzaju humoresek, gdzie niezwykłość sytuacji pełniła funkcję cudowności. Całe ogromne warstwice sensacyjnych pomysłów średniowiecznych, przez kulturę renesansową zepchniętych poza obręb literatury, w epoce baroku wychynęły z mroków i narzuciły się wyobraźni pisarzy, usiłujących uczynić zadość wymaganiom wyobraźni mas odbiorców.

Wyobraźnia ta, podniecana tokiem historii, wybiegała chętnie w przeszłość, stając się czynnikiem rozwoju historyzmu barokowego. Na gruncie tym nie doszło wprawdzie u nas do powstania wielkich dzieł naukowych czy literackich, żywy jednak nurt przeszłości dostrzega się na każdym kroku w kronikach historycznych, chwytających na gorąco wypadki tylko co minione, by wznosić je na wyżyny wielkich spraw dziejowych. W takim zaś stosunku do historii wyraża się z dużą siłą patriotyzm mas szlacheckich, żywiołowe przywiązanie do kraju, jego tradycji kulturalnych, czym — o ironio — tłumaczy się również kult „złotej wolności", poczytywanej za najcenniejszy klejnot zdobyty i przekazany potomkom przez wielkich przodków. Zjawiska te z siłą niezwykłą występują zwłaszcza w chwilach przełomowych, jak walka z najazdem szwedzkim, jak entuzjastyczny stosunek do królów „piastów", jak wreszcie kult Sobieskiego. Ostatnim, zapóźnionym i wysoce nieudolnym przejawem tego żywiołowego patriotyzmu była partyzantka szlachecka w obronie wolności, znana pod nazwą konfederacji barskiej. Literackim przejawem tego ruchu była równie jak on nieudolna poezja patriotyczno-religijna barszczan — przedmiot zachwytu Mickiewicza i Słowackiego. Wielcy poeci romantyczni pod wpływem specjalnych warunków politycznych umieli wyczuć i dostrzec w baroku, nawet sarmackim, pier-

10. Puścizna barokowa

wiastki, które nie przemawiają wprawdzie do umysłu człowieka nauki, ale równocześnie nie pozwalają mu przejść obok nich obojętnie, skoro zdołały one przykuć uwagę wielkich pisarzy. Wypadek ten, bardzo zresztą zawiły, prowadzi w dziedzinę, w której doniosłość literatury barokowej uchwycić można na pozór najłatwiej, bo w świat twórczości jej spadkobierców, pisarzy czasów późniejszych. Pisarze tedy wieku Oświecenia, idąc po linii Stanisława Konarskiego, wojując o nową ideologię polityczno-społeczną, o przebudowę życia zbiorowego, energicznie zwalczali przeżytki sarmatyzmu w każdej dziedzinie, a więc i w literaturze. Pisarze natomiast pokoleń dalszych, zwłaszcza romantycy, bezwiednie dostrzegając pokrewieństwo kultury barokowej, którą znali — bardzo zresztą niedokładnie — z jej dzieł literackich, mieli do niej stosunek wyraźnie pozytywny. Rzecz uderzająca, iż nawet Słowacki, autor *Lilli Wenedy* i *Grobu Agamemnona*, pogromca sarmatyzmu, kultu „złotego pasa" i „czerwonego kontusza", już w *Beniowskim*, a więc bezpośrednio po tragedii wenedzkiej, dostrzegł i pokazał niezwykłe wartości estetyczne i etyczne kultury barokowej. Krok jeszcze dalszy w tym kierunku zrobił autor *Potopu*, Sienkiewicz, pisarz — wbrew popularnym opiniom — bardzo krytyczny, z przeszłością obeznany znakomicie, który z lektury Pasków i Kochowskich wyniósł przekonanie o głębokim patriotyzmie ludzi baroku, wyraził je w sposób artystycznie urzekający i narzucił swój sposób widzenia czasów Jana Kazimierza trzem pokoleniom czytelników. I niewątpliwie walnie przyczynił się do zainteresowania się nauki polskiej epoką ukazaną w obrazach *Trylogii*, m. in. do prac, które wydobyły z zapomnienia twórczość pisarską Wacława Potockiego i jego rówieśników. Fakty te dowodzą wymownie, jak bogate zasoby bodźców artystycznych tkwią w dorobku barokowym, przekazanym stuleciom późniejszym przez wchodzącą w skład jego literaturę, i nakazują daleko idącą ostrożność w jej ocenie.

Przy jej dokonywaniu sprawą niemałej wagi jest okoliczność, iż barok był pierwszym wielkim prądem literackim, który ogarnął całą Europę, przy czym w jego upowszechnieniu rola niemała przypadła Polsce właśnie. Po raz pierwszy tedy w jej dziejach powstawały dzieła w języku polskim nie przez Polaków pisane. Tak było na Rusi, zwłaszcza na Ukrainie, gdzie akademia mohylańska, dzieło metropolity kijowskiego, Piotra Mohyły, krzewiła znajomość kultury polskiej i gdzie pisarze w rodzaju Łazarza Baranowicza drukowali swe wierszowane dzieła w języku polskim. Co osobliwsza, Miron Costin, logofet (kanclerz) wołoski, wychowanek Uniwersytetu Jagiellońskiego, dzieje swego kraju, a więc dzisiejszej Rumunii, ujął w postaci kroniki historycznej, nie tylko wzorowanej na przykładach polskich, ale i wierszem polskim ułożonej. W ten sposób polska literatura barokowa wchodzi w zasięg badań slawistycznych o szerokim zasięgu i zmienia się w przedmiot żywych dociekań naukowych. Prowadzą one do przekonania, iż w długim okresie historycznym, w którym i losy kraju, i jego kultura przechodziły tak niezwykłe, wręcz dramatyczne koleje, od wielkich tradycji renesansowych poczynając po mroki baroku sarmacko-saskiego, kto wie, czy nie literatura właśnie stanowiła szczytowe osiągnięcie życia zbiorowego i zdobyła się na poziom, którym tłumaczy się jej trwałość i owocność.

IV. LITERATURA WIEKU OŚWIECENIA

1. WIEK OŚWIECENIA

EPOKĘ Oświecenia w dziejach kultury polskiej utożsamia się tradycyjnie z okresem trzydziestoletnich rządów Stanisława Augusta Poniatowskiego (1764 - 1795), zakończonych trzecim i ostatnim rozbiorem kraju, kładącym koniec niepodległości państwa. Tradycyjnemu temu ujęciu nie można by odmówić słuszności, gdyby nie wzgląd, iż ludzie, którzy za czasów Stanisława Augusta odgrywali wybitną rolę w życiu i politycznym, i kulturalnym, nie zaniechali swej działalności w Polsce po rozbiorach, wskutek czego dwudziestopięciolecie, które nastąpiło po r. 1795, uznawane przez historyków literatury polskiej za prolog przyszłości, równie dobrze a nawet znacznie lepiej wydaje się epilogiem świetnej przeszłości. W rezultacie zatem wiek Oświecenia w Polsce, gdy się nań spojrzy ze stanowiska historycznoliterackiego, sięga od r. 1763 po r. 1818, tj. od ukazania się dzieła Konarskiego *O skutecznym rad sposobie* po rozprawę Brodzińskiego *O klasyczności i romantyczności*. Tym samym pierwsze dwudziestolecie w. XIX, pojmowane zazwyczaj jako stadium przejściowe, preromantyczne, występuje tu jako faza schyłkowa czasów Oświecenia, w której kiełkują nieśmiało pierwiastki nowe w cieniu schyłkowych, ale dominujących pierwiastków starych, oświeceniowych.

Wysunięcie tutaj na plan pierwszy dzieła Konarskiego nie jest ani sprawą przypadku, ani dowolnej spekulacji naukowej, lecz wynikiem rozumienia istoty zjawisk literackich znamiennych dla wieku oświeconego. Okres ten początkami swymi sięgający we Francji późnych lat w. XVII, zenit swój osiągnął w niej dopiero w drugiej połowie stulecia XVIII, w czasach encyklopedystów i rewolucji. Jego ideologia znalazła sobie równocześnie wyraz najpełniejszy w dziełach myślicieli stulecia XVIII. Była to ideologia racjonalistyczna, którą — jako filozofię „neoteoryków", myślicieli nowoczesnych, krzewiło w Polsce szkolnictwo pijarskie, zorganizowane przez Konarskiego. Równocześnie zaś Konarski, praktyk nie teoretyk, wyniki rozważań abstrakcyjnych wprowadził w życie, by zreformować stosunki polskie i feudalną rzeczpospolitą szlachecką przekształcić w państwo nowoczesne. Szlakiem zaś przez niego wytkniętym poszła literatura, która nad zadania artystyczne wysunęła sprawy dydaktyczne, usiłowała bowiem nie bawić, lecz uczyć.

O takim jej nastawieniu decydowały nie tylko wzory obce, zwłaszcza dzieła francuskie, skwapliwie i niemal masowo przyswajane przez tłumaczy, ale sam charakter życia zbiorowego, wstrząsanego wydarzeniami przełomowymi o napięciu nieraz rewolucyjnym. Czasy Stanisława Augusta były okresem reform, rozpiętością swą zbliżonych do egzekucji praw w w. XVI. Prace nad nimi, podejmowane na wielu sejmach, skupiły się wreszcie w obradach Sejmu Czteroletniego (1788 - 1792), ukoronowanych Konstytucją z dnia 3 Maja 1791, zapowiadającą radykalną zmianę ustroju państwa przez stworzenie silnej władzy wykonawczej w ręku króla i odpowiedzialnych ministrów, przy uporządkowaniu spraw skarbu i wojska, przez uniezależnienie władzy ustawodawczej, obrad sejmowych, od tradycyjnego warcholstwa, którego wyrazem było „liberum veto", przez reorganizację władzy sądowniczej, przez oparcie wreszcie ustroju nie tylko na szlachcie, lecz również na mieszczaństwie i chłopach, jakkolwiek wciągnięcie w tok życia publicznego tych dwu stanów, załatwione połowicznie, nie wyszło poza sferę projektu.

Sejm Czteroletni prace swe prowadził jednak w granicach państwa okrojonego przez pierwszy rozbiór z r. 1773. Prusy, Rosja i Austria, zagrabiając jedną trzecią terytorium Polski, akt ten uzasadniały panującą w niej anarchią, której wyrazem była czteroletnia partyzantka szlachecka, znana jako konfederacja barska, a wymierzona przeciwko politycznej i wojskowej gospodarce rosyjskiej w pozornie wolnym kraju. Gdy jednak kraj ten dźwignął się i dokonał dzieła przebudowy, mocarstwa sąsiednie dokonały w r. 1792 drugiego rozbioru; gdy zaś odpowiedzią na ten gwałt polityczny stało się powstanie Kościuszkowskie w r. 1794, po jego zgnieceniu doszło w r. 1795 do rozbioru trzeciego i ostatniego, wykreślającego Polskę jako państwo z mapy Europy.

Rok 1795 nie stał się jednak datą całkowitej zagłady nie tylko narodu, ale nawet i państwa polskiego, potężny bowiem wstrząs polityczny wywołany przez rewolucję francuską (1789) sprawił, iż w ciągu lat dwudziestu od ostatniego rozbioru, tj. po r. 1815, gdy na kongresie wiedeńskim likwidowano następstwa owego wstrząsu, zagadnienie państwowości polskiej wystąpiło na forum europejskim

1. Wiek Oświecenia

i doprowadziło do aktów prawnych, które u nas wprawdzie określano jako czwarty rozbiór Polski, które jednak podważały i zmieniały znaczenie rozbiorów z w. XVIII. Powołanie do życia Królestwa Polskiego oraz drobniutkiej Rzeczypospolitej Krakowskiej było wynikiem faktu, iż klęska Kościuszki pod Maciejowicami nie była „końcem Polski" (finis Poloniae), jak głosiła legenda narodowa, uczestnicy bowiem powstania nie dali za wygraną i losy rozdartego kraju związali z Francją rewolucyjną. Ich działalność polityczna i wojskowa, pełna tragicznych potknięć, doprowadziła do stworzenia Księstwa Warszawskiego, które stało się podwaliną Królestwa Kongresowego i do faktu, iż jednym z podstawowych czynników w jego życiu było wojsko, zorganizowane w ramach formacyj napoleońskich.

Sprawom i wydarzeniom politycznym w granicach pięćdziesięciolecia 1764 - 1815 towarzyszyły istotne i głębokie zmiany w kulturze umysłowej narodu, skazanego przez historię na tragiczne przejścia, jakim równych nie znały od wieków dzieje. Do zmian najważniejszych należało stopniowe przekształcanie narodu szlacheckiego w naród demokratyczny, w tok życia politycznego wciągający jednostki i grupy działaczy pochodzenia mieszczańskiego i chłopskiego. Proces ten, hamowany przez czynniki polityczne, zwłaszcza przez brak państwowości, dobiec miał końca dopiero w w. XX, czasu pierwszej wojny światowej, która przyniosła narodowi wyzwolenie. Jednak stadia jego początkowe wystąpiły bardzo wyraźnie już w czasach Oświecenia, za rządów Stanisława Augusta, a jeszcze wyraźniej w pierwszych latach po rozbiorach. Wśród ludzi tych czasów wyodrębniły się dwa typy znamienne, niekiedy krzyżujące się z sobą — typ działacza politycznego i typ pracownika naukowego — związane wspólnotą celu, służbą Ojczyźnie. W ogniu walk publicystycznych czasu Sejmu Czteroletniego powstają więc i hartują się zawodowi działacze polityczni, którzy czynem i słowem, w obradach, w książkach i rozprawach, w prasie wreszcie, mimo niepowodzeń, mimo prześladowań i pobytów w więzieniu, niezłomnie kroczą obranymi torami, organizując konspiracyjne zespoły szermierzy wolności. Hugo Kołłątaj, Julian Ursyn Niemcewicz, Józef Wybicki, Kościuszko i Dąbrowski — oto garść głośnych przedstawicieli tej grupy. Grupa druga to „przyjaciele nauki", miłośnicy nauki, uprawiający ją w przekonaniu, iż człowiek oświecony, idący za przewodem rozumu, bezpieczny jest i wolny od słabości natury ludzkiej, których źródłem jest ciemnota, przesąd, zabobon. To przekonanie o potędze oświecenia było źródłem reform politycznych i społecznych, ono też sprawiło, iż czasy Stanisława Augusta zdobyły się nie tylko na imponującą rozbudowę szkolnictwa publicznego, kierowanego przez Komisję Edukacji Narodowej (1773), łożącą na cele oświatowe z funduszów skasowanego zakonu jezuickiego (1773), ale również na zreformowanie i unowocześnienie uniwersytetów w Krakowie i Wilnie. W czasach zaś po utracie niepodległości powstawaniu zakładów takich, jak uniwersytet w Warszawie (1816) i liceum wołyńskie w Krzemieńcu (1805), towarzyszyło organizowanie instytucyj naukowych o charakterze akademickim, tj. Towarzystw Przyjaciół Nauk w Warszawie (1800) i Krakowie (1816), a więc instytucyj, z których w połowie w. XX powstać miała nowoczesna Polska Akademia Nauk.

Walka z przesądami, do których zaliczono nie tylko zjawiska obyczajowo-wierzeniowe, w rodzaju czarów, ale również i zjawiska społeczne, w rodzaju nierówności klasowej, a nawet polityczne, skierowana była przeciw przeżytkom kulturowym pochodzenia średniowieczno-feudalnego, odziedziczonym bezpośrednio po czasach saskich. Walkę tę, której areną były m. in. obrady Sejmu Czteroletniego, wyrazem zaś Konstytucja 3-go Maja i wydany przez Kościuszkę uniwersał połaniecki, głoszący zasady uregulowania sprawy chłopskiej, naród wygrał, choć wygraną okupił utratą państwowości. Wśród walczących zaś o nowoczesną kulturę polską, która datuje się właśnie od czasów stanisławowskich, wybitne miejsce zajęli również pisarze, otaczani opieką i popierani przez króla i współdziałających z nim przedstawicieli możnowładztwa, wychowanych w zasadach, które głosił i wcielał w życie Konarski.

2. STANISŁAW AUGUST I JEGO POLITYKA KULTURALNA

Stosunki charakterystyczne dla kultury umysłowej i literackiej czasów saskich z miejsca niemal odeszły w przeszłość z chwilą wstąpienia na tron ostatniego króla Rzeczypospolitej szlacheckiej, Stanisława Augusta Poniatowskiego. Za szczegół bardzo w dziedzinie tej znamienny poczytać by można fakt, że na koronacji nowego władcy kazanie wygłosił jego przyjaciel i przyszła chluba literacka, młody prałat, Ignacy Krasicki. Z chwilą tą mianowicie kultura literacka, w ciągu lat kilkudziesięciu pozbawiona opieki i skupiającego wysiłki jej twórców ośrodka, w Stanisławie Auguście otrzymała zabiegliwego opiekuna i mecenasa, w jego zaś dworze ośrodek promieniujący na całą Polskę.

Stanisław August bowiem, który nie miał ani zdolności wojskowych, ani dyplomatycznych, ani wreszcie administracyjnych, a więc podstawowych warunków, które pozwoliłyby mu należycie z obowiązków królewskich się wywiązywać, miał wyjątkowe dane na znakomitego ministra oświaty czy kultury i sztuki. Król tedy, człowiek o gruntownym wykształceniu, przedstawiciel pokolenia wychowanego

2. Stanisław August i jego polityka kulturalna

przez działalność pedagogiczną Konarskiego, sam żywo interesował się nauką i sztuką we wszystkich jej rodzajach, od architektury i malarstwa po poezję i muzykę. Mając rzetelne zrozumienie dla tych dziedzin życia zbiorowego, w ciągu lat trzydziestu nie żałował zabiegów i pieniędzy, by naukę i sztukę w Polsce podnieść i upowszechnić, przypominając tym królów-mecenasów dynastii jagiellońskiej, choć rozległością swych zainteresowań i osiągniętymi rezultatami poprzedników swych daleko pozostawił w tyle.

W staraniach tych powodował się Stanisław August nie tylko egoistycznymi upodobaniami człowieka kulturalnego, ale pracę nad podniesieniem i odrodzeniem kultury polskiej poczytywał za część programu politycznego, obliczonego na zaspokojenie palących potrzeb Polski w. XVIII. Nie mogąc mu bowiem przyznać szczęśliwej ręki w polityce i zagranicznej, i wewnętrznej, niepodobna mu przecież odmówić rozległych i słusznych pomysłów oraz dobrych chęci, by pomysły te zrealizować. Trzydziestoletnie jego rządy, od samego niemal początku aż do niechlubnego końca były okresem ciągłych reform wewnętrznych, rzadko niestety skutecznych. Propagowaniu ich służyła publicystyka, nie przypadkowa, lecz w postaci wyraźnie zorganizowanej, i to nie bez udziału samego króla. Za jego więc czasów rozwija się i europeizuje prasa, wychodzą czasopisma, jak „Wiadomości Warszawskie" i „Kurier Warszawski" (1761 - 1764) oraz za przywilejem królewskim wydawana „Gazeta warszawska" (od 1774), nie mówiąc o innych, bardziej przelotnych. Pojawiają się nadto czasopisma, zwłaszcza głośne i dla dziejów kultury literackiej bardzo ważne „Monitor" oraz „Zabawy Przyjemne i Pożyteczne". Samemu królowi szczególnie zależało na „Monitorze", poczytywanym przezeń za czynnik bardzo doniosły w zreformowaniu umysłowości jego poddanych. Był bowiem „Monitor" tzw. pismem moralnym, wzorowanym na głośnych czasopismach angielskich, jak „The Spectator", tj. miał spełniać zadanie takie, jakie w w. XVI przypadło przeróżnym „zwierciadłom", miał więc być źródłem nauki o człowieku doskonałym, posiadającym wszelkie cnoty nieodzowne w życiu jednostkowym i zbiorowym. Zadanie to redakcja usiłowała osiągnąć przez dawanie wywodów pozytywnych, przez szczepienie poglądów dodatnich oraz przez umieszczanie argumentów negatywnych, wymierzonych przeciw wadom jednostek i grup społecznych. W obydwu wypadkach uciekano się chętnie do ilustrowania roztrząsań żywymi szkicami; jedne kreśliły wizerunki papierowo doskonałych obywateli, drugie, zazwyczaj żywsze, pod pręgierz ośmieszania stawiały to wszystko, co zasługiwało na potępienie.

Prasa nie wyczerpywała oczywiście całej publicystyki, pojawiały się bowiem zarówno ulotki, propagujące lub potępiające hasła i programy zwalczających się stronnictw politycznych, jak i poważne traktaty, obliczone na ten sam cel. W dziedzinie pierwszej zaznaczyła się szczególnie dobitnie akcja propagandowa stronnictwa patriotycznego podczas Sejmu Czteroletniego skoncentrowana w tzw. Kuźnicy kołłątajowskiej, biurze kierowanym przez podkanclerzego, ks. Hugona Kołłątaja; w dziedzinie drugiej zaś wystąpiło dwu znakomitych publicystów: sam Kołłątaj oraz Stanisław Staszic.

Publicystyka epoki stanisławowskiej chętnie sięgała po argumenty w przeszłość, nawiązywała do historii. Dziedzina ta również cieszyła się opieką królewską, za czasów więc Stanisława Augusta udostępniano dzieła dawnych kronikarzy, nade wszystko jednak sam król zajął się organizacją pracy, do której przywiązywał ogromną wagę, ułatwił mianowicie biskupowi A d a m o w i N a r u s z e w i c z o w i zebranie materiałów do pierwszej od czasów średniowiecza samodzielnie przemyślanej *Historii narodu polskiego* (1780 - 1786). Ogromna ta praca, podjęta „w krwawym pocie czoła", doprowadzona zresztą tylko do czasów Jadwigi, miała na celu nie tylko odtworzenie wydarzeń historycznych, i to w ujęciu krytycznym, w świetle prawdy, nie tylko pragnęła „wyśledzić przyczyny, oceniać skutki", ale również usiłowała oddziałać w duchu polityki królewskiej. Przede wszystkim tedy historyk chciał „oświecać rozum czytającego, jeśli się dobrze lub przeciwnie dobru pospolitemu działo", z drugiej zaś strony, wskazując na szkody owemu „dobru pospolitemu" wyrządzone, domagał się jasno reformy ustroju, w nim bowiem, w zasadzie złotej wolności i osłabieniu władzy panującego widział źródło największego zła. Innymi słowy, *Historia* Naruszewicza, spełniając zadania naukowe, docierając do prawdy historycznej, równocześnie spełniała zadania obywatelsko-wychowawcze, przez poznanie przeszłości wiodła do należytej orientacji w życiu bieżącym i uzasadniała potrzebę podjętych w nim reform.

W tym samym kierunku szła twórczość pamiętnikarza i historyka współczesności, J ę d r z e j a K i t o w i c z a (1728 - 1804), konfederata barskiego, a z biegiem czasu duchownego. Jego *Pamiętniki* ukazujące konfederację na co dzień, bez blasków, którymi w czasach romantyzmu okoliła ją bezpodstawnie legenda historyczna, łączą się z *Opisem obyczajów za panowania Augusta III*, niezwykle barwnym, ale równocześnie wybitnie krytycznym obrazem sarmacko-szlacheckiego życia czasów saskich. I ten krytycyzm właśnie pozwala ocenić cały dystans między nimi a epoką, która je przezwyciężyła.

Zasady, przyświecające obu historykom, upowszechniało równocześnie szkolnictwo, zawodowe i specjalne, a więc Szkoła Rycerska, czyli korpus kadetów, zorganizowany przez ks. Adama Czartoryskiego, oraz szkoły powszechne i średnie, pozostające pod opieką Komisji

2. Stanisław August i jego polityka kulturalna

Edukacji Narodowej. W przeciwieństwie mianowicie do szkół jezuickich, którym koniec położyła kasata zakonu, szkoły te kładły nacisk na wychowanie świeckie, na wykształcenie obywateli, przygotowanych do pełnienia tych funkcji w życiu zbiorowym, których podjąć się im wypadnie. W ten sposób świeckie i publiczne szkolnictwo czasów stanisławowskich szło po linii ustalonej niegdyś przez Konarskiego, z tą jednak różnicą, że było daleko bardziej radykalne w zastępowaniu wychowania religijnego wychowaniem moralnym.

Zasady te wreszcie głosiła uczona publicystyka, również nawiązująca do wystąpienia Konarskiego w jego dziele *O skutecznym rad sposobie*. Charakter jej ująć można najłatwiej w pracach S t a n i s ł a w a S t a s z i c a (1755 - 1826), starannie za granicą wykształconego mieszczanina wielkopolskiego. W dwu głośnych rozprawach, żywo roztrząsanych zarówno przez przeciwników, jak i przez zwolenników, mianowicie w *Uwagach nad życiem Jana Zamoyskiego* i w ogłoszonych podczas Sejmu Czteroletniego *Przestrogach dla Polski* (1790), wskazywał on na przyczyny niedomagań i słabości politycznej państwa, podkreślając ograniczenie władzy królewskiej i szkodliwą przewagę stanu szlacheckiego, brak nowoczesnej armii i nowoczesnego skarbu, oraz domagając się praw dla upośledzonych mieszczan i chłopów. „Pierwej naród — po tym swobody, pierwej życie — po tym wygoda" było jego hasłem naczelnym. Podobne stanowisko zajmował radykalniejszy zresztą od Staszica H u g o K o ł ł ą t a j (1750 - 1812), wybitny, choć nie zawsze uczciwy polityk, filar stronnictwa patriotycznego, jeden z twórców konstytucji majowej, a po jej upadku żarliwy jej obrońca. Zwłaszcza jego *Listy anonima* (1788), skierowane do marszałka Sejmu Czteroletniego, Stanisława Małachowskiego, formułowały te zasady polityczno-społeczne, na których oparła się konstytucja, a więc wzmocnienie władzy wykonawczej i reorganizacja ustawodawczej, a więc reforma wojska i skarbu oraz nadanie praw miastom. W wystąpieniach swoich zarówno Staszic i Kołłątaj, jak inni publicyści podrzędniejsi, poruszając zagadnienia natury polityczno-społecznej, znane już z publicystyki renesansowej, od poprzedników swych różnili się bardzo wybitnie sposobem, w jaki uzasadniali swe poglądy. Gdy bowiem tamci stale, choć w różnym stopniu sięgali do argumentów religijnych, odziewając je, jak Skarga, w szatę wspaniałych proroctw, publicyści w. XVIII stoją na gruncie najzupełniej świeckim, argumentują danymi statystycznymi, na oku mają świecką i ziemską pomyślność społeczeństwa, konkretne i wymierne interesy zagrożonego politycznie narodu.

Za typowego ich przedstawiciela uznać można ruchliwego współpracownika Kołłątajowego, F r a n c i s z k a S a l e z e g o J e z i e r s k i e g o (1740 - 1791). Gdy podkanclerzy stworzył biuro propagandy zasad, głoszonych przez stronnictwo patriotyczne, swą sławną „kuźnicę", zwrócił uwagę na energicznego wizytatora Komisji Edukacyjnej, kanonika Jezierskiego, i nie zawiódł się na nim. „Wulkan Gromów kuźnicy", jak go nazywano, okazał się doskonałym publicystą, szczepiącym na gruncie polskim aktualne hasła rewolucji francuskiej. On to przecież w *Duchu nieboszczki Bastylii* (1790) udostępnił słynny traktat E. J. Sieyèsa o „stanie trzecim", choć tutaj właśnie najpełniej wyładował swe „gromy". Jego bowiem pamflety, jak *Katechizm o tajemnicach rządu polskiego*, jak *Jarosza Kutasińskiego herbu Dęboróg ... Uwagi nad stanem nieszlacheckim w Polszcze* czy krótka encyklopedyjka pt. *Niektóre wyrazy porządkiem abecadła zebrane* (1791), brzmią dzisiaj bardzo łagodnie, tak że trudno nam ocenić ich siłę wybuchową w okresie Sejmu Czteroletniego. Być może, iż zdawał sobie z tego sprawę sam autor, skoro uciekał się do pośrednictwa „przykładu" historycznego, tj. powieści takich, jak *Rzepicha matka królów* (1790), wprowadzająca rodzicielkę dynastii piastowskiej. Niezwykłość tej powieści polegała na tym, że w czasach gdy Naruszewicz i Krasicki poddawali ostrej krytyce naukowej nasze podania kronikarskie, Jezierski zajął stanowisko odmienne: uznawał on to, co nazwać by można intuicją ludową, a więc stanowisko podobne temu, z którego na przeszłość spoglądać będą romantycy.

Zadaniom publicystycznym służyła również popierana przez Stanisława Augusta literatura, w propagandzie bowiem haseł politycznych brali pośredni lub bezpośredni udział wszyscy niemal pisarze tej epoki. Tak więc służył jej teatr, zreformowany za staraniem królewskim, w r. 1765 bowiem otwarto w Warszawie pierwszy teatr publiczny. Uroczystość ta nie wypadła nadzwyczajnie, wystawiona bowiem komedia *Natręci* Józefa Bielawskiego upamiętniła się jedynie złośliwym nagrobkiem, który autorowi jej skreśliło pióro dowcipnisia, a który brzmiał:

Tu leży Bielawski, szanujcie tę ciszę,
Bo jak się obudzi, komedią napisze.

Nie zawsze jednak panowała na deskach sceny warszawskiej cisza, w lat bowiem niemal trzydzieści później, w dwu utworach — *Powrocie posła* Niemcewicza i Bogusławskiego *Krakowiakach i góralach*, publiczność zetknęła się ze sprawami, które równocześnie wypełniały pisma publicystyczne, z namiętnie dyskutowanymi zagadnieniami politycznymi.

Poza teatrem pisarze ówcześni skupiali się w rodzaju akademii literatury, w apartamentach królewskich na zamku, gdzie odbywały się sławne „obiady czwartkowe", wydawane przez Stanisława Augusta dla tych, którzy pod jego opieką piórem pracowali dla dobra ogółu. Opinia publiczna dworowała sobie wprawdzie z tych przyjęć, krążyły o nich złośliwe dowcipy, układane przez znanych i nie znanych fraszkopisów. Istotnie też praktycznego znaczenia obiady te nie miały, duże natomiast było ich znaczenie moralne. Wskazywały one na istnienie ośrodka, skupiającego nieliczną grupę niestrudzonych pisarzy, dowodziły, że grupa ta miała pewien wspólny program, że reprezentowała pewien jednolity pogląd na świat, że wyznawała tę samą wiarę literacką.

Co to był za program i jakie czynniki sprawiły, iż nawet nieduża grupa ludzi, przy pomocy króla, mogła go w życie wprowadzić, wyjaśnić łatwo, przywołując wyraz Oświecenie. Pozwala on z góry przyjąć, iż przeszczepiony na polski grunt ten potężny prąd wywołał na nim ten sam ferment i doprowadził do przewrotów i przeobrażeń rewolucyjnych, pospolitych w całej Europie w. XVIII, od Francji po Rosję i od Włoch po kraje skandynawskie, a sięgających również na drugą półkulę, do Ameryki Północnej.

Wśród wielu sił napędowych, składających się na energię Oświecenia, rolę decydującą odgrywały poglądy filozoficzne, polityczne i społeczne; działały one nie samopas, lecz związane w jednolity system, którego podstawą był racjonalizm, a raczej humanizm racjonalistyczny. W dziedzinie więc religii „Istotę najwyższą" umieszczano poza światem ludzkim, ograniczając jej działalność inicjatywą wolnego człowieka. Wskutek tego w zakresie myśli politycznej upadało pojęcie władzy z łaski boskiej, zastąpione pojęciem władzy wynikającej z woli zbiorowej społeczności ludzkich, z „umowy społecznej". Przyjmowanie zaś umowy tej prowadziło z konieczności do odrzucenia poglądów na różnice społeczne między jednostkami, grupami i stanami, wyrównywanymi wedle zasady „wolności, równości i braterstwa".

Poglądy te upowszechniły się w całej Europie i ich obecnością tłumaczą się zmiany w życiu polskim epoki Stanisława Augusta, takie jak sekularyzacja i upaństwowienie szkolnictwa, jak świeckość wywodów publicystów czasu Sejmu Czteroletniego, Kołłątaja czy Staszica. Rzecz to zrozumiała, pisarze bowiem francuscy, którzy scharakteryzowane tu stanowiska reprezentowali, byli w Polsce doskonale znani. Rozczytywano się u nas namiętnie w znakomitym dziele *O duchu praw* Monteskiusza, gdzie znajdowano wykład naturalnego rozwoju ustrojów społecznych, autor zaś rewolucyjnej *Umowy społecznej*, Jan Jakub Rousseau, uchodził za nieomylne bożyszcze, za objawiciela nowych prawd, tak dalece, że gdy grupa młodych polityków za czasów konfederacji barskiej poszukiwała najlepszego sposobu zreformowania ustroju w Polsce, po radę zwróciła się do „filozofa genewskiego". I nic chyba lepiej nie charakteryzuje zaufania racjonalisty do własnego rozumu, jak fakt, że Rousseau, który o Polsce miał tylko bardzo ogólnikowe wiadomości, nie wahał się naszkicować zarysu pożądanych reform.

Ogółem jednak biorąc, system poglądów składających się na Oświecenie nie miał w Polsce tej siły rozsadzającej dawne instytucje, jaką miał na Zachodzie. Przyczyna tego tkwiła w fakcie, że skupiona wokół Stanisława Augusta elita naszych pisarzy składała się w dużej mierze z duchownych oraz że wśród ówczesnej „inteligencji", działającej w prasie, w sejmie i propagandzie politycznej znaczną rolę odgrywały osoby jeśli nie duchowne, to przynajmniej eks-duchowne, dawni jezuici. Dzięki temu, wywody ich — z wyjątkiem kilku urodzonych demagogów, do których i Kołłątaj należał, pojawiały się w postaci stosunkowo umiarkowanej i łagodnej. Polska czasów stanisławowskich nie wydała w rezultacie pisarza o temperamencie innego ogólnoeuropejskiego bożyszcza epoki, ruchliwego i płodnego Voltaire'a, pisarza, który ciętym piórem przyczynił się do spopularyzowania poglądów wieku Oświecenia znaczniej, aniżeli wszyscy inni pisarze tej epoki razem wzięci.

Wpływy Woltera były możliwe dzięki temu, że w świecie europejskim miejsce łaciny zajął obecnie język francuski, język dworów i dyplomacji, język rodów arystokratycznych i tych, którzy na wielkim świecie zabiegali o karierę. Powtórzyło się zjawisko znane z epoki humanizmu, z tą tylko różnicą, że miejsce Włoch renesansowych zajęła teraz Francja i jej wspaniała kultura literacka, stworzona w drugiej połowie w. XVII, w czasach Ludwika XIV. Literatura ta zdobyła teraz znaczenie wyroczni, do jej arcydzieł zwracano się po rozstrzygnięcie wszelkich nasuwających się wątpliwości.

Polska, która w czasach swego rozkwitu zajęta była czym innym, bo walkami ze Wschodem, tak że odosobnione wysiłki J. A. Morsztyna czy kulturalnych pisarzy epoki saskiej przeszły bez śladu, obecnie całym frontem zwróciła się ku Francji, usiłując własną kulturę literacką przepoić elementami pochodzenia francuskiego, a raczej na gruncie zmarniałej i zamarłej kultury barokowej wznieść nową, jak najbliższą francuskiej. Było to zupełnie uzasadnione okolicznością, że kultura literacka Francji, stanowiąc produkt tych samych usiłowań, z których wyrosła filozofia Oświecenia, najbardziej odpowiadała wymaganiom nowej epoki.

Oświecenie polskie, wierząc, iż człowieka można wychować w ideałach racjonalistycznych, do pracy tej usiłowało wprząc również literaturę i dlatego z dorobku francuskiego wybierało te utwory, za których pomocą zadanie to można było spełnić. Odłogiem więc pozostawiono tragedię dwu klasyków dramatu, Corneille'a i Racine'a,

2. Stanisław August i jego polityka kulturalna

przyswajać zaś poczęto te rodzaje literackie, które mogły zastąpić dorosłemu czytelnikowi szkołę, w których można było, ze względu na ich charakter, propagować cenne zasady życia, a zwalczać to wszystko, co wydawało się szkodliwe. Z twórczości dramatycznej tedy obrano komedię jako narzędzie walki o nowe ideały, i to zarówno komedię samego Moliera, jak jego niezliczonych naśladowców, molierystów, pisarzy dostarczających sztuk teatrom francuskim. Ponieważ konieczne było stworzenie repertuaru dla nowo otwartego teatru warszawskiego, polityk i pisarz, książę Adam Kazimierz Czartoryski, naszkicował wprost jego program, zalecając przerabianie sztuk francuskich w ten sposób, by charakterystyczne rysy obyczaju obcego zastępować swojskimi, polskimi.

Pokoleniu bojowników o nowe zasady życiowe, oparte na wyrozumowaniu, obce były porywy bohaterskie, nie zwracało więc ono uwagi na poezję epicką, obce mu były również głębokie wzruszenia, stąd niepotrzebna mu była liryka. Namiętnie za to uprawiano te wszystkie gatunki literackie, które mogły być przydatne do celów pedagogicznych, a więc pouczającą bajkę, której mistrzem we Francji był Lafontaine, a więc przeróżne odmiany poezji satyrycznej, satyry w tradycyjnym wyrazu tego znaczeniu, poematy heroikomiczne, ironią zaprawne obrazki z życia codziennego, rymowane traktaciki moralne itd., itd.

Wyrozumowana ta poezja nie wymagała potężnego wysiłku uczuciowego, natchnienia, wyrastała z refleksji i pracy myśli. Była to poezja, której można było się nauczyć. A mistrzów nie brakło, przede wszystkim w świecie starożytnym, gdzie takie poglądy były pospolite, a do którego zwracano się teraz chętnie i często, następnie w świecie literatury francuskiej. Wśród starożytnych doradcę znajdowano w Horacym, autorze rozprawki *O sztuce poetyckiej*, z dzieł francuskich przewodnikiem był traktat pod tym samym tytułem Mikołaja Boileau, miernego poety z czasów Ludwika XIV. Ich wzorem poczęto u nas pisać wierszem i prozą „sztuki rymotwórcze", zbiory przepisów uczących dobrego smaku i tajników rzemiosła pisarskiego. Wierząc bowiem, że poezji nauczyć się można, wysnuwano wniosek, że metodą jej nauczenia się najlepszą jest podpatrywanie sekretów wielkich dzieł klasycznych, czyli naśladowanie. Im naśladowanie to będzie dokładniejsze, tym bardziej zbliży do doskonałych i za doskonałe uznanych wzorów. Słowem, wrócono do zasad znanych już z czasów renesansu, do kultu świata starożytnego, jego ideałów estetycznych, tylko że obecnie stawiano wymagania surowsze, dokładnie ustalone i określone.

Ograniczona w ten sposób literatura stanisławowska grzeszyła pewną wąskością i tematów, i form literackich, w których tematy te ujmowano. Brak jednak szerszych horyzontów wetowała nie tyle nawet głębią, ile rzetelnością i solidnością. Te właściwości cechujące dorobek literacki garstki ludzi zorganizowanych i wspierających się nawzajem, a nadto wspieranych przez króla, sprawiły, że garstka owa rychło odniosła zwycięstwo w boju z niedobitkami przeszłości i skierowała myśl i wyobraźnię czytelnika na tory całkiem nowe. Inna sprawa, że tory te ściśle były związane z charakterem epoki, że wychodząc z dworu królewskiego obiegały społeczeństwo, by znów na dwór powrócić. Innymi słowy, literatura stanisławowska miała, w stopniu silniejszym jeszcze niż literatura czasów zygmuntowskich, charakter nadworny, w sensie zarówno dodatnim, jak i ujemnym; w sensie dodatnim — reprezentowała bowiem wysoki poziom europejski, normalny dla dworu królewskiego, ujemnym — wpadała bowiem z musu w pewien swoisty panegiryzm. Nawet jednak w tym drugim wypadku panegiryzm swój uzasadniała w zwięzłej charakterystyce działalności królewskiego mecenasa:

> *Trzeba talentom wsparcia, cnocie przewodnika.*
> *Ale gdzież takie oko, które wskroś przenika,*
> *Które — mogąc — chce widzieć, czego nie dostawa?*
> *Znać, czuć, zdobić, wspomagać — przymiot Stanisława.*

3. POECI DWORSCY

Odrodzenie literatury w czasach Stanisława Augusta nie dokonało się od razu, jak zawsze bowiem w takich wypadkach przejść musiało przez stadia pośrednie, w których dawne upodobania przesiliły się, by ostatecznie ustąpić nowym. Stosunki te zaznaczają się wyraźnie w twórczości poetyckiej historyka, ks. Adama Naruszewicza (1733 - 1796), twórczości, dla epoki tej niezwykle znamiennej. Profesor poetyki w szkołach jezuickich, tłumacz Horacego i Anakreonta, stał się niemal urzędowym poetą dworskim, z obowiązkiem uświetnienia wydarzeń oficjalnych godną ich poezją. Wyobraźnia Naruszewicza sięgała jednak dalej, przyoblekając w szatę obrazowego słowa zarówno przeżycia samego pisarza, jak przede wszystkim sprawy, które pobudzały jego myśl. W rezultacie jego *Liryka* (1778) objęły sferę zagadnień, przypominających zagadnienia Kochanowskiego, choć bez wierszy swywolnych, tych bowiem księdzu biskupowi drukować nie wypadało.

Wiersze Naruszewicza, bez względu na ich tematy, bez względu więc na to, czy dotyczyły urodzin i imienin królewskich, czy spraw politycznych, czy były to komplementy dla znajomych dam z towarzystwa czy bileciki dla przyjaciół, pochwały życia wiejskiego czy uwagi na temat własnego powołania poetyckiego, cechowała pewna stała właściwość, a mianowicie patetyczna górnolotność i bezwiedna prostaczość, granicząca z sarmacką rubasznością. Mieszanina tych dwu niezgodnych składników jest wyrazem krzyżowania się dawności i nowości, nałogów barokowych, wyniesionych z epoki saskiej, z wymaganiami nowego smaku dworskiego. Widać to choćby w formule autobiograficznej, w której poeta określał siebie samego jako „od Muz poleskich wychowane chłopię". Muzy, umieszczone w okolicach Pińska, z których Naruszewicz pochodził, dziwnie nie harmonizują z błotną i prozaiczną krainą poleską, a to samo powiedzieć można o innych tego rodzaju konceptach biskupa smoleńskiego, taką bowiem tytularną godność historyk nadworny piastował — o konceptach, eks-nauczyciel bowiem jezuicki bez konceptu się nie obywał. Sławiąc np. swego mecenasa w wierszu, w którym na przekór Kochanowskiemu, „słowiańskich grodów pisorymowi gładkiemu", dowodził, że czasy się zmieniły, że teraz poeci otrzymują złoto „z mądrego monarchy szafunku", z entuzjazmem dziękował królowi za otrzymany złoty medal z podobizną władcy i sadził się na koncept w guście najzupełniej barokowym:

Szacowny darze! Czegoż więcej żądać
Mam w życiu, kiedy codziennie oglądać
Mogę w mym domku i, będąc poddanem,
Pana mojego być niejako panem?

Wrażenie sarmackiej sztuczności potęguje maniera Naruszewicza w dziedzinie ulubionych mu i nadużywanych przez niego uczonych aluzji mitologicznych. Pojawienie się np. hetmana Branickiego na obiedzie czwartkowym uczcił Naruszewicz dowcipnym, jak sądził wierszem, dziwiąc się, skąd wojskowy znalazł się wśród literatów:

Co tu porabiasz, wodzu, w obcej stronie?
Nie chodzi bitny Mars po Helikonie.

Jeszcze gorzej, bo zbyt już trywialnie wypadła dalsza aluzja, dla odmiany historyczna, do wodza i pisarza w jednej osobie: „bił Gallów Cezar, Niemców w stryczki łowił".

Specjalnością Naruszewicza były pisywane, gdy „puszył go Apollo", tj. zsyłał mu natchnienie, długie i patetyczne ody, utrzymane w tonie bardzo uroczystym i odznaczające się swoistymi cechami stylistycznymi. Okazem tego stylu uroczystego, opartego na obrazach niezwykłych, mitologią również z lekka zabarwionych, imponujących zaś bogactwem uczonych szczegółów, podkreślonych złożonymi przymiotnikami, jest „dytyramb", wiersz pochwalny na wyzdrowienie króla. W zwrotce początkowej, ujętej w postać natchnionej apostrofy, uwagę koncentruje słońce, wyobrażone jako Apollo na rydwanie, tak jednak, by obraz ten samorzutnie niejako zrodził się w wyobraźni czytelnika:

> O ty, co wiecznie krążąc wkoło płodnej ziemi,
> Otaczasz ląd i wody lejcy ognistemi,
> A nieupracowanym tocząc wieki ruchem,
> Rzeźwisz gnuśne żywioły wszystkożywnym duchem,
> Mignij, o złote słońce, dzielniejszym promykiem!
> Niech twe bystre dzianety, rączym sprzęgłe szykiem,
> Promienne zjeżą grzywy, a trakt gwiazdolity
> Lotniejszymi — dzień niosąc — przemierzą kopyty.

Warto ten długi i zawikłany okres poddać szczegółowej analizie składniowej, by ocenić staranność poety w doborze przymiotników, w obfitości obliczonych na wywołanie złudzenia ruchu czasowników i by zauważyć jego nieporadność widoczną w prośbie o promyk, którego zdrobniała forma tak nie licuje z groźnym obrazem żywiołu.

Wśród liryków Naruszewicza wyjątek stanowi głęboka elegia polityczna, *Głos umarłych*, gdzie ozdoby mitologiczne nie kłócą się z poważną treścią, skargami na społeczeństwo pędzące dobrowolnie do zguby, niepomne wielkości historycznej, społeczeństwo, w którym „herbowna gołota", drobna szlachta, daje się wodzić na pasku magnatom („ty chcesz wolności — a oni ją mają", „ty pługiem orać — oni tobą będą") i „wrzeszcząc do chrypki na rząd absolutny", występuje przeciw mądremu „królowi patriocie".

Talent Naruszewicza zabłysnął jednak najpełniej tam, gdzie sarmackie nawyki pisarza nie musiały się kłócić z urzędową wzniosłością, gdzie swobodnie do głosu dochodziła wrodzona mu rubaszność, upodobanie w karykaturalnym rysunku ludzi i stosunków, skłonność do słowa niewybrednego, dosadnego i wyrazistego. Stało się to w energicznych *Satyrach*, piętnujących błędy ludzkie w ich przejawach jednostkowych i zbiorowych. Zdrożności zaobserwowane w salonach i na ulicy, w kościele i u kramu księgarskiego, u modnych dam i wyelegantowanych „fircyków", u krzykaczy sejmikowych i u namiętnych „ministrów króla faraona", tj. karciarzy zgrywających się w modnego faraona, otrzymały tutaj wyraz niezwykle silny, piętnowane z całą energią człowieka, który mógł wreszcie mówić prawdę, nie owijając niczego w bawełnę. Główny sekret pisarski Naruszewicza w *Satyrach* polega na podniesieniu do wyżyn środka

Stanisław Trembecki, staloryt D. Weissa

ZABAWY
PRZYIEMNE y POŻYTECZNE
Z SŁAWNYCH WIEKU TEGO
AUTOROW
ZEBRANE

Juvat immemorata ferentem
Ingenuis oculisque legi, manibusque teneri.
Horat: Epist: L. 1. 19.

TOMU I. CZĘSC II.
ZA POZWOLENIEM ZWIERZCHNOŚCI

w WARSZAWIE, 1770.
Nakładem Michała Gröla J. K. Mci
Kommissarza y Bibliopole.

Pierwsze polskie czasopismo literackie, wyd. przez Naruszewicza i Albertrandiego w latach 1770—1771

3. Poeci dworscy

artystycznego ulicznych wręcz wymysłów, ujętych w języku ulicznym właśnie, dalekim od wytworności. „Pusty świstak, nieociosany drąg, zdrajca, bluźnierca, łgarz, bezecny przechera (oszust), pijak, obłudnik, pieniacz, tchórz, marny kostera (szuler), istny mózgowiec (wariat)" oto seria epitetów, wypowiedzianych jednym tchem pod adresem człowieka wybranego na przedmiot satyry. Kiedy indziej znowuż zbiór szczegółów charakteryzujących godną potępienia jednostkę, wyrażony w taki sam niewybredny sposób, osiąga ten sam cel. Niekiedy wreszcie do głosu dochodzi oburzenie, jak w zakończeniu satyry wymierzonej przeciw rozpanoszonemu pochlebstwu:

*Wszystkich chwalim, iż dobrzy, i świeccy i księża,
Jednak giniem bez skarbu, rządu i oręża.*

Rzadko natomiast udaje się Naruszewiczowi ironia, najświetniej może użyta w *Chudym literacie*, znakomitej satyrze na ciemnotę ograniczonej szlachty prowincjonalnej.

I w tym również zaznacza się dwoistość Naruszewicza jako artysty usiłującego przełamywać w sobie nałogi sarmackie po to, by stać się pogromcą sarmatyzmu w życiu politycznym i towarzyskim.

To, o co zabiegał ciężki i rubaszny Naruszewicz, tj. stworzenie stylu dworskiego, osiągnął jego przyjaciel, szambelan królewski, S t a n i s ł a w T r e m b e c k i (1739 - 1812), osobistość pod każdym względem od królewskiego historyka odmienna. Osobistość równocześnie bardzo interesująca, jako typ wytwornego pieczeniarza, wieszającego się u klamki pańskiej, doskonały niemal typ dworaka. To właśnie stanowisko wywołało nikłą twórczość literacką Trembeckiego, wiersze bowiem były w jego ręku narzędziem zdobywania sobie względów pańskich, rozprawiania się z przeciwnikami, płacenia za doznane względy czy nawet regulowania długów karcianych.

Zorientować się w całości dorobku poetyckiego pana szambelana Jego Królewskiej Mości, który prawie nic nie drukował, jest z tego względu bardzo trudno, że rzadko tylko autorstwo jego jest pewne. Takie stawianie sprawy jest o tyle zabawne, że Trembeckiego poczytywano i poczytuje się za niedoścignionego mistrza, zdawać by się więc mogło, że utwory mistrzowskie wyróżnić będzie łatwo. Trudności zaś wspomniane dowodzą, że mistrzów takich najwidoczniej było więcej, albo też że sam Trembecki mistrzem nie był, że był tylko świetnym majstrem, doskonale panującym nad rzemiosłem literackim.

To drugie przypuszczenie uzasadnić łatwiej. Był bowiem Trembecki niewątpliwym wirtuozem pustego słowa, majstrem w komponowaniu zgrabnych, ale nikłych wierszyków i wierszy dworskich, dowcipnych komplementów i panegiryków, lecz majstrem całkiem różnym od Naruszewicza. Sztuka jego była sztuką prostoty, tam bowiem nawet, gdzie błyskał uczonością, nie wyrażał jej w zawijasach barokowych, które sam u Naruszewicza pomysłowo przedrzeźniał. Jako przykład tej prostoty służyć może urywek przypominającego ulubione w tej epoce kolorowane sztychy lub rysunki piórem, bardzo wyrazistego wierszyka *Do Kossowskiej w tańcu*:

*Śliczna w postaci, żywa jak łania,
Oczki jak zorza, usta w rubinie,
Z rączym się wiatrem w tańcu ugania,
Chwyta za serce, kto się nawinie.*

Obrazek ten należy rzucić na tło któregoś z otaczających Warszawę stanisławowską parków, gdzie zebrane towarzystwo urządzało modne „pikniki", by ocenić urok postaci, ujętej niby któryś z wdzięcznych posągów antycznych, jakimi parki te ozdabiano. Ruch postaci i kilka szczegółów urody wyrażonych za pomocą porównania czy przenośni tworzy sylwetkę niezwykle lekką i powiewną, nakreśloną kilku subtelnymi pociągnięciami pióra. Dziwna jednak ironia losu sprawiła, że również w tym wypadku autorstwo Trembeckiego może budzić wątpliwości.

Nieobca jednak była Trembeckiemu dosadność tam, gdzie za jej pośrednictwem wydobyć pragnął odpowiedni efekt artystyczny. Widać to w jego *Bajkach*, częściowo zapożyczonych od Lafontaine'a, częściowo od bliższego szambelanowi Kniaźnina. Tworząc obrazki z życia ludzi pospolitych czy z życia zwierząt, nie wahał się pisać językiem godnym satyr Naruszewicza. Dziewki służebne, przez skąpą panią budzone przed świtem, tak łają kogutowi:

*Czy cię piekielnik rozpierzył, psi ptaku,
I z twoim przemierzłym głosem!
Przybeczysz ty swego gdaku.*

Lew wymyśla musze od „śmierdziuchy urodzonej z kału", wilk przemawia do jagnięcia, „baraniego syna" itd.

Ta umiejętność posługiwania się dosadnością nie przeszkadzała Trembeckiemu zdobywać się na górne, od przesady stylowej wolne, jakkolwiek w treści mocno, nieraz nawet obrzydliwie przesadne wiersze panegiryczne, do króla, do carowej Katarzyny, do przyjaciół itd. Z utworów tych największą popularność zdobył napisany w starości, podczas pobytu na łaskawym chlebie u Potockich w ukraińskim Tulczynie poemat *Sofijówka* (1806). Poemat ten to połączenie dwu warstw motywów: uczonych wywodów filozoficznych oraz opisu przyrody, wspaniałego parku w okolicach Tulczyna, nazwanego Sofijówką. Utwór to o tyle znamienny, że ustalił on u nas modę na tzw. „poema opisowe", a więc poemat wypełniony opisem jakiegoś fragmentu przyrody a urozmaicony wkładkami pełnymi uczoności filozoficznej, przyrodniczej, historycznej lub jakiejkolwiek innej. Poematem tym zachwycał się w młodości Mickiewicz, pisząc do niego komentarz i tłumacząc jego początek na łacinę, co więcej, dwuwiersz z niego („Wy, klasyczne Tyburu spadające wody...") wplótł w jedną z rozmów w *Panu Tadeuszu,* a wreszcie, na jego podstawie z uznaniem mówił o Trembeckim jako znakomitym klasyku, jako człowieku, który „był prawdziwym Grekiem z czasów Peryklesa albo łacinnikiem z czasów Augusta". Ta bardzo pochlebna ocena byłaby słuszna, gdyby Trembecki potrafił był robić to, co robili poeci greccy i rzymscy, tj. utrzymać jaką taką równowagę między tym, jak mówił, a tym, co mówił. W rzeczywistości ten świetny wirtuoz słowa nic nie miał do powiedzenia, był typowym przedstawicielem doprowadzonego do skrajnej doskonałości słowa poetyckiego, które nic nie wyraża. Podobny do Morsztyna, wirtuozji swej nie wyzyskał nawet tak jak Morsztyn, nie zdobył się na wzbogacenie literatury polskiej przekładem jakiegoś znakomitego dzieła obcego. I z tego właśnie względu uważać go można za typowego przedstawiciela efektownej, lecz przemijającej poezji dworskiej, która podówczas w całej Europie miała sporo podziwianych za życia, rychło jednak zapominanych, jednodniowych znakomitości.

Nie brakło ich i w Polsce, by wspomnieć choćby Celestyna Czaplica, zasłużonego działacza politycznego, który w chwilach wolnych uprawiał poezję okolicznościową, pisując m. in. zabarwione gwarą panegiryki, które chóry chłopskie śpiewały na podwarszawskich przyjęciach wydawanych dla króla. Nad tego rodzaju poetów, często nie znanych z nazwiska, wyrósł talentem i rozgłosem K a j e t a n W ę g i e r s k i (1756 - 1787), przedwcześnie zmarły tłumacz i satyryk. Żarliwy wielbiciel pisarzy francuskich, których świetnymi przekładami upowszechniał, za ich wzorem próbował sił w poezji komicznej o zacięciu satyrycznym. W *Organach* więc dał typowy poemacik heroikomiczny o bojach plebana z organistą, w *Listach* rozprawiał się ze śmiesznostkami życia dworskiego i literackiego. Rozgłos jednak przyniosły mu złośliwe paszkwile, wymierzane przeciw znanym osobistościom, bezlitośnie nicujące ich życie prywatne, przy czym autora ich pomawiano również o analogiczne utwory nie przez niego pisane. Rozgłos ten wypadło zuchwałemu starościcowi przypłacić więzieniem i wyjazdem z Polski. Pełen przygód miłosnych i karcianych wojaż zawiódł Węgierskiego do Ameryki i upamiętnił się dokumentem tym niezwyklejszym, iż do niedawna przypisywano go pióru... Kościuszki. Pierwszy literat polski, który dotarł do Ameryki Północnej, żegnając je w liście do przyjaciela, wyrażał podziw dla kraju, który dzięki rewolucji zdobył wolność, i przeciwstawiał mu niedolę własnej ojczyzny. List kończył się zapowiedzią powrotu: „pójdę sam i umrę wolny z wami", której losy nie pozwoliły spełnić Węgierskiemu. Zaskoczony śmiertelną chorobą w obcej ziemi, kończył młode życie bolesnym wyznaniem: „Muszę umierać, nie budząc w nikim łzy żalu..., nie oddawszy najmniejszej usługi ojczyźnie, ludzkości, krewnym... Przywykły od dzieciństwa iść za popędem fantazji i kaprysu, przeżyłem lat trzydzieści bez żadnego systemu, bez planu, rzucony na wolę namiętności".

Narzędzie jednak Węgierskiego nie zmarnowało się; wykształcony przezeń paszkwil już w rok po jego śmierci miał stać się zabójczą bronią w ręku satyryków politycznych, którzy jadowitym piórem godzili w konserwatywnych obrońców przeszłości, zwalczanej w obradach Sejmu Czteroletniego.

4. KSIĄŻĘ BISKUP WARMIŃSKI

Gdy w r. 1782, po dziesięcioletniej blisko nieobecności zjechał do Warszawy biskup warmiński, Ignacy Krasicki (1735-1801), od pierwszego rozbioru poddany pruski, Trembecki, który przy wszystkich swoich wadach życzliwie traktował innych poetów, wystąpił z powitaniem. Dwa lata później w wierszu zawierającym zgrabne aluzje do człowieka, który nad purpurowy biret biskupi przeniósł zieleń wianka laurowego, symbolu sławy poetyckiej, podkreślał, że „gość z Heilsberga", bo tak nazywał się Lidzbark, podówczas siedziba biskupia, należał do poetów urodzonych, a nie wyprodukowanych dzięki opiece królewskiego mecenasa, wyznaczał mu wreszcie miejsce czołowe w grupie ówczesnych pisarzy:

*A choć w odległej teraz bursztynowej ziemi
Mieszkać musisz, pasterzu, z owieczkami twemi,
Sprzyjaj tej, co cię na świat wydała, krainie,
Niechaj rodaków imię twymi dzieły słynie.
Ci z usilnym pragnieniem chwytać sobie życzą
Pienia, w których przeplatasz użytek słodyczą.
Wszak świetniejszym wybraniem dla głowy osłony
Nad purpurowy kolor przekładasz zielony,
A cnej pisania sztuki z dowcipem i gustem
Tyś pierwsze dał przykłady pod naszym Augustem.*

4. Książę biskup warmiński

*Rządca ten, gdy swe państwa biegłymi obdarzał,
Ciebie umiał wynaleźć, a innych postwarzał,
Gdy zaś twój każdy wyraz wiele zawsze znaczy,
Biedne naśladowniki zostawiasz w rozpaczy.
Próżno się onych pióro z twoim równać sili,
Tysiąc było poetów — a jeden Wirgili.*

W zgrabnej tej pochwale było dużo prawdy, ale i nie mniej panegirycznej przesady. Osiadłszy bowiem w „bursztynowej ziemi" warmińskiej Krasicki doskonale łączył dochodową godność kościelną z zajęciami poetyckimi i, gdyby mu było wypadło wybierać między biskupem a poetą, z czarującym wdziękiem, ale bez chwili zastanowienia byłby on wybrał fiolety biskupie. Znakomity bowiem poeta stanisławowski w życiu był typem wygodnisia, umiejącego pogodzić się z sytuacjami tak nawet trudnymi, jak rozbiór Polski. Utrzymując przyjazne stosunki ze Stanisławem Augustem, któremu swą karierę duchowną zawdzięczał, nie gorsze potrafił utrzymać ze swym nowym władcą, Fryderykiem II, którego odwiedzał w jego podberlińskiej rezydencji i nad którym unosił się w listach do rodziny. Innymi słowy, X. B. W., czyli „książę biskup warmiński", był w życiu również typem dworaka, jak Naruszewicz czy Trembecki, choć typem niewątpliwie wyższej klasy. Inaczej, co prawda, potomek hrabiowskiego wprawdzie, lecz niebogatego rodu małopolskiego (ur. w Dubiecku w ziemi przemyskiej) nie byłby zasiadł na najintratniejszym biskupstwie, z którego dochody zresztą nigdy wystarczyć mu nie mogły, a ostatnich lat życia nie byłby spędził na stanowisku jeszcze wyższym, bo na arcybiskupstwie gnieźnieńskim.

W ciągu swej długiej kariery duchownej, przerwanej nagłą śmiercią w Berlinie, książę biskup, który w młodości kilkakrotnie dowiódł dużych zdolności polityczno-administracyjnych, z zamiłowaniem oddawał się zajęciom naukowym, zwłaszcza w dziedzinie literatury. W początkach więc swego zawodu pisarskiego był gorliwym współpracownikiem „Monitora", z biegiem zaś lat sporo tłumaczył z pisarzy starożytnych (np. z Plutarcha), wreszcie próbował stworzyć pierwszy, urywkami dzieł i arcydzieł obcych obficie ilustrowany zarys literatury powszechnej (*O rymotwórstwie i rymotwórcach*). Dzięki tym pracom biskup, który zawiódł Stanisława Augusta, spodziewającego się znaleźć w nim dobrego polityka i dyplomatę, okazał się najinteligentniejszym i najdzielniejszym wykonawcą programu królewskiego w dziedzinie kultury umysłowej. Zasługi te ułatwiły mu odzyskanie względów króla i zrównoważyły w opinii publicznej to wszystko, co historia mogłaby księciu biskupowi warmińskiemu zarzucić.

Na czoło prac literackich Krasickiego, uprawianych przez całe niemal życie, wysuwa się jego twórczość pisarska w prozie i wierszu, niezbyt wprawdzie chronologicznie rozległa, zamykająca się bowiem w obrębie lat piętnastu (1765 - 1780), bardzo natomiast różnorodna, artystycznie niemal doskonała, społecznie zaś bardzo doniosła. Różnorodność jej miała oczywiście swoje granice, wyznaczone i przez temperament pisarza, i przez zwyczaje literackie epoki. Unikał tedy Krasicki tych rodzajów literackich, które wymagały zdolności naturze jego obcych, nie pisywał ani utworów lirycznych, ani tragedii, ani nawet rzeczy o charakterze historyczno-epickim. Raz tylko, ulegając wymaganiom króla, porwał się na temat epicki w *Wojnie chocimskiej*, ale próba się nie udała i na niej się skończyło. Z upodobaniem za to powracał do rodzajów literackich o charakterze dydaktycznym, a więc odpowiadającym duchowi epoki, z tym, że dydaktyzm urozmaicał w zgodzie z naturą własnego talentu znaczną domieszką składników humorystycznych i w tej właśnie dziedzinie osiągał tryumfy największe; tam zaś, gdzie szedł za głosem czystego dydaktyzmu i usiłował nauczać w sposób poważny, dawał utwory średnie lub nawet mniej niż średnie, chociaż w czasach jego na ogół chętnie chwalone i czytywane.

Sława Krasickiego, jako największego pisarza czasów stanisławowskich, opiera się wskutek tego przede wszystkim na utworach, w których w równej mierze doszły do głosu uzdolnienia niepospolitego humorysty i dydaktyzm epoki oświeconej, a więc na dziełach satyryczno-humorystycznych. Należą tu w pierwszym rzędzie jego poematy heroikomiczne. Prastary ten rodzaj literacki, znany już w starożytnej Grecji, a bardzo popularny we Francji w. XVIII, okazał się podatnym narzędziem w walce księcia biskupa z grzechami jego czasów, jednostkowymi i zbiorowymi, w walce toczonej nie za pomocą gromów oburzenia, lecz dobrotliwego, choć ostrych akcentów niekiedy nie pozbawionego śmiechu. Dotyczy to zwłaszcza *Myszeidos pieśni X* (1775), utworu osnutego na starym, na poły bajkowym motywie walki kotów z myszami, zakończonej zwycięstwem myszy; stąd tytuł o brzmieniu wysoce komicznym, urobił go bowiem pisarz od wyrazu „mysz", wbudowując go w wyraz, brzmieniem przypominający greckie pieśni o bohaterach, Achilleidy i in. Motyw ten, jak przystało na człowieka, który żył w czasach, gdy Naruszewicz rozprawiał się z pierwiastkami baśniowo-podaniowymi, Krasicki związał z bajeczną historią Polski, z podaniem o Gople i Popielu przez myszy zjedzonym. Związek ten wygląda tutaj tak, że myszy buntują się przeciw protekcji okazywanej przez króla Popiela kotom, gdy zaś Popiel sam do walki czworonogów się wmieszał, spotyka go los znany z podań kronikarskich. Podczas ucieczki „Popiel wpadł w wodę i myszy go zjadły". Innymi słowy, *Myszeis* daje humorystyczne ujęcie materiału kronikarskiego, który pisarze pokoleń późniejszych, jak autor *Starej baśni*, Kraszewski, traktować będą na serio. Krasicki na rzecz całą spogląda oczyma humorysty, rozbawionego widokiem oczywistego nonsensu i naiwnej wiary dawnego kronikarza, który nonsensu tego nie dostrzegał:

> *Wielki Kadłubku, któż cię wielbić zdoła?*
> *Tyś to nam pierwszy te dziwy objawił.*
> *Iżeś pracował w pocie twego czoła,*
> *Wiek cię potomny będzie błogosławił.*
> *Przebacz, jeżeli Muza zbyt wesoła!*
> *Nie dość nauczyć, trzeba, żebyś bawił.*
> *Czyś bajki pisał, czyś prawdę określił,*
> *Wiem, żeś w prostocie ducha swego myślił.*

Ponieważ poematy heroikomiczne z natury rzeczy zawierają sporo nonsensu, polegając bowiem na przedrzeźnianiu poematów poważnych sytuacje z nich znane doprowadzają do absurdu, trudno przypuścić, by Krasicki, głosząc zasadę „niedość nauczyć, trzeba, żebyś bawił", w *Myszeidzie* zrezygnował całkowicie z nauki i chciał dać tylko dowcipną igraszkę poetyczną. Doszukiwano się wprawdzie w *Myszeidzie* ukrytych aluzji do ludzi i wydarzeń i chciano ją potraktować jako satyrę polityczną na stosunki w czasach Stanisława Augusta, tego rodzaju domysły nie mają jednak potwierdzenia w samym poemacie. Walczy oczywiście Krasicki z różnymi przywarami życia zbiorowego, wyśmiewa wpływ kobiet na politykę w osobie Popielowej córki, Duchny, która z zemsty za zabitego kota-ulubieńca wciąga ojca w awanturę wojenną, wyśmiewa dalej Krasicki odziedziczoną po czasach saskich skłonność do pijaństwa, Popiela bowiem robi opojem, z tym wszystkim *Myszeis* to tylko wyskok dobrego humoru świetnego pisarza, porwanego przez komiczny pomysł i zabiegającego o odzianie tego pomysłu w doskonałą szatę literacką. To próba pokazania światu, co z tematów przez wieki uchodzących za poważne, nawet dostojne, zrobić można, oświetliwszy je od strony nieoczekiwanej, komicznej. Od wieków np. poeci w pewien stały, stereotypowy sposób przedstawiali krwawy zamęt bitewny. U Krasickiego ów tradycyjny sposób przybiera taką oto postać:

> *Miauczących kotów przeraźliwa wrzawa,*
> *Szczurów odważnych pisk słychać ochoczy.*

*Pobojowisko okrywa kurzawa,
Gęstym tumanem wojowników mroczy.
Wzmaga się coraz bitwa straszna, krwawa,
A potokami krwi ziemia się broczy.
Zamiast kunsztownej z stali armatury
Broń stron obydwóch: zęby i pazury.*

Początek oktawy utrzymany jest w tonie tradycyjnym, poważnym — zapomnieć można, że to nieprawdziwa wojna czworonogów — zamykający jednak całość dwuwiersz końcowy sprowadza wyobraźnię z obłoków na ziemię, rozwiewa iluzję epicką, przypomina, że to przecież bitwa nie na serio. Podobnie tradycja epicka od czasów Homera nakazywała w walkach podkreślać udział bogów; ta odwieczna „machina mitologiczna" pojawia się również w *Myszeidzie*, reprezentuje ją „baba przestarzała", baśniowa Jędza, która chwyta króla szczurów Gryzomira, wiezie go przez powietrze na łopacie i wreszcie zrzuca na ziemię. A to samo powiedzieć można o tradycyjnych przemówieniach bohaterów epickich, o opisach pogrzebów poległych rycerzy itp. W *Myszeidzie* występują one wypaczone, przeinaczone, dzięki czemu wywierają właśnie wrażenie komiczne, a o wywołanie tego wrażenia autorowi najwidoczniej chodziło.

To samo stanowisko dostrzec można w następnym, głośniejszym utworze Krasickiego w *Monachomachii*, czyli wojnie mnichów.

*Wojnę domową śpiewam więc i głoszę,
Wojnę okrutną, bez broni, bez miecza,
Rycerzów bosych i nagich potrosze,
Same ich tylko męstwo ubezpiecza,
Wojnę mnichowską!*

W tak uroczystej apostrofie zapowiedziana wojna jest jeszcze bardziej nonsensowna od bojów myszo-kocich, nie znamy bowiem nawet jej przyczyn. Tkwią one właśnie w tradycyjnej machinie mitologicznej, zazdrosna Niezgoda wywołuje zatarg między dwoma klasztorami i, gdy inne sposoby załatwienia sporu zawiodły, doprowadza do srogiej bójki. Rozwiązanie najnieoczekiwaniej przychodzi w postaci „dzbana nad dzbany", pucharu, opisanego tak jak sławna tarcza Achillesa u Homera, ponieważ zaś okazałe to naczynie wcale nie jest próżne, urokom jego oprzeć się nie mogą znużeni wojownicy „czarni i bieli, kafowi i szarzy" i co prędzej zapijają zgodę.

Humoreska ta wyrosła, podobnie jak *Myszeis*, z chęci nakreślenia komicznego obrazka z życia „zawołanej ziemiańskiej stolicy", podłej mieściny, w której „były trzy karczmy, bram cztery ułomki, klasz-

4. Książę biskup warmiński

torów dziewięć i gdzie niegdzie domki", obrazka, ukazującego w roli homeryckich bojowników gromadę zakonną, walczącą przeróżną bronią — węzłowatymi sznurami, trepkami, okazałymi księgami, dzbanami wreszcie i butlami. Łatwo sobie wystawić, jak świetne efekty uzyskać było można, kreśląc te epizody bitewne bez drgnięcia ust, z głęboką powagą, pod którą głęboko krył się śmiech na widok ludzkiego głupstwa i ludzkich, przez głupstwo rozpętanych namiętności. W *Monachomachii* nie sam śmiech jednak zadecydował o charakterze całości. Człowiek wieku Oświecenia wrażliwy był na wszelkie przejawy głupstwa, szczególnie zaś na te, w których głupstwo kryło się pod pozorami nietykalności religijnej. Stąd z niechęcią spoglądał na organizacje zakonne, i tym właśnie do pewnego stopnia tłumaczy się nawet zniesienie zakonu jezuickiego. Gorszące stosunki w życiu polskim, w którym zakony — od czasów saskich co najmniej — odgrywały dużą i nie zawsze chlubną rolę, spotęgowały w biskupie warmińskim tę dla czasów jego typową niechęć i dzięki temu *Monachomachia* stała się ciętą satyrą na „wielebne głupstwo (...) pod starożytnym schronieniem świątnicy", na „świętych próżniaków", miłośników raczej kielicha niż książki. W szeregu przepysznych obrazków, takich jak poszukiwanie zarzuconej w niedostępnych zakamarkach biblioteki klasztornej, jak przygotowywanie się do dysputy wedle trybu średniowiecznego, jak sama wreszcie dysputa, przerwana bójką, Krasicki zaatakował ciemnotę umysłową rzesz zakonnych i atakiem tym wywołał mnóstwo protestów. Na protesty te biskup warmiński odpowiedział *Antymonachomachią*, rzekomym odwołaniem tego, „że się z prostoty śmiał pisarz swawolny", „od bezbożników na to namówiony", ale postawionych zarzutów bynajmniej nie odwoływał, lecz ustami Prawdy głosił:

> *Żart broń jest często zdradna i szkodliwa.*
> *Ale też czasem i jej trzeba zażyć.*
> . . . .
> *Jeżeli potwarz — sama pełznąć zwykła,*
> *Jeżeli prawda — poprawcie się...*

Dzięki temu obydwa poematy o „wojnie mnichowskiej", stanowiąc charakterystyczny przykład, w jaki sposób człowiek „oświecony" rozprawiał się z tymi stronami życia religijnego, których nie uznawał, i przykład metody szeroko stosowanej przez Woltera i jego miłośników, ukazują Krasickiego jako satyryka. Satyryk to przecież bardzo osobliwy, bo podszyty humorystą. Gdy bowiem satyryk bez humoru walczy z niedostatkami natury ludzkiej, by je usunąć, by człowieka umoralnić i poprawić, Krasicki przede wszystkim w *Myszeidzie*, następnie zaś w *Monachomachii* najwyraźniej na słabości ludzkie spogląda z uśmiechem człowieka głęboko zainteresowanego przejawami głupstwa ludzkiego, człowieka, który z przejawów tych pragnie wydobyć jak najwięcej efektów literackich. Głupstwo z tego stanowiska jest nie tyle złe, co zabawne, nad moralistą góruje rozbawiony obserwacją artysta.

Stanowisko to jednak autor *Myszeidy* rychło opuścił, by przejść na inne, znacznie surowsze. Z nowego spojrzenia na sprawy ludzkie zrodziły się dwa dalsze, najdojrzalsze i artystycznie najdoskonalsze utwory księcia biskupa warmińskiego, jego *Bajki* i *Satyry*.

Bajki i przypowieści (1779), bo tak brzmi tytuł tego zbioru, przy czym obydwa wyrazy znaczą jedno i to samo, tj. bajkę zwierzęcą, choć pierwszy jest nowszy, drugi zaś ma za sobą tradycję sięgającą niemal średniowiecza, nawiązują do bajki ogólnoeuropejskiej, osnute są na motywach spotykanych już w zbiorze Ezopa. Pomysły dawne uległy tu pewnemu wzbogaceniu, Krasicki bowiem dobrze znał również zbiory bajek wschodnich w przekładzie francuskim. Dzięki temu do tradycyjnych zwierząt i tradycyjnych ludzi przybyły osobistości nowe, obok wilka, lisa, niedźwiedzia, obok filozofa i Jowisza, w jego bajkach pojawił się sułtan, derwisz i Mahomet. Mimo tych nowości bajki te zachowały swój odwieczny charakter, ukazując powszechnie znane sploty wydarzeń, a na ich tle już to ludzi, już to po ludzku myślące i postępujące zwierzęta. I sytuacje, i charaktery ludzkie służyły wspólnemu celowi, wyrażeniu jakiejś prawdy, jakiejś nauki, jakiejś wskazówki praktycznego postępowania.

Przyjmując pomysły z dawien dawna znane, potrafił jednak Krasicki potraktować je po swojemu. Nadał im nową wartość, zamykając je w formie prostego, a niezwykle wymownego epigramu, a więc postąpił tu tak samo, jak niegdyś Kochanowski we *Fraszkach*. Ograniczając się mianowicie do zaznaczenia w tekście bajki tylko rysów najistotniejszych, za pomocą bardzo prostych i bardzo artystycznych zabiegów, opowiadanka swe tak budował, by z samej ich akcji wynikał zawarty w nich sens moralny. Jednym z najpospolitszych środków było tu energiczne przeciwstawienie sobie wydarzeń, tłumaczących się dzięki temu zupełnie jasno bez wtrącania się samego pisarza. Bajka np. *Pan i pies* brzmi następująco:

> *Pies szczekał na złodzieja, całą noc się trudził,*
> *Obili go nazajutrz, że pana obudził.*
> *Spał smaczno drugiej nocy, złodzieja nie czekał,*
> *Ten dom skradł; psa obili za to, że nie szczekał.*

4. Książę biskup warmiński

Niejednokrotnie Krasicki w tok opowiadanka wplata krótkie wypowiedzi czworonożnych czy dwunożnych bohaterów, w postaci monologu lub dialogu, jak w bajce *Szczur i kot*:

"*Mnie to kadzą*", *rzekł hardzie do swego rodzeństwa,*
Siedząc szczur na ołtarzu podczas nabożeństwa.
Wtem, gdy się dymem kadzideł zbytecznych zakrztusił,
Wpadł kot z boku na niego, porwał i udusił.

Niekiedy grupa wyrazów, postawiona w końcu bajki, stanowiąc jej "pointe", wyraża w całej pełni jej sens właściwy. Ulubiony pies pański, Kasztan, na starość poniewiera się przy bydle.

Widząc, że pies nieborak oblizuje kości,
Żywił go stary szafarz, niegdyś podstarości.

Dwa wyrazy końcowe, malujące sytuację sługi zdegradowanego z ekonoma na szafarza, wystarczają zupełnie, by uwypuklić niewdzięczność pańską, bez osobnego wysnuwania wniosku w formie uwagi lub przysłowia, choć Krasicki i do tego środka, rzadko co prawda, się ucieka. Źrebakowi, który pozwolił się ujeździć, koń stary tłumaczy: "Żal próżny, kiedy po niewczasie". Gdzie indziej na skargi obłudnika lisa, że nie ma przyjaciół, osieł odpowiada: "Umiej być przyjacielem, znajdziesz przyjaciela".

Dzięki takiej oszczędności słów, a skupieniu uwagi na przebiegu wydarzeń, na samej akcji, bajki Krasickiego mają charakter wybitnie dramatyczny i rychło poczęły kusić innych pisarzy do wyzyskania ich jako pomysłów do utworów scenicznych. Tak więc bajkę *Przyjaciel*, o nieśmiałym, który prosił towarzysza, by się za niego oświadczył pannie, i śmiałym, który "poszedł, poznał Irenę i sam się ożenił", zamierzał na komedię przerobić Karpiński.

Bajka epigramatyczna nie zadowoliła jednak samego Krasickiego. Za przykładem Lafontaine'a, za którym szedł już Trembecki, próbował on również bajek dłuższych, o akcji rozleglejszej, przedstawionej w sposób epicki, takich jak o pasterzu, co towarzyszy wilkiem zwodził, o zajączku młodym, który w chwili niebezpieczeństwa przekonał się, co warci przyjaciele, o czapli zdradzieckiej, uduszonej przez raka; zbiór jednak *Bajek nowych,* jak te właśnie bajki określił, nie odznaczając się zdumiewającą prostotą poprzedniego, braku jej nie okupił bogactwem szczegółów obyczajowych, do których czytelnika europejskiego przyzwyczaił Lafontaine.

Stanowisko Krasickiego jako moralisty, w samych bajkach normalnie nie zaznaczone, poznać bliżej można ze *Wstępu* do nich. Wymienia on tutaj całą galerię ludzi zdolnych do cnót, które rzadko u nich się widuje:

> *Był młody, który życie wstrzemięźliwie pędził,*
> *Był stary, który nigdy nie łajał, nie zrzędził,*
> . . . .
> *Był na koniec poeta, co nigdy nie zmyślał.*

„A cóż to jest za bajka? wszystko to być może", stawia sobie poeta pytanie-zarzut i odpowiada: „Prawda — jednakże ja to między bajki włożę". Klucz ten ma swą wymowę. Wskazuje on, że moralista nadmiernie w skuteczność swoich wystąpień nie wierzy, że zbyt dobrze zna słabość natury ludzkiej, by ufać w jej doraźne umoralnienie, równocześnie jednak w stanowisku tym nie znajdziemy pogodnego uśmiechu humorysty, owego zainteresowania się człowiekiem, jakie cechowało poematy heroikomiczne. Pod wytwornym uśmiechem znawcy człowieka z jego słabościami i słabostkami dopatrzeć by się można nawet smutku płynącego z rezygnacji.

O dalszych zmianach świadczy następne wielkie dzieło Krasickiego, jego *Satyry* (1779) oraz blisko z nim spokrewnione wierszowane *Listy*. *Satyry* nie były olśniewającą nowością, poeta bowiem zastosował w nich formę literacką znaną już z Naruszewicza, a podówczas bardzo popularną, a więc formę wierszowanych obrazków przeplatanych uwagami na temat tych obrazków lub wprost formę traktatów roztrząsających te czy inne zagadnienia moralne. Olśniewający był natomiast sposób, w jaki książę biskup starą tę formę wypełnił nową treścią.

Gromiąc najpospolitsze błędy „świata zepsutego": obłudę, marnotrawstwo, pijaństwo, pogoń za drogimi nowościami, okrucieństwo wobec służby i poddanych, karciarstwo, modną podróżomanię i mnóstwo innych, ograniczał się Krasicki do spraw wyłącznie obyczajowych, pomijał zaś piętnowane niegdyś przez Skargę „grzechy jawne", zbrodnie publiczne. Zakładając, że

> *Satyra prawdę mówi, względów się wyrzeka,*
> *Wielbi urząd, czci króla, lecz sądzi człowieka,*

oraz głosząc:

> *Niech się miota złość na cię i chytrość bezczelna,*
> *Ty mów prawdę, mów śmiało, satyro rzetelna,*

4. Książę biskup warmiński

prawdę tę wypowiadał jednak bardzo oględnie, niemal półgębkiem. Być może, że hałas przez *Monachomachię* wywołany nauczył poetę ostrożności, stąd w jego satyrach daremnie by szukać wystąpień przeciw potężnym magnatom, przeciw ciemnemu duchowieństwu czy choćby przeciw „herbownej gołocie", na której służalstwo tak miotał się Naruszewicz, autor *Głosu umarłych*. Krasicki mówi tylko o człowieku osadzonym na tle pewnego wieku, pewnego układu społecznego i pewnego obyczaju, ale jak ognia unika nazywania rzeczy po imieniu, wskazywania palcem tego, co samo się w oczy rzucało. Dzięki takiej postawie jego *Satyry* w zupełności odpowiadają podstawowemu ideałowi poezji klasycznej, są bardzo ogólne i ogólnikowe, jak ogólne i powszechne jest to, przeciw czemu zakładają protest. Widać to wyraźnie w jego obrazowaniu, w sposobie wyrażania uczuć, wywołanych przez wydarzenia, które — oczekiwać by można — powinny były wybuchać lawiną gwałtownych słów. Upadek polityczny Polski, jej słabość wewnętrzna i jej upokarzające położenie wśród państw innych znajduje u Krasickiego wyraz w spokojnym rezonowaniu, zakończonym wprawdzie energicznym okrzykiem, ale nie na tyle energicznym, by potrafił wstrząsnąć. Co większa, dla wyrażenia sytuacji Polski autor ucieka się do ogranego i oklepanego porównania, znanego już ze Skargi, zestawienia państwa z okrętem:

Był czas, kiedy błąd ślepy nierządem się chlubił.
Ten nas nierząd, o bracia, pokonał i zgubił,
Ten nas cudzym w łup oddał. Z nas się złe zaczęło,
Dzień jeden nieszczęśliwy zniszczył wieków dzieło.
Padnie słaby i lęże — wzmoże się wspaniały.
Rozpacz — podział nikczemnych! Wzmagają się wały,
Grozi burza, grzmi niebo; okręt nie zatonie,
Majtki zgodne z żeglarzem gdy staną w obronie.
A choć bezpieczniej okręt opuścić i płynąć,
Poczciwiej być w okręcie: ocalić — lub zginąć.

Ta aforyzmami przeładowana tyrada to najsilniejszy wyraz uczuć człowieka, który spoza burty tonącego okrętu spoglądał na wielką tragedię historyczną.

Tak pojętą, olimpijską, niezamąconą ogólnikowość okupił Krasicki bardzo dokładnym i szczegółowym odmalowaniem tła obyczajowego ukazanego w *Satyrach*. Ma ono swoje granice, obejmuje bowiem tylko życie magnackie czy życie zamożnej sfery szlacheckiej, ale życie to ukazuje od strony coraz to innej, w rezydencji wiejskiej i miejskiej, na dworze królewskim, w salonach stołecznych, w podróży po kraju i za granicą, i to ukazuje je w ustawicznym ruchu, wśród tłumu osób, złożonego nie tylko z samych „posesjonatów", ale również ich służby, wyższej i niższej, wśród gości i znajomych, dzięki czemu *Satyry* jako całość to rodzaj niezrównanego szkicownika poetyckiego, swą treścią i sposobem opracowania przypominającego szkicowniki znakomitego malarza tej epoki, Norblina. Z tego stanowiska nieduży tom Krasickiego nie ustępuje bynajmniej daleko okazalszym zbiorom obrazków obyczajowych Potockiego o sto lat wcześniej.

Niezrównane to bogactwo Krasicki osiąga w sposób dosyć mechaniczny, stosowany w większości satyr. Występując przeciw jakiemuś błędowi ludzkiemu, charakteryzuje go nie za pomocą teoretycznych roztrząsań, lecz za pośrednictwem praktycznych ilustracji, wskazujących, jak błąd ten w życiu się przejawia. A więc w satyrze *Gracz* zwraca się przeciw karciarstwu, ukazując „Marka, hrabiego na żołędzi", który sztukami szulerskimi dorobił się majątku, po czym wprowadza salon gry, gdzie przybyli ze wsi ziemianie przepuszczają roczną „intratę", i kolejno portretuje najrozmaitsze typy ludzkie. Jeden z graczy rzuca fatalną kartę do kominka, inny rozsiewa talię, inny znowu płaczliwie skarży się przygodnemu słuchaczowi na nieszczęście, inny jeszcze, zgrawszy się do nitki, rozpaczliwie brnie w długi, całość zaś kończy się dziejami kariery szulerskiej człowieka, któremu nic innego nie pozostało, jak oszukiwanie naiwnych partnerów. W świetnej satyrze na złych panów (*Pan niewart sługi*) przewija się znowuż cała galeria okrutników, odbijających złe humory czy różne niepowodzenia życiowe na tych, którzy od nich zależą i są „katów (...) nie panów zjadłością igrzyskiem". W *Przestrodze młodemu* występuje zbiór wszelkiego rodzaju filutów. Widzimy tu i pospolitego obłudnika, i goniącego ostatkami złotego młodzieńca, i zrujnowanego młodego starca, i zalotne piękności salonowe, i wreszcie tajemniczego mędrca, który poszukuje dla swych wątpliwych nauk wyznawców wśród niedoświadczonych chłopców. Niemal bez wyjątku drobne te szkice odznaczają się niezwykłą plastyką. Cały tłum ludzki, ukazany w nich, żyje i porusza się, wyobraźnia bowiem pisarza każdą, choćby drugorzędną postać ludzką chwyta w momencie dla niej charakterystycznym. Oto np. fragment z życia dworu złego pana, gdzie wszystko idzie na opak i gdzie uroczystym pozorom odpowiada licha treść. Dwór ten składają:

> *Łowczy, co je zwierzynę, a w polu nie bywa,*
> *Stary szafarz, co zawżdy panu potakiwa,*
> *Pan kapitan, co Żydów drze, kiedy się proszą,*
> *Żołnierze, co potrawy na stół w gale noszą,*
> *Kapral, co więcej jeszcze kradnie niż dragani,*
> *I dobosz, co pod okna capstrzyk tarabani,*

*A kiedy do kościoła jedzie z gronem gości,
Bije w dziurawy bęben werbel jegomości.*

Mistrzowskiej pomysłowości Krasickiego przypisać należy, że obrazki tego rodzaju się nie powtarzają, a jeśli się nawet powtórzą, to z tylu odmianami, że zawsze wnoszą coś nowego. Równocześnie pomysłowość ta święci prawdziwe tryumfy w obramieniach, otaczających w oddzielnych satyrach scharakteryzowane poprzednio serie szkiców. Raz obramienie to otrzymuje postać rozmowy, kiedy indziej rad, udzielanych przyjacielowi, najciekawiej zaś przedstawiają się wypadki, gdy pisarz wyzyskuje do celów satyry inne rodzaje literackie. Tak więc *Szczęśliwość filutów* rozpoczyna się od składania życzeń noworocznych najrozmaitszym niezbyt szanownym osobistościom. Dzięki temu w satyrze odradza się dawny zwyczaj kaznodziejski, stosowany na Nowy Rok, gdy kaznodzieja żartobliwie życzył słuchaczom tego, co miało ich z wad uleczyć. Jeszcze zabawniej zbudowana jest satyra *Gracz*, której obramienie jest parodią poematu heroikomicznego o kartach, z historią ich wynalezienia, z uroczystej przesady pełnymi apostrofami i nie mniej uroczystymi uwagami samego pisarza.

W porównaniu z satyrami o budowie mieszanej, łączącej partie szkicowe i traktatowe, rzadkie są u Krasickiego satyry-obrazy, wypełnione treścią wyłącznie epicką. Typ ten spotykamy tu tylko dwukrotnie — w *Żonie modnej* oraz *Pijaństwie*.

Żona modna to znakomicie zbudowany obrazek modnisi, rujnującej skąpego męża, który pojął elegantkę, złakomiwszy się na jej posag, by poniewczasie spostrzec, że rozrzutna pani więcej go kosztuje, niż wniosła mu majątku. Łańcuch szkicowanych scen stanowi tu wyraźną jedność, opartą na skontrastowaniu dwu odmiennych charakterów i na wypływających z tego kontrastu wzajemnych pretensjach modnisi i skąpego sarmaty. *Pijaństwo* znowuż, opowiadanie chorego z przepicia szlachcica, to ogromnie żywy obrazek podchmielonej kompanii, kłócącej się i za łby wodzącej o sprawy bagatelne, zrodzone w mózgach obezwładnionych nadmiarem alkoholu. Satyra ma wspaniałe zakończenie, opowiadający bowiem nie szczędzi wyrzutów pijakom, wygłasza potężną tyradę na cześć trzeźwości, na zapytanie zaś, gdzie idzie, odpowiada: „Napiję się wódki".

Oprócz scharakteryzowanych tutaj właściwości *Satyry* odznaczają się jeszcze jedną cechą, która wyróżnia je od innych utworów Krasickiego i wyznacza im całkiem odrębne stanowisko w historycznym rozwoju naszego stylu poetyckiego. Oto Krasicki na wielką skalę posługuje się w nich ironią, poprzednikom jego mało znaną, a przynajmniej stosowaną bardzo rzadko. Zamiast oburzać się, pomstować czy choćby ganić, książę biskup wytwornie chwali to, co uważa za godne potępienia, chwali jednak w ten sposób, że jego pochwała brzmi ostrzej niż surowa nagana. W satyrze *Pan niewart sługi* początek ma postać komediowego dialogu; ktoś, udając naiwnego, ciągnie za język miłośnika dawnych czasów, człowieka przekonanego o nieomylności pańskich wyroków:

> *I wziął tylko pięćdziesiąt. — Wieleż miał wziąć? — Trzysta,*
> *Tak to z dobrego pana zły sługa korzysta.*
> *— A za cóż te pięćdziesiąt? — Psa trącił. — Cóż z tego?*
> *— Ale psa faworyta jegomościnego.*

W *Graczu* znowuż, piętnując szulerów, poeta ironicznie uderzy w górny ton apostrofy:

> *Pozwólcie dusze wielkie, dusze uwielbione,*
> *Niechaj igrzysk fortuny uchylę zasłonę.*

W tej samej satyrze, ośmieszając przesadne poczucie honoru u karciarzy, rzecz całą ujmuje w zdaniu: „Nie kazał tak król polski, lecz kazał czerwienny". Tak pisać przed Krasickim u nas nie umiano, a sam Krasicki przed *Satyrami* również rzadko tylko do ciętej ironii się uciekał.

Największym arcydziełem ironicznego stylu jest satyra *Do króla*, pomieszczona na czele zbioru. Wielbiciel Stanisława Augusta zebrał tutaj to wszystko, co opinia szlachecka królowi zarzucała, i zarzuty te niemiłosiernie ośmieszył. Właśnie dzięki ironicznemu ich potraktowaniu. Zarzucano więc królowi, że jest zbyt młody; Krasicki pocieszał: „aleś się poprawił, Już cię tron z naszej łaski siwizny nabawił". Zarzucano dalej łagodność, na co Krasicki radził: „zdzieraj, a będziesz możnym, gnęb, a będziesz wielkim", bo „to mi to król, co go się każdy człowiek boi".

Uzupełnieniem *Satyr* są zbliżone do nich formą *Listy*, wierszowane rozprawki na różne tematy, raczej poważne niż żartobliwe, jakkolwiek nierzadkie są w nich akcenty satyryczne.

Ironia jednak Krasickiego wskazuje, że w poecie zaszła charakterystyczna zmiana, zniknęła w nim skłonność do zabawiania się głupstwem ludzkim, obecnie spogląda on na nie z pewną goryczą, jakkolwiek jej nie ujawnia. Ironia pozwala mu wzbić się na olimpijskie wyżyny i, opanowawszy własne porywy czy choćby upodobania, spoglądać na marność „świata zepsutego" ze stanowiska rozumu wolnego od przesądów, nie protestować głośno, lecz dla siebie zachować właściwą miarę rzeczy, wyrażaną w sposób ironiczny, dostępny tylko

Ignacy Krasicki, mal. Peter Krafft

MIKOŁ. DOŚWIADCZYŃSKIEGO
PRZYPADKI
PRZEZ NIEGOŻ SAMEGO OPISANE

NA TRZY KSIĘGI

ROZDZIELONE.

Za Przywileiem Jego Krolewskiey Mości.

w WARSZAWIE, 1776.
Nakładem MICHAŁA GROELLA,
J. K. M. Kommissarza i Bibliopoli,
w Mariwilu No. 19. pod znakiem Poetow.

Karta tytułowa powieści Krasickiego, wyd. 1776

temu z czytelników, który na wyżyny przez autora zajmowane sięgnąć myślą potrafi.

Gdy wierszowane utwory Krasickiego są dziełem wielkiego artysty, skłonności moralizatorskie księcia biskupa wypowiedziały się najbezpośredniej w pismach jego prozaicznych, w paru komediach i zwłaszcza w dwu powieściach, przeznaczonych nie dla uczenia i bawienia czytelnika, lecz niemal wyłącznie dla wpojenia w niego tych zasad, które Krasicki uważał za najcenniejsze w życiu ludzkim.

Mikołaja Doświadczyńskiego przypadki (1776), jak już samo nazwisko bohatera świadczy, to seria najrozmaitszych doświadczeń i przygód młodego człowieka od dzieciństwa do wieku dojrzałego. Składniki powieści zostały tu podporządkowane tendecji, a więc przyjętej przez autora zasadzie, pouczającej jak życie powinno wyglądać; tak w obrazie dzieciństwa i wczesnej młodości kryje się nauka, jak nie należy wychowywać dziecka i młodzieńca, by go nie narażać na trudności w zetknięciu z życiem. Ustęp poświęcony opisowi procesu prowadzonego przed trybunałem lubelskim to moralizująca satyra na przekupstwo władz sądowych. Z kolei w powieści występują składniki inne, wzorowane na głośnym podówczas *Robinsonie Crusoe* Daniela Defoe; czytamy więc o podróży morskiej Mikołaja i o jego rozbiciu się na morzach dalekich. Reszta doświadczeń to utopia, opowiadanie o kraju idealnym, gdzie wszystko — i ustrój społeczny, i obyczaje, i charaktery ludzkie — odpowiada wymaganiom książkowej doskonałości. Kraina ta to wyspa Nipuanów, ludu, który żyje w doskonałej równości i wolności, nie zna wojen, w stosunkach codziennych odznacza się wszystkimi możliwymi cnotami, nie spotykanymi u znanych historii narodów. Utopijna część *Doświadczyńskiego* otrzymuje pod piórem Krasickiego charakter odmienny, zamiast żywej akcji czy choćby opowiadania autorskiego na kartach powieści pojawia się traktat w formie wykładu. Stary Xaoo wtajemnicza rozbitka w życie swego narodu i szeroko rozwodzi się nad tym wszystkim, do czego Nipuanie doszli.

Słowem, nad artystą zwycięstwo odnosi moralista, nad obrazem literackim zwycięża dydaktyzm w swej najprostszej, nie artystycznej postaci.

Krok jeszcze dalszy w tym właśnie kierunku wydał następny utwór Krasickiego, niby to powieść, naprawdę zaś ogromny traktat pt. *Pan Podstoli* (1778). Elementu powieściowego tu niewiele więcej niż np. w *Dworzaninie* Górnickiego, zamiast rozmów dworzan, zebranych w biskupim pałacyku, *Pan Podstoli* daje nieskończony łańcuch monologów czy wykładów osobistości tytułowej, roztaczanych przed bawiącym u niej gościem. Rzadko tylko wykłady te przerywa jakaś żywa scenka obyczajowa, przyjazd gości czy przejażdżka. Wykłady *Pana Podstolego* dotyczą zagadnień znanych nam z *Dworzanina* czy *Żywota człowieka poczciwego*, przedstawiają bowiem system poglądów na etyczne zadania człowieka, zmieniające go w dobrego obywatela, od swych jednak poprzedników renesansowych Krasicki różni się o tyle, że szeroko uwzględnia również sprawy społeczne. Mamy tu więc z jednej strony uwagi na temat wychowania dzieci, kształcenia młodzieży, obowiązków publicznych na wsi i w mieście, zasady racjonalnej gospodarki, wykład o sposobie urządzenia dworu i ogrodu czy parku dworskiego itd., z drugiej zaś mnóstwo głębokich i zazwyczaj słusznych spostrzeżeń na temat stosunków panujących w Polsce w. XVIII. Omawia więc książę biskup sytuację chłopa pańszczyźnianego i czynszowego, sprawę rzemiosł po miastach i miasteczkach, sprawę opanowanego przez Żydów handlu itd. W rezultacie *Pan Podstoli* to coś w rodzaju pomysłowego streszczenia roczników „Monitora" czy innego czasopisma „moralnego", streszczenia porządnie usystematyzowanego i podanego w formie, która, zdaniem autora, łączyła przyjemne z pożytecznym, w postaci powabnej podawała wskazówki praktycznego postępowania dla czytelnika. Całość *Pana Podstolego* najprościej scharakteryzować powiadając, że jest to encyklopedia wiadomości o życiu szlacheckim z końca w. XVIII, o tym, jak podówczas mieszkano, jak się ubierano i żywiono, jakie były codzienne rozrywki i zajęcia. Jedność tej encyklopedii zapewnia wyraźne w niej umiłowanie spokojnego trybu wiejskiego, w którym, jak głosi autor, zachowały się nieskażone „dawne obyczaje". Wskutek bowiem postawy moralizatorskiej Krasicki z wyraźną niechęcią spogląda na wszystkie nowości i, podobnie jak niegdyś Potocki, z przesadnym szacunkiem traktuje wszystko, co wydaje mu się dawne. Ale też dzięki temu *Pan Podstoli* odznacza się pewną swoistą atmosferą, tą atmosferą, którą znamy z Soplicowa, gdzie sędzia „dawne obyczaje chował". Zestawienie to nie powinno dziwić. Mickiewicz doskonale znał encyklopedyczną wartość *Pana Podstolego* i lekturze tej zawdzięczał niejeden szczegół, wyzyskany w obrazach życia towarzyskiego na kartach *Pana Tadeusza*.

Nieporadność literacka obydwu utworów prozaicznych Krasickiego tłumaczy się w sposób zupełnie prosty. Obie powieści księcia biskupa warmińskiego, w przeciwieństwie do jego utworów wierszowanych, były dużą nowością w naszej kulturze literackiej, były to mianowicie pierwsze próby stworzenia powieści obyczajowej, opartej na dokładnej znajomości życia bieżącego. Wprowadzając te nowości, poza Polską podówczas dość już pospolite, świetny poeta musiał pokonywać w sobie różne opory, zwalczać przeróżne przyzwyczajenia, wybierać z własnej znajomości życia zbiorowego sprawy, którymi warto się było zająć, musiał wobec tych spraw zająć jakieś stanowisko, zastanowić się, czy wystarczy je odtworzyć możliwie wiernie, czy też zaopatrywać w odpowiednie uwagi, i wszystkie te trudności sprawiły, że z zadań powieściopisarza Krasicki nie potrafił wywiązać się należycie. Z tym wszystkim dokonał on jednego: nowość trafiła czytelnikom do przekonania, przykład znalazł wielu naśladowców i od tej chwili powieść obyczajowa, oparta na obserwacji życia polskiego, wkroczyła do literatury jako jeden z najulubieńszych jej rodzajów.

Dzięki temu właśnie twórczość Krasickiego przedstawia widowisko wysoce interesujące. Pisarz to zwrócony w dwie strony przeciwne — ku przeszłości i przyszłości. Z kierunku pierwszego wyrosły dzieła jego doskonałe, jego wierszowane humoreski, bajki i satyry. Może właśnie dzięki tej doskonałości, dzięki temu, że były wzorowe, znalazły się one u zenitu, wskazywały szczyty, ponad które sztuka klasyczna wzbić się nie mogła. Dzieła natomiast, w których do głosu doszedł kierunek nowy, zwrot ku przyszłości, jakkolwiek artystycznie bardzo słabe, okazać się miały zjawiskiem w dalszym rozwoju naszej kultury literackiej wysoce doniosłym, otwierały bowiem przed nią nowe możliwości. I ta właśnie dwoistość na pozór tak jednolitego twórcy decyduje o jego niezwykłym znaczeniu, i jako artysty, i jako pisarza.

5. KOMEDIA STANISŁAWOWSKA

Dydaktyzm, tak znamienny dla literatów wieku oświeconego, sprawił, że w nowym teatrze warszawskim za czasów Stanisława Augusta panowała przede wszystkim komedia. Było to zjawiskiem zupełnie normalnym, ponieważ wśród pisarzy tej epoki było kilka wybitnych, choć tylko przetwórczych talentów komediopisarskich. Talenty te ułatwiały sobie pracę, idąc bowiem za wskazówkami Adama Kazimierza Czartoryskiego komediopisarze stanisławowscy przekładali lub częściej przerabiali gotowe utwory, zwłaszcza francuskie. Zastosowanie takiej metody umożliwiło doraźne stworzenie dużego repertuaru, mającego zaspokoić stałe wymagania teatru, równocześnie jednak odbiło się w sposób niezupełnie korzystny na rozwoju komedii ówczesnej, gdyż upowszechniło pewną ilość tradycyjnie powtarzanych szablonów. Geniusz mianowicie Moliera zawładnął niepodzielnie od połowy w. XVII sceną francuską i z niej promieniował na literatury, ze sceny tej czerpiące natchnienia. Pisarze francuscy, nie dorastający miary niezrównanego mistrza, pospolitowali jego pomysły i do zwyrodnienia niemal doprowadzili jego technikę pisarską, a dopomagali im w tym ich naśladowcy zagraniczni, między innymi również polscy. Tak więc dużą wziętością cieszył się u molierystów wątek znany nam z późniejszych arcydzieł polskich, spór dwu rodów. Spór ten rozwiązywano zazwyczaj przez małżeństwo dzieci skłóconych przeciwników. Niejednokrotnie uciekano się przy tym do starego zabiegu ustrojowego, tzw. anagnoryzmu (odpoznania): w ostatnim akcie okazywało się, że jeden z przeciwników odnajdywał dzięki jakiemuś szczególnemu znakowi utracone dziecko, porwane niegdyś przez cyganów, zgubione w czasie podróży itp. Innym ułatwieniem stosowanym nagminnie przez molierystów było wprowadzenie osobistości o charakterze uproszczonym, sprowadzających się do jednej tylko cechy znamiennej: skąpstwa, głupoty, obłudy, roztargnienia, gadatliwości itp., i na tej cesze typowej opierano całą akcję. Stąd tego rodzaju komedie nazywano niekiedy komediami typów. Typowość ta odbijała się już czysto zewnętrznie w nazwiskach-etykietach, z góry określających podstawową cechę, wadę lub zaletę osobistości komediowej. Domatora więc nazywano Spokojnickim lub Domownickim, chwalcę przeszłości Staruszkiewiczem, spryciarza Figlackim, Przemysłowskim, Handlowiczem, gadatliwą jejmość Kokosznicką, starą kokietkę Umizgalską czy Modnicką, łgarza myśliwego Rubasiewiczem, ekonoma Harapnickim, nauczyciela Alwarskim (od gramatyki Alwara) itd., itd. Z takim ograniczeniem charakterów ludzkich pozostawał w pewnym związku inny zabieg techniczny, molieryści mianowicie cały przebieg akcji skupiali zwykle w ręku dwojga sprytnych służących — subretki i lokaja. Para tych filutów zajmowała się usuwaniem przeszkód na drodze dwojga młodych państwa i ułatwiała im zawarcie małżeństwa. W zależności od rodzaju psikusów płatanych przez służących, oraz od ich obfitości w akcji komediowej, dzielono komedie na farsy i na komedie poważniejsze. Składniki farsowe, przypominające kawały dzisiejszych błaznów cyrkowych, wchodziły nieraz również do owych komedii poważniejszych, choć pospolite były wypadki, gdy stanowiły jedyne źródło wesołości w całej komedii, gdy więc komedia ta miała charakter wyłącznie farsowy. Dodać należy, że obok komedii pojawiały się wówczas komedyjki z wkładkami muzycznymi; komedyjki te zwano pospolicie wodewilami, wstawione zaś w tekst ich piosenki, zwłaszcza humorystyczne, nazwano u nas z francuska kupletami.

Pisarzem, który pierwszy na wielką skalę produkował dla teatru stanisławowskiego komedie scharakteryzowanego typu był ks. F r a n c i s z e k B o h o m o l e c (1720 - 1784). Umożliwiała mu to sprawność nabyta w czasach pracy nauczycielskiej, gdy z urzędu pisywał sztuczki teatralne, odgrywane przez młodzież w konwiktach jezuickich. Od owych komedyjek konwiktowych przeszedł teraz do sztuk zwyczajnych, nie udało mu się jednak w dziedzinie tej stworzyć niczego

5. Komedia stanisławowska

wybitnego. Jedynie tylko motyw *Pana dobrego,* jak nazwał komedię, w której poczciwi kmiotkowie ratują dobrego właściciela wsi od ruiny majątkowej, przez czas dłuższy utrzymywał się w teatrze polskim, opracowywany ponownie przez pisarzy późniejszych.

Następcą Bohomolca i najenergiczniejszym dostawcą coraz to nowego materiału dla „spektakli" — bo tak początkowo przedstawienia nazywano — stał się pisarz o niepospolitym, choć nie twórczym talencie komediowym, F r a n c i s z e k Z a b ł o c k i (1754 - 1821). W ciągu lat niewielu napisał on kilkadziesiąt komedii, przerobionych przeważnie z francuskiego, ale przerobionych po prostu znakomicie. Zgodnie bowiem z wymaganiami Czartoryskiego, Zabłocki polonizował utwory obce, i to polonizował z niezrównanym dowcipem i pomysłowścią, tak że czytając je lub widząc na scenie, trudno uwierzyć, że wyrosły one z życia obcego. Zabłocki, jak się dalej okaże, cięty satyryk, był świetnym obserwatorem, podchwytującym charakterystyczne, zwłaszcza zaś śmieszne ułomności ludzkie niegorzej od Krasickiego. Zdobytą w ten sposób znajomość życia polskiego wprowadzał do obcych komedii i dzięki temu przekształcał je w komiczne wizerunki życia polskiego.

Z komedii jego najwdzięczniejsza i najlżejsza nosi tytuł *Fircyk w zalotach* (1781). Ukazuje on modne małżeństwo złotego młodzieńca, siedzącego po uszy w długach, i posażnej a żądnej zabaw wdówki. Komizm sprowadza się tu do ustawicznych kłopotów materialnych fircyka, do poszukiwania posażnych panien, ponieważ zaś akcję tę Zabłocki rzucił na tło rokokowej Warszawy i odmalował w komedii jej atmosferę obyczajową, znaną nam choćby z *Satyr* Krasickiego, niepodobna odgadnąć, że utwór ten, mieniący się dowcipem, to tylko zgrabna przeróbka dzieła obcego, komedii *Le petit maître amoureux* Romagnesiego.

Ktoś, komu *Fircyk,* ze względu na międzynarodowy charakter młodego utracjusza, mógłby wydawać się komedią niezupełnie polską, żadnych wątpliwości nie mógłby żywić przy następnym utworze Zabłockiego, komedii pt. *Sarmatyzm.* Wątek jej, znany nam spór dwu rodów Żegotów i Guronosów zakończony małżeństwem dzieci, wiąże się u Zabłockiego z autentycznym życiem wsi polskiej, z nawykami i upodobaniami szlacheckimi, odziedziczonymi po epoce saskiej, z sarmacką butą i sarmacką głupotą, ze skłonnością do awantur i kłótni o jakąś łączkę graniczną czy o „podsiadanie", tj. zajmowanie lepszego miejsca w kościele. Słowem, atmosfera kulturalna *Sarmatyzmu* wykazuje te wszystkie znamienne właściwości obyczajowe, które od w. XIX nieodłącznie towarzyszą naszym wyobrażeniom o staropolskim, zacofanym trybie żywota wiejskiego. I dopiero badania naukowe wykazują, że również *Sarmatyzm* jest bardzo pomysłową, znakomicie spolszczoną i do warunków życia polskiego dostosowaną przeróbką komedii Hauteroche'a *Les Nobles de province*. W dodatku przeróbką z pewnym odcieniem politycznym, komedia bowiem Zabłockiego jest dokumentem walk toczących się w czasach stanisławowskich między zwolennikami dawnego obyczaju a reformatorami, którzy obyczaj ten usiłowali zastąpić nowym, zachodnim, francuskim — słowem, zaznacza się w nim ten proces obyczajowy, który stanowi tło późniejszej powieści *Listopad* Henryka Rzewuskiego.

To obyczajowo-polityczne zabarwienie *Sarmatyzmu* nie dziwi, gdy się zważy, że Zabłocki był jednym z najświetniejszych i najzłośliwszych satyryków politycznych, że spod jego pióra wychodziły dziesiątkami zjadliwe paszkwile, ośmieszające przedstawicieli stronnictwa konserwatywnego w czasach Sejmu Czteroletniego. Śmiały aż do zuchwalstwa, wypominał on dygnitarzom koronnym wszelkie błędy życia domowego i publicznego, krętactwa i matactwa, łapówki brane od „rezydentów" rosyjskich, tak że stał się ich postrachem, a równocześnie najżarliwszym współpracownikiem kołłątajowskiej „kuźnicy". Utwory jego drukowane jako ulotki, rozrzucane w „fiakrach" oraz „kafehausach", tj. dorożkach i kawiarniach, przyczyniły się do spopularyzowania ideałów wyrażonych w Konstytucji 3-go Maja może skuteczniej niż uczone rozprawy poważnych publicystów.

Skuteczność tego rodzaju broni publicystycznej sprawiła, że stronnictwo patriotyczne, nie ograniczając się do drobnych ulotek, postanowiło wyzyskać teatr jako środek propagandy i z zamierzeń tych właśnie zrodziła się, na rok przed konstytucją, pierwsza nasza głośna komedia polityczna, charakterem swym zbliżona do *Sarmatyzmu*, a silnie związana z *Satyrami* Krasickiego. Napisał ją ruchliwy polityk, młody poseł inflancki, a niebawem adiutant Kościuszki pod Maciejowicami, **Julian Ursyn Niemcewicz** (1757-1841). O charakterze jej politycznym świadczy już sam jej tytuł *Powrót posła* (1790). Treść jej stanowi antagonizm dwu grup ludzkich: młodego posła na Sejm Czteroletni Walerego oraz przedstawicieli tych wszystkich grzechów publicznych, z którymi walczyła literatura stanisławowska. Walery kocha się w pannie, która jest córką „sarmaty", przeciwnika sejmu i reform; sarmata ten, skąpy starosta Gadulski, pojął „żonę modną", przedstawicielkę sztucznej kultury dworskiej, starościna zaś chciałaby pasierbicę wydać za modnego łowcę posagów, zrujnowanego fircyka Szarmanckiego. Ostatecznie fircyk demaskuje się, wskutek czego Walery dostaje rękę starościanki, cała zaś akcja komediowa służy właściwie jako satyra polityczno-obyczajowa, wymierzona zarówno przeciw stronnictwu konserwatywnemu, jak przeciw sarmatyzmowi i cudzoziemczyźnie. Satyra ta dokonała swego; na autorze jej wytwornie zemścił się „książę Pepi", późniejszy boha-

5. Komedia stanisławowska

ter napoleoński, podówczas wódz fircyków warszawskich, w ośmieszonej bowiem przez komediopisarza „kariolce" obwiózł Niemcewicza pod oknami „żon modnych". Mniej wytwornie mścić się chciał poseł Suchorzewski, jeden z najgłośniejszych krzykaczy obozu konserwatywnego, wniósł bowiem interpelację w sejmie, domagając się konfiskaty komedii i ukarania pisarza, wystąpieniem tym jednak sam tylko bardziej się jeszcze ośmieszył.

Innym dowodem popularności *Powrotu posła* był fakt, że dalszy ciąg tej komedii napisał najruchliwszy obok Zabłockiego pisarz teatralny tej epoki, „ojcem teatru" dla zasług swych nazywany, **W o j c i e c h B o g u s ł a w s k i** (1757 - 1829). Dobry aktor i długoletni dyrektor teatralny, zarówno w Warszawie jak na prowincji, którą z trupami wędrownymi objeżdżał, Bogusławski znaną nam metodą przeróbek z francuskiego, włoskiego, niemieckiego i nawet angielskiego zasilał energicznie repertuar scen polskich, przy czym nie ograniczał się do samych tylko komedii, ale przyswajał również inne utwory dramatyczne. Dość wskazać, że za jego sprawą pojawił się wówczas w Polsce dramat Szekspira.

Z obfitej, lecz pośpiesznej i niedbałej produkcji Bogusławskiego jeden tylko utwór nie poszedł w zapomnienie, mianowicie *Cud mniemany czyli Krakowiacy i górale*. Stało się to w równej mierze dzięki przypadkowi, jak dzięki pewnym wartościom tej komedyjki, opartej zresztą również na gotowych wzorach obcych. Wystawiano ją po raz pierwszy po wybuchu powstania Kościuszki, wiosną r. 1794, a ponieważ zawierała kuplety, napisane podobno przez Kołłątaja, a wymierzone przeciw Rosji, cenzura zdjęła ją z afisza. Sam ten przypadek nie byłby tu rozstrzygający, gdyby nie dwa inne czynniki, które zapewniły *Krakowiakom i góralom* pewną trwałość. Komedyjka ta rozgrywa się w Mogile pod Krakowem, a jej konflikt przypomina nieco *Powrót posła*. O rękę młynareczki zabiega góral, któremu sprzyja macocha dziewczyny, ostatecznie jednak zwycięża jego rywal, parobczak krakowski; wówczas górale usiłują zagarnąć bydło Krakowiaków, dochodzi do bójki, przerwanej „cudem", czyli naelektryzowanym drutem, który na pastwisku rozciągnął student-włóczęga wędrujący z maszyną elektryczną. W ten sposób w komedyjce, dość dziwacznie związanej z wsią podkrakowską, od terytorium góralskiego daleką, wystąpił lud, ukazany w dwu barwnych grupach, śpiewający charakterystyczne piosenki, pojawił się więc tu ten zespół motywów, który w czasach niedługich miał zdobyć sobie ogromną popularność w literaturze polskiej. Ponadto komedyjka ta wyjątkowo udała się Bogusławskiemu — akcja jej toczy się żywo, biorą w niej udział najrozmaitsze zabawne figury, niektóre sceny odznaczają się niewyszukanym, ale prawdziwym komizmem, i to właśnie zadecydowało o jej wziętości. Związana z momentem historycznym, któremu zawdzięczała swe powstanie, stanowiła ona równocześnie zapowiedź nowych pomysłów literackich, i ta jej dwoistość uchroniła ją od losu, który przypadł innym, bardziej ambitnym utworom jej autora — od pogrążenia się w niepamięci.

6. LIRYKA SENTYMENTALNA

Czasy panowania racjonalizmu nie sprzyjały, bo sprzyjać nie mogły, rozkwitowi tego rodzaju literackiego, ktory od wieków służył wyrazowi uczuć, a więc poezji lirycznej. Rzecz jednak oczywista, że nawet w okresie racjonalizmu uczucie całkowicie zamilknąć nie mogło, że były jednostki, które przede wszystkim uczuciowo reagowały na zjawiska życia i uczuciową tę postawę wypowiedzieć pragnęły w poezji. Przewaga jednak racjonalizmu zaznaczała się nawet i tutaj i w sposób niesłychanie znamienny paczyła zarówno sam świat uczuciowy, jak i wyrastającą z niego lirykę. Liryka ta traciła swą bezpośredniość, uciekała się chętnie do szablonów, zdolnych przemówić także do jednostek, którym głębia uczuciowa była całkowicie obca. Innymi słowy, liryka ta musiała uciekać się do pewnego kompromisu, do sztucznego godzenia postaw, które pogodzić się nie dawały. Z kompromisu tego rodziła się często sztuczność, dziś sprawiająca wrażenie pozy, nieszczerości. Tym bardziej, że liryka ta rozwijała się na tle życia, które również było sztuczne i — jak się nam dzisiaj wydaje — było nieszczerym kompromisem między zjawiskami niewspółmiernymi i trudnymi do pogodzenia.

Kultura duchowa w ogóle, a literacka w szczególności, była w w. XVIII, tym ostatnim stuleciu wspaniałych dworów królewskich, kulturą dworską. Ci, którzy nią oddychali, zarówno mężczyźni, jak, i to przede wszystkim, kobiety, wiedzieli doskonale, co głosiła nauka ówczesna i publicystyka tej epoki, gdy stwierdzały, że wszyscy ludzie są równi, że stosunki polityczne i społeczne, które rychło miały runąć pod ciosami rewolucji, są czymś nienormalnym. Na tle skrzyżowania się tych poglądów z praktyką życia dworskiego zrodziła się moda na prostotę, a właściwie na bawienie się w prostotę. Za wzorem Wersalu w parkach królów i magnatów pojawiły się „kabanki" (chatki) na chłopskich wzorowane, panie zaś i panowie lubowali się w zabawach, na których występowano w przebraniach wiejskich, tańczono tańce ludowe, śpiewano pieśni na ludowych motywach oparte.

Ta zabawa w ludowość, powszechna w całej Europie drugiej połowy w. XVIII, gdy wyrazem jej stała się powieść realistyczna o ra-

6. Liryka sentymentalna

dykalnych akcentach społecznych, domagała się również odrębnej poezji i w Polsce znalazła ją w liryce, którą pospolicie nazywamy sentymentalną, po prostu dlatego, że, ze stanowiska uczestników owych ludowych maskarad, uczucia, zwłaszcza miłosne, uchodziły za najznamienniejszy wyraz duszy ludowej. Moda ta zaś, skoro raz się ustaliła, umożliwiała twórczość liryczną tym poetom, którzy mieli do niej uzdolnienia, a wyrażali je wedle wymagań ówczesnego czytelnika.

W Polsce stanisławowskiej ośrodkiem sentymentalizmu stała się nie Warszawa i nie otoczenie bezżennego króla, lecz Puławy, rezydencja literacko uzdolnionej rodziny Czartoryskich, księcia Adama Kazimierza, generała ziem podolskich, znanego nam komediopisarza i jego żony, Izabeli z Flemmingów. Książę lubił otaczać się młodymi literatami, księżna zaś sama miała ambicje pisarskie, a co więcej, potrafiła je przekazać córce, Marii, późniejszej powieściopisarce, oraz synowi, Adamowi Jerzemu, który w ciągu swej długiej kariery politycznej znajdował zawsze wolną chwilę na pracę literacką. Księżna, rozmiłowana nadto w sztuce, urządziła wspaniały park, ozdobiony modnymi wówczas posągami bóstw starożytnych, i — wedle tej samej mody — założyła tam muzeum pamiątek narodowych w budynku nazwanym Świątynią Sybilli (1800). W parku odbywały się zabawy, tańce i przedstawienia, łączące zgodnie obie kategorie upodobań sentymentalnych dam czasu rokoka: na tej samej scenie ukazywały się kolejno obrazki z wyidealizowanego życia chłopskiego i obrazki z życia starożytnych Greków lub Rzymian. Ta łączność i współrzędność motywów tak różnych, starożytnych i klasycznych z jednej strony, a nowoczesnych i chłopskich z drugiej — to najbardziej może znamienna cecha omawianej kultury literackiej, cecha, która w nas wywołuje wrażenie nienaturalności, a więc sztuczności i nieszczerości.

Literackim wykonawcą pomysłów pani z Puław stał się nadworny ich poeta, **Franciszek Dionizy Kniaźnin** (1750 - 1807). Biedny eks-jezuita w dwudziestym piątym roku życia przylgnął do Czartoryskich, by zmienić się w dostawcę towaru literackiego, a więc wierszyków na przeróżne uroczystości rodzinne, a więc wierszy urozmaicających zabawy, a wreszcie sztuk, potrzebnych dla nadwornego teatrzyku. Duża kultura literacka Kniaźnina, który swej miłości dla Kochanowskiego dał wyraz, tłumacząc na łacinę jego *Treny*, sprawność pisarska, wyćwiczona w przekładach Horacego i Anakreonta, zdumiewająca wreszcie łatwość pióra, umożliwiły Kniaźninowi wywiązywanie się z obowiązków, przy czym wśród masy wierszyków okolicznościowych wyłowić można mnóstwo liryków o niepoślednie wartości poetyckiej, tak dużej, że gdyby autor tylko te rzeczy był zebrał w osobny tomik, a resztę spalił czy pozostawił w rękopisie, poczytać by go można za jednego z najświetniejszych pisarzy epoki. Zresztą nawet wśród utworów okolicznościowych uderzają rzeczy bardzo pomysłowe, jak wodewil *Cyganie*, spokrewniony w pomyśle z *Krakowiakami i góralami*, ale od nich wcześniejszy. Miłość chłopca wiejskiego i pięknej cyganeczki, okazującej się skradzionym niegdyś dzieckiem wiejskim, otrzymała tu bardzo barwne tło obyczajowe, bo życie włóczęgów, którzy nie zażywają najlepszej sławy. Ale właśnie przyczyna tej niesławy, złodziejstwo cygańskie, ukazało się tutaj w postaci bardzo zgrabnej jako baletowy taniec „smaganiec", cyganie bowiem w tańcu obijają tego z towarzyszy, kto z wyprawy do chłopskich komór wraca z pustymi rękoma.

Dziedziną jednak Kniaźnina przyrodzoną była liryka, wiersze refleksyjne, miłosne, religijne i patriotyczne. Z tych miłosne, stylizowane wedle mody pasterskiej są najpiękniejsze; wypowiada się w nich cicha melancholia biedaka, który w skargach rokokowych pasterzy i pasterek wyrażał to, co znał z własnego doświadczenia — smutek życia. Niejednokrotnie odzywają się w nich echa dawnych sielanek wieku XVII, przeniesione jednak w zupełnie inne środowisko kulturalne, udźwięcznione i wysubtelnione. W lirykach natomiast patriotyczno-religijnych podzwaniają tony bardzo różnorodne, od beztroskiego humoru po głuchą rezygnację i nadzieję wreszcie w sprawiedliwość boską. Tak więc w sławnej odzie *Do wąsów* zagadnienie, które innych pisarzy, zwłaszcza w komedii, pobudzało do gniewu i wycieczek satyrycznych, otrzymało postać zabawnej humoreski, łączącej antycznego amorka, który na „pokrętnej" ozdobie twarzy męskich chętnie siadywał, z obrazem Sobieskiego, którego wyzwolone od Turka mieszczki wiedeńskie sławiły: „Jakże mu pięknie z tymi wąsami". Ten nastrój pogodny niknie w chwili, gdy przed oczyma poety staje rzeczywistość polska, i w wierszu do serdecznego przyjaciela, Zabłockiego, dochodzi do głosu rozpacz:

Ale i te nas próżno trapią nędze,
O, nie ocali kraju nasz frasunek,
Niech się ci trudzą, na których potędze
Stoi ojczyzny zguba i ratunek.

Ostatecznie jednak rozlega się u Kniaźnina ton stary, dawno w czasach stanisławowskich zapomniany, ton, który po nim podejmie jego sąsiad, proboszcz w Kazimierzu pod Puławami, Jan Paweł Woronicz, a który znamy z poezji Kochowskiego. Będzie to ufna wiara w opiekę boską nad krajem, jak niegdyś, za czasów szwedzkiego najazdu:

6. Liryka sentymentalna

*Konałaś wtedy, ojczyzno miła,
Bóg cię potężny zachował.
Karał on ciebie, boś winną była,
I ukarawszy ratował.
Ale gdy teraz za niewinną stanie,
Pycha niech zadrży na swoje skonanie.*

Okazało się więc, że tam, gdzie wypowiadało się bezpośrednio uczucie nie maskowane przez manierę sentymentalną, przybierało ono postać czystą i silną, świadcząc najwymowniej o tym, co Kniaźnin mógł z piersi swej wydobyć.

W oczach współczesnych i potomnych zaćmiewał Kniaźnina pokrewny mu inny „chudy literat", **Franciszek Karpiński** (1741-1825). Był to materiał na panegirystę dworskiego, ale „na wysokie pańskie pnąc się progi" nie potrafił jakoś na nie się wydostać i z tego tytułu miał duże pretensje do życia. Rzecz zabawna, ale gdy Naruszewicz nie godził się na skargi Kochanowskiego i utrzymywał, że za Stanisława Augusta rozpoczął się wreszcie złoty wiek dla pisarzy, Karpiński, wręcz odwrotnie, lamentował: „Za lat Symonidesów albo Kochanowskich może znalazłbym sobie Zamoyskich, Myszkowskich" i utrzymywał, że brak mecenasów nie pozwala mu „pismem pożytecznym narodowi służyć". Sprawy te doszły do głosu przede wszystkim w *Pamiętnikach* Karpińskiego. Czasy stanisławowskie wydały wprawdzie bardzo obfity plon pamiętnikarski, Karpiński jednak zdołał zająć w nim swoiste i odrębne miejsce zarówno dzięki szczerości, graniczącej nieraz z bezwiednym cynizmem, jak dzięki zainteresowaniom psychologicznym, związanym z charakterem jego uzdolnień twórczych.

W rozczarowanym i rozgoryczonym kandydacie na dworaka krył się niepośledni liryk, o nikłej wprawdzie pomysłowości, ale szczery i pełen prostoty, czym podbijał serca czytelników do tego stopnia, że „śpiewak Justyny" należał pod koniec swej kariery literackiej do najulubieńszych pisarzy epoki. Liryk uprawiał oczywiście poezję miłosną w formie pieśni, elegii i przypominających Kniaźnina sielanek, obrazków niby to pasterskich. Posługując się motywami niemal odwiecznymi, umiał niezwykle szczerze wyrazić żal za ukochaną i połączyć go z „tęsknością na wiosnę", jak umiał dać pełną staroświeckiego wdzięku pieśń o strapieniach kochanków, *Laura i Filon*.

W teatralnym monologu dziewczyny, która idzie na schadzkę „**pod umówionym jaworem**", nie może doczekać się swego Filona i pod wpływem nieuzasadnionej zazdrości rozbija koszyk z **malinami** i targa wieniec, nie wiedząc, że chłopiec w pobliżu ukryty śledzi jej ruchy, oraz w rozmowie, która nieporozumienie wyjaśnia, **odbiło się** w sposób wprost doskonały upodobanie epoki do sztucznej prostoty pasterskiej i dlatego utwór ten przez lat kilkadziesiąt wzbudzał podziw, a dzisiaj stanowi najwymowniejszą pamiątkę ówczesnego smaku literackiego.

Prostotę jeszcze większą osiągnął Karpiński w liryce religijnej, zwłaszcza w pieśniach porannej i wieczornej („Kiedy ranne wstają zorze" i „Wszystkie nasze dzienne sprawy"). Pieśni te, ułożone w prastarym, średniowiecza sięgającym ośmiozgłoskowcu, cudownie nadawały się do wyrażenia prostych uczuć religijnych człowieka prostego. Nie tylko jednak na prostotę zdobyć się umiał autor *Laury i Filona*. Dowiodła tego wspaniała kolęda „Bóg się rodzi", zbudowana z prawdziwą potęgą ze śmiałych „konceptów", w których autor przeciwstawił sobie łańcuch sprzeczności (Bóg się rodzi, moc umiera, ogień w lód się ścina, blask zmienia się w ciemność), by w ten sposób uwydatnić niezwykłość cudu dokonywającego się pod strzechą stajenki betleemskiej. Istniały podobne kolędy łacińskie, dopiero jednak Karpiński niezwykłe ich pomysły wyrazić potrafił w dźwięcznym wierszu polskim.

W dziedzinie wreszcie liryki patriotycznej uderzał Karpiński w tony bardzo różne, nie stroniąc nawet od prostaczej pieśni dziadowskiej (*Pieśń dziada sokalskiego w kordonie cesarskim*), najwyżej zaś wzniósł się w *Żalach Sarmaty nad grobem Zygmunta Augusta* (1797). W wymownych, na silnych kontrastach opartych zwrotach opłakał tutaj ostatni rozbiór Polski, który sprawił, że „ta, co od morza aż do morza władła, kawałka ziemi nie ma na mogiłę", i psalmowymi tonami ubolewał, że jej synowie „na roli ojców płaczą — cudzoziemce". Całość, pełna żalu wobec wydarzeń, kończyła się gestem całkowitej rezygnacji:

> *Zygmuncie, przy twoim grobie,*
> *Gdy nam już wiatr nie powieje,*
> *Składam niezdatną w tej dobie*
> *Szablę, wesołość, nadzieję*
> *I tę lutnią biednę...*
> *Oto mój sprzęt cały,*
> *Łzy mi tylko jedne*
> *Zostały.*

Zakończenie to stanowi rodzaj pomnika, wzniesionego nad grobem poezji stanisławowskiej. Jej przedstawiciele podówczas dogorywali, odziany w księżą sutannę Zabłocki opiekował się obłąkanym Kniaźninem, Naruszewicz gasł w melancholii na głuchej prowincji, świetny **szambelan** Trembecki żył na łaskawym chlebie u ukraińskiego

6. Liryka sentymentalna

magnata. Ludzie, których „postwarzał" Stanisław August, załamali się, gdy nie stało „stwórcy", internowanego w stolicy rosyjskiej. Poemat Karpińskiego zdobył duże powodzenie, był bowiem patetycznym wyrazem sytuacji, którą dotkliwie przypominały dalsze lata niewoli. Nie wyrażał on bowiem niezłomnej postawy pokolenia, które reprezentowało czynne siły narodu i nie dało się złamać ani rozbiorom, ani klęsce insurekcji Kościuszkowskiej, zakończonej Maciejowicami i rzezią Pragi.

Wyrazicielem takiej postawy był sławiony przez Cypriana Godebskiego jako wzór poety politycznego J a k u b J a s i ń s k i (1761- -1794), generał-inżynier, organizator powstania w Wilnie i bohaterski obrońca Pragi, poległy na jej wałach. Jako poeta, Jasiński częściowo tylko odpowiadał ideałowi określanemu wyrazami „bard" lub „wieszcz". Młody oficer w swych gładkich i bezpretensjonalnych rymach dawał upust temperamentowi środowiska oficerskiego, w którym się obracał, pisywał więc swywolne wierszyki, z których najprzyzwoitszy (*Chciało się Zosi jagódek*) stał się piosenką popularną, żywą do dzisiaj, gdy inne jego utwory, poematy heroikomiczne, uległy słusznemu skądinąd zapomnieniu.

Równocześnie jednak środowisko to było podminowane poglądami, które wyrastały z obserwacji życia Francji rewolucyjnej i nastrojonej na ton „Marsylianki", ton patriotycznorewolucyjny, znany doskonale z Insurekcji i manifestu połanieckiego. Jasiński uchwycił go i wyraził w paru wierszowanych apelach, w których z szlachetnym patosem głosił to, czego pragnęło, w co wierzyło i do czego dążyło wojsko narodowe, zaskoczone przez Targowicę i drugi rozbiór. Głosił tedy wiarę zarówno w rewolucję francuską i skuteczną doniosłość wspólnej sprawy, jak — i to przede wszystkim — przekonanie, iż odzyskanie niepodległości zależy od samego narodu i od sił, jakie zmobilizować potrafi. Z pogardą żarliwego republikanina rozprawiał się z oficjalną żałobą dworu warszawskiego po zgilotynowaniu Ludwika XVI, gdy na wydarzenie to spoglądał ze stanowiska owoczesnej sytuacji kraju: „A gdy wam honor, wolność, majątki odjęto, Wy płaczecie, że króla o mil trzysta ścięto". Przekonany był bowiem, że era monarchij się skończyła: „Niech zginą króle, a świat będzie wolny". Miał tu na myśli nieszczęsnego Stanisława Augusta, „króla ulubionego", którego akces do Targowicy piętnował jako zdradę narodu i któremu przeciwstawiał „ucznia Waszyngtona", Tadeusza Kościuszkę, mianowanego generałem za kampanię z roku 1792. Wierze zaś w przyszłość zwycięską narodu przyświadczał w wierszu:

A ty, co na nas czekasz, ojczyzno strapiona,
Wiedz, że wnet nie masz dzieci lub jesteś zbawiona.

Wiara ta była przekonaniem nie tylko Jasińskiego, krwią bowiem własną przypieczętowali ją jego rówieśnicy w bitwach od Zieleniec po Pragę, niezłomną zaś wolą walki ci, których śmierć oszczędziła i którzy zdecydowali się walkę o wolność kontynuować na tułactwie w świecie dalekim.

7. TWÓRCZOŚĆ POETÓW SCHYŁKOWYCH

Nie zdążyły jeszcze przebrzmieć pełne beznadziejnej rezygnacji echa *Żalów Sarmaty*, odtwarzających nastroje społeczeństwa w kraju, gdy oto z dalekiej emigracji wraz z dźwiękami trąbek wojskowych dobiegły skoczne słowa *Mazurka Dąbrowskiego*:

> *Jeszcze Polska nie zginęła,*
> *Kiedy my żyjemy,*
> *Co nam obca przemoc wzięła,*
> *Szablą odbierzemy.*
> *Marsz, marsz Dąbrowski*
> *Z ziemi włoskiej do Polski,*
> *Za twoim przewodem*
> *Złączym się z narodem.*

Mazurek ten, dzieło znanego z czasów Sejmu Czteroletniego polityka i literata, **Józefa Wybickiego** (1747-1822), mówił to samo, co wiersz Jasińskiego do ojczyzny: „Wiedz, że wnet nie masz dzieci lub jesteś zbawiona", ale mówił to w sposób zwięzły, jasny i zrozumiały dla wszystkich. Równocześnie zaś wprowadzał w życie polskie nowe i aktualne nazwiska, wodza legionów włoskich, Dąbrowskiego, ich patrona, podówczas jeszcze generała, Bonapartego, nade wszystko zaś ustalał nowy ton polityczny: na miejsce rezygnacji stawiał ufną w przyszłość walkę narodową o niepodległość, niepodległość tę opierając nie na rachunkach politycznych, lecz na samym fakcie istnienia narodu i jego praw przyrodzonych, biologicznych. Słowa i nutę pieśni, zrodzonej w r. 1797 we Włoszech (melodię skomponował Michał Kleofas Ogiński), podchwycili młodzi, by czerpać z niej optymizm i wiarę we własne siły, uczucia obce ich ojcom, mającym poczucie całkowitej bezsiły.

W ten sposób odległość między utworami Karpińskiego i równego mu wprawdzie wiekiem, ale młodego duchem Wybickiego stała się odległością dwu pokoleń — starego, które odchodziło z rozpaczą w przeszłość stanisławowską, i młodego, które kroczyło za przewodem *Mazurka* zwycięsko w przyszłość. Młode to pokolenie swój nowy

7. Twórczość poetów schyłkowych

stosunek do świata z miejsca zadokumentować miało krwią przelewaną na wszystkich głośnych podówczas pobojowiskach świata i pracą organizacyjną w kraju, gdy tylko nowe warunki polityczne w Księstwie Warszawskim i Królestwie Kongresowym pracę tę umożliwiły

Postawę tego nowego pokolenia poznać można choćby z biografii jednego z wcześniejszych jego przedstawicieli, poległego w r. 1809 na grobli raszyńskiej pułkownika C y p r i a n a G o d e b s k i e g o. Najznakomitszy epizod swego życia opowiedział on sam w wymownym *Wierszu do legiów polskich* (1805), do których z narażeniem życia przekradł się, by przeżyć to wszystko, co w sto lat później otrzymało wstrząsający wyraz w powieści Żeromskiego *Popioły*, a co sam Godebski przedstawił w powieści *Grenadier-filozof*. Przejścia te zaprawiły *Wiersz* palącą goryczą, w chwili jego powstania wydawało się bowiem, że cały wysiłek poszedł na marne, że przeminęły niedawne dni chwały, gdy

...*okryty laurami na werońskim polu
Dzienne rozkazy Polak dawał z Kapitolu,*

i „zdobił w pamiątki męstwa niewdzięcznych stolicę", tj. gdy Kniaziewicz stał kwaterą w Rzymie, a potem zdobyczne sztandary neapolitańskie oddawał w Paryżu Dyrektoriatowi. Sądzić by można, że wysłany na San Domingo, służący „w obcych już dla nas znamionach" żołnierz legionowy to pozycja stracona, tak że autor, „świadek waszego męstwa, a uczestnik biedy", łzami tylko współczucia mógł obdarzyć dawnych towarzyszy, a jednak tego rodzaju przypuszczenia nie potrafiły złamać człowieka, który przebył straszliwą kampanię włoską. Miał on bowiem głębokie przekonanie, że wysiłek żołnierski wzbogaci cennymi pierwiastkami kulturę narodową, że zaznaczy się również w literaturze, kończył więc swą elegię zapewnieniem, że

*Powstanie polski Maro z Jasińskiego duszą,
On wasze czyny poda do wiecznej pamięci,
A gasząc moje rymy, wspomni dobre chęci.*

„Dobre chęci" zaś samego poety nie ograniczyły się do napisania wiersza tylko, po powrocie do kraju począł on bardzo energicznie krzątać się około zorganizowania pracy naukowo-literackiej, wznowiwszy „Zabawy Przyjemne i Pożyteczne" (1803 - 1806), a tak samo robili jego rówieśnicy.

W okresie mianowicie bardzo powikłanych stosunków politycznowojennych, gdy rządy zaborcze pod naciskiem okoliczności okazały skłonność do ustępstw oraz gdy własny rząd w Księstwie i Królestwie przystępował do organizacji życia kulturalnego, ludzie w rodzaju Godebskiego, odpasując szable, chwytali za pióra i tworzyli instytucje trwające nieraz, choć nie bez przerw, po dzień dzisiejszy. Zwłaszcza Warszawa i Wilno przodowały w tym ruchu, skupiającym się w szkołach wyższych, w towarzystwach naukowych, w biurach redakcyjnych. Wystarczy wspomnieć, że Adam Jerzy Czartoryski, syn dawnego komendanta Szkoły Rycerskiej, reorganizuje uniwersytet wileński, że powstaje uniwersytet warszawski i znakomita szkoła średnia, Liceum Tadeusza Czackiego w Krzemieńcu. Pamiętać należy, że uczeni warszawscy zakładają Towarzystwo Przyjaciół Nauk, organizuje się podobne towarzystwo w Krakowie, a niemal równocześnie powstaje Zakład Narodowy im. Ossolińskich we Lwowie. W ten sposób z kół rzutkich i ofiarnych jednostek wychodzą pomysły pracy zbiorowej, skupionej w instytucjach, inicjatywa zbiorowa podejmuje obecnie zadania, które w pokoleniu poprzednim spełniał król-mecenas, i zadania te wprowadza w życie szybciej i sprawniej, aniżeli to bywało za Stanisława Augusta. Dzięki tego rodzaju działalności po krótkich latach zastoju energicznie poczyna dźwigać się nauka na uniwersytetach, reprezentowana przez ludzi takich, jak bracia Śniadeccy w Wilnie, Jan astronom i Jędrzej fizyk, jak historyk Joachim Lelewel, oraz poza uniwersytetami, gdzie w Warszawie pojawiają się znakomite prace przyrodnicze Staszica oraz pomnikowy *Słownik języka polskiego* Samuela Bogumiła Lindego.

Pokolenie działaczy kulturalnych pierwszej ćwierci stulecia XIX, ludzi zazwyczaj czynnych równocześnie naukowo i literacko, odbiegające energią, pracowitością i wytrwałością od pokolenia swych ojców z czasów Stanisława Augusta, nie odbiegło od nich w zakresie upodobań literackich, a raczej — jeżeli nawet odbiegało, to jednak tak nieznacznie, że wspólny wysiłek ojców i synów stanowi tu jedną całość.

O całości tej zadecydował stosunek obydwu pokoleń do zasad poetyckich czerpanych z Francji i do wielkiej poezji francuskiej. Upodobania synów szły po staremu w kierunku klasycyzmu, uważali się oni za klasyków, choć przylgnęła do nich, nalepiona im w późniejszej walce z pokoleniem następnym, obelżywa nazwa pseudoklasyków. W gruncie rzeczy byli to klasycyści, a więc wyznawcy i wielbiciele piękna wcielonego w arcydziełach poezji starożytnej i poezji francuskiej, i to klasycyści bardziej rygorystyczni, surowsi od pisarzy stanisławowskich. Kładli oni mianowicie silny nacisk na przekonanie, że poezji można się nauczyć z przepisów, i przesadnie byli przywiązani do doskonałych, jak sądzili, „wzorów". Stąd nie uznawali innych sposobów wyrażania piękna w słowie aniżeli sposoby poparte

Stanisław Staszic, rys. Stanisław Sawiczewski

Józef Wybicki, mal. Marcello Bacciarelli

7. Twórczość poetów schyłkowych

powagą przeszłości i w ich obronie kruszyli kopie, nie zdając sobie sprawy, że na czasy ich przypadł zmierzch dawnego kierunku. Taka postawa literacka sprawiła, że klasycyści warszawscy i niewarszawscy nie mieli odwagi wychylić się poza opłotki rodzajów literackich odziedziczonych po klasycznych przodkach, przyznać im jednak należy, że dokonali w obrębie tego dziedzictwa dwu ważnych rzeczy: doprowadzili je do doskonałości oraz usilnie zabiegali o uzupełnienie tych luk, które wykazywało piśmiennictwo stanisławowskie, mianowicie w zakresie poezji epickiej i tragicznej. Zadanie mieli tym łatwiejsze, że bezwiednie ulegali „duchowi czasu", oddziaływaniu tego prądu historii, w którym upływało ich życie. Dzięki temu w stare, gładzone i szlifowane formy tradycyjne wchodził nowy duch, nowa, z życia pochodząca treść, by je ostatecznie rozsadzić i usunąć, a tym samym przygotować pole dla stosunków literackich zupełnie nowych.

Rezultat owego nacisku historii na życie dostrzec można przede wszystkim w dziedzinie liryki, obcej — jak wiemy — czasom stanisławowskim. Obecnie liryka rozrosła się i wykształciła w sposób jednak osobliwy, zbliżający ją do poezji epickiej. Rozwój jej mianowicie poszedł w dwu kierunkach — religijnym i panegirycznym, uczucia bowiem, budzone przez wielkie wydarzenia dziejowe, otrzymywały uroczystą postać albo hymnu, albo patetycznej ody. I w jednym, i w drugim wypadku była to postać wyraźnie deklamacyjna. Tak było u proboszcza niegdyś kazimierskiego, z biegiem lat biskupa i prymasa, J a n a P a w ł a W o r o n i c z a (1757 - 1829). Zdarzenia, które zgrozą napełniały serca Karpińskiego i Godebskiego, upadek Polski i niedola legionów na ziemi obcej, Woroniczowi podyktowały majestatyczny *Hymn do Boga*. W potężnych obrazach, siłą i sposobem budowy przypominających *Psałterz Dawidów* i proroctwa Skargi, wystąpiła tu tragedia pokolenia, zakończona jednak słowami nadziei, przekonaniem, że po klęsce przyjść musi odrodzenie, jedno bowiem i drugie zależy od Boga, który jest nie tylko sprawiedliwy, ale i łaskawy. W przeciwieństwie jednak do pisarzy renesansowych występuje u Woronicza nowy rys, spokrewniający go z Godebskim — upodobanie w klasycznej ogólnikowości, w uczonych zagadkach, zrozumiałych przecież jego czytelnikowi.

> *Drudzy, przeżyć nie mogąc zgonu wspólnej matki,*
> *Spostrzegłszy jakąś gwiazdę nowych świata cudów*
> *I z nią tajnym przeczuciem łącząc tchu ostatki,*
> *W bezdrożach skwarnych spiekot, włóczęgów i trudów,*
> *Lądy i morza obieżawszy sławą,*
> *Łzy krokodylom wmawiają swą sprawą.*

Zwrotka ta opiewa oczywiście dzieje legionów; zgon wspólnej matki to rozbiory, gwiazda — Napoleon, skwarne spiekoty — San Domingo, krokodyle wreszcie to dyplomacja francuska. Metoda autorska wyrosła tu z obawy, by przez wymienienie określonych faktów historycznych nie zepsuć podniosłego tonu hymnu, nie zniżyć nastroju rozmowy z Bogiem. Być może, iż w danym wypadku przyznać by można słuszność takiemu stanowisku, w innych wiodło ono do panowania sztucznego szablonu nad życiem, do gromadzenia uczonych aluzyj, spowijających w bawełnę zbytecznych słów istotę sprawy. Sam Woronicz, poeta średniego lotu, nie umiał niebezpieczeństwa tego uniknąć w utworach dłuższych, między innymi w głośnej *Świątyni Sybilli*; typowy dla upodobań epoki poemat opisowy (na tle parku puławskiego) usiłował autor zabarwić treścią polityczną w ten sposób, że w usta Jana Kazimierza, na portrecie zawieszonym w muzeum książęcym, wkładał poglądy poprzednio wyrażone w *Hymnie do Boga*.

Wydarzenia wojskowe, uroczyste wejścia i wymarsze wodzów, samego cesarza Napoleona i jego podkomendnych, zwłaszcza księcia Józefa, wywoływały mnóstwo udanych i nie udanych ód, wierszy o specjalnej budowie, przeładowanych mitologią, pełnych zawiłych omówień, strzelających racami czysto retorycznych efektów. W zgodzie z panującym podówczas w sztukach plastycznych stylem klasycystycznym (tzw. stylem cesarstwa lub empirowym), stylem, którego wyrazem były również srebrne i złote orły, wzorowane na rzymskich znamionach pułkowych, Napoleon i jego wodzowie w odach chwalców urastali do wielkości bóstw antycznych, przy czym ze zrozumiałym upodobaniem nadużywano Jowisza i zwłaszcza Marsa. To jest ten styl urzędowy, który Mickiewicz dla scharakteryzowania epoki wprowadził w urywku *Pana Tadeusza*, ukazując Napoleona jako boga wojny na rydwanie zaprzężonym w orły złote obok srebrnych, ciskającego gromy w miejsca słynnych zwycięstw.

A jednak z tego stylu, który mimo wysokiego poziomu posługujących się nim pisarzy zestawić by można ze stylem staropolskich panegiryków czasów saskich, udawało się czasem wydobyć wspaniałe efekty. Dowodzi tego podziwiana niegdyś oda L u d w i k a O s i ń s k i e g o (1775 - 1838) tłumacza, dyrektora teatru i profesora, sławiąca „tryumf natury, prawdy i człowieka" w dziele Kopernika, któremu nieco wcześniej (1802) piękny szkic prozą poświęcił Jan Śniadecki, a którego pomnik pomysłu Staszica, a dłuta Thorwaldsena ustawiono w Warszawie w r. 1830. W zdaniach, zbudowanych niezwykle oszczędnie, w wyrazach odmierzonych i odważonych *Oda na cześć Kopernika* (1808), zakończona zresztą panegirycznym ukłonem w stronę Jana Śniadeckiego, wzbija się na wyżyny międzyplanetarne, by

7. Twórczość poetów schyłkowych

ukazać wielkość myśli ludzkiej, wdzierającej się w tajniki zakryte przez bóstwo. W obrazach, które powrócą w „Improwizacji" Mickiewicza, ukazuje się tu kolejno potęga kosmosu i potęga rozumu ludzkiego, którego „jeden przelot... błędy wieków kruszy" i który „opuszcza ziemię, w niebo ulatuje", by tam zdobyć „nieznane świata tajemnice". Obrazy te przeplecione są ciągłymi, nieco sztywnymi przemówieniami-apostrofami do „czcigodnego cienia" genialnego astronoma, do Polski i narodu, do ludzkości, do Śniadeckiego wreszcie, co nadaje *Odzie* charakter podniosłego popisu oratorskiego. W taki to sposób odziedziczona po epoce Oświecenia poezja intelektualna, poezja myśli, odziewa się w pełną patosu szatę, która osłania świetnego deklamatora w roli natchnionego poety.

Pośród utworów związanych z takimi okolicznościowymi uroczystościami jeden zdobył sobie niezwykłą popularność. Były to *Śpiewy historyczne* (1816) twórcy *Powrotu posła*, Niemcewicza. Pisarz ten, uwięziony po klęsce maciejowickiej, odzyskawszy swobodę, sporo lat spędził w Ameryce, by po powrocie do Polski stać się jednym z najruchliwszych pionierów kulturalnych, by niestrudzenie pracować w dziedzinie nauki, zwłaszcza historii, i na polu poezji. Z dzieł jego, pisanych zazwyczaj pośpiesznie i niedbale, *Śpiewy historyczne*, cykl wierszy o władcach Polski od bajecznego Piasta aż po Jana III, wyrósł z historycznych upodobań chwili i upodobaniom tym dawał znamienny, choć artystycznie niezbyt wysoki wyraz. Tu i ówdzie jednak udawało się Niemcewiczowi docierać do wyżyn poezji, jak choćby w dodanym na końcu zbioru marszu pogrzebowym ku czci księcia Józefa. Marsz ten otrzymał kościec taki sam jak oda Osińskiego, łączył obrazy i patetyczne apostrofy do „wodza walecznego", do jego rumaka, nawet do orłów wojskowych, nie unikał nawet pomysłów tak szablonowych, jak budowanie grobu z zawieszonym u szczytu wawrzynowym wieńcem; mimo to dla cechującej go powagi, dla utrzymanego od początku do końca jednolitego nastroju stanowi on piękny okaz patetycznej poezji historycznej owej epoki.

Dodać należy, że Niemcewicz, obeznany z poezją angielską, publicysta zresztą raczej niż poeta, nie przywiązywał specjalnej wagi do wzorów i przepisów, tak cenionych przez jego kolegów po piórze, toteż, idąc za wzorami angielskimi, układa wiersze daleko śmielsze niż inni, nie wahając się wprowadzać duchów i przywidzeń, a więc motywów nie uznawanych przez poetykę klasycystyczną. Szczególnie charakterystyczna jest tu, z powieści *Mnich* M. G. Lewisa przejęta „duma" pt. *Alondzo i Helena*: rycerz krzyżowiec, któremu nie dotrzymała wiary piękna dziewica, mści się na niej po śmierci, duch jego zjawia się na weselu wiarołomnej i powoduje zapadnięcie się zamku. Tego rodzaju pomysły, spotykane podówczas jedynie na kartach powieści, zwłaszcza tzw. „powieści grozy", stanowiły zapowiedź nowej mody literackiej i przygotowywały jej pojawienie się u nas. Historia, która w taki sposób dochodziła do głosu w poezjach lirycznych i śpiewach epickich, domagała się również ujęcia we właściwych rodzajach literackich, a więc w poematach ściśle epickich. Rzecz jednak znamienna, że jakkolwiek próby w tym kierunku podejmowano niejednokrotnie (np. poemat Kajetana Koźmiana o *Stefanie Czarnieckim*), żadna z nich nie wypadła szczęśliwie. Zazwyczaj tak się składało, że epicy ci próbowali równocześnie także poezji opisowej, pisywali więc „tysiąc wierszy o sadzeniu grochu", jak to ironicznie określił ich przeciwnik, Mickiewicz, czyli długie poematy o gospodarstwie, o polach i pasiekach, o lasach i parkach. Poematy te, zazwyczaj noszące tytuł *Ziemiaństwo* (jeden z nich wyszedł spod pióra Koźmiana), podzieliły los swoich historycznych krewniaków, tj. uległy zapomnieniu, czytelnicy zaś, którym ten rodzaj epicki się podobał, sięgali do starej *Sofijówki* Trembeckiego. To jednak, co dla poezji tej okazało się zabójcze, jej monotonia, płynąca z posługiwania się stale jednymi i tymi samymi motywami, miała duże znaczenie dla przyszłości. Omawiane poematy były rodzajem zbiorowych ćwiczeń na zadany wspólny temat, dzięki temu uwaga pisarzy skupiała się w nich na arcystarannym szlifowaniu formy poetyckiej. Niedaleka przyszłość, zadokumentowana w opisowych partiach *Pana Tadeusza*, miała dowieść, że „polski Maro z Jasińskiego duszą" (a Wergiliusz Maro, autor *Georgików*, był dla poezji opisowej wzorem niedoścignionym) umiał skorzystać z dorobku i doświadczeń poprzedników.

Próbom epickim towarzyszyły równie nieudane próby dramatyczne, mające na celu wydanie tragedii, która zmierzyć by się mogła z masowo teraz tłumaczonymi arcydziełami Racine'a i Corneille'a, czy choćby z dziełami Woltera, który uchodził również za wielkiego dramaturga. Rozwój badań historycznych, pchniętych na nowe tory przez Naruszewicza, udostępnił mnóstwo interesujących tematów. Tematy te opracowywano po wielekroć, ustalając w ten sposób pewien podstawowy zrąb pomysłów dramatycznych, żywy po dzień dzisiejszy. Pisywano tedy najchętniej tragedie o śmierci ofiarnej Wandy, o zbrodni Bolesława Śmiałego, o poświęceniu się Jadwigi dla dobra narodu, o bohaterskim zgonie Warneńczyka, o obronie swego prawa do szczęścia podjętej przez Zygmunta Augusta i inne, wszystkie te jednak tragedie, o ile nawet pojawiły się na scenie, przechodziły bez wrażenia. Daremnie krytyka teatralna, skupiona w towarzystwie, którego członkowie podpisywali recenzje literą „X", nawoływała do stworzenia rzeczy wielkiej, wezwaniom jej nikt nie mógł podołać. Daremnie mozolono się nad możliwie wiernym zachowaniem nieodzownych, jak wierzono, trzech jedności, zamykając

7. Twórczość poetów schyłkowych

akcję jednowątkową, możliwie uproszczoną, w obrębie jednej doby i jednego budynku. Okazywało się, że samo rzemieślnicze przestrzeganie zasad dramatycznych nie wystarcza. Wreszcie po długich wahaniach i przygotowaniach wystąpił Alojzy Feliński (1771- -1820), niezbyt ruchliwy poeta, znany z gładkich wierszy poezji opisowych późniejszy twórca hymnu *Boże, coś Polskę* (1816), i jego właśnie dzieło uznano za spełnienie powszechnych pragnień. Była to *Barbara Radziwiłłówna* (1817), tragedia osnuta na walce Zygmunta Augusta o uznanie królową poślubionej tajemnie poddanki. Konflikt między koroną i żoną, między uczuciami króla i męża w duszy Zygmunta, konflikt między przywiązaniem do męża a obawą, by go nie poróżnić z poddanymi, w duszy Barbary, konflikty wreszcie wśród skłóconych senatorów dostarczyły dramaturgowi bardzo efektownego budulca do tragedii. Budulec ten znakomicie nadawał się do wspaniałych tyrad, ujawniających walki wewnętrzne i pozwalał na zastosowanie szlachetnego patosu w pełnych godności przemówieniach bohaterów. Wielkość Rzeczypospolitej jagiellońskiej mogła wystąpić tutaj w całej okazałości zewnętrznej i wewnętrznej, w majestacie potężnego władcy i w dostojeństwie dusz ludzkich, w których wrodzona cnota odnosiła zwycięstwo nad chwilowymi porywami namiętności. Ponieważ jednak takie ujęcie sprawy wykluczało tragedię, która powinna była zakończyć się śmiercią bohatera czy bohaterki, Feliński uciekł się do środka bardzo prostego, choć niekoniecznie zgodnego z historią, kazał przewrotnej cudzoziemce Bonie otruć niemiłą jej synową i w ten sposób zamierzony efekt osiągnął.

Tak skonstruowana *Barbara Radziwiłłówna*, przedmiot zachwytu pokolenia, które oglądało ją na scenie, jest bardzo interesującym okazem tragedii deklamacyjnej, gdzie symetrycznie rozmieszczone, starannie dobrane słowa przesłaniają wnętrze dusz, gdzie sztuczność doprowadzona jest do krańcowej doskonałości. Stanowi ona dokument upodobań literackich epoki, która na własną przeszłość spoglądała przez okulary rzymsko-francuskie i nie przypuszczała, że wielkość można wyrazić w sposób inny, prostszy.

Cały kunszt tragedii, całe niepokalane piękno jej języka i niezłomną siłę zawartych w niej wzniosłych sentymentów poznać łatwo, rzuciwszy okiem na byle jej urywek, wszystko bowiem aż do najmniejszego szczegółu jest w niej dokładnie opracowane. Dla przykładu wziąć można przemówienie posła Boratyńskiego, mające przełamać opór królewski:

A tyż, wolnego ludu król wolnie obrany,
Mniej chcesz, mniej masz potrzeby być od nas kochany?
Czy myślisz, niszcząc wolność, gardząc ustawami,

*Podbić kraj i żelazne berło wznieść nad nami?
Bądź raczej, idąc torem przodków nieomylnym,
Naszą miłością wielkim, naszą mocą silnym.
I spraw, twą władzę ważąc na praw naszych szali,
Abyśmy się nie ciebie, lecz o ciebie bali!*

Podziwiać można ten geometrycznie dokładny rysunek budowy zdań. Począwszy od zgrabnej gry słów (wolny — wolnie), każdy argument wymownego posła powtarza się dwukrotnie (mniej chcesz — mniej masz potrzeby, podbić kraj — berło wznieść, naszą miłością — naszą mocą); gdy autor w tok zdań równorzędnych wprowadza człon upodrzędniony, zmysł symetrii nakazuje mu powtórzenie aż trzykrotne (niszcząc — idąc — ważąc); i tego mu mało, w krótkim bowiem przemówieniu daje paradoksalne ujęcie siły (siła króla płynie z siły silniejszych odeń poddanych) i całość kończy konceptem, którego nie powstydziłby się dworak barokowy, igrając podwójnym znaczeniem wyrazu „bać się". Dzięki temu tragedia Felińskiego to niezrównany zbiór materiału do ćwiczeń nad tajnikami dobrego, wzorowego nawet, stylu klasycystycznego, ale tylko stylu!

Wspomnieć wreszcie należy, że historia, kołacąca do uwagi epików i dramaturgów, znalazła bardzo wydatny oddźwięk w twórczości ówczesnych powieściopisarzy. Prym wiódł tutaj nieznużony Niemcewicz, może dlatego, że podczas podróży zagranicznych oswoił się z powieścią lepiej niż inni, a może po prostu dlatego, że napisanie powieści mniej wymagało wysiłku niż inny, objętościowo jej równy utwór, zarazem zaś powieść od czasów Krasickiego była bardzo wygodnym orężem publicystycznym. Pierwsza jego wycieczka w tę dziedzinę przypomina stary spór z sarmatyzmem czasów stanisławowskich. Tylko że choć sarmatyzm pozostał bez zmian, zmienił się jego przeciwnik. Powieść nosi tytuł *Dwaj panowie Siechowie* i składa się z dwu przeplatających się pamiętników, odpowiednio zestawionych. Pierwszy z nich mówi, jak to bywało za czasów saskich, gdy żył jego autor, Sieciech-dziadek; drugi, spisywany przez Sieciecha-wnuka ukazuje dane sprawy w czasach Księstwa Warszawskiego. W pierwszym same grzechy prywatne i publiczne, w drugim same cnoty. W ten sposób Niemcewicz dawał wyraz temu, co głosiła cała poezja ówczesna: sławił swą epokę i jej wysiłek wojskowy i kulturalny, odmierzał wielkość osiągnięć dokonanych przez pokolenie Godebskich i Felińskich.

Z biegiem lat, zapoznawszy się z powieściami podziwianego w całej Europie Waltera Scotta, Niemcewicz pod jego natchnieniem zapragnął uwiecznić czasy ukazane w *Barbarze Radziwiłłównie* i zrobił to w *Janie z Tęczyna* (1825). Treść romansu osnuł na historii, przed-

7. Twórczość poetów schyłkowych

stawiając tragicznie zakończone zabiegi renesansowego wojewodzica o rękę królewny szwedzkiej. Treść tę rozszerzył przez wprowadzenie przygód hiszpańskiego rycerza w kresowych walkach z Tatarami. Tak skomponowaną podwójną akcję rzucił na dowolnie, lecz bogato i szczegółowo podmalowane tło historyczne; złożyły się na nie opisy domów i kostiumów, uczt i sejmów, przyjęć u magnatów i u zwykłej szlachty, której przedstawicielem stał się w powieści sam Jan Kochanowski. W ten sposób powstał niezwykle zajmujący odpowiednik tragedii Felińskiego, mniej wzniosły i mniej uroczysty, barwniejszy i niezwyklejszy, znowuż wyjątkowo ciekawy jako świadectwo, jak pisarz sprzed lat stu wyobrażał sobie i czytelnikowi przeszłość.

Powieści Niemcewicza zagrażał przez czas jakiś przyćmieniem inny, niezwykle popularny romans, F e l i k s a B e r n a t o w i c z a (1786 - 1836) *Pojata córka Lezdejki, albo Litwini w XIV wieku* (1826). Sięgał on w dziedzinę, w której sił próbowali ówcześni dramaturgowie, ukazywał bowiem połączenie Litwy z Polską. Połączenie to uzasadniał bardzo naiwnie: oto Jagiełło zakochał się w przywiezionym na Litwę portrecie młodej królowej polskiej i temu należy zawdzięczać unię dwu państw. Naiwności te *Pojata* okupywała bardzo starannym opisem pierwotnych obyczajów litewskich oraz żywo przedstawionymi zatargami Litwinów i Krzyżaków. Co więcej, w opisach bitew autor, podobnie zresztą jak Niemcewicz, ale znacznie lepiej, usiłował zachować ton poezji epickiej. W ten sposób osiągał on w prozie powieściowej to, o co zabiegała bez powodzenia epika ówczesna i tym samym umacniał znaczenie młodego gatunku literackiego, zdobywając dla niego nowe tereny.

To zwycięstwo powieści przejmującej rolę epiki, gdy ta zawiodła, miało swą wymowę, dostrzegalną wyraźnie dopiero dzisiaj z odległości z górą stu lat. Świadczyło ono, że praca dwu pokoleń wykarmionych przez Oświecenie dobiegła kresu, że spełniła ze swych zadań to wszystko, co było wykonalne. Zadania te zaś w znacznej mierze pokrywały się z programem politycznym Stanisława Augusta, zrealizowanym w całej pełni dopiero przez pokolenie synów. Program ten obejmował odsarmatyzowanie Polski, zeuropeizowanie jej ponowne, rozżarzenie mądrej myśli politycznej i przyodzianie tej myśli w szatę doskonałego słowa poetyckiego. Czynnej realizacji tej myśli, która najpełniejszy wyraz otrzymała w Konstytucji 3 Maja, stanęło na przeszkodzie życie, nie pozostawało więc nic innego, jak przekazanie jej pokoleniom następnym. A to właśnie zrobiło w pierwszym rzędzie pokolenie klasycystów warszawskich. Rolę króla-mecenasa powierzyło ono organizacjom społecznym, umocniło i rozszerzyło te poczynania kulturalne, które były warunkiem dalszego rozwoju; w poprawnej, średniej wprawdzie, ale niezwykle sprawnej produkcji poetyckiej wypowiedziało umiłowanie przeszłości i zrozumienie chwili bieżącej, przez ową zaś poprawność zadokumentowało fakt, że naród, który w wiekach ubiegłych wykazywał w literaturze szczyty i doły, obecnie zdobył się na solidny, europejski poziom, na którym młodsze ręce wznosić mogły gmachy, nie do pomyślenia dla klasycystów, ale również nie do pomyślenia bez pracy przygotowawczej owych właśnie klasycystów.

8. PRZEŁOM W DZIEJACH JĘZYKA ARTYSTYCZNEGO

Dokonana w epoce Oświecenia reforma całości życia kulturalnego pominąć nie mogła języka, który zdziczał w czasach saskich. Stąd w *Ustawach* Komisji Edukacji Narodowej językowi temu wyznaczono kosztem łaciny miejsce bardzo poważne w szkole, zwłaszcza średniej, stąd po raz pierwszy język ten doczekał się systematycznego ujęcia w *Gramatyce dla szkół narodowych* (1778) pijara, O n u f r e g o K o p c z y ń s k i e g o. Język ten powoli zaczął zdobywać również uniwersytety, gdzie jeszcze pokutowało dawne przekonanie, że o naukach ścisłych po polsku mówić się nie da. Przełomu dokonał młody matematyk krakowski Jan Śniadecki, który „obstawał za językiem polskim i pierwszy na sobie dał tego przykład", co oczywiście pociągnęło za sobą konieczność stworzenia odpowiedniego słownictwa, terminologii naukowej w dziedzinie matematyki, fizyki, astronomii, chemii i innych nauk przyrodniczych. Jan Śniadecki i brat jego, fizjolog, Jędrzej za czasu swej pracy profesorskiej w Wilnie dokonali w tym zakresie bardzo wiele, przykładem swoim pociągając innych, młodszych.

Nie tylko jednak dziedzina nauk ścisłych domagała się wzbogacenia języka nowotworami, niezbędnymi, gdy w myśleniu pojawiały się nowe pojęcia, które trzeba było wyrazić. Już w „Monitorze" i podręcznikach szkolnych używanych w zakładanych przez Komisję Edukacyjną szkołach publicznych zajmowano się naukami humanistycznymi, objaśniano zjawiska językowe i literackie. Chcąc mówić o nich, trzeba było jakoś je nazwać. Wskutek tego pojawiały się pierwsze nieśmiałe próby zastosowania polskiej terminologii psychologicznej, literackiej i językowej. Mówiło się tedy o „dowcipie", ale stopniowo wyraz ten zmieniał znaczenie; utrzymując się w sensie dzisiejszym dowcipnego powiedzenia, znikał w funkcji wyrazu oznaczającego „talent", który teraz wchodził w życie. Podobnie na miejsce „kunsztów" pojawiła się „sztuka", na miejsce „imitacji" — „naśladownictwo", ustaliło się znaczenie wyrazów „uczucie" (wrażenie) i „czułość" (wrażliwość). Dawną „plantę" wypierała „osnowa" lub późniejszy

8. Przełom w dziejach języka artystycznego

"plan" dzieła, zamiast "historii" poczynało się mówić o "powieści", choć nowy ten wyraz oznaczał wówczas krótką powiastkę, rodzaj dzisiejszej noweli itd., itd. Szczególne kłopoty nastręczała terminologia językowa; w zasadzie ustalił ją Kopczyński, jego jednak określenia nie zawsze trafiały do przekonania uczonym czytelnikom, którzy podsuwali nowe pomysły. Pracowity profesor krakowski, Jacek Przybylski, usiłował np. zalecić zabawne dla nas dzisiaj nazwy spółgłosek (wargobitne, garłobitne, językobitne i zębobitne) i dwugłosek, które nazywał "dwugłosicami" lub "dwujorkami" itd.

To samo działo się w życiu politycznym. Rozbudzone przez wydarzenia ówczesne, dochodziło ono do głosu w publicystyce i podczas "sesji", zwanych "zasiadaniami"; stawiało ono podobne wymagania językowe tam zwłaszcza, gdzie poglądy polityczne wyrastały z ogólniejszych założeń filozoficznych. Nowotwory te wywoływały nieraz zabawne w swej zaciętości walki, prowadzone przez ludzi bardzo czasem zasłużonych, ale i bardzo upartych. Cała burza wybuchła np. około wyrazu "wszechnica", mającego zastąpić łaciński "uniwersytet". Inne wyrazy, całkiem dzisiaj pospolite, spotykały się z ironicznym sprzeciwem. "«Istnąć» i «istnieć» — pisał z przekąsem Śniadecki — jest wyraz fabryki mazowieckiej", uczony ten bowiem, pochodzący z Wielkopolski, na próby uzupełnienia słownictwa ogólnopolskiego wyrazami z gwar spoglądał z wyraźną niechęcią, zarzucając np. Naruszewiczowi nadmiar "litwinizmów", a więc wyrazów pospolitych na wschodnich kresach polskiego obszaru językowego. Ostatecznie jednak życie zrobiło swoje, wyobraźnia (wyraz stworzony przez Grzegorza Piramowicza), zwłaszcza wyobraźnia językowa zwyciężyła i wzbogaciła język mnóstwem nieodzownych neologizmów, które przeważnie zadomowiły się i utrzymały po dzień dzisiejszy.

Cała ta akcja kierowana była przeciw nadmiarowi łaciny odziedziczonemu po epoce saskiej. Obecnie oczyszczono z niej język, choć równocześnie otwierano go innym wpływom obcym, w związku z całą ówczesną orientacją kulturalną — przede wszystkim francuskim. Francuszczyzna była językiem dworu i magnatów, szczególnie językiem potocznym pań, napływała z obyczajem francuskim i lekturą dzieł francuskich. Rozległość jej zasięgu, z biegiem czasu ograniczonego, do dziś jeszcze zauważyć można w tych przejawach życia literackiego, które wówczas rozwinęły się u nas pod wyraźnym wpływem kultury francuskiej. Dla przykładu wskazać można teatr, żyjący w wieku XVIII — jak wiemy — przeróbkami sztuk francuskich. Do dzisiaj mówimy o "afiszach" i "antraktach", o "balecie", "kinkietach", "kupletach" (które pierwotnie znaczyły tyle, co dwuwiersze), o "suflerach" i "wodewilach".

Podobne stosunki zauważyć można w słownictwie malarskim ("miniatura", „portret" zamiast dawnego „konterfektu", „sylwetka" itp.), w dziedzinie słownictwa dworów magnackich, gdzie służbę odziewano w „liberię" (dawniej „barwą" nazywaną), gdzie w „salonach" ustawiano porcelanowe „berżerki" (pasterki) na kosztownych „etażerkach", podziwiali je zaś panowie siedzący w wygodnych „fotelach", odziani w modne „fraki" z koronkowymi „żabotami", w jedwabne „pantalony", w lakierowane „pantofle" ze srebrnymi sprzączkami. Czasy napoleońskie ten nalot francuski spotęgowały, nawet bowiem w oddziałach, gdzie komenda była polska, ucierała się ogólnowojskowa terminologia francuska, przy czym na wzór „lansjerów" i „szwoleżerów" mówiło się o „pikinierach", „kosynierach" itp.

W formowaniu się języka literackiego duże znaczenie miał fakt, że najwybitniejsi literaci ówcześni pochodzili z różnych prowincji kresowych, zachodnich i wschodnich: Bogusławski, Wybicki i bracia Śniadeccy — z Wielkopolski, Bohomolec, Kniaźnin i Naruszewicz — z Białej Rusi, Krasicki i Karpiński — z Rusi Czerwonej. Wnosili oni odrębne poczucie językowe, które ścierało się wprawdzie w środowisku ogólnopolskim, zwłaszcza warszawskim („młódź nasza rozumiejąc, że Warszawa być powinna i stolicą, i wzorem dobrego pisania, chwyta niektóre stamtąd wychodzące języka wady i te czasem naśladuje" — skarżył się Jan Śniadecki), środowisko to jednak wskutek scharakteryzowanych przedtem potrzeb chwili bieżącej nie zawsze było dość silne, by całkowicie zniszczyć odrębność prowincjonalną. Dzięki temu pojawiły się w języku i zadomowiły wyrazy, które w czasach dawniejszych spotkałyby się z energicznym sprzeciwem. Najcharakterystyczniejszy przykład to „kobieta". W wiekach wcześniejszych mówiło się jedynie o „białej głowie" lub „niewieście", „kobieta" zaś, jako wyraz nieprzyzwoity, w słowie drukowanym się nie pojawiała, tymczasem od czasów *Myszeidy* i jej przysłowiowego powiedzenia „my rządzim światem, a nami kobiety" weszła ona zarówno do mowy potocznej, jak i do języka literackiego.

Na ogół jednak zakres prowincjonalizmów uległ u pisarzy stanisławowskich i ich następców dużemu ograniczeniu. Zapatrzeni w klasyczne przepisy pochodzenia francuskiego, przesiewali oni słownictwo przez drobne sito „smaku", ponieważ zaś smak istniał tylko w salonach, więc uznaniem cieszył się tylko język salonowy, wytworny, gładki, dowcipny, ale pozbawiony siły, wszelkie bowiem wyrażenia jaskrawsze, dosadniejsze, wywoływały zgorszenie. Wyjątkowo tylko w pewnych rodzajach literackich, w których odległość między życiem a literaturą malała, pojawiać się mogła dosadność jako środek scharakteryzowania pewnych typów ludzkich. Dotyczyło to jednak tylko komedii i satyry i w nich właśnie stosowano niejednokrotnie mało wytworne języki zawodowe, szkolny, myśliwski, karciarski.

8. Przełom w dziejach języka artystycznego

Stąd w komediach Krasickiego spotkać można zwroty i wyrażenia, od których więdły uszy „żon modnych", a to samo dotyczy *Satyr*:

Przerwała jejmość myśli: — *Masz, waćpan, kucharza?*
— *Mam, moje serce.* — *A pfe, koncept z kalendarza,*
„*Moje serce"!, proszę się tych prostactw oduczyć.*

Z tej kategorii zjawisk charakterystycznego przykładu dostarcza jego komedia *Krosienka*, gdzie blagujący myśliwiec, Rubasiewicz, mówi: „...kazałem konia okulbaczyć i wziąwszy parę chartów na smyczy, dalej... tylkom co za wrota pojechał, aż tu lis, ja hajże... lis frant, mości panie... jak się posunie ku krzakom...". Gdy do komedii wkroczyli chłopi, Bogusławski kazał im po chłopsku mówić, a więc mazurzyć, półinteligentowi zaś wiejskiemu, organiście, „szadzić", tj. wskutek nieumiejętnego naśladowania mowy klas wyższych mówić „cz", „sz", „ż" tam, gdzie w języku literackim mamy „c", „s", „z" („kochajcie się więcz żawdy jako szynogarlice", gdy chłop mówi: „ja zwyczaje stare zachowując, jako stryj wej pana młodego taką do nich ucynię mowę").

Literaci wieku oświeconego, ograniczając się do mowy salonów jako jedynie dopuszczalnego języka literackiego, doprowadzili w ten sposób do końca proces oddzielania się słowa mówionego i pisanego, rozpoczęty w w. XVI, i wpłynęli bardzo mocno na ostateczne wyodrębnienie się języka artystycznego od mowy żywej. Ograniczając jednak język ten ilościowo, usiłowali wynikające stąd jego niedomagania powetować przez wydobycie z niego wartości jakościowych. Operując nieznacznym zasobem zwrotów i wyrazów, z zasobu tego wydobyć pragnęli sprawne narzędzia ekspresji poetyckiej. Osiągali to dwoma sposobami, zupełnie wyraźnie dającymi się uchwycić w dziełach największych mistrzów języka poetyckiego tej epoki — Krasickiego, Trembeckiego, Felińskiego, inni bowiem pisarze ówcześni poziomu owych mistrzów nie sięgali, nie zawsze zdobywali się na jasność i wyrazistość słowa, jaka cechowała *Satyry*, *Sofijówkę* lub *Barbarę Radziwiłłównę*.

Krasicki tedy w wierszu swym osiągał szczyty zwięzłości, budując zdania niebywale proste, ograniczone do najnieodzowniejszych składników; zdania te zestawiał na zasadzie równorzędności, tj. unikał upodrzędniania, lubował się zaś w energicznych zestawieniach, zwłaszcza w kontrastach. Składniowo wyrazistość owych zestawień potęgował przez pomijanie spójników

(1) *Im wyżej, tym widoczniej* — (2) *Chwale lub naganie*
Podpadają królowie, Najjaśniejszy Panie,

mówił, każąc się domyślać czytelnikowi, że zdanie drugie jest wynikiem zdania pierwszego (proza wymagałaby tu łącznika: dlatego chwale...); po czym rzucał łańcuch pięciu zdań współrzędnych, nie związanych spójnikami, by ostatniemu z nich, poprzedzonemu przeciwstawnym spójnikiem „lecz" nadać specjalną wagę:

(1) *Satyra prawdę mówi,* (2) *względów się wyrzeka,*
(3) *Wielbi urząd,* (4) *czci króla,* (5) *lecz sądzi człowieka.*

Częste pytania retoryczne, a więc nie wymagające odpowiedzi, bo tkwi ona w samym pytaniu, następnie zwroty do czytelnika w rodzaju „bo od czegoż poeci", „tyś królem, czemu nie ja?", „duchy przodków, nadgrody cnót co używacie" — to jedyne niemal ornamenty, ożywiające tok wykładowy poematu, jasny, wyraźny, wolny od wszelkich powikłań.

Tę samą metodę stosował Feliński, pedantycznie przestrzegający, by krótkie a wyraziste zdania nie przekraczały rozmiarów skończonego, zamkniętego, stanowiącego harmonijną całość „kupletu", tj. dwuwiersza związanego rymami. Nawet w chwilach głębokiego wzruszenia jego bohaterowie nie potrafią się składniowo wykoleić; *Barbara Radziwiłłówna* nie zna zazębienia, tj. przeniesienia kończącego zdanie wyrazu na początek nowego wiersza. Oto, jak przemawia Barbara:

Nie odstępuj Barbary, ośmiel duszę moję,
Ja nie życia, lecz ciebie utracić się boję,
Jeżeli trzeba umrzeć, umrę niezachwiała,
Lecz pozwól, bym na twoich rękach umierała.

Poezja klasycystyczna, przeznaczona dla inteligentnego czytelnika, ułatwiała mu lekturę, nie żądała od niego wysiłku, z jednym jedynym wyjątkiem. Lubiła bawić go czymś w rodzaju uczonych szarad, niezbyt wprawdzie trudnych, ale wymagających uwagi i obycia się ze światem wyobrażeń klasycznych. Rozmiłowany w klasycznej ogólnikowości literat tej epoki jak ognia unikał nazywania rzeczy po imieniu, wyrażając je za pomocą omówienia (peryfrazy), do czytelnika zaś należało się domyślić, o co chodzi, co sztuczna aluzja znaczy. Kajetan Koźmian np. w *Ziemiaństwie* tak oto przedstawia pańszczyznę, która nastąpiła po złotych czasach, gdy człowiek był rycerzem i rolnikiem w jednej osobie, gdy miecz i pług w jednej były cenie, gdy ostatni z Piastów otrzymywał imię „króla chłopków":

Weszła chciwość i wieki żelazne przywiodła,
Oręż wziął znamię władzy — pług niewoli godła.

8. Przełom w dziejach języka artystycznego

Załamał ręce rolnik i złorzecząc obu,
Próżno cienie Kaźmierza wywoływał z grobu.
Nikły skargi w powietrzu, a gwałt bez przeszkody
Żywiciela narodu wtrącił między trzody.

Chcąc ocenić zwięzłość tego urywka, a zarazem jego salonową wytworność (chodzi przecież o to, że chłop stał się bydlęciem roboczym, częścią inwentarza), pamiętać należy, że „wieki żelazne" to spopularyzowany przez poezję rzymską okres upadku ludzkości oraz że klasycysta zawsze chętnie posługiwał się uosobionymi pojęciami, że tedy „chciwość" i „gwałt" należałoby pisać tutaj wielką literą.

Taki stosunek do języka artystycznego rychło doprowadzić musiał do jego całkowitego wyjałowienia, do zastąpienia sztuki sztucznością, tak że język ten podzielić musiał losy literatury, która w epoce mierzchnącego klasycyzmu nim się posługiwała. Epoka ta jednak mimo woli przygotowywała w swych pracach naukowych środki zapobiegawcze. W czasach, gdy klasycyści warszawscy oczyszczali język ze zbędnych naleciałości i odcinali go od złoża mowy potocznej, w tej samej Warszawie drukowało się wielotomowe dzieło Lindego, *Słownik języka polskiego* (1807 - 1814), ukazujące jego nieprzebrane skarby dawne i nowe.

Skarby te, pieczołowicie z pism literackich i nieliterackich wybrane, rzucone na porównawcze tło innych języków słowiańskich, które Linde obficie uwzględniał, prędzej czy później musiały oddziałać na żywą mowę, a za jej pośrednictwem na język literacki i artystyczny, inaczej bowiem słownik byłby pozostał martwym i na nic nikomu niepotrzebnym dziełem. W mroku wieczornym kryła się zapowiedź świtu nowej epoki.

V. ROMANTYZM POLSKI

1. ROMANTYZM I JEGO CHARAKTER

POTĘŻNY prąd, zwany romantyzmem, który w pierwszej połowie w. XIX wystąpił we wszystkich literaturach całej Europy oraz Ameryki Północnej, wyrastał wszędzie na podłożu stosunków polityczno-społecznych wywołanych przez Rewolucję Francuską i jej następstwa. Rewolucja nigdzie wprawdzie nie odniosła zwycięstwa, ale hasła jej zapadły bardzo głęboko w świadomość klas i grup społecznych, a nawet całych narodów, by kiełkować tam przez cały wiek XIX i wydać plony dopiero w pierwszej ćwierci naszego stulecia. Wzbudzone zaś przez nią fermenty, systematycznie duszone przez zwycięskie siły reakcji, zwanej „Świętym Przymierzem", wybuchały raz po raz przez całą pierwszą połowę w. XIX, by wyładować się niemal całkowicie u jej schyłku w wydarzeniach takich, jak Wiosna Ludów, przynosząca zjednoczenie Włoch, czy rewolucja węgierska, czy wreszcie ostatnia z zapóźnionych rewolucji romantycznych, nasze powstanie styczniowe w r. 1863.

Rzeczniczką owych haseł rewolucyjnych, wykuwanych przez mnóstwo tajnych organizacji, o charakterze bądź narodowym, bądź — rzadziej — międzynarodowym, była stale i wszędzie literatura, ich siewcami zaś poeci, niejednokrotnie wojskowi, działacze i patrioci, często ginący na polu walki, niejednokrotnie latami morzeni w kazamatach twierdz i głośnych w świecie owoczesnym ciężkich więzień politycznych. Dość przypomnieć aureolą bohaterstwa otoczoną śmierć lorda Byrona w toku walk o wyzwolenie Grecji, śmierć na polu walki Aleksandra Petöfi na Węgrzech czy stracenie dekabrysty, Konrada Rylejewa, w Rosji.

Szczególnie dzieje literatur na terytorium imperium rosyjskiego zaroiły się od dat więziennych — by wskazać na biografie Polaka Mickiewicza, Rosjanina Puszkina, długie lata żyjącego pod dozorem

1. Romantyzm i jego charakter

policyjnym, czy Ukraińca Szewczenki, skazanego na wieloletnią służbę żołnierską. A i los pisarzy polskich w zaborach austriackim i pruskim niewiele był lepszy, w życiorysach bowiem Pola i Kaczkowskiego, Norwida i Berwińskiego karty więzienne odgrywają rolę niemałą.

Głoszone przez romantyzm hasła rewolucyjne dotyczyły trzech dziedzin podstawowych, o różnej doniosłości, krzyżujących się raz po raz, co często zaciemnia ich wyrazistość. Głosiły one tedy konieczność walki z niewolą polityczną, domagając się prawa wolności dla narodów jej pozbawionych, włączonych przemocą w potężne obce organizmy państwowe, takie jak cesarstwa rosyjskie, austriackie i otomańskie, czy królestwa Wielkiej Brytanii lub Prus. Podtrzymywany przez owe hasła ruch polityczny wydawał podwójny plon — część uciśnionych ludów już wówczas pozbyła się jarzma niewoli, zwłaszcza na Bałkanach, lub zdobywała taką czy inną, mniej lub więcej trwałą autonomię. Ludy inne, których wyzwolenie przyjść miało znacznie później, wkraczały na pole głębokich przeobrażeń wewnętrznych, budziły się i przygotowywały do wolności, niezawodnym zaś środkiem odradzania się stawała się dla nich własna literatura narodowa, często włączająca się po raz pierwszy w ogólnoeuropejski nurt życia literackiego.

Dziedziną drugą, w okresie tym niewątpliwie mniej doniosłą, obejmowaną hasłami romantyczno-rewolucyjnymi, było życie społeczne i tocząca się w nim walka o prawa klas upośledzonych, określanych mianem „stanu czwartego", prawa robotnika przemysłowego i chłopa. W uprzemysłowionych krajach zachodnich, gdzie od dawna istniała klasa robotnicza, prawa jej znajdują rzeczników w przedstawicielach najrozmaitszych odmian socjalizmu utopijnego, który budzi słabe na ogół echa w Europie środkowej i wschodniej, tam bowiem jeśli nie jedynym, to najważniejszym problemem społecznym było zagadnienie robotnika rolnego, chłopa, przeważnie pańszczyźnianego. Sprawom tym patronowała znowuż literatura, przy czym polska, wyjątkowo zajmując się sytuacją robotnika, z całą energią zwalczała krzywdę chłopa niewolnika.

Hasła wreszcie trzecie, innego rzędu, a wskutek tego bardzo rozmaicie i nieraz wprost sztucznie wiązane z poprzednimi, głosiły konieczność walki z przesądami społeczno-towarzyskimi, krępującymi wolność jednostki ludzkiej, zwłaszcza jednostki utalentowanej, górującej nad otoczeniem. Przesądami takimi bywały: różnica urodzenia, różnica majątkowa, różnica pozycji społecznej, różnica wreszcie poglądów politycznych, społecznych, nawet filozoficznych i zwłaszcza religijnych. Romantyzm, ceniący wysoko wyjątkowość i niezwykłość indywidualizmu, szczyty swe osiągającego w niedostępnym dla ogółu heroizmie myśli lub czynu, prędzej czy później dochodzić musiał do nieuniknionej antynomii: jednostka i zbiorowość, bierny gmin, tłum czy masa, niezdolna sięgać wyżyn, na których przebiegało życie wewnętrzne niezwykłej jednostki. Rozwiązanie wynikających tu trudności znajdowano w heroizmie tytanicznym, w tytanizmie czy prometeizmie, przyjmując, iż wybitna jednostka jest osobnikiem wybitnie, wyjątkowo uspołecznionym, że żyje ona nie tylko dla siebie, a nawet nie dla siebie, lecz dla swej klasy, swego narodu, dla całej ludzkości wreszcie. Tak pojmowany tytanizm, zgodnie zarówno z swym pochodzeniem antycznym, jak z pochodzeniem historycznym, był przecież produktem epoki walczącej o realizację haseł rewolucyjnych, był symbolem buntu przeciw krępującym człowieka martwym zasadom, wytworzonym w toku współżycia zbiorowego, i dlatego właśnie stał się on trzecią z napędowych sił ruchu romantycznego.

Ogólnoeuropejska, czy raczej światowa ideologia romantyczna, z chwilą gdy prąd ten począł zadomawiać się w kulturze polskiej, trafiła u nas na bardzo podatny grunt polityczno-społeczny. Kongres wiedeński (1815), likwidując epokę napoleońską, a tym samym dziedzictwo Rewolucji Francuskiej, był faktycznie nowym, czwartym rozbiorem Polski. Stworzył wprawdzie dwa kraiki o marionetkowej samodzielności politycznej, malutką Rzeczpospolitą Krakowską i większe Królestwo Polskie, popularnie Kongresówką zwane, ale oba te nieudane twory nie miały szans utrzymania się. Pierwszy zniknął w r. 1848, wcielony do zaboru austriackiego, drugi jeszcze wcześniej, bo po upadku powstania listopadowego w r. 1831, utracił swą konstytucyjną, co prawda papierową, niezależność od Rosji.

Te stosunki polityczne w sposób bardzo dziwaczny, znamienny, odbiły się na życiu literackim Polski lub, co na jedno wychodzi, na rozwoju jej literatury. Znaczenie szczególnie przełomowe miał tu rok 1831, który przekreślił radykalnie złudzenia polityczne oparte na paragrafach decyzyj Kongresu Wiedeńskiego. Królestwo Polskie, państewko w teorii konstytucyjne i pozornie niezależne, a więc naturalny ośrodek polskiego życia kulturalnego, przestało nim być nie tylko dlatego, że zamknięte tam zostały uniwersytet i towarzystwa akademickie, a wszelkie przejawy samodzielnej myśli i twórczości tępiono rygorami wojskowo-policyjnymi, ale i dlatego, że utraciło ono dużą część inteligencji, a więc tej grupy społecznej, która tworzyła życie kulturalne.

Inteligencja bowiem, wraz z rządem powstańczym i wojskiem, opuściła kraj, by osiąść w Europie zachodniej, przede wszystkim we Francji, choć skupienia jej mniejsze powstały również w Niemczech, Anglii, Turcji, a nawet w Stanach Zjednoczonych. Uczestnicy tzw.

Autograf pieśni Józefa Wybickiego *Jeszcze Polska*

Adam Mickiewicz, mal. Zofia Szymanowska

1. Romantyzm i jego charakter

Wielkiej Emigracji, szermierze wolności, z entuzjazmem przyjmowani w Niemczech i gdzie indziej, byli przekonani, że lada chwila wybuchnie „wojna powszechna o wolność ludów", która pozwoli im wrócić do Polski. Nie przewidywali, że czeka ich los typowy dla emigracji politycznej, a więc zmarnienie w środowisku obcym, że żarliwa ich wiara w bliską rewolucję ogólnoeuropejską była zwykłym złudzeniem.

Ze stanowiska historii literatury powstanie oraz życie emigracji ma znaczenie wielorakie i bardzo doniosłe. Oto w ciągu lat dwudziestu (1830 - 1850) najpoważniejszym ośrodkiem polskiego życia literackiego, i to ośrodkiem produkującym arcydzieła, stał się Paryż. Tam bowiem osiadali najwybitniejsi pisarze polscy, którzy dali się poznać przed r. 1830, ponadto zaś stolica Francji przyciągała tych wszystkich twórców, którzy nie chcieli czy nie mogli pracować w wystawionym na represje kraju lub którym tak się przynajmniej zdawało.

Konsekwencje zaś tej sytuacji układały się nieraz wręcz dziwacznie, by w całości stworzyć obraz chyba jedyny w dziejach literatur świata. Przypadek sprawił, że wśród emigrantów znaleźli się niemal wszyscy wybitni pisarze tego pokolenia, wśród nich dwaj genialni poeci — Mickiewicz i Słowacki. Pisarze ci z natury rzeczy ulegali ciśnieniu atmosfery politycznej życia emigracyjnego, wskutek czego dzieła ich nabrzmiewały tak silnie zawartością pierwiastków politycznych, że aż stawały się niezrozumiałe dla czytelnika obcego. (Co prawda, pogląd ten utrwalony już wtedy, a żywy do dzisiaj, wymaga daleko idących ograniczeń i sprostowań). Do tego zaś dochodzi czynnik jeden jeszcze, bardzo istotny. Literatura emigracyjna powstawała i rozwijała się bez wpływu cenzury, nie tylko zaborczej, ale w ogóle żadnej, organa bowiem cenzury państwowej francuskiej, angielskiej czy niemieckiej nie interesowały się dziełami wydawanymi w języku polskim. Dzięki temu pisarze emigracyjni mogli pisać rzeczy, które w żadnym innym języku owoczesnym by nie uszły i które później miały wywoływać dużo nieporozumień nie tylko w Polsce pod zaborami, gdy utwory emigracyjne poczęły się tam ukazywać, ale nawet już po odzyskaniu niepodległości.

Rozkwit literatury polskiej na emigracji miał nadto dwie strony przeciwne, nierozłącznie z sobą związane — dodatnią i ujemną. Stronę dodatnią stanowił jej stały kontakt z bogatym życiem kulturalnym, filozoficznym, naukowym, literackim, teatralnym Francji, krainy podówczas najbardziej postępowej w całym znaczeniu tego wyrazu, a zarazem przodującej, Paryż bowiem był doniosłym ośrodkiem politycznym o charakterze międzynarodowym. Był on tyglem ideologicznym, w którym mieszały się i stapiały tendencje najradykalniejsze i najbardziej konserwatywne, od nihilizmu rosyjskiego po najrozmaitsze odmiany ultramontanizmu, tj. reakcyjnego konserwatyzmu religijnego i politycznego. Wszystko to oddziaływało bezpośrednio i bardzo silnie na myśl polityczno-społeczną emigracji oraz na jej literaturę, pogłębiając je i rozszerzając horyzonty w sposób w Polsce dawniejszej i późniejszej nie spotykany. Wskutek tego życie emigracji stało się kolebką przerozmaitych ideologii, od socjalizmu utopijnego, a rychło i marksizmu poczynając, po przeróżne, dziwaczne nieraz, odmiany systemów i zarysów systemów, roztapiających się w mistycyzmie religijnym i politycznym.

Z systemów tych jeden, pozornie bardzo jednolity, a przynajmniej za taki poczytywany, dotąd bowiem nie doczekał się gruntownych badań naukowych, zdobył rozgłos niezasłużony, i to zdobył go dzięki literaturze, w której stał się nieodłącznym składnikiem — system tzw. mesjanizmu polskiego. Myśliciele ówcześni mieli wyraźną świadomość, iż kultura europejska, której tradycyjnymi podstawami wstrząsnęła rewolucja, znalazła się w stadium kryzysu i z kryzysu tego usiłowali znaleźć wyjście. Wyjście to wskazywały im różne systemy filozofii historii, czyli historiozofii, przyjmujące, że narody i grupy narodów mają pewne misje, są powołane do odegrania pewnej określonej roli w dziejach świata, roli zamkniętej w pewnych granicach chronologicznych. Z systemów tych dużą popularność zdobyły poglądy Herdera, głoszące, iż dawną kulturę europejską zbudowały narody romańskie, których siły praca ta wyczerpała całkowicie, tak że rola ich przeszła do narodów germańskich, budujących teraźniejszość, natomiast budowniczymi przyszłości będą narody słowiańskie. Na podłożu tego rodzaju pomysłów, a w oparciu o rosnące ekonomicznie i politycznie duże organizacje państwowe, poczęły powstawać systemy nacjonalistyczne, usiłujące wskazać szlaki rozwojowe historii i jej zadania na co dzień. Tak było na terenie Niemiec, zmierzających do przekształcenia się w mocarstwo, tak w Rosji, która cel swej polityki mocarstwowej widziała w opanowaniu całego świata słowiańskiego. I w tej to właśnie atmosferze zrodził się mesjanizm polski.

Była to mgławica najrozmaitszych poglądów, tak dalece nieuzgodnionych, iż powstał nawet spór, kto był twórcą nazwy „mesjanizm". Spór toczył się między filozofem i matematykiem, Józefem Hoene-Wrońskim, który sobie autorstwo wyrazu i idei przypisywał, a Mickiewiczem, który zasady mesjanizmu głosił w wykładach uniwersyteckich o literaturze słowiańskiej, i nie bez racji, on sam bowiem zasady te o dziesięć lat wcześniej sformułował i, co ważniejsza, potrafił je narzucić wielu bratnim narodom. W istocie swej zasady te były programem postępowania każdego narodu pozbawionego wol-

1. Romantyzm i jego charakter

ności i dążącego do jej odzyskania. W oczekiwaniu chwili przełomowej, czynu zbrojnego, mającego przynieść wolność ludom jej pozbawionym, głosiły konieczność pogotowia moralnego i osiągnięcia niezwykle wysokiego poziomu moralnego, w nim bowiem upatrywano gwarancję należytego wyzyskania wolności. Polsce, jako narodowi najliczniejszemu wśród jęczących pod uciskiem, jako narodowi, który w dziejach swych nie występował agresywnie, jako narodowi wreszcie, który wielokrotnie zrywał się do walki o wolność, w systemie mesjanistycznym wyznaczano rolę kierownika narodów dążących do wyzwolenia. Zasady te, proste i jasne, w interpretacji różnych mesjanistów otrzymywały rozmaite akcesoria i obrastały w przeróżne pomysły, zaciemniające i zniekształcające pierwotną koncepcję całości i naginające ją do przejściowych wymagań chwili. Gdy więc dla jednych mesjanizm był programem wyzwoleńczej walki zbrojnej, dla innych zmieniał się w kwietystyczne oczekiwanie cudu, który bez wysiłku ludzkiego sprowadzi wolność na ziemię, niewola bowiem sprzeciwia się pojęciu sprawiedliwości boskiej. Jeszcze inni, wychodząc z zasad mesjanizmu, utrzymywali, że Bóg uchronił Polskę od czynnego udziału w życiu politycznym, opartym na przemocy państw imperialistycznych, by wskrzesić ją w chwili, gdy państwa te będą należały do haniebnej przeszłości. Ponieważ pomysły te pokrywano nieraz symbolami pochodzenia biblijnego, kując formuły w rodzaju: Polska — Mesjasz narodów, Polska — Chrystus, Polska — Maria Magdalena itp., itp., ogół mgławic mesjanistycznych robił i robi wrażenie spekulacyj religijno-politycznych, i to do tego stopnia, że przesłaniają one pierwotną, prostą i piękną wielkość zasad, tę wielkość, na której poznali się owocześni pozapolscy czytelnicy broszury Mickiewicza, zatytułowanej *Księgi narodu polskiego*, a więc biblia narodowa. Czytelnicy ci, w Niemczech, Włoszech, Irlandii, na Ukrainie i Węgrzech, w mesjanizmie polskim dostrzegali program działalności wyzwoleńczej, jasne i wyraziste sformułowanie haseł rewolucyjnych, głoszonych przez literaturę romantyczną.

Graniczące ze zwyrodnieniem przejawy mesjanizmu wywodzą się z niekorzystnego faktu, iż romantyzm polski rozwijał się na emigracji. Im dłużej mianowicie emigracja trwała, tym wyraźniej zaznaczało się jej oderwanie od pnia macierzystego, od życia narodu, od jego codziennego języka w sensie dosłownym i przenośnym tego wyrazu. Literatura jej odbijała to zjawisko bardzo wymownie, skazana bowiem na czerpanie soków z obcej ziemi, tonęła w przeróżnych abstrakcjach, nie kontrolowanych przez rzeczywistość — obojętna, czy abstrakcjami tymi były mistyczne spekulacje na temat przyszłości, czy równie jałowe grzebanie się w przeszłości. I jedno, i drugie było ucieczką od podstawowych zagadnień teraźniejszości, którą rozumiano coraz to mniej i w której orientowano się coraz słabiej. A bezlitosnemu temu procesowi podlegali nie tylko poeci niższego lotu, ale również geniusze, którzy, jak Mickiewicz, odchodzili od twórczości lub, jak Słowacki, gubili się na obłędnych szlakach marzenia.

Wszystkie te czynniki sprawiały, że jakkolwiek przemycane arcydzieła poezji romantycznej docierały do kraju, gdzie czytywano je ukradkiem, gdzie entuzjazmowano się nimi, literacka produkcja krajowa miała charakter całkowicie różny. I to nie tylko dlatego, że cenzura zaborcza ścigała wszędzie, poza Poznańskiem, utwory nacechowane niepodległościową ideologią polityczną; wszak rzeczy takie można było pisać i udostępniać w odpisach, na równi z dziełami emigracyjnymi, które w ten właśnie sposób upowszechniano. Po prostu pisarze krajowi w wielonurtowym prądzie romantycznym reagowali przede wszystkim na te jego składniki, które u pisarzy emigracyjnych nie dochodziły do głosu, jego składniki społeczne.

Problematyka społeczna literatury romantycznej — jak się rzekło — obejmowała zagadnienia robotnicze i chłopskie, z których w pozbawionej przemysłu Polsce tylko drugie odznaczały się dotkliwą aktualnością. One też zwróciły na siebie uwagę przede wszystkim i stawały się przedmiotem pełnych troski rozważań literackich. W rozważaniach tych wszędzie słyszeć było można akcenty protestu przeciw krzywdzie chłopa, szlacheckie jednak pochodzenie pisarzy oraz bolesne doświadczenia historyczne, dowodzące, iż masy chłopskie nie posiadały jeszcze dostatecznego uświadomienia narodowego, były przyczyną, iż utwory o życiu chłopskim rzadko tylko miały charakter literackich pobudek bojowych. Rzecz zresztą znamienna, iż w utworach tych występował przede wszystkim chłop białoruski lub ukraiński, chłop zaś z terytoriów rdzennie polskich, z Mazowsza i Małopolski, z Wielkopolski i Śląska był przedmiotem opisów nie literackich, lecz naukowych, etnograficznych i powoli tylko zdobywał sobie literackie prawo obywatelstwa.

Szczegół to nieobojętny, literatura bowiem krajowa kładła ogromny nacisk na swe zadania poznawcze, na twórczo wyzyskiwane badania socjologiczne i psychologiczne (oczywiście tymi terminami naukowymi jeszcze się wówczas nie posługiwano). W dziedzinie tej walczyła ona o prawa indywidualizmu romantycznego, przedstawiając konflikty wybitnej jednostki z biernym lub wrogim otoczeniem, znacznie więcej jednak uwagi poświęcała temu otoczeniu, wielkim procesom społecznym zachodzącym w ówczesnym życiu zbiorowym. Do procesów tych należało zagadnienie chłopa pańszczyźnianego, powstawanie mieszczaństwa, tworzenie się wreszcie inteligencji, wszystko to na tle naukowo dotąd nie zbadanych procesów ekonomiczno-społecznych, zachodzących w silnie zróżnicowanej masie dawnej

1. Romantyzm i jego charakter

szlachty polskiej. W masie tej dostrzegano stały i systematyczny zanik jej szczytów, dawnych i nowych rodów arystokratycznych, i związany z tym systematyczny zanik olbrzymich latyfundiów, rozpadających się na średnie majątki ziemskie. Dostrzegano tu dalej zanik szlachty drobnej, zaściankowej, bądź zmieniającej się w chłopów, bądź szukającej chleba po miastach i miasteczkach, a więc zasilających szeregi ludności mieszczańskiej. Szlachta wreszcie średniozamożna dawała ludzi wolnym zawodom, rosnącym po miastach, z niej wychodzili lekarze, urzędnicy i wojskowi. Procesy te, które w krajach Europy zachodniej dostarczały tworzywa do wielkich powieści pisarzy typu Balzaca we Francji, a Dickensa w Anglii, stały się terenem obserwacji ich rówieśników polskich i zmieniły się w trzon pomysłów literackich u pisarzy krajowych, takich jak Korzeniowski i Kraszewski, z całą plejadą poetów i prozaików pomniejszych.

Tego rodzaju zainteresowaniom socjologicznym, skierowanym ku otaczającemu życiu, ku rzeczywistości teraźniejszej, towarzyszyły u romantyków analogiczne próby badania przeszłości, podejmowane niekiedy po to, by poznać, jakie ślady pozostawiła ona w epoce własnej pisarzy. Daleko zaś częściej, a w zgodzie z ogólnym nastawieniem romantyków, rozmiłowanych w przeszłości dla niej samej, dla jej swoistego czaru, przemawiającego z wykopalisk i ruin, z starych kronik i starej poezji, z nastawieniem zwanych historyzmem romantycznym, pisarze krajowi sięgali w dawne i niedawne wieki, opromienione blaskami bohaterstwa i wszelkiej dziwności. Na szlakach tych, kontynuując wysiłki twórcze poetów okresu przedlistopadowego, stykali się z poezją emigracyjną, uzupełniając ją w jednej zwłaszcza dziedzinie. Sięgali tedy do żywej jeszcze tradycji, bądź ustnej, bądź pamiętnikarskiej, dotyczącej czasów Stanisława Augusta, szczególnie zaś do wydarzeń związanych z konfederacją barską. Zawieruchę konfederacką poczytywano za pierwszy etap walki o niepodległość, a zarazem za ostatni przejaw sarmatyzmu barokowego, walczącego za Boga i ojczyznę ze światem muzułmańskim. Zaściankowy patriotyzm, z niechęcią traktujący kulturę Oświecenia i jej przypisujący upadek polityczny kraju, wydał bardzo bogaty plon literacki w postaci gawęd wierszem i prozą, i to plon niezwykle interesujący. Źródła gawędy bowiem biły na rozłogach tradycji ustnej, przede wszystkim szlacheckiej; ale urozmaiconej obfitą domieszką pierwiastków ludowych, zarówno polskich, jak ukraińskich.

Kolebką romantyzmu była literatura angielska; w niej powstał on, rozwinął się i rozpoczął wędrówkę po Europie i Ameryce. Po drodze witano go, tak jak to w Polsce zrobił Brodziński, rozprawami usiłującymi uchwycić charakter modnego prądu i określić jego miejsce o owoczesnej kulturze. W toku tych rozważań ustalono jego nazwę i jego stosunek do znanych tradycyj literackich, negatywny wobec prądów klasycystycznych, pozytywny wobec innych, zwłaszcza baroku i średniowiecza. Ponieważ nowy prąd energicznie przeciwstawiał się „powagom" literackim wielbionym przez klasycystów, pisarzom typu Wergiliusza, Corneille'a czy Racine'a, a sam przecież bez własnych „powag" istnieć nie mógł, patronem jego zrobiono wielkiego Dantego, twórcę *Boskiej Komedii*, dzieła powstałego nie w języku łacińskim, lecz „romańskim", włoskim. Poeta średniowieczny znalazł zresztą z miejsca pisarzy młodszych, dzielących z nim opiekę nad nowym ruchem. Należeli do nich przede wszystkim dwaj dramaturgowie barokowi: Hiszpan Calderon de la Barca oraz Anglik Shakespeare, a następnie wielki ironista i humorysta hiszpański Cervantes. Ponieważ zaś filologia klasyczna końca w. XVIII na poetę ludowego wyawansowała Homera, więc i śpiewak *Iliady* znalazł się w gronie czcigodnych patronów poezji romantycznej, towarzyszyli mu zaś dwaj mityczni „rapsodowie": znany całej Europie „bard" celtycki Osjan oraz „wieszczy Bojan", staroruski śpiewak z *Powieści o wyprawie Igora*.

Dzięki tak niezwykłemu areopagowi poetyckiemu romantyzm uzyskiwał odległą i rozległą tradycję literacką, sięgającą od starogreckich rapsodii homeryckich, przez epikę i ballady średniowiecza oraz dramaturgię barokową, po ustną poezję ludową, żywą jeszcze w w. XIX, zwłaszcza w Rosji i Serbii, dwu krajach słowiańskich, i w Finlandii, które to kraje wtedy właśnie jęły udostępniać skarbnicę swej epiki ludowej zdumionym czytelnikom Europy zachodniej.

Tak uzbrojony ruszał romantyzm, głosząc hasła ideologiczne, przedstawione poprzednio, słyszane bardzo niechętnie przez wszelakich przedstawicieli nowego porządku politycznego, w lot zaś chwytane i przyswajane przez opozycjonistów, zwłaszcza przez młodzież, wszędzie tam gdzie nie było wolności, a więc właściwie w całej Europie.

Radykalnej zaś ideologii polityczno-społecznej towarzyszyły inne, nie mniej radykalne nowości o charakterze ściśle już literackim, odbiegającym od uświęconych nawykiem przekonań i poglądów klasycystycznych. Poetyka romantyczna bowiem kruszyła pęta przyjętych „reguł" i głosiła zasady tak liberalne, że sięgały one niejednokrotnie granic anarchii.

W zakresie więc tematyki znikać poczęły bariery klasowe czy wręcz kastowe, przekonanie, iż bohaterami tragedii czy eposu mogły być wyłącznie głowy koronowane lub korony bliskie. Ustępstwo na rzecz tradycji było tu o tyle połowiczne, że tragicznych bohaterów pochodzenia niedworskiego wprowadzano zazwyczaj na tle dworskie-

1. Romantyzm i jego charakter

go środowiska. Nie dotyczyło to natomiast powieści, która wspaniały swój rozkwit zawdzięczała niewątpliwie okolicznościj iż tradycyjna poetyka wcale się nią nie interesowała. W ten sposób romantyzm zdemokratyzował tematykę literacką, na całość jej rozciągając to, co dotychczas było przywilejem jedynie komedii i satyry.

Zabieg ten pozostawał w związku z innym stosunkiem pisarzy romantycznych do podstawowych jakości estetycznych, których funkcję klasycyści ograniczali do pewnych rodzajów literackich, tragizm więc do tragedii, komizm do komedii. Idąc za realistyczną obserwacją życia, dowodzącą, iż sytuacje tragiczne i komiczne często splatają się nierozdzielnie, oraz za przykładem Shakespeare'a, który z krzyżowania ich wydobywał bardzo niezwykłe efekty artystyczne, romantycy chętnie łączyli obydwa te pierwiastki na podłożu bądź humoru, bądź ironii. Więcej nawet, bo w dziedzinie tej tworzyli nowe odmiany tradycyjnych rodzajów i gatunków literackich, zarówno powieściowo-epickie, jak dramatyczne.

Zasób zaś owych rodzajów i gatunków wzbogacili oni odmianami nowymi, otrzymywanymi bądź przez wskrzeszanie form dawno zapomnianych, bądź przez pomysłowe krzyżowanie form żywych. Tak więc powołano do życia średniowieczną balladę, której przeżytki znajdowano w poezji ludowej, a którą uznano za programową i czołową pozycję prądu romantycznego. Był to poemat epicki, zazwyczaj budowany ze zwrotek lirycznych, charakter zaś jego pieśniowy potęgowało wprowadzenie w nim refrenu lub przyśpiewu, a więc ozdobnika wyraźnie lirycznego. Z gatunków zaś otrzymywanych drogą krzyżowania szczególną wziętość zdobył ironiczny poemat epicki, nawiązujący wprawdzie do starych tradycyj epiki humorystycznej, antycznych i renesansowych, ale przepojony pierwiastkami tam nie spotykanymi, wyznaniami autobiograficznymi, polemikami osobistymi, satyrycznymi atakami na otaczającą pisarza rzeczywistość. W dziedzinie dramatu wreszcie rozwija się, często dochodząc do przesady, dramat niesceniczny, książkowy, z przewagą składników epickich lub lirycznych, słowem — poemat dramatyczny czy „romans dramatyczny". Wspomnieć nadto należy, że do spotęgowania amorfizmu, bezkształtności, tak znamiennej dla techniki kompozycyjnej pisarzy romantycznych, przyczynia się ich, z manierą graniczące, upodobanie do fragmentaryczności, do budowania utworów celowo ułamkowych, obliczonych na pobudzenie ciekawości czytelnika, na zadziwienie go niezwykłością.

Język artystyczny wreszcie, tworzony przez pisarzy romantycznych, odbiegał radykalnie od swego poprzednika, języka klasycystów. Skala jego efektów uległa bardzo dużemu rozszerzeniu, od języka prostotą swą przypominającego mowę potoczną po język wyszukanie ozdobny, wykwintną pomysłowością zbliżony do języka baroku. W zasadzie oparty na języku literackim, język romantyczny wchłaniał jednak mnóstwo pierwiastków gwarowych, przy czym zdarzały się, rzadkie zresztą, wypadki, iż podstawą jego stawała się właśnie gwara. Do wzbogacenia zaś jego postaci przyczyniała się stylizacja. W związku więc z upodobaniem epoki w historyzmie pospolite bywały archaizacje; skłonność zaś do efektów orientalnych znajdowała wyraz w stylizowaniu języka utworów, odtwarzających życie ludu Wschodu, na modłę poezji perskiej, arabskiej czy tureckiej; zjawiskiem wreszcie częstym bywały stylizacje biblijne, wiodące do tworzenia prozy rytmicznej, melodyjnością zbliżonej do wersetów ewangelicznych. Niezależnie zaś od całych utworów, w tym czy innym stopniu stylizowanych, zasadą obowiązującą stało się stosowanie języka charakterystycznego w dziełach powieściowych i dramatycznych, dbałość, by każda postać przemawiała po swojemu, w ramach tego samego języka, co osiągano przez wprowadzenie starannie dobranych zwrotów idiomatycznych, zwrotów przysłowiowych, porzekadeł, pierwiastków czerpanych z gwar zawodowych, myśliwskiej, żołnierskiej i in.

Wszystkie te środki wyrazu artystycznego, oparte na starannej obserwacji języka potocznego oraz na specjalnych studiach leksykalnych, w Polsce na rozczytywaniu się w słowniku Lindego, szły w parze z dużą dbałością o wysoce urozmaicone formy wierszowane, zrywające z rygoryzmem poetyki klasycystycznej. Poeci romantyczni, nawet najbardziej czuli na wymagania rytmu, dbali o to, by był on „taktem, nie wędzidłem", by nie krępował toku wypowiedzi artystycznej, nie robił wrażenia sztuczności, był czymś tak naturalnym, że aż niezauważalnym. Przestrzegając więc stałości wzorca rytmicznego, poddawali go wymogom składni, uciekając się do częstego zazębiania, i to nie tylko wierszy i dwuwierszy, ale do zacierania odrębności zwrotek. Wypadek jak: „Cyrograf na byczej skórze Podpisałeś ty, i bisy Miały słuchać twego rymu", gdzie dwuwiersz pierwszy kończy zwrotkę, a wiersz „Miały słuchać" rozpoczyna następną, to typowy przykład nowej, romantycznej zasady, dającej przewagę składni nad rytmem, przy równoczesnym utrzymaniu jego wymagań.

W literaturze polskiej, zachowując miary tradycyjne, liryczne i epickie, stychiczne i stroficzne, stosowano układy zgłoskowe obok bardzo częstych zgłoskowo-przyciskowych. W zakresie zaś strofki zjawiskiem pospolitym stał się sonet, wywodzący się jednak nie z chęci nawiązania do rodzimej tradycji barokowej, ta bowiem poszła w zapomnienie, lecz bezpośrednio do jej źródła włoskiego, *Śpiew-*

1. Romantyzm i jego charakter

nika (*Canzoniere*) Petrarki. W przeciwieństwie zaś do owej tradycji kładziono pewien nacisk na wiersze z rymami męskimi, jakkolwiek unikano w tym przesady. Tak przynajmniej postępowali przedstawiciele pokolenia starszego, z Mickiewiczem, Słowackim i Zaleskim na czele, dopuszczający rymy męskie niemal wyłącznie w niedużych utworach lirycznych; dopiero romantycy młodsi poszli w tym kierunku znacznie dalej, pisując z upodobaniem, czy może tylko uporem, wiersze „jambiczne" o rymach męskich.

Liberalizm romantyczny, widoczny w dziedzinie tematyki literackiej, odpowiadających jej form poetyckich i innych środków wyrazu, podporządkowany był zasadzie naczelnej wyznawanej przez cały prąd zwany romantyzmem, choć nie zawsze uświadamianej sobie przez jego przedstawicieli i wskutek tego niełatwo uchwytnej dla jego historyka. Zasadą tą był realizm jako postawa twórcza, swoisty realizm romantyczny, realizm artystyczny. Trudność takiego spojrzenia na sztukę pisarską romantyzmu płynie z podstawowej cechy tego prądu, wyznającego filozofię idealistyczną, mierzącego świat rzeczy kryteriami czerpanymi ze świata idei, w dziejach swych dającego wyraz wielkim ideom formującym losy jednostki, narodu, ludzkości. Parafrazując znane powiedzenie poety „Tam sięgaj, gdzie wzrok nie sięga", uznać je można za podstawową zasadę obowiązującą twórców romantycznych i tłumaczącą równie dobrze ich powszechne rozmiłowanie w fantastyce, jak — znacznie rzadziej — w zawrotnych spekulacjach mistycznych. Tak, ale wszystko to, co spoza zasięgu wzroku ludzkiego myśl i wyobraźnia poety zaklinała w łańcuchy pięknych słów, stając się obrazem dostępnym odbiorcy automatycznie wkraczało w świat rzeczy, otrzymywało bowiem postać zjawisk mierzonych doświadczeniem ludzkim. Mickiewiczowski upiór kochanka, porywający dziewczynę do grobu, zachowuje się jak człowiek w danej sytuacji; nimfa nadgoplańska Słowackiego, „dziwne stworzenie z mgły i galarety", kieruje się pobudkami psychicznymi najzupełniej ludzkimi i — mimo swej potęgi — dopuszcza się pomyłek czysto ludzkich; na wskroś idealistyczna spekulacja Krasińskiego, mająca wyjaśnić sens i przyczyny upadku Polski, zmienia się w tyradę widziadła, Czarnieckiego, ujętą jako rozumowanie czysto ludzkie, z którym trudno się zgodzić, ale którego błędy można wykazać bez wysiłku. Słowem, świat fikcji i świat idealistycznej spekulacji ma wymiary świata ludzkiego i z konieczności zbudowany jest tak, by jego wymowa była równie zrozumiała, jak wymowa świata rzeczy. Prócz tego jest on ściśle związany ze światem rzeczy, stosunkami ludzkimi, które stanowią odskocznię świata fikcji i wyznaczają jego funkcję w dziele literackim. Na dobitkę — i to w stopniu daleko wyższym, niż w literaturze alegoryzmu czy baroku — nacisk artystyczny w dziełach romantycznych pada zazwyczaj silniej na stronę zjawisk realnych niż irrealnych, co oczywiście potęguje wymowę realistyczną danych utworów.

I ten właśnie realizm stanowi o jednolitości romantyzmu bez względu na różnice jego przejawów, zależne od indywidualności pisarzy romantycznych i od warunków kulturowych, w których romantyzm rozwijał się w różnych krajach Europy. Realizm ten stanowi również o jednolitości romantyzmu polskiego, emigracyjnego i krajowego, w rozwoju swym wykazującego nadto kilka etapów o nieco odmiennej tematyce czy problematyce, czy wreszcie o dynamizmie twórczym, nie na tyle jednak, by różnice te uznać za podstawę odrębności o doniosłym znaczeniu.

Sprawa to dlatego godna uwagi, że czterdziestoletni okres rozwoju romantyzmu dzieli się u nas mechanicznie na pewne odcinki rozgraniczone datami historycznymi, rokiem 1830, wybuchem powstania listopadowego, i 1848, rokiem Wiosny Ludów. Doniosłość daty 1830 ma polegać na fakcie, że po powstaniu literatura znalazła się na emigracji, gdzie nabrała zabarwienia zdecydowanie politycznego, nie występującego w krajowej. Ujęcie to byłoby poniekąd słuszne, gdyby odpowiadało rzeczywistości. Rzeczywistość zaś kazałaby jako datę graniczną przyjąć rok 1828, gdy autor *Konrada Wallenroda* naszkicował program upolitycznienia literatury romantycznej, konsekwentnie realizowany przezeń po powstaniu na emigracji, gdzie za kres szczytowej fazy twórczości romantycznej uznać trzeba śmierć Słowackiego w rok po Wiośnie Ludów (1849).

Prostsza jest sprawa daty wstępnej, tj. rok 1818, gdy Kazimierz Brodziński (1791 - 1835), ogłosił rozprawę *O klasyczności i romantyczności, tudzież o duchu poezji polskiej*. Autor, poeta wrażliwy na zjawiska literackie, wyczuł bliskość konfliktu nowości angielskich i niemieckich z regułami klasycyzmu francuskiego i szukał odpowiedzi na pytanie, w jakim kierunku winna pójść literatura polska. Odpowiedź brzmiała: „nie bądźmy echem cudzoziemców", idźmy tam, gdzie nas wiedzie nasza rodzimość. Brodziński tę rodzimość upatrywał w sielance, a pogląd ten popierał starymi tradycjami o umiłowaniu przez Słowian nie wojny, lecz pokoju i pieśni. Dlatego szczególną wagę miała dla niego pieśń ludowa, pierwiastek w programach i w praktyce romantyków szczególnie ceniony. Wywody te, choć umiarkowane, wywołały żywą dyskusję, w którą w r. 1822 włączył się Mickiewicz programową balladą *Romantyczność*.

2. ADAM MICKIEWICZ I JEGO KOŁO

Występując w r. 1822 - 23 z dwoma niewielkimi tomikami *Poezyj*, dwudziestoczteroletni Adam Mickiewicz miał za sobą duże doświadczenie życiowe i pewien, nie drukowany dorobek literacki. Syn drobnego urzędnika sądowego, urodzony w dzień wigilijny r. 1798, pochodził ze szlachty zaściankowej okolic Nowogródka, tym samym zaś skazany był na samodzielną wędrówkę przez życie, ułatwioną przez niepospolite zdolności, dar pozyskiwania sobie przyjaciół, a wreszcie przez szczęście. Gwiazda wigilijna, która przyświecała jego narodzinom, była zaiste gwiazdą szczęśliwą.

„Dzieciństwo sielskie, anielskie", spędzone w małej mieścinie, od wsi niewiele się różniącej, niepostrzeżenie przeszło w „młodość durną i chmurną", gdy w r. 1815 Mickiewicz zapisał się na uniwersytet wileński, otrzymując stypendium odrobkowe, zobowiązujące go po ukończeniu studiów do pracy nauczycielskiej w szkole państwowej. Studia zaś, o charakterze filologicznym, odbywane pod kierunkiem dobrych profesorów, wprowadziły młodzieńca w dwa światy, w których miał pozostać do końca życia. Pierwszym był świat literatury, a zwłaszcza poezji, poznawany oficjalnie tam, gdzie chodziło o pisarzy starożytnych, francuskich i polskich, drogą samouctwa zaś w wypadku literatur niemieckiej i angielskiej. Zdobycze w tym zakresie sprawiły, iż po latach Mickiewicz będzie się czuł swobodnie na katedrach literatury łacińskiej czy ludów słowiańskich. Świat drugi to opromieniona blaskami przyjaźni praca konspiracyjna w tajnych związkach młodzieżowych, filomackim i filareckim. Praca ta, na plan pierwszy wysuwająca zadania samokształceniowe, urozmaicona hucznymi rozrywkami towarzyskimi, stawiała sobie również pewne cele polityczne, bardzo wprawdzie mgliste, choć na tyle wyraziste dla władz rosyjskich, by Filaretom wytoczyć proces i uczestników Towarzystwa zesłać w głąb cesarstwa. W tym to środowisku, gdzie rychło zdobył sobie rolę kierowniczą, przyszły poeta podejmował pierwsze nieśmiałe loty pisarskie, w nim też zdobywał zaprawę działacza i organizatora politycznego, co u schyłku żywota miało ułatwić mu skok w wielki nurt polityki europejskiej.

Środowisko to, w którym najserdeczniejszymi przyjaciółmi byli wierszokleci, Tomasz Zan i Jan Czeczot, pierwsze poznało się na geniuszu Mickiewicza i ułatwiało mu karierę poetycką, czuwając nad przygotowaniem jego *Poezyj*, sam autor bowiem, przeciążony obowiązkami nauczyciela szkoły powiatowej w Kownie i przygnieciony nieszczęsną miłością do jedynaczki z zamożnej rodziny ziemiańskiej, druku swych dzieł młodzieńczych pilnować nie mógł.

Proces filarecki, półroczne więzienie i wyrok zapadły w sierpniu

r. 1824 otworzyły przed młodym poetą światy nowe i nieoczekiwane. Skazany na pracę nauczycielską w Rosji, przebywał kolejno w Petersburgu, Odessie, Moskwie i ponownie w Petersburgu. Nauczycielem mu być nie dano, był więc przez czas jakiś urzędnikiem, zajętym pracą literacką i poznawaniem nowego życia literackiego. Społeczeństwo rosyjskie bowiem na młodego pisarza, opromienionego blaskiem sławy poetyckiej i przestępstwa politycznego, spoglądało nie tylko z sympatią, ale nawet z najgorętszym uznaniem, większym od zdobytego w kraju. Przyczyniły się do tego do dziś nie zbadane, a niewątpliwe stosunki Mickiewicza z dekabrystami, działały nadto tendencje polonofilskie, znamienne dla owoczesnych sfer literackich w obydwu stolicach imperium. Przed Mickiewiczem stanęły otworem arystokratyczno-literackie salony Moskwy i Petersburga, przyjaciółmi jego serdecznymi stali się poeci; Aleksander Puszkin nie szczędził mu słów zachęty i podziwu, trwałym zaś wyrazem tego stosunku były zarówno wzajemne przekłady utworów, jak i późniejsze wzajemne wypowiedzi obydwu pisarzy o sobie. Ta atmosfera serdecznej życzliwości miała dla Mickiewicza znaczenie niesłychanie doniosłe, umożliwiła mu bowiem zarówno osiągnięcie dojrzałości artystycznej, i to na poziomie nie prowincjonalnowileńskim, lecz europejskim, oraz samą twórczość, o którą w złoconej klatce nie było łatwo, pod cienką bowiem powłoką czuło się twarde kraty z żelaza.

Twórczość ta, niezbyt obfita, obejmująca prócz wierszy drobnych dwa cykle sonetów, historyczną powieść poetycką oraz kasydę o Farysie, świadczyła o podwójnej dojrzałości poety: jako artysty, świadomego swych sił i zadań, i jako ideologa romantycznego, usiłującego oddziaływać na swój naród. Powieść *Konrad Wallenrod* była nie tylko poematem o przeszłości; przynosiła ona wyraźny program, wprzęgała literaturę w rydwan życia politycznego, życiu zaś temu jako cel wskazywała wolność i nakazywała walkę o nią.

Poecie, który w ten sposób uderzył o pręty swej klatki, udało się z niej wydostać, nim władze zorientowały się w sytuacji. W r. 1829 wyjechał on z Petersburga, zamykając sobie drogi powrotu, w granicach bowiem Rosji, a więc i w Królestwie Polskim, nazwisko jego zniknęło na lat trzydzieści z druku, o wydawaniu zaś dzieł jego nie mogło być mowy.

Trzechlecie po opuszczeniu Rosji stało się dla Mickiewicza okresem orientowania się w zawiłym a obcym mu świecie Europy zachodniej. Poznał tedy Niemcy, odwiedzając w Weimarze Goethego, a w Berlinie słuchając przelotnie wykładów Hegla; poznał Włochy, przy czym dłuższy pobyt w Rzymie odsłonił wolterianinowi głębie doświadczeń i przeżyć religijnych; bawił w Szwajcarii i Francji; w czasie powstania, w którym zamierzał wziąć udział, wybrał się do

2. Adam Mickiewicz i jego koło

Polski, ale nie dotarł poza granice Wielkopolski, zrażony trudnościami przedostawania się przez zieloną granicę do Królestwa; gdy zaś powstanie, którego uczestnicy, poeci-żołnierze, daremnie oczekiwali twórcy *Wallenroda*, upadło, Mickiewicz spotkał emigrantów w Dreźnie i tutaj postanowił na zawsze z nimi związać swe losy. Był przekonany, że wrócą oni rychło do kraju pod rozwiniętymi sztandarami „wojny powszechnej o wolność ludów" i że losy wyznaczą mu rolę wodza w powracających szeregach. Przygotowaniem do niej stała się niezwykle intensywna, wręcz wybuchowa twórczość pisarska lat 1832 - -1834, która wyniosła poetę na stanowisko wodza poetyckiego, „wieszcza", widomego reprezentanta sprawy polskiej w oczach świata zachodniego — ale nie o to wodzostwo mu chodziło.

Owo trzechlecie, spędzone w Dreźnie i Paryżu, pamiętne powstaniem *Ksiąg narodu polskiego z Księgami pielgrzymstwa polskiego* oraz napisaniem *Dziadów Części III* i *Pana Tadeusza*, było zarazem ostatnim etapem w karierze poetyckiej Mickiewicza. Z chwilą powstania poematu soplicowskiego i jego bolesnego epilogu — genialny poeta skończył się w Mickiewiczu na zawsze.

Ostatnie dwudziestolecie żywota Mickiewicza to tragiczny obraz zmagań się z losem wielkiego człowieka, rzucającego się rozpaczliwie w wir wydarzeń historycznych i wynurzającego się z nich z poczuciem klęski, a przecież nie złamanego, wierzącego w sprawę, której poświęcił życie, i swą szczęśliwą godzinę, która dlań wybije. Lata te rozpoczynają się od nieudanych prób dalszej pracy literackiej, polskiej i francuskiej, pracy zarobkowej, niezbyt bowiem fortunne małżeństwo i założenie rodziny sprawiło, że wydatki rosły, a pokrycia dla nich nie było. Trudności te potęgowała długa, nieuleczalna choroba żony. By im zapobiec, Mickiewicz podjął się pracy uniwersyteckiej w Lozannie, gdzie prowadził z powodzeniem wykłady o literaturze łacińskiej. Z pogodnego zacisza szwajcarskiego wyciągnęła go polityka emigracyjna, został powołany na stanowisko profesora literatur słowiańskich w Collège de France w Paryżu. Na samym jednak progu nowej pracy zdarzyło się coś, co miało ją udaremnić i fatalnie zaciążyć na jego dalszym życiu.

Spotkał on mianowicie jednego z częstych podówczas działaczy religijnych, Andrzeja Towiańskiego, który wybrał się z Litwy, by na emigracji stworzyć własną sektę. Wysoce mgliste zasady, głoszone przez „Mistrza Andrzeja", mówiły wprawdzie o braterstwie ludów, zapowiadającym bliskość królestwa bożego na ziemi, ale przekonanie to spowijały w dziwaczne pomysły kabalistyczno-mistyczne i wiązały z dokuczliwymi, a niekoniecznie poważnymi praktykami religijnymi. Mickiewicz jednak uwierzył w sekciarza i w jego imieniu zorganizował w Paryżu Koło Sprawy Bożej, które rychło przekształciło się w grupę skłóconych dyskutantów, kierownikowi zjadło kilka lat życia, odstręczyło od niego, jako „towiańczyka", wielu ludzi, a wreszcie przekreśliło jego pracę uniwersytecką.

System Towiańskiego mianowicie odznaczał się kultem Napoleona jako łącznika między Ziemią a światem zaziemskim, co nadawało mu zabarwienie polityczne w czasach, gdy bonapartyzm był prądem politycznym torującym drogę rządom Napoleona III. Gdy więc Mickiewicz, w czwartym roku wykładów począł z katedry propagować towianizm i głosić kult Napoleona, rząd francuski zawiesił go w czynnościach i z katedry usunął. W ten sposób doniosła placówka, ognisko wiedzy o Polsce, poszła na marne.

Sam zaś Mickiewicz, mianowany pracownikiem biblioteki Arsenału (1852), na widownię publiczną powrócił w r. 1848, gdy tok wydarzeń otworzył przed nim złudną perspektywę wielkiej działalności politycznorewolucyjnej i wodzowskiej. Wiosna Ludów mianowicie wydawała się początkiem „wojny powszechnej za wolność ludów", poeta więc pospieszył do Włoch, by zorganizować legion polski w szeregach armii włoskiej. Witany entuzjastycznie jako szermierz rewolucji, której hasła proklamował w śmiałych przemówieniach, rychło po powrocie do Francji przekonał się, iż akcja jego nie miała widoków powodzenia.

Nie zrażony dotkliwym zawodem, usiłował utrzymać się na drodze, na którą wkroczył, i w r. 1849 objął redakcję francuskiego czasopisma „La Tribune des Peuples", walczącego o wyzwolenie narodów uciśnionych, a zarazem głoszącego radykalne hasła społecznej przebudowy Francji. Pismo zamknięto, redaktor z trudem uszedł aresztowania, hasła bowiem „Trybuny Ludów" nie leżały na linii polityki rządu bonapartystowsko-republikańskiego, na którego czele stał książę Ludwik Napoleon, kandydat do korony cesarskiej.

I ten nowy zawód nie zdołał Mickiewicza rozczarować. Wybuch wojny krymskiej (1855) kazał mu spodziewać się, że sprawa Polski wysunie się na kluczowe stanowisko w polityce ówczesnej, wszak Francja, Anglia i Turcja rozpoczęły zapasy z caratem, a w walce miały wziąć udział również zbrojne siły polskie. Mickiewicz postanowił zatem odegrać czynną i bezpośrednią rolę w przełomowych, jak sądził, wydarzeniach i przy poparciu zarówno kół politycznych emigracji, jak rządu francuskiego wyruszył do Turcji. W Konstantynopolu 26 listopada 1855 śmierć nieoczekiwana położyła kres dalszym krokom politycznym Mickiewicza.

Zwłoki poety-bojownika wolności, z honorami przewiezione do Francji, spoczęły pod Paryżem w Montmorency, na cmentarzu-mauzoleum, wśród wielu, wielu grobów wybitnych wygnańców polskich. Po latach zaś 35 przewieziono je tryumfalnie do Krakowa,

2. Adam Mickiewicz i jego koło

do katedry na Wawelu, chroniącej prochy nie tylko królów, od Łokietka poczynając, ale również księcia Józefa Poniatowskiego i Tadeusza Kościuszki — szermierzy tej samej sprawy, o którą słowem poetyckim i czynem politycznym walczył Adam Mickiewicz.

Od wielkich pisarzy oczekuje się nie programów ustalających szlaki przebiegu prądów literackich, lecz dzieł o wielkiej wartości artystycznej. Mickiewicz natomiast należy do tych twórców, którzy czując się wodzami czy prawodawcami w dziedzinie sztuki słowa, poglądy swe formułują teoretycznie i narzucają swym współczesnym. Przyczyniła się do tego może i zaprawa filomacka, wśród studenckich bowiem jego wierszy spotykamy aż dwa utwory, szkicujące programy działalności Filomatów i Filaretów: traktacik „Już się z pogodnych niebios ćma zdarła smutna" oraz pieśń biesiadną „Hej, radością oczy błyszczą", zaćmione zresztą rychło przez *Odę do młodości*, głoszącą te same zasady, co dwa utwory poprzednie, ale skierowaną wyżej i dalej, do młodzieży jako naturalnej miłośniczki postępu i wolności.

Oda, utwór odziany w dostojną szatę klasycystyczną, była równocześnie pożegnaniem ze starymi tradycjami literackimi, w których terminowała Muza młodego poety, by właściwe loty rozpocząć w świecie romantycznym. Jej zdobycze w tej nowej dziedzinie ukazały dwa skromne tomiki, które pt. *Poezje* pojawiły się w Wilnie w latach 1822 - 1823 i przyniosły zbiorek *Ballady i romanse*, *Grażynę* oraz *Dziadów Części II i IV*.

Tomik pierwszy, w którym *Ballady i romanse* samym brzmieniem tytułu wskazywały kierunek, w jakim kroczył autor, otrzymał przedmowę autora, wykładającą zasady romantyzmu. Kierunek ten jeszcze wyraźniej ustalała ballada wstępna *Romantyczność*, rodzaj afisza poetyckiego raczej niż utwór o własnej wymowie artystycznej. Tematem jej poeta zrobił najtypowszy i najbardziej oklepany motyw balladowy — powrót zmarłego kochanka do obłąkanej z rozpaczy dziewczyny, i połączył go mechanicznie z pogłoskami polemiki przez romantyzm wywołanej, z głośnymi uwagami astronoma i filozofa, Jana Śniadeckiego, atakującego niemiły mu prąd literacki.

Całość jednak *Ballad i romansów*, utrzymana na wysokim, europejskim poziomie artystycznym, ukazywała młodego pisarza jako mistrza słowa, a romantyzm jako prąd literacki o dużej wymowie artystycznej i społecznej. Były tu tedy utwory tak znakomite, jak na motywach „gminnych" oparte ballady o rusałkach, *Świtezianka* i *Świteź*, jak z ducha pieśni ludowej wysnute *Lilie*, opowieść o żonie mężobójczyni, ukaranej za swą zbrodnię, jak znakomita humoreska o *Pani Twardowskiej*, jak wreszcie ulubiona ballada dziecinna *Powrót Taty*. Wszędzie tu dochodziły do głosu motywy ludowe, opracowane w sposób mistrzowski, łączące fantastykę, romantyczną „dziwność" z realistycznie plastycznym widzeniem ludzi i ich spraw, wyrażone zaś z niezwykłą oszczędnością celnego słowa w dźwięcznych i precyzyjnych wierszach rytmicznych. Ballady, nacechowane rodzimą ludowością, nawiązywały równocześnie i do tradycji staropolskich, *Lilie* bowiem związał autor z czasami Bolesława Śmiałego, *Świteź* zaś przypominała krakowskie podanie o bohaterce Wandzie, i do bliższych w czasie pomysłów literackich Europy zachodniej, nad *Romantycznością* bowiem widniał cytat z Shakespeare'a, a *Rękawiczka* była swobodnym przekładem ballady Schillera.

Dwa inne składniki *Poezyj* kładły nacisk specjalny na motywy zbiorku podstawowe, które poeta uważał najwidoczniej za szczególnie doniosłe i owocne dla ugruntowania romantyzmu. Dziwność, czyli fantastyka, znamienna dla twórczości ustnej ludu, występująca zarówno w pieśniach, jak przede wszystkim w baśniach, stała się źródłem poematu dramatycznego *Dziady*, pomyślanego jako całość cykliczna o niezwykłej budowie; poeta ogłaszał ich części II i IV, wyobraźni zaskoczonego czytelnika pozostawiając odpowiedź, co stało się z członami brakującymi. Że był to znamienny dla epoki chwyt techniczny, dowodzi okoliczność, iż człon następny cyklu, napisany w dziesięć lat później, otrzymał kolejną nazwę „Część III".

Cykl ten był znamiennym wyrazem tęsknot romantycznych i pragnień samego Mickiewicza, by stworzyć dramat uniwersalny, poziomem równy wyżynom tragedii greckiej, a zarazem nowoczesny, ludowy i narodowy. Młodemu nauczycielowi kowieńskiemu marzyły się pomysły, które w lat wiele później usiłował realizować w swym dramacie muzycznym Richard Wagner. W ujęciu Mickiewicza przybrały one postać oratorium, nazwanego *Dziadów Częścią II*, widowiska wierzeniowego, opartego na prastarym motywie święta ku czci przodków, jakby seansu spirytystycznego, w którym na skutek zaklęć pojawiają się duchy zmarłych. Wśród zjaw tych na miejsce naczelne wysunęło się widmo złego pana, gnębiciela chłopów, motyw przyświadczający rewolucyjnemu charakterowi romantyzmu.

Człon drugi cyklu, z poprzednim dość mechanicznie związany, określony zaś nazwą „Część IV" wprowadził materię zgoła odmienną, bo spowiedź pośmiertną młodego kochanka-samobójcy, nieoczekiwanego uczestnika obrzędu *Dziadów*. Również i tutaj, w płomiennych wyznaniach Gustawa, rozległ się protest przeciw przyjętym konwenansom społecznym, nieszczęsny młodzieniec bowiem targnął się na własne życie w chwili, gdy jego ukochana oddała rękę bogaczowi, choć sercem była związana z hołyszem-poetą. W ten sposób do głosu doszły motywy autobiograficzne Mickiewicza, jego własny zawód miłosny, co nie jest tu sprawą obojętną ani ciekawostką biograficzną, dotkliwe bowiem przejścia osobiste sprawiły, iż *Dziadów*

2. Adam Mickiewicz i jego koło

Część IV otrzymała potężną wymowę artystyczną, nie spotykaną u pisarzy dawniejszych nie tylko w Polsce, ale i w Europie. Tragiczne motywy erotyczne nie były wprawdzie nowością w literaturze owoczesnej, sam Gustaw wymienia „książki zdradzieckie", które zatruły jego psychikę — *Nową Heloizę* J. J. Rousseau i *Cierpienia młodego Werthera* J. W. Goethego. Wspaniała jednak proza tych dwu mistrzów jest tylko prozą w porównaniu z potężnymi wybuchami poetyckimi Gustawa w jego obłędnym monologu, wypełniającym *Dziadów Część IV*. Romantyczna fantastyka i romantyczny kult uczucia splotły się nierozerwalnie w tym dziwnym utworze, pretendującym niewątpliwie do wyżyn arcydzieła, bo najpełniej i najdoskonalej wyrażającym podstawowe poglądy i pragnienia epoki.

Jego całkowitym przeciwieństwem była klasycystycznie spokojna i opanowana powieść poetycka *Grażyna*, o bohaterskiej księżnie Nowogródka. Podjęła ona motyw *Świtezi;* Grażyna, której mąż, Litawor, w rozgrywkach politycznych uciekł się do pomocy krzyżackiej, udaremnia jego zamysły, w jego zbroi uderza na Krzyżaków, sama ginie, ale unicestwia przymierze z wrogiem swego narodu. Taki oto wątek, całkowicie anachroniczny ze stanowiska historii, odpowiedniejszy dla ballady niż utworu ściśle epickiego, nawiązywał z jednej strony do znamiennych dla romantyzmu skłonności patriotycznych, z drugiej zaś wprowadzał twórczość Mickiewicza na tory, które wieść miały ku jej szczytom.

Nowości tych starczyło, by romantyzm zapuścił głębokie korzenie w grunt kultury polskiej, nie wyczerpywały one jednak możliwości twórczych poety, które ostatecznie rozwinęły się czasu jego pobytu w Rosji. Usilna praca literacka, zadokumentowana częściowo drobnymi przekładami, m.in. Dantego i Petrarki, częściowo zaś wnikliwymi uwagami w listach do przyjaciół na temat parafiańskich horyzontów literatury polskiej, doprowadziła Mickiewicza do przekonania, że wielki pisarz to wielki artysta, wyrazem zaś doskonałości artystycznej jest nienagannie staranna forma poetycka. Przekonanie to, niezbyt zgodne z poetyką romantyczną, choć pospolite u wszystkich wielkich romantyków, znalazło wspaniały wyraz w *Sonetach*, wydanych w niezwykle pięknym tomie w Moskwie r. 1826. Przyniósł on dwa cykle sonetów pisanych w Odessie — pierwszy zwany zazwyczaj sonetami erotycznymi, drugi przez autora opatrzony tytułem *Sonetów krymskich.* Cykl pierwszy, rodzaj albumu, utrwalającego kilkanaście szkiców obyczajowych z życia salonów odeskich, poświęca istotnie dużo miejsca przeżyciom erotycznym, ale przeżycia to bardzo dalekie od płomiennego patosu *Dziadów.* Nie miłość pożerająca swą ofiarę, lecz miłostki, zarówno puste jak namiętne, pojmowane jako rozrywka towarzyska, rzucone na realistycznie szkicowane tło codzienności

16 — J. Krzyżanowski

wielkiego skupiska ludzkiego, składają się na tematykę owych sonetów. Patronuje im w równym stopniu duch Petrarki, co duch Trembeckiego, wyznaniom namiętnym towarzyszy ton lekkiej ironii i autoironii, tworząc całość pełną mistrzowskiego panowania nad słowem wycyzelowanym do najdrobniejszego szczegółu. Ale cecha ta wystąpiła również w cyklu krymskim, albumie wspomnień utrwalającym wrażenia z wycieczki po stepach i górach i z żeglugi przybrzeżnej po Morzu Czarnym. Pejzaże lądowe i morskie wystąpiły tu w postaci niesłychanie wyrazistej, łączącej ostrość konturów dobrego sztychu z barwnością akwareli. Co osobliwsza, wyobraźnia poety, który zetknął się z barwnym, egzotycznym światem muzułmańskim, wsparta jego literacką erudycją orientalistyczną, wprowadziła mnóstwo efektów, na które bardzo sarkali klasycyści warszawscy, obejmujących zarówno słownictwo tatarskie, jak — i to przede wszystkim — całe łańcuchy wspaniałych przenośni, znamiennych dla liryki wschodniej, zwłaszcza perskiej. Obrazy zaś przyrody wola autorska związała w cykl albumowy dyskretnie wprowadzonymi dziejami „pielgrzyma" turysty, upozowanego na polskiego Childe-Harolda, trawionego tajemnymi cierpieniami, wygnańca stęsknionego do kraju, skąd go „nikt nie woła". Doskonałe zharmonizowanie tych wszystkich składników sprawiło, iż cykl krymski poeta mógł zakończyć dumnym „Exegi monumentum", zapewnieniem, iż udało mu się stworzyć drobne arcydzieło, które wieki trwać będzie.

Osiągnięcia choćby najwyższe, ale wyłącznie artystyczne nie mogły jednak zadowolić twórcy *Grażyny*, wabił go bowiem „alcejski bardon", a jeśli z kraju głos jakiś dochodził, był to „strój Ursyna" — poezja polityczno-patriotyczna. Z tych nastrojów wyrosła jego następna powieść poetycka, *Konrad Wallenrod* (1828). Stała się ona wyrazem i romantycznego umiłowania przeszłości, i wielkim symbolem teraźniejszości. Z średniowiecznych stosunków litewsko-krzyżackich pisarz wydobył motyw balladowy, dzieje młodego Litwina, który nie widząc innego ratunku dla swej ojczyzny, zagrożonej zagładą ze strony Zakonu, przywdział płaszcz krzyżacki i osiągnął godność wielkiego mistrza, by celowo nieudolnie prowadzoną wojną spowodować upadek wroga. Bardzo starannie wystudiowane i odtworzone tło historyczne maskowało anachroniczność i niehistoryczność sprawy Mistrza Konrada, jej niedomagania przesłonięte były nadto barwnością tajemniczego toku opowieści i tragizmem losów niezwykłego bohatera. Powieść, źle zbudowana, co tłumaczy się chęcią odwrócenia uwagi niepowołanych czytelników od jej ideologii, miała płomienną wymowę polityczną, gdy przeciwstawiała dwa wrogie obozy — potężnego, bo znakomicie zorganizowanego napastnika i zagrożony, mały, bezsilny naród, i gdy wyzywając ten naród do zmobilizowania wszystkich sił odwoływała się do „pieśni gminnej", do poezji, do literatury, jako podstawowego czynnika owej mobilizacji. „Pieśń Wajdeloty", umieszczona w środku poematu, miała właściwie funkcję wstępu, była ognistym manifestem, pobudką wzywającą do walki o najcenniejsze wartości życia narodowego, o jego wielką i żywą tradycję historyczną, o jego dalszy rozkwit, którego podstawowym warunkiem jest wolność. Krótko mówiąc, „Pieśń Wajdeloty" była programem literatury jako rzeczniczki wolności, literatury politycznopatriotycznej. Tak zrozumieli *Konrada Wallenroda* czytelnicy polscy, zwłaszcza młodzi, którzy od tej chwili poczytywali twórcę poematu za swego naturalnego wodza, tak czytelnicy obcy, poznający go z kilku przekładów, tak wreszcie cenzura, która zbyt późno zorientowała się w doniosłości tego wielkiego symbolu politycznego, spełniającego jeden z podstawowych postulatów romantyzmu.

Sam zaś Mickiewicz, formułując program i realizując go, mimo wszelkich niedomagań poematu, w sposób wspaniały wkraczał na drogę, z której nie było odwrotu, która, gdyby był pozostał w Rosji, byłaby go skazała na los dekabrystów, gdy zaś znalazł się poza granicami imperium carskiego, wieść musiała tam, gdzie ostatecznie się znalazł — w szeregi bojowników o wolność ludów.

Najbliższym etapem nowej drogi twórczej stał się cykl wierszy epickich o powstaniu listopadowym, zapowiedziany niejako na pół roku przed jego wybuchem lirykiem *Do matki Polki*. Niezwykły ten utwór, powstały w okresie tracenia na szubienicy szermierzy wolności, jest przebolesnym pomnikiem doli bezimiennego bohaterstwa, nagradzanego hańbiącą śmiercią i niewygasłą tradycją w „długich nocnych rodaków rozmowach", pomnikiem o tyle wyższym od głośnej powieści J. F. Coopera *Szpieg* (1821), że pełnym zwartej, monumentalnej prostoty, pozbawionym widoków rehabilitacji skazańca, godzących czytelnika z tym samym pomysłem u pisarza amerykańskiego.

Cykl powstańczy, obejmujący utwory klasy tak wysokiej, jak bohaterska rapsodia o Emilii Plater, *Śmierć pułkownika*, i potężna pochwała walczącej Warszawy w *Reducie Ordona*, był przygrywką do *Dziadów Części III*, wstrząsającego arcydzieła, z miejsca uznanego za najwyższe osiągnięcie poezji polskiej przez pierwszych jego czytelników, który to sąd rychło zdobył uznanie obcych. Utwór swój poeta włączył do młodzieńczego cyklu dramatycznego w sposób raczej mechaniczny, każąc samobójcy z miłości, Gustawowi, odrodzić się pod imieniem Konrada, człowieka rozkochanego w narodzie i bojownika o jego wolność. Sprawę zaś Konrada rzucił na tło bieżącej historii Polski, na dzieje procesu wileńskiego, którego sam był uczestnikiem i ofiarą. Wymiary wydarzenia stosunkowo drobnego poszerzył, nadając mu skalę i charakter zjawiska reprezentatywnego dla życia polskiego, analogie bowiem odnalazł również w życiu Warszawy, rządzonej przez Wielkiego Księcia Konstantego (proces Łukasińskiego). Luźna budowa poematu dramatycznego, w której doszukiwano się tradycji średniowiecznego misterium, umożliwiała zespolenie kilkunastu obrazów, scen jednostkowych i przede wszystkim zbiorowych, o charakterze zarówno realistycznym, jak fantastycznym, stanowiących wbrew pozorom całość jednolitą, wszystkie one bowiem wiążą się bezpośrednio lub przynajmniej pośrednio ze sprawą Konrada, postaci naczelnej, i jego towarzyszy, więźniów wileńskich. Jego rola i jego losy, obecne i przyszłe, przewijają się we wszystkich częściach dramatu, od prologu po zamykającą całość cmentarną scenę *Dziadów*. Konrad w gronie współtowarzyszy, Konrad improwizujący, następnie wyrwany ze szponów szatańskich, Konrad-poeta, za którego modli się daleka czytelniczka jego wierszy, Konrad wiedziony na śledztwo i wywożony na wygnanie, Konrad wreszcie w wizji apokaliptycznej kreowany wodzem i zbawcą narodu — oto łańcuch motywów stanowiących o jedności „Części III".

Część ta, przypisana pamięci zmarłych towarzyszy autora, skomponowana jest tak dalece realistycznie, że jej bohaterowie noszą autentyczne imiona lub nazwiska filomatów i filaretów, podobnie jak ich prześladowcy, organizatorzy i inscenizatorzy procesu politycznego. Niezwykła żywość i plastyka scen zbiorowych, spotęgowana akcentami zarówno tragicznymi, jak komicznymi, wzbogacona pierwiastkami symbolicznymi i alegorycznymi, sięgająca od hymnicznego patosu po zjadliwą groteskę — istotnie jak w średniowiecznym nie tyle misterium, co moralitecie — stanowi o niezwykłej wartości artystycznej dzieła.

Sceny realistyczne, budowane z ogromnym rozmachem, są wstrząsającym aktem oskarżenia caratu i jego oprawców, znęcających się nad bezbronnymi ofiarami, nad młodzieżą i dziećmi, oskarżenia o okrucieństwo, nie znanego przed Mickiewiczem literaturze świata. Galerii uorderowanych zbrodniarzy, napiętnowanych piórem pełnym pogardy i żrącej ironii, przeciwstawiono młodych bohaterów, których jedyną winę stanowi to, że są Polakami. Przy sposobności, w obrazie „Salonu warszawskiego" cięgi dostają się przedstawicielom wpływowych, urzędniczych i pisarskich sfer społecznych, ślepych na to, co w kraju się dzieje; satyra polityczna zmienia się tutaj w literacką. Na ogół jednak przeważa ton posępnego martyrologium, księgi męczeńskiej, rozświetlonej głęboką wiarą w zwycięstwo dobrej sprawy narodu, w tryumf wolności.

Szermierzem tej sprawy jest więzień-poeta, którego losy są z nią najściślej związane. Konrad wprowadza jednak dwa pasma zagadnień innych, niezwykle skomplikowanych, a przykuwających uwagę w stopniu nie mniejszym od męczeńskiej historii gnębionego narodu. Pasmo pierwsze to zagadnienie poety i poezji w życiu zbiorowym, życiu narodu i ludzkości, pasmo drugie to problem wartości indywidualizmu romantycznego.

Konrad tedy to tytan romantyczny, prometyda, który w olbrzymim monologu „Improwizacji", zwanej zazwyczaj „wielką", daje gigantyczny obraz poezji, jako czynnika twórczego, porządkującego kosmos i życie zbiorowości ludzkiej. Świat fikcji artystycznej, zrodzony w wyobraźni twórcy, jest nie mniej trwały od świata zjawisk realnych, powstanie swe zawdzięczających Bogu. Świat fikcji jest nawet doskonalszy od świata realnego, może bowiem być wolny od zła, które trapi człowieka i ludzkość, zła przemocy i niewoli uciskających narody. „Ja bym mój naród jak pieśń żywą stworzył — wybucha Konrad — i większe niźli Ty zrobiłbym dziwo, zanuciłbym pieśń szczęśliwą". Owym „Ty" jest Bóg, odpowiedzialny za losy ludzkości. Upojony poczuciem własnej potęgi nowoczesny tytan chciałby ją wzmóc jeszcze bardziej — żąda więc od Boga „rządu dusz", magicznej władzy nad ludźmi, którymi będzie rządził czystym aktem woli, ku ich dobru, oczywiście jeśli mu będą posłuszni, w przeciwnym zaś razie „niechaj zginą i przepadną". W tym właśnie momencie, gdy dyktatura moralna poczyna się demaskować, następuje tragedia Konrada.

Prometeusz starożytny, do którego bohater *Dziadów* się odwołuje, bunt przeciw bogom przypłacił klęską. Podobny los spotyka jego potomka, prometydę romantycznego; uniesiony grzechem pychy, wpada on — zgodnie z wyobrażeniami chrześcijańskimi — w moc Szatana. Cały system prastarych poglądów demonologicznych legł u podstaw Mickiewiczowskiego rozwiązania problemu walki człowieka z bóstwem — poglądów na wartość pychy i pokory. Druga z nich może okazać się narzędziem wyższym od pierwszej, skuteczniejszym, bo zgodnym z miłością, która pysze jest obca. Konrad, powołany do wielkich zadań, przyszły wódz i zbawca narodu, przejść musi przez oczyszczające stadium pokory, by cele swe osiągnąć. Drogę właściwą wskaże mu „sługa pokorny, cichy" Boga, prosty zakonnik, ksiądz Piotr. Zakonnik ów wyzwala opętańca z mocy szatańskiej, w sławnym „Widzeniu" ogląda jego przyszłość, gdy Konrad, oznaczony tajemniczą liczbą „Czterdzieści i cztery" doczeka wraz z swym narodem godziny wyzwolenia. Ksiądz Piotr wreszcie zapowiada mu, co spotka go po więzieniu, i w ten sposób uzbraja do walki z losem.

Osąd roszczeń indywidualizmu romantycznego, który z biegiem lat stał się przedmiotem przeróżnych systemów filozoficznych, tworzących podstawę nowoczesnych monstrualnych dyktatur i klęsk przez nie wywołanych, w dramacie Mickiewicza dokonał się w oparciu o kodeks etyki chrześcijańskiej. Rezultat tego był taki, że z jednej strony ideologię filozoficzno-moralną poematu sprowadzono do poziomu katechizmowego i prymitywnego pojmowania grzechu — pychy i cnoty — pokory, z drugiej zaś wielkiego poetę pomawiano o niedopuszczalne obniżenie tonu, o prostackie rozwiązanie zagadnienia filozoficznego, niesłychanie subtelnego i trudnego. Chcąc sprawę całą ująć poprawnie, pamiętać należy: po pierwsze, wytwór wieków dwudziestu, zwany etyką chrześcijańską, jest potężnym i bogatym systemem pojęć, zdolnym przemówić do wyobraźni wielkiego poety, zorientowanego w dziejach rozwoju chrześcijańskiej kultury europejskiej; po wtóre, ksiądz Piotr to nie artystyczne i filozoficzne przeciwstawienie Konrada, lecz postać epizodyczna, jego pomocnik i przewodnik w chwili kryzysu moralnego; po trzecie wreszcie, pokora w ujęciu poematu to nie rezygnacja i załamanie, lecz zdobycie innych skrzydeł do wzbicia się na wyżyny, przed chwilą opuszczone, bo pokora to postać miłości wyższej od tej, o której mówiła „Improwizacja", to wyrzeczenie się uroszczeń własnej osobowości na rzecz sprawy czy zbiorowości ludzkiej, którym się służy.

Pomysły ujęcia późniejszych losów Konrada, opartych w stopniu niemałym na własnych dziejach autora, traktowane zapewne jako tworzywo dalszych części cyklu, na który Mickiewicz spoglądał jako na największe dzieło swego życia, dzieło, którego nie było mu dane napisać, otrzymały postać obrazów z życia petersburskiego. Opatrzone tytułem *Dziadów Części III Ustęp*, stały się jej epickim dopełnieniem. Weszły tu wspomnienia podróży po Rosji i znajomości rosyjskich, przy czym na miejsce pierwsze wysunęły się obrazy satyryczne w rodzaju wspaniałego *Przeglądu wojska* i relacje o *Przyjaciołach Moskalach*, przede wszystkim o Puszkinie. Postawiony przez bieg historii na stanowisku „oszczercy Rosji", gnębicielki wolności, poeta polski jasno i wyraźnie sformułował własną postawę jako wroga caratu, systemu politycznego, a przyjaciela narodu i kultury, którym sam tyle zawdzięczał. Komentarz ten, pełen podziwu dla dekabrystów jako bojowników wspólnej sprawy, rzucił równocześnie snop światła na ideologię *Dziadów Części III*, ukazując poemat nie jako oskarżenie narodu rosyjskiego — o co pomawiali poetę „przyjaciele-Moskale" — lecz jako narzędzie walki z przemocą systemu politycznego, który z taką samą zaciekłością dusił porywy wolnościowe Rosjan, co i wszelkich innych narodów.

„Bania z poezją", która w Dreźnie — wedle słów poety — rozbiła się nad nim i wydała *Dziady*, działała dalej, gdy Mickiewicz osiadł w Paryżu, i w ciągu dwóch lat wydała jego drugie i ostatnie arcydzieło, *Pana Tadeusza* (1834). Utwór, który wedle początkowych zamierzeń autora, miał być sielanką z dawnego życia szlachec-

2. Adam Mickiewicz i jego koło

kiego, w toku pracy nad nim rozrastał się coraz szerzej i ostatecznie otrzymał postać dużego poematu epickiego, „historii szlacheckiej w XII księgach", uzupełnionej pełną bolesnych wyznań elegią — epilogiem, zachowanym w brulionie i ogłoszonym dopiero w wiele lat po zgonie pisarza.

„Historię szlachecką", noszącą podtytuł „Ostatni zajazd na Litwie", Mickiewicz zbudował jako wysoce zawiłą powieść obyczajową, rzuconą na bardzo rozległe tło historyczne, potęgujące i uwypuklające jej charakter epicki. Na powieść tę złożyły się trzy wątki, po mistrzowsku splecione i pełne dynamizmu dramatycznego. Akcja więc podstawowa, skupiona w obrębie kilku dni letnich r. 1811, wprowadza odwieczny wątek sporu dwu rodów, a raczej dwu sąsiadów, w jego swoistej postaci polskiej i szlacheckiej: jeden z przeciwników, niezadowolony z przewlekłego procesu, ucieka się do zajazdu, a więc napadu zbrojnego, poczytywanego tradycyjnie za środek niezupełnie wprawdzie legalny, ale mający pozory prawne, a skuteczny. Ponieważ dzieje się to w Nowogródzkiem, terytorium pogranicznym, i to w przededniu wojny, napadniętemu spieszy z pomocą stacjonowany w sąsiedztwie batalion rosyjski. Wobec niepożądanej interwencji przeciwnicy odruchowo godzą się i w zaimprowizowanej bitwie unicestwiają wspólnego wroga. W ten sposób drobny zatarg prowincjonalny między Soplicami a Horeszkami, a raczej sędzią Soplicą i spadkobiercą Horeszków, Hrabią, nabiera cech zgoła nieoczekiwanych, zmienia się w wydarzenie historyczne. Pogromcy batalionu muszą uchodzić przez zieloną granicę do Królestwa, gdzie gromadzą się siły Napoleona, który w rok później rozpocznie fatalną dlań wyprawę na Moskwę.

Zajazd i kończąca go bitwa, zorganizowane nie przez samych uczestników procesu, lecz przez ich zwolenników, zwłaszcza przez stare sługi, wychowane w tradycyjnych pojęciach i obyczajach, mają w *Panu Tadeuszu* za podłoże antagonizm magnacko-szlachecki o zabarwieniu niewątpliwie klasowym, choć nie na nie pada główny nacisk. Oto zawadiacki junak powiatowy, prowodyr szlacheckiej braci--goloty, wieszającej się u pańskiej klamki, pokochał pańską córkę jedynaczkę, odprawiony zaś przez dumnego magnata z kwitkiem, pomścił swe upokorzenie, zabijając stolnika Horeszkę. Sprawa ta, w tok akcji wpleciona za pośrednictwem dwu opowiadań — świadka zabójstwa i samego zabójcy, Jacka Soplicy — staje się źródłem wieloletniego antagonizmu i pamięć o niej umożliwia zorganizowanie zajazdu, szlachta bowiem okoliczna, dopatrująca się w czynie Jacka kolaboracjonizmu, a wszystkie pozory były przeciw niemu, łatwo dała się namówić do wystąpienia przeciw Soplicom, których fortuna wyrosła w czasie „krajowych zamieszków". Ironia losu chce, iż hasłem do awantury stają się dwuznaczne słowa bernardyna-kwestarza, księdza Robaka, emisariusza politycznego; zamierza on przygotować powstanie, które zaszachowałoby wojska rosyjskie i ułatwiło inwazję napoleońską. Tragizm polega na fakcie, iż kaptur bernardyński kryje Jacka Soplicę, który działalnością polityczno-wojskową odkupił swą zbrodnię, a teraz pragnie zrehabilitować swe nazwisko. Przedwczesny wybuch krzyżuje jego plany, bitwa zaś przynosi mu ranę śmiertelną. Dopiero w rok później, gdy dywizje polskie wkroczą do Soplicowa, nastąpi urzędowa rehabilitacja bohaterskiego konspiratora, równocześnie zaś zaręczyny jego syna, Tadeusza, z Zosią, wnuczką Horeszki, położą kres sporów dwu rodów.

Dzieje Tadeusza i Zosi, skomplikowane uwikłaniem się młodzieńca w miłostkę z podstarzałą kokietką Telimeną, do dwu wątków poprzednich dorzucają trzeci, komediowy, godzien tej nazwy, znamy go przecież z *Zemsty*, rówieśniczki *Pana Tadeusza* (1834) i bliskiej krewniaczki, choć obydwa arcydzieła powstały niezależnie od siebie.

Mistrzowskie powiązanie wszystkich wątków w całość o dużym napięciu dramatycznym, żywo przemawiającym do uwagi czytelnika, idzie w parze z niezwykłą plastyką ogromnej galerii postaci zaludniających świat *Pana Tadeusza* i z bogactwem jakości estetycznych użytych przy ich sportretowaniu. Świat ten, złożony z „ostatnich egzemplarzy starodawnej Litwy", roztacza się tu w całej swej barwności. Urzędnicy powiatowi, z Podkomorzym i Sędzią ną czele, rozmiłowani we wspomnieniach niepowrotnej przeszłości, Wojski, słudzy-rezydenci, klucznik Gerwazy i woźny Protazy, wcielający dawne obyczaje, tłum wreszcie szlachty zaściankowej, pochodzącej z Mazowsza, ale od wieków osiadłej na Litwie — oto cała duża grupa jednostek różniących się wyglądem, nawykami, językiem, zindywidualizowanych, odmalowanych z wyrazistością wręcz homerycką przez nowoczesnego epika-humorystę. Odbijają od nich bardzo wyraźnie jednostki, mocno związane z życiem publicznym i wybiegające bystrym wzrokiem poza granice spraw powiatowych, a więc stary żołnierz kościuszkowski, odludek Maciek Dobrzyński, a więc karczmarz Jankiel; nade wszystko zaś postać naczelna poematu, Jacek Soplica. Dzieje jego nieszczęśliwej miłości, jego upadki i wzloty, jego służba wojskowa, a później działalność emisariusza-agenta, wprowadzają na karty pogodnego malowidła obyczajowego akcenty tragizmu. Biografia Jacka tak jest zbudowana, iż służyć by mogła jako ilustracja studium o istocie tragizmu, i to doskonalsza aniżeli niejedna z najgłośniejszych tragedii. Samotna jednostka, postawiona oko w oko z własnym losem, odkupująca swe winy poświęceniem własnego trudu i życia, ginąca wreszcie z nadzieją, że zwycięży poza grobem — jednostka utrzymana równocześnie w wymiarach całkowicie pospo-

2. Adam Mickiewicz i jego koło

litych, bez odrobiny idealizacji, jest szczytowym osiągnięciem realizmu tragicznego czy też tragizmu ukazanego w ujęciu czysto realistycznym. Inne odmiany realizmu, zabarwionego takimi czy innymi postaciami komizmu, a więc ironią, sarkazmem, z podobną wyrazistością przewijają się na kartach *Pana Tadeusza* jako środki techniki portretowej. Zabłąkani w życiu prowincji litewskiej przybysze z innego świata, młody kosmopolita-arystokrata Hrabia, przywiędła gwiazda salonów petersburskich Telimena, czy „komisarz", administrator fortuny magnackiej — to znakomite sylwetki ludzkie ukazane w świetle ironii, gdy znowuż zrusyfikowany major-łapownik, pochodzenia polskiego, Płut, jest postacią od początku do niechlubnego końca malowaną pędzlem satyryka. Nad wszystkimi tymi jakościami góruje jednak humor, żywioł przenikający całość poematu soplicowskiego, wszak nawet tragiczny ksiądz Robak na kilka godzin przed swą wstrząsającą spowiedzią przedśmiertną występuje jako bernardyński kwestarz-rubacha. Humor też, jakość z natury swej realistyczna, w stopniu niemałym przyczyni się do spotęgowania atmosfery realizmu w arcypoemacie Mickiewicza.

Atmosfera ta spojona jest najściślej z charakterem poematu, nawiązującego zupełnie wyraźnie do podwójnej tradycji literackiej, a więc do epiki homeryckiej oraz do owoczesnej powieści historycznej, stworzonej i spopularyzowanej przez romantyzm angielski, zwłaszcza przez dzieła Waltera Scotta. Zgodnie z nakazami owej tradycji *Pan Tadeusz* jest czymś w rodzaju poetyckiej encyklopedii staropolskiego życia codziennego, dawnego obyczaju szlacheckiego. Badania nowoczesne wykazały źródłowo, z jak zdumiewającą wiernością pamięć poety-epika zachowała i utrwaliła tysiące drobnych realiów, szczegółów i szczególików dotyczących dawnych budynków i mieszkań, strojów i pokarmów, zajęć i rozrywek, tego wszystkiego, co w okresie romantyzmu zniknąć miało bezpowrotnie, zmyte przez te wszystkie przemiany cywilizacyjne i kulturowe, które wnosił prąd nowej historii. Jedynie pisarz-emigrant, spoglądający na swe wspomnienia młodzieńcze ze stanowiska doświadczeń nagromadzonych w Rosji, a później w krajach Europy zachodniej, mógł zdać sobie sprawę, że to wszystko, co oczyma dziecka oglądał w Nowogródczyźnie, odeszło w przeszłość na zawsze. Stąd wyraz „ostatni" przewija się tylokrotnie w *Panu Tadeuszu*, od podtytułu poczynając, stąd również wywodzi się „dystans epicki" między autorem a jego wizją pisarską, obejmujący wprawdzie ćwierćwiecze tylko, ale ćwierćwiecze równe znaczeniem latom stu z okładem.

Wyobraźnia epicka ukształtowała wiedzę encyklopedyczną poety w bogaty łańcuch obrazów, przeplatanych tu i ówdzie zabawnymi w swej zamierzonej prozaiczności rozprawkami na temat takich czy innych szczegółów życia codziennego. Tak więc plastycznemu obrazkowi śniadania we dworze soplicowskim towarzyszy ekskurs o kawie i jej przyrządzaniu, obrazowi polowania na niedźwiedzie — istna karta z księgi kucharskiej o przygotowywaniu bigosu, a do tej samej kategorii należą wplecione w żywy tok akcji wiadomości o budynkach typu sernicy czy karczmy wiejskiej. Na plan pierwszy jednak wysuwają się plastyczne obrazy i obrazki zajęć i czynności codziennych, pospolitych, poczynając od przechadzki w pole czasu żniw na samym początku, aż do poloneza, którego barwną wizją poemat się kończy. Obfite posiłki, od zwykłego śniadania po wystawną ucztę dla niezwykłych gości, bo generałów i oficerów, którym postój świąteczny wypadł w Soplicowie, rozrywki w rodzaju grzybobrania czy pogawędki wieczornej, polowania, zarówno na niedźwiedzia, jak na zające, spory i kłótnie, z „dyplomatyką" emisariusza w karczmie i obradami w zaścianku łącznie, zajazd wreszcie i bitwa — oto seria obrazów, przeważnie scen zbiorowych, których ogół składa się na bogaty obraz dawnego bytowania na szlacheckiej wsi polskiej — i to obraz, który jest wprawdzie tłem poematu, ale równocześnie czymś więcej, bo składnikiem utworu nie statyczno-opisowym, lecz zdynamizowanym do tego stopnia, iż uznać go trzeba za równie doniosły, jak postaci literackie.

W obrazie tym, pełnią szczegółów przypominającym początkowe projekty poety, który zamierzał dać sielankę, pierwiastkiem niezwykle doniosłym jest wprowadzenie historii. Jej żywy nurt sprawia, iż spokojna wegetacja życia wiejskiego ulega wstrząsom, które zmieniają jej wygląd i wiodą mieszkańców Soplicowa na szlak przełomowych wydarzeń. Nurt ten, przewijający się stale od wierszy wstępnych, na plan pierwszy wysuwa się w dwu końcowych pieśniach poematu, gdy wśród jego postaci, zrodzonych w wyobraźni poety, występuje osobiście generał Dąbrowski, a więc ten, którego „Mazurek" wprowadza historię do *Pana Tadeusza*. A historia jest w nim znowuż nie samym tłem tylko; poprzez spiskową robotę emisariusza, poprzez interwencję rosyjską i bitwę staje się ona czynnikiem wyznaczającym zarówno rolę jednostek, jak losy całej kultury polskiej w jej przejściu od archaicznej głuszy zabitej deskami prowincji do nowych form życia społecznego. Ponadto obecność nurtu historycznego sprawia, iż „historia szlachecka z lat 1811 i 1812" jest nie sielanką i nie powieścią wierszem, lecz poematem epickim, historycznym malowidłem epoki, że posiada więc pierwiastki nieodzowne w utworze pretendującym do nazwy eposu.

Epos Mickiewiczowski różni się od swych poprzedników jedną jeszcze właściwością: wspaniałym tłem pejzażowym, które stanowią opisy przyrody litewskiej, hojną dłonią rozrzucone po wszystkich pie-

2. Adam Mickiewicz i jego koło

śniach. Opisy, a raczej obrazy malowane słowem wprawdzie, ale przy zastosowaniu metod techniki malarskiej, ukazują cały przepych przyrody litewskiej, zarówno puszczańskiej, dzikiej, jak opanowanej przez pracę człowieka, przyrody ukazanej równie dobrze w blaskach słonecznych, jak przy świetle księżyca, jak w mrokach nocnych. Mickiewicz, który, niby rapsod grecki wprowadzający dorobek swych poprzedników, wplótł w wiersze *Pana Tadeusza* sporo cytatów z poetów dawniejszych, w obrazach przyrody wyzyskał zdobycze poezji opisowej epoki przedromantycznej i dał w swym arcydziele coś w rodzaju syntezy tego wszystkiego, co przed nim osiągnięto na polu epiki.

W epilogu *Pana Tadeusza* znalazło się zgoła niezwykłe życzenie poety, zwrócone do przyszłych, chłopskich czytelników poematu, by jego „księgi, proste jako ich piosenki", zbłądziły kiedyś pod strzechy wiejskie. Istotnie, cechą znamienną poematu soplicowskiego jest jego niezmierna prostota, ale prostota właściwa nie tyle pieśni ludowej, co arcydziełom literackim. Znamionuje ona język dzieła, znamionuje jego styl i jego szatę wierszową. Język, bardzo poprawny i staranny, opiera się na mowie stron ojczystych Mickiewicza, splecionej nierozdzielnie z owoczesnym językiem literackim; odrębności miejscowe sprowadzają się do sporej domieszki słownictwa charakterystycznego dla ziem litewskich oraz do mnóstwa pierwiastków zaczerpniętych z różnych gwar środowiskowych, zwłaszcza myśliwskiej i prawniczej, wyzyskanych jako środki wyrazu artystycznego dla uwypuklenia języka postaci poematu. Niemal każda z nich przemawia po swojemu, choć w sposób zrozumiały dla zwykłego czytelnika. Z tych prostych zasobów pióro pisarza tworzy obrazy poetyckie olśniewającej doskonałości, w dziedzinie zarówno opowiadania i opisu, jak żywego dialogu czy własnych wynurzeń lirycznych, bo i one występuje w *Panu Tadeuszu*. Wszystko to zaś zamyka się w jednolitych ramach trzynastozgłoskowca rymowanego parzyście, bardzo poprawnego, choć pozwalającego na zupełną swobodę wypowiedzi poetyckiej. Rymy proste, niewyszukane, są jednak wysoce artystyczne; nie ma w nich nadmiaru powtórzeń tych samych par wyrazowych, jak nie ma łatwizn „kalwaryjskich" czy „częstochowskich", ale też nie ma sztuczek, których znawcy pieśni ludowej zrozumieć by nie mogli. Ta zaś prostota środków wyrazu artystycznego doskonale harmonizuje z zasadami sztuki realistycznej, przeświecającymi na każdym kroku w arcypoemacie Mickiewicza.

W najnowszych wydaniach dzieł Mickiewicza jego twórczość poetycka wypełnia zaledwie cztery tomy, reszta to inne pisma, wśród których połowa przypada na korespondencję. Te osobliwe proporcje są wynikiem faktu, iż na *Panu Tadeuszu* zakończyła się działalność twórcza poety. Wprawdzie i po r. 1834 próbował on jeszcze siły swych skrzydeł, ale próby te kończyły się zawodami. Chodzi tu przede wszystkim o dwa dramaty francuskie (*Konfederaci Barscy* i *Jakub Jasiński*) przeznaczone dla sceny paryskiej, jednak nie wystawione i zachowane tylko w fragmentach. Chodzi dalej o garść tzw. liryków lozańskich, często przytaczanych jako znakomite utwory wielkiego poety. Są to przejmujące wyznania zawodów i klęsk („Polały się łzy me czyste, rzęsiste"), niesłychanie proste i szczere, ale istotna ich wymowa polega na tym, że są to utwory wielkiego poety, którego biografię znamy i z którym głęboko współczujemy. Przypuścić wolno, że bez komentarza biograficznego, udostępnione czytelnikowi nie wiedzącemu, kto był autorem, przeszłyby one bez wrażenia.

Na roku 1834 nie zakończyła się natomiast kariera pisarska Mickiewicza, bo nie zakończyła się jego działalność polityczna, znajdująca zazwyczaj odbicie w słowie pisanym i drukowanym. Całą tę produkcję, przeważnie w języku francuskim, określić można jako publicystykę i z tego właśnie tytułu przemawia ona do historyka tych czasów i ich literatury.

Wstęp do niej stanowi drobna książeczka, napisana w r. 1832, między *Dziadami* a *Panem Tadeuszem*, noszącą tytuł *Księgi narodu polskiego i Księgi pielgrzymstwa polskiego*. Broszura, samym już tytułem nawiązująca do Biblii, bo przecież wyraz ten księgi znaczy, była czymś w rodzaju katechizmu politycznego, przeznaczonego dla emigrantów polistopadowych, zwłaszcza dla „wiary-żołnierzy", wyrzuconych z własnej ziemi i skazanych na tułactwo. Dolę ich poeta usiłował osłodzić, robiąc ich pielgrzymami do lepszego, a jak sądził, niedalekiego jutra, gdy wrócą do wolnej ojczyzny. Zdając sobie doskonale sprawę z goryczy, którą karmiło ich życie, usiłował zmniejszyć ją przez wykazanie, do jak wielkich zadań powołała ich historia ich kraju i ich pokolenia, a tym samym osłabić wrażenie świeżej klęski. Zbudował więc swoistą biblię polską, schematyczny szkic dziejów świata, oparty na odpowiednich analogiach. Dzieje ludzkości rozbił na trzy części, dwie minione i trzecią nadziej mającą. Ludzkość tedy, niegdyś patriarchalnie wolna i szczęśliwa, zmieniła się w niewolników pod władzą Rzymu i jego cezarów. W chwili największego ucisku wystąpił Chrystus, by powiedzieć, iż wszyscy ludzie są braćmi i głosić wolność dla uciśnionych. Naukę swą przypłacił życiem, ale Golgota nie była końcem chrystianizmu, ani śmierć Zbawiciela nie była klęską, nastąpiło bowiem po niej zmartwychwstanie. Dalsze dzieje chrystianizmu, wiodące ludzkość do ponownej niewoli, spotęgowanej u schyłku wieku XVIII, w epoce absolutyzmu monarchicznego, wydały nowego apostoła, protestującego przeciw niewoli. Był nim naród polski, który swą politykę przypłacił utratą niepodległości. Ale jak Chrystus, tak i Polska zmartwychwstanie, po dwu

2. Adam Mickiewicz i jego koło

dniach grobu, dwu powstaniach, nastąpi trzeci, by przynieść po „wojnie powszechnej za wolność ludów" wyzwolenie narodom uciśnionym. Koncepcję tę, zbudowaną z najrozmaitszych pomysłów, odbiły się na niej bowiem poglądy i J. J. Rousseau, i Lelewela, i wielu innych, a mającą odpowiedniki w sporej liczbie traktatów i proroctw, jak *Posłanie do braci wygnańców* Brodzińskiego lub niezwykle popularne „Proroctwo Wernyhory", uzupełniał traktacik drugi, *Księgi Pielgrzymstwa Polskiego*. Były to wskazówki praktyczne, jak należy postępować „pielgrzymom" w świecie obcym, zmaterializowanym i wrogim wolności, urozmaicone garścią niezwykle pięknych „przypowieści". Książeczka tak skonstruowana, pełna głębokiej wiary w przyszłość, żarliwej miłości ojczyzny i płomiennego ukochania wolności, była znamiennym wyrazem tych wszystkich złudzeń, którymi karmiła się podówczas liberalna Europa, i trudno ją uznać za busolę polityczną, jakkolwiek odegrała rolę niepoślednią w owoczesnych stosunkach międzynarodowych, stając się katechizmem politycznym narodów walczących o wyzwolenie. Jej jednak akcenty podstawowe brzmiały czysto i szlachetnie, łączyła głęboki patriotyzm polski ze zrozumieniem konieczności walki o wolność i sprawiedliwość, nadto zaś wyznaczała Polsce bardzo piękne miejsce w dziejach Europy, jako rzeczniczce najwyższych wartości politycznych, bo zgodnego współżycia wszystkich wolnych narodów.

Zasadom wyłożonym w *Księgach* ich twórca pozostał wierny przez całe swe życie, głosząc je zarówno rodakom, jak obcym. Do ziomków tedy zwracał się w „Pielgrzymie Polskim", piśmie paryskim, którego był redaktorem, do świata zaś niepolskiego przemawiał od końca r. 1840 z katedry uniwersyteckiej w Collège de France. Wykłady o literaturze słowiańskiej, prowadzone w języku francuskim przez cztery lata, są bodajże największą osobliwością w puściźnie pisarskiej Mickiewicza (przełożone pt. *Kurs literatury słowiańskiej* 1842 - 1845, tomów 4). Zawierają one bowiem wypowiedzi ideologiczne związane z jego stosunkiem do Towiańskiego, a sięgające granic obłędu mistycznego. Tomy zatytułowane *L'église officielle et le messianisme* oraz *L'Église et le Messie*, potępione przez Rzym znalazły się na indeksie ksiąg zakazanych. Myśl poety idzie w nich szlakami rozważań znamiennych wprawdzie dla epoki romantyzmu, ale nie mających już nic wspólnego z nauką, poświęconą tam na rzecz mętnego sekciarstwa religijnego i politycznego, kultu towianizmu i napoleonizmu. Natomiast w kursach wcześniejszych (zresztą także w całych ustępach późniejszych) widać przebłyski geniuszu wielkiego pisarza, poruszającego się śmiało wśród zjawisk literackich przez naukę owoczesną zupełnie jeszcze nie opanowanych, na forum zaś europejskim omawianych po raz pierwszy. Charakterystyki więc piśmiennictwa polskiego, rosyjskiego, serbskiego, wnikliwe i oryginalne, otwierają perspektywy zgoła nieoczekiwane; świetne sylwetki literackie przeplatają się z głębokimi uwagami na temat kultur słowiańskich i ich produktów, wielkich utworów. W zakresie literatury polskiej przykuwają uwagę poglądy na pisarzy takich, jak Kochanowski, Skarga, Pasek, których sylwetki poeta-profesor szkicował z niezawodną plastyką i wiernością; w innych natomiast wypadkach prelekcje grzeszą niedokładnością i stronnością. Dość powiedzieć, iż w obrazie literatury polskiej współczesnej Mickiewiczowi niepomiernie dużo miejsca przypadło jego przyjacielowi, Stefanowi Garczyńskiemu, poecie miary mniej niż średniej, przemilczany zaś został całkowicie Juliusz Słowacki. Z tym wszystkim ogólna charakterystyka wkładu narodów słowiańskich do skarbca literatury światowej wypadła niezwykle zajmująco i zazwyczaj trafnie, tak że *Kurs literatury słowiańskiej* jest księgą, która jeszcze dzisiaj może liczyć na czytelników.

„Trybuna Ludów" wreszcie, kilkadziesiąt artykułów politycznych drukowanych w „La Tribune des Peuples", ostatnia większa praca Mickiewicza — dokument niezwykle interesujący z dwu względów co najmniej. Czasopismo, będące organem „Młodej Europy", było trybuną narodów, które w czasie Wiosny Ludów energicznie pozbywały się jarzma obcego, przy czym obok zagadnień politycznych poruszało ono również sprawy społeczne, wewnętrzne zagadnienia życia francuskiego, sprawy robotników i chłopów. I rzecz godna uwagi, jak Mickiewicz, wychodząc ze swych dawnych założeń, zainteresowany głęboko fermentem społecznym we Francji, przechodził na stanowisko socjalizmu utopijnego, broniąc praw ludu francuskiego przeciw uroszczeniom burżuazji i bonapartystów, jak poszerzał swe horyzonty publicystyczne i z pozycji szlachetnego nacjonalizmu przesuwał się ku socjalizmowi. Równocześnie jednak nie zapominał swej stałej postawy, którą sformułował niegdyś w *Księgach*, a wyraził w *Dziadów Części III*, postawy bojownika o wyzwolenie Polski. Postawę tę wzbogacił jednym tylko dodatkiem, bardzo wymownym, sformułowanym o rok wcześniej, jako program Legionu. Dodatek ten, nazwany *Składem zasad*, głosił prawa wszystkich obywateli kraju do ziemi i do pracy na ziemi pod opieką gminy, domagał się więc praktycznego rozwiązania sprawy ekonomiczno-społecznej, sprawy chłopa, zagadnienia podstawowego w życiu narodu polskiego.

W tym samym czasie, gdy autor *Pana Tadeusza* żegnał się z swą twórczością poetycką, jej znaczenie usiłowano określić mówiąc o Mickiewiczu jako o czołowym przedstawicielu „szkoły litewskiej", przeciwstawionej grupie pisarzy skupionych jakoby w „szkole ukraińskiej". Pojęcie szkoły litewskiej nie zdobyło sobie uznania; ponieważ jednak utrzymywało się ono na emigracji i stało się przedmiotem

2. Adam Mickiewicz i jego koło

drwiących uwag Słowackiego, ponieważ nadto ułatwia orientację w świecie polskiej poezji romantycznej, warto je tutaj przypomnieć, w zastosowaniu jednak nieco innym, bo w znaczeniu satelitów Mickiewicza, a więc sporej gromadki ptaków małego lotu, które towarzyszyły mu stale. Pisarze ci, świecąc zazwyczaj światłem od niego pożyczanym, cieszyli się pewnym uznaniem.

Tak było z jego przyjaciółmi filomackimi, studentami wileńskimi: T o m a s z e m Z a n e m (1796 - 1855) i J a n e m C z e c z o t e m (1796 - 1847), autorami wierszyków okolicznościowych oraz utworów ambitniejszych, nieobojętnych dla twórczości młodego mistrza. Ballady obydwu przyjaciół, natchnione zresztą przykładem rosyjskim, W. Żukowskiego, torowały niewątpliwie drogę utworom Mickiewicza, o ścisłych zaś jego związkach z kolektywną twórczością zespołu koleżeńskiego wymownie świadczą przeróżne nieporozumienia bibliograficzne. Wypadkiem najjaskrawszym było chyba odnalezienie albumików z kilkudziesięciu wierszami lirycznymi Czeczota i lekkomyślne przypisanie tych wierszy Mickiewiczowi.

Do grona tego należało dalej dwu poetów, których losy związały się wcale osobliwie z życiem Mickiewicza. A l e k s a n d e r C h o d ź k o tedy (1804 - 1891), urzędnik rosyjskiej służby dyplomatycznej, pod koniec życia następca Mickiewicza na katedrze w Collège de France i dobry popularyzator folkloru słowiańskiego, rozgłos poety zdobył balladą *Maliny*, która popularnością nie ustępowała analogicznym utworom wielkiego pisarza. A n t o n i E d w a r d O d y n i e c znowuż (1804 - 1885), niestrudzony tłumacz Byrona, wierszopis bardzo płodny, w inny sposób zapisał się w życiorysie znakomitego przyjaciela. Uzupełniał on mianowicie za zgodą Mickiewicza jego niektóre ballady (np. *Tukaj*), przede wszystkim jednak stał się jego nie tyle biografem, co hagiografem. Towarzysząc mu w wędrówkach po Niemczech i Włoszech, wrażenia swe utrwalił najpierw w *Listach z podróży* (1875 - 1878), następnie zaś we *Wspomnieniach z przeszłości...* (1884). Książki te, poczytywane niegdyś za podstawowe źródło wiadomości o Mickiewiczu, a z biegiem lat uznane za zbiór plotek i anegdot, są wspaniałymi, choć nieraz bardzo naiwnymi gawędami. Znaczenie ich polega na tym, że niezwykle barwnie malują epokę i jej ludzi i przynoszą mnóstwo autentycznych, drobnych szczegółów biograficznych, niejednokrotnie istotnie doniosłych, a skądinąd nie znanych. Krótko mówiąc, nie ustępują one biografiom powieściowym naszych czasów, a nad niejedną z nich górują bezpośredniością stosunku autora do tematu jego dzieła, płynącą z długotrwałego obcowania obywdu pisarzy.

Obydwa te nazwiska stanowią zarazem doskonałą ilustrację oddziaływania Mickiewicza na rówieśników, utrwalonego pod nazwami balladomanii i sonetomanii, a więc masowego naśladowania jego utworów przez wierszokletów, idących w jego ślady. Balladomanem takim był Stefan Witwicki (1802-1847), który zbiorkiem swych *Ballad i romansów* (1824) tak się ośmieszył, iż wycofał go z obiegu i zniszczył. Na emigracji, gdzie należał do najbliższych przyjaciół Mickiewicza, okazał się dobrym felietonistą, sława jego sprowadza się jednak do pewnego szczegółu: Witwickiemu mianowicie zawdzięczamy opis „Matecznika" w *Panu Tadeuszu*, przerobiony odpowiednio do wymagań poematu o Soplicowie, ale od niego właśnie się wywodzący. Z falą sonetomanii zaś wiąże się nazwisko Tomasza Olizarowskiego (1811-1879), poety całkowicie zapomnianego, zmarnowanego przez tułaczkę emigracyjną, liryka i dramaturga. Jego bardzo zgrabne sonety przypisywano Mickiewiczowi; wspomnieć też warto, iż Olizarowski sporządził gładki przekład *Konfederatów Barskich* na język polski.

Z innych poetów-przyjaciół Mickiewicza dwu zasługuje na pamięć: Garczyński i Chodźko. Wielkopolanin Stefan Garczyński (1805-1833), pielęgnowany na łożu śmierci przez autora *Pana Tadeusza*, odrywającego się od pracy nad tym poematem, by zająć się nieszczęsnym gruźlikiem, wiernemu przyjacielowi zawdzięczał nie tylko opiekę w chorobie, ale coś znacznie większego. Oto Mickiewicz czuwał nad wydaniem jego poezyj i tyle w nich dokonał poprawek, iż niekiedy mówić by można o jego współautorstwie. W prelekcjach zaś paryskich usiłował wyznaczyć zmarłemu tak wybitne miejsce w poezji polskiej, iż stworzył swoisty mit o nim, nie wytrzymujący jednak sprawdzenia z rzeczywistością. Michał Chodźko (1808-1879), najbliższy współpracownik Mickiewicza przy formowaniu Legionu włoskiego, wierszopis bardzo lichy i zupełnie zapomniany, zasługiwałby jednak na wydobycie z niepamięci, on to bowiem usiłował unieśmiertelnić partyzanckie poczynania emigracyjne i bojowników, którzy wyruszali do kraju, by ginąć niesławną śmiercią z ręki kata.

Do satelitów Mickiewicza zaliczyć trzeba jeszcze poetę, który za życia uchodził za jednego z najznakomitszych mistrzów słowa i za czołowego przedstawiciela innego kierunku — szkoły ukraińskiej. Był to Józef Bohdan Zaleski (1802-1886), szlachcic ukraiński, od dzieciństwa zżyty z chłopem miejscowym, przesiąknięty jego kulturą, jak nikt inny z jego pokolenia. Tę swą znajomość Ukrainy wyzyskał, tworząc melodyjne dumki o tematyce kozackiej i komponując dłuższe, jak fantazja *Rusałki*, urzekające śpiewnością języka, ale bardzo blade w wyrazie. Sławą zdobytą w kraju miał „Bojan" czy „Słowik ukraiński" żyć przez lat dalszych pięćdziesiąt, spędzonych na emigracji, gdzie od czasu do czasu ogłaszał drobne utwory, cieszą-

POEZYE
ADAMA MICKIEWICZA.

TOM PIERWSZY.

WILNO.

DRUKIEM JÓZEFA ZAWADZKIEGO.

1822.

Karta tytułowa pierwszego wyd. 1 tomu *Poezji* Mickiewicza z dedykacją dla Kaliksta Moroziewicza

Autograf *Pana Tadeusza*, koniec Księgi 1, początek Księgi 2

2. Adam Mickiewicz i jego koło

wielbicieli zapowiadanym poematem epickim, by zapowiedzi tych nie ziścić. W rezultacie więc z jego rzeczy popowstaniowych bodaj czy nie najwybitniejszą jest opowieść o powstaniu *Pana Tadeusza*, pisanego w mieszkaniu Zaleskiego i na gorąco odczytywanego gospodarzowi i gronu przyjaciół.

Czynnikiem bowiem wiążącym grono satelitów Mickiewicza była przyjaźń, którą wielbicieli swych darzył twórca *Dziadów*, co oni odwdzięczali mu popularyzowaniem jego pomysłów, przy czym niejednokrotnie zdobywali się na pewne akcenty własne i oryginalne, przeceniane przez czytelników, nie umiejących dostrzec, iż pisarze ci świecili światłem pożyczanym.

Mickiewicz, od samego początku swej kariery pisarskiej podziwiany i wielbiony przez najbliższe otoczenie, później przez czytelników polskich i obcych, choć popularność tę chwilowo przesłoniły mroki towianizmu, uznawany powszechnie za czołowego przedstawiciela i mistrza romantyzmu, nazywany chętnie i dziś „największym poetą polskim" — wszystkie te wyrazy uznania i hołdy zawdzięczał temu, co osiągnął w ciągu zaledwie dwunastu lat swej twórczości.

Osiągnięcia te mierzyć można najrozmaitszymi miarami. Najbardziej obiektywną i zarazem najpowszechniejszą będzie niewątpliwie fakt, iż Mickiewicz wprowadził do literatury polskiej romantyzm, rozkrzewił go w sposób niezwykle bogaty i w oparciu o prąd ogólnoeuropejski stworzył nową jego odmianę, polską i rodzimą, zaspokajającą najwyższe wymagania ideologiczne i estetyczne swego narodu. Co to znaczy, wyjaśnia krótki rzut oka na jego dorobek poetycki. Ballada i sonet, powieść poetycka i poemat dramatyczny, nowoczesny epos — oto gatunki literackie, które dzięki twórcy *Pana Tadeusza* pojawiły się i przyjęły w Polsce, uprawiane przez całą plejadę jego rówieśników i następców. Wprowadzając je, początkowo wśród rozgwaru „walki romantyków z klasykami", w której sam brał udział, Mickiewicz okazał się nie doktrynerem, ślepo przywiązanym do modnych nowości, lecz pisarzem wysoce liberalnym, korzystającym z doświadczeń i zdobyczy przeciwników nowego prądu, przekształcone bowiem odpowiednio wprowadzał do dzieł własnych. W ten sam sposób postępował z bodźcami znajdowanymi w romantyzmie obcym, zasady jego realizując w materiale rodzimym, gdy pierwiastki fantastyczne czy historyczne dobywał z rodzimej tradycji ludowej i przeszłości narodu. Przede wszystkim jednak z zasad ogólnoromantycznych, głoszących idee rewolucyjno-wolnościowe wyciągnął wniosek zgodny z nakazami życia bieżącego, tj. zrozumiał konieczność wyrażania ideologii politycznej Polski walczącej o odzyskanie niepodległości. Dla ideologii tej znalazł symbol wysoce oryginalny, głęboki i potężny — symbol Konrada (czy może kompleks Konrada?). Był to typ nowoczesnego tytana, prometydy, jednostki opętanej miłością ojczyzny, działacza politycznego, poświęcającego swe życie i to wszystko, co w nim przedstawia wartości najbardziej ludzkie, na ołtarzu sprawy wspólnej — dobra narodu. Niezwykłą tę koncepcję, plastycznie wyrażającą najżarliwsze pragnienia epoki bojowników o wyzwolenie człowieka i narodu, i to bojowników spotykanych podówczas w całej Europie, koncepcję o wymiarach ponadnarodowych, poeta polski osadzał mocno w ramach rzeczywistości historycznej, wiedziony niezawodnym poczuciem realizmu.

Realizm ten, każący mu unikać wysp mapom nie znanych, sprawiał, iż jego wizje poetyckie, pozornie odbiegające daleko od świata ziemskiego, korzeniami swymi w świecie tym tkwiły głęboko i mocno, że dzieła tak od siebie odległe, jak fantastyczne *Dziady* i realistyczny *Pan Tadeusz*, wyrastały z tego samego podłoża, głosiły i realizowały te same postulaty. Podstawowym czynnikiem tego realizmu poetyckiego był język Mickiewicza, bogaty i urozmaicony, a przecież prosty i powszechnie zrozumiały, bo wolny od wszelkiej przesady i sztuczności, mający swe źródła zarówno w zasobach odziedziczonych po poprzednikach literackich, jak w mowie żywej całego narodu. Czynnikiem tego realizmu był również wiersz Mickiewicza, spełniający wszystkie wymagania stawiane „mowie bogów", naprawdę poetycki, a równocześnie obsługujący te wszystkie potrzeby zwykłego człowieka, które na co dzień zaspokaja proza.

Uzgodnienie tych wszystkich pierwiastków, różnorodnych i niejednokrotnie sprzecznych, dokonane na wyżynach prawdziwej sztuki, sprawiło, iż nakreślenie wizerunku Mickiewicza-poety jest zadaniem literackim i naukowym niezwykle trudnym, gdyż grozi mu niebezpieczeństwo rozwiązań jednostronnych, nadmiernie uproszczonych i wskutek tego dalekich od prawdy. Wizerunki literackie, jak podziwiany niegdyś *Monsalwat* Artura Górskiego (1908) lub książka Mieczysława Jastruna *Mickiewicz* (1949), mają charakter pięknych pomników, mających oddać najbardziej monumentalne rysy człowieka i pisarza, monumentalność jednak nigdy nie odtwarza całkowitej prawdy. Prawdy tej uchwycić nie zdołały również próby naukowego przedstawienia życia i twórczości Mickiewicza, wśród których niepoślednie miejsce przypada dużej biografii napisanej przez syna poety, Władysława (*Żywot Adama Mickiewicza* 1890 - 1895, 4 tomy). Trudności te płyną stąd, że w życiu Mickiewicza są dotąd całe karty białe, że duże życia tego etapy, niejasno rysujące się w ogromnej korespondencji poety, wciąż czekają na zbadanie, i to zbadanie w skali nie tylko polskiej. Badania będą musiały objąć nie tylko żywot poety i jego stosunki pozapolskie — rosyjskie, niemieckie, francuskie, włoskie i angielskie, ale również rozległe oddziaływanie jego twórczości na literatury nie tylko polską, ale i innych narodów. Ogromny materiał spraw tych dotyczący przyniosło kilka ksiąg międzynarodowych, powstałych z okazji stulecia śmierci Mickiewicza, ale syntetyczne podsumowanie ich dorobku jest sprawą przyszłości. Na tym zaś tle na miejsce naczelne wysuwa się konieczność odpowiedzi na pytanie, czym stał się twórca *Dziadów* w kulturze i literaturze własnego narodu, co i jak z jego bogatego spadku wyzyskali jego współcześni i jego potomni, pokolenia wychowane pod jego wpływem. I dopiero wówczas zrozumieć będzie można całe znaczenie tego wielkiego inicjatora, wyrażone w niewątpliwie słusznym, ale jakże zagadkowym zdaniu, jakim Zygmunt Krasiński zareagował na wieść o śmierci Mickiewicza: „My z niego wszyscy".

3. JULIUSZ SŁOWACKI

Gdy u schyłku r. 1830, już po wybuchu powstania listopadowego, Maurycy Mochnacki pospiesznie kończył druk swej książki *O literaturze polskiej w wieku XIX*, mógł z dumą stwierdzić, iż romantyzm na nowej glebie przyjął się znakomicie i wydał owoce, które krytykowi nie zawsze wprawdzie się podobały, ale które witał z uznaniem.

Do przyjętych przezeń gorąco należał poemat A n t o n i e g o M a l c z e w s k i e g o (1793 - 1826) *Maria*, wydany na rok przed śmiercią autora, pierwszy wybitny okaz epiki romantycznej. Sam Malczewski, zdemobilizowany oficer napoleoński i typowy przedstawiciel pokolenia wyrzuconego za burtę przez bieg historii, całą gorycz doznanych zawodów i zmarnowanego życia wylał w powieści poetyckiej, która przynieść mu miała uznanie duże, ale spóźnione, bo pośmiertne. Pomysł do niej zaczerpnął z żywej jeszcze tradycji, osnuł ją bowiem na głośnym fakcie z końca w. XVIII, gdy magnat ukraiński, chcąc pozbyć się niepożądanej synowej, spowodował jej śmierć przez utopienie. Poeta wypadek ten cofnął w głębszą przeszłość, co pozwoliło mu odjąć zbrodni posmak skandalu i spowić ją w mroki, potęgujące jej demoniczność. Posępny Wojewoda, rozgoryczony postępkiem syna, który w tajemnicy ożenił się z biedną szlachcianką, wysyła go przeciw grasującym w okolicy Tatarom, a udając pojednanie z ojcem synowej, Miecznikiem, jego doświadczeniu poleca swego jedynaka. Do pozbawionego opieki domu Miecznika przybywają nasłani przez Wojewodę służalcy, porywają i topią nieszczęsną Marię. Gdy młody Wacław, po rozbiciu Tatarów, spieszy do żony — zastaje zimne zwłoki, żegna je i rusza w świat, by pomścić zbrodnię, której sprawcy się domyśla. W ten sposób na karty poematu padł cień romantyczny, młody bowiem i szlachetny rycerz, przybity nieszczęściem, zmienia się w przestępcę z musu, w przyszłego ojcobójcę. Równocześnie zaś karty te rozbrzmiewały pogłosami historyczno-wojennymi, wprowadzając motyw walk polsko-tatarskich, który odtąd przez lat wiele będzie jednym z ulubionych tematów wierszowanych powieści poetyckich czy pisanych prozą historycznych. Dzięki temu właśnie Ukraina, odmalowana w *Marii* barwami niezwykle wyrazistymi, jako kraj melancholijnego czaru, zmieniła się w swoistą literacką ziemię obiecaną, pełną rodzimej egzotyki, i to właśnie stało się punktem wyjścia dla uwag o szkole ukraińskiej, za której twórcę i mistrza poczytywano właśnie Malczewskiego.

On sam przyczynił się do kultu Ukrainy walnie, nie tylko bowiem zrobił ją krainą niezwykłej piękności, ale zaludnił niezwykłymi ludźmi, „pół-aniołami", jak powie wielbiący go Słowacki, istotami nastygmatyzowanymi cierpieniem, skazanymi na niedolę, przy czym Wacław wykazuje pokrewieństwo z tajemniczymi i ponurymi bohaterami Byrona, którego Malczewski znał i cenił wysoko. Poetyczną wreszcie atmosferę poematu przesycił goryczą własnych rozczarowań i zawodów, graniczącą z pesymizmem, a wyrażoną językiem bardzo wprawdzie zawiłym, ale urzekającym melodyjnością wiersza o dużym ładunku liryzmu.

W ślady Malczewskiego poszedł **Seweryn Goszczyński** (1801 - 1876), pochodzący z Ukrainy, typowy dla epoki konspirator, wyżywający się w działalności wolnościowej, twórczość zaś literacką traktujący jako narzędzie publicystyczne. Po nieudałej próbie przedostania się do walczącej o wolność Grecji Goszczyński rzucił się w wir życia politycznego w Warszawie przed powstaniem, w noc listopadową brał udział w ataku na Belweder, później służył wojskowo, po powstaniu zaś ukrywał się w Galicji, gdzie zorganizował „Stowarzyszenie Ludu Polskiego". Ścigany przez policję austriacką, przeniósł się do Francji, by tam oddać się intensywnej działalności publicystycznej i politycznej. Działacz konsekwentnie lewicowy, nieugięty radykał, na stare lata osiadł we Lwowie, otoczony szacunkiem jako jeden z ostatnich przedstawicieli świetnego pokolenia pisarzy romantycznych.

Sławę pisarską Goszczyński zdobył powieścią poetycką *Zamek Kaniowski* (1828), podziwianą przez czytelników młodych, wydrwiwaną przez klasycystów. Wprowadził w niej temat naówczas niezwykły, bo rzeź humańską, w której dojrzał sprawiedliwy bunt chłopski przeciwko uciskowi szlacheckiemu. Ideologię tę, zarysowaną jednak niezbyt ostro przesłonił mnóstwem pomysłów ulubionych drugorzędnym romantykom, a wywodzącym się z tzw. „romansu czarnego" czy „romansu grozy", jak tego rodzaju utwory nazywano we Francji. Młoda kozaczka w noc poślubną mordująca męża, który zmusił ją do małżeństwa, kochanek jej, Kozak, kończący na palu, pod którym uwija się potwornie przezeń okaleczona i obłąkana inna jego kochanka, masowe rzezie pijanych krwią band chłopskich — oto motywy, z których autor *Zamku Kaniowskiego* utkał swe dzieło, nie pozbawione pewnej, choć nikłej, wartości artystycznej. Tonacja ta sama zabrzmiała raz jeszcze w wierszach powstańczych Goszczyńskiego, pełnych krwiożerczego patosu, utwory zaś późniejsze, blade i bez wyrazu, przechodziły nie zauważone Taki los spotkał również dzieło Goszczyńskiego najwybitniejsze, *Dziennik podróży do Tatrów* (1853), książkę bardzo głęboką i jedyną w swoim rodzaju przez lat wiele. Autor, który wraz z serdecznym druhem szkolnym, poetą Bohdanem J. Zaleskim i Stanisławem Worcellem, znakomitym działaczem politycznym, zaraz po powstaniu znalazł się na Podhalu, spędził tam czas dłuższy i bardzo dokładnie przyjrzał się jego przyrodzie i mieszkańcom. Jego opisy Tatr i Podtatrza, jego charakterystyka górali, kładąca duży nacisk na ich folklor, zwłaszcza podania i pieśni, mają wartość dokumentarną bardzo wysoką, są bowiem prawdziwą kopalnią cennych wiadomości o krainie, która dopiero w pół wieku później pod piórem Stanisława Witkiewicza i Kazimierza Tetmajera tryumfalnie wkroczyła do literatury. Równocześnie zaś *Dziennik* dowodzi, iż Goszczyński, twórca chropawych i często nieporadnych wierszy, znakomicie władał prozą, w równej mierze precyzyjną, jak dźwięczną.

Poeci szkoły ukraińskiej, bardzo górnie ocenieni przez Mochnackiego, za którym poszedł w swych prelekcjach paryskich Mickiewicz, w oczach czytelników romantycznych uchodzili za czołowych mistrzów epoki, choć emigracyjna twórczość Goszczyńskiego czy Zaleskiego nie potwierdzała tej przesadnej opinii. Z perspektywy stulecia wydają się oni tylko przedsłannikami wielkiego pisarza, który, idąc ich torem, wiele ich zdobyczy przejął, by opracować je ponownie na poziomie prawdziwie artystycznym i dzięki temu umocnić ich znaczenie. Pisarzem tym był Słowacki. On to z uwielbieniem mówił o poetyckiej „tęsknocie" Malczewskiego i nawet w swym *Wacławie* podjął, nieudaną zresztą, próbę snucia dalszego wątku *Marii,* on to, zaprzyjaźniony z Goszczyńskim, rozbudował szeroko temat rzezi humańskiej w swych utworach epickich i dramatycznych, on z nikłego pomysłu Siemieńskiego stworzył wielką postać legendarnego lirnika Wernyhory, on wreszcie, choć lekceważył Zaleskiego, jego koncepcję stosunków polsko-ukraińskich powtórzył, by wydobyć z niej nieznane lirykowi akcenty tragiczne. Krótko mówiąc, twórca *Beniowskiego* usankcjonował i udoskonalił to, co przygotowali polscy „ukraińcy" literaccy.

W przeciwieństwie do większości polskich romantyków, którzy

wychodzili z małych dworków drobnej szlachty i o własnych siłach torowali sobie drogę w życiu, Juliusz Słowacki (1809-1849) pochodził ze środowiska inteligenckiego, ojciec bowiem jego, Euzebiusz, był profesorem liceum w Krzemieńcu, gdzie syn przyszedł na świat, następnie zaś na uniwersytecie wileńskim. Profesorem tego uniwersytetu był także ojczym poety, doktor Bécu, który poślubił młodą wdowę, Salomeę z Januszewskich Słowacką, i roztoczył opiekę nad jej jedynakiem. Staranne wychowanie, w którym literaturze przypadło miejsce niepoślednie, wykształcenie, prawnicze, wybitne zdolności, pomoc wreszcie wpływowych osobistości, jak Jan Śniadecki, urzędowy opiekun Słowackiego, skierowały młodzieńca na drogę kariery urzędniczej, którą rozpoczął w Warszawie, a którą przerwał wybuch powstania. Młody urzędnik stał się „bardem" ruchu rewolucyjnego, wysłany zaś do Londynu jako kurier dyplomatyczny, znalazł się na emigracji i z nią związał swe losy do końca życia. Niezależność materialną zapewniła mu matka, z którą przez lat dwadzieścia stale korespondował, pisując długie listy, istne arcydzieła sztuki epistolograficznej; niezależność ta sprawiła, iż już w latach 1832-1833 Słowacki mógł wydrukować w trzech tomikach *Poezyj* całość niemal swego dorobku młodzieńczego i wejść na szlak pisarski, z którego nie zboczył aż do śmierci.

Pracy twórczej oddawał się w Paryżu, później przez lat kilka w Szwajcarii, nie przerwał jej podczas podróży do Włoch, Grecji, Palestyny i Egiptu, która znakomicie wzbogaciła jego znajomość świata. Po krótkim pobycie we Włoszech, poeta na ostatnich lat dziesięć osiadł w Paryżu, skąd w r. 1848 wybrał się do Wrocławia i Poznania, by spotkać się z matką i wziąć czynny udział w wydarzeniach Wiosny Ludów. Gnębiąca go od lat gruźlica zmusiła go do powrotu nad Sekwanę, gdzie zgasł w kilka miesięcy później, by spocząć w ziemi wygnania, skąd prochy jego sprowadzono na Wawel w r. 1927 i umieszczono w krypcie Mickiewicza.

Wedle tradycyjnego poglądu, opartego głównie na korespondencji Słowackiego z matką, zawierającej wyznania głównie literackie, bo w listach do Rosji czasów Mikołaja I niepodobna przecież było mówić o sprawach politycznych, żywot Słowackiego był wyłącznie poetycki, oderwany od spraw bieżących, które zaprzątały i porywały jego rówieśników emigracyjnych. Pogląd taki niezbyt licował z twórczością pisarza, który gorąco witał wybuch powstania, a u schyłku życia ogłaszał broszury polityczne, swymi zaś poematami i dramatami dowodził żywych i stałych zainteresowań tym wszystkim, co działo się w kraju i na emigracji. Mimo to przekonanie takie utrzymywało się przez lat wiele, a i dzisiaj spotyka się jego pogłosy. O jego zaś bezpodstawności nic chyba nie świadczy wymowniej, jak stosunek Słowackiego do towianizmu. Poeta przystąpił wprawdzie do Koła, jak tylu innych, gdy jednak jego kierownictwo poczęło orientować się na carat i wystąpiło z hołdowniczym pismem do cara Mikołaja, Słowacki założył energiczny protest i z towianizmem zerwał. Nowsze badania biograficzne wydobywają mnóstwo faktów dotąd nie zauważonych, a dowodzących, jak żywo poeta reagował na wszelkie, drobne nawet wypadki polityczne, i każą przyjąć, iż nieudana zresztą próba stworzenia przezeń w r. 1848 jakiejś organizacji politycznej była nie przelotnym wyrazem fantazji poetyckiej, lecz stałej dyspozycji psychicznej, tej samej, która kazała mu jechać do kraju objętego złudną łuną rewolucji i, co najważniejsze, podyktowała mu serię wspaniałych utworów o charakterze patriotyczno-politycznym.

Przekonanie o rzekomej obojętności Słowackiego na sprawy życia bieżącego, zarówno wielkie jak małe, wyrosło m.in. z tego, iż uważał on siebie przede wszystkim za pisarza, za poetę, że stale podkreślał swą literackość. Wszak gdy doprowadzony do pasji niechęcią, a przynajmniej obojętnością odbiorców, którzy nie mogli czy nie chcieli go zrozumieć, rozprawił się z nimi zwycięsko w *Beniowskim*, poemat ten stał się rodzajem literackiej autobiografii pisarza, który za poprzednika i patrona swej twórczości uznał Jana Kochanowskiego, siebie zaś głosił jego właściwym dziedzicem. Taka postawa w czasach, gdy hasłem stawało się „Zgińcie me pieśni, wstańcie czyny moje!", musiała wywoływać podejrzenia, że wyrasta ona z czystego estetyzmu, tym bardziej że wyrazem jej były utwory nacechowane nie spotykanym dotąd mistrzostwem słowa, tak wyszukanego, iż w poecie łatwo było dostrzec wirtuoza tylko, zwłaszcza gdy nie umiano uchwycić tego, co słowa jego głosiły. Treścią ich zaś ideową były wprawdzie problemy znane powszechnie ale przez innych stawiane i rozwiązywane na poziomie daleko niższym albo wprost przemilczane wstydliwie, i to nie zawsze ze względów oportunistycznych. Należał do nich krytyczny rewolucjonizm Słowackiego, każący mu np. na katastrofę powstańczą spoglądać nie jako na dopust boży i nie jako na rezultat takich czy innych błędów politycznych, lecz jako na wynik słabości psychicznej pokolenia i rezultat odwiecznych wad charakteru narodowego. Tak samo wyglądał jego stosunek do emigracji, poczytującej się za grupę wybraną i powołaną do przewodzenia narodowi, do odrodzenia go. Bezlitosny krytycyzm i samokrytycyzm poety, głoszącego bolesne prawdy („Mówię, bom smutny i sam pełen winy"), rozbijał mity i legendy, którymi żyła emigracja, z biegiem zaś czasu ruch, „gdy prawdziwie Polacy powstaną", wiązał Słowacki nie z uchodźctwem, lecz z życiem gnębionego kraju.

Ta otwarta i bezwzględna prawdomówność rewolucjonisty i republikanina, atakującego świętości narodowe, szła u Słowackiego w parze z poczuciem własnej odrębności i wynikającego z niej osamotnienia. Poeta-indywidualista, lata całe spędzający w środowisku obcym, zwłaszcza obcym mu językowo, dotkliwie odczuwający swe oderwanie od źródeł mowy żywej, na pozór egoista i mizantrop, spragniony był przyjaźni i przyjaciół, i wysoko cenił tych, którzy na nim poznać się umieli. Zygmunt Krasiński, który w chwilach zwątpienia podtrzymywał w nim ufność w zwycięstwo, Seweryn Goszczyński, a z biegiem czasu bracia Norwidowie i późniejszy arcybiskup, Szczęsny Feliński, który sekretarzował dogorywającemu poecie i przepisywał jego utwory — oto grupa najbliższych, których życzliwość Słowacki odpłacał drobnymi klejnotami swej liryki.

Niedużą natomiast rolę w życiu pisarza, spod którego pióra wyszło arcydzieło liryki miłosnej, poemat *W Szwajcarii*, odgrywały kobiety. Zjawisko to tym bardziej zaskakujące, że był on znawcą natury kobiecej zupełnie wyjątkowym i że pierwszy w literaturze polskiej stworzył jedyną w swoim rodzaju galerię kobiecych postaci. W twórczości jego, zarówno lirycznej jak epickiej, przewijają się wprawdzie wyznania miłosne, wspomnienia pierwszych rozczarowań i zawodów późniejszych, górują jednak nad nimi wyrazy gorącej sympatii do przelotnie widzianych dziewczątek czy do pełnych uroku staruszek, sympatii nie mającej podkładu erotycznego.

Ukochania jego niezwykle silne kierowały się ku przyrodzie, która zasłuchanemu w jej głosy „panteiście trochę i romantykowi" zdradzała swe najgłębsze tajemnice, gdy „na skałach oceanowych" Bretanii, szukając zdrowia, w szumie fal morskich słyszał głosy mówiące mu o przeszłości świata, o dziejach powstawania mórz i lądów.

Z innych umiłowań Słowackiego jedno uderza swą niezwykłością, zwłaszcza gdy zważyć, iż występuje ono u jednego z największych mistrzów formy poetyckiej — fanatyczne wprost przywiązanie do mowy polskiej. Nie tylko to; on jeden jedyny wśród tylu pisarzy emigracyjnych dotkliwie odczuwał zerwanie z językiem ojczystym, z którym obcował, rozczytując się w Kochanowskich — Janie i Piotrze, ale równocześnie swemu stosunkowi do tego języka nadawał postać stosunku wręcz miłosnego, by wreszcie u schyłku snuć przeosobliwe, dziwaczne skojarzenia własnego nazwiska („syna słowa") z ewangeliczno-antycznymi fantazjami na temat słowa-logosu. I w całej ponoć literaturze romantycznej ogólnoeuropejskiej, wśród której twórców tylu było wygnańców, nie ma drugiego przykładu takiego rozmiłowania poety w jego tworzywie, w języku, jak u tego polskiego poety-samotnika, któremu przebywanie w krainie własnego języka, języka jego twórczości, zastępowało daleką i niepowrotnie utraconą ojczyznę.

3. Juliusz Słowacki

Sprawa ta wiedzie nas automatycznie w dziedzinę typową dla romantyzmu, w biografii jednak Słowackiego wyjątkowo doniosłą i oryginalną — w świat jego mistyki. W danym wypadku wyraz „mistyka" jest nazwą systemu filozoficznego, który autor *Genezis z ducha* stworzył sobie pod koniec życia, w który wierzył i który — a to sprawa najważniejsza — stał się podstawą jego twórczości. Zręby systemu, który zaprowadził Słowackiego w szeregi towiańczyków, a następnie w rezultacie przekreślił stosunki z wyznawcami „mistrza Andrzeja", były pochodzenia bardzo różnego, nie zawsze dla nas jasnego. Wywodziły się one z chrystianizmu, ale nie urzędowego, a raczej z nauk najrozmaitszych sekt, oficjalnie potępionych, takich jak gnostycy aleksandryjscy; sięgały one następnie platonizmu i dalej jeszcze, bo filozofii hinduskiej, która podówczas, jak dowodzi system Artura Schopenhauera, rówieśnika Słowackiego, poczynała wydatnie wpływać na myśl europejską; równocześnie korzystały one z wyników przyrodoznawstwa europejskiego, które punkt szczytowy i naukowy osiągnęły w fundamentalnym dziele Karola Darwina, ogłoszonym w r. 1859, a więc po śmierci Słowackiego, a wreszcie sięgały w krainę myśli historiozoficznej, w której wykwitł mesjanizm polski.

Rezultatem współistnienia i współdziałania tych wszystkich czynników stał się system filozoficzny Słowackiego, bardzo jednolity i konsekwentny mimo mnóstwa sprzeczności, nieuniknionych, gdy się zważy, iż był on tworem nie zawodowego filozofa, lecz poety, produktem nie tyle myśli, pretendującej do ścisłości naukowej, co wyobraźni unoszącej się nad szlakami tak trudnymi, że na nich myśl nieraz zatrzymywała się bezradnie. A właśnie szlaki te miały wyjaśnić zagadki: powstania wszechświata i powstania ludzkości, w jej zaś obrębie nowoczesnych narodów. W ten zaś sposób wystąpił tu ponownie stary, przedromantyczny problem dwu porządków, fizycznego i moralnego.

W ujęciu Słowackiego, który do zagadnień tych wracał wielokrotnie i najpełniej ujął je w traktacie *Genezis z ducha*, dzieje wszechświata otrzymały kształt opowieści o poczynaniach ducha-demiurga, występującego w niezliczonych formach. Siły elektromagnetyczne, układy mineralogiczno-geologiczne, twory paleontologiczne, pierwotna fauna i flora — oto ogniwa łańcucha, u którego końca występuje człowiek pierwotny. Zadziwiające są analogie, które zachodzą między obrazami poety-idealisty i spirytualisty, pokazującego, jak duch materializuje się w zjawiskach przyrody, a wywodami przyrodnika-materialisty, Darwina, gdy brak faktów naukowo stwierdzalnych zastępuje pomysłami poetyckimi. Poeta jednak i uczony załamują się w tym samym miejscu, w przejściu od dziejów przyrody nieorganicznej do organicznej. Poetę ratuje jego idealizm, przyjęcie koncepcji

Boga. Interwencja Boga umożliwi powstanie życia organicznego, z człowiekiem jako jego wytworem ostatecznym.

Podobny łańcuch ewolucyjny, rodem z myśli filozoficznej greckiej i hinduskiej, stał się podstawą poglądów Słowackiego na dzieje i wzajemny stosunek wybitnych jednostek i narodów. Drogą metempsychozy czy reinkarnacji duchy potężnych przedstawicieli ludzkości, wielkich wodzów, myślicieli, artystów, a zwłaszcza poetów, migrują od ciała do ciała i od narodu do narodu, tworząc ciągłość cywilizacyjno-kulturalną, na której opiera się rozwój i postęp człowieka. W swej ewolucji nawiązują one drogą bezwiednej anamnezy, pamięci genezyjskiej, do swych etapów najdawniejszych, przedludzkich, a wskutek tego całość dziejów przyrody nieorganicznej i dziejów ludzkości stanowi jedną wspólną „fabrykę ducha". Jednostka wybitna, umiejąca czytać w przeszłości, zdolna rozumieć wielkie procesy kosmiczne i historyczne, widzi świat jako jedność, rozumie jego trudności i potrafi kierować jego przyszłymi losami. Jednostki wielkie działają za pośrednictwem urobionych przez siebie narodów, które realizują ich genialne zamysły i stopniowo, wśród tytanicznych wysiłków, walk i cierpień, tryumfów i klęsk, wykuwają nową, doskonalszą przyszłość. Jej stadium ostatecznym będzie „nowe Jeruzalem" królestwo boże na ziemi.

Gigantyczna ta koncepcja, której fragmenty Słowacki ujmował w traktatach prozą i utworach poetyckich, zazwyczaj również fragmentarycznych, przy całej swej fantastyczności budzi taki sam szacunek, jak wielkie systemy filozoficzne ludów wschodnich. Należy ona równocześnie do prób przeszczepienia na pole literatury wyników myśli poznawczej podejmowanych przed autorem *Króla Ducha* przez różnych pisarzy, jak w Anglii William Blake, a w Polsce Stanisław Staszic. W próbach tych poezja usiłowała za pośrednictwem sił wyobraźni rozwiązywać wielkie zagadnienia, równocześnie w dziedzinie nauki atakowane przez myśl poznawczą; była wyrazem tych samych tęsknot i pragnień, które dawniej zaspokajały wielkie mity religijne, pragnień zmierzających do rozwiązania zagadki istnienia.

Ten charakter systemu Słowackiego sprawił, iż nie był to układ poglądów czysto literackich czy wyłącznie spekulatywnych, produkt wyobraźni czy poszukiwań myśli, lecz wynik niezwykle głębokiej wiary w prawdziwość spraw, poznanych na drodze wtajemniczenia religijnego, bezpośredniego kontaktu z bóstwem. Twórca bowiem *Genezis z ducha*, jak wielu innych pisarzy romantycznych, stał się u schyłku żywota mistykiem, budującym własną religię, opartą wprawdzie na ogólnych założeniach chrystianizmu, ale nie pokrywającą się z żadnym wyznaniem i bardzo odległą od katolicyzmu. W rezultacie więc były towiańczyk kroczył szlakami pokrewnymi Mickie-

3. Juliusz Słowacki

wiczowskim, z tą różnicą, że tam, gdzie i Mickiewicz, i Towiański grzęźli w trzęsawiskach jałowej spekulacji, Słowacki tworzył potężne wizje poetyckie, które ktoś obcy tego rodzaju życiu i literaturze mógłby zapewne uznać za obłędne, ale którym nie można odmówić swoistej wielkości. Zwłaszcza że podstawą ich były poszukiwania doskonałości moralnej w życiu jednostki i narodu i ukochanie wszystkiego, co do doskonałości tej wiodło.

Tym właśnie tłumaczy się, iż pod koniec żywota Słowacki znalazł grono młodych wielbicieli i entuzjastów, tym koleje jego sławy pośmiertnej. Wzrastała ona stale, choć powoli, by szczyt swój osiągnąć w początkach naszego stulecia, gdy około r. 1909, setnej rocznicy urodzin poety, dzieła z ostatniego okresu jego żywota poczęły budzić zachwyt powszechny, znalazły się bowiem w odpowiednim klimacie kulturowym, ich zaś twórca ukazał się w nowym świetle, jako przedsłannik czy herold nowych poglądów estetycznych i filozoficznych, świadomy swej roli i przekonany, że jego „będzie za grobem zwycięstwo". Wówczas dopiero zrozumiano, iż Słowacki rzeczywiście „rymu podpory sercem podłożył", iż głęboko i po swojemu przeżył najistotniejsze problemy swych czasów, że umiał dostrzec ich wartości trwałe i wyrazić je w sposób tak doskonały i pełny, jak nikt inny przed nim i po nim.

Wydania zbiorowe dzieł Słowackiego, poczynając od r. 1866, gdy pierwsze z nich ogłosił Antoni Małecki na podstawie rękopisów poety, ukazywały jego twórczość od strony najmniej znanej, a przedstawiającej niezwykłość człowieka i pisarza — od strony liryki. Utwory liryczne, za życia Słowackiego znane w kilku zaledwie przykładach, z miejsca zdobyły sobie ogromną popularność i one to właśnie przyczyniły się do bardzo jednostronnego wyobrażania sobie ich twórcy jako płomiennego patrioty, ale posępnego melancholika, rozmiłowanego w sobie i swych przeżyciach. Dopiero znajomość całej liryki Słowackiego, której nurt przewija się przez jego biografię od lat chłopięcych po chwile ostatnie, ukazuje bogactwo jego doświadczeń, a równocześnie każe uznać w nim jednego z największych pisarzy polskich, bez względu na to, czy mówi on o sobie, czy o swym pokoleniu i swym narodzie.

W liryce tej z miejsca narzuca się uwadze cykl utworów związanych z powstaniem listopadowym. Początkujący poeta powitał je *Hymnem,* bardzo uroczystym i sztywnym wzorowym okazem poezji klasycystycznej, z którego jednak był bardzo dumny, widział w nim bowiem zespolenie rycerskiej tradycji związanej z *Bogurodzicą* i nowoczesnego rewolucjonizmu. Pieśń ta przecież głosiła doniosłe koncepcje polityczne, była na wskroś republikańska z ducha, atakowała „krwią zardzawiałe korony", symbol reakcyjnego lojalizmu. Rychło poeta zmienił swój stosunek do tego wielkiego wydarzenia politycznego, ale, choć rozczarowany do jego ideologii — umiał wysoko cenić jego bohaterów, ich tragiczną wielkość i żałosne losy. Akcenty te zabrzmiały już w przedziwnie melodyjnej *Dumie o Wacławie Rzewuskim*, pogłębiły się zaś w utworach późniejszych, gdzie brawurową pozę romantyczną zastąpiła prostota codziennej rzeczywistości. Wreszcie wiersze, jak *Pogrzeb kapitana Meyznera* lub *Sowiński w okopach Woli* — to przejmujące dokumenty owej codzienności. Powstaniec-emigrant, bohater godzien posągu, a na co dzień nędzarz, który umiera w szpitalu paryskim i któremu grób zakupują składkowo przyjaciele, czy stary generał-kaleka, który z pogardą odrzuca propozycję poddania się, by zginąć od bagnetów wroga — oto przedstawiciele pokolenia ludzi listopadowych, pokolenia „prawdziwych Polaków".

Hasła pobrzmiewające w lirykach powstańczych powracały niejednokrotnie w wierszach politycznych Słowackiego, i to należących do jego arcydzieł. Jednym z najpopularniejszych stał się fragment dziennika *Podróż na Wschód*, ogłoszony przez autora *Lilii Wenedy* jako ideowe dopełnienie tej tragedii, a zatytułowany *Grób Agamemnona* (1840). Wrażenia wędrowca po ziemi greckiej, zasilone znajomością jej dawnych dziejów, splotły się tutaj przedziwnie z rozmyślaniami o dalekiej ojczyźnie i jej tragicznych losach. Refleksje nad źródłem klęsk narodowych przekształciły się w gwałtowny atak przeciw tradycyjnemu sarmatyzmowi, wiodącemu naród do zagłady, w wybuch szalonego, a bolesnego gniewu, ale gniewu twórczego, bo dopuszczającego wiarę w odrodzenie i nieśmiertelność. Takich tonacyj liryka polska ani satyra polska nie znały od czasów Kochanowskiego, przy czym w porównaniu z furią poety romantycznego „wieczna sromota" u jego renesansowego poprzednika wydaje się nikłym wiatrem wobec huraganu. A do tej samej kategorii należy *Uspokojenie*, najpiękniejsza pochwała Warszawy i jej tradycyj rewolucyjno-kościuszkowskich, zrośniętych z murami Starego Miasta. Niezrównana symfonia dwu widmowych instrumentów muzycznych — katedry Świętojańskiej i kolumny Zygmuntowskiej, grana w mrokach ponurej nocy jesiennej, głosząca wiarę w siły ludu stołecznego, kończy się uspokojeniem, pewnością, że niewygasłe żywioły rewolucyjne odniosą zwycięstwo. Podobnych utworów lirycznych jest tyle, iż stanowią one swoisty raptularz, pamiętnik poety-wygnańca, wypatrującego łun — zwiastunek przewrotu, wierzącego niezłomnie w przyszłość, choć bolesne doświadczenia codzienności mówiły mu, że „to się pali tylko serce" jego.

Z wierszy tego pokroju tylko dwa, drukowane za życia, a reprezentujące lirykę autobiograficzną, stały się podstawą obiegowych wyobrażeń o Słowackim i jego twórczości. Są to *Hymn o zachodzie*

3. Juliusz Słowacki

słońca, oraz *Testament mój*. Pierwszy, kartka z pamiętnika podróży morskiej, to pełen melancholii i pokory „hymn" ku czci Boga, objawiającego się w bezmiarach morskich, rozświetlonych blaskami zachodu, a zarazem przebolesna skarga emigranta-wygnańca, skazanego przez los na bezdomność i tułactwo. Elegia druga jest pełnym szlachetnego patosu wyznaniem wiary w wartość własnego życia, bohatersko przeciwstawiającego się wszelkim przeciwnościom, kroczącego dumnie naprzód w przeświadczeniu, że tkwi w nim „siła fatalna" wielkiej poezji, przekuwającej zastaną rzeczywistość w kształty nowe i doskonałe.

Te same poglądy, skonkretyzowane jednak przez rzucenie ich na tło bieżących wydarzeń politycznych, doszły do głosu w dużym poemacie polemicznym, skierowanym przeciw dawnemu przyjacielowi, Zygmuntowi Krasińskiemu, gdy obaj pisarze znaleźli się w przeciwnych obozach. Gdy mianowicie Krasiński ogłosił swe rymowane traktaty, *Psalmy przyszłości* (1845, 2. wyd. 1848), atakując w nich wywody demokratyczno-rewolucyjnego działacza i publicysty, Henryka Kamieńskiego, i potępiając rewolucyjne nastawienie lewych odłamów emigracji, gdy w rabacji galicyjskiej r. 1846 widział zgubną dla przyszłości narodu zapowiedź rewolucji społecznej, a za jedyną drogę do owej przyszłości uważał hasło „z szlachtą polską polski lud", Słowacki wmieszał się do dyskusji namiętnym pamfletem, noszącym tytuł *Do Autora Trzech Psalmów*. Utwór, opracowany bardzo starannie, jak dowodzą jego trzy redakcje (1846), wydany zaś bez wiedzy autora, przez samego Krasińskiego uznany za jedną z „przedziwności języka polskiego", był istotnie arcydziełem stylu poetycko-polemicznego. Niepozbawiony sarkazmu pod adresem „syna szlacheckiego", gwałtownie godzący w tradycję rodów arystokratycznych, głosił wyższość zasad rewolucyjnych nad lękliwą polityką zachowawców; swoją płomienną wiarę w postęp, którego chorążym jest „pod męką ciał leżący Duch", „wieczny rewolucjonista", uzasadniał własnym systemem genezyjskim; pewności siebie krótkowzrocznych polityków przeciwstawiał rozmach historii, wymagającej ofiar w imię celów wyższych, dobra narodu i ludzkości.

Liryka Słowackiego ukazała w całej pełni mistrza słowa, poetę, który w utworach tych osiągał szczyty doskonałości artystycznej, co wobec osiągnięć Mickiewicza wydawało się niemożliwe. Słowacki umiał jednak znaleźć drogę swą własną w zakresie zarówno tematyki, jak formy. Najsubtelniejsze i najtrudniejsze do uchwycenia uczucia ludzkie i nastroje uczuciowe, zarówno jednostkowe, jak zbiorowe, wystąpiły w jego liryce, odtwarzane w sposób doskonały. Sprawiało to mistrzowskie posługiwanie się jakościami estetycznymi od krańcowej prostoty po wzniosłość i patos. Liryka jego bowiem sięgała od pieśni w tonacji niemal ludowej po wspaniałe manifesty, w których rozmach retoryczny zmieniał się w posłuszne narzędzie poezji, od wierszy krótkich, o zacięciu niemal epigramatycznym, po wstrząsające bólem i nabrzmiałe gniewem inwektywy. W liryce tej delikatne i łatwo uchwytne nastroje przemawiały wdziękiem piosenek dziewczęcych lub tonem cichej modlitwy, sąsiadując z utworami, grzmiącymi jak fanfary bojowe i w tonacji tej znakomicie utrzymanymi. Wymowę szaty stylowej potęgowało doskonałe zharmonizowanie jej z szatą wierszową, złożoną z różnorodnych pierwiastków rytmicznych, wśród których uderzało wirtuozyjne posługiwanie się rymami wyszukanymi jak rzadko, a przecież zupełnie naturalnymi, dobieranymi bez wysiłku i w ogromnej większości zastosowanymi po raz pierwszy Była to istotnie poezja „syna słowa".

Liryka Słowackiego przy całej swej rozpiętości, a może właśnie dzięki niej, dowodzi wyraźnie, iż twórca jej był z powołania epikiem, żywo reagującym, i to nie tylko uczuciowo, na życie zbiorowe, które go otaczało. Przemawiało ono do jego wyobraźni i do jego myśli, domagając się odtworzenia swej barwności i różnorodności oraz ukazania sił, które stanowiły o jego przebiegu.

Wskutek tego równolegle z wczesnymi lirykami młodego pisarza pojawiły się jego pierwsze próbki epickie w postaci powieści poetyckich, osnutych na modnych podówczas motywach orientalnych i historycznych, spopularyzowanych przez Byrona, Chateaubrianda i Mickiewicza; *Hugo, Mnich, Arab, Jan Bielecki, Żmija* i *Lambro* — oto hołd spłacony przez Słowackiego modzie, i to bardzo kłopotliwy, odbił się bowiem na poglądach obiegowych i później naukowych, traktujących młodzieńcze wprawki, jak gdyby to były dzieła dojrzałe. Wprawki te zresztą tam, gdzie w grę wchodziła tematyka rodzima — podolska czy ukraińska — nie ustępowały wytworom „szkoły ukraińskiej", historia bowiem poturczeńca Bieleckiego, mszczącego swą krzywdę na magnacie, podzwaniała nowością pomysłu, dzieje zaś Żmii, podaniowego hetmana kozackiego, olśniewały przepychem i rozmachem fantazji, obcej rodzimym mistrzom genialnego debiutanta. W grupie tej dwa utwory górowały nad resztą śmiałością inwencji, sięgającej w dziedzinę naszej poezji owoczesnej obcą, w świat analizy psychologicznej, usiłującej dotrzeć do korzeni „choroby wieku", niedomagań psychiki romantycznej. W *Godzinie myśli* tedy, powieści autobiograficznej o charakterze elegijnym, oraz w powieści *Lambro, powstańca greckii*, Słowacki pokusił się o własną „spowiedź dziecięcia wieku", wyjaśniającą słabość pokolenia, które stawało bezsilne wobec zadań narzucanych mu przez życie, obdarzone bowiem bogactwem wyobraźni i przenikliwością myśli, cierpiało na hamletowski niedowład woli.

3. Juliusz Słowacki

Forma noweli wierszowanej odpowiadała najwidoczniej Słowackiemu, powracał bowiem do niej kilkakrotnie w latach późniejszych, z tą jednak podstawową różnicą, że zarzuciwszy romantyczną powieść poetycką z jej swoistą tematyką i techniką tworzył opowiadania na wskroś realistyczne, kładąc duży nacisk na psychologię, zwłaszcza psychologię uczuć. Ta nowa postawa, rozwijająca się w związku z pracami dramatycznymi, a poszerzona doświadczeniami zdobytymi w czasie podróży wschodniej, wydała zbiór *Trzy poemata*, zawierający obok *Wacława* — kontynuacji *Marii* Malczewskiego — dwa utwory, które rychło zdobyły sobie dużą popularność.

Pierwszy z nich, sielanka *W Szwajcarii* przyniosła dzieje miłości, obejmujące serię scen z życia dwojga kochanków, od pierwszego spotkania po ślub i śmierć przedwczesną młodej kobiety. Pełne czaru i wdzięku malowidło poetyckie, rzucone na tło przedziwnie pięknego pejzażu alpejskiego, autor wykonał techniką przypominającą metody liryki średniowiecznej, zwłaszcza *Śpiewnika* Petrarki. Ogranicza się ono do dwojga bohaterów, z ich otoczenia bowiem wspomniany jest tylko „pustelnik", który ślub im daje; słowa ich i ruchy są raczej wzmiankowane niż przedstawione plastycznie; opisy niewielu wydarzeń codziennych mają charakter wyszukanych symboli, a nie relacji o tym, co zaszło. Mimo to historia krótkiej, gwałtownie przerwanej miłości jest bardzo prosta, zrozumiała, zupełnie ludzka, zamyka się bowiem w wymiarach zwyczajnych przeżyć, pozbawiona jest patosu, tematyka jej psychologiczna zbudowana jest nie z afektów, lecz z nastrojów, poemat mówi nie o bólu, lecz o cierpieniu, nie o rozpaczy, lecz o melancholii.

Coś z tej techniki weszło również do *Ojca zadżumionych,* powieści orientalnej, opartej na rzeczywistym zdarzeniu z kwarantanny egipskiej, powieści wolnej jednak od jaskrawych akcesoriów właściwych autorom dzieł z życia wschodniego. Wschód mimo to występuje bardzo wyraźnie w opowiadaniu nieszczęsnego Araba, który w ciągu trzechmiesięcznej kwarantanny utracił całą swą rodzinę — siedmioro dzieci i żonę, by zostać samotnym wędrowcem bez celu w życiu, bez duszy bliskiej i ze straszliwego pogromu wynieść fatalistyczne pogodzenie się z okrutnym losem. I *W Szwajcarii,* i *Ojciec zadżumionych* utrzymane są w tej samej tonacji, co *Hymn o zachodzie słońca,* a niezwykły ich artyzm upatrywać by można w fakcie, że w formie dłuższego poematu epickiego utrzymują one tą samą wymowę nastroju, która była czymś naturalnym w krótkim utworze lirycznym.

W dziesięć lat później do tematyki pokrewnej Słowacki powrócił w poemacie-reportażu *Rozmowa z Matką Makryną Mieczysławską.* Opowiadanie rzekomej przełożonej zakonnic unickich, wśród wyszukanych męczarni zgładzonych na Białej Rusi, utrzymane w tonie opisów dantejskich, to jedna jeszcze relacja o nieludzkim cierpieniu, o utracie wszystkich najbliższych, złagodzona głęboką wiarą w sens męczeństwa i słuszność prześladowanej dobrej sprawy. Wymowy poematu nie osłabia okoliczność, iż jego twórca padł ofiarą oszustwa, że Mieczysławska, której „męczeństwo" stało się sensacją dnia, przedmiotem interwencyj dyplomatycznych, łgała jak najęta. Geniusz poety unieśmiertelnił ją, tworząc łańcuch wstrząsających, niekiedy wręcz naturalistycznych obrazów, których wartość jest tak samo niezależna od ich źródła historycznego, jak wartość wizyj infernalnych u Dantego, który przecież wędrówki po piekle nie odbywał.

Do napisania zaś *Rozmowy* Słowacki był przygotowany dwoma utworami, bliskimi zarówno tematycznie, jak chronologicznie, artystycznie jednak tak odległymi, jak daleka, jest rzecz chybiona od arcydzieła. Pierwszy z nich, anonimowo wydane *Poema Piasta Dantyszka*, był satyrą na Rosję mikołajowską, satyrą w postaci gawędy kontuszowej, parodiującej pomysły Dantego. Dante sarmacki, wędrując po piekle, widzi tam całą galerię osobistości z carem na czele, polityków i działaczy rosyjskich i polskich. Poeta smaga ich biczem satyryka. Podobną wędrówkę po piekle ziemskim, bo po Sybirze, jego więzieniach, kopalniach i miejscach zesłania, odbywa Anhelli, bohater poematu napisanego nie wierszem, lecz prozą, i to biblijną, skomponowanego zaś metodą dantejską, i to tak dokładnie, iż Słowacki uznał za konieczne dodanie do poematu komentarza, wyjaśniającego sens jego scen symbolicznych. *Anhelli*, utwór wielopłaszczyznowy, o treści bogatej, na plan pierwszy wysunął dzieje gromady wygnańców polskich, rzuconych w bezbrzeżne śniegi ziemi sybirskiej, skazanych nie tyle na osiedlenie, co na zagładę. Wyrok zagłady piszą oni sami na siebie, rozwijając w sobie obłęd mistyczny, który ich zawiedzie do ponurej zbrodni: rozbici na trzy stronnictwa, krzyżują ich przedstawicieli, by zwolennikom tego, który skona ostatni, przyznać pierwszeństwo. Rozwiązłość i niezgoda doprowadzają ostatecznie niedobitków gromady do ludożerstwa, kładącego koniec ich istnieniu. Ten łańcuch pełnych grozy scen *Anhellego* scharakteryzować by można dwuwierszem epilogu *Pana Tadeusza* o emigrantach, co „utraciwszy rozum w mękach długich, plwają na siebie i żrą jedni drugich". To, co w zdaniu tym było straszliwą przenośnią, w *Anhellim* zmieniło się w serię przerażających, iście dantejskich obrazów. Wymowa zaś tego przypadkowego zestawienia opinii obydwu poetów uderza tym bardziej, iż historia gromady zesłańców jest satyrą na emigrację, satyrą tak wyraźną, iż w trzech przywódcach stronnictw politycznych dostrzec można karykatury Czartoryskiego, Lelewela i Mickiewicza, reprezentantów kierunków arystokratycznego, demokratycznego i chrześcijańskiego, przy czym okoliczność, iż *Anhelli*

Juliusz Słowacki, rys. Józef Kurowski, 1841

Zygmunt Krasiński, mal. Ary Scheffer

NIE-BOSKA KOMEDYIA.

> Do błędów nagromadzonych przez przodków, dodali to czego nieznali ich przodkowie; wahanie się i boiaźń; stało się zatem że zniknęli z powierzchni ziemi, i wielkie milczenie iest po nich.
> *Koran, ks. 2, ver. 18.*

> To be or not to be, that is the question.
> *Hamlet.*

WYDANIE A. JEŁOWICKIEGO I SPÓŁKI.

PARYŻ.
W KSIĘGARNI I DRUKARNI POLSKIÉJ.
Przy ulicy Marais Saint-Germain, n° 17 bis.

1837.

Karta tytułowa wyd. paryskiego *Nieboskiej Komedii*, 1837

Cyprian Kamil Norwid, fot.

powstał na kilka lat przed towianizmem (1837), świadczy o jasnowidztwie Słowackiego, który umiał przewidzieć rolę, jaką Mickiewicz-towiańczyk odgrywał wśród emigracji. Satyra ta głosiła, iż emigracja, oderwana od kraju, żyjąca złudzeniami, mimo wszystkich wysiłków skazana jest na unicestwienie, złożyły się bowiem na to i warunki historyczne, i jej własna niemoc. Mimo to *Anhelli* nie zakończył się akcentem rozpaczy czy beznadziejnego pesymizmu. Zagłada emigracji nie znaczy zniszczenia narodu, który kiedyś odrodzi się, gdy świat obejmą płomienie rewolucji, gdy do głosu dojdzie lud. Poemat kończy się wizją zwiastuna nowej epoki, rycerza ukazującego się z chorągwią w ręku, na której jaśnieją trzy ogniste litery znaczące — jak głosi komentarz poety — „LUD".

Druga warstwica motywów, z których składa się poemat sybirski, stanowi jego podstawowe, pozytywne przęsło ideologiczne. Czysty młodzieniec Anhelli, wybrany spomiędzy wygnańców przez Szamana, zwiedza za jego przewodem miejsca męczarni narodu polskiego, by poznać dokładnie jego dolę, po śmierci zaś przewodnika udaje się w towarzystwie kobiety Ellenai na odludzie, gdzie, po jej zgonie, czeka go samotność, przerwana tylko odwiedzinami aniołów, którzy kiedyś byli u Piasta, a teraz przychodzą, by wygnańcom zapowiedzieć rychły ich koniec. Wyzwolenia Anhelli nie dożyje, jest bowiem „przeznaczony na ofiarę", jak wszyscy inni wygnańcy, musi zginąć, ale w sposób odmienny niż oni. Jego bowiem przeznaczeniem jest zachowanie tego, co w jego pokoleniu było najważniejsze i co on winien przekazać pokoleniom przyszłym. Anhelli bowiem jest naczyniem wybranym poezji narodowej, jej symbolem, który pokolenia nowe zwiąże z przeszłością. W ten sposób poemat sybirski stał się nowymi „księgami pielgrzymstwa polskiego", odrzucającymi koncepcję Mickiewicza czy przynajmniej redukującymi ją do poglądu, że emigracja nie stworzy nowej Polski, lecz że przez swą twórczość literacką przekaże jej to, co w przeszłości narodu było najbardziej wartościowe i niezbędne dla przyszłego życia narodu. To właśnie optymistyczne rozwiązanie niewątpliwie sprawiło, iż ostrze satyryczne *Anhellego* uległo stępieniu, iż nad niechęcią do otoczenia i potępieniem go wzięły górę inne akcenty, głębokiego żalu i współczucia; słowem, satyryka-ironistę przesłonił poeta, głoszący: „Mówię, bom smutny i sam pełen winy", wielki humanista rozkochany w swoim narodzie i w swych wizjach twórczych ogarniający jego przeszłość i teraźniejszość, równie jak jego przyszłość.

Taką postawę przyjmował poeta nie zawsze. W twórczości jego dochodziły do głosu również tony ostrej ironii, satyry, niekiedy dowcip i humor. Im zawdzięcza literatura nasza dwa dzieła niepośledniej wartości artystycznej. Jedno z nich to *Podróż na Wschód*, pamiętnik poetycki w sześciu pieśniach, ułożonych w dźwięcznych sekstynach, pozostawiony w rękopisie i najwidoczniej uznany za rodzaj szkicownika, którego pomysły otrzymać miały postać nową i doskonalszą w poemacie *Beniowski*.

Podróż na *Wschód* ukazała teraz Słowackiego od strony nowej i nieoczekiwanej, jako znakomitego gawędziarza-humorystę, z pogodnym uśmiechem obserwującego przygodne towarzystwo na pokładzie statku czy opisującego niewygody w hoteliku bałkańskim. Obok takich ustępów, górujących w „pamiętniku", znalazły się w nim wyznania o sobie samym, o życiu własnym, na które poeta spoglądał z żartobliwą drwiną, wypowiedzi o charakterze politycznym, urągające stosunkom na emigracji, oraz potężny manifest wiary w przyszłość odrodzonej Polski — wspomniany tu już *Grób Agamemnona*. Wszystkie te różnorodne pierwiastki, przetrawione w wyobraźni autorskiej, zespoliły się w mozaikowy obraz, zadziwiający lotnością fantazji, wiernością realistycznej obserwacji, umiejętnością kompozycji, zadziwiającej pomysłowym przeskakiwaniem z tematu na temat, ciętością wreszcie dowcipu.

Wszystkie te pierwiastki wystąpiły ponownie w lat kilka później, gdy Słowacki, idąc za głosem powszechnych wówczas zainteresowań skierowanych ku konfederacji barskiej, przystąpił do pracy nad *Beniowskim*. Miała to być romantyczna odmiana eposu heroikomicznego, nawiązująca nie tyle do „złoconej miedzi" poematów Krasickiego, co do dzieł takich, jak *Don Juan* Byrona lub *Eugeniusz Oniegin* Puszkina, przede wszystkim zaś jak pełen rozmachu renesansowy *Orland szalony* Ariosta. Ta metryka literacka jest tu konieczna, ponieważ aluzje do niej przewijają się ustawicznie w oktawach *Beniowskiego*, nadając poematowi historycznemu — „Iliadzie barskiej", jak Słowacki go z biegiem czasu nazwie — charakter żywego i zabawnego felietonu literackiego. Historia bowiem usunęła się tu na plan drugi, stała się kanwą, na której muza poety haftowała pomysły coraz to nowe i coraz bardziej zaskakujące. Z historii tedy poszło nazwisko Beniowskiego i jego udział w konfederacji barskiej, ujęty zupełnie szkicowo, podobnie jak sylwetki Sawy i księdza Marka. Podolsko-ukraińskie jednak spotkania tych postaci, znane z początkowych pięciu pieśni poematu, drukowanych w r. 1841, były tylko przygrywką do przygód i „awantur" stanowiących temat dalszych pieśni dziesięciu, nie wykończonych, wielokrotnie zmienianych i wskutek tego nie pozwalających zorientować się w istotnych zamierzeniach epickich autora. Niewątpliwe jest to tylko, iż w utworze nad Beniowskim, posłującym na Krym, górę poczęli brać ludowi bohaterowie ukraińscy, Sawa i Wernyhora, konfederację zaś przesłaniała

3. Juliusz Słowacki

coraz bardziej sprawa buntu hajdamackiego, nadająca „Iliadzie barskiej" posępne zabarwienie historyczne i epickie. W zamysłach jednak początkowych, w miarę wzrostu poematu stopniowo zanikających, choć całkowicie nie zaniechanych, na plan pierwszy wysuwały się pierwiastki felietonowe, tworzące swoiste dzieje samego poety. Nie o Beniowskim utwór mówił, lecz o Juliuszu Słowackim, jego młodości i życiu późniejszym, jego przyjaciołach i innych osobach bliskich, o „kochance pierwszych dni" i o ukochanej matce, o jego przeciwnikach i nieprzyjaciołach, o jego stosunku do literatury i do emigracji. Dyskusje satyryczne i wyznania liryczne złożyły się na jedyny w swoim rodzaju pamiętnik, kalejdoskopowe malowidło człowieka i epoki, czy też na poetycką encyklopedię życia literackiego w czasach romantyzmu polskiego, która — w swoim zakresie — nie ustępuje *Panu Tadeuszowi*. W dziedzinie tej szczególną wymowę mają wypowiedzi Słowackiego na temat własnej twórczości, wiadomości o utworach zamierzonych a nie wykonanych, oświetlenia dzieł napisanych, wyznania o własnym stosunku do języka i form literackich, uwagi wreszcie o recenzentach swych dzieł, przechodzące nieraz w dowcipne, a wysoce złośliwe utarczki z opiniami krytyki. Tutaj właśnie należy kończąca pieśń V sławna „gigantomachia", poetycki pojedynek Słowackiego z Mickiewiczem, „bogiem litewskim", który wszedł w stadium zmierzchu, ustępując miejsca Słowackiemu właśnie, poecie jutra, zwiastunowi przyszłości. Zwycięski Achilles nie żywi jednak do pokonanego Hektora niechęci, wie bowiem, iż „za błękitami był bój i zwycięstwo", na wyżynach, na których dość jest miejsca dla wielkich twórców, ukazanych jako „dwa na słońcach swych przeciwnych bogi". Ta walna rozprawa, która przez długie lata uchodziła za samozwańcze targnięcie się na geniusza, a której słuszność w zupełności potwierdziła historia, wyrosła w *Beniowskim* na gruncie stosunku Słowackiego do emigracji, ośmieszonej bezlitośnie, oświetlonej z sarkazmem satyryka, co było pogłosem stanowiska przezwyciężonego w *Anhellim*, gdzie nad niechęcią górę wzięło głębokie współczucie dla ofiar przez historię skazanych na zagładę.

Poematu o Beniowskim (planowanego żartobliwie na czterdzieści cztery pieśni) Słowacki nie doprowadził „do końca i ładu", i to nie ze względu na płynność tematu, lecz wskutek tego, iż w toku pracy nad nim nastąpiła „transfiguracja", zbliżenie się poety do towianizmu i budowa własnego systemu filozoficznego, który mu kazał na samego siebie i własne dzieło spojrzeć z nowego stanowiska. Zmiany te usiłował on wyrazić w nowych dziełach, takich jak nieduży poemat *Poeta i natchnienie* oraz fragmenty utworu o ogromnej rozpiętości, zwanego przez wydawców *Teogonią* lub po prostu *Poematem filozoficznym*. Lawina pomysłów, których krystaliczną istotę przyniosła jedynie krótka *Genezis z ducha*, płynęła tylu nurtami, iż wyobraźnia Słowackiego nie zdołała ich opanować, tak że mówić tu można jedynie zarówno o dużych blokach, jak i o drobnych okruchach, traktujących o filozofii przyrody i poglądach historiozoficznych poety. Ostatecznie z rojowiska tego wyłoniła się koncepcja poematu historiozoficznego, z którego tylko część wstępna ukazała się drukiem (1847), poematu *Król Duch*.

W zamyśle autorskim miał to być gigantyczny cykl żywotów władców polskich, tych przynajmniej, którzy decydująco zaważyli na losach narodu, od jego bajecznych początków po czasy, w których autorowi żyć wypadło. Podstawą cyklu zrobił on nie kolejność historyczną, lecz ciągłość genetyczną, polegającą na reinkarnacji pary, a raczej trójcy duchów wcielających się w coraz to nowe postaci dziejowe i reprezentujących pewne stałe pierwiastki psychiczne, odpowiednio modyfikowane przez zmieniające się warunki cywilizacyjne i kulturalne. U początków owej drabiny duchów umieścił postaci znane z podań kronikarskich — Popielów i Piastów, ich następcami były postaci historyczne — Mieszków i Bolesławów, na etapach dalszych byliby zapewne wystąpili nie koronowani przedstawiciele narodu — rycerze w rodzaju Zawiszy Czarnego czy Samuela Zborowskiego lub politycy, jak Jan Zamoyski, stadia wreszcie ostatnie wysuwały wielkich twórców poezji — byliby nimi Mickiewicz i sam Słowacki — „dwa na słońcach swych przeciwnych bogi". Potężna ta koncepcja, w ujęciu schematycznym robiąca wrażenie co najmniej dziwactwa, przy całej swej niezwykłości nie wykracza przecież poza granice doświadczenia ludzkiego i historycznego. Z języka poezji przeniesiona na prozę myśli naukowej otrzymałaby postać galerii ludzi, którzy w ciągu wieków budowali kulturę polską w jej najrozmaitszych dziedzinach; gdyby zaś chodziło o trwałe pomniki doświadczenia historycznego, za ilustrację pomysłu *Króla Ducha* uznać by można podziemia wawelskie, w których obok prochów królewskich, począwszy od Łokietka i Kazimierza Wielkiego, wieki późniejsze złożyły szczątki Kościuszki oraz Mickiewicza i Słowackiego właśnie, a więc osób kończących galerię postaci wielkiego poematu.

Z zamierzonej, a oczywiście niewykonalnej całości Słowacki zdążył napisać pięć rapsodów (taki tytuł noszą samodzielne księgi *Króla Ducha*) przedstawiających dzieje Popiela, następnie jego pokutę, dalej podanie kruszwickie o Piaście, żywot Mieczysława i wreszcie tragiczne losy Bolesława Śmiałego. O trudnościach realizacji pomysłu świadczą rękopisy poematu, w których te czy owe rapsody mają po kilka odmiennych wersji, i to wersji liczących setki oktaw. O trudnościach tych mówi dalej charakter rapsodów różnych nie tylko tematycznie, ale i w zakresie formy wewnętrznej, a nawet niekiedy zewnętrznej, rytmicznej, poeta bowiem usiłował wprowadzać własną odmianę tradycyjnej oktawy z wierszem czwartym pięciozgłoskowym zamiast normalnego jedenastozgłoskowca.

Wśród rapsodów największą oryginalnością odznacza się pierwszy, o kluczowym znaczeniu dla całości, tematem jego bowiem jest powstanie narodu polskiego i silnego państwa w okresie wędrówek ludów. Pierwsze na ziemi polskiej wcielenie ducha przeniesionego ze świata starożytnego, z Hellady, „syna wyciętych ludów", Popiela, stawia sobie zadanie bardzo niezwykłe. Z płynnej masy sielankowo usposobionych plemion słowiańskich Popiel postanawia stworzyć naród hartowny, zdolny utrzymać się wśród osaczających go trudności. Cel ten osiąga, stosując krwawe metody, wzorowane na żywocie Iwana Groźnego; autokrata morduje całe rody, by w poddanych swych wszczepić karność i ślepe posłuszeństwo. Dziwna ironia losu chciała, że poeta-rewolucjonista poszedł tu nie za koncepcjami J. J. Rousseau, w umowie społecznej upatrującego źródło władzy, lecz za głosem historii w terrorze rewolucyjnym znajdującej gwarancję istnienia narodu i państwa. Dzieje Popiela otrzymały zresztą swoisty wtór metafizyczny — twórca państwa jest rodzonym bratem Konrada z *Dziadów*, usiłującego wbrew Bogu, obojętnemu na losy świata i człowieka, stworzyć szczęście narodu. Rzuca on Konradowe wyzwanie Bogu i Bóg wkracza w dzieje, Popiel ginie zabity piorunem, ale dzieło jego, scalony naród, pozostaje i tworzy swą historię, zdobywając odrębne miejsce w dziejach ludzkości.

Całkowitym przeciwieństwem krwawego rapsodu o Popielu jest sielankowa niemal opowieść o Piaście, a raczej o jego synu, anhellicznym młodzianku Ziemowicie, który wyzwala kraj z magicznego, śmiertelnego snu, spowodowanego najazdem germańskim. Podobnie anhelliczny charakter ma rapsod o Mieczysławie, który odrzekł się „miecza i sławy", władzy absolutnej, za co otrzymał od Boga nagrodę — chrystianizm wprowadzający Polskę w świat kultury zachodniej. Jego następców Słowacki pominął, jakkolwiek pociągał go potężny żywot Chrobrego, tak że wedle wszelkiego prawdopodobieństwa zamierzał poświęcić mu rapsod osobny. Skupił natomiast uwagę na „żywocie żelaznym" Śmiałego, by przedstawić jego barwne wyprawy kijowskie, jego namiętny stosunek do cudnej mieszczki krakowskiej, jego wreszcie konflikt z św. Stanisławem, zakończony rzuceniem na króla klątwy, pomszczonej zabiciem biskupa.

Jako całość *Król Duch*, dzieło niezwykle trudne, oparte na zasadach swoistego systemu filozoficznego, który twórca jego głosił i wyznawał, konsekwentne ze stanowiska tego systemu, jest równocześnie dziełem przemawiającym potężnie do wyobraźni. Pierwszym jego inteligentnym komentatorem był daleki od mistycyzmu racjonalista,

Adam Asnyk, znakomitym wydawcą i komentatorem ekonomista Jan Gwalbert Pawlikowski, kontynuatorem zaś Stanisław Wyspiański, a więc poeta, którego o mistycyzm również pomawiać niepodobna. Czytelników tych i innych poemat urzekał nie ogromem koncepcji, zrozumiałych dopiero w świetle filozoficznego systemu autorskiego, nie faktem, że bardzo ostro stawiał on te czy inne zagadnienia polityczne i społeczne, lecz pięknem swych obrazów, ujętych w skali niezwykle rozległej, od krwawego okrucieństwa po sielankę wręcz baśniową. W obrębie tej skali Słowacki wykazał niespotykaną pomysłowość, posługując się ogromnym zasobem obrazów poetyckich o charakterze wręcz eksperymentalnym, takich jak metaforyka pozornie nonsensowna, obliczona jednak na wywoływanie reakcyj psychicznych niezwykle gwałtownych, jak efekty synestezyjne, jak brutalne łamanie ustalonych, tradycyjnych nawyków. Dzięki temu jego poemat historyczny nabrał charakteru nie tylko „rewelacyjnego" w sensie wyznawanego przezeń systemu, ale również rewolucyjnego w znaczeniu techniki poetyckiej jego epoki. W pół wieku po śmierci jego twórcy Ignacy Matuszewski w książce *Słowacki i nowa sztuka* wykazał, jak dalece autor *Króla Ducha* był prekursorem nowości poetyckich, które u schyłku wieku XIX uchodziły za ostatni, rewelacyjny wyraz sztuki słowa.

Sumując dorobek twórcy *Beniowskiego* na polu epiki, dochodzi się do wniosku, że poeta ten odznaczał się wielkim zmysłem epickim, że posiadał niezwykłą umiejętność barwnej narracji, że tok tej narracji nasycał pierwiastkami zarówno tradycyjnymi, homeryckimi, gdy prawił o wielkich sprawach przeszłości, jak całkowicie nowoczesnymi, niemal dziennikarskimi czy felietonowymi, gdy skupiał się na bolączkach dnia bieżącego. Wszędzie jednak pamiętał o prawdziwym tchnieniu poezji i wprowadzał je ręką niezawodnego mistrza.

Poszukując rzeczowej i obiektywnie sprawdzalnej odpowiedzi na pytanie, co Słowacki zrobił dla literatury polskiej, nawet najgorętszy wielbiciel genialnego liryka i epika nie będzie szczytowych jego zasług upatrywał w *Grobie Agamemnona* i *Królu Duchu*, bo dzieła te mają swe odpowiedniki w *Reducie Ordona* i *Panu Tadeuszu*. Należy więc sięgnąć w dziedzinę, w której poeta nie miał rodzimych poprzedników, a w której realizował i zaspokajał potrzeby społeczne zarówno pokolenia własnego, jak i dawniejszych, i powiedzieć, że poszukiwaną odpowiedź da rzut oka na dramaturgię wielkiego krzemieńczanina. S ł o w a c k i t o t w ó r c a n a s z e g o n o w o c z e s n e g o d r a m a t u. Ta arcyprozaiczna formuła wydawać się może niezwykła, nie można jej bowiem poprzeć odwołaniem się do jakiegoś monumentalnego dzieła naukowego o Słowackim-dramaturgu, gdyż

3. Juliusz Słowacki

dzieła takiego nie mamy. Zastąpić je trzeba trzema seriami argumentów, powiedzmy: historycznoliterackich, poczynając od wiadomości bibliograficznych, by dojść do recepcji wielkiego pisarza w naszym życiu teatralnym. Bibliografia tedy wskazuje, że z czternastu tomów *Dzieł* Słowackiego na jego twórczość dramatyczną przypada tomów pięć, obejmujących dwadzieścia sześć utworów łącznie. Wchodzą tu zarówno duże tragedie pięcioaktowe, jak i fragmenty najrozmaitszej długości, od kilkudziesięciu do kilku tysięcy wierszy. Wymowa tych liczb znacznie wzrasta, gdy dramaty Słowackiego rzucić na tło jego dzieł czysto poetyckich, pisanych wierszem, a wypełniających tomów siedem wydania. Okaże się wówczas, iż dramaturgia Słowackiego stanowi grubo nad połowę jego puścizny poetyckiej.

Chcąc wyrozumieć pełny sens tej wymowy, cofnąć się trzeba o dwa pokolenia wstecz, w czasy stanisławowskie, gdy ambicją programową pisarzy było stworzenie dramatu polskiego, zarówno tragedii, jak i komedii. Udało im się tylko to drugie, jakkolwiek proces podówczas rozpoczęty miał osiągnąć szczyt dopiero w twórczości Aleksandra Fredry. W dziedzinie tragedii natomiast zdobywano się jedynie na nieśmiałe próby, kontynuowane przez pokolenie następne, które zachwycało się *Barbarą Radziwiłłówną* Felińskiego. Do pokolenia tego należał rówieśnik Felińskiego i jego poprzednik w liceum krzemienieckim, autor *Mendoga* i *Wandy*, Euzebiusz Słowacki, który zamiłowania swe miał przekazać genialnemu synowi. Wychowankowie klasycystów, romantycy z Mickiewiczem na czele, przejęli od nich program dramaturgii tragicznej i po swojemu usiłowali go realizować. Najambitniejsza jednak próba, łącząca w ramach wieloczłonowego cyklu pierwiastki folkloru, historii i polityki, *Dziady*, okazała się próbą tylko i nie kto inny, tylko jej twórca w lat niespełna dziesięć po wydaniu *Części III* urzędowo i głośno ubolewał nad tym, że narody słowiańskie dotąd na dramat własny się nie zdobyły. W wykładzie tedy z 4 kwietnia 1843 Mickiewicz obwieszczał, „jak bardzo trudno stworzyć dramat słowiański, dramat, który by zespolił wszystkie żywioły poezji narodowej", który by winien „przebiec wszystkie szczeble poezji, od piosenki po epopeję", akcentując, iż „dramatu takiego dotychczas nie było" i że „plemię słowiańskie nieprędko zapewne doczeka się realizacji swojego dramatu", choć zapowiadają go *Borys Godunow* Puszkina, tragedia *Obilić* Milutinovicia oraz *Nieboska komedia* Krasińskiego.

I pomyśleć tylko, iż wszystko to mówił autor *Dziadów* w r. 1843, w dziesięć lat po ukazaniu się *Marii Stuart*, w dziewięć po *Kordianie*, w trzy po *Lilli Wenedzie*, w roku wydania *Księdza Marka*, a więc w chwili, gdy powstanie nowoczesnej dramaturgii polskiej było faktem oczywistym, dającym się stwierdzić bibliograficznie, utrwalonym w katalogach księgarskich i takich czy innych informacjach prasowych.

Fakt ten zaś nie był dziełem przypadku, lecz wynikiem dziesięcioletniej, usilnej pracy twórczej, realizującej program najzupełniej zgodny z postulatem zamykającym prelekcje Mickiewicza, a żądającym dramatu, „którym wywołuje się niejako z grobu postacie świętych i bohaterów". Dziwna ironia losu chce, że postulat ten uważać można za bezwiedne powtórzenie zakończenia „Prologu" w *Kordianie*, gdzie właśnie młody dramaturg ów program wyłożył.

Dajcie mi proch zamknięty w narodowej urnie!
Z prochu lud wskrzeszę, stawiam na mogił koturnie
I mam aktorów wyższych o całe mogiły,
Z przebudzonych rycerzy zerwę całun zgniły,
Wszystkich obwieję nieba polskiego błękitem,
Wszystkich oświecę duszy promieniem i świtem
Urodzonych nadziei — aż przejdą przed wami
Pozdrowieni uśmiechem, pożegnani łzami.

Program ten był spełnieniem pragnień trzech pokoleń, podpisać go mogli równie dobrze Wybicki, jak Feliński, podpisywał go wreszcie mimowolnie Mickiewicz, choć trzeba było jeszcze jednego czy nawet dwu pokoleń, by fakt ten uznano za przełomowe wydarzenie w dziejach kultury polskiej. Nim zaś to nastąpiło, Słowacki, z konsekwencją i uporem, zdumiewającymi u typowego astenika, nie dbając ni na szyderstwa, których mu nie szczędzono, ni na zabójcze milczenie, które go otaczało, pisał, drukując własnym nakładem tomik po tomiku lub odkładając rękopisy do szuflady, skąd sporo ich miano wydobyć dopiero po jego śmierci. W toku tej usilnej pracy, o której przebiegu dowiadujemy się z listów pisarza do matki czy z poetyckich posłań do przyjaciela, „poety ruin", Krasińskiego, w wyobraźni pisarza cwałowały gigantyczne pomysły, jak „wielki poemat w rodzaju Arjosta, który ma się uwiązać z sześciu tragedii czyli kronik dramatycznych", a więc cykl, częściowo tylko wykonany. Otaczająca Słowackiego atmosfera niezrozumienia, a często wprost niechęci, niezbyt sprzyjała pracy twórczej, toteż nie wszystkie zamysły przyoblekały się w ciało dramatycznego słowa. Zdarzało się więc, iż poeta porzucał utwory doprowadzone do trzech aktów, a jeszcze później, gdy poszukiwanie nowych dróg myśli i twórczości, przekraczając siły trawionego nieuleczalną chorobą dramaturga, wiodło go na manowce gigantycznych poczynań, gotowe ujęcia nie zadowalały go i wskutek tego przybierały postać coraz to nową, a nigdy ostateczną. Ogromne te mgławice, złożone z nie wykończonych a wielokrotnych opracowań tego samego tematu, znamienne dla przedzgonnych lat Słowackiego, zamykają stworzoną przezeń wizję przeszłości Polski czy nawet przeszłości świata, wizję dramatyczną. O niezwykłej rozpiętości ujęcia tych dzieł świadczą już same liczby wierszy: *Zawisza Czarny* ma ich około 4000, *Samuel Zborowski* niewiele mniej, *Książę Michał Twerski* ponad 600, a zagadkowy ułomek *Król i Wódz* zaledwie pół setki.

Wskutek tego ogólna charakterystyka tej wizji, z konieczności ograniczona do cech jej podstawowych, nastręcza trudności niemałe. Najsłuszniej chyba będzie pokusić się o opis mechaniczny i zewnętrzny, ukazujący w kolejności historycznej owych „aktorów wyższych o całe mogiły", a reprezentujących dzieje Polski od jej pradziejowej kolebki po czasy samego pisarza, a więc do połowy w. XIX, okazyjnie zaś wiodących również w świat pozapolski, antyczny czy renesansowy.

Tak rozumianą galerię portretów dramatycznych otwiera *Balladyna* (1839), pierwsza z cyklu sześciu tragedii mających ukazać dzieje Polski. Jej dopełnieniem jest drobny fragment *Krak*, ogniwo zaś dalsze cyklu stanowi *Lilla Weneda* (1840). Odtwarzając losy „przebudzonych rycerzy" przeszłości, w oparciu o materiały folklorystyczne w *Balladynie*, archeologiczne zaś w *Lilli Wenedzie*, bystry wzrok poety dostrzec usiłował nie tylko piękno motywów tradycyjnych, zachowanych w podaniach polskich, ale coś więcej, bo podstawowe cechy charakteru narodowego, tak jak on go rozumiał — charakteru pojmowanego jako wyznacznik przyszłych losów Polski. I na tym właśnie polega podstawowa różnica obydwu tragedii nadgoplańskich. Pierwsza to fantastyczna baśń, łącząca pomysły komediowe i tragiczne, druga to posępna tragedia, złowieszczo prawiąca o sprawach, których widownią będzie przyszła kronika kraju i narodu, a zarazem bolesny rozrachunek z rzeczywistością polityczną, w której przyszło żyć samemu Słowackiemu.

Z wieków późniejszych uwagę romantyka przykuło średniowiecze, zwłaszcza czasy Jagiełły, Grunwaldu i Zawiszy Czarnego; Zawisza bowiem jest bohaterem dramatu-romansu o przygodach błędnego rycerza, tak jak sobie postać tę niegdyś wyobrażano. Dla pisarzy polskich epoka ta była źródłem efektownych pomysłów z dziejów polsko--litewskich, Jagiełłowych i wcześniejszych. Tym się tłumaczy, iż syn Euzebiusza Słowackiego debiutował tragedią *Mindowe*, gdy znowuż refleksem młodzieńczych uniesień nad rozczytywaniem się w Mickiewiczu stały się nieduże fragmenty dramatów o *Wallenrodzie* i *Walterze Stadionie*. Dorzućmy ułomek dramatu o stosunkach rusko-tatarskich, *Księcia Michała Twerskiego*, a otrzymamy pięć utworów o średniowieczu, z których niestety jeden tylko, młodzieńczy *Mindowe*, otrzymał postać wykończoną.

Epoka natomiast Odrodzenia nie przemówiła do wyobraźni Słowackiego, poza jedynym wyjątkiem — sprawą Samuela Zborowskiego, pojętą przez pisarza jako tragiczny konflikt praw jednostki i praw organizacji państwowej. Inaczej było z stuleciem następnym, które dramaturga pociągnęło tymi samymi bodajże stronami swego życia, które w pokoleniu następnym zadecydowały o popularności *Trylogii* Sienkiewicza. Zestawienie to narzuca się samo przez się, i to nie ze względu na *Mazepę*, a więc jedną z najpopularniejszych tragedii Słowackiego, ale na fragmenty dwu dramatów: jeden z nich, *Jan Kazimierz*, wprowadza przecież oblężenie Zbaraża, drugi zaś, *Złota Czaszka*, przedstawia początek oporu przeciw zalewowi szwedzkiemu, konfederację krzemieniecką, analogiczną do historycznej tyszowieckiej.

Okres najintensywniejszej twórczości dramatycznej Słowackiego przypadł na czasy ogólnych zachwytów nad konfederacją barską, wspólnych pisarzom krajowym i emigracyjnym. Autor *Beniowskiego* nie pozostał wobec nich obojętny, swą zaś znajomość epoki, nie wyczerpaną w ogromnym poemacie epickim, wyzyskał w trzech dramatach. Pierwszy z nich, fragment dwuaktowy, dzieli tytuł z pocmatem właśnie, zwie się bowiem *Beniowski*; dwa dalsze, drukiem przez Słowackiego wydane, *Ksiądz Marek* i *Sen Srebrny Salomei*, układają się w pewnego rodzaju całość, pierwszy bowiem poświęcony jest konfederacji i jej znaczeniu w dziejach walk o odzyskanie niepodległości, drugi koliszczyźnie i nieszczęsnemu rozbratowi między narodami polskim i ukraińskim, zademonstrowanemu na losach lirnika Wernyhory i jego wychowanka Sawy.

A wreszcie walka o niepodległość, od insurekcji Kościuszkowskiej po powstanie listopadowe to temat *Horsztyńskiego*, *Kordiana* i... *Lilli Wenedy*. Wprowadzenie ponowne tragedii, o której mówiło się tu poprzednio jako o obrazie narodzin państwa polskiego, ma swoistą wymowę; niezwykłą bowiem klamrą spina całą dramaturgię Słowackiego, twórcy naszego dramatu historycznego. Jakkolwiek bowiem akcja *Lilli Wenedy* rozgrywa się na zaraniu dziejów Polski, jej problematyka ideologiczna usiłuje wydobyć i ukazać sens tych dziejów, tak jak odczytywało go pokolenie, które przeżyło tragedię powstania. Jeśli przypomnimy nadto *Fantazego* — obraz stosunków popowstaniowych, zastygłych pod grozą knuta Mikołajowskiego, okresu ucisku politycznego i ruiny ekonomicznej, ogromny cykl dramatycznych obrazów z dziejów Polski będzie zakończony.

Uzupełnić go należy trzema czy czterema wypadami w dzieje obce. Jeśli pominąć *Michała Księcia Twerskiego*, będą to: *Agezylausz* staro-

3. Juliusz Słowacki

grecki, następnie tragedie renesansowe, *Maria Stuart* oraz *Beatrix Cenci*, w redakcjach pełnej polskiej i fragmentarycznej francuskiej. Dokładność bibliograficzna każe przypomnieć, iż do utworów dramatycznych Słowackiego należą jeszcze dwa przekłady: nieduży fragment *Makbeta* oraz *Książę niezłomny*, przy czym tłumaczenie tragedii Calderona cieszy się opinią pracy kongenialnej.

Mając przed oczyma rozległą panoramę dzieł tragika polskiego, stworzonych przezeń w ciągu lat niespełna dwudziestu, stanowiącą podstawowy zrąb nowoczesnej dramaturgii polskiej, niepodobna oprzeć się kilku pytaniom, które wręcz się narzucają, a dotyczą charakteru i wartości artystycznej dzieł Słowackiego. Najogólniejsze z nich brzmiałoby: czemu przypisać należy, iż dzieła te, raz wprowadzone na scenę, weszły do jej stałego repertuaru.

Pół wieku temu odpowiedź na nie głosiłaby, iż czynnikiem rozstrzygającym były tutaj względy natury ideologicznej, „wieszczej", co zresztą nie odpowiadało nawet wówczas prawdzie, pierwiastków bowiem tak ujętych niepodobna było dostrzec ani w *Marii Stuart*, ani w *Mazepie*, ani w *Balladynie*, a te właśnie utwory cieszyły się popularnością największą. Odpowiedź poprawna wyglądać musi inaczej. Głosi ona, iż o stanowisku Słowackiego w dziejach naszej dramaturgii zadecydowała wartość artystyczna jego dzieł i ona to właśnie stanowi o stosunku do nich widza i czytelnika dzisiejszego. A składa się na nią kilka czynników.

Pierwszy z nich, wyzyskany tutaj w opisie tematyki historyczno-tragicznej Słowackiego, to niewątpliwa umiejętność dobierania tematów żywo przemawiających do wyobraźni odbiorcy, przykuwających jego uwagę, nacechowanych dużym dynamizmem. Walka o śmierć i życie dwu narodów, antagonizm dwu pokoleń, którym los każe grać o najwyższą stawkę polityczną, konflikt między obowiązkami synowskimi a patriotyzmem, tragiczne zapasy między sprzecznymi uczuciami, jak namiętność miłosna i nienawiść, jak marzenia o wielkich czynach i hamletowska niezdolność sprostania im, jak problem wodzowstwa i związane z nim nieodłącznie komplikacje etyczne — oto garść motywów i wątków typowych dla dramaturgii Słowackiego. Wszystkie one mają charakter motywów tragicznych, są bowiem podstawowymi składnikami wysoce zindywidualizowanych postaci, bohaterów i bohaterek, którzy i które żyją i cierpią, wywołując żywe współczucie widza lub czytelnika. W ogromnym tłumie kreacyj ludzkich, zrodzonych w wyobraźni Słowackiego, wyróżniają się wyraźnie postaci, które Mickiewicz określał jako „bohaterów i świętych". I to nie tylko w dziełach typu *Księdza Marka*, a więc pisanych w końcowej fazie twórczości, lecz od samego jej początku. Postaciom zaś męskim towarzyszy cała galeria heroin, tak bogata, iż urzeczony jej pięknem młody Michał Bałucki już w r. 1867 poświęcił jej osobną książkę, pisząc o *Kobietach dramatów Słowackiego*. Dość przypomnieć Amelię i Dianę, Balladynę i Gwinonę, Lillę Wenedę i Księżniczkę, by uprzytomnić bogactwo i różnorodność postaci kobiecych Słowackiego i ich życia psychicznego, rzuconego na tło wydarzeń wstrząsających grozą.

Wydarzenia te ręka dramaturga zestawia i przeciwstawia, gromadzi i spiętrza z niezawodną pewnością, nie cofając się przed efektami nie tylko jaskrawymi, ale niekiedy wręcz potwornymi. Upodobanie w nich, zrozumiałe u pisarza, którego mistrzem był Szekspir, a którego kulturę kształtowała w stopniu niemałym owoczesna dramaturgia francuska, poznawana z desek scenicznych Paryża, spotyka się nieraz z surowym osądem, pomawiającym Słowackiego o melodramatyczność. Istotnie, akcentów melodramatycznych jest w niektórych tragediach dużo, co większa, w *Mazepie* i zwłaszcza w *Beatrix Cenci* pełnią one funkcje nie przypadkowych epizodów czy ornamentów, lecz składników podstawowych, konstytutywnych, obmyślonych z całą starannością. Ale na czym ta funkcja polega? Efekty melodramatyczne w obydwu wypadkach są narzędziem ukazania całej potworności życia, duszącej najszlachetniejsze pierwiastki psychiki ludzkiej, takie jak głęboka miłość i przyjaźń w *Mazepie*, jak wszechwładna namiętność miłosna w *Beatrix Cenci*. Pierwiastkom tym dramaturg wyznacza rolę czynników spotęgowanych w stopniu wręcz nadludzkim i tę ich rolę uwypukla, kontrastując je z nagromadzeniem zbrodni, stwarzającym właśnie owe efekty przesady, znamienne dla melodramatu. Inaczej mówiąc, stosując melodramatyczność Słowacki eksperymentuje z nią, by przy jej pomocy zgęścić czy osiągnąć wrażenie tragizmu. W rezultacie więc występuje tu zabieg analogiczny do innego, znanego przede wszystkim z *Balladyny* i *Lilli Wenedy*, opartych na kontraście pierwiastków tragicznych i komicznych, zastosowanych w sposób znamienny dla Szekspira i żywej u niego tradycji dramaturgii średniowiecznej.

Czynnikiem dalszym, zespalającym problemy życia zbiorowego, konflikty psychologiczne niezwykłych kreacyj, o wymiarach często nadludzkich, i wydarzenia zabarwione tragizmem w jego najrozmaitszych odmianach, jest znamienna dla Słowackiego doskonała umiejętność budowania utworów dramatycznych. Poeta, któremu jedna jeszcze ironia losu kazała poprzestać na „nowej scenie", wyobrażanej jako „biegającego po świecie kolportera małe bogactwo", słowem poeta, który nigdy nie oglądał w teatrze żadnego ze swych dzieł, bo za jego życia wystawiono jedynie *Mazepę*, ale po... węgiersku, w Budapeszcie (1847), był urodzonym człowiekiem teatru, znającym na wylot jego swoiste wymagania, poszukiwaczem nowych form, wielkim eksperymentatorem dramatycznym. Tym tłumaczy się różnorodność typów dramatu, znamiennych dla jego twórczości, takich jak dramat szekspirowski, kalderonowski czy uszlachetniony melodramat, który w jego czasach święcił tryumfy w teatrach paryskich. Tym bogactwo i rozmaitość ustrojów dramatycznych, od najrozmaitszych odmian poematu dramatycznego po utwory o niesłychanie zwartej budowie, spełniającej najbardziej rygorystyczne wymagania sztuki dramatycznej. By dać wyobrażenie o mistrzostwie strukturalnym Słowackiego, dość przypomnieć cztery ogniwa w *Kordianie*, a więc utworze wczesnym, choć rozpoczynającym serię wielkich dokonań poety. W dramacie tym tedy jest najkrótsza scena, znana w literaturze świata, bo sprowadzona nie tylko do jednej „kwestii", ale wprost jednowyrazowa, scena przysięgi Cara na konstytucję. Sens jej jest jasny, znaczenie jej kluczowe: gdyby nie przysięga, Car nie stałby się królem polskim, centralny konflikt utworu, między lojalistami i rewolucjonistami, nie miałby dramatycznego uzasadnienia. Scena druga to monolog Kordiana przed drzwiami sypialni carskiej. Tam, gdzie nie tylko Racine, ale i Szekspir poprzestaliby na monologu młodego żołnierza, Słowacki tworzy niezwykle plastyczną i malowniczą scenę przywidzeń, rozmowy Kordiana z hipostazami, uosobionymi stanami psychicznymi. Arcydzieło realizmu psychologicznego — to monumentalna scena kłótni dwu braci, Cara i Wielkiego Księcia, osobliwa zarówno wprowadzeniem do utworu postaci żywej i powszechnie znanej, bo cesarza Wszechrosji, ale równocześnie mistrzowski dramat-dialog, jakiemu niewiele równych wskazać można w nowoczesnej dramaturgii europejskiej. A wreszcie kilkuwierszowa scena kończąca dramat — scena egzekucji, o której Wiktor Gomulicki napisał kiedyś, że sama w sobie jest dramatem.

Skoro się zaś już te sprawy wspomniało, nie od rzeczy będzie dodać, iż dwie z omawianych scen mają charakter zdecydowanie prekursorski, wprowadzają bowiem pomysły, które dopiero w pół wieku po śmierci twórcy *Kordiana* miały zdobyć rozgłos w dramaturgii neoromantycznej. Zabieg tedy ustrojowy, wprowadzony w widmowym monologu Podchorążego, spotykamy u Wyspiańskiego, m. in. w *Weselu*, gdzie rozmowy postaci realnych z przywidzeniami staną się trzonem dramatu bronowickiego. Odpowiednikiem zaś sceny egzekucji są nastrojowe obrazki dramatyczne, które rozsławiły sztukę Maeterlincka, oparte na zasadzie tych właśnie czynników, pełnego grozy oczekiwania, którą stworzył Słowacki w *Kordianie*.

A wreszcie przedziwny i jedyny w swoim rodzaju język Słowackiego, olśniewający zarówno w prozie *Horsztyńskiego*, jak i w wierszach *Kordiana*, *Balladyny*, *Zawiszy Czarnego* czy *Snu Srebrnego Salomei*. To wszystko, co sam poeta mówił o zadaniach swego „języka giętkiego" i co doszło do głosu w jego liryce i epice, wyraz jeszcze może doskonalszy otrzymało w dramatach, gdzie każda postać mówi po swojemu, gdzie wyznania miłosne, bohaterskie orędzia, rozważania filozoficzne, drwiny z siebie i świata, płomienne manifesty i ciche spowiedzi wprowadzają tysiące najrozmaitszych tonacji, przebiegając, by użyć zwrotu Mickiewicza, wszystkie szczeble poezji, od piosenki po epopeję! Skala możliwości artystycznych wirtuoza językowego, jakim był Słowacki, jest tak wyjątkowo rozległa, jak niezwykły był program pisarza, umiejącego wyrażać w swej mowie „pacierz, co płacze i piorun, co błyska", przemawiającego z równą swobodą „prosto i z krzykiem", jak snującego przezabawne groteski komiczne.

To są właśnie wartości artystyczne znamienne dla dramatów Słowackiego, w poglądach zaś formułowanych przed laty pięćdziesięciu przesłaniane przez wartości innego rzędu, ideologiczne, choć nie one stanowią o pozapolskim, ogólnoludzkim znaczeniu dzieł twórcy *Lilli Wenedy*. Cała twórczość dramatyczna Słowackiego jest bardzo silnie związana z życiem narodu, z jego przeszłością, teraźniejszością i przyszłością. Naród bowiem, zgodnie z programem dramaturga, jest elementem stale przytomnym we wszystkich jego dziełach, naród ukazywany w chwilach tryumfu i chwilach klęski, walczący o swą wielkość, dążący do tych wyniosłych celów, które przyświecają ludzkości na szlakach jej życia. Poeta, przez historię swych czasów na zagadnienia życia narodowego specjalnie wyczulony, nigdy o nich nie zapomina, ale równocześnie nigdy nie popada w przesadę, w krańcowość tego, co zwiemy nacjonalizmem, a cóż dopiero szowinizmem. Konsekwentny republikanin, widzący w sobie „ducha wiecznego rewolucjonistę", rzecznika postępu, wyrazicielami swych poglądów robił postacie swych dramatów, tchnących powietrzem wyżyn, i ten ich charakter niewątpliwie przyczynił się do wyznaczenia im czołowego stanowiska, które zajęły w dramaturgii polskiej, on też, spodziewać się wolno, wprowadzi Słowackiego do dramaturgii światowej.

4. ZYGMUNT KRASIŃSKI I CYPRIAN KAMIL NORWID

U samego schyłku romantyzmu, w latach poprzedzających powstanie styczniowe, ustalił się pogląd oceniający szczytowe zdobycze literatury polskiej, odnajdywane przez czytelnika ówczesnego w dziełach „trzech wieszczów", a więc Mickiewicza, Słowackiego i Krasińskiego. Pogląd ten, ukształtowany przez krytykę emigracyjną, przez Juliana Klaczkę i Edmunda Chojeckiego, najwyższą rangę poetycką przyznawał pisarzowi nie znanemu z nazwiska, choć bardzo poczytnemu, „poecie anonimowemu", jak studium o nim zatytułował Klaczko, z gorącym uznaniem omawianemu przez Mickiewicza w prelekcjach paryskich, wprowadzając go w ten sposób do literatury i polskiej, i światowej.

Anonimem tym był Zygmunt Krasiński (1812-1859), i to z konieczności, nie pozbawionej pewnego zabarwienia tragicznego. Syn generała Wincentego hr. Krasińskiego i Marii z Radziwiłłów, należał do tego odłamu arystokracji polskiej, która bądź z przekonania, bądź — i to przeważnie — dla interesu utrzymywała dobre stosunki z rządami zaborczymi. Ojciec poety, który haniebnie zachował się po wybuchu powstania listopadowego, a pod koniec życia był namiestnikiem w Królestwie, uważał się jednak za patriotę polskiego, patriotyzm zaszczepił w synu i jakoś godził się z tym, że syn, bawiący więcej za granicą niż w kraju, stał się poetą emigracyjnym. Chcąc jednak uniknąć następstw tej dwulicowej gry, poeta musiał starannie się konspirować, utwory swe więc ogłaszał bądź bezimiennie, bądź pod pseudonimem lub allonimem, a więc nazwiskiem cudzym. Kosztowało go to dużo wysiłku i zdrowia i ostatecznie rozwinęło w nim kompleks, u pisarzy romantycznych często spotykany — hamletyzm, polegający na chorobliwym przewrażliwieniu, na patologicznie wnikliwej autoanalizie, braku równowagi między własną świadomością a aktami woli, stanowiącymi o miejscu w otaczającym poetę świecie. Zawiłe te sprawy, wiodące niejednokrotnie do ostrych konfliktów z ludźmi, znajdowały upust w korespondencji, którą Krasiński przez całe lata prowadził z najrozmaitszymi osobami, a która stanowi jedyne w swoim rodzaju źródło do poznania psychiki romantycznej i kultury romantyzmu we wszystkich ich przeosobliwych odmianach i odcieniach. Sprawy te były zarazem podłożem, z którego wyrastała twórczość poety, uprawiana od lat młodzieńczych do końca życia. Z próbek wczesnych jedynie *Agay Han*, jaskrawa, przeładowana efektami melodramatycznymi powieść o Dymitrze Samozwańcu, a raczej o Marynie Mniszchównie i jej niezwykłych losach, zapowiadała pisarza klasy nie byle jakiej. Realizację zaś tych zapowiedzi przyniosła wydana anonimowo w Paryżu *Nieboska komedia* (1835). Zdumiewająco dojrzałe dzieło 21-letniego autora było poematem dramatycznym, napisanym melodyjną prozą poetycką, sięgającą poziomu, który w literaturze europejskiej podziwiano wówczas jedynie u głośnego Chateaubrianda. Nowością jeszcze większą i bardziej aktualną było artystyczne ujęcie zagadnień, które stanowiły treść dramatu, a radykalnie odbiegały od spraw niepokojących pisarzy polskich, autorów *Dziadów* i *Kordiana*. Gdy więc Mickiewicza i Słowackiego interesowała walka narodu polskiego o niepodległość, Krasiński dostrzegł w życiu europejskim nurt inny, ogólniejszy: potężny ferment społeczny o charakterze międzynarodowym i to właśnie zjawisko usiłował ukazać w *Nieboskiej komedii*. Do swych starszych poprzedników zbliżył się, osadzając sprawę rewolucji społecznej na trzonie zjawisk psychologicznych, szczególnie interesujących dla czytelnika ówczesnego, na problemie dyktatury opartej na psychologii hamletyzmu. Biografia hrabiego Henryka, młodego arystokraty cierpiącego na chorobę tak podówczas modną, chorobę przerostu wyobraźni nad wolą, biografia, do której młodemu pisarzowi obfitego materiału dostarczyły własne doświadczenia, stała się punktem wyjścia wstrząsającego dramatu społecznego. Hrabia-poeta, lubujący się w dramatyzowaniu swego życia, i to kosztem najbliższych, ofiarą bowiem jego pogoni za sensacjami erotycznymi pada jego żona, daje się w pewnej chwili uwieść mirażowi wodzowstwa, losy pozwalają mu zakosztować poezji czynu, poezji walki. Z chwilą mianowicie, gdy wybuchnie rewolucja, kładąca kres dawnemu porządkowi, hrabia Henryk stanie na czele skazanych na zagładę niedobitków arystokracji, zamknie się wraz z nimi w Okopach św. Trójcy i zakończy swą karierę skokiem w przepaść, gdy zwycięski wróg zdobędzie wały starej fortecy. Tak pomyślany schemat wyobraźnia młodego pisarza wypełniła wizją rewolucji, ujętą w skali niemal apokaliptycznej, a jednak osadzoną na gruncie faktów realnych i poglądów, które historyk ideologii rewolucyjnych końca w. XVIII i początków w. XIX odpozna je bez wysiłku, wiążąc je z nazwiskami myślicieli francuskich w rodzaju St. Simona, Enfantina i in. Od swych poprzedników i rówieśników epoki „Świętego Przymierza", gdy zlodowaciałą pod wpływem trzech potęg reakcyjnych powierzchnią życia zbiorowego wstrząsały ustawicznie wybuchy wrzenia rewolucyjnego, autor *Nieboskiej komedii* różnił się bardzo istotnie. Nie był ani entuzjastą, ani nawet zwolennikiem rewolucji, jak Byron, Shelley, Mickiewicz czy Słowacki, ale nie należał do jej zaprzysięgłych wrogów. Był widzem, przekonanym o jej nieuchronnej konieczności, i człowiekiem przeświadczonym o jej zwycięstwie nad klasą społeczną, do której sam należał, a która robiła wszystko, co mogła, by ruchy rewolucyjne tłumić w zarodku. W życiu swych czasów umiał dostrzec działanie tych żelaznych praw, którymi po latach miała zająć się socjologia — nauka rodząca się dopiero w chwili, gdy pisał swój dramat — praw opartych na czynnikach biologicznych i psychologicznych, stanowiących o postępowaniu zorganizowanych mas ludzkich. I z tego stanowiska zbliżał się do zwolenników rewolucji, odbiegał zaś od nich radykalnie o tyle, iż nie dzielił ich wiary w „zbawienia słońce", w trwałe skutki rewolucji. Swą dialektykę ruchów rewolucyjnych wyraził nie w roztrząsaniach abstrakcyjnych, nie w formułkach myśli spekulatywnej, lecz w serii wstrząsających obrazów nagiej rzeczywistości, ujętych w postać dantejskiej wędrówki nocnej hrabiego Henryka

Aleksander Fredro, rys. Antoni Laub, litografia P. Pillera

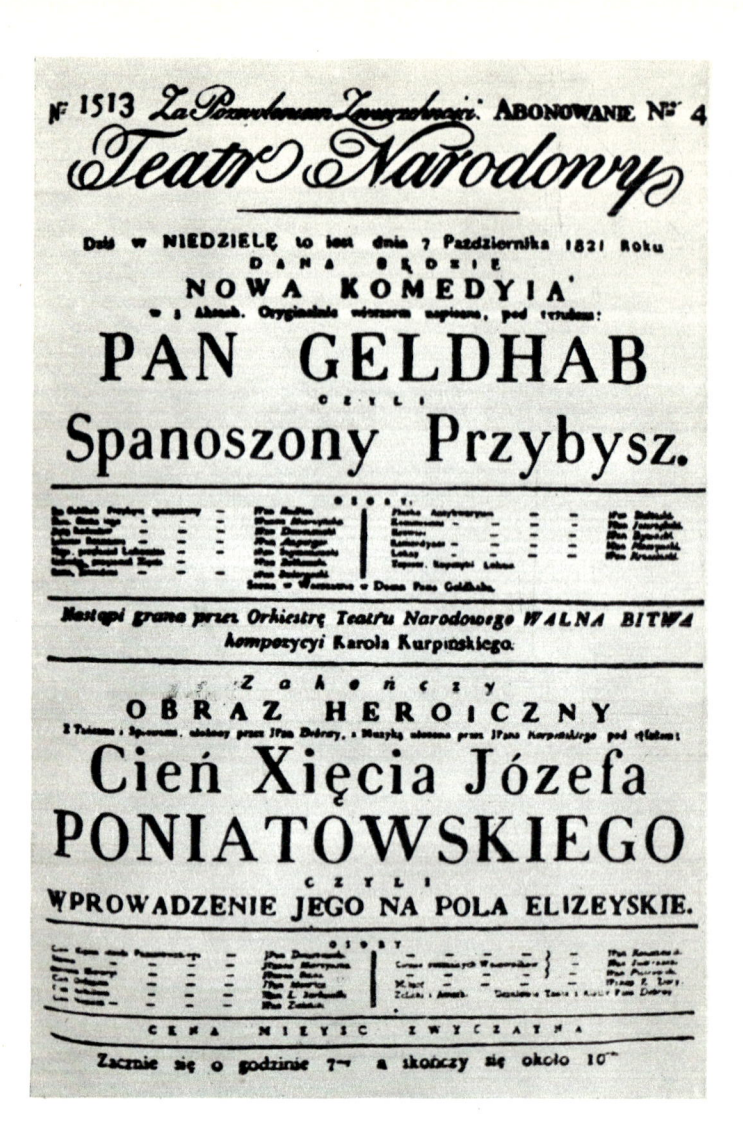

Afisz premiery *Pana Geldhaba* Fredry w Teatrze Narodowym w Warszawie, 1821

środkiem ogromnego obozu tłumów ludzkich, które porwały się do walki o nowe życie. W zaskakujących skrótach perspektywicznych ukazał tutaj skomplikowaną sieć najrozmaitszych pobudek, składających się na siłę napędową buntu społecznego przeciw dotychczasowym stosunkom, i sens swych obserwacyj i przemyśleń zamknął w lat kilka później w zdaniu: „Jak Dant za życia przeszedłem przez piekło". Bezwiedny socjolog tkwiący w dramaturgu nie przeoczył wysoce zawiłej sprawy wodzowstwa rewolucyjnego, doniosłej roli indywidualności organizujących zbuntowane masy i wiodących je ku zwycięstwu, zwycięstwu rozumianemu nie jako doraźne zgniecenie i wytępienie wroga, klasy panującej, lecz jako budowa nowych form życia zbiorowego na gruzach przeszłości. Sprawę tę rozwiązał niezwykle pomysłowo, skazanemu bowiem na zagładę arystokracie, hrabiemu Henrykowi, przeciwstawił nie jednego, lecz dwu przywódców mas rewolucyjnych, Pankracego i Leonarda. Pankracy zwycięstwo przypłaci śmiercią, zginie po złamaniu ostatniego gniazda oporu, ale pozostawi młodego towarzysza, by dopełnił zadań, przewyższających siły inicjatora, który zrobił swoje. I jeśli za konsekwentny, bezpośredni wydźwięk rozważań poety-obserwatora uznać można pesymistyczne zakończenie tragedii — nagłą śmierć przywódcy rewolucjonistów, to równocześnie konsekwencji odmówić niepodobna wydźwiękowi pośredniemu — przekonaniu, że zwycięski wysiłek mas ludowych nie pójdzie na marne, że znajdą się ludzie, którzy zwycięstwo dla dobra mas tych wyzyskają. Ten optymistyczny akcent nie wystąpił jednak w dramacie Krasińskiego z należytą wyrazistością, przesłonięty przez symbolistyczny finał — wizję Chrystusa, zwycięskiego Galilejczyka, rozpiętą nad pobojowiskiem. Skąd zakończenie to, artystycznie nie uzasadnione, bo nie wynikające z charakteru samego dramatu, się wzięło, rozmaicie próbowano tłumaczyć i rozmaicie robić to można. Czysto mechaniczna funkcja owego „Zwyciężyłeś, Galilejczyku" pozwala przypuścić, iż poeta wprowadził ją jako ustępstwo na rzecz nawyków czytelnika, czy może sam przeraził się wynikami, do których w tragedii swej doszedł.

W *Nieboskiej komedii* znalazły wyraz doniosłe sprawy, nurtujące życie zbiorowe Europy owoczesnej, i katastroficznym swym ogromem przesłoniły zagadnienia, którymi żyła emigracja i nie tylko ona, lecz cały naród — zagadnienia polityczne zaktualizowane przez powstanie i jego następstwa, robotę podziemną emisariuszy i spiskowców, związaną z nazwiskami Zaliwskiego, Ściegiennego, w niedalekiej przyszłości Szymona Konarskiego i in. Krasiński nie mógł być wobec spraw tych obojętny, zwłaszcza że niepokoiły go jeszcze przed rozpoczęciem *Nieboskiej*, i ostatecznie zajął się nimi w *Irydionie* (1836). Literackie podniety, które na historii młodego spiskowca greckiego zaważyły, wyszły niewątpliwie od *Konrada Wallenroda*, ale odległość dzieł Krasińskiego i Mickiewicza mierzyć by można odległością Rzymu, stolicy potężnego imperium, od Malborga, stolicy maleńkiego państewka krzyżackiego. Wybór mianowicie tematu z dziejów starożytnej Romy pozwolił młodemu poecie nie tylko zabłysnąć wspaniałą erudycją, opartą na znajomości takich klasyków historiografii, jak Gibbon, autor monumentalnej księgi o losach państwa cezarów, ale nadto rzucić na całość obrazu potężną wizję historiozoficzną wyjaśniającą rolę „wiecznego miasta" w dziejach kultury europejskiej. Dzięki tak rozległym założeniom *Irydion* stanowił naturalne dopełnienie *Nieboskiej komedii*, stawał się dramatem o swoistej wymowie dla czytelnika polskiego, ale równocześnie wprowadzał problemy o doniosłości światowej, bo dotyczące upadku cesarstwa rzymskiego i odległych następstw tej katastrofy politycznej dla przyszłości całej Europy. Postać tytułowa, Irydion Amfilochides, syn bohaterskiego Greka i pięknej dziewczyny skandynawskiej, jej bowiem ojczyzna, Chersonez Cymbrów — to Dania dzisiejsza, wyrósł z tradycji, którą wiązać można z *Wallenrodem*, a która jednak ma zasięg znacznie szerszy, sięgający z jednej strony Hannibala, z drugiej samego Krasińskiego! Wszak jego ojciec-generał w wychowaniu syna wskazywał mu jako wzór bohatera kartagińskiego, a później — już zresztą bez niebezpiecznych aluzyj starożytnych — pragnął umieścić go na dworze Mikołaja I. Samo już pochodzenie młodego Greka wyznacza szlaki jego dalszych poczynań. Wychowany przez Masynissę, powiernika ojcowskiego, na mściciela podbitej przez Rzym Hellady, za sprawą matki jest Irydion potomkiem królów, z którymi państwo cezarów nigdy całkowicie uporać się nie mogło i którzy po wiekach mieli położyć kres jego istnieniu. Dzięki temu podwójnemu dziedzictwu Irydion stoi na wąskim przesmyku między sławną przeszłością zbójeckiego imperium a jego niesławną przyszłością, którą, wierny nakazom ojcowskim, usiłuje przyspieszyć. Ulubieniec niedołężnego cesarza, którego względy zdobywa ciężką ofiarą, oddaje mu bowiem własną siostrę, Irydion knuje spisek, mający doprowadzić do ruiny Rzymu. Uzyskana od cesarza władza najwyższa i popularność wśród oddziałów germańskich nie wystarczają jednak do zgniecenia sił patriotów rzymskich, mających swego kandydata do tronu, człowieka, który posiada wszelkie dane, by przywrócić dawną świetność imperium. Czynnikiem, który może rozstrzygnąć o zwycięstwie lub klęsce Irydiona, są mieszkańcy katakumb, chrześcijanie, stojący poza obrębem życia politycznego. Za radą Masynissy Irydion podstępem wciąga część ich do swej rozgrywki, ale część ta nie wystarcza. Zamach się nie udaje, spiskowiec przegrywa na rzecz Aleksandra Sewera, domniemanego wskrzesiciela wielkości cesarstwa.

4. Zygmunt Krasiński i C. K. Norwid

Tragiczne dzieje nieudałego sprzysiężenia, motyw ulubiony tylu poetom, od Schillera poczynając, Krasiński odtworzył z taką ścisłością historyczną, archeologiczną i psychologiczną, iż *Irydion* należy do najwyższych osiągnięć światowych w zakresie utworów osnutych na motywach rzymskich i może mierzyć się z dramatami Szekspira, z *Juliuszem Cezarem* czy *Koriolanem*. U dramaturga angielskiego daremnie by zresztą szukać scen takich, jak dialog Irydiona z prawnikiem Ulpianem — wspaniała charakterystyka tego, co wniosły Grecja i Rzym do kultury ludzkości — dialog ten bowiem należy do najwyższych osiągnięć w dramaturgii. Autor jednak nie ograniczył się do sprawy spiskowca Greko-Cymbra i politycznej strony dziejów Rzymu, lecz sięgnął dalej i głębiej przez wprowadzenie wątku chrześcijan, decydującego o klęsce Irydiona. Wątek ten, niezrozumiały nie tylko dla zwykłych czytelników dramatu, ale również dla większości jego badaczy, przedstawia się tak oto. Idąc za radami swego sędziwego przyjaciela-opiekuna, Masynissy, Irydion przywdziewa maskę mesjasza, głoszącego, iż czas, by chrześcijanie wyszli spod ziemi i poczęli odgrywać czynną rolę w życiu Rzymu. Pomysły te trafiają do przekonania młodzieży, której przywodzi fanatyk, i ona idzie za Irydionem. Resztę powstrzymuje biskup Wiktor i on to właśnie sprawia, iż Irydion przegrywa. Klęska młodego buntownika jest jednak tryumfem Masynissy, który w ten sposób doprowadził do rozłamu wśród chrześcijan, za pośrednictwem bowiem Irydiona zaszczepił im zarazek polityki, przekreślający ewangeliczną koncepcję królestwa nie z tego świata i zmieniający władzę papieża „namiestnika Chrystusowego" w urząd równie obmierzły, jak sprawowane przez okrutnych książąt świeckich. Sens całej sprawy staje się jasny, gdy się zważy, iż Krasiński wprowadził tutaj opowieść mało u nas znaną, wywodzącą się ze średniowiecza, a na szczyty poezji wyniesioną w *Raju utraconym* Miltona. Chodziło tu o wyjaśnienie przyczyn grzechu pierworodnego zemstą szatana. Bóg mianowicie postanowił zaludnić obszary, które opuścić musieli zbuntowani aniołowie, swym tworem najdoskonalszym, ludźmi. By upokorzyć potężnego zwycięzcę, Szatan oderwał od niego człowieka, doprowadził go bowiem do grzechu pierworodnego. Grzech ten miał zmazać swą męką Chrystus. Czy jednak zmazał istotnie? I tutaj właśnie autor *Irydiona* wystąpił z nową i własną koncepcją grzechu ponownego, który unicestwił ofiarę Chrystusa i jego zasadę królestwa nie z tego świata. Za grzech ten uznał włączenie się papiestwa w nurt polityki świeckiej, zastąpienie krzyża mieczem i, poszukując momentu, gdy grzechu tego się dopuszczono, usiłował moment ten ukazać w *Irydionie*. Idąc mianowicie za pomysłami Herdera, który zwyrodnienie chrystianizmu widział w świeckiej władzy papieży, Krasiński w epickim epilogu dramatu wprowadzał sprawy najaktualniejsze, te same, które piętnował w *Kordianie* Słowacki, tj. wypowiedź Grzegorza XVI, potępiającą powstanie listopadowe, poczytaną tutaj za wyraz zwyrodnienia papiestwa, jako dziedzica polityki starożytnego Rzymu. I te właśnie rozległe, ogólnoludzkie horyzonty obok wspaniałej, harmonijnej prozy stanowią o wyjątkowej randze poetyckiej *Irydiona*, jednego z najwyższych osiągnięć romantycznych w skali literatury światowej.

Równocześnie było to szczytowe osiągnięcie twórczości Krasińskiego, choć dzieje poglądów krytycznych na poetę nie poszły w kierunku zajętego tu stanowiska, co wytłumaczyć łatwo okolicznością, że utwory jego późniejsze zachowały coś z wyżynnej atmosfery, znamiennej dla dramatu o Irydionie i Masynissie. W jego obrębie zespoliły się — jak się rzekło — sprawa odzyskania niepodległości w Polsce z problematyką rozleglejszą, religiologiczną, obejmującą zagadnienie chrystianizmu, a raczej katolicyzmu reprezentowanego przez papiestwo. Kłębowisko poglądów na te zawiłe i trudne zagadnienia autor *Irydiona* uładził dzięki przyjęciu dialektyki heglowskiej, w jej postaci polskiej, reprezentowanej przede wszystkim przez Augusta Cieszkowskiego, z którym Krasiński miał się rychło serdecznie zaprzyjaźnić. W ujęciu tym chrystianizm, system religijny wyrosły na pniu judaizmu, ze stadium kultu Boga Ojca, wyobrażającego zasadę myśli, przeszedł w stadium kultu Chrystusa, wyobrażającego zasadę uczucia, i doszedł do stadium nowego i ostatecznego, do kultu Ducha św., wyobrażającego zasadę woli. Nowa epoka, otwierająca się przed ludzkością, zapowiadana przez ewangelistę-filozofa, twórcę *Apokalipsy*, wyzwoli ludzkość z pęt krępujących jej rozwój i doprowadzi ją do okresu szczęścia powszechnego, do królestwa bożego na ziemi. System ten, pełen mnóstwa oczywistych naiwności, miał jednak pewne cechy pozwalające dostrzec w nim swoistą wielkość, był mianowicie próbą pomostu między starymi, reformatorskimi prądami myśli katolickiej a nowoczesną filozofią Hegla, próbą skazaną jednak na te same losy, które stały się udziałem herezjarchów średniowiecznych i późniejszych. Zasady systemu zarysowały się już w tomiku *Trzy myśli pozostałe po ś. p. Henryku Ligenzie* (1840), pełne zaś ujęcie otrzymały w poemacie *Przedświt*, wydanym pod nazwiskiem przyjaciela, Konstantego Gaszyńskiego (1843), a poprzedzonym traktatem, w którego pięknej prozie autor usiłował wyłożyć językiem filozofii swe poglądy historiozoficzne.

Sam *Przedświt* był tworem myślowo i artystycznie bardzo niejednolitym, miał jednak akcenty, które sprawiły, iż kilka pokoleń czytelników widziało w nim arcydzieło. Opis nocnej wycieczki na jeziorze alpejskim dwojga kochanków-artystów, poety i harfiarki, stał się podłożem osjanicznej wizji, wyczarowanej przez tęsknotę wygnańców

4. Zygmunt Krasiński i C. K. Norwid

za daleką ojczyzną. I to ojczyzną nieszczęsną, pozbawioną wolności i życia. Tęsknota wywołała wizyjny obraz, reminiscencję z *Sybilli* Woronicza, obraz hufca rycerskiego, którego wódz, Stefan Czarniecki, odpowiadając na gorzkie wyrzuty poety pod adresem przodków, wystąpił z dobitną apologią przeszłości: upadek Polski nie był winą pokolenia, które nie umiało obronić państwa, leżał bowiem w wyrokach Opatrzności. Bóg nie chciał mianowicie, by Polska, naród powołany do wielkich zadań, splugawiła się tymi wszystkimi zbrodniami, które popełnić miała Europa w. XIX, kazał jej więc okres ten spędzić w grobie politycznym i powstać z martwych w chwili, gdy zbrodnie szczyt swój osiągną, jako głosicielce nowego życia i zwycięskiej bojowniczce wolności. „Ty nie szukaj w ojcach winy" oraz „Błogosławcie ojców winie" — oto dwa kluczowe hasła tyrady widziadlanego hetmana. Jej zaś składniki odpoznać nietrudno — jądro tej tezy tkwi w *Księgach narodu polskiego*, gdzie była wyraźna zapowiedź pokrewieństwa Polski z Chrystusem, jej roli mesjanicznej i jej zmartwychwstania w chwili „wojny powszechnej o wolność ludów". Tyle tylko, że rola ta u Krasińskiego wystąpiła daleko wyraźniej, że Polska zmieniła się w Chrystusa narodów, i to z wyroku bożego, raz jeszcze wprowadzającego ofiarę odkupicielską, nie jednostki zresztą, lecz potężnej zbiorowości ludzkiej, nowoczesnego narodu. Reszta poematu to świetlana wizja przyszłych losów świata po zmartwychwstaniu kraju. Przyszłość narodów z Polską na czele ujęta jest w schematach przejętych z różnych systemów socjalizmu utopijnego i łączy pomysły banalne z tak śmiałymi, iż jeszcze w r. 1920 ukazało się studium Józefa Kallenbacha Z. *Krasiński wobec komunizmu*, w którym autor dowodził, że twórca *Przedświtu* komunistą nie był; okoliczność, że wywód ten powstał, nie pozbawiona jest swoistej wymowy. Z pomysłów zaś najśmielszy to niezwykłe nawiązanie do *Irydiona*. Odrodzenie ludzkości rozwiąże odwieczny antagonizm dobra i zła jako pojęć metafizycznych. Szatan, biblijny sprawca nieszczęść rodu ludzkiego, stanie się aniołem opiekuńczym nowej ziemi, która w kosmosie rozdzwoni się nutą dotąd nie znaną, nutą harmonijnego szczęścia.

Tak skomponowany poemat, kontynuujący pomysły Wielkiej Improwizacji w *Dziadach*, a wyprzedzający *Króla Ducha*, rychło znalazł wielbicieli, upatrujących w nim rodzaj katechizmu narodowego. Przystępność jego wynikała z jego charakteru, był to bowiem nie tyle poemat, co traktat polityczny, ujęty w odwiecznym ośmiozgłoskowcu, pełen łatwych do zapamiętania aforyzmów, choć rzadko tylko zdobywający się na akcenty naprawdę poetyckie. Tę jego stronę genialnie ukazał Słowacki w zdaniu, że „ktoś jak perłami pisze", zawierającym aluzję do pracowitych haftów kościelnych. Ale te właśnie cechy *Przedświtu* sprawiły, iż u samego schyłku romantyzmu, podczas manifestacyj warszawskich poprzedzających powstanie styczniowe utwór Krasińskiego był na ustach wszystkich, był ekstatyczną ewangelią czy apokalipsą polityczną.

Jego autor w latach późniejszych raz po raz uderzał w retoryczny ton *Przedświtu*. Tak było w *Psalmach przyszłości*, ogłoszonych pod pseudonimem Spirydiona Prawdzickiego (1845 - 1848), tak w *Ostatnim* (1840 - 1847), tak w *Resurrecturis* (1851) i in. Wszystkie one były wyrazem reakcji pisarza na wrzenie rewolucyjne, poprzedzające Wiosnę Ludów, wszystkie stały na stanowisku, iż „szata Polski nieskalana" i nie wolno jej splamić udziałem w walce o wolność. Z utworów tych najgłośniejszy, *Psalmy przyszłości*, był odpowiedzią na broszurę Filareta Prawdowskiego, tj. Henryka Kamieńskiego, radykalnego rzecznika rewolucji, zatytułowaną *O prawach żywotnych narodu polskiego* (1844). Krasińskiemu z kolei odpowiedział Słowacki płomiennym manifestem, głoszącym wielkość „ducha wiecznego rewolucjonisty". Z utworów tych najmniej popularny, *Ostatni*, godzien jest pamięci, w jakiś bowiem sposób uzasadnia przyznawany jego twórcy tytuł „wieszcza". Treścią poematu jest wybuch rewolucji, przynoszącej wolność jej bojownikom, przez lata całe więzionym po twierdzach Rosji, Austrii i Niemiec. Wybuch ten w wizji przedśmiertnej ogląda bezimienny więzień, zapomniany i nie wydobyty z lochów przez wybawców. Ludzie, którzy w r. 1917 byli świadkami wybuchu Rewolucji Październikowej i oglądali wyzwolone przez nią ofiary caratu, mieli jedyną w swoim rodzaju sposobność stwierdzenia, iż polska poezja romantyczna była jednak w jakimś sensie jasnowidząca i że do jej czołowych przedstawicieli należał Zygmunt Krasiński.

Szczegół ten wiedzie w samo sedno trudności, które nastręcza charakterystyka tego niezwykłego pisarza. „Poeta anonimowy" był za życia znany tylko wtajemniczonym. Po śmierci znalazł się w gronie „trzech wieszczów". Nie dożywszy szczytu swej wziętości we wspomnianych latach przedpowstaniowych, chodził w aureoli geniuszu aż po lata międzywojenne, gdy nagle, ale spokojnie i bez protestów badaczy, od ukazania się książki Tadeusza Piniego (1928) uległ zdegradowaniu. Dlaczego i czy słusznie? — pytania to nie tego samego rzędu, choć sięgają one istoty jego twórczości. Pierwsze z nich nie nastręcza większych trudności. Począwszy od *Przedświtu*, centralnym zagadnieniem dzieł Krasińskiego były polityczno-retoryczne rozważania na temat przyszłości Polski, ujmowane w postaci rymowanych traktatów i rozwiązujące problem czysto praktyczny na wyżynach spekulacji metafizycznych. Gdy rzeczywistość problem ten rozwiązała w sposób konkretny i wysoce prozaiczny, poświęcone mu poematy Krasińskiego stracić musiały aktualność i zmienić się w dokumenty takich czy innych złudzeń. Wieszcz polityczny przekształcił się w publicystę, pisującego pełne patosu, ale literacko słabe traktaty wierszem. Odpowiedź na pytanie drugie brzmieć musi inaczej. Pisarz, któremu „Bóg odmówił tej anielskiej miary, bez której ludziom nie zda się poetą", był przecież autorem dramatów prozą, *Nieboskiej komedii* oraz *Irydiona* i prozą tą władał po mistrzowsku. Prócz tego w obydwu dramatach stawiał i rozwiązać usiłował wielkie zagadnienia dotyczące zarówno procesów społecznych swej własnej epoki, jak i sięgające w przeszłość i wybiegające w przyszłość. *Nieboska* czy *Irydion* to nie *Psalmy przyszłości*, nie rymowane traktaty publicystyczne, lecz dzieła o rozmachu nie tylko polskim, ale i światowym. I dwu tych utworów wystarczy zupełnie, by autora ich zaliczyć w poczet wielkich pisarzy. Do tego zaś dochodzi jedna jeszcze cecha całej twórczości Krasińskiego, łącznie z jego gigantyczną korespondencją. Człowiek o bardzo rozległym wykształceniu, zdobytym głównie dzięki bogatej lekturze i kontaktom osobistym z całą owoczesną elitą europejską, od Petersburga po Rzym i Paryż, był Krasiński wyjątkowo uczulony na wszystko, czym żyła Europa romantyczna i co nią wstrząsało. Obserwacje swe wprawdzie uogólniał filozoficznie, ale na zjawiska dostrzegane reagował przede wszystkim uczuciowo i na swój własny sposób. Był mianowicie urodzonym katastrofistą, w psychice swej miał swoisty sejsmograf, chwytający wszelkie wstrząsy społeczne, polityczne, filozoficzne, religijne, rodzaj zaś jego wyobraźni twórczej sprawiał, iż obserwacje te pod jego piórem przybierały wymiary niemal apokaliptyczne. I dlatego właśnie jego biografia, w naukowym, psychologicznym a nie plotkarskim znaczeniu tego wyrazu, gdy kiedyś powstanie, będzie najpełniejszym i najbardziej szczegółowym wizerunkiem psychiki romantycznej z jej wszelkimi, najbardziej typowymi przejawami, znamiennymi dla ludzi tej epoki. Będzie to zupełnie wyjątkowa analiza „zła romantycznego", „du mal romantique", a więc zjawiska, którym pół wieku temu żywo interesowała się nauka francuska. Katastrofista ten był zarazem Polakiem, i to wyjątkowym, zorientowanym równie dobrze w życiu kraju, jak w stosunkach emigracyjnych, człowiekiem lubiącym utrwalać to, co widział, słyszał i myślał, na papierze. Wskutek tego jego twórczość literacka, zarówno artystycznie cenna, jak i bezwartościowa, i jego korespondencja (w dużym stopniu zniszczona, niestety, czasu drugiej wojny światowej) mają jedyne w swoim rodzaju znaczenie dokumentarne. Krótko mówiąc: bez Krasińskiego nie podobna sobie wyobrazić romantyzmu polskiego, a bez znajomości jego puścizny pisarskiej nie da się stworzyć poprawnego obrazu naszej literatury romantycznej.

I jeszcze jedno. W czasie swych ustawicznych wędrówek po Europie Krasiński utrzymywał stałe kontakty z pisarzami-emigrantami.

Z Mickiewiczem więc stykał się zarówno w r. 1831 w Szwajcarii, jak i w r. 1848 w Rzymie, ze Słowackim zaś we Włoszech, po jego podróży wschodniej, i później w Paryżu. Nie były to stosunki wyłącznie platoniczne, bogaty bowiem ordynat z Opinogóry nieraz mecenasował głodującej braci po piórze. Do tych jego „podopiecznych" należał m. in. poeta, na którego talencie umiał się poznać, mianowicie Cyprian Kamil Norwid (1821 - 1883).

Biografia Cypriana Norwida, dotąd nie napisana, podobnie, jak nie ma jeszcze pełnego wydania jego dzieł, uderza na pierwszy rzut oka rysami raczej typowymi niż indywidualnymi, i to typowymi dla pokolenia, do którego poeta należał. Potomek drobnoszlacheckiej rodziny mazowieckiej, nie pozbawionej ambicyj heraldycznych, skazany na życie na bruku miejskim, spędził dzieciństwo w Warszawie podczas powstania i później, wczesną zaś młodość w tejże stolicy zamrożonej przez represje polistopadowe. Samouk o uzdolnieniach i zainteresowaniach nie tylko literackich, ale również plastycznych, rychło zdobył uznanie w warszawskim środowisku pisarskim i powodzenie to, zawróciwszy głowę dwudziestoletniemu młodzieńcowi, zaważyło na losach jego dalszych. W r. 1842 Norwid zdecydował się na emigrację, czyli na czterdziestoletnią tułaczkę w świecie najzupełniej mu obcym. Pierwsze jej lata, póki starczyło skromnego fundusiku wywiezionego z kraju, były okresem romantyczno-cygańskiej włóczęgi, wszystko zaś, co nastąpiło później, stało się beznadziejnym pasmem niepowodzeń i rozczarowań, okresem głodowej wegetacji artysty, skazanego na ciężką pracę wyrobniczą i na zarobki łatwiejsze, ale przypadkowe. Na emigracji w dziesiątym roku jej istnienia nie było miejsca dla przybyszów z kraju. Norwid, który po paroletnim pobycie we Włoszech i Niemczech osiadł w r. 1849 w Paryżu, nosił się z zamiarami poszukiwania szczęścia poza Francją, w Ameryce czy Azji. Wyprawa do Ameryki, literacko bardzo cenna, przyniosła mu jedno jeszcze rozczarowanie. Wstrząsającym dokumentem tych spraw jest w ułamku zachowany list do Mickiewicza z prośbą o ułatwienie powrotu do Polski lub Turcji i niedopuszczenie, „ażebym już tak nieodwołanie zmarnował całą egzystencję, jak ją marnować naznaczono było dotąd całemu mojemu pokoleniu, które ani Bogu, ani narodowi, ani rodzinie, ani sobie nie miało nigdy prawa i możności nic uczynić — stając się pierzchliwym jak stworzenie, które nie ma gdzie oprzeć głowy swej".

Poeta osiadł ostatecznie w Paryżu w r. 1854, gdzie lata ostatnie spędził w polskim Zakładzie św. Kazimierza, domu dla starców, skazanych przez tułacze życie na samotność. Życie to było, jak się rzekło, typowe dla romantyków młodszego pokolenia, tułaczy z dobrawoli czy częściej z musu, rozbitków życiowych, których niezwykłe

4. Zygmunt Krasiński i C. K. Norwid

kariery dostarczały barwnego materiału do *Sylwet emigracyjnych z doby minionej* (1902) niewiele od Norwida młodszemu Zygmuntowi Miłkowskiemu, znanemu literacko jako T. T. Jeż. Jeśli zaś Norwid od rówieśników swych się różnił, to i jakością doświadczeń życiowych, i determinacją, z jaką stawiał czoło przeciwieństwom, i wnikliwym rozumieniem swych losów, rozumieniem wręcz tragicznym, każącym mu godzić się z obraną drogą właśnie dlatego, że on sam ją obrał. Tragizm sytuacji, na którą dobrowolnie się skazał, potęgowała świadomość własnej odrębności, indywidualności twórczej, kroczącej własnymi drogami, niezrozumiałymi dla otoczenia. Nie pozostawało mu zatem nic innego, jak pisać dla siebie czy, co na jedno wychodziło, dla „późnego wnuka". Dziwna jednak ironia losu sprawiła, że i tutaj Norwida spotkać miało tragiczne rozczarowanie. *Poezje* jego, wydrukowane u Brockhausa w Lipsku, ukazały się w r. 1863, a więc w roku, w którym nie było miejsca na wydarzenia literackie nawet klasy najwyższej. A gdy w czterdzieści lat później doszło do „odkrycia" Norwida, zadania tego podjął się typowy snob literacki, Zenon Przesmycki, który dokonał wprawdzie rzeczy wielkiej, bo zebrał i od zagłady uchronił większość puścizny znakomitego poety, ale puściznę tę traktował jako swą własność prywatną, a pracę nad jej udostępnieniem jako swój monopol. Do tego zaś dołączyły się wręcz fatalne okoliczności historyczne. Przesmycki rozpoczął w r. 1911 wydanie Norwida *Pism zebranych,* które urwało się na czterech tomach wskutek wybuchu pierwszej wojny światowej. W ćwierć wieku później, w r. 1937, przystąpił on do wydania *Wszystkich pism po dziś odszukanych,* m. in. bezcennych listów Norwida, wybuch jednak drugiej wojny sprawił, że i to wydanie pozostało fragmentem. W rezultacie więc Norwid jest po dziś dzień „wielkim nieznanym" i jako pisarz, i jako człowiek. Tyle tylko, że dzięki Przesmyckiemu i jego następcom wątpliwości nie ulega, iż zagadkowy twórca *Promethidiona* to nie mierny przedstawiciel młodych romantyków, lecz jeden z największych poetów polskich, jakkolwiek poglądu tego nikt dotąd nie uzasadnił w sposób naukowy.

Zagadkowość Norwida była wypadkową współdziałania wielu czynników, z których doniosłości on sam niezupełnie zdawał sobie sprawę. W swej wspaniałej elegii autobiograficznej („Klaskaniem mając obrzękłe prawice...") na plan pierwszy wysuwał to, co później nazywano „momentem dziejowym", a co w danym wypadku określić by można jako epigonizm, jako okres, w którym „ni miejsca dawano, ni godzin dla nieczekanych powić i narodzin". Byłoby to niewątpliwie słuszne, gdyby nie dwie okoliczności: fakt, że Norwid epigonem nie był, oraz fakt, że co najmniej dwaj wśród jego rówieśników, mimo swego niewątpliwego epigonizmu, Lenartowicz i Ujejski, przez długie lata chodzili w aureoli znakomitych poetów. Odrębność Norwida, odgradzająca go od czytelnika, płynęła skądinąd. Prąd mianowicie zwany romantyzmem miał różne fazy, przy czym ostatnia z nich, schyłkowa, wykazywała pierwiastki obce fazie początkowej tak dalece, że np. we Francji rówieśnik Norwida, Charles Baudelaire, za romantyka nie uchodził. Młodsi natomiast romantycy polscy płynęli na ogół w nurcie starego prądu, szlakiem utrwalonym przez Mickiewicza i Krasińskiego, szlakiem „poezji wieszczej". Norwid, który w młodości robił to samo, rychło stanowisko zmienił, odchodząc od „poobracanych w przeszłość niepojętą a uwielbionę" i wkroczył w krainę, o której mówił: „samotny wszedłem i sam błądzę dalej". Jego doświadczenia i zainteresowania odbiegały znacznie od tego, do czego przyzwyczajony był czytelnik ówczesny. Nowe te dziedziny wymagały nowych środków wyrazu, które poeta wykuwał z dużym nieraz wysiłkiem, przy czym nie zawsze udawało mu się osiągać wyniki artystycznie doskonałe. Stąd przylgnęła doń etykietka pisarza trudnego i niezrozumiałego. A wreszcie urodzony liryk, rozmiłowany w poezji gnomicznej, porywał się raz po raz na utwory o większej rozpiętości, które mu się nie udawały i z którymi nawet najbardziej bezkrytyczni jego wielbiciele nie bardzo wiedzą, co począć.

Przyjmując poszukiwanie nowych dziedzin doświadczenia twórczego jako podstawową przyczynę rozbieżności między poetą a jego odbiorcami, na plan pierwszy wysunąć trzeba jego zainteresowania filozoficzno-estetyczne, sięgające w świat zarówno teorii, jak praktyki. Wyraz bardzo rozległy i niezwykły, ale zarazem bardzo nierówny i nie wszędzie jasny otrzymały one w traktacie z r. 1851 zatytułowanym *Promethidion. Rzecz w dwóch dialogach z epilogiem*. Obydwa dialogi wierszem są tu odmianą tego, co przed romantyzmem zwano „sztuką poetycką", prawią bowiem o zadaniach sztuki w ogóle, m. in. sztuki słowa, przy czym w rozważaniach tych problem sztuki występuje na tle bardzo szerokim, na podłożu filozofii kultury, i to kultury społecznej. Punktem wyjścia dla Norwida był jego wysoce dyskretnie ujęty stosunek do romantycznej koncepcji sztuki, jej źródeł i jej twórców, koncepcji znanej z *Dziadów* czy *Kordiana*, a zakładającej, iż źródłem dzieła jest natchnienie, czynnik metafizyczny sprawiający, iż osobnik nim obdarzony może mówić jak Mickiewicz: „Depcę was, wszyscy poeci, wszyscy mędrce i proroki" lub jak Słowacki: „Jam jest posąg człowieka na posągu świata". Norwid nie odrzucał bynajmniej natchnienia i wyjątkowości twórcy, ale obie te jego jakości rozumiał i uzasadniał w sposób tak daleki od poglądów obiegowych, że narażał się na nazwę „materialnego rzemieślnika". Idąc tedy za starą tradycją średniowieczną, która

4. Zygmunt Krasiński i C. K. Norwid

stawiała znak równości między biblijnym Adamem i mitologicznym Prometeuszem, dwu tych tytanów zrobił przodkami Promethidiona, artysty nowoczesnego, realizującego w sztuce ich spadek, napiętnowany przez ich bóstwa, które skazały ich na bolesne losy. Los zwłaszcza Adama, zmuszonego do pracy w pocie czoła, jest kamieniem węgielnym Norwidowej teorii sztuki. Potomkowie Prometeja-Adama, na rękach ciężko podnoszącego się z ziemi, niewolnicy pracy fizycznej, rolnicy i rzemieślnicy, dążą do wyzwolenia się spod jarzma, na które skazał ich Stwórca, i mogą się wyzwolić, jeśli pracę swą pokochają, jeśli miłością skruszą odwieczną klątwę i jeśli ta ich miłość znajdzie wyraz w sztuce, najwyższej postaci czynności trudnych, pracy na roli czy rzemiosła. Nawiązując do platonizmu renesansowego i do uwag Górnickiego o muzyce, którą Bóg „nam dał dla ochłody i niejakiej uciechy w pracy a frasunkach naszych", autor *Promethidiona* tak ostatecznie sformułował swe stanowisko:

I tak ja widzę przyszłą w Polsce sztukę,
Jako chorągiew na prac ludzkich wieży,
Nie jak zabawkę ani jak naukę,
Lecz jak najwyższe z rzemiosł apostoła
I jak najniższą modlitwę anioła.
Pomiędzy tymi praca się stopniuje.

Przy takim rozumieniu źródła sztuki, którym jest umiłowanie wykonywanej pracy, jej zbiorowym twórcą jest gromada ludzka, której najgórniejsze aspiracje wyraża jednostka obdarzona inspiracją, natchnieniem, talentem, zdolnością utrwalania w kształcie materialnym tego, czym żyje jej środowisko.

I stąd największym prosty lud poetą,
Co nuci z dłońmi ziemią brązowemi,
A wieszcz periodem pieśni i profetą,
Odlatującym z pieśniami od ziemi.

Z takiego to rozumienia istoty i funkcji sztuki wynikają bardzo cierpkie uwagi Norwida o roli Polski w ludzkości i o roli sztuki w Polsce. W przeciwieństwie tedy do mesjanistycznych wywodów Mickiewicza czy Krasińskiego, którzy usiłowali ustalić misję polityczną swej ojczyzny w dziejach świata, Norwid, stawiając to samo pytanie, odpowiedzi szuka w dziedzinie sztuki i myśli. Nie znajduje jej jednak i dlatego właśnie szkicuje ładny profil „przyszłej w Polsce sztuki", która byłaby wyrazem zbiorowej i miłością rozświetlonej pracy całego narodu. Komentatorzy poety uważali go za prekursora

„sztuki stosowanej", nie zdając sobie sprawy, iż zacieśniali jego myśli do bardzo drobnego podwórka, gdy autorowi *Promethidiona* chodziło o coś zupełnie innego, o wielką i reprezentatywną sztukę narodową. Nie o sztukę elitarną, lecz o ogólną i powszechną, a więc o to samo, co postulowali jego rówieśnicy angielscy, zwłaszcza John Ruskin, który w tym samym czasie wydawał swe *Siedem lamp architektury* (1849) i swe *Kamienie Wenecji* (1851 - 1853).

Problematyka ta, mimo iż autor nie przemilczał w niej sytuacji politycznej kraju, uniemożliwiającej rozwój sztuki, była obca czytelnikowi ówczesnemu, zainteresowanemu przede wszystkim, jeśli nie wyłącznie, sprawami politycznymi, w rezultacie więc *Promethidion* przeszedł nie zauważony, podobnie jak nieco późniejszy traktat prozą *O sztuce (dla Polaków)*, wymierzony przeciw wywodom J. Klaczki (1858). Dla samego zaś poety miał on znaczenie podstawowe w całej jego dalszej twórczości. W jego tedy świetle zrozumieć można tren *Na zgon ś. p. Jana Gajewskiego, polityczno-polskiego emigranta (inżyniera francuskiego) zabitego eksplozją machiny parowej w Manchester 1858 lipca*. Ofiara wypadku urosła tutaj do wymiarów nowego Promethidiona, ofiary za „skradziony ogień Bogu", przedstawiciela nowej klasy społecznej, określonej formułą „wyrobnik z szlachcicem", klasy, której przedstawiciele z prometydów, potomków tytana, zmienili się w „synów ucisku", a sam emigrant „nie jak bohater, zacny Gajewski Jan, zginął od kotła". Gdy się zestawi wiersz ten z trenami Słowackiego na śmierć generała Sowińskiego, poległego w obronie Warszawy, czy na śmierć kapitana Mayznera, zmarłego w nędzy w szpitalu paryskim, zwrot „nie jak bohater" pozwala dostrzec całą odległość Norwida od poezji obiegowej, reprezentowanej przez pisarzy pokolenia „wieszczów".

Utworem, w którym pomysły *Promethidiona* znalazły wyraz najdoskonalszy, jest poemat również treniczny, poświęcony mistrzowi tonów, w traktacie uznanemu za czołowego, najwyższego twórcę w dziejach kultury polskiej, pt. *Fortepian Szopena*. Ta przedziwna oda do sztuki, bo tak by ten poemat nazwać trzeba, przynosi wspaniałą apoteozę genialnego pianisty, ukazanego w jego „dniach przedostatnich", apoteozę, która głosi zwycięstwo geniuszu nad śmiercią, ukazuje bowiem Chopina jako tego, co Polskę śpiewał „od zenitu wszechdoskonałości dziejów wziętą, tęczą zachwytu, Polskę przemienionych Kołodziejów", Polskę ludową, skazaną na cierpienia iście tytaniczne. Ich symbolem są losy jego fortepianu, przez żołdaków carskich wyrzuconego z balkonu i roztrzaskanego o bruk Krakowskiego Przedmieścia. Niewola kraju raz jeszcze potwornie odbiła się na losach sztuki, skazanej wraz z nim jeśli nie na zagładę, to przynajmniej na poniewierkę.

Dziedziną, która przez całe lata pociągała Norwida nieodparcie, była dramaturgia. Począwszy tedy od młodzieńczej „monologii" *Zwolon* (1851), aż po *Kleopatrę*, raz po raz podejmował on wycieczki w świat dramatu, nie zawsze uwieńczane powodzeniem. Zarówno tragedia egipska, jak dramat *Za kulisami* nie wyszły poza stadium fragmentów, są jednak w czytaniu wysoce sugestywne. Natomiast utwory wykończone, jak *Wanda, Krakus, Pierścień wielkiej damy*, zdobyły sobie uznanie nie tylko wielkiej rzeszy czytelników, ale i — co ważniejsza — widzów. A szczegół to nieobojętny, gdy się zważy, iż Norwid dramaturg kroczył własnymi szlakami, odmiennymi od romantycznych, a utrudniającymi percepcję jego sztuk. Stronił tedy od udramatyzowanych widowisk epickich i konfliktów z pogranicza melodramatu, skupiając się na problematyce psychologicznej, ujmowanej w sposób bardzo swoisty, niezwykły. Rozmiłowany tedy w sztuce słowa zwięzłego, podkreślanego chwilami milczenia, którego wymowę uzasadniał teoretycznie, wymagał od widza dużej uwagi, umiejętności chwytania subtelnych odcieni i sensu niedomówień, a więc postawy czytelnika epigramatów, których zwięzłość pozwala bez wysiłku uchwycić ich ostrze (pointe), postawy bardzo trudnej do utrzymania w wypadku utworów dłuższych, wieloaktowych. Dlatego też jednoaktówki Norwida, jak komedia *Noc tysiączna druga* czy misterium *Wanda*, mają wymowę artystyczną znacznie silniejszą niż dramaty dłuższe, historyczne czy współczesne. Ale i one stawiają odbiorcy wymagania bardzo duże, tam bowiem, gdzie inni dramaturgowie, jak twórca *Lilli Wenedy*, stosowali pełne szlachetnego patosu monologi, autor *Wandy*, wplatając w podanie wawelskie motyw chrystusowego, choć przedchrześcijańskiego poświęcenia, stosował półsłowa i półtony, przemawiał poetyckim, subtelnym szyfrem. Dlatego też czytelnik i widz dzisiejszy daleko swobodniej czuje się w świecie utworów Norwida z życia autorowi współczesnego, reprezentujących komedię „białą" czy „wysoką", jak nazywano tę odmianę, popularyzowaną przez Musseta, u nas reprezentowaną przez *Fantazego*. Epigramatyczna zwięzłość, okraszona ciętym dowcipem, oraz realistyczno-satyryczne spojrzenie na otaczające życie i jego fałszywe konwenanse sprawiają, że *Noc tysiączna druga, Aktor, Pierścień wielkiej damy* stawiają Norwida wśród wybitnych komediopisarzy.

Właściwości, które utrudniały pracę Norwidowi dramaturgowi, znakomicie ułatwiły ją noweliście, autorowi serii opowieści o charakterze paraboli bądź lirycznej, bądź — znacznie częściej — satyrycznej. W utworach tych Norwid stosował metodę szkicu, którym tak chętnie posługiwali się ludzie jego pokolenia, wprowadzał więc sytuacje codzienne, ale udziwniał je domieszką pierwiastków nadających im sens paraboliczny, wydobywany przez zaakcentowanie szczegółów i drobiazgów niemal niezauważalnych, a przecież istotnych. *Stygmat, Cywilizacja, Ad leones* — każde z tych opowiadań, choć każde inaczej, demonstruje sztukę Norwida-nowelisty. Tragiczne nieporozumienie dwojga zakochanych, wywołane tym, że ona mówi bardzo głośno, wychowała się bowiem u boku ojca, głuchego artylerzysty, on zaś, pielęgnując chorą nerwowo żonę, przywykł do rozmów sciszonym głosem, dowodzi „stygmatu" przeszłości, ciążącego na żywotach ludzkich. Zatonięcie statku noszącego dumną nazwę Cywilizacja, a odznaczającego się tym, że miał „ozdoby mosiężne bardzo świecące" i że na nim wszystko dokoła było „tak równo, pięknie i gładko", a co nie uchroniło go od zagłady, jest ironicznym, a zarazem pełnym melancholii obrazem nowoczesności wspólnej dla Europy i Ameryki. Taki sam sens ma ironiczna opowieść o głodującym artyście, gdy swą rzeźbę, przedstawiającą chrześcijan na arenie, przerabia na grupę, która „wyobraża KAPITALIZACJĘ w sposób i wyrozumowany, i przystępny", i dzieło to sprzedaje za dolary nabywcy amerykańskiemu, co autor przyrównuje do ewangelicznych trzydziestu srebrników.

Norwid, którego utwory, powstające „za panowania panteizmu druku, pod ołowianej litery urzędem", przeważnie tonęły w szufladach redakcyj czasopism krajowych, doczekał się w r. 1863 zbiorowego tomu *Poezyj*, wydanego u Brockhausa w Lipsku, i prowadził układy o tom drugi, który w całości, jako *Vade-mecum*, po uratowaniu się w powstańczej Warszawie, ukazał się dopiero w latach ostatnich, w podobiźnie ocalałego rękopisu (1947) oraz w osobnym wydaniu (1962). I dopiero obydwa te zbiory, częściowo udostępniane przez najrozmaitsze antologie, pozwalają z lotu ptaka objąć dorobek genialnego poety, ocenić tragiczną wielkość nowatora i zrozumieć charakter jego losów za życia i po śmierci.

Przede wszystkim więc liryka Norwida, w której dostrzegano pierwiastki dydaktyczne, przy braku wypowiedzi o samym sobie, mówi o poecie często i sporo, ale robi to w sposób nieszablonowy, jak świadczy choćby nieobecność utworów erotycznych, tak pospolitych u innych pisarzy. A nieszablonowość wyznań wynika tu ze stanowiska, o którym wspomniało się tu w związku z poglądami twórcy *Promethidiona* na społeczne stanowisko poety i jego stosunek do zbiorowości, której jest wyrazicielem. Dość odwołać się do dwu utworów typowych, do *Mojej piosnki* i do elegii „Klaskaniem mając obrzękłe prawice". Liryk pierwszy, powstały za pobytu poety w Nowym Jorku, jest na pozór zupełnie bezosobisty, przedmiotem tęsknoty jest tu kraj daleki, jego obyczaje i kultura, zwrotki jednak końcowe są tak bezbrzeżnie tragiczne w obrazie tułacza-samotnika, że nie ustępują głośnemu pierwowzorowi, wierszowi Słowackiego *Smutno mi, Boże!* Tylko że Norwid przemawia dyskretnymi półtonami, że obcy mu jest wielki patos, że przenosi milczenie nad skargę. Otwierająca *Vade-mecum* elegia jest natomiast autobiografią, zbudowaną z zamaskowanych faktów, które odpoznać nietrudno, a które ukazują i młodość poety „w żywota pustyni", i jego stosunek do wielkich poprzedników, jego doświadczenia nowatorskie i jego doświadczenia z kobietami, jego wreszcie wysiłek twórczy, przeznaczony nie dla odbiorcy bezpośredniego, lecz dla dalekiego „wnuka". Materię, którą Słowacki wypełnił czterysta pięćdziesiąt strof *Beniowskiego,* Norwid zamknął w siedmiu zwrotkach swej elegii, dając jedyne w swoim rodzaju „Exegi monumentum", pełną bezbrzeżnej rezygnacji spowiedź, napisaną przez człowieka niespełna czterdziestoletniego, ale spoglądającego na własne życie „z ruin samego siebie", a jednak pełnego wiary, iż zwycięży, ale... za grobem.

Kategorię osobną stanowią wiersze o współczesnych poecie bojownikach wolności, poczynając od wspaniałego marsza pogrzebowego, bo taki charakter ma *Bema pamięci żałobny rapsod.* Tu należy tren bardzo niezwykły, wiersz *John Brown,* poświęcony amerykańskiemu abolicjoniście, obrońcy ludności murzyńskiej, który próbę powstania niewolników przypłacił szubienicą. Tu wymienić trzeba dalej wiersz o Mickiewiczu i jego poprzednikach („Coś ty Atenom zrobił..."), od Sokratesa po Kościuszkę i „Napoliona", uznanych po śmierci dopiero, oraz wiersz *Duch Adama i skandal,* stanowiący dopełnienie poprzedniego. Koroną tego cyklu medalionów jest *Fortepian Szopena,* śpiewaka przyszłej, wolnej Polski. I znowuż, jak w grupie liryków o sobie samym, wspaniałe te medaliony odznaczają się swoistą techniką, której odrębność uchwycić się daje przez zestawienie dwu trenów „powstańskich", *Reduty Ordona* i *Bema.* Mickiewicz, przekonany o śmierci Ordona, dał bardzo konkretny obraz sytuacji politycznej r. 1831 i śmiertelnych zapasów na Woli, by zakończyć wizją zwycięstwa wolności. Podobnym akordem kończy się i Norwidowy marsz pogrzebowy ku czci Bema, wydarzenia dziejowe zostały tu jednak „zmarmurzone", niby na fryzie grobowca, konkretne wydarzenia historyczne zastąpione obrazem orszaku żałobnego, kroczącego w przyszłość, która przyniesie tryumf grzebanego bohatera.

Tę samą metodę podziwiamy w Norwida wierszach politycznych, jak np. *Klątwy* czy przejmująca *Pieśń od ziemi naszej.* W obydwu dosłuchać się można motywów spotykanych u mesjanistów, Mickiewicza czy Krasińskiego, zwłaszcza przeciwstawienia Polski i Zachodu, w obydwu nad akcentami lirycznymi przemaga retoryka, z tym wszystkim nie są to wiersze mesjańskie. Bije z nich poczucie wiary w siły narodu, pomawianego o grzechy nie popełnione, w zwycięstwo sprawy słusznej, w odrodzenie o własnej mocy.

Przedstawione tu czynniki złożyły się na swoistą postawę Norwida, poety i myśliciela, tragiczną dla niego w skutkach. Między nim a czytelnikami powstał mur niezrozumienia, zwłaszcza że do przeszkód natury ideowej dołączyły się przeszkody językowe. Na tych przeszkodach potykali się nie tylko współcześni Norwidowi, ale i potomni, żyjący w czasach, gdy już odkryto w Norwidzie wielkiego poetę. Rzecz w tym, że nowa tematyka wymagała nowych środków wyrazu i że w ich poszukiwaniu Norwid poszedł nie torem Mickiewicza i Słowackiego, których język poetycki nie odbiegał zbytnio od codziennego, lecz wkroczył na modne podówczas manowce, po których błądził Krasiński. Były to po pierwsze monstrualne koncepty etymologiczne, po wtóre zaś mania kucia nowotworów. Etymologizowanie romantyczne, namiętnie uprawiane na przykład przez J. N. Kamińskiego, a przejęte przez filozofa i pedagoga Bronisława Trentowskiego, obejmujące cudactwa takie, jak wywodzenie słowa „człowiek" od „czoło" i „wieko" lub dopatrywanie się w biblijnym imieniu „Nabuchodonozor" zdania „ne Boh odno car", otwierało pole do fantazjowania na tematy językowe. Równocześnie sprzyjało ono naturalnej, już w XVIII w. żywo odczuwanej potrzebie tworzenia nowych wyrazów tam, gdzie dawne zasoby słownictwa nie wystarczały.

Norwid pod wpływem Krasińskiego i Trentowskiego wyjaśniał na przykład, że „rozpaczać" da się stosować nie tylko do zjawisk psychicznych, ale i do „sfery ciał" ze względu na wyraz „paczyć", że „odpocząć" dotyczy nie tylko odpoczynku, ale i poczynania od nowa itp. Pochodzącym stąd trudnościom leksykalnym towarzyszą u Norwida inne, składniowe, zarówno w prozie jak w wierszu. Tak więc piękny aforyzm

> *Kształtem miłości piękno jest i tyle,*
> *Ile ją człowiek oglądał na świecie*
> *W ogromnym Bogu albo w sobie — pyle,*
> *Na tego Boga wystrojonym dziecię,*
> *Tyle o pięknem człowiek wie i głosi...*

wymaga parokrotnego odczytania, by uchwycić, że jego wiersze 3—4 znaczą: „W ogromnym Bogu albo w sobie — pyle stworzonym [czy może: ukształtowanym] na dziecię tego Boga". Czytelnik, który chce zrozumieć ustęp XII komentarza do *Promethidiona*, stanowiący monstrualny koszlawiec składniowy, musi długie zdanie rozbić na jego składniki, w tekście poety pogmatwane wręcz beznadziejnie:

4. Zygmunt Krasiński i C. K. Norwid

"Kto ma teraz trochę zastanowienia, ten zrozumie, jaką pełnią powinność piętrzące się arkady tego sztuk wodociągu, połączającego łańcuch pracy — bo *ducha pracy* (to jest ono *myślenie ludowe* i naturę mu przyrodzoną) z *myśleniem ludzkości* w społeczeństwie, które czyni powinność połączania narodów z narodami — ale *połączania*, nie naśladowania i małpowania — bo wtedy *ludowa myśl* odstąpi, jako nieczyniących powinności, kiedy ona swą pełni".

Krytycy, którzy na podstawie tego rodzaju osobliwostek dyskwalifikowali Norwida jako artystę słowa, zapominali jednak, iż w jego dziełach są takie przedziwności poezji, jak sławiony przez Żeromskiego *Bema pamięci żałobny rapsod*, oraz — co ważniejsza — że autor tego poematu ma swoje własne, jedyne i niepowtarzalne środki wyrazu, które po przełamaniu trudności wstępnych, rozbłyskują niezwykłym bogactwem pomysłów.

Przedmiot tylu zainteresowań, przeważnie alkowiano-plotkarskich, tzw. miłość romantyczna, ma swój kącik również w elegii autobiograficznej:

> *Niewiast, zaklętych w umarłe formuły,*
> *Spotkałem tysiąc — i było mi smętno,*
> *Że wdzięków tyle widziałem — nieczuły!,*
> *Źrenicą na nie patrząc bez-namiętną.*
> *Tej, tamtej rękę tknąwszy marmurową,*
> *Wzruszyłem fałdy ubrania kamienne,*
> *A motyl nocny wzleciał jej nad głowę,*
> *Zadrżał i upadł... i odeszły, senne...*

Wspomnienie przeżyć miłosnych, pokrzyżowanych przez konwenanse społeczne, wspomnienie, które można by osadzić na danych biograficznych, zostało tu najzupełniej oderwane od życia, przekształciło się w sugestywny, mrożący chłodem obraz ni to galerii rzeźb, ni to kaplicy cmentarnej, pełen jednakże bolesnej wymowy czysto ludzkiej. Obraz, który w języku nauki zwie się symbolem i który u schyłku życia Norwida uznany został za podstawowy środek techniki poetyckiej. Fakt ten, zademonstrowany tutaj na jednym przykładzie, a wspomniany poprzednio m. in. w uwagach o lirykach poety, prawiących o nim samym czy o ludziach mu współczesnych, pozwala wyjaśnić stanowisko literackie Norwida w kategoriach historycznoliterackich. Wskazuje on, iż twórca *Fortepianu Szopena*, podobnie jak jego francuski rówieśnik, Charles Baudelaire, tworzył na szlaku między romantyzmem a symbolizmem, był presymbolistą.

Ze stanowiska literackiego ta jego cecha tłumaczy zarówno obojętność, z jaką spoglądali na Norwida jego rówieśni, jak i entuzjazm wywołany „odkryciem" go w czasach neoromantyzmu, którego podstawowym nurtem był właśnie symbolizm.

5. DRAMAT W TEATRZE ROMANTYCZNYM

Czołowi przedstawiciele romantyzmu polskiego — Mickiewicz, Słowacki, Krasiński, Norwid — wszyscy usiłowali stworzyć nowoczesny dramat polski. Tragizm historii sprawił, że żadnemu z nich nie było dane zobaczyć teatralnej realizacji swej wizji scenicznej, że tworzyli oni dla „późnego wnuka", dla odbiorcy bezczasowego. Jak jednak przedstawiała się podówczas sprawa dramaturgii praktycznej, repertuarowej, związanej organicznie z życiem teatralnym? Odpowiedź na to dają nazwiska dwu pisarzy, niemal równolatków, ale przedstawicieli dwu radykalnie różnych stadiów w rozwoju dramaturgii europejskiej, Fredry i Korzeniowskiego.

A l e k s a n d e r h r. F r e d r o (1793 - 1876), jak stale się podpisywał, ojciec jego bowiem, wzbogacony ziemianin galicyjski, kupił tytuł hrabiowski w Wiedniu, w biografii swej wiązał cechy niezwykłe z najzwyklejszymi. Młodego chłopca z mocno niedostatecznym wykształceniem domowym porwał prąd historii, gdy w r. 1809 wojska Księstwa Warszawskiego wkroczyły do dzielnicy austriackiej. Szesnastoletni Fredro wstąpił w ich szeregi i po rozmaitych przygodach opuścił je dopiero po upadku Napoleona. Wspomnienia tych spraw przedstawił po latach we wspaniałym pamiętniku *Trzy po trzy*, spisanym gdzieś ok. r. 1845, gdy odległa przeszłość nabrała swoistego uroku rzeczy niepowrotnych. Znalazłszy się w kraju, dymisjonowany kapitan i adiutant sztabu cesarskiego, zmienił się w hreczkosieja, nie pozbawionego jednak aspiracji ani literackich, ani politycznych. W Warszawie mianowicie, gdzie brat jego starszy, Maksymilian, dawny oficer napoleoński, adiutant ks. Józefa Poniatowskiego, później cara Aleksandra I, szlify generalskie łączył z laurami dramaturga (tragedie klasycystyczne oraz przekłady Racine'a), w pamiętnym roku 1821 udało się Fredrze wystawić komedię *Pan Geldhab*, która uświadomiła mu jego powołanie właściwe czołowego komediopisarza owych czasów. Na torze tym utrzymywał się lat kilkanaście, wystawiając aż do r. 1835 utwory swe dalsze, gdy nagle i niespodziewanie zamilkł, śmiertelnie urażony zjadliwymi atakami krytycznymi, które wymierzyli weń prawie równocześnie rozwichrzony romantyk, Goszczyński, i człowiek z jego własnego środowiska, hrabia galicyjski, Leszek Dunin Borkowski. Dotknięty autor *Zemsty* powrócił

5. Dramat w teatrze romantycznym

wprawdzie po piętnastu latach do pracy literackiej, ale plon jej miał ukazać się dopiero po jego śmierci, która nastąpiła w r. 1876. Na lata te przypadła wcale ożywiona działalność polityczna pisarza, szczególnie aktywnego w okresie Wiosny Ludów, gdy jedno z jego wystąpień, poczytane za obrazę majestatu, zagrażało mu wieloletnim więzieniem. W ten sposób również na żywocie galicyjskiego „człowieka poczciwego" w połowie w. XIX zaważyła klątwa, znamienna dla pokolenia „urodzonego w niewoli, okutego w powiciu".

Teatralny debiut Fredry przypadł więc na rok 1821, zamilknięcie zaś komediopisarza na 1835, które to daty niemalże zbiegają się z datami Mickiewiczowskich *Ballad i romansów* oraz *Pana Tadeusza*, a więc milowymi słupami w dziejach romantyzmu polskiego. Tymczasem sprawa stosunku Fredry do romantyzmu należy do spornych zagadnień w literaturze polskiej, rozstrzyganych raczej „zasadniczo", a bez liczenia się z faktami, wskutek czego pisarz, którego najintensywniejsza działalność przypadła na lata twórczości Mickiewicza, poczytywany bywał bądź za prekursora romantyzmu, bądź za jego przeciwnika. Wyrosłe na gruncie tym nieporozumienia brały zbyt jednostronnie genezę dzieł Fredry, nie dostrzegały bowiem różnicy między pobudkami, które skłoniły go do pracy pisarskiej, a warunkami, wśród których rozwijała się jego twórczość. A na współdziałaniu dwu tych czynników polega swoistość i odrębność autora *Ślubów panieńskich*.

O pobudkach zadecydowała atmosfera Paryża, gdzie młody oficer zetknął się po raz pierwszy z teatrem, w którym zamierały ostatnie pogłosy komedii klasycystycznej, wywodzącej się od Moliera. Chodząc zaś do bulwarowych teatrów paryskich, Fredro, który już jako chłopiec układał komedyjki dla scenki domowej, poznał tradycyjne chwyty, wydoskonalone przez kilka pokoleń molierystów. Gdy jednak przystąpił do pracy własnej, znalazł się w warunkach zupełnie innych, związanych z pojawieniem się w kulturze polskiej romantyzmu. Wynik tej dwoistości był niezwykły. Pisarz, który oczami swego pokolenia, pokolenia romantycznego, spoglądał na życie, a rezultaty swych obserwacji wyrażał w formie klasycystycznie budowanych komedii, w trudnej sytuacji stawiał swych badaczy, skłonnych do szufladkowania zjawisk literackich wedle takich czy innych kryteriów, przemawiał natomiast i — jak każdy klasyk — wciąż jeszcze przemawia do odbiorców, których owe kryteria nic a nic nie obchodzą, a którzy w dziele literackim szukają co najmniej rozrywki.

Rozrywki tej dostarczał im Fredro od początku do końca swej kariery, wprowadzając do swych utworów nie tyle pomysły obliczone na zbudowanie czy umoralnienie odbiorcy, ile pomysły w całym tego słowa znaczeniu komediowe, obliczone na wywołanie śmiechu. Stąd nie stronił od konceptów farsowych, które nie trafiały do przekonania krytykom romantycznym, jakkolwiek nie w ten składnik jego dzieł były wymierzone ich ataki. Tak więc zarówno w *Damach i huzarach* (1825), jak w nieco późniejszej od nich komedii *Gwałtu, co się dzieje* stworzył Fredro doskonałe farsy, zbudowane z niekończących się łańcuchów sytuacyj komicznych. W komedii pierwszej dostarczyły tych sytuacji spóźnione zabiegi erotyczne zaprzysięgłych starych kawalerów, wywołane najazdem „dam" na spokojne ustronie, typowy mały garnizon. Nagromadzenie jednak karkołomnie śmiesznych kawałów nie przesłania w farsie prawdy życia. Leciwy Major spostrzega, że chciał „podobno głupstwo zrobić", gdy słyszy od swego rówieśnika, starego huzara, iż ten, nosząc się z zamiarem małżeństwa, idzie za przykładem swego przełożonego. Przysłowiowy motyw krzywego zwierciadła przekształca się tu w motyw postępowania ludzkiego. Równocześnie przez powikłania farsowe prześwieca konflikt zgoła niekomiczny. Dziewczyna, która rozbudziła afekty starego oficera, kocha jego młodego siostrzeńca, w farsie więc tkwi materiał na konflikt wcale nie śmieszny. Jedynie może w *Gwałtu, co się dzieje*, rozgrywającej się w Osieku, a więc przysłowiowej siedzibie przysłowiowych głupców, a osnutej na motywie „rządów niewieścich", do głosu dochodzi czysty komizm sytuacyjny o charakterze cyrkowym. Wygadane mieszczki, które do robót kuchennych zapędziły swych mężów, a same objęły ich funkcje, by w chwili rzekomego niebezpieczeństwa wrócić do roli właściwej, są bohaterkami farsy, której celem artystycznym jest tylko to, co przez wieki całe przyświecało komedii — wywoływanie hucznego śmiechu.

Wycieczki jednak w krainę komizmu dla komizmu, choć powtarzały się i później, były tylko wycieczkami, autor bowiem *Dam i huzarów* tworzył pod naciskiem tradycji literackiej, która z komedii robiła narzędzie do pouczania czytelnika czy widza, do karcenia złych obyczajów, toteż te akcenty będą się przewijać w twórczości Fredry, choć nigdzie nie wysuną się na miejsce pierwsze w tworzonych przezeń obrazach życia. Zabrzmiały one wyraźnie już w dziełach jego pierwszych, w *Panu Geldhabie* (1821) oraz w *Mężu i żonie* (1822). Komedia o dorobkiewiczu Geldhabie, nie pozbawiona akcentów aktualnych w czasie jej powstania, w życiu bowiem ówczesnym przewijało się sporo figur, które dzięki sprytowi dorabiały się majątków na dostawach wojskowych, wprowadza bardzo zabawną przygodę „pysznego nędzki" i jego córeczki, polujących na zięcia i męża, gołego księcia. W wierszach komedii przewijają się drwiny z mieszczańskiego snobizmu, uwypuklone dwuwierszem kończącym komedię, a skierowanym do jej bohatera tytułowego:

„*Nadtoś myślał o księstwie, gdy książę o groszu,
Tak osiadłeś na lodzie, a panna na koszu*".

Mąż i żona znowuż, komedia czteroosobowa, z przyjacielem domu i pokojówką obok postaci tytułowych, wprowadzająca zamiast tradycyjnego trójkąta kwadrat małżeński, a w nim cztery intrygi miłosne, odbiega od sztuk dawniejszych na temat małżeństwa i zdrady. Komedia, którą łatwo było przekształcić w melodramat, kończący się morderstwem, a przynajmniej pojedynkiem, albo też w satyrę na niemoralność światka, gdzie hrabia zdradza żonę z pokojówką i nawzajem jest przez nią zdradzany, przy czym wszystko kończy się kompromisem, którego ofiarą pada jedynie ukarana zamknięciem w klasztorze pokojówka — jest tylko spokojnie, obiektywnie ujętym obrazkiem z życia. Na amoralność tego ujęcia oburzano się nieraz, podobnie jak próbowano niekiedy spotęgować jego wymowę społeczną, biorąc w obronę rzekomą ofiarę jaśniepańskich zachcianek. Niezwykłość *Męża i żony* polega na realistycznym ujęciu całej sprawy, na wyzyskaniu w sposób zupełnie nowy roli tradycyjnej subretki molierowskiej jako uczestniczki intrygi na równych prawach z jej chlebodawcami, słowem na wprowadzeniu do komedii zasad realizmu, spotykanego podówczas raczej w powieściach romantycznych aniżeli w utworach dramatycznych.

To wyzwalanie się z konwenansów komediowych zadecydowało o charakterze trzech dalszych dzieł Fredry, poczytywanych powszechnie za jego arcydzieła. Są to *Pan Jowialski, Śluby panieńskie* i *Zemsta,* przy czym zwykle dołącza się tu jeszcze *Dożywocie,* kończące pierwszy okres jego świetnej działalności dramatycznej. *Pan Jowialski* jest jedną z najosobliwszych sztuk Fredry, odbiega bowiem znacznie od wcześniejszych, prostych, bo jednowątkowych dzieł jego i łączy w bogato rozbudowaną całość motywy stare i nowe. Autor tedy wprowadził tu wątek tradycyjny, u nas znany z komedyjki Baryki *Z chłopa król,* ale odmienny o tyle, iż zabawa kosztem biedaka przebranego za króla zwraca się przeciw jej organizatorom, biedak bowiem okazuje się frantem, który prześladowców swych wywodzi w pole. U Fredry biedakiem tym jest poszukujący wrażeń literat Ludmir, który umie wystrychnąć na dudka panicza, swego przeciwnika, a co więcej, pod dachem dworu, gdzie usiłowano zabawić się jego kosztem, znajduje matkę oraz, odbitą owemu paniczowi, narzeczoną. Dzięki temu stary wątek obrósł tu dodatkami fredrowskiego pomysłu tak obficie, iż komedia robi wrażenie wielowątkowej, i to związanej z życiem polskim, w którym letnie włóczęgi artystów po kraju nie były już wówczas rzadkością. Czynnikiem potęgującym wrażenie tego bogactwa jest duży zespół postaci charakterystycznych, składających rodzinę Jowialskich, a więc stary facecjonista — pan domu, a więc syn-półgłówek a mąż jędzy-snobki, więc jego córka — panna, której lektura romansów przewróciła trochę w głowie. Każda z tych postaci żyje w swoim odrębnym światku, każda odbija od otoczenia. Na plan pierwszy wysuwa się tu stary jowialista, zasypujący słuchaczy przysłowiami i bajkami w takiej obfitości i tak świetnymi, iż pasmo tych wstawek zmienia się niemalże w wątek samodzielny. Komedia, jedna z najzabawniejszych w repertuarze Fredry, rozbrzmiewająca śmiechem od początku do końca, graniczy z farsami, z którymi łączy ją również tok prozaiczny, ale zawiera też pewne elementy satyry, i to politycznej. Jest bowiem niewątpliwie jakaś doza słuszności w próbie dostrzeżenia w *Panu Jowialskim* karykatury systemów, które w okresie „Świętego Przymierza" panowały w Europie środkowej i wschodniej, jakkolwiek tej strony komedii nie należy przeceniać. Polityczne jednak wiersze Fredry i późniejsza komedia *Rewolwer* pozwalają przypuścić, iż widowisko sułtańskie w *Panu Jowialskim* było wymierzone przeciw ustrojowi, który głosił o sobie, że pochodzi od Boga.

Zupełnie inny charakter ma komedia salonowa *Śluby panieńskie czyli magnetyzm serca* (1833), samym już tytułem nawiązująca do naszych powieści sentymentalnych, z których wywodzi się jeden z jej bohaterów, czuły amant. Pobrzmiewają tu nadto pogłosy romantyczno-magnetycznych poglądów na źródło i przyczynę miłości, znane choćby z *Dziadów*. Nie romantyczno-książkowe jednak sentymenty wysuwają się w niej na czoło, lecz bardzo subtelna i wnikliwa analiza budzących się uczuć miłosnych, utrzymana w tonie od szablonów romantycznych bardzo odległym, w tonie znanym raczej z lekkiej komedii w. XVIII, z dziejów jakiegoś „fircyka w zalotach", czy z obyczajów środowiska oficerów napoleońskich, wspaniale przez Fredrę opisanego w jego *Trzy po trzy*. Nowy fircyk, obdarzony wymownym dla czytelników Mickiewicza imieniem Gustawa, zabiega o rękę panny i zdobywa ją łatwym podstępem. Udając rannego, prosi ją, by w jego imieniu napisała list do jego rzekomo ukochanej, z którą połączyć się nie może; panna zgadza się, pisze list, zdradza się przy tej sposobności, iż dyktujący go Gustaw nie jest jej obojętny — i komedia dobiega końca. A komedia to niezwykła, bo, w przeciwieństwie do *Pana Jowialskiego*, niemal pozbawiona akcji, osnuta na kośćcu intrygi tak wiotkiej, iż parę zdań wyjaśniających sytuację mogłoby w zupełności zastąpić list, który wywołuje „działanie magnetyczne" serca. I jeśli jej poprzedniczkę i następczynię

5. Dramat w teatrze romantycznym

nazwać by można komediami „epickimi", *Śluby panieńskie* zasługiwałyby na miano komedii „lirycznej", pod warunkiem jednak, iż dotyczyłoby to nie posępnej i namiętnej liryki romantycznej, lecz pogodnej i wytwornej liryki miłosnej czasów dawniejszych. Charakter zaś epicki ma *Zemsta* (1834), rówieśniczka i bezwiedna krewniaczka *Pana Tadeusza*, osnuta również na wątku tradycyjnym, doskonale znanym z dziejów dramaturgii dawniejszej; w tragedii wyzyskał go Szekspir (*Romeo i Julia*), w komedii zaś Zabłocki (*Sarmatyzm*) czy raczej jego francuski poprzednik. Wątek ten to zaciekły antagonizm dwu sąsiadów, rozwiązany pokojowo małżeństwem ich dzieci. Wątek to zresztą nie tylko literacki, odtwarza on bowiem pospolitą, typową sytuację życiową, jedną z tych, które zdarzały się niejednokrotnie; Fredro mógł ją znać równie dobrze z dziejów starego zamku w Odrzykoniu, który dostał w posagu za żoną, jak z opowiadań lubelskich, utrwalonych w wiele lat po *Zemście* w *Pamiętnikach* Koźmiana. Tak czy inaczej, wątek ten rozbudował po swojemu, skupiając uwagę na dwu śmiertelnych wrogach, sąsiadach spierających się o głupstwa, Cześniku Raptusiewiczu i Rejencie Milczku. Przeciwieństwo, które w bajkach symbolizowały lew i lis, tutaj doszło do głosu w kontraście dwu osobowości: porywczego magnata z wojskową przeszłością i „szlachciury" dorobkiewicza, obłudnego palestranta. Tworząc te dwie figury, autor zabiegał wyraźnie o zachowanie kolorytu lokalnego, w papierach jego zachował się słowniczek archaizmów, wydobytych z Lindego, a zastosowanych w ośmiozgłoskowcach komedii tak zgrabnie, iż przydając jej patyny dawności, nie rzucają się w oczy, nie wywołują wrażenia sztuczności. Obu zaś partnerów związał bardzo pomysłowo postacią pieczeniarza Papkina, kłamcy, tchórza, blagiera i samochwała, wprowadzającego do *Zemsty* coś z atmosfery dawnej komedii ludowej włoskiej — commedia dell'arte — czy jej polskich pogłosów. W porównaniu z tymi kreacjami pierwszoplanowymi blado wypadła para kochanków; ich małżeństwo, rezultat nieudałej „zemsty" Cześnika, jest właściwie mechanicznym środkiem rozwiązania akcji, opartej na grze dwu przeciwnych charakterów, typowych dla kultury staropolskiej, ale wspaniale zindywidualizowanych.

Ze względów chronologicznych do omówionych trzech komedyj Fredry dodaje się zwykle *Dożywocie*, historię lichwiarza polującego na resztki mienia młodego hulaki Birbanckiego, jakkolwiek dzieło to, mimo znakomicie nakreślonej postaci Łatki, nie może się równać z poprzednimi, grzeszy bowiem nadmiarem pomysłów farsowych.

Powróciwszy po przerwie piętnastoletniej do pracy, napisał Fredro niemal drugie tyle komedyj co przed r. 1834, żadna z nich jednak nie osiąga poziomu artystycznego sztuk dawniejszych, żadna też nie zdobyła sobie popularności *Zemsty* czy *Ślubów panieńskich*. Są jednak wśród nich obok błahostek utwory klasy bardzo wysokiej. Tak więc *Rewolwer* jest świetną satyrą na stosunki w państwie policyjnym, które Fredro umieszcza na terenie dalekiej Parmy, choć akcja jej rozgrywać by się mogła równie dobrze w Krakowie czy Lwowie ok. r. 1861, w którym sztuka powstała. Przygoda tchórzliwego barona Mortary, któremu w mieście, gdzie posiadanie broni jest zbrodnią, złośliwe losy podrzuciły zapalniczkę do cygar w kształcie rewolweru, rozbudowana bardzo szeroko wprowadza do satyry motywy groteskowe i farsowe, bogactwem efektów komicznych przypominając czasy *Pana Jowialskiego*. Charakter całkowicie odmienny ma napisana równocześnie z tą satyrą polityczną *Wychowanka*, komedia obyczajowa, na którą wybrzydzali się wybitni miłośnicy pisarza, nie znajdowali tu bowiem normalnych dlań wybuchów wesołości. Istotnie, sprawa Zosi, dziewczyny wiejskiej, rzekomo córki leśnego Hryćka Bajduły, wychowanej we dworze państwa Morderskich, bliższa jest „sztukom" z końca w. XIX aniżeli wątkom Fredrowskim, a cóż dopiero Molierowskim. Wprawdzie tradycyjny finał — nieoczekiwana zmiana w sytuacji „wychowanki", gdy okazało się, że jest ona córką powstańca-szlachcica, przygarniętą przez leśnego — przynosi rozwiązanie komediowe, jednakże obraz życia dziewczyny w domu Morderskich, szantażowanej przez rzekomego ojca, sekowanej przez jędzę w rodzinie dobrodzieja i nagabywanej przez konkurentów do jej nie tyle ręki co posagu, który ów dobrodziej, sądząc, że to jego nielegalna córka, dać jej zamierza — stwarza posępną atmosferę, widzowi lat późniejszych doskonale znaną z dramatu o innej wychowance, z *Głupiego Jakuba* T. Rittnera. Ale w taki to osobliwy sposób raz jeszcze doszedł do głosu realizm Fredry, spotęgowany gorzkimi doświadczeniami pisarza, które nieco później wydały jego *Zapiski starucha*, zbiór cierpkich aforyzmów o rozmaitych przypadłościach ludzkiego żywota, wydane już po śmierci autora (1880) w *Dziełach*, podobnie jak pamiętniki *Trzy po trzy*.

Gdy próbuje się podsumować dorobek komediowy Aleksandra Fredry, ustalenie jego stosunku do prądów literackich, z którymi się stykał, nie nastręcza większych trudności. Wychowany w tradycjach Oświecenia, pełnię twórczości rozwinął w okresie rozkwitu romantyzmu, twórczość zaś kończył w czasach, gdy romantyzm miał się ku schyłkowi. Rzekomo odwrócony od romantyzmu, był bardzo bliski jego nurtowi realistycznemu, który w literaturze polskiej wyjątkowo tylko ujawnia się w poezji epickiej i dramatycznej, ujście natomiast znajdował w prozie powieściowej i komediowej. Na taki stosunek pisarza do ówczesnych tendencji literackich wpływały jego

5. Dramat w teatrze romantycznym

uzdolnienia twórcze, wśród których górowały umiejętność dokładnej obserwacji życia, szczególna wrażliwość na zjawiska komiczne, swoiste wreszcie predylekcje językowe. Jego tedy komedie to bardzo bogata galeria obrazów i obrazków życia ziemiańskiego, obfitością szczegółów obyczajowych nie ustępująca najlepszym powieściom owoczesnym, z mnóstwem postaci ludzkich, zazwyczaj wyraźnie zindywidualizowanych, występujących w sytuacjach przeważnie komicznych, traktowanych bądź z pogodnym humorem, bądź ironicznie czy satyrycznie. Rezolutne dziewczęta, młodzi hulacy, starzy słudzy, pogodni staruszkowie — to kreacje sercu pisarza-humorysty najmilsze. Jego wreszcie język artystyczny zarówno w prozie, jak i w wierszu urozmaicony jest świetnymi konceptami w postaci dowcipów oraz mnóstwem pierwiastków gnomicznych, przysłów i aforyzmów, tworzonych bez wysiłku przez pisarza, który chętnie cytował powiedzenia swego imiennika, Andrzeja Maksymiliana, a na starość, idąc w jego ślady, układał własne maksymy.

Było to możliwe dzięki wielkiej sprawności pisarskiej Fredry, który od młodych lat czuł pociąg do pióra i przez całe życie pióra tego z palców nie wypuszczał. Na użytek tedy własny i otoczenia sypał wierszami i wierszykami, z rzadka tylko drukowanymi, a w wydaniu zbiorowym wypełniającymi dwa spore tomy. Dokładne zbadanie tej „potocznej" poezji przyniesie kiedyś odpowiedź, jak stopniowo narastała, formowała się i ostatecznie ukształciła kultura literacka autora *Zemsty*, by wyraz pełny i ostateczny znaleźć w wierszu i prozie jego komedyj, pisywanych nie spontanicznie, lecz przerabianych i poprawianych wielokrotnie i starannie, nim wymagający autor uznał je za ostatecznie wykończone. Jak duże zaś wymagania sobie stawiał, dowodzi jego pamiętnik *Trzy po trzy*, chaotyczna na pozór, bezładna i niedbała gawęda o latach dzieciństwa i młodości, doprowadzona do chwili, gdy młody oficer rozstał się z mundurem wojskowym i począł przekształcać w ziemianina. Przepyszne, soczyste obrazki: wycieczki chłopca w Bieszczady, przygody oficerka w wojsku księcia Józefa, zetknięcie się z surową rzeczywistością służby wojskowej, wędrówki po Europie z epizodami takimi, jak wyprawa na Moskwę czy bitwa pod Lipskiem — wszystko to ujął Fredro metodą stworzoną przez Laurence'a Sterne'a, którego powieściami (*Życie i myśl Tristrama Shandy*, *Podróż sentymentalna*) zachwycano się w całej Europie ze względu na ich oryginalną strukturę i humor. *Trzy po trzy* jest najwybitniejszym okazem sternizmu w prozie polskiej.

Drugi pionier dramatu krajowego, **J ó z e f K o r z e n i o w s k i** (1797 - 1863), nieco młodszy od Fredry jego krajan, pod każdym względem był przeciwieństwem autora *Zemsty*. Starannie wykształcony pedagog, nauczyciel w liceum krzemienieckim, pod koniec życia wysoki urzędnik organizujący w Warszawie szkolnictwo, w jego zaś obrębie Szkołę Główną, był solidnym uczonym, autorem rozważań teoretycznych nad poezją, pracowitym tłumaczem dzieł dramatycznych, m. in. Schillera i Shakespeare'a, a równocześnie niezwykle płodnym pisarzem. W zakresie dzieł dramatycznych wydał on drukiem pół setki utworów, a więc o dziesięć więcej od znakomitego rywala.

Jako dramaturg Korzeniowski starannie, cierpliwie i systematycznie realizował program niemal identyczny z programem Słowackiego, obliczony na stworzenie dramatu narodowego, i, podobnie jak wielki samotnik emigracyjny, robił mnóstwo eksperymentów, nim trafił na drogę właściwą, gdy zaś to osiągnął, zdobył pozycję równą Fredrowskiej, a nawet wyższą, i potrafił ją utrzymać do końca w. XIX, gdy utwory jego nie schodziły ze sceny, wystawiane nie tylko w teatrach publicznych, ale również na scenkach amatorskich.

Eksperymenty te szły przede wszystkim w kierunku stworzenia tragedii historycznej, jej zaś pierwszą próbą był *Mnich* (1830), na sposób antyczny ujęta historia zbrodni i pokuty króla-wygnańca, Bolesława Śmiałego. Z innych powodzeniem cieszyła się udramatyzowana wersja *Marii* Malczewskiego, grana we Lwowie w r. 1831 sztuka *Dymitr i Maria* (1847). Do grupy tej należy również *Andrzej Batory* (1846), poświęcony tragicznym zabiegom kardynała warmińskiego i bratanka królewskiego o tron siedmiogrodzki. Próby te świadczyły o doskonałym opanowaniu rzemiosła literackiego, ale brakowało im życia, którym tchnie prawdziwa poezja. I rzecz zabawna, ale trudne to zadanie udało się Korzeniowskiemu rozwiązać w sztuce z życia huculskiego, z którym zetknął się w czasie wakacyj spędzanych nad Czeremoszem. Na zasłyszanej tam opowieści oparł swych *Karpackich górali* (1843), klasyczny okaz „dramy", tj. melodramatu o losach szlachetnego opryszka, młodego Huculi, zdradziecko oddanego w rekruty, dezertera i rozbójnika, kończącego bujny żywot na szubienicy. Dziwnym zbiegiem okoliczności dramat ludowy Korzeniowskiego powstał niemal równocześnie z Kraszewskiego *Historią Sawki* i *Obrazami z życia i podróży* Pola, wchodząc w skład tryptyku, który wprowadzał do literatury krzywdę chłopską i chłopską miłość wolności. Z wstawek lirycznych w *Karpackich góralach* pieśń wolności „Czerwony pas, za pasem broń" weszła do repertuaru bezimiennych pieśni popularnych.

Równocześnie z dramatem huculskim ukazała się duża komedia obyczajowa Korzeniowskiego *Żydzi* (1843), poprzedzona kilku drobnymi wprawkami. Przynosiła ona rozległe tło obyczajowe i wymowną satyrę społeczną, nie bez wpływu zapewne dramaturgii francus-

5. Dramat w teatrze romantycznym

kiej, której przywodził rówieśnik pisarza polskiego, Eugène Scribe. Korzeniowski mianowicie wprowadził tutaj zagadnienia, na które podówczas zwracał uwagę autor *Fantazego* i którymi w kraju zajmowała się żywo powieść: stosunki ekonomiczne i ich konsekwencje społeczne, ruinę majątków magnackich i sprawy kredytu — słowem problematykę, która odtąd przez lata całe nie będzie schodziła z desek sceny polskiej. Panowie i półpankowie, jak nazywano dorobkiewiczów, zadłużona szlachta i bankierzy żydowscy — oto nowy świat, w którym „Żydami" są nie autentyczni wyznawcy religii mojżeszowej, lecz lichwiarze obdzierający nieszczęsnych dłużników, tj. utytułowani przedstawiciele ziemiaństwa i towarzyszący im dorobkiewicze. Ostrze satyry godzi tu zatem w sfery uprzywilejowane, i to nie w jednostki typu Geldhaba z komedii Fredry, lecz w określoną grupę społeczną, atakowaną równocześnie przez powieści Kraszewskiego, któremu z pomocą rychło pospieszy i autor *Żydów*.

Do Fredry zaś zbliży się Korzeniowski w innej jeszcze dziedzinie, w komedii *Panna mężatka* (1845), poczytywanej — i słusznie — za utwór jego dramatyczny najdoskonalszy. Opiera się ona na tym samym wątku, co *Śluby panieńskie*, tj. na zręcznym wymuszeniu na opornej kobiecie wyznania miłosnego, przy czym wątek ten, potraktowany równie subtelnie, otrzymał tu postać tak oryginalną, iż o zależności jego od poprzednika mówić niepodobna. Z komedyj zaś innych wymienić tu warto *Starego męża* (1842) i *Autorkę* (1849), osnute na „motywie Safony", rezygnacji z miłości do osoby zakochanej w kimś innym. Starszy pan, który poślubił młodziutką córkę przyjaciela, rozumie, iż szczęścia jej dać nie potrafi, znajduje więc swego imiennika, młodego oficera, ułatwia młodym zakochanie się i podejmuje kroki rozwodowe, by parze swych wybrańców ułatwić szczęście. Korzeniowski, który już *Żydami* sprowokował opinię publiczną, pomawiającą go o filosemityzm, w *Starym mężu* rzucił rękawicę obiegowym poglądom romantycznym na potęgę miłości, ukazując to uczucie w postaci niezwykle wysublimowanej, przy równoczesnym usunięciu ze sceny efektów melodramatycznych, znanych choćby z arcyromantycznej sytuacji w *Horsztyńskim* Słowackiego.

W komediach Korzeniowskiego, pisanych zarówno w Rosji, gdzie przez lat kilka pracował w szkolnictwie średnim, jak później w Warszawie, wystąpiły dalsze znamienne cechy pisarza, różniące go od poprzedników, a wyraźnie nowoczesne. Dramaturg, który oderwał się od środowiska drobnoszlacheckiego i wszedł w szeregi inteligencji miejskiej, z jej życia jął czerpać pomysły do swych komedii i wprowadzać na scenę ludzi miasta, przedstawicieli światów urzędniczego i aktorskiego, sięgnął nawet (w *Majstrze i czeladniku* 1847) do środowiska rzemieślniczego, upowszechniając ze sceny sprawy i zagadnienia, którymi dramaturgia dawniejsza się nie interesowała.

Wszystkie te nowości przyjmowały się i stopniowo przekształcały dawne konwenanse literackie, proces ten jednak przebiegał powoli, jego bowiem sprawca, stateczny pedagog i urzędnik, nie był pełnym rozmachu rewolucjonistą, burzycielem starych nawyków, jakkolwiek nieraz ściągał na siebie gromy. Wyznawane jednak zasady umiarkowanego realizmu wdrażał systematycznie w dziedzinie, w której położył zasługi niewątpliwie największe, w dostarczanym przez siebie w ciągu lat trzydziestu repertuarze teatralnym, utrzymywanym na poziomie wprawdzie nie najwyższym, ale zupełnie przyzwoitym. Kontynuator Zabłockiego, Bogusławskiego i milczącego już Fredry nie wzbił się na wyżyny, ale poziom osiągnięty przez poprzedników utrzymał, rozszerzył i podniósł, co w warunkach międzypowstaniowych było zasługą nie tylko literacką, ale i społeczną. W tym właśnie widzieć można znaczenie Korzeniowskiego jako dramaturga i jego dorobku teatralnego. Przykładem swym wreszcie uczył, zachęcał i ośmielał innych, jak choćby Stanisław Bogusławski, syn Wojciecha, w Warszawie, czy znakomity historyk Karol Szajnocha we Lwowie lub poeta Władysław Syrokomla w Wilnie.

6. KRASZEWSKI I POWIEŚĆ ROMANTYCZNA

Sytuacja, w której znalazły się po r. 1830 kultura polska, nauka polska i literatura polska, była nie do pozazdroszczenia. Po zamknięciu, tytułem represji, uniwersytetów w Warszawie i Wilnie pozostał z trudem wegetujący w tzw. Rzeczypospolitej Krakowskiej stary Uniwersytet Jagielloński. Prasa właściwie przestała istnieć, literatura zaś przesunęła się na emigrację. W tych warunkach wystąpiło zjawisko niezwykle ciekawe — funkcję mianowicie zlikwidowanych instytucyj życia społecznego wzięła na swe barki powieść, reprezentowana przez jednego człowieka, wokół którego rychło miał pojawić się spory zastęp współpracowników. Człowiekiem tym był J ó z e f I g n a c y K r a s z e w s k i (1812 - 1887), młody ziemianin podlaski, a później wołyński, wychowanek Uniwersytetu Wileńskiego, nie mogący się zresztą pochlubić dyplomem, studia bowiem przerwało mu kilkunastomiesięczne więzienie po wybuchu powstania listopadowego. Osiadłszy na wsi, Kraszewski rozpoczął swą wielokierunkową działalność pisarską na polu powieści i publicystyki, którą uprawiał na łamach „Tygodnika Petersburskiego", najlepszego podówczas czasopisma polskiego, ale wydawanego nie w Warszawie, lecz w stolicy imperium rosyjskiego. Ziemianinowi-literatowi nie wystarczało to, na głuchej wsi więc rozpoczął wydawanie czasopisma naukowego „Athenaeum" (1841 - 1851), w którym zdołał skupić sporą gromadkę miłośników literatury i nauki. Owocem trzydziestoletniej działalności było powierzenie mu redakcji dziennika warszawskiego („Gazeta Polska" 1859 - 1862), w którym pracę przerwała katastrofa historyczna. W parę tygodni po wybuchu powstania styczniowego liberalny redaktor musiał opuścić Warszawę, nie podzielał bowiem zasad naczelnika rządu cywilnego w Królestwie Polskim, Wielopolskiego, tych zasad, które sprowokowały wybuch powstania.

Osiadłszy w Dreźnie, pisarz nie rezygnuje z działalności publicystycznej, wymierzonej przeciw zwolennikom polityki ugodowej, którą zwalcza w rozmaitych czasopismach i w serii wydawanych rocznikami *Rachunków* (1866 - 1869), oraz w broszurach programowych, nadto bierze udział w rozmaitych akcjach politycznych, z których jedna naraziła go na zarzut zdrady stanu i na proces wytoczony mu przez rząd niemiecki i więzienie. Wypuszczony wskutek choroby za kaucją, schorowany pisarz kończy wieloletnią tułaczkę śmiercią w r. 1887.

Działalności politycznej i publicystycznej w obrębie tych długich lat towarzyszą prace Kraszewskiego naukowe, historyczno-archeologiczne i historycznoliterackie. Z dziedziny pierwszej wymienić wystarczy dwie tylko: czterotomową monografię *Wilno* (1838) oraz trzytomowe dzieło *Polska w czasie trzech rozbiorów* (1873 - 1875); z drugiej — duże studia o Klonowicu, o Syrokomli, o Krasickim, wyznaczające Kraszewskiemu niepospolite miejsce wśród badaczy dziejów piśmiennictwa polskiego lat dawnych i nowszych. Jeśli do tego dodać serię reportaży krajoznawczych, powiedzieć można, iż w ciągu wielu dziesięcioleci twórczość publicystyczna i naukowa znakomitego poligrafa i polihistora zastępowała nie istniejące instytucje naukowe i uniwersyteckie, była bowiem dla czytelników obfitym źródłem wiadomości o Polsce i świecie, jedyną w swoim rodzaju wolną wszechnicą.

Ta płodność i pracowitość, zdumiewająca gdy się zważy, iż maszyna do pisania nie była wówczas znana, a pomocą sekretarzy Kraszewski się nie posługiwał, pochłaniała zaledwie część energii psychicznej i fizycznej człowieka, który był przede wszystkim pisarzem-literatem, poetą, dramaturgiem, powieściopisarzem. Po poecie pozostało bardzo niewiele. On sam bardzo wysoko cenił swą trylogię mitologiczno-epicką *Anafielas* (1840, 1846), próbę homeryckiego ujęcia pradziejów Litwy. Inaczej spojrzała na to potomność, która z całego wierszowanego dorobku autora *Poezyj* (1838) zachowała w pamięci jedynie bajkę *Był sobie dziad i baba*. Zapomnieniu uległy również próbki dramatyczne Kraszewskiego, jakkolwiek jego „komedie kontuszowe", zwłaszcza *Miód kasztelański* (1860), cieszyły się przez lat wiele powodzeniem. W rezultacie, w zgodnej na ogół, choć z konieczności ulegającej falowaniom opinii czytelników Kraszewski ostał się po dzień dzisiejszy jako autor kilkuset różnych a żywych dotąd powieści. Na jego dorobek powieściowy składają się dzieła bardzo różne, co łatwo zrozumieć, zważywszy, że pierwsze powieści ukazały się w latach 1830 - 1831 (*Kotlety, Pan Walery* i in.), ostatnia zaś w 1887 (*Czarna godzina*), czyli że dzieli je lat niemal 60 nieprzerwanej i właściwie nie słabnącej pracy twórczej, pracy, której można stawiać przeróżne zarzuty, ale nie zarzut mechanicznej grafomanii. Rozpiętość w czasie sprawiła, iż dorobek Kraszewskiego jest, z natury rzeczy, wielostylowy, iż zarówno treść, jak forma jego próbek młodzieńczych, ogłaszanych pod drwiącym pseudonimem Kleofasa Fakunda Pasternaka, i powieści tworzonych u schyłku życia musi wykazywać różnice bardzo istotne.

Stadium wstępne stanowią tu opowiadania, często groteskowe, utrzymane w tonie spopularyzowanym przez romantyków niemieckich, zwłaszcza Jean Paula (Richtera), młody pisarz jednak z biegiem czasu manierę tę przezwyciężył i po próbie powieści sentymentalnej (*Poeta i świat* 1839) wkroczył w dziedzinę powieści obyczajowej, dając w *Latarni czarnoksięskiej* (1843) rozległe malowidło życia szlacheckiego na Wołyniu. W zbudowanym na sposób nieco staroświecki (motyw podróży) toku wydarzeń powieściowych wystąpiły tutaj pomysły, które przez całe lata miały pojawiać się w późniejszych dziełach płodnego pisarza. W krótkim tedy opowiadaniu *Historia Sawki* wprowadził zagadnienie stosunku dworu i wsi wołyńskiej, ukazujące niedolę pokrzywdzonego przez oficjalistę parobczaka, zagadnienie więc krzywdy chłopskiej, które przez lat dwadzieścia poprzedzających zniesienie pańszczyzny i uwłaszczenie było centralną sprawą życia rosyjskiego, a tym samym i ziem, które po rozbiorach znalazły się w granicach imperium. Kraszewski doniosłym tym procesem społecznym. interesował się żywo, nie tyle ze stanowiska publicysty, co powieściopisarza, który, przyjmując jako aksjomat ludzką równość chłopa i szlachcica, podważał nierówność prawną dwu tych klas społecznych przez ukazywanie jej tragicznych konsekwencyj w życiu wsi wołyńskiej czy poleskiej. Jak przystało na pisarza romantycznego, przedstawiał konflikty uczuciowe, miłość pana i pięknej chłopki (*Ulana* 1843), miłość człowieka z wykształceniem uniwersyteckim, ale z pochodzenia chłopa pańszczyźnianego, i młodej arystokratki (*Ostap Bondarczuk* 1847) i ponownie niewesołe dzieje „panicza i dziewczyny", w tym wypadku córki szlachcica chodaczkowego (*Budnik* 1848), czy żałosne koleje samorodnego artysty, prototypa Janków-muzykantów i Beldonków (*Historia kołka w płocie* 1860). Obok powieści tych, szarych i posępnych,

6. Kraszewski i powieść romantyczna

jak szara i smutna była dola chłopska, były i inne, wprowadzające motywy bardzo niezwykłe, a czytelnikom niekoniecznie przypadające do smaku. Należała tu sielanka o kolektywie chłopskim opiekującym się wychowaniem i wykształceniem panicza-sieroty, podbudowana baśniowym motywem prastarej świątyni pogańskiej boga Łady, zachowanej w grocie podziemnej (*Ładowa pieczara* 1852), z aluzją do pierwotnej religii Słowian wnoszącej ład społeczny w życie zbiorowe. Coś z akcentów sielankowych weszło do powieści *Jermoła* (1875), ukazującej odrodzenie duchowe starego odludka-mizantropa, któremu losy zesłały niemowlę-podrzutka i kazały się zająć wychowaniem dziecka. Wystąpił tu więc motyw, który nieco później pojawi się w głośnej powieści *Silas Marner* realistki angielskiej George Eliot, motyw u polskiego pisarza zakończony tragicznie, śmiercią chłopca i jego opiekuna, gdy podrzutek okazał się dzieckiem pańskim i gdy rodzice usiłowali go Jermole odebrać.

Popularnością największą cieszyła się *Chata za wsią* (1854), przypominająca bajki ludowe o kopciuszku, historia sierotki Marysi, dziewczynki pochodzenia półcygańskiego, poślubiającej po przełamaniu mnóstwa uprzedzeń, w środowisku wiejskim równie żywych, jak w świecie arystokracji, dzielnego chłopca z drobnej szlachty. W trzech tych powieściach, z których ostatnią parokrotnie przerabiano na scenę, Kraszewski bardzo starannie rozbudował tło. Gdy więc w *Ładowej pieczarze* zajął się rzekomymi przeżytkami kultury pogańskiej, w *Jermole* ukazał problem sztuki stosowanej, ceramiki ludowej, w *Chacie za wsią* wreszcie świat cygański, którego egzotyczna barwność przemawiała tak silnie do wyobraźni romantyków rosyjskich i francuskich, u nas zaś dochodziła do głosu w dramatach Kniaźnina *Cyganie* (1787) i Korzeniowskiego pod tymże tytułem (1857).

Obok ludowych dawał Kraszewski powieści z życia miejskiego i życia ziemiańskiego, związanego z wsią. Z pierwszych dwie cieszyły się dużą poczytnością: *Ostatni z Siekierzyńskich* (1851) oraz *Powieść bez tytułu* (1855). Pierwsza, której tytuł poszedł w przysłowie, miała wyraźne akcenty dydaktyczne, biła w szlacheckie przesądy stanowe, hamujące rozwój życia, które ludzi pochodzenia szlacheckiego wiodło do miast i skłaniało do zajmowania się handlem czy rzemiosłem, co w świetle owych przesądów było kalaniem „tarczy herbowej". Niezwykłość tej powieści polega na fakcie, iż już w r. 1851 wprowadziła ona do literatury zjawisko społeczne, które w kilkanaście lat później nabrało charakteru masowego, gdy na skutek uwłaszczenia tysiące „wysadzonych z siodła", w powieści noszących nazwiska Wokulskich czy Połanieckich, szukało chleba i dorabiało się go na bruku miejskim. *Powieść bez tytułu* porusza niemal to samo zagadnienie, z tą jednak istotną różnicą, iż wprowadza wędrówkę do miast nie kandydatów na kupców i przemysłowców, lecz ludzi pióra, kandydatów na pisarzy, i odtwarza wczesne stadia migracji literackiej, w której udział wypadło wziąć niebawem i samemu Kraszewskiemu. Powieść, artystycznie słaba, akcję jej bowiem oparto na biografii utalentowanego niezdary, sentymentalnego niedołęgi, jest niezwykle interesującym obrazem ruchu literackiego w romantycznym Wilnie, obrazem tak dokładnym, iż autora pomówiono o pamflet i zmuszono do wyjaśnień, iż nie portretował powszechnie znanych osób ze świata księgarskiego i pisarskiego. Do walorów jej artystycznych zaliczyć należy śmiałe wprowadzenie wątku miłosnego, rozbijającego się nie o zapory klasowe jak w powieściach chłopskich, lecz rasowe i religijne, wybranką bowiem niefortunnego poety jest dziewczyna z getta wileńskiego, wyrastająca najnieoczekiwaniej na niemiecką aktorkę, gwiazdę sceniczną.

We wszystkich tych powieściach przewijają się stale pewne motywy, które z biegiem czasu, gdy Kraszewski po r. 1863 znalazł się poza Polską, wysunęły się na czoło jego malowideł społecznych, korzystnie świadcząc o rozeznaniu pisarza w życiu jego czasów. Na okres ten przypadło coś, co przydarzyło się już raz, w drugiej połowie w. XVI, mianowicie wygasanie starych rodów magnackich, czego następstwem był upadek latyfundiów, których rody te w nowych warunkach politycznych utrzymać nie potrafiły. Ich miejsce zajmowały biedniejsze linie boczne oraz nowa arystokracja, zdobywająca tytuły hrabiów i baronów za pieniądze od rządów zaborczych. Sprawom tym, poruszonym już na kartach *Latarni czarnoksięskiej*, Kraszewski poświęcał dużo uwagi w wiele lat później, m. in. w powieściach *Morituri* i *Resurrecturi* (1874-1876), gdzie dał niezwykle plastyczne obrazy ruin klasowych i ruin ludzkich, ukazywane na tle ponurych, rozsypujących się w gruzy pałaców i dworów.

Pobyt w Niemczech i obserwacja wzrastającej potęgi państwa Hohenzollernów oraz antypolskie posunięcia rządu niemieckiego w Wielkopolsce wywołały serię powieści, które określić by można mianem tendencyjnych, wszystkie one bowiem biły na alarm, wskazywały na kurczenie się polskiego stanu posiadania w Wielkim Księstwie Poznańskim, jak brzmiała oficjalna nazwa zagrożonej prowincji, i nawoływały do szukania środków zaradczych. Powieści jeszcze inne były wyrazem troski o przyszłość młodego pokolenia, szukającego nauki i rozrywki wśród obcych, przy czym uwadze bystrego obserwatora nie uszedł, jak dowodzi powieść *Szalona* (1882), rys nowy, pęd kobiet do zdobywania wykształcenia uniwersyteckiego, a więc ruch, który w przyszłości wydać wprawdzie miał Marię Curie-Skłodowską, ale którego pierwsze pionierki skazane były na zmarnowanie.

6. Kraszewski i powieść romantyczna

To nastawienie publicystyczne, wyrażające głęboką troskę pisarza o losy narodu, zagrożonego przez trzy potęgi zaborcze, nawet bowiem polityka Austro-Węgier, nie stosująca gwałtów, do których uciekały się Prusy i Rosja, obliczona była na zniweczenie narodowości polskiej, skłoniło Kraszewskiego do napisania cyklu sześciu powieści poświęconych tragicznemu powstaniu styczniowemu, które sam okupił przymusową emigracją. Powieści te, wydawane pod pseudonimem Bolesławity, dowodziły, iż powstanie było koniecznością o tragicznych następstwach, ale koniecznością wywołaną przez gwałt dokonany na żywym narodzie. Pisane w czasie powstania i bezpośrednio po jego stłumieniu, stanowiły one pomost pomiędzy powieścią z życia bieżącego a powieścią historyczną, którą to odmianę pisarz od samego niemal początku swej kariery uprawiał konsekwentnie i którą właściwie stworzył na gruncie polskim, przeciwstawiając się wyraźnie swoim romantycznym poprzednikom.

Kraszewski mianowicie, autor *Wilna*, w dziedzinie historii był amatorem, ale posiadał szeroką i głęboką znajomość przeszłości, szczególnie w. XVIII, którego dzieje studiował pilnie, wertując mnóstwo pamiętników, źródeł drukowanych, a wreszcie, gdy osiadł w Dreźnie, materiałów archiwalnych. Początkowo zainteresowaniami swymi objął epokę Jagiellonów i ją to właśnie wprowadził do swej pierwszej wielkiej powieści historycznej, zatytułowanej *Zygmuntowskie czasy* (1846). Wiedziony trafnym instynktem pisarza, uwagę swą skupił nie na wielkich wydarzeniach historycznych, lecz na życiu codziennym, ukazującym kulturę odległej epoki. Pozwoliła mu na to jego znajomość literatury sowiźrzalskiej, której kilka pozycyj sam wydał, i literatury dramatycznej, którą znał z rękopisów posiadanych w własnych zbiorach, a wydanych dopiero w naszych czasach. Życie żaków krakowskich, ich związki z szumowinami stołecznymi, ich stosunek wreszcie do głośnych spraw państwowych stworzyły całość bardzo daleką od wzorca, który dla literatury romantycznej ustaliły powieści Waltera Scotta, a znacznie bliższą temu, co dla czasów grubo późniejszych dawała realistyczna powieść Dickensa, który w dziedzinie tej niewątpliwie patronował Kraszewskiemu.

Krainą jednak, w której powieściopisarz polski czuł się u siebie, był wiek XVIII, czasy Stanisława Augusta, a później, dzięki drezdeńskim studiom archiwalnym, czasy saskie. Wieloletnie obcowanie z materiałami źródłowymi zadecydowało o postawie Kraszewskiego jako autora powieści historycznych i znalazło wyraz w jego polemice z wybitnym krytykiem literackim, a zarazem powieściopisarzem, Michałem Grabowskim, zwolennikiem metody Scotta, zakładającej przewagę fikcji nad dokumentem w powieści historycznej. Starły się tu dwa stanowiska: poezja czy nauka. Kraszewski oświadczył się za nauką i stanowisku temu dochował wierności w całej niemal karierze pisarskiej. Szczególnie jasno wystąpiło ono w jego powieściach saskich (*Hrabina Cosel* 1874, *Brühl* 1875, *Starosta warszawski* 1877), tradycyjnie uznawanych za jego najwyższe osiągnięcia w tej dziedzinie. Jest w tym niewątpliwie duża przesada, powieści bowiem, w których do głosu doszła nie tylko wiedza w danych sprawach, ale — i to przede wszystkim — intuicja i wyobraźnia twórcza Kraszewskiego, stoją znacznie wyżej od powieści ściśle historycznych pisarza. Sprawdzić to można choćby na cyklu opowiadań o głośnym wojewodzie wileńskim, Radziwille Panie Kochanku. Ten podziwiany w czasach romantyzmu błazeński magnat poziomu naprawdę artystycznego sięga w powieściach takich, jak *Papiery po Glince* i, przede wszystkim, *Ostatnie chwile księcia wojewody* (1875), które wyrastają nie ze znajomości dokumentów archiwum nieświeskiego, lecz z wyobraźni znakomitego pisarza.

Najambitniejszym, wręcz rekordowym wyczynem pisarskim Kraszewskiego był cykl przez niego samego określany jako „dzieje w powieści", obejmujący dwadzieścia dziewięć dzieł odtwarzających systematycznie przeszłość Polski od jej bajecznych początków w *Starej baśni* (1876) po *Saskie ostatki* (1889). Poza *Starą baśnią*, która z miejsca zdobyła sobie uznanie dzieła klasycznego, cykl historyczny spotkał się z przyjęciem bardzo chłodnym, na sędziwego pisarza spoglądano bowiem jako na przeżytek, nie wytrzymujący konkurencji z czołowymi przedstawicielami młodego pokolenia, zwłaszcza z podziwianym Sienkiewiczem. Wśród czytelników jednak, którzy dzięki niemu zapoznawali się z historią Polski, mieszkańców wsi i miasteczek, miał Kraszewski zapamiętałych wielbicieli, a stanowisko ich znajduje potwierdzenie dziś właśnie, gdy w jego cyklu historycznym dostrzega się cenne walory ideowe i duże wartości artystyczne. Do pierwszych należy jego trzeźwe i wolne od rocznicowych entuzjazmów spojrzenie na dawne wieki, do drugich plastyka ukazywania wybitnych osobistości i ich wkładu w budowę kultury polskiej. W rezultacie bowiem w swej spokojnej i z wiedzy naukowej wyrastającej prozie Kraszewski zrealizował to, co wizyjnymi pomysłami cwałowało w wyobraźni twórcy *Króla Ducha*, dał bowiem, na innym oczywiście poziomie, obraz czynników, które w ciągu stuleci kształtowały życie polskie i kulturę polską.

Chcąc podsumować znaczenie Kraszewskiego, sprawę tę ująć można w kilku punktach. I tak — przez pół wieku przeszło był on źródłem wiedzy w sprawach najrozmaitszych, rodzajem uniwersytetu powszechnego dla swych czytelników; w dziedzinie literatury zapoznawał ich z przeszłością narodu, o której nie mówiła im szkoła owoczesna, i to zapoznawał w sposób daleki od jarmarcznie łatwych

6. Kraszewski i powieść romantyczna

ujęć popularnych; w powieściach z życia bieżącego trafnie chwytał i oświetlał zjawiska istotnie doniosłe, zachodzące w życiu owoczesnym; poruszane i omawiane problemy ujmował w sposób głęboki a jednocześnie przystępny, obliczony nie na wtajemniczonych i specjalistów, lecz na szeroki ogół czytelników; dzięki temu stał się pisarzem powszechnym, autorem ogromnej ilości powieści, które swej wymowy społecznej nie straciły po stu z okładem latach, zarówno dzięki poruszonej w nich problematyce, jak dzięki problematyki tej ujęciu artystycznemu.

Przykład Kraszewskiego, zwłaszcza zaś zdobyte przezeń powodzenie, były czynnikami, które zachęciły jego rówieśników do wystąpienia na polu powieści. Tak było w wypadku Józefa Korzeniowskiego, który mógł się pochlubić nie byle jakim dorobkiem dramatycznym w chwili, gdy w r. 1846 wystąpił z swą powieścią *Spekulant*. Zdawał on sobie sprawę, iż powieść właśnie jest gatunkiem literackim o wielkiej przyszłości, i to przekonanie skłoniło go do porzucenia dramaturgii, której zawdzięczał dbałość o stronę formalną pracy literackiej, zwłaszcza o staranną budowę tworzonego dzieła. Przekonanie to zaś wyrastało zarówno z obserwacji sukcesów Kraszewskiego, jak — i to przede wszystkim — rozwoju powieści francuskiej Balzaca i angielskiej Dickensa, a zapewne również prozy rosyjskiej, z którą Korzeniowski stykał się za czasów pobytu w Charkowie. Znajomości tych nowych zjawisk dowiódł powieścią o spekulancie — szulerze i łowcy posagowym, żerującym w środowisku ziemiańskim na Wołyniu. Problemem centralnym zrobił jednak nie karierę owego żarłacza prowincjonalnego i nawet nie satyrę na głupawą szlachtę wołyńską, lecz — nie bez wpływu Balzaca — zawiłe zjawisko psychologiczne, ewolucję miłosną dziewczyny, która wydana za człowieka nie kochanego, przezwycięża powoli namiętną skłonność do uwodzicielskiego spekulanta i przywiązuje się do szlachetnego i wyrozumiałego męża. Takie postawienie sprawy oburzyło sawantki warszawskie, pojmujące miłość jako szał romantycznych Gustawów, i na Korzeniowskiego posypały się gromy, które na szczęście nie odstraszyły go od nowo obranej drogi pisarskiej. Dowiodła tego powieść jego następna, *Kollokacja* (1847), obraz satyryczny życia ziemiańskiego na Wołyniu, nie pomijający oczywiście i miłości, bez której przecież utwór romansem zwany obyć się nie mógł, ale miłość ta otrzymała tutaj ujęcie doskonale znane z powieści sentymentalnej. Satyra objęła drobną szlachtę, osiadłą w rozparcelowanym majątku niegdyś magnackim (a to właśnie wyraz kollokacja znaczy) i sadzącą się prześmiesznie na pańskie maniery, przede wszystkim zaś godziła w spekulantów innego rodzaju aniżeli łowcy posagów, bo w dorobkiewiczów-półpanków, piętnowanych już w komedii *Żydzi*, oraz w zbankrutowanych niedobitków arystokracji rodowej. Malowidło obyczajowe, obejmujące mnóstwo świetnych szkiców karykaturalnych, tryskające życiem, zachowało dotąd swą wymowę artystyczną, dzięki której *Kollokacja* należy do klasycznych pozycyj w dziejach powieści polskiej. Jej motywy, takie jak miłość od pierwszego spojrzenia młodzieńca i panny, spotykających się wśród błotnistych bezdroży, będą się powtarzały przez długie lata równie dobrze w powieściach Sienkiewicza, jak Sieroszewskiego.

Korzeniowski jednak, po powrocie do kraju pisujący powieści w Warszawie, rychło doszedł do przekonania, iż polem jego żniwa, jak mówił, jest miasto i stał się pierwszym u nas powieściopisarzem-urbanistą, epikiem Warszawy. Wprawdzie w myśl przysłowia o powracaniu do pierwszych miłości zajmował się nieraz także życiem Wołynia, ale poczynając od *Wędrówek oryginała* (1848) po *Krewnych* (1857) i „scenę z życia Polski z roku 1863" zatytułowaną *Nasza prawda,* tematyka warszawska górowała we wszystkich utworach Korzeniowskiego. Chcąc dowiedzieć się, jak wyglądało życie stolicy skupione wzdłuż ulicy Miodowej, sięgnąć trzeba do powieści *Garbaty,* jak stosunki w świecie urzędniczo-inteligenckim — do *Emeryta,* jak losy wędrownych trup teatralnych — do *Wdowca,* panoramiczny zaś obraz całości przynosi najznakomitsza z powieści Korzeniowskiego *Krewni.* Jej twórca poszedł tu torem głośnego swego poprzednika, Henryka Rzewuskiego, który dla ukazania dużego zjawiska kultury narodowej uciekł się do schematu bardzo pomysłowego, równoległej historii dwu braci, wychowanych w dwu różnych środowiskach społecznych. Idąc za *Listopadem* Rzewuskiego, Korzeniowski wprowadził losy dwu przedstawicieli podupadłej rodziny szlacheckiej, braci Zabużskich. Jeden z nich, Eugeniusz, przygarnięty przez arystokratyczną rodzinę, wykoleja się i ratunek znajduje dopiero w twardej służbie wojskowej, która robi zeń człowieka. Jest to oczywiście służba w armii rosyjskiej, i to za rządów Mikołaja I, ale w armii tej służył też przyszły dyktator powstańczy, Romuald Traugutt, i autor *Krewnych* ludzi tego pokroju niewątpliwie spotykał czasu swego pobytu na Ukrainie. Powieść snuje się szlakiem kariery drugiego z Zabużskich, Ignacego, i wiedzie przez środowisko rzemieślników warszawskich, chłopiec bowiem idzie do terminu i zostaje stolarzem. W rezultacie na kartach *Krewnych* przewija się cała galeria obrazków z życia Warszawy i Królestwa Polskiego w połowie w. XIX, od salonów arystokracji rodowej po życie cechowe i rodzinne, galeria bogactwem zjawisk i poziomem artystycznym niewiele ustępująca obrazowi miasta w *Lalce* Prusa. Powieść Korzeniowskiego była czymś w rodzaju studium socjologicznego, dawała jak gdyby przekrój owoczesnych grup społecznych, od rzemieślników poczynając, poprzez głodującą

6. Kraszewski i powieść romantyczna

inteligencję urzędniczą i dorobkiewiczowską plutokrację po arystokrację rodową, z „przemysłowymi gospodarzami" na czele, ludźmi, którzy w dziedzicznych latyfundiach usiłowali organizować zarówno produkcję przemysłową, jak nowe formy życia powstającej klasy robotniczej. Kreśląc kontury tych nowych stosunków społecznych, Korzeniowski głosił zasady mające obowiązywać dopiero w pokoleniu Prusa, zasady „pracy organicznej", w jego bowiem przekonaniu naród był sumą klas społecznych, z „których każda składa organicznie społeczność, która inaczej zdrową i całą być nie może". Tak sprawę tę sformułował w *Garbatym* (1853), a więc na lat kilkanaście przed wypowiedziami naszych teoretyków pozytywizmu.

Pedantyczny nauczyciel z zawodu, którym był autor *Krewnych*, postawy swej nie zmienił również jako autor powieści i — zgodnie z owoczesnymi zwyczajami — wyrażał ją w pogawędkach z czytelnikiem, wplatanych w tok narracji. Wstawki te nie są obojętne historycznie, choć drażnić mogą dzisiejszego czytelnika, niejednokrotnie bowiem odsłaniają one oblicze powieściopisarza, wprowadzają w tajniki jego warsztatu twórczego, wyjaśniają jego zamierzenia i sposób ich realizacji. Słowem — pozwalają orientować się w stosunku Korzeniowskiego do świata jego powieści.

Świat ten zaś dzisiaj myszką trąci — przypomina coś niecoś czasy Bohomolców i Krasickich już samymi nazwiskami wiedźm i jędz, Pokrzywnickiej, Nowinkowskiej, Fabulickiej czy Plotkowskiej, lub rekinów społecznych, Zadziernowskich i Zagartowskich, Ponickich i Pazurkiewiczów. W sumie jednak powieści Korzeniowskiego zachowały do dzisiaj wartość podwójną: dokumentarno-historyczną i artystyczną. Ktoś, kto chce się dowiedzieć, jak wyglądały sławne „kontrakty", doroczne jarmarki wołyńskie i ukraińskie, w Dubnie i Kijowie, a więc generalne zjazdy ziemiańskie z ogromnych prowincyj, spotkania o znaczeniu nie tylko ekonomicznym, ale i kulturalnym, odpowiedź znajdzie nie tylko i nie tyle w pamiętnikach, ile właśnie w powieściach Korzeniowskiego. Równocześnie zaś powieści te, w nierównym zresztą stopniu, prawią o konfliktach ludzkich, takich samych jak dzisiejsze, choć przeżywanych przed stu laty z okładem.

Szlaki przetarte przez Kraszewskiego i Korzeniowskiego były tak rozległe, iż mogły kroczyć po nich całe grupy pisarzy o najrozmaitszych zainteresowaniach, zarówno miłośnicy fantastyki, jak wielbiciele minionej, realnej przeszłości, jak satyrycy niezadowoleni z otaczającego ich życia, jak wreszcie poszukiwacze sensacji, której w życiu owoczesnym nie brakowało.

Romantyczna więc dziwność w guście Jean Paula i Hoffmanna doszła do głosu w prozie L u d w i k a S z t y r m e r a (1809 - 1886), który karierę wojskową zaczętą w wojsku polskim zakończył epoletami generała rosyjskiego, wzięty bowiem do niewoli pod Grochowem, pozostał w swoim zawodzie. Jego nowele i powieści, ogłaszane pod pseudonimami i allonimami, dla swej tematyki mało popularne, wprowadzały do literatury polskiej pomysły z dziedziny, która znacznie później miała się wykrystalizować jako psychopatologia i psychoanaliza, prawiły bowiem o zjawiskach w rodzaju kompleksu niższości (*Powieści nieboszczyka Pantofla* 1844) i sięgały w dziedzinę zjawisk obłędu (*Frenofagiusz i Frenolesty* 1843). Analogiczne obsesje psychiczne, choć bez zakończenia szpitalnego, doszły do głosu w twórczości Gabrielli, tj. N a r c y z y Ż m i c h o w s k i e j (1819 - 1876), „entuzjastki" warszawskiej, która dla swych nie wyżytych kompleksów szukała upustu w literaturze i znalazła go w powieści *Poganka* (1846), w której erotyzm i sztuka zlewają się w potęgę, niszczącą jednostkę ludzką.

Autor *Sędziwoja* (1845) wreszcie, J ó z e f D z i e k o ń s k i (1816 - - 1855) usiłował stworzyć polski odpowiednik *Fausta* w dużej i niesłusznie zapomnianej powieści o poszukiwaczu nie tylko „kamienia filozoficznego", ale również prawdy życia.

Nad tymi miłośnikami fantastyki romantycznej rychło górę wzięli pisarze realiści, zwróceni ku niedalekiej, a nieodwołalnie minionej przeszłości. Znali ją oni nie z dociekań naukowych, lecz z bezpośredniej tradycji, z przekazu ustnego, z opowiadań swych ojców i dziadów czy z pisanych przez nich pamiętników. Siła tej tradycji była tak duża, że zadecydowała o formie opowiadań. Zamiast relacji w osobie trzeciej, relacji historycznej, narzucała ona formę g a w ę d y, opowiadania żywych uczestników i świadków danych wydarzeń, opowiadania pamiętnikarskiego w osobie pierwszej. Twórcą tego gatunku był człowiek, który opowiadaniami swymi czarował Mickiewicza, H e n r y k R z e w u s k i (1791 - 1866). Postać bardzo nieciekawa, bo służalec carski, miał Rzewuski niepospolity talent literacki, którym zresztą gospodarować nie umiał. Zabłysnął nim w *Pamiątkach Soplicy* (1839), cyklu opowiadań o Radziwille Panie Kochanku i konfederacji barskiej. Sukces tych opowiadań był tak wielki, że na lat wiele narzucił dwa mity literackie: o wielkości konfederacji i wielkości księcia Panie Kochanku. Mity te zaraziły zarówno Mickiewicza i Słowackiego, jak i najrozmaitszych pisarzy pomniejszych, wśród których tylko Kraszewski umiał z ordynata nieświeskiego stworzyć postać naprawdę wielką. Powodzenie *Pamiątek Soplicy* sprawiło, iż Rzewuski wyrósł na głośnego pisarza. Z dzieł jego późniejszych rangę powieści klasycznej zdobył *Listopad* (1845), najnudniejszy chyba, po *Panu Podstolim*, romans polski. Autor w historii dwu braci Strawińskich, z których jeden został sarmatą spod znaków

6. Kraszewski i powieść romantyczna

księcia Panie Kochanku, drugi zaś otrzymał wykształcenie francuskie, cenione na dworze Stanisława Augusta, stanął na stanowisku reakcjonisty romantycznego, miotającego gromy na kulturę Oświecenia jako podłoże rewolucji francuskiej i jej następstw. Konflikt dwu braci, z których jeden dokonuje zamachu na Stanisława Augusta, drugi zaś broni króla, po czym pierwszy ginie na szafocie, a drugi odbiera sobie życie — nie ocalił powieści. Sławiona jako znakomity obraz epoki Stanisława Augusta, jest dziełem równie nieczytelnym, jak wszystkie późniejsze powieści Rzewuskiego, a było ich — niestety — dosyć dużo.

Przy całej odległości tych dwu nazwisk, tuż obok Rzewuskiego postawić można M i c h a ł a C z a j k o w s k i e g o (1804 - 1886), jedynego powieściopisarza emigracyjnego, człowieka, którego życie obfitowało w więcej przygód niż najbardziej awanturnicza z jego powieści. Bogaty ziemianin wołyński, kamerjunker carski, dzielny oficer w powstaniu listopadowym, jaskrawy demokrata, a później zawzięty monarchista na emigracji, agent dyplomatyczny Czartoryskiego, generał turecki organizujący jako Sadyk-pasza Kozaków otomańskich, uczestnik wojny krymskiej, a wreszcie emeryt na Ukrainie i kum cara, który trzymał mu córkę do chrztu, długie to pasmo przemian zakończył w późnej starości kulą samobójczą. Szlachcic pozujący na kozaka, w powieściach swych, poczynając od *Wernyhory* (1838), sięgał w przeszłość Ukrainy, której hetmańskie tradycje usiłował wskrzesić czasu swej służby tureckiej, z biegiem lat zaś zainteresował się życiem Słowian bałkańskich w powieściach-pamfletach, w których sławił „białego cara" jako władcę powołanego do zjednoczenia narodów słowiańskich. Z powieści tych, stosujących zazwyczaj technikę scottowską, tłumaczonych na kilka języków, największy urok dla czytelnika polskiego miał *Wernyhora*, posępne malowidło rzezi humańskiej, wprowadzające w świat sztuki polskiej postać starego lirnika ukraińskiego, wieszczącego wyzwolenie Polski. Z innych *Owruczanin* (1841) był barwnym obrazem z życia szlachty wołyńskiej w r. 1812, natchnionym przez lekturę *Pana Tadeusza*.

Szlachecka przeszłość, wskrzeszana przez Rzewuskiego i Czajkowskiego, znana zaś z tradycji domowej i pamiętników, otrzymała wyraz najpełniejszy w gawędzie, która ok. r. 1840 weszła w modę i znalazła sporą grupę świetnych wykonawców. Stosując formę pamiętnikarską, opowiadanie w pierwszej osobie, posługiwali się oni skróconą perspektywą, co pozwalało im unikać narzucanego przez historię krytycyzmu i odtwarzać przeszłość, oglądaną oczyma jej bezpośrednich obserwatorów. W rezultacie wystąpił tu swoisty renesans baroku sarmackiego, odpowiadający tendencjom konserwatywnym, a często reakcyjnym, politycznym i religijnym, znamiennym dla owych lat, przy czym w centrum zainteresowań wystąpiła konfederacja barska, której kult szerzyli nawet pisarze emigracyjni, Mickiewicz i Słowacki. W powieści krajowej na czoło gawędziarzy wysunął się I g n a c y C h o d ź k o (1794 - 1861), autor świetnych opowiadań, ogłaszanych jako *Obrazy litewskie* (1840 - 1862) i *Podania litewskie* (1852 - - 1860). Z rzeczy, wypełniających te wielotomowe serie, popularność największą zdobyły *Pamiętniki kwestarza* (1843 - 1845), cykl nowel ukazujących galerię oryginałów po dworach i dworkach, nowel zaprawionych humorem, często rubasznym, ale nigdy nie wpadającym w wulgarność. Folklor drobnoszlachecki znalazł tu wyraz podobny jak w *Panu Tadeuszu*, który był wzorem dla większości gawędziarzy, choć z natury rzeczy żaden z nich nie kusił się o wyżyny znamienne dla poematu soplicowskiego. Dzięki temu Litwa i Ruś ukrainna zmieniły się w czarującą krainę poezji, a pochodzący z nich pisarze w „bardów" narodowych, godnych potomków „barda szkockiego", Waltera Scotta.

Nad wszystkich tych pisarzy wybił się popularnością Z y g m u n t K a c z k o w s k i (1825 - 1896), który odkrył podobną krainę poezji na Podkarpaciu, poczynając od rodzinnej Sanocczyzny. Staranne wykształcenie połączone z żywiołowym talentem i dużą pracowitością sprawiły, iż w szóstym dziesięcioleciu w. XIX Kaczkowski był bodaj czy nie najpopularniejszym powieściopisarzem, drukującym swe dzieła nie tyle w bliskim Lwowie, co w dalekiej Warszawie i jeszcze dalszym Petersburgu. Rozgłos zdobył powieściami z w. XVIII, począwszy od *Murdelia* (1852), przede wszystkim zaś gawędami o konfederacji barskiej, której bardem zrobił Marcina Nieczuję, typowego przedstawiciela „owsianych", jak nazywano zawadiackich właścicieli wsi bieszczadzkich. Nie ograniczając się do przygód lokalnych swych bohaterów, Kaczkowski usiłował stworzyć cykl heroiczny, obejmujący walki o niepodległość od konfederacji barskiej po czasy legionów Dąbrowskiego. Wartka akcja jego powieści, wyraziste postaci awanturniczych zabijaków, mieszanina sytuacyj tragicznych i komicznych, bogactwo rysów obyczajowych — wszystko to sprawiło, iż *Murdelio, Starosta Hołobucki, Grób Nieczui* i in. człony cyklu konfederackiego postawiły młodego pisarza w rzędzie znakomitości ówczesnych. Rozgłosu takiego nie zdobyły natomiast jego powieści z życia bieżącego (*Dziwożona, Wnuczęta, Bajronista* i in.), nie ustępujące zresztą analogicznym dziełom Kraszewskiego czy Korzeniowskiego. Wydarzenia polityczne związane z powstaniem styczniowym i mocno dwuznaczna rola, którą Kaczkowski w nich odgrywał (po czym osiadł w Wiedniu, a później w Paryżu, gdzie operacjami giełdowymi dorobił się majątku, który potem w krachu finansowym utracił), sprawiły, iż głośny pisarz przez lat kilkanaście milczał, by

6. Kraszewski i powieść romantyczna

następnie wrócić do literatury w roli „współzawodnika Sienkiewicza". Rywalizacja z nową gwiazdą w świecie powieści historycznej nie udała się, jakkolwiek dzięki niej literatura wzbogaciła się dziełem niepospolitym, *Olbrachtowymi rycerzami* (1889). Leciwy pisarz zapuścił się tutaj w krainy rzadko nawiedzane przez naszych pisarzy — w późne średniowiecze — i ukazał je od strony podwójnie egzotycznej, bo i mieszczańskiej, i ormiańskiej. Akcję bowiem swego dzieła związał ze Lwowem, wielką bramą wiodącą z Polski do krajów bliskiego Wschodu, a zarazem tyglem, w którym mieszały się i stapiały przeróżne elementy narodowościowe.

Powieść o *Olbrachtowych rycerzach*, pozbawiona tego rozmachu, którym jej autor w młodości czarował czytelników, zachowała jednak dotąd swe wyjątkowe znaczenie jako statyczny obraz schyłku polskiego średniowiecza.

Środowisko lwowskie, z którym literacko związany był Kaczkowski, wykazywało w połowie w. XIX dużą aktywność w dziedzinie literatury, m. in. powieści. Do ożywienia tego ruchu, jeśli wierzyć pamiętnikowi Kaczkowskiego, walnie przyczynili się uchodźcy z Królestwa, którzy, jak w szczególności Seweryn Goszczyński, prowadzili konspiracyjną robotę polityczną, unikając przez lat kilkanaście prześladowań policyjnych. Prześladowania te, szczególnie dotkliwe po r. 1846, skierowane były również przeciw literaturze; młodzi adepci uciekali się więc do przeróżnych wybiegów, z których najzabawniejszym było założenie „Dziennika Mód Paryskich". Jego redaktorem był krawiec, a pismo dzięki ruchliwym współpracownikom stało się organem literatury postępowej. Należało do nich dwu ludzi o wybitnym talencie publicystycznym. Tak więc **Leszek Dunin Borkowski** (1811 - 1896), „czerwony hrabia" galicyjski, po nieudolnych próbach poetyckich, przerzucił się na pole satyry obyczajowej, nie pozbawionej jednak akcentów politycznych, i w serii szkiców, nawiązujących do tradycji „Monitora" i „Wiadomości Brukowych", a nawet do nowelistyki Reja, chłostał w powieści *Parafiańszczyzna* (1843 - 49) wszelkie przejawy wstecznictwa w świecie panów i półpanków, arystokracji i ziemian w Galicji. Książka, poczytywana za pamflet i rozchwytywana, wywołała sporo polemiki, na którą autor zareagował *Cymbaladą* (1845), poematem heroikomicznym, ośmieszającym lwowski światek literacki. Drugim filarem publicystyki „lwigrodzkiej" był **Józef Dzierzkowski** (1807 - 1865), twórca „felietonu", odcinka powieściowego, miłośnik brukowych efektów, które podówczas dochodziły do głosu w francuskim „romansie felietonowym". Autor jaskrawych, satyrą zaprawionych „powieści z życia towarzyskiego", chłoszczących arystokrację (*Salon i ulica, Szpicrut honorowy, Uśmiech szyderczy*), przeciwstawiał jej świat mieszczański i nawet chłopski (*Król* *dziadów* 1856). Tendencje polityczno-społeczne Lwowa, głoszone przez „Dziennik Mód Paryskich", a później przez doskonale redagowany „Dziennik Literacki", wyraz najtrwalszy otrzymały w powieściach młodo zmarłego W a l e r e g o Ł o z i ń s k i e g o (1837 - 1861). Szamocąc się w pętach austriackiej cenzury, usiłował on pokazać nasiąkanie życia głuchej i zacofanej prowincji ideami rewolucyjnymi w okresie Wiosny Ludów i pomysły te rzucał na kanwę przygód, wzorowanych na dziełach modnych „powieściarzy" francuskich, w rodzaju Aleksandra Dumasa i Eugeniusza Sue, ale nawiązujących również do Mickiewicza. Świetny narrator, znakomicie władający przeróżnymi efektami komicznymi, zwłaszcza satyryczną groteską, stworzył w *Zaklętym dworze* najpopularniejszą, żywą do dzisiaj, romantyczną powieść polską.

Dodać warto, iż popularny romans brukowy, pochodzenia francuskiego, którego oddziaływaniu nie potrafił się oprzeć Kraszewski, znajdował zwolenników nie tylko we Lwowie. W Warszawie tedy wystąpiło kilku amatorów powieści sensacyjnej; najwybitniejszy w tym gronie J ó z e f S y m e o n B o g u c k i (1816 - 1855) napisał dwadzieścia jeden tomów, z których *Klementynę czyli życie sieroty* (1846) wznawiano jeszcze w w. XX; o stosunku jego do modeli francuskich najwymowniej świadczy powieść *Rodin czyli Duch na drodze pokuty* (1846), stanowiąca ciąg dalszy słynnego *Żyda wiecznego tułacza* Eugeniusza Sue. Z odległości stulecia z okładem dzieło Boguckiego uderza swymi istotnie sensacyjnymi akcentami społeczno-ekonomicznymi, autor bowiem głosił tu konieczność stałej pomocy finansowej dla chłopów (wolnych podówczas w Królestwie, ale nie uwłaszczonych) i wysuwał pomysły organizowania młodego przemysłu na zasadach, które w w. XX otrzymały nazwę fordyzmu, a więc dopuszczania robotników do współwłasności z posiadaczami fabryk. Boguckiemu usiłowali dotrzymać kroku inni autorzy brukowej powieści warszawskiej, jak E d w a r d B o g u s ł a w s k i, szkicujący fotografie czyli *Daguerotypy Warszawy* (1847) lub M a r c e l i B o g o r i a S k o t n i c k i (1815 - 1850), autor *Kupca z Krakowskiego Przedmieścia* (1844) i *Samolubów* (1846), dzieła ich jednak są jedynie dokumentami, świadczącymi o znaczeniu powieści, która systematycznie zdobywała naczelne miejsce w literaturze.

7. POEZJA ŻYCIA CODZIENNEGO

Warunki polityczne, które wywołały Wielką Emigrację, sprawiły iż poezja romantyczna, głosząca niepodległość Polski, powstawała i pojawiała się w druku nie w kraju, do którego przemycano ją ukradkiem, lecz we Francji. Ruch jednak przez romantyzm wywołany w literaturze krajowej nie ograniczał się do powieści i dramatu, lecz domagał się głosu w poezji i wydał bardzo obfite pokłosie, udostępniane dopiero obecnie w ogromnych antologiach, świadczących, iż wiersze pisywali nie tylko zawodowi literaci, ale również ludzie, których nazwiska są znane w rozmaitych dziedzinach życia, ale których o występy poetyckie się nie podejrzewało.

Literatura, jak gdyby na potwierdzenie obserwacyj powieściopisarskich, skupiała się przeważnie w miastach, jakkolwiek zdarzali się jeszcze pisarze mieszkający w swoich majątkach, tworzyli ją bowiem przedstawiciele tworzącej się inteligencji. Byli oni jednak bardzo mocno związani z tradycjami wiejskimi i znajomość ich przekształcali zazwyczaj w kult ludowości. Wyrazem tego było zastąpienie tytułu „barda" swojskim „lirnikiem"; stąd dwu najpopularniejszych poetów krajowych, Lenartowicza i Syrokomlę, zwano pierwszego „lirnikiem mazowieckim" i drugiego „lirnikiem litewskim".

Ludowość ta nie była zresztą tylko modą, lecz wrastała głęboko w kulturę i literacką, i naukową. Na niektórych ziemiach miała ona doniosłe znaczenie polityczne, jej bowiem pionierzy robili z niej narzędzie walki z obcą przemocą, usiłującą wynarodowić masy ludowe. Tak było na Śląsku i na Kaszubach, gdzie ludność wiejska zagrożona była zniemczeniem. Miłośnicy ludowości, na Śląsku Józef Lompa, Paweł Stalmach i Karol Miarka, na Kaszubach Florian Cejnowa, działalnością swą oświatową i literacką, przypłacaną represjami, budzili świadomość narodową swoich krajanów czy ziomków, a równocześnie przyczyniali się do wzrostu folklorystyki polskiej, którą budowali badacze i zbieracze tworów literatury ustnej, jak Wacław z Oleska, Żegota Pauli, K. Wł. Wójcicki i przede wszystkim O s k a r K o l b e r g (1814 - 1890), który po wydaniu *Pieśni ludu polskiego* (1842) pod tym samym tytułem ogłosił w r. 1857 okazały tom, rozpoczynający czterdziestotomową encyklopedię, zatytułowaną *Lud, jego zwyczaje, sposób życia, mowa, podania, przysłowia, obrzędy, gusła, zabawy, pieśni, muzyka i tańce.*

Kolberg, muzyk-kompozytor, związany z Warszawą, jej upodobaniom literackim i społecznym zawdzięczał swe zainteresowania ludoznawcze, które stanowiły trzon programu gromadki gołych literatów, tradycyjnie nazywanych Cyganerią warszawską. Z gromadki tej dwu tylko zdobyło sobie uznanie. I tak R o m a n Z m o r s k i (1822 - 1867), żyje dotąd jako autor zbiorku bajek ludowych, przede wszystkim zaś jako tłumacz serbskiej epiki ludowej (*Królewicz Marko* 1859, *Lazarica* 1860). Jego przyjaciel, W ł o d z i m i e r z W o l s k i (1824 - 1882), radykalizmem społecznym i brutalnymi efektami bliski romantykom lwowskim, w literaturze utrzymał się jako autor libretta do opery Moniuszki *Halka* (1857) i *Śpiewów powstańczych* (1863), z których *Marsz Żuawów* („Nie masz to wiary, jak w naszym znaku") stał się bezimienną pieśnią narodową.

Od cyganów warszawskich wcześnie oderwali się dwaj poeci, którzy z ich środowiska wynieśli zamiłowania ludowe, by podnieść je „do grzędy wyższej", tj. spotęgować i utrwalić na poziomie prawdziwej sztuki. Pierwszym z nich był Norwid, twórca *Promethidiona*, drugim jego rówieśnik i przyjaciel, określany przezeń ironicznie, ale genialnie, jako „Dant na fujarce", Lenartowicz.

T e o f i l L e n a r t o w i c z (1822 - 1893), poeta i rzeźbiarz, który uchodząc przed aresztowaniem w r. 1848, znalazł się na emigracji i drugą połowę życia spędził we Włoszech, jest postacią równie tragiczną jak Norwid, choć z innych powodów. Liryk z łaski bożej, bardzo wcześnie zdobył ogromną popularność, by w pewnym momencie przeżyć samego siebie, ulegać wzrastającemu zapomnieniu i wydawać zbiorki swych utworów, które już nie znajdowały czytelników. Popularność zaś „lirnik mazowiecki" zawdzięczał temu, że pisał pieśni w tonie ludowym, i to — w przeciwieństwie do wielkich poprzedników — w tonie nie białoruskim czy ukraińskim, lecz polskim, mazowieckim, i temu, że dzwoniły one artyzmem niepospolitym, którym będzie się zachwycał po latach Stefan Żeromski. Brak głębszej kultury intelektualnej sprawił, iż Lenartowicz, prymitywizmem czarujący swych pierwszych czytelników, sztukę prymitywną uprawiał przez lat pięćdziesiąt, i na tym właśnie polega jego tragedia. Była to zresztą tragedia jego wielu rówieśników, którzy zdolności swych rozwinąć nie mogli, bo nie mieli odpowiednich warunków. W rezultacie autor kilkunastu okazałych tomów wierszy żyć może jako twórca sporego, jak dowodzi wydanie z r. 1969, wyboru poezyj o wartości istotnie nieprzemijającej, niezwykle śpiewnych i wręcz wyjątkowych.

Popularnością z Lenartowiczem rywalizował L u d w i k K o n d r a t o w i c z (1823 - 1862), znany pod pseudonimem Władysława Syrokomli. Przedstawiciel Litwy, prowincji, która — dzięki powieści — uchodziła za golkondę poetycką, Syrokomla wyspecjalizował się w gawędzie, której zakres rozszerzył, obejmując nią nie tylko narratorów szlacheckich, ale nawet dziadów odpustowych. I dzięki temu cieszył się niezwykłym uznaniem, przenosząc pomysły *Pana Tadeusza* na poziom dostępny mieszkańcom miasteczek i zaścianków litewskich i białoruskich. Jego *Urodzony Jan Dęboróg* docierał tam, gdzie Mickiewicza miano czytywać znacznie później. Oprócz gawęd zaściankowych, nie pozbawionych niekiedy humoru, jak np. doskonały obrazek z kampanii moskiewskiej r. 1812, gdy dzielny kapral, ratujący wbrew jego rozkazowi rannego kapitana służbistę, z rąk samego Napoleona dostaje krzyż legii, od kapitana zaś kilka dni aresztu za niewykonanie rozkazu, Syrokomla pisywał wierszowane szkice z przeszłości, bohaterami ich robiąc pisarzy renesansowych, Orzechowskiego czy Klonowica (*Kanonik przemyski, Zgon Acerna*). Uprawiał nadto lirykę, przy czym niektóre jego pieśni z muzyką Moniuszki miały dużą popularność. W dziedzinie tej szczyty osiągnął w *Poezjach ostatniej godziny* (1862), łącząc pomysły ironicznej groteski (*Owidiusz na Polesiu*) z akcentami przejmująco bolesnymi (*Cupio dissolvi*).

W Krakowie działała trójka poetów, bardzo różnych, ale związanych wspólnym zainteresowaniem, umiłowaniem ludowości. Najstarszy z nich W i n c e n t y P o l (1807 - 1872) miał w swej karierze literackiej chwile zawrotnego powodzenia. Tak więc on jeden jedyny z uczestników powstania listopadowego dał w *Pieśniach Janusza* (1833) serię obrazków z życia wojskowego, które z miejsca stały się pieśniami popularnymi, powszechnymi, śpiewanymi przez całe dziesięciolecia. Rzecz osobliwa, ale ten pisarz, pochodzący z urzędniczej rodziny niemieckiej, świeżo do Polski przybyłej, potrafił uderzyć w ton polskiej pieśni ludowej i wojskowej i wyrazić w sposób pełen artystycznej prostoty uczucia mas żołnierskich walczących o wolność i za nią ginących. Dalszym ogniwem w łańcuchu sławy Pola były jego gawędy wierszowane, pisywane od r. 1839, przy czym najdłuższa, *Mohort* (1855), artystycznie blada, uchodziła długo za arcydzieło. Ogniwem wreszcie trzecim była *Pieśń o ziemi naszej* (1843) — patriotyczna geografia Polski. Całe pokolenia recytujących ją czytelników widziały w niej rodzaj katechizmu narodowego, popularności natomiast nie miały dzieła Pola istotnie doskonałe, o tytułach niemal identycznych. Tak więc *Obrazy z życia i podróży* (1846), wprowadzające do literatury Tatry i Podhale, przyniosły serię znakomitych szkiców wierszem z życia góralskiego; dwa znowuż tomy prozy, *Obrazy z życia i natury* (1869 - 71), dzieło krajoznawcy, który przelotnie był profesorem geografii na Uniwersytecie Jagiellońskim, ukazały niezwykłą urodę ziem polskich i niegdyś polskich, od Podkarpacia po Pomorze, z mnóstwem czarujących opowiadań o kulturze ludowej polskiej i ukraińskiej.

Nieco od Pola młodszy L u c j a n S i e m i e ń s k i (1807 - 1877), również uczestnik powstania listopadowego, później radykalny publicysta na emigracji, osiadł ostatecznie w Krakowie, gdzie — jak przystało na profesora uniwersytetu, na którym wykładał literaturę powszechną — z „czerwieńca" emigracyjnego zmienił się w zawodowego konserwatystę. Autor próbek lirycznych i epickich, swe zdolności wierszotwórcze najpełniej wyzyskał w dziedzinie przekładów, udostępniał mianowicie, poczynając od *Piosennika ludów* (1842), „najrozmaitsze utwory ludowe i za ludowe poczytywane". Spod jego pióra tedy wyszło pierwsze i przez długie lata jedyne tłumaczenie byliny ruskiej, on dał gładki przekład sławnego falsyfikatu czeskiego, poczytywanego za zabytek średniowieczny, *Królodworski rękopis* (1836), osiągnięciem wreszcie jego najwyższym był klasyczny przekład *Odysei* (1873⅓-74), uchodzącej za arcydzieło starożytnej poezji ludowej. Charakter ten tłumacz spotęgował jeszcze, wprowadzając do tekstu homeryckiego słownictwo ukraińskie, spopularyzowane przez przeróżne dumy i dumki Zaleskiego i jego naśladowców. Jeśli do tego dodać, iż Siemieński był pisarzem ludowym, jego bowiem *Wieczory pod lipą* (1845), dla czytelnika wiejskiego przeznaczony zarys dziejów Polski, miały dziesięć wydań, i że sporządził on zbiorek *Podań i legend polskich, ruskich i litewskich* (1845), przyznać mu należy duże zasługi jako pionierowi folklorystyki polskiej.

Edmund Wasilewski (1814-1846) wreszcie, autor poematu *Katedra na Wawelu* (1846), zasłynął jako twórca krakowiaków (*Poezje* 1840), łączących motywy autentycznych pieśni ludowych z akcentami patriotycznymi związanymi z samym Krakowem i jego okolicami.

Akcenty te rozbrzmiewały głośno również we Lwowie, gdzie nutę Wasilewskiego podchwycił w głośnym *Pogrzebie Kościuszki* (1853) Kornel Ujejski (1823-1897), „Autor Skarg Jeremiego", jak pospolicie go nazywano od zbioru liryków pod tytułem tym, wydanego w r. 1847 na emigracji. Liryki, z których *Chorał*, rozpoczynający się od słów „Z dymem pożarów, z kurzem krwi bratniej", napisany pod wrażeniem rzezi galicyjskiej 1846 r. i wydany z muzyką Józefa Nikorowicza w roku Wiosny Ludów, stał się hymnem Polski w niewoli, upowszechniały pomysły wielkiej poezji emigracyjnej, z której przedstawicielami młody poeta zetknął się w Paryżu, gdzie należał do kółka wielbicieli gasnącego Słowackiego. Sam *Chorał* wierszem pełnym siły pieśni biblijnych wyrażał ideologię *Psalmów przyszłości*, rozgrzeszał tedy sprawców rzezi, ponieważ „inni szatani byli tam czynni", posługujący się masą chłopską jako „ślepym mieczem". Twórca *Skarg Jeremiego* i *Melodii biblijnych* (1852) chodził dzięki tym utworom w sławie wielkiego poety przez lat czterdzieści, zawodząc nadzieje wielbicieli, którzy daremnie oczekiwali zapowiadanych arcydzieł.

Z poetów młodszych znakomicie zapowiadał się Mieczysław Romanowski (1834-1863), któremu śmierć w szeregach powstańczych przerwała twórczość niezwykłą pod wielu względami. Jego powieść poetycka *Dziewczę z Sącza* (1861) wprowadza pomysły nowe, ukazuje mało znane życie dawnych miast, mówi bowiem o wybuchu powstania w Nowym Sączu przeciwko Szwedom. Tragedia jego, *Popiel i Piast* (1862), wiodła na wielki szlak dramaturgii Sło-

7. Poezja życia codziennego

wackiego. Równocześnie w liryce Romanowskiego wyraz przejmujący otrzymywały pogłosy wydarzeń z przedpowstaniowej Warszawy i pełen głębokiego skupienia patriotyzm młodego pisarza i kół przezeń reprezentowanych. Tym się właśnie tłumaczy stosunek do niego przyszłego rapsoda powstania styczniowego, Stefana Żeromskiego, który w jego lirykach dosłucha się tonów dla psychiki powstańczej najbardziej charakterystycznych, czystych i silnych, wolnych od łatwego patosu, a nacechowanych zadumą nad dolą ofiarnych bojowników wolności.

We Lwowie wreszcie ostatnie lata niezwykłego żywota spędził K a r o l B r z o z o w s k i (1821 - 1904), reprezentant sporego grona poetów rozproszonych po całym świecie przez owoczesną sytuację w kraju, zwłaszcza w Królestwie, poetów tułaczy, spiskowców i wojskowych. Sam Brzozowski, który w r. 1843 uciekł z Warszawy i długi czas przebywał w Turcji, uczestnik powstania styczniowego, w wędrówkach swych przyjrzał się życiu Bliskiego Wschodu i wrażenia swe utrwalał w rymowanych opowieściach, by z biegiem czasu próbować sił na polu dramatu. Z prac tych jedynie późny zbiorek, wypełniony przeważnie lirykami (*Poezje*, 1899), zawiera garść utworów pretendujących do wydatnego miejsca w antologii poezji polskiej. Postaci książkowej dopiero w r. 1966 doczekały się rozproszone po czasopismach korespondencje, wspomnienia i szkice Brzozowskiego, prawiące o jego pobycie na Bałkanach i w Syrii. Są tam obrazki z życia Bułgarii, Macedonii czy Albanii, artystycznie daleko wyższe od tego, co przynosiły powieści Czajkowskiego czy Jeża.

Czasu swych wędrówek Brzozowski stykał się z wielu towarzyszami niedoli, których losy zapędziły do Turcji. Należał do nich oficer w formacji Michała Czajkowskiego, R y s z a r d B e r w i ń s k i (1819 - 1879), poznaniak, w okresie Wiosny Ludów działacz i więzień polityczny. Nieco wcześniej żywo zajmował się literaturą, tworząc prozą *Powieści wielkopolskie* (1840), ciekawe jako próba przesadnie archaizowanego języka artystycznego, i *Poezje* (1844), nacechowane rewolucyjnym radykalizmem i satyrycznym spojrzeniem na obyczajowość ziemiaństwa wielkopolskiego. Załamanie się nadziei związanych z rokiem 1848 i doświadczenia więzienne przyniosły Brzozowskiemu sporo rozczarowań, w sposób bardzo znamienny odbijających się na jego stosunku do literatury ludowej, którą żywo zajmował się w początkach swej kariery, gdy w leszczyńskim „Przyjacielu Ludu" drukował bajki ludowe. Rozczytując się w pracach etnograficznych, zwłaszcza dotyczących wierzeń zwanych gusłami czy przesądami, Berwiński doszedł do przekonania, iż poglądy na tę dziedzinę zjawisk głoszone przez Zoriana Dołęgę Chodakowskiego czy autora *Dziadów*, którzy upatrywali tu pogłosy pradawnych stosunków, nie dadzą się utrzymać, wśród wierzeń bowiem spotyka się i rzeczy późne, książkowego pochodzenia. Na tej podstawie począł snuć wnioski radykalnie odbiegające od owych poglądów tradycyjnych i w rezultacie zakwestionował pierwotność i samorodność kultury ludowej. Wnioski te wyłożył w dwutomowych *Studiach o literaturze ludowej ze stanowiska historycznej i naukowej krytyki* (1854). Krytycyzm Berwińskiego, w zasadzie słuszny, ale oparty na błędnych uogólnieniach, był nie do przyjęcia dla bezpośrednich czytelników dzieła, dla Kolberga i ludoznawców romantycznych, był bluźnierczym zamachem na wielbione przez nich świętości. Spotkał się on natomiast z uznaniem u folklorystów w czasach pozytywizmu i dopiero teraz doczekał się poprawnego oświetlenia naukowego. W każdym jednak razie *Studia o literaturze ludowej* są w dziejach folklorystyki polskiej pierwszą poważną próbą rozważań nad zagadnieniami budzącymi dzisiaj jeszcze wiele wątpliwości, próbą podjętą ze stanowiska istotnie naukowego, opartego na rozumowaniu, a nie na wierze dogmatycznej.

Przez Turcję przewinął się również H e n r y k J a b ł o ń s k i (1828-1869), autor zbiorku *Gwido i dumki* (1855), zesłany „w sołdaty" na Kaukaz, gdzie dawniej już przebywali uczestnicy spisku Szymona Konarskiego, jak Tadeusz Łada Zabłocki i in. Jabłoński podczas wojny krymskiej zdezerterował i ostatecznie, jako konsul francuski w Zanzibarze, zajmował się folklorem afrykańskim.

Z innych poetów-tułaczy dwu zesłańców sybirskich utrwaliło swe nazwiska w literaturze. I tak G u s t a w Z i e l i ń s k i (1809--1881), zamożny ziemianin spod Płocka, fatalnie zamieszany w partyzantkę, lat niemal dziesięć spędził w więzieniu i na Syberii, skąd przywiózł swego *Kirgiza* (1842), sensacyjny poemat egzotyczny, uznany — mimo niedomagań artystycznych — za wybitne dzieło sztuki, u nas niegdyś bardzo poczytny, a żywy dotąd wśród Kazachów. Dwadzieścia lat na Sybirze, i to w warunkach daleko gorszych, spędził G u s t a w E h r e n b e r g (1818-1895), naturalny syn Aleksandra I, zesłany za udział w Stowarzyszeniu Ludu Polskiego. Jako poeta żyje on dotąd dzięki dwu pieśniom ze zbiorku *Dźwięki minionych lat* (1848). Są to: marsz rewolucyjny „Gdy naród do boju wystąpił z orężem", wymierzony przeciw zabójczej dla powstania listopadowego polityce „panów magnatów", oraz pieśń o Bartoszu Głowackim („Hej tam w karczmie za stołem"), utrzymanej w tonie *Pieśni Janusza* i wskutek tego poczytywanej nieraz za utwór Pola. Obie oderwały się od autora i stały się popularnymi, bezimiennymi pieśniami narodowymi. Szczegół to nieobojętny, bo znamienny dla całości poezji uprawianej przez romantyków krajowych. W dziedzinie tej odegrali oni rolę bardzo wybitną, usiłując unieszkodliwić

Józef Ignacy Kraszewski, fot.

ATHENAEUM.

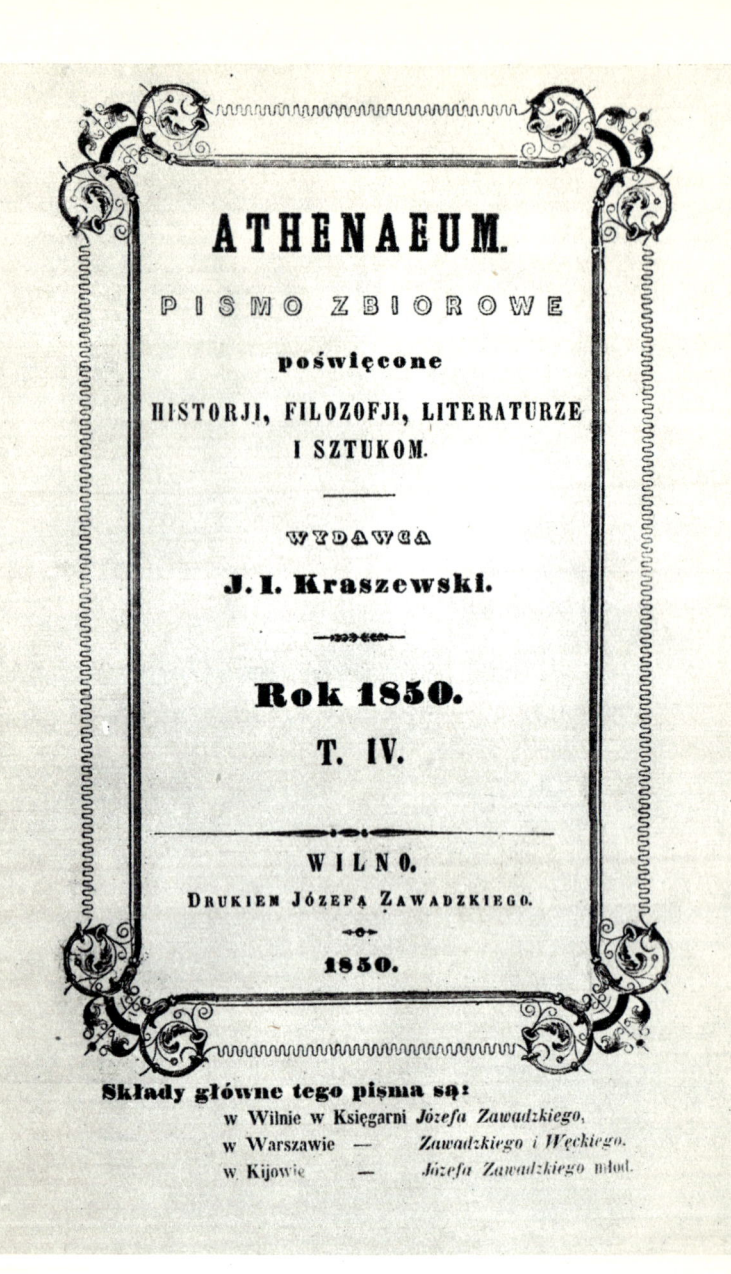

PISMO ZBIOROWE

poświęcone

HISTORJI, FILOZOFJI, LITERATURZE
I SZTUKOM.

WYDAWCA
J. I. Kraszewski.

Rok 1850.
T. IV.

WILNO.
DRUKIEM JÓZEFA ZAWADZKIEGO.

1850.

Składy główne tego pisma są:
w Wilnie w Księgarni *Józefa Zawadzkiego*,
w Warszawie — *Zawadzkiego i Węckiego*.
w Kijowie — *Józefa Zawadzkiego* młod.

Dwumiesięcznik naukowy redagowany przez Kraszewskiego na wsi (w Gródku), wyd. w Wilnie w latach 1841—1851 skutki rozbicia literatury, której arcydzieła, wydawane w Paryżu, nie docierały do kraju, chyba że — jak pisał Mickiewicz w swym ironicznym „Exegi monumentum":

> Stąd mimo carskich gróźb, na złość strażnikom ceł,
> Przemyca w Litwę Żyd tomiki moich dzieł.

W ten sposób drogą swoistego przemytu, pod okiem dokuczliwej cenzury poeci dwu pokoleń romantycznych stworzyli jednolitą poezję narodową, której nurt rozlewał się bardzo szeroko, choć miejscami dość płytko, podtrzymali dawne, a rozbudzili nowe zainteresowania literackie i walnie przyczynili się do utrzymania ciągłości polskiej kultury literackiej.

8. KRYTYKA LITERACKA

Czasy romantyczne były okresem, w którym narodziła się u nas nowoczesna krytyka literacka i może nawet więcej, bo nowoczesna nauka o literaturze, odmienna od tradycyjnej filologii, odziedziczonej po epoce Renesansu. Pozostawało to w niewątpliwym związku z rozwojem nauk filozoficznych, wśród których pojawiła się estetyka, nauka o pięknie, realizowanym w najrozmaitszych dziedzinach sztuki. Zachęceni przykładem Jerzego Wilhelma Fryderyka Hegla jego uczniowie i zwolennicy polscy doszli do wniosku, iż można mówić o przejawach piękna w dziełach sztuki. W nieznacznym więc odstępie czasu ukazały się *Listy z Krakowa* Józefa Kremera (1843), wznowione w latach 1855-1856, gdy równocześnie wyszło dzieło Karola Libelta *Estetyka czyli umnictwo piękne* (1854 - 55). Obydwa dotyczyły zagadnień tych samych, traktowały o zjawiskach estetycznych, występujących w sztuce, m. in. również w sztuce słowa, literaturze. Co większa, obaj teoretycy w praktyce swej zajmowali się dziełami literackimi, krakowski bowiem profesor Kremer poświęcił osobne studium Fredrze, a więc autorowi lekceważonemu, bo twórcy komedyj, Libelt zaś należał do tych niewielu krytyków, którzy potrafili ocenić geniusz Słowackiego.

Podkreślenie, że istniał związek między filozofią a krytyką literacką w Polsce okresu romantyzmu, jest konieczne, czołowi bowiem krytycy usiłowali poglądy swe uzasadniać rozważaniami ogólniejszymi, odwołującymi się do owoczesnych autorytetów w dziedzinie filozofii. Tak było w wypadku M a u r y c e g o M o c h n a c k i e g o (1804 - 1834), autora studium *O literaturze polskiej w wieku XIX* (1830), którego część pierwsza ukazała się w chwili wybuchu powstania, a którą poprzedziły szkice i recenzje drukowane w prasie warszawskiej, począwszy od r. 1825. Autor, typowy dla pokolenia podchorążych, sprawców powstania, działacz polityczny, w pracy podstawowej podsumował swe poglądy wcześniejsze, bardzo wnikliwe i bystre uwagi o koryfeuszach romantycznych, Mickiewiczu, Malczewskim i in., podlewając je sosem uogólnień filozoficznych, z których naczelne poszło niemal w przysłowie. Głosiło ono, iż literatura jest „uznaniem się narodu w swoim jestestwie", a więc wyrazem świadomości narodowej, i to — w przekonaniu Mochnackiego — wyrazem jedynym, a przynajmniej najwyższym. Zbieg okoliczności, iż czasy romantyczne wydały kilku genialnych poetów o nastawieniu politycznym, sprawił, iż formułka ta nabrała znaczenia prawa, ustalającego funkcję literatury w życiu zbiorowym narodu. Sam zaś jej twórca, znalazłszy się na emigracji, w praktyce miał jej zaprzeczyć, dziełem bowiem, którym istotnie się uwiecznił, stała się książka o powstaniu listopadowym, wspaniały obraz życia polskiego w Królestwie, nie doprowadzony jednak do końca, przerwał go bowiem przedwczesny zgon utalentowanego krytyka-publicysty.

Śladami Mochnackiego kroczył Edward Dembowski (1822 - -1846), niestrudzony działacz polityczny, poległy od kuli austriackiej w Podgórzu, na dzisiejszym przedmieściu Krakowa. Wykształcony i utalentowany kasztelanic w założonym przez siebie „Przeglądzie Naukowym" i w innych czasopismach, pomieszczał artykuły i recenzje literackie, głoszące zasady oparte na założeniach heglowskich, ale przez młodego publicystę ujmowanych samodzielnie, zasady rodzimości, postępu i ludowości, wymierzone przeciwko konserwatywnym stanowiskom pisarzy krajowych. Poglądy swe wyłożył w tomie *Piśmiennictwo polskie w zarysie* (1845), nie pozbawionym interesujących uwag, ale z natury rzeczy, ze względu i na wiek autora, i warunki owoczesne zarys ten nie wnosił tego nawet, co dawał Mochnacki.

Pociski Dembowskiego mierzyły m. in. w najbardziej wpływowego krytyka-reakcjonistę, Michała Grabowskiego (1804 - -1863), z lekką ironią nazwanego w *Beniowskim* mianem prymasa krytyków i posiadacza złotego pióra. Grabowski, nie tylko teoretyk, ale i praktyk literacki, autor powieści historycznych z życia Ukrainy, w poglądach polityczno-społecznych, jak zresztą i w życiu, był zwolennikiem tych samych zasad, które przyświecały jego przyjacielowi, Henrykowi Rzewuskiemu, a więc lojalizmu wobec caratu i klerykalizmu, i z tego stanowiska namiętnie zwalczał „literaturę szaloną", jak nazywał romantyczne powieści francuskie o tendencjach rewolucyjnych (*Literatura i krytyka* 1837-1840). Z tego właśnie stanowiska zaliczony został przez Dembowskiego do grupy „nędznych pisarzy", którzy kroczyli tropem Rzewuskiego. Z prowadzonych przezeń polemik dwie były szczególnie znamienne: sprawa powieści francuskich i charakter powieści historycznej, za której mistrza Grabowski poczytywał Waltera Scotta; w obu wypadkach „prymas" zmierzył się ze znakomitym przeciwnikiem, tj. z Kraszewskim. Tego rodzaju utarczki na pióra (przy czym przeciwnicy głosili czasami poglądy bardzo bliskie, bo zarówno Dembowski jak Grabowski jednakowo lekceważyli i powieść, i komedię, a podobnie na gatunki te spoglądali inni) miały swe żywe i nie mniej doniosłe odpowiedniki w powieściach. Powieść romantyczna mianowicie, która lubowała się w wycieczkach o charakterze rozpraw czy pogawędek z czytelnikiem, wprowadzała chętnie również uwagi o charakterze literackim i głosiła poglądy autorów na problematykę realizmu i inne zagadnienia warsztatu pisarskiego. W rezultacie z dzieł Kraszewskiego i zwłaszcza Korzeniowskiego wyłowić by można spore studia krytyczne, znakomicie dopełniające wywody krytyki.

Krytyka ta zaś dochodziła do głosu również na katedrach uniwersyteckich, poczynając od Collège de France, gdzie Mickiewicz charakteryzował pisarzy polskich od Reja i Kochanowskiego po Garczyńskiego i Krasińskiego, pomijając milczeniem, podobnie jak krytycy krajowi, twórców powieści i komedii — Kraszewskiego i Fredrę. Poeta-profesor zbliżał się do przedstawicieli krytyki postępowej w kraju, poszukując bowiem odpowiedzi na pytanie, na czym polega swoistość i odrębność literatury polskiej, roztrząsał jej pierwiastki ludowe, które dostrzegał wszędzie, poczynając od kronikarzy średniowiecznych. W kraju zaś z katedry literatury słowiańskiej na uniwersytecie wrocławskim o „poezji polskiej w pierwszej połowie w. XIX" mówił **Wojciech Cybulski** (1808 - 1867), sławiąc Mickiewicza (którego *Dziadom* poświęcił osobne studium) jako „wieszcza narodowego" i twórcę dzieł, które „są jego istotnymi i rzeczywistymi czynami". W warszawskiej Szkole Głównej **Aleksander Tyszyński** (1811 - 1880) wykładał w latach 1866 - - 1869 literaturę polską, której rozkwit romantyczny ujął znacznie wcześniej, bo jeszcze w r. 1837, i to w postaci powieści *Amerykanka w Polsce*, gdzie w tok romansu wplótł cały wykład o literaturze, interesującej egzotyczną cudzoziemkę. Tyszyński, którego „świetny" pomysł podziwiał Dembowski, a pochwalał Grabowski, usiłował związać literaturę z jej podłożem regionalnym, charakteryzował więc „szkoły" litewską, ukraińską, puławską i krakowską „podług charakteru i stylu" ich przedstawicieli. Jego kolega warszawski, profesor literatury powszechnej, **Fryderyk Henryk Lewestam**

(1817 - 1878), wydawca "Roczników Krytyki Literackiej", w pracach, jak *Obraz najnowszego ruchu literackiego* (1859) i nie ukończony *Kurs publiczny literatury polskiej w XIX wieku* (1867), szedł w tym samym kierunku, co ogół współczesnych mu wykładowców-krytyków, do którego należeli również młodzi uczeni, jak Antoni Małecki lub Władysław Nehring, mający zabłysnąć w przyszłości.

Ten imponujący rozkwit krytyki w jej najrozmaitszych odmianach, polityczno-ideologicznej, moralistycznej, estetycznej wreszcie, dokonywał się nie tylko w kraju, ale również na emigracji, gdzie uprawiali ją chętnie poeci, a więc obok Mickiewicza Krasiński, Słowacki, Norwid, Goszczyński, pisujący zarówno po polsku, jak po francusku. Obok nich działał J u l i a n   K l a c z k o (1825 - 1906), człowiek, który karierę literacką rozpoczął od hebrajskich przekładów wierszy Mickiewicza, a po latach stał się współpracownikiem najgłośniejszych czasopism paryskich. Tam właśnie pisywał o wielkich romantykach polskich, o "poecie bezimiennym" Krasińskim, o Mickiewiczu i in., równocześnie zaś w artykułach polskich ostro i nie zawsze sprawiedliwie rozprawiał się z Korzeniowskim czy Lenartowiczem. Dzieła swe najambitniejsze, francuskie, stworzył w latach późniejszych, jak poświęcone Dantemu i Michałowi Aniołowi *Wieczory florenckie* (1880) czy *Rzym i Odrodzenie* (1893). Obok niego występował E d m u n d   C h o j e c k i (1822 - 1899), dobrze zapowiadający się powieściopisarz, który z czasem przeszedł całkowicie do literatury francuskiej (pod pseudonimem Charles Edmond). W dziejach krytyki literackiej upamiętnił się on niedużą książeczką francuską *Polska w niewoli i jej trzej poeci* (1864), ustalającą "wieszczą trójcę", Mickiewicza, Krasińskiego i Słowackiego; w ten sposób piewca *Króla Ducha*, którego rapsod I ukazał się tu w przekładzie prozą, wszedł na szczyty polskiego parnasu romantycznego.

Ruchowi na polu krytyki literackiej towarzyszyła praca o charakterze bibliograficzno-filologicznym, prowadzona nieraz przez amatorów, ale amatorów klasy Kraszewskiego. On to przecież poświęcał źródłowe studia pisarzom staropolskim, jak Klonowic, on kładł podwaliny pod badania literatury sowiźrzalskiej, wydając jej zabytki, on udostępniał pamiętniki w. XVIII. Podstawowe jednak prace były tu udziałem dwu uczonych uniwersyteckich, prawnika i historyka. Pierwszym był W a c ł a w   A l e k s a n d e r   M a c i e j o w s k i (1793 - 1883), miłośnik i gruntowny znawca "starożytności słowiańskich", a zarazem autor dzieł *Polska i Ruś aż do pierwszej połowy XVII w. pod względem obyczajów i zwyczajów* (1842) oraz *Piśmiennictwo polskie od czasów najdawniejszych aż do r. 1830* (1851 - 52). Są to chaotyczne lamusy czy magazyny surowych materiałów, ale materiałów bezcennych, ocalonych od zagłady, zbieracz bowiem, człowiek o różnorodnych zainteresowaniach i dużej pracowitości, sięgał do archiwaliów i starych druków, których poza nim nikt nie oglądał, a które dzisiaj już nie istnieją. Maciejowskiego bił rozmachem i systematycznością pracy M i c h a ł W i s z n i e w s k i (1794 - 1865), profesor historii powszechnej w Krakowie, z zamiłowań filozof, zarazem wydawca *Pomników historii i literatury polskiej* (1835 - 1837), nade wszystko zaś autor dziesięciotomowej *Historii literatury polskiej* (1840 - 1857). Tytuł ostatni niezupełnie odpowiada zawartości dzieła, które w istocie jest monumentalną bibliografią rozumowaną dziejów kultury staropolskiej. Wiszniewski przekopał się przez bogate zbiory biblioteki Jagiellońskiej i opisał z dużymi cytatami tysiące książek, wydobywając z nich wiadomości o zjawiskach i zagadnieniach, które nieraz i dzisiaj jeszcze nie doczekały się zbadania i wyjaśnienia.

Wynikiem zainteresowań naukowo-literackich, zadokumentowanych omówionymi pracami, było mnóstwo prób napisania historii literatury. Tak Syrokomla dał w *Dziejach literatury w Polsce* (1850 - 1852) streszczenie Wiszniewskiego, tak historyk Julian Bartoszewicz ogłosił swą *Historię literatury polskiej* (1861), tak starożytnik K. Wł. Wójcicki sporządził *Historię literatury polskiej w zarysach* (1845 - 1846). Wszystkie te prace miały po dwa wydania, co świadczy, że były potrzebne i rolę swoją spełniły. Tak to w okresie romantyzmu zrodziła się w Polsce nauka o literaturze.

9. ROMANTYCZNY KULT SŁOWA

Pisarze romantyczni, tak chętnie robiący poetów bohaterami swych utworów i przybierający postać wieszczów, wielbicieli natchnienia jako źródła swej twórczości, niechętnie przyznawali się do oporów, które spotykali w swej pracy i za zniewagę poczytywali pogląd, iż podstawą mistrzostwa nawet najwyższego jest rzemiosło literackie. Ilustracją tych poglądów jest sławna improwizacja paryska Mickiewicza z r. 1840:

Ja rymów nie dobieram, ja zgłosek nie składam,
Tak wszystko napisałem, jak tu do was gadam.

Wyznanie to nie pokrywało się z rzeczywistością, znaną z autografów *Sonetów krymskich* czy *Pana Tadeusza*, kreślonych i przerabianych wielokrotnie, podobnie jak autografy drugiego mistrza pieśni, Słowackiego, do którego wypowiedź Mickiewicza była skierowana, a który zresztą nie ukrywał oporów twórczych i faktu, iż „Muza została mu rymami dłużną", lub rękopisy Norwida, który miał odwagę widzieć w sztuce rzemiosło, co prawda „najwyższe z rzemiosł apostoła", ale rzemiosło. Ta rozbieżność między teorią twórczości spontanicznej, natchnionej a praktyką wysiłku twórczego jest przyczyną, że w zagadnieniach artyzmu romantycznego dotąd nie orientujemy się należycie i że wśród jego przejawów błądzimy po omacku. Warto się więc pokusić o naszkicowanie choćby niedokładne pewnych jego właściwości najbardziej typowych, takich, które pozwalają zawierający je tekst (zwłaszcza anonimowy) uznać za produkt sztuki romantycznej.

Cechy te występują przede wszystkim w zakresie słownictwa dzieł romantycznych, czerpanego zazwyczaj z mowy potocznej, nie zaś z języka książkowego. I to mowy potocznej używanej w narzeczach raczej niż gwarach, z zachowaniem pewnych odrębności regionalnych. Już więc w otwierającej *Ballady i romanse* opowieści o obłąkanej Karusi (*Romantyczność*) składniki te wystąpiły całkiem wyraźnie, dobitniej zarysowały się w *Dziadach*, a w całej pełni swoiście zabarwiły język *Pana Tadeusza*. W ślad za Mickiewiczem poszli poeci inni, jak na przykład Zaleski, a następnie romantycy młodsi, zwłaszcza przedstawiciele Cyganerii warszawskiej. Rzecz całą komplikuje tu sprawa pochodzenia poetów, wśród których starsi wyszli z dawnych kresów wschodnich Rzeczypospolitej, z Białorusi i Rusi południowej, a więc terytoriów z ludnością wiejską niepolską. Zasada ludowości i realistycznego kolorytu kazała postaciom wiejskim przemawiać po swojemu, nie bez kłopotu dla pisarza, który o bohaterce *Beniowskiego* zaznaczał: „bowiem ta Nimfa mówiła jak chłopki", a więc po ukraińsku. Ponieważ zaś od kozackich rodaków Swentyny zaroiło się w dumkach i w szumkach Zaleskiego i jego naśladowców, rychło wytworzyła się swoista warstwica języka artystycznego: polska, ale obficie inkrustowana wyrazami i zwrotami ukraińskimi, warstwica, którą spotyka się jeszcze w *Odysei* Siemieńskiego. Zjawisko to miało sięgnąć jednak znacznie głębiej i dalej.

Ścisłe związki między historyzmem i realizmem romantycznym sprawiały, iż autorzy poematów, dramatów i powieści o przeszłości uważali za konieczne stosowanie stylizacji archaicznej, polegającej przeważnie na wprowadzaniu słownictwa staropolskiego. Malczewski w *Marii* i Fredro w *Zemście* radzili sobie łatwo, po prostu wertowali słownik Lindego i stamtąd wypisywali przydatny materiał. Mickiewicz i Słowacki wybrali drogę trudniejszą, rozczytywali się w Stryjkowskim i w Kochanowskich, Janie i Piotrze, i na lekturze tej opierali swą znajomość dawnego języka. Podobnie postępował Kraszewski, ale tutaj właśnie wyskoczyła poruszona poprzednio sprawa ukrainizmów z domieszką rusycyzmów. Gdy się czyta *Starą* baśń i inne średniowiecza dotyczące powieści jej autora, spotyka się osobliwe archaizmy, jak „stołb", w znaczeniu wieży zamkowej, jak „kneź" — książę, jak „horodyszcze" — wzgórze zamkowe, „ratyszcze" — rękojeść włóczni itp. itp. Brzmienie ich dowodzi, iż Kraszewski przeniósł je z języków rosyjskiego lub ukraińskiego, nie orientując się, iż w polszczyźnie średniowiecznej były tu wyrazy „stłup", „ksiądz", „grodzisko", „racisko" i in. Przed nim robił to samo autor *Króla Ducha*, źródłem zaś tych dziwotworów były niewątpliwie prace archeologów polskich, badających „starożytności" słowiańskie i stosujących terminologię naukową rosyjską. Najdalej w tym kierunku poszły próby sztucznego języka czy prajęzyka, spotykane w zupełnie nieczytelnej prozie Berwińskiego i in.

Odmianę osobną stanowiły solecyzmy orientalne, poparte autorytetem twórcy *Sonetów krymskich* i *Farysa*, a ośmieszane przez zoilów warszawskich jako tatarszczyzna. Młody romantyk nie tatarskim jednak mieszkańcom Krymu zawdzięczał swe pomysły językowo-stylistyczne, lecz przykładowi Goethego i lekturze poezji perskiej, z którą zapoznawał się dzięki swym znajomym i przyjaciołom orientalistom w rodzaju Aleksandra Chodźki. W tym samym kierunku szli pisarze późniejsi, którzy ze Wschodem tureckim zetknęli się na co dzień, Michał Czajkowski czy Karol Brzozowski.

Pod wpływem i dziwacznej mody, i konieczności życiowych, i upodobań indywidualnych zagęściły się w języku romantyków zjawiska zabawne, dochodzące do monstrualności, mianowicie nieudolne, a nieraz pokraczne neologizmy. Zarazki rozsiał aktor i dramaturg lwowski, wspomniany już poprzednio J a n N e p o m u c e n K a m i ń s k i (1777 - 1855). W czasopiśmie „Haliczanin" ogłosił on parę rozprawek, jak *Czy język nasz jest filozoficzny?* lub *Wywód filozoficzności naszego języka* (1830). Filozoficzności tej dowodził za pomocą tzw. etymologii ludowej, z podobieństwa dźwiękowego wyrazów snującej domysły na temat ich rzekomego pochodzenia i znaczenia. Obłędne te koncepty zrobiły niezwykłą karierę: oto w 1843 Mickiewicz głosił z katedry paryskiej, iż imię „Belizarius" znaczy „Biały car", a biblijny „Nebukadnezar", „napisany literami słowiańskimi", to nic innego tylko „Ne Boh odno car" czyli „Nie masz Boga jedno car", a w dwa lata później czytelnicy *Króla Ducha* dowiadywali się, iż nazwa Polski wywodzi się stąd, iż stworzony przez poetę tyran Popiel zrobił ją „na bol skałą". Podobne dziwactwa przewijały się w poezjach Norwida, który powtarzał i pomnażał to, co wyczytał w wywodach filozofa, Bronisława Ferdynanda Trentowskiego. Rekord pobił tutaj bodaj że Zygmunt Krasiński, który unikał wprawdzie oczywistych nonsensów Kamińskiego i jego naśladowców, ale sam poszedł drogą niewiele lepszą. Uderzony mianowicie osobliwością języka angielskiego, w którym mnóstwo wyrazów może mieć funkcję bądź rzeczownika, bądź czasownika, ukuł całe mnóstwo nowotworów, urabiając czasowniki w rodzaju „ewangieliczyć" (głosić zasady ewangelii) lub tworząc nowe rzeczowniki przez dodawanie do nich przedimków, jak „rozstrzeń" lub „przedświt", przy czym tylko wyraz ostatni, użyty jako tytuł poematu, utrzymał się w języku mówionym, gdy inne z miejsca uwiędły.

Niektóre pomysły językotwórcze pisarzy romantycznych wzbogaciły jednak w trwały sposób słownictwo języka artystycznego, a z niego przedostały się do mowy potocznej.

Na szczególną uwagę zasługuje romantyczna składnia artystyczna. Od potocznej i codziennej, stosowanej zresztą z zachowaniem wszelkich tradycyjnych reguł szkolnych, odbiegła ona pewnymi predylekcjami, znamiennymi zwłaszcza dla poezji lirycznej. Gdy więc czyta się utwory tak od siebie odległe, jak *Oda do młodości, Romantyczność, Farys, Reduta Ordona, Grób Agamemnona, Fortepian Szopena,* „Klaskaniem mając obrzękłe prawice" — spostrzega się, iż tryb oznajmujący nie istnieje w nich, a w każdym razie funkcja jego jest znikoma w porównaniu z trybem rozkazującym. Towarzyszą mu zaś zazwyczaj pytania retoryczne, które — jak wiadomo — nie są pytaniami. W ten sposób zjawiska z dziedziny gramatycznej odtwarzają nierówny, nerwowy, dynamiczny charakter poezji uprawianej przez pisarzy romantycznych. W rezultacie — powiedzieć by można — pisarze ci w pracach swych bardzo dużo miejsca przeznaczają dla efektów retorycznych i bardzo być może, iż efekty te mają w ich twórczości znaczenie podstawowe. Wywodzą się one ze świata programowo przez romantyków potępianego, z tradycji poprzedzającego ich klasycyzmu, ale nie wpływa to bynajmniej na wyrazistość ich wypowiedzi. Jeśli bowiem koniecznościami rytmicznymi tłumaczyć można szyk zdania w *Grażynie*: „Zamek na barkach nowogródzkiej góry Od miesięcznego brał pozłotę blasku" (zam.: brał pozłotę od miesięcznego blasku), to zdania *Pana Tadeusza* „Panno Święta, co Jasnej bronisz Częstochowy I w Ostrej świecisz Bramie" dowodzą, iż uzasadnienie takie, nie było potrzebne i że w grę wchodziły czynniki inne, po prostu nawyk. Analogicznie wygląda sprawa tzw. figury etymologicznej. Słowacki, mówiąc: „Chciałbym, ażeby tu wpisane słowo, Jeśli na wieki ma słowem pozostać, Aby słów miało marmurowych postać", wiedział, co robił, gdy trzy razy wprowadzał wyraz „słowo".

Składnia artystyczna, kształtująca się wedle wymagań gatunków i rodzajów, w dwu dziedzinach wytworzyła dwie różne odmiany. Pierwsza, spotykana w traktatach filozoficznych, jest u pisarzy, jak Karol Libelt, Józef Kremer czy August Cieszkowski, jasna i czytelna,

9. Romantyczny kult słowa

u innych natomiast mętnieje i gubi się na manowcach anakolutów, kulawizn zdaniowych. Tak bywa nawet u Mochnackiego i Słowackiego, wywody zaś Norwida estetyczne, zwłaszcza w *Promethidionie*, doprowadzają do dziwactw wręcz monstrualnych. Równocześnie zaś i Słowacki, i Norwid po mistrzowsku posługują się prozą poetycką, zrytmizowaną, spopularyzowaną przez *Księgi narodu i pielgrzymstwa polskiego*, a spotykaną również w uwerturach i epilogach dramatów Krasińskiego.

I poezję, i prozę romantyczną cechuje wreszcie to, co określić można by wielostylowością, a czego biegunami będą barokowo przesadne zdobnictwo na jednym krańcu, granicząca zaś z prymitywem prostota na drugim. Tak więc zwrotka Mickiewiczowskiego sonetu *Ałuszta w dzień*

> *Już góra z piersi mgliste otrząsa chylaty,*
> *Rannym szumi namazem niwa złotokłosa,*
> *Kłania się las i sypie z majowego włosa,*
> *Jak z różańca chalifów, rubin i granaty.*

stanowić może klasyczną ilustrację stylu bogatego, zabarwionego orientalizmem. Zespół niezwykłych tropów, uosobień, porównań i przenośni sugeruje, że chodzi tu o obraz gromadki muzułmanów odprawiających poranny namaz, modlitwę, której towarzyszą pokłony z przyklękaniem i dotykaniem twarzą ziemi. A równocześnie wśród liryków Mickiewicza i Słowackiego są takie cuda prostoty, jak wiersze lozańskie pierwszego, a *Sowiński w okopach Woli* drugiego poety, i to samo powiedzieć można o Norwidzie. Takiej rozpiętości środków wyrazu poetyckiego literatura polska przed romantyzmem nie miała, toteż trzeba ją uznać za wielkie osiągnięcie tego prądu.

Słuszności tego ujęcia dowodzi również rzut oka na technikę wiersza romantycznego, na występujące w nim zjawiska rytmiczne w najszerszym tych wyrazów znaczeniu. Romantycy więc uprawiali tradycyjne formy wiersza, budując swe poematy epickie z jedenasto- i trzynastozgłoskowców i stosując również ośmiozgłoskowiec, ale zasób ten poszerzyli, w ich więc dorobku granice jednostki rytmicznej zwanej wierszem sięgają od jednozgłoskowca po piętnastozgłoskowiec. Tradycyjne te formy wzbogacili oni jednak nowością, której wprowadzeniu towarzyszył duży hałas. Były nią wiersze o spadku męskim a toku pozornie czy nawet istotnie jambicznym. Obok zaś układów zgłoskowych, sylabicznych, próbowali nieraz wiersza przyciskowego, tonicznego, nadto — i to przede wszystkim — zgłoskowo--przyciskowego, syllabotoniku. Wiersz przyciskowy stosował więc w *Konradzie Wallenrodzie* Mickiewicz, usiłując przeszczepić do Polski heksametr starożytny. Próba ta jednak się nie przyjęła, mimo iż wiersz biały miał zwolenników. Nawyki rytmiczne, przywiązanie do układów zgłoskowych i rymów, sprawiły, iż wśród arcydzieł drobniejszym rozmiarem pojawiły się utwory takie, jak Mickiewiczowska ballada *Czaty* o rytmie trocheiczno-amfibrachicznym:

> *Z ogro/dowej / altany // woje/woda / zdyszany /*
> *Bieży / w zamek / z wściekłością / i trwogą /*

jak Słowackiego *Duma o Wacławie Rzewuskim*, ułożona w dwunastozgłoskowcu czteroprzyciskowym

> *Po morzach / wędrował // — był kiedyś / Farysem,*
> *Pod palmą / spoczywał, // pod ciemnym / cyprysem*

lub jak Norwidów *Bema pamięci żałobny rapsod*, wprowadzający polski odpowiednik heksametru, piętnastozgłoskowiec sześcioprzyciskowy:

> *Czemu, /Cieniu, / odjeżdżasz, / ręce / złamawszy / na pancerz,*
> *Przy po/chodniach / co skrami / grają / około / twych kolan?*

Równie urozmaicona była strofika, zwłaszcza liryczna, gdzie mistrzem jej był Słowacki; wiązało się z tym upodobanie w sonecie, dochodzące do sonetomanii u naśladowców Mickiewicza; strofika znowuż epicka, reprezentowana przez oktawę, a nawiązująca nie tyle do Krasickiego, co do Piotra Kochanowskiego, zajaśniała nowym blaskiem w *Beniowskim* i *Królu Duchu*.

Dzięki temu romantyzm polski, w dziełach zarówno mistrzów pióra, jak całej ogromnej plejady rzemieślników literackich, dążył do harmonii treści i formy i postulat ten osiągał w skali wcześniejszym okresom literackim nie znanej.

10. JEDNOŚĆ KULTURY ROMANTYCZNEJ

Podobnie jak w innych krajach europejskich, choć może w stopniu silniejszym, polska literatura romantyczna związana była z całością kultury umysłowej i artystycznej, znamiennej dla tej epoki. Większa zaś siła owego związku, wywołana okolicznością, iż tendencje rewolucyjno-wolnościowe, znamienne dla pierwszej połowy w. XIX, znalazły sobie wyraz najpełniejszy w kulturze polskiej właśnie, wy-

10. Jedność kultury romantycznej

stąpiła w dziedzinie dość nieoczekiwanej. Oto w opinii ogólnoeuropejskiej za najwybitniejszych przedstawicieli Polski poczytywano nie tyle Mickiewicza czy Chopina, ile wojskowych, którzy w powstaniu listopadowym odgrywali rolę dużą, choć nie zawsze chlubną, a więc zarówno niefortunnego generała Skrzyneckiego, który jako wódz naczelny nienajlepszą zdobył sławę, jak Józefa Bema, który swe sukcesy polskie zaćmił poczynaniami wiedeńskimi i węgierskimi czasu Wiosny Ludów, czy nawet Ludwika Mierosławskiego, nieudolnego warchoła wojskowego i politycznego. Wszyscy oni uchodzili za szermierzy hasła „Za wolność naszą i waszą" i realizatorów ideologii polityczno-społecznej, sformułowanej w *Księgach narodu i pielgrzymstwa*, których twórcy uśmiechały się również laury wodzowskie, okupione zagładą stworzonej przezeń formacji wojskowej, tzw. Legionu rzymskiego w r. 1848, a więc czasu Wiosny Ludów.

Jałowym jednak a często lekkomyślnym poczynaniom politycznym towarzyszyła niewdzięczna i rzadko powodzeniem wieńczona praca nad tworzeniem kultury umysłowej, prowadzona w warunkach bardzo trudnych, zarówno w kraju, jak na emigracji oparta na inicjatywie i wysiłku jednostek, praca ściśle związana z owoczesną literaturą. Na miejsce naczelne wysunęła się historiografia, stworzona i rozwinięta dzięki J o a c h i m o w i   L e l e w e l o w i (1786 - 1861). Ten tytan pracy naukowej, przez czas krótki profesor uniwersytetu wileńskiego, a później działacz polityczny, tworzący wielkie koncepcje, które przejmowali pisarze tacy, jak Mickiewicz i Słowacki, człowiek poczytywany za przywódcę duchowego lewicy emigracyjnej i groźnego rewolucjonistę, wysiedlony z Francji i o głodzie i chłodzie pracujący w Belgii, stworzył nowoczesną myśl historyczną polską. Obok dzieł, przedstawiających przeszłość narodu, rzucał na papier prace drobniejsze, jak np. szkic *Nowosilcow w Wilnie*, napisany przed *Dziadów Częścią III*, a stanowiący wspaniały komentarz do dramatu Mickiewicza.

Znaczenie nie mniejsze zdobył K a r o l   S z a j n o c h a (1818 - 1868), który w młodości próbował kariery literackiej, odegrał niemałą rolę jako redaktor czasopism lwowskich, ostatecznie zaś zasłynął jako znakomity historyk. Jego dzieła o Bolesławie Chrobrym, o Jadwidze i Jagielle, o Chmielnickim, podobnie jak jego sławne *Szkice historyczne*, były to pierwsze u nas monografie, łączące gruntowną znajomość czasów, o których mówiły, z niezwykłymi zaletami artystycznymi. Szajnocha bowiem był nie tylko dobrym uczonym, ale również znakomitym pisarzem.

Historykom, prawiącym o odległej przeszłości, towarzyszyli pisarze publicyści, poświęcający swe pióra wydarzeniom tylko co minionym. W pracach swych opierali się oni zarówno na dokumentach, jak na relacjach uczestników, jak wreszcie na własnych wspomnieniach. Na emigracji więc powstała seria książek o powstaniu listopadowym. Na czoło ich wysunęło się znakomite, nie ukończone dzieło Maurycego Mochnackiego, wybitnego krytyka literackiego i świetnego publicysty, szermierza radykalnych poglądów filozoficznych, społecznych i politycznych. Autor, który czasu powstania przywodził warszawskiej młodzieży postępowej, dał w *Powstaniu narodu polskiego w r. 1830 i 1831* (1834) plastyczną charakterystykę epoki i jej działaczy, akcentującą rozbieżność prądów postępowych i konserwatywnych jako podstawową przyczynę upadku zrywu rewolucyjnego.

Z historykami rywalizowali badacze literatury, kładący podwaliny pod znamienny dla czasów późniejszych rozwój historii naszej literatury. Tak więc profesor krakowski, Michał Wiszniewski, w dziesięciotomowej *Historii literatury polskiej* dał jedyną w swoim rodzaju bibliografię rozumowaną dawnego piśmiennictwa, tym cenniejszą, że wiele z dzieł mu znanych zaginęło, towarzyszył mu zaś w Warszawie Aleksander Maciejowski, tworząc wraz z nim monumentalną pracę nad dziejami kultury staropolskiej.

Równocześnie, jak przystało na epokę, która tak dużą wagę przywiązywała do roli ludu w życiu narodowym, działali żarliwi pionierzy wiedzy o życiu tego ludu, nazwanej w czasach późniejszych etnografią i folklorystyką: Adam Czarnocki, znany jako Zorian Dołęga Chodakowski, Wacław Zaleski, Żegota Pauli, Kazimierz Wł. Wójcicki, a przede wszystkim niestrudzony autor *Ludu* Oskar Kolberg.

Mówiąc o kulturze epoki romantycznej niepodobna pominąć muzyki. Wspomniany wyżej Kolberg, który w młodości zajmował się muzyką i nawet komponował opery, łączył zainteresowania folklorysty z muzycznymi, dochodzącymi do głosu w działalności niedużego grona ludzi, pragnących po wiekach zaniedbania stworzyć własną muzykę narodową. W gronie tym wymienić trzeba przyjaciółkę Goethego i Mickiewicza, pianistkę Marię Szymanowską, która zdobyła sławę europejską, oraz skrzypka Karola J. Lipińskiego, który wraz z Lisztem koncertował na najświetniejszych estradach owoczesnych. Tych wirtuozów zaćmił F r y d e r y k C h o p i n (1810 - 49), genialny pianista i kompozytor, który — jakby dla podkreślenia swej polskości — pierwiastkom ludowym i narodowym w twórczości swej wyznaczył miejsce wyjątkowe, a zgodność z nastrojami emigracyjno-rewolucyjnymi zaakcentował swą etiudą „rewolucyjną". W kraju wtórowali mu — w miarę sił — dwaj kompozytorzy znacznie niższego rzędu. Tak więc K a r o l K u r p i ń s k i stworzył mnóstwo melodyj do mnóstwa pieśni patriotyczno-wojskowych, żywych, jak „Warszawianka", do dzisiaj, gdy opery jego uległy przeważnie zapomnieniu.

10. Jedność kultury romantycznej

Stanisław Moniuszko (1819-1872) natomiast, niestrudzony autor melodyj do dzieł poetów romantycznych, od Mickiewicza po Syrokomlę, w operach *Halka* (1848) i *Straszny dwór* (1865) utrwalił charakterystyczne dla jego środowiska upodobania prowincjonalnych gawędziarzy, wyrażone w języku muzyki.

Jeśli w uwagach o muzyce dostrzega się bez trudu jej związki z literaturą, to to samo zjawisko występuje w dziejach malarstwa romantycznego. Z jednej więc strony pisarze tacy, jak Norwid, Lenartowicz czy Kraszewski, władali z równą swobodą piórem, jak pędzlem czy rylcem, z drugiej zaś — o pewnych malarzach romantycznych, w rodzaju Józefa Oleszkiewicza, Walentego Wańkowicza a nawet Henryka Rodakowskiego, pamięta się jako o autorach portretów Mickiewicza. Równocześnie wybitni plastycy, jak Juliusz Kossak czy Antoni Zaleski, znaczną ilość swych dzieł związali z literaturą jako znakomici ilustratorzy jej arcydzieł — poematów Mickiewicza czy Malczewskiego, czy nawet, jak w wypadku Kossaka, powieści Sienkiewicza. Z malarzy zaś mniej na pomysły literackie wrażliwych wymienić tu należy świetnego realistę, Piotra Michałowskiego oraz znacznie odeń młodszego, rówieśnika spóźnionych romantyków, Artura Grottgera (1837-1867), autora cyklów wspaniałych kartonów, natchnionych przez dzieje powstania styczniowego „Polonia", „Lituania", „Wojna". Warto tu dodać, że Grottger był równocześnie pierwszym ilustratorem *Króla Ducha*, by uchwycić jego literackie związki z późniejszą fazą naszego romantyzmu, z charakterystycznym dla niej kultem Słowackiego.

Podkreślane tutaj związki literatury z nauką i sztukami muzycznymi i plastycznymi świadczą zarówno o jednolitości kultury romantycznej, jak i o roli, którą odgrywała w niej literatura jako najdoskonalsza wyrazicielka pragnień i dążności epoki romantyzmu.

VI. POZYTYWIZM

1. KULTURA CZASÓW POZYTYWIZMU

CZASY pozytywizmu w literaturze polskiej rozpoczyna się tradycyjnie rokiem powstania styczniowego 1863, datą więc historyczną i w pewnym sensie przełomową. Nie popełni się jednak omyłki, przesuwając ją na r. 1864, by — jak się okaże — otrzymać okrągłą liczbę, gdy się bowiem przyjmie jako koniec tego prądu r. 1914, powstaną ramy chronologiczne obejmujące lat pięćdziesiąt, a więc okres czasu dostatecznie długi, by mógł w nim powstać, rozwinąć się i wygasnąć wielonurtowy prąd literacki o trwałym znaczeniu. Data wstępna nie budzi tu żadnych wątpliwości, powstanie bowiem, ostatni wybuch wrzenia rewolucyjnego, zakończyło się klęską, a klęska ta na lata całe wygasiła polityczno-rewolucyjne aspiracje romantyczne i równocześnie wywołała zdecydowany zwrot w literaturze, spychając do roli epigonów przedstawicieli romantyzmu, wysuwając zaś na czoło pisarzy młodych, którzy odżegnywali się energicznie od dawnego prądu.

Inaczej jest z datą końcową, zazwyczaj bowiem mówi się o r. 1890, gdy owi pisarze postarzeli się i poczęli ustępować miejsca pokoleniu następnemu, neoromantykom. Fakty jednak stwierdzają, iż nie stali się oni epigonami, w dziesięcioleciu bowiem kończącym wiek XIX pisali dzieła swe, często najdoskonalsze, a w każdym razie wysokiej klasy. Fakty mówią dalej, że najwybitniejsi z nich zeszli z pola pracy literackiej dopiero w latach 1910 - 1916, na które przypada śmierć Konopnickiej, Orzeszkowej, Prusa i Sienkiewicza, przy czym w r. 1909 ukazują się *Dzieci*, w r. 1910 *Pan Balcer*, w r. 1911 *W pustyni i w puszczy*, a więc dzieła, które rozmaicie można oceniać, których jednak niepodobna uznać za płody pióra emerytów. W rezultacie więc dwudziestopięciolecie 1890 - 1914 przedstawia widowisko rzadkie w dziejach literatury nie tylko polskiej, przypadło na nie bowiem współistnienie dwu różnych prądów literackich, działających na ogół

1. Kultura czasów pozytywizmu

zgodnie, choć pod koniec dochodziło tu do ostrych konfliktów i nieporozumień.

Jak każdy okres literacki, pozytywizm rozwijał się stopniowo. Jego faza wstępna, w latach 1864 - 1884 wypełniona rozrachunkami z romantyzmem, krystalizowaniem się nowej ideologii i dorastaniem młodych pisarzy przeszła w stadium rozkwitu, zadokumentowanego w r. 1884 serią utworów świadczących, iż pisarze ci osiągnęli poziom dojrzałości, na którym mieli się utrzymać przeważnie do końca swej pracy twórczej. W tym samym czasie na polu ich działalności poczęły ukazywać się symptomy nowych zjawisk literackich, mianowicie naturalizmu. A wreszcie data ta przyniosła zapowiedź nowych procesów społeczno-politycznych, zaczątki organizującego się ruchu robotniczego. Oddziaływanie tych trzech czynników na literaturę sprawiło, iż faza szczytowa, najdłuższa i najowocniejsza, sięgająca r. 1905, robi wrażenie całości zamkniętej w sobie i że datę wybuchu rewolucji w Rosji poczytać by można za koniec pozytywizmu polskiego. Przytoczone jednak fakty z dziesięciolecia następnego, zakończonego wybuchem pierwszej wojny światowej, każą w dziesięcioleciu tym właśnie widzieć fazę schyłkową pozytywizmu w Polsce. Dopiero teraz schodzi on z pola pracy i walki, niekiedy atakowany energicznie przez „młodych" przeciwników literackich i politycznych, jakkolwiek ci młodzi zazwyczaj dawno młodość pozostawili za sobą.

Określenie twórczości pisarskiej z lat 1864 - 1914 jako literatury pozytywizmu dalekie jest od ścisłości, choć na ogół trafnie oddaje jej charakter. Wywodzi się ono z tytułu dzieła myśliciela francuskiego Augusta Comte'a, *Cours de philosophie positive* (1830 - - 1842), wydanego w chwili, gdy romantyzm sięgał zenitu, a głoszącego wartość nauki jako jedynego, niezawodnego narzędzia poznania świata. System Comte'a zdobył sobie w drugiej połowie w. XIX powszechne uznanie nie tyle bezpośrednio, ile przez popularyzatorów angielskich, idących ręka w rękę z grupą myślicieli, którzy, podobnie jak filozof francuski, nawiązywali do tradycyj Oświecenia i na tym szlaku budowali poglądy własne. Najsłynniejszy z nich, Herbert Spencer, kusił się o stworzenie systemu, obejmującego całokształt wiedzy o świecie i człowieku, i poglądami swymi zaważył na życiu kulturalnym całej Europy. Punktem wyjścia i dla niego, i dla innych były nauki przyrodnicze, które dzięki teorii ewolucji, stworzonej przez Karola Darwina, a popularyzowanej przez Tomasza H. Huxleya, stały się podstawą nowego, naukowego, pozytywnego na świat poglądu.

W Polsce pozytywizm znalazł zwolenników nie tylko wśród przedstawicieli filozofii i nauki, choć dzieła czołowych myślicieli zachodnich ukazywały się w przekładach i znajdowały gorliwych czytelników, lecz także pośród szerokich rzesz inteligencji, która w tym właśnie okresie powstaje jako warstwa o swoistej strukturze ekonomicznej i społecznej. Przyjmowano jego ogólne zasady i na nich opierano program o charakterze nie teoretycznym, lecz użytkowo praktycznym, zwanym często „pracą organiczną", przy czym już samo to określenie wskazuje na jego związki z nauką, z przenoszeniem pojęć biologicznych na zjawiska społeczne. Pozytywizm ten miał wyraźne i zdecydowane oblicze jedynie na terenie Królestwa Polskiego, stąd nieraz mówiło się o „pozytywizmie warszawskim", jakkolwiek kierunek ten — mimo wszelkich odchyleń i odcieni lokalnych — objął całą kulturę polską, a więc zarówno Galicji, jak Poznańskiego.

Ogólny i praktyczny charakter pozytywizmu sprawił, iż nazwy tej nie stosowano do literatury, która wyrastając na jego gruncie przejęła i szerzyła jego zasady, lecz zachowywano ją dla całości kultury omawianego okresu. Wskutek tego w czasach ostatnich przyjął się dla tej literatury termin „realizm krytyczny", określenie niewątpliwie słuszne, gdyż postawa pisarzy okresu pozytywizmu istotnie była realistyczna, równocześnie zaś cechował ją krytycyzm w stosunku do puścizny ideologicznej po romantyzmie i do przejawów życia bieżącego w jego najrozmaitszych dziedzinach, zarówno gdy chodziło o przesądy stanowe i obyczajowe, odziedziczone po przeszłości, jak i o sprzeczności ustroju kapitalistycznego.

Rzecz całą komplikują jednak dwie okoliczności o dużym znaczeniu. Jak się dalej okaże, pozytywizmowi nie udało się całkowicie przezwyciężyć tradycyj literackich pochodzenia romantycznego; dużemu zespołowi pisarzy głoszących nowe zasady towarzyszył nie mniej liczny zespół epigonów romantycznych. Równocześnie w chwili, gdy realizm krytyczny osiągał fazę swego pełnego rozwoju, a więc około r. 1882, do literatury wkraczał przynoszony z Francji n a t u r a l i z m, a więc kierunek, który uznać można za czołówkę pozytywizmu w dziedzinie zjawisk literackich. Naturaliści bowiem, zwłaszcza przedstawiciel ich najgłośniejszy, Emil Zola, usiłowali — w teorii przynajmniej — oprzeć swą twórczość na zasadach ściśle naukowych, dzieło literackie miało pełnić te same funkcje poznawcze, które były zadaniem dzieła naukowego. Wysunięta przez Zolę, namiętnie dyskutowana koncepcja powieści doświadczalnej (*roman experimental*) już samą nazwą, łączącą pojęcie literackie z zapożyczonym z nauk przyrodniczych, wskazywała kierunki, w którym — zdaniem teoretyka — literatura winna się była rozwijać.

W rezultacie więc obraz literatury okresu pozytywizmu układa się w tryptyk, którego środek zajmuje realizm krytyczny, a skrzydła boczne to romantyzm i naturalizm. Ponieważ zaś granice tych trzech

„Strzecha" pismo ilustrowane dla rodzin polskich, wyd. we Lwowie
w latach 1868—1878, początkowo jako miesięcznik, później nieregularnie

Organ pozytywistów warszawskich, wyd. w latach 1881—1915, jego pierwszym redaktorem i wydawcą był Aleksander Świętochowski

1. Kultura czasów pozytywizmu

współistniejących prądów łatwo się zacierały, zwłaszcza że ich zwolennicy nie zawsze mieli jasne rozeznanie swej postawy twórczej lub, gdy je nawet mieli, bezwiednie ulegali oddziaływaniu pól ościennych, całość tego obrazu odznacza się dużym bogactwem pomysłów tak różnorodnych, iż nie zawsze łatwo jest dostrzec, iż owym różnicom towarzyszy jakaś jednolitość. Zwłaszcza że w grę wchodzą jeszcze różnice terytorialno-polityczne, fakt, iż polskie życie literackie w okresie pozytywizmu rozwija się w granicach trzech państw zaborczych i trzech systemów polityczno-społecznych.

Płynące stąd trudności występują bardzo wyraźnie, gdy podejmuje się próbę ustalenia tendencyj politycznych okresu pozytywizmu polskiego i odbicia ich w literaturze. Czy więc w ogóle mówić można o jakiejś postawie politycznej wspólnej wszystkim trzem zaborom? By dać odpowiedź, należy rzucić okiem na samych zaborców. W Królestwie Polskim tedy po zgnieceniu powstania styczniowego nastąpiły represje, które trwały lat czterdzieści, a polegały na rusyfikacji w szkole i urzędzie, na ucisku ekonomicznym, który wyraził się najpierw konfiskatą mienia osób z powstaniem związanych, w latach zaś późniejszych przybrał postać „emigracji zdolności", po stworzeniu takich warunków, w których młodzi ludzie mogli znaleźć pracę, ale w głębi Rosji, poza granicami Królestwa. Prześladowanie wreszcie śmielszych przebłysków myśli politycznej i społecznej za pomocą cenzury, więzienia i zesłania dopełniało miary represyj.

Nie lepiej było w zaborze pruskim, gdzie od r. 1892 rozpoczęły się represje językowe w kościele, szkole i sądzie, przy czym najgłośniejsze, stosowane jeszcze w pierwszym dziesięcioleciu w. XX, w r. 1901 czy 1906, wywoływały głośne protesty w świecie cywilizowanym. Towarzyszył im ucisk ekonomiczno-społeczny, polegający na wykupywaniu z funduszów państwowych ziemi z rąk polskich, by systematycznie kolonizować ją przy pomocy osadników niemieckich. Jedynie w Galicji, która w r. 1866 otrzymała autonomię, nie było ucisku politycznego, istniały tam za to takie warunki ekonomiczne, iż urzędową nazwę kraju: Galicja i Lodomeria, satyryk przekręcał na „Golicję i Głodomorię", a ta karykatura językowa odpowiadała ponurej rzeczywistości. W takich warunkach rządy zaborcze nie mogły cieszyć się sympatią swych polskich poddanych i — wbrew pozorom — nie mogło być mowy o „trójlojalizmie" jako postawie ogólnej narodu. Wprawdzie w rozgrywkach międzypartyjnych zarzut taki padał niejednokrotnie pod adresem pewnych kół czy drobnych grupek politycznych, takich jak konserwatyści krakowscy, deklarujący w r. 1866 wierność „najjaśniejszemu panu" austriackiemu, lub konserwatyści warszawscy, którzy podobny adres wysłali w r. 1880 do „najjaśniejszego pana" rosyjskiego, ale po pierwsze:

23 — J. Krzyżanowski

były to wystąpienia jednostkowe, po wtóre: mimo wszystko miały charakter posunięć taktycznych, wywołanych ówczesną sytuacją rozdartego kraju. Upadek powstania sprawił, iż walkę zbrojną z trzema mocarstwami uznano za nierealną i sprawy odzyskania niepodległości przesunięto w bliżej nieokreśloną przyszłość. Rzecz jednak znamienna, iż poza niewielu wyjątkami, tj. ludźmi, którzy wierzyli w możność porozumienia się z zaborcami, nawet konserwatyści krakowscy nie odżegnywali się od myśli o niepodległości, tylko pragnęli stopniowo, drogą ewolucji polityczno-społecznej i ekonomicznej przygotować do niej cały naród, przy zachowaniu oczywiście hegemonii klas posiadających. Wielki pomysł reedukacji narodu nie brał i brać nie mógł w rachubę okoliczności, iż dzieje świata przebiegają wprawdzie po torach ewolucji, że jednak na torach tych zdarzają się wybuchy rewolucyjne i że materiał wybuchowy nie zawsze chce czekać chwili, gdy zamierzona reedukacja dobiegnie końca. Innymi słowy, ewolucjoniści okresu pozytywizmu nie docenili prężności zjawisk społecznych, które wówczas poczęły się krystalizować, rosnąć na siłach i wydobywać się na powierzchnię życia politycznego.

Pierwszym z nich było powstanie warstwy inteligencji pracującej, jako rezultat nowych stosunków ekonomicznych, których ostatnim etapem było w Królestwie zniesienie przez carat pańszczyzny i uwłaszczenie chłopa (1864), w Galicji zaś uzyskanie autonomii (1866). W wypadku pierwszym mnóstwo „wysadzonych z siodła" właścicieli ziemskich, którzy nie mogli utrzymać się w swych majątkach, trafiało do miast, gdzie za resztki ocalonych pieniędzy można było, klepiąc biedę, dzieciom przynajmniej zapewnić wykształcenie i przygotować je do pracy zawodowej. Związki rodzinne młodej kadry z krewnymi na wsi, zabiegającymi również o wykształcenie swych synów, a często i córek, sprawiły, iż po raz pierwszy w dziejach Polski doszło do zespolenia wsi i miasta wskutek wytworzenia się burżuazji, obejmującej równie dobrze średnich właścicieli ziemskich, jak przedstawicieli „wolnych zawodów", lekarzy, prawników, inżynierów, handlowców, dziennikarzy — a wreszcie i duchowieństwo. Podobnie ułożyły się stosunki w Poznańskiem i Galicji z tą tylko różnicą, iż autonomia galicyjska przyczyniła się do kostnienia w świecie inteligencji dużej grupy urzędniczej, odgrywającej w życiu zbiorowym rolę bardzo doniosłą, w jej ręku bowiem było szkolnictwo wszystkich stopni, od elementarnego po uniwersyteckie. Ta właśnie nowa grupa rościła sobie pretensje do kierowania zbiorowym życiem narodu i do organizowania jego sił na zasadach demokratycznych, wśród których jedną z naczelnych, choć nie demonstrowanych, było odzyskanie niepodległości. Do zasad tych należał również pozytywny stosunek do Żydów, których wielu znalazło się wśród inteligencji,

1. Kultura czasów pozytywizmu

przede wszystkim w Warszawie, a następnie w innych miastach, hasło bowiem asymilacji zyskiwało coraz więcej zwolenników, m. in. wśród pisarzy, toczących walkę z antysemityzmem.

W programie pozytywistycznym, realizowanym przez inteligencję, sprawą podstawową było to, co nosiło nazwę „pracy u podstaw", zagadnienie wsi i chłopa. Chodziło tu nie tylko o utrzymanie wielkiej tradycji Modrzewskich i Staszyców i nie tylko o zrozumienie faktu, na który tak duży nacisk kładli działacze polityczni Wielkiej Emigracji, iż lud jest podstawą narodu, lecz o wielką grę polityczną z zaborcą, w której stawką była przyszłość narodowa. Polityka mianowicie zarówno austriacka, jak rosyjska prowadziły do utrzymania antagonizmu między chłopem a dworem, polegały na kultywowaniu separatyzmu klasowego z czasów pańszczyźnianych, na wpajaniu w chłopa przywiązania do „naszego cesarza". Chłopa należało uczynić świadomym obywatelem polskim, wydobywszy go z nędzy i dawszy mu niezbędne wykształcenie. Akcję w tym kierunku rozpoczęto najpierw w Poznańskiem, gdzie patron Maksymilian Jackowski, a później ksiądz Piotr Wawrzyniak znakomicie zorganizowali akcję spółdzielczą „kółek rolniczych" i sprawili, że chłop stał się tamą wstrzymującą politykę kolonizatorską rządu pruskiego. Równocześnie w Galicji ks. Stanisław Stojałowski zakładał w r. 1875 swe pierwsze pisma chłopskie, które bardzo odbiegać musiały od dawniejszych, obliczonych na „zbudowanie" wsi, skoro ich redaktor, prześladowany przez władze kościelne i świeckie, wielokrotnie więzieniem płacił za swe radykalne poglądy. Działalność Bolesława Wysłoucha we Lwowie, wydawanie „Przeglądu Społecznego" i od r. 1889 „Przyjaciela Ludu" — były ogniskami ruchu ludowego, dzięki któremu w słownictwie polskim pojawił się wyraz „ludowiec" i z którego wyszedł pierwszy wybitny chłop działacz i pisarz, Jakub Bojko, poseł na sejm krajowy we Lwowie, poseł do parlamentu w Wiedniu, a pod koniec życia senator w wolnej Polsce. Kariera Bojki, biegnąca przez dzieje polskich stronnictw ludowych, stanowi bardzo wymowny dowód, iż grę o chłopa polskiego wygrała inteligencja polska, wprowadzając go w życie zbiorowe nie jako bierny przedmiot dziejów, lecz jako ich podmiot, jako świadomego twórcę historii narodu.

Lata, które wydały ruch ludowy, były również świadkami powstania polskiej klasy robotniczej na terenie Królestwa, gdzie — w przeciwieństwie do rolniczych Galicji i Poznańskiego — rozwinął się przemysł i gdzie uwłaszczony, ale nie mający środków do życia na wsi chłop zamieniał się na bruku miejskim w robotnika. Pierwsze próby zorganizowania nowego zjawiska społecznego przypadły na lata 1877 - 1880, gdy Ludwik Waryński, zagrzany przykładem rosyjskim, zakładał w Warszawie robotnicze kółka socjalistyczne, później partię Proletariat, a w Krakowie stał się bohaterem sensacyjnego procesu, wytoczonego przez prokuraturę austriacką pierwszym socjalistom. Twórcy organizacji przypłacili swą inicjatywę śmiercią na stokach cytadeli warszawskiej (1886), sam Waryński zmarł w trzy lata później w więzieniu szliselburskim. Jednakowoż już w r. 1891 na kongresie brukselskim pojawiła się delegacja socjalistów polskich, w roku następnym w Paryżu powstała Polska Partia Socjalistyczna, a w Galicji Polska Partia Socjalno-Demokratyczna; r. 1893 przyniósł powołanie robotniczej partii rewolucyjno-marksistowskiej, zwanej do 1900 r. Socjaldemokracją Królestwa Polskiego, potem Socjaldemokracją Królestwa Polskiego i Litwy (SDKPiL), ostatecznie po połączeniu z PPS--Lewicą (1918) przekształconej w Komunistyczną Partię Robotniczą Polski. Owe ruchy społeczne o charakterze klasowym prowadziły do energicznych starć, w których program walki o interesy klas chłopskiej i robotniczej ostro przeciwstawiano zasadom solidaryzmu społecznego. I to zasadom zarówno odziedziczonym po romantyzmie, jak nowym, opartym bądź to na pozytywistycznej koncepcji społeczeństwa — organizmu, bądź na tendencjach nacjonalistycznych, reprezentowanych przez grupę warszawskiego „Głosu" i powstałą w r. 1887 Ligę Polską, przekształconą w r. 1893 w Narodową. Dzięki wpływom Bolesława Limanowskiego, doskonałego znawcy ideologii rewolucyjnych pierwszej połowy wieku XIX i myśli społecznej Wielkiej Emigracji, program PPS wprowadził również sprawę niepodległości Polski, realizowaną przez przedstawicieli stronnictwa, ludzi następnego pokolenia, w latach pierwszej wojny światowej.

Wymiana poglądów na zagadnienia społeczno-polityczne dokonywała się nie w żywym słowie, żaden bowiem z trzech zaborów nie miał po temu odpowiedniej trybuny, lecz na łamach prasy codziennej, tygodniowej i miesięcznej. Pierwszy kronikarz tego ruchu, Piotr Chmielowski, połowę swej książki *Zarys literatury polskiej ostatnich lat szesnastu* (1881) wypełnił charakterystyką czasopiśmiennictwa okresu pozytywizmu, w prasie bowiem formułowano jego zasady w namiętnych wystąpieniach Kazimierza Chłędowskiego we Lwowie, a Juliana Ochorowicza i Franciszka Krupińskiego w Warszawie, później zaś dużo mówiło się o bojach warszawskiej „starej i nowej prasy", choć wyniki ich było i jest bardzo trudno uchwycić. Nikły nurt życia politycznego w stolicy Królestwa, skrępowanego przez czujną cenzurę carską, nie sprzyjał dyskusjom w sprawach najżywotniejszych, a w Warszawie wychodziło pism najwięcej. Kraków i Lwów znowuż, leżące z dala i od Wiednia, gdzie rozstrzygały się zagadnienia polityki austriackiej, a nawet światowej, i od Warszawy, gubiły się przeważnie w jałowych sporach prowincjonalnych. Zresztą prasa wszystkich ośrodków życia polskiego utrzymywała stały kontakt, na-

1. Kultura czasów pozytywizmu

wet osobisty. Niejeden publicysta galicyjski czy poznański znajdował pracę i chleb w redakcjach warszawskich, a głośne artykuły warszawskie przedrukowywano skwapliwie w Poznaniu i Krakowie. Przez lata całe wysłuchiwano z uwagą wywodów „posła prawdy", błyskotliwego, ale nieraz istotnie głębokiego redaktora warszawskiego tygodnika „Prawda", Aleksandra Świętochowskiego. Chłodny, ironiczny intelektualista najbardziej może przyczynił się do upowszechnienia w całej Polsce zasad pozytywizmu. Mniejszą poczytność miały inne periodyki, jak poprzednik „Prawdy" „Przegląd Tygodniowy", „Niwa", „Nowiny", a nawet petersburski „Kraj", znakomicie redagowany przez Erazma Piltza, mający doskonałych współpracowników z całej Polski, a czytywany przez Polaków rozsianych po całej Rosji. Z innych czasopism wyróżniał się bogactwem materiału, zwłaszcza literackiego, lwowski „Tydzień". Z miesięczników przez niemal ćwierć wieku ukazywało się w Warszawie „Ateneum", redagowane przez Piotra Chmielowskiego i zaćmiewające leciwą „Bibliotekę Warszawską", w Krakowie zaś wychodził organ myśli konserwatywnej, „Przegląd Polski". Rzecz godna uwagi, iż zarówno on, jak „Ateneum" opierały się na inicjatywie i kieszeni prywatnej. Na miesięcznik warszawski łożył znakomity adwokat petersburski, Włodzimierz Spasowicz, należący równocześnie do najlepszych krytyków literackich okresu, wydawcą miesięcznika krakowskiego był historyk literatury na Uniwersytecie Jagiellońskim, Stanisław Tarnowski.

Osobne wreszcie miejsce w czasopiśmiennictwie ówczesnym zajmowała prasa emigracyjna, radykalno-demokratyczna paryska („Niepodległość", „Gmina", „Zmowa") i socjalistyczna genewska („Równość", „Przedświt").

Prasa i periodyczna, i codzienna, kontynuując zwyczaje z lat przedpowstaniowych, dbała niezwykle o współpracowników literackich, których utwory, pomieszczane całymi miesiącami, a nawet latami w odcinku gazety, decydowały często o jej poczytności. Na łamach prasy debiutowali normalnie wszyscy znakomici pisarze czasów pozytywizmu i wielu z nich, nawet najwięksi, miało w karierze swej długie lata pracy dziennikarskiej. Szczególną poczytnością cieszyły się felietony, prawiące o wszystkim prócz polityki, łączące poważny wywód naukowy z dowcipnie opowiedzianą plotką, przeplatające spostrzeżenia socjologiczne wesołą anegdotą. Zwano je „kronikami" i stały się one niemalże monopolem Bolesława Prusa, któremu nie ustępowali mniej płodni od niego Sienkiewicz w Warszawie, Jan Lam we Lwowie, a Michał Bałucki w Krakowie. Dzięki temu prasa pozytywistyczna jest jednym wielkim archiwum literackim, z którego wydobywa się raz po raz zagubione w niej i zapomniane utwory najtęższych przedstawicieli tych czasów. Utworom zaś beletrystycznym towarzyszą i wtórują wypowiedzi krytyków literackich, mniejszych i większych, niejednokrotnie wielkich, pozwalające orientować się w nowoczesnych zjawiskach literackich. Pozytywistyczna bowiem krytyka literacka osiągnęła poziom poprzednio u nas nie spotykany, a i później może nie przewyższony. Zgodnie tedy z podstawowymi założeniami pozytywizmu stawiała sobie ona zadania naukowe, których wykonanie bywało rozmaite, zależnie od sił wykonawcy. Teoretyczne jej zasady sformułował wybitny polihistor francuski, Hipolit Taine, usiłujący stworzyć system narzędzi badawczych dla dzieła sztuki, podobny do systemów stosowanych w naukach przyrodniczych. Narzędziami tymi były współczynniki przestrzenny i czasowy: rasa (pojmowana w zasadzie jako stałe cechy charakteru narodowego), środowisko i chwila dziejowa, w których dzieło powstaje; narzędzie trzecie stanowiła wypreparowana analitycznie „właściwość naczelna" badanego dzieła. Z biegiem czasu wreszcie autor świetnych książek o literaturze angielskiej i o sztuce włosko-holenderskiej począł kłaść nacisk coraz większy na indywidualność twórcy, po swojemu kształtującego swe tworzywo artystyczne.

System Taine'a bardzo korzystnie odbił się na pracach kilku naszych historyków literatury, którzy znaleźli w nim pomoc przy objaśnianiu zjawisk literackich dawniejszych i nowych. Należeli do nich zwłaszcza dwaj uczeni warszawscy, Bronisław Chlebowski i Piotr Chmielowski. System ten też niewątpliwie przyczynił się do powstania trzech wielkich syntez przedstawiających całość dziejów literatury w Polsce, a zbudowanych przez Chmielowskiego, Stanisława Tarnowskiego i Aleksandra Brücknera. Przyczynił się o tyle, że trzem tym historykom, wśród których Tarnowski stał najdalej od Taine'a — ułatwił stworzenie podstaw naukowych dla ujęcia płynnych fal różnorodnych zjawisk i procesów literackich; że zaś oddziaływał tu myśliciel francuski, wskazuje okoliczność, iż wszystkie trzy syntezy są raczej rozległymi panoramami dziejów kultury polskiej, ujętymi w prymacie zjawisk literackich, aniżeli obrazami tych zjawisk. Dzieła literackie w ujęciu trzech historyków i trzech różnych indywidualności naukowych daleko częściej mają charakter dokumentów mówiących o środowisku, które je wydało, i czasie, w którym powstały, w cieniu natomiast pozostaje ich swoista wymowa artystyczna, nie zawsze i niekoniecznie zależna od wyznaczników przestrzennych i czasowych — z tym wszystkim historia literatury wystąpiła tu jako nauka samodzielna, tzn. mająca własny przedmiot i stosująca własne metody poznawcze.

Wśród zagadnień, które były w Warszawie tematem żywych dyskusji

1. Kultura czasów pozytywizmu

i kampanii prasowych, miejsce niepoślednie przypadło sprawie stosunku kultury pozytywistycznej do przeszłości, stosunku, który znajdował wyraz w literaturze i nauce, no i oczywiście w życiu politycznym, opartym o tradycję narodową. Ponieważ dziedzina ostatnia, choć najżywsza i najaktualniejsza, przedmiotem rozważań publicystycznych być nie mogła, zastępowano ją skupianiem uwagi na problemach literackich i historycznych, chociaż i tu trudności były niemałe. Jak sobie z nimi radzono, wskazuje świetna książka Antoniego Zaleskiego *Towarzystwo Warszawskie*, wydana pod pseudonimem Baronowej X.Y.Z. w Krakowie (1886 - 1887) lub *Polska* głośnego krytyka duńskiego, G. Brandesa, który przyjeżdżał do Warszawy z błyskotliwymi odczytami o romantyzmie polskim. Publiczne bowiem odczyty znakomitych prelegentów przyjezdnych stanowiły doskonałe dopełnienie wystąpień publicystycznych i zastępowały do pewnego stopnia brak uniwersytetu. Z prelegentów tych powodzeniem największym cieszył się wspaniały orator krakowski, Stanisław Tarnowski, ożywienie zaś największe wywołał Włodzimierz Spasowicz. Obaj energicznie rozprawiali się z puścizną ideologiczną odziedziczoną po romantyzmie, przy czym Spasowicz zaatakował największą świętość narodową — mesjanizm. Jak przystało na wytrawnego adwokata, zrobił to niezwykle pomysłowo, zamiast bowiem godzić w wielkie nazwiska Mickiewicza, Krasińskiego czy żyjącego jeszcze niedobitka poezji emigracyjnej, J. B. Zaleskiego, uderzył w pisarza drugorzędnego, ale niezwykle popularnego — w Wincentego Pola, by na przykładzie bardzo wnikliwie zanalizowanej jego twórczości zademonstrować mesjanizm w karykaturze, kult szlacheckiej przeszłości, odnowiony przez sztukę romantyczną barok sarmacki. O co zaś chodziło mu w istocie, wskazywały jego uwagi o Polsce, „jawnogrzesznicy narodów", co było zjadliwą parodią formuły „Chrystus narodów". Wystąpienie to, z entuzjazmem przyjęte przez młodzież akademicką, miało epilog wręcz haniebny, doprowadziło do pobicia przez studenta osoby, która miała odwagę krytycznie odnieść się do wywodów Spasowicza, a tą osobą był Bolesław Prus!

Opinie prelegenta petersburskiego i rzecznika reedukacji politycznej narodu znajdowały poparcie w Krakowie, w środowisku uniwersyteckim, w którym rolę wybitną odgrywała grupa historyków o żywych zainteresowaniach politycznych, a więc Józef Szujski, Walerian Kalinka, Michał Bobrzyński, Stanisław Tarnowski. Manifestem ich był napisany zbiorowo pamflet polityczny *Teka Stańczyka* (1869), wymierzony przeciw romantyczno-rewolucyjnej ideologii, której realny wynik stanowiła katastrofa powstania styczniowego. Manifest równocześnie służył jako podstawa akcji stronnictwa konserwatystów, łączącego arystokratycznych właścicieli ziemskich z wyższymi przedstawicielami świata urzędniczego, z którego rekrutowali się kandydaci na wiedeńskich pracowników ministerialnych. Nauce uniwersyteckiej w grupie tej przypadła funkcja bardzo doniosła — uzasadnienie ideologii politycznej argumentami historycznymi czy historiozoficznymi. „Historyczna szkoła krakowska", jak ośrodek ten nazwano, w ognisku rozważań naukowych umieściła sprawę, z której wyrastały wszelkie dawniejsze systemy mesjanistyczne, sprawę upadku Polski. Odpowiedź była prosta, choć zamaskowana. Dawał ją niegdyś już Konarski, w dziele *O skutecznym rad sposobie*, w reformie ustroju widzący ratunek przed upadkiem. Historycy krakowscy, nawiązując do stanowisk pisarzy politycznych dawnych wieków, przeprowadzali analizę niedomagań ustrojowych Polski niepodległej, by stąd wyciągać wnioski praktyczne, z których podstawowy można było wyrazić formułą Woronicza „Los nasz być musi płodem własnej winy". Tylko że wniosek ten był nie do przyjęcia ze względów dość osobliwych. Rozgrzeszał on zaborców i godził się ze stanowiskiem historyków niemieckich i rosyjskich, którzy tym samym poglądem uzasadniali politykę swych rządów, tępiącą wszelkie porywy polskie mające na celu odzyskanie niepodległości. Dlatego właśnie syntetyczny zarys dziejów Polski pióra Michała Bobrzyńskiego, który ideologię szkoły krakowskiej przyjął jako wytyczną w oświetlaniu przeszłości, wywoływał gorące sprzeciwy młodych czytelników, upamiętnione literacko przez Stefana Żeromskiego (*Syzyfowe prace* 1898) i Artura Górskiego (*Młoda Polska* 1898).

Protesty wychodziły nie tylko od młodych. Ideologię „historycznej szkoły nowej" wydrwiwał Asnyk, stanowisko jej parodiując zdaniem, że „Kościuszko to był wariat, Co buntował proletariat"; przede wszystkim jednak nie godzili się z nią historycy warszawscy, jak autor książki o Kościuszce, Tadeusz Korzon, i uczony o wyraźnych zainteresowaniach socjologicznych, Władysław Smoleński, który krytyce historiografów krakowskich poświęcił duże studium. Co osobliwsza, działalność uczonych krakowskich wywołała reakcję w postaci niezwykłego rozkwitu historiografii polskiej i jej pogłosów w literaturze pięknej. Zarówno tedy w Warszawie, gdzie poważnym ośrodkiem życia naukowego stała się kasa im. Józefa Mianowskiego i gdzie obok Korzona i Smoleńskiego pracowali Aleksander Jabłonowski i Adolf Pawiński, jak we Lwowie, gdzie obok wielkiego średniowiecznika, Tadeusza Wojciechowskiego, działał historyk kultury, Władysław Łoziński, jak w Krakowie, gdzie obok wymienionych twórców „szkoły historycznej" wspomnieć należy Stanisława Smolkę i Wincentego Zakrzewskiego, toczyła się praca nad poznawaniem przeszłości tak żywa, jak nigdy przedtem ani potem. Jej refleksy zaś występowały i poza obrębem nauki. W Krakowie

1. Kultura czasów pozytywizmu

tedy powstawały płótna Jana Matejki, który krytyczne spojrzenie na dzieje Polski, utrwalone w „Hołdzie pruskim", równoważył „Batorym pod Pskowem", „Sobieskim pod Wiedniem" i „Kościuszką pod Racławicami". Równocześnie zaś w Warszawie, a raczej w całej Polsce, powieści jego bowiem ukazywały się w odcinkach gazet krakowskich i poznańskich, kult przeszłości szerzył Sienkiewicz. Jak głęboko zaś krytycyzm szkoły krakowskiej zapadł w psychikę pokolenia, dowodzi twórczość dwojga pisarzy, którzy zdobyli uznanie jako malarze życia bieżącego i badacze jego mechanizmu, Orzeszkowej i Prusa. Oboje dla wyrażenia swych poglądów polityczno-społecznych w postaci pełnej, nie skrępowanej nakazami chwili, sięgnęli pierwsza w dzieje walk grecko-perskich (*Czciciel potęgi*), drugi jeszcze dalej, bo w mroczną historię Egiptu (*Faraon*). W ten sposób rzekoma „ucieczka od współczesności", którą Sienkiewiczowi zarzucali jego przeciwnicy, była zjawiskiem normalnym, konsekwentnie wynikającym z postawy pozytywizmu podbudowanej postulatem naukowego poznawania świata, a przeniesionej w dziedzinę twórczości literackiej.

Rzutowanie historyzmu pozytywistycznego na literaturę i wynikające stąd komplikacje, nie zawsze zrozumiałe dla badaczy tych czasów, było następstwem poetyki stosowanej przez pisarzy omawianego okresu. By w jej zasadach się rozeznać, pamiętać należy, iż pozytywizm, tak niechętny a nieraz wrogi romantyzmowi, nawiązywał wielorako do tradycyj Oświecenia, i to nie tylko w zakresie myśli filozoficznej i społecznej, ale również w swych upodobaniach tematycznych. Świat starożytny, klasyczny, odżywał w wyobraźni pisarzy pozytywistów, czego wyrazem były nie tylko etruskologia Orzeszkowej i egiptologia Prusa, ale żywe zainteresowanie się kulturą Grecji i Rzymu u Sienkiewicza, uwieńczone jego humoreskami w stylu *Pięknej Heleny*, nade wszystko zaś powieścią *Quo vadis*, podobne pomysły u Świętochowskiego, antyczne wiersze Asnyka, a wreszcie osobliwostka — ślicznie wyrażone zachwyty Konopnickiej, a więc poetki, której łacina była obca, nad pięknem okresów retorycznych Cicerona, co „ręką tocząc po korynckiej wazie, uczył się krągłość myśli zamykać w wyrazie". Fakty te, a podobnych wskazać by można mnóstwo, każą przyjąć, że literatura okresu pozytywizmu miała nastawienie klasycystyczne, a jeśli tak, to i stosowana w niej poetyka była w tym czy innym stopniu klasyczna. Zasadą zaś poetyki klasycznej naczelną było przekonanie, iż literatura winna uczyć, mieć charakter dydaktyczny. W sformułowaniu teoretyków pozytywistycznych brzmiało to: w dziele literackim sprawą najważniejszą jest jego tendencja. Wskutek działalności pisarzy drugorzędnych, grafomanów i grafomanek, którym wydawało się, iż pożyteczna tendencja wystarcza, by lichy utwór stał się dziełem sztuki, wyraz „tendencja" nabrał znaczenia ujemnego. Czołowi pisarze pozytywiści jednak tendencją posługiwali się tak, iż nie szkodziła ona wartości dzieła, bo wynikając konsekwentnie z jego budowy akcentowała tylko czy podkreślała sprawy, na które autor kładł szczególny nacisk, nie była dodatkiem sztucznym, doczepianym do utworu. Niekiedy zresztą pisarze nie wahali się nadawać jej postaci apelu, polecającego czytelnikowi sprawę Antków czy Meirów Ezofowiczów, których mógł spotkać w życiu i nie zwrócić na nich uwagi. Zdarzało się, iż na tendencję wskazywało wyznanie autora, iż księgi swe pisał „ku pokrzepieniu serc". A bywało wreszcie, iż nad wydobyciem tendencji, nad odczytaniem „sensu moralnego" dziejów takiego Wokulskiego łamali sobie głowę najtężsi krytycy, usiłując daremnie wyjaśnić, na czym polega tendencja *Lalki*, która jest przecież powieścią tendencyjną.

Źródłem tych wszystkich komplikacji była trudność pogodzenia dydaktyzmu z drugą zasadą poetyki pozytywistycznej, nakazującą realistyczne traktowanie tematu, poznawanego metodą systematycznej i starannej obserwacji. Postulatowi temu naturaliści nadawali wagę szczególną, żądając od pisarza dokładnych studiów terenowych, w sensie zarówno geograficznym, jak — i to przede wszystkim — społecznym. Realiści krytyczni nie szli tak daleko, ale i oni na sprawę odpowiedniego przygotowania kładli duży nacisk. Przed zabraniem się do *Pana Wołodyjowskiego* Sienkiewicz odbył wycieczkę do Konstantynopola, by przyjrzeć się życiu tureckiemu, *Meira Ezofowicza* Orzeszkowej poprzedziły prace wstępne, rozczytywanie się w literaturze żydoznawczej i przyswojenie sobie przez pisarkę słownictwa hebrajskiego i żargonowego. W sporze międzynarodowym o autentyczność szczegółów w *Quo vadis* zabierał głos sam autor, dowodząc źródłowo archeologom włoskim, iż stawiali mu zarzuty niesłuszne. Na ogół jednak realizm pozytywistyczny opierał się na osobistym doświadczeniu pisarza, na jego znajomości życia, które w utworze wprowadzał, na jego umiejętności stosowania języka używanego w środowiskach, w których toczyła się akcja jego dzieła. A ten właśnie postulat kłócił się z nakazami dydaktyzmu. Chodziło więc o to, jak pierwiastki pouczające wmontować w całość obrazu artystycznego ujętego realistycznie tak, by nie zafałszować jego prawdziwości.

I tutaj właśnie pewne wyjście dawała powieść antyczna.

Prus, który w *Lalce* poprawnego rozwiązania trudności znaleźć nie umiał, znalazł je bez wysiłku w *Faraonie*, gdzie materiał ukazany w odległej perspektywie historycznej można było kształtować wedle założeń ideologicznych, natomiast w powieści z życia współczesnego nacisk rzeczywistości na proceder taki nie pozwalał bez szkody dla owej rzeczywistości, bez naruszenia zatem postulatu, któremu ślepe posłuszeństwo wiodło do powstawania „fotografij" czy nawet „fotografij bez retuszu", jak niekiedy w tytułach i podtytułach nazywano naiwnie obrazki z życia codziennego. Następstwem klasycystycznego charakteru literatury w okresie pozytywizmu był uderzający w porównaniu z bujnością romantyczną i neoromantyczną niedowład poezji, graniczący z całkowitym niemal jej zanikiem. I to zarówno na niwie liryki, jak dramatu. Zjawisko to usiłowano tłumaczyć niechęcią do romantyzmu, której kozłem ofiarnym stała się poezja właśnie. Wolno jednak wątpić, czy wyjaśnienie to jest w całości poprawne, a oto dlaczego. Gdy się obserwuje prądy nastawione na klasycyzm, a więc Oświecenie i nawet Renesans, dostrzega się bez trudności, że są one ubogie w poezję, zwłaszcza w lirykę, jakkolwiek i epika nie rozwija się wówczas imponująco. Ustalenie prawidłowości procesów historycznoliterackich nie wyszło dotąd poza nieśmiałe próby, niepodobna więc twierdzić, iż omawiane spostrzeżenie ujmuje taką prawidłowość, lecz można pokusić się o hipotetyczne jego wyjaśnienie. Nie ulega mianowicie wątpliwości, iż w wypadkach Renesansu, Oświecenia i pozytywizmu kultura tych prądów ma charakter racjonalistyczny i szczyty swe osiąga nie w dziedzinie sztuki, lecz nauki, nie wyobraźnia bowiem w niej góruje, lecz myśl poznawcza, zwrócona ku przyrodzie i człowiekowi. Wskutek tego literatura pozytywistyczna nie była wdzięcznym polem dla kwiatów poezji, co bardzo trafnie dostrzegł Asnyk, gdy dworował sobie, iż przedmiotem zainteresowań poetyckich jego epoki jest „romans dwu komórek w pacierzowym tkwiących rdzeniu". Niechęć do tradycji romantycznej mogła tylko spotęgować obojętność dla poezji, skazanej na zamknięcie się w granicach tematów z pogranicza nauki, a więc rozważań filozoficznych, społecznych i historycznych, zwłaszcza dotyczących historii sztuki, uprawianych przez Asnyka, Konopnicką czy Felicjana, bo tylko ta trójca pisarska reprezentuje zarówno lirykę, jak i nie zawsze udaną tragedię. Jest to poezja „uczona", *docta poesis*, jak nazywały ją dawne poetyki. Wprawdzie obok tych gwiazd pierwszej wielkości, ale tylko na firmamencie pozytywistycznym, istniała nieduża grupa wierszopisów-satyryków, ale byli to właściwie publicyści, pisujący felietoniki rymowane, które poza rymami niczego wspólnego z poezją nie miały. Odległość zaś pozytywizmu od Oświecenia, a tym bardziej od Odrodzenia, sprawiła, iż miejsce poezji epickiej, która w Polsce wygasła na *Panu Tadeuszu* i *Królu Duchu*, a której epigońskim przeżytkiem będzie *Pan Balcer w Brazylii* Konopnickiej, rodzący się mozolnie w ciągu lat dwudziestu, zajęła bezapelacyjnie powieść.

Proza powieściowa Orzeszkowej, Sienkiewicza i Prusa stanowi chlubę i trwały dorobek literacki pozytywizmu polskiego i wydaje dzieła o zasięgu europejskim czy nawet światowym, zadokumentowanym przyznaniem Sienkiewiczowi nagrody Nobla (1905). Trójcę tę otacza tuzin satelitów, z których każdy cieszył się uznaniem, i to nie tylko wśród czytelników polskich: Michał Bałucki, Teodor Jeske-Choiński, Adolf Dygasiński, Artur Gruszecki, Maria Konopnicka, Jan Lam, Ignacy Maciejowski (Sewer), Maria Rodziewiczówna, Antoni Sygietyński, Klemens Szaniawski (Junosza), Adam Szymański, Gabriela Zapolska. Na planie trzecim wymienić by można taką samą ilość nazwisk dzisiaj albo zapomnianych, nie zawsze słusznie, albo przypomnianych dziełami niekoniecznie najlepszymi.

Wszyscy oni, od największych poczynając, wychowali się na Kraszewskim i Korzeniowskim, na J. B. Dziekońskim i Walerym Łozińskim, wszyscy jednak pole literackie uprawiali po swojemu i otrzymywali plony bardzo nieraz bogate i oryginalne. Przede wszystkim tedy niezwykle poszerzyli tematykę romantycznych poprzedników, obejmując nią dziedziny dawniej nie nawiedzane lub nawiedzane rzadko. Niezależnie więc od powieści historycznej, odrodzonej przez Sienkiewicza, za którym poszła cała grupa jego następców, wśród nich najoryginalniejszy Teodor Jeske-Choiński, wskazać tu można w zakresie powieści obyczajowo-społecznej jako malarzy życia chłopskiego: Orzeszkową, Sienkiewicza, Prusa, Dygasińskiego, Sewera, Konopnicką; o życiu żydowskim pisali Orzeszkowa, Sewer, Junosza; początki przemysłu wystąpiły w opowiadaniach Prusa, Maciejowskiego, Gruszeckiego; życie rzemieślnicze doszło do głosu w powieściach Bałuckiego, który wraz z Sewerem i Zapolską interesował się również cyganerią literacką i teatralną. Powieść nie przeoczyła również zagadnienia emigracji, chłopsko-amerykańską bowiem zajmowali się Sienkiewicz, Dygasiński i Gruszecki, inteligencką we Francji Zapolska, rosyjską zarobkową Orzeszkowa, przymusową zaś, tj. skazańcami sybirskimi, Szymański.

Tematyce tej, tak obszernej, iż na jej podstawie można by naszkicować rozległą panoramę życia polskiego w drugiej połowie w. XIX, towarzyszyło bogactwo urozmaiconych form prozy narracyjnej, a więc powieści cykliczne i niecykliczne, nowele długie, nowele krótkie, obrazki i opowieści. Do urozmaicenia ich znakomicie przyczyniały się stosowane obok zwykłego opowiadania autorskiego, formy takie, jak pamiętnik, gawęda, korespondencja postaci powieściowych, osiągające niejednokrotnie efekty tak niezwykłe, jak połączenie w *Lalce* narracji autorskiej z „pamiętnikiem starego subiekta". Tym wysoce zróżnicowanym postaciom formy wewnętrznej towarzyszyły odpowiednie zabiegi w zakresie formy zewnętrznej, zabiegi zatem stylistyczne. W niejednym więc utworze Orzeszkowej, pisanym językiem pospolitym, sprawozdawczym, dziennikarskim, odkrywa się częste stosowanie mowy myślanej (pośrednio-zależnej), niesłychanie zbliżającej czytelnika do tekstu powieści. Gdzie indziej, jak u Sienkiewicza, pojawiają się obfite układy prozy rytmicznej. Wówczas też ustalił się zwyczaj nakazujący chłopom w dziełach literackich przemawiać wyłącznie gwarą. Co więcej, Dygasiński, w trosce o jednolitość artystyczną dzieła, począł w powieściach chłopskich stylizować również opowiadanie odautorskie na gwarę, co wywołało polemikę z Konopnicką. Autor *Beldonka* wziął jednak górę. Za jego przykładem poszedł Klemens Junosza Szaniawski, pisarze zaś pokolenia następnego, prozaicy neoromantyczni, Kazimierz Tetmajer i Władysław Reymont upowszechnili pomysł Dygasińskiego i zmienili go w zasadę niemal obowiązującą. W ten sposób powieść, spadkobierczyni poezji epickiej, poczęła osiągać jej poziom artystyczny, stawać się pod każdym względem dziełem sztuki.

W tym samym kierunku szedł dramat, zwłaszcza komedia, wyzbywając się szaty wierszowej na rzecz bliższej życiu prozy. Jego przedstawiciele najwybitniejsi, Józef Bliziński, Zygmunt Sarnecki, popularny Michał Bałucki, a wreszcie przedstawicielka naturalizmu Gabriela Zapolska, upowszechniali na deskach scenicznych zasady stosowane w powieści, co przychodziło im tym łatwiej, iż — za przykładem francuskim — coraz częściej wybitne powieści przerabiano na utwory teatralne.

Kim jednak byli ludzie, którzy dokonali tak niezwykłego dzieła? Gdy po odpowiedź sięgnie się do *Zarysu najnowszej literatury polskiej* Chmielowskiego, a więc książki, której ostatnie wydanie (1898) ukazało się przed laty przeszło siedemdziesięciu, ma się wrażenie wędrówki po cmentarzu, gdzie nad grobami, które coś mówią, przeważają groby najzupełniej obce, zapomniane. W języku nauki znaczy to, że historyk literatury ustępuje bibliografowi. Chcąc jednak zdać sobie sprawę z tej kapitulacji, przyczyny jej dostrzega się w czynnikach, o których była już tutaj mowa, a więc w wielowarstwowości zjawisk, które składają się na całość literatury w okresie pozytywizmu. W ich obrębie miejsce chronologicznie pierwsze przypada epigonom romantyzmu, i to epigonom krzepkim, chodzącym często w aureoli sławy grafomanom i poligrafom, którzy niemal do ostatniego tchu „popełniali" utwory literackie. Wieszczka-grafomanka Deotyma, zmarła w r. 1908, dziennikarz-grafoman Adam Pług, redaktor wielu pism literackich, poligrafowie, Kraszewski, zmarły w r. 1887 i do chwili ostatniej czynny literacko, i T. T. Jeż, zmarły w r. 1915 — oto najgłośniejsi przedstawiciele dużej grupy pisarzy romantycznych, którzy — z wyjątkiem zdumiewająco zawsze młodego Kraszewskiego — pisali, cieszyli się uznaniem, ale przeminęli bez śladu. Przynajmniej bez śladu uchwytnego. Wszyscy oni byli literatami z zawodu, żyli z pióra czy — co na jedno wyjdzie — z łaski patronujących im mecenasów, tj. wydawców i czytelników.

Inaczej ułożyły się stosunki w pokoleniu pozytywistów właściwych. Niemal bez wyjątku byli to zawodowi dziennikarze, często wyzyskiwani niemiłosiernie przez swych chlebodawców, a jednak trwający na placówce. Wyjątek stanowił tu chyba jeden jedyny Sienkiewicz, który dzięki przyjaznemu zbiegowi okoliczności wyzwolił się z pęt wydawcy i pod koniec swej kariery doszedł do pieniędzy. Zjawiskiem szczątkowym i ginącym byli pisarze-ziemianie, jak Bliziński lub Maciejowski-Sewer, którzy starość spędzali na bruku miejskim, żyjąc z resztek kapitału ocalonego po bankructwie wiejskim. W sumie byli to ludzie „wysadzeni z siodła", zarabiający piórem na życie, co nie było sprawą ani prostą, ani łatwą. O trudnościach tego zarobkowania świadczą losy dwu popularnych humorystów, Michała Bałuckiego i Mikołaja Biernackiego (Rodocia), którzy, przekroczywszy sześćdziesiątkę, w tym samym roku 1901 popełnili samobójstwo. W grę jednak wchodziły tu czynniki nie tylko naturalne — decydować mogło poczucie obcości wywołane zmianą mody literackiej. Jak silne było oddziaływanie tego czynnika, mówią fakty. *Gody życia* Dygasińskiego, przez zrozumiałe nieporozumienie uznane za arcydzieło, *Legenda* Maciejowskiego-Sewera, *Anastazja* Orzeszkowej wreszcie — oto dokumenty kapitulacji wobec mody, nieudałe próbki stylu nowego, neoromantycznego. Są one dowodem, iż około r. 1900 prąd stary począł wygasać, przynajmniej w twórczości ogólnej. Wyjątkiem byli tu pisarze szczytowi — Prus i Sienkiewicz.

Dorobek literacki okresu pozytywizmu ma dwa wyraźne oblicza: wewnętrzne, krajowe i zewnętrzne, światowe. Charakter i znaczenie pierwszego z nich można by ująć i ocenić statystycznie, gdyby nie okoliczność, iż nie mamy niezbędnych danych z zakresu stosunków wydawniczych i księgarskich w drugiej połowie w. XIX. „Rozbiorem kraju pokrzywdzona forma" życia sprawiła, iż nie potrafimy obliczyć wysokości nakładów powieści, które rozchodziły się bardzo szeroko i w odcinkach dzienników, i w wydaniach książkowych, udostępnianych masom odbiorców przez biblioteki i wypożyczalnie, organizowane przez instytucje w rodzaju TSL, tj. Towarzystwa Szkoły Ludowej na terenie Galicji. Dzięki temu mówić można o zdemokratyzowaniu się literatury i z uznaniem wspomnieć nazwiska Gruszeckiego czy Rodziewiczówny, pisarzy, których dzieła docierały do rąk czytelnika masowego po miasteczkach i wsiach, przygotowując go do lektury wymagającej większego wysiłku umysłowego. Tak było w kraju, tak i za granicą, m. in. w Ameryce, gdzie dzienniki polskie dawały przedruki znanych dzieł pisarzy krajowych. I jeśli lata pierwszej wojny pozwoliły stwierdzić nieoczekiwaną dojrzałość obywatelską mas ludowych zarówno w kraju, jak na wychodźstwie, zjawisko to w bardzo dużym stopniu przypisać można właśnie powieści stworzonej przez pokolenie Sienkiewicza i Prusa. Autor *Latarnika* uchwycił tę sprawę w oparciu o wypadek autentyczny, ilustrując ją *Panem Tadeuszem*, choć pierwowzór Skawińskiego utratą posady opłacił lekturę powieści Kaczkowskiego. Konopnicka w opowiadaniu o *Chodziku* wprowadziła czytelnika chłopa i popularnego powieściopisarza swoich czasów T. T. Jeża. Te świadectwa, które literatura wystawiła sama sobie, dowodzą, jak duże znaczenie pisarze okresu pozytywizmu przywiązywali do swej działalności społecznej, do służby obywatelskiej, którą pełnili własną twórczością.

Oblicze zaś światowe pozytywizmu polskiego, znane dotąd ogólnikowo i niedokładnie, wykazuje jeden rys znamienny — oto jego przedstawiciele literaccy zdobywają poczytność i uznanie wśród obcych, zwłaszcza w świecie słowiańskim. Sienkiewicz i Orzeszkowa mają w Rosji wydania zbiorowe swych dzieł, znajdują gorących wielbicieli wśród Czechów, przekłady ich pojawiają się w językach serbskim i chorwackim. Przyznanie nagrody Nobla Sienkiewiczowi było przypieczętowaniem penetracji polskiej w świecie literatury powszechnej. W stosunkach zaś z zagranicą przedstawiciele literatury polskiej, wierni starej tradycji, sięgającej Pawła Włodkowica, a kontynuowanej przez Kochanowskiego i Mickiewicza, występowali jako „defensores Poloniae", obrońcy Polski. List otwarty Sienkiewicza do cesarza niemieckiego Wilhelma II protestujący przeciw antypolskiej polityce Prus i przedrukowywany w prasie całego świata, następnie zaś stworzenie przez tego samego pisarza Komitetu Pomocy Ofiarom Wojny czasu pierwszej wojny światowej były wymownym dowodem, iż literatura polska rozwijała swą działalność i pełniła służbę obywatelską również na forum światowym.

2. KRZEPCY EPIGONI

Narodzinom nowych zjawisk literackich o charakterze zbiorowym, a więc nowym prądom czy kierunkom, nie zawsze towarzyszy zgiełk sporów i walk programowych. Zdarza się też, iż przełomy, nawet bardzo doniosłe, nie są przewrotami, dokonują się bowiem stopniowo i powoli, by w swych fazach początkowych przebiegać łagodnie i niemal niepostrzeżenie przekształcać żywe jeszcze wczoraj w nie mniej żywą dzisiejszość. A tak właśnie zdarzyło się w chwili wkroczenia pozytywizmu do kultury polskiej. W literaturze mianowicie pełnią sił odznaczali się pisarze romantyczni, by wymienić choćby tylko Kraszewskiego, który w okolicach r. 1863 zmienił wprawdzie adres, przenosząc się z Królestwa do Saksonii, z Warszawy do Drezna, ale ani nie przerwał swej twórczości, ani nie utracił jej odbiorców, i aż do śmierci dotrzymywał kroku młodszej braci literackiej, a zmarł w r. 1887, a więc tuż przed datą, którą poczytuje się czasami za koniec pozytywizmu. Autorowi zaś *Starej baśni* towarzyszyli niewiele odeń młodsi Felicjan Faleński, Deotyma czy Jeż, którzy zmarli w latach 1908-1915, a więc równocześnie z Konopnicką, Orzeszkową i Sienkiewiczem, czołowymi przedstawicielami pokolenia następnego, pokolenia pozytywistów.

Wskutek tego pisarze reprezentujący starą tradycję romantyczną i pisarze czasów późniejszych przez lat trzydzieści pracowali równocześnie, ogłaszali swe utwory w tych samych numerach czy zeszytach czasopism, kolegowali w tych samych redakcjach, ich zaś czytelnicy przyjmowali ich dzieła z tą samą życzliwością lub niechęcią, nie zdając sobie sprawy, iż otrzymują wytwory różnych nie tylko indywidualności, lecz również prądów literackich. Ale też wskutek tego właśnie nasza literatura okresu pozytywizmu zawiera tyle przeróżnych niespodzianek dla czytelnika dzisiejszego. I to niespodzianek o charakterze kuriozów.

Występuje to przede wszystkim może w dziedzinie poezji, na którą miały paść pierwsze gromy z piór publicystów i krytyków pokolenia młodego, natrząsających się z przeróżnych grafomanów i grafomanek, piewców „gila i makolągwy". Pisarzy tych od strony biograficznej czy raczej anegdotycznej znamy dzisiaj ze złośliwej gawędy Walerego Przyborowskiego, *Stara i młoda prasa* (1897), ich zaś twórczość udostępniają antologie, jak *Księga wierszy polskich XIX wieku* (1954 — 3 tomy), sporządzona przez J. Tuwima lub *Zbiór poetów w. XIX* P. Hertza (1959-1967 — 5 tomów). Istotnie — są to poeci, których dorobek, w postaci wierszy czy nawet **wierszyków**, żyje jedynie na kartach antologii. Miłośnicy liryki, której uczyli się od mistrzów obcych, Musseta i Heinego, kontynuowali oni równocześnie tradycje Cyganerii warszawskiej, wyjątkowo tylko zdobywając się na akcenty własne. Wskutek tego **Aleksander Michaux**, inaczej Miron (1839-1895), podobnie Ordon, tj. **Władysław Szanser**, (1847-1914) w Warszawie, a **Władysław Bełza** (1847-1913) lub **Aureli Urbański** (1844-1901) we Lwowie czy nauczycielka galicyjska **Maria Bartusówna** (1854--1885) robią wrażenie cieniów literackich raczej niż wyraźnych oso-

2. Krzepcy epigoni

bowości twórczych. Rozmachem górował nad nimi **Leonard Sowiński** (1831 - 1887), liryk, satyryk, dramaturg i powieściopisarz ale i on nie potrafił uniknąć losu rówieśników, który wyraził w zdaniu „Czas poezji przeminął, myśmy zabici!" Istotnie bowiem zjawiskiem podówczas pospolitym w świecie pisarskim był alkoholizm, kończący się nieraz dogorywaniem w szpitalach dla umysłowo chorych lub samobójstwem. Z dorobku zaś poetyckiego całej tej grupy bardzo niewiele przetrwało nawet w antologiach. Pamiętać jednak trzeba, iż na przełomie stuleci XIX i XX tysiące dzieci powtarzało z przejęciem wierszyk „Kto ty jesteś? — Polak mały", tj. Władysława Bełzy *Katechizm polskiego dziecka*, by w kilkanaście lat później z nie mniejszym przejęciem śpiewać piosenkę żołnierską „A kto chce rozkoszy użyć", utwór Władysława Tarnowskiego, który starą pieśń wojskową wzbogacił motywami nowymi, powstańskimi.

Jak dalece zaś — dzięki tradycyjnie romantycznemu kultowi poezji — za poezję uchodziło pospolite „rymarstwo", graniczące wyraźnie z grafomanią, dowodzą dwa wypadki znamienne. Pierwszy to twórczość arystokraty podolskiego, **Wojciecha Dzieduszyckiego** (1848 - 1909), głośnego dowcipnisia i ruchliwego polityka. Słynny z swych konceptów „hrabia Wojtek" był równocześnie erudytą-amatorem, znawcą filozofii greckiej i kultury antycznej, dzięki czemu mógł sobie pozwolić na pisanie powieści z życia starożytnego, nieświetnych wprawdzie, ale niesłusznie zapomnianych, nadto zaś popełnić *Baśń nad baśniami* (1889), tasiemcowaty poemat zbudowany z wątków folklorystycznych, podaniowych i bajkowych.

Rubasznego Podolaka zaćmiła jednak „wzniosła" warszawianka, **Jadwiga Łuszczewska** (1834 - 1908), pisująca przez lat wiele pod pretensjonalnym pseudonimem Deotymy, a więc natchnionej wieszczki z *Uczty* Platona. Wieszczka nadwiślańska zawodowo uprawiała natchnienie. Już bowiem jako młoda dziewczyna zasłynęła improwizacjami w salonie swych rodziców, a z biegiem lat królowała w salonie własnym, otoczona gronem wielbicieli, którzy snobistycznie głosili kult mizdrzącej się poetessy, by wyśmiewać ją poza oczyma. Deotyma była niezwykle płodną autorką, sypiącą z rękawa tomy poezyj, dramatów, powieści wreszcie. Szczególnie często nawiedzała krainę historii, pomysły z niej czerpane opracowując w stylu „żywych obrazów", które podówczas z upodobaniem wystawiano na scenach amatorskich i zawodowych. O jej smaku artystycznym świadczyć może epizod z poematu *Wanda*, w którym podaniowa królewna urządza dla Rytgiera przyjęcie w postaci okrężnego, a zachwycony gość tańczy z gospodynią w pierwszą parę i śpiewa ku jej czci krakowiaka, w dodatku opartego na łacińskim epigramie Kadłubka, czego uczona autorka nie omieszkała zaznaczyć w uczonym przypisie. Pod koniec życia zaś, czerpiąc natchnienie z mszy w tym celu zakupowanych, pisała Deotyma ogromny poemat *Jan Sobieski pod Wiedniem*, poziomem i charakterem przypominający płody podrzędnych literatów epoki przedmickiewiczowskiej. Z powieści jej do dziś powodzeniem się cieszy powieść *Panienka z okienka*, poczytywana za jeden z niewielu obrazków życia mieszczańskiego, i to obrazków marynistycznych. W istocie ta naiwna powiastka o Gdańsku w czasach Władysława IV jest długim opisem kostiumów niewieścich epoki baroku, roi się od błędów historycznych, zawiera również relację o zwiedzaniu statku w porcie, ale z przeszłością tyle ma wspólnego co wspomniane przed chwilą żywe obrazy teatralne. W rezultacie cała sprawa wieszczki Deotymy przynosi potwierdzenie gorzkich słów Sowińskiego: „Czas poezji przeminął..."

Niewiele lepiej przedstawiały się stosunki na polu dramaturgii epigonów, kroczących szlakiem tradycji szekspirowskiej z silną domieszką pierwiastków wytworzonych przez francuski dramat romantyczny, zwłaszcza przez podziwianego u nas, przekładanego i wystawianego Wiktora Hugo. Prym wiódł tutaj pisarz niezwykle pracowity i płodny, polityk, publicysta, uczony i poeta w jednej osobie, J ó z e f S z u j s k i (1835 - 1883). Działacz polityczny, współtwórca *Teki Stańczyka* (1869), a tym samym programu „stańczyków" krakowskich, znakomity autor *Dziejów Polski* (1862 - 1866), które wykładał na katedrze Uniwersytetu Jagiellońskiego, ambicjom literackim dawał wyraz w obfitej twórczości dramatycznej, którą uprawiał przez lat dwadzieścia z okładem i którą zdobywał sobie duże uznanie. Począwszy tedy od *Dramatów* (1867), wśród których znalazła się głośna *Halszka z Ostroga* (1859), aż po okolicznościowy dialog *Długosz i Kallimach*, napisany w czterechsetlecie śmierci wielkiego historyka średniowiecznego (1880), Szujski wydobywał z dziejów polskich momenty przełomowe (*Królowa Jadwiga, Zborowscy, Śmierć Władysława IV*), by za ich pośrednictwem szczepić zarówno znajomość i miłość przeszłości, jak swe koncepcje historiozoficzne, które głosił z katedry i trybuny politycznej. Jednakowoż lot wyobraźni dramaturga nigdzie nie osiągnął wyżyn, które uderzają czytelnika jego publicystyki, bez względu na to, czy uzna on, czy odrzuci wywody Szujskiego. W jego wizjach dramatycznych bowiem połączenie patosu, efektów melodramatycznych i roztrząsań politycznych góruje nad umiejętnością tworzenia plastycznych wizerunków ludzi żywych i wskutek tego jego tragedie i dialogi, mimo niepokalanie pięknego języka, są utworami papierowymi w dziejach naszej dramaturgii.

2. Krzepcy epigoni

Podobnie przedstawia się twórczość teatralna innego uczonego, dobrego historyka literatury, Adama Bełcikowskiego (1839 - -1909). Z mnóstwa sztuk jego jedynie *Przekupka warszawska* (1897) cieszyła się dużym uznaniem jako widowisko popularne, wystawiane na „Starówce" warszawskiej jeszcze w latach międzywojennych. W sztukach tych utrwalał i upowszechniał pomysły repertuaru tradycyjnego, takie jak podanie o Wandzie (*U kolebki narodu*) czy o Skałce (*Bolesław Śmiały*), ale sięgał również w czasy Łokietka (*Przysięga*) czy pierwszych Piastów (*Król Mieczysław II*). Lubując się w jaskrawych i łatwych efektach dramatycznych, szedł Bełcikowski wyraźnie w kierunku widowisk popularnych, przeznaczonych dla szerokich mas odbiorców, a tym torował drogę wielkiej sztuce tragicznej zarówno poprzedników, a więc Słowackiego, jak i następców w rodzaju Wyspiańskiego. W dziedzinie tej spotkał jednak rywala, któremu pola dotrzymać nie potrafił, w osobie Juliana Moersa z Poradowa, tj. Elżbiety Tuszowskiej (1837 - 1904). Zamożna ziemianka kresowa, osiadłszy dla poratowania zdrowia we Włoszech, długie lata pobytu poza krajem urozmaicała sobie rozległą lekturą i pochodzące z niej pomysły dramatyzowała zawzięcie, tak iż wypełniły one siedem tomów pośmiertnego wydania jej dzieł. Z dramatów tych jeden, *Przeor Paulinów* (1874), poświęcony Kordeckiemu, a łączący akcenty patriotyczne z religijnymi, był najpopularniejszym widowiskiem scenicznym, przez lat wiele wystawianym przez owoczesne teatry. Zaćmił go dopiero nieco późniejszy *Kościuszko pod Racławicami* (1881) Władysława Ludwika Anczyca (1823 - 1883), zasłużonego drukarza krakowskiego i wytrwałego pioniera literatury dla ludu, autora obrazków dramatycznych (od *Chłopów arystokratów* 1850 po *Emigrację chłopską* 1877), które stworzyły repertuar teatrzyków amatorskich, małomiasteczkowych i wiejskich.

Anczycowi jako pisarzowi scen ludowych kroku dotrzymywał ślusarz krakowski, Adam Staszczyk (1850 - 1909), który w karierze swej miał również kilka lat pracy nauczycielskiej w szkole kolejowej w Warszawie. W r. 1879 wystawił on w Krakowie dwa wodewile (*Noc świętojańska, Błędne ogniki*), cieszące się dużą popularnością, w latach zaś późniejszych pisywał sztuki historyczno-patriotyczne, należące do stałego repertuaru scen amatorskich, galicyjskich i śląskich (*Noc w Belwederze, Dziesiąty pawilon, Kościuszko w Petersburgu, Filareci, Bartosz Głowacki* i in.). Najwymowniejszym dowodem uznania, jakim cieszył się Staszczyk, jest afisz Teatru Krakowskiego z 26 listopada 1898 r., zawiadamiający o przedstawieniu, na które złożyły się: Wyspiańskiego *Warszawianka*, Gryfity *Wspo-

mnienia, Epizod dramatyczny na tle 1863 roku oraz Staszczyka *Noc w Belwederze.*

Epigoni romantyczni uprawiali jednak przede wszystkim powieść, drukowaną w odcinkach dzienników, w tygodnikach i miesięcznikach. Niektórzy z nich uchodzili nawet za znakomitych pisarzy, w ciągu bowiem długiego żywota płodzili nieznużenie dziesiątki tomów. Tak było z J a n e m Z a c h a r i a s i e w i c z e m (1825 - 1906), który w powieściach, jak *Święty Jur*, zajmował się rodzącym się wówczas w Galicji życiem politycznym ukraińskim i wynikającymi stąd konfliktami narodowościowymi. Sprawy te interesowały i jego rówieśnika, wspomnianego tu już Teodora Tomasza Jeża (właśc. Z y g m u n t a M i ł k o w s k i e g o, 1824 - 1915), ruchliwego działacza politycznego i publicystę, który niezwykłe swe przygody barwnie opowiedział w ogromnym pamiętniku *Od kolebki przez życie* (1936). Dzieła tego dwa tomy wstępne, podobnie jak duża seria opowiadań w rodzaju *Sylwet emigracyjnych* (1902), są ogromną kopalnią wiadomości o diasporze polskiej w drugiej połowie w. XIX, o przeróżnych tułaczach błąkających się od Turcji po Anglię i ich przeosobliwych losach. Równocześnie stanowią one najcenniejszą pozycję w olbrzymim dorobku pisarskim Jeża, w dorobku, który niewiele ilościowo ustępuje puściźnie Kraszewskiego. Dwa zaś czy nawet trzy pokolenia czytelników znały i dotąd znają Jeża jako autora powieści, niekiedy wznawianych kilkakrotnie, niekiedy zagubionych w rocznikach czasopism, nie wszystko bowiem, co pisarz ten drukował, otrzymywało postać książki. Z powieści jego rozgłos największy zdobyły utwory, nawiązujące do tradycji Michała Czajkowskiego, poświęcone narodom bałkańskim i walce ich o wolność. Niekiedy, jak *Uskoki* (1870) lub *Rycerz chrześcijański* (1889), prawiły one o przeszłości, przeważnie jednak Jeż zajmował się wydarzeniami, których sam był świadkiem, a które przyniosły wolność Bułgarii czy Serbii. Inna spora grupa powieści prawiła o stosunkach polsko-rosyjskich i polsko-ukraińskich, jeszcze inne — najsłabsze — dotyczyły przeszłości Polski, w której dziejach pisarz emigracyjny zupełnie się nie orientował, na studia zaś historyczne — pracując piórem dla chleba — pozwolić sobie nie mógł. W sumie cały ten dorobek powieściowy, pełen jaskrawych efektów melodramatycznych, był produktem rzemieślnika literackiego, samouka, który podchwytywał pomysły znajdowane dorywczo w prasie francuskiej i szwajcarskiej, łączył je z własnymi wspomnieniami i przemawiał do wyobraźni mało wymagającego czytelnika masowego. Czytelnika tego wiódł jednak w światy mu nie znane, przez literaturę polską nawiedzane niesłychanie rzadko, i w tym głównie upatrywać można znaczenie pisarza-obieży-

2. Krzepcy epigoni

świata, który więcej widział i wiedział, niż umiał wyrazić w swych dziełach. Widać to szczególnie wyraźnie, gdy zestawi się Jeża z jego współczesnikami krajowymi, jak Adam Pług, Wołody Skiba lub „Autor Kłopotów starego komendanta". Pierwszy, A n t o n i P i e t k i e w i c z (1823 - 1903), bo takie było nazwisko Pługa, w wierszu i prozie kontynuował tradycje gawędziarskie swych współpowietników, Syrokomli i Chodźki. W ł a d y s ł a w S a b o w s k i (1837 - 1888), literacko znany jako Wołody Skiba, uczestnik powstania styczniowego i emigrant po jego stłumieniu, powróciwszy do Warszawy, ogłosił kilkanaście powieści, z których jedynie *Nad poziomy* (1887), świetna gawęda z życia szkolnego, ma widoki trwałości. A l b e r t W i l c z y ń s k i wreszcie (1829 - 1900), który zdobył uznanie gawędą *Kłopoty starego komendanta* (1856), utrzymaną w tonie *Ramot i ramotek* A. Wilkońskiego, wydał na stare lata mnóstwo powieści, które z miejsca uległy zapomnieniu. Zapomnieniu niekoniecznie słusznemu. Epigonowie gawędy romantycznej w prozie znajdą prędzej czy później swego odkrywcę, który wysoko oceni ich zasługi w dziedzinie drobnorealistycznego odtwarzania życia, zasługi literackich historyków dawnego obyczaju. Co to znaczy, zilustrować można na przykładzie powieści Wilczyńskiego. Pisarze romantyczni aureolą wielkości otoczyli żołnierza narodowego, ukazując go w chwilach uniesienia bojowego, w momentach tryumfów i klęski. Ale jak wyglądało życie małego garnizonu, szare, codzienne, pospolite — słowem prozaiczna podszewka heroizmu poetyckiego, o tym dowiedzieć się można dopiero od pisarza klasy „Autora Kłopotów starego komendanta".
Czyżby jednak nad całą tą gromadą rzemieślników czy nawet wyrobników literackich, żyjących z pióra, nie było kogoś, kto byłby twórcą? Owszem, był nim F e l i c j a n M. F a l e ń s k i (1825 - 1910), pisarz warszawski, zmarły w zupełnym osamotnieniu i zapomnieniu, z którego poczęto go wydobywać dopiero w pięćdziesięciolecie śmierci. Rówieśnik i przyjaciel Norwida, żonaty z Marią Trębicką, literatką, o której rękę i autor *Promethidiona* zabiegał, był Felicjan — podobnie jak tamten — pisarzem dotkliwie odczuwającym stygmat epigonizmu i samotności, nie docenionym i nie rozumianym przez czytelników, jednym z tych, co „sobie śpiewali a Muzom". Przeciwko owemu stygmatowi usiłował Faleński w spóźnionych poezjach młodzieńczych (*Kwiaty i kolce* 1856) i groteskowych opowiadaniach prozą ratować się ironią romantyczną, broń ta jednak okazywała się zawodną, utwory te bowiem były „pieśniami spóźnionymi", jak brzmiał tytuł zbioru liryków z r. 1893, ostatniego z wydanych za życia, choć na lat wiele przed zgonem autora. Skargom tym na marność szarego, prozaicznego żywota towarzyszyły wiersze patriotyczne (*Sponad mo-*

gił 1870), tematyką przypominające *Maraton* Ujejskiego, ale przeładowane chłodną erudycją i wskutek tego niezdolne przemówić do odbiorcy. Były one produktem poety intelektualisty, nie uczuciowca romantycznego, i to poety, który najwidoczniej szukał nowych dróg, ale znaleźć ich nie umiał. Trafił na nie wreszcie w dwu zbiorkach należących do najcenniejszych okazów polskiej liryki refleksyjnej, w *Odgłosach z gór* (1871) oraz w *Meandrach*, pisywanych od dawna, choć pierwsze ich wydanie nosi datę 1892. *Odgłosy z gór* to notatnik tatrzański złożony z utworów bardzo nierównych, jedne z nich bowiem odtwarzają wrażenia naiwnego turysty, bezradnego wobec bezmiaru niezwykłych doznań, inne zaś są wyrazem refleksyj filozoficznych o wybitnym podkładzie przyrodoznawczym. Pomysły niesłychanie śmiałe, które powrócą po latach u Leśmiana, łączą się tutaj z obrazami stereotypowymi, ale i jedne, i drugie otrzymują formę wyszukaną i wycyzelowaną, przy czym zwrotka pantum w wierszu zamykającym zbiorek dowodzi, iż epigonowi romantyzmu nie były obce zdobycze francuskiego Parnasu.

Liryk-refleksjonista najpełniej jednak wypowiedział się na kartach *Meandrów*, dużego zbioru fraszek, powiększanego we wznowieniach z r. 1898 i 1904; nie zawierają one całości dzieła, w rękopisie bowiem pozostały zarówno wiersze sprzed r. 1904, których nie było można drukować ze względów cenzuralnych, jak epigramy powstałe po tej dacie, m. in. *Nagrobek własny*, napisany u schyłku życia poety. Wzorem *Meandrów* były *Fraszki* Kochanowskiego, którym Felicjan poświęcił osobne studium krytyczne (1881). Wyraz „wzór" znaczy tutaj nie tylko to, że śladem poety z Czarnolasu liryk warszawski swe wieloletnie spostrzeżenia ujmował w postaci epigramów, ale również i to, że wśród obfitego potomstwa *Fraszek* jedynie *Meandry* mogą pretendować do miana dzieła dorównującego pierwowzorowi. Są one bowiem artystycznie doskonałym pamiętnikiem poety niezwykle wrażliwego na przejawy życia, człowieka obarczonego mnóstwem kompleksów, ale równocześnie epigramatyka, ważącego starannie każde słowo i zamykającego myśl w słów tych jak najskromniejszych układach. Układy te cechuje precyzja wręcz geometryczna, wyrażana jednak bardzo plastycznie, bardzo obrazowo. O poziomie mistrzowskim *Meandrów* najlepiej chyba mówi szczegół anegdotyczny. Oto gdy w r. 1934, a więc w czasach żywiołowego kultu Norwida, Polskie Radio poświęciło audycję Felicjanowi, autora jej posądzono, iż do *Meandrów* włączył epigramy Norwidowskie.

Felicjan jednak ambicje najwyższe miał nie w dziedzinie liryki, lecz na polu dramatu, który uprawiał przez lat dwadzieścia, poczynając od r. 1871, gdy wydrukował *Syna gwiazdy*, aż po r. 1899, gdy ukazał się tom trzeci *Utworów dramatycznych*, przynoszących jego

2. Krzepcy epigoni

dorobek dramaturgiczny, niepełny zresztą, bo pozbawiony komedyj i jednego dramatu historycznego. Wydanie to, sporządzone „nakładem autora", zamknął on *Tańcami śmierci*, fragmentem dzieła, nad którym pracował przez lat wiele i na którym się załamał. Dzieło, przypominające swą faustowsko-konradowską problematyką produkty drugorzędnych romantyków, przyniosło jedną tylko kartę godną druku, groteskowe intermedium, nawiązujące do starego *Marchołta*, by wydrwić wypaczenia kultury europejskiej u schyłku w. XIX.

Jako dramaturg w istotnym znaczeniu tego wyrazu wystąpił przede wszystkim w nie docenionych do dziś tragediach i dramatach historycznych. O tragediach zaś mówić tu można choćby ze względu na *Altheę*, dzieło poświęcone mitowi greckiemu o Meleagrze, spopularyzowanemu później przez nastrojowy dramat Wyspiańskiego. Gdy poeta krakowski mit ten ujął nowocześnie, w sposób przypominający Maeterlincka, Felicjan poszedł szlakiem wyznaczonym przez tragików ateńskich, u nas przypomnianym przez Kochanowskiego (w *Odprawie posłów greckich*) i Korzeniowskiego (w *Mnichu*). Dał więc tragedię rygorystycznie modelowaną na wzorach greckich, odtwarzającą losy demonicznie dumnej matki, królowej Althei. Gdy syn jej jedyny, bohaterski zabójca dzika kalidońskiego, pokochał Atalantę, i to pokochał bez wzajemności, Althea nie może mu darować tego poniżenia i wydaje nań wyrok śmierci: wrzuca w ognisko głownię, z którą związane jest życie Meleagra! Tragedia zawiedzionej ambicji macierzyńskiej otrzymała pod piórem Felicjana wyraz tak potężny i jedyny w swoim rodzaju, iż jego *Althea* należy do najwyższych osiągnięć — i to na skalę europejską — w dziedzinie tragedii stylizowanej na modłę antyczną i grecką.

Ambicje dramatyczne wiodły Felicjana w dziedzinę utworów cyklicznych, wprowadzających wielkie wydarzenia z historii świata starożytnego, zwłaszcza z dziejów Rzymu. Trylogia (a raczej tetralogia) *Gród siedmiu wzgórz* stała się realizacją tych zamierzeń, obalenie więc władzy królewskiej i powstanie republiki (*Junius Brutus*), jej najwyższe osiągnięcia w wojnach punickich (*Sofonisbe*), upadek wreszcie cesarstwa pod naporem ludów germańskich (*Ataulf*) — to człony wielkiego dramatu, którego epizod, powstanie żydowskie, dostarczył wątku sztuce *Syn gwiazdy*, a który zestawiać by można z dziełami takimi, jak Krasińskiego *Irydion* lub *Agezylausz* Słowackiego. Plastyczna wizja przeszłości, wnikliwe rozumienie przełomowych procesów historycznych, umiejętność tworzenia postaci ludzkich o wymiarach monumentalnych — wyznaczają dramatom rzymskim Felicjana miejsce bardzo poczesne w nie napisanych dotąd dziejach dramaturgii polskiej. Z dzieł jego innych wspomnieć trzeba *Królową*, w której autor poszedł torem poprzedników i następców, tj. udramatyzował dzieje królowej Jadwigi, osiągając w niezwykle barwnym widowisku to, o co zabiegali bez powodzenia jego rówieśnicy, stworzył bowiem widowisko popularne, i to widowisko dobre. A wreszcie próbował Felicjan sił również w komedii, w obrazkach prostych, żywych, dowcipnych, sięgających od drobnych humoresek (jak *Krzyżyk na drogę*) po przezabawne farsy (*Na drabinie*).

Spora ilość nowel, szkiców literackich i mnóstwo przekładów dopełniają całości dorobku pisarskiego Felicjana, dorobku, który stawia go bardzo wysoko i zapewnia mu miejsce niepospolite nie tylko wśród jego pokolenia, u którego uznania znaleźć nie umiał, może po prostu dlatego tylko, że chadzał własnymi drogami, których odrębności sam zresztą nie doceniał.

3. PUBLICYŚCI

W przeciwieństwie do innych prądów literackich, które w Polsce pojawiały się z chwilą ukazania się dzieł znakomitych pisarzy, dzieł nie przygotowanych dyskusją teoretyczną, pozytywizm nasz miał takie przygotowanie. Poprzednikami bowiem pisarzy, którzy około r. 1880 wystąpili z utworami stwierdzającymi pojawienie się nowego wielkiego zjawiska literackiego, byli publicyści, którzy fakt ten zapowiadali przez lat kilkanaście. Cechą bowiem wysoce charakterystyczną czasów popowstaniowych był niezwykle bujny rozkwit publicystyki, związany z rozwojem prasy. Piotr Chmielowski — jak wiemy — krytyczny kronikarz tych czasów, połowę niedużej książki *Zarys literatury polskiej ostatnich lat sześnastu* (1881) poświęcił charakterystyce prasy codziennej i periodycznej, na terenie zaś Warszawy dużo się mówiło o starej i młodej prasie, rozumiejąc przez nie obóz konserwatywny i postępowy. Tam zaś, gdzie prasa nie wystarczała, uciekano się do wydawnictw książkowych. Tak było przede wszystkim z doniosłymi sprawami politycznymi; konserwatyści krakowscy stanowisko swe wykładali w satyrze politycznej *Teka Stańczyka* (1869), ich zaś przeciwnik zawzięty, Kraszewski, rozprawiał się z nimi corocznie w swych okazałych *Rachunkach*. Na ogół jednak dzienniki i czasopisma dostatecznie obsługiwały harcowników, toczących papierowe walki z przeszłością i o przyszłość. Rozpoczął je w r. 1867 warszawski „Przegląd Tygodniowy", miotając groźne pociski w „czułych śpiewaków róży, makolągwy i gila", autorki i autorów wierszyków drukowanych w prasie, w drobniutkich epigonów, by ich pouczać o zadaniach nowego wieku. Nieco wcześniej, bo w r. 1865, na łamach lwowskiego „Dziennika Literackiego" wystąpił Kazimierz Chłędowski jako rzecznik pozytywizmu filozoficznego i naukowego, wielbiciel Darwina i Renana oraz materialistów niemieckich. W dyskusjach, w których brali udział autorzy nie tylko artykułów, ale również programowych wypowiedzi poetyckich, powoli zarysowywały się podstawy pozytywizmu i jego odmienność od tradycji romantycznych. Trzeba było jednak lat dziesięciu do piętnastu, by opozycja tych dwu prądów doprowadziła do wyraźnego ich starcia. Hasło dał tutaj ksiądz warszawski, Franciszek Krupiński, gdy w r. 1876 ogłosił w „Ateneum" artykuł *Romantyzm i jego skutki*, rozprawiając się namiętnie z polityczną ideologią poezji minionego okresu. W parę lat później wystąpienia jego zaćmili dwaj świetni prelegenci: Stanisław Tarnowski i Włodzimierz Spasowicz.

Wywody ich, wymierzone w romantyzm, a z entuzjazmem przyjmowane przez młodzież uniwersytecką, miały swoje rozległe zaplecze nie tyle w Petersburgu, gdzie żył i działał Spasowicz, co w Krakowie, gdzie powstała wspomniana już *Teka Stańczyka*, wyraz ideologii politycznej miejscowych konserwatystów, skupionych wokół uniwersytetu. Ideologię tę „stańczycy", jak ich popularnie nazywano, głosili w publicystyce i w pracach naukowych, usiłowali zaś realizować w polityce ugody z Austrią, prowadzonej bardzo nieudolnie, bo stale wygrywanej przez rząd wiedeński. Prace naukowe, pisywane przez znakomitych historyków, jak Józef Szujski czy Michał Bobrzyński, szły po linii poglądów Spasowicza czy Krupińskiego, usiłowały raz jeszcze wyjaśnić przyczyny upadku Polski, dziwna jednak ironia losu chciała, że były one nie do przyjęcia tam właśnie, gdzie zachwycano się Spasowiczem, tj. w Warszawie. Stanowisko „historycznej szkoły krakowskiej" z jej krytycyzmem wobec „ojców winy", wiodące w praktyce do potępienia powstań romantycznych i do chwilowej co najmniej zgody na niewolę, a więc do polityki ugodowej, pokrywało się z poglądami szczepionymi przez szkołę zaborczą — rosyjską czy niemiecką bez różnicy. Zalecanie zaś ugody z caratem musiało budzić sprzeciwy w Warszawie, żywo pamiętającej rok 1863 i towarzyszące mu represje. Toteż historycy warszawscy, Tadeusz Korzon, mający w swej biografii kilkuletnie zesłanie, i Władysław Smoleński, inaczej spoglądali na porozbiorowe losy Polski, pierwszy w monografii o Kościuszce, drugi w *Dziejach narodu polskiego;* oba te dzieła ukazały się nie w Warszawie, lecz w Krakowie, przy czym poczytny podręcznik Smoleńskiego podpisany był pseudonimem.

Przypomnienie tych spraw jest tu konieczne, dowodzą one bowiem, iż kultura umysłowa i polityczna okresu pozytywizmu była w całej Polsce jednolita, iż mimo pozornych różnic między Krakowem i Warszawą w obydwu tych ośrodkach nurtowały te same zagadnienia, w każdym z nich rozwiązywane — w zależności od warunków miejscowych — inaczej, ale w sposób analogiczny. A to samo powiedzieć trzeba o ośrodkach emigracyjnych, zdynamizowanych we Francji czy Szwajcarii tendencjami radykalnymi, pochodzenia socjalistycznego i komunistycznego. Przykładów dostarcza tu choćby biografia Kraszewskiego, nieprzejednanego wroga stańczyków; jubileusz jego, obchodzony w r. 1879 w Krakowie, był świętem ogólnonarodowym, a jego pogrzeb na Skałce w osiem lat później wywołał żałobę w całym kraju; pomiędzy zaś tymi dwiema datami rząd pruski wytoczył mu głośny proces polityczny obliczony na skompromitowanie przed światem sprawy polskiej w osobie głównego pisarza. Po wtóre, dany tu rzut oka ukazuje nam w innym świetle poglądy na sprawę ugodowości, ścierające się w polemikach publicystycznych, przy czym historia przyznała słuszność szermierzom myśli postępowej, bo myśl ta z biegiem czasu odniosła zwycięstwo. Nim się jednak potępi zwyciężonych, trzeba sobie zdać sprawę z faktu, że szukali oni drogi wyjścia, a jeśli jej nie mogli znaleźć, to dlatego, iż w ówczesnej sytuacji drogi tej nie było. Poszukując jej, ustalali oni niejednokrotnie w swych wystąpieniach publicystycznych punkty widzenia o niezwykłej doniosłości, radykalizmem nie ustępujące stanowiskom ich najbardziej postępowych przeciwników. Po trzecie wreszcie, pamięć o tym, jak powikłane i trudne sprawy kryją się w nie zbadanych dotąd dziejach publicystyki pozytywistycznej, pozwala zrozumieć rolę, jaką odegrał w niej jej najgłośniejszy i najwybitniejszy przedstawiciel, redaktor „Prawdy", drapujący się na „posła prawdy".

Aleksander Świętochowski (1849-1938) w swoim długim i czynnym żywocie przechodził bardzo różne koleje, częściowo tylko ukazane w pamiętnikach, które spisywał dochodząc dziewięćdziesiątki. Publicysta, redaktor, czynny polityk, organizator stronnictw, był równocześnie nowelistą, dramaturgiem, a u schyłku życia powieściopisarzem, pozostawił nadto całą serię szkiców filozoficznych i dużych prac socjologicznych, m. in. *Historię chłopów polskich*.

W tej wielostronnej działalności Świętochowskiego na plan pierwszy wysunęły się jego prace publicystyczne, uprawiane od r. 1867 przez lat siedemdziesiąt bez przerwy. Rozpoczął je w „Przeglądzie Tygodniowym", kontynuował w „Nowinach", po czym, uzyskawszy rozgłos, w r. 1881 założył własny tygodnik „Prawdę", która przez lat dwadzieścia z okładem była jednym z najpoczytniejszych czasopism, redaktor zaś zdobył autorytet człowieka, rozstrzygającego nieomylnie najtrudniejsze sprawy. „Poseł prawdy", człowiek o dobrym przygotowaniu naukowym (uzyskał doktorat za rozprawę *O powstawaniu praw moralnych* 1877), był apostołem i szermierzem pozytywizmu. Celem upowszechnienia pozytywizmu „Prawda" wydawała serię przekładów dzieł naukowych popularyzujących poglądy antropologów, socjologów, przyrodników i humanistów francuskich, angielskich i niemieckich. Sam redaktor w głośnym cyklu artykułów *Liberum veto*, w studiach i szkicach, dotyczących m. in. również literatury polskiej, występował jako felietonista, rozprawiający się z przejawami rodzimego obskurantyzmu myślowego, obyczajowego, społecznego. Chłodny racjonalista, biczem szyderstwa chłostał przesądy religijne i społeczne, propagując zasady nowoczesnej demokracji, opartej na naukowym poglądzie na świat i człowieka. Krocząc szlakami publicystów stanisławowskich, na których chętnie się powoływał, Świętochowski nie zawsze umiał utrzymać się na poziomie wysokiej publicystyki, ponosił go bowiem temperament polemiczny, wprowadzając do jego wywodów porachunki osobiste o akcentach pamfletu, a nawet paszkwilu. Znajdowała w nich upust megalomania człowieka wybitnie zdolnego, ale upojonego łatwymi tryumfami, a pozbawionego poczucia humoru. Konsekwencją tych niedomagań psychicznych była również swoista linia polityczna Świętochowskiego jako publicysty i działacza. Jej przypisać należy, iż był nieugiętym zwolennikiem ugody z caratem, dzięki czemu znalazł się blisko Narodowej Demokracji, gdy stanęła ona na tej platformie; następstwem tego zbliżenia dalszym była międzywojenna jego współpraca z „Myślą Narodową" Zygmunta Wasilewskiego i walka z rządami sanacyjnymi.

Właściwości talentu i umysłowości Świętochowskiego odbiły się na jego pracach literackich, które u schyłku w. XIX cenione bardzo wysoko; uchodził on wówczas za znakomitego pisarza. Opinia ta była jednym wielkim nieporozumieniem, „poseł prawdy" bowiem był tylko zręcznym literatem, imponującym błyskotliwością swych dzieł, ale nie twórczym artystą. Jego dramaty, nowele i powieści były jedynie beletrystycznymi ilustracjami zagadnień, które poruszał w swych artykułach. Zagadnienia te to: upośledzenie kobiet, niewolnictwo, poddaństwo chłopa, celibat księży, kolonializm itp. Autor pomieszczał je w krainach abstrakcyjnych, w których wyobraźnia jego krążyła swobodnie, a które, odległe od siebie w czasie i przestrzeni (a więc Grecja Peryklesa, Rzym antyczny, południowa Afryka, salony warszawskie w. XIX), były bliźniaczo podobne. Krainy te zaludniał abstrakcyjnymi postaciami ludzkimi, o których nawet Chmielowski, wyrażający się o dramatach Świętochowskiego z dużym uznaniem, powiadał, iż „przemawiają językiem, właściwym jedynie i wyłącznie samemu autorowi (...) jak wytrawni i wytworni sofiści, skłonni do tyrad retorycznych", do „sztucznej i chłodnej patetyczności".

Tak było w trylogii *Nieśmiertelne dusze*, tak w innych dramatach, z których najambitniejszy, *Duchy*, pozostał nie skończonym torsem. W zamierzeniach autora miał to być wieloczłonowy cykl utworów o dwojgu kochanków, Arianie i Orli; występują oni w kolejnych stadiach dziejów ludzkości, od kultury jaskiniowej po nasze czasy jako rzecznicy prawa człowieka do wolności i stale padają ofiarą przemocy swego otoczenia. Dzieło, rozpoczęte w r. 1895, podziwiane przez niewielu czytelników, rozbiło się ostatecznie o trudności, które im bliżej współczesności, tym bardziej wzrastały, tak że autor zrezygnował z wykończenia tej drewnianej alegorii.

Niewątpliwie więcej życia i artyzmu wystąpiło w nowelach Świętochowskiego, naturą swą bardziej odpowiadających talentowi pisarza, ale i tutaj nie dorównał on swym głośnym rówieśnikom, którzy szlachetną ideologię społeczną odziewali szatą pięknego i godnego jej słowa. Starcze wreszcie powieści, powstałe w okresie międzywojennym (*Nałęcze* 1928, *Twinko* 1936) zaskakują swoją dziwaczną, anachronicznie zagadkową formą; czytelnik ich ma wrażenie, że pochodzą one nie z lat bliskich połowie w. XX, lecz z końca w. XVIII.

Cały wreszcie zespół prac naukowych, filozoficznych i społecznych Świętochowskiego, poczynając od młodzieńczych *Dumań pesymisty* (1877), przez *O prawach człowieka i obywatela* (1907), *Utopie w rozwoju historycznym* (1910), *Ofiarność obywatelską* (1911), *Źródła moralności* (1912) po *Historię chłopów polskich* (1925 - 1928), pisanych przystępnie, demonstruje wiedzę europejską epoki pozytywizmu, niejednokrotnie mało aktualną już w latach, w których autor usiłował ją czytelnikom komunikować.

4. ELIZA ORZESZKOWA

Czasy pozytywizmu dzięki swemu nastawieniu racjonalistycznemu i swym ambicjom poznawczym, zacierającym granicę między zadaniami literatury i nauki, sprzyjały w całej Europie rozkwitowi prozy powieściowej, prozy realistycznej, graniczącej z jednej strony z publicystyką, z drugiej z badaniami naukowymi. Dzięki temu w literaturze polskiej, nawiązującej do żywej tradycji powieści z czasów romantyzmu, na czoło produkcji pisarskiej wysunęło się już około r. 1870 troje pisarzy, którzy w niedługim czasie mieli stać się trójcą powieściopisarską — mianowicie Eliza Orzeszkowa, Bolesław Prus i Henryk Sienkiewicz.

Eliza z Pawłowskich Orzeszkowa (1841 - 1910), urodzona w ziemiańskiej rodzinie w Grodzieńszczyźnie, była właściwie pierwszą w Polsce kobietą pracującą zawodowo na polu literatury, a przynajmniej pierwszą literatką z prawdziwego zdarzenia. Żywot jej nie obfitował w wydarzenia sensacyjne poza dwoma wypadkami, mającymi zaciążyć na charakterze powieści płodnej autorki, a związanymi z powstaniem r. 1863. Młoda kobieta wzięła w nim udział,

4. Eliza Orzeszkowa

ułatwiając z narażeniem życia przedostanie się Romualda Traugutta do Warszawy, gdzie miał objąć kierownictwo Rządu Narodowego. Rychło zaś później rozeszła się z zesłanym na Sybir mężem, z którym nic jej nie łączyło, a za którego ją wydano, gdy miała lat siedemnaście. Odtąd w dziejach Orzeszkowej przewijać się będzie ustawicznie pamięć powstania i jego następstw, by po latach znaleźć bezpośredni wyraz w cyklu opowiadań *Gloria victis* (1910), w utworach zaś z okresu początkowego raz po raz powracać będzie sprawa wolności kobiety, spętanej niedobranym małżeństwem.

Koleje życiowe autorki *Obrazka z lat głodowych*, którym debiutowała w r. 1866, przebiegały w sposób przypominający Kraszewskiego w pierwszej połowie jego kariery. Orzeszkowa tedy osiadła w Grodnie, skąd rzadko wyjeżdżała, i dzięki niej małe miasto prowincjonalne stało się doniosłym ośrodkiem życia literackiego. Tam tworzyła, stamtąd wysyłała swe rękopisy, tam odbierała tysiące listów od przyjaciół, z którymi prowadziła ożywioną korespondencję, zastępującą jej bezpośrednie kontakty z ludźmi, zwłaszcza z ludźmi pióra. Do korespondentów jej należeli wszyscy niemal wybitni pisarze jej czasów, od Kraszewskiego i dawnej koleżanki szkolnej, Konopnickiej, poczynając (jakkolwiek w gronie tym nie było Prusa i Sienkiewicza), nadto kilku wybitnych uczonych — humanistów.

Korespondencja ta, istna kopalnia wiadomości o ówczesnym życiu literackim, jest równocześnie nieocenionym źródłem informacji o samej Orzeszkowej i jej twórczości. Pozostawiona własnym siłom młoda adeptka literatury drogą usilnego samouctwa uzupełniła skromne wykształcenie, wyniesione z klasztornej pensji warszawskiej, przyswajając sobie dużą wiedzę filozoficzną i zrobiła ją fundamentem wieloletniej pracy literackiej, która przyniosła nieoczekiwane wyniki uboczne. W ostatnim mianowicie piętnastoleciu swego życia poczytna autorka stała się pewnego rodzaju wyrocznią w zawiłych sprawach moralnych. Zwracali się do niej o radę młodzi pisarze i młodzi uczeni, szukający wyjścia z trudnych sytuacyj życiowych i sędziwa adresatka nigdy nie odmawiała im pomocy.

Wieloletnia twórczość Orzeszkowej, rozpoczęta w r. 1866, a kontynuowana bez przerw aż do śmierci, płynęła falą bardzo żywą, choć nierówną. Sprzyjała temu niezwykła łatwość pisania, tak że po latach dwudziestu ukazało się zbiorowe wydanie jej dzieł w 47 tomach (1884 - 1889), gdy wielcy jej rówieśnicy mogli podówczas pochwalić się dorobkiem bardzo skromnym. Znajomość rękopisów, zachowanych w Archiwum Orzeszkowej, dowodzi jednak, iż autorka zmieniała, przerabiała i poprawiała swe teksty, że zatem nie tworzyła tak spontanicznie, jak Kraszewski lub Sienkiewicz, którzy nie znali redakcyj brulionowych. Linia rozwojowa jej twórczości wykazuje dużo załamań, jakkolwiek bowiem bez trudu dostrzega się wzrastającą doskonałość techniki pisarskiej, po dziełach znakomitych pojawiają się niejednokrotnie utwory słabe. Powieści Orzeszkowej ze względu na występującą w nich tematykę społeczną sprawiają wrażenie bardzo obiektywnych malowideł życia zbiorowego, przy bliższym jednak wejrzeniu dostrzega się w nich subiektywizm osobliwego rodzaju. Oto obok zagadnień istotnie doniosłych wyskakują nieraz sprawy wałkowane uporczywie, a pozbawione większego znaczenia społecznego, wyrosłe najwidoczniej na gruncie urazów psychicznych, od których autorka *Dwu biegunów* wyzwolić się nie umiała. Wszystkie te względy sprawiają, że prześledzenie w dorobku Orzeszkowej wyraźnych okresów twórczości jest zadaniem trudnym i zawodnym.

Stosunkowo najprościej przedstawia się okres początkowy, wypełniony ogromnymi i trudno czytelnymi dzisiaj powieściami w rodzaju *Pana Graby* (1869) czy *Pamiętnika Wacławy* (1871), poświęconymi problemom wychowania w środowiskach arystokratycznym i ziemiańskim, z bardzo surową krytyką tych środowisk, co młodą autorkę postawiło w rzędzie pozytywistycznych bojowników postępu i ściągnęło na nią niechęć sfer konserwatywnych. Największy rozgłos, nie tylko w Polsce, ale i za granicą, osiągnęła jej *Marta* (1873), tłumaczona na wiele języków powieść-manifest, ukazująca tragiczną w skutkach bezradność nie przygotowanej do życia kobiety z „dobrego domu", gdy losy skazały ją na samodzielność, tzn. na zmarnowanie się w świecie, w którym podstawą egzystencji była praca. W ten sposób w powieści doszedł do głosu jeden z naczelnych postulatów pozytywizmu — sprawa emancypacji kobiet, ich prawa do nauki i pracy.

Znamienna dla Orzeszkowej wrażliwość sumienia społecznego skierowała ją na pole zagadnień związanych z drugim doniosłym postulatem epoki, tj. sprawą żydowską, poruszoną w powieści *Eli Makower* (1875), a rozwiniętą w całej pełni na kartach *Meira Ezofowicza* (1878). Wspaniały, z realistyczną drobiazgowością wystudiowany obraz małomiasteczkowego getta, stał się tutaj tłem dramatycznego konfliktu między jednostką młodą i zdolną a zakrzepłym w martwych tradycjach środowiskiem żydowskim, konfliktu zakończonego wyświeceniem zuchwałego nowatora-heretyka ze społeczności, przeciw której się zbuntował. Tragicznym przejściom tego „wroga ludu" Orzeszkowa przydała zabarwienie bardzo niezwykłe, bo historyczne i aktualne, zbliżające powieść do czytelnika polskiego, wprowadziła więc tradycje postępowych Żydów polskich, sięgające czasów Zygmunta Starego i Sejmu Czteroletniego, a zarazem nawiązała do aktualnej sprawy asymilacji mas żydowskich w obrę-

4. Eliza Orzeszkowa

bie społeczeństwa polskiego, a więc procesu, który podówczas w miastach polskich zataczał coraz szersze kręgi. Równocześnie przez uwypuklenie humanistycznych tradycyj w kulturze żydowskiej i energiczne zaatakowanie fanatyzmu religijnego wielbicielka i popularyzatorka Ernesta Renana wprowadziła do *Meira Ezofowicza* rozległe horyzonty europejskie, dzięki czemu powieść zdobyła czytelników poza Polską.

Dla samej Orzeszkowej było to doniosłe ćwiczenie w zakresie umiejętności posługiwania się metodą realizmu jako zasadą pracy literackiej. Metodę tę rychło zademonstrowała w zespole powieści chłopskich — w *Nizinach* (1885), *Dziurdziach* (1888), *W zimowy wieczór* (1888), w *Chamie* (1888) i *Bene nati* (1891). Materiału do nich dostarczało życie, m. in. procesy sądowe, którym autorka przysłuchiwała się pilnie, gromadząc fakty, przez wyobraźnię jej przekształcane w obrazy o wstrząsającej wymowie społecznej i artystycznej. *Niziny* więc, grodzieńska odmiana *Szkiców węglem*, *Dziurdziowie*, posępna opowieść o zamordowaniu rzekomej czarownicy, nawet *Cham*, dzieje małżeństwa dobrotliwego rybaka ze służącą zbrodniarką — należą do wręcz naturalistycznych malowideł z życia zapadłej wsi białoruskiej. Równocześnie jednak rozbrzmiewają w nich akcenty niezwykłe. Oto „cham" nadniemeński w trudnym swym życiu wykazuje nadludzką, ewangeliczną dobroć i zdolność przebaczania, w samotnym bowiem obcowaniu z wielką rzeką stworzył sobie bezwiednie własny sposób rozumienia człowieka. Coś podobnego występuje w noweli *W zimowy wieczór*, w której stary chłop rozgrzesza zbiegłego z więzienia zbrodniarza, poznając w nim nieszczęsnego syna, przez złe losy pchniętego na drogę występku. Te niezwykłe motywy pozostają w niewątpliwym, choć dotąd nie zbadanym związku z poglądami, które występowały podówczas w literaturze rosyjskiej, a dzięki Tołstojowi zyskały rozgłos światowy.

Szczyt twórczości Orzeszkowej to powieść *Nad Niemnem* (1888), panoramiczny obraz życia społeczeństwa polskiego na Litwie, zagrożonego przez popowstaniową politykę caratu, a mocno trzymającego się ziemi; odlegli przodkowie zdobywali ją pługiem, a ich potomkowie, powstańcy styczniowi, zadokumentowali swój do niej stosunek mogiłą kryjącą szczątki bojowników o wolność. Spadkobiercami ich powieść robi przedstawicieli młodego pokolenia zamożnych ziemian i szlachtę „okoliczną", zaściankową, która nie zagubiła dawnych tradycyj mimo trudnych warunków pracy na roli. Zgodnie z poglądami epoki pozytywizmu praca ta urasta w *Nad Niemnem* do godności czynnika stanowiącego o życiu i cała powieść jest istnym hymnem na cześć człowieka pracy. Zgodnie znowuż z tradycjami *Pana Tadeusza* powieść nadniemeńska w obrazach wręcz natchnionych sławi piękno przyrody, patronującej człowiekowi i jego trudom codziennym. Powieść wreszcie rozbrzmiewa dyskretnymi akcentami publicystycznymi, które wiążą ją z wcześniejszą twórczością Orzeszkowej, gdy rozprawiała się ona z nałogami życia magnacko-ziemiańskiego. Ale też właśnie dzięki mistrzowskiemu zespoleniu tych wątków różnorodnych w znakomicie skomponowaną całość *Nad Niemnem* to nie tylko najwyższe osiągnięcie pisarskie swej twórczyni, ale również jedna z najwybitniejszych powieści polskich.

W dziełach późniejszych Orzeszkowej doszły do głosu wspomniane poprzednio kompleksy psychiczne pisarki, dwa zwłaszcza, związane z sobą wyraźnie. Terytoria, na których żyła i pracowała autorka *Chama*, wystawione były na rusyfikację, i to podwójną. Proces wywołany uwłaszczeniem chłopa spowodował tam, jak w Królestwie, powstanie inteligencji, której młode kadry kształciły się na uniwersytetach rosyjskich, gdzie przyswajały sobie strój, maniery, język, a wreszcie radykalne poglądy kolegów Rosjan. Ostentacyjne obnoszenie się z tymi nabytkami w kraju, gdzie świeża była pamięć represyj popowstaniowych, przyjmowano z niechęcią. Wyrazem jej stały się powieści Orzeszkowej, jak *Widma* czy *Zygmunt Ławicz i jego koledzy*, pełne niepokoju o przyszłość młodzieży, oskarżanej o nastawienie wulgarnie materialistyczne i o skłonności kosmopolityczne. Sprawa ta łączyła się ze wspomnianą wyżej „emigracją zdolności", tj. ucieczką z kraju młodzieży z wyższym wykształceniem, która znajdowała bardzo korzystne warunki w Rosji azjatyckiej, ale płaciła za to wynarodowieniem się. Na tym tle doszło do ataku Orzeszkowej na Józefa Conrada, dobijającego się uznania w literaturze angielskiej. Dla Orzeszkowej sprawa ta miała charakter osobistego urazu, stąd w dużej serii utworów, od *Dwu biegunów* (1893) po *Ad astra* (1904), gromiła ona „australczyków" i „argonautów", jak określała poszukiwaczy „złotego runa", pogardę ziemi ojczystej przypłacających niekiedy samobójstwem.

Autorka *Australczyka* wzbogaciła literaturę polską dużą liczbą nowel (tomy: *Z różnych sfer* 1879 - 82, *Melancholicy* 1896, *Iskry* 1898, *Przędze* 1903), wśród których znalazło się niemało utworów ukazujących artyzm Orzeszkowej w sposób może nawet doskonalszy aniżeli jej dzieła powieściowe. Świetna obserwacja życia, znajomość psychiki ludzkiej, umiejętne stosowanie efektów dramatycznych — sprawiają, iż miłośnicy Orzeszkowej stawiają niekiedy jej plon nowelistyczny wyżej od powieściowego. Dopiero jednak łączne ujęcie obydwu tych dziedzin pozwala w pełni ocenić doniosłość dorobku Elizy Orzeszkowej, który tak mocno zaważył na rozwoju literatury

Eliza Orzeszkowa ok. r. 1884, drzeworyt Bronisława Puca

Bolesław Prus, rys. Stanisław Witkiewicz

Autograf Faraona, Wstęp

Bolesław Prus przy maszynie do pisania, rys. współczesny Mirosława Gajewskiego

polskiej, na twórczości bowiem autorki *Nad Niemnem* wychowywali się pisarze tej miary, co Żeromski, Kasprowicz, Strug, wreszcie Dąbrowska.

5. BOLESŁAW PRUS

Bolesław Prus, w życiu codziennym A l e k s a n d e r G ł o w a c k i (1847 - 1912), był pod wielu względami typowym przedstawicielem swej epoki. Był więc inteligentem-dziennikarzem, o własnych siłach zdobywającym sobie miejsce w życiu. Trudności, które na drodze swej napotykał, pokrzyżowały mu zamierzoną karierę życiową, nie pozwoliły mu bowiem skończyć uniwersytetu i zająć się nauką, do której czuł powołanie, nie zdołały jednak zrobić go malkontentem. Zawód dziennikarski, któremu poświęcił się dla chleba i który uprawiał do śmierci, nie zabił w nim niezwykłych zdolności literackich. Nie przyniosły mu one zresztą zasłużonego uznania, Prus nigdy bowiem nie osiągnął popularności Sienkiewicza czy nawet Orzeszkowej. Znany, lubiany i czytywany chętnie, sławę zdobył dopiero w wiele lat po śmierci. Był humorystą, nawet wielkim humorystą, ta zaś kategoria pisarzy, jak dowodzi choćby przykład Fredry, nigdy nie cieszyła się w Polsce wziętością, a jeśli kiedy, to w wieku XIX, zamroczonym niewolą, nikłe miała dane, by przełamać opory tradycji. Gdy Prus w początkach swej kariery ogłaszał rzeczy popularnonaukowe, podpisywał je swym nazwiskiem rodowym, pod zabawnymi natomiast felietonami umieszczał pseudonim, nie przeczuwając, iż pseudonim ten przejdzie do potomności.

Działalność dziennikarską Prusa, rozpoczętą w r. 1872 w „Opiekunie Domowym", a prowadzoną w różnych dziennikach warszawskich, z których jeden, „Nowiny", sam przez dwa lata (1882/83) bez powodzenia redagował, upamiętniły jego sławne *Kroniki*, których ukończone obecnie wydanie książkowe wypełniło aż dwadzieścia pakownych tomów. Ogromna ta księga, złożona z cotygodniowych odcinków (a w okresach, gdy Prus współpracował z kilku pismami przypadało na tydzień kilka różnych felietonów), jest istną encyklopedią życia warszawskiego z lat pięćdziesięciu. Wiadomości o sprawach stołecznych przeplatają się tutaj na pozór beztrosko z uwagami o życiu całej Polski, a niekiedy i Europy, opatrzone komentarzami bardzo nieraz głębokimi i zabarwione obficie pierwiastkami komicznymi w najrozmaitszych odmianach. Równocześnie pozwalają one obserwować postawę publicysty, której znajomość ułatwia czytelnikowi zrozumienie jego utworów literackich, podobnie jak korespondencja w wypadku innych pisarzy, co jest tym ważniejsze, że Prus listów pisywał bardzo niewiele.

Na podłożu zajęć dziennikarskich zrodziły się pierwsze i powstawały dalsze nowele Prusa, stanowiące — jak to bywa u wielu wybitnych prozaików — przygotowanie do pracy nad dużymi powieściami. Pierwsze próby miały charakter szkiców o zacięciu karykaturalnym, a materiału do nich dostarczała obserwacja codzienności warszawskiej, ujmowanej w sposób podobny, jak to robił głośny karykaturzysta tej epoki, Franciszek Kostrzewski. Po pierwszych wprawkach swą drogę właściwą Prus znalazł dopiero po kilku latach, i to — rzecz znamienna — w nowelach z życia dzieci (*Przygoda Stasia, Anielka, Katarynka, Grzechy dzieciństwa*, 1879 - 1883). Ta odmiana noweli, wprowadzająca małych bohaterów nie jako przedmioty demonstracyj pedagogicznych, lecz jako ludzi żyjących na swój odrębny sposób pozwoliła Prusowi rozbłysnąć talentem psychologa i humorysty wysokiej klasy. Każdą postać wycyzelował tu bardzo starannie, ukazując zarówno przypuszczalne doznania niemowlęcia, jak doświadczenia dziesięciolatków i dzieci nieco starszych, oświetlając wszystko to przednim komizmem zarówno sytuacyjnym, jak słownym, nade wszystko zaś opromieniając wręcz dickensowskim humorem. Oczyma mianowicie chłopca wiejskiego czy urwisa dworskiego, czy wreszcie trzynastoletniej panienki ze dworu, córki ludzi „wysadzanych z siodła", Prus spoglądał na zjawiska społeczne, będące podówczas przedmiotem poważnych dyskusyj, jak sprawa szkolnictwa ludowego, deklasowania się właścicieli ziemskich lub braku pracy dla prywatnych oficjalistów, a więc zjawiska doskonale znane czytelnikowi, i przez uniezwyklenie ich relacją małych bohaterów, którzy nie zdają sobie sprawy z ich doniosłości, osiągał efekty artystyczne klasy bardzo wysokiej. Mistrzem był mu tutaj niewątpliwie Dickens, autor powieści *Maleńka Dorrit* czy *Dombey i syn*, ale mistrz ten wskazywał jedynie drogę, po której nowelista polski kroczył samodzielnie i tworzył na niej drobne arcydzieła, ujmując w nich palące zagadnienia chwili.

Coś z tej metody weszło również do pierwszej próby powieściowej Prusa, do *Placówki* (1885), którą nowelista włączył się do grona szermierzy „pracy u podstaw", stając w jednym rzędzie z autorem *Szkiców węglem* i autorką *Nizin*. Walka małorolnego chłopa o wymownym nazwisku Ślimak z doskonale zorganizowaną akcją kolonistów niemieckich miała podówczas swą podwójną wymowę nie tylko ekonomicznospołeczną, ale również polityczną. Jakkolwiek bowiem akcja *Placówki* rozgrywa się na terenie Królestwa, czytelnicy jej automatycznie wiązali powieść z aktualnymi wydarzeniami w Wielkopolsce, na terenie polityki Bismarcka, której narzędziami były „Kulturkampf", „rugi pruskie" i — o rok od powieści późniejsza — komisja kolonizacyjna. Czytelnicy Prusa wiedzieli również o roli przemysłu niemieckiego w Królestwie, którą pisarz się zajął w noweli *Powracająca fala* (1880). Same zaś dzieje Ślimaka, chłopskiego Hioba, uginającego się pod ciosami nieszczęść i całkowicie osamotnionego w zmaganiach się z losem, miały charakter alarmu, zaakcentowanego tytułem powieści, ukazującej rozpaczliwą słabość tej „placówki" społecznej, alarmu, którego sens ostateczny sprowadzał się do czegoś w rodzaju „contra spem spero".

Powieść o Ślimaku była jednak tylko wycieczką w świat pisarzowi obcy, krainą bowiem, w której czuł się u siebie, było miasto, w szczególności Warszawa. I właśnie przywiązanie do niej zmieniło Prusa w urbanistę, żywo zainteresowanego zagadnieniami życia wielkomiejskiego. Stały się one wówczas właśnie aktualne, po długich bowiem latach zastoju rządy w stolicy „kraju nadwiślańskiego" objął generał Sokrat Starynkiewicz, jeden z tych niewielu Rosjan, którzy pięknie zapisali się swą działalnością w dziejach życia polskiego pod zaborem.

Autor *Kronik*, czujnie śledzący procesy społeczne, które nurtowały w życiu zbiorowym jego czasów, ich przejawy w życiu warszawskim uchwycił w *Lalce* (1890), powieści panoramicznej o bardzo rozległych horyzontach, i to powieści bez tradycyjnego bohatera. Wprawdzie wątkiem naczelnym są tu dzieje niefortunnej, spóźnionej miłości energicznego kupca, Stanisława Wokulskiego, do lalki salonowej (jak określali pannę Izabelę pierwsi krytycy literaccy), nie ona jednak, a przynajmniej nie tylko ona, dała tytuł powieści, lecz autentyczna lalka, przedmiot zabawnego procesu sądowego. Sam zaś Wokulski ukazany jest jako przedstawiciel pokolenia, które po katastrofie powstaniowej przystępuje do odbudowy życia i jeśli się załamuje, to może dzięki spadkowi po romantyzmie z jego egzaltowanym kultem uczucia, zwłaszcza miłości. Przedstawicielem żywych tradycji romantycznych, i to tradycyj polityczno-niepodległościowych, jest druga wybitna postać powieści, stary subiekt sklepowy, Ignacy Rzecki, w r. 1848 uczestnik rewolucji węgierskiej, obecnie naiwny obserwator nowych stosunków, których sensu najzupełniej nie rozumie, a które po swojemu komentuje. Dodać należy, iż w zamiarach Prusa leżało również wprowadzenie pokolenia trzeciego, wrażliwego na nowe tendencje społeczne, pomysłu tego jednak nie pozwoliły mu zrealizować warunki cenzuralne, nie dopuszczające do druku wyrazu „socjalizm".

Sama kompozycja *Lalki* świadczy o jej charakterze jako powieści bez bohatera. Po pierwsze tedy narrację odautorską, skupioną wokół Wokulskiego, przeplatają pamiętniki Rzeckiego, które wprawdzie również zajmują się Wokulskim, ale wprowadzają pierwiastki inne, związane z przeszłością „starego subiekta". Po wtóre zaś, w ustroju powieści na plan pierwszy wysuwają się dwa ośrodki, przez których pryzmat czytelnik ogląda życie warszawskie. Pierwszy — to stary sklep kolonialny Minclów, w którym skupia się drobnomieszczański światek dużego miasta, a w którego zmiennych kolejach odbijają się przemiany zachodzące podówczas w Warszawie. Drugi — to kamienica czynszowa przy ulicy Kruczej i jej lokatorzy, reprezentujący przekrój owoczesnych stosunków ludnościowych. Dwa te ośrodki są ogniskami elipsy, na której obwodzie autor umieścił dużą ilość ludzi i spraw, charakterystycznych dla Warszawy ok. r. 1880, odmalowanych czy raczej odrysowanych starannie piórem realisty, zaprawionego do swego zadania przez wieloletnią pracę kronikarską, realisty tak dbałego o dokładność panoramicznego wizerunku miasta, iż mnóstwo szczegółów, jak wspomniana sprawa procesu o lalkę, sprawdzić pozwala nam znajomość prasy warszawskiej z lat, w których się akcja powieści rozgrywa. Wszystko to sprawia, iż *Lalka* jest powieścią z bohaterem zbiorowym — panoramicznie ukazaną Warszawą, powieścią zatem środowiskową czy socjologiczną, która wedle intencji autora ma stanowić artystyczne ujęcie procesów społecznych przekształcających społeczność miejską w obrębie trzech pokoleń. Pierwotnie powieść miała też nosić tytuł *Trzy pokolenia*.

O znaczeniu *Lalki*, drugiej po *Krewnych* Korzeniowskiego tego rzędu powieści, stanowi kilka czynników. Jednym z nich jest jej charakter realistyczny, ogromne bogactwo zjawisk obyczajowospołecznych, odtworzonych z dokładnością niemal fotograficzną. Ten charakter sprawia zresztą, iż odczytanie jej sensu ideologicznego jest równie trudne, jak w *Placówce*, a nawet trudniejsze. Akcenty pesymistyczne górują w niej zdecydowanie nad łatwym optymizmem zarówno dlatego, iż w owoczesnym życiu mało było sposobności, by ufnie spoglądać w przyszłość, jak może i dlatego, że wspomniane poprzednio względy natury cenzuralnej nie pozwalały mówić o nadziejach, którymi żyło pokolenie najmłodsze. Czynnik drugi to żywe, doskonale szkicowane i rysowane postaci ludzkie, ukazywane w ruchu, z podkreśleniem ich cech charakterystycznych. Czynnik wreszcie trzeci to niezwykle bogata skala efektów komicznych, od obrazków karykaturalnych i scen farsowych poczynając, po atmosferę pogodnego humoru, panującą nie tylko we wspomnieniach starego subiekta, ale przenikającą całość świata powieściowego. I ta właśnie wszechobecność humoru łagodzi w znacznej mierze gorycz wniosków, do których lektura *Lalki* prowadzi, a które nie raziły samego Prusa, posiadał on bowiem swoisty system filozoficzny, na kartach powieści nie ukazany, pozwalający mu godzić się z życiem i jego zagadkowym sensem.

System ten, sformułowany ostatecznie w książce *Najogólniejsze ideały życiowe* (1901), legł u podstaw drugiej dużej powieści warszawskiej *Emancypantki* (1894). Dziwne to, by nie rzec dziwaczne, dzieło, gdyby je oceniać wedle tytułu, uznać by trzeba za satyrę na jedno z czołowych haseł pozytywizmu, emancypację kobiet. Prus, wprowadzając tę sprawę jedynie epizodycznie, ujmuje jej przejawy w sposób karykaturalny, może dlatego, że gromkim hasłom zwolenniczek samodzielności kobiet nie zawsze odpowiadały realne uczynki. Sama zaś powieść składa się z czterech dużych opowiadań, mechanicznie związanych biografią uroczej panienki, odznaczającej się „geniuszem uczucia", ale bezradnej wobec warunków realnego życia i szukającej schronienia przed nim w klasztorze. Z opowiadań tych dwa wyróżniają się swym poziomem artystycznym — obraz pensji dla dziewcząt, prowadzonej przez tragiczną panią Latter, oraz opowieść o bogobojnym życiu małego miasteczka, przy czym oba mogłyby żyć odrębnie, jako dłuższe nowele. A wreszcie Prus, jak gdyby wyprzedzając dzisiejsze sposoby budowania powieści, wplótł do *Emancypantek* duży traktat filozoficzny w postaci wykładu starego przyrodnika, dzielącego się swymi poglądami z kółkiem młodych słuchaczy. Traktat ten, podobnie jak niewiele późniejszy cykl sonetów *Nad głębiami* Adama Asnyka, na zrębie poglądów metafizycznych, obejmujących kosmologię i geologię, wznosi zarys etyki ewolucjonistycznej. Jak w świecie materii nie ginie energia, tak w świecie zjawisk psychicznych wiecznie trwają cenne osiągnięcia ludzkie. I to jest właśnie klucz, pozwalający zrozumieć pesymistyczne finały wielkich powieści Prusa od *Lalki* po *Faraona*.

W *Faraonie* (1897) zaś stanowisko to wystąpiło daleko jaśniej aniżeli w powieściach z życia autorowi współczesnego, już sam bowiem charakter dzieła archeologiczno-historycznego ułatwiał swobodę w konstruowaniu całości, nie skrępowaną wymaganiami rzeczywistości współczesnej, nakazami realizmu. Konflikt młodego władcy Egiptu z XI wieku p.n.e., Ramzesa XIII, z otoczeniem, zwłaszcza zaś z konserwatywnym stanem kapłańskim, kończy się tutaj klęską śmiałego, lecz nierozważnego reformatora. Ramzes ginie, nie zdoławszy przeprowadzić radykalnych reform politycznych i społecznych, które były kamieniem obrazy dla jego potężnych przeciwników, i władza przechodzi w ręce ich przywódcy, arcykapłana Herhora. Nowy faraon jednak nie zmarnuje pomysłów pokonanego młodzieńca, lecz pocznie je stopniowo wprowadzać w życie. Jednostka padła więc w walce, ale jej poczynania służące dobru ogólnemu przetrwały w dziedzinie myśli i przyjmą znów formy życia. Tę koncepcję filozoficzną zrobił autor *Faraona* kośćcem barwnej powieści o archaicznym państwie egipskim. Obraz starożytnego Egiptu oparł on na bardzo starannych studiach, co jednak nie uchroniło go od kąśliwych uwag najrozmaitszych zoilów, wytykających mu drobne potknięcia. Równocześnie obraz ten zmodernizował Prus i zaktualizował, konstruując mechanizm kraju faraonów wedle modelu państw nowoczesnych, tak że czytelnicy spoglądali niekiedy na powieść o Ramzesie XIII jako na alegoryczne ujęcie któregoś z państw schyłku w. XIX. W ten sposób wiedza historyczna kronikarza warszawskiego zespoliła się z jego zainteresowaniami socjologicznymi, by stworzyć jedną z najznakomitszych powieści o dawnym świecie, powieści w skali światowej.

6. HENRYK SIENKIEWICZ

I Orzeszkową, i Prusa popularnością przesłonił **Henryk Sienkiewicz** (1846 - 1916) tak w opinii czytelników polskich, jak i obcych. Syn rodziny drobnoziemiańskiej, po stracie majątku osiadłej w Warszawie, szedł o własnych siłach jako student Szkoły Głównej, gdzie studiował polonistykę, i później jako początkujący dziennikarz. Los mu się uśmiechnął, gdy na zdolnościach młodego autora dowcipnych kronik, drukowanych w „Gazecie Polskiej", poznał się jej redaktor, Edward Leo, i dostarczył mu środków na wyjazd do Stanów Zjednoczonych, oczywiście na odrobek. Doświadczony dziennikarz nie zawiódł się, *Listy z podróży* bowiem i nowele z Ameryki nadsyłane przez Litwosa, taki był bowiem pseudonim Sienkiewicza, uratowały „Gazetę Polską" w chwili kryzysu. Dla samego zaś ich autora trzy lata włóczęgi — dwa amerykańskiej i rok spędzony w Europie zachodniej — stały się okresem dojrzewania niepospolitego talentu. Po powrocie do Warszawy zabrał się on ponownie do roboty dziennikarskiej, która rychło przyniosła mu fotel redakcyjny w nowo założonym dzienniku „Słowo", a którą urozmaicał kontynuowaniem prac nowelistycznych, rozpoczętych jeszcze przed podróżą amerykańską.

Całe niemal dwudziestolecie po powrocie wypełnia Sienkiewiczowi intensywna twórczość na polu powieści historycznej. Sześć lat tedy (1882 - 1888) zajęło mu pisanie *Trylogii*, która przyniosła mu sławę i w Polsce, i w świecie słowiańskim. Po przerwie, wypełnionej tworzeniem powieści z życia mu współczesnego, nastąpiło nowe sześciolecie nieustannej i wytężonej pracy nad *Quo vadis* i *Krzyżakami*, przy czym pierwszy z tych utworów zrobił karierę światową, drugi zaś, ukończony w r. 1900, przyczynił się do uświetnienia jubileuszu autora, którego dwudziestopięciolecie (a właściwie dwudziestosiedmiolecie) pracy pisarskiej święcono wówczas nie tylko w kraju, ale i wszędzie tam, gdzie istniały takie czy inne kolonie polskie, od Carycyna (Wołgogradu) w Rosji po ośrodki polonijne w Stanach Zjednoczonych. Na lata pojubileuszowe przypadło nieuniknione obniżenie sił twórczych płodnego pisarza, które kazało mu zaniechać zamiaru napisania nowej trylogii z czasów Sobieskiego, zdołał bowiem z niej — i to z widocznym wysiłkiem — stworzyć jedynie część wstępną (*Na polu chwały*). Nie lepiej wypadła powieść polityczna *Wiry*, autor jej jednak zrehabilitował się w oczach czytelników, zarówno tych, którzy ubolewali nad zanikiem jego talentu, jak tych, którzy fakt ten z zadowoleniem otrąbiali, w r. 1911 bowiem wydał znakomitą powieść dla młodzieży *W pustyni i w puszczy*. Ostatnie wreszcie jego dzieło, *Legiony*, urwało się na tomie pierwszym, którego ostatni odcinek w „Tygodniku Ilustrowanym" ukazał się 1 sierpnia 1914 r., a więc dokładnie w dniu wybuchu pierwszej wojny światowej.

Ostatnie dwa lata życia, spędzone w Vevey w Szwajcarii, wypełniła Sienkiewiczowi intensywna działalność publicystyczna i charytatywna o podłożu politycznym. Było to następstwem stosunków wytworzonych po jubileuszu, gdy w głośnym pisarzu i jednostki, i różne organizacje społeczne jęły upatrywać reprezentanta narodu i skłaniać go do zabierania głosu w sprawach zarówno doniosłych, jak drobnych. Z wystąpień tych najgłośniejsze i najtrwalsze były akcje przeciwko gwałtom pruskim, jak list otwarty Sienkiewicza do Wilhelma II jako cesarza niemieckiego i króla pruskiego lub zorganizowanie ankiety międzynarodowej (*Prusse et Pologne* 1909), w której kilkudziesięciu najwybitniejszych działaczy europejskich potępiało antypolską politykę nacjonalistów berlińskich. Sienkiewicz, osiadłszy w Szwajcarii, utworzył wraz z Ignacym Paderewskim i in. dużą organizację Komitet Pomocy Ofiarom Wojny w Polsce, poprzedzając to apelami do narodów europejskich o ratunek dla mas ludzkich na terenach objętych działaniami wojennymi. Akcja się udała, jednym zaś z jej żywych dotąd pomników jest sanatorium dla dzieci gruźliczych w Zakopanem, zbudowane z funduszów Komitetu.

Ogniwo najwcześniejsze w twórczości Sienkiewicza stanowią nowele utrzymane w tonie typowym dla pisarzy-pozytywistów (*Na marne* i *Humoreski z teki Worszyłły* 1872), młody pisarz jednak bezpośrednio po nich przeszedł do opowiadań wolnych od tendencji publicystycznych (*Sielanka* 1875 i *Stary sługa* 1875 wraz z *Hanią* 1876), jakkolwiek miał do nich rychło powrócić za pobytu w Ameryce. Wystąpiły one tedy zarówno w jego *Listach z podróży*, jak przede wszystkim w *Szkicach węglem*, noweli, która wywołała ożywioną dyskusję w prasie warszawskiej na temat sytuacji, w jakiej znalazł się chłop polski po uwłaszczeniu, gnębiony zarówno przez biurokrację carską, jak i przez związanych z nią pisarzy gminnych. Gdy opowiadanie o tragedii we wsi Barania Głowa poruszało zagadnienia, którymi później zająć się mieli Orzeszkowa (w *Nizinach*) i Prus (w *Placówce*), sam Sienkiewicz w *Za chlebem* i w *Bartku zwycięzcy* ukazał niedolę chłopa wielkopolskiego marniejącego na emigracji oraz wystawionego na eksterminacyjną politykę pruską. O aktualności zagadnień, które w nowelach jego doszły do głosu, wymownie świadczy okoliczność, iż bohaterami *Za chlebem* byli pierwotnie chłopi z Królestwa, ponieważ jednak zagadnienie emigracji amerykańskiej było bardziej doniosłe dla Wielkopolski, pisarz zdecydował się zrobić Wawrzona Toporka chłopem z Poznańskiego, oddając w ten sposób swe pióro na usługi publicystyki. Z innych względów podobnej zmiany dokonał w noweli *Z pamiętnika poznańskiego nauczyciela*, protestującej przeciw metodom wynaradawiającej szkoły zaborczej. Protest skierowany był w zamyśle autora przeciw szkole rosyjskiej (*Z pamiętnika korepetytora*), ze względu jednak na cenzurę, autor nowelę swą przeniósł do Wielkopolski, gdzie szkolnictwo niemieckie nie było lepsze od warszawskiego. Nowela ta równocześnie wprowadzała pewną nowość, która z miejsca się przyjęła w literaturze, tym bardziej iż twórca jej sam do motywu jej podstawowego wracał, mianowicie ukazywała przejmująco tragedię bezbronnego dziecka skazanego na cierpienia i zagładę, tragedię, której nowe odmiany przyniosły nowele *Janko muzykant* i *Jamioł*. Za wzorem Sienkiewicza poszli Prus i Orzeszkowa, nie mówiąc już o gromadzie autorów i autorek opowiadań naśladujących *Janka muzykanta*.

Osobną kategorię stanowiły nowele amerykańskie Sienkiewicza, osnute nieraz na wydarzeniach znanych mu z wieści i powieści, jak *Latarnik*, którego modelem był emigrant Siellawa, jak *Przez stepy*, zapewne epizod z życia Rudolfa Piotrowskiego, z którym pisarz przyjaźnił się w Kalifornii, czy *Wspomnienie z Maripozy*, oparte na opowiadaniu warszawskiego przyjaciela-lekarza, Karola Benniego, przywiezionym z podróży amerykańskiej. Nowele te, podobnie jak *Sachem*, protest przeciwko metodom stosowanym przez kolonistów niemieckich w Ameryce wobec Indian, wraz z nowelami o stosunkach krajowych, postawiły Sienkiewicza w rzędzie najświetniejszych prozaików polskich. Okazał się on ich mistrzem, swobodnie łączącym problematykę o dużej doniosłości społecznej z niezwykłą swobodą w posługiwaniu się jakościami tak od siebie odległymi, jak liryzm i komizm, jak patos i humor. Umiejętność ta nie opuściła go zresztą nigdy, jak dowodzi twórczość jego późniejsza, w której humoreski w rodzaju noweli *Ta trzecia*, poświęconej cyganerii malarskiej z czasów młodości Stanisława Witkiewicza i Józefa Chełmońskiego, lub satyryczne parabole z lat dalszych (jak *Sąd Ozyrysa*) sąsiadowały z opowiadaniami, jak *Organista z Ponikły* lub *Pójdźmy za nim*.

6. Henryk Sienkiewicz

Nowele bywały nieraz dla Sienkiewicza rodzajem wprawek do dużych prac historyczno-epickich, które przyniosły autorowi rozgłos światowy, uwieńczony przyznaniem mu w r. 1905 r. nagrody Nobla. Przejście na pole tych prac było niespodzianką dla miłośników świetnego nowelisty, powieść bowiem historyczna, do doskonałości doprowadzona przez pisarzy romantycznych, od Waltera Scotta po Aleksandra Dumasa-ojca, w czasach pozytywizmu uchodziła za przeżytek. Popularny krytyk duński, Georg Brandes, określał ją ironicznie jako „prawdziwą kawę figową", wywołując tym replikę Sienkiewicza, który w odczycie *O powieści historycznej* uzasadniał jej doniosłość i sens artystyczny. Uzasadnieniem bardziej wymownym był sukces światowy dzieł prelegenta, dowodzący, iż powieść o przeszłości zaspokajała te same odwieczne potrzeby człowieka, które od czasów Homera wywoływały poezję epicką. Tajemnicę tę Sienkiewicz odkrył dzięki swemu ukochaniu *Odysei*, *Pana Tadeusza* czy *Beniowskiego*, dzięki wielkim tradycjom eposu, z którymi zżył się od dziecka i których pogłosy obserwował w swym otoczeniu, gdzie przecież od r. 1876 ukazywał się cykl powieści Kraszewskiego, rozpoczęty *Starą baśnią*, a powstający równocześnie z *Trylogią*.

Zainteresowania twórcze Sienkiewicza skupiły się na barwnych i krwawych latach 1648 - 1673, przedstawionych z epicką swadą w *Klimakterach* kronikarza barokowego, Wespazjana Kochowskiego. Wojny kozackie, wszczęte przez Chmielnickiego, najazd szwedzki Karola Gustawa, początek wreszcie wojen z Turcją, pamiętny zwycięstwem chocimskim Sobieskiego, dostarczyły obfitego materiału dla trzech dużych powieści: *Ogniem i mieczem* (1884), *Potopu* (1886) i *Pana Wołodyjowskiego* (1887-1888). Ogromne malowidło dziejowe, a wyraz to właściwy choćby ze względu na jego niewątpliwe związki z płótnami Jana Matejki, Sienkiewicz skomponował za pomocą pewnych zabiegów ustrojowych, którymi posługiwał się stale, tak jednak, iż powtarzanie się stosowanego schematu nie raziło, nie narzucało się uwadze czytelnika. Należał więc do nich wątek miłosny, historia dwojga zakochanych, ujęta w postaci trójkąta, w którym kochankowi przeszkadza rywal, należący do przeciwnego obozu politycznego. Porywa on pannę, która po całym łańcuchu przygód powraca na koniec do swego wybrańca. W schemacie tym można dopatrywać się pogłosów bajki fantastycznej, są one jednak zbyt dalekie, zwłaszcza gdy się pamięta, iż motyw miłości z przeszkodami już w starożytności był pospolitym kośćcem romansów w rodzaju *Etiopik* Heliodora, oraz gdy się zwróci uwagę, iż Sienkiewicz niejednokrotnie urozmaicał go pomysłem przejętym z nowoczesnej powieści detektywnej, każąc Rzędzianom, Chilonom i Sanderusom trafić na ślady porwanej heroiny. Te dociekania genealogiczne nie są tylko ciekawostką, wskazują one bowiem na tę znamienną cechę powieści Sienkiewicza, którą wyrazić by można formułą „znane w nieznanym", formułą, która każe w nich widzieć, świetne zresztą, okazy powieści popularnej, powieści o niezwykłych przygodach, toczących się zwyczajnym, tradycyjnym sposobem. Niezwykłość ich zaś dostrzega się w rzuceniu akcji na malownicze tło historyczne, w mistrzowskim tworzeniu postaci ludzkich, w znakomitym wreszcie posługiwaniu się językiem, m. in. językiem miłosnym, z którego autor *Potopu* był bardzo dumny, język ten bowiem zrywał z szablonami papierowych wyznań spotykanych w dawniejszej powieści polskiej. Istotnie też w trójkątach: Helena—Skrzetuski—Bohun, Oleńka—Kmicic—Bogusław czy Basia—Wołodyjowski—Azja przemawia każda osoba po swojemu, zależnie od charakteru postaci oraz charakteru kultury (np. kozackiej, francuskiej czy orientalnej), w której wzrastała.

Wśród wymienionych pierwiastków znaczenie podstawowe ma owo malownicze tło historyczne, ujęte w ten sposób, iż staje się ono niezwykle ważnym nie tylko składnikiem, lecz czynnikiem akcji powieściowej. Obok tedy kochanków-rycerzy występują ich dowódcy, Jeremi Wiśniowiecki, Stefan Czarniecki, Jan Sobieski, nie tylko kierownicy takich czy innych operacyj wojskowych, ale również przedstawiciele życia politycznego Rzeczypospolitej, zagrożonej w „klimakterycznych" latach rządów Jana Kazimierza i Michała Korybuta. Cała ta dziedzina *Trylogii* była oparta na sumiennie wystudiowanych źródłach z epoki, obok Kochowskiego bowiem wchodzi tu Pasek i inni pamiętnikarze, oraz na wynikach nauki ówczesnej, reprezentowanej przez Karola Szajnochę, Ludwika Kubalę i in. Od samego początku jednak budziła ona zastrzeżenia, zwłaszcza ze strony powieściopisarzy, jak Kaczkowski, Jeż, Kraszewski i Prus; ci krytycznie nastawieni koledzy po piórze ganili nadmiar motywów batalistycznych przy braku wnikliwego spojrzenia w przeszłość ze stanowiska socjologii. Najgłębiej rzecz ujmował Prus, z którym Sienkiewicz rozprawił się, nie wymieniając jego nazwiska, w odczycie *O powieści historycznej*. Krytycy inni oraz ogół czytelników zachwycali się *Trylogią* jako dziełem sztuki i źródłem „pokrzepienia serc", jak sens jej ujmował sam autor, idąc za sugestią przyjaznego mu Stanisława Tarnowskiego. Istotnie, czytelnika polskiego urzekał głęboki patriotyzm pisarza i jego wiara w biologiczną siłę i wartość narodu, który na „potop" klęsk zareagował partyzanckim potopem mas nie tylko szlacheckich, ale również ludowych; że jednak nie czynniki natury ideologicznej stanowiły i stanowią o znaczeniu *Trylogii*, lecz jej artyzm i wiara w wartość człowieka i narodu, dowodzi jej popularność u czytelników obcych, nawet w krajach, jak Rosja,

6. Henryk Sienkiewicz

gdzie krytyka literacka przyjęła ją chłodno, gdzie natomiast ogół czytelników szukał w niej zajmującej rozrywki, a więc tego, co wiąże się najściślej z jej epickim artyzmem.

Jeśli *Trylogia* zaskoczyła znawców Sienkiewicza-nowelisty, to podobną niespodzianką było przerzucenie się pisarza na pole współczesnej powieści obyczajowej, wywołane — jak dowodzi jego korespondencja — potrzebą płodozmianu twórczego. Rezultat tego kroku — *Bez dogmatu* (1891): wnikliwa analiza psychologiczna zjawiska określanego mianem schyłkowości lub dekadentyzmu, wywołała żywe zainteresowanie przede wszystkim poza Polską, w Niemczech i w Rosji, czytelnik zaś polski, widzący w autorze *Trylogii* spadkobiercę „wieszczów" romantycznych, przyjął wyznania Płoszowskiego, nowoczesnego Hamleta, zabłąkanego w otaczającym go świecie, raczej obojętnie. Podobny, a raczej gorszy los spotkał *Rodzinę Połanieckich* (1895), satyryczną apologię burżuazji polskiej, z jej mitem powrotu do ziemi, niebacznie utraconej przez lekkomyślnych przodków, i z jej gruboskórną chęcią używania życia, maskowaną wzniosłymi słowami o jej roli społecznej. To podwójne stanowisko pisarza, który nie umiał dostrzec obiektywnej wymowy swego dzieła, ściągnęło nań mnóstwo przykrości, wywołało bowiem w lat kilka po jubileuszu r. 1900 ostre ataki ze strony krytyki lewicowej, która w artykułach Wacława Nałkowskiego i Stanisława Brzozowskiego całą jego twórczość usiłowała sprowadzić do wymiarów „połanieczczyzny", zadufanej w sobie kołtunerii. Ataki te wywołane były w dużym stopniu kultem, którym Sienkiewicza otaczały stronnictwa prawicowe, zwłaszcza Narodowa Demokracja, upatrująca w autorze *Trylogii* i *Krzyżaków* wodza duchowego narodu. Stąd w okresie po rewolucji r. 1905 oczekiwano od niego walnej rozprawy z socjalizmem, rozprawa ta jednak jego inspiratorom przyniosła duże rozczarowanie. Powieść *Wiry* (1910) dała wprawdzie wysoce krytyczną relację o nieuniknionych konsekwencjach zdławionej rewolucji, o dezorganizowaniu przez nią życia zbiorowego, ale nie mniej krytycznie oświetliła beznadziejną i bezideową postawę burżuazji polskiej, ziemiańskiej i miejskiej, zagubionej — jak niegdyś bezdogmatowiec — w wirach życia nowoczesnego.

Powieści „współczesne" były — mimo wszystko — wycieczkami tylko odciągającymi twórcę *Trylogii* od szlaku historii, który nęcił go nawet w czasie ich pisania i na którym czekały go dalsze sukcesy. Największym z nich była powieść *Quo vadis* (1896), która zdobyła rozgłos światowy nie tylko w krajach katolickich, jak Włochy, ale również anglosaskich i w Rosji, a nawet we Francji, gdzie krytyka literacka przyjęła ją początkowo bardzo niechętnie, gdy później dla wydawców stała się ona, podobnie jak w Ameryce, „bestsellerem". Wyrosła ona, podobnie jak jej siostrzyce, którym patronował Matejko, również z natchnień malarskich, pochodzących od przyjaciela rzymskiego, głośnego podówczas twórcy akademickich obrazów z życia antycznego, Henryka Siemiradzkiego, który pisarzowi zwrócił uwagę na kapliczkę z napisem na frontonie „Quo vadis?". Powieść zresztą związana była w intencjach autorskich również z jego krajem rodzinnym, wprowadzała bowiem Lygię i Ursusa, dwoje Lygów, a więc przedstawicieli narodu, który mieszkał, jak Sienkiewicz zaznaczał, odwołując się do Tacyta, „między Wisłą i Odrą".

Autor, idący szlakiem popularnych podówczas powieści o początkach chrystianizmu, ukazał jego pierwsze wielkie prześladowanie za Nerona, skupiając uwagę przede wszystkim na barwnie odmalowanym świecie pogańskim. Obraz cezara, okrutnika i błazna w jednej osobie, oraz jego otoczenia wystąpił tu z plastyką, przypominającą zarówno słynne płótna Siemiradzkiego („Pochodnie Nerona", „Dirce chrześcijańska"), jak i najwspanialsze rozdziały książki Ernesta Renana *Antychryst,* której swe pomysły zawdzięczali obaj polscy artyści. W świecie tym powieściopisarz uprzywilejował dwie postaci: wytwornego arystokratę Petroniusza, przedstawiciela kultury greckiej w jej rzymskiej odmianie, oraz wyrzutka społecznego, brukowego sofistę i sykofanta Chilona Chilonidesa, który z nędzarza staje się zausznikiem cesarskim, by ostatecznie zginąć śmiercią męczeńską. Blado natomiast wypadł obraz zamkniętego w katakumbach świata chrześcijańskiego, w którym Sienkiewicz dostrzegł jedynie męczenników, bierne ofiary przemocy. Świetny plastyk przeniósł łatwą i szablonową tradycję nad zawiłe szlaki, które wskazywali mu poprzednicy, twórcy *Irydiona* i *Antychrysta,* ale może dlatego właśnie trafił do upodobań szerokich mas czytelniczych, dla których owe szlaki byłyby zbyt strome.

Mimo zawrotnego powodzenia *Quo vadis* jego twórca za dzieło swe szczytowe uważał *Krzyżaków* (1900), powieść podwójnie jubileuszową, w roku bowiem jej ukończenia w Polsce święcono pięćsetlecie Uniwersytetu Jagiellońskiego, w których to uroczystościach udział przypadł i Sienkiewiczowi, obdarzonemu doktoratem honorowym przez sędziwą wszechnicę.

Krzyżacy, powieść niezwykle zrównoważona, wolna od młodzieńczej brawury *Trylogii* i nawet rozmachu *Quo vadis,* w akcji płynącej statecznie, niby duża rzeka, wyrosła z zamierzenia niezwykle ambitnego. Pisarz, któremu nieraz zarzucano nadmierne upodobanie w scenach batalistycznych kosztem zlekceważenia pierwiastków innych, stanowiących o kulturze społecznej dawnych wieków, w rozległym obrazie życia za czasów Jadwigi i Jagiełły zabiegał o pełnię obrazu historycznego. Rozpiął go na rozległym tle geograficznym, od pogranicza Śląska po Żmudź daleką, wprowadzając doń rezydencje i królewską w Krakowie, i książęce na Mazowszu, nie pominął krzyżackiego Malborka, obok nich zaś ukazał siedziby ziemiańskie na głuchej prowincji. Bardzo plastycznie wypadło również ujęcie grup społecznych, wielmożów, rycerstwa, „dziedziców" i włodyków, przy czym autor nie zapomniał o mieszczanach i chłopach, nadto sporo uwagi poświęcił duchowieństwu, świeckiemu i zakonnemu. Kładąc duży nacisk na związki Polski ze światem zachodnim, wprowadził na karty powieści figury tak egzotyczne, jak błędny rycerz i wędrowny przekupień handlujący relikwiami. W przeciwieństwie do własnych powieści dawniejszych, gdzie jedynym zajęciem szlacheckim była wojaczka, w *Krzyżakach* dużo miejsca wyznaczył znakomitym scenom łowieckim i gospodarstwu wiejskiemu, a wreszcie opisom przyrody. Dzięki tym wszystkim składnikom powieść znacznie i korzystnie się różni od swych poprzedniczek. A to samo powiedzieć można o jej wątku naczelnym, tradycyjnie miłosnym, ale odbiegającym od przyjętego schematu w stopniu daleko wyższym niż w *Panu Wołodyjowskim*. Może za przykładem Dickensa i jego *Dawida Copperfielda*, a może pod wpływem własnych bolesnych doświadczeń Sienkiewicz zrezygnował ze schematu miłości „od pierwszego wejrzenia do grobowej deski" i ukazał młodego Zbyszka z Bogdańca z dwiema kobietami, nieszczęsną Danusią i nową odmianą „hajduczka", dzielną Jagienką. Co więcej, tradycyjną miłość od pierwszego spotkania zastąpił bardzo wnikliwą analizą stopniowego budzenia się przeżyć erotycznych w krzepkim pachołku, stwarzając jedyną w swoim rodzaju sielankę w lasach Bogdańca i Zgorzelic.

W powieści nie brakuje i „bitek", związanych przeważnie z pograniczem mazowiecko-krzyżackim i tragicznymi losami Juranda ze Spychowa i jego nieszczęsnej rodziny. Wprowadzają one czytelnika w zawiłe stosunki Polski z Zakonem, zademonstrowane w znacznym stopniu na przykładzie krzyżackiego „nawracania" Żmudzi, zakończone zaś bitwą pod Grunwaldem, odtworzoną wedle Długosza, choć opis jej nie bez racji Sienkiewicz odczytywał publicznie w Krakowie u stóp znanego obrazu Matejki, który również dziełu pisarza patronował.

Osobliwością *Krzyżaków* jest ich ludowość. Pisarz mianowicie, który od dawna chętnie swe opowiadania stylizował, świetnie uderzając w ton Paska na kartach *Trylogii*, uciekł się do tego zabiegu również w powieści o średniowieczu, zabarwiając ją pierwiastkami podhalańskimi. Przykładem może tu być opis kuracji Maćkowej, uwalniającej go od „szczebrzucha" w ranie, oparty na opowiadaniu Sabały ogłoszonym przez Stanisława Witkiewicza (*Na przełęczy*).

świetna próbka medycyny dziś ludowej, w średniowieczu powszechnej. Przede wszystkim jednak słownictwo powieści, zwłaszcza w dialogach, wykazuje bardzo znaczną domieszkę wyrazów i zwrotów góralskich, użytych z dużym umiarem i w sposób bardzo trafny, dobrze świadczący o intuicji językowej Sienkiewicza.

Finał swej twórczości poświęcił on młodzieży, pisząc dla niej W *pustyni i w puszczy* (1911), powieść zbudowaną z niekończącego się łańcucha przygód małej dziewczynki angielskiej i jej bohaterskiego opiekuna, czternastoletniego Stasia. Wędrówka tej pary dzieci, porwanych w Egipcie i przez Sudan docierających do Oceanu Indyjskiego wśród niebezpieczeństw, jakimi groziły im dzikie zwierzęta i gorsi od nich ludzie, choroby i trudy podróży odbywanej w towarzystwie dwojga młodych Murzynów, wiernego psa i oswojonego słonia — wszystko to ujęte niesłychanie barwnie, zapewnia powieści Sienkiewicza zaszczytne miejsce wśród takich klasycznych pozycji literatury dla młodych czytelników, jak znane dzieła Juliusza Verne'a (*Piętnastoletni kapitan*) lub Marka Twaina (*Przygody Tomka Sawyera*), których śladem pisarz polski kroczył i którym niejeden pomysł zawdzięczał, jakkolwiek sam pustyni i puszczy zakosztował, jak dowodzą jego *Listy z Afryki,* pamiątka niezbyt udanej wyprawy myśliwskiej.

Chcąc w całości ocenić dorobek Sienkiewicza, należy zwrócić uwagę nie na to, na co kładła wyłączny nacisk krytyka literacka, zarówno pochwalna, jak przyganna, tj. nie na stronę jego nowel i powieści polską i narodową, lecz ogólniejszą, która zapewniła mu niepospolite miejsce wśród klasyków prozy w. XIX. Z tego stanowiska rzuca się w oczy jego umiejętność budowania toku epickiego, utrzymującego w napięciu uwagę czytelnika, toku obfitującego w zabiegi takie, jak zawieszanie akcji w momentach dramatycznego napięcia lub jak obfite rekapitulacje, pozwalające objąć pamięcią długie i zawiłe pasma niezwykłych przygód. Należy tu dalej ogromna galeria charakterystycznych postaci literackich, traktowanych z niezwykłą sprawiedliwością epicką. Bez względu na to, czy należą do obozu miłego sercu pisarza czy do wrogiego, postaci te ukazuje on w świetle pomysłowo stosowanych jakości estetycznych, wśród których wydatne miejsce przypada patosowi, zwłaszcza w obrazach śmierci Podbipięty, Danusi, Zygfryda von Löwe (by ograniczyć się do tych wypadków), związanych z głośnymi dziełami malarskimi, jak obrazy męczeństwa św. Sebastiana czy dzieła Dürera lub Böcklina. Miejsce jeszcze wydatniejsze przypada humorowi, przenikającemu większość nowel i powieści Sienkiewicza, a skoncentrowanemu w kreacjach jego pióra niemal przysłowiowych, jak Zagłoba, Chilo Chilonides czy Maćko z Bogdańca.

Czytelnika zaś polskiego autor *Krzyżaków* ujmuje dodatkowo swym szlachetnym patriotyzmem, żarliwym przywiązaniem do wszystkiego, co polskie, zwłaszcza do wszystkich cennych osiągnięć kultury polskiej, oraz pięknem swego niezwykle starannego języka artystycznego, czerpiącego obficie z mowy codziennej, ale wykształconego na klasykach, Kochanowskim, Krasickim i wielkich romantykach.

7. ROZKWIT POWIEŚCI I NOWELI

Trójcę znakomitych prozaików otaczała spora gromada producentów powieści stanowiących pożądany materiał drukowany w odcinkach dzienników, istotnie zresztą nieraz odcinanych, zszywanych i w ten sposób zastępujących normalną książkę, na którą miłośnicy beletrystyki nie zawsze mogli sobie pozwolić. Autorami owych powieści bywali zazwyczaj współpracownicy redakcyj, szczupłe uposażenie dopełniający równie nikłymi honorariami. Powieści zaś były odpowiednikami artykułów lub szkiców, praktycznymi ilustracjami głoszonych tam zasad i wskutek tego typowymi okazami opowiadań tendencyjnych, kształtujących wizję życia nie wedle zasad logiki artystycznej, lecz wedle tego, co pisarz usiłował pochwalić lub zganić w środowisku, dla którego utwór swój przeznaczał.

Wśród dostawców powieści wyróżnić można dwu przynajmniej, którzy hołdując przyjętemu zwyczajowi, tj. urozmaicając sobie zajęcia dziennikarskie pisywaniem banalnych powieści, zdobyli się jednak na samodzielność na polu powieści historycznej. Pierwszym z nich był redaktor „Gazety Lwowskiej", urzędowego organu galicyjskiego, Adam Krechowiecki (1850 - 1919). Człowiek o dużej kulturze, znawca spraw literackich, co zadokumentował dobrymi studiami biograficznymi o Norwidzie i o Kaczkowskim, od szablonowych powieści z życia ziemian i artystów przerzucił się, wzorem swego przyjaciela, Sienkiewicza, do historii, wydobywając z niej postaci sensacyjnych awanturników, jak Maćko Borkowic za czasów Kazimierza Wielkiego (*Szary wilk*) czy „diabeł łańcucki", Stadnicki (*Starosta zygwulski*). Dziełem jego najambitniejszym była tetralogia *O tron*, rywalizująca z *Trylogią*, bez powodzenia jednak, autorowi bowiem, który od strony dokumentalnej usiłował ująć przeciwpolską politykę elektorów brandenburskich, nie dopisały humor i plastyka, słowem czynniki artystyczne, różniące powieść od studium naukowego.

Pisarzem drugim był Teodor Jeske Choiński (1854 - - 1920), którego nawet w nekrologach nazywano heroldem obskurantyzmu. Istotnie ten rzecznik klerykalizmu, programowy antysemita, zdecydowany przeciwnik „rozkładu w życiu i literaturze", jak zatytułował jedną ze swych prac, atakowanego równie dobrze w *Pozytywizmie warszawskim* (1885), jak w *Dekadentyzmie* (1905), autor wreszcie lichych powieści tendencyjnych, w dziedzinie powieści historycznej odsłaniał oblicze zgoła nieoczekiwane. W cyklu mianowicie powieści o przełomowych wydarzeniach w rozwoju chrystianizmu zawodowy klerykał zajmował postawę wolnomyśliciela, wychowanego na Drapera *Dziejach stosunku wiary do rozumu*, książce, na którą przysięgali młodzi zwolennicy pozytywizmu. Tak więc w *Gasnącym słońcu* (1895) i *Ostatnich Rzymianach* (1897) wysławiał czcicieli bóstw pogańskich, zwycięstwo zaś chrześcijan wiązał z grą zwyczajnych namiętności ludzkich, z pobudkami najpospolitszymi i najniższymi. Podobnie w *Tiarze i koronie* (1900) stał po stronie upokorzonego cesarza, nie zwycięskiego papieża. Zasłużona zła sława dziennikarza sprawiła, iż twórczością Choińskiego naukowo się nie zajmowano, tak że przedstawiona tu dwoistość jego postawy pozostaje zagadką niewyjaśnioną.

Z innych powieściopisarzy dużą poczytność zdobył płodny literat warszawski, K a z i m i e r z G l i ń s k i (1850 - 1920), poeta, autor ogromnej *Królewskiej pieśni* (1907), wielu dramatów historycznych i współczesnych oraz sporej liczby tomów nowelistycznych i powieściowych. Jego powieści *Pan Filip z Konopi* (1902), *Cecora* (1902), *W Babinie* (1903), *Boruta* (1904) i in., oparte na motywach znanych z dawniejszej tradycji literackiej, zgrabnie odświeżonych i opracowanych z dużą swadą, uległy zapomnieniu, nie zawsze słusznemu, są bowiem wśród nich okazy dobrej powieści popularnej utrzymanej na poziomie Kraszewskiego.

Zainteresowania historyczne u powieściopisarzy-pozytywistów sięgały niekiedy w przeszłość mieszczaństwa polskiego, dziedzinę rzadko u nas nawiedzaną. Wśród przedstawicieli tego kierunku z wieku i urzędu miejsce pierwsze należy się W ł a d y s ł a w o w i Ł o z i ń s k i e m u (1843 - 1913), młodszemu bratu Walerego, z biegiem czasu znakomitemu historykowi, rozmiłowanemu w przeszłości Lwowa, autorowi klasycznych prac *Prawem i lewem* (1903) czy *Życie polskie w dawnych wiekach* (1907). Łoziński, o którym fama niosła, iż po wystąpieniu Sienkiewicza zrezygnował z pisywania powieści historycznych, których sporo ogłosił, wrócił na ich pole w *Oku proroka* (1899), znakomitej powieści dla młodzieży, ukazującej Lwów barokowy i jego stosunki z tureckim Wschodem. Wspomnieć warto, iż spod pióra jego wyszła wspaniała nowela (*Madonna Busowiska* 1892), pełen romantycznego sentymentu obrazek z dziejów ukraińskiego malarstwa ludowo-cerkiewnego.

7. Rozkwit powieści i noweli

Wśród miłośników dawnego życia miejskiego wymienić należy obok Wiktora Gomulickiego, który wystąpi tu dalej jako wybitny poeta, również zapomnianego literata i malarza bocheńskiego, L udwika Stasiaka (1858-1924), którego pamięta się jedynie jako żarliwego szermierza polskości Wita Stwosza, choć jego twórczość powieściowa również godna jest uwagi. I to nie tyle spore tomy o średniowieczu, jak *Brandenburg*, kopia *Starej baśni*, czy *Rycerze śpiący w Tatrach*, powieść wcześniejsza i odmienna od *Walgierza Udałego* Żeromskiego, czy *Obrona sztandaru*, wprowadzająca bunt Napierskiego, lecz krótsze opowiadania i szkice o tematyce niezwykłej. Stasiak mianowicie zajął się w nich życiem górniczym w salinach dawnej Bochni oraz, co jeszcze osobliwsze, tom opowiadań *Srebrny dzwon* wypełnił obrazami średniowiecznego Śląska i konfliktów między górnikami i ich chlebodawcami oraz sąsiadami.

W obrębie powieści o życiu bieżącym znamiennie odbiła się okoliczność, iż wśród czołowych jej twórców znalazło się dwu znakomitych humorystów, Prus i Sienkiewicz, których przykład stanowił niewątpliwą zachętę dla ptaków mniejszego lotu i pozwalał im ujawniać właściwości znamienne dla ich talentu. Najwcześniej zrobił to, niezależnie zresztą od mistrzów warszawskich, lwowiak Jan Lam (1838-1886), autor „kronik", o którym Prus mówił jako o „wielkim pisarzu" i „jednym z największych publicystów", który „odzywał się we wszystkich ważniejszych sprawach i — pominąwszy nieliczne paradoksalne poglądy — odznaczał się zwykle nieubłaganą logiką, nieustraszoną śmiałością i niezrównanym humorem". Na tytuł jednak wielkiego pisarza Lam nie zasłużył, jego bowiem powieści, o dużym ładunku publicystycznym, były raczej dużymi, odręcznie kreślonymi szkicami aniżeli dziełami sztuki powieściowej. Godziły one pociskami satyrycznymi w biurokrację austriacką zarówno w miastach powiatowych (*Wielki świat Capowic* 1873, wyd. 1 z r. 1869 nosiło tytuł *Panna Emilia*), jak później w stołecznym Lwowie, piętnowały obłudę luminarzy prowincjonalnych (*Głowy do pozłoty* 1873, *Dziwne kariery* 1880) i „tromtadrackich" demokratów (*Koroniarz w Galicji* 1869), sławiły wreszcie *Idealistów* (1876), który to wyraz oznaczał pionierów pozytywizmu, przez opinię publiczną pomawianych o materializm. Rzeczy te, pisane pośpiesznie i wedle staroświeckich szablonów, mają charakter raczej interesujących, zbeletryzowanych dokumentów aniżeli dzieł prawdziwej sztuki słowa.

Na terenie Krakowa działało dwu humorystów, biegunowo odmiennych, bliskich sobie jednak terenem obserwacji i jej tematyką, Sewer i Bałucki. Sewer tedy, czyli Ignacy Maciejowski (1839-1901), warszawiak z pochodzenia, szlagon z temperamentu, rozmiłowany w powieści angielskiej, z którą stykał się jako emigrant popowstaniowy w Londynie, po powrocie do kraju urozmaicał sobie życie na wsi powieściami w rodzaju *Słowa a czyny* (1890) czy *Starzy i młodzi* (1896), których zadaniem było „poprawić istniejący porządek administracji rolnictwa, a z nim zwyczaje, nawyknienia i wyobrażenia naszych posiadaczy ziemskich". Nie one jednak zadecydowały o jego miejscu w literaturze. Sewer mianowicie był niezwykle wrażliwym obserwatorem zjawisk społecznych, z którymi się stykał, a których literackie ujęcie ułatwiał sobie, modelując swe nowele i powieści na ludziach znanych mu osobiście lub przynajmniej ze słyszenia, jak Włodzimierz Tetmajer. (*Bajecznie kolorowa*), Władysław Orkan (*Matka*) czy pionier przemysłu górniczego i dobry publicysta Stanisław Szczepanowski (*Ponad siły*). Do zjawisk tych należały wspomniane tylko co początki naftciarstwa na Podkarpaciu (*Nafta, Ponad siły*), powstanie ruchu asymilatorskiego (*Zyzma*), garnięcie się młodzieży chłopskiej do oświaty (*Biedronie, Matka*), początki życia teatralnego na prowincji (*U progu sztuki*). Szczególnym jednak zainteresowaniem pisarz darzył przedmiot swych „obrazków malowanych w słońcu", jak nazywał szkice z życia wsi podkrakowskiej, ukazujące energię i zaradność dziewcząt i parobczaków, szkice pełne pogody i humoru, jakkolwiek autorowi *Przybłędów* nie były obce również tragiczne strony życia chłopskiego.

Za humorystę uchodził również komediopisarz krakowski, M i c h a ł B a ł u c k i (1837-1901), literat wielostronny i ruchliwy. Z *Poezyj* jego (1874) do repertuaru pieśni popularnych weszły „Góralu, czy ci nie żal" oraz „Hej, tam pod lasem", ogłoszone zaś książkowo w r. 1956 kroniki z lat 1870-1872 przypomniały dowcipnego felietonistę. W niepamięć natomiast poszły jego powieści i nowele, które niegdyś czytywano chętnie, a które trzymały się jaskrawymi sytuacjami, żywcem przenoszonymi na grunt galicyjski z brukowych romansów francuskich. Autor atakował w tych „powieściach fotografowanych z natury" świat arystokratyczny i jego „błyszczące nędze", sławił zaś świat mieszczański, zwłaszcza rzemieślniczy, który znał na wylot. Dzięki temu w kołach konserwatywnych poczytywano go za niebezpiecznego libertyna, wśród czytelników zaś demokratycznych uchodził za szermierza haseł postępowych. Najpełniej jednak wypowiedział się Bałucki nie tam, gdzie krępowały go szablony romansowe, lecz na deskach scenicznych, w komedii, w której zdobył żywe do dziś uznanie.

Na terenie Królestwa równocześnie działał Klemens Junosza, tj. K l e m e n s S z a n i a w s k i (1849-1898), popularny nowelista i powieściopisarz, twórca opowiadań o „syzyfach" ziemiańskich, borykających się z trudnymi warunkami ekonomicznymi, przy czym szczególną sympatią darzył energiczną szlachtę zagonową na Mazowszu. Już same tytuły w rodzaju *Z antropologii wiejskiej*, *Fotografie wioskowe*, *Obrazki szare* świadczyły o metodzie zwolennika opisów drobnorealistycznych, zaprawionych jednak humorem o zacięciu karykaturalnym. To nastawienie znalazło wyraz najpełniejszy w jego obrazkach poświęconych Żydom wiejskim i miejskim, dzięki czemu Junosza niesłusznie uchodził za antysemitę. W rzeczywistości autor *Łaciarza* ze współczuciem spoglądał na biedotę żydowską, energicznie zaś zwalczał wszelkiego rodzaju pasożytów społecznych, podobnie jak Prus i Orzeszkowa, ponieważ jednak skupiał uwagę przede wszystkim na grupie wyzyskiwaczy w świecie żydowskim, przylgnęła doń wspomniana etykieta. W zakresie tym osiągnięciem jego najwyższym była stylizowana ironiczna powieść *Żywota i spraw I. M. P. Symchy Borucha Kaltkugla ksiąg pięcioro* (1895), biografia koniokrada, przemytnika i lichwiarza, pisana tą samą metodą, co niewiele od niej młodsza powieść o pokrewnym osobniku, odzianym nie w chałat, lecz we frak i żerującym w środowisku nieżydowskim, tj. *Żywot i myśli Zygmunta Podfilipskiego* (1898) Józefa Weyssenhoffa.

Galerię popularnych humorystów zamyka Abgar Sołtan, czyli K a j e t a n A b g a r o w i c z (1856 - 1909), autor słabych powieści i doskonałych nowel z życia ziemiaństwa podolskiego (*Z carskiej imperii* 1892), nade wszystko zaś pokucko-ormiańskiego (*Widziane i odczute*), nawiązujących do tradycji dawnej gawędy, a zaprawionych prawdziwym komizmem.

Z nowelistów innych, bardzo niegdyś podziwianych, jednego jeszcze wymienić tu należy, mianowicie A d a m a S z y m a ń s k i e g o (1852 - 1916), za udział w konspiracji czasu wojny rosyjsko-tureckiej zesłanego na Syberię (1878). Tam to, w Jakucku, powstały jego *Szkice* (1887), poziomem artystycznym nie ustępujące późniejszym nowelom Wacława Sieroszewskiego lub Rosjanina, Włodzimierza Korolenki. Patos cierpień nadludzkich, dysproporcja winy i kary, egzotyzm wreszcie przyrody sybirskiej, niesamowitych mrozów i grozy potężnych wód Leny i Angary, związane z psychiką szarych, pospolitych bohaterów, wystąpiły najpełniej w opowiadaniach, jak *Hanusia* lub *Srul z Lubartowa*, z miejsca uznany za jedno z arcydzieł nowelistyki polskiej. *Szkice* popularne były dla swej aktualności, tej zaś nie miały opowiadania późniejsze, bardzo niezwykłe, jak *Z jakuckiego Olimpu* (1910) i *Aksinja* (1910), hymny ku czci słońca, źródła energii fizycznej i psychicznej, tępiącego w człowieku pierwiastki zwierzęce.

Cechą wspólną wymienionych tu pisarzy jest dysproporcja między obfitością ich puścizny a tym, co naprawdę jest w niej wartościowe i żywe po dzień dzisiejszy, czy przynajmniej po wydobyciu z zapomnienia żywe być może, zwłaszcza w dziedzinie nowelistyki.

Inaczej wygląda sprawa sporej gromady rzemieślników pióra, których utwory były chętnie czytywane przez masy odbiorców, rychło jednak poszły w zasłużoną niepamięć, zamienione w pozycje bibliograficzne tylko, nieobojętne zresztą dla socjologa literatury, badającego zagadnienie odbioru literackiego czy żywotność pomysłów cieszących się do czasu niezasłużoną wziętością. Z tego stanowiska szerokim polem dociekań może być produkcja literacka kobiet, które za przykładem Orzeszkowej ławą ruszyły do pracy pisarskiej i w pewnych przypadkach potrafiły zdobyć uznanie u redaktorów czasopism i wydawców, starających się zaspokoić rosnący głód nowości w masach czytelniczych. W tych warunkach na znakomitość wyrosła M a r i a R o d z i e w i c z ó w n a (1863 - 1944), która w r. 1887 wystartowała powieścią *Straszny dziadunio*, a w dwa lata później, dzięki nagrodzonemu na konkursie warszawskim *Dewajtisowi* zdobyła sławę towarzyszącą jej przez długie lata, aż do śmierci, która ewakuowaną z powstańczej Warszawy staruszkę spotkała w pobliżu zniszczonej stolicy.

Twórczość jej w postaci tomów, pojawiających się systematycznie co roku, przyniosła zgrabnie wykonane odmiany pomysłów, których źródła znaleźć można u Orzeszkowej, pomysłów spłyconych i zbanalizowanych, ale przemawiających do klientów wypożyczalni książek, do ludzi szukających w literaturze tego, czego im odmawiało życie, zwłaszcza łatwo dostępnego bohaterstwa, wykazywanego nie na polach bitew, lecz w codziennych stosunkach z otoczeniem. Ponieważ zaś Rodziewiczówna — która zresztą w powieści *Pożary i zgliszcza* (1893), osnutej na dziejach powstania styczniowego, również i o bitwach mówiła — chętnie stosowała motywy sensacyjne — by przypomnieć choćby losy bohaterki *Dewajtisa*, jej amerykańskie dzieciństwo — i głosiła hasła patriotyczne, dzieła jej cieszyły się nie słabnącą poczytnością jako typowe okazy średniej klasy powieści popularnej czy może powieści ludowej. Inna rzecz, że ta produkcja wciągała masy czytelnicze w świat literatury i stopniowo przygotowywała je do zetknięcia się z lekturą dzieł istotnie godnych poznania. Krótko mówiąc, była ona swoistą literacką postacią „pracy u podstaw", stanowiącej jeden z doniosłych nakazów programu pozytywistów.

Jako osobna odmiana powieści popularnej pojawiła się w czasach pozytywizmu i, co więcej, bogato się rozwinęła powieść dla młodzieży. Wyrosła ona na pniu charakterystycznych zainteresowań epoki, tych samych, które wydały nowele o dzieciach pióra Sienkiewicza, Orzeszkowej, Prusa czy Konopnickiej, przy czym o atrakcyjności powieści dla młodego czytelnika świadczy fakt, iż z wymienionej czwórki mistrzów pióra Konopnicka jako autorka baśni *O krasnoludkach i sierotce Marysi* oraz Sienkiewicz jako twórca *W pustyni i w puszczy* stworzyli dzieła rzędu arcydzieł światowych. Ze sporego zaś zespołu pisarzy pomniejszych, a dotąd poczytnych dwa nazwiska przypomnieć tu warto. W a l e r y P r z y b o r o w s k i (1845 - 1913), ruchliwy, ale nieudolny literat warszawski, niepowodzenie w dziedzinie beletrystyki powetował sobie, przerzuciwszy się na pole powieści historycznej dla młodzieży. Krocząc torami Kraszewskiego, zaznajamiał swych czytelników z dziejami Polski od Piasta (*Myszy króla Popiela*) po doskonale mu znane powstanie styczniowe. W innym kierunku poszła jego rówieśniczka Z o f i a U r b a n o w s k a (1849 - -1939), realizująca zasady pedagogiki pozytywistycznej w powieści *Księżniczka* (1886), gdzie — wzorem Hoffmanowej — dawała wzorzec wychowawczy dla dziewcząt. Szczyty jednak osiągnęła w innej dziedzinie — przyrodniczo-krajoznawczej. W swej *Róży bez kolców* (1903) mianowicie dała, w ramach powieści niemal awanturniczej, znakomitą encyklopedię tatrzańską, a barwną relację o faunie i florze Podhala, urozmaiconą próbkami folkloru góralskiego, wplotła zgrabnie w łańcuch przygód młodego taternika. W ten sposób stworzyła dzieło na swój sposób klasyczne, równie żywe dzisiaj jak przed sześćdziesięciu laty.

8. INWAZJA NATURALIZMU

Bujny, by nie rzec przytłaczający, rozkwit powieści okresu pozytywizmu, i to nie tylko w Polsce, lecz również w całej Europie, sprawił, iż właśnie wokół powieści rozgorzała ok. r. 1880 żywa polemika, przy czym tematem sporu była nie twórczość rodzima, lecz obca, francuska, reprezentująca nowy kierunek literacki, zwany naturalizmem. Oto w r. 1879 Jan Gnatowski zaatakował namiętnie „realizm w literaturze nowoczesnej", jak zatytułował swe studium, a w rok później na ten sam szlak wkroczył Sienkiewicz odczytem *O naturalizmie w powieści*, dopełnionym po wielu latach szkicem *Listy o Zoli* (1893), napisanym w chwili, gdy zwalczane zjawisko dawno już przestało być nowością.

Przedmiotem dyskusji były nie tyle teoretyczne założenia naturalizmu, wyłożone w sposób bardzo mętny przez jego właściwego twórcę, Zolę, w rozprawie o *Romansie eksperymentalnym* (1880), ile praktyka tego głośnego i niezwykle płodnego powieściopisarza oraz jego rówieśników, z których najwybitniejszym był Guy de Maupassant. Owe założenia teoretyczne sprowadzały się do stanowiska, iż dzieło literackie stawia sobie takie same zadania jak dzieło naukowe, tj. odtwarza rzeczywistość w sposób zupełnie obiektywny, oparty na precyzyjnej obserwacji otaczającego nas świata, wolnej od wszelkich przesądów, które hamują rzeczywistości tej poznanie. Praktyczną konsekwencją tych założeń był wieloraki radykalizm Zoli, wyrażający bunt pisarza przeciw burżuazyjnej, drobnomieszczańsko ciasnej kulturze jego czasów. Radykalizm ten godził w stosunki polityczne i społeczne Francji przedrepublikańskiej i republikańskiej, w jej ideologię religijną i filozoficzną, w jej wreszcie nawyki literackie, ponieważ zaś Francja mimo „pogromu" w wojnie z Niemcami nie straciła swego stanowiska w Europie, atak Zoli na tradycyjną jej kulturę wywoływał żywe odgłosy we wszystkich krajach europejskich. I to zarówno pozytywne, jak negatywne. Pierwszym sprzyjała okoliczność, iż naturalizm, który był najjaskrawszą postacią realizmu pozytywistycznego, głosił przecież konieczność zbliżenia literatury i nauki oraz konieczność przyrodniczej obserwacji życia jako podstawy twórczości literackiej, był więc kierunkiem niewątpliwie postępowym. Przeciw niemu przemawiały tradycyjne nawyki estetyczne, pospolite nawet u zdecydowanych zwolenników pozytywizmu. Radykalizm społeczny naturalistów kazał im zajmować się życiem klas upośledzonych społecznie, pomijanych przez literaturę, a więc robotnikiem i chłopem, a więc proletariatem i lumpenproletariatem miejskim. Postulat obserwacji, i to przyrodniczo dokładnej, wiódł do traktowania spraw, o których literatura dotąd nie mówiła, krępował ją bowiem konwenans towarzyski, np. prostytucji. Wywlekanie tych „brudów", jak rzecz określano, kolidujące z dobrym smakiem środowisk, do których literatura się zwracała, było kamieniem obrazy nawet dla takich szermierzy postępu, jak u nas Świętochowski i Prus, Konopnicka czy Orzeszkowa — i tym się tłumaczy, że naturalizm w Polsce znalazł zwolenników bardzo niewielu, i to przyjmowali oni tylko pewne jego zasady i stosowali je w sposób dość umiarkowany. Organem ich był tygodnik warszawski „Wędrowiec", od r. 1884, gdy pismo to nabył początkujący literat, Artur Gruszecki, który do redakcji zaprosił Stanisława Witkiewicza i Antoniego Sygietyńskiego. „Wędrowcowi" zaś sekundował „Głos", tygodnik postępowo-demokratyczny (nawiasem mówiąc, jego redaktorowi, J. L. Popławskiemu proces o zniesławienie w recenzji wytoczyła młoda zwolenniczka naturalizmu, Gabriela Zapolska), jakkolwiek posiew „Głosu" wydać miał żniwo polityczne od postępu bardzo odległe, bo ideologię narodowo-demokratyczną.

Zasady naturalizmu najkonsekwentniej popularyzował **Antoni Sygietyński** (1850 - 1923), z zawodu muzykolog, z zamiłowania literat, tłumacz Taine'a (*Podróż do Włoch, Filozofia sztuki*) i autor studium *Spółczesna powieść we Francji* (1881 - 1883). Tutaj właśnie ukazywał czytelnikowi polskiemu czołowych mistrzów naturalistycz-

8. Inwazja naturalizmu

nej prozy francuskiej i nawoływał do wyniesienia sztuki rodzimej na poziom europejski. Sam równocześnie próbował sił na polu powieści i noweli z życia obcego (*Na skałach Calvados* 1884) i polskiego (*Wysadzony z siodła* 1891), w których zajmował stanowisko niemal reportera, dokładnego obserwatora, dbałego jedynie o uchwycenie nieefektownej prawdy. Z prac tych pozostało jedno: zwrot „wysadzony z siodła" na oznaczenie zdeklasowanego i wyrzuconego na bruk miejski ziemianina, przedstawiciela ofiar reformy społecznej, zwanej uwłaszczeniem włościan.

Sygietyńskiego przesłonił jego kolega redakcyjny w „Wędrowcu", S t a n i s ł a w W i t k i e w i c z (1851-1915), z zawodu artysta malarz, w rzeczywistości zaś tęgi pisarz moralista, głęboko zainteresowany zagadnieniami kultury zarówno estetycznej, jak społecznej. O doniosłości i aktualności spraw przezeń poruszanych świadczą losy okazałego tomu jego szkiców *Sztuka i krytyka u nas* (1891), który w ciągu lat zaledwie dziewięciu miał trzy wydania. On sam dzieło to określał jako „historię walki o niezależne stanowisko sztuki w dziedzinie ludzkiej myśli i o niezawisłość indywidualności w sztuce". Istotnie też walczył Witkiewicz z pospolitym w owych czasach traktowaniem sztuki jako zjawiska wyłącznie użytkowego, a więc z tendencyjnością w sztuce, wyrażającą się m. in. w odpowiednim doborze tematów. On sam domagał się od niej doskonałości artystycznej, osiąganej w zakresie formy („harmonia barw i loika światłocienia" w malarstwie, „loika myślenia i doskonałość mowy" w literaturze) i głosił heretycki pogląd, iż sprawą obojętną jest, „czy to będzie Zamoyski pod Byczyną, czy Kaśka zbierająca rzepę", wartość bowiem malowidła zależy od tego, jak artysta dany temat ujmuje, a nie co jest tematem. Rzecz jednak znamienna, iż Witkiewicz nie zamknął się w granicach płytkiego formalizmu estetycznego, przekonanie bowiem o znaczeniu wrażliwości twórczej artysty na przejawy życia zbiorowego sprawiło, iż napisał on wspaniałe książki o Juliuszu Kossaku i Janie Matejce, przy czym głęboko i wnikliwie przedstawił istotne przyczyny popularności dzieł swego przyjaciela, Sienkiewicza, a więc autora powieści historycznych.

Przeciwnik łatwego i taniego utylitaryzmu, wyrażającego się w kulcie szablonów, szukał korzeni sztuki w życiu zbiorowym i — krocząc bezwiednie śladami Norwida — odnajdował je tam, gdzie wyrastała ona z potrzeb codziennych: w jej charakterze ludowym. On tedy wraz z dwoma warszawiakami-lekarzami — odkrywcą Zakopanego Tytusem Chałubińskim oraz Władysławem Matlakowskim, który obok medycyny uprawiał szekspirologię, propagował styl podhalański, jako wyjątkowo cenną postać sztuki polskiej, rodzimą i ludową. W świetnej opowieści *Na przełęczy* (1891) sławił tedy skrzypka

Sabałę jako nowoczesnego Homera góralszczyzny, choć rolę tę miał spełnić nie słynny facecjonista zakopiański, lecz literat, wielki tego bajarza wielbiciel, Kazimierz Tetmajer. Propaganda sztuki ludowej wyrastała u Witkiewicza z przekonania, iż „sztuka jest czynem, nie kontemplacją", i przekonanie to umiał on narzucić swym czytelnikom. Zarówno dlatego, iż wyrastało ono z tradycji romantycznej, jak dlatego, że było zgodne z tokiem życia zbiorowego, jak wreszcie dlatego, że autor *Na przełęczy* był tęgim pisarzem i niepoślednim myślicielem, trafnie dostrzegającym charakter sztuki jako zjawiska społecznego.

Literacka produkcja naturalistów polskich nie sięgała jednak wyżyn myśli „mędrca Zmierzchoświta", jak nazwał Witkiewicza w powieści *Nietota* Tadeusz Miciński. Realizowała ona jedynie pewien odcinek jego ideologii, dotyczący ludowości, zresztą w sposób oparty na praktyce czołowych pozytywistów, Orzeszkowej, Prusa czy Sienkiewicza, nazwiska te bowiem przypominają się raz po raz przy lekturze powieści i nowel przedstawicieli naszego naturalizmu.

Za najwybitniejszego wśród nich poczytuje się A d o l f a D y g a s i ń s k i e g o (1839 - 1902), pedagoga i księgarza, który późno, bo dopiero po czterdziestce odkrył w sobie talent literacki. Mimo to zdążył on ogłosić pół setki tomów obejmujących nowele, powieści i długie nowele. Z rzeczy tych, o bardzo nierównym poziomie artystycznym, niektóre, niestety nienajlepsze, cieszyły się znaczną poczytnością. W dorobku jego zaś na plan pierwszy wysuwają się *Nowele* (1884 - 1886), *Z siół, pól i lasów* (1887), *Z ogniw życia* (1886) i in. o jednolitej na ogół tematyce i jednolitej ideologii. Pisarz ten mianowicie, oczytany w literaturze naukowej i filozoficznej epoki pozytywizmu, tłumacz i popularyzator myślicieli angielskich i francuskich, znalazł wśród nich dwu przewodników, którzy zaważyli na jego twórczości bardzo znacznie. Jednym z nich był Darwin ze swą koncepcją walki o byt jako podstawowego czynnika życia, przy czym pisarz polski koncepcję tę demonstrował na życiu zwierząt i, co ważniejsze, na życiu ludzi. Już tedy w jednej z najwcześniejszych nowel ukazywał „Niezdarę", chłopa, który ulega w walce z otaczającymi go, a wrogimi mu siłami przyrody. Motyw ten przewija się również w nowelach dalszych, gdzie o losach jednostek rozstrzygają podstawowe instynkty życia, w szczególności głód i popęd płciowy; są one równie znamienne dla „duszy zwierzęcia w kształtach anioła", a więc kobiety ze sfer kulturalnych, jak dla pierwotnego chłopa, dbałego o rozmnożenie potomstwa.

Wśród nowel tych za najlepsze poczytywano opowiadania o zwierzętach domowych i dzikich, dzięki dokładnej obserwacji i wyraźnej sympatii dla stworzeń obserwowanych należące niekiedy do utwo-

8. Inwazja naturalizmu

rów o poziomie wybitnie artystycznym, ale obrazki te, poza niewielu wyjątkami, grzeszą jednym wspólnym niedomaganiem — stosują naiwny i niezgrabny antropomorfizm, raz po raz rażą akcentami fałszywymi. Jaskrawym tego przykładem może być opowiadanie o młodym wróblu, gdy „poczuł w sobie takie ognie miłości, to jest potrzebę odrodzenia (!) gatunku. Co prawda, dobrał on sobie nieszczególną towarzyszkę, awanturnicę jakąś, z którą po całej wsi odbywał podróż. Któż wie, dlaczego ta wróblica tak go wodziła! Może to był żeński kaprys, a może wyrachowanie. Rozwódką była, a takie miewają dziwaczne zachcenia". I tak dalej trybem kalendarzowej humorystyki nowelista opowiada o wróbliczce, jak to „ona się zdawała prawić mu androny o miłości platonicznej". W rezultacie zaś obrazek zmienia się w androny artystyczne.

Nie zawsze też Dygasiński potrafi robić właściwy użytek ze swej solidnej wiedzy psychologiczno-biologicznej. Zamiast więc obrazów narzucających się wyobraźni czytelnika wprowadza martwe opisy utrzymane w tonie pedantycznych czytanek szkolnych, przypominających raczej tablice poglądowe dla uczniów aniżeli żywe zjawiska przyrody. Przemawia w nich nie pisarz, lecz pedagog, i to pedagog niewysokiej klasy, co zresztą nie dziwi, gdy się pamięta, iż Dygasiński uprawiał również dziedzinę moralnych „powiastek dla ludu", jak *W Swojczy*, gdzie dał żywot poczciwego kmiotka ku zbudowaniu maluczkich. Słowem, wiedza przyrodnicza i nastawienie pedagogiczne nie zawsze były szczęśliwymi inspiratorkami nowelisty.

Przewodnikiem pisarza drugim obok Darwina był Zola, któremu towarzyszyli producenci francuskiego romansu brukowego. Ich wzory i wpływy zaważyły na twórczości powieściowej Dygasińskiego, na dziełach takich, jak *Gorzałka* (1894) lub wcześniejszy *Pan Jędrzej Piszczalski* (1890), o których sam autor mówił, że „całe zdarzenie przedstawia się jakby wyjęte z romansu", istotnie bowiem i postaci literackie, i charakter wątków trącą efektami kryminalnymi.

Równocześnie jednak „materialista znad Nidy" zdobywał się na utwory, przeważnie drobne, w których jego talent doskonałego obserwatora w zetknięciu z ukochaną przezeń krainą, jaśniał pełnym blaskiem. Tak było w opowiadaniach z życia dzieci i młodzieży, tak w nowelach wiejskich. Z puścizny pisarskiej Dygasińskiego, obejmującej samych nowel niemal półtorej setki, wybrać można kilkanaście utworów wręcz znakomitych, bogatych w obrazy przyrody, w doskonałe sylwetki ludzkie, pełnych liryzmu i nawet, o dziwo, humoru, a więc jakości estetycznej, która bardzo rzadko pojawiała się w dziełach autora *Pana Jędrzeja Piszczalskiego*. Na czoło tej grupy wysuwają się dwa utwory stojące na pograniczu noweli i powieści, *Beldonek* i *Zając*. Powieść o Beldonku (1888), chłopaku wiejskim, obdarzonym talentem artystycznym, należy do ogromnej galerii opowiadań rozpoczętej *Historią kółka w płocie* Kraszewskiego, a chlubiącej się pozycjami takimi, jak *Janko muzykant* i *Antek*. Dygasiński dzieje młodocianego rysownika wiejskiego rzucił na tło krajoznawcze, wyprawił więc Beldonka w drogę do Częstochowy i dodał mu za towarzysza dziada Florka, wytrawnego włóczęgę, by w rezultacie stworzyć dzieło we wspomnianej galerii najznakomitsze, szczytowe. Dodać trzeba, że na wartości własnego dzieła nie poznał się sam Dygasiński; wrócił on później do dawnego pomysłu i w *Żywocie Beldonka* spreparował budującą powiastkę dla analfabetów wiejskich, ukazując w niej niedołężnego ideologa, wcielenie przeróżnych papierowych doskonałości.

Dzieło drugie, *Zając* (1900), stanowi koronę nowel o życiu zwierząt leśno-domowych. Dzieje wychowanego przez ludzi bezuchego zająca, prześladowanego przez lisa Kitę, splatają się tutaj w doskonałą całość ze sprawami ludzkimi, z historią dwu braci, z których jeden, za głupca uważany, jest strzelcem dworskim i opiekunem zwierzyny, drugi zaś zaciekłym jej tępicielem, kłusownikiem. Nauka i sztuka podały sobie na kartach *Zająca* rękę, by patronować dziełu literackiemu o niepospolitej wartości, osiągniętej przez harmonijne zespolenie pierwiastków bardzo różnorodnych, sprzęgniętych w jedność mądrym spojrzeniem na prawa życia.

W opinii jednak obiegowej, powtarzanej w podręcznikach, nie omówione tu dzieła stanowią o znaczeniu Dygasińskiego, „autora *Godów życia*", lecz właśnie utwór pod tym tytułem, uznawany za „wspaniały poemat prozą", zamykający długi łańcuch dzieł płodnego pisarza, wydany bowiem w ostatnim roku jego życia (1902). Stary naturalista usiłował tutaj iść za nakazami ducha czasu, zalecającego symbol jako najdoskonalszy wyraz sztuki słowa, i wysnuł alegoryczną opowieść o zmaganiu się prapolskich bogów, Jasnego i Czarnego, zademonstrowanym na antagonizmie malutkiego mysikrólika i potężnego puchacza. Czytelnikom łaknącym nowości neoromantycznych alegoria przypadła do smaku, zwłaszcza że przemawiała gorącym umiłowaniem ziemi polskiej, że odzywały się w niej akcenty znane z *Pieśni o ziemi naszej* i *Starej baśni*. Nie *Gody życia* jednak stanowią o miejscu Adolfa Dygasińskiego w literaturze polskiej, lecz jego realistyczna nowelistyka o domieszce naturalistycznej, obejmująca przede wszystkim szkice, obrazki i obrazy z życia wsi polskiej.

Do uczniów Dygasińskiego z okresu, gdy jako nauczyciel prywatny edukował chłopców po dworach magnackich i ziemiańskich, należał W a c ł a w K a r c z e w s k i (1855 - 1911), w literaturze znany jako Marian Jasieńczyk. Typowy przedstawiciel inteligencji pochodzenia ziemiańskiego, szukający chleba w środowisku miejskim jako

8. Inwazja naturalizmu

dziennikarz warszawski, a później bibliotekarz w Rapperswilu, gdzie kolegował z Żeromskim, Karczewski debiutował dramatem społecznym *Lena* (1886), który przyniósł mu duże uznanie. Za właściwe jednak pole swej działalności uznał on powieść, do której preludiami były szkice *Drobiazgów garść* (1887), utrzymane w skali nowel wiejskich Dygasińskiego, odznaczające się jednak swoistymi akcentami lirycznymi, u mistrza nie spotykanymi. W dziesięć lat później ukazała się powieść Karczewskiego *W Wielgiem* (1898), przez krytykę nie doceniona, a należąca do szczytowych osiągnięć nie tylko autora, ale również owoczesnej prozy artystycznej. Czytelnikowi ówczesnemu mogła ona wydawać się tylko kopią *Chama* Orzeszkowej, wątek jej bowiem, małżeństwo statecznego gospodarza z latawicą dworską, w obydwu powieściach wygląda podobnie, co tłumaczy się po prostu faktem, iż analogiczne sytuacje powtarzają się w życiu. Czytelnik ten jednak nie dostrzegał, iż Karczewski powieść swą osadził istotnie w Wielgiem, na tle życia chłopskiego w Kielecczyźnie, i że życie to odmalował z precyzją realisty wysokiej klasy, i to realisty-folklorysty, rozmiłowanego w życiu wsi z jej dawnymi obyczajami i jej swoistą odrębnością, wyrażającą się również w języku barwnym i soczystym. W rezultacie u Karczewskiego poziom malowidła psychologicznego i obyczajowego jest wyższy i doskonalszy aniżeli w powieściach Dygasińskiego czy Sewera, autor niejako narzucił go pisarzom pokolenia następnego, przede wszystkim Reymontowi. Innymi słowy, *W Wielgiem* jest jedną z klasycznych powieści o życiu wsi polskiej stworzonych w okresie pozytywizmu.

Chłodne jej przyjęcie przez krytykę oraz wymagania, które wybredny pisarz stawiał sam sobie, sprawiły, iż Karczewski-Jasieńczyk zamilkł na długo, by dopiero w r. 1910 dać powieść autobiograficzną o *Mieczku Wieliskim* pisaną rytmizowaną prozą, a więc rodzaj poematu epickiego. Powieść, drukowana w dzienniku lwowskim (w „Słowie Polskim"), nie doczekała się wydania książkowego.

W toku wieloletniej kariery powieściopisarsko-publicystycznej nadarzyła się Dygasińskiemu okazja niezwykła i wyjątkowa, podróż do Ameryki Południowej. Około mianowicie r. 1890 wsią polską wstrząsnął mit o ziemi obiecanej, o krainie rajskiego dobrobytu, wywołujący masową emigrację ze wszystkich trzech dzielnic zaborczych. Czynniki miejscowe, zarówno państwowe jak społeczne, usiłowały zorientować się w sytuacji, prasa warszawska dla celów tych wybrała dwu pisarzy, Dygasińskiego i Gruszeckiego. Oczekiwano od nich tego, co dzisiaj nazywamy reportażami, i tego, co dawała nowela Sienkiewicza *Za chlebem*, tj. ujęć beletrystycznych.

Wycieczka zakończyła się i powieściami, i gwałtowną polemiką obydwu reporterów, spostrzeżenia ich bowiem były bardzo różne choć jednakowo powierzchowne. W wypadku Artura Gruszeckiego (1853 - 1929) nie mogło to dziwić, wieloletnia bowiem i bardzo obfita jego twórczość powieściowa dowodzi, że był on obserwatorem życia zbiorowego bardzo płytkim, że chwytał jedynie zjawiska w pewnym stopniu sensacyjne, mogące budzić chwilowe zainteresowanie, nie dostrzegał natomiast czynników socjologicznych i psychologicznych, które je wywoływały. W rezultacie więc powieści jego stanowią coś w rodzaju zbeletryzowanej kroniki publicystycznej spraw najrozmaitszych, występujących w życiu polskim lat 1890 - 1920. Należą tu próby uprzemysłowienia wielkiej własności (*Tuzy* 1893), rozwój przemysłu węglowego (*Krety* 1897), cynkowego (*Hutnik* 1898), naftowego (*Dla miliona* 1900), początki życia politycznego na wsi i powstanie Stronnictwa Ludowego w Galicji (*Większością* 1902), polityka rządu pruskiego wobec ludności polskiej na Śląsku (*Pruski huzar* 1904) czy na Pomorzu (*Tam, gdzie się Wisła kończy*) i wiele innych. Wszystkie one mają charakter dokumentarno-reporterski, wszystkie też wprowadzają mnóstwo rysów obyczajowych, znamiennych dla kultury społeczeństwa na przełomie dwu stuleci. Ponieważ zaś ukazywały się stale w odcinkach dzienników, dostarczały przez długie lata strawy dla szerokich mas czytelniczych, strawy lekkiej i zajmującej, nie wymagającej wysiłku intelektualnego, a przecież jakoś informującej o zjawiskach i zagadnieniach aktualnych, omawianych przez prasę ówczesną. I z tego tytułu ich autor-kronikarz ma prawo do pamięci na kartach historii literatury.

Naturalizm, zaszczepiony przez współpracowników „Wędrowca", zdobywał sobie coraz więcej adeptów, zwłaszcza wśród pisarzy młodych, którzy zresztą zazwyczaj prędzej czy później przechodzili na nowe i bardziej modne pozycje literackie, i chronologicznie — jeśli wzgląd ten może wchodzić tutaj w rachubę, należą do okresu neoromantyzmu. Wyjątek stanowi tutaj Gabriela Zapolska (1857 - - 1921), i to z dwu względów. Po pierwsze tedy, jej debiut literacki sprawił, iż naturalizm wkroczył na salę sądową, autorka bowiem *Akwarel* (1885), obrażona za recenzję na redaktora „Głosu", Popławskiego, wytoczyła mu sprawę. Po wtóre, poza dwiema czy trzema próbami odejścia od naturalizmu, dochowała mu wierności w powieści, noweli i dramacie do końca swej kariery, tak że twórczość jej, podobnie jak Dygasińskiego, najbogaciej reprezentuje polski dorobek naturalistyczny. Gdy jednak autor *Zająca* miał pewien system poglądów filozoficznych i pewne stałe umiłowania (życia zwierząt, świata dzieci, przyrody), Zapolska miała tylko temperament zawiedzionej i rozgoryczonej kobiety i na nim opierała swój stosunek do świata i ludzi. Nikła i prymitywna kultura umysłowa, zdobyta przez lekturę powieści brukowych, i znajomość teatralnego repertuaru naturali-

8. Inwazja naturalizmu

stycznego, z którym zetknęła się bezpośrednio, próbując bez powodzenia kariery scenicznej w głośnym „Teatrze wolnym" Antoine'a w Paryżu, nie mogły łagodzić namiętności natury gwałtownej, reagującej na zawody życiowe nienawiścią, do której Zapolska otwarcie się przyznawała. Łatwość pióra umożliwiała jej produkowanie ogromnych tomów, pisanych byle jak, byle prędzej, a od objętości ich zależały honoraria. Zapolska wydała dużo powieści, które sensacyjną tematyką i jaskrawością ujęcia wywoływały rozgłos, choć z biegiem czasu ulegały zapomnieniu, tak że dzisiaj zaledwie jakieś dwie, trzy z nich są jako tako czytelne. Rozgłos ów zdobyły autorce m. in. powieści *Kaśka Kariatyda* (1888) czy *Przedpiekle* (1889), pierwsza — o doli służącej-popychadła, stworzenia prymitywnego, wyrzuconego ze wsi na bruk miasta, ofiary wszelkiego rodzaju wyzyskiwaczy, druga — o koszmarnym pensjonacie dla panien, siedlisku mieszczańskiej obłudy w jej przerozmaitych odmianach. Już tutaj w całej pełni wystąpiła demaskatorska pasja Zapolskiej, dzięki czemu próbowano w wystąpieniach jej dopatrywać się walki z obłudną kulturą burżuazyjną, choć trudno odpowiedzieć, w imię czego autorka walkę tę podjęła i co wywalczyć zamierzała. Z powieści późniejszych dwie tylko mogą przemówić do czytelnika dzisiejszego, i to swą stroną historyczną. *Zaszumi las* (1899) jest rozległym malowidłem życia rewolucyjnej kolonii polskiej na bruku paryskim w okresie, gdy w światku tym poczęły nurtować radykalne hasła socjalistyczne. Powieść, ukazująca namiętne spory i kłótnie zajadłych społeczników, przeważnie studentów i artystów, jest typowym „roman à clef", kroniką prawiącą o osobistościach znanych, których portrety i sylwetki opatrzyć by można autentycznymi nazwiskami, i na tym też polega jej znaczenie. *Sezonowa miłość* (1905) znowuż jest pierwszym wśród powieści polskich obrazem owoczesnej „sezonowej stolicy", tj. Zakopanego, tak jak wyglądało ono w początkach obecnego stulecia. Równocześnie dzięki plastycznemu wizerunkowi załganej mieszczki warszawskiej, a więc ulubionemu motywowi Zapolskiej, opracowywanemu przez nią wielokrotnie, jest *Sezonowa miłość* powieścią dla autorki typową i reprezentatywną, demonstrującą jej metody pisarskie i osiągane nimi wyniki artystyczne.

Doświadczenia paryskie, związane z próbą zrobienia kariery scenicznej, zakończyły się dla Zapolskiej fiaskiem jako dla aktorki, miały jednak ogromne znaczenie jako dla debiutantki literackiej, obudziły w niej bowiem autorkę dramatyczną i przyniosły jej niebywałe sukcesy. Największe z tych sukcesów wyrosły zresztą z nieporozumienia, Zapolska bowiem, po przeróbkach na scenę własnych dzieł powieściowych, rzuciła się na pole lichego melodramatu o pozorach głębi społecznej czy politycznej. Laury przyniosły jej sztuki z życia getta (*Małka Szwarcenkopf* 1897 i *Jojne Firułkes* 1898), oparte na motywach spopularyzowanych przez Orzeszkową i Sewera, a więc ukazujące walkę jednostek wybranych z ciemnym, sfanatyzowanym motłochem. Sztuki te jednak były tak papierowo naiwne, iż przeżyły się bardzo szybko. Podobny los spotkał ogłaszane pod pseudonimem Józefa Maskoffa melodramaty o prześladowaniu przez policję i żandarmerię rosyjską Polaków więzionych w Cytadeli warszawskiej, na etapach i w „tiurmach" Sybiru (*Tamten* 1898, *Sybir* 1900 i in.). Wystawiane w Krakowie i Lwowie, utwory te ściągały widzów, zwłaszcza przyjezdnych z Kongresówki, przy czym plotka teatralna głosiła, iż Kraków odwiedzali oficerowie z „ochrany" warszawskiej, by zobaczyć, jak wygląda żandarm carski na scenie polskiej; i one także rychło wyblakły. Z mnóstwa zaś sztuk obyczajowych, należących do stałego repertuaru w ciągu jakichś lat dwudziestu — podobnie jak w wypadku powieści — niewiele wykazało trwałą wartość i żywotność. Należy do nich przede wszystkim *Moralność pani Dulskiej* (1907), przez autorkę określona nie podtytułem zwyczajnym „sztuka", lecz „tragifarsa kołtuńska". Komedia, która z miejsca stała się wydarzeniem teatralnym, przez reżyserów i aktorów, a zresztą i widzów, pojmowana wyłącznie jako farsa, była pełnym furii atakiem na mieszczańskie, burżuazyjne w najgorszym znaczeniu tego wyrazu, kołtuńskie „ognisko domowe", przy czym atak całej furii nie wyczerpał, autorka bowiem do spraw monstrualnej mieszczki lwowskiej powracała jeszcze w noweli i dramacie. W tragifarsie zaś ukazała w pełnym świetle lampy naftowej, nieco zresztą dymiącej, nigdy nie wietrzone wnętrze, zajmowane przez rodzinę Dulskich, rządzoną przez megierę, panią domu. Wśród pobożnie załganej atmosfery króluje tu nie domyta mieszczka, wyznawczyni podwójnej moralności, niechlujna duchowo, tyranka domowego otoczenia i mistrzyni obłudy, w tej postaci rzadko spotykanej nawet w jej brudnym światku. Prymitywna, ale bardzo wyrazista i bardzo prawdziwa psychologia decyduje o wartości artystycznej pani Dulskiej, która niby zmora przewija się przez całą niemal twórczość Zapolskiej. Nienawiść jako czynnik twórczy w tym wypadku oddała autorce istotną przysługę, pełna pasji analiza obłudnej cnotliwości kołtuńskiej stała się źródłem życia kreacji artystycznej.

Martwota artystyczna dzieł Zapolskiej nie może jednak przesłaniać ich doniosłości dokumentarnej, są one bowiem, a dotyczy to całej puścizny naturalistów polskich, wynikiem starannej na ogół obserwacji życia, jego przejawów zarówno doniosłych, jak mało istotnych. Nawet więc utwory pisane pośpiesznie i dla zarobku mają tu wartość starych fotografii, utrwalających szczegóły znane tylko z owoczesnej prasy, tutaj zaś wyłowione i jakoś uwydatnione. Wskutek tego puścizna pisarska naturalistów polskich, nawet tam, gdzie historyk literatury pomija ją milczeniem, interesuje nieraz historyka kultury czy socjologa literatury, dostarcza im bowiem wiadomości o faktach, jakie dzisiaj zdobywa się drogą ankiet.

9. KOMEDIA OBYCZAJOWA

Rozwój dramaturgii w czasach pozytywizmu przebiegał dokładnie w dwu wyraźnie rozgraniczonych płaszczyznach. Tragedie więc wychodziły spod pióra epigonów romantycznych wpatrzonych w tradycję szekspirowską i — poza Felicjanem — nie wznoszących się nad poziom dobrego nieraz rzemiosła, które poczytywano za sztukę. Istotni zaś przedstawiciele pozytywizmu, podobnie jak ich antenaci z epoki Oświecenia, uprawiali wyłącznie niwę komedii. Jednym jedynym wyjątkiem był tutaj Adam Asnyk, który łamał obydwa zwyczaje, nie przestrzegał bowiem granicy między komedią i tragedią tworząc zaś tragedie odbiegał od zasad wyznawanych przez jego rówieśników — pozytywistów.

Przyczyny tych nawyków literackich wyjaśnia do pewnego stopnia okoliczność, iż komedie pisywali zazwyczaj powieściopisarze, którzy niejednokrotnie sami przerabiali na scenę własne nowele czy powieści, a podobnie zresztą postępowali z utworami powieściowymi pisarzy innych. Tak robił Zygmunt Sarnecki, gdy *Bene nati* Orzeszkowej udramatyzował jako *Harde dusze*, a podobnie ułożyły się sprawy *Szkiców węglem* Sienkiewicza. Obserwując tego rodzaju wypadki przypuścić można, iż nastawienie pisarzy-pozytywistów na zjawiska życia bieżącego i wprawa w ich ujmowaniu ułatwiały im przejście na pole komedii, poruszającej te same zagadnienia, i to w prozie, podczas gdy żywe tradycje poetyki klasycznej, uznawane w tym zakresie również przez romantyków, wymagały od tragedii tematyki historycznej i formy wierszowanej.

Galerię pisarzy, którzy doświadczenie powieściowe poczęli wyzyskiwać w komedii, otwiera w r. 1867 autor *Radców pana radcy*, M i c h a ł B a ł u c k i. Po udanym debiucie panował on na scenie lat niemal trzydzieści, zwycięsko opierając się konkurencji dzięki swoistemu tonowi jego sztuk, który podobał się aż do chwili, gdy dorosło nowe pokolenie, od dzieciństwa osłuchane z jego stałymi, a raczej stale odgrzewanymi pomysłami, i poczęło przeciw nim protestować. Ów ton autora *Grubych ryb* (1881) polegał na wprowadzeniu do komedii środowiska inteligencko-mieszczańskiego, ukazywanego z dobrą znajomością śmieszności i śmiesznostek natury ludzkiej, występujących w życiu codziennym, w zabiegach bohaterów o godności małomiasteczkowe, w polowaniu na męża i równie często na posady, w kłopotach z prowadzeniem „domu otwartego" podczas karnawału itp. Szkice komediowe, zaprawione rubasznym zazwyczaj humorem, obfitowały w powtarzające się sytuacje w rodzaju przemienianek i przebieranek, nieporozumień i zawikłań, kończących się nagrodą dla cnoty i karą dla grzechów i grzeszków. Bohaterami komicznych kawałów bywali ludzie o nazwiskach-etykietach, stosowanych w czasach Bohomolca i Zabłockiego, gdy oznaczano nimi „typy". Bałucki zwyczaj ten zachował, modernizując tylko postać nazwisk; są więc u niego: Dumska i Poczciwski, obok nich zaś Durnicki, Figurkowski, Fikalski, Flirtowski, Fujarkiewicz (naturalnie aptekarz, i to z Mościsk!), Kłopotkiewicz i wielu, wielu innych. Schematy te, ożywiane grą i „gierkami" popularnych komików, utrzymujących na scenie atmosferę farsy, dziś postarzały się (ich chwilowe bankructwo wywołało katastrofę, samobójczą śmierć Bałuckiego), ale nie straciły swej żywotności. Farsy Bałuckiego, odpowiednio wystylizowane, grane są do dziś, i to nie tylko na scenkach amatorskich wsi i miasteczek, ale także na scenach zawodowych.

Konkurentką prymitywnej, a nieraz nawet prostackiej sztuki Bałuckiego stała się komedia społeczna, przeniesiona na grunt polski z Francji, gdzie potomkowie Scribe'a, zwłaszcza Emil Augier, święcili tryumfy, ale nawiązująca poniekąd do tradycji rodzimej, do chętnie grywanego Korzeniowskiego. Wprowadził ją J ó z e f N a r z y m s k i (1839 - 1872), pisarz mający również zaprawę powieściową (*Ojczym* 1873) i przekonany, że zadaniem komedii jest nie tylko rozrywka nagradzana hucznym śmiechem, lecz reformowanie człowieka i społeczeństwa, wpajanie im „tez", zasad filozoficznych, uczących, jak żyć i postępować. Program ten przyświecał mu w *Epidemii* (1871) i *Pozytywnych* (1872), komediach wymierzonych przeciwko zjawisku spekulacji w jej najrozmaitszych postaciach. *Epidemia* tedy to gorączka giełdowa rujnująca naiwnych, a stwarzająca doskonałe warunki wzbogacenia się dla wszelkiego rodzaju oszustów i szubrawców. Komedia ta, pełna niewiarogodnych powikłań, ukazywanych w gwałtownym ruchu, wymierzona była również przeciwko złotej młodzieży, lampartującej się na bruku krakowskim i wiedeńskim. Akcenty te przeszły do *Pozytywnych,* który to tytuł znaczył potępionych już przez powieść Korzeniowskiego spekulantów posagowych. Narzymski ukazał całą ich galerię, m. in. lichego dziennikarza, sprzedającego się w „walce o byt", i bezwiednie nawiązując do gestu satyryka Jurkowskiego z w. XVII energicznie wyświecał ich z życia polskiego. Gorycz uczestnika powstania i radykała, zdecydowanie wrogiego arystokracji, dyktowała mu słowa: „My ludzi potrzebujemy, a nie bydląt" oraz „Myśmy padli jak orły lecące zbyt wy-

Henryk Sienkiewicz ok. r. 1880, fot.

Autograf *Quo vadis*

9. Komedia obyczajowa

soko, wy zgnijecie jak gady w błoto wdeptane". Określały one wymownie postawę pisarza, a zarazem jej odległość od postawy Bałuckiego, który zresztą również brał udział w powstaniu.

Zadania nowej komedii w nieco inny sposób rozumiał i realizował starszy wiekiem od Narzymskiego i bogatszy doświadczeniem J ó z e f B l i z i ń s k i (1827 - 1893). Z zawodu ziemianin, chodzący dzierżawami na Kujawach i na Podkarpaciu, gdzie biedę klepał w Bóbrce pod Leskiem, w okolicy sławionej przez Pola i Kaczkowskiego, był Bliziński amatorem nauki, którą uprawiał po swojemu, pisując artykuły krajoznawcze i folklorystyczne, oraz humorystą, autorem komicznych obrazków, przeznaczonych dla prasy, tłumaczem wreszcie brukowych romansów francuskich, na których kształtował swą domorosłą kulturę literacką. Wdrożony pracami tymi w zasady dokładnej obserwacji życia codziennego, wyniki jej utrwalił w komediach ukazujących niemal wyłącznie wieś polską — a raczej dwór czy dworek wiejski, od siedziby magnackiej po dorobkiewiczowską — pozbawioną jednak uroku „wsi spokojnej, wsi wesołej"; Bliziński bowiem z przykrej praktyki codziennej znał doskonale konsekwencje przeobrażeń ekonomicznych, dotkliwych dla kieszeni szlacheckiej równie dobrze w Królestwie, jak w Galicji. Pisząc powoli i z namysłem, nie kwapiąc się z wystawieniem swoich dzieł, bardzo nierównych, obejmujących komedie i słabe, i znakomite, w sposób osobliwy łączył nowości, do których sam dochodził, z nawykami odziedziczonymi po poprzednikach, tradycyjnymi.

Humorystyce więc krajowej, którą sam uprawiał, oraz powieściom obyczajowym, pisywanym przez Korzeniowskiego i jego małych naśladowców, zawdzięczał pomysły do swych jednoaktówek, opartych na motywach anegdotycznych, ale i tutaj zdobywał się na akcenty własne. Tak więc w *Marcowym kawalerze* (1873) wprowadził stosuneczki między „panem" a gospodynią-chłopką, ukazując je nie od strony melodramatycznej czy farsowej, lecz jako normalną sytuację życiową, odnoszącą tryumf nad konwenansem klasowym i konwenansem literackim. Podobnie w *Mężu od biedy* (1879), przeciwstawiając biednemu „ekonominie" jego pretensjonalną połowicę, „obywatelską córkę" i miłośniczkę romansów kryminalnych, w krótkim dialogu obnażał brutalną prawdę życia, ale posunięciu temu dodawał swoisty wtór, zaprawione łezką przekonanie o stałości stosunków międzyludzkich i uczciwości wierzącego w nią człowieka. Taka postawa pozwala mu wyciągać optymistyczne wnioski z sytuacji zgoła niewesołych i nie dopuszczać do klęski spraw, które uważał za słuszne.

Rozwiązania komediowe wypadały tu zazwyczaj naiwnie i mechanicznie, szczęśliwy traf, zwłaszcza spadek, umożliwiał wyjście z konfliktów i krzyżował plany postaci mierzących wartość człowieka wyłącznie i jedynie wysokością posiadanego przezeń kapitału. Te staroświeckie pomysły występują we wszystkich większych komediach Blizińskiego (*Przezorna mama* 1871, *Pan Damazy* 1877, *Rozbitki* 1881). Wszędzie tu ten sam schemat: miłość młodzieńca i panny datująca się od dzieciństwa; poparcie ojca — safanduły; przeszkody ze strony matki, żądnej majątku, którego młodzieniec nie ma; otrzymany przezeń spadek zmienia radykalnie sytuację; obłudna matka panny zaprzecza wszystkiemu, co dotąd mówiła, przeszkody zwala na potulnego męża i młoda para wkracza „na ślubny kobierzec". Schematyczny wątek nigdzie jednak nie wyradza się w szablon; ręka komediopisarza urozmaica go stale nowymi pomysłami sytuacyjnymi i nowymi charakterami ludzkimi. Nawet typ herod-baby (sędzina, łowiąca „u wód" bogatego zięcia, polująca na majątek wdowa, czy rajfurka ochmistrzyni) występuje w trzech zindywidualizowanych odmianach, które nie są kopiami tego samego modelu, lecz trzema znakomitymi portretami. Do odrębności ich przyczynia się wydatnie różnica środowisk komediowych, przedstawianych metodami owoczesnej powieści obyczajowej. I to powieści statycznej, pisarz bowiem — poza komedią *Rozbitki*, którą przeładował mnóstwem motywów wybitnie dynamicznych — główny nacisk kładł nie na powikłaną intrygę, lecz na rysunek środowiska i plastykę charakterów. Podobnie więc jak w *Ślubach panieńskich* Fredry, tworzył intrygę niesłychanie wiotką. Wystarcza drobnego nieporozumienia, by plany akcji powstawały lub padały. W *Przezornej mamie* uwaga sędziego, że jest zrujnowany, wystarcza, by jeden z kandydatów do ręki jego córki odpadł, w *Panu Damazym* dość jest, by uwierzył on w pogłoskę o śmierci bez testamentu brata, a powstaje cała seria zabawnych powikłań i konfliktów. Mimo to mistrzowskie posługiwanie się dialogiem, ruchliwość scen krótszych i dłuższych i znakomita charakterystyka postaci komediowych wywołują złudzenie, iż losy ich naprawdę się przed oczyma widza rozgrywają, iż w nikłych wydarzeniach występuje realne życie. Dzięki tej metodzie za jedno ze szczytowych osiągnięć Blizińskiego uchodzi *Pan Damazy*, komedia o dobrodusznym i dobrotliwym papie, wcieleniu cnót sarmackich, który z chwilą, gdy przypadek sprawił, że chytra bratowa nie wystrychnęła go na dudka, z Salomonową powagą i rzetelnością rozstrzyga wszelkie skomplikowane sprawy życiowe.

Inne, niewątpliwie bardziej rzeczowe względy przemawiają za *Rozbitkami* jako najwybitniejszym dziełem w dorobku ich autora. Już mianowicie jego wczesne komedyjki wywoływały wątpliwości u krytyków, czy ich pogodne finały nie są sprzeczne z charakterami ich bohaterów. Wątpliwości te, nienajtrafniej formułowane; bo wyrażające obawy o dalsze losy fikcyjnych postaci literackich, bezwiednie uwypuklały odrębność Blizińskiego od tradycji komediowej, polegającą na tym, że tworzył on dzieła bliskie temu, co pokolenie jego następców nazywać będzie „sztukami", że w sytuacjach jego wesołych utworów dosłuchać się można było spraw o wydźwięku niemal tragicznym. Odrębność tę dostrzec można nadto w jego obiektywizmie, z jakim — unikając akcentów satyrycznych i łatwego moralizatorstwa — portretował i szkicował osobniki zarówno dodatnio, jak ujemnie. A właśnie te znamienne cechy jego postawy zarysowały się bardzo wyraźnie w *Rozbitkach*, sztuce zadziwiająco spokojnej, choć pełnej ukrytej pasji przeciwko „jaśnie wielmożnym". „Hołota, świecące próchno" — tak środowisko arystokratyczne charakteryzuje w rozmowie z jego najczarniejszym okazem, „starym łobuzem", zrujnowanym cynikiem-birbantem, dorobkiewicz-spadkobierca. Istotnie, tak plastycznej galerii figur znikczemniałej arystokracji, portretowanych z tak brutalną wyrazistością, iż w odpowiedniej interpretacji aktorskiej postać pozornie drugoplanowa, ów „stary łobuz", hrabia Kotwicz Dahlberg Czarnoskalski, wywiera wrażenie niemal demoniczne, długo szukać by trzeba w najjaskrawszych powieściach Kraszewskiego, wymierzonych przeciw klasie określanej przezeń mianem „morituri". A przecież tworząc swą przedziwną mieszaninę cynizmu i obłudy, Bliziński zachowuje niewzruszony spokój obserwatora, unika komentarzy, poprzestając na tym, co dzisiaj nazywamy obiektywną wymową dzieła, wymową wyraźnie jednoznaczną. Rozległość malowidła obyczajowego, precyzja w ujęciu ukrytych czynników, które decydują o przebiegu akcji, plastyka charakterystycznych postaci ludzkich, jednakowo bezlitosna w wypadku nuworyszów, jak „rozbitków" ginącego ustroju, zamaskowany pesymizm w spojrzeniu na dawne formy życia, reprezentowane przez pokolenie starsze, spokojny wreszcie optymizm wobec poczynań pokolenia młodszego — wszystko to sprawia, że komedię o Czarnoskalskich cechuje artyzm, jakiego nie udało się osiągnąć pisarzowi w sztuce o światku, w którym obracał się Pan Damazy Żegota.

W trzydziestoletnim dorobku Blizińskiego, łączącym dawne koncepty w guście Fredry z pomysłami, które dopiero w pokoleniu następnym dojdą do głosu, komedia pozytywistyczna osiągnęła szczyty nieosiągalne dla rówieśników autora *Rozbitków*, a równocześnie doszła do granic, na których zatrzymała się tradycja, zainicjowana w okresie romantyzmu przez autora *Żydów*, Józefa Korzeniowskiego.

Znaczenie Blizińskiego uchwycić najłatwiej, zestawiając z nim owych rówieśników, autorów dzieł niegdyś bardzo popularnych, które dzisiaj są tylko martwymi pozycjami bibliograficznymi. Popularność najpłodniejszego z nich, K a z i m i e r z a   Z a l e w s k i e g o

(1849 - 1919), głośnego komediopisarza warszawskiego, trafnie tłumaczył w czterdziestolecie jego działalności wybitny krytyk teatralny Jan Lorentowicz, gdy złośliwie pisał, iż prace jubilata „miały żywot hałaśliwy, z sześciu powodów: 1. poruszały tematy dość sensacyjne, które traktowały z dziennikarską powierzchownością; 2. otaczane bywały zazwyczaj legendą, iż fotografowały postacie prawdziwe, znane na bruku warszawskim; 3. posiadały dowcip gładki, choć nie wytworny; 4. zbudowane bywały bardzo zręcznie; 5. nie pobudzały nigdy do myślenia; 6. stanowiły względną nowość jako okaz polskiej komedii mieszczańskiej".

Mieszczańskość ta, stale pojawiająca się u Zalewskiego w nieco późniejszej fazie jego twórczości, w latach 1880 - 1890, polegała na ukazywaniu salonów bogatej finansjery warszawskiej, w których posiadacze kapitałów, ludzie pochodzenia żydowskiego lub niemieckiego, polowali na zięciów, młodych i niemłodych utracjuszów, gołych, lecz utytułowanych (*Górą nasi, Friebe, Nasi zięciowie, Małżeństwo Apfel* i in.). Teza, iż „małżeństwo stało się głównie operacją finansową" (np. w komediach o wymownych tytułach *Bez posagu* i *Dla rubla*), że młodzi ludzie „nikczemnie" zaprzedają się starszym od siebie „damom z towarzystwa", wiodła do analizowania „mętów naszej cuchnącej atmosfery". Analiza ta przypominała raczej działalność nie najlepiej urządzonego laboratorium, gdzie te same czynności powtarza się bez końca, aniżeli pracę twórczą pisarza badającego zjawiska życia zbiorowego. Nawrotność pomysłów komediowych i lubowanie się w nich, maskowane sztucznie brzmiącymi morałami, nieumiejętność tworzenia żywych postaci ludzkich, prymitywizm psychologiczny, papierowodziennikarski język, lubujący się w określeniach, jak „zakrystia świątyni hymena", czyli salon modnej swatki, którą nieokrzesany przybysz z prowincji po prostu rajfurką nazywa — wszystko to sprawiło, iż mimo umiejętnej reklamy Zalewski z biegiem czasu począł tracić grunt pod nogami i teatry „Warszawki" zamknęły się przed nim bezpowrotnie.

Jego zaś satelici, dostawcy repertuaru dla wszystkich scen polskich — warszawskiej, krakowskiej, lwowskiej, poznańskiej, lubelskiej — produkowali towary sceniczne tak sobie bliskie, że gdyby nie różne nazwiska na afiszach i kartach tytułowych, sporo komedyj pozytywistycznych poczytać by można za płody tego samego, lubiącego powtarzać się pióra. Spekulacje giełdowe, polowania nie tyle na tradycyjne spadki, co na pola naftowe, zabiegi wzbogaconych bankierów o rączki zrujnowanych panien z towarzystwa, próby dorobkiewiczów, by dziewicze swe latorośle wydawać za potomków zrujnowanych rodów szlacheckich lub za szlachetnych pionierów pracy pozytywnej, zdobiących swe nazwiska tytułami doktorów lub inżynierów — oto typowa problematyka komediowa, zmanierowana i niesamodzielna, nie stroniąca zresztą i od motywów starych, jak tradycyjny spadek, zastępowany niekiedy pomysłem zmodernizowanym, pojawieniem się wujaszka z Ameryki, rzucającego na szalę paczki dolarów lub czeki bankowe.

Wśród tych szablonów, świadczących, iż w komedii zapanowała wszechwładnie rzemieślnicza maniera, jedynie wprawne oko dostrzec potrafi nikły wkład indywidualny, związany z tym czy owym nazwiskiem. Tak więc Z y g m u n t S a r n e c k i (1837 - 1922), nowelista i komediopisarz, którego biografia dostarczyć by mogła materiału do typowej komedii o karierze złotego młodzieńca, po przehulaniu dużego majątku szukającego ratunku w pracy literackiej, miał i dobrą znajomość literatury francuskiej, i pewien polot, dzięki czemu jego komedia *Febris aurea* korzystnie odbija od innych komedii prawiących o gorączce złota. E d w a r d L u b o w s k i (1837 - 1923), zadomowiony w Warszawie krakowianin, typ pedantycznego rzemieślnika literackiego, jaskrawymi efektami (np. w *Bawidełku* 1892) torował drogę sztukom naturalistycznym. Syn autora *Zemsty* wreszcie, J a n A l e k s a n d e r F r e d r o (1829 - 1891), autor fars jednoaktowych, chętnie grywanych na scenach amatorskich, niejednokrotnie nacechowanych prawdziwym dowcipem, próbował sił również w komedii społecznej. Jeden z jej okazów, *Obce żywioły* (1873), o problematyce bardzo rozległej, bo traktującej o ówczesnym komunizmie, bezrobociu, sytuacji ekonomicznej ziemiaństwa galicyjskiego, nieudolnie podejmującego prace samorządowe, o szkodliwym wreszcie wpływie przybyszów na stosunki miejscowe, upamiętnił się tym, że wywołał obronę owych przybyszów w powieści Jana Lama *Głowy do pozłoty*.

Zapotrzebowania repertuarowe, wysuwane zarówno przez teatry miejskie stałe, jak przez ogródkowe, grywające latem głównie w Warszawie, jak następnie przez teatry wędrowne, których przygodami poczyna interesować się powieść (Sewera *U progu sztuki*, Reymonta *Komediantka* i *Lili, Żałosna idylla*), a wreszcie przez teatrzyki amatorskie, sprawiają, iż w okresie pozytywizmu rodzi się komedyjka popularna. Pomysły swe czerpie ona chętnie z życia chłopskiego i małomiasteczkowego, nawiązuje do tradycji starego wodewilu, a towarzyszy jej farsa. Autorami tego rzędu utworów bywali niejednokrotnie zawodowi aktorzy, doskonale zorientowani w tajnikach rzemiosła literackiego i w gustach mało wybrednej publiczności. Do grona ich należeli dyrektorzy teatru lwowskiego, S t a n i s ł a w D o b r z a ń s k i, autor farsy *Żołnierz królowej Madagaskaru* (*Komedie* 1886) i jego następca, Z y g m u n t P r z y b y lski, autor *Wicka i Wacka* (1888). W Warszawie dotrzymywali im kroku **Jan Galasiewicz** (*Czartowska ława* 1880), **Jan K. Gregorowicz** (*Werbel domowy* 1862) i przede wszystkim **Feliks Schober** (*Podróż po Warszawie* 1878), w Krakowie zaś **Władysław Ludwik Anczyc**, najpopularniejszy twórca repertuaru ludowego.

Dla dopełnienia całości warto dodać, że świat komedii nawiedzali okazyjnie również pisarze zasłużeni na innych polach pracy literackiej. Wymienić tu można Sienkiewicza i Asnyka, i to ze względów dość szczególnych. Powieściopisarz tedy przywiezioną z Ameryki sztukę *Na jedną kartę* posłał na konkurs i nagrody nie otrzymał. Asnyk znowuż praktyki konkursowe ośmieszył w sztuce *Komedia konkursowa* (1888), nawiązującej do porażki Bałuckiego. Oba te utwory dotyczą istnienia instytucji konkursów dramatycznych, będącej wyrazem troski społecznej o odświeżanie repertuaru teatralnego — co niekiedy istotnie się udawało — ale dającej żałosne rezultaty, na ogół bowiem nagrody konkursowe przyznawano utworom lichym, kosztem dzieł o niewątpliwej wartości literackiej. Z tym wszystkim konkursy dramatyczne wnosiły coś nowego w życie teatralne, na ogół dość zatęchłe i pozbawione inicjatywy. Ośrodek warszawski, największy i najbardziej prężny, paraliżowała polityka prezesów teatrów, emerytowanych generałów rosyjskich, mających czuwać nad „prawomyślnością" sceny. Kraków, gdzie zrozumienie potrzeb sztuki wykazywał przez wiele lat Stanisław Koźmian, był miastem zbyt biednym, by pozwolić sobie na rozmach. O innych i mówić nie warto. Teatr pozytywistyczny wykształcił jednak wielu znakomitych aktorów, „gwiazd scenicznych", które gasiły wprawdzie partnerów mniej szczęśliwych, ale utrzymywały wysoki poziom widowisk. Helena Modrzejewska (która zresztą w r. 1876 przeniosła się do Ameryki), Aleksandra Lüde, Wincenty Rapacki, Bolesław Leszczyński, Jan Tatarkiewicz, Józef Kotarbiński — oto kilka świetnych nazwisk, przy czym trzy z nich mają dla nas wagę dodatkową. Rapacki bowiem i Kotarbiński spisali swe wspomnienia, dając w nich nieocenione źródła wiadomości o życiu teatralnym zarówno ogólnopolskim, jak przede wszystkim warszawskim. Obok nich wymienić trzeba Helenę Modrzejewską, której angielskie *Wspomnienia i wrażenia* (1910, pełny przekład polski ukazał się w 1957 r.), wydane w rok po śmierci autorki, przynoszą autobiografię znakomitej artystki; spory ten tom, cenny dla swej strony anegdotycznej, razi naiwnopretensjonalnym spojrzeniem na świat i ludzi, zrozumiałym jednak u osoby, która najnieoczekiwaniej zrobiła zawrotną karierę w skali światowej.

10. POEZJA CZASÓW NIEPOETYCKICH

W kulturze europejskiej czasów pozytywizmu nie było miejsca dla poezji. Nic więc dziwnego, że nie było go również w Polsce. Zabarwione jednak racjonalizmem tendencje klasycystyczne dopuszczały pewien wyjątek: tolerowały, a nawet uznawały poezję uczoną, w mowie wiązanej głoszącą to, co równocześnie wypowiadano w traktatach pisanych prozą, a więc sprawy filozoficzne w szerokim znaczeniu tego wyrazu i sprawy naukowe. Furtka tu była otwarta również za czasów pozytywizmu i gdzie indziej, i w Polsce. I przez nią właśnie wkroczyła do literatury para nowych poetów, Asnyk i Konopnicka, z niedużą garstką satelitów. Wkraczający skazani byli z góry na stosowanie się do wymagań nowych czasów, inaczej bowiem znaleźliby się w próżni społecznej, nie mieliby odbiorców. Konieczność tę sformułował jasno Asnyk w arcyprozaicznej uwadze:

Lecz tę rozważcie smutną okoliczność:
Tacy poeci, jaka jest publiczność.

Wypowiedź to i dla poety, i dla jego rówieśników literackich niesłychanie znamienna. Brzmiący w niej ton rezygnacji z roszczeń i uroszczeń poezji romantycznej, przeciwstawiającej twórcę „zjadaczom chleba" i głoszącej jego absolutną wolność, nie oznacza jednak konformizmu czy kompromisu z nowymi warunkami, wyraża tylko ubolewanie, iż poziom tej publiczności jest nie dość wysoki. Liryka bowiem filozoficzna Asnyka, której wyrazem charakterystycznym jest dwuwiersz niemal przysłowiowy „Trzeba z żywymi naprzód iść, Po życie sięgać nowe", dowodzi, iż poeta zerwał z romantycznymi marzeniami o indywidualizmie i jego wolności absolutnej, że wyznawał zasadę wolności ograniczonej, każącą mu widzieć zależność pisarza od publiczności, do której się zwracał i która stanowiła jego nieuniknione, naturalne otocze.

A d a m A s n y k (1838 - 1897), kaliszanin z pochodzenia, z wykształcenia doktor filozofii, członek czerwonego rządu powstańczego, osiadł ostatecznie w Krakowie, gdzie zawodowo pracował w postępowej prasie mieszczańskiej, a równocześnie brał czynny i żywy udział w życiu politycznym i społecznym jako szermierz haseł demokratycznych.

Pisarz o dużej kulturze nie tylko intelektualnej, ale i literackiej, zadokumentowanej przekładami poetów obcych i znakomitymi, niesłusznie zapomnianymi studiami o Sofoklesie i Słowackim, przygodnie uprawiał dramaturgię, pisząc tragedie historyczne (*Cola Rienzi* 1873, *Kiejstut* 1878) oraz komedie, właściwym jednak powołaniem jego była liryka, zawarta w czterech zbiorach *Poezyj* (1869, 1872, 1880, 1894). Tutaj właśnie wypowiedział się najpełniej jako człowiek, działacz, myśliciel, tutaj też w całym blasku ukazał się jego niezwykły artyzm.

Wychowanek romantyków, wielbiciel Musseta i Heinego, za którego wzorem zbiór swych liryków opatrzył tytułem *Album pieśni*, już w nim ukazał swój program stanowiący pomost między krainą poezji a światem codziennego bytowania, polegający na opromienianiu blaskiem piękna spraw szarych i pospolitych, spraw życia miejskiego, oglądanych oczyma realisty. Erotyk zaczynający się od prozaicznego opisu: „Sukienkę miała w paseczki Perkalikową (...) Nie było piękniejszej dzieweczki, Daję wam słowo" ma tonację potocznej, prozaicznej rozmowy, jakże odległej od romantycznych zachwytów nad „anielskimi" dziewicami. Lekka, wytworna ironia człowieka rozczarowanego i wyleczonego ze złudzeń, łącząca się z wyrazami tęsknoty, uwielbienia, smutku, sprawia, iż erotyk Asnykowski dzwoni wdzięczną melodią słów, które dowodzą głębi uczucia, ale je raczej kryją i przesłaniają zamiast odtwarzać bezpośrednio. Tym zapewne tłumaczy się, iż wiersze miłosne Asnyka, utrzymane w tonie wyznań dobrze wychowanego młodzieńca skierowanych do bardzo dobrze wychowanej panny, budziły zachwyt w sercach pokolenia Maryni Połanieckiej i skłaniały kompozytorów do tworzenia melodyj, których popularność dowodziła, iż autorowi *Albumu pieśni* udało się dokonać istnego cudu, iż potrafił on utworowi lirycznemu przywrócić jego charakter pierwotny i właściwy, charakter pieśni.

Młody liryk okazał się równocześnie pełnym temperamentu satyrykiem-publicystą, posługującym się wytworną ironią i zjadliwym dowcipem w walkach czy przynajmniej harcach z ówczesnymi zjawiskami politycznymi, społecznymi i artystycznymi, których nie uznawał i na które spoglądał ze swego własnego stanowiska. Atakował tedy „historyczną nową szkołę" Stańczyków krakowskich, ośmieszając jej poglądy na „Targowicy patriotyzm".

Zwolennik haseł pozytywizmu, wydrwiwał opinie buńczucznych warszawskich wyznawców pozytywizmu o poezji, m. in. wypowiedź Świętochowskiego, który domagał się, by „genialnych wieszczów", zapatrzonych w przeszłość, „uważać jako szkodliwe owady, jako ostatki maruderów, których po kątach wystrzeliwać należy". Odpowiedzią na to był *Napad na Parnas* ze zwrotką

> *Gmin się burzy, rwie się czeladź*
> *I przekupki, i studenci,*
> *Wszyscy krzyczą: „Siec i strzelać,*
> *Niechaj giną wniebowzięci!"*

10. Poezja czasów niepoetyckich

Świetnym wycieczkom dowcipnego satyryka towarzyszyły wiersze o charakterze programowym, rozprawki poświęcone stanowisku poezji w życiu (*Publiczność do poetów — Poeci do publiczności*) oraz zagadnieniom politycznym. Jedna z nich, *W dwudziestą piątą rocznicę powstania 1863 roku*, jest właściwie elegią-autobiografią pokolenia, którego poeta był rzecznikiem. W atmosferę sporów, w której górowały namiętne potępienia walki o wolność, padały głębokie słowa Asnyka, przynoszące najgłębszą z istniejących charakterystykę romantyzmu jako nurtu politycznego, który przebiegł przez całe dzieje porozbiorowe Polski, aby w porywie powstańczym

> ...*ostatnim orężnym protestem*
> *Zapisać w dziejach nieśmiertelne: Jestem!*

Akcentując historyczną konieczność powstania, poeta nie potępiał jego przeciwników, widział w nich bowiem „narodowego długu spadkobierców", którzy drogą pracy dążyli do tego samego, co powstańcy osiągnąć usiłowali orężem.

Osobna karta w liryce Asnyka przypadła stosunkowi do przyrody, stanowiącemu zrąb systemu filozoficznego, mającego uwieńczyć jego „poezję uczoną". Stosunek ten znalazł wyraz w cyklu *W Tatrach*, rodzaju wysokogórskiego notatnika poetyckiego. Poeta, znakomity taternik, dał tu serię pięknych szkiców zakopiańskich, uwieczniając w nich nie tylko przyrodę górską, ale i swego przewodnika, Macieja Sieczkę, z którym zdobył szczyt Wysokiej, i wspaniały ten masyw wybrał na świadka swych przeżyć filozoficznych u jego stóp, nad Wyżnym Stawem doliny Czeskiej. Elegia *Noc pod Wysoką* przyniosła credo myśliciela, zgłębiającego tajniki przyrody w mrocznej pustyni wysokogórskiej. Osaczonemu nękającymi pytaniami na temat stosunku człowieka do przyrody i jego miejsca we wszechświecie, odpowiedź daje majestatyczna cisza nocna, przerywana jedynie szmerami i hukami, odpoznawanymi uchem geologa, a wiązanymi z jego myślą, której nieobcy był monizm materialistyczny. Taternik, który mógłby powiedzieć o sobie słowami Konrada: „przyszedłem tutaj zbrojny całą myśli władzą", z narzędzia tego umie zrobić właściwy użytek. Dzięki niemu rozwiązuje on odwieczną antynomię, sprzeczność stanowisk deterministycznego i indeterministycznego. Poczyna rozumieć twarde prawa przyrody, spod których człowiekowi wyłamać się niepodobna, potrafi jednak ocalić wartość wolnych poczynań ludzkich, dobrowolnie bowiem uzależnia je od nakazów przyrody, by za tę cenę, przyjęcia ograniczonej jej prawami wolności, zdobyć umiejętność jej opanowania. Nie bunt przeciw niej, lecz współpraca z nią stwarza podstawę istnienia i trwania ludzkiego. Gwarancją zdobytej prawdy staje się wyzwolenie z grozy, którą budzą tajniki przyrody, oświetlenie ich błyskami myśli zmienia grożącą zagładą półkę skalną w pewne oparcie dla stóp wyszkolonego zdobywcy niedostępnych turni. W rezultacie posiadacz tej wiedzy, „wolny, choć prawom powszechnym podległy, Już opuszczenia nie czuł i niemocy" i może „z nieodmiennym zgodzić się wyrokiem I odpoczywać, jak pod matki okiem".

Problematyka, której częścią były rozważania w *Nocy pod Wysoką*, pełną postać otrzymała w traktacie *Nad głębiami* — cyklu trzydziestu sonetów, ukazujących dorobek filozoficzny myśli europejskiej u schyłku w. XIX. Cykl ten, zaczęty rozważaniami laicko metafizycznymi na temat kosmosu, opartymi nie na fantazji poetyckiej, lecz na poglądach, które nauka opatruje nazwiskami Kanta i Laplace'a — rozważaniami odwołującymi się do Kantowskiej teorii poznania — kładzie nacisk na ewolucjonizm przyrodniczy, którego zasady Asnyk przenosi na życie zbiorowe ludzkości. Walka o byt występuje tam nie jako prawo pięści, lecz jako wzajemna współzależność i współpraca jednostek i gromad ludzkich, gdzie odpowiadają „na wypadków fali Każdy za wszystkich, za każdego wszyscy". Tak rozumiana solidarność społeczna jest dla Asnyka prawem normującym życie ludzkości i gwarantującym jej rozwój na szlakach, których ostatecznego końca niepodobna dostrzec okiem śmiertelnym. W systemie tym myśl poety rozprawiła się z dwoma zagadnieniami wprawdzie bardzo od siebie odległymi, bo biologicznym i społecznym, tu jednak zespolonymi nierozdzielnie, ze sprawą śmierci jednostki i „śmierci" narodu. Śmierć biologiczną rozumie on nie jako zagładę, lecz jako przejście od jednego stadium rozwojowego do innego, wyższego, zagładzie bowiem podlega to tylko, co jest przejawem zła i czego pokolenia dalsze do skarbnicy wspólnego dorobku przejąć nie będą mogły. Ponieważ w świecie ludzkim naród jest zbiorem kolejnych pokoleń, przeto ulec nie może zagładzie, o ile tylko sam na nią się nie zgodzi, nie popełni „samobójstwa ducha". Pozbawiony samodzielności, skazany na śmierć polityczną, prędzej czy później musi się odrodzić, choć — zgodnie z prawami, które życiem rządzą — w okresie niewoli musi „zatracić niejeden rys miły I wdzięk w dawniejszym uwielbiany czasie", by w nowym stadium „nową postać wziąć i nowe siły, I nowych wieków oręż mieć w zapasie". W taki to sposób *Nad głębiami*, dzieło pozytywistycznego poety-socjologa sięgnęło wyżyn, na których mesjaniści romantyczni wznosili swe konstrukcje Polski odrodzonej, ale to, co u nich było marzeniem lub ekstatyczną wizją, ujmowało w kategoriach myśli filozoficznej, posługującej się kryteriami naukowymi, prawami biologicznymi i socjologicznymi.

10. Poezja czasów niepoetyckich

Koncepcje te, dostępne jedynie czytelnikowi o dużych kwalifikacjach intelektualnych, obeznanemu ze zdobyczami nowoczesnej myśli naukowej, poetą wykładał językiem rzeczowym i ścisłym, posługując się słownictwem, w którym zwroty, jak „słońc miliony", „nieskończoności łańcuch", „małość atomu", „eter bez skupienia", „światów fizyczna budowa" wywodziły się nie z tradycyjnych zasobów mowy „wieszczów", lecz z podręcznika fizyki. Ten swoisty styl harmonizował znakomicie z treścią cyklu i charakterem „poezji uczonej".

Poezja ta w okresie, który grono nauk tradycyjnych wzbogacił nabytkiem zwanym socjologią, nową nauką o zjawiskach życia społecznego, nie mogła pozostać obojętna na sprawy ze zjawiskami tymi związane i w tej sytuacji naturalnym dopełnieniem dorobku Asnyka stała się w Polsce twórczość nieco odeń młodszej M a r i i K o n o p n i c k i e j (1842 - 1910).

Karierę literacką rozpoczęła ona trzema seriami *Poezyj* (1881, 1883, 1887), nie zawsze życzliwie przyjmowanych przez krytykę, entuzjastycznie natomiast witanych przez ogół czytelników, którzy byli spragnieni poezji, a nie mieli danych, by wzbić się na szczyty, na które coraz częściej wiodły utwory Asnyka. W tomach Konopnickiej otrzymywali oni motywy doskonale znane i miłe, spopularyzowane przez lirykę i epikę dawniejszą, ujęte jednak w sposób nowy i świeży, pozornie więc wysoce oryginalny, Konopnicka bowiem miała niezwykłą łatwość odświeżania pomysłów, wyczytanych w Mickiewiczu, Słowackim, Zaleskim, Lenartowiczu czy Ujejskim i wręcz fantastyczną łatwość rzucania na papier rymów, w które bez najmniejszego wysiłku, niemal spontanicznie odziewała myśli nawet całkiem banalne. Nadto robiła wrażenie poetki młodej. Sienkiewicz, którego zachwyciły w Ameryce jej pierwsze liryki, podziwiał „pannę Konopnicką", nie wiedząc, iż była od niego o cztery lata starsza i miała kilkoro dzieci. Wrażenie zaś młodości wywierał jej rozmach publicystyczny, jej polot retoryczny, jej istotnie młodzieńcza wrażliwość na piękno przyrody i na ludzką niedolę.

Dzięki tym czynnikom jej „obrazki" z życia nędzarzy wiejskich i miejskich o treści realistycznej, wprowadzającej ludzi z bruku i suteren warszawskich, wiersze takie, jak *Chłopskie serce, Na gody, Sobotni wieczór, Wolny najmita, Przed sądem, Bez dachu, Czy zginie?*, przemawiały do czułych serc, a równocześnie robiły wrażenie głębi, mówiły bowiem o sprawach upowszechnianych przez postępową nowelistykę ówczesną, przez opowiadania Prusa, Orzeszkowej, Dygasińskiego, Sienkiewicza. Zwłaszcza że w owych realistycznych obrazkach bohaterami bywały bardzo często dzieci, bezradne i skazane na zgubę. Wrażenie głębi potęgował swoisty wtór metafizyczny do nieszczęść ukazywanych w „obrazkach", zwalanie mianowicie odpowiedzialności za niedomagania życia społecznego na Boga. Rzadko tylko retoryczne tyrady, bo w nich się ów wtór wyrażał, podzwaniały akcentami społecznymi, w których zresztą rozmach słowa maskował nikłość wątku myślowego:

*Czemu ta przepaść, która braci dzieli
Na pokrzywdzonych i na krzywdzicieli,
Tak jest bezbrzeżną, jako oceany,
A taką straszną, jak rozwarte rany!
Czemu jej zrównać, zapełnić nie mogą
Wybuchy pomsty swych ogniów pożogą?*

Gromkie okrzyki serii pierwszej *Poezyj*, które dużo krwi napsuły klerowi, a pomawianą o bezbożność poetkę wysunęły na czoło szermierzy postępu społecznego, w serii drugiej, tworzonej pod hasłem „Płaczę, chodzę, pieśni śpiewam, Łzami mymi je polewam", po przezwyciężeniu łatwej czułostkowości ustąpiły innemu ujmowaniu niedoli chłopskiej. Konopnicka trafiła bowiem na swą własną drogę poetycką, by z życia wiejskiego wydobyć pomysły w tonacji dziwnie miękkiej i subtelnej, o wymowie poetyckiej znacznie silniejszej aniżeli znana z obrazków, o wymowie pieśni. Cykle *Pieśni nocy, Na fujarce, Z łąk i pól* przyniosły utwory wręcz przedziwne, osnute na motywach treściowych i formalnych pieśni ludowej, czarujące prostotą i bezpośredniością, takie jak *Dzwony, A jak poszedł król na wojnę, Nie swatała mi cię swatka*. Poetka, która zrozumiała, iż krzyk nie jest najwyższym ani jedynym środkiem wyrazu artystycznego, nie osłabiając wymowy społecznej swych nowych utworów osiągnęła w nich to samo, co udało się Asnykowi, przywróciła lirykowi jego charakter pierwotny, przyrodzony, pieśniowy, uchwytny nie poprzez lekturę lub nawet recytację, lecz występujący w całej pełni dopiero w interpretacji wokalnej.

Pomijając bardzo obfity dorobek Konopnickiej w dziedzinie wierszy okolicznościowych, do których należy i sławetna *Rota*, lekkomyślnie pasowana ongi na hymn narodowy, w dalszym rozwoju jej twórczości dostrzega się dwa nowe pasma pomysłów o nierównym zresztą znaczeniu. Pierwsze to parnasistów przypominające wycieczki w krainę „poezji uczonej", reprezentowane przez tomiki *Hellenica* oraz *Italia* (1901). Obydwa głoszą kult piękna, zaklętego w pomnikach plastyki antycznej i renesansowej, przy czym w sonetach *Italii* odezwały się subtelne pogłosy dawniejszej liryki społecznej, a równocześnie wystąpiły zainteresowania poetki literaturą polską, Mickiewiczem czy Lenartowiczem, którego znała osobiście i uznawała za swego mistrza.

10. Poezja czasów niepoetyckich

Pasmo drugie, reprezentowane przez *Głosy ciszy* (1906), to liryki filozoficzne, głoszące znamienny dla neoromantyzmu kult ducha, zabarwione niekiedy mętnym mistycyzmem. Obok nich jednak w tomiku znalazły się apostrofy i odezwy, jak *Ty coś walczył dla idei* lub *Młody żołnierzu*; dowodzą one, jak silnie poetka reagowała na wydarzenia, które wstrząsały życiem polskim na progu nowego stulecia. Wydarzenia te, zwłaszcza rewolucja r. 1905, zaważyły również znamiennie na jej dziele ostatnim, rozpoczętym w r. 1891, a ukończonym i wydanym tuż przed śmiercią, tj. ogromnym poemacie *Pan Balcer w Brazylii*. Poemat, zrodzony w chwili, gdy sprawa emigracji brazylijskiej była przedmiotem namiętnych dyskusyj, ukończony zaś w latach, gdy straciła ona nie tylko aktualność, ale i znaczenie, przechodził różne przemiany, nim otrzymał postać ostateczną. Z zamysłu pierwotnego pozostał jedynie plastyczny i pełen świetnych epizodów obraz zmagania się gromady bezradnych emigrantów z zabójczymi dla nich warunkami życia i pracy w obcym kraju, w puszczy, na plantacjach, w porcie. Przed garścią niedobitków, która zdobyła świadomość klasową, otwiera się droga powrotu do kraju, rewolucja bowiem rosyjska wywalczyła prawo do życia prześladowanym za wiarę unitom. Z hasłem „Nie jeno liczba my, ale i siła" kończą oni swą tragiczną wędrówkę — czytelnik zaś ze zdziwieniem zamyka okazałą księgę, na której fatalnie odbił się długi proces jej powstawania. Czynnikiem przecież, który emigrację wywołał, nie było prześladowanie unitów, któremu na dobitkę rewolucja nie zdołała położyć kresu. Świadomość klasowa, zdobyta w zetknięciu z brazylijskim ruchem robotniczym, również nie odgrywa tu większej roli. Garstka niedobitków wreszcie nie reprezentuje ani liczby, ani siły! Słowem, ideologia *Pana Balcera* jest mechanicznym zlepkiem najrozmaitszych nie skoordynowanych składników i niewiele ma wspólnego z epickimi partiami poematu, które stanowią o jego wartości.

Wiążą się one niewątpliwie z grupą utworów Konopnickiej, za życia autorki — poza paroma — nie docenioną, mianowicie z jej nowelistyką. Równolegle tedy do kariery zaprzysięgłych naturalistów, Dygasińskiego czy Sygietyńskiego, Konopnicka tworzyła swe opowiadania prozą, utrzymane na linii naturalizmu umiarkowanego, unikającego efektów zbyt jaskrawych czy wulgarnych, usiłując odtworzyć prawdę życia w dziedzinie znanej z rymowanych jej obrazków. Galeria wydziedziczonych, osobników łamanych przez twarde i krzywdy pełne prawa życia, obejmuje w nowelach, jak *Pod prawem*, *Michał Duniak* i in., zawartych w tomach *Moi znajomi*, *Na drodze* i in., mnóstwo kreacyj ludzkich, szkicowanych niezwykle wyraziście — służących i żebraczek, idiotów wiejskich i maniaków miejskich, szamocących się bezsilnie w pętli życia, wystudiowanych bardzo starannie, ukazanych w sytuacjach pełnych napięcia dramatycznego, nieraz coślkolwiek melodramatycznych, wyrażanych zaś słowem oszczędnym a wymownym. Niekiedy, jak w *Naszej szkapie* lub *Pod prawem*, spoistość dramatyczną nowelistka zastępowała szeroko podmalowanym tłem, ukazującym rozpaczliwą nędzę ludzką w całej jej rozciągłości. Z biegiem czasu autorka *Ludzi i rzeczy* (1898) przeszła do obrazków realistycznych, zabarwionych humorem (*Niemczaki*, *Wojciech Zapała*), wyjątkowo tylko dając folgę sentymentalizmowi w *Głupim Franku*, gdzie jednak ustępstwo to okupiła bogactwem obrazów przyrody i obfitością folkloru. Pisywała nadto znakomite szkice, utrzymane w tonie surowego rysunku, jak obrazek chłopskiego pogrzebu (*W dolinie Skawy*) lub swoistą mistyką nacechowane opowiadanie żebraczki (*U źródła*).

Jeśli do tego dodać, iż autorka klasycznej książki *O krasnoludkach i sierotce Marysi*, gdzie osiągnęła to, o co daremnie kusił się Dygasiński w *Godach życia* — tj. atmosferę dziwności baśniowej ujętą w sposób istotnie mistrzowski — stworzyła nowoczesną, artystyczną literaturę dla dzieci polskich, że przełożyła, i to nieraz znakomicie, sporo dzieł obcych, że wreszcie w szkicach literackich z powodzeniem uprawiała krytykę literacką, w ogólnym obrazie jej osiągnięć pisarskich niedomagania poetki ustępują na plan dalszy i przestają ważyć na ocenie jej imponującego dorobku.

W cieniu Asnyka i Konopnickiej niełatwo dostrzega się ich satelitów, uprawiających poezję realistyczną i kontynuujących zazwyczaj linię romantyczną francuskiego piosenkarza Bérangera i rodzimego gawędziarza, Syrokomli. Należy do ich grona literat lwowski **Michał Biernacki**, pisujący pod pseudonimem Mikołaja Rodocia (1836-1901) satyryczne obrazki z życia ziemian, urzędników i mieszczan galicyjskich, cięte, ale pozbawione dowcipu i polotu. Towarzyszyli mu humoryści piosenkarze, jak **Artur Bartels** i **Włodzimierz Zagórski** (pseud. Chochlik), którego najwyższym osiągnięciem był dokonany wspólnie z Konopnicką przekład „komedii bohaterskiej" Edmunda Rostanda *Cyrano de Bergerac*. Do grupki tej zbliża się dziennikarz lwowski **Bolesław Czerwieński** (1851--1888), którego obrazki realistyczne, ale przejaskrawione lub nadmiernie naiwne poszły w zapomnienie, który jednak żyje jako twórca hymnu robotniczo-socjalistycznego *Czerwony sztandar* (prwdr. 1881).

Na odrębną kartę zasobnym a różnolitym dorobkiem i poziomem swych poezji zasłużył **Wiktor Gomulicki** (1848-1919), pierwszy i niestrudzony piewca Warszawy. Począwszy od r. 1873, ten „światła syn, harmonii i lotu" ogłaszał zbiorki wierszy (*Poezje 1873*,

10. Poezja czasów niepoetyckich

Nowe pieśni 1896, *Wiersze* 1901, *Światła* 1919), nie obejmujące wszystkich jego utworów rymowanych, rozproszonych w czasopismach, gdzie przez lata całe pisywał rodzaj zabawnych felietonów wierszem. Wyznawca haseł pozytywistycznych, głoszący: „Fundament waszych uczuć niech będzie z rozumu, na nim bóstwom poezji stawiajcie ołtarze", oraz: „A pieśń nasza z żelaza, płonąca ogniście, grzmi jak piorun skandówką fabrycznego młota", w praktyce nawiązywał raczej do tradycyj romantycznych, które po swojemu rozwijał i dopełniał.

Celował zwłaszcza w obrazkach miejskich, i to warszawskich, związanych ze Starym Miastem, którego odrębność i swoisty tryb życia umiał dostrzec i znakomicie odtworzyć, idąc nie za Konopnicką i jej rymowaną publicystyką, lecz za Syrokomlą, któremu hołd złożył w swej na poły autobiograficznej powieści *Wspomnienia niebieskiego mundurka*. Z obrazków tych ogromną popularność zdobył *El mole rachmim*, opis ślubu żydowskiego, w którym prawdziwie poetyckie odczucie egzotycznego charakteru uroczystości wywołało wizję dalekiej pustyni i świetnej przeszłości ludu żydowskiego. Równocześnie w „strofach ulicznych" umiał pokazać coś, czego poezja polska nie znała, urok nowoczesnego miasta i jego kultury towarzyskiej.

Poezja polska, rozmiłowana w pięknie wsi, nie dostrzegała go w architekturze miejskiej i nie miała wyczucia dla wymowy ulicy, gdzie oko poety-urbanisty obserwowało „upojenia, Jakich nie dają wiejskie wczasy, Gdy się ulica rozpłomienia I wśród namiętnych rozmów wrzenia Szumią koronki i atłasy". W ten sposób w twórczości Gomulickiego poezja dotrzymywała kroku nowościom, które w prozie Sienkiewicza i Prusa, w *Bez dogmatu*, *Rodzinie Połanieckich*, *Lalce*, dowodziły, że kultura polska w okresie pozytywizmu skupiała się w nowoczesnych miastach i przybierała nowoczesne zabarwienie mieszczańskie i miejskie.

Tendencje te, z trudem zdobywające uznanie, wciąż bowiem górował nad nimi kult tradycji szlachecko-wiejskiej, skłaniający rodziny Połanieckich do „powrotu na wieś", znalazły w Gomulickim rzecznika bardzo osobliwego, bo literackiego dziejopisa Warszawy. Z jednej więc strony doskonały znawca jej przeszłości, dzieje jej ulic i placów, pałaców i domów badał i opisywał w studiach naukowych o charakterze starożytniczym, z drugiej w świetnych szkicach (*Przy słońcu i przy gazie*) i w zgrabnych obrazkach utrwalał zmiany, przez które miasto, wyrokiem historii skazane na rolę ośrodka prowincjonalnego, poczęło wreszcie przechodzić, zdobywając nowoczesne bruki, światło, kanalizację, co pociągało za sobą kolejne zmiany w życiu i obyczaju ludności.

Prace te, dodane do wierszowanych utworów autora *Pieśni o Gdańsku* (1900), wzmacniając dokumentarnie ich wymowę, wyznaczają Wiktorowi Gomulickiemu odrębne, regionalne stanowisko, zwłaszcza gdy się zważy, iż entuzjazmem swym zdołał on zarazić pisarzy młodych w rodzaju Artura Oppmana (1867-1931), który pod pseudonimem Or-Ot tworzył pomysłowe, a nieraz wysoce oryginalne wariacje pomysłów mistrza.

„Poezja w służbie świata", jak poezję uczoną okresu pozytywizmu określał Gomulicki, zdegradowana w porównaniu z prozą powieściową i przesunięta na miejsce podrzędne, nie przeszła jednak bez echa i śladu. Asnyk więc mistrzował nie tylko mizernym naśladowcom, ale i wirtuozom pokolenia następnego, Tetmajerowi czy Rydlowi. Konopnicka zaś oddziaływała bardzo silnie na poetów tego samego pokolenia, zwłaszcza na pisarzy ludowych najrozmaitszego rodzaju. Wiele zawdzięczali jej Kasprowicz i Reymont, na jej wierszach uczyli się później sztuki pisarskiej poeci-chłopi, i to zarówno krajowi w rodzaju Ferdynanda Kurasia i Jantka z Bugaja, jak i emigranci zarobkowi, zwłaszcza amerykańscy. Poetka, która karierę swą rozpoczęła od aluzji do Platona, nie dopuszczającego poezji do idealnego państwa („Za ostatnim poetą zamknęła się brama"), twórczością swą otworzyła wrota do niechętnego poezji świata pozytywizmu.

11. KRYTYKA NAUKOWOLITERACKA

W r. 1882 ukazała się książka *Dzieje literatury polskiej* Włodzimierza Spasowicza (przekład z rosyjskiego opracowania wchodzącego w skład *Historii literatur słowiańskich*, Petersburg 1865), która zaspokajała do końca stulecia naukowe potrzeby kraju. W dwadzieścia lat później nauka polska mogła pochlubić się wydanymi pod tym samym tytułem wielotomowymi dziełami Piotra Chmielowskiego, Stanisława Tarnowskiego i pośmiertnie przygotowanym, a nie dokończonym Romana Pilata oraz dwutomowym zarysem znacznie od nich młodszego Aleksandra Brücknera. Tarnowski i Pilat, a poniekąd i Chmielowski, który katedrę uzyskał już po ukazaniu się jego pracy, byli profesorami uniwersytetów w Krakowie i Lwowie, ich więc księgi automatycznie powinny były mieć charakter naukowy, w każdym zaś razie dowodziły, iż historia literatury weszła w poczet nauk studiowanych na najwyższych uczelniach i mogła stanowisko swe uzasadnić wynikami wieloletniej pracy, każdy bowiem z wymienionych zarysów był nie doraźną improwizacją amatorów, lecz rezultatem długiego doświadczenia i uwieńczeniem odpowiedniego dorobku naukowego.

Prace te wyzyskiwały zdobycze rodzimych badaczy piśmiennictwa, robiły to jednak w inny sposób, tak więc ustalenia Bentkow-

Adam Asnyk, rys. Stanisław Witkiewicz, drzeworyt E. Nicza

Maria Konopnicka, drzeworyt J. Holewińskiego

11. Krytyka naukowoliteracka

skiego, Wiszniewskiego czy Maciejowskiego zastąpiła monumentalna *Bibliografia polska* Karola Estreichera, obliczona na tomów kilkadziesiąt i po śmierci autora kontynuowana przez jego syna i wnuka. Odciążona w ten sposób historia literatury mogła zwrócić uwagę na prace inne, poczytywane wówczas za jej zadania naczelne. Wzorem tedy historii literatur starożytnych kładła duży nacisk na udostępnienie tekstów dzieł pisarzy dawnych i nowych w wydaniach poprawnych, zwanych krytycznymi. W dziedzinie tej zrobiono bardzo wiele, wydano bowiem starannie zabytki średniowieczne, m. in. *Psałterz floriański*, *Biblię królowej Zofii*, następnie pisarzy renesansowych z Kochanowskim na czele, wreszcie wielu romantycznych, poczynając od Mickiewicza i Słowackiego. Zasady tej filologii omawiano i ustalano na zjazdach naukowych, organizowanych przez Akademię Umiejętności w Krakowie, realizowano je zaś często drogą pracy zespołowej.

Zwolniona w ten sposób od żmudnych dociekań bibliograficznych i edytorskich historia literatury mogła zająć się swymi zadaniami właściwymi, a więc badaniem zjawisk literackich i ich związków wzajemnych, procesów historycznoliterackich. Teoretyczne ujęcie i uzasadnienie tych zadań, jak już wspomniano, znajdowano w dziełach Taine'a. Zasady jego, żywo dyskutowane w całej Europie i u nas, gdzie dzieła Taine'a przekładali Sygietyński i Orzeszkowa, mimo oporów ostatecznie się przyjęły w postaci zmodyfikowanej i na nich oparł się dorobek naukowy tak obfity, iż jego podsumowanie krytyczne przez Chmielowskiego stało się grubą książką o *Dziejach krytyki literackiej w Polsce* (1902). Złożyły się nań zarówno wymienione zarysy syntetyczne, jak stanowiące przygotowanie do nich studia monograficzne, poświęcone bądź to wybitnym pisarzom, bądź ich grupom, bądź wreszcie historycznie ujętym zespołom jednorodnych zjawisk literackich, jak produkcja dramatyczna lub powieściowa tych czy innych okresów. Badaniom naukowym przeszłości towarzyszyły prace nad literaturą bieżącą, niejednokrotnie na poziomie tak wysokim, iż po pewnym czasie stawały się one rozdziałami monografii, dzięki czemu zacierała się granica między historią literatury a krytyką literacką.

W toku tych prac ustaliła się typologia studiów monograficznych, rozpadających się na dwa działy, niejednokrotnie krzyżowane wzajemnie. Do pierwszego należały monografie filologiczne, w których ustalano tekst krytyczny dzieł literackich i jego związki z reprezentowaną w nim tradycją, tj. dostrzegane w nim „wpływy" poprzedników, do tego dodawano interpretację logiczno-psychologiczną i rzecz kończono oceną raczej jego ideologii niż strony estetycznej. Typ drugi, daleko częstszy, reprezentowała monografia biograficzno-psychologiczna wybranego pisarza. Trzonem jej był jego żywot oparty na danych dokumentarnych, pamiętnikach, korespondencji, materiałach archiwalnych od metryki urodzenia po akt zgonu, co dopełniano szczegółami wydobytymi z dzieł badanego twórcy, uznanymi, nieraz dowolnie, za wiadomości dokumentarne. Metodą indukcyjną z różnorodnych składników sporządzony wizerunek twórcy stawał się teraz podstawą, na której drogą dedukcji wznoszono system interpretacyjny jego dzieł, system możliwie ścisły i dokładny, choć rzadko bezbłędny. W ten sposób powstały monografie o Kochanowskim pióra Plenkiewicza i Tarnowskiego, o Mickiewiczu Chmielowskiego i Tretiaka, o Słowackim Małeckiego i Tretiaka, o Kraszewskim Chmielowskiego, o Sienkiewiczu Tarnowskiego i Chmielowskiego, nade wszystko zaś świetne szkice monograficzne Chlebowskiego o pisarzach barokowych i romantycznych, Spasowicza o Mickiewiczu, Syrokomli, Polu lub Czubka o Kochowskim.

Studia te stały na pograniczu badań dziejów kultury i literatury i zazwyczaj nie wykraczały poza rodzime opłotki. I tu jednak znalazł się wyjątek, i to nie byle jaki. Był nim wysoki urzędnik wiedeński, K a z i m i e r z C h ł ę d o w s k i (1843-1920), pisarz o niezwykle bujnym talencie, autor szkiców podróżniczych, powieści, pamiętnika wreszcie, w którym własne dzieje nieco po plotkarsku przedstawił. Na polu badań literackich zapisał się jako twórca dwu wspaniałych portretów Krasickiego i Fredry (*Z przeszłości naszej i obcej* 1935), nie mówiąc już o młodzieńczych artykułach zalecających pozytywizm. Sławę zaś, i to zagraniczną, zdobył swoimi monografiami o kulturze włoskiej. Wstępem do nich była barwna książka *Królowa Bona* (1876); w wiele lat po niej posypały się jak z rogu obfitości *Siena* (1904), *Dwór w Ferrarze* (1907), *Rzym. Ludzie Odrodzenia* (1909), *Rzym. Ludzie Baroku* (1912), *Rokoko we Włoszech* (1915), *Historie neapolitańskie* (1917) i *Ostatni Walezjusze* (1921). Księgami tymi, w których rozległa erudycja, umiejętność rozumienia i widzenia przeszłości łączyły się z niepospolitym talentem pisarskim, były „minister dla Galicji" więcej zrobił dla kultury polskiej niż cała generacja urzędników, do której należał i której zainteresowaniom wystawił piękny pomnik.

Omówione prace stanowią najwymowniejszą ilustrację przydatności metody, która przeszła do dwu pokoleń następnych i z takimi czy innymi, niekiedy zresztą znacznymi modyfikacjami, utrzymuje się po dzień dzisiejszy. Jej zaś skuteczność zależała od indywidualności krytyka, który ją stosował, od jego wykształcenia, oczytania, wrażliwości estetycznej, od jego talentu interpretatorskiego, od jego wreszcie taktu. Krytyka bowiem i naukowa, i publicystyczna stawiały sobie zadania nie tylko poznawcze, ale również moralne. Wal-

11. Krytyka naukowoliteracka

czyły o nowy stosunek do życia i przez odpowiednią interpretację zjawisk literackich usiłowały go narzucić czytelnikowi. Obok szermierzy pozytywizmu znaleźli się tutaj pierwsi przedstawiciele krytyki marksistowskiej. Reprezentował ją B r o n i s ł a w B i a ł o b ł o c k i (1861 - 1888), który metody poznane w czasie studiów petersburskich usiłował przeszczepić na grunt warszawski. W „Przeglądzie Tygodniowym" drukował on artykuły, w których na historię spoglądał jako na dzieje walk klasowych, pisarzy zachęcał do twórczości realistycznej, skierowanej ku zagadnieniom społecznym.

Wśród przedstawicieli krytyki naukowej najwyżej wzniósł się B r o n i s ł a w C h l e b o w s k i (1846 - 1918), u schyłku życia profesor uniwersytetu warszawskiego, od pracy literackiej odrywany przez zajęcia inne, zwłaszcza redagowanie pomnikowego *Słownika geograficznego*. O horyzontach jego świadczyła znakomita rozprawa z r. 1884 *Zadanie historii literatury polskiej wobec warunków i czynników jej dzisiejszego rozwoju*, głosząca postulaty oparte na krytycznie przemyślanych założeniach taine'izmu, dzisiaj jeszcze równie aktualna jak przed laty osiemdziesięciu. Z zastosowania jej wyrosły żywe portrety pisarzy tak od siebie odległych, jak Rej, Kochanowski, Pasek, Mickiewicz, Słowacki, Krasiński czy Kraszewski, oraz książka *Literatura polska 1795 - 1905 jako główny wyraz życia narodu po utracie niepodległości*, wydana dopiero po śmierci autora (1923), choć napisana dla obcego wydawnictwa kilkanaście lat wcześniej. Jak wskazuje sam tytuł, literatura dla Chlebowskiego była tylko funkcją życia kulturalnego, wyrazem aspiracyj grupy, która ją wydała i która robiła ją narzędziem walki i pracy obliczonych na cele polityczno--społeczne z pominięciem jej zadań podstawowych, estetycznych.

W tym samym kierunku szedł P i o t r C h m i e l o w s k i (1848 - - 1904), który po latach ciężkiej harówki jako prywatny nauczyciel i współpracownik prasy warszawskiej tuż przed śmiercią przedwczesną otrzymał katedrę we Lwowie. Był niestrudzonym pionierem nauki o literaturze we wszystkich jej dziedzinach. Omawiał on nowości literackie, beletrystyczne i naukowe w setkach recenzyj i szkiców, których zbiory książkowe, jak *Nasi powieściopisarze* (1887 - 1895), *Współcześni poeci polscy* (1895), *Nasza literatura dramatyczna* (1898), są dzisiaj istnymi kronikami naukowymi produkcji pisarskiej w ostatniej ćwierci wieku XIX. Syntetyczny zarys najnowszej literatury (cztery wydania: 1881, 1886, 1895, 1898, tytuły aktualizowane), przedmiot namiętnych polemik, ukazywał jasno postawę autora jako szermierza pozytywizmu. Duże monografie o Mickiewiczu, Kraszewskim, o autorkach polskich wieku XIX i mniejsze o głośnych pisarzach romantycznych do dzisiaj, zwłaszcza w wypadku Kraszewskiego, zachowały swą wartość jako źródło rzeczowych wiadomości. Ostrożny i dokładny, starannie ważący swe poglądy, zdecydowany szermierz postępu, wróg wszelkiego frazesu, pomawiany bywał o brak wrażliwości estetycznej, czemu zaprzeczają studia jego ostatnie, jak *Najnowsze prądy w poezji naszej* (1901) lub szkice o Wyspiańskim czy Kasprowiczu, świadczące, iż wytrawny znawca literatury umiał odróżniać ziarno od plew i dostrzegać prawdziwe piękno niezależnie od postaci, którą nadawali mu pisarze młodego pokolenia. Wieloletnie trudy badawcze uwieńczył *Historią literatury polskiej* (1900), która, podobnie jak późniejsza książka Chlebowskiego, była syntetycznym ujęciem dziejów kultury polskiej, duchowej, a przede wszystkim umysłowej, ukazanej przez pryzmat zjawisk literackich, ale ujęciem całości, od średniowiecza po koniec w. XIX, ujęciem niezwykle bogatym; autor bowiem wprowadzał, zwłaszcza w obrębie swego stulecia, tysiące wiadomości o pisarzach i dziełach zapomnianych, wyznaczając im właściwe miejsce w dziejach piśmiennictwa polskiego. Książka, wskutek samych założeń autorskich nieco oschła i rzeczowa, stała się sumiennym przewodnikiem po krainie przeszłości piśmienniczej, przewodnikiem nieco muzealnym, z jednakowym obiektywizmem traktującym zarówno żywe dzieła sztuki słowa, jak wszelkie inne dokumenty kultury literackiej.

Zupełnie inny charakter miała wydana w tym samym roku pod tym samym tytułem i nawet w tej samej ilości tomów praca **Stanisława Tarnowskiego** (1837 - 1917), wieloletniego profesora krakowskiego. Ona również była ukoronowaniem długiej i bujnej działalności autora, nie tylko uczonego, ale i publicysty oraz czynnego polityka, filaru stańczyków krakowskich. Okoliczność ta odbiła się na całości dorobku naukowego Tarnowskiego, który swą pracę naukową traktował wprawdzie bardzo poważnie, ale po pierwsze uważał ją za trybunę publicystyczną, umożliwiającą mu głoszenie poglądów politycznospołecznych swego obozu, po wtóre zaś unikał jak ognia suchej pedanterii i zagadnienia naukowe ujmował z wdziękiem „causeura", wychowanego na kulturze francuskiej. Z perspektywy lat, które nas od Tarnowskiego dzielą, dostrzega się bez trudności, że wprawdzie pracował on niedbale i po dyletancku, że miał nieznośny zwyczaj mówienia kazań świeckich i kończenia ich „obrokiem moralnym", zwykle bardzo oklepanym, ale że posiadał dużą wiedzę i wyrobiony smak literacki. Toteż jego studia *Komedie Aleksandra hr. Fredry* czy *O Panu Tadeuszu*, mimo iż tu i ówdzie myszką trącą, należą do klasycznych rozpraw literackich, a jego *Historia literatury polskiej* (1900 - 1907), jeśli zestawić ją z pracą Chmielowskiego, jest również przewodnikiem muzealnym, ale nie suchym katalogiem, lecz artystycznie ujętym opisem eksponatów, do których Tarnowski przywiązywał specjalną wagę.

12. Jedność literatury i kultury

Ze środowiska krakowskiego dwu jeszcze przynajmniej uczonych ma prawo do pamięci w dziejach literatury polskiej. Tak więc Józef Tretiak (1841-1923) był jednym z najrzetelniejszych znawców i najgłębszych miłośników pisarzy romantycznych, czemu dał wyraz we wczesnej i na swe czasy znakomitej książce o młodości Mickiewicza (1898) oraz w późniejszych monografiach o Słowackim (1904) i Zaleskim (1911-1914). Dzieło o Słowackim wywołało istną burzę protestów, autor bowiem spojrzał na wielkiego poetę od strony pozy romantycznej i potraktował go z uszczypliwym krytycyzmem, rażąco odległym od sympatii, którą tchnęły karty starej książki Małeckiego. Zaciekli przeciwnicy Tretiaka przeoczyli jedno tylko: oto końcowym latom życia Słowackiego i jego twórczości po r. 1841, które Małecki przedstawił na kilkudziesięciu stroniczkach, Tretiak poświęcił ogromny tom i po raz pierwszy, przedstawił istotną wielkość twórcy *Króla Ducha!* W ten sposób, wbrew własnej niechęci, podbity czarem geniusza, stworzył nowoczesne studium naukowe w miejsce dawniejszej, entuzjastycznej, ale płytkiej wiedzy o Słowackim.

Uczonym drugim był profesor filologii klasycznej, Kazimierz Morawski (1852-1925), znakomity tłumacz Sofoklesa i autor wspaniałej siedmiotomowej *Historii literatury rzymskiej* (1909-1921). Filolog klasyczny w skali światowej, był on równocześnie głębokim znawcą i miłośnikiem polskiej kultury renesansowej, czemu dał wyraz w serii świetnych rozpraw, przede wszystkim zaś w pomnikowej *Historii Uniwersytetu Jagiellońskiego* (1900). Okazałe to dzieło przedstawia nie tylko powstanie i rozkwit uczelni krakowskiej, ale daje też na gruntownym zbadaniu dokumentów oparty, panoramiczny obraz kultury umysłowej, naukowej i literackiej w Polsce w. XV, rzucony na tło Renesansu włoskiego i ogólnoeuropejskiego.

Pojawienie się w r. 1900 prac Chmielowskiego, Tarnowskiego i Morawskiego nie było rzeczą przypadku ani pięknym gestem jubileuszowym, związanym z uroczyście obchodzonym pięćsetleciem Uniwersytetu Jagiellońskiego. Przyniosło ono podsumowanie czterdziestoletniego dorobku polonistyczno-humanistycznego i dowodziło, iż młoda nauka rozrosła się i okrzepła, że ożywiona myślą rozwijającą się pod znakiem ewolucjonizmu szła ku przyszłości ręka w rękę z literaturą i na swój sposób rozwiązywała te same zagadnienia, szukając prawdy o człowieku, narodzie i ludzkości.

12. JEDNOŚĆ LITERATURY I KULTURY

Gdyby się szukało jakiejś jednej formuły wyrażającej postawę wszystkich bez wyjątku pisarzy okresu pozytywizmu w Polsce, znalazłoby się ją w określeniu „czciciele światła". Gdy bowiem przegląda się ich dzieła, poezje Asnyka, Konopnickiej czy Gomulickiego, prozę Dygasińskiego, Prusa, Orzeszkowej, Sienkiewicza czy nawet produkcję dramatyczną, stale spotyka się wypowiedzi typu: „Trzeba naprzód iść i świecić", „Wierzę w światła potęgę", „Każdy na swojej ścieżce roznieca światło", tak że w jakiejś księdze aforyzmów pod hasłami „Słońce" i „Światło" pisarze-pozytywiści stanowczo górowaliby nad przedstawicielami innych prądów literackich hołdujących racjonalizmowi. Było to naturalne i nieuniknione następstwo faktu, iż realizowany, choć nigdzie w całej pełni nie sformułowany program nowego kierunku, w zgodzie ze stosunkami kulturalnymi ukształtowanymi na podłożu procesów ekonomicznych i społecznych, kładł tak duży nacisk na naukę i wiodącą do niej oświatę klas, które naówczas zdobywały sobie należne miejsce w życiu.

Po łatwym przezwyciężeniu romantyzmu, którego przeżytki miały się jednak trzymać bardzo jeszcze długo, literatura pozytywistyczna głosiła, krzewiła i umacniała nowe zasady, przy czym w dziełach mistrzów robiła to w sposób artystyczny, w dziełach natomiast rzemieślników pióra produkujących utwory tendencyjne — w sposób z wymaganiami sztuki niewiele lub nawet nic nie mający wspólnego. Narzuca się więc pytanie, jaką rolę odegrał tu programowy kult światła, jakie nowe horyzonty ukazało ono swym czcicielom.

Odpowiedź nie jest trudna. Zepchnięta ze swego niedawnego stanowiska, poezja w utworach Asnyka i Konopnickiej formułowała pobudki i hasła ideologiczne, realizacji ich zaś podjęła się proza artystyczna, powieść i nowela, poniekąd zaś i dramat, wprowadzając całe duże zespoły zjawisk i zagadnień aktualnych, a obcych literaturze dawniejszych okresów lub wprowadzanych w niej przygodnie tylko czy marginalnie. Zespołem takim były sprawy związane z „pracą u podstaw", a więc życie wsi i chłopa. Orzeszkowa, Sienkiewicz, Prus, Dygasiński, Junosza, Konopnicka i legion innych piętnują krzywdę chłopską, niekiedy wskazują środki zaradzenia jej, przede wszystkim jednak w dziełach swych wprowadzają życie chłopa i jego psychikę jako wartości autonomiczne, pociągające swą zawartością i wartością obyczajową, swą odrębnością, swą dotąd nie przeczuwaną głębią. W ten sposób, nawet bez uciekania się do tendencji, torują chłopu drogę do stanowiska w życiu zbiorowym należną mu jako klasie, której znaczenie trafnie, choć w kontekście nie najlepszym ujęła poetka w zdaniu: „Nie jeno liczba my, ale i siła".

Zespół drugi, niezupełnie nowy, to sprawa miasta, znana już z powieści romantycznej, gdzie zajmowano się miastem jako interesującym środowiskiem obyczajowym. Pisarze pozytywiści spojrzeli na nie zupełnie inaczej, jako na tygiel społeczny wytwarzający nowe

12. Jedność literatury i kultury

zjawiska, nowe grupy, takie jak inteligencja zawodowa, proletariat, jak konflikty narodowościowe, zwłaszcza kwestia żydowska, czy zawodowe, o podłożu ekonomicznym. Literatura sygnalizowała w ten sposób nowy proces społeczny, tworzący z miast ośrodki dyspozycyjne życia zbiorowego i ukazywała jego następstwa socjologiczne w najrozmaitszych odmianach, skrępowana zresztą na terenie Królestwa przez politykę caratu i jej narzędzie, cenzurę. Tam zaś, gdzie ucisk cenzury był słabszy, a więc w Galicji, powieść wprowadzała sprawy takie, jak likwidacja reżimu austriackiego po uzyskaniu autonomii, jak początki ruchu ludowego, jak asymilacja ludności żydowskiej.

Sprawa żydowska należy do motywów zapełniających najpiękniejsze i najbardziej humanitarne karty prozy pozytywistycznej. Utwory Orzeszkowej, Konopnickiej, Sewera, Prusa, Gomulickiego, Junoszy, Szymańskiego, protestujące przeciw dyskryminacji rasowej i jej przejawom, stanowiły niezwykle piękne świadectwo żywotności zasad tolerancji, znamiennych dla kultury Polski renesansowej. Z innych motywów proza okresu pozytywizmu z upodobaniem skupiała uwagę na szkole i jej życiu, poczynając od warszawskich pensyj dla panien po zakłady wychowawcze miast i miasteczek prowincjonalnych, z zainteresowań tych zaś wyrastały również obrazki stosunków panujących w szkółkach wiejskich.

Z innych wreszcie nowych zjawisk życia zbiorowego do powieści i noweli wkroczył przemysł, tekstylny Królestwa i górniczy Galicji, ujmowany przede wszystkim od strony towarzyszących mu komplikacyj finansowych, jakkolwiek tu i ówdzie pobrzmiewały już akcenty społeczne, które dopiero u pisarzy neoromantycznych wystąpić miały z całą siłą.

Zaznaczone tu zróżnicowanie międzydzielnicowe nie było jednak zbyt groźne, dzieła bowiem pisarzy galicyjskich, o ile nie poruszały zagadnień politycznych związanych z odzyskaniem niepodległości, dostawały się do rąk czytelników w Królestwie i w ten sposób literatura stawała się łącznikiem między częściami rozdartego kraju i szerzyła poglądy doniosłe dla życia całego narodu. Dzięki temu upowszechniał się jej wspólny program stanowiący o jej jednolitości bez względu na terytoria, na których powstawała.

Co ważniejsza, w ciągu lat trzydziestu do czterdziestu literatura zdołała program ten zrealizować. Zniknęły w niej tedy romantyczna przesada uczucia i wyobraźni, zastąpione kultem rozumu, niekiedy nawet chłopskiego rozsądku. Szturmujących niebo tytanów zastąpili w powieści pozytywistycznej zwykli ludzie, wśród których nie brakło jednak ideologów rozbijających się o przeszkody natury wewnętrznej — psychologicznej, czy zewnętrznej — społecznej, ale przeszkody zupełnie realne. Nawet w powieściach historycznych, gdzie rygory realizmu bywały mniejsze, zasada ludzi realnych i spraw realnych występowała równie wyraziście, jak w obrazach życia współczesnego, doskonale znanego czytelnikom.

Literatura pozytywistyczna, podkreślając konieczność kontaktów z życiem umysłowym Europy zachodniej, dbała o podtrzymywanie związków z nauką, poczynając od roztrząsań filozoficznych, wprowadzanych w formie traktatów do dzieł zarówno poetyckich, jak powieściowych, kończąc na plastycznie ukazywanych sprawach oświaty wsi.

Równocześnie, jak gdyby na potwierdzenie słuszności formuły Asnyka „Wciąż będziesz inną, choć będziesz tą samą", literatura pozytywistyczna, podobnie jak jej romantyczna poprzedniczka, pełniła funkcje społeczno-narodowe, budowała świadomość zbiorową społeczeństwa, któremu wdrażała konieczność pracy jako narzędzia do odrobienia błędów przeszłości i wykucia nowej, lepszej przyszłości. W zasadzie bowiem, oparta na racjonalistycznym stosunku do świata, ufna w siły człowieka, literatura ta była optymistyczna i jeśli głosiła kult światła, to dlatego że za dogmat poczytywała przekonanie o jego ostatecznym zwycięstwie nad ciemnościami.

Taka postawa literatury doskonale harmonizowała z jej upodobaniami artystycznymi, których cechą podstawową było dążenie do jasności wyrazu, osiąganej zarówno w języku, jak w starannie budowanych formach gatunkowych i rodzajowych, zazwyczaj zamkniętych i stanowiących harmonijną całość. Wskutek tego poetyka pozytywistyczna, a więc ogół zasad decydujących o charakterze środków wyrazu artystycznego, miała charakter klasycystyczny, naturalny w epoce, która z zamiłowaniem kierowała wzrok ku kulturze świata starożytnego. Taki charakter miała nie tylko poezja o zabarwieniu parnasistowskim, ale również powieść.

Ten właśnie charakter polskiej literatury pozytywistycznej sprawił, iż zdobyła ona rozgłos wśród czytelników obcych, zadokumentowany przyznaniem nagrody Nobla Sienkiewiczowi. Jego powieści, w kraju poczytywane za dzieła tak arcyrodzime, jak ongi poematy romantyczne, ukazywały się równocześnie w przekładach sporządzonych z odcinków czasopism, zarówno w prasie rosyjskiej, jak niemieckiej, tak że w okresie swej sławy był on pisarzem popularnością bijącym większych odeń mistrzów powieści nowoczesnej. A Sienkiewicz nie był bynajmniej wyjątkiem, tuż bowiem za nim szła Orzeszkowa, poczytniejsza niekiedy w Rosji aniżeli we własnym kraju.

W kraju zaś literatura była bardzo ściśle, mocniej niż kiedykolwiek dawniej, związana z kulturą społeczną, zwłaszcza naukową i artystyczną, budowaną przez naród pozbawiony własnego państwa

12. Jedność literatury i kultury

i skazany na samopomoc. I jeśli u Prusa czy Asnyka występowały w tematyce i słownictwie wyraźne zainteresowania naukowe, to nie było to bez związku z faktem, iż w Krakowie profesorowie Karol Olszewski i Zygmunt Wróblewski, a w Paryżu Maria Curie-Skłodowska dokonali odkryć, które miały zrewolucjonizować nowoczesną fizykę. Jeśli Sienkiewicz powieściami historycznymi z przeszłości Polski czarował czytelników, a obrazem Rzymu za Nerona zdobywał sławę międzynarodową, to osiągał na polu literatury to samo, co w zakresie malarstwa twórca „Ślubów Jana Kazimierza" i „Grunwaldu" Jan Matejko i twórca „Świeczników Nerona", błyskotliwy rzemieślnik, Henryk Siemiradzki, artyści o sławie wybiegającej poza granice Polski. Wśród ilustratorów zaś dzieł Sienkiewicza i innych pisarzy spotyka się nazwiska Józefa Chełmońskiego, Stanisława Witkiewicza, Juliusza Kossaka i in., którzy wraz z braćmi Gierymskimi, Aleksandrem i Maksem, Władysławem Podkowińskim, Kazimierzem Pochwalskim, Tadeuszem Ajdukiewiczem stworzyli nowoczesne malarstwo polskie.

Warto przy sposobności wspomnieć o owoczesnych wysiłkach stworzenia wielkiej muzyki polskiej. Tak więc Władysław Żeleński podejmował próby opery narodowej, opartej na motywach historycznych i folklorystycznych (*Janek, Stara baśń*), tak Zygmunt Noskowski tworzył symfonie, tak wreszcie Jan Gall i Stanisław Niewiadomski rozbudzali w kraju zamiłowania do pieśni. Cechą znamienną była współpraca muzyków z literaturą, widoczna choćby w czerpaniu tematów do oper z powieści Kraszewskiego lub komponowaniu melodyj do głośnych utworów lirycznych. Tak np. Ignacy Paderewski, genialny pianista, później czynny polityk, a po pierwszej wojnie pierwszy premier odrodzonego państwa, był autorem popularnej opery *Manru*, której pomysł zawdzięczał *Chacie za wsią* Kraszewskiego.

W dziedzinie wreszcie nauk humanistycznych, poza omówionymi poprzednio historykami literatury, wymienić należy paru uczonych, którzy zdobyli uznanie poza krajem. Tak więc **Jan Baudouin de Courtenay**, twórca nowoczesnego językoznawstwa polskiego, był jednym z czołowych lingwistów europejskich. Tak filozof **Wincenty Lutosławski** wsławił się angielskimi pracami nad Platonem. Rzetelnością i wiedzą górował nad nim profesor krakowski, zmartwychwstaniec Stefan Pawlicki, autor wspaniałej, niestety nie ukończonej, *Historii filozofii greckiej*. W obrębie nauk humanistycznych miejsce naczelne przypadło historii, której wybitni przedstawiciele skupili się w trzech ośrodkach, na uniwersytetach krakowskim i lwowskim oraz w Warszawie, gdzie pracę ułatwiała im Kasa im. Mianowskiego, współdziałająca z Krakowską Akademią Umiejętności. Rozgłos największy zdobył Kraków, który stworzył własną szkołę historyczną. Historycy **Józef Szujski, Walerian Kalinka, Michał Bobrzyński** i inni, skompromitowani z biegiem czasu jako ugodowcy służący polityce rządu austriackiego w Wiedniu, gdyż nie umieli się jej przeciwstawić ani wygrać szans, które wygrać mogli, byli jednak uczonymi klasy wysokiej, doskonałymi badaczami dziejów średniowiecza i wieku XVIII, i dwie te dziedziny studiów postawili bardzo wysoko. Rywalizował z nimi zwycięsko ośrodek lwowski, w którym pracowało dwu czołowych mediewistów owych czasów, badacz najdawniejszych dziejów narodu, **Tadeusz Wojciechowski**, oraz doskonały znawca prawa staropolskiego, **Oswald Balzer**.

Postawa uczonych lwowskich była biegunowo odmienna od krakowskiej, co najjaskrawiej wystąpiło w r. 1904, gdy Tadeusz Wojciechowski wydał swe sławne *Szkice historyczne XI wieku*, wywołując „spór o św. Stanisława". Bogobojnym przeciwnikom krakowskim, żarliwie broniącym legendy o królu okrutniku i jego niewinnej ofierze, sędziwy uczony pogardliwie odpowiedział wspaniałym szkicem *Plemię Kadłubka*, gdzie sformułował swoje „credo" naukowe, wyznanie poglądów typowego przedstawiciela pozytywizmu. Historiografię warszawską, której niechęć do stanowiska „szkoły krakowskiej" była powszechnie znana, reprezentowało kilku wybitnych uczonych, jak **Aleksander Jabłonowski**, świetny znawca stosunków Polski z Rusią, ludzi o nastawieniu i przygotowaniu socjologicznym, którego krakowianom nie dostawało, i przeciwników ugodowej polityki stańczyków. Rozprawiał się ze stańczykami **Władysław Smoleński**, znawca w. XVIII, autor wnikliwych studiów poświęconych kulturze tej epoki. Przewyższył go najwybitniejszy historyk warszawski, **Tadeusz Korzon**, autor okazałych, gruntownych monografii, jak *Dola i niedola Jana Sobieskiego* (1898), nade wszystko zaś wielotomowego dzieła *Wewnętrzne dzieje Polski za Stanisława Augusta* (1882 - 1886) i dużej pracy o Tadeuszu Kościuszce (1894). W dziełach Korzona najpełniej wystąpiły zasady przyświecające historiografii pozytywistycznej oraz swoisty patriotyzm ośrodka warszawskiego. Zarzucała ona romantyczną koncepcję jednostki jako podstawowego czynnika — sprawcy wydarzeń dziejowych, koncentrując uwagę na czynnikach bezosobowych procesu historycznego, na warunkach ekonomicznych i siłach społecznych jako właściwych twórcach dziejów. Tym postępowym poglądom, kładącym duży nacisk na nurty rewolucyjne, towarzyszył u Korzona pogląd na wybitną rolę, którą Warszawa odgrywała w życiu Polski w drugiej połowie w. XVIII, rolę szczyt swój osiągającą w próbach ratowania niepodległości drogą reform o charakterze rewolucyjnym i walki o ich utrzymanie. Najwybitniejszego szermierza

12. Jedność literatury i kultury

tych idei Korzon widział w Kościuszce i w stulecie insurekcji jemu właśnie, którego Warszawa pomnikiem uczcić nie mogła, poświęcił swe monumentalne dzieło *Kościuszko. Życiorys z dokumentów wysnuty*. Na swój sposób zamykało ono księgę dziejów pozytywizmu polskiego, na przykładzie bowiem Naczelnika ukazywało żywą i aktualną przeszłość, której nurt przebiegał pod powierzchnią literatury pozytywistycznej, ale ze względu na warunki, w jakich żyła, wyjątkowo tylko wydobywał się na jej powierzchnię.

VII. NEOROMANTYZM

1. NEOROMANTYZM, JEGO TEORIA I PRAKTYKA

ŻYCIE literackie Polski w dziesięcioleciu zamykającym wiek XIX jest świetnym przykładem zawodności umownych, choć koniecznych drogowskazów, które ułatwiają orientację w dziejach rozwoju literatury, takich jak daty i nazwy występujących w niej prądów, przyjmowane jako podstawa periodyzacji zmiennych zjawisk, z których prądy te się składają.

W latach mianowicie 1889 - 1891 na rynku księgarskim i w prasie pojawiły się nieznane dotąd nazwiska Jana Kasprowicza, Kazimierza Tetmajera, Stefana Żeromskiego, a rychło po nich Zenona Przesmyckiego-Miriama, Antoniego Langego, Stanisława Wyspiańskiego, Władysława Stanisława Reymonta, utalentowanych przedstawicieli młodego pokolenia i nowego kierunku literackiego, któremu brakowało nazwy. Ponieważ nawiązywał on bardzo wyraźnie do analogicznych zjawisk w literaturze Europy zachodniej, więc stosowano doń różne gotowe etykiety, jak modernizm, „nowa sztuka", impresjonizm, dekadentyzm, Młoda Polska, symbolizm i inne jeszcze bardziej przypadkowe. Ostatecznie najbardziej przyjęły się „Młoda Polska" i „neoromantyzm", jako określenia całości prądu, którego faza wstępna przypadła na owo ostatnie dziesięciolecie w. XIX, do którego dzisiaj stosuje się niekiedy nazwę „modernizm".

Cechą znamienną twórczości w okresie tak rozumianego modernizmu, mogącej pochlubić się wielu znakomitymi dziełami, był brak oficjalnego programu, pojawił się on bowiem nie na początku, lecz na końcu dziesięciolecia, jako odpowiedź na zarzuty stawiane młodemu pokoleniu pisarzy, pomawiające ich o dekadentyzm i sprzeniewierzanie się wielkim tradycjom przeszłości. Wtedy to w organie młodej literatury, krakowskim „Życiu" (1897 - 1900), ukazały się płomienne artykuły Quasimoda, tj. Artura Górskiego, broniące Młodej

1. Neoromantyzm, jego teoria i praktyka

Polski, jak autor nową literaturę nazywał, przed atakami przedstawicieli ciasno pojmowanego patriotyzmu, protoplastów bowiem nowego kierunku odnajdywał on w dawnych szermierzach polskiej myśli postępowej, rzekomy zaś dekadentyzm wiązał z charakterem innych czasów. Zdaniem wymownego rzecznika modernizmu, programowość nie była konieczna: „Programy niech tworzą ludzie, co chcą działać. My tego wcale nie zamierzamy. Owszem, piszemy właśnie dlatego, aby nie działać". Charakter zaś nowej awangardy ujmował tak oto: „Cechą najmłodszych w literaturze jest indywidualizm i refleksja filozoficzna, jak zaś odbywał się proces, który wywołał ten do pewnego stopnia odwrót od rzeczywistości, od idei czynu, współdziałania, tego tutaj rozbierać nie będziemy, jest to bowiem objaw mający swe uzasadnienie zarówno w zakresie naszej ewolucji politycznej lat ostatnich, jak i w prądach literatury europejskiej, odbijającej w sobie ducha czasu".

Wywody Górskiego, pod którymi na pewno nie byliby się podpisali jego bardzo wybitni rówieśnicy — Kasprowicz, Wyspiański czy Żeromski — w niespełna dwa lata otrzymały postać głośnego manifestu. Autorem tego *Confiteor* był nowy redaktor „Życia", Stanisław Przybyszewski, który zakładając, iż pismo „nie jest przeznaczone dla tych, którzy w sztuce szukają pożytku mydlarza", „ale dla artystów — niestety tak ich mało — i dla ludzi, dla których sztuka sama w sobie jest celem", odrzucał stanowisko stawiające jej takie czy inne zadania społeczne, głosił zasadę „sztuka dla sztuki", stosunek jej zaś do życia narodowego odwracał paradoksalnie w duchu skrajnych koncepcyj romantycznych:

„jest głupią niedorzecznością zarzucać artyście w naszym pojęciu beznarodowość, bo w nim najsilniej przejawia się istotny, wewnętrzny duch narodu, on jest tym mistycznym Królem Duchem, chwałą i wniebowstąpieniem narodu".

Wypowiedzi szarlatana literackiego, kreującego się królem Duchem, przez wielbicieli, którzy z odrazą patrzyli na twórczość utylitarną, poczytywanego za maga czy mesjasza, objawiciela nowych prawd, przeciwstawiła się rychło praktyka literacka. W rok zaś później „Życie", które, jego zdaniem, miało „nadal pielęgnować święty znicz sztuki dla sztuki", przestało istnieć, równocześnie zaś *Wesele* Wyspiańskiego i nawet *Sny o potędze* Staffa dowodziły, iż nowa literatura znalazła swą własną drogę, bardzo odległą od aspołecznych czy nawet antyspołecznych drogowskazów zalecanych przez „Życie".

Dziesięciolecie następne, rozpoczęte w r. 1901, było falą szczytową nowego kierunku, który w rok później Edward Porębowicz nazwał neoromantyzmem, pisarze bowiem, którzy poprzednio prowadzili pracę pionierską, obecnie dali swe dzieła najdoskonalsze, i mimo że większość z nich była w pełni sił, co zapowiadało pracę ich dalszą, neoromantyzm robił wrażenie całości skończonej i zamkniętej, co z kolei uważać było można za sygnał, iż wchodzi on w fazę schyłkową. Sygnałem tym mianowicie były trzy prace krytyczne, ogłoszone w latach 1909 - 1912, bilansujące dorobek literacki dwudziestolecia, tj. Jana Lorentowicza *Młoda Polska*, Stanisława Brzozowskiego *Legenda Młodej Polski* i Antoniego Potockiego *Polska literatura współczesna*. Pojawienie się trzech dużych dzieł, oświetlających z różnych punktów widzenia to samo zjawisko literackie, analizujących jego przebieg i oceniających jego zdobycze, automatycznie osadzało je w pewnej perspektywie historycznej i dowodziło, iż żywe jeszcze dzisiaj, powoli i nieznacznie stawało się przeszłością. Dalszy zaś przebieg życia literackiego, w którym obok czołowych twórców mijającej epoki występowali coraz częściej epigonowie-rzemieślnicy, oraz zmiany zachodzące w życiu zbiorowym, a więc dwuletni niepokój przedwojenny, następnie zaś sama wojna sprawiły, iż ośmiolecie 1911 - 1918 okazało się istotnie fazą schyłkową neoromantyzmu, koniec bowiem wojny i warunki życia zbiorowego, wśród których pojawiło się wskrzeszone państwo polskie, wymagały literatury nowej i innej.

Trzydziestoletni blisko okres trwania neoromantyzmu uwypuklił podstawowe cechy tego prądu na tyle, iż znajomość ich pozwala ocenić słuszność jego nazwy, utworzonej przez Porębowicza, a więc uczonego, który znakomicie orientował się w zjawiskach literackich ogólnoeuropejskich. Przedstawiciele tedy nowego kierunku chętnie odwoływali się do swych romantycznych przodków, do W. Blake'a i Edgara A. Poe w świecie anglosaskim, do Novalisa w germańskim, do Mickiewicza i przede wszystkim Słowackiego w polskim. Czołowy krytyk polski, Ignacy Matuszewski, wydał w r. 1902 książkę *Słowacki i nowa sztuka (modernizm)*, w której dowodził, iż najmodniejsze nowości modernizmu, tematyczne i formalne, nie były obce twórcy *Króla Ducha*. W parę lat później Artur Górski w poemacie prozą *Monsalwat* (1908) szkicował niezwykły wizerunek Mickiewicza, duchowego przywódcy nowych czasów. Zachwyty nad *Królem Duchem* pisał Przybyszewski, choć wątpić wolno, czy go czytał, a niemal równocześnie filozof Wincenty Lutosławski sporządzał wydanie *Genezis z ducha*, stosując w tej pracy najwymyślniejsze metody wydoskonalone przez badaczy Platona.

Nawrót do tradycyj romantycznych polegał na odwróceniu się od bohaterów pozytywistycznych, ludzi pracy, inżynierów i lekarzy,

1. Neoromantyzm, jego teoria i praktyka

i od socjologicznego spojrzenia na życie zbiorowe. Na scenę zarówno dramatu jak powieści wkroczyli potomkowie Konradów, Kordianów i hrabiów Henryków — artyści, malarze, muzycy, poeci, przeważnie chorzy na bezwład twórczy, by demonstrować swe tragedie psychiczne i swe przeżycia miłosne. Miejsce socjologii, jako postawy obserwacyjnej, zajęła psychologia, a niejednokrotnie psychopatologia, w słownictwie zaś miejsce uprzywilejowane zajął wyraz „dusza", przez Przybyszewskiego zwana „nagą duszą" i uznana za jedyny przedmiot godny zainteresowań twórcy. Zaprawa naturalistyczna, którą w początkach swej kariery przeszli niemal wszyscy neoromantycy debiutujący przed r. 1900, sprawiła, iż pomysły tradycyjne otrzymywały postać nową, tak że jedynie wprawne oko dostrzega tutaj odnowienie rzeczy dawnych, a nie nowości absolutne.

Do tego zaś doszedł czynnik bardzo istotny, na który od samego początku nowego prądu kładziono nacisk bardzo duży, choć ująć i wyjaśnić poprawnie go nie umiano, mianowicie stosowanie nowych środków wyrazu, zwanych symbolami, a tak powszechnych, iż od nich poszła nazwa „symbolizm" we Francji. U nas już w r. 1894 Zenon Przesmycki (Miriam) w *Wyborze pism dramatycznych* Maurycego Maeterlincka poprzedzonych dużą rozprawą, zastanawiał się nad istotą symbolu, przeciwstawiając go, jako środek wyrazu artystyczny, alegorii, której artyzmu odmawiał. Podobne stanowisko zajął Matuszewski, ale ani jemu, ani Miriamowi nie udało się uchwycić istotnej różnicy między obydwu obrazami słownymi. Polegała ona po prostu na tym, że alegoria jest układem prostym i konwencjonalnym, zależnym od mechanicznego i jednoznacznego sensu znaku stanowiącego o jej rozumieniu, symbol natomiast jest obrazem wieloznacznym, zawiłym często i niekonwencjonalnym, dopuszczającym kilka sposobów rozumienia i wskutek tego niepokojącym swą wieloznacznością. Artystyczną wymowę symbolu potęgowano jeszcze swoistym zabiegiem kompozycyjnym, zwanym nastrojem; zjawisko wyrażone za pomocą symbolu otaczano swoistą, niejasną atmosferą, na którą składały się stany uczuciowe niepokoju, lęku, grozy, przeczuć i przywidzeń niemal psychopatologicznych. Symbolowi w otoczu nastrojów wyznaczano często w utworze rolę samodzielną, zastępując nim ogniwa akcji powieściowej czy dramatycznej lub stany psychiczne, które sztuka dawniejsza wyrażała za pośrednictwem monologu czy dialogu. Wbrew zresztą kategorycznym rozgraniczeniom teoretyków — w praktyce pisarzy nawet bardzo wybitnych, a cóż dopiero rzemieślników — alegoria i symbol zachodziły na siebie i krzyżowały się, tak że w rezultacie z perspektywy lat kilkudziesięciu to, co niegdyś budziło podziw jako doskonały symbol, okazuje się zwyczajną alegorią, i to klasy niewysokiej, papierową czy drewnianą.

Wszystko to było utrwalone w chwili, gdy Przybyszewski w r. 1899 proklamował zasady „nowej sztuki"; miało jej służyć „Życie", które w dwu wcześniejszych rocznikach robiło to tak, że niewiele sensacji mogło dorzucić po manifeście redaktora, literatura zaś poczęła coraz wyraźniej wkraczać na szlaki z zasadami jego niezupełnie zgodne, wyznaczone przez praktykę pisarzy takich, jak Kasprowicz i Wyspiański, którzy nowe swe dzieła drukowali w „Życiu" z r. 1899, czy autor pisanych w tym właśnie roku *Ludzi bezdomnych*, Stefan Żeromski. Około r. 1900 mianowicie w twórczości neoromantycznej wystąpił z taką siłą nurt narodowo-społeczny, że przesłonił całkowicie hasło „sztuka dla sztuki", które wprawdzie na papierze obowiązywało nadal, które jednak zmieniło swe znaczenie.

Dziesięciolecie bowiem, na które przypadła fala wstępna neoromantyzmu, było okresem utrwalenia się nowych kierunków w życiu polityczno-społecznym i literatura obok tych spraw nie przeszła obojętnie. Przede wszystkim więc rozrósł się i spotężniał ruch narodowy, skupiony głównie w Galicji, ale zgodnie ze swym programem „wszechpolskim" obejmujący również Królestwo i Poznańskie wraz ze Śląskiem. Ruch ten, korzeniami tkwiący w Warszawie, w środowisku związanym z redakcją „Głosu", ogarniał przede wszystkim inteligencję zawodową i mieszczaństwo, prowadził jednak równocześnie akcję polityczną nie tylko w Galicji, ale również za kordonem rosyjskim. Nim przeobraził się w stronnictwo narodowodemokratyczne i wytworzył ideologię nacjonalistyczną („endecką"), nawiązywał do demokratycznej ideologii Wielkiej Emigracji, której czynną ekspozyturą było muzeum w Rapperswilu w Szwajcarii, a za której ostatniego reprezentanta poczytywano Jeża. W środowisku tym pracowali i z puścizną emigracyjną stykali się na co dzień dwaj kielczanie — Zygmunt Wasilewski, w niedługim czasie filar endecji lwowskiej, i Stefan Żeromski.

Środowisku temu zawdzięczał wiele również niestrudzony historyk myśli politycznej, stworzonej przez emigrację, Bolesław Limanowski, który jednak ostatecznie poszedł w kierunku innym, jako szermierz socjalizmu polskiego, reprezentowanego przez PPS, a więc stronnictwa, które w programie swym łączyło zasady walki klasowej z walką o odzyskanie niepodległości. Socjalizm, nastawiony głównie na działanie w Królestwie — dwa bowiem inne zabory nie miały przemysłu i nie wytworzyły klasy robotniczej — promieniował jednak z Krakowa, gdzie wychodził dziennik „Naprzód", jedyne na ziemiach polskich legalne pismo socjalistyczne, któremu towarzyszył

Marya Konopnicka.

W PIWNICZNÉJ IZBIE.

WYDAWNICTWO

na korzyść

KOLONII LETNICH

DLA BIEDNYCH SŁABOWITYCH DZIECI.

WARSZAWA.

SPRZEDAŻ GŁÓWNA W KSIĘGARNI

Teodora Paprockiego i S-ki.

41. Nowy-Świat 41.

1888.

Karta tytułowa tomiku wierszy Konopnickiej, wyd. 1888

Kazimierz Przerwa-Tetmajer, fot.

1. Neoromantyzm, jego teoria i praktyka

miesięcznik literacki „Krytyka", skupiający pisarzy postępowych, niezależnie od ich poglądów politycznych.

Lwów natomiast, siedziba Narodowej Demokracji, był równocześnie ośrodkiem radykalnego ruchu ludowego, w którym wybitną rolę odgrywał redaktor „Kuriera Lwowskiego", Bolesław Wysłouch. Warunki jednak etniczne sprawiły, iż ruch ten ostatecznie skupił się w Krakowie, gdzie w oparciu o tradycję działalności Stanisława Stojałowskiego mógł rozwinąć ożywioną działalność, rosnącą z każdym rokiem aż do wybuchu pierwszej wojny światowej.

Obojętna, czy pisarze neoromantyczni należeli czy nie należeli do stronnictw narodowych, socjalistycznych czy ludowych, faktem jest, że wobec otaczających ich ruchów polityczno-społecznych nie zachowali się obojętnie i w czasie bardzo niedługim ruchy te na ich działalności poczęły odbijać się w sposób całkiem wyraźny.

Stosunki te układały się niekiedy wręcz zabawnie. Ponieważ Żeromski uchodził za sympatyka socjalizmu, dzienniki ruchowi temu wrogie — obojętna, stańczykowski „Czas" w Krakowie czy lwowski organ endecji „Słowo Polskie" — miały specjalnych recenzentów, którzy nielitościwie „tępili" autora *Dziejów grzechu*. Równocześnie zaś pisarze pochodzenia ludowego, Kasprowicz lub Orkan, związani z „Kurierem Lwowskim", drukowali swe dzieła również w dziennikach narodowo-demokratycznych i niewiele mieli wspólnego ze zorganizowanym politycznie ruchem ludowym. Nie oznaczało to jednak obojętności na zjawiska społeczne ani chronienia się pod skrzydła „orędowniczki naszej, sztuki", jakkolwiek sprawiało, iż ustalenie związku głośnych nawet dzieł literackich z ówczesnym życiem politycznym, związku nawet wprost namacalnego, nie było i nie jest zadaniem łatwym.

Stosunki te wyklarowały się dopiero po wybuchu rewolucji r. 1905. Wówczas to powstała przysłowiowa barykada, po której przeciwnych stronach znaleźli się przeciwnicy i zwolennicy rewolucji; do ostatnich należeli pisarze-socjaliści: Wacław Sieroszewski, Andrzej Strug i Gustaw Daniłowski, towarzyszył im zaś autor *Róży*, Żeromski, Berent i wielu innych, przy czym wypadek ostatni miał szczególną wymowę, wcześniejsza bowiem powieść autora *Oziminy* była dziełem pisarza na problematykę polityczno-społeczną zupełnie obojętnego.

Posiew jednak Przybyszewskiego — czy raczej zasady, które w jego *Confiteor* znalazły wyraz — nie padł na skałę. Pisarze neoromantyczni, wrażliwi na zjawiska społeczne, unikając egotyzmu estetycznego głoszonego przez rzecznika hasła „sztuka dla sztuki" samemu hasłu pozostali w jakimś stopniu wierni. W dziełach swych nie zniżali się do utylitaryzmu, nie uprawiali tendencji, usiłowali — i to z powodzeniem — utrzymać się na wysokim stopniu artyzmu.

Zdarzało się oczywiście, iż niektórzy pisarze, zwłaszcza u schyłku swej kariery, dawali rzeczy słabe; bywało, że inni, zwłaszcza satyrycy, uprawiali „pamflet, gwizdaną kronikę czasów bieżących", gdzie forma literacka służyła treściom nieliterackim; były to jednak wyjątki. Na ogół zaś pisarze neoromantyczni, przede wszystkim czołowi, a bardzo często również dalszorzędni, wkładali w swą pracę tyle dobrej woli i rzetelnego wysiłku, iż dorobek ich z perspektywy półwiecza budzi żywe zainteresowanie.

2. TADEUSZ MICIŃSKI I FANTASTYKA NEOROMANTYCZNA

Jednym z wysoce charakterystycznych wiązadeł, łączących neoromantyzm z romantyzmem, było upodobanie przedstawicieli nowego prądu w fantastyce, jakkolwiek na pierwiastek ten w rozważaniach teoretycznych nie kładziono zbytniego nacisku. W postaci znanej z romantycznych ballad, wywodzącej się z folkloru wiejskiego, zaludnił on wiele dzieł dramatycznych, wystąpił w niejednej opowieści, przewijał się również w balladzie neoromantycznej. Równocześnie jednak ukazywał się w postaci wyższej, wysublimowanej, jako dziwność psychologiczna, przedmiot apelujący do uwagi raczej psychiatry aniżeli folklorysty. I ten właśnie rodzaj dziwności zasiał w kulturze neoromantycznej pisarz poczytywany za prawodawcę nowej sztuki, „arcykapłan Antychrysta", inaczej „satanista polski", Przybyszewski.

Stanisław Przybyszewski (1868 - 1927), Kujawiak, trochę student uniwersytetu, trochę dziennikarz, zdobył sobie uznanie w kołach cyganerii berlińskiej nie tyle paru tomami prozy powieściowej i poetyckiej, co brawurowym wykonywaniem utworów Chopina. W aureoli geniusza przybył do Krakowa, gdzie objął redakcję „Życia" i gdzie z miejsca wywołał zgorszenie bogobojnych ojców rodzin, a zachwyty młodych kandydatów na artystów. Orgie pijackie w modnym kabarecie i w mieszkaniu, towarzyszące im samobójstwa, przeróżne skandale wreszcie rozsławiły Przybyszewskiego jako znakomitego pisarza, podziwianego i poza Polską, w Czechach i Rosji, i jako inicjatora i inspiratora nowej sztuki. Sceptycy mieli tu swe zastrzeżenia. Chmielowski dowodził płytkości rzekomo filozoficznych pomysłów Przybyszewskiego, Lutosławski w broszurze *Bańki mydlane* traktował go jako szalbierza literackiego, a podobnie patrzył na tego „mieczyka kawiarnianego" młody satyryk, Nowaczyński. Sceptykom jednak nie wierzono i dopiero w trzydzieści lat później Boy obalił legendę o znaczeniu Przybyszewskiego w literaturze i kulturze polskiej, ukazując jej autentyczną podszewkę, prawdę o człowieku, którego dzieła przestano od dawna wystawiać i czytać, ale nie

2. Tadeusz Miciński i fantastyka neoromantyczna

przestano chwalić. Rzekomy wpływ zaś pisarza na otoczenie, które — według trafnej formuły Boya — było „raczej sektą niż skupieniem literackim", nie był ani jedyny, ani bezprzykładny. Wszak w tym samym Krakowie istniała analogiczna sekta „Elsów", którym przewodził popularny profesor uniwersytetu, osobisty wróg Przybyszewskiego, filozof Wincenty Lutosławski. Osobliwy ten apostoł był nowym wcieleniem „Mistrza Andrzeja" i wskrzesicielem zapomnianego, zdawałoby się, mesjanizmu. Podobne — choć w innej skali — typy znano podówczas i we Lwowie, i w Warszawie. Byli to przeosobliwi potomkowie bohatera *Bez dogmatu*, „geniusze bez teki", ludzie o niezwykłym uroku osobistym i dużej kulturze umysłowej, czarodzieje błyskotliwego słowa, dotknięci jednak klęską nieproduktywności, zwanej dekadentyzmem.

W literaturze zaś Przybyszewski zapisał się jako autor szkiców formułujących zadania nowej sztuki, jako powieściopisarz i dramaturg. Otrzaskany dzięki dyskusjom kawiarnianym z romantyczną filozofią niemiecką, na jej trzonie zbudował swój system poglądów na sztukę i twórczość artysty. Wychowani na systemie Kanta filozofowie głowili się nad odgadnięciem niepoznawalnej istoty bytu, zwanej absolutem. Przybyszewski zagadkę rozwiązywał bez większych trudności (w książce z r. 1900 *Na drogach duszy*):

> „Sztuka jest odtworzeniem tego, co jest wiecznym, niezależnym od wszelkich zmian lub przypadkowości, niezawisłym ani od czasu, ani od przestrzeni, a więc odtworzeniem istotności, tj. duszy. I to duszy, czy się we wszechświecie, czy w ludzkości, czy w pojedyńczym indywiduum przejawia. — Sztuka nie ma żadnego celu, jest celem sama w sobie, jest absolutem, bo jest odbiciem absolutu: DUSZY".

Sens tego bełkotu pseudofilozoficznego był wieloznaczny. Pozwalał on m. in. traktować sztukę jako religię, z tym doniosłym zastrzeżeniem: „a kapłanem jej artysta", z wszystkimi oczywiście przywilejami stanu kapłańskiego. Sens ten dalej podkreślał doniosłość zjawisk i związanych z nimi zagadnień, które Przybyszewski pierwszy dostrzegł i których doniosłość intuicyjnie uchwycił. Za podstawowe zadanie artysty poczytując służbę duszy-absolutowi, wykonanie tego zadania widział w opisywaniu tego, co nazywał „nagą duszą", a co oznaczało ni mniej ni więcej, jak tylko zjawiska podświadomości, którymi — z różnych oczywiście punktów widzenia — zajmowali się podówczas Bergson i Freud. Oczom pisarza polskiego sprawy te ukazywały się w wymiarach apokaliptycznych, ponadfantastycznych. Życie psychiczne występowało tu jako „ocean wewnętrzny, morze tajni i zagadek, kędy się wichrzą dziwaczne burze", lub jako „splątane i powikłane krużganki, grobowce wspomnień życia przed życiem, podziemne kurytarze, do których jeszcze nigdy nie wniknęło światło". Światło to zresztą pisarz, który miał trochę wykształcenia biologicznego, znalazł w popędzie płciowym, który nazwał „chucią" i za którego twórcę uznał szatana. Ten odwieczny mąciciel stosunków ludzkich, demon ze skrzydłami nietoperza, wywołał wieczyste rozdwojenie pierwiastków męskiego (aner) i żeńskiego (gyne), dążących do powstania jedności, „bezpośredniej androgyny".

W taki sposób, przez skrzyżowanie mitu biblijnego z konceptem Platona i prymitywnymi poglądami biologów nowoczesnych, powstał system filozoficzny Przybyszewskiego, stanowiący podstawę jego utworów literackich, dramatycznych i powieściowych oraz jego poematów prozą. Skrzyżowanie to było równocześnie pomostem między fantastyką a realizmem wręcz naturalistycznym. Przybyszewski bowiem, stosunkami osobistymi związany z „Młodą Skandynawią", w dramatach swych (*Dla szczęścia, Złote runo, Matka*), kroczył szlakiem modnych podówczas w całej Europie Ibsena i Strindberga, wykazując się równocześnie talentem własnym, techniczną umiejętnością komponowania dzieł dramatycznych, dzisiaj zapomnianych. Nielepiej wygląda tuzin z okładem jego powieści. Poza *Synami ziemi* (1904), odtwarzającymi czasy jego tryumfów krakowskich, reszta należy dziś do lamusa czy magazynu muzealnego, do którego sięga jedynie badacz minionych zjawisk literackich.

W rezultacie z obfitego, w wydanie zbiorowe nie ujętego dorobku Przybyszewskiego jedna tylko grupa dzieł może pretendować do godności pozycji trwalszej, mianowicie jego poematy prozą (*Z cyklu Wigilii* 1899, *Nad morzem* 1899, *Androgyne* 1900, *Requiem aeternam* 1904). Tematycznie monotonne, prawiące o tęsknocie miłosnej pojmowanej jako potęga żywiołowa, łączą one akcenty ekstatycznej miłości z tonacją żarliwej modlitwy, dzwonią pogłosami biblijnej *Pieśni nad pieśniami* i starych hymnów, to znów przechodzą w zawodzenie litanijne. Pisarz, który interesował się średniowieczem i demonologią, jemu prawdopodobnie zawdzięczał pomysł łączenia erotyku z modlitwą; dla wyrażenia zaś tego osobliwego związku, spotykanego zresztą i za czasów baroku, utkał szatę słowną tak bogatą, iż podobnej nie znajdzie się u najbardziej nawet kwiecistych poetów barokowych. Tutaj też, w utworach dowodzących na każdej karcie, iż twórca ich był muzykiem, pojawiają się w barbarzyńskiej wprost obfitości popisy synestetyczne, okazy „barwnego słyszenia" w rodzaju zwrotów, jak „płonący krzyk", „czarny jęk", a więc koncepty stylistyczne, podziwiane jako jedno ze szczytowych osiągnięć sztuki symbolistów. Inna sprawa, że te barwne girlandy słowne kryją nikłość, płytkość i monotonię myśli. W tonie tych utworów utrzymany jest również szkic zatytułowany *Syn ziemi* bądź *Z gleby kujawskiej*, niezwykła sylweta Jana Kasprowicza. Przyjacielowi i krajanowi, któremu odbił żonę, Przybyszewski hojnie zapłacił entuzjastycznym hymnem ku jego czci, wynoszącym Kasprowicza na szczyty ówczesnej poezji światowej.

Ekstaza religijno-erotyczna twórcy *Nad morzem* oddziaływała na pisarzy odeń młodszych, zwłaszcza na kobiety, upajające się wonią zmysłowych słów literackiego uwodziciela. Ze sporego grona jego wielbicielek jedną przynajmniej wymienić tu trzeba, tj. M a r i ę K o m o r n i c k ą (1876 - 1949), która umiejętność pisania litanijnych poematów prozą łączyła z bystrością dobrego krytyka literackiego; praca literacka była, niestety, drobnym tylko epizodem w jej długim życiu człowieka gnębionego nieszkodliwą dla otoczenia, dla niej zaś zabójczą chorobą psychiczną. Z męskich zaś wielbicieli autora *Synów ziemi* duże zainteresowanie wywołał A n t o n i S z a n d l e r o w s k i (1878 - 1911), zbuntowany ksiądz, autor ekstatycznych dramatów, łączących przeżycia seksualne z religijnymi oraz w tym samym tonie utrzymanych listów miłosnych.

Nad wszystkich tych rzemieślniczych naśladowców Przybyszewskiego i nad niego samego wybił się jeden z najbardziej dziwacznych i najbardziej niezwykłych pisarzy neoromantycznych T a d e u s z M i c i ń s k i (1873 - 1918). Stosunki z autorem *Na drogach duszy*, głoszącym, iż pisarz polski jest „królem Duchem, chwałą i wniebowstąpieniem narodu", uświadomiły Micińskiemu jego odrębną drogę twórczą, polegającą na rozszyfrowywaniu własnej psychiki, uznanej za niezwykle wrażliwy odbiornik fal stanowiących o życiu zbiorowym narodu i ludzkości.

Takie stanowisko, przypominające postawę Słowackiego w końcowym stadium jego twórczości, pozwoliło Micińskiemu ukazać niezwykłe bogactwo swej jaźni, jak nazywano podówczas osobowość — jaźni typowego mistyka. Rozległe zainteresowania poznawcze, rozległe oczytanie w różnych dziedzinach myśli ludzkiej, ambicje wreszcie społeczne odbiły się na twórczości Micińskiego, odbiegającej znacznie od tego, co dawali czytelnikowi jego rówieśnicy. Obejmowała ona m. in. zagadkowe dziedziny modnej podówczas „wiedzy tajemnej", okultyzmu, odwołującego się do źródeł hinduskich, w kulturze zaś europejskiej skupiała się na zagadnieniach pokrewnych, religiologicznych i demonologicznych — a więc i pod tym względem zbliżała się do puścizny filozoficznej twórcy *Króla Ducha*. Jak w całości przedstawiał się system poglądów Micińskiego, odpowiedzieć dzisiaj jeszcze nie umiemy, naukowo bowiem nikt tej sprawy nie zbadał, przygodne jednak obserwacje pozwalają przypuścić, że nie był on odosobniony w Europie ówczesnej i że odznaczał się swoistą konsekwencją. Gdy zaś nadarzyła się okazja do wystąpienia publicznego, Miciński nie omieszkał z niej skorzystać i pod koniec pierwszej wojny światowej brał czynny udział w organizowaniu polskiej siły zbrojnej w Rosji i tam zginął w odmęcie rewolucji.

Właściwą swą karierę rozpoczął on od wydanego w r. 1902 tomiku pod znamiennym tytułem *W mroku gwiazd*. Zbiorek, bardzo różny od obfitej produkcji lirycznej początków stulecia, uderzał niezwykłością samej tematyki i rzadko spotykanym poziomem artystycznym. Galeria tytanów „strąconych z niebios", jak Orland Szalony, Kain, Lucyfer, „król w Osjaku", witeź Włast czy Bojan, zanurzonych w wieczyste mroki, zasłuchanych w posępne tony „mszy żałobnej", w huk burzy górskiej lub szaleństwo żywiołu morskiego, patronuje poecie, który występuje tutaj jako szermierz spraw przegranych a jednak mających przyszłość i przybiera postawę, na jaką nie byle kto mógł sobie pozwolić:

Nie pragnę słońca — osamotniony —
Z krzykiem złowieszczym upiornych snów.
Bogowie mogił — jam był pojony
jak wy — ambrozją — i mlekiem lwów.

Równocześnie wyznania owych tytanów otrzymywały tu niekiedy postać wypowiedzi tak doskonałych, iż zestawiać je można z najgłośniejszymi arcydziełami liryki światowej.

Zbiór *W mroku gwiazd* był przedsionkiem wiodącym w świat poezji filozoficznej Micińskiego, wyłożonej prozą w jego dziełach dramatycznych i powieściowych. Pisarz mianowicie, rozmiłowany w gnostykach, kabalistach, okultystach, mistykach i poszukiwaczach Boga, całą siłę myśli i wyobraźni skupił na zagadnieniu Dobra i Zła, pojmowanych jako zjawiska metafizyczne, oglądane przez pryzmat tego, co nazywał lucyferyzmem. Lucyfer był dla niego tragicznym wyrazem Mądrości absolutnej, boskiej, uwikłanej i zagubionej w wielorodnych postaciach materii i daremnie usiłującej zgłębić swą własną istotę, tragicznej siły, która nie zna ani własnego celu, ani własnego zakresu. Z tego stanowiska, łączącego antyczne wierzenia z koncepcją absolutu w systemie Schopenhauera, byt w oczach Micińskiego ukazywał się jako odwieczne zmaganie się przeciwstawnych sił, kształtujących dzieje ludzkości.

Na wyżyny, na których obce te pierwiastki zlewają się w jedność, wzbić się może i człowiek, do doskonałości rozwijający swą jaźń przez heroizm cierpienia i przede wszystkim heroizm walki. W ten sposób w systemie Micińskiego wystąpiły pomysły pokrewne poglą-

2. Tadeusz Miciński i fantastyka neoromantyczna

dom arian polskich, upatrujących w Chrystusie najdoskonalszą postać człowieka, twórcy własnej wielkości duchowej, przy czym wykluczyć się nie da, że pomysły te pisarz zawdzięczał myślicielom rosyjskim i ich koncepcji „człowiekoboga".

Jakaś część systemu Micińskiego, który rozszyfrować jest bardzo trudno, nigdy bowiem nie został wykończony ostatecznie, a obfitował w mnóstwo ślepych torów, doszła do głosu w dramacie *Kniaź Patiomkin* (1906), osnutym na dziejach buntu marynarzy rosyjskich na pancerniku noszącym tę nazwę, poczytywanego za zwiastuna przewrotu rewolucyjnego, buntu z miejsca zduszonego. Dla dramaturga wybuch na pancerniku był przejawem walki owych sił Dobra i Zła, nurtujących życie Rosji i niejednokrotnie charakteryzowanych przez jej wielkich pisarzy. Połączenie jednak pierwiastków filozoficznych i realistycznych nie dało wyników zadowalających, dramat o rewolucji nie udał się Micińskiemu i pozostał tylko dokumentem wielkich i ambitnych jego zamierzeń twórczych.

Zamierzenia te udało mu się natomiast zrealizować w tragedii z dziejów Bizancjum w. X, zatytułowanej *W mrokach złotego pałacu czyli Bazylissa Teofanu* (1909). Na tle intryg dworskich, zakończonych rewolucją pałacową i zamordowaniem „kosmokratora", cesarza, wyobraźnia pisarza wyczarowała postać „madonny piekieł", „gamratki w purpurze", bazylissy, stanowiącej o losach potężnego państwa. Tragedia jej polega na tym, że własną drogę znajduje ona za późno, by móc wejść na nią, po śmierci bowiem męża, do której mimowolnie się przyczyniła, nie pozostaje jej nic innego, jak pokuta w mrokach posępnego klasztoru.

Szlak twórczy Micińskiego wiódł go nieuchronnie od spraw dalekich i obcych do problemów własnego narodu. Dwa ogromne tomy, w ramach powieści wprowadzające duże traktaty, ukazały stosunek autora *Kniazia Patiomkina* do otaczającej go rzeczywistości polskiej i jej palących zagadnień.

Pierwszy z nich, *Nietota. Księga tajemna Tatr* (1910), to syntetyczna wizja życia polskiego w początkach w. XX, rzucona na tło Tatr, symbolicznej stolicy narodu bez państwa, Tatr oblanych morzem mroku, wyżynnej krainy, w której rozgrywa się walka Dobra i Zła, wcielonych w syna światła, Ariamana, i jego demonicznego przeciwnika, małpoluda Mangra. Ariaman i jego towarzysze, mieszkańcy Turowego Rogu, to przedstawiciele wszystkich szlachetnych i postępowych aspiracji Polski, de Mangro natomiast wciela całe zło nurtujące głąb życia narodowego. Powieść ma charakter „roman à clef" (powieści z kluczem), wprowadza bowiem ludzi i sprawy, które łatwo odpoznać. Turów Róg więc to Zakopane, Mędrzec Zmierzchoświt to Stanisław Witkiewicz, Ariaman to osobnik wykazujący wiele rysów autora, de Mangro w niejednym szczególe przypomina Wincentego Lutosławskiego, a podobnych ustaleń da się zrobić niewątpliwie dużo więcej. Dzięki temu *Nietota*, powieść arcyfantastyczna, wykazuje duży osad szczegółów nadający jej zabarwienie wyraźnie realistyczne.

Z zagadnień rozważanych w powieści na miejsce naczelne wysunęła się sprawa religii polskiej, katolicyzmu i jego roli w życiu narodu. I rzecz znamienna, Miciński z całą pasją wystąpił przeciw Rzymowi i papiestwu, piętnując Piusa X jako „dusz sułtana" i „bezwiednego sługę szatana" i głosząc, iż Polska nie ma już busoli moralnej w katolicyzmie. „Było to kiedyś życiem. Teraz kościół polską krainę ugniata i nie daje wyjść na góry, w oświetlone łęgi i pracować nad przyszłością świata". Syntetyczna nowa religia ludzkości, proklamowana przez pisarza, zrywa ze Starym Testamentem, określonym jako „ciekawe skądinąd dla socjologii żydowskie opowieści", i chrystianizm usiłuje związać z tradycjami indyjskimi, przy czym stosunek pisarza do Chrystusa jest pozytywny, jak dowodzi jego książka *Walka o Chrystusa* (1911), wymierzona przeciw Andrzejowi Niemojewskiemu i jego wywodom religiologicznym.

Takich roztrząsań-traktatów jest w *Nietocie* sporo i łączą się one z serią przygód przypominających dzieła J. Verne'a, na kartach powieści bowiem są podróże łodzią podwodną i aeroplanem, wraz z mnóstwem pierwiastków fantastycznych, jak czarne msze i akty magiczne, dzięki czemu „Mahabharata Tatr" robi wrażenie powieści niesamowitej, operującej tym, co Żeromski we wspomnieniach poświęconych Micińskiemu określał jako kubistyczną deformację rzeczywistości. Powieść wskutek przeładowania składnikami nie zawsze zharmonizowanymi, często niejasna, wydaje się, mimo pół tysiąca stronic, dziełem nie zamkniętym. Istotnie też autor pracował nad jej ciągiem dalszym, powieścią osnutą na tle wojen bałkańskich, noszącą tytuł *Żywia słoneczna*. Do głosu dochodziły tu zapewne koncepcje słowianofilskie Micińskiego, dotyczące przede wszystkim Rosji i jej roli w świecie.

Wystąpiły one w równie dużej powieści *Xiądz Faust* (1913), rozmiarami, układem, problematyką i charakterem zbliżoną do *Nietoty*. Jak tam, tak i tutaj autor dał „powieść masońską", ukazującą wtajemniczanie przez mistrza w arkana wiedzy magicznej młodego adepta. Mistrzem jest tutaj proboszcz w zapadłej mieścinie poleskiej, adeptem więzień polityczny, konwojowany przez żandarmów. Inicjacja odbywa się w ciągu nocy wigilijnej, przechodzi przez stadia znane systemom okultystycznym i kończy się wyzwoleniem więźnia podczas kazania, które ks. Faust przypłaca życiem. Nauka tego kapłana religii nowoczesnej obejmuje wiedzę zwalczania Zła i głosi

2. Tadeusz Miciński i fantastyka neoromantyczna

braterstwo ludów polskiego i rosyjskiego, umożliwione przez wybuch rewolucji, braterstwo konieczne, by obydwa narody „uzbroić do walki z nawałem toczącej się chmury niemieckiej", jak Miciński rzecz ujmował już w *Nietocie*. Gdy zaś zapowiadane niebezpieczeństwo stało się faktem, twórca *Xiędza Fausta* wydrukował w r. 1914 poemat *Widmo Wallenroda*, sprzedawany jako ulotka, ukazująca w blaskach apokalipsy chwilę, gdy „powstają ludy z wiekowego zgliszcza".

Istotę sztuki Micińskiego, nie znanej w całej pełni — z jego bowiem papierów pośmiertnych wydano zaledwie dwie powieści (*Mené-Mené-Thekel-Upharisim!*... i *Wita*) — najtrafniej może ujął Stanisław Brzozowski w formule ukazującej to, co było i wielkością, i słabością twórcy *Nietoty*, szaleństwo fantazji wiodące na szczyty zagubione w mrokach: „Miciński jeździ jak jakiś magnat z apokalipsy — wszystkie bestie dziejowego i czarodziejskiego chowu paradują tu, jak na sądzie ostatecznym. Wygląda to na wielki, powietrzny pościg czarownic nad Polską". Trafność tej formuły polega na zaznaczeniu, iż w twórczości autora *Widma Wallenroda* nie tylko że fantastyka wysunęła się na miejsce naczelne, ale że — podobnie jak u wielkich romantyków polskich — miała ona charakter nie dekoracyjno-folklorystyczny, lecz apokaliptyczny. Pomysły zaś apokaliptyczne niemal zawsze nacechowane są wielkością, niedarmo pociągały one mistrzów klasy Dantego i Michała Anioła, ale wielkość ta dostępna jest czytelnikom wyjątkowym, mającym odpowiednie przygotowanie, stąd dzieła apokaliptyków na popularność liczyć nie mogą i budowniczowie „nadgwiezdnych miast", a za jednego z nich Miciński się uważał, obarczeni są klątwą samotności i niezrozumiałości. A gdy w formie wizyj apokaliptycznych usiłują wyrażać i narzucać swe poglądy, siła ich staje się słabością, niełatwo znajdują adeptów, godnych wtajemniczenia.

Adeptów tych nie znalazł i Miciński, choć miał naśladowców, których pomysły wyglądały nieraz na mimowiedne parodie jego obrazów poetyckich. Jedynym może wyjątkiem był tu T a d e u s z N a l e p i ń s k i (1885 - 1918), pisarz doskonale zżyty z symbolizmem rosyjskim, lubującym się w zagadnieniach spotykanych w twórczości Micińskiego. Zagadnieniom tym Nalepiński poświęcił szkic pod tytułem *On idzie! Rzecz o Królu-Duchu Rosji* (1907), za który na uniwersytecie praskim otrzymał doktorat z rąk znakomitego slawisty i polityka, Masaryka, późniejszego prezydenta rzeczypospolitej czechosłowackiej. „Królem-Duchem" zrobił tutaj Dostojewskiego, którego ówcześni krytycy, w rodzaju Dymitra Mereżkowskiego, charakteryzowali nie tyle jako powieściopisarza, co jako potężnego twórcę ideologii przyświecającej narodowi rosyjskiemu na jego szlaku dziejowym, a więc jako postać bardzo bliską magom z powieści Micińskiego. Nalepiński w r. 1910 wydał poemat *Chrzest, fantazja polska*, zgrabnie w oktawy ujętą plecionkę pomysłów zapożyczonych od Wyspiańskiego, Żeromskiego i Micińskiego; nie mógł się sam zdecydować, czy formułka „z Prometeuszów rodu — ja Lechita", czy też śnienie o mocy określa jego postawę poetycką. Z rzeczy jego późniejszych ani zbiorek nowel *Śpiewnik rozdarty* (1914), ani poemat *Ave patria*, kronika legionów Piłsudskiego, piękne jako wyraz patriotyzmu autora, nie wniosły do jego twórczości akcentów znanych z dzieł jego mistrza.

Do grona adeptów Micińskiego włączyć można również znanego później działacza spółdzielczego i komunistycznego, J a n a H e m p l a (1877 - 1937), który w ogłoszonych w Kurytybie *Kazaniach piastowskich* (1912) usiłował pogodzić naukę Chrystusa z zasadami nietscheańskiego nadczłowieka. Dzieło to, podobnie jak inne wystąpienia młodych pisarzy, dowodziło, iż autor *Nietoty*, nawiązujący do tradycji arian polskich, w swych atakach na katolicyzm nie był osamotniony i że może w tej właśnie dziedzinie trafiał na wdzięcznych odbiorców.

3. KAZIMIERZ TETMAJER I LIRYKA NASTROJOWA

Brak poprawnego rozeznania w tym, co zachodziło w literaturze europejskiej, i naturalna pogoń za nowościami sprawiły, iż neoromantyzm polski w swej fazie wstępnej, w dziesięcioleciu modernizmu, wchłaniał najrozmaitsze pierwiastki obce, przyswajane za pośrednictwem przekładów i w dziedzinie liryki szukał drogi własnej, na którą ostatecznie wkroczył w twórczości lirycznej Kazimierza Tetmajera. Drogę tę jednak przygotowywali i torowali poeci inni, łączący pracę przekładową i krytycznoliteracką, dzięki czemu uchodzili za twórczych pionierów i przedstawicieli nowego prądu.

Dotyczy to przede wszystkim Z e n o n a P r z e s m y c k i e g o (1861 - 1944), ogłaszającego swe prace pod pseudonimem Miriam. „Odważny misjonarz piękna", jak go nazywano, z wykształcenia prawnik, z zainteresowań zbieracz przeróżnych osobliwości, poczynając od rękopisów Hoene-Wrońskiego i Norwida, debiutował w r. 1893 sporym tomem *Z czary młodości*, który określił jako „liryczny pamiętnik duszy", choć były to tylko ćwiczenia w kaligrafii wierszopiskiej, pozbawione liryzmu i plastyki, co nie przeszkadzało, iż autor uchodził za znakomitego poetę. Zdolności poetyckich zresztą dowiódł jako tłumacz poetów czeskich i francuskich oraz belgijskich, przy czym *Wybór pism dramatycznych* Maeterlincka (1894), poprzedzony dużym

3. Kazimierz Tetmajer i liryka nastrojowa

studium Miriama o symbolizmie, był istotnie pozycją doniosłą. Przede wszystkim jednak Miriam, znalazłszy anonimowego mecenasa w bankierze Leopoldzie Welliszu, wsławił się jako redaktor „Chimery" (1901 - 1907), czasopisma, które w dziesięciu tomach przyniosło mnóstwo dzieł oryginalnych i przekładów, i dzięki wspaniałej szacie graficznej ustaliło bardzo wysoki poziom artystyczny nowej sztuki, głoszącej „zupełną beztendencyjność i skrupulatne hołdowanie najczystszemu, jakie sobie możemy wyobrazić, pojęciu sztuki dla sztuki". Swoistego uroku pismu, które rychło zmieniło się w szkółkę młodych talentów, uprawiających nie tyle sztukę, co sztuczność, dodawał patronat Norwida, którego Miriam odkrył i pasował na głosiciela zasad, rzekomo realizowanych przez „Chimerę", choć naprawdę z poglądami samotnika paryskiego miały one niewiele wspólnego. Wytworne, ale snobistyczne czasopismo warszawskie stało się przedmiotem ataków i Stanisława Witkiewicza, który Miriamowi zarzucał sianie „pustych, bezmyślnych frazesów", i Stanisława Brzozowskiego, który w r. 1904 stoczył z nim gwałtowną kampanię, zarzucając mu aspołeczny arystokratyzm estetyczny.

Wielkie rzekomo zasługi Przesmyckiego jako pioniera kultury estetycznej rzuciły cień na niezwykłe prace jego rówieśnika, **Antoniego Langego** (1861 - 1929), znakomitego poety, krytyka literackiego i rzetelnego budowniczego polskiej kultury literackiej, opartej na bardzo rozległej znajomości kultury światowej. Jego *Studia z literatury francuskiej* (1897), wśród których znalazł się szkic o symbolizmie z r. 1889, rozpoczęły serię prac, zakończoną w r. 1927 tomikiem *Pochodnie w mroku*, przynoszącym świetne sylwetki Żeromskiego, Reymonta i Kasprowicza. Niestrudzony badacz i popularyzator poezji światowej, od arcydzieł sanskryckich do parnasistów i symbolistów francuskich, nie tylko pisał o nich, ale udostępniał je w przekładach wręcz mistrzowskich, odtwarzających osobliwości składniowe i rytmiczne oryginałów.

Jako twórca samodzielny Lange nie spotkał się z uznaniem. Dwa tomy jego *Poezyj* (1895, 1898) przyjęto milczeniem, jakkolwiek przynosiły one utwory klasy bardzo wysokiej. Były tu tedy wspaniałe ballady osnute na motywach głośnych bajek i pieśni ludowych (*Powieść o Waligórze i Wyrwidębie*, *Powięść o planetniku*), były dalej znakomite rozprawki z dziedziny sztuki poetyckiej (*Pieśń o słowie*, *Rym*), były wreszcie liryki odtwarzające życie osobiste pisarza i życie zbiorowe jego epoki. Poezje te nie trafiły do gustu czytelnikowi rozmiłowanemu w łatwym ekshibicjonizmie psychicznym, pospolitym w liryce ówczesnej, były zbyt rygorystyczne i trudne, opinia zaś, iż Lange był więcej myślicielem niż poetą, a więcej literatem niż myślicielem, sprawiła, że zbiorki jego późniejsze, aż po wydany pośmiertnie *Gdziekolwiek jesteś* (1931), nie cieszyły się uznaniem; zgorzkniały pisarz drukował je w bardzo małym nakładzie i zabraniał, by je recenzowano.

Płytka zaś opinia o Langem-literacie była poniekąd uzasadniona okolicznością, iż poeta, obcując przez długie lata z myślą cudzą, zarówno w utworach epickich jak w dramatach uciekał się do osobliwych eksperymentów, wprowadzał znane postaci literackie w nowych sytuacjach i środowiskach, zaskakując niezwykłością zestawienia; tak w *Wenedach* (1909) występują: podaniowy Rytygier, baśniowi Wyrwidąb i Waligóra, Roland z epiki starofrancuskiej i szekspirowski Hamlet, gdy w tragedii *Attyla* Szaman z *Anhellego* i Szatan podobny do Masynissy spotykają się z bohaterami podania tynieckiego Walterem i Heligundą. Erudycyjnym tym pomysłom brakło jednak żywiołowego rozmachu, cechującego dzieła robione pokrewną metodą, takie jak *Noc listopadowa* czy *Akropolis* Wyspiańskiego. Pod koniec życia Lange próbował szczęścia w prozie, w której uprawiał fantastykę utopistyczną, wyprzedzając o całe lata dzisiejszą „science-fiction".

Do zgorzkniałych odludków-erudytów należał inny liryk warszawski, **Wacław Rolicz-Lieder** (1866 - 1912), z wykształcenia arabista, z upodobań archeolog i mitolog, snujący dziwaczne pomysły, które z nauką nie miały nic wspólnego. Zniechęcony niepowodzeniem młodzieńczych *Poezyj* (1889), dalsze ich serie wydawał na prawach rękopisu w bardzo niewielu egzemplarzach. Dopiero w wiele lat „odkryto" Liedera dzięki temu, iż liryki jego na równi z utworami symbolistów francuskich przekładał niemiecki jego przyjaciel, poeta Stefan George. A poetą był on istotnie niepospolitym, choć kapryśnym i dziwacznym. Czytelnika drażnił osobliwą pisownią i słownictwem, i wreszcie niezwykłością pomysłów, na które ten żarliwy miłośnik „mistrza świętojańskiego", Kochanowskiego, i tłumacz liryków francuskich chętnie sobie pozwalał. Wskutek tego pisarz, który „chadzał z myślą w nierozłącznej parze", swój stosunek do życia kwitował zdaniem „jestem, bo cierpię", a w czasach panowania wylewności słownej odznaczał się prostotą i oszczędnością wypowiedzi, przeszedł nie zauważony.

Jego liryka miłosna i elegijna, pełna tęsknoty za przeszłością lat dziecinnych i za dalekim krajem, na wyżyny poezji wynosząca drobne szczegóły obyczajowe, równocześnie zaś wrażliwa na piękno otaczającej go obcej rzeczywistości, uderza raz po raz akcentami nowymi, odrębnymi i własnymi, a nieraz prekursorskimi. Liryk, który już w r. 1891 mówił o sobie „Jam bogów syn, serc ludzkich król, Poeta Młodej Polski", przy czym ostatnie wyrazy znaczyły nie prąd literacki, lecz kraj wyzwolony od wroga, wydał w r. 1906 swe *Pieśni*

3. Kazimierz Tetmajer i liryka nastrojowa

niepodległe, umieszczając na okładce emblemat, który spotykało się wówczas na niecenzuralnych śpiewnikach patriotycznych, tj. orła białego. I tutaj właśnie znalazł się, napisany już w r. 1891 „Marsz pola Mokotowskiego", tryumfująca wizja wyzwolenia kraju oparta na motywie przewodnim „Przyjdą tu, przyjdą wszystkie polskie ludy", by „święcić wolności wywalczony dzień". Był to jedyny głos, którym poezja neoromantyczna w swej pierwszej fazie uczciła stulecie Konstytucji majowej, i to nie melancholijnym wspomnieniem, lecz silnym akcentem wiary w przyszłość narodu.

W tym samym zaś r. 1891 inna zupełnie problematyka i inna tonacja zapanowały wszechwładnie i na lat kilka w poezji lirycznej, wprowadzone przez K a z i m i e r z a P r z e r w ę T e t m a j e r a (1865 - 1940), jednego z najtragiczniejszych pisarzy polskich. Pierwszy w literaturze pisarz z Podhala, potomek rodu, który w okresie romantyzmu wydał twórcę popularnych pieśni, Józefa Tetmajera, w pierwszym dziesięcioleciu swej twórczości mógł mówić o sobie słowami Liedera jako „o serc ludzkich królu, poecie Młodej Polski", był bowiem jej najznakomitszym przedstawicielem, podziwianym i uwielbianym lirykiem, twórcą pieśni, których melodie pochodziły od najlepszych kompozytorów ówczesnych. Wytworny „pan latawiec" rychło padł ofiarą nieuleczalnej choroby i wreszcie po latach zmarł śmiercią niemal głodową, ruina człowieka w zbombardowanej we wrześniu 1939 Warszawie. Tragizm tej doli jest tym boleśniejszy, iż jako epitafium na zapomnianym grobie widnieć by mógł czterowiersz, w którym poeta, już na progu swej kariery, wyprorokował sobie los własny:

Gdybym sobie mógł wybrać śmierć podług mej woli,
Chciałbym zwolna utracać świadomość istnienia,
Przestawać czuć, co rozkosz przynosi lub boli,
I pogrążać się w cichą otchłań zapomnienia.

Poezyj seria pierwsza po której nastąpiło siedem dalszych — przy czym pojawienie się drugiej (1894) i trzeciej (1898) były to ważne wydarzenia literackie — wniosła do liryki polskiej pomysły bardzo niezwykłe, określane jako schyłkowe, dekadenckie, „fin-de-siècle'istyczne", bo nawet i tym potworkiem językowym posługiwano się chętnie. Cytaty, jak: „Melancholia, tęsknota, smutek, zniechęcenie są treścią mojej duszy", lub skargi na starsze pokolenie w rodzaju: „Lecz my z waszego wykarmieni chleba, jak wy nie mamy odwagi i mocy" czy: „My nie tracimy nic, bośmy od razu nic nie przynieśli", stały się wręcz wyrażeniami przysłowiowymi. Wypowiedziom tym, spotęgowanym jeszcze w serii drugiej, towarzyszyły pełne koszmarnej plastyki wizje życia, tonącego ostatecznie w bezmiarach nicości. Ostatecznym a naturalnym wydźwiękiem tej postawy stał się *Hymn do Nirwany,* korna i żarliwa modlitwa o cichość zatraty.

W postawie poety nie było jednak nic z pozy cygana literackiego, żeglującego po oceanach czarnej kawy i alkoholu, jakkolwiek płyny te ze względu na swą cenę były raczej przedmiotem marzeń „mieczyków kawiarnianych". Tetmajer bowiem był przede wszystkim właśnie poetą pełnym energii twórczej, która go rozpierała i niosła nie w świat Nirwany, lecz w krainy życia, rozświetlone pięknem sztuki i wabiące urodą miłości, fatalnej siły, która miała tak tragicznie odbić się na jego życiu. Jego namiętne erotyki przemawiały żarem zmysłowości, pierwiastka w poezji polskiej czasów dawniejszych niemal nie spotykanego, utwory zaś poświęcone sztuce, sławiące piękno artystyczne i piękno przyrody dowodziły, iż autor ich był pojętnym, samodzielnym i twórczym uczniem parnasistów. I tutaj właśnie trafił on na swój szlak właściwy, na którym miał osiągnąć szczyty najwyższe — na szlak tatrzański.

A Tatry akurat wchodziły w modę. Rok 1891 przyniósł zarówno studenckie *Poezje* F r a n c i s z k a N o w i c k i e g o, który zgrabnie technikę *Sonetów krymskich* zastosował do pejzażu tatrzańskiego i dzięki temu uchodził za znakomitego poetę, jak i wspaniały opis Tatr i Podhala w książce *Na przełęczy* Witkiewicza. W porównaniu z tymi „ceprami" Tetmajer, od dzieciństwa obeznany z górami i swoistym ich życiem, miał wszelkie dane, by stać się poetą Tatr, pierwszym i wielkim, patrzącym na nie oczyma własnymi i ukazującym ich urok na swój własny sposób.

Istotnie też *Poezje* Tetmajera przyniosły bogatą serię szkiców poetyckich, w których olbrzymy górskie, groźne usypiska żlebów, potoki i stawy wystąpiły w całej swej barwnej krasie, tej samej, którą równocześnie ukazywały obrazy malarza impresjonisty Leona Wyczółkowskiego. Plastyczne opisy, sięgające niejednokrotnie poziomu pejzażowych ustępów *Pana Tadeusza,* obejmowały również zjawiska atmosferyczne, oglądane z miejsc podówczas tak rzadko nawiedzanych, jak Kasprowy, towarzyszył im zaś niejednokrotnie subtelny wtór liryczny, dowodzący, iż lirykowi nieobca była umiejętność wywoływania nastroju. Równocześnie wyobraźnia poety zaludniała świat tatrzański postaciami zbójnickimi, których przygody, od Janosika poczynając, budował on z pomysłów znanych pieśni ludowej i, bezwiednie może, kształtował na sposób przypominający głośne pieśni hajduckie serbskiej epiki ludowej. W grupie tej wyróżnia się zespół kilku ballad o Janosiku, przy czym końcowe ogniwo tego cyklu, poświęcone śmierci głównego harnasia, jest mistrzowskim

3. Kazimierz Tetmajer i liryka nastrojowa

opracowaniem motywów przejętych z poezji słowackiej. Wszystko to sprawiło, iż Tetmajer, spoglądając po latach w serii ostatniej *Poezyj* na swoją przeszłość, znalazł dla samego siebie określenie właściwe: „Wolny jak ptak świata, wiecznie młody, promienny, duch światła i grania". W dziejach tego ducha schyłkowe westchnienia do Nirwany były tylko wyrazem protestu przeciw marności mieszczańskiej czy filisterskiej wegetacji, na którą skazywało go życie.

Inną postacią tego protestu, i to wyższą, były dramaty Tetmajera, niższą zaś jego powieści obyczajowe. Wyspiański, który głośnego liryka sportretował w *Weselu*, odczuł trafnie jego energię, rwącą go ku sprawom wielkim, skoro skonfrontował go, Poetę, z Widmem zakutego w stal rycerza. Była to aluzja do *Zawiszy Czarnego* (1901), dramatu, który Tetmajerowi się nie udał, podobnie jak *Rewolucja* (1906) i znacznie późniejszy *Judasz* (1917), hołd spłacony modzie na tematykę biblijną. Jeszcze gorzej wypadły powieści, jak trylogia *Anioł śmierci* (1898), rodzaj pamfletu likwidującego niepowodzenia osobiste autora, jak *Król Andrzej* (1908), powieść o niedalekiej rewolucji rozgrywającej się w Jugosławii, *Gra fal* (1911), jak wreszcie *Koniec epopei* (1913), nieudała powieść historyczna o Napoleonie. Rzeczy te, pisane dla chleba, dowodziły, iż znakomity poeta potrafił być również sprawnym rzemieślnikiem na polu prozy, że zdobywał się niekiedy na pomysły niepospolite i tworzył scenki o dużej wartości artystycznej, ale że powieść obyczajowa i powieść historyczna nie były to krainy, w których czuł się sobą. Dostrzec to można bardzo wyraźnie tam, gdzie Tetmajer jako prozaik dotarł do wyżyn, które osiągał w swych poezjach, tj. w powieściach o świecie góralskim, w cyklu opowieści *Na Skalnym Podhalu* i powieści historycznej *Legenda Tatr* (1912).

Cykl drukowany w tomikach (1903 - 1910), które spotkały się z przyjęciem bardzo niechętnym, w całości zaś udostępniony we wspaniałym wydaniu jubileuszowym w r. 1914, był dziełem znakomitego nowelisty. W kilkunastu utworach o bardzo różnym charakterze, weszły tu bowiem i szkice obyczajowe w rodzaju *Zbójeckiej chałupy*, i obrazki fauny górskiej, jak opowieść „*On*", dzieje strasznego niedźwiedzia i jego walk z pierwszymi osadnikami, i przede wszystkim obrazy z życia pasterskiego i zbójnickiego, cykl ten przyniósł jedyną w swoim rodzaju sagę Tatr i ich niezwykłych mieszkańców. Własna bezpośrednia znajomość życia podhalańskiego i jego folkloru, zwłaszcza pieśni, gadek i przysłów, następnie wyzyskanie żywej tradycji, opowiadań gawędziarzy i facecjonistów, jak Sabała i Krzyś, oraz materiałów etnograficznych, przykład wreszcie obcy, pomysły nowelistów szwajcarskich, wzbogacone autentycznymi motywami polskimi, złożyły się na całość jedyną w swoim rodzaju, i to całość panoramiczną. Wprawdzie większość opowiadań sięga w przeszłość, bo rozgrywa się gdzieś na przełomie w. XVIII i XIX, autor jednak nie przeoczył spraw tego rodzaju, jak „ludzka bieda" jego własnych czasów, np. niedoli emigranta góralskiego za „ocean", w którego falach rozbitek życiowy szuka śmierci.

Niezwykłość *Skalnego Podhala* polega może przede wszystkim na wprowadzeniu bogatej galerii postaci ludzkich, pierwotnych herosów, wyżywających się w walce z otoczeniem, z ludźmi i zwierzętami, z dziką przyrodą górską, z niełaskawym losem wreszcie, zwyciężających i ginących w owych zapasach. Dzika pasja miłosna orłów i orlic skalnych, głuche namiętności „honornych" zbójników i rabusiów, ich zaciekłość w dochodzeniu doznanej krzywdy, ich upojenie zemstą — wystąpiły w nowelach Tetmajera z plastyką niezrównaną, z bogactwem najróżnorodniejszych odcieni życia psychicznego, wśród przygód najosobliwszych, od bezpardonowych walk z wrogami po śmierć w uniesieniu czy spokojny zgon ludzi, którzy zrobili swoje i umierają, jak umierają drzewa leśne wokół ich osiedli. Opowieściom pełnym tragizmu towarzyszą tu świetne humoreski zarówno realistyczne, jak fantastyczne, utrzymane w tonie gadek ludowych. *Rosicka*, anegdota o młodym mnichu, który poszedł nawracać rabusiów, a sam z misjonarza przekształcił się w zbójnika, reprezentuje dziedzinę pierwszą; zabawna legenda *O Zwyrtałowi muzyce*, podrwiwająca z mody ną góralszczyznę, którą od zmarłego skrzypka Zwyrtały zaraziły się chóry anielskie, a zarazem sławiąca przywiązanie do starej pieśni, lub humoreska *Jak baba diabła wyonacyła*, tj. podhalańska odmiana bajki o Belfagorze, są typowymi okazami dziedziny drugiej. Obie dowodzą, w jak mistrzowski sposób Tetmajer umiał twórczo przekształcać pomysły obce i nadawać im charakter rodzimy i oryginalny.

Równocześnie z końcowymi tomikami cyklu powstawało dzieło o rozmachu znacznie większym, epickim, powieść historyczna *Legenda Tatr*, łącząca pomysły podaniowe, związane z tradycją o Janosiku, i wydarzenia historyczne z epoki spopularyzowanej przez *Trylogię* Sienkiewicza. Część pierwszą, noszącą tytuł *Maryna z Hrubego*, wypełniły dzieje nieszczęsnego buntu, którego niefortunny organizator, Kostka Napierski, zginął na palu. Ta część powieści, zbudowana ze składników pochodzenia wyraźnie literackiego — patronowali jej bowiem i Kasprowicz, i Ludwik Stasiak, i nawet Reymont — wypadła banalnie i szablonowo; w dawnym świecie szlacheckim Tetmajer nie czuł się swobodnie. Powetował to z nawiązką we wspaniałych opisach życia chłopskiego, kreśląc obrazy i sceny o plastyce nie ustępującej najświetniejszym ustępom *Skalnego Podhala*. I na

Strona tytułowa krakowskiego „Życia", programowego czasopisma Młodej Polski, wyd. w latach 1897—1900; nr ze stycznia 1899

Stanisław Wyspiański w r. 1897, fot.

Okładka *Nocy listopadowej*, według projektu autora

Leopold Staff w r. 1915, mal. Stanisław Pichor

3. Kazimierz Tetmajer i liryka nastrojowa

tym wysokim poziomie utrzymał się w części drugiej o *Janosiku Nędzy Litmanowskim*, harnasiu, który na „gazdowstwo" wprowadza Jana Kazimierza, gdy król-wygnaniec wraca do kraju. Tetmajer poszedł tu szlakiem *Potopu*, ale głośny motyw poprzednika ujął po swojemu, tj. po mistrzowsku. Ocalenie króla przez górali u Sienkiewicza to „cud", u Tetmajera to sprawa naturalna, wynikająca z psychiki góralskiej i zbójnickich poglądów na życie. Najezdnik wygnał króla z gazdowstwa, szacunek więc dla odwiecznego obyczaju każe skrzywdzonemu przyjść z pomocą. Autor *Janosika* idzie jednak dalej. Bystry krytyk, poeta Jerzy Żuławski, dostrzegł w powieści o legendarnym pogromcy Szwedów coś więcej: jej stronę ekonomiczną czy życiową. Oto Tetmajer ukazał w Janosiku Mojżesza ludowego, przywódcę, który pragnie dla swych współbraci, głodujących na „płonym" Podhalu, zdobyć ziemię obiecaną, bogate Podtatrze południowe, krainę winnic i łanów pszenicy. W ten sposób tradycyjne wyprawy zbójeckie do ziemi „luptowskiej" otrzymały w *Legendzie Tatr* interpretację niezwykle oryginalną i pomysłową, nie zorganizowane wypady bandyckie wystąpiły tu jako impreza rycerska w wielkim stylu, zakończona jednak klęską, a przypieczętowana „honorną" śmiercią, całopaleniem niefortunnego harnasia, który w ten sposób ukarał się za ustępstwo z obowiązków wodza na rzecz uczuć człowieka.

Przykład Tetmajera, i to nie jako twórcy chłopskiej powieści historycznej, której pierwszą i jak dotąd jedyną próbą była *Legenda Tatr*, a więc gatunku wyjątkowo trudnego, lecz jako autora nowel, okazał się niezwykle owocny. Wydany niedawno (1960), przez Włodzimierza Wnuka okazały tom *Gawęd Skalnego Podhala* przyniósł bogaty plon pięćdziesięciu lat pracy pisarzy góralskich, którzy poszli tropami mistrza i niejednokrotnie dali utwory wręcz znakomite, zachowujące pokrewieństwo rodowe, a równocześnie nacechowane artyzmem wysokiej klasy.

Zasięg natomiast wpływu Tetmajera jako poety był nieporównanie szerszy i głębszy i zaważył bardzo silnie na rozwoju liryki neoromantycznej, wywołując nie tylko falę naśladownictw rzemieślniczych, ale odbijając się również na twórczości pisarzy nie pozbawionych własnej fizjognomii twórczej. Należał do nich przede wszystkim **Lucjan Rydel** (1870 - 1918), literat klasy bardzo wysokiej, w początkach swej pracy uchodzący za jednego z najświetniejszych przedstawicieli młodego pokolenia, później zaś niesłusznie zdegradowany do rzędu dostawców banału literackiego. Źródłem trudności przy wyznaczeniu mu właściwego miejsca była okoliczność, iż Rydel, człowiek o dużej, choć powierzchownej kulturze literackiej, był przede wszystkim wirtuozem słowa, mistrzem form poetyckich, których poziomowi nie odpowiadała ich zawartość. Wskutek tego powołaniem jego były raczej artystyczne przekłady niż dzieła oryginalne. Istotnie też w tłumaczeniach *Iliady, Amora i Psyche* Apulejusza, liryków greckich i rzymskich, komedii Moliera, traktowanych jednak marginalnie, zasłynął on jako jeden z najświetniejszych pośredników między poezją polską a obcą, i to w okresie znakomitych tłumaczy. Równocześnie w tomiku *Poezyj* (1899), ilustrowanych przez Wyspiańskiego, dał serię liryków, które mogły stać się rewelacją, gdyby pojawiły się o lat dziesięć wcześniej, przed Tetmajerem.

Lirykę jednak Rydel porzucił, według bowiem opinii i własnej, i otoczenia powołaniem jego była dramaturgia, w słuszności zaś tej opinii utwierdzało go powodzenie *Zaczarowanego koła*, baśni fantastycznej, której wystawienie w 1899 r. w Krakowie uchodziło za rewelację artystyczną. W istocie zaś utwór, zbudowany z powszechnie znanych motywów baśniowych, zaczerpniętych z folkloru podkrakowskiego, był bardzo efektownym widowiskiem baletowym raczej niż dramatycznym, utworem jednak rzędu raczej *Krakowiaków i górali* niż *Balladyny*. Jego autor poziomu tutaj osiągniętego nie przewyższył w następnym widowisku bardziej jeszcze popularnym, tj. w *Betleem polskim* (1906), ani nawet w dziele swym szczytowym, trylogii o *Zygmuncie Auguście* (1913). Wszystkie te dzieła dowodziły, iż mistrzowskie władanie wierszem i umiejętność zgrabnego budowania utworu dramatycznego nie są tym samym, co tworzenie dzieł naprawdę dramatycznych, i potwierdzały stary, wypróbowany pogląd, iż popularna sztuka repertuarowa a sztuka o trwałej wartości artystycznej są to rzeczy, które niekoniecznie się pokrywają.

Ze sporego pocztu liryków impresjonistów, z których każdy niemal do pomysłów rychło zbanalizowanych wprowadzał jakieś motywy drobne, ale własne, takich jak L u d w i k S z c z e p a ń s k i, S t a n i s ł a w W y r z y k o w s k i lub E d w a r d L e s z c z y ń s k i w Krakowie, a Z d z i s ł a w D ę b i c k i czy E d w a r d S ł o ń s k i w Warszawie, poetów antologicznych — z dorobku ich bowiem wybrać można po parę utworów, które są ozdobą każdej antologii lirycznej — dwu przynajmniej wyróżnić tu trzeba, odtwarzając bowiem w sposób doskonały to, co było typowe dla liryki nastrojowej, zdobywali się oni na akcenty odrębne, wynoszące ich nad zespół, do którego należeli. Tak więc S t a n i s ł a w K o r a b B r z o z o w s k i (1876 - -1901), syn starego romantyka, Karola, autor wydanego pośmiertnie zbiorku *Nim serce ucichło* (1910), w krótkich lirykach, czarujących prostotą i melodyjnością, wyrażał typowe dla pokolenia nastroje smutku i tęsknoty do śmierci w sposób jedyny i niepowtarzalny, czystością wyrazu nie ustępujący analogicznym utworom poetów najgłośniejszych. F r a n c i s z e k P i k (1871 - 1930) znowuż, znany pod pseudonimem Franciszka Mirandoli, autor zbiorków *Liber tristium* (1898) i *Liryki* (1901), w latach późniejszych tłumacz powieści francuskich, w poezjach młodzieńczych celował polotem i umiejętnością niezwykle sugestywnego wyrażania nastrojów tęsknoty za życiem innym od tego, na które skazywał go zawód małomiasteczkowego aptekarza. Z biegiem czasu w tomach *Tempore belli* (1916) i *Tropy* (1919), które w warunkach życia wojennego przeszły nie zauważone i z miejsca uległy zapomnieniu, dał serię opowiadań fantastycznych, należących do najświetniejszych nowel, jakie wydała proza neoromantyczna. „Dziwność" świata i koszmarnej doli ludzkiej, ujęte bądź realistycznie z domieszką subtelnej ironii, bądź fantastycznie, otrzymały w prozie Mirandoli wymowę świetnych sztychów literackich o groteskowo wyrazistym rysunku.

Nastrojowość, wyrażana nie tylko w liryce, ale również w poematach dramatycznych i w prozie nowelistycznej — była atmosferą sprzyjającą rozkwitowi talentów kobiecych, których posiadaczki pozowały na smukłe i wiotkie heroiny z obrazów prerafaelickich, na księżniczki, kasztelanki i ksienie, z których każda głosiła, iż jej „dusza wygnanki królewskiej ma lice", każda w „grobowcu duszy" nosiła wspomnienia jakiejś tragicznej miłości, każda z niesmakiem odwracała się od życia, przy czym zdarzało się też, iż lekarstwem na ów niesmak było samobójstwo. Z legionu tych adeptek nowej sztuki, których przesłonięte poetycznymi pseudonimami nazwiska bywają często zagadkami bibliograficznymi nie do rozszyfrowania, trzy co najmniej postaci miały właściwości wymienione przy poetach-nastrojowcach, to znaczy łączyły cechy typowe dla całego pokolenia z przejawami uzdolnień indywidualnych, wyróżniających je od ogółu autorek zasypujących swymi wierszykami redakcje czasopism i dzienników.

Tak więc K a z i m i e r a Z a w i s t o w s k a (1870 - 1902) w tomiku *Poezyj*, wydanym rychło po jej przedwczesnej śmierci, pełnym klisz, powtarzających pomysły Tetmajera i Przybyszewskiego, odmawiała swój „nieśmiertelny różaniec miłosnej tęsknoty", równocześnie jednak w nieskazitelnie szlifowanych sonetach dawała plastyczne opisy przyrody i plastyczne obrazki z życia chłopa podolskiego.

Rozpiętością pomysłów górowała nad nią M a r y l a W o l s k a (1873 - 1930), przedstawicielka istnej dynastii literackiej, bo córka nowelistki (Wandy Młodnickiej) i matka poetki (Beaty Obertyńskiej), węzłami pokrewieństwa związana z literacką rodziną „medyceuszów", tj. właścicieli Medyki, Pawlikowskich. Wytworna poetka, pod pseudonimem D-mol ogłaszająca miniaturowe zbiorki wierszy lirycznych, poczynając od *Symfonii jesiennej* (1901), próbowała sił w dramacie (*Swanta* 1907) i noweli (*Dziewczęta* 1910), w subtelnie stylizowanych portrecikach baśniowych księżniczek, by u schyłku życia zdobyć się, w *Dzbanku malin* (1929), na serię znakomitych obrazków poetyckich, doskonale odtwarzających literacką atmosferę i własnego środowiska, i literackiego Lwowa.

B r o n i s ł a w a   O s t r o w s k a (1881 - 1928), autorka świetnych przekładów symbolistów francuskich, w utworach własnych (jak *Opale* 1902) powtarzająca motywy ograne, z biegiem czasu zaś (w *Tartaku słonecznym* 1928) pięknie stylizująca ballady ludowe, utwór swój najpopularniejszy i najdoskonalszy dała w przepysznym opowiadaniu prozą o *Bohaterskim Misiu* (1919), książce przeznaczonej dla... dorosłych dzieci, gdzie dzieje pierwszej wojny światowej i udziału w niej Polaków otrzymały postać opowieści o przygodach pluszowego niedźwiadka wędrującego przez wszystkie fronty.

W związku z tym wspomnieć trzeba jedną jeszcze poetkę, przedstawicielkę autorek, które za przykładem Konopnickiej tworzyły dla dzieci, tj. Z o f i ę   R o g o s z ó w n ę (1881 - 1921). Opowiadania jej, jak *Pisklęta* (1911) lub wierszowane *Dzieci pana majstra* (1922), artyzmem nie ustępowały *Krasnoludkom i sierotce Marysi* mistrzyni, wprowadzały zaś coś nowego i odrębnego, mianowicie akcenty przedniego humoru.

Przy omawianiu poezji nastrojowej raz po raz występowały wiadomości o pracach przekładowych Przesmyckiego, Langego, Liedera, Rydla, Ostrowskiej i in., które przyswoiły i upowszechniły w Polsce obcą poezję neoromantyczną, zwłaszcza lirykę symbolistów francuskich. O popycie na przekłady świadczy fakt, iż obok poetów, którzy mniej lub więcej przygodnie nimi się zajmowali, czasy neoromantyzmu miały również tłumaczy zawodowych, pisarzy o rozległych zainteresowaniach literackich. Należał do nich przede wszystkim E d w a r d   P o r ę b o w i c z (1862 - 1937), znakomity romanista, z którego przekładów, nieraz mistrzowskich, dwa przynajmniej wymienić należy: w latach 1899 - 1906 wydał on *Boską komedię* Dantego, w całości odtworzoną w tercynach, w r. 1909 zaś *Pieśni ludowe, celtyckie, germańskie, romańskie,* udostępniając w ten sposób arcydzieła zachodnioeuropejskiej poezji ludowej. Śladami jego kroczył W ł a d y s ł a w   N a w r o c k i (1872 - 1931), którego prace, rozproszone w czasopismach, nie doczekały się dotąd wydania książkowego.

4. JAN KASPROWICZ I POEZJA MYŚLI

Świetny rozkwit poezji neoromantycznej wiódł z konieczności do wychodzenia poza opłotki liryki nastrojowej, poprzestającej na autoanalizie jednostki twórczej, w świadomość jej bowiem wdzierały się

4. Jan Kasprowicz i poezja myśli

doświadczenia niesione przez wartki prąd życia zbiorowego, rozsadzając ścianki czy nawet ściany egotystycznej obojętności wobec spraw świata. Procesy takie domagały się wprawdzie form rodzajowych czy gatunkowych nielirycznych, form dramatu lub powieści, ale potężna fala liryzmu, znamienna dla kultury neoromantycznej, czy — co na jedno wyjdzie — wysoko rozwinięta sprawność techniczna w posługiwaniu się formami wierszowanymi sprawiła, iż również poezja liryczna poczęła okazywać się narzędziem przydatnym do wyrażania zjawisk nie tylko nastrojowych, ale znacznie rozleglejszych, bo społeczno-filozoficznych. Hymn, oda, ballada, elegia, nawet wierszowany traktat, słowem — formy stojące na pograniczu liryki i epiki, poczęły rywalizować z liryką meliczną i zajęły obok niej miejsce bardzo poważne w dorobku neoromantyków, poczynając od twórczości Kasprowicza.

Jan Kasprowicz (1860 - 1926) po długiej i uciążliwej wędrówce życiowej dotarł do szczytów, na których opinia zbiorowa umieściła go obok największych pisarzy polskich. Syn małorolnego chłopa kujawskiego, „wzrosły śród śmieci i śród braku chleba", własnym wysiłkiem zdobył wykształcenie, które umożliwiło mu dwudziestoletnią pracę w redakcjach dzienników lwowskich i ostatecznie przyniosło uniwersytecką katedrę literatury porównawczej. Jednym z uzasadnień tej profesury był bardzo bogaty dorobek Kasprowicza w dziedzinie przekładów, obejmujący tragików greckich, poetów angielskich dawnych i nowych, oraz współczesnych tłumaczowi pisarzy niemieckich, francuskich i skandynawskich. Wieloletnie obcowanie z arcydziełami mistrzów dało Kasprowiczowi rozległą wiedzę literacką, przyzwyczaiło do wnikania w teksty, oddziałało wreszcie korzystnie na jego własną twórczość, której próbował już na ławie szkolnej, którą jednak rozpoczęły *Poeźje* wydane w groszowym wydawnictwie popularnym w r. 1888.

Lata najbliższe przyniosły serię tomików z utworami: *Chrystus* (1890), *Z chłopskiego zagonu* (1891), *Świat się kończy* (1891) i *Animalachrymans* (1894), reprezentującymi młodzieńczy, choć mocno zapóźniony plon pracy przede wszystkim lirycznej, dopełnionej dramatem z życia chłopskiego. Literackie zaklasyfikowanie tego plonu jest trochę zaskakujące, gdyby bowiem na nim wyczerpała się twórczość Kasprowicza, musiałoby się uznać go za jedynego poetę-naturalistę, realizującego wierszem to, co inni przedstawiciele tego prądu robili prozą. W poprawnych, choć chropawych zwrotkach ukazało się tu życie wsi kujawskiej z całą serią nieszczęśników i łańcuchem codziennych dramatów, przy czym formy liryczne autorowi najwidoczniej nie wystarczały, skoro tworzył rzeczy takie, jak cykl *Z chałupy*, zbudowany z czterdziestu sonetów. Z utworów tego okresu najbardziej interesujący, do żadnego zresztą z wymienionych zbiorków nie włączony, to *Wojtek Skiba* — poemat autobiograficzny sumujący wspomnienia pisarza z lat młodych, miejscami artystycznie słaby, miejscami jednak bardzo bezpośredni i szczery dokument doświadczeń chłopca spod Inowrocławia, poznającego świat i ludzi. Z innych względów na uwagę zasługuje poemat epicko-liryczny *Chrystus*, jako pierwsza zapowiedź problematyki religijnej, która w dziesięć lat później narzuci się ponownie wyobraźni pisarza i zadecyduje o charakterze dzieł jego najznakomitszych. Surowość wierszowanych szkiców, z których składają się owe „młodzieńcze" utwory Kasprowicza łagodzi rys ich wspólny, mianowicie swoiste ukochanie przyrody, wywołujące obrazy — dowód bardzo subtelnej wrażliwości poety na zjawiska otaczającego go świata — obrazy, które zbliżają go do liryków nastrojowców i stanowią pomost do dalszych stadiów jego twórczości, rozwijającej się w kierunku neoromantycznym.

Przejście to, związane z przeżyciami, których bliżej nie znamy, nastąpiło na tym samym tle geograficznym, na którym Tetmajer odnalazł swą wartość istotną, tj. dzięki zetknięciu się z dziką przyrodą tatrzańską. Jej piękno i jej groza przemówiły zarówno w ogromnym poemacie lirycznym *Miłość* (1895), jak w zbiorku *Krzak dzikiej róży* (1898). Obserwacja życia górala i jego psychiki pozwoliła Kasprowiczowi stworzyć jedno z arcydzieł folklorystyki literackiej, *Taniec zbójnicki*. Wizja orlego życia junaków tatrzańskich, opromienionego blaskami podań o Janosiku, wyzyskująca okruchy śpiewek góralskich dała symfoniczny poemat pełen dzikiej energii, torujący drogę *Skalnemu Podhalu* Tetmajera. Niezwykły poziom artystyczny *Tańca zbójnickiego* najłatwiej ocenić można, gdy się go zestawi z późniejszym o rok, nieudanym dramatem *Bunt Napierskiego* (1899), znamiennym jako dokument świadczący, jak dużą rolę Kasprowicz, przybysz z dalekich Kujaw, odegrał w zakresie upowszechnienia Podhala w literaturze neoromantycznej.

W splocie wzajemnych zależności inspirator autora *Legendy Tatr* był równocześnie jego uczniem, Tetmajerowi bowiem zawdzięczał Kasprowicz umiejętność tworzenia nastrojowych pejzaży wysokogórskich, zamykania wrażeń w drobnych utworach lirycznych, sonetach i pieśniach, takich jak *Cisza wieczorna* lub *Krzak dzikiej róży w Ciemnych Smreczynach*. Posługując się innymi środkami wyrazu, nie plastyką malarską, lecz nastrojową muzykalnością, niedawny naturalista zmienił się w mistrza efektów symbolistycznych, **pełnego zadumy nad bolesnymi zagadkami życia**, które dostrzegał w świecie tatrzańskim.

Tatry stały się dla niego równocześnie tłem przeżyć, utrwalonych

4. Jan Kasprowicz i poezja myśli

w poemacie *Miłość*, poświęconym problemowi, który nękał jego pokolenie, a który on sam ujął w sposób bliski koncepcjom poematów prozą Przybyszewskiego. Człony składowe *Miłości*, poematy o charakterze elegijnym: *L'amore desperato*, *Miłość - grzech*, *Amor vincens* oraz *Z gór* złożyły się na spowiedź człowieka, który przez piekło życia doszedł do odnalezienia w sobie wartości najwyższych, wskazanych mu przez obcowanie z przyrodą. Ona to doprowadziła go do przekonania, że wśród jej tworów człowiek nie stanowi wyjątku i że ekstaza miłosna, poczytywana za szczyt szczęścia, jest tylko środkiem, pozwalającym dostrzec jedność bytu, co wiedzie do zespolenia się z nią. Równocześnie był to szlak wiodący do twórczości hymnicznej Kasprowicza.

Skierowały go ku niej jakieś potężne wstrząsy, wręcz kataklizmy psychiczne, przeżycia osobiste, rozbicie rodziny, a rzucone na tło spraw ogólnych, występujących w życiu zbiorowym na samym schyłku w. XIX. Jedną z nich było własne przejście pisarza z jednej grupy społecznej, z którą zerwał związki na tradycji oparte, do innej, z którą trwałych stosunków nawiązać nie potrafił. Chodziło o to, co stracił i co zyskał, „że młodo rzucił próg rodzinnej chaty i biegł za słońcem, które złudne snuje pasma za sobą". Ten rewizjonistyczny rachunek sumienia stał się podstawą przeżyć, z których wyrósł tom *Ginącemu światu* (1902), później uzupełniony drugim, *Salve Regina*. Pierwszy z tych tomów, którego pieśni *Dies irae* i *Święty Boże* ukazały się w krakowskim „Życiu" w r. 1899, samym już tytułem nawiązywał do prastarych wierzeń, jak średniowieczny chiliazm, przewidujących apokaliptyczny koniec świata na schyłku stuleci, i był żałobnym podzwonnem kulturze w. XIX, w jej stadium finalnym określanej przecież mianem dekadentyzmu.

Centralnym zagadnieniem hymnów uczynił poeta stosunek dobra i zła, ujmując go zarówno w świetle wyobrażeń występujących w ludowych pieśniach religijnych, jak wyobrażeń wierzeniowych, znanych z dziejów sekt średniowiecznych i późniejszych, oskarżanych i tępionych za kult szatana, jak wreszcie tradycyj romantyzmu polskiego, w którym sprawa indywidualizmu wiązała się przecież w Wielkiej Improwizacji, by do niej tu się ograniczyć, ze sprawą satanizmu. Problem zaś indywidualizmu, pojmowanego przez neoromantyków jako kluczowy, jako źródło twórczości, stał się dla Kasprowicza punktem wyjścia w hymnach, gdzie w imieniu skazanej na zagładę ludzkości występuje poeta-kapłan, rzecznik jej spraw, nowoczesny „Adam, co na barki swoje zabrał z Ogrodu to nadludzkie brzemię przygniatającej winy". On to w hymnie *Dies irae* — wizji ginącego świata, w której wyobraźnia poety-katastrofisty połączyła motywy Apokalipsy i jej średniowiecznych pogłosów pieśniowych i plastycznych w monumentalną całość — sens tej wizji ujmuje w przekleństwie, jego słowie ostatnim: „Niech nic nie będzie. Amen. Bo cóż być może, jeślim ja zaginął?... Na wszystko mrok nicość nieprzebyty spłynął — Amen". To samo zagadnienie, ujęte jednak w tonacji rodzimej, polskiej i ludowej, nawiązującej do suplikacyj kościelnych oraz do wspomnień pomoru, który w połowie w. XIX zdziesiątkował ludność Polski, a o którym mówiły „cmentarze choleryczne", omijane na odłogach wiejskich jeszcze w wiele lat później, stało się treścią hymnu *Święty Boże*. Objęte paniczną grozą procesje błagalne, poprzedzone widziadłem śmierci, która „wywija kosą stalową połyskującą w południowym skwarze", snują się po ziemi, również tchem moru zarażonej, i daremnie szukają litości u Boga, który „proch gwiazd w klepsydrze przesypuje złotej i ani spojrzy na padolny smug", głuchy na rozpaczliwe wołania gromad ludzkich, przez niego przecież stworzonych. Akordem rozpaczy, hymnem do szatana, którego śmiech huczy w przestworzu, a który będzie patronował samotnemu grobowi kapłana, rzecznika ginących, kończy się dalszy człon cyklu *Ginącemu światu*.

Dwa następne wprowadzają w tragedię wymierającej ludzkości „katharsis" religijną, znowuż opartą na wyobrażeniach chrześcijańskich zarówno ogólnych, jak specyficznie ludowych i polskich. Na pierwszych osnuta jest *Moja pieśń wieczorna*, oparta na motywie spowiedzi, wyznania grzechów, które wiedzie do ich odpuszczenia, i to nie tylko w świecie poglądów chrześcijańskich, „pokajanie się" bowiem winowajcy nie było już obce tragicznej twórczości Ajschylosa. Spowiada się w *Mojej pieśni wieczornej* kapłan-ofiarnik z grzechów gromady, której jest rzecznikiem, w „błogosławionej chwili" hymnu wieczornego, godzi się z klęską zagłady w przekonaniu, że nawet Bóg nie może jej przeprowadzić do końca, bo człowiek jest nieśmiertelny, bo „On był i myśmy byli przed początkiem, niech imię Jego będzie pochwalone!". Dopełnieniem zaś tej apokaliptycznej części cyklu jest hymn *Salve Regina*, stanowiący równocześnie palinodię hymnu *Święty Boże*. Łączy on koncepcję Schopenhauera, głoszącą litość i współczucie jako panaceum na ból istnienia, z ludowym wyobrażeniem Matki Boskiej jako litościwej pośredniczki między nędznym człowiekiem a groźnym Bogiem, wyobrażeniem związanym z pieśnią pogrzebową, i z tego stanowiska odwołuje hymn do szatana, strażnika samotnego grobu kapłana-poety. Bo czyż indywidualista ten, rozpaczający nad własną śmiercią, wydobył z siebie pełne współczucie dla innych, czy osiągnął poziom miłości twórczej! „Nikt cię nie kochał? A ty czyjąś duszę tak umiłował, abyś mógł zapomnieć, że jest granica między złem a dobrem?" oraz zdanie „albowiem-ś sądził, że jesteś sam jeden, i że nad ciebie nie może być

4. Jan Kasprowicz i poezja myśli

życia" pozwalają zastąpić obraz samotnego grobu na rozdrożu wizją pogrzebu „biednego człowieka", którego szczątki kryje sosnowa trumna, a nad którego mogiłką rozlega się hymn głoszący „to wielkie, święte, jasne, nieskończone morze miłości".

W tej neoromantycznej „Wielkiej improwizacji", która należy do tej samej rodziny, co tytanomachia Konradowa, wystąpiły akcenty nowe, różniące ją od wszelkich jej poprzedniczek, poczynając od hebrajskiej *Księgi Hioba* i greckiego *Prometeusza spętanego*. Pierwszy z nich to wręcz potworne w swej wyrazistości poczucie zła, związane z wyobrażeniem szatana jako potęgi kosmicznej, bezosobowego czynnika zagłady. Kasprowicz, podobnie jak młodszy odeń Miciński, poszedł szlakami bardzo odległymi od tradycji biblijnej, wyzyskiwanej przez romantyków — Mickiewicza, Słowackiego, Krasińskiego — zbliżył się natomiast do dualistycznych koncepcyj religijnych Wschodu, przyjmujących istnienie dwu bogów: dobrego i złego. Na twórczości neoromantyków zaważył prawdopodobnie dorobek naukowy religioznawców w. XIX, popularyzowany i u nas w książce Matuszewskiego *Diabeł w poezji*, jakkolwiek nie ona, lecz bogata lektura pisarzy tej epoki była źródłem ich wiedzy demonologicznej. Po wtóre zaś, tytanomachia Kasprowicza otrzymała bardzo bogate tło filozoficzne i folklorystyczne. Rzecznik ludzkości w jego hymnach jest nie uzurpatorem, opierającym się jedynie na poczuciu swej wielkości nadludzkiej, lecz współuczestnikiem „nędzy" ludzkiej, ukazanej w chwili zagłady człowieka, jest — jakby powiedział Kochanowski — „jednym z wielu". Życie zaś i cierpienia tych „wielu" hymny ukazują w obrazach przypominających wprawdzie głośne malowidła wielkich mistrzów średniowiecznych i renesansowych, ale równocześnie przepojonych pierwiastkami polskich pieśni ludowych, religijnych, a nawet świeckich. To również wyznacza ich odległość od poezji romantycznej i stanowi o ich odrębności i oryginalności.

Dopełnieniem hymnów apokaliptycznych są: *Salome, Judasz, Maria Egipcjanka* i *Hymn św. Franciszeka z Assyżu.* Dwa pierwsze, pochodzenia apokryficznego, nawiązujące do poematu *Chrystus*, osnute są na motywach biblijnych, ujętych obecnie na poziomie technicznym całego cyklu, a więc zarówno nekrofilskie szaleństwo miłosne królewny izraelskiej, jak obłędny strach apostoła-zdrajcy ukazane są w wymiarach grozy nadludzkiej i mają charakter nie relacji epickiej, lecz raczej potępieńczej wizji. Dwa drugie, hagiograficzne, prawiące o pokutnikach, którzy po przezwyciężeniu i opanowaniu życia przez miłość wkraczają na ścieżkę śmierci, utrzymane w tonacji hymnu *Salve Regina*, uznać można za ilustracje wyrażonego w nim poglądu na stosunek miłości do śmierci.

Hymny *Ginącemu światu*, przez bezpośrednich odbiorców uznane za arcymistrzowskie osiągnięcie twórcze Kasprowicza, nie wyczerpały inwencji poety, który co lat kilka ogłaszał tomy dalszych utworów lirycznych i dramatycznych. Należały do nich opowieści prozą, ironiczne i groteskowe *O bohaterskim koniu i walącym się domu* (1906), następnie zbiory liryków, *Ballada o słoneczniku* (1908) z cyklem niezwykłych ballad, opartych na motywach pieśni ludowych, polskich i egzotycznych, oraz *Chwile* (1911). We wszystkich można było dosłuchać się zacichających pogłosów przeżyć, z których niegdyś wyrosły hymny, tu i ówdzie zaś zauważyć zapowiedzi nowego wzlotu.

Za wzlot taki uznano *Księgę ubogich* (1916), przy czym miłośnicy poezji zrównoważonej i opanowanej zbiorek ten poczytywali za drugi szczytowy moment w twórczości Kasprowicza, a nawet za dzieło wyższe od hymnów. Pogląd taki, motywowany rzekomą wyższością prostoty nad przepychem, optymizmu nad pesymizmem, harmonii nad układem dysonansów, wyniknął z niezrozumienia istoty hymnów, z przeoczenia, iż odtwarzają one zawiły proces poszukiwania i odnalezienia prawdy życiowej, podczas gdy *Księga ubogich* jest tylko wyrazem błogostanu, wywołanego przez odnalezienie owej prawdy i próbą jej utrwalenia. Cykl czterdziestu trzech pieśni lirycznych o charakterze wyznań osobistych, przepojonych franciszkańskim ukochaniem wszystkiego, co żyje, ma specyficzną wymowę, gdy się zwróci uwagę na datę jego wydania, okres pierwszej wojny światowej, której tragiczny oddźwięk, walki bratobójcze synów jednego narodu odzianych w mundury wrogich armii, i tutaj znalazł swój wyraz przejmujący. Pogodne jednak spojrzenie człowieka, który własnym wysiłkiem utrzymał się na powierzchni burzliwych fal życia i po przezwyciężeniu wszelkich trudności znalazł swoje miejsce w świecie, pozwala mu żywić przekonanie, że nawet tragiczna rzeź międzynarodowa, grzebiąc przeszłość, doprowadzi do doskonalszej przyszłości. Za praktyczny komentarz do *Księgi ubogich* uważać można tomik wydany pośmiertnie, *Mój świat* (1926), którego podtytuł brzmi „pieśni na gęśliczkach i malowanki na szkle". Poeta, który szkicami „z chałupy" kujawskiej rozpoczynał swą wędrówkę literacką, zakończył ją prymitywnymi malowankami z życia wsi podhalańskiej, niekiedy rażącymi sztucznością, kiedy indziej pełnymi prawdziwej poezji.

Pomijając dzieła Kasprowicza dramatyczne, z których każde wprowadzało do literatury coś nowego, a więc *Bunt Napierskiego*, pierwsza próba dramatu historycznego z życia chłopa, a więc *Uczta Herodiady* (1905), pierwsza u nas próba nowoczesnego misterium, czy wreszcie *Marchołt gruby a sprośny* (1920), analogiczna próba moralitetu, znaczenie poety ustalić można w dwu przynajmniej dziedzi-

4. Jan Kasprowicz i poezja myśli

nach. Gdy się więc weźmie pod uwagę pompatyczny program Przybyszewskiego, to za jedynego pisarza, który zasady tego programu w życie wprowadził, po swojemu oczywiście, był właśnie Kasprowicz. Równocześnie zaś poeta, który w przekładach swych zetknął się praktycznie z niezwykle trudnymi sprawami związanymi z formą wiersza i trudności te usiłował przezwyciężyć, zaważył znacznie i twórczo na dziejach wiersza polskiego. On tedy okazał się w poemacie *Miłość* mistrzem wiersza białego, którym posługiwał się również w hymnach *Ginącemu światu*, on wreszcie w *Księdze ubogich* zastosował wiersz przyciskowy (toniczny) i narzucił go pokoleniu następnemu.

Co jednak najistotniejsze, ten z pochodzenia chłop kujawski i doskonały znawca arcydzieł literatury światowej, nie idąc na lep modnych haseł głoszonych przez cyganerię kawiarnianą, skierował poezję neoromantyczną na tory wielkiej tradycji romantycznej, przywrócił jej bowiem pozycję głosicielki spraw doniosłych, dotyczących zagadnień wieczystych, religijno-filozoficznych, spraw obejmujących zarówno życie jednostki, jak klasy społecznej, jak narodu, jak wreszcie ludzkości. W dziełach Kasprowicza ukazał się ponownie ten wyżynny poziom, na którym powstawały wizje poetyczne Mickiewicza, Słowackiego, Krasińskiego czy Norwida, poziom poezji społecznej w najwyższym znaczeniu tego pojęcia.

Szczyty, na które wspinał się geniusz autora *Ginącemu światu*, ukazywały się jako niedościgły cel dwu innym poetom-erudytom, Niemojewskiemu i Żuławskiemu.

Andrzej Niemojewski (1864-1921), wielostronny i rzutki publicysta, założyciel, redaktor i właściwie autor „Myśli Niepodległej", która z organu wolnomyślicielskiego z biegiem czasu przekształciła się w czasopismo głoszące zasady obskuranckiego szowinizmu, był przez pierwsze dziesięciolecie swej działalności wierszopisem kurierkowym, jakkolwiek i tutaj potrafił zaznaczyć swą indywidualność. W zbiorku mianowicie *Polonia irredenta* (1895) dał cykle obrazków z życia górniczego i hutniczego, w których wprowadził do poezji zjawiska przemysłu, ukazane przez pryzmat pracy i cierpień robotnika fabrycznego. Motywy te w postaci bardziej artystycznej wystąpiły w zbiorku następnym (*Listopad*, 1896), obejmującym szkice pisane płynną prozą. W wiele lat później nawiązał pisarz do swych młodzieńczych zainteresowań, gdy w opowiadaniach *Ludzie rewolucji* i *Boruch* ukazał Warszawę w r. 1905 i bohaterstwo robotniczych bojowników wolności.

W dziesięcioleciu drugim, rozpoczętym od banalnych prób dramatycznych, Niemojewski znalazł swą drogę właściwą jako samouk-religiolog, wszedł mianowicie na szlak Ernesta Renana, którego

Żywot Jezusa przełożył (1904), brak jednak odpowiedniego przygotowania sprawił, iż rychło zagubił się na bezdrożach naiwnych pomysłów astrologicznych, zastępując dociekania naukowe fantazjowaniem na temat przeróżnych zamierzchłych wierzeń ludów wschodnich.

Zainteresowania te odbiły się znamiennie na jego twórczości, z ich gruntu bowiem wyrosły dwa zbiory opowiadań prozą Niemojewskiego, *Legendy* (1902) oraz *Spod pyłu wieków* (1906). *Legendy* zdobyły duży rozgłos dzięki mimowolnej reklamie, zrobionej im przez cenzurę austriacką, która skonfiskowała je jako dzieło bluźniercze, na skutek jednak interpelacji parlamentarnej decyzję ograniczyła tylko do karty tytułowej, na której widniał napis „tytuł skonfiskowany". Bluźnierczość książki polegała na tym, iż autor w cyklu nowel zgrabnie zbeletryzował wywody Renana, przy czym sympatią i szacunkiem otoczył postać Chrystusa jako głosiciela haseł nowych i śmiałych, czarującego dobrocią i potęgą ducha. Nade wszystko zaś, odmiennie od suchej i mimo wierszowanej formy bardzo prozaicznej relacji w *Chrystusie* Kasprowicza, Niemojewski w opowieściach swych stworzył nastrój legendowy, poetycką atmosferę dziwności, czym znakomicie spotęgował ich wymowę artystyczną. W obrazkach znów *Spod pyłu wieków* ukazał serię motywów z życia starożytnej Grecji i ludów bliskiego Wschodu, łącząc nieodzowną erudycję z umiejętnością zbliżania zjawisk odległych i egzotycznych do czytelnika swoich czasów. Charakterystyczny komentarz do dzieł obydwu stanowi *Planetnik* (1911), paraboliczna opowieść o zgorzkniałym filozofie-odludku, który zmarnował życie, w kraju bowiem nie było miejsca dla człowieka o szczerych, choć prymitywnych zainteresowaniach naukowych. Przypowieść kończy się nie pesymistycznym zgrzytem, lecz apoteozą „Człowieka-Boga", istoty, która „włada nad nieskończonością", przejawia się w przyrodzie i w „potędze geniuszu narodowego"; dzięki poczuciu kontaktu z nią umierający samotnik kończy swe istnienie pełnym miłości „błogosławieństwem dla świata i ludzi".

Pisarzem klasy wyższej był J e r z y Ż u ł a w s k i (1874 - 1915), człowiek o solidnym wykształceniu filozoficznym, autor fachowej rozprawy o Spinozie, interesujący się żywo zagadnieniami estetycznymi, czemu dał wyraz m. in. w zbiorze studiów *Prolegomena* (1902), gdy chaotyczne pomysły Przybyszewskiego usiłował ująć w kategoriach ścisłej myśli, oraz w nie ukończonych *Listach o sztuce*, zwłaszcza pisarskiej i aktorskiej (w tomie pośmiertnym *Miasta umarłe*, 1918). Pisarz bardzo płodny, w ciągu bowiem lat dwudziestu rzucił na rynek księgarski trzydzieści tomów dzieł najrozmaitszych, w młodości uprawiał lirykę refleksyjną, pomysły swe ujmując w formie setek sonetów, łączonych nieraz w cykle i uderzających stale poprawnością wyrazu, a niejednokrotnie głębią. Po latach dziesięciu rozstał się z liryką tomem *Pokłosie* (1904) i pięknym przekładem *Ksiąg niektórych z żydowskich pism starego zakonu wybranych* (1905), by przerzucić się na pole dramatu i powieści, gdzie miał zdobyć duże, choć nietrwałe uznanie.

Jako dramaturg rozpoczął od *Dyktatora* (1903), rzeczy o Langiewiczu, związanej z czterdziestoleciem powstania styczniowego. Rok 1904 przyniósł dzieło Żuławskiego najsłabsze, choć najpopularniejsze — *Erosa i Psyche*, po czym rokrocznie ukazywały się jego dramaty dalsze, *Ijola, Wianek mirtowy, Gra, La Bestia, Gród słońca* i *Koniec Mesjasza* (1911) — oparte na motywach bądź historyczno-balladowych, bądź współczesnych. Płodnego dramatopisarza pociągały niepospolite indywidualności ludzkie i tragiczne konflikty, ale nigdzie nie udało mu się zdobyć wyżyn sztuki; lotowi przenikliwej myśli, sięgającej w przeszłość, nie dotrzymywała kroku umiejętność tworzenia żywego człowieka. Niedomaganie to wystąpiło już w efektownym widowisku scenicznym *Eros i Psyche*, ukazującym w serii zgrabnie zbudowanych obrazów zwycięstwo brutalnej siły, reprezentowanej przez chama Blaksa, nad idealistycznymi porywami wcielonymi w postaci Psyche. Barwne środowiska kulturowe, antyczne, średniowieczne, renesansowe, związane z Rewolucją Francuską, nowoczesne wreszcie — ukazywały to samo zagadnienie, oczekujące pomyślnego rozwiązania w odległej przyszłości. Zamysł pokrewny *Duchom* Świętochowskiego i przede wszystkim *Tragedii człowieka* pisarza węgierskiego, Imre Madácha, mimo kilku obrazów o dużym napięciu już w samym założeniu niedramatyczny, sprawił, iż lekcja pokazowa dziejów konfliktu ideologicznego rychło się opatrzyła i sztuka zeszła ze sceny, by na nią nie wrócić, przy czym rzecz dziwna, iż nie odżyła jako scenariusz filmowy, który zrobić mógłby światową karierę. Równocześnie z dziełami dramatycznymi powstawały nowele i powieści Żuławskiego, pierwsze niedocenione, uderzały niejednokrotnie doskonałym tokiem narracji i łączyły się ze znakomitymi szkicami, jak wspaniała opowieść *Śmierć bohatera*, poświęcona poległemu w czasie ekspedycji ratowniczej przewodnikowi tatrzańskiemu, Klimkowi Bachledzie. Z powieści zaś na plan czołowy wysuwa się trylogia *Na srebrnym globie* (1903), pierwsza nowoczesna utopia polska. Wyprawa na księżyc i powstanie tam nowej rasy ludzkiej, a zmarnienie garstki zdobywców „srebrnego globu" wypełniają część pierwszą dzieła; tragedia *Zwycięzcy* (1910) — jak brzmi tytuł części drugiej — prawi o przybyciu człowieka z ziemi, oczekiwanego wybawcy, który pokładanych w nim nadziei spełnić nie może; część końcowa *Stara ziemia* (1911), przynosi wizję przyszłej

Europy, z nowym ustrojem społecznym i wszystkimi związanymi z nim trudnościami i niebezpieczeństwami. Część to najsłabsza, powieściopisarz utopista bowiem nie zdołał wzbić się ponad otaczającą go współczesność, co mocno ograniczyło jego pole widzenia, nie mówiąc już o zdolności przewidzenia tych wszystkich zmian, które miały przekształcić życie Europy.

5. LEOPOLD STAFF I LIRYKA CZYSTA

Jedną z wysoce znamiennych cech neoromantyzmu była jego różnorodność i wielostronność, nie przeszkadzające jednak jego jednolitości wewnętrznej, organicznej, której podstawą był kult piękna wyrażanego w sztuce. Kult ten był tak powszechny i tak silny, iż zacierały się w nim różnice widoczne w sposobach rozumienia i ujmowania piękna, że nakazywał tolerancję w stosunku do najrozmaitszych „kapliczek", rzadkie bowiem rozprawy polemiczne z ich jednostronnymi budowniczymi i zwolennikami budowniczym tym nie przynosiły szkody.

W takich warunkach już na progu drugiej fazy rozkwitu prądu, w r. 1901, pojawił się wyraźny nurt klasycystyczny, radykalnie odmienny od rozwichrzenia romantycznego, i nie wywołał sprzeciwów, przeciwnie, spotkał się z pełnym uznaniem, jego zaś przedstawiciel, Leopold Staff, autor *Snów o potędze*, z miejsca zdobył opinię znakomitego poety.

Przyczyn tego uznania było kilka, zarówno ogólnych, europejskich, jak specjalnych, polskich. Do pierwszych należała okoliczność, iż symbolizm nie wojował z parnasizmem we Francji, a podziwiany powszechnie filozof niemiecki, Nietzsche, był autorem nie tylko *Zaratustry*, ale również *Narodzin Tragedii*, gdzie z jednakowym zainteresowaniem omawiał mroczną sztukę dionizyjsko-romantyczną, jak apollińsko-klasyczną. W Polsce zaś zainteresowanie kulturą starożytną wydało niezwykłe owoce. Znakomici tłumacze udostępniali arcydzieła literatury greckiej i rzymskiej — epików, tragików, komediopisarzy, liryków, z zapomnienia wydobywano też przekłady dawniejsze. Dość wskazać, że w r. 1901 ukazały się fragmenty *Iliady* w przekładzie Słowackiego z ilustracjami Wyspiańskiego, a wydanie *Uczty* Platona przełożonej przez Władysława Witwickiego było głośnym wydarzeniem literackim. Do tego dorzucić warto, iż tłumaczem *Narodzin tragedii* był Staff, on też redagował wydawnictwo Sympozjon, które rozpoczęło się właśnie od *Uczty*. Fakty te rzucają wyraźne światła na atmosferę kulturową, w której rozwijała się twórczość poetycka autora *Uśmiechów godzin*.

5. Leopold Staff i liryka czysta

Leopold Staff (1878-1957) karierę swą pisarską rozpoczął na gruncie lwowskim, gdzie czasu jego młodości kwitnęło bujne życie literackie. Staranne wykształcenie romanistyczne pod kierunkiem profesora-poety, Edwarda Porębowicza, dało mu rzetelną wiedzę i przygotowało do prac przekładowych, którymi przyswoił arcydzieła średniowiecznej i renesansowej literatury włoskiej (jak *Kwiatki św. Franciszka z Assyżu* 1910, pisma Leonarda da Vinci, Michała Anioła i in.), a które — podobnie jak u jego serdecznego przyjaciela Kasprowicza — zaważyły bardzo korzystnie na twórczości jego oryginalnej. Twórczość ta, poza dużym poematem liryczno-epickim (*Mistrz Twardowski* 1902) oraz sześciu dramatami, wydała plon bardzo niezwykły; złożyło się na nią około dwudziestu zbiorów i zbiorków poezyj, ogłaszanych w ciągu lat niemal sześćdziesięciu, ostatni z nich bowiem ukazał się już po śmierci znakomitego liryka.

Wystąpieniu dwudziestotrzechletniego poety, człowieka bardzo pogodnego i zrównoważonego, patronował wrodzony mu duch przekory, która go nigdy nie opuszczała, a korzeniami tkwiła w jego poczuciu inności od otaczającego go świata — przekory wysoce delikatnej, obce jej bowiem były zarówno chęć błyszczenia, jak wywyższenia się nad innych, przekory wybitnie skromnej.

W *Snach o potędze*, samym już brzmieniem tytułu nawiązujących do *Hymnu do miłości* Tetmajera, młody poeta śmiało przeciwstawił modnym hasłom obiegowym, głoszącym kult chorobliwości, wyczerpania, niemocy ducha, śmierci i zatracenia, stanowisko własne, swe uwielbienie życia: „Odrzućmyż raz tę głupią dla życia pogardę, którą się otaczamy jak żebrak purpurą" oraz:

> *Żyć! żyć! Chcę, aby łanów moich ziemia czarna*
> *Rodziła kłosy bujne, ciężkie, pełne ziarna.*

Źródłem czy motorem tego programu, jeśli wyraz to właściwy, było u Staffa poczucie „nadmiaru" sił żywotnych, które rozpierały pierś młodego poety, którym jednak ponieść się nie pozwalał, ujarzmiając je umiarem, dyscypliną pisarską:

> *Boska to gra — żywioły trzymać na obroży,*
> *Rozhukanych szaleństwem rumaków być panem,*
> *Chwycić burzę za włosy, spętać — niech się korzy!*
> *I władać, jak igraszką, grzmiącym oceanem.*

Zwrotka ta — to drugi, ale naczelny, warsztatowy program śpiewaka *Snów o potędze*. I w kierunku tu wskazanym potoczyć się miała dalsza jego twórczość liryczna. Symbolem jej stał się już nie tytan, pętający żywioły, lecz „wesoły pielgrzym", herold „wesołej wiedzy" średniowiecznych pieśniarzy francuskich, występujący w *Dniu duszy* (1903), przede wszystkim zaś w tomie *Ptakom niebieskim* (1905), gdzie na obraz starych liryków nałożył się portret ich późnego dziedzica, przedstawiciela nowoczesnej cyganerii literackiej, „odkrywcy złotych światów", Pawła Verlaine'a.

Następne zbiory liryczne *Gałąź kwitnąca* (1908), *Uśmiechy godzin* (1910), *W cieniu miecza* (1911) i *Łabędź i lira* (1914) przyniosły nową, bardzo jednolitą i konsekwentną serię pomysłów twórczych, ukazującą postawę Staffa w jej stadium najbardziej skrystalizowanym i najbardziej klasycznym. Sławiony już w *Snach o potędze* czar życia zajaśniał tu nowymi blaskami w szkicach pejzażu włoskiego i polskiego, w sonetach, pieśniach i elegiach, prawiących o urokach wiosny i lata, jesieni i zimy. Motywom tym jednak poeta nadał nowy wyraz i nową wymowę, podyktowane przez znanego już ducha przekory. Tom mianowicie *Łabędź i lira* kończy się poematem *Adam*, który jest czymś w rodzaju pojedynku z cyklem *Ginącemu światu* Kasprowicza. Gdy u starszego poety praojca rodu ludzkiego druzgotała wizja końca świata, *Adam* Staffa jest postacią biegunowo odmienną: z wyżyn, przypominających *Pieśń o dzwonie* Schillera, spogląda on na dzieje swych potomków, widzi poziom stworzonej przez nich cywilizacji materialnej i kultury duchowej, ich wzloty i upadki i w rezultacie uderza w radosny hymn: „Hosanna życiu! hosanna żywiołom! hosanna męce! hosanna weselu!" Finał tego hymnu brzmi podobnie jak u Kasprowicza czy Micińskiego, ukazuje bowiem tę odległą przeszłość:

> *Kiedy w niesytej nigdy, bezgranicznej,*
> *W zrodzonej winą moją żądzy człowiek*
> *Stanie się Bogiem!*

Podsumowanie zdobyczy twórczych, osiągniętych na tym etapie, otrzymało u Staffa postać typową, ale zarazem bardzo indywidualną:

> *Szedłem przez pola żniwne i mogilne kopce,*
> *Żyłem i z rzeczy ludzkich nic nie jest mi obce.*

Bieg wydarzeń dziejowych rychło potwierdził trafność tej humanistycznej formuły.

Wydarzenia pierwszej wojny światowej rzuciły poetę lwowskiego w świat całkowicie mu obcy — w głąb Ukrainy, gdzie w odmęcie wrzenia rewolucyjnego uświadomił sobie własną postawę polityczną. Wprawdzie już w r. 1905 nie ukrywał swych sympatii, i to bardzo

Stefan Żeromski w Zakopanem w r. 1903, fot.

Autograf *Popiołów*

5. Leopold Staff i liryka czysta

gorących, dla rewolucji rosyjskiej, dopiero jednak teraz ujawnił je w całej pełni w tomie *Tęcza łez i krwi* (1918). Szczególnie wiersz na wyzwolenie przez rewolucję więźniów politycznych, drukowany w moskiewskim dzienniku „Echo Polskie", nie wprowadzony do żadnego wydania zbiorowego, ukazał postawę poety, który niechętnie mówił o swoich poglądach. Przede wszystkim jednak wystąpił tu wyraz troski o losy i przyszłość „ziemi, pozbawionej siewców i oraczy", tratowanej przez wojnę i stojącej w obliczu wolności. Głębokie przywiązanie do ziemi jako zbiornicy sił, które zapewnią odbudowę zrujnowanego życia, zarysowało się wyraźnie w drugim zbiorku lirycznym, w *Ścieżkach polnych* (1919), gdzie poeta zademonstrował nowy rys swej postawy twórczej, pogodny humor, którym zabarwił realistyczne obrazki najpospolitszych zjawisk codzienności wiejskiej, pełne podziwu dla pracy na roli. Realizm ten w postaci niezwykle wysublimowanej będzie się odtąd przewijał we wszystkich późniejszych tomach Staffa, w *Uchu igielnym* (1927), *Wysokich drzewach* (1932), *Barwie miodu* (1936), aż po *Martwą pogodę* (1946), *Wiklinę* (1954) i *Dziewięć Muz* (1958), opromieniony franciszkańskim umiłowaniem życia i wszystkiego, co ono niesie, a wyrażany ze zdumiewającą prostotą, spotykaną nie tylko w wierszach pisanych u schyłku życia, cechowała ona bowiem już *Wysokie drzewa*.

W toku swej wieloletniej pracy pisarskiej, rozpoczętej w czasach, gdy najwyższe szczyty artyzmu lirycznego widziano w poezjach Tetmajera, kończącej zaś w chwili, gdy do głosu dochodzili poeci wychowani przez drugą wojnę światową — jak wysoko przez sędziwego liryka ceniony Tadeusz Różewicz — Staff, „wpatrzony w życia i śmierci zawiłość", stosował przeróżne środki wyrazu artystycznego, od niezwykłego bogactwa obrazów po surową prostotę szkicu, kreślonego skąpym zasobem słów najniezbędniejszych. Nie gardził nowościami i w świecie ich poruszał się z tak zdumiewającą swobodą, że nie ustępował młodym, i dlatego użyte przed chwilą określenie go jako „sędziwego liryka" brzmi paradoksalnie, dotyczy bowiem człowieka, który zmarł, dobiegając osiemdziesiątki, a nie pisarza, który na przekór metryce do ostatniej chwili pozostał młody. W swej zaś wędrówce pisarskiej zachował on niezwykłą prostolinijność, nigdy bowiem nie sprzeniewierzył się przekonaniu, że w życiu przyrody, w życiu człowieka i w pracy artysty

Jest szczytna miara ładu i harmonii

i tę właśnie miarę stale w swej liryce stosował, zarówno w utworach pełnych przepychu dźwięcznych słów i barwnych obrazów, jak w wierszach zdumiewających głębią przeżyć, reprezentujących tę dziedzinę liryki, którą w nowszych czasach przyjęto nazywać poezją czystą.

Z postawy urodzonego liryka wyrosła również twórczość dramatyczna Staffa, jego — jak to niekiedy określano — udramatyzowane ballady (*Skarb* 1904, *Godiwa* 1906, *Igrzysko* 1909, *Wawrzyny* 1912, *Południca* 1920), od których odbiegała jedynie sztuka realistyczna *To samo* (1912). Dzieła te, w których role czołowe grywali aktorzy tacy, jak Ludwik Solski, Karol Adwentowicz, Józef Węgrzyn, oparte niekiedy na wątkach balladowych, cieszyły się powodzeniem, podziwiane dla czystości rysunku swych postaci i piękna języka, z odległości jednak lat wydają się nam raczej subtelnymi studiami dramatycznymi, których epoka neoromantyczna wydała wiele, niż trwałymi obrazami doli ludzkiej o wstrząsającej wymowie.

Przykład autora *Ptaków niebieskich* pobudzał i zachęcał młodych adeptów poezji, tak że można by mówić wręcz o szkole liryków uprawiających „staffizm", i to zarówno przed r. 1918, jak w okresie międzywojnia. Należał do nich brat Leopolda, przedwcześnie zmarły **Ludwik Maria Staff** (1890-1914), autor *Zgrzebnej kantyczki* (1922), nacechowanej poczuciem bliskiej śmierci, i dobrze zapowiadający się prozaik. Poeci inni, kroczący śladami mistrza, jak choćby Kornel Makuszyński, poprzestawali przeważnie na jednym tomie lirycznym i albo milkli, albo przerzucali się na inne pola pracy literackiej. Wyjątek stanowił tu pisarz, który spod uroku poety lwowskiego wyzwolił się rychło, by znaleźć swą własną i niezwykłą drogę.

Był nim **Bolesław Leśmian** (1878-1937), liryk pozbawiony renesansowego rozmachu, znamiennego dla Staffa, poeta pracujący bardzo powoli i przełamujący z trudem opory, które stawiała mu jego wyobraźnia. Tomik jego pierwszy, *Sad rozstajny* (1912), przeszedł nie zauważony; doskonałe transkrypcje bajek z *Tysiąca nocy i jednej*, *Klechdy sezamowe* i *Przygody Sindbada żeglarza* (1913), przeznaczone nie tyle dla młodzieży, co dla miłośników prawdziwej sztuki, spotkał los podobny. Dopiero *Łąka* (1920) wywołała podziw i uznanie, którego nie wzbudził okazały tom *Napój cienisty* (1936). Wydane pośmiertnie liryki *Dziejba leśna* (1938) i *Klechdy polskie* (1956) dopełniają całości skąpej puścizny pisarskiej Leśmiana.

O swoistym jej charakterze zadecydował rodzaj wyobraźni autora, tego „marzeń dźwigacza", jak sam się określił, znakomicie scharakteryzowanej w *Poecie*:

> *Zaroiło się w sadach od tęcz i zawieruch —*
> *Z drogi! — Idzie poeta — niebieski wycieruch!*
> *Zbój obłoczny, co z światem jest — wspak i na noże.*

5. Leopold Staff i liryka czysta

*Baczność! — Nic się przed takim uchronić nie może.
Słońce w cebrze, dal w szybie, świt w studni, a zwłaszcza
Wszelkie dziwy zza jarów — prawem snu przywłaszcza.*

. . . .

*Wiersz układa pokutnie — złociście — umarle,
Za pan brat ze zmorami... Treść, gdy w rytm się stacza,
Póty w nim się kołysze, aż się przeinacza.
Chętnie łowi treść, w której łzy prawdziwe płoną,
Ale kocha naprawdę tę — przeinaczoną...
I z zachłanną radością mąci mu się głowa,
Gdy ujmie niepochwytność w dwa przyległe słowa.
A słowa się po niebie włóczą i łajdaczą —
I udają, że znaczą coś więcej, niż znaczą...*

*I po tym samym niebie — z tamtej ułud strony —
Znawca słowa — Bóg płynie — w poetę wpatrzony.
Widzi jego niezdolność do zarobkowania
I to, że się za snami tak pilnie ugania.*

W tym wyznaniu autobiograficznym Leśmian ujął niezwykle precyzyjnie, jak żaden z wielbiących go czy ganiących krytyków, wszystkie podstawowe cechy swej osobowości twórczej, które zadecydowały o jego pozornie przynajmniej odrębnym miejscu w ówczesnej liryce. Wyobraźnia tedy poety chwytała zjawiska świata przez pryzmat snu. Na trzydziestu początkowych kartach *Sadu rozstajnego* motyw snu powtarza się ponad trzydzieści razy, stosowany zazwyczaj bardzo pomysłowo, począwszy od wyrażeń tak pospolitych, jak „zachciało się mej głowie śnić miłość wśród południa", aż po obrazy pełne swoistej wymowy, w rodzaju „oto bór śni o mnie sen liśćmi naprószony, gałęzisty sen" lub „przez las biegnie sen wioseł o słońcu na fali", lub wreszcie „dziewczyno, byłem z tobą w snu jarach, w głębi kniej". Wypadek ostatni znowuż nosi znamię typowości, motyw snu bowiem łączy się, jak w *Poecie*, z motywem jaru leśnego, a jar ten wraz z parowem jest miejscem wyobraźni poety szczególnie miłym. Podobnie ów sen wioseł o słońcu ma ogromne mnóstwo krewniaków w liryce autora *Klechd sezamowych*, który — jak gdyby nawiązując do pomysłów Felicjana — w jednej z bajek dał taką modlitwę rybaka:

„W morzu odbija się niebo, pełne słońca i obłoków. Sieć moja pogrążyła się nie tylko w morzu, lecz i w tym niebie, które się w wodzie odbiło. Bóg zaś przebywa wszędzie — i w niebie prawdziwym, i w niebie odbitym na fali, więc widzi moją sieć i ryby, które dokoła sieci krążą. Boże, który przebywasz w niebie odbitym na fali, pobłogosław sieć moją i rozkaż rybom, aby się w sieci zgromadziły".

Taki właśnie sposób patrzenia daje w liryce mnóstwo obrazów w swej nieuchwytności niezwykle migotliwych, wzrok poety bowiem dostrzega nie zjawiska, lecz ich ruchliwe odbicie w wodzie, której „spojrzystości" z tego właśnie względu osobny wiersz poświęcił. Jeśli do tego dodać, że obrazy te oko widzi częściej „ukosem" niż wprost oraz że baczniejszą uwagę zwraca na cień człowieka aniżeli na jego postać, otrzyma się większą część typowej wizji świata leśmianowskiego, wizji przeinaczającej i przez to odmiennej od normalnych obrazów poetyckich. Tym więcej, że poetycki „wędrowiec, na istnienie spojrzawszy z ukosa", widział w nim najchętniej barwy i sprawy przyswojone i umiłowane w obcowaniu z bajkami arabskimi, stąd wyrazy „baśń" i „baśniowy" stały się ulubionym składnikiem jego słownictwa lirycznego, baśniowość zaś polegała tu bardzo często na eliminowaniu z kompleksów obrazowych pewnych szczegółów, które widmowo usamodzielnione nabierały wskutek tego charakteru niesamowitości. „Tam widziano dwie dłonie, co z baśni w baśń płyną" — oto typowy obraz poetycki Leśmiana, miłośnika najwidoczniej impresjonistyczno-symbolicznych obrazów, modnych w swoim czasie, a przez Niemojewskiego nielitościwie wydrwiwanych w *Listach człowieka szalonego*.

W związku z tym cechowała Leśmiana skłonność do pomysłów makabrycznych, jak przystało na pisarza obcującego „za pan brat ze zmorami", pisarza, który pod koniec kariery wyznawał „miłowałem zmory! czciłem próżnie". Fantastyka baśniowa Leśmiana rozwinęła się w trzech znamiennych kierunkach, wychodzących jednak ze wspólnej podstawy — swoistej wyobraźni pisarza. Pierwszym był jego stosunek do przyrody. Dziewiczy niemal w swej bujnej roślinności las czy też falująca nadmiarem traw łąka tworzyły świat dziwności, który jego uwagę poetycką przykuwał najczęściej. W elegii *Wspomnienie* ukazał on jej warsztat, dając opowieść o dziwach, dostrzeżonych przez chłopca na łące w czas południowy: „Naówczas w podłuż kładłem się na trawie, Ażeby badać skrycie i ciekawie Znajomą łąkę, oglądaną spodem"; na terenie obserwowanym z tak niezwykłego, przyrodniczego stanowiska odsłania się świat niedostrzegalny oku człowieka spoglądającego normalnie, z wysokości wzrostu, widać więc „jak się cień motyla tuż za skrzydłami po kwiatach opóźnia" i „jak bąk, w futro odziany tygrysie, na złotym jaskrze olbrzymiejąc skrzy się", „jak na włochatym, szorstkim liściu mięty, wzdłuż rubinami wysadzana szczelnie, lśni gąsiennica, wspinając się dzielnie na tylnych łapkach, i dalszy kierunek węszy swym pyskiem, z którego wycieka płyn bursztynowy".

5. Leopold Staff i liryka czysta

Ta metoda opisu poetyckiego, wystudiowana zapewne na traktatach przyrodniczych Maeterlincka o życiu pszczół czy termitów, wnosi do twórczości autora *Łąki* mnóstwo efektów bardzo niezwykłych, wywołując złudzenie żywiołowości; pochodzi to stąd, że twory jej wyposażył on jakąś osobliwą energią, którą nazwać by można panpsychizmem, przez analogię do animizmu, pojęcia często używanego przed półwiekiem w doskonale znanej Leśmianowi etnologii. Pierwotne ustroje żyją swoistym życiem, pokrewnym życiu człowieka, a raczej człowiek leśmianowski zna przede wszystkim pierwotne, przedludzkie reakcje psychiczne i stąd łatwo mu żyć życiem owych ustrojów. Pod niewątpliwym mianowicie urokiem teorii Przybyszewskiego o „praiłach duszy" jako jedynym właściwym gruncie twórczości pisarskiej Leśmian rozwinął w swej poezji wcale osobliwy element erotyczny i zrobił zeń pomost między życiem ludzkim i pozaludzkim. Szczególnie psychopatologia miłości, zboczenia erotyczne stały się tą dziedziną, gdzie związki między światem ludzkim i pozaludzkim czy przedludzkim ukazały się w całej niesamowitości, bogacąc galerię obrazów fantastycznych, nieraz makabrycznych, autora *Łąki*. Większość jego świetnie pomyślanych i wykonanych ballad — o miłości króla i wiśni, dziewczyny i czerwia, rusałki i dziada bez nogi, panny i kukły drewnianej — tu właśnie należy.

Kierunkiem wreszcie trzecim, w którym rozwijała się fantastyka Leśmiana, była dziedzina zagadnień metafizycznych. Poeci-fantaści u źródła swych pomysłów zawsze odnajdywali Boga lub szatana, czym potęgowali grozę swych obrazów, równocześnie jednak łagodzili ją, bo przez przyjęcie takiego czy innego pierwiastka metafizycznego sprowadzali zjawiska niesamowite do skali dostępnej pojmowaniu religijnemu. Inaczej autor *Napoju cienistego*, głoszący „miłowałem zmory, czciłem próżnie". Jeśli Leśmian był chrześcijaninem, to był nim tylko z metryki, stosunek jego bowiem do Boga (szatan w jego świecie niemal nie występuje) przedstawiał się zgoła osobliwie; chociaż Bóg w jego liryce pojawia się bardzo często, to stale bez atrybutów istoty najwyższej, znanych z pojęć i chrześcijańskich, i zapewne żydowskich. W ciekawym poemacie *Eliasz* prorok płynący w zaświaty mija jasną smugę Boga, sterując w świat inny, „w bezbożyznę",

> *By stwierdzić jasnowidztwem ostatniego tchnienia*
> *Możliwość innej jawy niż jawa Istnienia.*

W świetnej baśni gawędowej *Dwaj Macieje* mocarze zdobywszy ziele zapewniające nieśmiertelność, ofiarowują je Płaczybogu, by spożył je i mógł „do drugiej wieczności bez uszczerbku dożyć".

W ten sposób to, co poprzednio wydawało się tylko znamienną cechą wyobraźni poety, jego upodobanie w motywie snu, tutaj nabiera właściwego sensu i wiedzie w mroki bytowania pozasennego, w beznadziejną próżnię wieczności, która otacza nie tylko świat, ale i Boga, w próżnię nicości. I z tego stanowiska znowuż właściwego sensu nabiera spostrzeżenie, które zrobiono z racji *Łąki*, sprowadzając leśmianowskie umiłowanie życia w jego przejawach najprostszych, przyrodniczych, do strachu przed ową wieczystą próżnią nicości.

Owo umiłowanie życia na pozór zbliża Leśmiana do Staffa, choć o pokrewieństwie tym można powiedzieć tylko: „O, jak są różne przed prawdy mistrzynią Orły, choć wszystkie jeden hałas czynią". Od autora *Snów o potędze* bowiem Leśmian przejął jedynie pewne gesty zewnętrzne, obrazy w rodzaju „rozpleść złotą warkocza zawiłość", czy bogatą metaforykę *Pocałunków* z tomu *Dzień duszy*, wyzyskaną w poemacie *Łąka*, gdzie odpoznać można staffowskie obrazy w rodzaju „miodną, lepką swą duszę ślą pszczołom konicze" lub „masz miodną duszę łąki i łąki sny złote". Od Staffa zaś odbiegł całą „przepaścią słowa", swym osobliwym językiem poetyckim, na którego powstaniu zaważyło wedle wszelkiego prawdopodobieństwa i pochodzenie Leśmiana, i kontakt jego z literaturą rosyjską tak ścisły, że wyrazem jego stały się młodzieńcze wiersze rosyjskie, drukowane w czasopiśmie „Zołotoje Runo". Klątwą mianowicie pisarza, którego myśl unikała pospolitych szlaków, była nieumiejętność posługiwania się normalnymi środkami wyrazu poetyckiego, zwłaszcza rym i rytm sprawiały mu niezwykłe trudności. Stąd w *Sadzie rozstajnym* wystąpiły uchybienia średniówkowe w pospolitym jedenastozgłoskowcu oraz wyrażenia „we świetlicy", „we kwiaty", „we ślubne", sztukujące brak nieodzownej zgłoski. Stąd, w rymach zwłaszcza, a później i poza ich obrębem, pojawiło się u Leśmiana mnóstwo dialektyzmów, archaizmów i neologizmów, nadających jego obrazom charakter bardzo niezwykły, a nie zawsze estetyczny. Pary rymowe: spojrzakiem — krzakiem, jabła — osłabła, chrabęści — pięści, ilustrują nieporadność pisarza, a zarazem jego pomysłowość słowotwórczą. Prawdopodobnie za przykładem Norwida Leśmian, tworząc wyrazy takie jak „spojrzystość" w znaczeniu spojrzenia przejrzystej wody, lub „chrabęścić" przez powiązanie wyrazów „chrabąszcz" i „chrzęścić", osiągał niejednokrotnie doskonałe w swej zwięzłości efekty obrazowe. Na tym właśnie polegała uporczywa i pracowita gonitwa poety za materiałem, który by mu pozwolił ująć „niepochwytność w dwa przyległe słowa". Nadmiar jednak neologizmów i ich szablonowość sprawiły, że wywołują one wrażenie monotonnej, zmanierowanej sztuczności, podobnie jak w wierszach Krasińskiego. Z takich składników utkane obrazy Leśmiana zilustrować można urywkiem wspomnianego już *Eliasza*, gdzie słowo harmonizuje najzupełniej z charakterem wyobraźni poety:

> *Tu tkwiły włóczyzmory, w swym konaniu zwinne,*
> *Pstrocinami złych ślepi migotliwie czynne,*
> *Strawione zaraźliwym liszajem niebytu,*
> *A łase na ułomną podobiznę świtu...*
> *Tu mgławice dłużyły rąk wyłudę białą*
> *W schłon próżni, gdzie się dotąd nic jeszcze nie stało,*
> *Strzęp świata, zdruzganego na prochy w przestworzu,*
> *Bławatkował zadumą o świetlącym zbożu...*

W urywku tym, rzuconym przez pisarza na papier, gdy zbliżał się do swego kresu, niby w mikrokosmie ujawniły się z jednej strony podstawowe cechy sztuki poetyckiej Leśmiana, z drugiej zaś wystąpiło w postaci wyjątkowo wyraźnej rodowe pokrewieństwo neoromantyzmu z barokiem — pokrewieństwo, które w dziełach wcześniejszych autora *Łąki* rysowało się mniej wyraziście, podobnie jak i inne rysy tego „obłędnego nieistniejących zdarzeń wspominacza", poety uczonego i poety rozważnego, choć opinia dopatrywała się w nim spontanicznego piewcy żywiołu.

6. SATYRA NEOROMANTYCZNA

Poezja epoki neoromantyzmu nastawiona była na tonację tragiczną, rozwijała się jednak w czasach, gdy konflikty naprawdę tragiczne były rzadkie, występowały one bowiem przede wszystkim w kronice kryminalnej, a więc w dziedzinie odwiecznej, ale niekoniecznie interesującej ze stanowiska literackiego. Nastawienie na tragizm jednak było uniwersalne, a raczej uniwersalistyczne, dopuszczało bowiem również — podobnie jak w czasach romantyzmu — posługiwanie się komizmem. W rezultacie ponurym wypowiedziom tragików wtórował niejednokrotnie śmiech i bardzo być może, iż osiągał to, o co oni daremnie zabiegali, ukazywał po swojemu realistyczną prawdę życia i wpływał na jej przekształcenie. A było to możliwe dzięki okoliczności prostej, choć niełatwo osiągalnej — był to mianowicie śmiech artystyczny, zaprawiony satyrą.

Mistrzem w tej dziedzinie był **Jan Lemański** (1866-1933), poeta-liryk, autor dwudziestu przeszło tomików i okazałych tomów, który wstępnym bojem zdobył uznanie, gdy w r. 1902 wydał swe *Bajki* i dowiódł nimi, iż stary szlak Ezopa bynajmniej nie zarósł chwastem. Szlak ten trzeba tu wspomnieć, Lemański bowiem stosował tradycyjną metodę klasyków bajki zwierzęcej — Lafontaine'a Kryłowa czy Mickiewicza, którzy swym czworonogim czy skrzydlatym bohaterom nadawali cechy ludzi swej własnej epoki i tworzyli w ten sposób obrazki realistyczne, zaprawione satyrą. Robiąc to samo, Lemański zwierzaki czy rośliny swych bajek wyposażył cechami znamiennymi dla kultury europejskiej i polskiej na przełomie w. XIX i XX, przy czym realistyczne szkice życia urozmaicał nie tylko akcentami komicznymi z przewagą ironii, ale również rzadko u bajkopisów spotykanym liryzmem. W realistycznych tedy szkicach poruszał sprawy, występujące powszechnie w powieści i dramacie jego czasów, jak zaś po swojemu i po mistrzowsku je ujmował, dowodzi choćby to, co nazwać by można „kompleksem szalonej Julki", bohaterki dramatu Kisielewskiego W sieci, a co nieco wcześniej doszło do głosu w Komediantce Reymonta i przewijało się również u wielu innych pisarzy. Młode dziewczęta, zwłaszcza obdarzone jakimś nie tyle talentem co talencikiem artystycznym, wyrywały się z dusznej atmosfery prowincjonalnej w świat sztuki, by po takich czy innych przygodach miłosnych zmarnować się, to znaczy albo wrócić do porzuconego środowiska filisterskiego, albo — jak to zdarzało się bardzo często wśród literatek — zakończyć młode życie samobójstwem. W bajce Lemańskiego Lilia wodna, która żyła „pełna trwogi i tęsknoty, rosnąc w górę, gdzie ją złoty blask przynęcał wodnej szyby", odcięła się od rodzinnej łodygi, popłynęła w dal, potrącana burtami łodzi i kaleczona wiosłami, aż wreszcie „ni spoczynku, ni przystani nie mający kwiat tułaczy, rychło, rychło zwiądł w rozpaczy", sens zaś całej sprawy wyjaśnia końcowy wiersz zwrotki „tak to bywa, proszę pani", którego tok, do okrucieństwa prozaiczny, demaskuje niewesołą prawdę, przesłoniętą czarem pełnej wdzięku opowieści. W bajce znowuż Lis i gęś prawda życia dochodzi do głosu w samym słownictwie, tak rozmyślnie banalnym, że aż zakrawającym na parodię: „O życiu gęgała gęś idealnym, o wadach swych dziedzicznych lis jej szczekał szczerze, płakał na łonie jej nieprzemakalnym...", a po schrupaniu gąski „z mokrą rzęsą pojrzał w niebo i zawył: O przyrodo, matko! Czemu każesz jeść mięso, gdyśmy duchem głodni? Czemu nas szlakiem cnoty prowadzisz do zbrodni? Ha, krwawą zagadką byt nasz!" Tego rodzaju stosunek do motywów tradycyjnych, a są one przecież nieodzownym składnikiem bajki, sprawił, iż Lemańskiego określano jako ironistę, on sam zresztą jeden ze zbiorków opatrzył tytułem Proza ironiczna (1904); istotnie też był znakomitym mistrzem ironii, której wyrazem bywały u niego częste parodie głośnych powiedzeń czy emfatycznych terminów. Dość przypomnieć, iż w zbiorku Colloquia (1905) bajka o wilku w owczej skórze otrzymała komentarz: „Jakże wśród owiec poznać krwiożercę,

6. Satyra neoromantyczna

Który w najczystszym głosi żargonie, Że milion kocha calutkim sercem, Śni o milionie?" Tu też należy tytuł satyry *Nowenna czyli dziewięćdziesiąt dziewięć dytyrambów o szczęściu* (1906), będącej zjadliwym atakiem na życie filisterskie.

Ta właśnie postawa ironisty, bardzo wytwornego, o dużej kulturze literackiej, walczącego zarówno z załganiem światka artystycznego, jak z gruboskórnym kołtuństwem klas posiadających, wszystko jedno, majątki ziemskie czy kamienice warszawskie, otworzyła Lemańskiemu roczniki „Chimery", dostępne przede wszystkim miłośnikom piękna artystycznego. Był nim zaś autor *Baśni o prawdzie* (1910), jego bowiem obrazki satyryczne, których żądło odsłaniała niejednokrotnie dopiero pointa, tchnęły taką plastyką w odtwarzaniu życia, a jego ataki przeciw filisterstwu miały tak głęboką wymowę, że i jedne, i drugie stawiały twórcę *Ofiary królewny* (1906) w szeregu czołowych poetów neoromantycznych.

Stanowisko to zapewniał Lemańskiemu również jego odrębny styl, łączący rozlewność liryczną z ciętością satyryka. Spod pióra jego tedy wychodziły opisy przyrody, które mogłyby się znaleźć w wypisach ilustrujących najbardziej wyszukane postawy wobec piękna świata, znamienne dla poetów neoromantycznych. To samo pióro rzucało na papier uwagi i spostrzeżenia niezwykle trafne i dowcipne, celnie ośmieszające to wszystko, co satyryka-ironistę raziło w otaczającym go życiu. I te właśnie pierwiastki z biegiem czasu wysuwały się coraz bardziej na miejsce naczelne w jego utworach i doprowadziły ostatecznie do wirtuozji, w której sztuczność przesłoniła lub nawet zastąpiła sztukę. Zaznaczyło się to szczególnie jaskrawo w zakresie rymów, w których autor *Nowenny* osiągnął mistrzostwo rzadko spotykane. Twórca podziwianego sonetu *Mur*, w którym rymowały się nie tylko wyrazy końcowe, ale również i początkowe, podejmował później próby w rodzaju rymów odspółgłoskowych w rodzaju: „pę-kaci — kaci, sale — wa-sale" (*Prawo własności*) lub monorymów (wiersz *Pro patria mori* w zbiorze *Czyn*), gdzie do wyrazu „mori" dobrał rymy: „zbory", „Cecory", „honory" itd. Tego rodzaju sztuczki, zabawne jako dowody pomysłowości pisarza, poczęły nużyć, gdy występowały zbyt często; one też przyczyniły się może do oziębłości, z którą przyjmowano późniejsze wiersze Lemańskiego, ta zaś sprawiła, iż po dziesięciu przeszło latach intensywnej pracy poetyckiej Lemański zamilkł niemal na zawsze.

Równocześnie z nim rozgłos jako satyryk zdobył młodszy odeń o lat dziesięć krakowianin A d o l f N o w a c z y ń s k i (1876 - 1944), autor *Małpiego zwierciadła* (1902), okazałego zbioru zjadliwych wycieczek prozą przeciw otaczającemu go życiu, po których nastąpiły nie mniej cięte *Facecje sowizdrzalskie* (1903) oraz *Skotopaski sowi-*

zdrzalskie (1904), zbiorki kąśliwych aforyzmów. Młody Sowizdrzał, bezwiednie nawiązujący do tradycji nie znanych wówczas jeszcze antenatów barokowych, pociskami swymi godził w środowiska, które znał doskonale, w świat „urzędnikerii" galicyjskiej, z którego pochodził, i w świat kawiarnianej cyganerii krakowskiej, w którym zdobywał ostrogi literackie. Szczególnie ten drugi, skupiony wokół Przybyszewskiego i budzący powszechne zainteresowanie, potępiany przez starych, podziwiany przez młodych, stał się przedmiotem świetnej noweli *Gladiolus Tavernalis*, poświęconej analizie „mieczyka kawiarnianego", tj. literata nastrojowca, osobnika załganego wewnętrznie i po mistrzowsku obełgującego innych. Satyryk nielitościwie, lecz sprawiedliwie osądził jego twórczość jako „śmiecie rzucane na bibułę dziennikarską", a cechy jego postawy, takie jak: „anemia, bladość uczuć, krótkotrwałość, samotność, wydelikacenie, a piękność linii, formy, subtelność", schłostał jako zwyczajną blagę. W ataku swym na modny typ artysty Nowaczyński nie był osamotniony, przed nim robił to przecież Wyspiański w *Weselu*, a po nim Berent w *Próchnie*, ale obydwaj na papierowych dekadentów spoglądali z tragicznym współczuciem. Autor *Małpiego zwierciadła* natomiast bił w przedmiot swej satyry z niepohamowaną furią, z nienawiścią, nie owijając niczego w bawełnę nazywał rzeczy po imieniu, zmuszając załganego pseudoartystę, by powiedział sobie, że „stanowczo: jest po prostu szubrawcem, delikatnie: słabym charakterem, poetycznie: kwiatkiem kawiarnianym — ale w gruncie rzeczy: szubrawcem, kanalią". Dla czytelnika ówczesnego wszystko to miało specyficzny posmak, godziło bowiem bezpośrednio w „tego pół-maga, pół-klowna, proroka i alkoholika, męczennika i karierowicza, prawie zbrodniarza i prawie anioła: blagiera opromienionego nieziemską ekstazą", słowem w Stanisława Przybyszewskiego. Nowaczyński na autora *Synów ziemi* spojrzał tutaj dokładnie tak samo, jak w trzydzieści lat później zrobi to Żeleński-Boy w swym *Znasz-li ten kraj?* Jeśli zaś atak w r. 1902 się nie udał, to dlatego że magia mody była zbyt silna, by obalić mit wielkości artysty, i że satyryk przeholował w swej pasji, że robił wrażenie raczej paszkwilanta, załatwiającego porachunki osobiste, niż człowieka rozprawiającego się z potępianymi przezeń zjawiskami, ale potępianymi w imię jakichś wartości ogólnych.

Nastawienie na ton satyry literackiej, tj. godzącej w zjawiska z literaturą związane, występowało wyraźnie również w dalszej twórczości Nowaczyńskiego, by wydać z jednej strony jego niesłychanie bogatą, wielotomową produkcję w postaci szkiców krytycznych, z drugiej — obfitą galerię utworów dramatycznych o takich czy innych pisarzach. W dziedzinie pierwszej Nowaczyński, krocząc torami tzw. krytyki impresjonistycznej, odtwarzającej przygody czytelnika

6. Satyra neoromantyczna

w świecie fikcji literackiej, rzucił na papier kilkadziesiąt pomysłowych szkiców, w których kreślił portrety pisarzy obcych i polskich i uwagi o ich twórczości; powierzchowne i płytkie szkice te, produkt pobieżnej lektury dziennikarskiej, przynoszą jednak dużo spostrzeżeń nie tylko trafnych, ale i głębokich, Nowaczyński bowiem był czytelnikiem inteligentnym, równocześnie zaś są one nieraz komentarzami do dzieł własnych krytyka. Tak więc przezabawny portrecik *Wizerunek Mikołaja Reja z Nagłowic* (1905) jest jak gdyby wstępem do uciesznej krotochwili z tegoż samego jubileuszowego roku *Jegomość Pan Rej w Babinie* (1906), a szkice o Arystofanesie (w zbiorach *Co czasy niosą* 1909, i *Góry z piasku* 1922) pozwalają zrozumieć nie tylko satyryczną komedię *Wojna wojnie* (1928), parafrazującą motywy dwu komedyj genialnego Ateńczyka, ale również postawę samego pisarza, który w pewnej chwili doszedł do przekonania, iż był prawowitym potomkiem twórcy *Chmur* i *Ptaków*.

Z historycznoliterackich zainteresowań, których wyrazem były szkice krytyczne, wyrosły również utwory dramatyczne Nowaczyńskiego, tj. prócz komedyjki o Reju trzy sztuki: *Starościc ukarany* (1906) i *Wielki Fryderyk* (1910), osnute na biografiach Węgierskiego i Krasickiego, a wreszcie *Cyganeria Warszawska* (1912), związana z wyjazdem Norwida za granicę. Z dzieł tych może *Starościc ukarany* jest pozycją najdoskonalszą, dzięki temu iż w paszkwilancie epoki stanisławowskiej, który z godnością przyjmuje swą przegraną, autor ukazał swe własne stanowisko, choć pisząc tę zgrabną „tragikomedię" nie mógł przewidzieć, iż w lat wiele później ataki na Piłsudskiego okupi bardzo dotkliwie, zostanie bowiem obity przez oficerów, w ten barbarzyński sposób stających w obronie swego uwielbianego wodza.

Domeną jednak, w której Nowaczyński miał święcić swe najwyższe tryumfy, stały się jego dramaty historyczne, zwłaszcza „kroniki dramatyczne", tj. *Car Samozwaniec* (1908) i *Wielki Fryderyk* (1910) następnie dzieła o mniejszym rozmiarze, jak *Smocze gniazdo* (1905), ukazujące diabła łańcuckiego — Stadnickiego, *Pułaski w Ameryce* (1917), *Komendant Paryża* (1926), tj. rzecz o Komunie paryskiej i Jarosławie Dąbrowskim, a wreszcie *Wiosna narodów w cichym zakątku* (1929), czyli Krakowie czasu Wiosny Ludów. Dziełom tym, pisanym nieraz z myślą o wykonawcy roli tytułowej, Ludwiku Solskim, który jako Dymitr czy Fryderyk osiągał szczyty gry aktorskiej, patronował nie tyle Szekspir, co niezwykle popularny wynalazca „komedii bohaterskiej", Edmund Rostand, autor *Cyrana de Bergerac* i *Orlątka*. Za jego przykładem Nowaczyński wybierał jakąś efektowną osobistość historyczną i rzucał ją na tło bogatej, wielowątkowej akcji o charakterze raczej epickim niż dramatycznym. Wyprzedzając czasy, na które przypadły narodziny filmu, dramaturg polski tworzył wspaniałe scenariusze filmowe, których dotąd nie wyzyskano. Równocześnie zaś szedł bezwiednie za tradycją rodzimą, stworzoną przez popularnych dramaturgów pokolenia poprzedniego, na których spoglądał z pogardą, takich jak Julian Moers z Poradowa lub Anczyc, tj. dawał doskonałe okazy widowiska popularnego, i to o poziomie artystycznym daleko wyższym. Dramaty o Pułaskim czy Dąbrowskim, rodzajowo spokrewnione z *Przeorem Paulinów* czy *Kościuszką pod Racławicami*, odbiegały jednak od swych przodków literackich bardzo daleko, twórca ich bowiem był nie rzemieślnikiem literackim, lecz pisarzem z prawdziwego zdarzenia.

Mówiąc o *Małpim zwierciadle*, wspomniało się tutaj, iż żądło satyry Nowaczyńskiego zwrócone było przeciw środowisku, z którego autor pochodził, tj. światkowi biurokracji burżuazyjnej, a więc przeciw sprawom, które literatura owoczesna piętnowała jako przejawy filisterstwa czy kołtunerii. Sam Nowaczyński, który najrozmaitsze cechy obyczajowe środowiska tego ośmieszał w *Siedmiu dramatach jednoaktowych* (1904), zajął się nimi w dwu swych wspaniałych komediach, tj. w *Nowych Atenach* (1913) oraz w *O żonach złych i dobrych* (1931), z których pierwszą poświęcił miastu swej młodości, Krakowowi, drugą miastu, w którym miał spędzić lata dalsze, Warszawie. Satyra krakowska, oparta na motywie zapożyczonym z głośnego niegdyś dramatu Knuta Hamsuna (*W szponach życia*), tj. pojawieniu się w zatęchłym miasteczku prowincjonalnym milionera amerykańskiego, wskrzesiła „wielki świat Capowic", ukazując w świetle karykatury elitę umysłową Krakowa, tę samą, której antenatów z r. 1848 Nowaczyński wprowadził na scenę w późniejszej komedii historycznej *Wiosna narodów w cichym zakątku*. Równocześnie zaś wystąpiły tu akcenty dość nowoczesne, bo zalecanie trzeźwej kultury pozytywistycznej, którą tak energicznie gromili przeciwnicy kołtunerii i filisterstwa. Życie znowuż warszawskie dostarczyło pisarzowi materiału do komedii jego najzabawniejszej *O żonach złych i dobrych*, promieniejącej nie tylko dowcipem, ale również humorem, a więc jakością estetyczną u Nowaczyńskiego rzadko spotykaną. W twórczości jego była ona zjawiskiem tym bardziej zaskakującym, że powstała w okresie, gdy autor jej rozwinął bardzo intensywną działalność publicystyczną jako czołowy bojownik Narodowej Demokracji, zaciekły wróg obozu rządzącego, w którym widział awangardę masonerii, jako antysemita, pogromca wreszcie socjalizmu i przede wszystkim „żydokomuny". I ta właśnie strona jego działalności rzuciła cień na jego dorobek dramatyczny, rychło zapomniany; co prawda, twórca *Wielkiego Fryderyka*, *Wiosny narodów* czy *Żon złych i dobrych* w pracy pisarskiej niejednokrotnie umiał wznieść się nad poziom swych wystąpień publicystycznych i dawać rzeczy nacechowane niewątpliwym artyzmem. Narzędziem tego artyzmu był jego bardzo osobliwy język, łączący groteskowe pomysły w guście ulubionych mistrzów Nowaczyńskiego, któremu patronowali Arystofanes i Rabelais, z żargonem dziennikarskim i rozmiłowaniem w „kolekcjonerstwie lingwistycznym", jak sam je nazywał. Jednakże autor *Małpiego zwierciadła* wpadał tutaj niejednokrotnie, podobnie jak Lemański, w sztuczność i nieznośną manierę.

7. TEATR STANISŁAWA WYSPIAŃSKIEGO

Kariera literacka Stanisława Wyspiańskiego (1869- -1907) należy do zjawisk najniezwyklejszych. Wypełniła ona lat dziewięć zaledwie, w których obrębie rok po roku ukazywały się jego utwory, nieraz po dwa i trzy równocześnie, pracom zaś literackim towarzyszyły inne — malarskie i teatrologiczne. Dzieła jego spotykały się z przyjęciem bardzo różnym; pokolenie starsze spoglądało na nie z nie skrywaną niechęcią, młodsze zaś z uwielbieniem, które sięgnęło szczytu w chwili, gdy przedwczesna śmierć, kładąc kres jego twórczości, żałobą okryła nie tylko miasto jego rodzinne, Kraków, ale i całą owoczesną Galicję. Lata zaś późniejsze, gdy w zapomnieniu pogrążyło się wielu jego rówieśników, potęgowały sławę Wyspiańskiego; wystawianie jego utworów stawało się nieraz wydarzeniem teatralnym, a stosunki te po dzień dzisiejszy nie uległy zmianie. W rezultacie Wyspiański należy do tych niewielu pisarzy neoromantycznych, których nazwiska otoczone są kultem, przysługującym klasykom narodowym.

Czynniki, które ten kult wywołały, niełatwo jest uchwycić, mimo bowiem powodzi studiów, które ukazywały się już za życia Wyspiańskiego, a wśród których jest sporo okazałych monografii, nie ma dotąd dobrego życiorysu pisarza, tak że ani nie znamy jego tragicznego żywota, ani nie umiemy dokładnie ustalić jego stosunku do otaczającej go rzeczywistości. Krakowianin z pochodzenia, z zawodu malarz, twórca witraży w kościele franciszkańskim, autor mnóstwa portretów, grafik, dbały o wytworną szatę książek własnych i cudzych, był przede wszystkim człowiekiem teatru i szczęśliwie trafił do środowiska, w którym życie teatralne biło tętnem niezwykle żywym i silnym. Po przełamaniu trudności wstępnych i zdobyciu szturmem sceny twórca *Wesela*, wystawionego w r. 1901, teatrowi poświęcał dużo czasu i wysiłków, pracując jako scenograf i reżyser i zabiegając nawet o dyrektorstwo. Znamiennym owocem tych zainteresowań stały się przede wszystkim studia teatrologiczne Wyspiańskiego, wydany przezeń tekst *Dziadów* Mickiewicza we własnym układzie oraz wnikliwa rozprawa o *Hamlecie*, przynosząca swoistą interpretację tragedii i wskazówki, jak grać ją zdaniem poety-inscenizatora należało.

Stosunek Wyspiańskiego do teatru określić można najprościej, przyjmując, iż dramaturg krakowski, snujący pomysły stworzenia amfiteatru na wzgórzu wawelskim, spoglądał na teatr nie jako na miejsce rozrywki, lecz jako na świątynię sztuki. Tradycje teatru greckiego i działalność Ryszarda Wagnera były dla niego punktem wyjścia przy tworzeniu koncepcji własnej, która z kolei wyznaczała charakter jego twórczości dramatycznej.

Twórczość ta układa się w pewne zespoły o wspólnej czy pokrewnej tematyce. Należą tu dramaty greckie: *Meleager* (1899), *Protesilas i Laodamia* (1899), *Achilleis* (1903) i *Powrót Odyssa* (1907); zespół drugi, wawelsko-krakowski obejmuje dwie różne redakcje tragedii *Legenda* (1898, 1904), *Bolesława Śmiałego* (1903) i *Skałkę* (1907); cztery sztuki o powstaniu listopadowym i Wiośnie ludów tworzą zespół historyczny, tj. *Warszawianka* (1898), *Lelewel* (1899), *Noc Listopadowa* (1904) i *Legion* (1900); zespołem politycznym nazwać by można *Wesele* (1901), *Wyzwolenie* (1903) i *Akropolis* (1904); całość dorobku poety zamykają dwie tragedie wiejskie *Klątwa* (1899) i *Sędziowie* (1907), młodzieńczy *Daniel,* dialog *Juliusz II*, fragment dramatu o Zygmuncie Auguście oraz przekład tragedii Corneille'a *Cyd*, a wreszcie rapsody *Kazimierz Wielki* (1900) oraz *Bolesław Śmiały* (1902).

Przy całej różnorodności tematycznej puścizna pisarska Wyspiańskiego uderza swą wewnętrzną jednolitością ideologiczną i formalną. Dramaturg krakowski, podobnie jak jego mistrz, Słowacki, znał jeden tylko klimat artystyczny i w nim umieszczał swe wizje: klimat bohaterstwa. Bohaterami swych utworów robił istotnie herosów antycznych, podaniowych czy historycznych, władców i królów, wodzów i przywódców politycznych, a gdy z wyżyn wielkiej tradycji przechodził do życia codziennego, psychikę kobiety wiejskiej spod Tarnowa czy Żyda z karczmy ukraińskiej formował również w wymiarach heroicznych.

Takiemu spojrzeniu na człowieka towarzyszyło u Wyspiańskiego zainteresowanie tragicznymi konfliktami życia raczej zbiorowego niż indywidualnego, procesami kształtującymi psychikę pokoleń, zjawiskami natury raczej socjologicznej niż psychologicznej, jakkolwiek i tymi drugimi nie gardził, zwłaszcza w dramatach ze świata greckiego i z życia chłopskiego. Z zagadnień zaś grupy pierwszej z upo-

7. Teatr Stanisława Wyspiańskiego

rem wracał do spraw namiętnie dyskutowanych przede wszystkim w Krakowie, omawianych zresztą we wszystkich ziemiach polskich: utraty niepodległości i prób jej odzyskania. Centralne to zagadnienie, roztrząsane w poezji romantycznej, zaktualizowane zaś przez historyczną szkołę krakowską po powstaniu styczniowym, obsesyjnie niemal przewijało się przez całą twórczość autora *Wyzwolenia*, i to w postaciach różnych. Wśród nich na miejsce czołowe wysunęła się rola polityczno-społeczna romantyzmu i jego najgłówniejszego przedstawiciela Mickiewicza, ukazana w dramatach *Legion* i *Wyzwolenie*, a równocześnie analizowana w dramatach o powstaniu listopadowym, pojętym jako typowy przejaw tendencyj romantycznych. Romantyzm w rozumieniu Wyspiańskiego był apoteozą śmierci, odwracał od prawdziwego życia i wiódł na manowce co najmniej jałowego mistycyzmu. Stąd dramaty antyromantyczne poeta kończył obrazami takimi, jak łódź Charonowa wioząca dusze zmarłych w zaświaty, stąd w najciekawszym z nich *Wyzwoleniu*, Geniusza, symbolizującego kult poezji romantycznej, wtrącał poeta w podziemia wawelskie, zapełnione sarkofagami królów. Sens tej walki z romantyzmem wyrażał w zdaniu „Poezjo precz, jesteś tyranem!". Było ono głosem protestu przeciw załganiu w życiu codziennym pięknymi hasłami poetyckimi bez pokrycia, załganiu epidemicznemu, a odwołującemu się do autorytetu „wieszczów" narodowych. To właśnie zjawisko było trzonem *Wesela*. Sprawą drugą był problem odzyskania niepodległości. Poeta, który w swej kampanii antyromantycznej stał bardzo blisko przedstawicieli historycznej szkoły krakowskiej, tzw. stańczyków, rozchodził się z nimi radykalnie w dziedzinie stosunku do życia bieżącego. Nie wierzył w misję dziejową „karmazynów" i, zbliżając się do poglądów zwanych podówczas „wszechpolskimi", głosił, iż „naród ma jedynie prawo być jako państwo". Z tego stanowiska biczem ironii smagał wszelkie próby ugody z zaborcą, równocześnie jednak sceptycznie oceniał demokratyczne próby realizacji romantycznego hasła „z szlachtą polską polski lud", ośmieszając je bezlitośnie znowuż w *Weselu*. I właśnie dlatego, iż w czasie, gdy podziwiani powszechnie pisarze neoromantyczni, Przybyszewski, Tetmajer, Kasprowicz i inni, programowo odżegnywali się od publicystyki jako dziedziny niegodnej rozmiłowanego w pięknie artysty, „kapłana sztuki", Wyspiański śmiało kroczył szlakami politycznej poezji wielkich romantyków, choć powszechny w jego czasach stosunek do nich kategorycznie potępiał on i odrzucał; ponieważ na szlakach tych po swojemu poruszał zagadnienia palące, rychło zdobył uznanie, które stało się podstawą jego nie tylko popularności, ale kultu.

Niezwykłość jego postawy polegała również na tym, co zbliżało go do modnych dekadentów, na jego — jak się to mówiło — pesymizmie czy raczej na jego spojrzeniu na sprawę śmierci. Brak biografii nie pozwala nam odpowiedzieć, jak i dlaczego się to stało, iż autor *Legendy* i *Powrotu Odyssa* był poetą obsesyjnie rozkochanym w makabrycznych motywach i pomysłach. Jego wcześni wielbiciele miotali się na czynniki oficjalne, które odrzuciły jego projekty witraży dla katedry na Wawelu. Projekty te znamy, Wyspiański bowiem podobizny ich dołączył do swych rapsodów; wyobrażają one trupy Kazimierza Wielkiego i Stanisława Szczepanowskiego. Witraże takie zdobić by mogły jakąś kaplicę pogrzebową czy muzeum okropności, ale nie katedrę, która w kilka lat później oczom samego Wyspiańskiego ukazała się jako teren zwycięstwa życia nad śmiercią. Jego zaś upodobanie w motywach makabrycznych, związane może z potworną chorobą, która sprowadziła nań śmierć przed czasem, było może źródłem jego pesymizmu, widocznego wręcz namacalnie we wszystkich jego dziełach, jakkolwiek — jak okaże się dalej — poeta zdołał go dwukrotnie przezwyciężyć. Ponieważ jednak pesymizm ten, miły czytelnikowi na progu wieku XX, otrzymał wydźwięk tragiczny, konsekwentnie wynikający z danych dzieł, nie może budzić i nie budzi zastrzeżeń natury estetycznej. Czytelnik zaś bezpośredni mógł być zachwycony, rzeczy bowiem doskonale mu znane otrzymywał w postaci nowej i niezwykłej, w odmiennym oświetleniu i ujęciu odpowiadającym najbardziej podówczas wyszukanym wymaganiom.

Sztuka Wyspiańskiego zaspokajała również inne potrzeby epoki, była mianowicie przesycona symbolizmem, i to w stopniu może silniejszym niż u któregokolwiek innego neoromantyka. Pochodziło to stąd, iż dramaturg był z zawodu malarzem i z konieczności wizjom swym nadawać musiał postać obrazową, plastyczną. Technika ta przeniesiona w dziedzinę sztuki słowa pozwalała mu wyrażać pomysły najbardziej nawet abstrakcyjne za pośrednictwem konkretnych i plastycznych obrazów. Do tego dołączały się inne jeszcze cechy jego wyobraźni pochodzenia literackiego. Wychowanek dobrze postawionej szkoły klasycznej wyniósł z niej rzetelną znajomość świata starożytnego, greckiego, z Homerem na czele w szczególności. Temu właśnie mistrzowi zawdzięczał pomysły, z pogardą odrzucane niegdyś przez romantyków, przez autora *Achilleidy* zaś wskrzeszone i znakomicie wyzyskane w funkcji symboli. Zarówno więc do *Achilleidy*, co nie budziłoby zdziwienia, jak i do dramatu o tematyce polskiej wprowadził on „aparat cudowny", bóstwa olimpijskie, symbolizujące stany psychiczne i zjawiska socjologiczne. Tak więc prócz finałów, wędrówki w śmierć, czynniki rozstrzygające o przebiegu wydarzeń powstańczych w *Nocy Listopadowej* ukazał w postaci bóstw greckich. Tak wyjście z nękającego go przez całe lata kompleksu śmierci, prze-

7. Teatr Stanisława Wyspiańskiego

zwyciężenie jej przez siły życia, wyraził w dwu obrazach symbolicznych; w *Nocy listopadowej* grozę śmierci obezwładnił rozumowaniem przypominającym formułę Asnyka „Śmierć to wiecznego postępu chorąży", wprowadzonym w dialogu Demeter i Kory, bogini ziemi przez zimę przechowującej kiełki życia, mające odrodzić się wiosną, i córki jej Kory, władczyni podziemia, powracającej do matki. Podobnie w *Akropolis* sens święta zmartwychwstania ujął poeta w symbolicznym obrazie Chrystusa-Apollina. Wykształceniu szkolnemu zawdzięczał on dobrą orientację w literaturze polskiej, wzbogaconą studiami własnymi nad Mickiewiczem i Słowackim w szczególności; od nich przejął umiejętność posługiwania się cudownością czy fantastyką romantyczną, w której dostrzegł doskonały materiał przydatny do budowy symboli. Szkoła wreszcie wraz ze swoistą atmosferą ówczesnego Krakowa, miasta-muzeum, wyostrzyła zainteresowania historyczne poety, którego wyobraźnia w murach Wawelu i innych pamiątkowych gmachów sierocej stolicy dostrzegała żywe postaci z wielkiej przeszłości. Spojrzenie na nią okiem plastyka-symbolisty sprawiło, iż dramaturg doszedł do swoistej metody, którą nazwać można synkretyzmem artystycznym, a która nieobca była już Słowackiemu, gdy w *Królu Duchu* Hera wprowadzał w pradzieje Polski. Dzięki temu Kraków przekształcał się w Troję, Skamander lśnił wiślaną falą, w warszawskiej zaś szkole podchorążych czy tuż obok w Łazienkach i Belwederze pojawiały się bóstwa greckie — Pallas Atene, Demeter, Ares czy Hermes.

Metoda synkretyzmu dopuszczała i coś więcej — wystarczyło postaci antyczne zastąpić rodzimymi, przejść od mitologii greckiej do historii własnego kraju, politycznej i literackiej, by dramaty zaludnić symbolami o niezwykle sugestywnej wymowie. Tak stało się w *Weselu*, istnej rewii duchów przeszłości, od Rycerza spod Grunwaldu po Szelę, tak w *Wyzwoleniu*, gdzie ogromne koncepcje kulturowe, jak romantyzm żywy i romantyzm zmumifikowany, zmienione w swoistą legendę, wystąpiły w postaciach Konrada i Geniusza. Funkcję i doniosłość symbolu jako wyrazu czynników sprawczych, stanowiących o charakterze życia zbiorowego, Wyspiański zaakcentował szczególnie silnie w *Weselu*, gdy w spisie osób postaci fantastyczne podał jako osobną grupę, określoną jako „dramatis personae". Czy jednak wszystkie kreacje tego arcysymbolisty osiągnęły poziom doskonały, wolno wątpić. Dzisiaj wiemy to, czego nie chciano rozumieć w czasach Wyspiańskiego, że mianowicie granica między symbolem i alegorią jest często bardzo nikła, wręcz niedostrzegalna. I z perspektywy lat sześćdziesięciu widzi się, iż autor *Wyzwolenia* nieraz ją przekraczał, że ten właśnie utwór, będący w gruncie rzeczy udramatyzowanym traktatem, jest raczej dziełem alegorycznym, posługującym się nie tyle obrazami, co umownymi i mechanicznymi znakami, które poetyka neoromantyczna odrzucała, zwąc je alegoriami. Jeśli zaś w subtelnościach tych nie umiano się naówczas zorientować, to sprawił to geniusz dramaturga, który wręcz po mistrzowsku umiał posługiwać się modnym podówczas — za sprawą Maeterlincka — nastrojem. Uciekał się do niego często i stosował go dla osiągania efektów niezawodnych, stopniowo potęgując napięcie psychiczne gromadek czy nawet gromad ludzkich, by ostatecznie wywoływać poczucie bądź grozy, bądź stanów psychicznych bardzo jej bliskich, jak w *Warszawiance* lub *Weselu*; że jednak zabieg ten traktował nie mechanicznie, lecz twórczo, tego dowiodło zakończenie *Akropolis*, gdzie rosnący nastrój jest przygotowaniem radosnego cudu zmartwychwstania.

Zgodnie ze swymi poglądami na teatr i jego rolę, Wyspiański konsekwentnie uprawiał tragedię, obok niej jednak dopuszczał inne, spokrewnione z nią odmiany. Należały tu tragizmem zabarwione „sceny dramatyczne", jak je sam określał, a więc dramaty o charakterze epickim, kontynuujące tradycję nie tyle. szekspirowskich historii, z których wyrosły neoromantyczne „kroniki dramatyczne", ile tradycję upowszechnioną u nas przez *Dziadów część III*. Na pograniczu tych dwu grup stoją „dramaty" o tematyce publicystyczno--satyrycznej, *Wesele* i *Wyzwolenie*, które niegdyś w poetyce baroku zwano tragikomediami. Osobne wreszcie miejsce zajmuje *Akropolis*, dramat łączący sceny dramatyczne z pogłosami dawnych misteriów.

W tragediach, zarówno antycznych, jak współczesnych, jak historycznych, jedno-, dwu- lub trzyczęściowych, poeta realizował stale pewne zasady, przeprowadzane z żelazną konsekwencją. Kreacje ludzkie o wymiarach nadludzkich wplątywał w walkę z nieubłaganym losem, kończącą się nieuchronnie ich zagładą. Los ten, odpowiednik greckiej Ananke czy rzymskiego Fatum, ma charakter czynnika metafizycznego raczej niż etycznego. Miażdży on ludzi nie tyle jako kara za winy, ile jako pierwiastek ustalonego ładu, którego człowiekowi naruszyć nie wolno. „Los, dola, wieczna krzywda człowieka" — oto jego formuła. Czynnikiem dalszym, potęgującym posępną wymowę tragedii, jest stale w nich stosowany, a bardzo umiejętnie dozowany nastrój, i to zarówno w *Meleagrze*, jak w *Powrocie Odyssa*, w *Warszawiance*, jak w *Bolesławie Śmiałym*, w *Klątwie*, jak w *Sędziach*. I nigdzie może nieubłagany pesymizm poety nie wystąpił w postaci tak czystej, jak właśnie tutaj, pesymizm, którego źródeł szukać należy niewątpliwie w życiu osobistym pisarza, którego jednak uzasadnienie znajdował w tradycji tragedii greckiej.

Gdy w tragediach najpełniej wypowiedział się dramaturg, Wyspiański malarz i epik, tworzący rapsody na wzór *Króla Ducha*, do-

7. Teatr Stanisława Wyspiańskiego

szedł do głosu w scenach dramatycznych, gdzie mógł bezpośrednio ukazać piękno życia, dostrzegane okiem plastyka wrażliwego na linię i barwę. Tak postąpił w *Achilleidzie*, dramatycznym ujęciu nie tyle *Iliady*, co materii trojańskiej, z Achillesem na planie pierwszym. O sposobie jej traktowania i unowocześnienia wymownie świadczą dwa szczegóły. Oto podstęp, dzięki któremu padł gród Priama — sławny koń trojański — pod piórem Wyspiańskiego przekształca się w krakowskiego lajkonika; co ważniejsza zaś Achilles, któremu los każe zadawać śmierć tym, których kochał i cenił — amazonce Pentezylei i bohaterskiemu Hektorowi, młodzieniec świadomy tego, co go czeka, uczłowiecza się i dostrzega sprawy niedostępne wzrokowi jego półdzikich towarzyszy; co najważniejsza, takie nowe odczytanie Homera nie jest dowolnością poszukiwacza łatwych efektów, lecz ma swoje uzasadnienie, świadczące o bardzo głębokim wniknięciu dramaturga w świat eposu greckiego. Tę samą metodę i technikę panoramiczną zastosował Wyspiański już wcześniej w *Legionie*, a następnie w późniejszej *Nocy listopadowej*. Cała tragiczna wielkość porywu powstańczego, dostrzeżona przez poetę czy nawet narzucona mu przez znajomość parku Łazienek, otrzymała wymiary monumentalne, redukujące odległość między symbolicznym światem bóstw greckich a realnym światkiem ulic i placów Warszawy w noc 29 listopada. Tym samym poeta zniósł odległość między rzeczywistością puczu wojskowego a jego następstwami opromienionymi blaskami legendy romantycznej. Młodych podchorążych wyniósł na poziom bohatera *Achilleidy*, sens zaś ich poczynań usymbolizował w obrazie zakutego w łańcuchy Łukasińskiego, w którego usta włożył ekstatyczne słowa *Ody do młodości*: „Witaj jutrzenko swobody, zbawienia za tobą słońce!" W rezultacie — nad cierpkim osądem historyka, doskonale widzącego słabość poczynań powstańczych, pozbawionych planów i wodza, górę wzięła wizja malarza-patrioty, porwanego rozmachem sprawy listopadowej, i wydała poemat dramatyczny, o który daremnie kusiła się wielka poezja romantyczna, choć przywodzili jej autorzy *Reduty Ordona* i *Kordiana*. Jeśli zaś w *Nocy listopadowej* nie zabrzmiały akcenty bolesnej goryczy, z którą poeta spoglądał na porywy romantyzmu politycznego, to przypuścić można, iż stało się to dzięki temu, iż wylał ją już poprzednio w *Warszawiance* i *Lelewelu*, nade wszystko zaś w „scenach dwunastu" *Legionu*, dramatu o Mickiewiczu jako niefortunnym organizatorze oddziału ochotniczego, skazanego na żałosną zagładę. Dramat o inicjatywie wojskowej, która miała wieść w słoneczną bramę życia na wolności, a powiodła w mroczne wrota śmierci, dzięki osobie inicjatora, Mickiewicza, stał się automatycznie ogniwem między dramatami o powstaniu, a więc historycznymi, a dramatami publicystycznymi, *Weselem* i *Wyzwole-*

niem, które swego twórcę postawiły w pierwszym rzędzie mistrzów nowoczesnego słowa polskiego.

Wyspiański, który bardzo wysoko cenił sztukę, a bardzo na serio brał to, co sam mówił i pisał, z wyraźną niechęcią patrzył na sposób, w jaki traktowano w jego czasach wielką poezję romantyzmu polskiego, przykrawaną do potrzeb przemówień wiecowych i artykułów dziennikarskich. Swój osąd tych spraw dał w poemacie *Kazimierz Wielki* (1900), gdzie zmartwychwstały król młotem rzuca w pierś mówcy wiecowego i kładzie go trupem. Rozważanie nad romantyzmem i jego literaturą, poczytywaną za biblię narodową, oraz nad powstaniem listopadowym jako praktycznym wyrazem politycznej ideologii romantyzmu, wiodły go do wniosków bardzo niewesołych. Przypadek sprawił, iż nagromadzona w toku rozważań tych gorycz wybuchła, by wydać arcydzieło literackie i twórcy jego przynieść sławę. Przypadkiem tym było wesele serdecznego przyjaciela, Lucjana Rydla, żeniącego się z dziewczyną wiejską. Dla jednych była to świetna sposobność do plotek na temat wybryków cyganerii krakowskiej, dla innych przedmiot zachwytu nad realizacją haseł solidarności narodowej, formułowanych niegdyś jako „z szlachtą polską polski lud". Dla Wyspiańskiego, uczestnika wesela w Bronowicach, była to okazja do ujrzenia w owym weselu symbolu ówczesnej rzeczywistości polskiej w jej postaci najbardziej załganej, odwołującej się do wielkich tradycyj utrwalonych przez sztukę, przez mistrzów pędzla i pióra, wewnętrznie pustej, a równocześnie pretendującej do odegrania wielkiej roli politycznej, wiodącej do odzyskania niepodległości. Artystyczny rezultat tych przeżyć, dramat *Wesele* (1901), wywołał w „nowych Atenach" skandal, wprowadził bowiem na scenę głośne wydarzenie, dużo znanych osobistości, a całą sprawę określił lapidarnie jako „malowany fałsz, obrazki". Na tragikomedię bronowicką obrazili się wszyscy uczestnicy wesela, nie tylko radczynie krakowskie, ale i Czepiec, i karczmarz miejscowy, ojciec Racheli. Widzieli w niej tylko paszkwil. Inaczej na dzieło, które słusznie zestawiano z komediami Arystofanesa, spojrzeli ludzie, których nie obchodziła „plotka o weselu" i małżeństwo Rydla, a którzy w *Weselu* dosłyszeli akcenty stare, choć genialnie unowocześnione, te same, którymi tętniła poezja Mickiewicza i Słowackiego, ujęte jednak we wspaniałych obrazach, urzekających swą wymową polityczną i artystyczną. Opinia publiczna odpoznała tu generalny rachunek sumienia zbiorowego, obejmujący przeszłość, teraźniejszość i przyszłość, nabrzmiały wspaniałym patosem i żrącą ironią, ale przede wszystkim żywy i urzekający swym realizmem. Złowróżbne proroctwa polityczne pisarzy renesansowych, jak Orzechowski i Skarga, wystąpiły tu obok aluzyj do utworów takich, „jak polonez gdzieś z kazamat" — *Mazur kajdaniarski* L. Waryńskiego; akcentom tym towarzyszyła rewia antenatów, jak Zawisza Czarny, Stańczyk, Wernyhora, ale w orszaku tym nie brakło ani hetmana-sprzedawczyka, ani Szeli. Czar bijący ze sztuki, zbudowanej na sposób jasełkowy, łączącej wyszukane pomysły symboliczne z dialogami tak realistycznymi, jak gdyby je nagrano na wałkach fonografu, zrobił swoje. Autor, klepiący ciężką biedę i poważnie zagrożony chorobą, z trudności tych wydobyty przez Sienkiewicza, który zaalarmowany przez Rydla, przyznaniem mu stypendium umożliwił mu napisanie *Wesela*, mógł pisać dalsze dzieła, z których następne, *Wyzwolenie* (1903), stanowiło ideowy ciąg dalszy sztuki bronowickiej, ujęty jednak w sposób całkowicie odmienny. Gdy tam na plan pierwszy wysunęło się życie, odtworzone z dokładnością niemal fotograficzną, choć przepojone sprawami ideologicznymi, reprezentowanymi przez „dramatis personae", a więc postaci symboliczne, dramat o *Wyzwoleniu* wprowadzał wyłącznie walkę idei, reprezentowaną przez postaci czysto fikcyjne, przez Konrada i Geniusza. Pierwszy — to fikcyjny portret młodego Mickiewicza, przeniesionego w początki w. XX; jego przeciwnik, Geniusz, to uosobienie legendy romantycznej, wcielonej w pomnik poety, nie tyle zdobiący, co szpecący rynek krakowski, gdzie go wzniesiono mimo gorących protestów Stanisława Witkiewicza. Zmagania się Konrada z Geniuszem, zakończone zamknięciem tego drugiego w grobach królewskich na Wawelu, poeta ujął jako mit o nowoczesnym Orestesie, za matkobójstwo ukaranym oślepieniem, ani jednak pomysł ten, ani pomysł dramatu w dramacie nie wyszły z dostateczną plastyką, w rezultacie więc utwór stał się raczej suchą i sztywną alegorią aniżeli dziełem sztuki symbolicznej. Do zamazania jego wymowy ideologicznej przyczyniło się nadto zagadkowe posunięcie autorskie. Wyspiański, który zdawał sobie najwidoczniej sprawę z trudności, wobec których stawiał czytelnika, uciekł się do zabiegu, zastosowanego już w *Legendzie*, mianowicie akty dramatu poprzedził bardzo pięknymi wierszowanymi uwagami inscenizacyjnymi, po ostatnim zaś dodał epilog, gdzie wyraził przekonanie, iż oślepionego i zamkniętego Konrada wyzwoli „może robotnik, dziewka bosa". W wydaniu drugim zapowiedź ta zniknęła, co tłumaczono, może i słusznie, jako wyraz rosnącego pesymizmu poety.

Jeśli jednak tak było istotnie, akord ten nie był ostateczny, jak dowodzi *Akropolis* (1904), dramat o rok późniejszy, a oparty na tych samych założeniach ideowych i formalnych. Rozgrywa się on w tych samych murach, gdzie Konrad mocował się z Geniuszem, poświęcony jest problemowi stosunku życia do śmierci, bohaterami zaś są nie ludzie, „dramatis personae", lecz wytwory sztuki, posągi i obrazy ożywające w noc zmartwychwstania, gdy Czas-Tempus uleciał z świątyni. Wśród nich miejsce naczelne przypada srebrnej trumnie św. Stanisława, która w dramacie o *Bolesławie Śmiałym* była symbolem klątwy, przez biskupa rzuconej na króla, przyczyny utraty przez jego następców i korony, i znaczenia politycznego, a teraz stała się symbolem niewoli-śmierci. Trumna ta rozsypuje się w proch z nadejściem zmartwychwstałego Chrystusa-Apolla, symbolu wiecznego życia. Wyobraźnia dramaturga ożywiła arrasy, które niegdyś wisiały na ścianach po bokach trumny, i one dostarczały treści do aktów przedstawiających bohaterskie walki pod murami Troi i zmaganie się biblijnego Jakuba z aniołem, co właśnie przypomina technikę „scen dramatycznych". Wątek podstawowy powraca w akcie IV, gdy przygotowany przez harfiarza Dawida dokonywa się cud zmartwychwstania, zwycięstwa życia nad śmiercią. W ekstatycznym hymnie łączą się motywy śpiewów rezurekcyjnych z poglądami znanymi z *Nocy listopadowej*, a sławiącymi wiosnę jako okres odradzającego się życia; do nich zaś dochodzą akcenty polityczne, głoszące wyzwolenie ojczyzny:

> *Zabrzęczał Zygmuntowski dzwon*
> *i bije jako młotem,*
> *a trąby huczą po przestworzu,*
> *hej, Zygmuntowskim lotem.*
>
> *A trąby huczą jako działa,*
> *jak ongi na tych polach,*
> *jakby już Polska wszystka wstała,*
> *hej, w dawnych swoich dolach.*

Pisząc swe misterium wawelskie, poeta nosił się z zamiarem stworzenia dramatu muzycznego i do współpracy zaprosił młodego kompozytora, Bolesława Raczyńskiego, którego „część muzyczna" weszła do wydania *Akropolis*. Tym tłumaczy się bogactwo pierwiastków pieśniowych w dramacie, pierwiastków, które przewijały się, od *Legendy* począwszy, we wszystkich utworach poety, tutaj jednak wystąpiły w postaci najpełniejszej, zwłaszcza w intermezzo aktu II, ilustrującym pieśniami dźwięki zegarów, „wici z różnych epok na dalekich kościołach Krakowa". Pierwiastki te wyraźnie zabarwiły swoisty język poetycki Wyspiańskiego, odznaczający się odrębnym słownictwem, bardzo różnorodnym, nieraz dziwacznym, obfitującym w nieudolne archaizmy i neologizmy, język składniowo niepoprawny, pełen wykolejeń, pogmatwany i nieraz nastawiony raczej na wywołanie niejasnych nastrojów aniżeli obrazów o logicznej wyrazistości. Językowi temu przecież, ujmowanemu w nierównych układach rytmicznych, opartych często na wierszach krótkich, jak ośmiowiersz *Wesela*, Wyspiański nadawać potrafił dobitność aforystyczną, przede wszystkim zaś czar muzyczny, płynący z chętnego posługiwania się refrenami i wszelkiego rodzaju powtórzeniami. Poeta umiał rozśpiewać go lirycznie lub zaprawić akcentami dotkliwej satyry, oprzeć go na gwałtownych dysonansach, przeładować elementami natury uczuciowej, pytaniami bez odpowiedzi, wykrzyknikami i przeróżnymi skrótami, zaskakującymi i niepokojącymi czytelnika.

Niezwykłe środki wyrazu artystycznego, nierozdzielnie związane z odpowiednimi zespołami treściowymi zadecydowały o odrębnym charakterze twórczości Wyspiańskiego i o popularności pisarza, rychło sięgającej wyżyn kultu.

8. REPERTUAR NEOROMANTYCZNY

Przyszły historyk teatru polskiego będzie musiał wyznaczyć osobną kartę w jego dziejach czasom neoromantycznym, ich bowiem produkcja powszednia, repertuarowa, bardzo bogata ilościowo, osiągnęła równocześnie niezwykle wysoki poziom jakościowy, co odbiło się znamiennie na krytyce teatralnej. Gdy bowiem dla epok wcześniejszych wiadomości o życiu teatralnym szukać trzeba w czasopismach, relacje o dorobku neoromantycznym ukazywały się w postaci książkowej, przy czym zbiory recenzji pióra J a n a L o r e n t o w i c z a (*Dwadzieścia lat teatru* t. I - V 1929 - 1935) i T a d e u s z a Ż e l e ń s k i e g o - B o y a (*Flirt z Melpomeną*, t. I - X 1920 - 1932) zdobyły sobie znaczenie dokumentów historycznych, i to dokumentów niemal pomnikowych. Wielotomowe te księgi ukazały wymownie bogactwo dramatycznej produkcji neoromantyzmu: zarówno wysoki poziom artystyczny pisarzy tej epoki, jak mistrzostwo całej plejady znakomitych aktorów, pracujących na scenach Krakowa, Warszawy, Lwowa i innych.

W repertuarze tym dużo miejsca przypadało głośnym dramaturgom europejskim. Przodowali wśród nich modni pisarze skandynawscy — Henryk Ibsen, Björnstjerne Björnson, August Strindberg, Knut Hamsun; obok nich chętnie wystawiano autorów niemieckich, Gerharda Hauptmanna i Hermana Sudermanna, interesowano się Anglikami, zwłaszcza Oskarem Wildém i Bernardem Shawem; wystawiano wreszcie Rosjan, nie tyle zresztą Czechowa, który w Polsce nie budził zainteresowania, ile Gorkiego, podziwianego powszechnie i szczerze. Przede wszystkim jednak zwracano skwapliwie uwagę na produkcję rodzimą, dostarczaną przez pisarzy, wśród których występowali zarówno wytrawni rzemieślnicy, jak twórcy oryginalni, wypowiadający się w całej pełni na deskach scenicznych. Kierunek jednak czy program ich nie przedstawia się jasno, bo z tego wyjątkowo tylko zdawali sobie oni sami sprawę. Najogólniej powiedzieć można, iż działali oni na szlaku od naturalizmu do symbolizmu, przy czym tego rodzaju formuła oddaje tylko w przybliżeniu to, co zachodziło w praktyce. W praktyce bowiem popularnością największą cieszyła się Gabriela Zapolska, przedstawicielka naturalizmu w jego „czystej" czy po prostu prozaicznej postaci. Przesłaniała ona w ten sposób dramaturgów młodszych, którzy wychodzili wprawdzie z założeń naturalistycznych, ale pod wpływem tendencyj neoromantycznych prędzej czy później uciekali się do nowych metod, zazwyczaj bardziej ambitnych.

Inicjatywa przypadła tu Janowi Augustowi Kisielewskiemu (1876-1918), którego debiut powitano entuzjastycznie i uznano za wielkie wydarzenie w życiu teatru, czym bezwiednie autorowi wyrządzono wielką krzywdę; młodemu samoukowi woda sodowa uderzyła do głowy, rozwijająca się zaś choroba umysłowa sprawiła, iż świetnie zapowiadający się talent wygasł w przeciągu dwu lat niespełna. Zapowiedź zaś istotnie była świetna, udramatyzowane bowiem dzieje „szalonej Julki", tj. dramat *W sieci* (1899) i współczesne mu *Karykatury* uderzały żywiołowym rozmachem, świeżością spojrzenia, dowcipem, poetycką wreszcie wrażliwością na piękno życia. Dramat *W sieci* poruszał dwie sprawy u schyłku wieku szczególnie aktualne, a więc przede wszystkim rwanie się młodzieży, zwłaszcza prowincjonalnej, do życia o rozległych horyzontach, przy czym w ruchu tym dużą rolę odgrywały kobiety, młode dziewczęta, garnące się do nauki uniwersyteckiej po przełamaniu nieuniknionych oporów w domu rodzicielskim. Motywy tego rodzaju Kisielewski wiązał ze sprawą, którą nieco później Berent określił wyrazem „próchno", a więc z życiem artystów nastrojonym na ton cyganerii, złudnymi blaskami nęcącym adeptów sztuki, którzy drobniutkie przebłyski zdolności brali za zapowiedzi wielkich talentów. Zespoły takich pomysłów dwudziestotrzechletni dramaturg rzucał na tło mizernej a nadętej atmosfery zatęchłego bytowania rodzin mieszczańskich, które potraktował z ironią wprawdzie, ale i z dowcipem. W całości „wesoły dramat", jak określał *W sieci*, podobnie jak *Karykatury*, mniej wesoła historia studenta, przedwcześnie uwikłanego w pętach nielegalnej rodziny, łącząc pierwiastki tragiczne z komicznymi, były typowymi tragikomediami we właściwym znaczeniu tego wyrazu, którego ujemne znaczenie, znane z języka potocznego, sprawiło, iż utwory tragikomiczne nazywano po prostu „sztukami".

8. Repertuar neoromantyczny

W sztukach Kisielewskiego, utrzymanych na poziomie naturalizmu wysublimowanego, pozbawionego brutalności, a zabarwionego poezją, pojawiały się również akcenty bezwiednie tragikomiczne w potocznym sensie tego przymiotnika. Pogromca filisterstwa i kołtunerii, wielbiciel wielkiej sztuki, nie umiał sobie wyobrazić życia niefilisterskiego i nie bardzo wiedział, co owa sztuka dać może. W rezultacie więc oba jego dramaty były raczej z talentem zrobionymi dokumentami kultury obyczajowej i jej kryzysów, aniżeli trwałymi dziełami literackimi o wymowie artystycznej zrozumiałej również w latach, gdy owe kryzysy odeszły w odległą przeszłość.

Tradycje teatralno-aktorskie niejednokrotnie daleko trwalsze i silniejsze od literackich, bo sprawiające, iż na scenie przez lata całe utrzymują się utwory pozbawione istotnej wartości, zadecydowały o powodzeniu innego dramaturga, T a d e u s z a R i t t n e r a (1873 - 1921). Pisarz polsko-niemiecki, wystawiający swe utwory równocześnie na scenach wiedeńskich i krajowych i tak samo postępujący z powieściami i nowelami, wydawanymi w obydwu językach, był podobnie jak Kisielewski umiarkowanym naturalistą, popularność zaś zdobył przede wszystkim dwiema sztukami: *W małym domku* (1907) i *Głupim Jakubem* (1910). Wychowanek elitarnej szkoły wiedeńskiej, która kształciła synów ministrów i generałów oraz wyższych urzędników austriackich, wyniósł z niej solidną kulturę umysłową i umiejętność systematycznej pracy; jedno i drugie było podstawą jego obfitej twórczości, zawsze poprawnej, poruszającej modne zagadnienia, nigdy jednak nie sięgającej wyżyn, wskutek braku w niej pasji, znamiennej dla Kisielewskiego. Dość porównać *Głupiego Jakuba* z jego niewątpliwym pierwowzorem, *Wychowanką* starego Fredry, by dostrzec, iż sztuka Rittnera to tylko piękna kaligrafia dramatyczna, gdy komedia fredrowska, mimo balastu motywów przebrzmiałych, bo sztucznych, tętni życiem. Ibsenowski konflikt etyczny, rezygnacja z majątku, który okupić trzeba by kłamstwem, myszką dzisiaj trąci, nie tylko dlatego, że postać tytułowa sztuki Rittnera nie ma koniecznej wyrazistości artystycznej.

Operowanie papierowymi szablonami zaważyło bardzo niekorzystnie na dalszych dziełach dramaturga wiedeńskiego, łączących technikę naturalistyczną i symbolistyczną, jak *Don Juan* (1909, tekst polski 1916), *Człowiek z budki suflera* (1913) i in. Rzecz godna uwagi, iż zagadnienie teatralizacji życia, wprowadzone w sztuce ostatniej o lat kilka przed modą na ten temat w Europie, otrzymało doskonały wyraz w późniejszej powieści autora, satyrze na powojenne schamienie, zatytułowanej *Duchy w mieście* (1921), sięgającej poziomu niektórych opowiadań G. K. Chestertona.

Pisarzem z dwoma poprzednimi spokrewnionym był K a r o l

Hubert Rostworowski (1877-1938), dramaturg krakowski, w którym opinia upatrywała następcę Wyspiańskiego. Oczekiwań tych Rostworowski nie spełnił, był bowiem pisarzem bardzo wprawdzie ambitnym, ale i bardzo nierównym. Intelektualista, bystro obserwujący życie, nie miał ani głębi filozoficznej, ani zdolności plastycznego wyrażania swych poglądów; w rezultacie przekonania religijne i społeczne, krakowskokonserwatywne, by nie rzec reakcyjne, ujmował na poziomie dydaktyzmu szkolnego, przeładowanego banałami. Wszystko to szczególnie jaskrawo wystąpiło w pretensjonalnych dramatach, którymi zareagował na rewolucję rosyjską i komunizm (*Miłosierdzie* 1920, *Straszne dzieci* 1922, *Antychryst* 1925); usiłował w nich nawiązywać do *Nie-Boskiej komedii* Krasińskiego, nie umiał jednak ukazać ani istotnych sprężyn wielkiego przewrotu dziejowego, ani perspektyw, które otwierał on przed historią nowej Europy.

Opinie o Rostworowskim jako wielkim dramaturgu opierały się na dwu jego dziełach istotnie wybitnych. Pierwszym był *Judasz z Kariothu* (1913), najdoskonalszy wyraz znamiennego dla neoromantyzmu zainteresowania tematyką ewangeliczną, znanego z dzieł Kasprowicza, Niemojewskiego, Tetmajera czy Daniłowskiego. W przeciwieństwie do nich Rostworowski, robiąc „trzynastego apostoła" kramarzem małomiasteczkowym, chudopachołkiem „węszącym ziemskie panowanie" i niezdolnym do zrozumienia nauki Chrystusa, dał niezwykle wnikliwą i wyrazistą charakterystykę psychiczną nędznego drobnoustroju ludzkiego. Teatralna kreacja Judasza była jedną z najwspanialszych ról Ludwika Solskiego.

Wielką niespodzianką dla wielbicieli poety, wędrującego po szlakach historii i manowcach myśli socjologicznej, była trylogia o karierze chłopca wiejskiego, Franka Szybały, której człon wstępny miał tytuł *Niespodzianka* (1929), jego zaś dopełnieniem były w r. 1932 *Przeprowadzka* i *U mety*. Całość, utrzymana od początku do końca, w tonacji naturalistycznej, oparta na motywie tragicznego awansu społecznego bohatera, wyraz najdoskonalszy otrzymała w *Niespodziance*, opatrzonej podtytułem *Prawdziwe zdarzenie w czterech aktach*. Sens owego podtytułu wywołał dużo nieporozumień i między innymi doprowadził do pomawiania dramaturga o plagiat. Rostworowski mianowicie wprowadził do swej sztuki znany wątek wędrowny, opracowywany i przed nim, i po nim w powieści i dramacie, również w literaturze ludowej. Chciwi biedacy mordują przybysza, który prosił ich o przenocowanie, po czym okazuje się, iż ofiarą zbrodni był ich syn, który po latach spędzonych na wojnie lub emigracji wrócił z pieniędzmi, by rodziców wydźwignąć z nędzy. Historia ta, przez dramaturga krakowskiego umieszczona w chacie góral-

8. Repertuar neoromantyczny

skiej, przy czym zamordowany jest starszym bratem bohatera trylogii, otrzymała ujęcie o sile wyrazu nie ustępującej wymowie *Klątwy* czy *Sędziów* Wyspiańskiego i stała się najdoskonalszym okazem polskiego dramatu naturalistycznego. Dramat ten, stanowiąc podstawę repertuaru, nęcił najrozmaitszych ludzi, dziennikarzy, nauczycieli, krytyków literackich, którzy występowali bądź przygodnie, bądź zmieniali się w pracowitych i zawodowych dostawców sztuk teatralnych. Do przelotnych dramaturgów tej klasy należał publicysta krakowski Z e n o n P a r v i (1872 - - 1910), autor melodramatu *Knajpa* (1903), poświęconego demonowi alkoholizmu, czy głośny krytyk, W i l h e l m F e l d m a n (1868 - - 1919), który swą bezpośrednią znajomość małomiasteczkowego życia żydowskiego wyzyskiwał w sztukach popularyzujących sprawy, literacko głośne od czasów *Meira Ezofowicza* Orzeszkowej. Pomysłowością i rozmaitością górował nad nimi muzealista krakowski, M a c i e j S z u k i e w i c z (1870 - 1943), który karierę pisarską rozpoczął tomem liryków (*Poezje* 1901), zamknął zaś nie drukowanym zbiorkiem rymowanych gawęd o życiu literackim czasów swej młodości. Między tymi datami ogłosił on i wystawił całą serię dramatów, uderzających bądź artyzmem, bądź niezwykłością tematów. Z nich *Na wymowie* (1937) przyniósł pełną surowego skupienia, naturalistyczną relację z życia zapadłej wsi, *Barabbasz* zaś, barwny obraz Krakowa za najazdu szwedzkiego, stał się próbą udramatyzowania dziejów arian polskich. Tak było w Krakowie.

Z pisarzy lwowskich duże powodzenie zdobył Z y g m u n t K a w e c k i (1876 - 1955), którego *Szkoła* (1908), reportaż z życia gimnazjum galicyjskiego, cieszyła się ogromnym powodzeniem, a który w okresie międzywojennym zbierał laury w teatrach warszawskich. Na terenie Warszawy na miejsce czołowe wysunął się T a d e u s z K o n c z y ń s k i (1875 - 1944), pisarz niesłychanie płodny, który własnego programu nie miał, za program bowiem trudno uznać podchwytywanie i opracowywanie pomysłów modnych i popularnych. Niektóre z jego sztuk bardzo się podobały i „robiły kasę", dopiero jednak studium monograficzne wyjaśni kiedyś, czy był to tylko sprytny majsterek, żyjący kosztem pisarzy z prawdziwego zdarzenia, czy też sam wniósł coś do literatury swych czasów. A takich rzemieślników było wielu, nie ma więc potrzeby zajmować się nimi tutaj z wyjątkiem jednego, jako najbardziej typowego dla „Warszawki" i jej kultury teatralnej. Był to S t e f a n K r z y w o s z e w s k i (1866 - 1950), sprytny, na wzorach paryskich wykształcony przedsiębiorca, żyjący ze sceny jako dyrektor i jako autor teatralny, schlebiający niewybrednym upodobaniom publiczki. Z wielu jego sztuk żadna nie zasługuje na pamięć, zasłużył zaś na nią szczegół z jego działalności dyrektorskiej. Gdy ktoś z krytyków, oburzony niskim poziomem repertuaru, domagał się wystawienia dzieł o wysokiej wartości, Krzywoszewski odpowiedział mu krótko i węzłowato, że „dyrektor teatru, który by wziął to zdanie za swą dewizę, zbankrutowałby prędko". Ta wymiana poglądów w r. 1909 zaktualizowała stare, czasów Ludwika Osińskiego sięgające spory na temat stosunku teatru do literatury i zakończyła się — jak wówczas — zwycięstwem „dramy", a więc sztuk preparowanych, przez ludzi typu Krzywoszewskiego, a z sztuką nie mających nic wspólnego.

W tych jednak bardzo trudnych warunkach znalazło się w Warszawie dwu znakomitych dramaturgów, którzy sztandar sztuki nieśli wysoko i utrzymać go potrafili, może zresztą dzięki temu, iż obaj byli komediopisarzami, że więc z natury swego talentu bliżsi byli wymaganiom pospolitych konsumentów rozrywek teatralnych aniżeli autorzy dramatu poważnego. Byli to Perzyński i Grubiński.

Pierwszy z nich, **Włodzimierz Perzyński** (1877 - 1930), działalność swą rozpoczął od tomiku wierszy (*Poezje* 1902), bardzo zgrabnych i opanowanych, a takie samo zdyscyplinowanie wykazywał w sporej liczbie zbiorów nowel (*To, co nie przemija* 1906, *Pamiętnik wisielca* 1907, *Cudowne dziecko* 1921, i in.), zazwyczaj dowcipnych i odznaczających się świetną budową, mających doskonałą pointę. Równocześnie spod pióra nowelisty wychodziły powieści, wysoce oryginalne, podyktowane przez ducha przekory, który nie pozwalał autorowi chadzać po ścieżkach utartych. W okresie więc, gdy w powieściach i dramatach entuzjazmowano się psychiką artysty-schyłkowca, „mieczyka kawiarnianego", Perzyński dał w *Sławnym człowieku* (1907) precyzyjną, niemal przyrodniczo dokładną analizę duszy z papieru. W kilka lat później, gdy artystę zluzował „człowiek rewolucji", powieść *Michalik z PPS* (1910) ukazała niedobitka rewolucji z obiektywizmem sprawiającym, iż można ją było poczytać za pamflet. Nawet utrwalone czy uświęcone wątki tradycyjne ulegały w prozie Perzyńskiego odkształceniu, zakrawającemu niemal na parodię. Tak w *Dziejach Józefa* (1913), rozgrywających się w warszawskich salonach konsula egipskiego Putiphara de Putifarowskiego, młodzianek, początkowo bezskutecznie atakowany przez konsulową, sam rychło zmienia się w zwycięskiego napastnika.

Takie spojrzenie na zadania pisarskie, połączone z bardzo dokładną obserwacją rzeczywistości, sprawiło, iż Perzyński stał się znakomitym epikiem codzienności w wolnej Polsce. Jego duża powieść *Raz w życiu* (1925), poświęcona dziejom „polskiego Stinnesa", ukazała kłębowisko intryg i niezupełnie czystych interesów, prowadzonych przez ludzi, których fala historii wprowadziła na widownię; centralny portret mamy Dłużniewskiej, w której dopatrywano się teściowej

8. Repertuar neoromantyczny

głośnego działacza politycznego, jest arcydziełem sztuki pisarskiej, pokrewnym poniekąd bohaterce *Moralności pani Dulskiej*, ale wolnym od trywialności Zapolskiej. Przez powłokę ironii przebija tu smutna zaduma myśliciela, podobnie jak w powieści „*Nie było nas — był las*" (1926), gdzie ucieczka w samotnię ze środowiska żerującego na państwie jest jedynie formą protestu przeciw okrucieństwu nowoczesnego życia.

Dbałość Perzyńskiego o środki wyrazu, o jasność słowa, układ akcji, jej przebieg i zakończenie, podobnie jak znamienna dlań postawa ironisty, predestynowała go wręcz na komediopisarza.

Perzyński dramaturg wyprzedził wprawdzie powieściopisarza, mimo to związki jego komedii z obiegowymi pomysłami literackimi są równie bliskie jak w jego powieściach i równie od pomysłów tych odległe. W najlepszych z jego komedii ich postaci naczelne są adeptami sztuki: bohaterka *Lekkomyślnej siostry* jest osobą obciążoną jakimiś pierwocinami lirycznymi, bohater *Aszantki*, wedle zapewnień rzeźbiarza, rzeźbie powinien by się poświęcić, a szubrawy uwodziciel w *Szczęściu Frania* jest wziętym malarzem. Później Perzyński, jak gdyby ulegając konwenansowi panującemu za jego czasów w komedii, a przypominającemu stosunki tragedii epoki Peryklesa (przy wyborze wątków posługiwano się w obu wypadkach pewną ilością stałych, ogranych schematów), nigdy nie ubiegał się za pomysłami oryginalnymi, lecz opracowywał jakiś szablon, zdałoby się najzupełniej zbanalizowany, by wydobyć z niego efekty zdumiewająco świeże i nowe. Stąd *Lekkomyślna siostra* stanowi jakby dalszy ciąg dziejów Szalonej Julki Kisielewskiego, Maria bowiem, w rodzinie również za „Szaloną" poczytywana, rzuca męża, którego kochać nie potrafiła, i dziecko i ucieka w świat. Podobnie w *Aszantce* bez trudu dostrzega się schemat, o którym Przybyszewski z entuzjastycznym zachłystywaniem się prawił w tomie *Na drogach duszy* i który stosował we własnych dramatach, tj. zniszczenia zakochanego mężczyzny przez wampira w spódnicy. Tylko że w wypadku pierwszym Perzyński motywem buntu kobiety przeciw konwenansowi posłużył się jako pretekstem do dramatycznego ujęcia zagadnień całkiem innych, w drugim zaś kobiecie warszawskiej odjął wszelkie cechy wampiryzmu, pozbawił ją bowiem tego demonicznego uroku, którym powieść i dramat neoromantyków okalały skronie służebnic diabła i Astarty.

Czynnikiem, który pasował Perzyńskiego na rasowego dramaturga, były jego zainteresowania psychologiczne. Pisarz dawał im wyraz w akcji i dialogu komedyj, demonstrował na bogatym i różnorodnym materiale ludzkim, ze spokojem przyrodnika, rozwiązującego ciekawy problem, z pozostawieniem widzowi wolnej ręki w dorabianiu takich czy innych komentarzy, przy czym jednak wyraźne linie konstrukcji pisarskiej nie dopuszczały do powstawania wyjaśnień sprzecznych z zamiarami autora.

Wszystkie te właściwości ukazały się w całej pełni już w *Lekkomyślnej siostrze* (1904); zagadnienie dulszczyzny, o lat kilka wyprzedzające sztukę Zapolskiej, wystąpiło tutaj w ujęciu i ostrzejszym, i bardziej precyzyjnym niż u autorki *Moralności*, jeśli zaś obłudnica lwowska zaćmiła swój prototyp warszawski, stało się to dlatego, że buchający prymitywną pasją drzeworyt zawsze zdobędzie szersze uznanie od subtelnej i wskutek tego na mniejsze grono wybrednych znawców obliczonej akwaforty. Pani Dulskiej tedy nie ustępuje portret komediowy jej młodszej i powabniejszej krewniaczki, Heleny Topolskiej, która realizuje w swym życiu zasadę podwójnej moralności, stosując całkiem inną miarkę do „upadłej" kuzynki, której naprawdę mocno zazdrości rzekomych przygód erotycznych, a inną do siebie, zasady bowiem „moralne", wygłaszane pod wtór ataków histerii, nie przeszkadzają jej bynajmniej w romansie z salonowym sutenerem, naciągającym ją z całą bezczelnością. Zagadnienie obłudy nie ogranicza się tutaj do Heleny, w stopniu bowiem mniejszym lub większym wspólnikami jej są wszyscy członkowie szanującej się i dbałej o opinię rodziny; stopień tego wspólnictwa, uzależniony od temperamentu danej osoby, ujawnił niezwykłe mistrzostwo pisarza, umiejętnie zabarwiającego rysami rodowymi wszystkich bohaterów z zachowaniem ich odcieni indywidualnych. I to zachowaniem wysoce artystycznym, bez uciekania się do metody karykaturzysty, bez wpadania w przesadę.

Te same metody wyzyskał ponownie w *Aszantce* (1906), w dziejach złotego młodzieńca, staczającego się coraz niżej, do roli rajfura i sutenera, i to nawet nie pod wpływem gwałtownej namiętności, lecz po prostu wskutek słabego charakteru. Degradacja życiowa marnotrawnego panicza i odwrotnie — awans społeczny „stróżowskiego dziecka", postaci tytułowej, gra dwu egoizmów, wysunięta na plan pierwszy, otrzymały w komedii bardzo starannie naszkicowane tło obyczajowe, bez uciekania się do tak miłych komediopisarzom niższego lotu scen zbiorowych kabaretowo-restauracyjnych, choć z biegiem czasu Perzyński w dziełach swych słabszych i tymi efektami nie pogardzi. Mimo skupienia sześcioletnich wydarzeń w trzech lokalach, dzięki wyborowi chwil przełomowych, w których charaktery ludzkie rysują się z całą plastyką, dialog zaś zastępuje ogniwa akcji rozgrywające się poza sceną, wywołując jednak ich doskonałą iluzję, *Aszantka* jako obraz życia półświatka i grasujących w nim osobników stała się jedyną komedią na ten temat zyskującą sobie prawo do rangi dzieła klasycznego.

8. Repertuar neoromantyczny

Metoda ta sama wystąpiła w *Szczęściu Frania* (1909), trzeciej z wielkich komedii Perzyńskiego. Banalna historyjka gąski o aspiracjach niby artystycznych, znajdującej męża w popychadle Franiu, który ma pokryć konsekwencje wizyt przyszłej połowicy w pracowni żonatego malarza, otrzymała tutaj bardzo osobliwą wymowę, dzięki zagadkowej w istocie rzeczy, choć pozornie prostej i jasnej psychologii owego popychadła. Psychologii dobroci — wystudiowanej przez Perzyńskiego zapewne na powieściach rosyjskich, których był miłośnikiem i znawcą. W komedii, która wywołała duże zdziwienie w krytyce teatralnej, doszedł do głosu smutek ironisty. Jego zaduma nad potwornością życia złagodziła ostrość ironii komedii dawniejszych i nadała *Szczęściu Frania* tonację minorową, sprawiającą wrażenie bardzo niezwykłego liryzmu. Dawna jego ostrość widzenia świata, spotęgowana przez domieszkę zjadliwej satyry politycznej, odezwała się ponownie w jedynej komedii politycznej Perzyńskiego, w *Polityce* (1920). Nieufność mieszczucha z Kongresówki do żywiołu chłopskiego, uzasadniona pozorami tak uchwytnymi, jak brak kultury towarzyskiej u chłopa parlamentarzysty, oraz faktami tak rażącymi, jak zawrotne kariery polityków ludowych, którzy do piastowanych stanowisk nie dorośli, słowem — okoliczności, które jaskrawo wystąpiły również w satyrach pisarzy pochodzących z dzielnic, gdzie chłop był zjawiskiem mniej osobliwym niż w powojennej Warszawie (Nowaczyński, Kaden-Bandrowski) — wszystko to złożyło się na karykaturę tak gryzącą, że odpowiednika jej szukano aż w Arystofanesie, choć wystarczyłoby się odwołać do politycznej farsy francuskiej.

Z dziesiątka innych komedii Perzyńskiego, wśród których znalazły się i doskonałe farsy (*Idealiści* 1909), i rzeczy pisane „invita Minerva" (o powstaniu jednej z nich w gabinecie dyrektora teatru, gdzie niesłownego dramaturga na czas pewien zamknięto, zabawną relację pozostawił Lorentowicz); wśród nich *Niewidzialna szata*, osnuta na pomyśle bajki Andersena, nie doczekała się ani wystawienia, ani druku. Żadna nie sięgała wyżyn czterech sztuk omówionych, jakkolwiek wszystkie były dokumentami doskonałego opanowania techniki komediowej.

Drugi obok Perzyńskiego znakomity komediopisarz, W a c ł a w G r u b i ń s k i (ur. 1883) pod niejednym względem zbliżał się do poprzednika; w dziełach więc jego dochodził do głosu również duch przekory, a cechowała je iście klasyczna dbałość o piękno formy. Równocześnie Grubiński odbiegał od Perzyńskiego zarówno upodobaniem do miniatur literackich, nowel i jednoaktówek, których wyższość uzasadniał nawet teoretycznie względami na jedność wrażenia, jak rozległością zainteresowań tematycznych, wybiegających daleko poza opłotki współczesności polskiej, jak wreszcie umiejętnością prowokowania i gorszenia czytelnika śmiałymi poglądami i motywami urągającymi przyjętym i uznawanym zasadom.

Wyrósłszy w cieniu więdnących laurów Przybyszewskiego, który patronował jego pierwszym krokom literackim, Grubiński w *Pijanych* (1907) z miejsca przeciwstawił się, ku własnej zresztą szkodzie, propagowanej przez mistrza koncepcji tragizmu, by — przez wprowadzenie do akcji przypadku, doprowadzonego do absurdu — dramat przerobić w melodramat. Podobnie postąpił w *Kochankach* (1915), gdzie — na przekór Sofoklesa sięgającej tradycji — incestowi nadał zabarwienie komediowe, akcentując prawo do szczęścia zakochanych, bez względu na łączące ich węzły krwi.

Widoczna tu przekora, przez krytykę poczytywana za odmianę kokieterii, wynikała u Grubińskiego z niezwykle silnego odczuwania kontrastów istotnych i pozornych, z upodobania w paradoksach, z rozmiłowania w dialektyce i jej produktach, sofizmatach; to wszystko wystąpiło bardzo wyraźnie w jego świetnych nowelach młodzieńczych i późniejszych (m. in. w zbiorze *Lwy i św. Grojosnaw*, 1924). Ponieważ zaś kontrast jest podstawowym składnikiem zjawisk komicznych, skłonności te doszły do głosu w komediach Grubińskiego, i to tak wyraziście, iż np. *Niewinna grzesznica* (1926) powstała po to tylko, by autor mógł zademonstrować kapitalny sofizmat, którym wyrozumiały mąż usprawiedliwia i postępki frywolnej niewiasty, i swą własną sytuację.

Pisarz, którego mądrą pobłażliwość wobec słabości ludzkich atakowano nieraz jako amoralizm lub pogoń za łatwymi efektami, może na tego rodzaju zarzuty odpowiedział pełną uroku komedią *Lampa Aladyna* (1923), gdzie paradoksalne rozwiązanie trudności psychologicznych i społecznych przerzucił w świat baśni i praw w niej rządzących — praw zatem, które występują w dziełach sztuki, a więc i literackich, choć nie spotyka się ich w życiu codziennym. Zabieg taki nie dziwiłby u pisarza, który wyszedł z otoczenia literackiego, gdzie rozbrzmiewało hasło „sztuka dla sztuki", a w twórczości swej hołdował nie romantycznemu kultowi żywiołu, lecz klasycznemu, pogańskiemu uwielbieniu piękna. On to przecież, opracowując sprawy w pokoleniu jego tak popularne, jak losy Chrystusa i środowiska, w którym powstały ewangelie, dał w *Księżniczce żydowskiej* (1927) i *Listach pogańskich* (1938) wizję zamierzchłej dawności, oglądaną oczyma poganina, a nie człowieka wychowanego w tradycjach chrześcijańskich. Ale właśnie te czynniki, znakomicie zestrojone u Grubińskiego, zadecydowały o odrębności pisarza i o jego miejscu w świecie neoromantyzmu polskiego.

9. STEFAN ŻEROMSKI I POWIEŚĆ SPOŁECZNA

Stefana Żeromskiego twórczość powieściowa i znaczenie jej literackie dowodziły, iż czasy neoromantyzmu były okresem nowego układu sił między tradycyjnymi rodzajami literackimi. Inaczej więc niż w epoce romantyzmu, gdy epika i dramat ustalały pułap twórczości literackiej, który z trudem usiłowała osiągnąć powieść, inaczej też niż w czasach pozytywizmu, gdy powieść wysunęła się na miejsce czołowe, okres neoromantyczny wprowadził równouprawnienie tradycyjnych rodzajów i gatunków literackich. Obok poetów Tetmajera, Kasprowicza i Staffa, obok Wyspiańskiego i jego satelitów-dramaturgów, wystąpiła cała plejada wspaniałych powieściopisarzy, wśród których na miejsce pierwsze w ciągu lat kilku wysunął się Stefan Żeromski, by — z biegiem lat — nie tylko utrzymać się na tym stanowisku, ale sięgnąć wyżej jeszcze i zająć miejsce jednego z najznakomitszych mistrzów słowa.

Stefan Żeromski (1864 - 1925), z pochodzenia typowy przedstawiciel inteligencji wywodzącej się z podupadłego ziemiaństwa, po latach spędzonych w szkole rosyjskiej, a szczegółowo ukazanych we wspaniałych *Dziennikach,* po krótkotrwałych studiach weterynaryjnych, trafił na właściwą swą drogę dzięki pracy bibliotekarskiej, najpierw w muzeum w Rapperswilu, później w bibliotece Zamoyskich w Warszawie. W toku tej pracy zdobył rozległą wiedzę historyczną, zwłaszcza w zakresie dawniejszej myśli społecznej, wtedy też uświadomił sobie swe powołanie pisarskie. Działalność głównie oświatowa w czasie rewolucji, przypłacona więzieniem, dłuższy pobyt we Francji i w Zakopanem, życie wreszcie w wyzwolonej Warszawie, urozmaicane wczasami nad Bałtykiem, nie hamowały intensywnej pracy pisarza w zakresie powieści, publicystyki i wreszcie dramatu. Konsekwentne i wytrwałe samouctwo sprawiło, iż Żeromski zdobył niepospolite, choć nierówne wykształcenie humanistyczne, które stało się podstawą jego pracy twórczej.

Postawę jego modelowały bardzo różnorodne czynniki i urzeźbiły ją bardzo bogato. Należały do nich zasady pozytywizmu, na których pniu Żeromski zaszczepił tradycje romantyzmu, obok nich zaś działały automatycznie wpływy współczesnych mu prądów polityczno-społecznych. W rezultacie działania tych czynników, do których dodać należy również atmosferę literacką neoromantyzmu z jego zainteresowaniami estetycznymi, w postawie pisarza ustaliły się ostatecznie dwa kierunki, nie zawsze łatwe do uzgodnienia: tendencje publicystyczne i tendencje czysto artystyczne. Wychowanek dwu kultur, romantycznej i pozytywistycznej, które przy całej swej odległości pracę pisarską ujmowały jako służbę obywatelską, w taki właśnie sposób traktował swe zadanie i w szkicu publicystycznym *Słowo o bandosie* własne drogi ujmował w zdaniu: „Wtrącał się wszędzie, był wszędzie, poeta, błędny donkiszot, rycerz-Bandos". Dwa wyrazy końcowe wskazują dwa szlaki, po których kroczył: polityczny i społeczny — obydwa ostro atakowane przez niechętną pisarzowi krytykę konserwatywną. Oto autor *Dumy o hetmanie* nawet do swych dzieł o tematyce historycznej, w których zrywał z tradycją uświęconą przez *Pana Tadeusza, Krzyżaków* czy nawet dramaty Słowackiego, do hymnów ku czci rycerskiej przeszłości wplatał bolesne akcenty krzywdy chłopskiej, pełne protestu motywy społeczne. Były one wyrazem zarówno jego skłonności publicystycznych, jak jego postawy filozoficznej, która również bywała kamieniem obrazy dla wrogiej mu krytyki, powierzchownego bowiem obserwatora w postawie tej uderzał przede wszystkim pesymizm. Istotnie, w zespole poglądów filozoficznych autora *Dziejów grzechu* występowały, podobnie jak u wielu jego rówieśników, całe pokłady pomysłów, które dowodziły, iż zagadnienia zła, jego źródeł i jego funkcji w życiu jednostkowym i zbiorowym pasjonowały Żeromskiego i zabarwiały jego utwory. Jego bohaterowie widzieli zło w sobie i w swym otoczeniu, ale — czego krytyka dostrzec nie umiała — nie akceptowali jego przejawów, lecz zmagali się z nimi, choćby przypłacić im to wypadło cierpieniem czy nawet śmiercią. Nic w tej dziedzinie bardziej znamiennego jak tytuł trylogii *Walka z szatanem,* protestującej przeciw złu w stosunkach i społecznych i politycznych, zadokumentowanych okropnościami pierwszej wojny światowej. Czynnikami nakazującymi Żeromskiemu walkę ze złem była jego wiara w człowieka i wiara w naród. A szedł on tutaj za dziedzictwem wielkich romantyków, których wizja świata daleka była od optymizmu, którzy żywoty swych bohaterów wypełniali klęskami, by kończyć je niemal stale przekonaniem: „i moje będzie za grobem zwycięstwo". Twórca *Popiołów* kroczył ich torem i w sposób bardzo niezwykły kontynuował ich linię. Romantyczną walkę z szatanem prowadzili, jak wiadomo, nowocześni prometydzi, tytani, poczynając od mickiewiczowskiego Konrada, Kordiana, Irydiona, i ich następcy. Ich potomkami stali się bohaterowie powieści i dramatów Żeromskiego: lekarze, przemysłowcy, wojskowi, działacze polityczni i społeczni, stykający się z przejawami zła w szarej rzeczywistości miast, miasteczek i wsi polskich na przełomie XIX i XX w. Jeśli zaś pokrewieństwo rodowe nie rzuca się tu w oczy, to dlatego, iż Żeromski pozbawił ich patosu i pozy ich romantycznych **dziadów**, a równocześnie podkreślił ich związki z pozytywistycznymi ojcami. Zrobił to zaś w sposób bardzo prosty; ukazywał ich w powieści o schemacie romansu eksperymentalnego, prowadząc ich niemal zawsze przez najrozmaitsze środowiska ludzkie i narażając na bolesne starcia z przedstawicielami innych poglądów politycznych i społecznych.

W tak budowanym świecie powieściowym na plan pierwszy wysunęły się dwa obozy ideologiczne, z którymi Żeromski stykał się osobiście, a które w twórczości jego usiłowały doszukać się realizacji swych programów — obóz nacjonalizmu i obóz socjalizmu. Powieściopisarz, który „deptał strudzonymi nogami wszystkie gościńce ideów, swoją własną żadnej nazwać nie mogąc, bo oczy niedościgła porywała dal, a stopy palił sandał z płomienia", źródło swych poglądów bezwiednie wskazał w dziwacznej postaci wyrazu „ideów" znanej z publicystyki czasów Mickiewicza, tego stopu najrozmaitszych idei i ideologii, których pogłosy dostrzegał Żeromski w walkach nacjonalizmu i socjalizmu swej własnej epoki. Do nacjonalizmu zbliżał go głęboki patriotyzm, do socjalizmu nastawienie społeczne; od nacjonalizmu dzielił go szowinizm, od socjalizmu internacjonalizm. W rezultacie żarliwy wyznawca postępu, demokrata z krwi i kości — kroczył samotnie, wspinając się „na niedościgłe percie wyklętych marzeń", które z chwilą odzyskania niepodległości marzeniami być przestały, choć stosunki w wolnym państwie okazały się bardzo odległe od tego, co sobie autor *Przedwiośnia* wyobrażał.

Twórczość jego artystyczna o podkładzie publicystycznym, wyczuwalnym, choć zazwyczaj starannie zamaskowanym, była konsekwentną walką ze złem nurtującym w głębinach życia zbiorowego kraju, zagubionego na bezdrożach dziejowych. Tomy nowel *Rozdzióbią nas kruki, wrony* (1895), *Opowiadania* (1895), *Utwory powieściowe* (1898) i powieści, od *Syzyfowych prac* (1898) poczynając, a więc *Ludzie bezdomni* (1900), *Dzieje grzechu* (1908), *Uroda życia* (1912), *Walka z szatanem* (trylogia, 1916 - 1919), aż po *Przedwiośnie* (1925), podobnie jak towarzyszące im powieści i dramaty historyczne, były to bolesne rozrachunki pisarza z otaczającą go rzeczywistością społeczną, z kulturą bagiennego życia w przeróżnych Łżawcach, Obrzydłówkach i Klerykowach. Obok spraw takich, jak zakłamanie w życiu rodzinnym, fałsze życia erotycznego, nędzny poziom życia religijnego, obłuda przeróżnych działaczy i działaczek społecznych, spraw odtwarzanych z pasją i jaskrawością naturalisty, autor *Ludzi bezdomnych* namiętnie atakował zjawiska specyficznie polskie, produkt nienormalnych stosunków powstałych na gruncie niewoli. Z miejsca uznanie zdobył *Syzyfowymi pracami* (1898), obrazem stosunków w rusyfikatorskiej szkole, opartym na własnych wspomnieniach z gimnazjum kieleckiego, obrazem o dużej wymowie historycznej i ideologicznej. Młodzież klerykowska, skazana w walce z wrogiem na własne tylko siły, wychodzi z niej zwycięsko; odnajdując pogrzebane tradycje romantyczne, wiąże je z dochodzącymi z dalekiego świata nowymi hasłami społecznymi, by zbrojna w oba te oręże wyruszyć w życie. Pomysły te w lat kilkanaście później powrócą w *Urodzie życia*, gdzie otrzymają wyraz daleko silniejszy, bohaterem bowiem powieści jest tu nie sztubak z głuchej prowincji, lecz zdolny wychowanek szkoły wojskowej, oficer zawodowy, w przyszłości bojownik rewolucyjny i, w jakimś sensie, pionier wojsk wolnej Polski. Bohaterowie obydwu powieści, Marcin Borowicz i Piotr Rozłucki, należą do dużej rodziny bojowników, stworzonej przez wyobraźnię pisarza, który znajdował ich w szeregach nauczycieli, lekarzy, przemysłowców, ludzi o bardzo wrażliwym sumieniu społecznym, wyczulonym na krzywdę człowieka i o głębokim patriotyzmie, wyrażanym nie w patetycznych słowach, lecz w czynach, wiodących do kazamat więziennych i na miejsce stracenia pod murami cytadeli warszawskiej, miejsce, którego tragiczną wielkość wyśpiewał w *Nokturnie*, wspaniałym hymnie prozą.

Rodzina ta miała — jak się wspomniało — antenatów w bohaterach polskiej poezji romantycznej, członkowie jej jednak, związani z nową rzeczywistością, otrzymali pod piórem Żeromskiego rysy własne, odrębne, indywidualne, twórca jej bowiem umiał wyzyskać zdobycze swych poprzedników, realistów i naturalistów. Obcy mu był tedy podział postaci literackich na charaktery białe i czarne; kreśląc portrety swych bojowców spoglądał na nich przeważnie ze stanowiska naturalistycznego obserwatora-ironisty, skwapliwie więc ukazywał wszelkie ich potknięcia i śmieszności, ich słabości i słabostki, by ostatecznie spod zwału zjawisk szarych i pospolitych wydobywać przebłyski prawdziwej wielkości duchowej. Jego bardzo ludzki, na wskroś humanistyczny stosunek do człowieka występował również tam, gdzie wprowadzał masy nędzarzy i nędzników, zwyrodniałych pod twardym uciskiem obcej przemocy, pospolitych „zjadaczy chleba", dla zdobycia go zapominających o swej godności człowieczej; nawet dla tych pariasów miał słowo zrozumienia i współczucia. Ale też właśnie dlatego opowiadania i powieści Żeromskiego, początkowo drukowane w Galicji pod pseudonimem Maurycego Zycha, obok swych wartości artystycznych mają swoiste znaczenie dokumentarne. Czterdzieści lat życia Żeromskiego przypadło na okres między powstaniem styczniowym i rewolucją 1905 r., okres bardzo powolnej, ale stałej i konsekwentnej pracy ideologiczno-organizacyjnej, mobilizującej, przeważnie w podziemiu, siły narodowe do wywalczenia niepodległości; chodziło o pozyskanie dla tej sprawy mas chłopskich i robotniczych, o przekształcenie ich w świadomych obywateli. Pamiętniki działaczy owych czasów, ogłaszane w wiele lat później, ukazują fragmenty owego procesu, którego nikłe echa dochodziły

9. Stefan Żeromski i powieść społeczna

do głosu w literaturze. I tu właśnie bardzo wyraźnie dostrzega się rolę Żeromskiego, który utworami swymi ukazywał stadia owego procesu i uwydatniał jego sens i doniosłość. Stosując jego obrazowe słownictwo powiedzieć by można, iż bieg historii pokrył polskie życie zbiorowe grubą warstwą popiołów, i to pokrył na zawsze. Twórczość Żeromskiego dowodziła, iż wysiłki historii były pracą syzyfową, pod popiołami bowiem przetrwało zarzewie, utrzymujące się dzięki zabiegom tłumu siłaczek i ludzi bezdomnych, zadaniem zaś pisarza było zabiegi te wydobyć, przypomnieć, ukazać i upamiętnić.

Za słusznością takiego spojrzenia na jego dorobek w zakresie powieści współczesnej przemawia jej związek z dziełami pisarza historycznymi, zwłaszcza z cyklem *Popiołów* (1904). Powieść, rozpoczynająca się w rok czy dwa po ostatnim rozbiorze, podzwaniająca echami powstania Kościuszki, była pierwszym ogniwem długiego, częściowo tylko wykonanego łańcucha utworów, które miały ukazać „stuletnią walkę narodu polskiego o niepodległość", jak nazwał swe poczytne dzieło stary powstaniec i działacz polityczny, Bolesław Limanowski. Ogniwa dalsze tego zamysłu — to obrazek *Wszystko i nic*, epizod z życia bohaterów *Popiołów*, Rafała Olbromskiego w przededniu powstania listopadowego; *Turoń* to śmierć jego wraz z przyjacielem, Krzysztofem Cedrą, w czasie rabacji r. 1846; *Wierna rzeka* (1912) kończy cykl śmiercią Rafałowego syna, komisarza Rządu Narodowego, Huberta, w r. 1863. Całość tedy cyklu miała przedstawić dzieje demokracji polskiej i jej poczynań politycznych, uwieńczonych powstaniami, a więc sprawy, które Żeromski poznał dokładnie czasu swych prac bibliotecznych w Rapperwilu i Warszawie, a które równocześnie przykuwały uwagę znakomitych historyków — Szymona Askenazego i Wacława Tokarza.

Popioły przyniosły bardzo rozległe i starannie wykonane malowidło czasów napoleońskich do r. 1812, a więc wysiłki Dąbrowskiego organizującego legiony we Włoszech, a więc relację o tragicznej wyprawie na San Domingo, przede wszystkim zaś losy wojenne Księstwa Warszawskiego, z kampanią ks. Józefa przeciw Austriakom i kampanią hiszpańską. Wydarzenia te autor rzucił na bardzo bogato ukazane życie kulturalne kraju w zaborze austriackim i w Warszawie pod rządami pruskimi. Obydwa te strumienie zespolił, wiążąc je z przygodami dwu przyjaciół, szlachetnego idealisty, hrabiego spod Tarnowa, Krzysztofa Cedry i awanturniczego zawadiaki spod Sandomierza Rafała Olbromskiego. Powieść panoramiczna, o strukturze otwartej, jak Tołstoja *Wojna i pokój*, w której Żeromski się rozczytywał, była dziełem bardzo ambitnym i nowatorskim, jakkolwiek bowiem nawiązywała do tradycji rodzimej, uświęconej w księgach *Pana Tadeusza*, uwzględniała również odmiany jej, bardzo od koncepcji

Mickiewicza dalekie. Tomowi jej tedy pierwszemu, dziejom walk legionowych patronował twórca *Wiersza do legiów polskich* i *Grenadiera filozofa*, Cyprian Godebski, pełen goryczy myśliciel, nie mogący pogodzić się z faktem, iż żołnierz legionowy walczący o wolność nieść musiał niewolę narodom podbijanym przez Napoleona. Ten ton goryczy zabrzmiał raz jeszcze, u końca powieści, w opisie pogrzebu oficera, zbuntowanego przeciw roli, którą narzuciły mu losy. Sprawa to zaś bardzo istotna, Żeromski bowiem, pomawiany o szerzenie legendy napoleońskiej, spoglądał na nią bardzo krytycznie i za podstawowy czynnik stosunku Polaków do Napoleona uważał nie kult „małego cesarza", lecz poczucie obowiązku żołnierskiego, równie żywe u młodego idealisty-oficera, jak u starego weterana, chłopa-szeregowca. Z poprzedników innych wymienić tu należy Walerego Łozińskiego, który w *Zaklętym dworze*, w figurze awanturniczego miłośnika przygód stworzył wyraźny prototyp Rafała Olbromskiego. Na niezwykłość *Popiołów* złożyło się wiele czynników, znakomicie zestrojonych. W obfitych tedy partiach batalistycznych, zazwyczaj bardzo plastycznych, zabrzmiały nuty odmienne od spopularyzowanych przez *Pieśni Janusza* i *Trylogię;* nad akcentami brawury górę wzięły inne, obrazy niedoli i nędzy żołnierskiej, rozświetlone zresztą niekiedy humorem, a wyrosłe na gruncie poglądów Żeromskiego na krzywdę chłopa, przed którą nie chronił go bynajmniej mundur żołnierza polskiego. W paśmie motywów obyczajowych, ujmowanych barwnie i plastycznie, na plan pierwszy wysunęły się obrazy pełne oryginalności, jak kulig sandomierski, jak znakomite sceny z życia loży masońskiej. Tutaj też zaliczyć można niezwykle oryginalne, a bardzo subtelnie ujęte sprawy miłosne bohaterów powieści. Dopełnienie ich stanowią wspaniałe opisy przyrody, tchnące duchem prawdziwej poezji. Czynnikiem wreszcie nieobojętnym jest wartki tok akcji, obejmujący mnóstwo karkołomnych przygód, zgodnie z charakterem powieści wojennej, która z natury rzeczy musi być romansem awanturniczym.

Dalsze części cyklu, podobnie jak jego epizod, dramat *Sułkowski* (1910), nie dorównały *Popiołom*, jakkolwiek we wszystkich zarysowała się wyraziście ich ideologia, owo poczucie obowiązku żołnierskiego i nieugięta miłość sprawy narodowej. Wyjątek stanowi tu chyba ogniwo końcowe, *Wierna rzeka*, bolesna „klechda powstańcza", nawiązująca swym obrazem wstępnym, znęcaniem się gromady chłopskiej nad bliskim śmierci niedobitkiem, do młodzieńczych opowiadań Żeromskiego. Rozmach epicki, dla którego w dziejach dworku świętokrzyskiego Olbromskich nie było miejsca, zastąpiło tu skupienie dramaturga, prostymi a wstrząsająco wymownymi środkami odtwarzającego tragedię miłości i poświęcenia.

9. Stefan Żeromski i powieść społeczna

Poza cyklem napisał Żeromski trzy jeszcze dzieła historyczne, wszystkie stylizowane, widocznie więc pisarz, który w·młodości chętnie rymował, usiłował po latach kroczyć szlakami epickimi. Najwcześniejsza, przesadnie archaizowana, *Powieść o Udałym Walgierzu* (1906), przyniosła niezwykłe ujęcie podania tyniecko-wiślickiego: Walgierz, warchoł zbuntowany przeciw Chrobremu, dopiero za cenę własnych potwornych cierpień poczyna rozumieć ludzką, humanitarną postawę króla. *Duma o hetmanie* (1908), stylem barokowym napisana opowieść o Żółkiewskim i jego bohaterskim zgonie pod Cecorą, jest osobliwą rapsodią historiozoficzną, opłakującą niedojście do skutku planów wielkiego wodza i polityka, obliczonych na braterskie zjednoczenie dwu narodów, polskiego i rosyjskiego. *Wiatr od morza* (1922) wreszcie — nawiązujący do *Urody życia*, w której autor głosił znaczenie Bałtyku dla Polski — to cykl obrazów malujących dzieje polskiego brzegu od czasów najdawniejszych po odzyskanie go; klamrą spinającą je w całość jest działalność diabła Smętka, przedstawiciela gwałtu jako naczelnej zasady politycznej, a więc czynnika, który musiał zniknąć z chwilą, gdy Bałtyk wrócił do Polski.

Z dzieł powstałych po odzyskaniu niepodległości najżywsze zainteresowanie wywołała powieść *Przedwiośnie* (1925), niezwykły rachunek sumienia zbiorowego, w którym pisarz usiłował odpowiedzieć na pytanie, jak przedstawia się sytuacja Polski w nowych warunkach politycznych i społecznych. Odpowiedź ta nie wypadła korzystnie, Żeromski bowiem dostrzegał i trafnie oceniał trudności, w których znalazło się odbudowane państwo, już sam jednak tytuł powieści o tragicznej młodości Cezarego Baryki, zagubionego na bezdrożach wolności, kazał przyjmować, iż bezdroża te były nieuniknione i że wiodły one ku wiośnie.

Prócz nowel i powieści uprawiał Żeromski również niwę dramatu, na której dopiero po latach udało mu się zdobyć duże sukcesy. Epik mianowicie, nawykły do techniki powieściowej, zasady jej przenosił do dzieł dramatycznych i dawał wspaniałe, lecz niesceniczne dramaty książkowe czy poematy dramatyczne. Tak było z *Różą* (1909), którą sam opatrzył podtytułem „dramat niesceniczny", tak z tragedią *Sułkowski*. Oba te dzieła łączyła wspólna problematyka rewolucji, w *Róży* zademonstrowana na wydarzeniach r. 1905, ujętych jako zapowiedź zwycięskich zapasów Polski z caratem, a następnie z Niemcami. Wśród prób późniejszych, związanych z odzyskaniem niepodległości, na miejsce czołowe wysunęła się „komedia" *Uciekła mi przepióreczka* (1925), sztuka, która w interpretacji aktorskiej Juliusza Osterwy z miejsca weszła do klasycznego repertuaru polskiego. Tematem jej było zagadnienie, w jakim kierunku powinna pójść kultura Polski wolnej; kierunek ten wskazywany jest w utworze nie przez królów czy hetmanów, lecz przez skromnych budowników oświaty, nauczycieli wiejskich.

W ten sposób u schyłku życia twórca *Wiatru od morza* i *Przepióreczki* raz jeszcze dał wyraz stałym i starym zainteresowaniom publicystycznym, spotęgowanym przez aktualne wydarzenia dziejowe. Równocześnie przemówiły one głośno w cyklu jego szkiców krajoznawczych, pisanych przedziwnie piękną prozą poetycką, opiewających *Wisłę, Międzymorze* oraz *Puszczę jodłową*. Istne hymny ku czci ziemi polskiej, przy czym ostatni sławił góry Świętokrzyskie, okolice rodzinne pisarza, były czymś w rodzaju przypieczętowania wypowiedzi dawniejszych Żeromskiego, czy może nawet całej jego twórczości, stwierdzającego, iż kierunek jej był trafny, rzeczywistość bowiem zrealizowała to, co niegdyś sam określał jako „wyklęte marzenia".

W marzeniach tych mianowicie występował zespół motywów, który natrętnie, niemal obsesyjnie przewijał się przez całą twórczość Żeromskiego, zespół, który nazwać by można kompleksem magii ziemi. Pisarz, któremu obcy był wulgarny materializm, doszedł w ciągu lat do bardzo niezwykłego, choć nie bezprzykładnego poglądu na stosunek człowieka do ziemi rodzicielki, zbliżony zarówno do antycznego kultu greckiego Matki-Ziemi, jak do systemu zwanego panteizmem, a wyznawanego m. in. przez podziwianego przezeń Shelleya. Pogląd ten pozwalał przyjmować, że jakkolwiek wysiłki najszlachetniejszych nawet, pokonanych w walce jednostek znikają z życia, to jednak nie giną na zawsze i nie przechodzą bez śladu. Chroni je i przechowuje ziemia, by przekazać następcom. Toteż mogiła maciejowicka przekształca młodego kosmopolitę w patriotę, stąd zapomniany grób rozstrzelanego powstańca, przekopany rękoma syna, oficera rosyjskiego, zmienia go w Polaka, stąd „wierna rzeka" przyjmie tajemnicę cierpień narodu i jednostek, stąd „puszcza jodłowa" przekaże potomkom tajemnice zwierzone jej przez odległych o całe wieki przodków. Stąd wreszcie szum fal bałtyckich rozbijających się o helskie międzymorze powtórzy wsłuchanemu weń uchu człowieka dzisiejszego słowa Chrobrego. Taka wiara pozwalała twórcy *Wiatru od morza* przezwyciężać pesymizm i wierzyć w wartość człowieka, syna ziemi, i trwałość jego osiągnięć.

Z ukochaniem ziemi łączyła się u Żeromskiego gorąca miłość języka, od strony teoretycznej w całej pełni ukazana na kartach rozprawy *Snobizm i postęp* (1923). Dla pisarza język był żywiołem dostarczającym mu środków wyrazu artystycznego, czymś w rodzaju oceanu, z którego głębi wyławiał potrzebne sobie tworzywo literackie. Toteż nie poprzestawał na mowie inteligencji, zwanej językiem literackim, lecz sięgał do polszczyzny średniowiecznej, zachwycony

9. Stefan Żeromski i powieść społeczna

bogactwem i jędrną wyrazistością słownictwa prastarych kazań i tekstów biblijnych. Równocześnie zaś zgłębiał słownictwo gwarowe, które wprowadzał umiarkowanie; nie dowierzając własnej jego znajomości, gdy tworzył sceny góralskie w *Popiołach*, o gwarowe ich opracowanie zwracał się do Stanisława Witkiewicza. Z pierwiastków najrozmaitszych budowany swój język artystyczny poddawał surowym zabiegom składniowym, by wyrażać w nim z równą swobodą epicko ujmowaną wizję świata i ludzi, jak liryczne przeżycia, którymi stale urozmaicał tok swych dzieł powieściowych. Ustępy zaś liryczne, o treści nie tylko uczuciowej, ale bardzo często również opisowej, układały mu się w prozie zrytmizowanej, sięgającej pogranicza wiersza białego. W rezultacie więc niektóre jego utwory, zwłaszcza archaizowane rapsodie historyczne oraz prace krajoznawcze, były próbami odprozaicznienia prozy, próbami nawrotu do przeszłości, gdy opowiadanie miało charakter epicki i automatycznie otrzymywało zrytmizowaną szatę słowną. Dzięki temu pisarz, który w twórczości swej objął tyle najistotniejszych zagadnień swej epoki i ujął je w sposób wyjątkowo głęboki i piękny, był równocześnie wirtuozem sztuki poetyckiej, której tajniki nie tylko chwytał intuicyjnie, ale równocześnie usiłował poznać obiektywnie.

Uznać go trzeba, zgodnie z opinią jego współczesnych, za największego mistrza prozy neoromantycznej, jakkolwiek bowiem nie wszystkie jego dzieła wytrzymały próbę czasu i niektóre z nich w ciągu półwiecza przygasły, większość ich zachowała do dzisiaj swą pełną wymowę artystyczną i niewątpliwie zachowa ją długo jeszcze.

Przykład autora *Urody życia* oddziałał twórczo na wielu pisarzy jego pokolenia, nawet tak odeń odmiennych jak Wł. St. Reymont. Pomijając nazwiska paru kobiet, niewątpliwie utalentowanych, ale niezdolnych wyjść poza pomysły Żeromskiego (jak np. Maria Zabojecka), wskazać trzeba trzech wybitnych powieściopisarzy, którzy twórczo wyzyskać umieli przykład mistrza.

Należał do nich G u s t a w D a n i ł o w s k i (1872-1927), którego pierwsze wystąpienia zapowiadały talent świeży i niezwykły, czego dalsza jego kariera nie potwierdziła. Należała do nich zwarta powieść *Z minionych dni* (1902), dzieje rodu spalającego się w ofiarnej służbie publicznej. Rozciągłością horyzontów zaskakiwała *Jaskółka* (1907), powieść o losach grupki studentów prowincjonalnego uniwersytetu rosyjskiego, rozgrywająca się w Rosji, we Włoszech i w Polsce, poświęcona działalności młodych pionierów socjalizmu i przyszłych bojowników rewolucji. Dzieje ich autor, wzorem Żeromskiego, przepoił liryzmem, nie potrafił jednak nadać im tej porywającej wymowy, która biła choćby z *Syzyfowych prac*. Bogactwo jednak szczegółów autentycznych, wprowadzonych przez pisarza odznaczającego się zdolnościami reporterskimi, pozwala przypuścić, iż *Jaskółka* dzięki swym walorom dokumentarnym i swemu niewątpliwemu, choć nierównemu poziomowi artystycznemu nie pójdzie w zapomnienie, jakiemu uległy późniejsze dzieła jej twórcy.

Równocześnie z Daniłowskim, w r. 1902, pracę literacką rozpoczął **Tadeusz Gałecki** (1873 - 1937), ogłaszając pierwsze większe studium o Żeromskim jako autorze powieści społecznej. W kilka lat później Gałecki, jako Andrzej Strug, począł zdobywać uznanie swymi nowelami, ostatecznie zaś zajął miejsce wśród czołowych pisarzy neoromantycznych z tym, że większość dzieł jego przypadła na czasy międzywojnia. Wybitny działacz społeczny w szeregach PPS, uczestnik legionów, w wolnej Polsce ruchliwy polityk stojący w opozycji do Piłsudskiego i jego ludzi, w młodych latach więzień i zesłaniec, pod koniec życia opozycjonista gnębiony przez obóz rządzący, był Strug tęgim i płodnym publicystą. Zajęcia te nie przeszkadzały mu oddawać się pracy literackiej.

Rozpoczął ją świetnymi opowiadaniami o *Ludziach podziemnych* (1908) i *Dziejach jednego pocisku* (1910), poświęconymi bojownikom rewolucyjnym, spadkobiercom *Ojców naszych* (1911), powstańców styczniowych. Doskonała znajomość ludzi i spraw, surowy realizm i głęboka sympatia dla ofiarnych szermierzy wolności sprawiły, iż nowele Struga należą do najlepszych obrazów literackich ruchu rewolucyjnego w Królestwie Polskim. Przełomowe wydarzenia dziesięciolecia następnego, wypełnionego pierwszą wojną światową, a zakończonego polską kampanią r. 1920, dostarczyły Strugowi materiału do serii dzieł, układających się w swoistą kronikę powieściową, przedstawiającą krwawe dzieje owych czasów na ziemiach polskich. Jej człony to: *Odznaka za wierną służbę* (1920), *Mogiła nieznanego żołnierza* (1922), *Pokolenie Marka Świdy* (1925) i *Klucz otchłani* (1929). Walka o odzyskanie niepodległości i jej tragiczne komplikacje otrzymały tu oświetlenie epickie, niezwykle wnikliwe, ukazujące, jak w tyglu doświadczeń dziejowych formowały się i przekształcały psychiki ludzkie i jak spod powłoki codzienności wyłaniało się nieoczekiwane bohaterstwo. I znowuż cykl ten kronikarski, dzieło zarówno czujnego publicysty, jak wrażliwego na zjawiska życia pisarza, stanowi jedyną w swoim rodzaju relację artystyczną o drodze, po której i jednostki, i całe zespoły ludzkie dochodziły do wolnej Polski.

Strug jednak, z temperamentu publicysta, z zainteresowań zaś socjolog, zrobił krok dalej, na konsekwencje wojny światowej spojrzał ze stanowiska nie polskiego, lecz światowego właśnie, stawiając sobie pytanie, czym była owa wojna i w jaki sposób zaważyła na losach ludzkości. Na pytanie to odpowiedział, czy raczej odpowiedzieć usiłował w powieściach *Pieniądz* (1921), *Żółty krzyż* (1933) i *Miliardy*, której wykończyć nie zdołał. Ponieważ powieść trzecia jest dalszym ciągiem pierwszej, obie zaś obramiają *Żółty krzyż*, od niego zacząć tu trzeba. Duża ta powieść przyniosła artystyczną analizę pierwszej wojny, ujętą ze stanowiska jej czołowych uczestników, Niemiec i Francji, otrzymała zaś postać romansu filmowego, i to niezwykle sensacyjnego, bo właściwymi jej bohaterami są wywiady wojskowe obu państw walczących. Tak skonstruowana powieść, której czołową bohaterką jest gwiazda filmowa zdobywająca w Niemczech wiadomości szpiegowskie dla Francji i ostatecznie ginąca z rąk swych mocodawców, zawierała ciąg jaskrawych scen i obrazów, ale zarazem ukazała stanowisko autora, pisarza-myśliciela. Stanowisko bardzo bliskie zajętemu przez Tołstoja w *Wojnie i pokoju*. Oto narody, kierowane przez swych przywódców, rozpętały potworną rzeź, w pewnej chwili przestały panować nad wywołanym przez siebie procesem i same padły ofiarą miażdżącej jego siły. W ujęciu bardzo wulgarnym brzmiałoby to jako zasada wyższości pacyfizmu nad militaryzmem. Strug jednak był zbyt wielkim artystą i myślicielem, by dawać recepty pacyfistyczne, poprzestał więc na ukazaniu nieoczekiwanych konsekwencji polityki militarno-imperialistycznej. Ale też dlatego właśnie *Żółty krzyż* wyrósł wysoko ponad poziom rozgłośnych powieści o pierwszej wojnie światowej, jak *Na zachodzie bez zmian* Remarque'a lub *Spór o sierżanta Griszę* Arnolda Zweiga.

Rozważania nad istotnymi przyczynami żywiołowych katastrof społecznych zwanych wojnami doprowadziły Struga dalej, wzrok bowiem publicysty i socjologa, myślącego kategoriami marksistowskimi sięgnął ostatecznie do czynników ekonomiczno-politycznych jako źródła wojen. W ten sposób powstała powieść *Pieniądz* i jej nieukończony ciąg dalszy *Miliardy* (1937). *Powieść z obcego życia*, jak brzmi podtytuł części wstępnej, przyniosła niezwykły, jak na nasze stosunki, obraz życia milionerów amerykańskich, zażywających wczasów w hotelach francuskich i szwajcarskich, sypiących dolarami i skontrastowanych z ludźmi, którzy zbuntowali się przeciw dolarom i w „starym świecie" usiłowali znaleźć sens życia innego, prawdziwego. Powieść o aberacjach psychofizycznych i psychicznych posiadaczy milionów, wymierzona przeciw kapitalizmowi jako systemowi, który nie prowadzi nigdzie, w technice dowodząca, iż twórca jej był dobrym znawcą kina, kończy się efektem filmowym, zagładą statku, który wiezie milionerów do Ameryki, wysadzonego przez „Niemego", zagadkowego przedstawiciela komunizmu. Część jej dalsza wprowadza problematykę inną — ocalały od zagłady niedobitek snuje dalsze plany, jak wyzyskać potęgę kapitału, by zawładnąć światem, co wprawdzie zapobiegłoby może wojnom, lecz wątpić wolno, czy przyniosłoby szczęście ludzkości. Śmierć wytrąciła Strugowi pióro z ręki, niepodobna więc odgadnąć, jak planował rozwiązanie trudności, z którymi mierzyła się jego czujna myśl, i czy byłby jakieś zadowalające rozwiązanie znalazł. Jak zawsze jednak w tego rodzaju wypadkach, nie recepta, choćby nawet najszlachetniejsza, ale z konieczności problematyczna, lecz odwaga w stawianiu „przeklętych pytań" (jak to nazywano niegdyś w krytyce rosyjskiej) stanowi o wielkości pisarza. A odwagę tę i umiejętność należy Strugowi przyznać, z tym dodatkiem, iż myśl jego, uskrzydlona przez socjalizm, ukazywała w sposób pełniejszy, niż to było u Żeromskiego, nowe horyzonty literackie, niedostrzegalne z innych stanowisk ideologicznych.

To samo można powiedzieć o Stanisławie Brzozowskim (1878 - 1911), który kryteria marksistowskie stosował w krytyce literackiej i w jej obrębie zdobył ogromny rozgłos. Działalność krytyczna i filozoficzna nie wystarczały mu jednak, próbował więc sił w dramacie i powieści, i ostatecznie, u schyłku krótkiego życia stworzył dwa dzieła zapewniające mu niepoślednie miejsce w dziedzinie powieści historycznej. Pierwsze z nich, *Płomienie* (1908), ujęte w formie pamiętnika „z papierów po Michale Kaniowskim", było powieściową kroniką rosyjskich ruchów rewolucyjnych, związanych z organizacjami Ziemia i Wola oraz Wola Ludu, rzuconych przez pisarza na rozległe tło europejskie z Komuną Paryską na czele. Obraz ich rozrósł się, Brzozowski bowiem wprowadził działalność nie tylko samego pamiętnikarza, ale również jego antenatów, rewolucjonistów romantycznych, spotykanych przezeń w jego wędrówkach po świecie, od Paryża i Rzymu po daleką Syberię. W ten sposób *Płomienie* zmieniły się w obszerną kronikę działań rewolucyjnych ogólnoeuropejskich, z ruchem rosyjskim w centrum, obok bowiem „Miszuka Niewidimki", samego Kaniowskiego, wystąpiła tu bardzo plastycznie sportretowana duża grupa jego towarzyszów broni, nieugiętych wrogów caratu. Powieść, ujmująca te sprawy ze stanowiska rosyjskiego, zaakcentowała równocześnie bardzo mocno braterstwo polsko-rosyjskie w walce ze wspólnym wrogiem, „samodzierżawiem", prowadzonej w imię wspólnego celu, wyzwolenia człowieka.

Jej poniekąd dopełnieniem miała być powieść *Dębina,* której tom pierwszy i jedyny otrzymał tytuł *Sam wśród ludzi.* Brzozowski zamierzył ukazać to, co w *Płomieniach* występowało tylko epizodycznie, a więc dzieje wrzenia rewolucyjnego epoki romantyzmu, zwłaszcza na gruncie niemieckim. Być może okoliczność, iż lepiej orientował się w systemach ideowych niż w losach ich twórców i wyznawców, sprawiła, iż *Dębinę* przeładował długimi i zawiłymi rozprawami religiologicznymi i politycznymi, tworząc powieść-traktat z niewątpliwą szkodą dla jej walorów artystycznych.

W sumie powieści socjalistyczne, *Jaskółka, Pieniądz, Żółty krzyż, Płomienie, Dębina*, raz po raz dźwięczące pogłosami Żeromskiego, były znakomitym dopełnieniem jego dzieł i wraz z nimi tworzyły świat polskiej nowoczesnej powieści społecznej czy raczej społeczno--socjalistycznej o rozległych horyzontach i dużej wymowie artystycznej.

10. WŁADYSŁAW REYMONT I POWIEŚĆ CHŁOPSKA

Literatura neoromantyczna wiernie odtwarzała zjawiska otaczającego ją życia zbiorowego i zmiany, które w nim zachodziły, a które nie były bez znaczenia dla jej własnego życia i rozwoju. Do zmian zaś najistotniejszych należało zdobycie własnej pozycji w życiu narodu przez dwie klasy społeczne — robotnika i przede wszystkim chłopa. Klasa robotnicza, w kraju pozbawionym przemysłu, na schyłku w. XIX i w początkach XX stawiała dopiero pierwsze kroki i przed wystąpieniami czasu rewolucji r. 1905 małą odgrywała rolę. Chłopi natomiast w zaborach pruskim i austriackim zmieniali się z biernej masy w czynnik społeczny, który z każdym rokiem zdobywał coraz większe znaczenie, tak że słowa, które w r. 1901 padły ze sceny krakowskiej w *Weselu* Wyspiańskiego „Chłop potęgą jest — i basta", były stwierdzeniem oczywistego faktu. Chłop tedy wysyłał do parlamentów i sejmów wybranych przez siebie posłów-chłopów; chłop doczekał się własnej prasy, opozycyjnej w stosunku do „panów i księży"; przede wszystkim zaś kształcił, z ogromnym zwykle wysiłkiem swych synów, których sporo wprawdzie „szło na księdza", większość jednak wchodziła w skład inteligencji zawodowej, z której przecież rekrutowali się nie tylko wybitni działacze społeczni, dziennikarze, uczeni, ale również pisarze. I tutaj właśnie występowały bardzo ścisłe związki między literaturą a ewolucją klasy chłopskiej.

Pisarze mianowicie pochodzenia chłopskiego, a należeli do nich Kasprowicz, Reymont, Orkan, Józef Jedlicz Kapuścieński i kilkunastu innych, aż po chłopów-poetów, jak Ferdynand Kuraś i Jantek z Bugaja, wnosili do literatury nową postawę i nowe zainteresowania. Mimo iż pociągały ich modne nowości, niełatwo ulegali kawiarnianemu zblazowaniu i szukali własnej drogi, zgodnej z nawykami lat dziecinnych, wyniesionymi ze środowiska, które ich wydało. Przede wszystkim zaś mieli dziedziczną niemal znajomość chłopa i jego życia i dużą wrażliwość na sprawy z życiem tym związane. Wrażliwość realistów, przywykłych do nazywania rzeczy po imieniu, i pociąg do naturalistycznego widzenia świata i człowieka. I — dodajmy od razu — tymi właściwościami zarażali swe otoczenie inteligenckie, co przychodziło im tym łatwiej, że wkraczali na pole przygotowane przez poprzedników, pisarzy takich, jak Orzeszkowa, Sewer, Junosza, Dygasiński. W rezultacie zaś takiego układu stosunków możliwe było powstanie w okresie neoromantyzmu nowoczesnej powieści chłopskiej, kontynuującej tradycję powieści ludowej tworzonej przez pisarzy pozytywistów, Sienkiewicza, Prusa, Orzeszkową i in., ale odtwarzającej zupełnie inne środowisko autorskie.

Gdy więc pisarzy dawniejszych, autorkę *Chama* czy autorów *Szkiców węglem, Placówki, Beldonka, Biedroni,* pociągały sprawy takie, jak egzotyzm bytowania wiejskiego, jak filantropijne spojrzenie na niedolę marnujących się talentów, jak wreszcie poczucie obywatelskiego obowiązku przypominania, że sprawa wsi i chłopa stanowi doniosłe zagadnienie społeczne, pisarze neoromantyczni byli od tych obciążeń wolni: znane im z własnego doświadczenia życie chłopskie było dziedziną taką samą, jak życie innych grup społecznych. Co więcej, dostrzegali oni, iż życie chłopskie wyszło ze statycznego stadium „wsi spokojnej, wsi wesołej", że nurtowały w nim procesy związane ze zmianami w życiu całego narodu, procesy, dzięki którym oni sami znaleźli się w szeregach inteligencji. Dzięki temu proza nowelistyczna i powieściowa, podobnie zresztą jak towarzyszący jej dramat, wprowadziły do literatury neoromantycznej mnóstwo radykalnych nowości i sprawiły, że literatura ta naprawdę odzwierciedliła jedną z podstawowych i najdonioślejszych zmian, które zaszły w stanowiącym jej podłoże życiu narodu.

Na czoło pisarzy, którzy o kierunku tym zadecydowali, wysunął się **Władysław Stanisław Reymont** (1867-1925). Przebył on bardzo niezwykłą drogę od czeladnika krawieckiego do laureata Nobla, którego nagrodę otrzymał na rok przed śmiercią. Syn organisty wiejskiego, próbował rozmaitych zawodów, był bowiem i nowicjuszem klasztornym, i wędrownym aktorem statystą, i drobnym urzędnikiem kolejowym, nim wreszcie odkrył w sobie talent literacki. Urodzonemu epikowi, obdarzonemu niezwykłą spostrzegawczością, świetną pamięcią, bujną wyobraźnią i dużą wrażliwością na piękno języka, zalety te kompensowały brak wykształcenia, co jednak nie przeszkodziło mu zdobyć rozległą, choć powierzchowną i niejednolitą kulturę literacką.

Jej niedomagania wystąpiły szczególnie jaskrawo w pierwszych próbach nowelistycznych Reymonta, w surowych, tchnących naturalizmem obrazkach z życia chłopa oraz w jego pierwszych powieściach z życia aktorskiego. Powieści te, *Komediantka* (1896) i ciąg jej dalszy *Fermenty* (1897), oparte na doświadczeniach autora, rezultat zaświadczonej rękopisami bardzo żmudnej pracy, przyniosły bardzo precyzyjny obraz życia na zatęchłej prowincji, dowodziły talentu pisarza i jego wrażliwości na aktualne zjawiska społeczne. Dzieje Janki Orłowskiej, która po krótkiej karierze „komediantki", aktorki w wędrownej trupie teatralnej, wraca pod dach ojcowski i godzi się ostatecznie z życiem, z którego daremnie usiłowała się wyrwać, poruszały sprawę u schyłku w. XIX przewijającą się wielokrotnie w powieściach i dramatach — sprawę buntu młodych kobiet, ponoszonych przez temperament erotyczny maskowany aspiracjami artystycznymi, jednostek szamocących się z konwenansami, by ostatecznie albo zmarnować się, albo po przebyciu „fermentów" psychicznych pogodzić się z szarą codziennością. Zjawisko powszechne i typowe, związane z procesami ekonomicznymi i społecznymi, żywymi jeszcze do dzisiaj, w ujęciu Reymonta przemówiło nie głębią psychologiczną i nie doniosłością socjologiczną, lecz prawdą życiową, otrzymało bowiem postać nie tragicznych „dziejów grzechu", jak w dwanaście lat później pod piórem Żeromskiego, lecz relacji o charakterze niemal dokumentu społecznego. Sprawił to stosunek pisarza do znanej mu rzeczywistości, do warunków życia na małej stacji kolejowej, zagubionej wśród pól i lasów, oraz do światka głodujących aktorów-włóczęgów, i jego wrażliwość na różnorodne osobniki ludzkie w środowiskach tych spotykane. Nie psycholog i socjolog, lecz malarz życia zbiorowego w jego przeróżnych odmianach, doskonały obserwator i dobry narrator wystąpił tu w całej okazałości.

Te same cechy jego uzdolnień twórczych doszły do głosu w *Ziemi obiecanej* (1899), powieści-reportażu o życiu miasta fabrycznego, o Łodzi rozwijającej przemysł tkacki. W przeciwieństwie do *Komediantki*, gdzie postać tytułowa wymagała analizy psychologicznej, nowa powieść zrezygnowała z fabuły romansowej, zakończonej tradycyjnym „ślubnym kobiercem". Idąc raczej torem *Lalki* Prusa, Reymont skupił uwagę nie na jednostkach, choć wiele z nich sportretował z plastyką wręcz rzeźbiarską, lecz na środowiskach ludzkich, typowych dla ówczesnej Łodzi, i na cechach ich, by tak rzec, zawodowych, skrzyżowanych z rasowymi. Powstałe w ten sposób „materiały do patologii milionerów" dały arcyciekawą galerię przemysłowców łódzkich, upojonych złotem, napływającym do ich kieszeni i dającym im władzę nad podległym im otoczeniem. Na plan bodaj czy nie pierwszy wysunęli się tu fabrykanci niemieccy, panoszący się z tradycyjną butą germańską na obcej ziemi, ukazani z dokładnością naturalistyczną przez pisarza, który przez kilka miesięcy bawił w Łodzi, wzrokiem i słuchem obserwując miejscowe stosunki. Inaczej, bo okiem satyryka, spojrzał na grupę przemysłowców żydowskich, którą — choćby ze względów językowych — mógł poznać bliżej i w której świetnie umiał wyróżnić pokolenie stare, przywiązane do tradycji i obyczajów przodków, i młodsze, zorientowane na nowe powiewy kulturalne. Nie przeoczył wreszcie i pierwszych pionierów przemysłu rodzimego, przemysłowców polskich, ludzi o nastawieniu społecznym, dbałych o swego robotnika, który dla przedsiębiorców innych był jedynie przedmiotem bezlitosnego wyzysku.

Ale tutaj właśnie niedomagania kultury umysłowej Reymonta odbiły się najbardziej niekorzystnie na jego powieści, na ujęciu jej podłoża społecznego. Choć może brak przygotowania społecznego był w tym wypadku zgodny ze świadomością zawodową ówczesnego robotnika łódzkiego. Jeśli więc daremnie by się szukało w *Ziemi obiecanej* przejawów walki klasowej, to przypisać by to można równie dobrze niewiedzy w tym zakresie samego pisarza, jak faktowi, iż obserwowani przezeń niewolnicy przemysłu łódzkiego byli nie robotnikami jeszcze, lecz bezrolnym proletariatem wiejskim, który po chleb ciągnął do Łodzi, by przekształcać się tam w niezorganizowany proletariat fabryczno-miejski. Mistrzynią powieściopisarza była tutaj... Konopnicka, której sentymentalne pomysły życia „w piwnicznej izbie" występowały jeszcze w rękopisie *Ziemi obiecanej*, by zniknąć dopiero w wydaniu książkowym.

Brak nowoczesnej ideologii społecznej, robotniczej czy socjalistycznej, zastępował pisarz inną, bardzo prymitywną: na nowoczesne miasto przemysłowo-fabryczne, na „ziemię obiecaną" spojrzał okiem nie nowoczesnego socjologa, bojownika walki klasowej, lecz... teologa, widzącego tu dzieło szatańskie. „Dla tej «ziemi obiecanej» — pisał — dla tego polipa pustoszały wsie, ginęły lasy, wycieńczała się ziemia ze swoich skarbów, wysychały rzeki, rodzili się ludzie — a on wszystko ssał w siebie i w swoich potężnych szczękach miażdżył i przeżuwał ludzi i rzeczy, niebo i ziemię i dawał wzamian nielicznej garstce miliony bezużyteczne, a całej rzeszy głód i wysiłek".

Tak skomponowana wizja miasta-potwora pretendowała jednak w r. 1899 do stanowiska międzynarodowego. Zawarty w niej protest przeciw niszczycielskim wpływom rozrostu industrializacji nawiązywał bezwiednie do stanowiska angielskich myślicieli społecznych, jak John Ruskin lub William Morris z czasów dawniejszych, równocześnie zaś wyprzedzał głosy pisarzy późniejszych, jak G. K. Chesterton w Anglii, a wielu powieściopisarzy w Ameryce, którzy w dziełach swych demonstrowali apokaliptyczny rozrost przemysłu jako czynnika szkodliwego czy nawet zabójczego dla losów ludzkości. W ten sposób autor *Ziemi obiecanej*, pierwszej w Polsce powieści o przemyśle nowoczesnym, bezwiednie wkraczał na szlaki, na których miał się zetknąć z najgłośniejszymi pisarzami świata.

Władysław Stanisław Reymont w r. 1896, mal. Antoni Kamieński

Jan Kasprowicz, mal. Franciszek Krakowski

10. Władysław Reymont i powieść chłopska

Ta sama intuicja społeczna, która wystąpiła w powieści o Łodzi, skierowała Reymonta na pole pracy uwieńczonej powstaniem dzieła jego najgłośniejszego i największego, *Chłopów* (1902 - 1909). Nie wymagało ono studiów specjalnych, był nimi bowiem dziesięcioletni dorobek nowelistyczny pisarza, oparty na jego znajomości wsi i chłopa. W czterotomowej jednak powieści ukazującej życie wsi Lipce w Łowickiem doszło do głosu coś nowego, czego w nowelach nie było, a co podszeptała mu intuicja, mianowicie epickie wyczucie, iż dawne bytowanie wiejskie odchodzi w przeszłość, iż tradycyjne stosunki po wiekach upartego istnienia poczynają zanikać, wypierane przez nowości takie, jak parcelacja majątku dworskiego, jak emigracja zarobkowa do Ameryki, jak kolonizacja prowadzona przez obce żywioły. Zjawiska te sygnalizował już Prus w swej *Placówce*, dopiero jednak Reymont w kilkanaście lat później miał ująć je w sposób epicki i uczynić z nich właściwy użytek artystyczny. Nazwisko zaś wielkiego poprzednika trzeba tu wymienić, jako że był on jednym, choć nie jedynym patronem powieści o Lipcach, autor jej bowiem wcielił do swego obrazu sporo pomysłów, które zawdzięczał innym swym mistrzom, Orzeszkowej i Konopnickiej, Junoszy, Dygasińskiemu czy Jasieńczykowi, a nawet swym rówieśnikom, jak Wyspiański i Przybyszewski. Owe zapożyczenia, może bezwiedne, bo nieuniknione w wielkim malowidle epickim, syntetyzującym na swój sposób popularne ujęcia dawniejsze, nie zaszkodziły oryginalności *Chłopów*, zadecydowały natomiast o ich neoromantycznym charakterze i zbliżyły powieść do jej pierwszych czytelników, którzy w Polsce przyjęli ją niechętnie, by dopiero od obcych dowiedzieć się o jej istotnej wartości.

Ów charakter nowoczesny wystąpił najpełniej w dramatycznym wątku, stanowiącym kościec dwu tomów początkowych, wątku znanym wprawdzie z powieści takich, jak *Cham* lub *W Wielgiem*, prawiących o małżeństwie starszego mężczyzny z młodą latawicą, tutaj jednak spotęgowanym motywem incestu. Rywalem starego Boryny jest przecież jego rodzony syn, Antek, kochanek urodziwej macochy, Jagny. Grzeszną miłość, ukazaną w aureoli papierowoliterackich uniesień, spopularyzowanych przez Przybyszewskiego, Reymont ujął w sposób bardzo swoisty i głęboko tragiczny, a zarazem zgodny z atmosferą moralną *Chłopów*: śmiertelnie poróżnieni ojciec z synem godzą się, gdy w czasie bitki o las Antek spieszy z pomocą ranionemu Borynie i trupem kładzie jego zabójcę. Moralność gromady bierze tutaj górę nad antagonizmami osobistymi.

Wątek ten, podobnie jak jego kontynuacja, konflikt dwu kobiet, żony i kochanki, stanowi kościec, dość zresztą wątły, rozległej relacji o życiu zbiorowym dużej wsi, życiu gromady chłopskiej, która

34 — J. Krzyżanowski

z bezwiednego poczucia odwiecznej organizacji czerpie swą moc. Gromadnie więc i zbiorowo Lipczaki występują w obronie swych praw, gdy walczą o las z dworem, zbiorowo dokonują prac najważniejszych, zbiorowo wreszcie stają po stronie tradycyjnych zasad etycznych, regulujących codzienne życie całości. Z poczucia mianowicie gromadności wyrosły dwa momenty przełomowe w akcji powieści, różne zresztą w swej wyrazistości artystycznej, tj. wspomniana walka o las dworski, stanowiąca pogłos sprawy serwitutów, tak znamiennej dla dziejów chłopa w Królestwie po uwłaszczeniu, oraz walka o pole pracy, z którego chłopa wyprzeć usiłowała kolonizacja niemiecka. W obydwu wypadkach wystąpienia zbiorowe, choćby z użyciem gwałtu, odnoszą skutek, powieść kończy się niemal apoteozą, obrazem młodego chłopa, zagospodarowującego się na spłachciu nieużytków, zdobytych przez wieś dla tych, którzy rwą się do pracy. Podobnie gromada bezapelacyjnie kładzie kres karierze jawnogrzesznicy wiejskiej, obrażającej swym życiem poczucie moralności, wyświeca ją bowiem, niby wiedźmę średniowieczną; wyrok ten bez szemrania przyjmuje kochanek nieszczęsnej Jagny, butny zabijaka Antek. Postawa jego budzić może zdziwienie ze stanowiska psychologii osobniczej, ale staje się zupełnie zrozumiała w świetle zasad socjologicznych uznawanych i realizowanych w zbiorowym życiu gromady chłopskiej. A wreszcie pomoc, z którą czasu siewu i innych robót wiosennych spieszą do Lipiec sąsiedzi, by się „święta ziemia" bez rąk roboczych nie zmarnowała, rozszerza w powieści zjawisko więzi społecznej na całą okolicę, bez mała na całość społeczności chłopskiej i omawianemu zagadnieniu nadaje tę doniosłość, którą do niego autor, bezwiedny, intuicją kierowany socjolog, przywiązywał.

Dzięki temu właśnie powieść Reymonta otrzymała swą własną, odrębną ideologię, pokrewną poglądom Konopnickiej, choć od nich wcześniejszą, przy czym to, co u autorki *Pana Balcera* było konstrukcją sztuczną, programowo papierową, w dziele Reymonta otrzymało postać naturalną, organicznie wynikającą z jego wizji życia chłopskiego. Wizję tę bowiem rozpiął on na siatce poglądów zbudowanej bardzo konsekwentnie od początku do końca, jednolitej i silnej, stanowiącej o realistycznym charakterze całości. Równocześnie realistyczna powieść o szerokim tchu epickim otrzymała swoistą szatę, na ład homerycki niejednokrotnie stylizowaną, w tkaninie wielobarwnej wykazującą nitki szczerego złota poetyckiego. Skłonność do poezji wystąpiła szczególnie wyraźnie w obfitości obrazów przyrody, okalającej życie chłopa, warunkującej i regulującej bieg życia wiejskiego, a równocześnie samodzielnej, bo złożonej ze splotu

10. Władysław Reymont i powieść chłopska

zjawisk godnych uwagi dla zawartego w nich piękna. Opisy niemal kalendarzowe i obrazy o potężnej sile wyrazu poetyckiego, malowane techniką podpatrzoną u romantyków i symbolistów, u Malczewskiego i Kasprowicza, zapełniły w *Chłopach* mnóstwo kart, stawiając powieść Reymonta w bliskim sąsiedztwie *Pana Tadeusza*. Szarugi jesienne, śnieżyce zimowe, ciche deszcze na wiosnę, bujność pejzażu letniego, pola i lasy, sady i wody lipieckie dostarczyły powieściopisarzowi ilościowo więcej nawet pomysłów niż niegdyś okolice Soplicowa śpiewakowi przyrody litewskiej. Do zespolenia wszystkich różnorodnych składników w całość jednolitą i harmonijną niepoślednio przyczynił się reymontowski sposób posługiwania się językiem.

Autor mianowicie *Chłopów* na wielką skalę zastosował pomysł Dygasińskiego, gwarę tedy, u poprzedników stosowaną jedynie w dialogach chłopskich, wyzyskał w całej powieści, a więc również w opisach dawanych od siebie, z tym jednak, że urównorzędnił ją z językiem literackim, tworząc z obydwu składników język swój własny, jednakowo przydatny w opisach przyrody, ujętych na sposób ówczesnych poezyj prozą, jak w zwykłym opowiadaniu, jak wreszcie w częściach dialogowych. Przy zachowaniu tej samej podstawy jakościowej umiał przecież Reymont styl swój niesłychanie zróżnicować ilościowo, w dialogach bowiem zachował niezwykłą wyrazistość i jędrność gwary potocznej z jej naturalną metaforyką, wynikającą ze świeżości postrzeżeń zjawisk życia codziennego, gdy w epicko stylizowanych opisach z rozrzutnością iście homerycką rozsiał bogactwo obrazów słownych, świadczących, jak pojętnym był uczniem swych mistrzów poetów. Dzięki temu wszystkiemu, a więc zarówno postawie artysty jak jej odbiciu w utworze, tetralogia, łącząc w całość jednolitą mnóstwo składników wytworzonych przez wiekową tradycję poezji epickiej z tematyką nową w formie powieści nowoczesnej, stała się jedynym w swoim rodzaju okazem powieści-eposu i ta właśnie cecha zadecydowała o popularności *Chłopów* i wyjątkowym stanowisku ich twórcy.

Epos lipiecki nie wyczerpał energii pisarskiej Reymonta, choć miała ona wyładować się w kierunku dość nieoczekiwanym, bo na polu powieści historycznej. Jak przystało na autora *Chłopów*, z przeszłości wybrał on *Rok 1794*, którego dzieje ujął w tomach zatytułowanych *Ostatni sejm Rzeczypospolitej* (1913), *Nil desperandum* (1916) i *Insurekcja* (1918), by urwać je nieoczekiwanie na powstaniu ludu warszawskiego. To przedwczesne i nieoczekiwane zakończenie pozostawało zapewne w związku z okolicznością, iż powieściopisarz wkroczył w dziedzinę dla siebie zbyt trudną, wymagającą dużej nie tylko wiedzy historycznej, ale również kultury umysłowej, której Reymont nie miał. Wskutek tego strony ideologiczna i psychologiczna wypadły szablonowo i blado; Kościuszko, ujęty w sposób przypominający szermierzy wolności w powieściach Żeromskiego, stał się postacią bez życia; podobny los przypadł bohaterowi powieści, bezbarwnemu oficerowi Zarembie, którego nieszczęśliwa miłość stanowi kościec fabularny powieści. Reymont jednak był Reymontem. Oczytany w pamiętnikach z końca w. XVIII oraz w powieściach historycznych Kraszewskiego i jego rówieśników oraz Sienkiewicza, zdobytą w ten sposób wiedzę potrafił przekształcić w serię barwnych obrazów obyczajowych i bitewnych, osiągając w nich efekty o dużej wyrazistości i plastyce. W obrazach tych, podobnie jak w jego powieściach poprzednich, wystąpiły nie jednostki, lecz masy ludzkie, ukazane w ruchu i odmalowane z typowym dla autora *Chłopów* mistrzostwem.

Całość dorobku Reymonta, którego połowę stanowią powieści, w połowie drugiej składa się z tuzina tomów, obejmujących około osiemdziesięciu nowel. Ogół ich podzielić by można na kilka różnorodnych grup, takich jak młodzieńcze szkice i obrazki w manierze naturalistycznej, jak opowiadania robione metodą Sienkiewicza, jak próby impresjonistyczne, jak wreszcie alegorie zabarwione fantastyką. W ogromnej większości są to utwory o wysokim poziomie artystycznym; niektóre z nich należą do arcydzieł nowelistyki polskiej. Rzecz bowiem zastanawiająca: ten świetny malarz zewnętrznej strony życia, w powieściach wykazujący brak zdolności do analizy psychologicznej, w nowelach dawał niejednokrotnie doskonałe obrazy psychiki ludzkiej, by powołać się na opowiadanie o działaniu nawyku w życiu windziarza fabrycznego (*Pewnego dnia*) lub na opis namiętności miłosnej (*Burza*). Nowele te i im podobne stawiają Reymonta w rzędzie prawdziwych mistrzów tego trudnego gatunku literackiego.

Przykład autora *Chłopów*, jak się dalej okaże, zachęcił wielu pisarzy odeń młodszych, wśród jego zaś niemal rówieśników na miejsce czołowe wysunął się góral z Gorców, F r a n c i s z e k S m r e c z y ń s k i (1876 - 1930), w literaturze znany jako Władysław Orkan. I on, podobnie jak Reymont, karierę pisarską, której patronowali Sewer i Tetmajer, rozpoczął z bardzo skromną kulturą umysłową, którą jednak poszerzał i pogłębiał systematycznie, tak że dzieło jego ostatnie, *Listy ze wsi* (1925 - 1927), rozważania socjologiczne nad teraźniejszością i przyszłością ludu polskiego, sięgało wyżyn znanych z pism mistrza Orkanowego, Stanisława Witkiewicza.

W poszukiwaniu właściwej drogi Orkan próbował rozmaitych ścieżek literackich, uprawiał więc lirykę i dramat, którymi zdobył sobie duże uznanie. Jego wiersze, ogłaszane w zbiorkach *Z tej smutnej ziemi* (1903) i *Z martwej roztoki* (1912), już w samych tytułach uka-

10. Władysław Reymont i powieść chłopska

zywały postawę pisarza publicysty, prawiącego wymownie o nędzy chłopskiej i nie widzącego z niej wyjścia. Odrębność jego liryki polegała na dokumentarnej czy niemal fotograficznej metodzie, którą w wierszach swych stosował, a która radykalnie odbiegała od tego wszystkiego, o czym prawili jego rówieśnicy, poławiacze egzotycznych doznań własnej psychiki. A to samo wystąpiło w jego dramaturgii, gdy w okresie zachwytów nad nastrojowymi obrazkami Maeterlincka i on pokusił się o modną jednoaktówkę *Noc*, ale rychło przekształcił ją w epilog naturalistycznego dramatu *Skapany świat*, w którym ukazał tragiczne wnętrze chaty góralskiej.

Na drogę swą własną Orkan, nie zdając sobie z tego sprawy, wkroczył już pierwszym tomikiem *Nowel* (1898), po których nastąpił drugi, *Nad urwiskiem* (1900), a których dopełnieniem była krótka powieść *Komornicy* (1900). Wszystkie trzy tomy były wyrazem zainteresowań etnografa-publicysty opisującego metodą naturalistyczną starannie zaobserwowane fakty z życia góralskiego i, podobnie jak w lirykach, bijącego na alarm w obronie ludzi i spraw skazanych w owoczesnych warunkach na zagładę.

Granice ciasnego światka górskiego pomogła Orkanowi rozszerzyć literatura, która „krainę kęp i wiecznej nędzy" zalała światłem spraw doniosłych w sensie nie gminnym czy powiatowym, lecz ludzkim. Wyrazem tego nowego spojrzenia stały się dwie powieści, *W roztokach* (1903) oraz *Drzewiej* (1912). Pierwsza z nich, nawiązująca do tradycji zarówno *Kordiana*, jak *Meira Ezofowicza* czy *Ludzi bezdomnych*, wprowadzała ideologa, zbuntowanego przeciw otaczającym go stosunkom społecznym i usiłującego znaleźć z nich wyjście nie tylko dla siebie, ale również dla gnębionej przez rody gazdowskie biedoty wiejskiej. W walce z możnymi przeciwnikami Franek Rakoczy pada, zmuszony do opuszczenia wsi rodzinnej, a po powrocie do niej, o czym prawi osobny dramat *Franek Rakoczy* (1908), głosiciel nowego, sprawiedliwego ładu zawodzi swych zwolenników, okazuje się bowiem romantycznym utopistą, zapóźnionym romantykiem wiejskim. Fakt jednak, iż taką właśnie postać Orkan stworzył, ma swą dużą wymowę. Powieść mianowicie dowodziła, iż pisarz nie tylko widział zło panujące w roztokach, ale również wypowiadał mu walkę, głosząc wiarę w człowieka reformatora. Że zaś poczynania tego działacza skazane były w ówczesnych warunkach na klęskę, na to Orkan nie znajdował rady, jak przed nim nie umiał jej znaleźć autor *Faraona*, Bolesław Prus. Urok zresztą powieści *W roztokach* polegał nie tyle na dziejach Franka Rakoczego, ile na wspaniałych obrazach przyrody, której wielbicieli autor wprowadził w postaci całej galerii pomyleńców bożych, osobników wykolejonych, przygarniętych przez Franka, pracującego z rozmachem tytana nad wycięciem uboczy górskiej, osobników, w których portretach realizm i fantastyka łączą się w całość groteskową.

W świecie dziwności górskiej raz jeszcze zanurzył się Orkan, by wynieść z niego *Drzewiej*, opowieść poetyczną o pierwszych osadnikach podhalańskich. Łącząc pomysł biblijnej historii o Kainie i Ablu z motywami mitologicznymi, wyczytanymi w *Legendzie* Wyspiańskiego, stworzył tragiczną baśń o dwu braciach-rywalach, skłóconych miłością ku wspólnej a rzekomej siostrze, baśń, w której dziki myśliwiec zabija łagodnego pasterza i kończy życie samobójczą walką z otaczającą go puszczą. Opowieść pełną wdzięku Orkan odział w stylizowaną szatę słowną, bardzo wyszukaną, złożoną z mnóstwa nowotworów językowych, budowanych wedle paru powtarzających się szablonów, tak że wskutek tego razi ona swą sztucznością.

Przy całej odległości dzielącej wielkiego pisarza, którym był Reymont, od wybitnego literata, jakim był Orkan, obydwa te zjawiska można połączyć ze względu na rolę, którą autorzy *Chłopów* i *W' roztokach* odegrali w dziejach kultury i literatury polskiej. Nie oni wprawdzie stworzyli powieść ludową czy raczej chłopską, była ona bowiem dziełem ich poprzedników, pisarzy okresu pozytywizmu, jednak postawili ją w rzędzie dzieł wielkich, przy czym autor *Chłopów* wprowadził ją do arcydzieł światowych. On też swój sposób widzenia życia chłopskiego narzucił mnóstwu innych pisarzy, poczynając od Kazimierza Tetmajera, który w *Legendzie Tatr* niejedno mu zawdzięczał, a kończąc na pisarzach międzywojennych, jak Jan Wiktor, Gustaw Morcinek, Bohdan Pawłowicz czy Eugeniusz Pawłowski, powtarzających jego pomysły, gdy fantastykę Orkanową bez trudu odpoznać można w balladach beskidzkich Emila Zegadłowicza. Innymi słowy, dzięki Reymontowi i Orkanowi chłop polski zajął w literaturze miejsce równie wybitne, jak to, które równocześnie zdobywał w życiu społecznym i politycznym.

11. SZCZYTY I DOŁY POWIEŚCI NEOROMANTYCZNEJ

Wspaniały rozkwit powieści neoromantycznej był wynikiem nie tylko działalności kilku znakomitych pisarzy, z Żeromskim i Reymontem na czele, lecz również współdziałania całej ogromnej plejady prozaików innych, których dzieła rozchwytywano, a których nazwiska zazwyczaj wymawiano z szacunkiem, by wymienić tylko Wacława Berenta, Wacława Sieroszewskiego lub Józefa Weyssenhoffa, z których każdy był indywidualnością twórczą, chociaż wszyscy trzej w zakresie problematyki pisarskiej i tematyki nie mieli

11. Szczyty i doły powieści neoromantycznej

tej rozległości pomysłów, która cechowała autorów *Popiołów* lub *Chłopów*.

Wacław Berent (1873-1940), z wykształcenia przyrodnik, z zamiłowań myśliciel, psycholog i socjolog, zajął się problematyką dla neoromantyzmu typową — sprawami sztuki i jej „kapłanów", artystów, i to zajął się w sposób zdecydowanie odmienny od poglądów obiegowych, zbliżony jednak do stanowiska Wyspiańskiego. Na sztukę, jej rolę w życiu zbiorowym i jej przedstawicieli spojrzał okiem krytyka-psychologa, by dostrzec w niej to, co autor *Wesela* określał pogardliwie jako „malowany fałsz, obrazki". Wyrazem tego osądu był już tytuł jego wnikliwej powieści *Próchno* (1903), której intencję moralną wyrażało motto z Modrzewskiego „Niemoc serdeczna jest stokroć gorszą od niemocy fizycznej. Przeto zleczcie myśl waszą". Przeciwstawiając się modnym zachwytom nad chorobliwością, dekadentyzmem, pragnieniem śmierci-koicielki, jako typowymi cechami kultury „schyłku wieku", *Próchno* przyniosło rozległy obraz tej kultury w dużym, nowoczesnym mieście niemieckim, kultury cyganerii międzynarodowej, obejmującej artystów, aktora, poetę, publicystę, dramaturga, muzyka — ludzi, z których trzech kończy samobójstwem, sztuka bowiem nie potrafi ich wyzwolić z pęt duszącej pospolitości. Ta „krucza pieśń żałoby i rozpaczy", jak powieść określano, nie stała się satyrą na dekadentyzm artystyczny, Berent bowiem z głęboko ludzkim współczuciem potraktował zwichnięte kariery ludzkie, równocześnie zaś bardzo plastycznie przedstawił zarówno codzienną rzeczywistość życia cyganów artystycznych, jak ich nurzanie się w sztucznie wywołanych nastrojach. Dzięki temu *Próchno*, zachowując charakter osądu moralnego, stało się równocześnie świetnym, realistycznym, wręcz dokumentarnym malowidłem kultury dekadenckiej, schyłkowej.

O lat osiem późniejsza *Ozimina* (1911) to samo zagadnienie sztuki, jako czynnika destruktywnego, niweczącego życie, ukazała w ujęciu powieści urbanistycznej, wielkomiejskiej, ale w tym wypadku rodzimej, bo rozgrywającej się w środowisku bogatej burżuazji warszawskiej w chwili wybuchu wojny rosyjsko-japońskiej, i to w obrębie jednej nocy lutowej r. 1904. Duszne salony bankierskie, wypełnione tłumem gości, stały się, podobnie jak chata bronowicka w *Weselu*, sceną rewii, wprowadzającej przedstawicieli Polski dawnej i nowej, bojowników o wolność spod znaków powstańczych i ich synów, wciągniętych w nowe ruchy społeczne, a wreszcie normalnych zjadaczy chleba na bruku warszawskim. Surowa analiza psychologiczna kazała pisarzowi stwierdzić, iż reprezentanci społeczeństwa polskiego byli ofiarami zbiorowego marazmu, gnębionymi przez kalectwo duszne, zamrę dusz, węża smutku leniwego — ofiarami bezradnymi w chwili, gdy przełomowe wydarzenie historyczne otwierało przed narodem nowe perspektywy walki i wyzwolenia. I znowuż, podobnie jak u Wyspiańskiego, a może nawet nie bez jego wpływu, wyzyskanego jednak w sposób kongenialny, Berent źródło psychozy dostrzegł w zabójczym wpływie sztuki, poezji romantycznej, paraliżującej stworzonymi przez siebie mitami realne i praktyczne poczynania społeczne.

Ozimina, powieść zdecydowanie pesymistyczna, przez krytykę owoczesną potraktowana jako dzieło publicystyczne, otrzymała jednak wydźwięk wyraźnie optymistyczny, wyrażony za pomocą symboli zagadkowych, a przecież jednoznacznych. Ruń przedwiosenna, zapowiadająca żniwa, wspomnienie misteriów helleńskich, obraz chłopa polskiego, który z bochnem chleba wyrusza w mundurze żołnierskim, by bronić imperium białego cara na Dalekim Wschodzie, miały na lat parę przed wojną światową swoją wymowę, zrozumiałą u pisarza, który jasno wypowiadać się nie mógł, a którego sejsmograf psychiczny sygnalizował zbliżanie się wielkich wstrząsów historycznych.

Zagadnienie stosunku sztuki i artysty do życia raz jeszcze, nie ostatni zresztą, miało wystąpić w twórczości Berenta, by otrzymać postać doskonałą. Stało się to w *Żywych kamieniach* (1918), dziele jego niewątpliwie najznakomitszym, choć — również niewątpliwie — najtrudniejszym. Dla wielbicieli jego twórczości było ono taką samą niespodzianką, jak niegdyś *Faraon* dla miłośników Prusa. Pisarz, który dotychczas zajmował się wyłącznie swą epoką, przeskoczył nagle w odległą przeszłość, w głąb średniowiecza, by w „opowieści rybałta", jak brzmiał pierwotny tytuł powieści, stworzyć jego wspaniałą wizję. Berent i tutaj pozostał sobą, interesującą go bowiem problematykę sztuki, pojętej bardzo szeroko, rzucił na tło powieści miejskiej. Do zacisznego tedy miasta średniowiecznego wprowadził gromadę igrców-wagantów z Goliardem na czele, ukazując jej różnorodny repertuar. Po co? Oto, by ukazać ożywczy i twórczy wpływ sztuki na środowisko zmrożone acedią, bizantyjsko-mniszą „zamrą", odwróceniem się ku ascetyzmowi wyjaławiającemu życie. Sztuka jednak wiedzie z powrotem do życia i wywołuje „odnowienie serc człowieczych", choć jej przedstawiciele giną; pozostają przecież po nich ich osiągnięcia żywe i trwałe. Dzięki temu *Żywe kamienie*, jedna z niewielu powieści polskich o średniowieczu europejskim, zajęła miejsce zupełnie wyjątkowe w dziejach naszego romansu historycznego, pretendując równocześnie do pozycji wyjątkowej w skali europejskiej. Jeśli bowiem — i słusznie — za utwór w tej dziedzinie wyjątkowo cenny uważa się *Klasztor i dom* Ch. Reade'a, znakomitą powieść o Erazmie z Rotterdamu, to za artystycznie co najmniej równy uznać należy *Żywe kamienie*.

11. Szczyty i doły powieści neoromantycznej

Ich twórca miłośnikom swym sprawił ponownie niespodziankę, gdy w wiele lat później ogłosił trzy dalsze dzieła, ściśle związane z dziejami kultury polskiej, tj. *Nurt* (1934), *Diogenes w kontuszu* (1937) i *Zmierzch wodzów* (1939). Była to nowość, autor bowiem w formie esejów biograficznych wprowadził tu ludzi z przełomu w. XVIII i XIX, którzy „poczuli się po raz pierwszy na siłach, by wziąć na barki swe dziejowe brzemię — odnowy ducha polskiego", zadanie przebudowy „szablą i piórem" kultury polskiej, zachwianej przez rozbiory; wprowadził ludzi typu Niemcewicza, choć jego właśnie portret w *Zmierzchu wodzów* wymownie ukazywał korzenie zjawisk, zwalczanych przez Berenta na kartach *Oziminy*, korzenie kultury literackiej ujmowanej jako czynnik życia politycznego.

Odrębność twórcy *Próchna*, pisarza kroczącego własnymi szlakami, pracującego wolno i z rozmysłem, znalazła wyraz w jego stylu bardzo trudnym, przeładowanym metaforami, które wymagają od czytelnika dużego nieraz wysiłku intelektualnego; chcąc znaleźć stylu tego odpowiednik historyczny, trzeba sięgnąć nie tyle do Trembeckiego, co w odleglejsze czasy baroku. I tym właśnie tłumaczy się mała popularność Berenta, jego szlaki bowiem dostępne były tylko jednostkom odpowiednio przygotowanym.

Należał do nich krakowianin, Tadeusz Żuk Skarszewski (1858 - 1933), dobry znawca kultury angielskiej, wielbiciel i miłośnik J. Conrada, autor dwu świetnych, zapomnianych powieści: *Pustki* (1918) i *Rumaka Światowida* (1919). W obydwu zajął się on problemem kultury kosmopolitycznej, przy czym w drugiej przeciwstawił jaskrawo uroszczeniom jej przedstawicieli, „proletariatu arystokratycznego", codzienną rzeczywistość polską, której przyszłość wiązał z walorami moralnymi i społecznymi chłopa polskiego. Lwowiak znowuż, Antoni Stanisław Mueller (1877 - 1944), z wykształcenia prawnik, z zawodu bankowiec, debiutował w r. 1908 powieścią *Henryk Flis*, gdzie na tle życia w podkarpackim zagłębiu naftowym dał przenikliwą analizę psychiki początkującego literata, nie sięgającą wprawdzie poziomu *Próchna*, ale wyższą od wielu znanych pomysłów tego rodzaju w dziełach pisarzy bardziej od młodego autora doświadczonych.

Grono ich zamyka twórca *Pałuby*, Karol Irzykowski (1873 - 1944), jedna z najdziwaczniejszych postaci w świecie neoromantycznym. Pisarz, który w okresie międzywojennym cieszył się ogromnym autorytetem jako czołowy krytyk literacki, karierę rozpoczynał od nieudolnych kroków w dziedzinie liryki, dramatu, noweli i wreszcie powieści. Wiersze jego, wysłane do „Życia", ośmieszyła zabójcza odpowiedź odrzucającej je redakcji; dramat (*Dobrodziej złodziei*) wygwizdano na premierze po pierwszym akcie; na nowele nie zwrócono uwagi, powieść zaś nie znalazła czytelników. Niepowodzenia te stały się źródłem nieuleczalnych urazów pierwszego dekadenta polskiego, jak się sam Irzykowski określał, i po latach jeszcze doszły do głosu w jego pośmiertnie wydanych fragmentach pamiętnika, dokumentu zawiści literackiej, demonstrowanej z pasją urodzonego ekshibicjonisty. Kompensaty poszukiwał on w krytyce literackiej, którą poczytywał za namiastkę twórczej pracy pisarskiej i w której wypowiedział się najpełniej, przy czym zademonstrowała ona w całej okazałości jego niezwykłą indywidualność dialektyka, sokratycznie obnażającego słabości systemów, które namiętnie atakował, niezdolnego jednak do zbudowania na miejscu poglądów obalanych jasnego systemu własnego.

Rozgłos krytyka i zagadkowość jego postawy sprawiły, iż w lat pięćdziesiąt po ukazaniu się *Pałuby* (1903) podejmowano kilkakrotnie próby rehabilitacji tego dzieła, dopatrując się w jego autorze zwiastuna nowości, związanych z tzw. kryzysem powieści, i poczytując jego pracę młodzieńczą za twórczą zapowiedź owego kryzysu. Istotnie opowieść *Sny Marii Dunin*, stanowiąca podstawową część *Pałuby*, wydanej w trzy lata po ukazaniu się *Wykładu snów* Zygmunta Freuda, twórcy badań psychoanalitycznych, była pierwszą próbą literacką wprowadzenia metod, które dzięki neurologowi wiedeńskiemu miały zrobić zawrotną karierę w kulturze naszego stulecia, i to próbą — jak się zdaje — od niego niezależną. Rzecz jednak w tym, iż próba „pałubizmu", demaskowania zjawisk podświadomych przez konfrontowanie ich z rzeczywistością sztucznych póz i gestów, przeszła nie zauważona, bowiem analiza nie miała ani precyzji dowodzenia naukowego, ani plastyki artystycznej, narzucającej nowe pomysły czytelnikowi. Trzeba było lat kilkudziesięciu, by sprawy niepokojące rozgoryczonego zawodem młodego literata zdobyły sobie prawo obywatelstwa dzięki powieściom J. Joyce'a czy M. Prousta, co — jak wiadomo — nie dokonało się bez oporów.

Irzykowski, wnikliwy intelektualista, obdarzony ciętym dowcipem, niebezpieczny szermierz w dyskusjach i polemikach, kuł dla zwalczanych przez siebie zjawisk literackich określenia, chętnie podchwytywane przez język krytyki literackiej. Należał do nich wyraz „talentyzm", stosowany do błyskotliwych karier artystycznych, związanych z wybuchami przejawów talentu, który, pozbawiony oparcia w rzetelnej kulturze, wiódł do grafomanii. Wybuchy zaś takie — by przypomnieć J. A. Kisielewskiego — nie były w okresie neoromantyzmu rzadkością.

Typowym tego okazem była twórczość J ó z e f a W e y s s e n h o f f a (1860 - 1932), zamożnego, choć rychło zrujnowanego ziemianina, stosunkami życiowymi związanego z arystokracją, której stał

11. Szczyty i doły powieści neoromantycznej

się literackim historykiem, głosicielem wiary w jej misję dziejową i polityczną. Człowiek o rozległej kulturze nie umysłowej, lecz salonowej, talentem zabłysnął w powieści *Żywot i myśli Zygmunta Podfilipskiego* (1898), na dobrych wzorach francuskich, Taine'a i France'a, opartym malowidle salonów arystokracji i plutokracji warszawskiej. Wizerunek pasożyta — aferzysty żerującego w owych salonach, zbudowany z rysów typowych, ujęty zaś w formie pamiętnika, naiwnie sławiącego postać tytułową, wypadł znakomicie, nadmiar jednak wytwornej ironii i opóźnione zdemaskowanie łotrzyka salonowego sprawiły, iż dzieje Podfilipskiego, przy dużych walorach artystycznych, nie osiągnęły poziomu wielkiej powieści satyrycznej. Zabrakło w niej tych choćby nieodzownych akcentów krytycznych, które w lat kilkanaście później wystąpiły u Żuka Skarszewskiego w powieści o tym samym środowisku społecznym, którego piewcą zrobił się Weyssenhoff.

Nie dziwi to, gdy zważyć, iż począwszy od *Sprawy Dołęgi* (1901), Weyssenhoff zmienił się w apologetę arystokracji i ziemiaństwa, jako klasy przez Boga, historię i własne zasługi powołanej do stanowienia o losach kraju, zwłaszcza w okresie przemian wywołanych przez rewolucję i pierwszą wojnę światową. W serii lichych powieści politycznych, do których sam stosował określenie „gwizdana kronika czasów bieżących", głosił program Narodowej Demokracji i zwalczał wszelkie przejawy radykalizmu społecznego. W toku prac nad nimi raz tylko zdobył się na dzieło klasy wysokiej, przez wspomnienia młodzieńcze wywołaną idyllę wiejską *Soból i panna* (1911), by w tym „cyklu myśliwskim", nie ustępującym nowelom Turgieniewa, wyśpiewać urodę ziem litewskich i poleskich.

W tych samych latach poczytnością i uznaniem cieszył się jego niemal rówieśnik, W a c ł a w S i e r o s z e w s k i (1858 - 1945), pisarz, którego żywot, częściowo przedstawiony w pamiętniku, był bardziej interesujący od jego dzieł. Jako młody czeladnik, za udział w ruchu socjalistycznym zainicjowanym przez Ludwika Waryńskiego skazany na Syberię, w toku „dwunastu lat w kraju Jakutów", jak zatytułował swe dzieło etnograficzne, zdobył drogą samouctwa znaczne wykształcenie i rozpoczął pracę pisarską. W obrębie wspomnień sybirskich pozostał na całe życie późniejsze, wypełnione działalnością polityczną w szeregach polskich organizacji socjalistycznych, zakończone zaś na stanowisku prezesa krótkotrwałej Polskiej Akademii Literatury. Pisarz tej klasy, co jego przyjaciel i współwygnaniec, Rosjanin Wł. Korolenko, w wczesnych nowelach i powieści *Na kresach lasów* (1894) przedstawiał życie więźniów, zesłańców politycznych i ich stosunki z ludnością tubylczą, na którą spoglądał ze stanowiska nie tylko ludoznawcy, ale również — i to przede wszystkim, — szermierza wolności i humanisty. Stosując metody naturalistyczne, gdy z biegiem lat talent nie podsycany pracą umysłową jął gasnąć, Sieroszewski pisywał powieści o poziomie romansu kryminalnego, pełne akcentów jaskrawych i brutalnych, jakkolwiek i w nich pojawiały się karty o dużej wymowie artystycznej, karty wypełnione wspaniałymi obrazami przyrody sybirskiej, zwłaszcza opisami potężnych rzek.

Dzieła te wysunęły go na czoło całego dużego zespołu naturalistów polskich, którzy — nawet gdy udawało im się przelotnie zdobywać uznanie — rychło ulegali zapomnieniu. Typowym przykładem może być tu kariera Z y g m u n t a N i e d ź w i e c k i e g o (1865 - 1916), który szarą pracę dziennikarską na bruku krakowskim urozmaicał drapieżnymi nowelami z życia otoczenia. Przyniosły mu one miano „polskiego Maupassanta", którego istotnie znał i tłumaczył, ale nie uchroniły jego dorobku od niepamięci, z której daremnie usiłowano go wydobyć.

Podobny los spotkał jako pisarza, ale nie człowieka, lekarza warszawskiego J a n u s z a K o r c z a k a (1878 - 1942), który bohatersko zginął zamordowany przez hitlerowców, gdy nie chciał opuścić swoich na zagładę skazanych wychowanków z sierocińca żydowskiego w getcie. Jego wczesne utwory, wśród nich znakomita powieść *Dziecko salonu* (1906), poszły w zapomnienie, poczytnością natomiast cieszą się jego książki dla dzieci, zwłaszcza *Król Maciuś Pierwszy* (1923). Młodzi naturaliści, krocząc szlakiem, wytkniętym przez *Dziecko salonu,* wnieśli do literatury polskiej, czy przynajmniej upowszechnili w niej, opisy życia proletariatu wielkomiejskiego, dopełniając w ten sposób działalność twórców powieści społecznej.

12. KRYTYKA LITERACKA I JEJ ROLA

Orientację w polskiej literaturze neoromantycznej znakomicie ułatwia okoliczność, iż obfitej produkcji pisarskiej towarzyszyła podówczas nie mniej bogata krytyka literacka. Stanowiła ona żywy organ życia literackiego, skupiającego się w kawiarniach-kabaretach i w redakcjach czasopism specjalnie literaturze poświęconych, czym różniły się od pism ogólnych, w rodzaju „Biblioteki Warszawskiej", „Ateneum" lub „Przeglądu Polskiego", które zresztą po staremu prowadziły bardzo nieraz cenne działy literackie, nie mówiąc już o prasie codziennej, na której łamach odkrywa się niejedno arcydzieło nowej sztuki. W Krakowie więc „Życie", przez pewien czas redagowane przez Przybyszewskiego, oraz „Krytyka", która w ręku W. Feldmana stała się główną trybuną literacką, w Warszawie „Chi-

12. Krytyka literacka i jej rola

mera", którą wydawał Przesmycki, i „Sfinks", redagowany przez Wł. Bukowińskiego, we Lwowie „Lamus", na który z mecenasowskim gestem łożyła rodzina Pawlikowskich, przynosiły równie dobrze nowości pióra najrozmaitszych pisarzy, Wyspiańskiego, Kasprowicza, Żeromskiego, Micińskiego i innych, jak artykuły programowe, studia i recenzje ostatnich wydawnictw. Czasopismom tym kroku dotrzymywały tygodniki ogólne, jak petersburski „Kraj" Spasowicza, jak warszawski „Tygodnik Illustrowany", który za redakcji Ignacego Matuszewskiego drukował równocześnie *Popioły* i *Chłopów*, jak wreszcie dzienniki, by wymienić krakowski „Czas", którego redaktor, Rudolf Starzewski, patronował *Weselu*, i „Nowa Reforma", przynosząca nieraz wręcz sensacyjne recenzje i artykuły literackie, jak lwowskie „Słowo Polskie", w którym dział literacki prowadził Kasprowicz, lub znakomicie pod względem literackim postawiony „Dziennik Poznański". Szczególnie dzienniki kryją mnóstwo pozycyj, do których dotąd nie dotarto, a które są wręcz nieocenionymi materiałami literackimi.

Sporą część tych efemerycznych wypowiedzi w niedługim zazwyczaj czasie utrwalano i udostępniano, co parę bowiem miesięcy ukazywały się zbiorki szkiców literackich, których autorami bywali zarówno dawni, wytrawni krytycy w rodzaju Piotra Chmielowskiego, jak przedstawiciele nowych kierunków. W ich szeregu występowali ludzie bardzo różni, obok bowiem zawodowych literatów, jak Antoni Potocki lub Antoni Lange, widnieli tutaj Jan Sten, tj. Ludwik Bruner, profesor chemii fizycznej Uniwersytetu Jagiellońskiego, lub Władysław Kozicki, historyk sztuki na uniwersytecie lwowskim, obaj znakomici uczeni. Symptomem też charakterystycznym nowych zainteresowań był fakt, że gdy bożyszcze pokolenia poprzedniego, Sienkiewicz, doczekał się za życia trzech zaledwie ujęć monograficznych, o Wyspiańskim za jego żywota i bezpośrednio po śmierci ukazało się dziewięć szkiców, z których studium Adama Grzymały Siedleckiego było znakomitą książką, dzieło zaś Józefa Kotarbińskiego — księgą, daleką wprawdzie od znakomitości, ale bardzo pokaźną. A wreszcie, gdy pozytywizm polski otrzymał portret syntetyczny w pracy Piotra Chmielowskiego *Zarys najnowszej literatury polskiej*, wznawianej czterokrotnie (1881, 1886, 1895, 1898; przez autora ustawicznie przebudowywanej), okresem neoromantyzmu zajęło się co najmniej czterech badaczy, a więc sam Chmielowski (*Najnowsze prądy w poezji naszej* 1901; *Dramat polski doby najnowszej* 1902), następnie Wilhelm Feldman (*Piśmiennictwo polskie ostatnich lat dwudziestu*, tomy I - II 1902, III - IV 1905), dalej Antoni Potocki (*Polska literatura współczesna* 1911 - 1912) i Jan Lorentowicz (*Młoda Polska* 1908 - 1913), przy czym dzieło Feldmana miało do r. 1930 osiem wydań. Równie ożywionego ruchu na polu informacji o nowych zjawiskach literackich nie znają dzieje naszej kultury przed neoromantyzmem, a i później był on rzadkością. Intensywność tego zjawiska dowodzi, iż omawiany okres był czymś wyjątkowym, iż jego produkcja pisarska wywoływała jakieś specyficzne zainteresowania. A o tym samym świadczy fakt, iż krytyka literacka w tych latach otrzymała kilka ujęć historycznych i teoretycznych, dowodzących jej usamodzielnienia się. Wiadomo więc, iż w roku 1902 ukazały się *Dzieje krytyki literackiej w Polsce* Chmielowskiego, że w trzy lata później wyszedł osobno czwarty tom księgi Feldmana pt. *Współczesna krytyka literacka w Polsce* (1905), a w rok później nieduży, ale wnikliwy tomik S. Brzozowskiego pod tym samym tytułem (1906). Fakty te dowodzą, iż w okresie neoromantyzmu nasza krytyka literacka była istotnym współczynnikiem rozwoju literatury i że — co więcej — święciła złoty wiek swego rozwoju.

Krytyka ta szła w trzech wyraziście odrębnych kierunkach, jakkolwiek nieraz stykały się one czy nawet krzyżowały, a mianowicie: impresjonizmu, moralizmu i wreszcie naukowego obiektywizmu. Podział ten nawiązuje w pewien sposób do poprzednich uwag o Irzykowskim, który działalność krytyka literackiego poczytywał za namiastkę twórczości w dziedzinie powieści, poezji czy dramatu, a więc twórczości bezpośredniej. Pogląd, iż krytyka „jest poezją w innym stanie skupienia", nie był jego wynalazkiem, podobnie bowiem na sprawy te spoglądał Oscar Wilde i różni jego następcy, zwolennicy krytyki bezpośredniej, intuicyjnej, zastępującej poznanie naukowe doraźnym doznaniem. Na płaszczyźnie tej rozwinęła się u nas krytyka impresjonistyczna, której zasady formułował Zygmunt L. Zaleski (*Dzieło i twórca* 1913), która jednak rozwinęła się samorzutnie o dobrych lat dziesięć wcześniej. Mistrzami jej byli Jan Sten i Antoni Potocki. Żaden z nich nie rozumiał własnej postawy, choć obaj bezwiednie realizowali ten sam postulat poznawczy. Polegał on na tym, by tak gruntownie wniknąć w istotę badanego dzieła literackiego, by umieć intuicyjnie odtworzyć postawę jego autora i, co ważniejsza, wyrazić ją w kategoriach słownych, subiektywnych, a więc trudno sprawdzalnych, wyrażonych jego stylem. Wynik takiej postawy literackiej zależny był całkowicie od uzdolnień krytyka. A. Potocki więc, stojąc na stanowisku impresjonizmu krytycznego, wykazywał równie znakomicie nikłość Rodziewiczówny, Weyssenhoffa czy Sienkiewicza, jak wielkość koncepcyj Żeromskiego. Prawda jego sądów krytycznych sprowadzała się do umiejętności przywdziewania najrozmaitszych masek, by w rezultacie okazać ich niklą przydatność, i do posiadania własnego stanowiska, pozwalającego na owo maskowanie i demaskowanie. Istnym, dziś zapomnianym majstersztykiem tej metody była zagubiona w krakowskiej „Nowej Reformie" recenzja *Oziminy* Berenta pióra Stanisława Turowskiego. Krytyk obrał dla niej formę listów skierowanych przez bohaterów powieści do jej autora, prostujących jego poglądy i wypowiedzi. Tak ujęta recenzja zmieniła się w znakomity esej, będący swoistym dziełem literackim.

Od impresjonizmu krytycznego krok był tylko do moralizmu. I to moralizmu pojmowanego nie dydaktycznie, jak dawniej, lecz filozoficznie — jako tworzenie systemów stanowiących pewne wzorce kulturowe, a zarazem pozwalających krytykowi wyżywać swe zdolności twórcze. Teoretycznie postawę tę najskrajniej sformułował krytyk lwowski, Ostap Ortwin, gdy głosił, iż „idealną byłaby forma krytyki, która by się nawet obejść potrafiła bez dzieł realnie istniejących", w praktyce zaś w kierunku tym szedł podziwiany przezeń S t a n i s ł a w B r z o z o w s k i (1878 - 1911), który z jednej strony tak dalece zacierał granice między twórczością literacką a krytyczną, że niekiedy szkice swe pisywał wierszem, z drugiej zaś — dzieła sztuki słowa traktował często jako pretekst jedynie czy odskocznię do tworzenia systemów budowy czy przebudowy kultury polskiej. Zachęcony przykładem krytyki rosyjskiej i znakomicie, choć chaotycznie oczytany w dziełach filozofów dawniejszych i nowych, wsławiwszy się namiętnymi atakami na Sienkiewicza jako rzecznika i chwalcę kultury szlacheckiej i mieszczańskiej „połanieczczyzny", oraz na Przesmyckiego, jako przedstawiciela płytkiego estetyzmu — przy czym obydwu im przeciwstawiał nowoczesną, na pracy opartą kulturę socjalistyczną — Brzozowski poglądy swe najpełniej wyłożył w głośnej książce *Legenda Młodej Polski* (1909). Centralny ich ząb zaskakiwał nowością i oryginalnością, zwłaszcza że autor nie wskazywał gruntu, na którym wyrosły. Była nim zaś Norwidowa filozofia sztuki jako produktu pracy, znana z *Promethidiona*, przez Brzozowskiego zaś wspaniale rozwinięta, przede wszystkim zaś rozszerzona na dziedziny poznania i budowy kultury ludzkiej. Wywodom zaś na temat ponokratyzmu, przez krytykę przyjmowanego z niedowierzaniem i niechęcią — przy czym wyjątkiem był tu Marian Zdziechowski, który w lat kilka po przedwczesnej śmierci młodego myśliciela poświęcił mu entuzjastyczne studium (*Gloryfikacja pracy* 1916) — towarzyszyły dwie inne koncepcje: konieczność utrzymania więzi kulturalnych z przeszłością oraz solidaryzm graniczący z nowocześnie pojmowanym, postępowym katolicyzmem. Szukając odpowiedzi na pytanie, co z nowoczesnych wartości filozoficznych głosiła twórczość neoromantyków polskich, autor *Legendy Młodej Polski* otrzymywał wyniki — poza niewielu wyjątkami — ujemne, czego wyrazem był tytuł jego dzieła. Pobudzało ono do myślenia, otwierało nowe horyzonty, porywało szlachetną pasją poszukiwacza prawdy, miało — zwłaszcza wśród młodych czytelników — nie tylko wielbicieli, ale i wyznawców; w porównaniu jednak z doniosłością zagadnień, które w nim doszły do głosu, wpływ jego był nikły, może dlatego, że było zbyt trudne, a może po prostu zaszkodziła mu historia, wybuch bowiem wojny i jej następstwa odwróciły uwagę od roztrząsań filozoficznych, kierując ją ku sprawom konkretnej rzeczywistości, ku praktycznym zagadnieniom politycznym i społecznym. Wpływ ten jakimiś drogami pośrednimi wystąpił dopiero później, gdy przedstawiciele powojennej awangardy poetyckiej, zarówno w Krakowie jak w Warszawie, poczęli sławić znaczenie pracy jako narzędzia kształtującego nową rzeczywistość społeczną. Rzecz znamienna, iż nazwiska Brzozowskiego tu nie wymieniano!

Krytykę literacką w potocznym znaczeniu tych wyrazów, a więc poświęconą badaniu bieżącej produkcji pisarskiej, utrzymaną w tonie obiektywnym i sięgającą poziomu wypowiedzi o wartości naukowej, uprawiał przede wszystkim I g n a c y M a t u s z e w s k i (1858- -1919). Z wykształcenia handlowiec-ekonomista, miał zamiłowania estetyczno-literackie, podbudowane tak rozległą i rzetelną znajomością piśmiennictwa europejskiego i polskiego, że mógł z powodzeniem zasiąść na katedrze uniwersyteckiej, którą istotnie otrzymał w Warszawie tuż przed śmiercią. Interesując się teoretycznie istotą i zadaniami krytyki, dzielił wprawdzie powszechny podówczas pogląd na samodzielny jej charakter, ale obstawiał go warunkami nie do osiągnięcia dla impresjonistycznych zwolenników krytyki koleżeńskiej i amatorskiej. Pisał więc, że „krytyka artystycznoliteracka prócz odpowiedniego przygotowania i wykształcenia wymaga specjalnych i wrodzonych zdolności", że więc „stanowi samoistną dziedzinę działalności duchowej, równouprawnioną z innymi". Że sam odpowiednie przygotowanie i wykształcenie posiadał, dowiódł znakomitymi studiami o pisarzach swych czasów, zebranymi w tomach *Swoi i obcy* (1898), *Twórczość i twórcy* (1904) czy *Studia o Żeromskim i Wyspiańskim* (1921), nie przestarzałymi po dzień dzisiejszy. Sądy wyważone i doskonale uzasadnione opierały się tu na obiektywnym spojrzeniu na pisarza i jego dzieła, dzięki czemu potrafił on słusznie i trafnie oceniać i Sienkiewicza, i Prusa, i Żeromskiego, i Reymonta. Jak zaś spoglądał na płytkie a pewne siebie wypowiedzi rzekomych krytyków, dowiódł miażdżącą odprawą, którą dał Weyssenhoffowi na jego szkic o laurach Wyspiańskiego, wytykając mu ignorancję, nieumiejętność myślenia i wreszcie złą wolę.

Dziełem Matuszewskiego ukazującym najpełniej jego postawę była książka *Słowacki i nowa sztuka* (1902), praca o charakterze kompa-

Andrzej Strug, fot.

Strona tytułowa popularnego w latach międzywojennych tygodnika literackiego, wyd. w Warszawie w latach 1924—1939

12. Krytyka literacka i jej rola

ratystycznym i o doniosłości naukowej znacznie większej, niż to się wydawało samemu jej autorowi. Gdy mianowicie krytycy neoromantyczni, zarówno u nas jak gdzie indziej, stale niemal i zawsze skłonni byli akcentować absolutne nowatorstwo „modernizmu", przy czym przeciwnicy tego kierunku potępiali go za jego bezprzykładnie zuchwałe pomysły, Matuszewski, zbadawszy bardzo starannie zarówno ideologię, jak technikę artystyczną poezji swych czasów, wykazał dokumentarnie, iż zjawiska zarówno zachwalane, jak potępiane w tej dziedzinie mają swe wyraźne odpowiedniki w twórczości genialnego pisarza romantycznego, autora *Króla Ducha*. Co więcej, pokrewieństwa te wyjaśniał nie jego wpływem na pokolenie późniejsze, lecz faktem istnienia wielorakich odmian sztuki słowa, zależnych od czynników, jak twierdził, przede wszystkim psychologicznych. W ten sposób jego studium szło poniekąd szlakami wskazanymi niegdyś, na przedprożu romantyzmu, przez Brodzińskiego w rozprawie *O klasyczności i romantyczności*, wyższe od tej nieśmiałej próby precyzją nowoczesnej aparatury naukowej, bogactwem materiału, rozległością perspektyw. Poza tym przynosiło ono dwie zdobycze dodatkowe. Oto na parę lat przed rehabilitacją Słowackiego w końcowym okresie jego twórczości ukazywało jej wielkość, równocześnie zaś wiodło ku wnioskom, do których sam Matuszewski nie dochodził, a które wyciągali inni, gdy kierunek przezeń nazywany modernizmem uznawali za neoromantyzm.

Z dużej plejady krytyków ówczesnych najbliższy może Matuszewskiemu był Adam Grzymała-Siedlecki (1876-1967), który ogromną ilość recenzyj, studiów i szkiców rozproszył w czasopismach, w ciągu bowiem lat wielu wydał jedną zaledwie książkę *Wyspiański. Cechy i elementy twórczości* (1909) i dopiero po przekroczeniu osiemdziesiątki zdecydował się na dwa kapitalne dzieła pamiętnikarskie: *Świat aktorski moich czasów* (1957) oraz *Niepospolici ludzie w dniu swoim powszednim* (1961). W swych szkicach krytycznych, do których należały również recenzje, Siedlecki łączył wnikliwe charakterystyki pisarzy z trafnymi i dobrze uzasadnionymi ocenami dzieł, opierając i jedno, i drugie na rozległej kulturze literackiej i gruntownej erudycji. Stąd jego studium o Wyspiańskim było niemal monografią naukową, jego zaś szkice o Fredrze, o Kisielewskim, Reymoncie i innych współczesnych mu pisarzach byłyby i dzisiaj jeszcze nieraz rewelacjami. Krytykę literacką zaniedbał on ostatecznie dla twórczości dramatycznej i powieściowej, w której zresztą nie osiągnął zdobyczy artystycznych, choć dzieła te przyniosły mu popularność.

Szlak Matuszewskiego wiódł na wyżyny niedostępne ogółowi krytyków neoromantycznych, prócz takich, jak Władysław Kozicki, wykształcony historyk sztuki. Ogół wolał tory Wilhelma Feldmana, kawiarnianego impresjonisty, sypiącego bez wysiłku pustymi frazesami, ale porywającego entuzjazmem, z jakim spoglądał na współczesne mu piśmiennictwo. I nawet pełna pasji kampania, którą podjęli przeciw niemu obrażeni pisarze, Kazimierz Tetmajer i Jerzy Żuławski (świetny skądinąd krytyk), nie poderwała popularności jego syntezy, jak nie zaszkodziła jej konkurencyjna, miejscami niewątpliwie głębsza książka Antoniego Potockiego.

Krytyce literackiej kroku dotrzymała teatralna, w której z biegiem czasu miejsce czołowe zająć miał J a n L o r e n t o w i c z (1868 - 1940), pierwszy w wolnej Polsce dyrektor generalny teatrów warszawskich. Baczny obserwator literatury swych czasów, z jej syntetykami szedł o lepszą w *Młodej Polsce* (1908 - 1913), zbiorze portretów pisarskich, dopełnionych inteligentną książką o *Nowej Francji literackiej* (1911), największe jednak zasługi położył jako autor pięciotomowego dzieła *Dwadzieścia lat teatru* (1929 - 1935), gdzie zebrał swe recenzje warszawskie, składające się na barwną i zajmującą kronikę repertuaru stołecznego w okresie neoromantyzmu. W ten sposób dorobek jego stanowi swoiste, panoramiczne zakończenie zdobyczy literackich neoromantyzmu polskiego.

13. LITERATURA A ŻYCIE ZBIOROWE

Ćwierćwiecze 1890 - 1914, w którego granicach powstał i rozwinął się neoromantyzm, było równocześnie okresem rozkwitu nauki i sztuki w Polsce tak intensywnego, a zarazem tak harmonijnego, jak nigdy w czasach dawniejszych czy późniejszych, wyjąwszy chyba tylko epokę Odrodzenia. Ujęcie takie nie powinno dziwić, gdy się zważy, iż ośrodkiem tego rozkwitu był Kraków, jego zaś symbolem odbudowa Wawelu, którego zamek, siedziba niegdyś Jagiellonów, przerobiona na koszary austriackie, począł stopniowo przekształcać się w ogromne muzeum, świadczące o aspiracjach narodu, zduszonego wprawdzie, ale nie rezygnującego z prawa do samodzielnego życia.

Dążenia te i żądania zarysowały się bardzo wyraźnie w r. 1900, gdy Uniwersytet Jagielloński święcił swe pięćsetlecie i unaoczniał jedność rozbitego politycznie narodu jednolitością jego kultury. Wspaniałe dzieło Kazimierza Morawskiego, *Historia Uniwersytetu Jagiellońskiego* (1900), przypominało, czym była ongi wszechnica krakowska dla Europy centralnej, aktualny zaś dorobek tej Almae matris dowodził, iż — mimo katastrofalnego dla państwa przebiegu dziejów nie przestała ona być trzonem kultury narodowej. Obok wszechnicy działała Akademia Umiejętności, której nieoficjalnymi oddziałami

13. Literatura a życie zbiorowe

w Warszawie były Kasa im. Mianowskiego oraz w r. 1907 odnowione Towarzystwo Naukowe Warszawskie, gdy we Lwowie ośrodkami kultury naukowej były uniwersytet i Ossolineum.

W tych warunkach bogato rozwijała się nauka polska, jakkolwiek nie wszyscy jej przedstawiciele mogli znaleźć pracę w kraju, by wymienić takie znakomitości, jak Maria Curie-Skłodowska we Francji, chemik Marceli Nencki w Szwajcarii lub językoznawca Jan Baudouin de Courtenay czy filolog klasyczny Tadeusz Zieliński, którzy byli profesorami uniwersytetów rosyjskich. Uniwersytety zaś własne miały katedry obsadzone znakomicie: w Krakowie działali więc filologowie klasyczni — Kazimierz Morawski i Leon Sternbach, filologowie polscy — Stanisław Windakiewicz oraz Ignacy Chrzanowski, historycy — Wacław Sobieski, Jan Fijałek i Wacław Tokarz, przyrodnicy — Marian Smoluchowski, August Witkowski i Leon Marchlewski. Krakowowi nie ustępował Lwów, gdzie historią literatury polskiej zajmowali się Wilhelm Bruchnalski i Józef Kallenbach, historią Polski Tadeusz Wojciechowski, Oswald Balzer i Szymon Askenazy, gdzie nadto w początkach w. XX na czoło nauk poczęła się wysuwać matematyka.

Bujnemu życiu naukowemu towarzyszył rozkwit sztuki w dziedzinach jej najrozmaitszych, przede wszystkim na polu malarstwa. Dopiero teraz rzeczywistość spełniła marzenia Norwida, od płócien polskich bowiem zaroiło się na wystawach i po muzeach. Jacek Malczewski, Józef Chełmoński, obok niego Leon Wyczółkowski, Julian Fałat i Jan Stanisławski, twórcy nowoczesnego pejzażu, miłośnicy wreszcie portretu, wśród których Wyspiański zajął miejsce czołowe, sprawili, iż „mazowieckie płótno" stało się istotnie „sztandarem sztuce". I nie tylko płótno, rzeźby bowiem Konstantego Laszczki i Ksawerego Dunikowskiego czy Wacława Szymanowskiego lub Edwarda Wittyga zdobyły sobie uznanie, niejednokrotnie światowe. Zastosowanie wreszcie zaczęła znajdować architektura monumentalna. Jej osiągnięciem najwybitniejszym stała się odbudowa Wawelu, którego mury, zniszczone przez umieszczenie w nich koszar, zarząd Krakowa wykupił od władz austriackich, by stary zamek królewski przekształcić we wspaniałe muzeum narodowe.

Wyspiański, który — jak przystało na twórcę *Akropolis* — sprawą odbudowy Wawelu żywo się interesował, snuł pomysły gigantycznego amfiteatru, na którego scenie można by było osiągnąć efekty równie wspaniałe, jak realizowane podówczas w Anglii przez Edwarda Craiga, w Niemczech przez Maksa Reinhardta, w Rosji przez Konstantina Stanisławskiego. Pomysły to były zupełnie nierealne w kraju ubogim, znaleźli się jednak maniacy, którzy przy nikłych zasobach materialnych osiągali w dziedzinie teatru istne cuda. Pierwszym z nich był Tadeusz Pawlikowski, który działał w Krakowie i Lwowie, drugim zaś Arnold Szyfman, krakowianin, który w r. 1908 stworzył Teatr Polski w Warszawie. Obaj, fanatyczni miłośnicy teatru, pojmowanego jako najwyższa świątynia sztuki, umieli wyłuskać z przeobfitej produkcji pisarskiej utwory dramatyczne najwyższej klasy, obaj nadto potrafili dobrać sobie genialnych aktorów, jak tragicy Ludwik Solski lub Karol Adwentowicz, jak komicy Kazimierz Kamiński i Mieczysław Frenkiel, których partnerkami były genialne artystki w rodzaju Stanisławy Wysockiej, Wandy Siemaszkowej czy Ireny Solskiej. Dzięki nim najwybitniejsze dzieła dramaturgii neoromantycznej przemówiły z desek scenicznych swym przyrodzonym językiem, mówionym słowem artystycznym. Dzięki temu też teatr neoromantyczny, dziedzina kontaktu sztuk najrozmaitszych, stał się platformą, która pozwala stosunkowo łatwo ocenić ich wzajemne stosunki, wśród nich zaś osiągnięcia sztuki słowa, literatury.

Stanisław Brzozowski przypisywał literaturze doniosłą funkcję społeczną, poczytywał ją bowiem za najdoskonalszą formę świadomości narodowej. I z tego stanowiska literatura wraz z teatrem spełniała rolę niezwykle doniosłą. Procesy mianowicie, które przebiegały w życiu i bywały przedmiotem dociekań naukowych, literatura chwytała, ukazywała i wyjaśniała po swojemu, przy czym zdarzało się niejednokrotnie, iż wyprzedzała naukę, sygnalizowała bowiem występowanie i doniosłość zjawisk, które ujęcia naukowego miały doczekać się dopiero znacznie później. Procesy więc społeczne tak ważne, jak powstawanie klasy robotniczej i rozwój przemysłu, przemówiły z kart *Ziemi obiecanej* o całe dziesiątki lat przed poznaniem ich naukowym. To samo powiedzieć można o zagadnieniu awansu społecznego i powstawaniu nowej inteligencji (*Syzyfowe prace, Ludzie bezdomni*) czy o budzącej się nowej świadomości społecznej i politycznej wsi polskiej, a więc problematyce powieści *W roztokach* czy *Chłopów* lub dramatu, jak *Wesele*. Literatura dalej utrzymywała ścisłe związki z naukami humanistycznymi, jak językoznawstwo i historia. Żeromski, który w *Snobizmie i postępie* z gorącym uznaniem wyrażał się o pracach Kazimierza Nitscha, w swych archaizowanych opowieściach wyzyskiwał zdobycze naukowe lingwistów polskich, których prace gwaroznawcze wywarły wpływ niemały na powstanie dzieł takich, jak *Na Skalnym Podhalu* lub *Chłopi*. I nie była to sprawa przypadku, iż równocześnie pojawiły się wspaniałe *Szkice historyczne jedenastego wieku* (1904) Wojciechowskiego, rewidujące tradycyjne **poglądy** na Bolesława Śmiałego i Stanisława Szczepanowskiego, oraz *Bolesław Śmiały* i *Skałka* Wyspiańskiego. Ani bliskość

13. Literatura a życie zbiorowe

w czasie studiów Askenazego o czasach napoleońskich i Łukasińskim i *Nocy listopadowej, Popiołów, Sułkowskiego*. Nauka i sztuka słowa szły tu ręka w rękę, przyświadczając jednolitości wspólnej gleby kulturowej, z której wyrastały. Tego rodzaju związki nie były oczywiście nowością, w okresie jednak neoromantyzmu były one szersze i głębsze niż kiedykolwiek, co uderzać musi tym bardziej, że wśród pisarzy było sporo samouków czy osób, które przyswoiły sobie konieczną kulturę umysłową i literacką w pierwszym pokoleniu.

Ta sama właściwość wystąpiła nie mniej wyraźnie w stosunku do najrozmaitszych prądów czy nurtów literackich, które neoromantyzm polski potrafił przyswoić i zsyntetyzować, i dzięki czemu pomysły tak odległe, jak naturalistyczne fotografie szarzyzny życia i symbolistyczne motywy sięgające fantastyki zespalały się w nowe i świeże efekty artystyczne. W tej dziedzinie literatura szła o lepsze z malarstwem, które w obrazach Jacka Malczewskiego lub Vlastimila Hofmana osiągało podobne łączenia światów pozornie nie mających z sobą nic wspólnego.

Analogicznie ułożyły się stosunki w obrębie wewnętrznego rozwoju neoromantyzmu, gdy wypadło mu znaleźć wyjście z przeciwieństwa postaw ideologicznych tak od siebie odległych, jak anarchistyczny indywidualizm i zdyscyplinowany zmysł społeczny, występujący w postaci socjalizmu, solidaryzmu, nacjonalizmu czy patriotyzmu, przy czym każdy z tych wyrazów wymagałby przydawek. Uroszczenia indywidualistyczne, znamienne dla wstępnej fazy neoromantyzmu, rychło zostały przezwyciężone, awanturniczy herold rozwichrzonego indywidualizmu, Przybyszewski, rychło poszedł w zapomnienie, ton zaś literaturze nadawali Wyspiański i Żeromski, nawiązujący do wielkich tradycyj romantyzmu emigracyjnego, do Mickiewicza i Słowackiego, tradycyj wzbogaconych akcentami radykalnie społecznymi, wywołanymi przez wpływ ideologii kilku różnych systemów ideologii socjalistycznej.

Z tym wszystkim uniwersalizm neoromantyczny, jak określić by można charakter tego prądu literackiego, wiążąc produkcję literacką bardzo mocno z życiem, które ją wydało, nie spełnił tych wszystkich nadziei, które z nim wiązać by można, ani bowiem nie przewidział, ani — co gorsza — nie umiał odzwierciedlić tego wszystkiego, co niosło owo życie. Pisarze, nawet najświetniejsi, tyle wysiłku włożyli w tworzenie obrazów idealnej przyszłości, że gdy stała się ona teraźniejszością, zazwyczaj szarą, a niekiedy dotkliwą, nie starczyło im sił, by w pospolitej przędzy spraw codziennych, drobnych i małych, dostrzec wielkie i niezwykłe. Berent, Kasprowicz, Reymont, Sieroszewski, Staff, Żeromski, nie mówiąc już o twórcach pomniejszych, stali u szczytu swego dorobku w r. 1918, gdy zwalczany przez nich świat runął w gruzy, na których poczęły wznosić się podwaliny nowych zjawisk, między nimi zaś i wolnej Polski, żaden z nich jednak nie potrafił zdobyć się na dzieło, które by godnie odtworzyć zdołało doniosłość wydarzeń historycznych. I może po raz pierwszy w dziejach kultury i literatury polskiej w całej nagości wystąpiła tutaj bezradność sztuki wobec życia.

VIII. NEOREALIZM MIĘDZYWOJNIA

1. TRUDNOŚCI POWOJENNE A LITERATURA

W KOŃCU czerwca, a więc w połowie r. 1919, decyzją Kongresu Wersalskiego, zapadłą w sto cztery lata po analogicznej uchwale Kongresu Wiedeńskiego, naród polski odzyskał niepodległość — Polska jako państwo pojawiła się wreszcie na mapach nowej Europy. W ten sposób to, co było niedościgłym marzeniem kilku pokoleń, co wydało wspaniałą i jedyną w swoim rodzaju poezję emigracyjną, stało się konkretnym faktem, realnym państwem. Narzuca się więc pytanie, jak na fakt ten zareagowała literatura, która przez lat sto z okładem zapowiadała go jako nieuniknioną konieczność historyczną.

Odpowiedź utrudniają okoliczności, które towarzyszyły powstaniu nowego państwa i które później modelowały przebieg jego dwudziestoletnich, a raczej dwudziestopięcioletnich dziejów, przerwanych zbójeckim napadem hitlerowskim na jego terytoria w r. 1939, a skierowanych na nowe tory konferencją Poczdamską w r. 1945. Dzieje te pełne były spięć dramatycznych, a niekiedy wręcz tragicznych.

Trudnościom gospodarczym i społecznym towarzyszyły polityczne, które w całej grozie wystąpić miały w chwili wybuchu drugiej wojny światowej, gdy Polska osamotniona stała się celem ataku faszystowskich Niemiec. I to nie tylko osamotniona, ale do wojny nie przygotowana. Było to wynikiem wewnętrznych trudności społeczno--politycznych, nieuniknionego następstwa rozwoju społecznego, którym pokierować nie umiały rządy międzywojenne. Rosnąca w siły klasa robotnicza, kierowana częściowo przez powstałą w r. 1918 Komunistyczną Partię Polski, domagającą się dyktatury proletariatu, nielegalną i prześladowaną, oraz chłopska, żądająca reformy rolnej, odgrywały coraz większą rolę w życiu kraju, w którym nieduży obóz rządzący, złożony przede wszystkim z niedawnych legionistów, nie wahał się stosować wobec przeciwników represji krwawych, lecz bezskutecznych. Obozowi temu udało się jedno tylko: jaskrawe różnice i antagonizmy, które jako rezultat stuletniej niewoli występowały bezpośrednio po r. 1918, powoli zatarły się; dawne zabory, w których początkowo spoglądano z niedowierzaniem, a nawet z niechęcią, na posunięcia własnych władz państwowych, zespoliły się w przeciągu lat dwudziestu tak, że w r. 1939 wystąpiła bardzo zdecydowanie świadomość narodowo-państwowa, by stać się doniosłym czynnikiem życia zbiorowego czasu wojny i straszliwej okupacji.

Z perspektywy ćwierćwiecza, które nas od daty tej dzieli, w dziejach kształtowania się tej świadomości rysują się wyraźnie pewne etapy, dostrzegalne również w rozwoju literatury; rzut oka na nie daje poniekąd odpowiedź na postawione tu pytanie o stosunek literatury do międzywojennego życia politycznego. Ośmiolecie pierwsze, okres przełamywania trudności wstępnych, pracy nad organizacją władz państwowych i pokonywania przeżytków powojennych, był okresem, gdy życie polityczne cieszyło się poparciem ze strony pisarzy, zwłaszcza młodych wiekiem i bliskich poglądami zabiegającym o władzę dawnym legionistom. Gdy zamach majowy (1926) władzę tę im przyniósł, stosunki poczęły ulegać stopniowej zmianie. W literaturze do głosu dochodziło pokolenie, które rok 1918 oglądało oczyma wyrostków i dla którego życie w wolnej Polsce było nie realizacją dawnych marzeń i pragnień, lecz twardą rzeczywistością. Posunięcia polityczne zamaskowanej dyktatury, rozprawiającej się z przeciwnikami politycznymi, socjalistami i ludowcami, m. in. głośny proces brzeski (1931), spotykały się z dezaprobatą młodego pokolenia, łagodzoną przez autorytet Piłsudskiego. Śmierć jego w r. 1935, w dziewięć lat po zamachu majowym, zaogniła sytuację. W czteroleciu rządów „pułkownikowskich" literatura, zwłaszcza młodsza, przechodziła do opozycji. Jej przedstawiciele coraz częściej zapoznawali się z więzieniem, coraz częściej też rozlegały się głosy pisarzy katastrofistów, głoszące, wbrew optymistycznym zapowiedziom sfer rządowych, bliskie niebezpieczeństwo. Świadomość kół literackich okazała się czujniejsza od świadomości ogółu społeczeństwa i może dlatego jej wyraz w produkcji pisarskiej międzywojnia nadaje produkcji tej charakter dokumentu historycznego, którego poprawne odczytanie więcej mówi o dziejach międzywojennych aniżeli próby ujęcia ich historyczne.

Świadomość ta była mocno związana z życiem kulturalnym Polski okresu międzywojnia, w którym to życiu rolę niepoślednią odgrywała literatura. Działali więc w dalszym ciągu znakomici pisarze neoromantyczni — Żeromski, Kasprowicz, Staff, Strug, Reymont, Orkan, Sieroszewski, niejednokrotnie występując czynnie w polityce, przy czym twórczość ich poruszała często palące zagadnienia życia, uświadamiała je masom czytelników i tym samym rozbrajała antagonizmy

Julian Tuwim, mal. Stanisław Ignacy Witkiewicz (Witkacy)

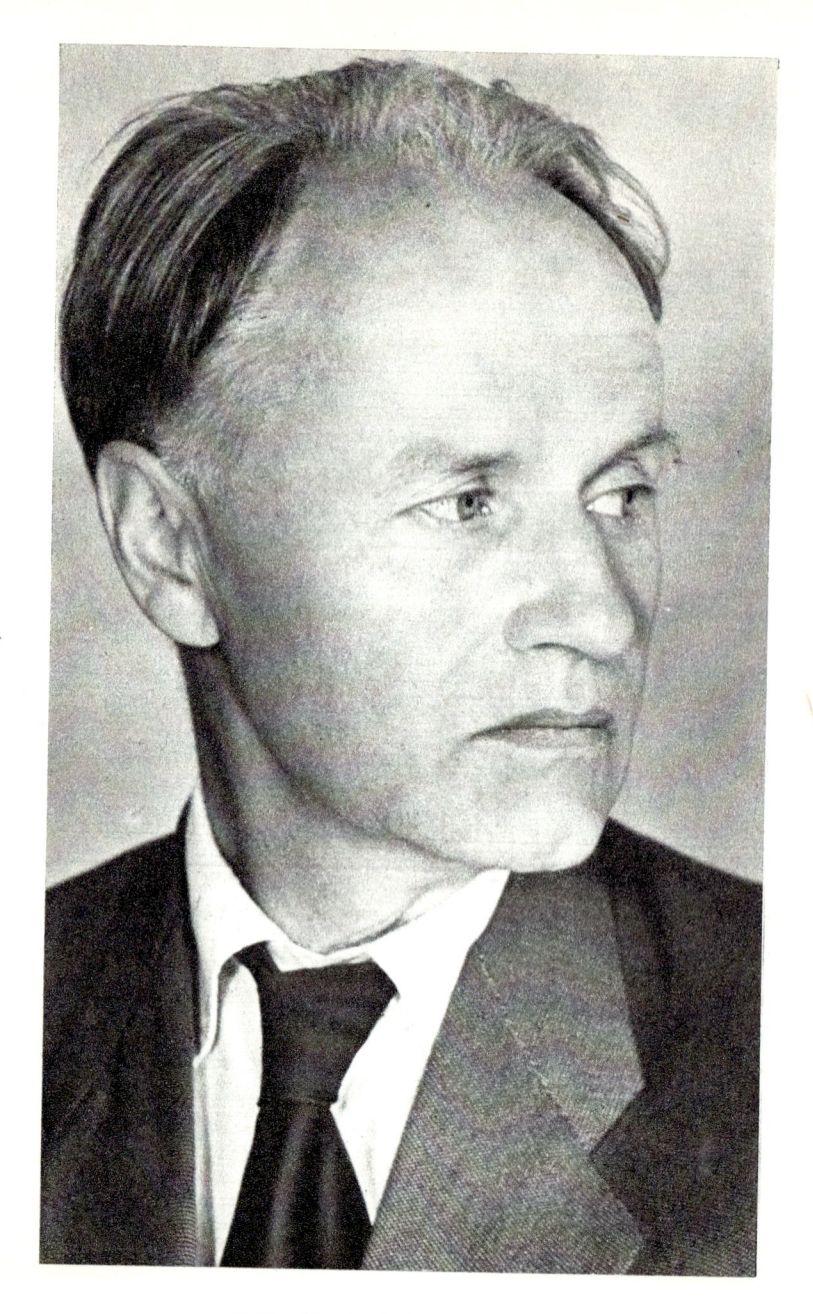

Julian Przyboś, fot. współczesna

Władysław Broniewski, fot. z ostatnich lat życia

Jarosław Iwaszkiewicz, fot. współczesna

1. Trudności powojenne a literatura

i konflikty. W cieniu ich czy pod ich patronatem wyrastało pokolenie nowe, którego przedstawiciele, zrzeszeni w ogólnopolskim Związku Zawodowym Literatów Polskich (1920), a poniekąd i w Polskiej Akademii Literatury (1933 - 1939), niekiedy wprawdzie chadzali samopas, przeważnie jednak skupiali się w zespołach, zdobywających się na własne czasopisma literackie. Sieć tych zespołów i czasopism objęła, po raz pierwszy w dziejach kultury polskiej, mnóstwo ośrodków miejskich, a nawet wiejskich. W Warszawie tedy, obok studenckiego pisma „Pro arte et studio" (1916 - 1919), „Skamandra" (1920 - 1928 i 1935 - 1939) i „Wiadomości Literackich" (1924 - 1939), wychodziły „Kwadryga" (1926 - 1931) i „Droga" (1922 - 1937), „Przegląd Warszawski" (1921 - 1925) i „Pion" (1933 - 1939). W Poznaniu wydawano „Zdrój" (1917 - 1920, 1922) i „Prom" (1932 - 1939). W Krakowie były „Zwrotnica" (1922 - 1923 i 1926 - 1927) oraz „Gazeta Literacka" (1926 - - 1934), we Lwowie „Sygnały" (1933 - 1934, 1936 - 1939), w Lublinie „Reflektor" (1924 - 1925), w Wilnie „Żagary" (1931 - 1932) i „Źródła mocy" (1927 - 1931), w Wadowicach „Czartak" (1922 - 1928). A nie są to bynajmniej wszystkie czasopisma literackie tego okresu. Z czasopism ogólnych „Przegląd Współczesny" (Kraków 1922 - 1934 i Warszawa 1935 - 1939) przynosił bardzo niekiedy interesujące studia literackie oraz bogate kroniki życia literackiego w Polsce i jego kontaktów z zagranicą.

I zespoły literackie, i związane z nimi czasopisma reprezentowały różne, ale rzadko wyraźne stanowiska, odbijając bogactwo kierunków artystycznych, od których zaroiło się w Europie tuż przed pierwszą wojną, w jej toku i po jej zakończeniu. Kierunki te docierały do Polski szybko i łatwo na skutek wojny, która wyrzuciła poza kraj mnóstwo ludzi, zwłaszcza młodych, rozsypując ich po Europie i Azji. Tak więc w granicach Rosji znaleźli się nie tylko wojskowi, „wysiedleńcy" i dobrowolni emigranci, ale również austriaccy jeńcy wojenni, którzy po raz pierwszy zetknęli się bezpośrednio z językiem i literaturą, reprezentującą najrozmaitsze odmiany futuryzmu. Z wojennych wędrówek po Europie zachodniej przywożono do nas futuryzm w jego postaci włoskiej i francuskiej. Jego zwolennicy z biegiem czasu skupili się jako Awangarda krakowska. W Poznaniu górował płynący z Niemiec ekspresjonizm. Obydwa te kierunki krzyżowały się przerozmaicie i oddziaływały na ośrodki mniej lub więcej trwałe, poczynając od skamandrytów warszawskich, przy czym to ten, to ów ośrodek przyciągał przelotnie uwagę swym błyskotliwym programem, by rychło zagasnąć. Tak było z beskidzkim „Czartakiem", wywieszającym sztandar regionalizmu podgórskiego, z chełmską „Kameną" (1933 - 1939), wielkopolską „Okolicą poetów" (1935 - - 1939) czy wileńskimi „Żagarami", z których to pism każde usiłowało akcentować swą odrębność, choć żadne nie umiało jasno określić, na czym ona polega.

Ta właśnie nieokreśloność kierunków sprawiła, iż niełatwo jest sprowadzić je do wspólnego mianownika, tj. znaleźć dla ich ogółu wspólną nazwę, ujmującą ich istotę, nie zaś cechy podrzędne, które usiłowali wysuwać ich przedstawiciele, kierowani ambicją twórców zjawisk nowych, dotąd nie spotykanych. Autor ogromnej, lecz powierzchownej kroniki tych lat, Kazimierz Czachowski, tom trzeci swego *Obrazu współczesnej literatury polskiej* (1936), doprowadzonego do r. 1934, opatrzył tytułem *Ekspresjonizm i neorealizm*. Drugi z tych wyrazów zawdzięczał równie powierzchownej książce Leona Pomirowskiego *Walka o nowy realizm* (1933). Określenie to do wartości naukowej pretendować nie może, zarówno bowiem romantyzm, jak pozytywizm, jak wreszcie neoromantyzm walczyły o swój własny, odmienny od poprzedniego, a więc nowy realizm. Z tym wszystkim określenie to da się zastosować jako termin zastępczy do czasu, gdy swoisty i poprawny termin będzie można ustalić. W rezultacie więc powiemy, iż literatura dwudziestolecia 1919 - 1939 realizowała zasady nowego prądu literackiego, który można nazwać realizmem lub neorealizmem międzywojennym. Rzecz sprowadza się do tego, by wyjaśnić, na czym on polegał, uchwycić jego cechy istotne, stanowiące o jego swoistości i odrębności.

Przyjmując istnienie osobnego prądu płynącego przez dwudziestolecie, z góry powiedzieć trzeba, iż ze względu na jego krótkość trudno w nim będzie dostrzec znamienną dla każdego prądu literackiego fazowość: stadium wstępne, stadium pełnego rozkwitu, a wreszcie stadium końcowe. A jednak gdy się zważy, iż neoromantyzm trwał lat niespełna trzydzieści, krótkość neorealizmu nie będzie dziwić, jego zaś rozczłonkowanie również da się uchwycić, z tym że fazy końcowe obu prądów będą tonęły pośród zjawisk innych, głuszonych przez huk armat czy bomb, bo fazy te przypadają na dwie wojny światowe. Ale okoliczność ta znakomicie uzasadnia przydawkę, dopełniającą nazwę nowego prądu.

2. „SKAMANDER" CZYLI TRYUMF LIRYKI

Brak należytej perspektywy, jak i ubóstwo studiów poświęconych pisarzom międzywojennym i ich dziełom sprawia, iż uchwycenie i ustalenie odpowiednich proporcji między zjawiskami literackimi omawianego okresu jest sprawą bardzo zawiłą, stąd nieuniknione potknięcia. Dotyczy to przede wszystkim liryki, która w początkach dwudziestolecia wysunęła się na czoło dorobku pisarskiego, a która

2. „Skamander" czyli tryumf liryki

jednak obecnie wygląda jak gąszcz leśny, tak że w jej pochodzeniu, rozmiarach i odmianach dobrze zorientować się jeszcze nie umiemy. Już jednak dzisiaj można dojrzeć wcale wyraźnie jej początki, stanowiące to, co przed chwilą nazwano tu fazą wstępną realizmu międzywojnia. Przypadają one na ostatnie lata przed pierwszą wojną światową, gdy debiutowali głośni później pisarze, a do kariery literackiej przygotowywali się młodzieńcy w mundurkach szkolnych. Fala neoromantyzmu osiągnęła podówczas i w całej Europie, i u nas punkt kulminacyjny i poczynała powoli spływać. Jednym z symptomów przełomu było występowanie nurtów poprzednio nie spotykanych. U nas był nim nawrót do klasycyzmu. Sygnalizowały go zjawiska takie, jak krakowski miesięcznik „Museion", którego redaktor L. H. Morstin drukował tam piękny przekład oktawą *Eneidy* księgi II, jak lwowski „Lamus", nieco wcześniej przynoszący próbkę tłumaczenia *Iliady* gwarą podhalańską, jak tom *Łabędź i lira* (1914) Leopolda Staffa, i wiele innych. W kierunku tym zmierzała też twórczość Tadeusza Żeleńskiego Boya, zwłaszcza rozpoczęta wówczas praca nad przekładem pisarzy francuskich, i to przede wszystkim klasyków-realistów. Zwrot ku kulturze klasycznej stanie się wyraźnym współczynnikiem przy powstaniu warszawskiego „Skamandra", którego tytuł wywodził się z *Akropolis* Wyspiańskiego, a któremu patronował Staff właśnie.

Nad tym nurtem podstawowym, doniosłym, bo twórczym, chwilowo brały jednak górę inne, zaskakujące swą osobliwością i sensacyjnością, by rychło przejść bez śladu. Tak było z poznańskim ekspresjonizmem, już w r. 1917 propagowanym przez braci Hulewiczów, Jerzego i Witolda, którzy występowali pod znakiem Przybyszewskiego, jako zwiastuna i głosiciela nowej rzekomo sztuki. Długie i mętne wywody na temat krótkich, a bezwartościowych próbek tej sztuki, pisywane przez współpracowników „Zdroju", nie zawsze obeznanych z gramatyką, sprawiły, iż ekspresjonizm poznański nie zdobył uznania i rychło poszedł w niepamięć. Ten sam los spotkał futurystów krakowskich i warszawskich, którzy usiłowali reklamować swe nowatorstwo druczkami w rodzaju: *Jednodniuwka futurystuw... Wydanie nadżwyczajne na całą Żeczpospolitą Polską* (1921) lub *Nuż w bżuhu* (1922). Zamierzonemu analfabetyzmowi pisownianemu towarzyszył tu nie zamierzony analfabetyzm artystyczny, nic więc dziwnego, iż cyrkowe popisy autorów przeszły bez echa i śladu. W najlepszym razie torowały one drogę poczynaniom literackim opartym na prawdziwych, choć nierównomiernych talentach, przy czym nierównomierność ta wywołała sporo nieporozumień.

Dotyczy to warszawskich skamandrytów, zespołu poetów, którzy odżegnywali się wprawdzie od swych przodków neoromantycznych, „durniów w pelerynach", ale ich wzorem rozpoczynali od występów literackich w kawiarni poetów „Pod Pikadorem", w kabarecie, gdzie recytowali własne utwory i dzięki temu automatycznie uczyli się dbałości o ich stronę dźwiękową, ich formę. Zespół skamandrycki obejmował grupę poetów bardzo od siebie odległych, związanych jednak wspólnym umiłowaniem literatury i nadzieją zdobycia laurów. Opinia publiczna przyznała je pięciu z nich zaledwie, choć — jak się okaże — druga jeszcze piątka poetów nie ustępowała bynajmniej czołowym przedstawicielom grupy.

Najmłodszy z owych pięciu, Jan Lechoń, tj. Leszek Serafinowicz (1899 - 1956), karierę swą rozpoczął od zbiorków lirycznych, rozprowadzanych w sporządzanych przezeń odpisach (jak *Po różnych ścieżkach* 1914, z dedykacją dla Staffa), na forum zaś publicznym wystąpił jako satyryk (*Rzeczpospolita babińska* 1920) i poeta-patriota (*Karmazynowy poemat* 1920), po czym karierę swą zakończył zbiorkiem *Srebrne i czarne* (1924), rzeczy bowiem jego późniejsze, pisane na emigracji, w grę tu nie wchodzą. Oglądana z perspektywy lat czterdziestu twórczość poetycka Lechonia przynosi duży zawód. Jego satyra, chłoszcząca trójserwilizm ludzi, którym historia kazała organizować odrodzone państwo, straciła wymowę spraw aktualnych i bawi jedynie jako bardzo niezwykłe połączenie akcentów Krasickiego i Słowackiego. Jego poematy patriotyczne, jak podziwiany niegdyś wiersz o koncercie Mochnackiego, dowodzą, iż Lechoń był typowym bluszczowcem, pełnym erudycji literackiej wirtuozem pięknego słowa, który stare pomysły umiał po mistrzowsku przenosić na wydarzenia własnych czasów, ale od siebie nic nie miał do powiedzenia. A niewiele inaczej przedstawia się sprawa zbiorku liryków refleksyjnych w stylu trochę klasycyzującym *Srebrne i czarne*, poczytywanych za jego osiągnięcie artystyczne najwyższe. I zapewne niedowładem jego indywidualności twórczej tłumaczą się zagadki jego biografii, jego zamilknięcie i jego koniec samobójczy na emigracji w Nowym Jorku.

Zupełnym przeciwieństwem twórcy *Karmazynowego poematu* był, skądinąd mu bliski, Kazimierz Wierzyński (1894-1969). Swą genealogię poetycką ustalił on sam, gdy jako członek Polskiej Akademii Literatury działalność w niej rozpoczął od hołdu dla zasiadającego w jej gronie swego mistrza, Staffa.

„Wychowany na głuchej prowincji, w podkarpackim miasteczku dawnej Galicji, w czasach gdy wylot stamtąd graniczył z fantazją nieoczekiwanych przypadków, znajdowałem w jego książkach moje tęsknoty i nadzieje, bodźce i zachwyty, miłość i urodę świata, pierw-

2. „Skamander" czyli tryumf liryki

sze sny o potędze i pierwsze odjazdy w marzenie. Pisarzem tym był Leopold Staff (...) Staff wraz z Żeromskim i Brzozowskim tworzyli świat, z którego wyszedłem". Szczegółowa analiza wykryje tu oczywiście różnice, wywołane przez odmienne stosunki kulturowo-społeczne. Młodemu Staffowi obce były zainteresowania sportowe, których nie znało jego pokolenie, a którymi żyli rówieśnicy Wierzyńskiego, ale nad tego rodzaju różnicami góruje w omawianym wypadku wspólna postawa, instynktowny „ślepy zachwyt" wobec spraw istnienia, spraw życia. A zachwyt ten właśnie w tomiku *Wiosna i wino* (1919) i dalszych, jak *Wróble na dachu* (1921) czy *Wielka Niedźwiedzica* (1923), zadecydował o ówczesnej popularności Wierzyńskiego. Zwłaszcza że młody skamandryta w wierszach swych wprowadzał obrazki z życia, szkicowane z realizmem, który graniczył z wulgarnością, jak w opowieści o małomiasteczkowym przyjęciu widowiska „kuglarza":

A malcy w portkach z wiszącym ogonkiem
Wrzeszczą i klaszczą zachwyceni w dłonie,
Że mam na głowie pstrą czapeczkę z dzwonkiem
I że, jak błazen, na uciechę dzwonię.

Zbiorek Wierzyńskiego *Laur olimpijski* (1927) uzyskał pierwszą nagrodę na konkursie literackim IX Igrzysk Olimpijskich w Amsterdamie i miał kilka przekładów. Warto tu przypomnieć zabawny, rzekomy przekład starogrecki, będący pomysłem autora wspaniałej powieści humorystycznej, *Nasza Pani Radosna* (1931), Władysława Zambrzyckiego. Zambrzycki, wprowadzając do antycznej Pompei gromadkę nowoczesnych awanturników, którzy zaznajamiają starożytnych Rzymian z kartami i koniakiem, skorzystał z okazji, aby wyawansować Wierzyńskiego na... Pindara, jako że obaj poeci opiewali sport w poezji.

Z biegiem lat, oddalających poetę od dionizyjskiej beztroski młodzieńczych doświadczeń, tomiki *Wolność tragiczna* (1936), *Gorzki urodzaj* (1933), *Kurhany* (1938) wniosły tony nowe i nową problematykę, ale ujmowaną i wyrażaną w formach tradycyjnych.

W opinii czytelników właściwym przedstawicielem skamandrytów stał się J u l i a n T u w i m (1894 - 1953), łodzianin, który większość życia spędził w Warszawie, jedynie bowiem czasu drugiej wojny światowej lat siedem przebywał za granicą. Pisarz niezwykle pracowity, o zamiłowaniach encyklopedyczno-folklorystycznych, żarliwy zbieracz przeróżnych osobliwości i osobliwostek, szlachetnej tej pasji dał wyraz szczególnie po powrocie do kraju, gdy do dawniejszych antologii, jak *Czary i czarty polskie* (1924), *Polski słownik pijacki* (1935) lub *Cztery wieki fraszki polskiej* (1937), dorzucił ogromną *Księgę wierszy polskich XIX wieku* (1954). Równocześnie w ciągu całej swej kariery zajmował się przekładami pisarzy obcych, zwłaszcza rosyjskich, przy czym w *Lutni Puszkina* osiągnął prawdziwe mistrzostwo. Te wycieczki i wędrówki literackie, przynoszące nieraz wyniki wręcz rewelacyjne, zaspokajały pragnienie przygód intelektualnych i artystycznych pisarza, wpatrzonego w barwność i dziwność świata, odbijaną w dziejach kultury, pragnienie, które było równocześnie podłożem jego oryginalnej twórczości poetyckiej, lirycznej, groteskowo-satyrycznej, pamiętnikarsko-epickiej i wreszcie wierszy dla dzieci.

Twórczość liryczna, uprawiana już na ławie szkolnej, od r. 1911, objęła zbiórki: *Czyhanie na Boga* (1918), *Sokrates tańczący* (1920), *Siódma jesień* (1922), *Wierszy tom 4* (1923), *Słowa we krwi* (1926), *Rzecz czarnoleska* (1929), *Biblia cygańska* (1933), i *Treść gorejąca* (1936), a wreszcie *Wybór wierszy* (1942) i *Nowy wybór wierszy* (1953), przynoszący utwory późniejsze. Całość owej liryki przebiegała różne etapy i obejmowała coraz to nowe tematy, już jednak u jej początku wystąpiły pewne tak swoiście tuwimowskie pomysły, iż zadecydowały one o niezwykłym powodzeniu młodego poety. Świadczył o tym choćby jego erotyk, nawiązujący wyraźnie do tradycji neoromantycznej: bezgraniczne uwielbienie kobiety, połączone z marzeniami o niej i przerywane wybuchami rozpaczy, wszystko to tętniło prawdą realnego przeżycia, któremu obce były papierowoliterackie szablony. Ten sam realizm wspaniały wyraz znajdował w Tuwimowskich obrazach życia miejskiego. Autor *Sokratesa tańczącego* występował jako zdecydowany urbanista, znawca zakamarków miejscowego życia, które dotąd przykuwały uwagę raczej nowelistów, rzadko zaś przemawiały do wyobraźni poetów. Tutaj przemówiły one nie w szarej prozie, lecz w melodyjnym i barwnym wierszu. Co więcej, motywy te dzwoniły wprawdzie akcentami społeczno-tragicznymi, lecz niejednokrotnie otrzymywały postać zabawnej groteski. Osobliwego uroku tej niezwykłej wizji życia miejskiego i mieszczańskiego przydawała wyraźna w niej obecność pisarza, który nie stał ponad stwarzanym przez siebie światem spowity w szaty „wieszcza", lecz tkwiąc w nim całkowicie, wtajemniczał czytelnika w sprawy swego warsztatu poetyckiego i w ten sposób nawiązywał z nim kontakt bezpośredni. „Oto jest przeklęty śpiew mój, przyjaciele! Oto jest nerwowe, pośpieszne, niecierpliwe pisanie, ze łzami w oczach, skurczem w gardle i wykrzywioną twarzą (...) oto jest głośny krzyk nieszczęścia i zawodzenie żalu i chwytanie się za czoło i bicie pięścią w stół, że aż boli!

2. „Skamander" czyli tryumf liryki

(Wiedzcie, że tak się właśnie pisze). Krzyk i krew! Krzyk i krew!" Tego rodzaju autoportreciki-wyznania głosiły równocześnie program autora, zapewniającego „Będę ja pierwszym w Polsce futurystą", program „poezji nowej", „szalonej" i „tajemniczej", której twórca chciał stać się „Idącego łuną", „słupem ognia". Sens tych wypowiedzi nie był czymś nowym, przecież za pośrednictwem tych samych obrazów pochodzenia biblijnego prawił o swej roli twórca *Beniowskiego*, Słowacki. O ich wymowie jednak u Tuwima zadecydowało ich ujęcie. Znalazło ono najpełniejszy chyba wyraz w wierszu *Hokus-pokus* (w zbiorku *Słowa we krwi*), gdzie zadania poety i jego słów ukazano w całej okazałości. Poeta to tylko „łowca głów", to „Logofag! Dziwo! Okaz rzadki! Fenomen! Człowiek-wiersz! Unikat". Ten „zręczny magik, wtajemniczony słowożerca" występuje w roli cyrkowca: „Mam rym solidnie w mowę wbity, I strofą na dół wiszę na nim, Aż nagle słowa mocnym chwytem Przekręcam się do góry zdaniem". Akrobatyka słowa ma jednak ambicje prometydy romantycznego, Konrada, przeskakuje bowiem nieoczekiwanie w sfery, gdzie „Z chaosu mroków, z wichru planet, Grzmi po raz wtóry groźnie: Stań się!", i głosi: „Jednym zaklęciem hokus-pokus tworzę i wcielam świat od wieków". W tego rodzaju ujęciu dopatrywać by się można i zapowiedzi hasła „Sztuka dla mas", i odrodzenia starego hasła „Sztuka dla sztuki". Doprowadziło ono Tuwima do podziwianych przez gapiów sztuczek, nazwanych przez niego „słopiewniami" (1937), tj. wierszy bez sensu, operujących wyrazami wymyślonymi, brzmieniowo zbliżonymi do istniejących. Stało się to kamieniem obrazy dla miłośników poezji tradycyjnej, wieszczej. Poszukiwacz nowych dróg wyrazu poetyckiego był dla nich obrazoburcą, targającym się na świętości narodowe, człowiekiem kulturze polskiej obcym. Nie rozumieli oni, iż przemawiał tutaj upojony swymi zdolnościami wirtuoza pisarz, który był urodzonym parodystą, który „staremu gałganowi" Sokratesowi kazał podrygiwać w takt „polki-ojry" i który, może bezwiednie, w *Hokus-pokus* parodiował uroczyste pomysły „Improwizacji" z *Dziadów*. I w dodatku poeta zachłyśnięty urodą „ojczyzny-polszczyzny", jej możliwościami artystycznymi.

Na ataki szowinistów reagował Tuwim bardzo ostro, zwłaszcza że grożono mu... obozem koncentracyjnym, i z całą siłą piętnował moce „królestwa Antychrysta", moce, które w niewiele lat później miały doprowadzić do tragedii ludności żydowskiej w obozach zagłady. I tym zapewne tłumaczy się tragedia Tuwima, który mimo podziwu, jakiego mu nie szczędzono, odczuwał daremność swego wysiłku twórczego, swoją obcość w świecie, w którym i dla którego tworzył. Toteż karierę jego jako liryka zakończył przedwcześnie zbiór o jakże wymownym tytule *Treść gorejąca* (1936), ostatnie bowiem dwudziestolecie było okresem schyłku świetnego poety.

Do poczucia owej obcości przyczyniły się również niewątpliwie te struny lutni Tuwima, w które uderzał w młodości, a które dźwięczały i w jego liryce późniejszej, struny satyryczno-groteskowe. *Jarmark rymów* (1934), atak na kołtunerię mieszczańską, wiódł w prostej linii do ataku na kołtunerię polityczną, skupioną w obozie rządzącym. Groteska satyryczna *Bal w Operze* była obrachunkiem ze światem umundurowanych władców Polski międzywojennej, obrachunkiem równie namiętnym i bezlitosnym, jak niegdyś oktawy *Beniowskiego*, a to samo powtórzyć trzeba w związku z ostatnim, również fragmentarycznym dziełem Tuwima, poematem *Kwiaty polskie* (1949). Ten pamiętnik liryczno-epicki, pisany na obczyźnie w latach 1940 - 1944, był zarazem obrachunkiem pisarza z samym sobą, obrachunkiem, który mimo ustępów wręcz olśniewających, jako całość nie dotarł do wyżyn, których sięgała liryka Tuwima. Nie ukazał on tedy jego znaczenia i jako pisarza, który w twórczości swej wprowadził i artystycznie ujął mnóstwo problemów tragicznie ciążących nad Polską międzywojenną, i jako poety, który swój sposób widzenia i ujmowania rzeczywistości narzucił całemu swemu pokoleniu.

Drugim obok Tuwima filarem „Skamandra" był A n t o n i S ł o n i m s k i (ur. 1895), poeta-publicysta, później autor felietonów w „Wiadomościach Literackich", które przyniosły mu tytuł... generała; gdy mianowicie ogłosił ich tom zatytułowany *Moje walki nad Bzdurą* (1932), nieuważny bibliograf poczytał je za dzieło wojskowe i autora odpowiednio awansował. Temperament publicystyczny doszedł do głosu również w młodzieńczej liryce Słonimskiego. O tonie tej poezji wyobrażenie dają hasła w rodzaju: „Drżyjcie burżuje, przyszedł czas, I twarde pięści jako głaz Spadną na wasze białe pyski!" Co jednak najosobliwsze, źródłem tej postawy nie było odczucie krzywdy zbuntowanych mas ani podziw dla gigantycznego przewrotu, lecz poza dekadenta: „Świat mnie nie nęka, świat mnie nudzi" lub „Mnie nic nie gnębi; Że się buntuję, To są etiudy Dla przepędzenia nudy".

W okresie okupacji hitlerowskiej popularność w szerokich kręgach zjednał poecie dramatyczny wiersz *Alarm,* otwierający tomik wierszy z lat 1939 - 1945 pt. *Wiek klęski* („Ogłaszam alarm dla miasta Warszawy"). Rozgłos zdobyty wierszami publicystycznymi autor tomu poezji *Okno bez krat* (1935) ugruntował liryką osobistą, bardzo opanowaną, w której dźwięczały tony elegijno-refleksyjne, znamienne dla poety intelektualisty.

Z postawy tej, w której rolę niepoślednią grał humor, zaprawiony znakomitym dowcipem, wyrosły powieści Słonimskiego i przede

2. „Skamander" czyli tryumf liryki

wszystkim jego komedie (*Murzyn warszawski* 1928, *Lekarz bezdomny* 1931, *Rodzina* 1933), przezabawne, pełne aktualności, ujmowane karykaturalnie obrazy z życia burżuazji warszawskiej, nie pozbawione ostrych akcentów politycznych.

Ostatnim wreszcie z głośnej piątki skamandrytów był J a r o s ł a w I w a s z k i e w i c z (ur. 1894), pisarz, który rozległością zainteresowań, płodnością i pracowitością miał przewyższyć rówieśników spod znaku „Pikadora". Przybysz z dalekich stron, z naddnieprzańskiej Ukrainy, wnosił do poezji polskiej tony znane wprawdzie z czasów romantyzmu, a przecież nowe, związane z literaturą nowoczesnej Rosji, łączące egzotyzm z swojskością, i tym zapewne tłumaczy się entuzjazm, z jakim spoglądał na niego Żeromski. Pokładanych w nim nadziei pisarz, który debiutował w r. 1915, nie zawiódł. W ciągu lat pięćdziesięciu ogłosił tyleż tomików i tomów poezji lirycznych, opowieści i powieści, dramatów i dzieł o charakterze pamiętnikarskim, z których *Książka moich wspomnień* (1957) przyniosła barwną relację zarówno o samym autorze, jak o ludziach ze świata sztuki i literatury, z którymi zetknęły go losy czasu wędrówek po świecie i którzy, jak się okaże, nie przeszli bez śladu w jego twórczości. Do tego dorzucić należy kilkadziesiąt przekładów i szkiców literackich, dokumentujących bogatą kulturę literacką Iwaszkiewicza, i wspomnieć, iż pisarz, który w młodości próbował kariery dyplomatycznej, z biegiem lat, jako wieloletni prezes i wiceprezes Związku Literatów Polskich i uczestnik mnóstwa zjazdów i kongresów międzynarodowych, stał się istnym ambasadorem literatury polskiej znanym na szerokim świecie.

Twórczość jego bezpośrednio literacka, tj. stanowiąca o jego pozycji i znaczeniu w literaturze, poszła w dwu kierunkach: poezji lirycznej oraz prozy powieściowej i nowelistycznej. Poezje swoje zainaugurował zbiorkiem *Oktostychy* (1919), po których nastąpiły *Księga dnia i księga nocy* (1929), *Powrót do Europy* (1931), *Lato 1932* (1933) i inne, aż po *Ciemne ścieżki* (1957) i antologię *Liryki* (1959), przynoszącą znakomity wybór od utworów młodzieńczych po zapowiadające starość refleksje.

Poezje te pod niejednym względem płynęły w ogólnym nurcie skamandrytów, jakkolwiek równocześnie różniły się odeń bardzo istotnie. Tętniła w nich radość życia, wyrażana w słowie wysoce misternym, wprowadzającym sporo nowości formalnych, zwłaszcza w zakresie rymów; znajdowały w nich wyraz plastyczny przeżycia młodego pisarza, ale przeżycia te były swoiste, odmienne i zaskakujące. Wiązały się one z Ukrainą, jej urodą stepową i wiejską, brak w nich zaś było skamandryckich motywów urbanistycznych i akcentów komicznego realizmu. Z biegiem czasu liryka Iwaszkiewicza wprowadzała nowe tony, bardzo opanowane i klasyczne, początkowe bogactwo wyznań uczuciowych zastępując refleksją, bogactwo zaś obrazów prostotą. Poeta, który niegdyś upajał się pięknem pomysłów orientalnych, w latach późniejszych ujrzał dalekie krainy wschodnie w świetle zupełnie nowym, gdy — jak sam wyznał — począł myśleć o tych, co „hodują ryż, a sami z głodu umierają", o Hindusach, Malajach, by wyznanie zakończyć z prostotą:

> *O dalecy i bliscy, chłopi w całym świecie,*
> *Zbrojni w stalowe kosy i drewniane sierpy,*
> *Czy wierzycie na słowo obcemu poecie,*
> *Że z was on rację swoich wierszy czerpie?*

Równocześnie nie zapominał o robotniku murarzu:

> *Tak chciałbym, aby ludzie prości,*
> *Dla których piosnka zawsze pierwsza,*
> *Z wzruszeniem pełnym ciekawości*
> *I z cegłą w dłoni — mego wiersza,*
> *Który jak chmurka gaśnie w dali,*
> *Przez krótką chwilkę posłuchali.*

Stąd też jego „Exegi monumentum" to pragnienie, „Aby poczuła ziemia, że serce i oko Moje dla niej i przez nią tylko żyją" i zapewnienie, iż jego twórczość to „słowa mej miłości wielkiej dla *człowieka".

W twórczości Iwaszkiewicza poezja liryczna stanowiła wtór jego prozie, przy czym związki obydwu dziedzin są tak bardzo silne, iż wiersze stają się niekiedy zrozumiałe dopiero w świetle, które pada na nie z opowiadań poety. To niezwykłe zjawisko wyrosło niewątpliwie na gruncie swoistej cechy pisarza, w którego już młodzieńczej twórczości Żeromski podziwiał „najzupełniejszą oryginalność pomysłów i najbezwzględniejszą szczerość wynurzeń", na gruncie owej szczerości, wiodącej do bardzo swoistego autentyzmu, znamiennego dla prozy Iwaszkiewicza, dla świata jego nowel i powieści: *Hilary, syn buchaltera* (1923) i przede wszystkim *Księżyc wschodzi* (1925) aż po *Sławę i chwałę* (1956 - 1962). Wszędzie tu dostrzec można pogłosy autobiografii ich twórcy, przy czym ostatnie malowidło epickie jest typowym „roman à clef", powieścią, która od czytelnika wymaga znajomości „klucza" czy „kodu". Obok postaci fikcyjnych występują tu osoby autentyczne, wprowadzone pod ich własnym nazwiskiem, następnie zaś ogromna galeria figur, opatrzonych nazwiskami-pseudonimami, mniej lub więcej czytelnymi dla człowieka zorientowanego w stosunkach w powieści przedstawionych. Odgadnie on więc,

2. „Skamander" czyli tryumf liryki

że poeta Cherubin Kołyszko to karykaturalny portret Lechonia, który przecież nazywał się Serafinowicz, że profesor Ryniewicz to botanik Hryniewiecki, itd., itd., zwłaszcza że klucz do tego szyfru znaleźć można niejednokrotnie w *Książce moich wspomnień*, gdzie autor chętnie odsłaniał źródła swych pomysłów.

Ten stosunek odbił się bardzo wyraźnie na charakterze jego nowel, które w wydaniu zbiorowym z r. 1954 opatrzył tytułem *Opowiadania*. Odrzucając konwencję pozytywistyczną, w której się wychował, a która nakazywała pisarzowi ukrywanie się poza kulisami utworu, Iwaszkiewicz wrócił do zwyczajów dawniejszych, znanych z powieści romantycznej, i wznowił odmianę gawędy. Świetne jej próby dał w swych *Nowelach włoskich* (1947), jak np. *Koronki weneckie* czy *Powrót Prozerpiny*. W pierwszej z tych nowel związał szkic pamiętnikarski czy autobiograficzny z przejmującym opowiadaniem, zbudowanym w ten sposób, iż jego autentyczność ukraińsko-warszawsko-wenecka nie budzi, na pozór przynajmniej, żadnych wątpliwości, w drugiej wprowadził człowieka, którego niegdyś gościł w kraju. A podobnie ma się rzecz ze zbiorkiem *Opowieści zasłyszanych* (1954). W ramach tak konstruowanej wizji pisarskiej świat Iwaszkiewicza rysuje się bardzo wyraziście, jako zjawisko artystycznie jednolite, tak zindywidualizowane, iż jego odmiany dałoby się odpoznać, nawet gdyby nie było przy nich nazwiska autora. Są to mianowicie opowieści tragiczne o losach ludzkich, pospolitych i szarych, występujących zarówno dawniej jak i obecnie, w Polsce po drugiej wojnie światowej. Pisarz, który w pamiętniku podkreślał swe „kompletne obycie się bez poetyczności", wystrzegał się jej istotnie, unikał więc wszelkiego patosu, nawet wówczas, gdy sam temat go wymagał. Tak więc w trzech opowiadaniach — *Młyn nad Utratą* (1936), *Młyn nad Lutynią* (1946), *Młyn nad Kamionną* (nap. 1950), dał trzy tragiczne opowieści o losach ludzkich, dwie ostatnie wiążąc z makabrycznymi sprawami okupacyjnymi, ale we wszystkich eliminował patos, w sytuacjach takich nawet, jak sytuacja dziadka, który wiesza wnuka-zdrajcę, lub samobójcza śmierć kobiety, która niegdyś, by się ocalić, wydała na zagładę grupę niewinnych ludzi. Tragizm polega i tutaj, i w innych opowiadaniach Iwaszkiewicza na fakcie, iż bohaterowie jego dziwnie rozmijają się z swą dolą, rozmijają z tym, co nazywamy historią. Nie rozumieją oni istoty procesu historycznego, którego fala unosi ich i powoduje ich zagładę, a raczej skazuje ich na nią, przyjmują swój los bez protestu czy choćby skargi, jako coś nieuniknionego. Z punktu widzenia autora jest to rzecz naturalna, dla całości natomiast dorobku literackiego Iwaszkiewicza jest zjawiskiem niekorzystnym, grozi bowiem niebezpieczeństwem posądzenia pisarza o brak pomysłowości, o monotonię, wywoływaną przez obsesyjne niemal posługiwanie się pewnymi szablonami. Iwaszkiewicz tedy, analizując wysoce precyzyjnie zjawisko psychologiczne, które go zainteresowało do tego stopnia, iż skupił na nim cały swój wysiłek twórczy i całą uwagę odbiorcy, w pewnej chwili analizę doprowadza do punktu kulminacyjnego — i na nim opowiadanie urywa. Niejednokrotnie, aż nadto często wprowadza motyw śmierci przez utopienie, samobójcze lub przypadkowe. Kiedy indziej, jak w makabrycznej wycieczce w świat folkloru staropolskiego (*Matka Joanna od Aniołów*) lub w nie mniej jaskrawym obrazie z czasów okupacji (*Stara cegielnia*), całość zamyka paruzdaniowym, skąpym finałem. I to jest właśnie owo zaskakujące, programowe unikanie poetyczności czy stępianie tragizmu, tak znamienne dla techniki pisarskiej Iwaszkiewicza. Jak je objaśnić — odpowiedź nie jest łatwa. Próba traktowania pisarza jako barda opiewającego zagładę swej własnej klasy w zamęcie wydarzeń historycznych nie brzmi przekonywająco. A przynajmniej nie da się zastosować do ostatnio wydanej powieści *Sława i chwała*. Jest ona obrazem życia polskiego w obrębie lat trzydziestu między wybuchem pierwszej wojny światowej i końcem drugiej, obrazem, w którym większość postaci wywodzi się wprawdzie z Ukrainy i Podola, później jednak działa na terenie Warszawy z wypadami w kierunku Paryża czy Rzymu. Metamorfozy tych „wysadzonych z siodła", ale bynajmniej nie zdeklasowanych ludzi wiążą się bardzo ściśle z przemianami społecznymi i politycznymi, znamiennymi dla całości kraju. Obok zaś tej warstwicy motywów występuje druga, dla powieści nie mniej doniosła, niekiedy nawet górująca: przejawy życia artystycznego, ukazane przez pryzmat losów rodzeństwa, genialnego muzyka i świetnej śpiewaczki (tj. Karola Szymanowskiego i jego siostry). Jeśli bohaterowie ci niemal wszyscy giną, to nie jest to wynik zagłady klasy bliskiej sercu autora, lecz jego tragicznego spojrzenia na życie i jego doświadczenia, stanowiących fundamenty jego wizji powieściowej. Wizja ta obejmuje długi okres czasu, wypełniony kataklizmami politycznymi, które pochłonęły hekatomby ofiar różnego pochodzenia klasowego i terytorialnego. Przypuścić jednak można, i dałoby się to uzasadnić, iż obserwacja owych kataklizmów, zademonstrowana na grupie zjawisk pisarzowi doskonale znanych — a powieść, by raz jeszcze przypomnieć, ma charakter wyraźnie autobiograficzny — stała się źródłem melancholijnej filozofii Iwaszkiewicza i jego tragicznego spojrzenia na żałosny los człowieka. A właśnie zespół tych wszystkich czynników, stanowiących o charakterze dorobku pisarskiego autora *Sławy i chwały*, stanowi równocześnie o roli Iwaszkiewicza w literaturze jego czasów, roli epickiego piewcy ich doli i niedoli.

2. „Skamander" czyli tryumf liryki

Czołówce skamandryckiej towarzyszyło sporo poetów mniej znanych, mniej produktywnych, ale niekiedy sięgających wyżyn prawdziwego artyzmu. Dwu przynajmniej wymienić tu należy. Pierwszy to S t a n i s ł a w B a l i ń s k i (ur. 1899), członek istnej dynastii pisarskiej, syn bowiem poęty, wnuk historyka, a prawnuk Jędrzeja Śniadeckiego. Skąpy jego dorobek liryczny, ogłoszony zbiorowo w tomie *Wiersze zebrane 1927 - 1947* (1948), należy do zbiorków, których się nie zapomina. Autor, urzędnik w służbie dyplomatycznej, okazał się tu mistrzem słowa, traktowanego wręcz po rzeźbiarsku, matematycznie zwięzłego, a przecież wymownego, precyzyjnie i plastycznie wyrażającego świat psychiczny twórcy. Szara codzienność pracy biurowej rozbłysła tutaj jako kraina przeżyć bardzo ludzkich i bardzo potrzebnych (*Wieczór na Wschodzie* 1928), wyrażonych wręcz po mistrzowsku, z precyzją człowieka, od którego życie wymaga zwięzłej depeszy, a nie barwnej relacji. Tę samą metodę Baliński zastosował w cyklach pisanych na obczyźnie, takich jak *Wielka podróż* (1941), *Trzy poematy o Warszawie* (1945), *Ballady i pieśni emigranckie*. Rzeczowo i bez patosu stworzył tutaj istny dziennik wygnańczy, by wyrazić w nim zarówno tragiczne dzieje wyjścia poza Polskę, jak rozpaczliwą nostalgię.

Poetą drugim był L e o n a r d O k o ł ó w -P o d h o r s k i (1891 - -1957), również syn poety, pochodzenia ziemiańskiego, z kresów wschodnich, badacz Mickiewicza, a pod koniec życia dyrektor Muzeum Mickiewicza w Warszawie, autor trzech niedużych zbiorków lirycznych, z których ostatni, *Białoruś* (1924), w dziedzinie poezji pieśniowej wyraził to, co niegdyś było natchnieniem Mickiewicza, gdy szkicował sielankowo-satyryczny obraz dworu soplicowskiego. Zbiorek Okołowa-Podhorskiego, ukazujący wspomnienia sielankowego dzieciństwa z perspektywy żałosnego bytowania niedobitków ziemiańskich na urzędniczym bruku warszawskim, ma taką samą wymowę, jak spojrzenie na przeszłość w *Nad Niemnem* czy jak pożegnanie kresów podolsko-ukraińskich w ostatniej powieści Iwaszkiewicza.

„Skamander", a później „Wiadomości Literackie", jako centralne, bo stołeczne pisma literackie, przyciągały i skupiały twórców nie tylko warszawskich, ale również spoza Warszawy. Jednakże skupianie to było bardzo ekskluzywne i nie obejmowało pisarzy, którzy kroczyli szlakami własnymi, a tym samym odmiennymi od skamandryckich. Dowodziły tego nagrody „Wiadomości Literackich", ustanowione tuż przed wojną. Przyznawano je autorom bardzo wątpliwej wartości dzieł naukowo-literackich, odrzucając kandydatury poetów, którzy realizowali program inny niż nie skodyfikowany i nie sprecyzowany skamandrytów.

W środowisku tym znalazły się tedy dwie poetki, których związek z zespołem był jednak raczej luźny. Pierwsza z nich, **Kazimiera Iłłakowiczówna** (ur. 1892), pochodząca z Wileńszczyzny czy raczej z Inflant, uczestniczka pierwszej wojny, w czasie której pracowała jako sanitariuszka, biła skamandrytów datą swego debiutu, jej bowiem spory tom liryków (*Ikarowe loty*) pochodził z r. 1911. Przyszłość dowiodła, iż świetna poetka nie doceniała siły własnych skrzydeł, w sporej bowiem serii tomików i tomów miała zabłysnąć olśniewającym artyzmem swej liryki. Po pierwsze tedy, na życie i jego sprawy spoglądała okiem kobiety, z jej swoistymi reakcjami uczuciowymi, szczególnie zaś na zjawiska przyrody (*Płaczący ptak* 1927). Po wtóre zaś — i to przede wszystkim — w poezjach jej doszedł do głosu folklor litewski, ten sam, który przemawiał w *Balladach i romansach* Mickiewicza, a jeszcze bardziej w utworach jego satelitów, z Odyńcem na czele. Iłłakowiczówna tedy w *Płaczącym ptaku*, *Złotym wianku* (1927), *Czarodziejskich zwierciadełkach*, *Balladach bohaterskich* (1934) i in. dała serię wspaniale stylizowanych opowieści, osnutych na motywach i wątkach dawnych pieśni ludowych, przykładów kaznodziejskich, legend i podań wierzeniowych, łącząc w swych obrazkach i obrazach naiwność opowieści gminnej z artyzmem nowoczesnej sztuki słowa.

Obok niej na miejsce czołowe, całkowicie zresztą odmienne, wysunęła się z biegiem czasu **Maria Pawlikowska-Jasnorzewska** (1894 - 1945), dziedziczka wspaniałej tradycji artystycznej, bo córka Wojciecha, a wnuczka Juliusza Kossaków, czołowych malarzy, skoligacona nadto z innymi jeszcze rodzinami i osobami znanymi na polu literatury. Na twórczość jej, pozornie kapryśną, choć w istocie bardzo konsekwentną, rozpoczętą w r. 1922 zbiorkiem *Niebieskie migdały*, złożyło się w okresie do r. 1939 tuzin tomików lirycznych, wydawanych niemal rokrocznie, oraz kilka komedyj, co dowodzi, iż praca jej literacka nie była zabawką czy ucieczką od nudów. Pogląd ten znajduje potwierdzenie w dorobku jej powstałym czasu wojny. Wrażenie zaś, iż autorka *Pocałunków* (1926), *Dancingu* (1927) i *Wachlarza* (1927) traktowała poezję jako zabawę, płynęło zarówno z tematyki, jak i formy jej liryków. Z upodobaniem tedy uprawiała miniaturę poetycką, epigram czy fraszkę, przy czym odwoływała się do dobrej, choć fałszywej tradycji, nie do Kochanowskiego więc, lecz, jak na kobietę przystało, do... Safony:

> *Gdy świat Safonę odrzucał,*
> *Gdy jej dorobek palono,*
> *Buchnęły dymy różane;*
> *Ociężałą, chociaż szaloną*

2. „Skamander" czyli tryumf liryki

Chmurą płynęły przez czas.
Wciągnęłam ją z wiatrem w płuca,
Poezja nie poszła w las...

Fałsz polegał tu zarówno na informacji, iż świat „odrzucał" podziwianą poetkę starogrecką, jak i na przekonaniu, iż była ona autorką wierszyków krótkich; wprawdzie puścizna Safony składa się z drobiazgów, ale są to nikłe okruchy zaginionych utworów większych, i to nie tylko pieśni miłosnych, ale i hymnów. Erudycji jednak nie należy wymagać od autorki *Krystalizacyj* (1937), gdy się pamięta jej — co prawda w usta męskie włożony — aforyzm: „kwiatom i kobietom mózgu nie potrzeba". Wystarcza im piękno naturalne czy sztuczne. W świecie poetki, a raczej w światku jej poezji, występuje przede wszystkim piękno sztuczne, piękno buduaru wytwornej, nowoczesnej pani, rozmiłowanej w strojach, oczarowanej ich urokiem, żyjącej w świecie dobrobytu, szczelnie zamkniętym dla pracy i trosk nowoczesnego człowieka. Hedonizm codziennego bytowania, urozmaicony doznaniami erotycznymi, może pociągać swą wytwornością, pociąga zaś czym innym. Do znamiennych cech „ja lirycznego" poetki należy filuterność i przekora, którym towarzyszy swoiste poczucie humoru. Daje o nim wyobrażenie zabawna fraszka *Niebo a kapelusze*, pełna komicznego współczucia dla „niebianek śpiewających w szczęściu niewesołym", bo zmuszonych nosić „nimb złoty zamiast kapelusza" i skazanych na towarzystwo uroczystych aniołów, istot białych wprawdzie, ale bardziej skomplikowanych niż biało odziany „porucznik marynarki". Beztroskę żywota buduarowego mącą jednak widziadła choroby, starości, śmierci wreszcie, pojawiające się obsesyjnie, a malowane z dokładnością naturalistyczną, wywodzącą się może z baroku (autorka *Szkicownika poetyckiego* zachwycała się wierszami księdza Baki), a może raczej z *Kwiatów zła* Baudelaire'a. Świat Pawlikowskiej odstręcza swoim lodowatym chłodem, swą okrutną obojętnością wobec wszystkiego, czym żyją nie należący do niego ludzie. Poetka, która — jako młoda kobieta — przeżyła pierwszą wojnę światową, okupioną cierpieniami i zagładą milionów, wprowadzała, jako zjawisko normalne, wytworną damę, która „za lat pięćdziesiąt" wspominać będzie, że „przeżyła wielką wojnę, nudną niesłychanie"! A gdy później, przed drugą wojną, w więzieniu niemieckim ścięto dwie młode kobiety oskarżone o szpiegostwo na rzecz Polski, fakt ten w tomiku *Balet powojów* otrzymał postać barokowego concetto:

Wyrok wydali Niemcy W mętny dzień zimowy,
Na pniu tępej tyranii Sami tracąc głowy...

Na usprawiedliwienie tego pięknoduchowstwa wytwornej Safony nowoczesnej powiedzieć trzeba jedno — oto w pewnym momencie, gdy opiewany przez nią świat beztroskiej hurysy runął w gruzy, gdy ujrzała istotne oblicze rzeczywistości, na swój przedwojenny dorobek pisarski spojrzała tak rzeczowo, jak żaden z niechętnych jej krytyków. W wierszu więc *Rymy* powiedziała:

> *Rymy, zabawko moja, szkatułko otwarta,*
> *Pełna korali, wstążek, błyszczących kamieni;*
> *Jak sroka gromadziłam was, najmilsze chwile*
> *Spędzałam, przesypując was z ręki do ręki...*

Dodać wszelako trzeba, iż to przesypywanie było zjawiskiem literackim na poziomie prawdziwej doskonałości, Pawlikowska bowiem swym fraszkom lirycznym nadać umiała postać artystycznie nienaganną. Po mistrzowsku posługiwała się językiem zwięzłym, zaskakującym obfitością śmiałych aż do zuchwalstwa przenośni i niezwykle plastycznych porównań. Dowodziły one, że przemawiała nie znudzona literatka, lecz poetka z prawdziwego zdarzenia, błądząca wprawdzie po manowcach sztuczności, ale adeptka prawdziwej sztuki.

Pawlikowską w postaci całkowicie odmiennej ukazały zbiorki drukowane na obczyźnie, wypełnione elegiami tułactwa (*Róża i lasy płonące* 1940, *Gołąb ofiarny* 1941) oraz garść wierszy przedśmiertnych. Rzeczywistość wojny przeżywana w środowisku obcym, w Anglii, pozwoliła poetce spojrzeć na życie od strony, której istnienia nie przeczuwała, ocenić dobroć przypadkiem spotkanego, nieznanego człowieka, westchnąć do nie zauważanej przedtem urody Krakowa i jego okolic, zatęsknić za krajem i przesyłać pozdrowienia: „mojej stolicy najświętszej i dalekiej. Cześć jej, cześć i miłość, Nowej Pompei sercu nieustannie bliskiej". I te właśnie akcenty godzą nas z autorką *Różowej magii*, pod maską bowiem wytwornej i na wszystko obojętnej lalki salonowej pozwalają dostrzec myślącą i cierpiącą kobietę-człowieka.

W świecie, w którym chwilowo przebywała Pawlikowska, wyrósł inny talent kobiecy, nie dostrzeżony czy nie doceniony, mianowicie córka poetki Maryli Wolskiej, B e a t a O b e r t y ń s k a (ur. 1898). Odmiennie od matki młoda poetka w kilku zbiorach lirycznych (*Pszczoły w słoneczniku* 1927, *O braciach mroźnych* 1930, *Głóg przydrożny* 1932 i *Klonowe motyle* 1932) potrafiła wyjść poza ciasny krąg przeżyć buduarowych, by ukazać piękno przyrody i wartość życia, oglądane ze stanowiska kobiety nowoczesnej, ale kobiety, nie zaś lalki żyjącej cudzym kosztem. I kto wie, czy gdy „przyszłość, korek-

2. „Skamander" czyli tryumf liryki

torka wieczna", pozwoli ustalić właściwe perspektywy, Obertyńska nie zajmie czołowego miejsca wśród przedstawicielek międzywojennego świata kobiecego w literaturze polskiej.

Od całej galerii skamandrytów mocno odcina się sylwetka postaci w tym zespole stanowiącej niespodziankę, oficjalnie do niego nie zaliczanej, jakkolwiek był to wieloletni sekretarz redakcji „Wiadomości Literackich", W ł a d y s ł a w B r o n i e w s k i (1897 - 1962). Gdy jednak tamtym „bolszewikom literackim" prasa prawicowa groziła tylko obozem, Broniewski w istocie spędził parę miesięcy w r. 1931 w więzieniu sanacyjnym, a życie poznał nie tylko od strony biurka, lecz również w okopach legionowych pierwszej wojny światowej i w „battledressie" drugiej; toteż w jego poezjach dochodziły do głosu nie tyle echa namiętnych dyskusji kawiarnianych, ile — i to przede wszystkim — bolesne doświadczenia bojownika spraw, w które wierzy i o które walczył, a których doniosłości przyświadczył jego pogrzeb, gdy za trumną poety szli najwyżsi dostojnicy państwowi Polski Ludowej.

Twórczość rozpoczął stosunkowo późno, bo udziałem w tomiku przynoszącym „biuletyn poetycki" *Trzy salwy* (1925), którego autorzy, „robotnicy słowa", wystąpienie swe potraktowali jako odezwę agitacyjną, głoszącą „bezlitosną walkę proletariatu z burżuazją". Dwaj z nich — Wandurski i Stande — rychło znaleźli się w Rosji radzieckiej, Broniewski zaś, wydający równocześnie zbiorek własny (*Wiatraki*), po którym poszły *Dymy nad miastem* (1927), skonfiskowana *Komuna paryska* (1929), *Troska i pieśń* (1927) i wreszcie *Krzyk ostateczny* (1938), pozostał na placówce. Uparty Mazur z Płocka, odwiecznymi tradycjami związany z życiem wsi, do której tęsknił do samego zgonu, w poezjach swych, co „nocą nad miastem wyrastają jak czarne kwiaty", pełne goryczy i „bezdennego niepokoju", dawał wyraz własny zjawiskom, przewijającym się wprawdzie w twórczości skamandryckiej, ale przez niego ujmowanym całkowicie odmiennie. Czym innym przecież było wygrażanie pięściami burżujom przez literata sytego i odzianego w ubranie od dobrego krawca, a czym innym rozmowy prowadzone w więzieniu z krawcami żydowskimi, zamykanymi za to, że bieda proletariacka „nauczyła Icka od dziecka, jak się zmagać trzeba z nieszczęściem" — choćby w postaci wyroku na lat cztery za udział w pochodzie demonstracyjnym. Postawa społeczna poety sprawiła, iż w *Krzyku ostatecznym* pojawiły się wspaniałe wiersze sławiące proletariacką rewolucję hiszpańską i protesty przeciw „Europie kryzysu i blagi, bezrobocia i dyktatury", protesty oparte na głębokiej wierze, iż era bezprawia i gwałtu utrzymać się nie może, wymownie wyłożone w zbiorku *Troska i pieśń:*

*Ziemio syta padliną
pobojowisk pracy i wojny,
przepowiadam ci: będziesz inną,
omytą żywą krwią wolnych!*

*Historio, jutro od nowa!
Gwałt niech się gwałtem odciska!
Witaj chmuro gradowa!
Błogosławię piorun, co błyska!*

Nawiązanie do młodzieńczej poezji Mickiewicza sięgało tu dalej i otrzymywało postać niemal programu: „Śpiewam radość człowieczej mocy, Kiedy tworzy, kiedy wyzwala, Kiedy dumnie światu wśród nocy Prometejskie ognie zapala".

Długa i daleka droga wiodła do tego celu. Jej etapy oznaczyć można wspaniałymi, wydawanymi za granicą zbiorami liryków wojennych Broniewskiego — *Bagnet na broń. Poezje* (1939 - 1943), *Drzewo rozpaczające* (1945) oraz warszawskim już tomikiem *Nadzieja* (1951). W pierwszym z nich znalazł się wiersz „Syn podbitego narodu, syn niepodległej pieśni", którego z głębokim wzruszeniem słuchała okupowana Polska w głośnikach aparatów radiowych, nim zostały one skonfiskowane przez okupanta hitlerowskiego.

*Chcę, żeby z gruzów Warszawy rósł żelbetonem socjalizm,
Chcę, żeby hejnał mariacki szumiał czerwonym sztandarem...*

stało się artykułem wiary „podbitego narodu", wśród którego Broniewski wystąpił w tradycyjnej roli „wieszcza". Jak zaś wyglądała droga jego codziennego żywota, o tym mówi tom *Drzewo rozpaczające*, seria znakomitych szkiców z miast Palestyny, gdzie formowały się polskie siły zbrojne, w których szeregach znalazł się i dawny legionista. Realistycznie szkicowana beznadziejność życia w małych garnizonach, skontrastowana z pięknem egzotycznej przyrody, sprawia, iż ten starannie wierszowany dzienniczek oficerski jest dziełem wielkiej poezji, jedynej w swoim rodzaju, rzadko bowiem proza codzienności koszarowej występuje w aureoli piękna, którą w tym wypadku wprowadza tęsknota za daleką ojczyzną. Tom ostatni, *Nadzieja*, jest eksperymentem poetyckim bezwiednie nawiązującym do *Śpiewów historycznych* Niemcewicza. Pieśni ku czci bohaterów epoki Świerczewskiego w Polsce, a Stalina w Rosji, sąsiadują tu z dytyrambami sławiącymi nowe osiągnięcia nowej Europy i nowej Polski. Nie są to urzędowe panegiryki, lecz wyraz przekonań poety — człowieka, który dożył realizacji swych najgorętszych pragnień i, nie zamykając

2. „Skamander" czyli tryumf liryki

oczu na realizacji tej niedomagania, umiał dostrzec jej wielkość. W ten sposób autor *Nadziei* postawił kropkę nad „i" nie skoordynowanego programu skamandrytów, a równocześnie ustalił stosunek tego programu do rzeczywistości historycznej. Wśród liryków ostatnich lat życia Broniewskiego szczególnie przejmujące są poświęcone pamięci zmarłej córki (*Anka. Wiersze* 1956) nowoczesne treny osieroconego ojca oraz piękne wiersze o Warszawie i rodzinnej ziemi mazowieckiej.

Wśród pisarzy młodszych wymienić by można kilkanaście nazwisk liryków, z których każdy dorzucając coś do zasobu ogólnego, wprowadzał równocześnie pomysły własne i niepowtarzalne. Z okazałej tej grupy trzeba tu wskazać dwie przynajmniej indywidualności, kroczące własnymi drogami, odległe wprawdzie i od Warszawy, i od siebie, ale mające niejeden rys wspólny, poczynając od zagadkowości niemal anonimowej. Gdy bowiem czasu wojny usiłowało się zebrać garść wiadomości o Dziekońskim i Jastrunie, okazywało się, że o pierwszym nic zgoła, o drugim zaś bardzo mało powiedzieć umieli dobrzy nawet znawcy ówczesnego życia literackiego.

A l b i n   D z i e k o ń s k i (1892 - 1940?), właściciel majątku pod Słonimem, trzymał się z dala od Warszawy, jakkolwiek w stolicy drukował swe wytworne, bibliofilskie tomiki: *Eklogi* i *Motywy z miasta troski niewyznanej, ciszy i podniesienia* (1931), *Na zachód* (1932), *Dwa głosy* (1933), oraz dwa większe zbiory: *Rzeczy podejrzane* (1936) i *Zielone Mogiłowce* (1939). W Warszawie zadebiutował świetnymi *Bajkami* (1920), tam również ogłosił filozoficzno-satyryczny poemat *Dramat Lucyfera. Komentarz poetycki* (1934), w którym rozważania nad rewolucją rosyjską przeplatał wycieczkami pod adresem pisarzy stołecznych. Poemat wypadł słabo, autor był bowiem nie satyrykiem, lecz lirykiem, zresztą niepospolitym. O charakterze utworów, które Dziekoński wygrał dla siebie, „na trzcinowych strunach swej niestrojnej liry", wyobrażenie dają jego własne o nich słowa:

*Są zwykle trochę sztywne z śladami namaszczeń,
nie przekonywujące, trochę abstrakcyjne,
ale w nich nieudolność jarym słońcem głaszcze,
a zgrzyty są jak golgot kamienie pasyjne.*

Jego refleksje i opanowane wyznania uczuciowe, ukazywane w szkicach poetyckich o niezwykle delikatnym rysunku, odznaczające się niecodzienną głębią myśli, pisane językiem prostym, ale pełnym świetnych metafor, mają coś z atmosfery norwidowskiej. Jego metoda polega nie na ukazywaniu, lecz na sugerowaniu elementów obrazowych, które leżą gdzieś na obwodzie skojarzeń, i dlatego poezja jego wymaga od czytelnika współdziałania, nawet wysiłku myśli i wyobraźni, ale wysiłek ten rzetelnie się opłaca.

Coś podobnego powiedzieć można o twórczości M i e c z y s ł a w a J a s t r u n a (ur. 1903), który przez lat dwadzieścia z okładem uprawiał wyłącznie lirykę, by — nie zarzucając jej — przejść z biegiem czasu na pole powieści biograficznej i eseistyki. Jego dorobek poetycki, rozpoczęty w r. 1929 tomikiem *Spotkanie w czasie*, obejmuje piętnaście zbiorków i ukazuje indywidualność pisarską bogatą i niezwykłą, o bardzo swoistym stosunku do świata, wysoce odrębnym spojrzeniu na siebie i na swe czasy, o własnej wreszcie, od początku dojrzałej, a wciąż doskonalonej formie. Program swej twórczości sformułował Jastrun już na wstępnej karcie swego pierwszego zbiorku i pozostał mu wierny, choć — jak się okaże — poszerzył go znacznie:

Uwiję wieńce z mego przedistnienia,
Uwiję wieńce z rzeczy, które wzrosną —
Aby powrócić niebywałą wiosną,
Gdzie już nie będzie nawet mego cienia.

W ten sposób już na progu pracy pisarskiej poety wystąpiła wieczność, pojęta jako bezmiar czasu poza obrębem doświadczenia ludzkiego, nieodłączna odtąd towarzyszka liryka-myśliciela, nawykłego „jak gwiazda błędna krążyć nad przeraźliwą przepaścią istnienia". Od grożącego tu zabłąkania się na bezdrożach abstrakcji uchroniła autora *Dziejów nieostygłych* (1935) jego postawa twórcza, pozwalająca mu zagadnienia losów ludzkości ujmować jako osobiste, intensywne przeżycia jednostki. Na jej ukształtowanie wpłynął niewątpliwie Norwid, którego pogłosy dostrzega się tam, gdzie Jastrun mówi o „sieroctwie naszym, grozie nocy" lub gdy wskazuje na „milczenie" jako środek ekspresji pisarskiej, i to nie tylko w zbierku młodzieńczym, w trzydzieści bowiem lat później przypomni „pierwsze lekcje", gdy dowiadywał się, że „poezja jest tylko mową niedomówień". Bardzo również być może, iż w kręgu lektury Norwida powstało przekonanie o anonimowości twórcy, każące młodemu pisarzowi unikać plotki czy choćby informacji autobiograficznej, o poecie bowiem mówi tylko jego dorobek. Stąd „W meldunkowej karcie dla przyszłości, W krematorium historii, gdzie spłonął, Nie odnajdzie jego tożsamości Głucha data narodzin i zgonu!" Taki był finał tomiku *Strumień i milczenie* (1937), zamykającego przedwojenną twórczość Jastruna.

A gdy w dwa lata później „krematorium historii" przestało być śmiałą metaforą, bo zmieniło się w rzeczywistość Treblinek i Oświę-

2. „Skamander" czyli tryumf liryki

cimiów i gdy po latach grozy losy pozwoliły wrócić poecie do pracy pisarskiej, począwszy od *Godziny strzeżonej* (1944), głoszącej „Nie bój się, nazwij rzeczy po imieniu", w twórczości Jastruna wystąpiły — i to masowo — motywy nadające jej charakter nowoczesnych trenów Jeremiasza. *Głos więźnia Generalnej Gubernii, Na zgliszczach, Zima 1945, Do Warszawy, Ruiny katedry św. Jana* — w *Rzeczy ludzkiej* (1946); *Strefa zakaźna, Ballada o Puszczy Świętokrzyskiej, Tren na śmierć generała Świerczewskiego* — w zbiorze *Sezon w Alpach* (1948); dalej wiersze w *Roku urodzaju* (1950) i w tomach późniejszych — to seria liryków o wstrząsającej wymowie, ukazujących istotnie „przepaść istnienia", nie przeczuwaną, lecz przeżytą, oglądaną oczyma własnymi poety. Tragedia narodu polskiego, tragedia Żydów polskich, tragedia Warszawy — otrzymały tu wstrząsający wyraz artystyczny, równocześnie zaś liryka Jastruna sięgnęła wyżyn ustalonych przez naszych wielkich romantyków, twórców *Reduty Ordona, Uspokojenia* czy *Fortepianu Chopina* — Mickiewicza, Słowackiego, Norwida. Równocześnie, poczynając od *Roku urodzaju*, w zbiorkach *Barwy ziemi* (1951), *Poemat o mowie polskiej* (1952), *Poezja i prawda* (1955), *Gorący popiół* (1956), *Genezy* (1959), *Intonacje* (1962) wystąpiły akcenty inne, i to podwójne. Śpiewak przepaści historycznych, spoglądając na twarde wysiłki powojenne, dostrzegł w nich gwarancję żywotności narodu i człowieka.

To przejście od świata abstrakcji do konkretnej rzeczywistości zauważyła nasza krytyka literacka i próbowała wyciągnąć stąd wnioski niekoniecznie poprawne, prawiąc o metamorfozie twórcy *Poezji i prawdy* z poety hermetycznego w poetę popularnego. Jest to, niestety, pobożne życzenie i tylko tyle. Jastrun jest poetą, który wymaga, by do niego dorastać. Posługuje się on bowiem bezwiednie pojęciami obcymi czytelnikowi prymitywnemu. W zbiorku *Genezy*, wspominając swe wczesne wiersze, określa je jako „pełne gwiazd jadowitych Króla Ducha i Nietoty"; tamże znajduje się ustęp, gdzie wymieniono „strzałę Zenona z Elei", „niepowrotną rzekę Heraklita", trójce Heglowskie; w zbiorku *Intonacje* znaleźć można zwrotki w rodzaju: „Rozpięty na krzyżach anten Orfeusz. Powietrze-brama Erebu. Rozbity atom. Promienie gamma" lub „W minerałach Meteoru lecącego przez wieczność Zarys organicznego życia z białka i nieszczęścia". Operowanie tego rodzaju elementami przez poetę ogranicza czytelność jego wierszy; czyni z nich „poezję uczoną".

Do czytelnika humanisty zaś skierował Jastrun swe powojenne, duże biografie powieściowe *Mickiewicz* (1949) i *Poeta i dworzanin. Rzecz o Janie Kochanowskim* (1954), gdzie usiłował z powodzeniem spojrzeć na życie wielkich pisarzy wzrokiem człowieka dzisiejszego. W szkicach literackich *Wizerunki* (1956) zajął się z tego samego stanowiska pisarzami nowoczesnymi, w zbiorze zaś *Mit śródziemnomorski* (1962) raz jeszcze wrócił do koszmaru obozów koncentracyjnych, by ich pierwowzór stwierdzić w antycznej Grecji.

Omówieni tu poeci, z wieku niemal rówieśnicy, mimo wszelkich różnic indywidualnych, tworzą pewną grupę, związaną wspólnymi zainteresowaniami, o których była już mowa, wspólnym programem w dziedzinie środków wyrazu artystycznego i wreszcie wspólnotą tradycji literackiej. Że grupa taka istniała naprawdę i że przy całej różnorodności talentów realizowała pewien wspólny, choć nigdzie nie skodyfikowany program formalny, dowodzi rzut oka na jej technikę poetycką. Technika ta nie była u nas nigdy precyzowana, ale otrzymała podówczas bardzo precyzyjne ujęcie w pracach formalistów rosyjskich. Technika ta służyła wyrażaniu pomysłów nowoczesnych i nowatorskich, związanych z powojenną przebudową życia i stosunków, występujących w całej Europie, przebudową, która szczególnie ostro zarysowała się w państwach, które ustrój monarchiczny zastępowały republikańskim, czy kapitalistyczny socjalistycznym, przy czym wszędzie nowe wynalazki nadawały biegowi życia nowy charakter we wszystkich jego dziedzinach. Nawał nowych doświadczeń narzucał konieczność nowego słownictwa, nie tylko w języku potocznym, ale również artystycznym.

W *Rzeczy czarnoleskiej* Tuwima, poety na nowości szczególnie wrażliwego, znalazł się wiersz *Z powodu maszyn* w pewnym sensie proroczy, poświęcony zagadnieniu dzisiaj tak aktualnemu:

> *Bardzo ładne te wszystkie maszynki,*
> *Samopędy, auta elastyczne,*
> *Sprawne, wartkie, dynamiczne, elektryczne,*
> *Śmigieł młynki, niecierpliwe sprężynki.*
>
> *A co trzeszczy, warczy i rozsadza?*
> *Ruch kusiciel, zaciśnięte serce,*
> *Uwięzione jak piorun w butelce,*
> *Ujarzmiona, krzycząca władza.*

Wizja zmechanizowanego świata otrzymała tu ujęcie humanistyczne. Za kompleksem maszyn dostrzegł poeta obecność i wysiłek człowieka, bez którego „robot", a więc „maszynka" nawet mózg ludzki wyręczająca, działać automatycznie nie będzie. Tego rodzaju problematyka wymagała nowych środków wyrazu artystycznego, nowego słownictwa, nowej składni, nowych układów rytmicznych. I znajdowała je w języku potocznym, fachowym, nieraz w języku naukowym, nieraz w jego postaciach znanych ze szkoły czy warszta-

2. „Skamander" czyli tryumf liryki

tu. W *Bibli cygańskiej* Tuwima jest utwór *Wiersz*, coś niby rozdziałek z nowszej „sztuki poetyckiej"; powstawanie wiersza wyrażono tu w terminologii matematycznej, ze zwrotami „klamrę nawiasu zamykam", „przed nawiasem stawiam znak funkcji, czynnika", „potem nawias otwieram..." Formaliści rosyjscy, jakby nawiązując do tradycji poetyki barokowej, rozwodzili się nad „udziwnieniem" zjawisk życia i literackich, obrazów słownych, śmiałych przenośni i zuchwałych porównań. A ten właśnie zabieg, wiodący ostatecznie do sztuczek w rodzaju słopiewni (zabieg u nas nazywany „chwytem"), decydował o charakterze słownictwa artystycznego skamandrytów. Zgodnie z nim inny wygląd miała również składnia, zwięzła i zwarta, sięgająca krańca w stylu telegraficznym utworów budowanych nie ze zdań, lecz z oddzielnych wyrazów, układających się jednak w całość sensowną.

Tego rodzaju elementom słownikowym i składniowym towarzyszyły nowości w obrębie rytmiki. Obok więc dawnych układów zgłoskowych, znakomicie nieraz modernizowanych, występują nowe, przyciskowe. W *Jeleniu* Tuwima zwrotki wiążą dziewięciozgłoskowce z ośmiozgłoskowcami, obie bowiem te miary są czteroprzyciskowe:

Są świecące i są harfiane,
Są o drzewa potrącające,
Chodźcie, leśni parafianie,
Za jeleniem do kościoła.

Zjawiskiem bardzo częstym są też wiersze zgłoskowo-przyciskowe, potęgujące śpiewność liryki skamandryckiej. Mniej często natomiast występują tu formy niemiarowe, wiersze wolne, jakkolwiek stosowali je wszyscy poeci zespołu skamandryckiego, poczynając od Tuwima, który już w *Czyhaniu na Boga* śladem „barda siwobrodego" Walta Whitmana jego wersety przeszczepiał na „drzewo rodzime", na „krzepki dąb polski", czy od autora *Wiatraków*, Broniewskiego, gdy wzorem liryków rosyjskich, Błoka i Majakowskiego, makabryczny marsz poległych *Ostatniej wojny* wyrażał łańcuchami krótkich, oddzielnych słów. Wpływy jednak poezji rosyjskiej zaważyły przede wszystkim na nowym systemie rymów skamandryckich, zmieniającym radykalnie stosunki utrwalone przez Kochanowskiego i respektowane przez trzy stulecia w zakresie rymu żeńskiego. Zerwano z zasadą nakazującą identyczność dźwiękową wyrazów rymowanych począwszy od zgłoski akcentowanej; zasada nowa głosiła konieczność identycznej zgłoski podakcentowej, a więc przedostatniej, od zgłoski ząś końcowej wymagała tylko podobieństwa dźwiękowego lub nawet nie zwracała na nią uwagi, traktując ją jako pożycję obojętną. Gdy więc Mickiewicz rymował dokładnie: słucha — ducha, pieśni — cieśni, Broniewski *Elegię o śmierci L. Waryńskiego* rozpoczyna zwrotką:

*Jeżeli nie lękasz się pieśni
Stłumionej, złowrogiej i głuchej,
Gdy serce masz męża i jeśli
Pieśń kochasz swobodną — posłuchaj.*

W *Treści gorejącej* Tuwima owo zlekceważenie zgłoski końcowej prowadzi do rymów, a raczej asonansów w rodzaju: dobrobyt — robót lub: ogień — teologii.

Reforma usiłowała objąć również rymy męskie łączone z żeńskimi na tej samej zasadzie prymatu zgłoski akcentowanej, a już nie lekceważenia, lecz wręcz nieistnienia poakcentowej. Te „rymy rozłupane" wprowadzał — za wzorem rosyjskim — młody autor *Oktostychów*, Iwaszkiewicz, uprawiający je i później:

*Opada czasem zwiędły kwiat,
Nadchodzi szara, zimna noc,
I w obojętnej śniegów mocy
Drżą zagrzebane wioski chaty.*

Eksperyment ten, może wskutek tego, iż odległość dźwiękowa zgłosek akcentowanych i nieakcentowanych w języku polskim jest znacznie mniejsza niż w rosyjskim lub angielskim, nie utrzymał się i właściwie przeszedł nie zauważony. W sumie zaś reforma skamandrycka, zrywając sztywną zasadę identyczności rymów żeńskich, miała znaczenie bardzo duże, otworzyła bowiem przed poezją polską nowe i rozległe możliwości, przede wszystkim zaś zabezpieczyła ją przeciw skostnieniu w obrębie stałego i z konieczności grożącego wyczerpaniem zasobu rymów.

Omówiona tu technika artystyczna, stanowiąca najsilniejszą więź całego zespołu skamandryckiego, wiedzie do rozważań, które powinny dać odpowiedź na pytanie o pochodzenie nurtu reprezentowanego przez twórczość owego zespołu. Częściowo odpowiedź przyniosły już rozważania dotychczasowe, które wskazywały na wędrówki po świecie młodego pokolenia, przede wszystkim po Rosji, wspominały o pomawianiu o „bolszewizm" nowatorów literackich, a wreszcie podkreślały z Rosji przejęte właściwości skamandryckiej techniki poetyckiej. Wszystko to jednak wtopiło się w tradycję rodzimą, odziedziczoną po neoromantyzmie. Wprawdzie na młodopolskich „durniów w pelerynach" ich następcy spoglądali z lekceważeniem i niechęcią, ale z podziwem traktowali jako swych mistrzów Leśmiana i przede wszystkim Staffa, zwłaszcza że mistrzowie ci chętnie przyswajali sobie nowości propagowane przez młodzież. Tradycje literackie sięgały dalej i głębiej: Kochanowskiego i Mickiewicza. Sile tych tradycji przypisać trzeba, że poezja uprawiana przez skamandrytów przy całym swym nowatorstwie nie zrywała z dziedzictwem poprzednich pokoleń i że „pierwszy polski futurysta", podobnie jak jego rówieśnicy, bliższy był mistrzom neoromantycznym aniżeli głośnym przedstawicielom futuryzmu włoskiego, angielskiego czy rosyjskiego.

3. LIRYKA AWANGARDOWA

Zachęcającemu przykładowi „Skamandra" przypisać można zjawisko przypominające czasy romantyzmu. Oto w Polsce zaroiło się od szkół i szkółek poetyckich, zdobywających się na własne czasopisma, zazwyczaj efemerydy. Czynnikiem dodatkowym było niewątpliwie coś innego jeszcze, co przyczyniało się do powstawania „okolic poetów", mianowicie ambicje i antagonizmy odziedziczone po okresie niewoli, a zatarte dopiero czasu drugiej wojny, m. in. raz po raz występujące animozje i niechęci między Warszawą i Krakowem, ośrodkami dwu odmiennych formacji kulturowych, widocznych choćby w różnicy dwu narzeczy. Czynnikiem wreszcie trzecim, niepozbawionym znaczenia było dorastanie nowego pokolenia, młodzieży dojrzewającej w odbudowanym państwie i spoglądającej na życie nieco inaczej aniżeli pokolenie o lat dziesięć starsze, w odbudowie tej czynnie zaangażowane. W rezultacie już w r. 1922 Małopolska, a raczej Krakowskie, zdobywa się na dwa własne zespoły literackie, nieco później w samej Warszawie poczną rywalizować ze skamandrytami nowe ugrupowania literackie, wreszcie zaś ruch podobny obejmie tereny dalsze, zwłaszcza miasta, w których nowe uniwersytety dochowają się narybku literackiego.

Do najwcześniejszych ośrodków skupiających garść pisarzy, którzy wystąpili z własnym, niezbyt jasnym programem, należał Czartak, zorganizowany przez Emila Zegadłowicza, jako „Zbór poetów Beskidzkich". Wyraz „zbór" nie był czymś przypadkowym, oznaczał bowiem stary budynek w Mucharzu nad Skawą, w tradycji miejscowej poczytywany za zbór ariański. A do tradycji tej właśnie usiłował nawiązywać Zegadłowicz, poeta o dziesięcioletnim już wtedy dorobku lirycznym, wkraczający z chwilą stworzenia „Czartaka"

(1922), organu literackiego nowego zespołu, na nowe tory, na szlak regionalizmu. Na szlaku tym miało się dokonać zjednoczenie spraw kulturowych takich, jak nawiązanie do tradycji ariańskich, jak czerpanie u źródeł folkloru krainy podgórskiej z jej wspaniałymi tradycjami, z jej sztuką słowa i z rzeźbą, wykonywaną przez świątkarzy miejscowych, jak wreszcie współpraca z wadowicką drukarnią F. Foltina, znanego wydawcy książeczek odpustowo-ludowych, w której miały się ukazywać śliczne egzemplarze ballad Zegadłowicza (1920), zebranych ostatecznie w tomie *Dziewanny* (1927).

Organizator zespołu, E m i l Z e g a d ł o w i c z (1888 - 1941) był pisarzem bardzo osobliwym i podstawowe cechy jego indywidualności zadecydowały o charakterze jego dorobku. Wychowanek atmosfery cyganeryjno-kawiarnianej chłonął jej pierwiastki, by je reprodukować bez wysiłku w postaciach pozornie nowych i oryginalnych, jakkolwiek składniki ich wywieść można łatwo od mistrzów neoromantycznych. Patronowali mu tedy w liryce Kasprowicz, Staff, Orkan; z ich to pomysłów budował swój świat beskidzki, pełen dziwów pozornie jedynych i niespotykanych, w istocie zaś mających wyraźną metrykę literacką. Tak więc zbiór jego najpopularniejszy *Powsinogi beskidzkie. Sześć ballad z poematu «Dziewanny»* (1923), wyrosły — zdaniem autora — na pniu odrodzonej tradycji arianizmu polskiego, w istocie korzeniami tkwił w lekturze Orkanowej powieści *W roztokach*, zwłaszcza w części jej ukazującej świat łazików górskich skupiony wokół Franka Rakoczego, z tą tylko różnicą, iż Zegadłowicz galerię swych włóczęgów opromienił ideologią franciszkanizmu, głoszoną przez Kasprowicza i Staffa. Równocześnie jednak w cyklu *Dziewanny* pomysłowo i oryginalnie ujmował swój własny stosunek do świata gór, zwłaszcza do ich wspaniałej przyrody, a w drobnych zbiorkach lirycznych, połączonych w tomie *Dom jałowcowy* (1927), ukazał mistrzowskie bogactwo słowa poetyckiego. To, co u Tuwima znajdowało wyraz w sztuce zwanej słopiewniami, ekstatyczne upojenie się melodią słowa, Zegadłowicz potrafił wyrazić w lirykach, w których zacierała się granica między słowem a tonem, poezją a muzyką. W tomiku więc *Godzinki* (1925) wystąpiły dziwy takie oto (w wierszu *Sobie samemu nieznany*):

O wiosno miłościwa!
nieistniejąca na pewno!
zjarzają się wydziwa
i w pieśń splatają śpiewną.

Dni jasne i słowicze
przysiadły na brzezinie

3. Liryka awangardowa

....idę — i kwiaty liczę —
....patrzę — a rzeka płynie —

....staję — a chmury lecą —
....słucham — a dni śpiewają —
Komu i gdzie ? — Bóg wie co!!
— a najwięcej rozstajom.

Samemu sobie nieznany,
zbłąkany, nieprzytomny —
raz pierwszy jestem pijany,
ja i ten wszechświat ogromny.

Tego rodzaju cuda poetyckie, występujące również w innych zbiorkach, jak prześliczne *Kolędziołki beskidzkie* (1923), wyrastały z folkloru podgórskiego, który wspaniale wyzyskiwał już Tetmajer (*Na Skalnym Podhalu*) i Orkan (*W roztokach*), a którego liryczne bogactwo doszło do głosu dopiero w twórczości autora *Dziewann*. Dopiero on bowiem dostrzegł i literacko odtworzył elementy bakchiczno-dionizyjskie tkwiące w polskiej liryce ludowej, które w bardzo nikłym stopniu potrafili uchwycić i wyrazić jego poprzednicy neoromantyczni.

Na wyżynach, które osiągnął w liryce, nie udało się Zegadłowiczowi utrzymać w dziedzinach, które uprawiał poza nią, w dramacie i powieści. Jako dramaturg bowiem nie zdołał wyzwolić się spod czaru Wyspiańskiego, jako powieściopisarz zaś zdobył wprawdzie rozgłos ogromny, ale nietrwały, oparty bowiem na czynnikach nazywanych skandalem literackim. W ślad mianowicie za pełną wdzięku opowieścią *Żywot Mikołaja Srebrempisanego* (1927), która nie wzbudziła zainteresowania, Zegadłowicz wydał ciąg jej dalszy, pt. *Zmory. Kronika z zamierzchłej przeszłości* (1935), gdzie zatęchłą atmosferę galicyjskiego miasta powiatowego, odmalowaną w kolorycie arcyponurym, urozmaicił „masnymi", jak się tam powiadało, tj. tłustymi wstawkami pornograficznymi. „Odważna książka", jak powieść tę nazywano, narobiła dużo hałasu, nie bardzo bowiem harmonizowała z wyobrażeniami o bogobojnym miłośniku świątków i kolędziołek beskidzkich, jej zaś autor sławę Herostrata spotęgował jeszcze powieścią następną, *Motorami* (1938, skonfiskowaną), czymś w rodzaju zbeletryzowanej monografii zboczeń seksualnych. Te wystąpienia Zegadłowicza, w których doszły do głosu jakieś niewątpliwe, choć dawniej maskowane kompleksy, były może jedną z jego masek, równie przesadnych, jak poprzednio jego czartakowa chłopskość i franciszkańskość. Jedynie na dokumentach oparta monografia wyjaśni kiedyś, jak to było naprawdę i rozgraniczy to, co w twórczości Zegadłowicza było produktem żywiołowego talentu, a co wytworem rzemiosła literackiego i łatwej maniery pisarskiej.

O uroku zaś, wywieranym przez twórcę *Dziewann*, świadczy fakt, iż w Czartaku potrafił on skupić grono pisarzy, którzy mu wtórowali, a z których jedynie E d w a r d K o z i k o w s k i (ur. 1891), historiograf tej grupy, zdobył się na akcenty własne. Przykład zaś Czartaka był zachętą dla zbliżonych doń terenowo ośrodków regionalnych, podhalańskiego i śląskiego, w których występowały talenty miejscowe, wprowadzając do literatury pierwiastki folklorystyczne. Zbiory ich i zbiorki, obok których nie przejdzie obojętnie historyk literatury, zwłaszcza zaś badacz nasiąkania literatury narodowej pierwiastkami ludowymi, reprezentujące wysoki nieraz poziom sprawności pisarskiej, nie były objawieniami nowego artyzmu. Stanowiły one raczej kontynuację tradycyjnej ludowości aniżeli zapowiedź tego, co głosili skamandryci, heroldowie nowej kultury nowoczesnego państwa.

Wystąpieniom zaś liryków warszawskich wtórowały głosy poezji młodego Krakowa, jego Awangardy, która miała okazać się ośrodkiem bardzo żywotnym i bardziej trwałym czy raczej doniosłym od stołecznego. O prężności Awangardy krakowskiej świadczą nie tyle czasopisma i ogłaszane w nich programy, ile fakt, że skupiła ona niepospolitych pisarzy i stworzyła pewne systemy, które miały zaważyć na dalszym rozwoju literatury polskiej, nadto zaś systemy te były w jakiś sposób związane z tym, co działo się podówczas w Europie zachodniej. Czasopisma bowiem „Zwrotnica", „Linia" i „Gazeta Literacka" były efemerydami bez znaczenia, redaktor zaś pierwszego, T a d e u s z P e i p e r (1891-1969), teoretyk nowego kierunku, jako poeta nie sięgał poziomu swych rozważań ogólnych. Miał on jednak i poprzedników, i rówieśników, którzy — mimo wszelkich różnic — szli z nim ręka w rękę i praktycznie upowszechniali jego poglądy. Drogę więc torowali mu pisarze tacy, jak Czyżewski i Jasieński, reprezentanci nowego kierunku. T y t u s C z yż e w s k i (1885-1945), z zawodu artysta malarz, namiętny wyznawca nowoczesnej kultury wyrastającej na podłożu zmechanizowanej cywilizacji, podobnie jak B r u n o J a s i e ń s k i (1901-1939), autor *Buta w butonierce* (1921), a później szeregu utworów mających za temat krzywdę społeczną, nowe treści wyrażali w nowych formach poetyckich, których uzasadnieniem teoretycznym zająć się mieli awangardziści krakowscy z Peiperem na czele.

Ogółem biorąc, pisarze ci, może ulegając paryskiemu autorytetowi Czyżewskiego, obłąkanego wielbiciela cudów elektryczności, zaj-

3. Liryka awangardowa

mowali stanowisko wcale osobliwe, bliskie temu, co głosił niegdyś pozytywizm. Podziwiali nowoczesną cywilizację i jej osiągnięcia techniczne, przeciwstawiając je z całą energią prymitywnej przyrodzie. Peiper, apostoł urbanizmu, głosił to samo, w co wierzyli skamandryci warszawscy. Awangardziści szli jednak dalej. Zachwyceni osiągnięciami nowoczesnej techniki, zwłaszcza w dziedzinie lotnictwa, które przekreślały od czasów Arystotelesa powszechnie uznawane pojęcia czasu i przestrzeni, dochodzili do lekkomyślnego wniosku, iż pojęcia to puste, dojrzałe do likwidacji. A skoro tak... — ale nie zapuszczajmy się w dżunglę poglądów, które poczęły zastępować miejsce systemów faktycznie czy tylko pozornie obalonych. Chodzi przecież tylko o to, co w sytuacji tej dotyczyło literatury.

O znaczeniu zaś literackim Awangardy krakowskiej zadecydowały nie wypowiedzi jej teoretyków, choć wprowadziły one niejeden termin, powszechnie dziś używany, lecz — jak to zwykle bywa — istotny i trwały jej dorobek, reprezentowany przede wszystkim przez twórczość **Juliana Przybosia** (ur. 1901). Nie był on, jak świadczy przysłówek „przede wszystkim", izolowany, okoliczność jednak, iż rówieśnicy jego, jak Jan Brzękowski lub Jalu Kurek, zdobywszy sobie przemijający rozgłos, na linii awangardowej się nie utrzymali oraz że — wedle opinii samego Przybosia — Awangarda krakowska była polem startowym dla lotów zgoła odmiennych, można ograniczyć się tutaj do ukazania jego tylko kariery poetyckiej. Plon jej trzydziestopięcioletni zawarł się w pięciusetstronicowym tomie *Poezje zebrane* (1959), do którego komentarzem, przynoszącym jej dzieje, są szkice *Linia i gwar* (1959) oraz *Sens poetycki* (1963).

Komentarz ten obejmuje zarówno młodzieńczo-czupurne wypowiedzi i zapowiedzi krytyczne Przybosia, drukowane w „Zwrotnicy", jak i jego późniejsze rzeczy, wśród których studia nad nowoczesnym malarstwem dowodzą, iż teoretyk liryki awangardowej szukał oparcia dla swych poglądów w świecie nie tylko literatury, ale i plastyki współczesnej. Wśród zgrabnych i pomysłowych szkiców literackich jeden jest coćkolwiek zaskakujący. Jest to sylwetka Norwida z r. 1957, a więc o lat trzydzieści późniejsza od pierwszych bojów krytycznych Przybosia; autor jej z pewnym zdziwieniem stwierdza, iż „zdumiewający poeta", jeden jedyny z pisarzy romantycznych, „zdaje się być twórcą, którego sztuka poetycka ukazuje pewne podobieństwo do praktyki nowoczesnej poezji", i dostrzega u niego nawet „żywiołową spontaniczność". Nie dziwiłoby wcale, gdyby ktoś, rozbudowując te późne i dość przypadkowe spostrzeżenia, doszedł do książki o Norwidzie jako prekursorze poezji awangardowej, książki analogicznej do studium Matuszewskiego o Słowackim i nowej sztuce, poetyce symbolizmu! A wreszcie szkice Przybosia ukazują zrąb jego systemu teoretycznego, realizowanego w jego twórczości, systemu zwartego i konsekwentnego, choć niewolnego od niejasności i nieporozumień.

Jego punktem wyjścia jest postulat bardzo ścisłego związania literatury, a w szczególności poezji, sprowadzonej do granic liryki, z życiem, które jest podłożem zjawisk literackich, a więc z życiem nowoczesnym. I to życiem, które odwróciwszy się od przezwyciężonej przeszłości, interesuje się tym, co jest dzisiaj i co wiedzie ku jutru. Nowoczesność jego polega na wysiłku wkładanym w rozbudowę cywilizacji oraz kultury; cywilizacja opiera się na zastąpieniu wysiłku ludzkiego pracą maszyn, kultura — na stworzeniu nowych stosunków społecznych realizujących zasady marksizmu. Sztuka, literatura, zwłaszcza liryka, włącza się do tych nowoczesnych procesów przez tworzenie dzieł spełniających te wszystkie warunki rygorystycznej precyzji, których wymaga się od nowoczesnej maszyny, zwłaszcza od samolotu, który był podówczas ostatnim wyrazem techniki, szczególnie przemawiającym do wyobraźni poetyckiej. Konsekwencje tego stanowiska młody poeta ujmował tak oto:

> „Idea rygoru w poezji prowadzi również do szczerości wobec zagadnienia pracy. Na przeświadczeniu i wysiłku poetyckim umocować można równouprawnienie trudu poetyckiego wśród innych działów pracy (...) Wiara w rzetelność trudu artystycznego sprowadza poezję na grunt rzeczywistości społecznej. Nie ma żadnego uprawnionego powodu, aby poezje wyłączać z kręgu zawodów równie wynalazczych, jak elektrotechnictwo i równie trudnych, jak akrobatyka. Napisanie dobrego poematu jest taką samą twórczą pracą, jak zrobienie pierwszego buta. A zrobienie pierwszego buta było odkryciem, którego bohaterstwo równa się odkryciu Ameryki."

Ta młodzieńcza deklaracja z r. 1927, później dopełniana i precyzowana, lecz w zasadzie nie zmieniana, nie otrzymała w r. 1927 odpowiedniej metryki historycznoliterackiej, choć metryka taka podniosłaby jej ciężar gatunkowy. Poglądy w niej wyrażone były przecież bezwiednym i mocno uproszczonym oddźwiękiem wywodów i *Legendy Młodej Polski,* i *Promethidiona,* zwłaszcza tego ostatniego, gdzie rzemiosło, przemysł, sztuka były ogniwami rozwoju cywilizacyjno-kulturalnego, z tą tylko istotną różnicą, iż awangardzista krakowski swój pogląd na świat i zadania sztuki budował na fundamentach marksizmu, nie zaś idealizmu w postaciach uznawanych przez Norwida i Brzozowskiego. Nie chodziło mu zresztą o założenia filozoficz-

3. Liryka awangardowa

ne, lecz o konsekwencje praktyczne, techniczne, płynące z przyjętych założeń, o stworzenie rygorystycznego systemu nowej poetyki obowiązującej w świecie liryki, poezji, literatury. Poetyki opartej na pracy. Odrzucał tedy romantyczne pojęcie natchnienia, „improwizację i kaprys gorączki uczuciowej", by przyjąć jako podstawę twórczości „namysł", wiodący do „formy zrównoważonej i statecznej", do poezji, która jest dziełem intelektu, rezultatem przenikliwej pracy myśli, myśli „wyostrzonej do precyzji jasnowidztwa". Odrzucał dalej normalną składnię gramatyczno-logiczną, by zastąpić ją nową, opartą na kojarzeniu wyobrażeń o charakterze metafor, obliczonych na wywoływanie u czytelnika odpowiednich uczuć, przy czym miejsce tradycyjnej, wielosłownej rozlewności zajmowała „oszczędność wydatku słownego", zwięzłość i powściągliwość środków wyrazu. W rezultacie celem nowej poezji miało być powstanie nowego systemu językowego, odmiennego od potocznego nie tylko ilościowo, ale również jakościowo, „bo aby słowo było poezją, musi być słowem innym niż takie samo słowo użyte w prozie. Mowa poezji jest mową swoistą, niezależną od języka prozy". Słowem — mową twórczą, w której nowi poeci sięgnęli prometejsko po samą zasadę tworzenia, przy czym największy z nich, G. Apollinaire, jak Przyboś napisze w dwadzieścia lat po młodzieńczej deklaracji, łączył „improwizatorstwo z precyzją sztukmistrza", jako że „był to natchniony żongler, liryk, któremu poezja rodziła się na końcu pióra... bez namysłu i z góry powziętego zamiaru". Trzeba tu było wskazać na tę paradoksalną sprzeczność dwu stanowisk, raz bowiem jeszcze dowodzi ona, iż o charakterze poezji prawdziwej rozstrzyga nie teoria, lecz praktyka.

Praktyka zaś, której wyrazem stał się cykl zbiorów i zbiorków (*Śruby* 1925, *Oburącz* 1926, *Z ponad* 1930, *W głąb las* 1932, *Równanie serca* 1938, *Póki my żyjemy* 1944, *Miejsce na ziemi* 1945, *Rzut pionowy* 1952, *Najmniej słów* 1955, *Narzędzie ze światła* 1958, *Próba całości* 1961), ukazała w Przybosiu znakomitego poetę, tworzącego z namysłem i trudem nie skrywanym, wirtuoza zwięzłego słowa, które wymaga od czytelnika wysiłku, niekiedy bardzo znacznego, ale wysiłku, który się z nawiązką opłaca. Po trzech tomikach wstępnych, sławiących zdobycze techniczne cywilizacji, takie jak rekord światowy pilota polskiego (*Lot Orlińskiego*), dalsze przyniosły szereg obrazków z życia wiejskiego, serię erotyków, szkicownik poetycki z podróży *Na Zachód*; w jednym (*Póki my żyjemy*) poeta utrwalił wspomnienia wojenne od wiosny 1939 do wyzwolenia na wiosnę 1944, w zbiorku zaś o lat dziesięć późniejszym (*Najmniej słów*) rzucił na papier garść rysuneczków piórkiem, ukazujących polską wieś; by użyć zwrotu Norwida — wieś „przemienionych kołodziejów", ale przemienionych nie w świecie marzenia, lecz nowoczesnego biegu historii:

„wieś ginie w trawie, miga w urywkach i skrótach, cofa się, jakby hopkała na (z pieśni) koniku, a w pobok, bliżej i dalej, pod górę wykwita spiętrzonymi makami domów w wykłoszonych żytach ze wsi zielonej czerwone miasto: Nowa Huta".

Poezja Przybosia nastręcza dużo trudności, wymaga bowiem od czytelnika, by podążał za lotem wyobraźni pisarza, by chwytał sens i stosunek skojarzonych w jego utworach obrazów, by rozumiał jego kunsztowne i niezwykłe metafory, by nie cofał się przed koniecznością przekładania na zwykłą prozę jego wierszy i dopiero po tym zabiegu odczytywał je raz jeszcze. Twórczość bowiem autora *Narzędzi ze światła* wiedzie w świat tego, co w starożytnej Italii zwano „poezją uczoną" (*docta poesis*) i stanowi jej odmianę najuczeńszą. Tamta wymagała umiejętności rozwiązywania zagadkowych, niezwykłych zamienni i omówień, czytelnik jej musiał być równocześnie lotnym komentatorem; czytelnik Przybosia musi umieć komentować jego przenośnie. Trud ten jednak ułatwia i umila prąd rzetelnego liryzmu, stale obecny w jego wypowiedziach, wiążący doznania autorskie z migawkowymi, a przecież wyrazistymi obrazami przyrody i niezwykły kunszt słowa, sięgający wyżyn tego, co jako „ekwilibrystykę wyszukanych obrazów i gry pojęć" podziwiał u Apollinaire'a.

Tylko że tu wyskakuje trudność inna, najistotniejsza, z którą Przyboś borykał się wielokrotnie w swych rozważaniach o twórczości własnej i poezji awangardowej, a którą niechętna mu krytyka określała zwięźle jako niezrozumialstwo. On sam, w szkicu *Obowiązek artysty* z r. 1945, bronił swej postawy, głosząc, iż pisarzowi nie wolno naginać się do wymagań klienteli, do nawyków odbiorcy i że odbiorca ten musi dorosnąć do przyjmowania tego, co początkowo wydaje się trudne i niezrozumiałe. „Sąd współczesności nie jest ostateczny, dopiero przyszłość rozstrzyga..." — brzmi smutna pociecha znakomitego poety-pioniera, choć losy pozwoliły mu dożyć uznania najwyższego — Awangarda bowiem, z której wyszedł i której zasady nie tylko formułował, ale i wyraził w sposób naprawdę twórczy, okazała się kierunkiem żywym, płodnym i zwycięskim.

W przeciwieństwie do omówionych trzech zespołów pisarskich, skupiających po kilka zaledwie osób, dużo rozmachu organizacyjnego wykazała warszawska grupa, Kwadryga, należało do niej bowiem

3. Liryka awangardowa

niemal dwudziestu liryków, z których kilku miało zająć niepoślednie miejsca w poezji międzywojennej i powojennej, jakkolwiek trzech z nich, i to wybitnych, wojny i okupacji nie przeżyło. Organem zespołu był miesięcznik „Kwadryga" (1926 - 1931), kontynuowany po paru latach bez powodzenia przez kilka zeszytów „Nowej Kwadrygi". Czasopismo to z miejsca wystąpiło z programem literacko-społecznym, nawiązującym do tradycji Norwida i Stanisława Brzozowskiego oraz do haseł głoszonych podówczas w porewolucyjnej Rosji, wyznawało więc zasady „sztuki uspołecznionej, sprawiedliwości społecznej i godności pracy", czy później „sztuki walczącej o sprawiedliwsze formy życia zbiorowego" i „sztuki dla mas ludowych". W imię tych zasad przeciwstawiało się i skamandrytom, pomawianym o „bezideowość, antyintelektualny witalizm i biologizm", i Awangardzie krakowskiej, której zarzucało „estetyzm".

Postulaty te najpełniej, choć artystycznie nie najdoskonalej, wcielił w swej poezji Stanisław Ryszard Dobrowolski (ur. 1907), inspirator i w dużym stopniu organizator Kwadrygi, liryk, prozaik i eseista. Już w młodzieńczym tomiku (*Pożegnanie Termopil* 1929) pieśnią „jak dno rzeki ciemną" sławił on bohaterów walki społecznej, „czerwonych archaniołów wchodzących w podziemia z wściekłym gniewem rozpaczy na błękitnych ostrzach". Wzbogaciwszy swą sztukę akcentami wystudiowanymi w pracy *Nad Norwidem*, jak nazwał swój tomik późniejszy (1935), w zbiorku *Powrót na Powiśle* (1935) dał serię znakomitych obrazków z życia proletariackiej dzielnicy warszawskiej, rozpinając nad nimi krwawe wspomnienia pochodu robotniczego z r. 1905. Równocześnie i tutaj, i w tomikach innych nie stronił od pomysłów satyrycznej groteski, wymierzonych przeciw otaczającej go rzeczywistości polskiej, jakże odmiennej od marzeń romantycznej poezji. „Pamflet" swój zakończył typową dla poetów Kwadrygi zjadliwą apostrofą:

> *Wy, coście nas zbujali — trzeba przyznać — zdrowo*
> *i w narodowych trumnach laurowo posnęli,*
> *patrzcie no teraz w Polskę swą dwukolorową,*
> *tylko bardzo ostrożnie, by was nie zamknęli!*

To publicystyczno-prozaiczne ujęcie problemu wysoce zawiłego wyjaśnia poniekąd, dlaczego Dobrowolskiemu nie udał się dłuższy poemat *Janosik z Tarchowej* (1937), w którego dziejach autor usiłował usłyszeć „tę samą dziką, rebeliancką pieśń", która dzwoniła mu „pośród Powiśla ulic" i „w brukach Łodzi". Barwne życie „parobczaka słowackiego" przemówiło do wyobraźni poety miejskiego nie głosem buntu, lecz pięknem przyrody górskiej, na której tle wyobraźnia ta je dostrzegła. Tło zaś miejskie było naturalnym podłożem wierszy i pieśni popularnych (*Nasza rzecz* 1953, *A jeśli komu droga* 1959) o ludziach, instytucjach, wydarzeniach i zdobyczach życia powojennego, stając się doniosłym składnikiem głoszonej już niegdyś przez autora „sztuki dla mas ludowych". W tym samym kierunku poszła jego twórczość powieściowa. Część jej (*Jakub Jasiński* 1951, *Warszawska karmaniola* 1955, *Piotr i Anna* 1957) ukazuje Warszawę czasu powstania Kościuszki z jej nastrojami i posunięciami rewolucyjnymi; część druga (*Trudna wiosna, Nasz czas* 1961) wprowadza aktualne zagadnienia życia zbiorowego Polski dzisiejszej, przejście od ponurych wspomnień wojenno-okupacyjnych do rzetelnej pracy nad budową nowej kultury, odpowiadającej nowym potrzebom narodu. I w powieściach, i w opowiadaniach krótkich (*Notatnik warszawski* 1950, *Drugi notatnik warszawski* 1955) Dobrowolski pozostał wierny linii, której trzymał się od początku swej kariery pisarskiej, linii radykała i pieśniarza Warszawy, Warszawy rewolucyjnej.

Zespół Kwadrygi obejmował jednak — i to od samego początku — pisarzy o ambicjach odmiennych, literackich raczej niż publicystycznych, jednostki, którym bardziej chodziło o wypowiedzenie siebie niż o oddziaływanie na innych, na odbiorców. Tak było w wypadku W ł a d y s ł a w a S e b y ł y (1902 - 1941), redaktora czasopisma, subtelnego, wnikliwego krytyka literackiego i — przede wszystkim — niezwykle utalentowanego poety-liryka. Świat jego wyobraźni, ukazany w tomikach *Pieśni szczurołapa* (1930), *Koncert egotyczny* (1934) i *Obrazy myśli* (1938), nawiązujący niejednokrotnie do tradycji wielkich romantyków, dowodzi, iż Sebyła był poetą myślicielem, śmiało i po swojemu atakującym problemy, które od wieków bywały prześłami arcydzieł literackich, a które nie straciły dojmującej aktualności dla pisarza nowoczesnego. Tak więc w *Koncercie egotycznym* raz jeszcze wystąpiła sprawa fikcji poetyckiej i opartego na niej znaczenia twórczości, gdy „kłamie mowa, kłamiąc buduje świat, którego nie ma", twórczość bowiem jest bezsilna wobec mroków otaczającej nas „nocy świata". W niezwykle sugestywnych obrazach przewijają się u poety wizje ciemności, które daremnie usiłuje przebić myśl religijna i wobec których bezradna jest wiara zarówno w Boga, jak w człowieka. I to właśnie spojrzenie na świat jest źródłem przekonania autora *Obrazów myśli* o nadciągającej katastrofie wręcz apokaliptycznej:

> *Krzyczą tłumy, szaleństwem wodzów zarażone,*
> *Wyje zwierz, wypłoszony głodem z legowiska,*
> *Nadchodzą noce ognia, dnie od krwi czerwone,*
> *Pora, gdy skały pójdą w proch, już bliska.*

3. Liryka awangardowa

Na tle tego makabrycznego pejzażu wzrok poety dostrzega Polskę, która „światowitową, mroczną twarz zwracając w cztery strony wraże", daremnie usiłuje utrzymać się na szlaku wielkiej pracy odrodzenia i odbudowy. Tym przejmującym obrazem zamyka się dorobek niezwykłego poety, którego nie tylko twórczości, ale i życiu koniec położyła przewidywana przezeń wojenna przyszłość.

Podobnie ułożyły się losy jego rówieśnika, J ó z e f a C z e c h o w i c z a (1903 - 1939), który debiutował w Lublinie (1927), gdzie należał do grupki literackiej „Lucyfer", rychło jednak przeniósł się do Warszawy, by zbiorek następny (*dzień jak codzień* 1930) ogłosić w Bibliotece „Kwadrygi". Intensywne prace literackie młodego poety (utwory wierszem i prozą, recenzje, przekłady itp.) przerwał wybuch wojny i śmierć od bomby niemieckiej w Lublinie.

W puściźnie pisarskiej Czechowicza, formalnie bardzo bliskiej technice awangardowej, ostentacyjnie nowoczesnej — poeta bowiem od samego początku konsekwentnie unikał dużych liter i znaków przestankowych — przewijają się pewne stałe motywy stanowiące o jej swoistym charakterze, i to motywy o nastawieniu raczej artystycznym niż ideologicznym. Wśród nich miejsce niemal czołowe zajmują wyznania autobiograficzne, prawiące zarówno o życiu osobistym poety, jak — przede wszystkim — o pracy pisarskiej, stanowiącej sens tego życia, uwieńczonego w przyszłości dopiero, gdy „kiedyś zaleje sława ciemnym złotem grób". Te tak staroświecko w w. XX brzmiące nadzieje wiążą się u autora zbiorku *ballada z tamtej strony* (1932) z obsesyjnie częstymi zapowiedziami rychłej śmierci. Snując te pomysły, nie był Czechowicz odosobniony, podobne bowiem przewijały się w liryce rówieśnego mu, młodo zmarłego na gruźlicę J e r z e g o L i e b e r t a (1904 - 1931), gdzie jednak przejmująca kontemplacja własnej śmierci związana była z przeżyciami religijnymi (*Gusła* 1930, *Kołysanka jodłowa* 1932). Czechowiczowi natomiast akcenty religijne były obce i dlatego właśnie ta sfera jego liryki uderza swą niezwykłością i wyjaśnia przekonanie poety o nieśmiertelności świeckiej, zdobywanej własnym wysiłkiem twórczym.

Tło naturalne owych żałobnych rozważań stanowią dla Czechowicza obrazy o charakterze pejzażowym, a więc zarówno sylwetki miast polskich w zbiorku *Stare kamienie* (1934), powstałym jako dzieło napisane wspólnie z Franciszką Arnsztajnową, jak pełne czaru szkice przyrody, gorąco podziwianej równie dobrze w „śpiewem dzwonów dzwonnej Burgundii", jak w kraju ojczystym, Lubelszczyźnie, i na Wołyniu. Uroda zaś ziemi przemawiała do niego nie tylko pięknem pejzażu, ale i swoistością kultury ludowej, ukazywanej w niesamowitością zabarwionych balladach *nuty człowieczej* (1939)

W tomiku tym, podobnie jak we wcześniejszym (*nic więcej* 1936), znalazły wyraz również proroctwa poety, który mówił o sobie: „cień mnie swym głosem urzekł — apokalipsą zbudził" i narzucał mu posępną wizję, występującą już w *balladzie z tamtej strony*:

> *wszędzie czerwienie kołem*
> *płomienie wisząc*
> *w mętnym strumieniu sekund*
> *grożą powodzią wieków*
> *straszniej niż noc*
> *straszniej niż burza*
> *niż sen*

Wzięta jako całość liryka Czechowicza urzeka swymi odrębnościami charakterystycznymi dla twórcy *Kamienia*, jak nazwał swój tomik młodzieńczy. Uderza precyzją rysunku, stylizowanego niejednokrotnie na prymityw, a bardzo plastycznego. Nade wszystko zaś ujmuje swą melodyjnością czy śpiewnością — swym wdziękiem melicznym. Obie te cechy sprawiają, iż śpiewak *nuty człowieczej* działa na odbiorcę właśnie jako śpiewak, całkowicie odmienny i od poprzedników, i od współczesnych. Nad pierwszymi, poetami w rodzaju Lenartowicza czy Konopnickiej, góruje awangardową oszczędnością wyrazu; obce mu jest liryczne gadulstwo, wyparte przez styl eliptyczny, a jednak dzięki obfitości metafor pełen plastyki; nad drugimi, nawet takimi mistrzami jak Przyboś — bogactwem melodyjnego, dźwięcznego słowa, zaskakującego efektami rytmicznymi, które z miejsca zdobyły sobie uznanie. W rezultacie zapowiedź poety potwierdziła się — i to podwójnie. Żywot jego, tragicznie i przedwcześnie przerwany, przedłużyła sława, złotem zalewająca jego lubelski grób, a raczej poświęcone mu muzeum.

Zespół Kwadryga objął również najpłodniejszego jej przedstawiciela, K o n s t a n t e g o   I l d e f o n s a   G a ł c z y ń s k i e g o (1905 - 1953), poetę, który z miejsca wprowadził tu coś własnego, mianowicie swoiste akcenty humoru groteskowego, a równocześnie stworzył pomost między kwadrygantami i potępianymi przez nich skamandrytami. Warszawiak z pochodzenia, z niejednego pieca chleb jadał, nim pewnego dnia obudził się sławny. Stało się to w r. 1936, a więc w lat dziesięć po przewrocie majowym, a w rok po śmierci jego sprawcy, Piłsudskiego, gdy prawicowy tygodnik „Prosto z mostu" ogłosił groteskowy wiersz Gałczyńskiego *Skumbrie w tomacie*, krótki i zwięzły. Do redakcji „Słowa niebieskiego" przychodzi „maluśki staruszek z pieskiem". Kto? ano Łokietek, który z wojskiem uśpionym przebywał gdzieś w grocie, a teraz zjawił się, głosząc: „Idę na Polskę zrobić porządek". Redaktor oświadcza przybyszowi:

3. Liryka awangardowa

Był tu już taki dziesięć lat temu
(Skumbrie w tomacie pstrąg)
Także szlachetny. Strzelał. Nie wyszło
(Skumbrie w tomacie skumbrie w tomacie)
krew się polała, a potem wyschło
(Skumbrie w tomacie pstrąg)

Zaskoczony Łokietek wraca do groty, rzucając na pożegnanie: „Chcieliście Polski, no to ją macie!". Wypowiedź tę i andrusowsko lekceważące ujęcie zamachu majowego poczytano za bluźnierstwo; wywołało ono repliki dziennikarskie prozą i wierszem, przy czym wśród polemistów znalazł się i Tuwim (*Ozór na szaro*).

Autor *Skumbrii w tomacie* miał w r. 1936 spory dorobek pisarski, przeważnie rozproszony w czasopismach, choć jego groteski, prozaiczny *Porfirion Osiełek czyli Klub Świętokradców* (1929) i wierszowany *Koniec świata. Wizje świętego Ildefonsa czyli Satyra na wszechświat* (1930) oraz *Ludowa zabawa. Komiczniak poetycki* (1934) wprowadzały go na owoczesny Parnas pisarzy drukowanych, stanowisko to zaś zatwierdziły *Utwory poetyckie* (1937), w dwa lata później odznaczone nagrodą pisma „Prosto z mostu". Przedwojenny ten dorobek miał swój odrębny charakter warszawski. Młody poeta kontynuował w nim tradycje wierszowanego felietonu z przełomu w. XIX i XX, uprawianego przez pisarzy takich, jak Or-ot, Gomulicki i Laskowski, poprzedników tych jednak bił konceptami, jakich mógłby pozazdrościć jego mistrz Tuwim, którego torem Gałczyński wprowadzał motywy urbanistyczne z życia ulicy i jej małomiasteczkowych mieszkańców. Szarzyznę codziennego ich bytowania rozświetlał blaskami poezji, zdobywając się na tony własne, bardzo subtelne i wysoce osobiste. Szczególnie wyraziście dźwięczały one w jego wierszach miłosnych, w obrazkach losu nowoczesnego „chudego literata", głodne dni życia z ukochaną żoną opromieniającego dziwnością konceptów fantastycznych. Urok tych wierszy, zaskakujących bogactwem elementów muzycznych, potęgowała postawa nowoczesnego Villona, jego drwiący stosunek do owoczesnej rzeczywistości, jego upodobanie do parodii literackiej, jego zmysł rzeczywistości. Wszystko to znalazło wyraz w przełomowym wierszu *Skumbrie w tomacie*. Już więc w r. 1926 humorystyczny tygodnik „Cyrulik Warszawski" przyniósł jego *Piekło polskie* — parodię Dantowskiego *Piekła* — z rewią owoczesnych znakomitości literackich Warszawy, a podobne motywy satyry literackiej będą się przewijały w całej późniejszej twórczości Gałczyńskiego. Poeta, zabłąkany na manowcach życia przedwojennej Warszawy, miał do niego stosunek bezwiednie, choć wyraźnie krytyczny. I bardzo być może, iż ten właśnie stosunek umożliwił mu zarówno przetrwanie drugiej wojny w Niemczech, gdzie jako jeniec wojenny siedział w „kompaniach karnych", jak i decyzję powrotu do kraju, w którym miał spotkać się w pewnych kołach z przyjęciem bardzo nieprzychylnym. Opory te udało mu się przełamać, choć wysiłek ten musiał niejednokrotnie okupować rezygnacją z poziomu istotnie artystycznego. Dopomógł mu w tym przejęty od Norwida pogląd na sztukę jako na rzemiosło, opracowany w *Wicie Stwoszu* (1952), drugim obok *Niobe* (1951) z jego dłuższych poematów. Przede wszystkim jednak porwał go rozmach prac nad odbudową i budową nowej kultury polskiej, opartej na tradycjach narodowo-ludowych i czynnik ten zadecydował o charakterze twórczości lirycznej lat jego ostatnich.

Trudności ideologiczne, znane z biografii Gałczyńskiego, wyraźniej występowały, zwłaszcza u schyłku dwudziestolecia, u poetów, którymi interesowała się nie tylko krytyka literacka, ale również policja i prokuratura państwowa. Zainteresowania organów bezpieczeństwa, tropiących istotnych i pozornych sympatyków i zwolenników komunizmu, otrzymywały postać represyj, jak konfiskata utworów i dzieł „za nieposzanowanie władzy i podburzanie do nienawiści klasowej", jak więzienie, jak wreszcie szykany, zmuszające podejrzanych do emigracji.

Życie emigrantów nie zawsze układało się pomyślnie, jak dowodzą losy Jasieńskiego, Standego i Wandurskiego, którzy padli ofiarą prowokacji. (Zostali oni zrehabilitowani po XX Zjeździe KPZR). Pierwszy z tej trójki, wspomniany już jako poeta futurysta, B r u n o J a s i e ń s k i zdobył sporo uznania poematem *Słowo o Jakubie Szeli* (1926) oraz powieścią *Palę Paryż* (1929). Z dwu innych, którzy razem z Broniewskim wydali „biuletyn poetycki" *Trzy salwy* (1925), W i t o l d W a n d u r s k i (1891 - 1934) podejmował interesujące próby dramatu ludowego, przeznaczone dla sceny robotniczej (*Śmierć na gruszy* 1925, *Gra o Herodzie* 1926), S t a n i s ł a w S t a n d e zaś (1897 - 1939) snuł rozważania na temat istoty i zadań krytyki literackiej marksistowskiej.

Obok nich wymienić trzeba pisarzy, którzy twórczość swą traktowali jako agitację polityczno-społeczną. Najpłodniejszy z nich, ponoszony temperamentem bojowym, M a r i a n C z u c h n o w s k i (ur. 1909), poczytywany za „przedstawiciela chłopskiego frontu literackiego na odcinku marksistowskim", przyjaciołom i znajomym rozsyłał tomiki swych wierszy o wyglądzie osobliwym, całe bowiem bite stronice, na których tekst uległ konfiskacie, pokrywał jego kaligraficzną restytucją. Ostatecznie karierę swą zakończył jako emigrant poglądami odległy od Polski Ludowej. Jego niemal rówieśnik, E d w a r d S z y m a ń s k i (1907 - 1943), zgładzony w Oświęcimiu, rzecznik proletariatu warszawskiego z Woli, głoszący w r. 1937 w zbiorku *Słońce na szynach* konieczność sabotażu na kolejach jako środka zapobiegającego wojnie, był raczej działaczem społecznym niż pisarzem. Literacko wreszcie górował nad całą tą grupą L u c j a n S z e n w a l d (1909 - 1944), miłośnik i znawca literatur starożytnych, staranny szlifierz pięknego słowa, autor *Sceny przy strumieniu* (1936), poematu o szkole warszawskiej i nurtujących ją prądach postępowych, oraz zbiorku *Z ziemi gościnnej do Polski* (1944), w którym ten ochotnik Dywizji kościuszkowskiej wyśpiewał pragnienia i tęsknoty żołnierskie swej formacji bojowej.

Rysy tragiczne dostrzec można w grupce literacko uzdolnionych studentów wileńskich, skupionych wokół efemerycznego pisma „Żagary", pomawianego o skłonności komunistyczne, a wychodzącego początkowo jako dodatek do konserwatywnego dziennika „Słowo". Do grupy poetów żagarystów należeli m. in. A l e k s a n d e r R y m k i e w i c z (ur. 1913), J e r z y Z a g ó r s k i (ur. 1907) i C z e s ł a w M i ł o s z (ur. 1911). W twórczości ich, zwłaszcza u Miłosza (*Poemat o czasie zastygłym* 1933 oraz *Trzy zimy* 1936) znalazł wyraz nurt katastroficzny, znamienny dla filozofii i literatury europejskiej okresu międzywojennego. U nas nastroje katastroficzne wystąpiły w poezji zwłaszcza po r. 1930 u reprezentantów różnych stylów poetyckich, m. in. u Czechowicza, Sebyły, Gałczyńskiego, u poetów wileńskich były jednak najbardziej wyraziste. Odczuwali oni w dramatyczny sposób kryzys współczesnej kultury, mieli poczucie zagrożenia i lęk przed kataklizmem wojennym grożącym Polsce i Europie. Wyznawali przekonanie o nieuchronności zagłady grożącej współczesnemu światu. W twórczości swej dawali wyraz temu wszystkiemu, co stało się na jesieni r. 1939 tragiczną rzeczywistością. Wybiegając naprzód myślą w czasy okupacji, przypomnijmy zamrożenie życia kulturalnego, którego przedstawiciele albo ginęli w obozach koncentracyjnych, albo marnieli przymierając głodem w kraju, przez długie lata wojny, w których ani jedno nowe dzieło literackie nie ukazało się drukiem, a dzieła dawne ulegały systematycznemu celowemu niszczeniu przez najeźdźców, czasy wegetacji narodu, skazanego na zagładę. Wszystko to znalazło swój wyraz w literaturze podziemnej. I to w mieście, wystawionym na prześladowania najstraszniejsze, w stołecznej Warszawie, rozbitej pociskami już w r. 1939, systematycznie zaś zmienionej w stos gruzów po tragicznym powstaniu r. 1944. Dziwna, może szczęśliwa ironia losu chciała, iż podobnie jak na początku dwudziestolecia, środowisko uniwersytetu, który zszedł w podziemia, wydało trójkę młodych poetów, kontynuatorów tego, co było przed tragedią wojny i zniszczenia, a zarazem zwiastunów zwycięskiej przyszłości. Zbiorki ich wierszy, powielane ręcznie, a narażające swych czytelników na więzienie i śmierć, były wyzwaniem owoczesnej rzeczywistości. Dwaj z nich zginęli śmiercią żołnierską. T a d e u s z G a j c y (1922 - 1944), pisujący pod pseudonimem Karola Topornickiego, kroczył torem katastrofistów przedwojennych, ale z plastyką twórcy apokalipsy w *Widmach* (1943) i *Gromie powszednim* (1944) ukazywał grozę tego, czym żyła okupowana Warszawa. K r z y s z t o f B a c z y ń s k i znowuż (1921 - 1944) zapowiadał się jako utalentowany liryk, nawiązujący do wielkich tradycji romantycznych, ale umiejętnie odtwarzający życie swych czasów, zarówno własne, indywidualne, jak zbiorowe. T a d e u s z B o r o w s k i wreszcie (1922 - 1951), więzień Oświęcimia, przeszedłszy od poezji (*Gdziekolwiek ziemia* 1942, *Imiona nurtu* 1945) do powojennej prozy, dał serię opowieści z obozu koncentracyjnego i grotesek poobozowych, w których wspaniale połączył informacje dokumentarne z obrazami wstrząsającymi swym charakterem wizji makabrycznych, ujętych z pełnym realizmem, ale wykraczających poza obręb rzeczywistości.

4. KRYZYS DRAMATU

Zmienione przez odzyskanie niepodległości warunki życia zbiorowego odbiły się — choć nie od razu — korzystnie na rozkwicie międzywojennego życia teatralnego. Do jego więc starych ośrodków, warszawskiego i krakowskiego, z których pierwszy wysunął się na czoło ruchu teatralnego w całym kraju, przybyły nowe, otwierając pole pracy dla wybitnych i mniej wybitnych talentów aktorskich; przedstawiciele tej drugiej kategorii, zdobywając sławę na scenach prowincjonalnych, prędzej czy później lądowali w stolicy, gdzie niejednokrotnie przekształcali się w „gwiazdy" i „gwiazdorów" filmu. Prym wiodła tu jednak stara gwardia, wyszkolona na przedwojennych scenach Krakowa, Lwowa i Warszawy, a więc Stanisława Wysocka, Ludwik Solski, Mieczysław Frenkiel, Aleksander Zelwerowicz, Józef Węgrzyn. Nie oni jednak nadawali ton nowym stosunkom, lecz trójca młodszych „ludzi teatru", śmiałych inicjatorów, podejmujących ciekawe i zazwyczaj cenne eksperymenty sceniczne. Najwybitniejszym był świetny inscenizator, L e o n S c h i l l e r (1887 - 1954), doskonale zorientowany w nowościach europejskich, zarówno angielskich jak rosyjskich, reformator sztuki scenicznej, łączący pietyzm dla wielkiej dramaturgii narodowej z uzurpowaniem sobie nieraz praw i przywilejów autorskich, gdy z wystawianych tekstów wydobywał efekty, o których ich twórcom ani się śniło. W tym samym kierunku szli dwaj wybitni aktorzy i reżyserzy, J u l i u s z

4. Kryzys dramatu

Osterwa i Stefan Jaracz, kładący nacisk, podobnie jak Schiller, na społeczną rolę teatru. Pierwszy działał w „Reducie" (1919-1939), która obok kształcenia aktorów stawiała sobie zadania bardzo ambitne: udostępnianie teatru masom przez wystawianie arcydzieł po wsiach i miasteczkach głównie Wileńszczyzny i Grodzieńszczyzny, często pod gołym niebem z wciąganiem widzów w akcję, co było śmiałą próbą zerwania z szablonami teatru dotychczasowego. „Reduta" usiłowała też na grunt polski przenosić nowatorskie metody wielkich reformatorów teatru anglosaskiego (E. G. Craig) czy rosyjskiego (K. S. Stanisławskij) i robiła to nie drogą naśladownictwa, lecz w sposób twórczy.

Rzecz jednak znamienna, iż tym nowatorskim poczynaniom nie towarzyszył odpowiednio bujny rozkwit dramaturgii, że inicjatywie kierowników życia teatralnego kroku nie dotrzymywał nowy repertuar. Międzywojenna bowiem scena polska, imponująca wystawianiem arcydzieł obcych i własnych, żyła przeważnie dorobkiem pisarzy neoromantycznych. Tryumfy na niej święcili Żeromski, Rostworowski, Nowaczyński, Rittner, Perzyński, a także cała plejada rzemieślników dramatycznych w rodzaju Kaweckiego czy Krzywoszewskiego. Jeśli zaś w zestawieniu tym na miejscu pierwszym widnieje nazwisko Stefana Żeromskiego jako autora sztuki *Uciekła mi przepióreczka*, której wystawienie było jednym z najgłośniejszych osiągnięć „Reduty" i Osterwy, którą jednak trudno zaliczyć do arcydzieł (w „Ateneum" natomiast grywano *Sułkowskiego*), to szczegół ten jest wymowną ilustracją kryzysu w międzywojennej dramaturgii polskiej. Młodzi pisarze tych lat, świetni poeci i prozaicy, od dramatu stronili, a ci wyjątkowi, jak Iwaszkiewicz lub Pawlikowska-Jasnorzewska, którzy go uprawiali, nie stworzyli dzieł scenicznych dorównujących artyzmem ich lirykom czy powieściom. W tej sytuacji wymienić tu można zaledwie kilka nazwisk, które w dziejach naszej literatury zasługują na uznanie czy przynajmniej na pamięć.

Najbardziej popularnym pisarzem teatru był J e r z y S z a n i a w s k i (1886-1970), nowelista i autor kilkunastu utworów dramatycznych, które cieszyły się znacznym powodzeniem, nie tylko na scenie polskiej. Ich twórca jest jednym z pisarzy bardzo trudnych do określenia, niewątpliwie oryginalnym, jakkolwiek dla wszystkich niemal składników jego wizji pisarskiej ustalić można metryki literackie, dowodzące ich powszechności w okresie neoromantyzmu. Bohaterowie sztuk Szaniawskiego, zamknięci w szarym świecie banalnej powszedniości, zawsze wyrywają się do jakiegoś innego świata, krainy mniej lub więcej egzotycznej, do której gna ich nieokreślona tęsknota; ten motyw około r. 1895 przewijał się też w liryce Tetmajera, w powieściach Reymonta, a przede wszystkim w dramatach

Kisielewskiego, ale tam wyrażał się protestem, niejednokrotnie tragicznym buntem. Szaniawskiemu natomiast te akcenty są obce, jego bohaterów tęsknota nie niszczy, co najwyżej spowija ich mgiełką melancholijnej rezygnacji i na tym właśnie polega swoisty wdzięk jego utworów. To samo da się powiedzieć o węzłach tragicznych w jego dramatach, o konfliktach erotycznych u zakochanych czy wśród par małżeńskich. Do ludzi tych zastosować by można słowa dyrektora widziadlanej sceny z dramatu *Dwa teatry* Szaniawskiego, który powiada: „w naszym teatrze jesteśmy wiotcy, mgliści, bez wagi, wynurzeni z dziwacznej perspektywy, tacy, co mogą przejść przez sieć pajęczą, a sieć pozostaje..." A podobnie ma się sprawa z nastrojowością, którą Szaniawski posługuje się nieodmiennie, idąc torami Maeterlincka, jednak bez czynnika grozy, znamiennej dla dramaturga belgijskiego, czy z modnym około r. 1925 pomysłem teatralizacji życia. Unikanie efektów brutalnych autor *Dwu teatrów* (sztuki wystawionej w r. 1947 w zburzonej Warszawie) posuwa tak daleko, że w jego sztuce nawet ruiny tragicznej stolicy robią wrażenie czegoś nierealnego, ze snu, dalekiego od rzeczywistości. I w tej to manierze tkwi swoisty urok dzieł Szaniawskiego, potęgowany przez dwa czynniki dalsze. Jednym z nich jest wytworny humor, z jakim autor *Ptaka* spogląda na życie, humor, który pozwala mu dobrotliwie uśmiechać się tam, gdzie satyryk miotałby gromy oburzenia. Tak jest w świetnym *Żeglarzu,* opowieści scenicznej, jak to powstają zbożne legendy o znakomitościach społecznych, a nie inaczej w najlepszej sztuce Szaniawskiego *Adwokat i róże* (1929). W ogrodzie znanego adwokata-emeryta doszło niemal do morderstwa. Tajemniczy młodzieniec, mający tam schadzkę z jego młodą żoną, poczytany za złodzieja przez agenta policji, rani agenta i dostaje się do więzienia. Mecenas podejmuje się obrony młodzieńca i ocala go, nie demaskując sprężyn jego postępku. Trudno by było wskazać jakąś inną sztukę, która operując półsłówkami i niedomówieniami potrafiłaby równie subtelnie ukazać tragizm doli ludzkiej, złagodzony dobrocią szlachetnego człowieka.

I tego rodzaju czynniki właśnie wyjaśniają i uzasadniają znaczenie twórczości Szaniawskiego i jego popularność. Posługując się motywami ogranymi, tworzył z nich utwory własne i nowe, oświetlał je bowiem po swojemu i wydobywał z nich nowe akcenty bardzo szlachetne i ludzkie; utwory jego są pełne wymowy dla widza oglądającego poszczególne sztuki, choć nużą monotonią, gdy bierze się pod uwagę całość jego dorobku dramatycznego.

Środowisko inteligencji twórczej, architektów, uczonych, wynalazców, dostarczało tematów do fars **B r u n o n o w i   W i n a w er o w i** (1883 - 1944), znającemu świat nauki z własnej obserwacji, jako fizyk bowiem pracował on na uniwersytetach obcych i Politechnice Warszawskiej. Uprawiał on felieton popularnonaukowy oraz komedie i stworzył kilkanaście sztuk pełnych błyskotliwego dowcipu. Z utworów tych, rozpoczętych w r. 1910, a pisywanych po rok 1938, jak „humoreska w 3 aktach" *Roztwór prof. Pytla* (1919), obliczonych na budzenie śmiechu konceptami często niewybrednymi, jeden (*Księga Hioba. Komedia nudna w 3 aktach* 1921) spotkał się z nie byle wyróżnieniem, przekład jego angielski bowiem sporządził Joseph Conrad.

Dowcipna popularyzacja tematów naukowych zadecydowała też o rozgłosie sztuk teatralnych A n t o n i e g o   C w o j d z i ń s k i e g o (ur. 1896). Złożyła się na to niewątpliwie i wprawa, zdobyta na przeróbkach scenicznych powieści A. Struga i Z. Uniłowskiego, i zainteresowanie modnymi, a głośnymi teoriami naukowymi, i wreszcie świetne nieraz, choć niezbyt nowe pomysły komiczne. Przykładem może tu być *Teoria Einsteina*, grana w r. 1934 sto dwadzieścia pięć razy i jako „gwóźdź sezonu" odznaczona nagrodą. Motyw jej strukturalny, dyktowanie odczytu, przy czym maszynistka wystukuje nie tylko tekst profesora, ale również uwagi jego rodziny, wywodzi się przecież z nieśmiertelnego Fredrowskiego listu Cześnika w zapisie Dyndalskiego (*Zemsta*); to typowy przykład zaskakiwania widza starym konceptem w nowej i nieoczekiwanej postaci. W sztukach dalszych, jak *Freuda teoria snów* (1937) czy *Temperamenty* (1938), wprowadził autor w komicznym ujęciu głośne podówczas teorie psychologów niemieckich. I te sztuki cieszyły się powodzeniem w przeciwieństwie do słabych komedyjek, takich jak *Epoka tempa* (1935), w których zabrakło sensacyj naukowych. Dodać trzeba, iż Cwojdziński, jeden z niewielu, usiłował na emigracji ukazywać dzieje Polski czasu wojny i okupacji (*Piąta kolumna w Warszawie* 1942, *Polska podziemna* 1943 i in.).

Nowoczesność stuprocentowa doszła w dramacie międzywojennym do głosu dopiero w twórczości Witkacego, tj. S t a n i s ł a w a   I g n a c e g o   W i t k i e w i c z a (1885-1939). Syn znanego krytyka i malarza, dziedziczne skłonności do pióra i pędzla wyzyskał szeroko, dodając do nich zainteresowania z obrębu filozofii i estetyki. W dziedzinie filozofii stworzył własny system (*Pojęcia i twierdzenia implikowane przez pojęcie istnienia* 1935), który nazywał materializmem biologicznym, a którego zasady jeden z historyków filozofii ujął w taką oto formułę: „Jego ogólna teoria bytu była z jednej strony pluralistyczna, z drugiej materialistyczna. Rzeczywistość składała się — wedle niej — z monad materialnych, ale zbudowanych organicznie, zorganizowanych i zindywidualizowanych; toteż o budowie świata więcej mówi biologia niż fizyka". Filozof inny, przyznając Witkiewiczowi genialne zdolności, uważa go za myśliciela niedouczonego i nie umiejącego wyciągać ze stanowiska swego konsekwencji i rodzącego „nie dzieła do porodu gotowe, lecz raczej embriony dzieł". Formuła ta znakomicie stosuje się również do estetyki Witkiewicza, do jego teorii „czystej formy", dającej się zrealizować jedynie w teatrze, w dramacie, a nie w powieści. Istotę jej formułował w zdaniu: „chodzi o możliwość zupełnie swobodnego deformowania życia lub świata fantazji dla celu stworzenia całości, której sens byłby określony tylko wewnętrzną, czysto sceniczną konstrukcją, a nie wymaganiem konsekwentnej psychologii i akcji według jakichś życiowych założeń, które to kryteria mogą odnosić się do sztuk, będących spotęgowaną reprodukcją życia". Zdawał sobie wprawdzie sprawę, że „takiej sztuki teatralnej nawet pomyśleć nie możemy", ale był przekonany, że powstanie ona prędzej czy później, drogę zaś do niej widział w łamaniu dotychczasowych szablonów „opartych jedynie na życiowym sensie lub fantastycznych założeniach", w kulcie bezsensu. I sam szedł w tym kierunku uporczywie, rzucając na papier ponad trzydzieści utworów dramatycznych, z których znamy dzisiaj dwie trzecie zaledwie, a z których siedem tylko ukazało się na deskach scenicznych, przy czym jeden z nich, *Jan Maciej Karol Wścieklica* (1922), cieszył się dużym stosunkowo powodzeniem. Sukces ten był wynikiem faktu, iż autor dał tu nie „obraz... złożony z form zupełnie abstrakcyjnych", lecz obraz, który był wprawdzie zniekształconą rzeczywistością, nie na tyle jednak, by bezsens wyparł z niego pierwiastki sensowne, znane z potocznego doświadczenia. Autor wprowadził tu zagadnienie wysoce aktualne, to samo, które równocześnie przedstawiał w *Generale Barczu* Kaden Bandrowski: problem zdobywania władzy. Ponieważ zaś oddawał ją w ręce chłopa, plotka za model posła Wścieklicy poczytywała Witosa. „Dramat w trzech aktach bez trupów", jak brzmi ironiczny podtytuł, dowodził dużych zdolności dramaturga, umiejętnie konstruującego całość, równocześnie zaś zawierał typowe efekty sztuk Witkacego, a więc prymitywizm wizerunków psychologicznych, z motywem „sprężynki", załamania się bohatera pod koniec akcji, zamierzony brak dbałości o realizm (np. karczmarz wiejski, Abramek Mlaskower, rozprawia o „naszym Bergsonie"), niechlujstwo wreszcie języka papierowo-literackiego, przetykanego tu i ówdzie wyrazami gwarowymi.

Właściwości te rozrastały się w innych utworach Witkacego, w jego parodiach i groteskach, te bowiem formy dramatyczne były dlań najdogodniejszymi narzędziami deformowania rzeczywistości, operowania bezsensem, wyrażania wreszcie karkołomnych poglądów na człowieka i jego sprawy, na naukę, sztukę, politykę, na problemy wreszcie życia ludzkości, które podówczas nurtowały myśl europejską. W latach więc, gdy na ustach wszystkich był Einstein, Witkacy

4. Kryzys dramatu

całą tę dziedzinę niemiłosiernie ośmieszył w grotesce *Tumor Mózgowicz* (1921), zbudowanej metodą filmu ironicznego, łączącego ekshibicjonizm seksualny z niekoniecznie wyraźnymi przejawami geniuszu naukowego. W „naukowej sztuce «ze śpiewkami» w 3 aktach" *Szewcy* (1931 - 1934), znalazła się sprawa dyktatury władzy, rzucona na tło zagadnień około r. 1930 wysoce aktualnych dzięki rozważaniom socjologów, jak w Niemczech Oswald Spengler, u nas zaś Florian Znaniecki, prorokujących upadek kultury Zachodu. Wracając do pomysłów swych wcześniejszych powieści, zwłaszcza *Nienasycenia* (1930), Witkacy w groteskowo-koszmarnych obrazach, pełnych spiętrzonych bezsensów, usiłował ukazać kolejne etapy przewrotu rewolucyjnego, doprowadzone do stadium końcowego — zwycięstwa dyktatury proletariatu i kosmicznej Nudy, która wówczas zapanuje na świecie. Ikonoklasta, burzący wszelkie twory przeżytej myśli zbiorowej, ideologie polityczne i społeczne, filozoficzne wreszcie, wpłynął tutaj na ocean nihilizmu, uznającego jedynie popędy ludzkie, instynkty związane z narządami trawiennymi i płciowymi, by obrazem tym zakończyć wizję walk, prowadzonych przez człowieka wieku XX.

Pomysły dramatyczne Witkiewicza krzyżują się niejednokrotnie z motywami jego powieści, od których właściwie rozpoczynał karierę literacką, a do których powrócił, gdy dramaturgia jego poczynała zawodzić. Tak więc już w r. 1910 powstał ponad tysiąc kart liczący rękopis powieści *622 upadki Bunga, czyli Demoniczna kobieta*, opatrzony pseudonimem „Genezyp Kappen", który stanie się nazwiskiem bohatera *Nienasycenia*, powieści, gdzie niepoślednia rola przypadnie aktorce nazwiskiem Persy Zwierżontkowskaja, bohaterce zaginionego dramatu pod tym tytułem (1924). Powieści zaś drukowane, *Pożegnanie jesieni* (1927) i *Nienasycenie* (1930), były dla pisarza czymś w rodzaju komentarzy do dramatów, a zarazem manifestami jego poglądów, wykładanych zarówno wprost przez niego samego, jak za pośrednictwem postaci powieściowych. Dziełom tym, zdaniem krytyki literackiej, patronowali Przybyszewski i Miciński; pierwszy jako piewca miłości, drugi jako mistrz dziwacznej formy powieściowej o charakterze ekspresjonistycznym. Istotnie w opinii tej jest sporo słuszności, ale tylko częściowej. Na postawie bowiem Witkacego odbiły się prądy, które później zdobyły rozgłos w literaturze niemieckiej i angielskiej, a które nieraz u niego dochodziły do głosu równocześnie. Żywiołem tedy naczelnym obydwu jego powieści stała się erotomania czy, jak on to określał, erotologia, i to typu psychiatrycznego, ujmowana w kategoriach Przybyszewskiemu obcych, bo opisywana metodą protokołu sądowego lub klinicznego, odarta z wszelkiej poezji „zaświatowo bydlęca żądza" wszelkiego rodzaju zboczeńców seksualnych. Na dobitkę wszystko to utrzymane jest na poziomie romansu brukowego. (O ogólniejszym sensie tego zjawiska świadczy okoliczność, iż równocześnie z *Nienasyceniem* ukazał się w Anglii szkic *o Wulgarności w literaturze* A. L. Huxley'a, którego głośny rówieśnik, powieściopisarz D. H. Lawrence zajmował się problemem *Płci, literatury i cenzury*). Drugi naczelny temat Witkacego to „ostatnie, przedśmiertne kurcze dawnego świata", poprzedzające stosunki, które później Huxley miał ukazać w głośnej powieści *Nowy wspaniały świat*. Przywołanie tutaj głośnych nazwisk obcych pozwala ocenić prekursorstwo autora *Nienasycenia*. Gdy Anglik wielkie przemiany wiąże z postępem technicznym, Polak łączy koncept „żółtego niebezpieczeństwa" z melodią „Nie masz pana nad ułana" i podlewa tę całość sosem wątpliwej koncepcji historiozoficznej o roli wielkich jednostek w dziejach ludzkości, jednostek, których ostatni przedstawiciel, odmiana Barcza, Kocmołuchowicz, ginie jako wódz sił polskich z ręki chińskiego kata. Podobnie zestawiając *Nienasycenie* z wcześniejszą powieścią Manna *Wyznania hochsztaplera Feliksa Krulla*, można stwierdzić, że problematyka ukazana przez Manna na tle środowiska obrzydliwych ludzi ma wymowę artystyczną znacznie większą niż daleka wulgarna jej odmiana wprowadzająca obrzydliwe małpoludy. Słowem, raz jeszcze okazuje się, że o znaczeniu dzieła literackiego i jego twórcy stanowi nie nowość pomysłów, lecz artystyczne opracowanie nowych pomysłów.

Ironia losu sprawiła, iż przewidywania Witkacego poczęły przyoblekać się w realne kształty w dwudziestoleciu po drugiej wojnie światowej. Przerosty cywilizacyjne, widoczne zwłaszcza w dziedzinie techniki, przy równoczesnym niedowładzie kultury, wywołującym groźne epidemie psychiczne w państwach co prawda nie socjalistycznych, lecz kapitalistycznych, upadek autorytetu Europy w świecie, w którym nową rolę grają narody o odmiennych tradycjach cywilizacyjnych i kulturalnych, wszystko to odnaleźć można w dziełach Witkiewicza. Do tego dochodzą zjawiska z dziedziny myśli i sztuki europejskiej, bardzo nieraz bliskie pomysłom autora *Pożegnania jesieni*. Wszystko to sprawiło, iż pisarz, którego Czachowski przed laty trzydziestu mianował „największą indywidualnością awangardową we współczesnej literaturze polskiej", co jednak wówczas nie miało pokrycia, obecnie w ćwierć wieku po samobójczej śmierci doczekał się renesansu. Zbiorowa monografia i pieczołowite wydanie *Dramatów* (1962) przyświadczają wyraźnie temu zjawisku. Poświęcone mu studia ustalają jego stosunek do egzystencjalizmu, nadrealizmu i innych prądów dzisiejszych, robią go ich prekursorem i nie szczędzą ubolewań, iż wielki pisarz polski przeszedł nie zauważony i w kraju, i wśród obcych, co usiłują wyjaśniać na różne sposoby. Wyjaśnienia te omijają sprawę najistotniejszą — sprawę wartości artystycznej dzieł Witkacego i jego talentu pisarskiego. Sprawa zaś jest prosta i nie pierwsza w dziejach naszej literatury, by przypomnieć choćby Irzykowskiego (krytyk ten z dużym uznaniem mówił o Witkacym, ale uwagi swe obstawiał jeszcze większymi zastrzeżeniami). Obaj mianowicie byli śmiałymi inicjatorami pomysłów, które z biegiem czasu miały zdobyć uznanie i nawet podziw w literaturze światowej, żaden z nich jednak nie potrafił pomysłów tych odziać w szatę artystycznie doskonałą, a dopiero taka szata dowodzi, iż twórca jej jest pisarzem wybitnym, a cóż dopiero naprawdę wielkim.

5. ROZKWIT POWIEŚCI

W dorobku literackim czasów międzywojennych podkreślało się i podkreśla — nie bez pewnej słuszności, bogactwo ilościowe i jakościowe poezji lirycznej. Na tej podstawie wyznacza się jej rolę szczytowego osiągnięcia w świecie ówczesnej sztuki słowa. Gdyby takie ujęcie było słuszne, bardzo trudno byłoby odpowiedzieć na pytanie, co literatura międzywojenna mówi o życiu owoczesnym, wiadomo bowiem, że poczynając co najmniej od w. XVII podstawowe zjawiska życia zarówno jednostkowego, jak zbiorowego znajdowały wyraz najpełniejszy w twórczości dramatycznej i epickiej, przy czym od w. XVIII funkcję tę przejęła po epice powieść. W wypadku międzywojnia z jego nikłą produkcją dramatyczną z góry przypuścić by można, iż rywalką liryki musiała stać się powieść, a jeśli tak, to jak powieść ta wyglądała? Odpowiedź tę daje rzut oka choćby na „Rocznik Literacki" z lat 1932 - 1938, w którym górują nad innymi dwa działy: przeglądy produkcji lirycznej pióra K. W. Zawodzińskiego i dorobku powieściowego pióra L. Piwińskiego; podobnie wygląda dział recenzyj w „Wiadomościach Literackich", w „Przeglądzie Warszawskim" czy „Przeglądzie Współczesnym". Materiały recenzyjne, wyjątkowo tylko ogłaszane w postaci książkowej, dowodzą, że ilościowo powieść nie ustępowała poezji, a skoro tak, to wolno przypuścić, iż fala jej niosła nie tylko utwory mierne, ale również dzieła o trwałej wartości artystycznej. Istotnie też galerii świetnych czy przynajmniej głośnych poetów liryków towarzyszyła w okresie międzywojennym nie mniej świetna galeria prozatorów, zarówno przedstawicieli pokolenia starszego, jak Perzyński, Berent, Strug, jak młodszych, z Kadenem Bandrowskim, Dąbrowską i Nałkowską na czele, jak wreszcie najmłodszych, debiutujących w ostatnich latach przed wybuchem nowej wojny.

Wśród pisarzy pokolenia średniego rozgłos największy zdobył J u l i u s z K a d e n B a n d r o w s k i (1885 - 1944), człowiek i pisarz tak silnie z czasami swymi związany, jak żaden z jego rówieśnych. Członek studenckiej organizacji wojskowej w Belgii, uczestnik legionów Piłsudskiego, ruchliwy działacz w akcji oporu czasu drugiej wojny, organizator prasy wojskowej, prezes Związku Literatów, PEN-Clubu, znany publicysta obozu rządzącego przed r. 1939 — oto ogniwa kariery Kadena, znajdujące odbicie literackie, i to nieraz świetne, w jego szkicach, z których najwcześniejsze, legionowe, z biegiem lat zyskały znaczenie cennych dokumentów owoczesnych nastrojów.

Pracę pisarską rozpoczął wcześnie, bo w r. 1911, i z miejsca zdobył uznanie jako nowelista i powieściopisarz. W dziedzinie noweli (*Zawody* 1911, *Iskry* 1915, *Spotkanie* 1916) zawdzięczał je i tematyce, i sposobowi jej ujęcia. W opowiadaniach tedy wprowadzał prostego człowieka, rzemieślnika czy robotnika, ukazywał go zaś po swojemu, metodą nie barwnej akwareli, lecz szarego drzeworytu słownego, wyraziście chwytającego podstawowe cechy modelu. Stanowisko jednak klasyka noweli, czytywanego w szkole, Kaden zdobył dopiero później, gdy wydał powstałe na marginesie dużych prac powieściowych zbiorki opowiadań autobiograficznych (*Miasto mojej matki, W cieniu zapomnianej olszyny, Wakacje moich dzieci, Aciaki z Iej A*), w których drapieżne spojrzenie naturalisty zastąpił pogodą sentymentalnego, w dobrym znaczeniu tego wyrazu, odtwarzania życia, oglądanego oczyma dziecka, pogodą prostoty.

Jako drapieżny zaś obserwator stosunków międzyludzkich wystąpił w powieściach *Niezguła* (1911), *Proch* (1913) i *Łuk* (1919), z których środkowa już była zapowiedzią dalszej drogi autora. Na postawie pisarza bardzo korzystnie odbiły się doświadczenia niedostępne jego rówieśnikom, tj. pobyt w środowisku obcym, umożliwiający mu spojrzenie europejskie na stosunki w kraju. To wyzwoliło go z małomiasteczkowości krakowskiej, pozwoliło dostrzec horyzonty nowych zjawisk i zagadnień, równocześnie zaś nie przeszkodziło mu ujrzeć odrębności życia polskiego, uwarunkowanej przez niewolę. Autor *Prochu* z entuzjazmem powitał wybuch wojny i powstanie legionów, gdy: „Nastał w Polsce czas wielki, wspaniały i bezcenny, w którym rozstrzygają i nareszcie znów pierwszeństwo mają czyny..." To wreszcie pozwoliło mu w *Łuku* pokusić się o naszkicowanie następstw owych czynów — wywołanej przez wojnę i odzyskanie niepodległości wielkiej przemiany w życiu zbiorowym, gdy stare, tradycyjne nawyki poczęły, nie bez mnóstwa dramatycznych konfliktów, ustępować pod naporem nowości.

Orientacja w szlakach, na których rozwijała się twórczość Kadena, z konieczności ma charakter próbny. Po pierwsze bowiem nie mamy jego biografii, stanowiącej często klucz do rozumienia jego dzieł. Po wtóre zaś, a sprawa to daleko trudniejsza, brak wydania kry-

5. Rozkwit powieści

tycznego tych dzieł nie pozwala uchwycić stosunku ich tekstów, a twórca ich, przygotowując wznowienia swych prac mniejszych i większych, teksty zmieniał, rozbudowywał i przerabiał stylistycznie. Zapytany kiedyś, dlaczego tak robi, odpowiedział z uśmiechem, że nawet Pan Bóg po stworzeniu świata nie był z dzieła swego zadowolony. Następstwem tego rodzaju metod jest dziwna płynność tekstu nowel i powieści Bandrowskiego, linie rozwojowe jego pomysłów gmatwają się i krzyżują i dopiero dalsze studia kiedyś wyjaśnią, jak doszedł on do swych osiągnięć szczytowych, do swych wielkich powieści.

Właściwym polem pracy pisarskiej Kadena stała się powieść polityczna, w której jego zainteresowania artystyczne przeplotły się z pasjami publicystycznymi, by wydać niemal cykl dzieł jedynych w swoim rodzaju, odtwarzających z wiernością prawie dokumentarną główne nurty owoczesnego życia zbiorowego. Odczytanie owych powieści-dokumentów, z których każda wywoływała powódź odgłosów polemicznych, nie jest dla dzisiejszego czytelnika sprawą łatwą, nie ma bowiem dotąd historii stosunków politycznych międzywojnia, nie znamy też korespondencji Kadena, która pozwoliłaby uchwycić jego stanowisko w tej historii, a jedno i drugie było tworzywem już pierwszej jego powieści *Generał Barcz* (1923). Treść jej stanowią bardzo osobliwie ujęte wydarzenia trzechlecia (1919 - 1921) od końca pierwszej wojny światowej po koniec wojny z Rosją, przy czym osobliwość polega tu na całkowitym wyeliminowaniu tła historycznego; na front wyruszają oddziały, na front jadą generałowie, ale tylko tyle. W Warszawie obraduje sejm, działa rada ministrów, ale znowuż tylko tyle. Cała zaś akcja powieściowa to losy generała Barcza, organizatora armii, człowieka osaczonego przez zawistnych rywali, którzy bezskutecznie usiłują dokonać na niego zamachu, a przynajmniej go zdyskredytować w oczach opinii, a których on bardzo pomysłowo obezwładnia i unieszkodliwia. Z perspektywy lat czterdziestu z okładem nie ulega wątpliwości, iż Barcz jest swoistym portretem Piłsudskiego, a powieść o „wielkiej drodze" ukazuje, jak „Komendant" doszedł do władzy dyktatorskiej, paraliżując przeciwników i przezwyciężając antagonizmy, które rozdzierały wojsko w pierwszej fazie jego istnienia. Ludźmi, na których Barcz się opiera, są dwaj oficerowie, twórca i kierownik „dwójki", Pyć, oraz Rasiński, powieściopisarz, a w mundurze szef biura prasowego i redaktor dziennika dla żołnierzy, słowem sam Kaden. Pierwszy chroni generała przed niebezpieczeństwami, drugi robi mu reklamę, zmieniającą go w bożyszcze. I tutaj szczególnie brakuje czytelnikowi klucza biograficznego. Powieść mianowicie jest wyraźną apologią zasług Rasińskiego-Kadena, i to zasług bardzo źle nagrodzonych przez generała Barcza, który wiernego sługę oddał, przejściowo zresztą, na łup swym wrogom, lecz dopiero biograficzne oświetlenie tej apologii pozwoliłoby zrozumieć stosunek autora do postaci Barcza-Piłsudskiego i całego splotu spraw, maskowanych i demaskowanych w powieści. *Generał Barcz* mianowicie jest typową „skandaliczną kroniką dworską" czy „tajemnicami dworu", jak niegdyś nazywano tego rodzaju romanse, ukazuje więc „czarne skarby podłości", z upodobaniem wprowadza brutalne sceny erotyczne, morderstwa i samobójstwa, szantaże i rozróbki, naiwne szpiegostwo i przypadkowe wykrycie go, słowem motywy jaskrawo sensacyjne, które w niezbyt korzystnym świetle ukazują Barcza, tego samego Barcza, którego wielbi „słowo donośne" biura prasowego. „Praktyka codzienna rządzenia" bowiem wymaga, zdaniem Kadena, od człowieka popełniania przeróżnych świństw, a najwyżsi dygnitarze w mundurach generalskich, „wodzowie", nie wahają się wyrazem „podłość" określać postępków swych kolegów. Wszystko to jest bardzo dalekie od kultu monumentalnych bohaterów, choć doskonale harmonizuje ze zwrotem „radość z odzyskanego śmietnika", którym Kaden zastępuje uroczysty wyraz „wyzwolenie". W takich warunkach nie ma miejsca na bohaterstwo; udaremnienie zamachu na Barcza, przyłapanego przez spiskowców w łóżku z kochanką, ma charakter ponurej groteski, opartej zresztą na fakcie autentycznym, choć wziętym nie z życia człowieka, który był modelem Barcza. I to jest prawdopodobnie zemsta Kadena za zawód, którym zakończyła się jego kariera legionowa. Dlatego *Generała Barcza* można uważać za zjadliwą satyrę na Piłsudskiego i jego otoczenie, i tak zareagowało na powieść to otoczenie. Równocześnie jednak drapieżny wzrok Kadena potrafił dostrzec w tym monstrualnym kłębowisku spraw ohydnych rysy bardzo niezwykłe — przewagę nad jednostką machiny państwowej, systemu konieczności, które obalają etykę, które zbrodnię zamieniają w cnotę i sprawiają, iż osobnik wyniesiony na szczyt owej machiny dociera do wyżyn, na których czuje się sam, beznadziejnie odgrodzony od społeczności mu podległej. Tę klątwę wielkości, stygmat Belwederu, autor *Generała Barcza* umiał pokazać i na tym właśnie polega wartość jego dzieła.

Dwa dalsze człony swego tryptyku powieściowego Kaden poświęcił późniejszym losom wyzwolonego „śmietnika", życiu robotnika i życiu chłopa w Polsce. W *Czarnych skrzydłach* (1928 - 1929) wziął na warsztat życie przemysłowe, górniczo-hutnicze w Zagłębiu Dąbrowskim, wystudiowane bardzo starannie, pisarz bowiem sam pracował czas jakiś w kopalni węgla, by bezpośrednio przyjrzeć się twardej doli robotniczej. W rezultacie powstał polski *Germinal*, pod

5. Rozkwit powieści

niejednym względem bliski wzorowi Zoli, choć w całości związany z odmiennymi warunkami i odmienną osobowością Kadena. Tragiczna dola robotnika polskiego, eksploatowanego przez kapitał obcy, a daremnie szukającego pomocy w organizacjach politycznych własnych, otrzymały tu przejmujący wyraz artystyczny. Dyrektor przedsiębiorstwa francuskiego, fachowy zbrodniarz, niszczy kierowane przez siebie polskie kopalnie, jako robiące konkurencję jego łajdackim mocodawcom, wywołuje pożar w osadzie górniczej, gubi czterdziestu robotników i zbrodnię tę przypłaca życiem, tłum bowiem wrzuca go do płonącego szybu — oto jest szkic powieści. Modelem była tu katastrofa w Dąbrowie Górniczej, a model ten powtórzył się rychło w innej dziedzinie przemysłu polskiego: w zakładach przędzalniczych w Żyrardowie, przyświadczając trafności odpoznania powieściowego. Wprowadzając tragiczne te sprawy, Kaden ujął je w sposób taki, iż stosunki łódzkie, o lat trzydzieści wcześniejsze, ukazane na kartach *Ziemi obiecanej* Reymonta, wydają się niemal sielanką. Kaden dał im odpowiednie podłoże społeczne, następnie zbrutalizował je i poszerzył, zajął się bowiem np. motywem niezwykłym, którego zresztą wyzyskać nie umiał, tj. zagadnieniem kościoła narodowego. Co jednak najważniejsze, do powieści społecznej wplótł pierwiastki polityczne. W przeciwieństwie do bezbronnego tkacza *Ziemi obiecanej* górnik żyjący w cieniu *Czarnych skrzydeł* ma rzecznika swych spraw w osobie wpływowego posła-leadera i w postaci partii. Ale i poseł, i partia okazują się bezsilni wobec przewagi obcego kapitału i jego przywilejów w rzekomo wolnym państwie. W rezultacie więc *Czarne skrzydła* to jakby dalszy ciąg *Generała Barcza*. Tam jednostka musiała zrezygnować z swych praw do życia, tutaj rezygnuje cała bezsilna klasa. Dlaczego? Autor daje tu wyraz swym antagonizmom osobistym. Odpowiedzialność zwala na śmiertelnie strudzonego bojownika sprawy robotniczej, Mieniewskiego, w którym czytelnik ówczesny dopatrywał się Ignacego Daszyńskiego, wieloletniego przywódcy PPS.

Ogniwem wreszcie trzecim i końcowym cyklu o tamtych czasach była duża powieść *Mateusz Bigda* (1933). Fabularnie stanowiła ona ciąg dalszy powieści wcześniejszej, stąd autor opatrzył ją nadtytułem *Z cyklu «Czarne skrzydła»*. Formalnie jednak i tematycznie *Mateusz Bigda* to kontynuacja *Generała Barcza*, powieść o drogach do władzy, i to drogach parlamentarnych. Autor zastosował tu tę samą metodę kompozycyjną, gdy przedmiotem swego dzieła zrobił historię sejmokracji polskiej, zlikwidowanej przez Piłsudskiego procesem brzeskim, którego konsekwencji uniknął przywódca stronnictw chłopskich Wincenty Witos, uciekając za granicę. Kaden zajął się wcześniejszymi stadiami tego przewlekłego procesu, ukazując dojście Witosa i jego ludzi do władzy. Sprawę Bigdy — Witosa i jego manewrów, dzięki którym zarówno PPS pod wodzą Daszyńskiego—Mieniewskiego, jak i Narodowa Demokracja, na której czele postawił głupawego ordynata Lachowskiego — Zamoyskiego, straciły wpływ na życie zbiorowe, zrobił autor podstawowym i centralnym zagadnieniem historycznym. Ukazał tedy premiera-chłopa-chama, jako jedynego wodza narodu.

Zastosowanie starej metody polegało tutaj na odizolowaniu sprawy Bigdy i jego manewrów od istotnego, pełnego układu stosunków, na zamknięciu jej w obrębie sejmu, przy wyeliminowaniu prezydenta, rządu, wojska, dzięki czemu rozgrywki leadera chłopskiego zarysowały się bardzo ostro jako najważniejsze czy jedynie ważne problemy życia państwowego. Dojściu Bigdy do władzy Kaden poświęcił trzy tomy powieści, przebieg tych rządów i ich dramatyczny koniec wymagałyby co najmniej trzech dalszych; być może śmierć pisarza w czasie powstania warszawskiego sprawiła, że *Mateusz Bigda* pozostał tylko imponującym fragmentem.

Niezwykłość wszystkich powieści Kadena o nowej Polsce polega na tym, iż miał on odwagę podjąć próbę napisania powieści politycznej, na gorąco chwytającej wydarzenia chwili i że w dziejach bieżących usiłował ukazać wielkość ich twórców, Barcza i Bigdy, przeciwstawioną ich karlemu otoczeniu. I generał, i premier to jednostki tego samego rzędu, z nieubłaganą konsekwencją idące do swego celu, który jest równocześnie celem całego narodu, przezwyciężającego anarchię i utrwalającego władzę. Tę drogę, która obydwu polityków wiedzie do całkowitego osamotnienia, wyobraźnia pisarza rzuciła na tło romansu pełnego efektów brukowo-brutalnych, jaskrawych, łączących groteskę i karykaturę, romansu opracowanego bardzo starannie, z widoczną troską o swoistą i nowatorską szatę stylistyczną. Sam autor zdawał sobie z tego doskonale sprawę, gdy w wywiadzie mówił: „chciałem pokazać, że władam «prostą» techniką równie dobrze, jak ekspresjonistycznym stylem Barcza, tworzonym z całą świadomością artystycznych intencji". Autor tedy używa i nadużywa mowy myślanej, całe stronice prozy własnej, opisowej ujmuje w języku stylizowanym na modłę myśli i języka bohaterów powieściowych. Metoda ta, przechodząca nieraz w drażniącą manierę, ma zbliżać zagadnienia powieści do czytelnika, stwarzać pewną atmosferę poufności i poniekąd godzić go z brutalnością wizji autorskiej. Zabieg drugi polega na powtarzaniu pewnego zwrotu, który, jak leitmotiv, wiąże nawet odległe części narracji i stale przypomina kierunkowe nastawienie całości. Są to np.: „Radość z odzyskanego śmietnika", „ramy", w których wódz pragnie ustalić swój stosunek do nowej rzeczywistości w *Generale Barczu*, okrzyk hasłowy „Bigda idzie" czy ciągłe przypominanie zaciśniętych szczęk tego leadera. Zabieg wreszcie trzeci to gęsto stosowana metaforyka awangardowa. Wprawdzie czołowy przedstawiciel tego kierunku, Przyboś, głoszący niegdyś, że „w trafności widzeń poetyckich błyszczy wielkość Kadena i jego bliskość intencjom nowej poezji", po latach bardzo krytycznie spojrzał na jego styl i odmówił jego metaforze wartości artystycznej, ale ocena taka nie może przeczyć istocie ocenianego zjawiska. A metafory w *Mateuszu Bigdzie* znakomicie potęgują swoisty styl powieści o sejmokracji polskiej, rozgrywki polityczne załatwiającej zazwyczaj metodami boksu, które u nas noszą nazwę mordobicia. Te metafory wprowadzają do niej akcenty niemal apokaliptyczne. „Powiadam ci, — mówi Bigda — że oprócz ciebie, tom jest ten czarny, chłopski Jezus, ale z zębami wilka", oraz nieco dalej: „Z brudnej solniczki wygarnął Bigda sól i wepchnął ją Deptule wielką garścią do gęby. — To jest twój nowy chrzest! — Ja, Bigda, czarny Jezus, pełen nowego chłopskiego przebaczenia, Jezus o wilczych kłach, przerabiam cię tu teraz, hyclu!" Te właśnie zabiegi stanowią o odrębności stylistycznej Kadena Bandrowskiego, a dopełniając jego śmiałą aż do niesamowitości tematykę tworzą wraz z nią swoisty świat jego powieści.

Szlaki Kadena zbyt były trudne, toteż niewielu znalazł on naśladowców w zakresie powieści politycznej. Jednym z najwybitniejszych był T a d e u s z U l a n o w s k i (zm. 1942). W ogromnej trylogii (*Doktór Filut, Uczta dozorców, Ordynans Córuś*, 1928 - 1930) dał on niemal apoteozę „pierwszego więźnia Odrodzonej Polski", Piłsudskiego, ukazując go jako szermierza socjalizmu państwowego i zwycięzcę w walkach z przeciwnikami politycznymi, nacjonalistą Dmowskim, socjalistą Daszyńskim i ludowcem Witosem.

Z zagadnień natomiast społecznych, które w *Czarnych skrzydłach* zarysowały się bardzo wyraźnie, sprawa proletariatu, ujmowana od strony zarówno politycznej jak artystycznej, stała się przedmiotem studiów zespołu pisarskiego prozaików Przedmieście, działającego w Warszawie i Lwowie w latach 1933 - 1937. Z jego kilkunastu członków, ludzi o poglądach lewicowo-radykalnych, rozgłos największy uzyskali jego inicjatorzy, H e l e n a B o g u s z e w s k a i J e r z y K o r n a c k i powieściami pisanymi do spółki. Pierwsze z nich (*Jadą wozy z cegłą* 1935 i *Wisła* 1935) były wyrazem protestu przeciw nędzy proletariatu, przedstawianej metodą tradycyjnego naturalizmu. Ambicje dwojga współautorów sięgnęły wyżej w *Polonezie* (1936 - 1939), czterotomowym cyklu powieściowym, którego dwa tomy końcowe wskutek wybuchu wojny nie dotarły do czytelnika. Całość, pomyślana jako obraz politycznego życia Polski w okresie rządów „pułkowników", pozbawiona tych ostrych akcentów, na które mógł sobie pozwolić Kaden, wypadła bardzo nierównomiernie pod względem ideowym, a równomiernie szaro w sensie artystycznym. Ani bowiem nawiązania do tradycji Komuny paryskiej w t. I (*Nous Parisiens*), ani alarm z powodu propagandy hitlerowskiej na Pomorzu w t. II (*Deutsches Heim*), ani wreszcie przez Kornackiego tylko zrobiony tom III z romansem brukowo-kryminalnym (*Wschód*), nie uzyskały tej groźnej i namiętnej wymowy, którą rozbrzmiewały powieści polityczne Kadena.

Chcąc uchwycić istotne wymiary twórczości Kadena Bandrowskiego, trzeba ją rzucić na tło tego, co podówczas w literaturze polskiej mówiło się o przeżytej wojnie i jej przełomowych następstwach, tj. runięciu w gruzy mocarstw rozbiorowych i powstaniu na ich miejscu nowych ustrojów państwowych z Rosją radziecką na czele. Rzecz dziwna, ale pogłosy literackie tych spraw, dźwięczące bardzo mocno w dziełach pisarzy starszych, u Żeromskiego czy Kasprowicza, w twórczości młodego pokolenia przedstawiały się dość nikle. Pojawiło się trochę pamiętników, z których jednak żaden nie miał charakteru dzieła klasycznego, trwałego. A przecież dziesiątki tysięcy ludzi przeżyło przygody, o jakich ojcom ich i dziadom ani się śniło. Bardzo być może, iż ogrom wydarzeń politycznych przesłaniał owe przygody jednostek, onieśmielał piszących i utrudniał znalezienie właściwej perspektywy. Na taki domysł naprowadza fakt, iż upadek monarchii habsburskiej przeszedł w literaturze polskiej nie zauważony, a raczej wywołał w niej pogłosy przeważnie komiczne. Przykładem tego jest m. in. twórczość J e r z e g o K o s s o w s k i e g o (ur. 1889), którego pierwsze nowele (*Zielona kadra* 1927 i *Powroty* 1930) oraz powieść *Kłamca* 1928, były literackim — i to znakomitym — pokwitowaniem udziału dziesiątków tysięcy żołnierza polskiego w niesławnych bojach armii austriackiej z Włochami i Rosjanami. Świetna, wręcz sienkiewiczowska narracja, zaprawiona niekiedy humorem, łączyła wiadomości dokumentarne z plastyką doskonałej gawędy. Dalsze natomiast opowiadania Kossowskiego o życiu Polski powojennej dowodziły słabnięcia talentu i świadomość tego faktu sprawiła może, iż dobry pisarz zaniechał pracy literackiej i zniknął w dalekim świecie, wyemigrował bowiem nad Amazonkę i na stałe osiadł w Brazylii.

Inaczej i w sposób gorszy literatura jako wyraz zbiorowej świadomości narodu zareagowała na wydarzenia daleko bliższe i donioślejsze, mianowicie na upadek caratu pod ciosami Rewolucji Październikowej. A sprawa to o tyle doniosła, że wydarzenia te miały dla Pol-

5. Rozkwit powieści

ski znaczenie przełomowe i że czynny udział w nich brały setki tysięcy Polaków, zarówno tych, którzy walczyli w szeregach armii rosyjskiej, jak tych, którzy w mundurach austriackich i niemieckich zapełniali obozy jeńców, jak tych wreszcie, którzy w ruchu rewolucyjnym odgrywali rolę niepoślednią. Wszystko to jednak nie znalazło godnego odbicia, może po prostu dlatego, że brak koniecznego dystansu nie pozwalał pisarzom na należytą ocenę zjawisk, których byli świadkami i których sensu dziejowego dostrzec i docenić nie potrafili. Dając wyraz literacki wydarzeniom, reagowali przede wszystkim na ich charakter egzotyczny.

Tak było w wypadku Ferdynanda Ossendowskiego (1878 - 1945), człowieka, który swój udział w rewolucji r. 1905 przypłacił dwuletnim więzieniem, ale przed Październikową uciekł przez stepy Sybiru i Mongolii do Europy zachodniej. Sensacyjna relacja o tej podróży *Przez kraj ludzi, zwierząt i bogów* (1923), ogłoszona najpierw po angielsku, przyniosła autorowi rozgłos dzięki aktualności tematu, a nie wartości literackiej. Inna była postawa Ferdynanda Goetla (1890 - 1960), który jako jeniec austriacki w Taszkiencie, gdzie był członkiem Rady Delegatów Robotniczych i Żołnierskich, swoją drogę do kraju przedstawił w barwnym pamiętniku *Przez płonący Wschód* (1924). Obserwacje życia ludów azjatyckich w nowelach *Kar Chat, Pątnik Karapeta, Ludzkość* i oryginalnej formalnie powieści *Z dnia na dzień* (1926), oparte na podłożu rozważań natury moralnej zdobyły pisarzowi uznanie, którego jednak w przyszłości utrzymać nie zdołał ani jako człowiek, pełen podziwu dla faszyzmu, ani jako pisarz.

Wrzenie rewolucyjne w Rosji było też gruntem, na którym organizowały się polskie siły zbrojne, pragnące wrócić do wolnej Polski. Takim właśnie żołnierzem, rzuconym losami wojny w rejony polarne, był Eugeniusz Małaczewski (1895 - 1922), zapowiadający się jako tęgi prozaik typu sienkiewiczowskiego, zarazem poeta liryk, autor zbiorku *Pod lazurową strzechą* (1922), sławiącego powrót Polski nad Bałtyk. Zmarł, niestety, przedwcześnie, zgaszony przez gruźlicę.

Z innych pisarzy uznanie zdobył Piotr Choynowski (1885 - - 1935), autor doskonale komponowanych nowel, humorystycznym zacięciem przypominających Prusa, choć pozbawionych wnikliwości starego pisarza. Choynowski zdobył się na dzieło o niepospolitej wartości dokumentarnej i artystycznej, na powieść *Dom w śródmieściu* (1924). Nawiązując bezwiednie do *Lalki*, dał w niej świetny obraz życia Warszawy w r. 1920, ukazał cały galimatias stosunków w mieście, które nie zdążyło jeszcze wejść w rolę stolicy, a znalazło się na przedpolu nowej wojny, grożącej mu zagładą.

Coś podobnego powiedzieć można by o twórczości **Stanisława Rembeka** (ur. 1901). Pisarz ten, pracujący bardzo powoli, na powstanie bowiem tomu znakomitej prozy potrzeba mu lat sześciu lub siedmiu, swe powieści *Nagan* (1928) i *W polu* (1937) wywiódł ze wspomnień o r. 1920, łącząc na ich kartach głęboką wnikliwość psychologiczną z pełnymi plastyki opisami życia wojennego, w swych zaś dziełach powstałych po drugiej wojnie, w obrazie okupacji hitlerowskiej (*Wyrok na Franciszka Kłosa* 1947) czy w opowiadaniach o r. 1863 (*Ballada o wzgardliwym wisielcu* 1956) stracił dynamizm dawniejszy, choć i to są utwory klasy bardzo wysokiej.

Mówiąc o prozaikach tego okresu, czerpiących tematy ze współczesności, warto wspomnieć o **Tadeuszu Dołędze Mostowiczu** (1898-1939), który z miejsca zdobył popularność u masowego czytelnika powieścią *Kariera Nikodema Dyzmy* (1932), drapieżną satyrą na stosunki w Polsce sanacyjnej. Zachęcony powodzeniem debiutu, w ciągu następnych lat siedmiu ogłaszał rpk rocznie po dwie powieści, które w oświetleniu satyrycznym ukazywały cienie ówczesnego życia zbiorowego.

Z głośnych debiutów tych lat zasługuje na pamięć *Wspólny pokój* **Zbigniewa Uniłowskiego** (1909-1937), naturalistyczny obraz życia międzywojennej cyganerii warszawskiej (skupionej wokół redakcji „Kwadrygi"), uderzający plastyką sylwetek i wiernością w odtworzeniu obyczajowości powojennej. Przedwczesna śmierć młodego pisarza przekreśliła nadzieje, jakie wiązano z jego niewątpliwym, choć surowym talentem, od którego można było oczekiwać wiele na polu powieści obyczajowej.

Gdy Uniłowski i Mostowicz poruszali się w świecie miejskim Warszawy, życie Krakowa znalazło swego kronikarza w **Zygmuncie Nowakowskim** (1891-1963), który wśród zajęć aktorskich i publicystycznych znajdował czas na pisanie nowel i powieści. Jego *Przylądek Dobrej Nadziei* (1931) i *Rubikon* (1935), owiane sentymentem i humorem analizy rozwoju duszy dziecka, oparte na podłożu autobiograficznym, spotkały się z dużym uznaniem. Dziełem również doskonałej analizy psychologicznej był jego *Start Edmunda Sulimy* (1932), powieść obrazująca przeżycia młodego aktora, niespodziewanie obdarzonego przez los wymarzoną rolą Rostandowego „Orlątka".

Obrazy dzieciństwa i wieku dojrzewania, ujęte już nie na tle środowiska ludzi z mieszkań frontowych, ale z suteren kamienicy krakowskiej znalazły swego malarza w **Michale Rusinku** (ur. 1904). Jego *Burza nad brukiem* (wraz z *Człowiekiem z bramy*),

Juliusz Kaden-Bandrowski, fot.

Zofia Nałkowska w okresie przed I wojną, fot.

a następnie *Pluton z dzikiej łąki* (1937) ukazywały stary Kraków i nurtujące go problemy społeczne od strony, na którą literatura od czasów Bałuckiego nie zwracała uwagi. A d o l f R u d n i c k i wreszcie (ur. 1912), którego właściwa twórczość przypada na czasy po drugiej wojnie, gdy dał wspaniały obraz martyrologii Żydów polskich czasu okupacji (m. in. *Szekspir, Żywe i martwe morze*), debiutował w okresie międzywojennym utworami o problematyce psychologiczno-społecznej (*Szczury* 1932 — opowiadanie o prowincjonalnej wegetacji, *Niekochana* 1937, *Lato* 1938), rozgłos przyniósł mu jednak szkic *Żołnierze* (1933), ponury, naturalistycznie ujęty obraz życia rekrutów, uznany przez władze „pułkownikowskie" za atak na armię.

Powodzenia i niepowodzenia twórców prozy międzywojennej dowodziły, że — jak dawniej — była ona dziedziną literatury bardzo popularną, wprost jej chlebem powszednim. Nic więc dziwnego, że wypiekiem tego chleba zajmowały się skwapliwie również kobiety. Liczny udział pisarek w literaturze międzywojennej jest też jednym z charakterystycznych zjawisk tego okresu.

Na czoło autorek wysunęła się Z o f i a N a ł k o w s k a (Rygier--Nałkowska, 1884 - 1954). Rówieśniczka Kadena i Witkacego, debiutowała bardzo wcześnie, publikując swe pierwsze utwory (wiersze) w modernistycznej „Chimerze". Na dorobek jej zaś złożyło się ponad dwadzieścia tomów znakomitej prozy, wśród których kilka bardzo wysokiej klasy literackiej. Pięćdziesięcioletnia niemal twórczość Nałkowskiej, rozpoczęta powieścią *Kobiety* (1906), w stadium pierwszym realizowała pomysły typowe dla autorek młodopolskich, wpatrzonych w wytworne wnętrza swych wytwornych dusz i pełnych podziwu dla własnej urody fizycznej i duchowej. Nowele i powieści autorki *Narcyzy* (1910) tchnęły istotnie narcyzowskim egocentryzmem, który przesłaniał jej to, co działo się w życiu ówczesnym. Nawet nikłe pogłosy rewolucji 1905 r., wprowadzone do powieści *Książę* (1907), spowiła ona w pasma salonowego estetyzmu, którego świątynią była „Chimera", arcykapłanem zaś redaktor Miriam-Przesmycki. Zmianę — według wyznania samej Nałkowskiej — wywołała w niej dopiero pierwsza wojna światowa: „Ujrzałam wtedy, czym jest drugi człowiek, czym są ludzie. Zobaczyłam rzecz mało mi dotąd znaną: cudze cierpienie. Nowa seria mych książek jest inna — prawie jak gdyby pisał ją ktoś inny". Do sprawy tej inności wypadnie wrócić za chwilę. Doszła ona do głosu w dziełach, w których dążeniu do prostoty wyrazu artystycznego towarzyszyła troska o autentyczność spraw ukazywanych, m. in. zmian zachodzących w życiu odrodzonego państwa. W tym okresie wypowiada się Nałkowska w najważniejszych kwestiach życia indywidualnego i zbiorowego, niepokoi ją szczególnie problem odpowiedzialności moralnej człowieka, problem zła. Tej ostatniej kwestii poświęcony jest tom studiów nowelistycznych z życia więźniów pt. *Ściany świata* (1931) oraz powieść *Granica* (1935), za którą otrzymała nagrodę Polskiej Akademii Literatury. Wśród książek drugiego stadium twórczości Nałkowskiej znajdują się dwie wyjątkowej wartości: *Dom nad łąkami* (1925), opowieść autobiograficzna o środowisku rodzinnym i ojcu Wacławie, znanym geografie i krytyku literackim, któremu pod koniec życia poświęci pisarka książeczkę *Mój ojciec* (1953), oraz *Choucas* (1927) — „powieść internacjonalna" o życiu w sanatorium szwajcarskim — pełna uroku miniatura głośnej *Czarodziejskiej góry* Tomasza Manna. Trzecie stadium twórczości Nałkowskiej przypada na okres po drugiej wojnie światowej, gdy pisarka czynnie zaangażowała się w życie społeczne jako poseł na sejm i członek Międzynarodowej Komisji dla Badań Zbrodni Hitlerowskich. W zbiorze szkiców *Medaliony* (1946) z wstrząsającą prostotą opowie o hitlerowskich obozach koncentracyjnych, a w *Węzłach życia* (1948), powieści o Warszawie w tragicznym roku 1939, dokona rozrachunku z przedwojenną elitą władzy.

Wymienione trzy stadia w twórczości Nałkowskiej niełatwo jest rozgraniczyć, autorka bowiem *Medalionów* była indywidualnością bardzo niezwykłą i — mimo zmian, o których sama mówiła — bardzo jednolitą. Zasadnicze jej cechy, znane z prozy jej młodzieńczej, występowały, odpowiednio zmodyfikowane, we wszystkich jej dziełach późniejszych. Do cech tych należał intelektualizm, przenikający wizje artystyczne Nałkowskiej, pozbawione wyraźnych akcentów uczuciowych, wolne od fałszu, intelektualizm, dzięki któremu proza jej lubuje się w sformułowaniach aforystycznych. Przenikliwość intelektualna idzie tu w parze z jasnością precyzyjnego słowa i znajduje wyraz w swoistym realizmie, znamiennym dla pióra Nałkowskiej, realizmie bardzo kobiecym i jednostronnym. Typowym jego okazem jest głośna *Granica*, oparta na tradycyjnym „motywie Ulany", niejednokrotnie od czasów Kraszewskiego podejmowanym przez naszych powieściopisarzy. Gdy jednak wszyscy oni krzywdzie dziewczyny uwiedzionej przez pana poświęcali słowa współczucia, Nałkowska rzecz ujęła inaczej: jej bohaterka wymierza sobie sprawiedliwość, oślepiając witriolem niewiernego kochanka. Robi to „wysłana od umarłych", mści się na Zenonie za to, że skłonił ją do spędzenia płodu. Czytając dzieje Justyny, niepodobna oprzeć się przypuszczeniu, że *Granica* była głosem w dyskusji rozpętanej przez Boya Żeleńskiego jako rzecznika „świadomego macierzyństwa", i to głosem protestu przeciw stanowisku autora słynnych *Dziewic konsystorskich*. Realizm Nałkowskiej z jednej strony łączył się z pasją autorki do opisów szczegółów i szczególików z życia codziennego, z drugiej zaś obejmował sporo różnych fobii i urazów, nieczęsto spotykanych u innych autorek polskich. Najjaskrawszą ilustracją tej dziedziny może być obsesyjny strach przed starością („co właściwie robi się z ciałem starej kobiety?" — czytamy w *Granicy*). Znajdziemy go też w ostatniej wielkiej powieści Nałkowskiej, wspomnianych już *Węzłach życia*. Wielkość tej powieści, obniżona przez nadmiar drobiazgowych i monotonnych analiz psychologicznych, polega na jej charakterze dokumentarnym, na jej partii końcowej — wspaniałej i jedynej w swoim rodzaju opowieści o tragicznym wrześniu, który pisarka ukazuje nie od strony działań wojennych, lecz od strony losów ludności cywilnej, w popłochu uchodzącej z bombardowanej i oblężonej stolicy. A jeszcze może większą wymowę ma część wstępna powieści, w której znajduje się opis przyjęcia wydanego dla ministra hitlerowskiego w ministerstwie spraw zagranicznych, nie ustępujący analogicznej scenie w *Oziminie* Berenta czy jego *Zmierzchu wodzów*. Jak tam „zamra dusz", tak tutaj niepodzielnie włada koszmar starości, który prześladuje nie tylko kobiety, ale również ich mężów, niegdyś działaczy politycznych, obecnie „byłych ludzi", odstawionych na ślepy tor historii. Akcenty te, wplecione w skandaliczną kronikę klanu pułkownikowskiego, są kruczą pieśnią nad końcem życia politycznego Polski międzywojennej i stanowią literacki finał spraw, o których mówiły kiedyś karty powieści Kadena Bandrowskiego.

W opinii literackiej dwudziestolecia Nałkowską przesłoniła od pewnego momentu M a r i a D ą b r o w s k a (1889 - 1965), w latach po drugiej wojnie światowej uznana już powszechnie za najwybitniejszą twórczynię nowej czy najnowszej powieści polskiej. Jej wykształcenie uniwersyteckie, obejmujące również studia socjologiczne o nastawieniu praktycznym, skierowanym ku spółdzielczości, obserwacja życia społecznego w Europie zachodniej, dziesięcioletnia wreszcie praca w kraju czasu pierwszej wojny i po niej, praca popularyzatorska i dziennikarska, ukształtowały postawę Dąbrowskiej jako publicystki i autorki nowel i powieści. Postawa ta znalazła znamienny wyraz zarówno w studium o Edwardzie Abramowskim, psychologu, socjologu i pionierze kooperatywizmu (1925), jak i w studium na temat zagadnień wiejskich, zatytułowanym *Rozdroże* (1937), głoszącym konieczność reformy rolnej i wskutek tego gwałtownie atakowanym przez zacofanych przeciwników. Prace te, poprzedzające (prócz ostatniej) działalność literacką ich autorki, świadczyły znakomicie o jej przygotowaniu społecznym do zabrania głosu w sprawach, które miały stać się przedmiotem jej wizji pisarskiej i — jak się okaże — w pewien sposób wyznaczały artystyczną formę tej wizji.

Na pole literatury Dąbrowska wkroczyła stosunkowo późno, gdy ogłosiła w r. 1922 *Gałąź czereśni i inne nowele* i w rok potem nowele-wspomnienia *Uśmiech dzieciństwa*; zdobyła to pole „cyklem opowieści" *Ludzie stamtąd* (1926), opanowała zaś ostatecznie cyklem czterotomowym *Noce i dnie* (1928 - 1934), który przyniósł jej Państwową Nagrodę Literacką w r. 1933. Dwie wycieczki w świat dramatu historycznego — jeden z XVII wieku (*Geniusz sierocy* 1939), a drugi z XI (*Stanisław i Bogumił* 1948), nowe zbiorki nowel, nie ukończona powieść *Przygody człowieka myślącego* — to dalsze ogniwa prac Dąbrowskiej, dopełnione *Szkicami z podróży* (1956) i sporą ilością inteligentnych studiów literackich w rodzaju *Myśli o sprawach i ludziach* (1956) lub *Szkiców o Conradzie* (1959). W dorobku tym trzy pozycje zasługują na szczególną uwagę. Pierwsza to cykl opowiadań *Ludzie stamtąd*. Są to obrazki z życia proletariatu wiejskiego na głuchej prowincji, parobków gnębionych przez biedę, choroby, nałogi. Świat ten, doskonale znany z nowelistyki mistrzów takich, jak Orzeszkowa, Prus, Sienkiewicz, Konopnicka, Żeromski czy Reymont, Dąbrowska ujęła w sposób tradycyjny. Wzbogaciła go tylko postaciami monstrualnych kalek, wyposażając je w przejawy uczuć bardzo ludzkich, okazywanych przez nich istotom bardziej od nich przez los pokrzywdzonym. Te cechy tradycyjne, dobrane bardzo starannie, bo z pominięciem akcentów okrucieństwa, od których poprzednicy jej nie stronili, rzucone na tło posępnego życia w czworakach folwarcznych, życia odtwarzanego z całym realizmem, w opowiadaniach Dąbrowskiej otrzymały swoiste zabarwienie, stanowiące o odrębności nowelistki. Autorka wprowadziła mianowicie w *Ludziach stamtąd* mnóstwo znakomicie wyzyskanych motywów folklorystycznych, pieśni, przysłów, porzekadeł, nade wszystko zaś szczegółów z zakresu medycyny ludowej. Zwłaszcza zamykająca cykl nowela *Zegar z kukułką*, poświęcona ostatnim chwilom starego proboszcza, znachora-zielarza, uderza swym doskonałym poziomem artystycznym, swą niezwykłością czy nowością, no i swą... aktualnością. Przecież w dwadzieścia lat po jej ukazaniu się, bezpośrednio po wojnie zaroiło się na Mazowszu od księży znachorów, do których z całego kraju ciągnęły istne pielgrzymki pacjentów, rozczarowanych do medycyny urzędowej. Uzasadnienie zaś, dlaczego *Ludzi stamtąd* można nazwać zbiorem cyklicznym, jest podwójne. Postaci te wiąże wspólnota środowiska, owego folwarku, i to tak dalece, że imię i nazwisko księdza znachora poznajemy z jednego z wcześniejszych opowiadań. Następnie zaś nowele stanowią tu coś w rodzaju szkiców do wielkiej powieści cyklicznej Dąbrowskiej, do *Nocy i dni*.

Stanowiąca centralne ogniwo twórczości Dąbrowskiej powieść o Bogumile i Barbarze Niechcicach, z perspektywy lat trzydziestu

5. Rozkwit powieści

od jej ukończenia jest dziełem naprawdę niezwykłym. Jego ramy chronologiczne sięgają od r. 1863 po r. 1914, od powstania styczniowego po wybuch pierwszej wojny, obejmują więc pół wieku dziejów polskich, z czego na akcję właściwą przypada lat trzydzieści, tj. okres bardzo gruntownych zmian w życiu Królestwa Polskiego. Wskutek tego *Noce i dnie* są powieścią z natury rzeczy historyczną, dźwięczącą pogłosami spraw takich, jak warszawska demonstracja kilińszczyków w r. 1894, jak wojna rosyjsko-japońska i rewolucja r. 1905, jak wojny bałkańskie, jak akcja Piłsudskiego i wreszcie pierwsze dni wojny europejskiej, rychło przekształconej w światową. Sprawy te występują na kartach powieści załamane w pryzmacie zjawisk tworzących dzieje dwu rodzin, zdeklasowanych przez historię, dźwigających się jednak z upadku i od biedy dochodzących do dobrobytu, któremu znowu kres położy wojna, szalejąca na terytorium dawnej Polski. Proces więc historyczny, przedstawiony przez Dąbrowską, można by zestawiać z analogicznym ujęciem *Rodziny Połanieckich*, gdyby nie jedna różnica podstawowa. Bogumił Niechcic dochodzi do dobrobytu nie drogą spekulacji jak Stanisław Połaniecki, lecz wieloletnią ciężką pracą na roli, pracą rąk „dla świętej ziemi", jak to nieraz mawiano, przy czym jednak wysiłek jego kończy się pośmiertną klęską. Przy całym uznaniu dla stosunku Bogumiła do ziemi autorka *Rozdroża* ma jasną świadomość, iż sprawa jego jest przegrana, iż reprezentuje on klasę i pracę skazane na nieuchronną zagładę. I tu właśnie tkwi podstawowa różnica między *Nocami i dniami* a między *Nad Niemnem* czy *Rodziną Połanieckich*: odrzucając wiarę w mistyczny związek człowieka z ziemią, rolnika z rolą, autorka związek ten rozumie bardzo nowocześnie jako sumienne wypełnianie obowiązku, zrywa zaś z mitem posiadania własnej ziemi, z mitem przywileju szlachecko-ziemiańskiego. Ponieważ zaś sprawa ta występuje w powieści na bardzo rozległym tle innych postaw przedstawicieli „wysadzonego z siodła" ziemiaństwa, nauczycieli, prawników, handlowców, nawet przemysłowców, powieść o *Nocach i dniach* jest najrozleglejszym ujęciem popowstaniowych przemian społecznych, którymi tak żywo interesowała się literatura pozytywizmu, a które doprowadziły do powstania nowoczesnej inteligencji polskiej.

O tych przemianach informują czytelnika długie, plastyczne opowiadania o takich sprawach historycznych, jak pogłosy rewolucji 1905 r. na wsi polskiej lub zbombardowanie przez Niemców w r. 1914 bezbronnego Kalisza. Przede wszystkim jednak przemiany te ukazane są za pośrednictwem dużej galerii portretów ludzi dwu pokoleń, „ojców i dzieci" — by użyć formuły Turgieniewa, ludzi, którzy, wyrośli w tradycjach romantyzmu, musieli przyjąć, nie bez wysiłku, postawę nową, pozytywistyczną, oraz ich dzieci, mniej lub więcej świadomie wracających do postawy swych dziadków, z tym że dawny nacjonalizm nabierał coraz więcej zabarwienia socjalistycznego. W galerii tej pióro autorki na plan naczelny wysunęło portrety Bogumiła i Barbary (tytuł tomu pierwszego), z uprzywilejowaniem bohaterki „wiecznego zmartwienia" w tomie drugim i piątym, pani Barbary. W tomach zaś trzecim i czwartym pojawiają się przedstawiciele pokolenia następnego, ich dzieci, Agnieszka i dwoje innych, w otoczeniu mnóstwa kuzynów bliższych i dalszych. Wszystkie te portrety wykonane są wręcz po mistrzowsku, choć nie z tą samą plastyką. Przesłania je postać Barbary Niechcicowej, której losy od kart pierwszych do ostatnich apelują do uwagi czytelnika jako dziwaczna mieszanina histerii i zdrowego rozsądku, tępoty i przenikliwości, dobroci i samolubstwa, zamaskowanego erotyzmu i panowania nad namiętnościami. Jej życie to wdzięczny materiał dla miłośnika psychoanalizy, a równocześnie coś, co radykalnie odbiega od tradycyjnych wyobrażeń o Polce-obywatelce. Panią Barbarę otacza duże grono postaci kobiecych, niesłychanie zróżnicowane i ukazujące te ogromne przemiany obyczajowe, które zachodziły w rodzinnym życiu polskim na przełomie stuleci XIX i XX, a które Dąbrowska umiała dostrzec i przedstawić z niezawodnym instynktem pisarza, i to pisarza-kobiety. Instynkt ten podyktował jej portreciki takie, jak prostej dziewczyny, Felicji, która uniesienia zmysłów umie podporządkować wymaganiom praktyki życia codziennego; jak pomylonej samobójczyni, Celiny Katelbiny, która swe wyhodowane na lekturze Przybyszewskiego marzenia erotyczne przypłaca życiem; jak wreszcie Ksawuni Wojnarowskiej, po której przygody miłosne, złożone na karb bujnej młodości, przechodzą bez śladu. W każdym razie romantyczne mity jedynej miłości nikną tutaj całkowicie, na równi z drobnomieszczańską pruderią w stosunku do spraw erotycznych.

Śmiałe, choć wysoce dyskretne ujmowanie tych właśnie spraw rzutuje zarazem — dość na pozór nieoczekiwanie — i na strukturę *Nocy i dni*, i na ich popularność dawniej i dziś. Dla czytelnika okresu międzywojennego powieść ta stanowiła wyraz tego, co było ostatnim krzykiem mody literackiej w Europie, co we Francji nazywano „le roman-fleuve" (powieścią-rzeką), a co cieszyło się ogromną popularnością dzięki nazwiskom takim, jak John Galsworthy, Marcel Proust, Jules Romains, George Duhamel i in., tj. twórcom wielotomowej powieści cyklicznej. Dąbrowska mniej lub więcej świadomie poszła ich torem, by od powieści o niedobranym małżeństwie, przedstawiającej sprawy Bogumiła i Barbary, przejść do rozległej kroniki rodzinnej, jak to nazywano, ukazującej dwa pokolenia. W rezultacie po dwu pierwszych tomach, realizujących plan pierwotny,

5. Rozkwit powieści

poszły trzy dalsze, rezultat planu zmienionego. Krok ten wiódł zarazem do tryumfu i do klęski, do tryumfu mianowicie poczytności, do klęski zaś w sensie artystycznym. Powieść Dąbrowskiej w założeniach psychologiczna przekształciła się w społeczną, obraz życia małej rodziny w dworku wiejskim — w panoramę życia w dużym stosunkowo ośrodku miejskim, poszerzoną na świat daleki, szwajcarsko-belgijski, no i polski, stołecznowarszawski. Taka zmiana pierwotnego planu powieści pociągnęła za sobą następstwa i korzystne i niekorzystne. Korzystne — to rozległy dech całości, w sensie historyczno-społecznym, pozwalający przejść od skromnego bytowania dwojga rozbitków życiowych w zapadłej wsi mazowieckiej do pełnych rozmachu obrazów debat i sporów studenckich w Lozannie czy Brukseli. Powieść o życiu „ekonomskim" przekształciła się w ten sposób w obraz życia zbiorowego, podsycanego przez historię europejską w przededniu wydarzeń przełomowych. Związanie tych nowych pomysłów z planem początkowym wymagało rezygnacji z pierwotnych zamierzeń. W rezultacie dzieje Bogumiła i Barbary zmieniły się w ramę dla spraw całkiem odmiennych, nie zawsze leżących na linii uzdolnień autorskich. Z jednej więc strony, weszła tutaj cała seria świetnych pomysłów nowelistycznych, jak miłość zwichniętej życiowo pensjonarki Ksawuni do Niechcica lub tragikomiczna sprawa Niechcicowego pomocnika, Katelby, i jego żony, bez czego wątek powieściowy mógł się obejść znakomicie. Z drugiej strony, obrazy z życia polskich studentów w Szwajcarii czy Belgii, przeładowane cytatami z listów, prawdopodobnie autentycznych, ciekawych jako dokumenty, ale artystycznie nijakich, obciążyły karty *Nocy i dni* balastem pierwiastków wręcz nasennych. „Czysta epika" — jak te sprawy nazywał krytyk tak wybitny, jak K. W. Zawodziński — wydaje się tutaj czymś od sztuki epickiej bardzo dalekim, bo arcyprozaicznym gawędziarstwem, sercu autorki bardzo drogim, dla czytelników zaś nieraz nużącym.

Równocześnie jednak tego rodzaju technika powieściowa zadecydowała może i zapewne decyduje nadal o popularności dzieła Dąbrowskiej w szerokich kręgach czytelniczych, a nawet wśród krytyków literackich. *Noce i dnie* ukazywały się na rynku księgarskim w okresie, gdy powieść europejska wkraczała w stadium kryzysu, gdy u nas Witkacy odmawiał jej tytułu dzieła literackiego, a w świecie zachodnim usiłowano ją albo podnieść na poziom poezji przez zabiegi artystyczne graniczące ze sztucznością, albo nie mniej sztucznie uprozaicznić, sprowadzając ją do roli dokumentu tak czy inaczej naukowego. Dąbrowska, zapewne bezwiednie, poszła w tym drugim kierunku, tak popularnym dzisiaj. Dała powieść-gawędę o charakterze pamiętnika dokumentarnego. Nie zabiegając o wymyślne efekty ustrojowe, idąc torami prostego kojarzenia zjawisk, na których skupiała uwagę, stworzyła powieść zdolną zaspokajać najróżniejsze zainteresowania czytelnicze. W tym właśnie już przed laty widziano jej wielkość, w tym można ją upatrywać również dzisiaj.

A wreszcie nowelistyczna twórczość Dąbrowskiej po drugiej wojnie (*Gwiazda zaranna* 1955), stanowiąca trzecią grupę jej utworów, poświęcona rzeczywistości Warszawy popowstaniowej i wysiłkom ludzkim przekształcenia jej zgodnie z wymaganiami nowego życia, jest dowodem, że autorka *Nocy i dni* pozostała sobą, czujną i czynną obserwatorką, wysnuwającą twórcze wnioski z swych wnikliwych spostrzeżeń.

Obok Nałkowskiej i Dąbrowskiej na polu powieści pracowało sporo piór kobiecych, cieszących się dużym nieraz uznaniem u odbiorców, do których należeli również pobłażliwi krytycy. W okresie więc popularności powieści cyklicznej czy przynajmniej panoramicznej H e r m i n i a N a g l e r o w a (1890 - 1957) analogicznie do cyklu Dąbrowskiej o Kalińcu (Kaliszu) zamierzała przedstawić obraz stosunków popowstaniowych w Borach, tj. Brodach na pograniczu galicyjsko-wołyńsko-podolskim. Z projektowanego cyklu *Kariery* ogłosiła tylko dużą część wstępną, trzytomową powieść *Krauzowie i inni* (1936), rozległe malowidło obyczajowe, wykonane metodą łączącą sposób pisania autorów tak od siebie odległych, jak Dąbrowska i Kaden Bandrowski.

Środowiskiem warszawskim, proletariacko-drobnomieszczańskim zajęła się P o l a G o j a w i c z y ń s k a (1896 - 1963) w dużych powieściach *Dziewczęta z Nowolipek* (1935) i *Rajska jabłoń* (1937). *Dziewczęta z Nowolipek* przemawiały do czułych serc nie tylko z kart książki, która otrzymała nagrodę literacką stolicy, ale również z ekranu filmowego. Przeszedłszy czasu okupacji przez warszawski Pawiak, napisała książkę o swych wspomnieniach więziennych *Krata* (1945), Warszawie też poświęciła swą ostatnią powieść *Stolica* (1946), otrzymując za nią nagrodę, laur Warszawy 1948.

Doskonale realizowane ambicje pisarskie dochodziły do głosu w powieści psychologicznej innych pisarek międzywojennych. Tak więc H e l e n a B o g u s z e w s k a (ur. 1886) spotkała się z serdecznym przyjęciem, gdy wydała powieść psychologiczną *Całe życie Sabiny* (1934) — ukazane w pryzmacie przedśmiertnych wspomnień szarej przedstawicielki szarej codzienności mieszczańskiej, snutych oddzielnymi pasmami tematycznymi. Na podobnym schemacie ustrojowym oparła M a r i a K u n c e w i c z o w a (ur. 1899) swą *Cudzoziemkę* (1936), świetną powieść psychologiczną o artystce skrzypaczce, za którą pisarka otrzymała nagrodę literacką Warszawy. Jest ona również autorką tomu znakomitych opowiadań, mających za tło miasto artystów, Kazimierz nad Wisłą, a należących do najświetniejszych okazów nowelistyki polskiej (*Dwa księżyce* 1933).

Do grona autorek powieści psychologiczno-obyczajowych tego okresu należy również E w a S z e l b u r g (Szelburg-Ostrowska, Szelburg-Zarembina, ur. 1899). Z powieści największe uznanie krytyki i czytelników przyniosła jej *Wędrówka Joanny* (1935) i jej ciąg dalszy *Ludzie z wosku* (1936), w oryginalny sposób łączące pierwiastki poetyckiej i ludowej fantastyczności z realizmem. Po drugiej wojnie Ewa Szelburg-Zarembina zdobyła nadto uznanie jako pisarka dla dzieci.

W okresie międzywojnia wcale bogato też przedstawia się powieść i nowela o tematyce ludowej czy wiejskiej, nacechowane radykalizmem, co zrozumiałe, gdy się zważy na bogaty spadek odziedziczony po okresie poprzednim i na rolę chłopa, bardzo zresztą osobliwą, jak dowodzą losy przywódcy ruchu ludowego, Witosa, premiera w chwili, gdy krajowi groziło śmiertelne niebezpieczeństwo, a później więźnia politycznego i wygnańca. Ruch ludowy, nacechowany radykalizmem, tłumionym u schyłku lat międzywojennych metodami policyjnymi, wiódł do powstania literackiego frontu ludowego, lecz jego przedstawiciele wyładowywali swą energię pisarską w poezji o charakterze społecznym i nastawieniu niekiedy marksistowskim. Poeci ci, jak M. Czuchnowski, M. Piechal, szukali oparcia u prozaików, sami jednak do rozwoju powieści i noweli niewiele się przyczynili.

Proza zaś rozwijała się na szlaku wytkniętym przez tradycję Orkana i — na innej płaszczyźnie — Reymonta. Kierunek orkanowski reprezentował tu J a l u K u r e k (ur. 1904), ruchliwy szermierz awangardy krakowskiej, płodny liryk, a rychło również powieściopisarz, twórca dzieł, które wywoływały żywe poruszenie. Jego *Grypa szaleje w Naprawie*, za którą otrzymał Nagrodę Młodych PAL (1934), i *Woda wyżej* (1935) biły na alarm z powodu rozpaczliwych warunków, w których czasu kryzysu ekonomicznego znalazła się wieś podkarpacka. Utrzymane w naturalistycznej tonacji, znanej z *Komorników* Orkana, tchnęły posępnym pesymizmem i na tym polegała ich wymowa artystyczna i społeczna. Sam autor w rzucie oka na swój powojenny dorobek literacki potraktował te pozycje jako mniej doniosłe w porównaniu z powieścią o *Janosiku* (1945 - 1948) wydaną tuż po drugiej wojnie, choć w nadmiernie rozbudowanej baśni o słynnym harnasiu trudno odnaleźć te akcenty realizmu, które występowały w jego szkicach powieściowych dawniejszych.

Na szlaki trosk publicystyczno-powieściowych wyszedł też znacznie od Jalu Kurka starszy J a n W i k t o r (1890 - 1967), który od lat studenckich parał się publicystyką. Długo dobijał się uznania, jego bowiem realistyczne obrazki z życia wsi i jej mieszkańców, nie tylko ludzi, ale i zwierząt (*Burek* 1925), nie trafiały do przekonania redaktorom i wydawcom. Dopiero zetknięcie się z palącymi zagadnieniami społecznymi pozwoliło Wiktorowi wejść na drogę sławy. Należała do nich sprawa emigracji robotniczej do Francji, gdzie — jak niegdyś ojcowie w Ameryce — przybysze narażeni byli nie tylko na nieuniknione trudności życia w obcym środowisku, ale przede wszystkim na potworny wyzysk ze strony chlebodawców zarówno indywidualnych, jak zsyndykalizowanych. Wiktor kilka tygodni spędził w Paryżu i warto było widzieć go, gdy wieczorem wracał z całodziennej włóczęgi po spelunkach i zakamarkach wielkiego miasta, po których oprowadzał go jakiś ciemny typ, tylko co wypuszczony z więzienia. Powieściopisarz z przejęciem opowiadał znajomym o swych ponurych obserwacjach straszliwej nędzy ludzkiej, wyzyskanych przezeń jako tworzywo w *Wierzbach nad Sekwaną* (1933), dużym obrazie złożonym z mnóstwa składników reporterskich, surowych, artystycznie nie przetworzonych, ale mających wartość autentycznego dokumentu. Powodzenie nie mniejsze zdobyła jego *Orka na ugorze* (1935), również bijąca na alarm i mobilizująca sumienia ludzkie, jak to określił któryś z wybitnych krytyków. Problem oświaty i pracy nauczycielskiej w zapadłej wsi górskiej wystąpił tu na tle posępnej rzeczywistości ekonomiczno-społecznej, malowanej barwami znanymi z dzieł Orkana czy Kurka, rozjaśnionymi jednak przekonaniem, że życie chłopskie wkracza na nowe tory, na których dobro odniesie zwycięstwo nad złem.

Zaangażowanie się pisarza w pracy politycznej wydało reportaże bałkańskie (*Od Dunaju po Jadran* 1938), mówiące też dużo o sprawach polskich, oraz tom publicystyczny *Błogosławiony chleb ziemi czarnej* (1939) wywołany przeciwchłopską polityką rządową, który wśród nastrojów przedwojennych przeszedł nie zauważony. Ciężkie lata okupacyjne, spędzone w ukryciu (Wiktor bowiem był autorem reportaży o Śląsku Opolskim, drukowanych w r. 1933, książkowo zaś udostępnionych dopiero po wojnie, pt. *Kłosy na ściernisku* 1955), nie osłabiły jednak ani temperamentu działacza politycznego, ani werwy pisarskiej Wiktora. Po drugiej wojnie ogłosił powieści: *Skrzydlaty mnich* (1946), *Zbuntowany* (1948), *Papież i buntownik* (1953). Wierny przekonaniu, iż praca pisarska ma doniosłą funkcję społeczną, Wiktor, idąc bezwiednie za tradycją romantyczną, wskrzeszoną przez Żeromskiego czy Orkana, wszędzie w coraz to innej postaci ukazywał w nich dzieje walki ideologa i szermierza nowych poglądów z konserwatywnym otoczeniem. Najbardziej pomysłowo zrobił to w powieści historycznej *Papież i buntownik*, osnutej na dziejach soboru w Konstancji (1414 - 1418), owego głośnego zjazdu międzynarodowego, na którym polska myśl polityczna wystąpiła z potępieniem polityki

5. Rozkwit powieści

przemocy i zaborczości, o wieki całe wyprzedzającym zasady głoszone przez dzisiejszych działaczy.

Ukoronowaniem twórczości Wiktora stała się książka pisana w ciągu lat wielu, prześliczne studium krajoznawcze *Pieniny i ziemia sądecka* (1956), wyraz przywiązania autora do krainy, z którą związało go życie i w której powstała większość jego dorobku.

Drugim obok Wiktora powszechnie znanym i podziwianym pisarzem popularnym międzywojnia stał się G u s t a w M o r c i n e k (1891 - 1963), literacki przedstawiciel Śląska „czarnego", tj. górniczego, ściśle jednak złączonego z Śląskiem „zielonym", rolniczym. Nowelista i powieściopisarz, z swą ziemią rodzinną związany był mocno pochodzeniem i losami. Syn górnika, który zginął w katastrofie kopalnianej, sam również pracował za młodu jako górnik, by — dzięki pomocy towarzyszów pracy — zdobyć wykształcenie nauczycielskie, które z kolei pozwoliło mu przejść do pracy literackiej. Przerwała ją wojna i zesłanie do hitlerowskiego obozu koncentracyjnego, który udało mu się przetrwać i nawet, o dziwo, zobaczyć kawał świata niedostępny innym chudym literatom.

Dane te są tutaj konieczne, mówią one bowiem o źródle, i to bezpośrednim, pomysłów literackich Morcinka, wyrastających z jego autentycznych, osobistych doświadczeń, wyniesionych z kopalni węgla, gdzie przebywał nie jako obserwator literacki, lecz jako zwykły robotnik. Te właśnie osobiste doświadczenia Morcinka zaważyły na jego pisarstwie, będąc na długo źródłem jego pomysłów literackich, i to pomysłów o charakterze realistycznym.

Na tym tle powstało dzieło jego najgłośniejsze, powieść *Wyrąbany chodnik* (1932), dokument przeżyć nie tylko indywidualnych, ale również zbiorowych. Morcinek mianowicie pokusił się tutaj o coś w rodzaju powieści historycznej, ukazującej pojawienie się i rozwój ruchu robotników polskich, powstałego w trzydziestoleciu 1890 - 1920, skierowanego przeciw ciemiężcom niemieckim, a zakończonego powstaniami na Śląsku, które naprawiły fatalne posunięcia ostatniego z Piastów i dokonały zespolenia utraconej dzielnicy z państwem macierzystym. W ogromnym malowidle dziejowym wystąpiły nie tylko krwawe zmagania z wrogiem, a więc to, co uchodziło za wyłączny przywilej powieści historycznej typu *Trylogii* Sienkiewicza, ale również sprawy takie, jak codzienna praca górnika czy hutnika, oraz żmudne zabiegi organizacyjno-oświatowe, obliczone na uświadomienie klasie robotniczej jej przynależności narodowej i wynikających stąd następstw praktycznych, powrotu do własnego narodu.

Inne rzeczy Morcinka, zarówno jego powieści jak nowele, były tylko dopełnieniem *Wyrąbanego chodnika*, obrazami i obrazkami bez przełomowego znaczenia. Wyjątek miała stanowić tutaj jedynie przez długie lata obmyślana i przygotowywana powieść o *Ondraszku,* wsławionym przez tradycję zbójniku śląskim, odpowiedniku podhalańsko- -słowackiego Janosika. Powieść ta ukazała się w r. 1953 i dała wyniki takie same, jak dzieło Kurka o harnasiu tatrzańskim. Morcinek włożył mnóstwo rzetelnego wysiłku twórczego, by epizody folklorystyczne zespolić w całość, osadzoną na określonym podłożu dziejowym i by fantastykę przekształcić w realne wydarzenia, znane z kronikarskich zapisek. Zadanie to nie udało się. Dlaczego? — odpowiedź jest tutaj równie trudna, jak w wypadku Barbary Radziwiłłówny. Tylu dramaturgów usiłowało ukazać jej tragiczny stosunek do Zygmunta Augusta i żaden z nich temu nie podołał. Podobnie było z Janosikiem, może więc i Ondraszek musi poczekać na pisarza, który stworzy dzieło literackie o odpowiedniej wartości artystycznej.

Powieść o życiu chłopa polskiego objęła nadto dwie jeszcze dziedziny, które wspomnieć tutaj trzeba, mniej i bardziej egzotyczną, przy czym — w chwili obecnej — pierwsza narzuca się przede wszystkim uwadze historyka literatury. Mówiło się tutaj o torze, wyznaczonym przez Orkana i Reymonta, do dwu jednak mistrzów neoromantycznych dodać należy trzeciego jeszcze — Tetmajera, jako autora *Skalnego Podhala.* Cykl ten zaważył twórczo na szeregu pisarzy, którzy poszli śladami mistrza. Na ich czele postawić można Jana Gwalberta Henryka Pawlikowskiego (1891-1962), który w opowieści *Bajda o Niemrawcu* dał próbkę artystycznie wręcz wspaniałych opowieści o dziwach tatrzańskich, a w wydanych pośmiertnie, nie ukończonych *Cisoniach* (1963), realistyczny obraz życia wsi podhalańskiej. Niewiele zaś ustępował mu zespół kilku pisarzy bardzo różnych pochodzeniem, bardzo zaś bliskich sposobem ujmowania zjawisk życia podhalańskiego, zespół ludzi zarówno miejscowych, jak „ceprów". Obejmuje on również dobrze Anielę Gut Stapińską i Stanisława Krzeptowskiego Białego, jak Henryka Gebla lub Tadeusza Malickiego. Wybór ich znakomitych nowel, ogłoszony przez Wł. Wnuka (*Gawędy Skalnego Podhala* 1960) stanowi dowód, i to bardzo wymowny, iż przykład Tetmajera wyzwolił samorodne siły pierwszorzędnych narratorów-nowelistów.

Równocześnie wyskoczyła niespodzianka nie mniej osobliwa, choć zrozumiała w czasach, które wydały *Wierzby nad Sekwaną* — powieść o emigracji zarobkowej. W niewiele lat po niej ukazała się próba odrobienia naszych zaległości literackich w dziedzinie, z którą poradzić sobie nie umiała autorka *Pana Balcera w Brazylii,* tj. w sprawie Polonii południowoamerykańskiej. Podjął ją Bohdan Pawłowicz (ur. 1899) i z zadania tego wywiązał się znakomicie w *Pionierach* (1930), których część pierwsza ma tytuł *Wojciech Mierzwa w Paranie,* a druga *Wyspa św. Katarzyny* (1938). Ulegając autorytetowi

5. Rozkwit powieści

Reymonta, stworzył on realistyczną wizję barwnego i pełnego rozmachu życia chłopskiego w środowisku, w którym emigrant doskonale się umiał zaaklimatyzować i wykazać swą wysoką wartość. W powieści tej, której kośćcem jest romans kryminalny, zaprawiony komizmem, w całej pełni zabłysnął egzotyzm „ciepłych krajów", a więc osobliwości zarówno w świecie przyrody, jak obyczaju ludzkiego. Powieść, w której powstaniu dużą rolę odegrały pomysły popularnych podówczas filmów awanturniczych, wskutek wybuchu wojny przeszła nie zauważona, choć miała wszelkie dane, by stać się wydarzeniem literackim.

W dwudziestoleciu po pierwszej wojnie zaznaczył się wyraźnie niedowład jakościowy i ilościowy na polu powieści historycznej, choć pozornie sytuacja była tu zupełnie odmienna. W r. 1928 mianowicie leciwy już wtedy Wincenty Lutosławski, gromko bijąc w bęben reklamy, objawił światu, iż literatura polska ma nowego Sienkiewicza, i to w spódnicy, bo autorkę powieści *Złota wolność*, Z o f i ę K o s s a k (1890 - 1968), dodającej wtedy do panieńskiego nazwiska mężowskie Szczucka (później Szatkowska). Wnuczka znakomitego malarza Juliusza Kossaka miała wówczas nienajgorszy dorobek, rozpoczęty tomem wspomnień wojennych (*Pożoga* 1922), przed sobą zaś perspektywy błyskotliwych osiągnięć w dziedzinie sienkiewiczowskiej, tj. w obrębie powieści historycznej. Pierwsza z nich *Krzyżowcy* (1935) spotkała się z przyjęciem entuzjastycznym, dalsze zaś stale cieszyły się poczytnością, jakkolwiek recenzenci ich coraz rzadziej odwoływali się do porównań z twórcą *Krzyżaków*. Tak było z dalszymi ogniwami cyklu o krucjatach (*Król trędowaty* 1937 i *Bez oręża* 1937), tak również z *Suknią Dejaniry* (1939) i innymi. Wszystkie te dzieła wyrosły z wspólnego podłoża, które wydało również powieści krótsze, jak *Legnickie pole* lub *Beatum scelus*, oraz nowele (*Szaleńcy boży* 1929), tj. z religijno-historycznych zainteresowań autorki. Tak więc głośny jej debiut, *Złota wolność*, poświęcony był arianizmowi polskiemu i jego roli w rokoszu Zebrzydowskiego, tak powieść *Krzyżowcy* przyniosła rozległą relację o pierwszej krucjacie, tak w *Sukni Dejaniry* ujęcie powieściowe otrzymała legenda o Kazimierzu Korsaku, oparta na średniowiecznym żywocie św. Aleksego. Z rzeczy zaś drobniejszych wymienionych przed chwilą *Beatum scelus*, (w późniejszym wydaniu *Błogosławiona wina*) to dzieje cudownego obrazu Madonny Kodeńskiej, wykradzionego przez rozmiłowanego w nim magnata, *Szaleńcy boży* wreszcie to pięknie opracowana seria żywotów świętych. To swoiste nastawienie autorki odbiło się niezbyt korzystnie na jej malowidłach historycznych, zwłaszcza iż nikła wiedza historyczna nie pozwoliła jej mroków przeszłości rozświetlić promieniami poszukiwanej prawdy. Jej więc pogląd na arianizm polski równie odbiegał od rzeczywistości, jak przesadne zachwyty chwalców „braci polskich" i ich postawy politycznej. Ujęcie motywów, które doprowadziły do wojen krzyżowych, nie wzniosło się nad ujęcia klerykalnie nastawionych podręczników szkolnych. W ten sposób na dziełach autorki *Sukni Dejaniry* obserwować można żałosny poziom intelektualny katolicyzmu polskiego, ten poziom, nad którym biadali Stanisław Brzozowski czy Marian Zdziechowski, obeznani ze zdobyczami nowoczesnej myśli katolickiej Europy zachodniej. Entuzjaści zestawiali dorobek Zofii Kossak z dziełami Matejki, Sienkiewicza, Żeromskiego, Reymonta, choć — gdyby to nie brzmiało jako złośliwostka — można by widzieć w niej nowoczesną Deotymę, wolną wprawdzie od mizdrzących się akcentów, znanych z *Branek w jasyrze*, ale — jak ona — nie umiejącej rozmachu wyobraźni kontrolować rygoryzmem myśli krytycznej wyrastającej z naukowego opanowania przeszłości.

A z tego właśnie stanowiska na przeszłość spojrzała H a n n a M a l e w s k a (ur. 1911), autorka opowiadań i przede wszystkim dużych powieści, wyznaczających jej w literaturze międzywojennej pozycję niepowszednią. Rzetelna znajomość historii i postawa poznawcza autorki, pozwalające jej dostrzegać jeśli nie przełomowe, to przynajmniej doniosłe punkty węzłowe w dziejach kultury europejskiej, zadecydowały o rozległości jej tematyki. Rozpoczęła od opowieści o młodym Platonie w *Wiośnie greckiej* (1933) i do świata starożytnego wróciła w *Opowieści o siedmiu mędrcach* (1959), a częściowo również w powieści *Przemija postać świata* (1954), ukazującej Italię w. VI opanowaną przez Gotów, a podbijaną przez Bizancjum. Późnemu średniowieczu poświęciła powieść o budowie katedry w Beauvais, renesansowi niemieckiemu *Żelazną koronę* (1937), angielskiemu zaś *Sir Thomas More odmawia* (1956). Dziejów polskich wreszcie dotyczą *Panowie Leszczyńscy* (1961), rzecz chronologicznie odpowiadająca *Trylogii* Sienkiewicza, oraz *Żniwo na sierpie* (1947) „biografia romansowa Norwida".

Uchwycenie podstawowych rysów oblicza pisarskiego Malewskiej na pozór bardzo jednolitego, pokonać musi sporo trudności, zarówno ze względu na różnorodność tematyczną jej powieści, jak na przewijającą się w nich ideologię, jak wreszcie na odrębność jej artystyczną, na sposób konstruowania fabuły tak osobliwy, iż na tkwiących tu zagadkach potykają się nawet bardzo wnikliwi jej krytycy. Wszystkie te właściwości najprościej może będzie zademonstrować na *Żelaznej koronie*, jako na dziele autorki najbardziej chyba dla jej techniki pisarskiej reprezentatywnym. Na pozór jest to kronika czterdziestoletniej działalności Karola V, od chwili, gdy na wyrostka spadła po nagłej śmierci dziadka korona hiszpańska, po jego zgon

5. Rozkwit powieści

przedwczesny, gdy zdarłszy siły w trudach panowania nad światem, w którym słońce nie zachodziło, po złożeniu żelaznej korony cesarskiej, zmarł w ustroniu. Kronika pozorna, bo czego? Wprawdzie rdzeń jej stanowią „gesta Karolowe", ale nie daje ona pełnej biografii potężnego władcy, bo marginalnie tylko ukazuje jego życie rodzinne. Nie jest to również kronika polityczna jego czasów, choć działalność Karola obejmuje dzieje Niemiec, Hiszpanii, Francji, Włoch wreszcie, ale brat jego i następca na tronie cesarskim, Ferdynand, pojawia się w powieści jedynie migawkowo, a np. wojna z Turkiem podchodzącym pod Wiedeń jest zaledwie wspomniana. Z innych, pominiętych w powieści, a efektownych motywów, dwa jeszcze wspomnieć warto: zabiegi wojewody Stanisława Łaskiego u Karola w sprawie wziętego do niewoli króla Franciszka I i sławną grabież Rzymu, „sacco di Roma". Pominięcia te automatycznie ustalają odległość Malewskiej od Kossak-Szatkowskiej z jej ciasnym patriotyzmem i katolicyzmem. O sprawie pierwszej w powieści nie ma ni słowa, o drugiej są jedynie skąpe wzmianki.

Autorka wybierając z historii pierwiastki, z których zbudowała swój fryz powieściowy, realizowała pewne założenia ideologiczne, którymi zajmowała się i w dziełach wcześniejszych i późniejszych. Należy do nich przede wszystkim zagadnienie władzy jako czynnika kształtującego losy zarówno jednostek, jak zespołów ludzkich, władzy politycznej i wojskowej, stanowiącej o pokoju i wojnie, wiodącej rządzone narody na wyżyny powodzenia lub w przepaście upadku. Takim władcą, „co zbiera i układa, i dopasowuje sobie do ręki wszystkie nici i wiązania, jak woźnica sześciokonnej karocy układa sobie wodze", jest właśnie Karol V. Czy jednak istotnie historia potoczy się szlakami przeżeń wyznaczonymi? Powieść daje tu odpowiedź wyraźnie przeczącą. Dlaczego? — od Malewskiej oczekiwać by można łatwego odwołania się do tajemniczych wyroków Opatrzności, jej sposób jednak przedstawiania dziejów jest taki, iż czytelnik-racjonalista odpowie tutaj, iż widocznie władcy, nawet wyjątkowo przenikliwi, nie mogą zrozumieć obiektywnych praw historii. Wskutek też tego krytyk marksista, omawiając powieści Malewskiej, widzi w nich „prymat myślenia w kategoriach politycznych nad myśleniem w kategoriach ułańskich" i uwagi nad jej katolicką postawą kończy westchnieniem „daj nam Boże jak najwięcej takich katolików". Postawa ta zaś wiedzie równocześnie do ukazania bezsilności władzy w losach sprawujących ją jednostek, bezsilności związanej z prawami natury, prawami biologicznymi. Potężny cesarz umiera w pięćdziesiątym drugim roku życia jako ruina fizyczna i psychiczna — nie przewidując, iż realizatorem jego najgorętszych pragnień politycznych stanie się jego syn nielegalny, zwycięzca po latach kilkunastu potęgi tureckiej pod Lepanto, don Juan d'Austria. „Starość, niemoc i śmierć" — te czynniki biologiczne rzucają cień na świat *Żelaznej korony*, któremu autorka odmówiła tego, w czym człowiek renesansowy znajdował najwyższą nagrodę swych wysiłków, a co Kochanowski nazywał „dobrą sławą".

Technika artystyczna Malewskiej przypomina raczej protokoły z posiedzeń politycznych lub raporty wojskowe, opatrzone szkicami i mapami, na których jednostki bojowe podobne są bardziej do „pionów na szachownicy", jak mówi w opisie bitwy pod Pawią, niż do obrazów batalistycznych malarzy nowoczesnych. Technika ta, prosta i surowa, ale równocześnie bardzo wyrazista, ukazująca jednostki od zewnątrz i od wewnątrz, obmyślona jest bardzo starannie, obliczona na czytelnika z odpowiednim przygotowaniem i nieodzowną domyślnością. Dobrą ilustracją metod autorskich w tej dziedzinie może być sprawa Jerzego Tournay, przyrodniego brata-bastarda Karolowego. Tuż przed śmiercią cesarz wspomina tego awanturnika, zastanawiając się, „co się to właściwie stało" z nim, „jaki los okrywa ta tajemnica". Uważny czytelnik powieści na pytanie to odpowie bez wysiłku. Pięknego rycerza dosięgła zemsta dyplomaty weneckiego, któremu uwiódł żonę, co ta nieostrożnie wyznała w spowiedzi przedśmiertnej. Szczegół to drobny, ale godzien uwagi, świadczy bowiem jak starannie Malewska panuje nad swą wizją powieściową, zarówno nad jej horyzontami ogólnymi, jak nad sprawami — zdawałoby się — drobnymi.

W późniejszym, obfitym dorobku Malewskiej, przynoszącym takie niespodzianki, jak wspaniały przekład łacińskiej liryki średniowiecznych wagantów (*Spowiedź Archipoety* 1958), na plan pierwszy wysuwa się powieść *Przemija postać świata* (1954). Autorka podjęła tu śmiałe zadanie, tworząc rozległy obraz wysoce zawiłych stosunków polityczno-społecznych i kulturalnych w Italii za czasów Teodoryka Wielkiego, a więc ścieranie się trzech kultur: tradycji starorzymskiej, zabiegów bizantyjskich i naporu ludów germańskich. W tyglu tym powstaje nowa kultura, pełna konfliktów moralnych, najzupełniej nowoczesnych, dostrzeganych wzrokiem historyka znającego przemijanie zjawisk dziejowych nie tylko z lektury, lecz z własnego dotkliwego doświadczenia.

A wreszcie jedno jeszcze. Zestawienie jej dorobku zamknęło się tutaj powieścią biograficzną o Norwidzie, dziełem jej mniej wybitnym, może po prostu dlatego, że opartym na materiałach zbyt skąpych. *Żniwo na sierpie* jednak ma swą wymowę — i to podwójną. Po pierwsze więc, świadczy dowodnie o związku autorki z jej pokoleniem, któremu — w grupie Kwadrygi i poza nią — patronował Norwid. Po wtóre, ta niepierwsza u nas vie romanceé jest wyraź-

Maria Dąbrowska, fot. z ostatnich lat życia

Autograf *Nocy i dni*

Leon Kruczkowski, fot. z ostatnich lat życia

Jan Parandowski, fot. współczesna

nym oddźwiękiem tego, co działo się podówczas w Europie. Na okres bowiem międzywojnia przypadł rozkwit biografii powieściowej, uprawianej w Anglii przez G. L. Stracheya, we Francji przez André Maurois, w Niemczech przez Emila Ludwiga, w Rosji przez Leonida Grossmana. Dzieła ich, cieszące się ogromnym powodzeniem, stały na pograniczu rzeczywistości i fikcji, biografii naukowo-historycznej i powieści historycznej. Malewska swą książką o Norwidzie włączyła się w ten krąg, fakt ten zaś ma — jak się wydaje — znaczenie głębsze i szersze. Bardzo bowiem być może, iż metody stosowane w „żywocie powieściowym", a nakazujące liczenie się z nakazami nauk historycznych, wprowadziła ona do swych powieści. Jeśli tak było istotnie, tłumaczyłoby to swoistą odrębność jej wycieczek powieściowych w krainę przeszłości, ich charakter rzeczowy i naukowy.

Nieco wcześniej od Malewskiej wystartował Teodor Parnicki (ur. 1908), pisarz, któremu dzieciństwo i młodość upłynęły w Mandżurii, skąd wyniósł dobrą znajomość literatury rosyjskiej i zainteresowanie światem Azji. Po młodzieńczych próbach w zakresie krytyki literackiej, noweli i dramatu, wystąpił w r. 1937 na pole powieści historycznej powieścią *Aecjusz, ostatni Rzymianin.* Szeroki obraz Europy czasu wędrówki ludów, ukazujący najazd Hunnów i wodza ich Attylę, „bicz boży", który zagładą groził cywilizacji europejskiej, był doskonałą zapowiedzią zarówno problematyki, jak i artyzmu pisarza młodego, ale doświadczonego i obeznanego z powieścią rosyjską, w której po Mereżkowskim tryumfy święcił Aleksy Tołstoj. Dzieło Parnickiego wskazywało, iż autora, podobnie jak Malewską — pociągają wielkie i zawiłe sprawy przełomów i przewrotów historycznych, i to w skali światowej, że interesują go niezwykłe osobistości, i to od strony psychologicznej raczej niż roli dziejowej, że wreszcie stawia sobie trudne zadania formalne, zgodnie z tym, co działo się podówczas w prozie światowej.

Wszystkie te właściwości wyznaczyły charakter dalszych powieści Parnickiego, który po różnych przygodach drugiej wojny szereg lat przebył w Meksyku, co odbiło się na jego pracy twórczej. Owocem jej stały się trzy powieści stanowiące coś w rodzaju ogniw cyklu, za którego koniec uważać by można przedwojennego Aecjusza. Są to: *Koniec Zgody narodów* (1955), *Słowo i ciało* (1959) oraz *Twarz księżyca* (1961 - 1967). Azjatycka Baktria w w. II n.e., hellenistyczna Aleksandria w początkach w. III, Bizancjum wieków III i IV wystąpiły tu jako tereny doniosłych procesów dziejowych; procesy te to zespoły zjawisk, które — w odmiennej, rzecz prosta, postaci — wystąpiły w Europie wstrząśniętej dwiema wojnami światowymi; upadek dynastii i walenie się organizacji państwowych pod naciskiem nowych ludów wkraczających na arenę dziejową, ścieranie się systemów religijnych i zwycięstwo wiar, które wychodzą z podziemi więziennych, by stać się religiami państwowymi, wreszcie chaos myślowy towarzyszący owym zmianom i próby tworzenia nowej wiedzy o człowieku — oto najważniejsze składniki świata powieści Parnickiego, oparte na przemyśleniu tego, co działo się w Europie pierwszej połowy naszego stulecia, i na obserwacji życia meksykańskiego, pełnego przeżytków zagadkowej przeszłości i kontrastów kulturowych bardziej jaskrawych niż w jakimkolwiek innym kraju. Tym doświadczeniom autorskim przypisać należy motywy, które obsesyjnie przewijają się w jego powieściach, takie jak zagadnienie mieszańców w sensie fizjologicznym i psychicznym, a więc ludności typu kreolskiego czy, jak się to określa w Ameryce, „meksykanów", powstałych ze skrzyżowania hiszpańskich zdobywców i podbitych ludów indiańskich. Do tego zaś dochodzą dwa czynniki również z warunkami życia autorskiego związane. Pierwszy to porzucenie psychologii normalnej na rzecz freudyzmu, który w powieściach Parnickiego panuje niemal wyłącznie, a więc systemu poglądów, który wyszedł wprawdzie z Europy, ale w Ameryce zakorzenił się wszechwładnie. Drugi znowuż to znane już Słowackiemu emigranckie wyobcowanie językowe i kulturowe, wiodące pisarza do tworzenia dzieł, pisanych językiem hermetycznym, a przekształcającym się w olbrzymie monologi. Te odmiany manieryzmu wystąpiły zwłaszcza w powieści *Słowo i ciało*, łączącej opowiadanie z traktatem do tego stopnia, iż uznać ją można za typowy przykład „antypowieści" czy ilustrację „kryzysu powieści".

Metody te wystąpiły również w trzech powieściach Parnickiego o tematyce polskiej. Są to *Srebrne orły* (1944 - 45), *Nowa baśń* (1962 - 68) i *Tylko Beatrycze* (1962). Pierwsza z nich napisana czasu wojny i wydana w Jerozolimie, wbrew tytułowi, oznaczającemu godność Bolesława Chrobrego, jako patrycjusza rzymskiego, Polskę i jej rolę w świecie traktuje właściwie epizodycznie tylko. Autor, zgodnie z rodzajem swych zainteresowań, zajął się tutaj sprawami zawiłych stosunków „tiary i korony", jak rzecz określano w naszej powieści dawniejszej, papiestwa i cesarstwa, rzuconych na tło militarne, na przełom wieków X i XI. Mądry papież-filozof, Gerbert-Sylwester, i jego histeryczny wychowanek, schizofrenik Otto III, marzą o stworzeniu imperium rzymskiego, potężnej organizacji, która objęłaby całą Europę i zrealizowałaby zasady miłości i dobroci, głoszone przez Kościół rzymski i jego głowę „namiestnika Chrystusowego". Pomysł ten powinien wprowadzić w życie cesarz, wątły młodzieniec, dziedzicznie obciążony mnóstwem urazów, przedstawionych w powieści piórem zawodowego psychoanalityka. Sam on tego zrobić nie zdoła, liczy tu na pomoc przyjaciela, który po nim powinien by przejąć purpurę cesarską, a którym jest... Bolesław Chrobry. Król polski

5. Rozkwit powieści

jednak, z niedowierzaniem spoglądający na Ottona, jest trzeźwym politykiem, rozumie, że za imperium rzymskim kryje się „pax Germanica", i dlatego nie jedzie do Rzymu, i dlatego przygotowuje się do obrony przed zaborczym sąsiadem. *Srebrne orły*, dzieło bardzo ambitne, imponujące i samą koncepcją, i jej ujęciem artystycznym, w zamierzeniach autorskich miało otwierać cykl powieści piastowskich. Z zamierzeń tych wyrosła po latach jedynie *Nowa baśń*, raz jeszcze wprowadzająca „motyw Skałki", rodzimy konflikt władz kościelnej i państwowej, którego bohaterów, króla i biskupa, autor zrobił potomkami Chrobrego. Na czasach wreszcie późniejszych, Łokietkowych, osnuł powieść pod osobliwym, na cytacie z Lechonia opartym tytułem *Tylko Beatrycze*, ukazując w niej stosunki Polski z Awinionem.

Szlak rozwojowy powieści piastowskich Parnickiego biegnie równolegle do toru, wiodącego od *Aecjusza*, rozpoczyna się więc dziełem o charakterze bliskim tradycji romansu historycznego, gubi się zaś na bezdrożach nowatorstwa „antypowieściowego", graniczącego z manieryzmem. Styl narracyjny przekształca się w styl traktatu logistycznego, operujący nieskończenie piętrzącymi się sylogizmami. „Powieść historyczna", jak brzmi jej podtytuł, a więc przeznaczona dla czytelnika, zmienia się w labiryntowy monolog autorski, wobec którego nawet wytrawny czytelnik staje bezradny.

W odmiennym kierunku poszły inne próby unowocześnienia tradycyjnej powieści historycznej, a mianowicie w kierunku zastąpienia bohatera szlacheckiego chłopskim. Tak zrobił E u g e n i u s z P a w ł o w s k i w rozwlekłej, na pomysłach Reymontowskich opartej powieści *Chochołowscy* (1934 - 37), gdzie „poruseństwo" z r. 1846 związał z konfliktem miłosnym, ukazując śliczną góralkę między rewolucjonistą, paniczem z miasta a góralem. Rzemieślniczy ten romans przeszedł nie zauważony. Zasłużone natomiast uznanie wywołał L e o n K r u c z k o w s k i (1900 - 1962) powieścią *Kordian i cham* (1932), która wedle autora pomyślana była jako „próba powieściowego ujęcia sprawy chłopskiej w Polsce w szerokiej perspektywie jej rozwoju historycznego". Niezwykłość próby polegała na wyzyskaniu autentycznego pamiętnika Kazimierza Deczyńskiego, który jako nauczyciel buntujący uczniów i rzecznik ich krzywd u władz państwowych, wskutek samowoli dzierżawcy wsi oddany w rekruty, wziął udział w powstaniu listopadowym, zdobył stopień oficerski i na emigracji opisał swe dotkliwe przeprawy młodzieńcze i stosunki panujące w wojsku, gdzie żołnierzem pochodzenia chłopskiego pomiatano. Kruczkowski, który powieść swą nazywał montażem pamiętnika Deczyńskiego, starannie wyzyskał swe źródło, odstępując od niego tylko w zakończeniu, gdy kazał swemu bohaterowi odmówić udziału w marszu podchorążych na Belweder i paść pod ciosem kolby wymierzonym mu przez kolegę, syna jego krzywdziciela. To efektowne odstępstwo, podyktowane względami natury technicznej, potraktowano u nas jako samowolę autorską, choć była ona tylko przejaskrawionym skrótem autentycznych losów Deczyńskiego na emigracji. Potępiony za swój radykalizm chłopski przez otoczenie, pomawiany o szpiegostwo, osamotniony, znalazł się on w sytuacji gorszej aniżeli przed powstaniem, w sytuacji, z której śmierć przedwczesna go wybawiła. Powieść o nim nie była nowością, autorowi jej bowiem mistrzował Żeromski, Kruczkowski jednak zamierzał stworzyć powieść opartą na marksistowskim pojmowaniu procesu historycznego, oświetlić przyczyny wybuchu powstania z punktu widzenia klasowego. Akcentował więc klasową postawę „chama" i rozprawiał się z legendą powstania listopadowego, a tym samym z poezją romantyczną, która legendę tę stworzyła i upowszechniła. Mimo wyraźnej zależności stylistycznej od Żeromskiego powieść miała więc akcenty własne, którymi przemawiała do czytelnika i autora postawiła w rzędzie pisarzy bardzo popularnych. Stanowiskiem tym nie zachwiały powieści dalsze Kruczkowskiego o życiu chłopskim (*Pawie pióra* 1935) czy inteligenckim (*Sidła* 1937), ani ideologią, ani artyzmem nie dorównywające *Kordianowi i chamowi*. Po drugiej wojnie Kruczkowski oddał się działalności politycznej i twórczości literackiej na polu dramatu o tematyce aktualnej. W *Niemcach* więc (1950), sztuce o światowym rezonansie, i *Pierwszym dniu wolności* (1960), jak i w *Śmierci gubernatora* (1961) poddał analizie psychologicznej sprawy, które poczynając od procesu monachijskiego po dzień dzisiejszy zaprzątają uwagę świata, a więc odpowiedzialności jednostek sprawujących władzę i jednostek nakazami jej zmuszanych do zbrodni. Moralności przestępców wojennych i, szerzej, etyce świata kapitalistycznego przeciwstawiał humanistyczne zasady etyki świata socjalistycznego. Ale tutaj właśnie znalazł się w pobliżu twórców powieści historycznej, których niepokoiły te same zagadnienia i którzy dochodzili do podobnych rozwiązań.

Przegląd dużej rodziny powieści międzywojennej zamknąć można rzutem oka na odmianę jej fantastyczną, niezbyt wprawdzie bogatą, ale wywołującą żywe zainteresowanie czytelników jeszcze po drugiej wojnie, jak świadczy powodzenie antologii *Polskiej noweli fantastycznej* w wyborze Juliana Tuwima (1949).

Z pisarzy swej epoki wprowadził on jedynie S t e f a n a G r a b i ń s k i e g o (1887 - 1936), autora sześciu tomów nowel, czterech powieści i trzech utworów dramatycznych, przy czym powieści i dramaty noszą niekiedy przymiotnik „fantastyczny", a nowele przymiotnik „niesamowity". Utwory Grabińskiego, entuzjastycznie przyjmowane przez krytyków, zwłaszcza przez Irzykowskiego („magik niesamowitości"), poczytywano za nowość w literaturze polskiej nie spotykaną, zapominając, iż poprzednikiem jego, i to doskonałym był autor *Tropów,* Franciszek Mirandola. Nie on jednak był mistrzem Grabińskiego, lecz E. A. Poe, postawę zaś pisarza polskiego kształtowały przeżycia wojenne i powojenne, te same, które podówczas przyczyniły się do rozkwitu prozy fantastycznej w Niemczech, nade wszystko zaś kultura neoromantyczna z jej upodobaniem w powiastkach irracjonalnych. Recenzenci nowel i powieści Grabińskiego stosowali do jego pomysłów określenia w rodzaju „metapsychika" lub „psychometafizyka", odpowiadające dzisiejszym terminom „freudyzm" czy „psychoanaliza", czym wskazywali na dalsze źródło jego pomysłów — badania z dziedziny psychopatologii. Pobudki te autor *Demona ruchu* (1919) czy *Księgi ognia* (1922) wyzyskiwał niewątpliwie twórczo, ale na ogół jego pomysły obsesyjne, jak urzeczenie ruchem pociągu czy fascynacja ogniem, nawet tam, gdzie występowały w otoczu niesamowitych nastrojów, rażą monotonią, brakiem polotu wyobraźni, tego nieodzownego składnika dziwności, jak nazywano u nas niegdyś fantastykę.

Niedomagania Grabińskiego występują bardzo wyraźnie, zwłaszcza gdy się go zestawi z niewiele odeń młodszym B r u n o n e m S c h u l z e m (1892 - 1942). Pisarz ten, do literatury wprowadzony przez Nałkowską, która umiała poznać się na jego talencie, wniósł wartości nowe i bardzo oryginalne, dostrzeżone dopiero w lat wiele po jego śmierci. Jego opowieść *Sklepy cynamonowe* (1934) i ciąg dalszy, opowiadania *Sanatorium Pod Klepsydrą* (1937), ujęte jako wspomnienia z lat dzieciństwa, stanowią swoistą osobliwość, dla której odpowiednika szukać by trzeba chyba w *Meirze Ezofowiczu* Orzeszkowej, z uwzględnieniem różnic w czasie i przestrzeni, dzielących getto białoruskie od późniejszego o pół wieku galicyjskiego. W obrębie małego światka żydowskiego, ujętego w perspektywie niesamowitości, Schulz umiał ukazać dwie co najmniej sfery zjawisk ściśle z sobą związanych genetycznie i artystycznie. Pierwsza to zatęchłe życie na głuchej prowincji, którego symbolem są nie wietrzone, źle zasłane „betami" pokoje sypialne. Dziwnymi drogami do środowiska tego docierają wieści o dalekich światach; przynosi je oglądanie „marnika", albumiku znaczków pocztowych, czy wędrowne panoptikum, ukazujące tragiczne losy arcyksięcia austriackiego, który sięgnął po koronę cesarską w Meksyku, by zginąć od kul plutonu egzekucyjnego. Szczegół wysoce charakterystyczny, dowodzi bowiem, iż groteskowo-fantastyczna wizja świata stworzona przez Schulza wyrasta na gruncie spraw najzupełniej autentycznych, opartych na doskonałej znajomości życia w „cesarsko-królewskim kraju koronnym", zwanym Galicją, na przełomie XIX i XX w. Ale życia ujętego w kategoriach psychopatologii, ukazanego bowiem w postaci wspomnień o pomylonym kupcu, wyżywającym się w marzeniach o egzotycznych krainach i równie odległym dlań świecie przeżyć erotycznych. Wkraczając w te dziedziny, Schulz wstąpił w ślady St. I. Witkiewicza, który powitał go z entuzjazmem, a zarazem prozaika austriackiego Franza Kafki, pisarza, który dopiero dzisiaj doczekał się uznania. Entuzjazm Witkacego był uzasadniony tą choćby okolicznością, iż Schulz osiągnął to, co dla autora *Nienasycenia* było nieosiągalne, tj. dał groteskę oryginalną i doskonałą. Oryginalność i doskonałość polegały tu nie tylko na wprowadzeniu pierwiastków komizmu, ponurakowi Witkacemu całkowicie obcych, ale i na języku bardzo swoistym, nasyconym pierwiastkami pochodzenia biblijnego, przeosobliwie wiążącym metafory i metonimie w układy nowe, niezwykle śmiałe i zdumiewająco plastyczne. I w tym właśnie można dostrzec istotne znaczenie nauczyciela rysunków i robót ręcznych w gimnazjum drohobyckim dla literatury międzywojennej.

Autora *Sklepów cynamonowych* przesłonił młodszy od niego, a powitany · przezeń bardzo gorąco W i t o l d G o m b r o w i c z (1904 - 1969), którego debiut przypadł dokładnie na lata wystąpień Schulza. W r. 1933 mianowicie wyszedł jego *Pamiętnik z okresu dojrzewania*, w r. 1938 zaś *Ferdydurke*. Groteskowy pamiętnik młodzianka-infantyłka, przez krytykę przyjęty bądź z entuzjazmem, bądź z oburzeniem, wedle wypowiedzi autorskich zarówno w samym tekście jak w osobnym artykule, był głosem protestu przeciw formom, jako pewnym zjawiskom życia zbiorowego powszechnie uznawanym, a przecież zupełnie fałszywym, przeciwko temu co Schulz, za Irzykowskim, nazywał pałubami, manekinami krawieckimi, a co — niegdyś — Wyspiański piętnował jako maski. Gombrowicz zaatakował tutaj mitomanię społeczną w trzech jej dziedzinach. Szkoła, ukazana w powieści wyłącznie od strony „lekcyj polskiego", szerzy załganie interpretacją „wieszczego" charakteru literatury narodowej. Rodzina miejska żyje atmosferą załganej nowoczesności czy postępowości. Społeczeństwo podtrzymuje kult tężyzny chłopskiej, albowiem „chamstwo było tajemnicą państwa", tajemnicą jego istnienia. Obraz każdej z tych dziedzin kończy się nieodmiennie generalnym mordobiciem, jako że „magia mordobicia miała charakter religijnego niemal kultu mordobicia", jako regulatora stosunków międzyklasowych. Tę posępną wizję zbiorowego życia polskiego powieść zamyka w ramach relacji wyrostka, przechodzącego kataklizm dojrzewania, a więc idzie śladem pomysłu Schulza. Gdy jednak autor *Sklepów cynamonowych* swego narratora potraktował bardzo dyskretnie, Gombrowicz wysunął go na czoło dzieła, wywołując wrażenie, iż jest to postać, której życie wewnętrzne reprezentuje nowe czasy, nowe stosunki, nową psychikę. I rzecz zabawna, iż trick ten się udał, iż Józia uznano za reprezentanta nowego pokolenia, choć indywidualność infantylnego sztubaka wyraża się jedynie w operowaniu obsesyjnymi wyrazami „gęba" i „pupa", ustalającymi jego stosunek do ludzi i świata.

6. PAMIĘTNIK I REPORTAŻ

Gdy się zważy doniosłość przełomu, wywołanego w życiu polskim przez pierwszą wojnę i odzyskanie niepodległości, trudno oprzeć się pytaniu, jak fakty te odbiły się w literaturze bezpośrednio, tj. w pamiętnikarstwie. Wojna przecież wyrzuciła dziesiątki tysięcy ludzi w dalekie światy, od młodzieży polskiej zaroiło się w Rosji od Murmania po Kaukaz, w Azji centralnej i na Syberii; wojna nadto zmieniła radykalnie stosunki narodowościowe na „kresach wschodnich", skąd ziemiaństwo oraz inteligencja miejska przeniosły się do kraju. Wojna wreszcie sprawiła, iż całe pułki polskie, w obcych mundurach i pod obcą komendą, krwawiły na wielu frontach, przebiegających przez krainy słowiańskie. Sprawy te znalazły swój wyraz, niejednokrotnie znakomity w powieści, ale wyraz pośredni, a jak doszedł on do głosu bezpośrednio, tj. w postaci pamiętników?

Jest rzeczą zaskakującą, iż plon pamiętnikarski w tej dziedzinie jest niezwykle ubogi. Jeśli bowiem pominąć niedużą ilość wspomnień spisywanych przez ludzi bez talentu, otrzyma się zaledwie dwie lub trzy pozycje godne uwagi. Należy do nich książka R o m a n a D y b o s k i e g o (1883 - 1945) *Siedem lat w Rosji i na Syberii (1915 - 21). Przygody i wrażenia* (1922) — inteligentna opowieść anglisty krakowskiego, który jako jeniec austriacki dotarł aż nad Amur, by odkryć obce mu bogactwo kultury rosyjskiej, ukazane we wspomnieniach ze stanowiska prawdziwego humanisty. Dopełnienie jego relacji stanowi nie drukowana książkowo relacja K a r o l a F r y c z a (1877 - 1963), znakomitego teatrologa, który w r. 1920 znalazł się na Dalekim Wschodzie jako członek naszej niefortunnej misji wojskowej i obserwacje swe utrwalił w barwnej, doskonałej prozie.

Z pamiętników dotyczących wojny w Europie szczytowym osiągnięciem były wspomnienia St. Kawczaka *Milknące echa,* poświęcone bohaterskiej działalności Jerzego Dobrodzickiego, późniejszego generała, który na froncie włoskim organizował żołnierza polskiego do jego przyszłych zadań w wolnej ojczyźnie.

W dziedzinie relacji podróżniczych wymienić, a raczej przypomnieć można książki pisarzy takich, jak Ferdynand Goetel, który w latach 1927-1933 pisał o swych podróżach do Egiptu, Islandii i Indii, lub autor *Wspólnego pokoju*, Zbigniew Uniłowski, gdy w tomach *Żyto w dżungli* (1936) i *Pamiętnik morski* (1937) zdawał sprawę ze swych wypraw do Ameryki Południowej.

Pisarzem wyłącznie podróżniczym jest **A r k a d y F i e d l e r** (ur. 1894), który od roku 1926 niestrudzenie pisze i ogłasza swe „opowiadania z podróży", poczynając od porohów Dniepru, po Ameryce Południowej (*Ryby śpiewają w Ukajali* 1935) i Północnej (*Kanada pachnąca żywicą* 1937), po Afryce (*Jutro na Madagaskar* 1939), no i po... Europie. Czasu wojny i okupacji w Warszawie dobijano się o fotograficzną odbitkę jego opowieści *Dywizjon 303* (Londyn 1942), której posiadanie można było przypłacić co najmniej obozem koncentracyjnym, a która podnosiła ducha społeczeństwa opisem bohaterskich czynów lotników polskich w bitwie o Anglię.

Autorem żywo pisanych i bardzo interesujących relacji podróżniczych był również **M i e c z y s ł a w L e p e c k i** (ur. 1897), który odbył liczne podróże do Ameryki Poł., Afryki i na Bliski Wschód. Ogłosił on m. in. *Przygody w Paranie* (1923), *Sybir bez przekleństw* (1934), *Madagaskar* (1938), a po drugiej wojnie, którą przeżył w Brazylii, wydał *Po bezdrożach Brazylii* (1962) oraz *Parana i Polacy* (1962).

Równocześnie doszło w literaturze do rozkwitu reportażu, co za zasługę poczytywał sobie Melchior Wańkowicz, nie wiedzący zapewne, że przed laty miał poprzedników, i to nie byle jakich, bo Niemcewicza i przede wszystkim Kraszewskiego. Inicjatywa wyszła tu niewątpliwie od Wańkowicza (*W kościołach Meksyku* 1927), w ślady którego poszli Hanna Mortkowicz-Olczakowa (*Na drogach Polski* 1934), oraz Ksawery Pruszyński (*Podróż po Polsce* 1937).

W trójce tej najwyżej wzbił się **K s a w e r y P r u s z y ń s k i** (1907-1950), autor również tomu świetnych reportaży czasu wojny domowej w Hiszpanii (*W czerwonej Hiszpanii* 1937) oraz cyklu znakomitych nowel (tomy: *Trzynaście opowieści* 1946 i *Karabela z Meschedu* 1948), związanych tematycznie z dziejami walk żołnierzy polskich na frontach drugiej wojny, których los rzucał po różnych krajach i lądach — po Francji, Azji czy Skandynawii. W nowelach tych, podobnie jak w powieści *Droga wiodła przez Narwik* (1941), Pruszyński okazał się znakomitym narratorem — batalistą i pisarzem pomysłowo łączącym efekty komiczne z akcentami pochodzącymi z folkloru. Popularnością natomiast pobił Pruszyńskiego **M e l c h i o r W a ń k o w i c z** (ur. 1892). Rozgłos zdobył zwłaszcza jego reportaż *Na tropach Smętka* (1936), poświęcony Mazurom, ofiarom germanizacyjnej polityki w Prusach Wschodnich. Z reportaży pisanych czasu drugiej wojny, po której Wańkowicz osiadł na lat kilkanaście w Ameryce, najpoczytniejsza była długa relacja o Monte Cassino (1945 - 47), określona przez autora jako „monografia bitwy", w której wojska polskie odegrały tak doniosłą rolę przy likwidowaniu hitleryzmu. Lata amerykańskie Wańkowicza wydały również ambitną próbę powieści z dziejów emigracji polskiej w Kanadzie (*Tworzywo* 1954, *Drogą do Urzędowa* 1955). Reportaże Wańkowicza obok swej wymowy dokumentarnej odznaczają się niepospolitymi walorami artystycznymi, do których należy gawędziarski ton w powieści, zaprawiony humorem, jakością w nowoczesnej literaturze polskiej rzadko spotykaną.

7. KRYTYCY, ESEIŚCI, BADACZE

Lata międzywojenne były okresem bujnego stosunkowo życia literackiego, i to w pewien sposób zorganizowanego. W r. 1920 powstał tedy Związek Literatów Polskich, nieco później PEN-Club (1924), a w r. 1933, po wieloletnich zabiegach — Polska Akademia Literatury (tzw. PAL). Organizacje te były realizacją pomysłów i poczynań Stefana Żeromskiego, w całości wprowadzonych w życie w wolnym państwie i wszystkie — choć w różnym stopniu — przyczyniły się do rozkwitu życia literackiego, nad którym czuwały również takie czynniki, jak Fundusz Kultury Narodowej, Ministerstwo Wyznań Religijnych i Oświecenia Publicznego, a wreszcie zarządy miast; nagrody literackie i stypendia były nie tylko wyrazem uznania, ale miały również znaczenie materialne na równi z ustawodawstwem formułującym prawo autorskie.

Nowe warunki sprzyjały rozkwitowi i krytyki literackiej, i nauki o literaturze, skupionych pierwsza w prasie, druga w ośrodkach uniwersyteckich. Granice zresztą obu tych dziedzin nie były zbyt wyraźne, najwybitniejsi bowiem krytycy, jak Stanisław Adamczewski (1883 - 1962), Wacław Borowy (1890 - 1950), Stefan Kołaczkowski (1887 - 1940), Karol W. Zawodziński (1890 - 1949), prędzej czy później otrzymywali katedry uniwersyteckie. Z tym wszystkim krytyka literacka nie była teraz zjawiskiem tak rozbudowanym, jak w czasach neoromantyzmu, jej bowiem przedstawiciele dawali raczej recenzje aniżeli szkice i dorobku swego, niejednokrotnie bardzo cennego, nie udostępniali w postaci książkowej. Tak więc zawodowi recenzenci powieści i jej sumienni kronikarze, Emil Breiter (1886 - 1943) i Leon Piwiński (1889 - 1942), podobnie jak doskonały znawca poezji Zawodziński zagubili wyniki swej wieloletniej pracy w czasopismach, co automatycznie ograniczało ich trwałe oddziaływanie na czytelnika. W tej sytuacji otwierało się pole przed niewątpliwymi, ale do zadań nowych mniej przygotowanymi krytykami-syntetykami. Jednym z nich był Leon Pomirowski (1891 - 1943), autor *Walki o nowy realizm* i *Nowej literatury w nowej Polsce* (1933), drugim Kazimierz Czachowski (1890 - 1948), który trzeci tom *Obrazu współczesnej literatury polskiej* (1936) poświęcił międzywojniu. Ambitne te próby po latach trzydziestu zachowały jedynie wartość dokumentów, świadczących, jak trudno orientować się w nowych zjawiskach literackich, a jak łatwo pisać na ich temat setki stronic.

W porównaniu z rozproszonymi plonami krytyki literackiej okresu dwudziestolecia pomyślniej przedstawia się sprawa krytyki teatralnej, dwaj bowiem z owoczesnych krytyków, idąc za dobrym przykładem z czasów przed pierwszą wojną światową, wydawali okazałe tomy recenzji, stwarzając w ten sposób barwną kronikę widowisk tego okresu. Tak postąpił przedstawiciel starszego pokolenia, teatrolog, tłumacz, dyrektor Warszawskich Teatrów Miejskich, J a n   L o r e n t o w i c z, publikując dokumentarne *Dwadzieścia lat teatru* (1929 - 1935). Tak Boy-Żeleński, który w latach 1920 - 1932 wydał dziesięć tomów (dziesięć „wieczorów") swego *Flirtu z Melpomeną*, do czego z biegiem lat dorzucił dalsze siedem serii „wrażeń teatralnych", jak całość nazywał. Recenzje Boya, cenne jako dokument do dziejów teatru, miały tę wartość dodatkową, że były niemal zawsze świetnymi esejami literackimi i wartości tej po latach czterdziestu nie utraciły. Ogromny ten zbiór stanowi jednak część tylko okazałej puścizny Boya, jednego z najpracowitszych pisarzy polskich.

T a d e u s z   B o y - Ż e l e ń s k i (1874 - 1941), z wykształcenia lekarz, w młodości zetknął się z krakowską cyganerią, skupioną wokół Przybyszewskiego i pod wpływem atmosfery tam panującej uświadomił sobie swe właściwe powołanie. Powiodło go ono w dwu kierunkach wzajemnie się dopełniających; jednym z nich była piosenka kabaretowa, utrwalona w tomie *Słówek* (1913), drugim praca przekładowa, rozpoczęta w r. 1909, praca, która w ciągu lat dwudziestu przyniosła setkę tomów arcydzieł literatury francuskiej, a w następnych latach dziesięciu dalszych tomów kilkadziesiąt. Znacznie później poeta-tłumacz odkrył w sobie zdolności krytyka teatralnego (1919), jeszcze później publicysty i wreszcie krytyka literackiego.

Ilościowo najbogaciej przedstawia się dorobek Boya jako tłumacza. Rozsmakowawszy się w literaturze francuskiej, postanowił on przyswoić jej arcydzieła, wykonanie zaś planu tego objęło pozycje od *Pieśni o Rolandzie* po Prousta, przy czym do zespołu tego weszli nie tylko powieściopisarze, przede wszystkim Balzac i komediopisarze, jak Molière, ale również satyry, jak Rabelais, a nawet filozofowie i myśliciele, Kartezjusz, Pascal, Montesquieu, Rousseau. Już

7. Krytycy, eseiści, badacze

sama rozpiętość i różnorodność dzieł tłumaczonych musiała odbić się niekorzystnie na pracy Boya; występowały więc w niej nieporozumienia i potknięcia niewiarygodnie komiczne, ale były one drobiazgiem na tle osiągnięć niejednokrotnie mistrzowskich, a na ogół zupełnie poprawnych i zawsze czytelnych. Tłumaczowi przyświecały szlachetne ambicje artystyczne i kulturalne. Pragnął on odtworzyć piękno oryginałów i osiągnął to w wypadkach pisarzy nawet tak trudnych, jak Rabelais lub Villon. Równocześnie za swe zadanie uważał udostępnienie czytelnikowi zdobyczy, które podziwiał w kulturze francuskiej, zwłaszcza jasności myśli i śmiałości atakowania spraw trudnych, śmiałości postawy racjonalistycznej. By sprawy te udostępnić, Boy opatrywał swe przekłady we wstępy, w których inteligentnie i zajmująco popularyzował wyniki swego dużego oczytania w naukowoliterackiej krytyce francuskiej, przy czym praca ta dała mu dużą wiedzę i ułatwiła przeskok na pole dociekań nad literaturą rodzimą, polską.

O postawie jego tutaj zadecydowało kilka czynników niezupełnie zgranych. Działała tu więc niechęć do tego, co nazywał złośliwie „polonistyką od pana Zagłoby", a co było produktem warunków polskich czasu niewoli i reliktem kultury neoromantycznej z jej nastawieniem irrealistycznym, a więc pierwiastkiem obcym francuskiej myśli naukowoliterackiej, której autor *Brązowników* zawdzięczał swą zaprawę krytyczną. Chodziło tu o „wieszczów" literackich, spowitych girlandami legend, które przesłaniały tragiczną rzeczywistość emigracyjną, obejmującą zjawiska tak niewesołe jak towianizm, a towianizm właśnie był około r. 1920 przedmiotem kultu naukowego. Czynnikiem innym było nastawienie publicystyczne Boya, który udrapował się wówczas na „Mędrca" i bojował o zasady tzw. świadomego macierzyństwa. Działał wreszcie instynkt świetnego felietonisty, chętnie posługującego się anegdotą, jako tworzywem portretu literackiego, żywego i naturalnego. Wszystko to doszło do głosu w wielkiej kampanii Boya wymierzonej przeciw legendom literackim przeszłości dawniejszej i nowszej, w *Ludziach żywych* (1929), w *Brązownikach* (1930), w tomiku *Znasz-li ten kraj?...* (1931) i tomie *Marysieńka Sobieska* (1937). Książka pierwsza, burząca legendę Przybyszewskiego, wywołała dużą uciechę, druga natomiast, poświęcona Mickiewiczowi — istną burzę, zakończoną klęską obrazoburcy, choć w istocie była to burza w szklance wody. Boy mianowicie zaatakował, i słusznie, metody biograficzne stosowane przez sławnych historyków literatury, pomawiając ich ryczałtem o „brązownictwo", o przemilczanie faktów rzucających cień na wielkość poetów jako ludzi, o ukrywanie lub niszczenie kompromitujących dokumentów. Gwałtowny atak godził w próżnię, dotyczył bowiem nie zagadnień istotnych, lecz drobiazgów, przy czym autor, ponoszony rzekomą doniosłością swych odkryć, w sposób typowy dla krytyka literackiego przypisywał im rolę przełomową. Z tego zresztą stanowiska spojrzał i na swe własne życie, gdy na tle barwnej opowieści o cyganerii podwawelskiej przedstawił znaczenie kabaretu w „Jamie Michalikowej" i własną rolę, apostoła śmiechu, jako ważnego czynnika w kulturze literackiej owych czasów. A podobnie ujął również życie erotyczne Sobieskiego i Marii Kazimiery w oparciu o korespondencję miłosną króla. Całość tych akcji wywołała po latach surową ocenę krytyka, bardzo dalekiego od typu „polonisty od pana Zagłoby", ocenę związaną z pracami nad ogromnym trzydziestotomowym wydaniem dzieł Boya-Żeleńskiego: „Boy nie był krytykiem czy teoretykiem literatury, nie był samodzielnym myślicielem, tym mniej reformatorem społecznym (...) Boy był przede wszystkim wielkim kronikarzem obyczaju, obejmował dziedzinę powieści XIX wieku". Pomijając już, że nie wiadomo, co znaczy końcowe zdanie tego ustępu, bo chyba nie dotyczy ono niedużej książeczki o *Balzaku* (1934), powiedzieć trzeba, że jednak autor *Obrachunków fredrowskich*, mimo wszelkich niedomagań jego warsztatu, był krytykiem literackim, i to krytykiem niepoślednim, idącym konsekwentnie obranym szlakiem. Jego ataki na rozpanoszenie się legend literackich w kulturze polskiej, by wskazać na *Monsalwat* Artura Górskiego, a więc pisarza niewiele odeń starszego, były jednak zabiegiem leczniczym i szły w parze z wysiłkami młodszych przedstawicieli polonistyki, jak dowodzi choćby działalność Józefa Ujejskiego (1883 - 1937), przeciwstawiającego się modnemu w dwudziestoleciu kultowi mesjanisty J. Hoene-Wrońskiego. Szlak zaś Boya własny polegał na dostrzeganiu w dziełach literackich konwencji obyczajowych, uwarunkowanych czynnikami społecznymi i ekonomicznymi, była to więc bezwiednie stosowana metoda socjologiczna, a więc bliska tej, którą w postaci doskonałej stosował jego surowy krytyk.

Formułę zaś o wielkim kronikarzu obyczaju zastosować z powodzeniem można do innego znakomitego felietonisty i eseisty **Stanisława Wasylewskiego** (1885 - 1953), pisarza najpierw lwowskiego, później poznańskiego. Bliski był Boyowi pracowitością i zainteresowaniami autobiograficznymi, utrwalonymi w pamiętnikach (*Niezapisany stan służby* 1937; *Pod kopułą lwowskiego Ossolineum* 1958, *Czterdzieści lat powodzenia* 1959), które ukazywały go na tle Lwowa i jego cyganerii. Z uniwersytetu wyniósł dobre przygotowanie polonistyczne. W oparciu o nie rozwinęły się zainteresowania Wasylewskiego, skierowane ku życiu obyczajowemu Polski w. XVIII i XIX. Podejmował wprawdzie wycieczki w stulecia wcześniejsze, średniowieczu bowiem poświęcił studium *Klasztor i kobieta* (1923) oraz powieść o Kindze (*Ducissa Cunegundis*), epoką jednak, która naprawdę żywo go zajęła, były czasy przedstawione w szkicach *Na dworze króla Stasia* (1919) i późniejsze, ukazane w tomie *O miłości romantycznej* (1921) i innych. Z biegiem lat kręgi te poszerzył znakomitą książką ludoznawczą *Na Śląsku Opolskim* (1937). Pisarz wyspecjalizowany w tym, co sam nazwał „gawędami o dawnym obyczaju", świetny znawca naszego pamiętnikarstwa, cieszył się niezwykłą poczytnością, wiedziony bowiem instynktem dobrego publicysty, umiał wybierać postaci oryginalne i godne uwagi oraz wydarzenia przemawiające do wyobraźni miłośników przeszłości. Trzymając się materiałów historycznych, beletryzował je zgrabnie i artystycznie, i tym właśnie zdobywał swą popularność.

Eseistykę uprawiał również J a n P a r a n d o w s k i (ur. 1895), który działalność literacką rozpoczął we Lwowie, a prowadził w Warszawie, gdzie od lat jest prezesem PEN-Clubu. Szkoła średnia i uniwersytet dały mu dobrą znajomość świata starożytnego, przy czym zawdzięczał ją dziwacznym nieraz figurom, nauczycielom wyżywającym swe najgłębsze tęsknoty w nauce języków greckiego i łacińskiego, postaciom, które przewijać się będą w jego prozie powieściowej. A wpływy te i studia wyznaczyły późniejszą karierę pisarską Parandowskiego jako tłumacza, eseisty i powieściopisarza. Jako tłumacz dał tedy kilka dobrych przekładów z literatur klasycznych; odtworzona prozą *Odyssea* zajmuje wśród nich miejsce naczelne.

W dziedzinie drugiej stworzył serię plastycznych opowieści o życiu antycznym, poczynając od *Mitologii* (1924), gdzie przedstawił świat wierzeń i podań Greków i Rzymian, po której poszła seria obrazków z *Dyskiem olimpijskim* (1933) na miejscu honorowym. Wszystkie te miniatury antyczne odznaczają się odrębnym klasycznym stylem, kontynuującym tradycje prozy zarówno rzymskiej, jak francuskiej, jak naszej renesansowej. W czasach prozy celowo zaniedbanej, rwącej się nerwowo, nastawionej na efekty brukowe, zdania Parandowskiego uderzają swym wytwornym poziomem, który zdobył duże uznanie ich autorowi, jako miłośnikowi i realizatorowi pięknego słowa. Jak zaś istotnie głęboko piękno to on ceni, dowiodły eseje znacznie późniejsze, zawarte w tomie *Alchemia słowa* (1951), ukazującym wędrówki pisarza w świecie zjawisk literackich i dawnych, i nowych. Naturalne dopełnienie wreszcie eseistyki Parandowskiego przynoszą jego opowiadania, powieść *Niebo w płomieniach* (1936) i zbiór nowel *Godzina śródziemnomorska* (1949) oraz wspomnień z lat dzieciństwa *Zegar słoneczny* (1953).

Bogata twórczość tego pisarza stanowi naturalny pomost między krytyką literacką, z eseistyką włącznie, a nauką o literaturze w jej wszelkich odmianach, uprawianych w Polsce międzywojennej a związanych z ośrodkami uniwersyteckimi. Zorganizowanie tych ośrodków nie było sprawą prostą, ilość katedr bowiem trzeba było potroić, zamiast czterech stworzyć dwanaście, a nawet więcej. Z trudnego tego zadania umiano jednak wyjść obronną ręką i po dwudziestu latach polonistyka uniwersytecka osiągnęła właściwy poziom, katedry były obsadzone, zakłady łącznie z bibliotekami zorganizowane, wychowankowie nie tylko otrzymywali dyplomy, ale tworzyli zespoły o wyraźnych ambicjach literackich i naukowych. Ośrodki uniwersyteckie nie były zorganizowane na zasadzie studiów specjalnych, praca w nich jednak szła często w kierunku specjalnych zainteresowań wybitnych uczonych, tam więc gdzie działali znawcy Renesansu, automatycznie promieniując na wychowanków, dochodziło do skupienia ich w grono miłośników wieku XVI, a podobnie było z romantyzmem i czasami późniejszymi. Metody przez większość okresu stosowano tradycyjne, historycznoliterackie, biograficzno-psychologiczne; jednakowoż już od samego niemal początku uwagę badaczy literatury przyciągały raczej dzieła aniżeli ich twórcy, co ostatecznie doprowadziło do przesadnego lekceważenia „biografizmów" i „psychologizmów", jak ryczałtem nazywano dawniejsze rodzaje dociekań naukowych. Przeciwko tradycjonalizmowi buntowała się poniekąd młodzież, zaniedbanie jednak teorii literatury, którą w drugiej połowie okresu uprawiali w Warszawie germanista Zygmunt Łempicki, we Lwowie zaś i Łodzi poloniści Juliusz Kleiner i Stefania Skwarczyńska, pozbawiało te opory młodzieżowe niezbędnej siły. Opory te czerpały natchnienie z prac teoretyków formalizmu rosyjskiego i kładły nacisk na egzegezę socjologiczną (ekonomiczno-społeczną) oraz interpretację stylistyczną dzieła literackiego; zainteresowania te wyraz najpełniejszy znalazły w księdze ku czci Kazimierza Wóycickiego (*Prace ofiarowane*..., Wilno 1937), który prace tego typu w zakresie stylistyki prowadził od dawna, a w okresie międzywojennym patronował młodemu ruchowi.

Uprzywilejowane studia historycznoliterackie przebiegały dość nierównomiernie, w stosunku zarówno do prądów i okresów literackich, jak i do charakteru wykonywanych prac. Tak więc w obrębie alegoryzmu średniowiecznego główne wysiłki szły w kierunku wydawania tekstów podstawowych i w dziedzinie tej uczeni lwowscy, Ludwik Bernacki i Stefan Vrtel-Wierczyński, wspomagani przez językoznawcę Witolda Taszyckiego i filologa klasycznego Ryszarda Ganszyńca (Gansińca), mogli pochlubić się osiągnięciami takimi, jak wydanie *Biblii królowej Zofii* w podobiźnie i *Psałterza królowej Jadwigi* w edycji wzorowej, językoznawcy zaś krakowscy precyzyjnym wydaniem *Kazań świętokrzyskich*. Pracom tym po stronie in-

7. Krytycy, eseiści, badacze

terpretacyjnej towarzyszyła tylko pedantyczna *Historia literatury polskiej* ogłoszona pod nazwiskiem dawno zmarłego Romana Pilata. Badania renesansowe, których pomnikowym wyrazem stała się *Kultura staropolska*, publikacja przynosząca referaty ze Zjazdu im. J. Kochanowskiego (1930), wykazały niedowład prac historycznoliterackich nad zaniedbanymi dziedzinami, jak kaznodziejstwo i powieść, i wspaniały rozkwit studiów nad dawną kulturą, prowadzonych przez Stanisława Kota i Stanisława Łempickiego oraz ich uczniów, jak Konrad Górski lub Henryk Barycz. Studia te skupiały się przede wszystkim na zagadnieniach religijnych, omawianych w czasopiśmie „Reformacja w Polsce".

Równie chudo przedstawiały się wyniki prac poświęconych sprawom baroku i Oświecenia na naszym gruncie. Niwę pierwszą uprawiali: pracowity wydawca „literatury sowiźrzalskiej" Karol Badecki, Roman Pollak i Ludwik Kamykowski. Dramaturgią stanisławowską i Krasickim zajmował się Ludwik Bernacki, syntetyczny zaś zarys poezji tych czasów przedstawił Wacław Borowy. W sukurs tym dwu badaczom przyszli: polonista belgijski, Claude Backvis, książką o Trembeckim oraz francuski, Paul Cazin, monografią o Krasickim. Za dopełnienie prac wymienionych uznać trzeba olbrzymią księgę zbiorową na stulecie śmierci Staszica (1928), wydaną w Lublinie dzięki zabiegom historyka szkolnictwa, Z. Kukulskiego.

W porównaniu z przedstawionymi osiągnięciami bardzo bogato wypadł dorobek badań i wydań dotyczących romantyzmu. Kleiner więc prócz ogromnej monografii o Słowackim wykonał nie mniejszą poświęconą Mickiewiczowi. O twórcy *Pana Tadeusza* kilkadziesiąt rozpraw napisał Stanisław Pigoń, przy czym studium o poemacie soplicowskim urosło w monografię. O Norwidzie pojawiło się kilkanaście źródłowych studiów i kilka próbnych szkiców portretowych. O Malczewskim i głośnych myślicielach-paranoikach, jak ich określał, pisał Józef Ujejski, któremu śmierć nie pozwoliła ukończyć *Dziejów polskiego mesjanizmu*, jasnego przewodnika po bezdrożach ideologii romantycznej. Przystąpiono do naukowych wydań dzieł wielkich romantyków, by wykończyć jedno z nich tylko, *Komedie* Fredry, ukazaniu się bowiem całości pism Mickiewicza, Słowackiego i Norwida stanęła na przeszkodzie wojna. Interesującą nowością, która prędzej czy później winna była doprowadzić do zmiany wielu obiegowych poglądów na romantyzm w Polsce, były wreszcie ogłaszane po raz pierwszy tomy korespondencji Krasińskiego, Norwida, Goszczyńskiego i innych, które pozwalały spojrzeć na ludzi i ich epokę od strony życia codziennego i położyć kres niejednej zbożnej legendzie literackiej.

Te same nowe zainteresowania wystąpiły w badaniach nad pozytywizmem; osiągnięciem ich najbardziej znamiennym było wydanie i staranne przez Ludwika B. Świderskiego skomentowanie korespondencji Orzeszkowej; było to przebogate źródło anegdot i plotek o świecie, w którym obracała się autorka *Nad Niemnem*, przede wszystkim jednak niewyczerpana skarbnica wiadomości o niej samej i literaturze jej czasów. Równocześnie Zygmunt Szweykowski napisał dwie monografie o Prusie, pierwszą poświęconą *Lalce*, drugą całej twórczości jej autora. Starannie przygotowane, niestety, nie ukończone wydania zbiorowe dzieł Asnyka i Dygasińskiego dopełniają całości prac o pozytywizmie polskim.

Z osób zajmujących się neoromantyzmem wymienić tu należy St. Adamczewskiego i W. Borowego, jako autorów pionierskich prac o sztuce pisarskiej Żeromskiego, następnie St. Kołaczkowskiego, którego studia o Kasprowiczu i Wyspiańskim przyniosły nowe oświetlenie wielkości tych poetów, J. Krzyżanowskiego, który w szkicach o Orkanie i Reymoncie zwracał uwagę na artyzm i znaczenie piewców wsi polskiej, wreszcie Bogdana Suchodolskiego w związku z jego rozprawą o Stanisławie Brzozowskim. Świetnym dopełnieniem stała się książka slawisty francuskiego Maksyma Hermana, poświęcona St. Przybyszewskiemu, sataniście polskiemu oraz studium polonisty czeskiego, Karola Krejčego, *Literatura polska w wirach rewolucji*, znakomicie charakteryzująca radykalne prądy w piśmiennictwie neoromantycznym.

Dwie ostatnie pozycje przypominają, że w okresie międzywojnia literatura i kultura polska były przedmiotem jeśli niezbyt mocnych, to jednak stale rosnących zainteresowań naukowych na wielu uniwersytetach zagranicznych, obsługiwanych przez uczonych bądź przybywających z Polski, bądź miejscowych, ale podtrzymujących stałe kontakty z Polską. W Anglii więc, w londyńskim instytucie slawistycznym o Polsce wykładali kolejno Roman Dyboski, J. Krzyżanowski, W. Borowy i kanadyjczyk W. J. Rose, którym sekundowała polonistka angielska M. M. Gardner, autorka kilku monografii, m. in. książki o Sienkiewiczu (1926). W Belgii pracowali z ramienia polskiego Manfred Kridl i rusycysta Wacław Lednicki, nadto z badaczy miejscowych Claude Backvis. We Francji działał literat warszawski Z. L. Zaleski, z polonistów zaś miejscowych wymieniony przed chwilą Maxime Herman. Równocześnie dwaj duchowni francuscy studiowali starannie literaturę staropolską. P. David, lektor na Uniwersytecie Jagiellońskim, zajmował się tedy naszym kronikarstwem średniowiecznym, a A. Berga Skargą, któremu poświęcił głębokie studium i którego *Kazania sejmowe* przełożył na francuski. Nad Kochanowskim pracował Jean Langlade, który prócz przekładu *Pieśni* stworzył najlepszą monografię poety czarnoleskiego.

Tadeusz Boy-Żeleński, fot.

Karol Irzykowski, fot.

Szerokością horyzontów nad wszystkimi trzema górował Paul Cazin, znakomity tłumacz Paska i *Pana Tadeusza* oraz autor książki o Krasickim.

Przez sporo lat istniały żywe ośrodki polonistyczne we Włoszech, zainicjowane przez R. Pollaka, a kierowane przez włoskich slawistów, jak Giovanni Maver i Enrico Damiani. Z krajów bezpośrednio z nami sąsiadujących wymienić trzeba Czechy i Łotwę. W Pradze tedy z katedry przemawiali krakowianin Marian Szyjkowski oraz Karol Krejči, z ryskiej zaś katedry slawistycznej J. Krzyżanowski i St. Kolbuszewski.

W Stanach Zjednoczonych wreszcie literatura polska znalazła dwu gorących miłośników i propagatorów, obu w słonecznej Kalifornii. Jeden z nich, E. M. Wilbur, badacz amerykańskiego życia religijnego, zajmował się żywo dziejami reformacji polskiej. Drugi, George R. Noyes, popularyzował arcydzieła pisarzy polskich, Kochanowskiego, Mickiewicza, Słowackiego, Krasińskiego i Fredry, przekładami, które sporządzali pod jego okiem jego uczniowie. W sumie biorąc cała ta praca, prowadzona w skali światowej, a częściowo tylko inspirowana i kierowana z Warszawy, dała wyniki bardzo bogate, w całej pełni jeszcze nie wyzyskane. Z jednej więc strony, wielu znakomitych pisarzy polskich, od Kochanowskiego poczynając, zdobyło obywatelstwo światowe, udokumentowane przekładami ich dzieł. Z drugiej strony, ci znakomici pisarze otrzymywali oświetlenie nowe, krytyczne, pozapolskie .— słowem oświetlenie obiektywne, pozwalające odróżnić wielkość istotną, światową i trwałą, od przemijającej i pozornej, opartej na czynnikach lokalno-subiektywnych.

Gdy się usiłuje przedstawić i ocenić zdobycze naukowoliterackie międzywojnia w Polsce, dostrzega się, iż były one naprawdę bogate, a w każdym razie bogatsze niż kiedykolwiek dawniej. Uderza tedy poszerzenie horyzontów, i to dwojakie. Poloniści warszawscy nie poprzestają na literaturze własnej, lecz sięgają do innych: W. Borowy daje książkę o G. K. Chestertonie, J. Krzyżanowski o staroruskich bylinach, J. Ujejski o Conradzie, St. Kołaczkowski pisze o Wagnerze. Prace te dowodzą, iż autorów ich zajmowały problemy literatury porównawczej, a stwierdzenie to ma znakomite poparcie w studiach międzywojennych filologów klasycznych i neofilologów. Z pierwszych Tadeusz Sinko, zarówno w ogromnej *Literaturze greckiej*, jak w rozprawach i szkicach specjalnych, bada pogłosy piśmiennictw antycznych w kulturze polskiej, dawnej i nowej, a R. Ganszyniec ustala związki literackie Polski średniowiecznej z łacińską kulturą literacką owych czasów. Neofilologowie znowuż, jak Mieczysław Brahmer lub Władysław Folkierski w obrębie literatur romańskich, a Roman Dyboski i Władysław Tarnawski w dziedzinie anglistyki, ukazują odwieczne kontakty Polski z kulturą obcą, która w ciągu długich stuleci napływała do niej z najrozmaitszych krain europejskich. Nie pomijano tutaj również związków z krajami słowiańskimi, wschodnimi i południowymi, jakkolwiek zagadnienia te, poruszane przez badaczy nie zawsze obeznanych z narzędziami slawistyki i folklorystyki, nie wystąpiły w całej wyrazistości. Gdy się jednak zważy, iż mowa tu o latach zaledwie dwudziestu, i to powojennych, ocena ich osiągnięć wypada zdecydowanie dodatnio.

8. TŁO KULTUROWE

Obfity plon w zakresie nauki o literaturze z włączeniem do niej również krytyki, związany był w dwudziestoleciu międzywojennym z całością ówczesnego poziomu twórczości naukowej i artystycznej w odbudowującej się Polsce. W obrębie więc nauk humanistycznych ze studiami nad literaturą polską graniczyły — jak się to już zaznaczyło — prace filologów klasycznych i neofilologów. Przykładem najjaskrawszym może tu być nieduży tomik *Z ojczystej niwy* T a d e u s z a Z i e l i ń s k i e g o (1859-1944), światowej sławy znawcy literatur antycznych, który po wieloletniej pracy na katedrze uniwersytetu petersburskiego przeniósł się do Polski (1920), gdzie do końca życia zajmował się badaniami religiologicznymi, „odkrycie" zaś nowej ojczyzny upamiętnił szkicami poświęconymi Mickiewiczowi i Sienkiewiczowi. Filologom towarzyszyli językoznawcy, z Kazimierzem Nitschem, ostatnim prezesem PAU na czele, twórcą dialektologii polskiej i z sanskrytologiem Andrzejem Gawrońskim oraz turkologiem Tadeuszem Kowalskim, tłumaczami i badaczami arcydzieł ludów wschodnich. Antropologię zaś, socjologię i etnografię uprawiali Stefan Czarnowski, Jan Czekanowski, Florian Znaniecki, Kazimierz Moszyński i Jan St. Bystroń; dwaj ostatni przyczynili się do rozkwitu folklorystyki zarówno słowiańskiej, jak polskiej, jakkolwiek monumentalna *Kultura ludowa Słowian* Moszyńskiego okazała się dziełem nad siły tego pracowitego etnografa. Obok nich wymienić należy prehistoryka Józefa Kostrzewskiego, odkrywcę Biskupina, gdzie spod fal jeziora wynurzyła się osada prasłowiańska o pół tysiąclecia wyprzedzająca naszą erę.

W dziedzinie historii wyróżniły się wyraźnie trzy kierunki, kontynuujące samodzielnie i twórczo prace pokolenia poprzedniego. Jan Dąbrowski, Roman Grodecki i Kazimierz Tymieniecki prowadzili badania nad naszym średniowieczem, przy czym pierwszy z nich dokonał nadto dzieła niezwykłego, w ogromnym bowiem tomie przedstawił dzieje pierwszej wojny światowej. Kroku dotrzymywali im w obrębie wieku XVI Ludwik Kolankowski, a XVII Władysław Konopczyński. Kierunek drugi reprezentowali badacze w. XIX: Marceli Handelsman oraz wychowankowie Szymona Askenazego, jak historyk wojskowości polskiej Marian Kukiel lub Natalia Gąsiorowska, zajmująca się przede wszystkim mało naówczas znanymi dziejami rozwoju ekonomiczno-społecznego w Polsce w. XVIII i XIX. Syntetyczny i pionierski zarys *Historii gospodarczej Polski* wyszedł spod pióra Jana Rutkowskiego. Nie mniejszą nowością były dwie imponujące rozmiarami i erudycją księgi ukazujące świat starożytny od strony jego stosunków ekonomicznych i społecznych, historia Grecji — Tadeusza Wałek-Czarneckiego i Rzymu — Ludwika Piotrowicza. Dodać warto, iż dwa te dzieła ukazały się staraniem nie instytucji akademickich, lecz wydawcy prywatnego, zasłużonej księgarni Trzaski, Ewerta i Michalskiego w Warszawie.

Schematyczny ten i z konieczności pobieżny przegląd zakończyć można wzmianką o międzywojennym dorobku filozoficznym, przede wszystkim uczniów Kazimierza Twardowskiego, skupionych na Uniwersytecie Warszawskim. Działali tu logicy: Jan Łukasiewicz, Tadeusz Kotarbiński, Kazimierz Ajdukiewicz i Stanisław Leśniewski, historyk filozofii i estetyki Władysław Tatarkiewicz, psycholog, Władysław Witwicki, autor wspaniałego przekładu całego niemal Platona. Z filozofów innych wybił się Roman Ingarden, fenomenolog zajmujący się żywo zagadnieniami estetyki, m. in. estetyką literacką.

Dodać należy, iż rozkwit logistyki nastąpił w związku z pracami matematyków polskich, takich jak Stefan Banach, Wacław Sierpiński, Hugo Steinhaus i inni, których dorobek, reprezentujący „polską szkołę matematyczną", zdobył rozgłos światowy.

W porównaniu z bogatym rozkwitem nauki rozkwit sztuki w jej pozaliterackich dziedzinach przedstawiał się w latach międzywojennych raczej skromnie. Wyjątek stanowiła tu może muzyka, której wybitni przedstawiciele — wirtuozi — zbierali laury na szerokim świecie i niejednokrotnie osiadali na zawsze poza krajem już nawet przed wybuchem drugiej wojny światowej, cóż dopiero podczas niej i po niej. Tak było z Wandą Landowską, miłośniczką dawnej muzyki klawesynowej, mieszkającą stale we Francji, a później w Ameryce. W Ameryce osiadł również wspaniały skrzypek, Bronisław Huberman, podobnie jak pianiści, Witold Małcużyński i Artur Rubinstein. Obok nich jednak wymienić można duży zespół mistrzów ściśle związanych z krajem, jak skrzypaczki Grażyna Bacewiczówna, Irena Dubiska, Eugenia Umińska lub pianiści Zbigniew Drzewiecki, Jan Ekier, Władysław Kędra, Bolesław Woytowicz i inni.

Obok wirtuozów czasy międzywojenne wydały kilku kompozytorów, nade wszystko zaś K a r o l a   S z y m a n o w s k i e g o (1882- -1937). Muzyk ten, poczytywany za największego mistrza polskiego po Chopinie, stworzył styl własny, oparty na pierwiastkach polskiej muzyki ludowej. Śmiały nowator, szukający swej odrębnej drogi, tworzył dzieła trudne, wymagające od odbiorcy przygotowania, mimo to już pod koniec życia cieszył się dużym uznaniem wśród swoich i obcych. Na twórczość jego złożyły się opery (*Hagith, Król Roger*), balety (*Harnasie*), oratoria (*Stabat Mater*), symfonie i koncerty, pieśni chóralne (*Pieśni kurpiowskie*). Miłośnik poezji (twórca *Sześciu pieśni do słów Tadeusza Micińskiego*) i przyjaciel Jarosława Iwaszkiewicza, z którym razem pisał libretto do *Króla Rogera*, od niego doczekał się portretów literackich w książce *Spotkania z Szymanowskim* (1947), w szkicu *K. Szymanowski a literatura* (1953) i w... powieści *Sława i chwała*, gdzie przypadła mu rola jednego z jej czołowych bohaterów.

W zakresie sztuk plastycznych międzywojnie nie zapisało się odkryciami twórczymi tam, gdzie można ich było oczekiwać przede wszystkim, a więc na polu architektury. Kraj był zbyt biedny, by móc sobie pozwolić na nowe, monumentalne gmachy, energię całą pochłaniały sprawy raczej odbudowy i przebudowy aniżeli budowy, zwłaszcza że miasta z opałów wojennych wyszły na ogół obronną ręką. Przebudowa zaś i odbudowa obejmowała zarówno obiekty użytkowe i drobne, jak duże i cenne ze stanowiska nie tylko potrzeb praktycznych. Do kategorii pierwszej weszły dworce kolejowe, odziedziczone po zaborcach, którzy wznosili budynki w stylu koszarowym. Ogromną ich ilość zastąpiono w czasach międzywojnia budynkami typu dawnych dworków, zaprojektowanych i wykonanych tak, by spełniały swe zadania praktyczne, a równocześnie odpowiadały wymaganiom estetyki społecznej. Z kategorii drugiej przykładowo wymienić można siedzibę nauki polskiej w Warszawie, Pałac Staszica, któremu samowola administracji carskiej nadała wygląd cerkwi czy monasteru. Przed oddaniem go Towarzystwu Naukowemu Warszawskiemu i Kasie im. Mianowskiego przebudowano go wedle planów Mariana Lalewicza, który nie zdołał wprawdzie gmachowi Corazziego przywrócić dawnej, klasycznej postaci, ale znacznie się do niej zbliżył. Obiektem zaś w tej dziedzinie najważniejszym stała się Akropolis polska, zamek wawelski. Restaurację Wawelu, rozpoczę-

8. Tło kulturowe

tą już przed pierwszą wojną, prowadził A. Szyszko-Bohusz, który uzyskawszy na to fundusze państwowe i ofiary prywatne, przywrócił starym murom ich postać pierwotną, przy sposobności zaś poodkrywał dziwy takie, jak rotunda Feliksa i Adaukta, jedna z najstarszych w Polsce budowli sakralnych. Odnowiony zamek przeznaczono na muzeum, do którego poczęły napływać odszukiwane i odzyskiwane skarby, w rodzaju sławnych arrasów wawelskich z połowy wieku XVI. Prace te wprowadzały w życie to, o czym marzył i czego żądał autor *Promethidiona*.

Spełnieniem programu Norwida była też częściowo rzeźba międzywojenna: dzieła Ksawerego Dunikowskiego, Alfonsa Karnego, Henryka Kuny, Jana Szczepkowskiego, Edwarda Wittiga i innych. Ich nieduża stosunkowo liczba związana była z małym zapotrzebowaniem rzeźb przez architekturę i z nowymi zasadami urbanistycznymi, które zerwały z okropnymi nawykami w. XIX, nakazującymi szpecenie ulic, placów i parków rzemieślniczymi pomnikami znakomitych ludzi. Rezultatem tych nowych stosunków była cała wojna o pomnik Mickiewicza w Wilnie, zakończona rezygnacją z pomysłu, oraz o pomnik Chopina dłuta Wacława Szymanowskiego, postawiony ostatecznie w Łazienkach. Mimo to Warszawie poza Chopinem przybył pomnik Wojciecha Bogusławskiego wykonany przez Szczepkowskiego, nadto pomniki Marii Curie-Skłodowskiej, Lotnika, Sapera i in.

W malarstwie wreszcie międzywojennym wystąpiło mnóstwo tendencji najrozmaitszych, od akademickiego realizmu po zrywające z realizmem kierunki, jak abstrakcjonizm, unizm itp. Praktycznym następstwem tego rozbicia było powstawanie najrozmaitszych „bractw" i „kapliczek", które gromadziły przygodnie zwolenników danego kierunku, a obok których działały talenty o wyraźnej indywidualności twórczej, by wymienić choćby St. I. Witkiewicza, który w Zakopanem otworzył własny zakład sporządzania portretów, niejednokrotnie znakomitych, ale gwałtownie protestował przeciw uznawaniu tej wytwórni za pracownię artystyczną. Za najwybitniejszych przedstawicieli realizmu niemal akademickiego poczytać by można Ludomira Ślendzińskiego w Wilnie i Tadeusza Pruszkowskiego w Warszawie. Skrajnym abstrakcjonistą, bliskim poetyckiej awangardzie, był podziwiany i sławiony przez Przybosia Władysław Strzemiński. Stanowisko pośrednie zajmowali „kapiści" krakowscy, J. Cybis, E. Eibisch, J. Jarema i inni. Z artystów wreszcie luzem chodzących głośne uznanie zdobyła Zofia Stryjeńska, w obrazach swych nawiązująca do prymitywów ludowych w rodzaju obrazów na szkle, a równocześnie bliska grafice. Grafika zaś, skupiona w zespołach

"Rytm" i "Ryt" mogła się pochlubić osiągnięciami miary istotnie wysokiej. Przodowali tu Władysław Skoczylas, Edmund Bartłomiejczyk, Stanisław Ostoja Chrostowski, Tadeusz Kulisiewicz i wielu innych, twórcy posługujący się różnymi technikami, od akwaforty przez drzeworyt po linoryt. W pracach swych nawiązywali oni często do literatury dając takie cacka bibliofilskie, jak Kasprowicza *Taniec zbójnicki* z drzeworytami Skoczylasa lub Kraszewskiego *Dziad i baba* z drzeworytami i tekstem ksylograficznym Bartłomiejczyka.

KSIĘGI LITERACKIE NARODU POLSKIEGO

NASZKICOWANO tu dzieje literatury polskiej w związku z historią i kulturą narodu polskiego. Historia ta rozpoczyna się około r. 964, roku walki Mieszka o Pomorze, kończy się zaś tutaj zasadniczo z wybuchem drugiej wojny światowej, 1939. Daty te, obramiające okres niemal tysiącletni, mają swą wymowę millenarną, która pozwala odpowiedzieć na pytanie, narzucające się i autorowi, i czytelnikowi książki obecnej — o sens, funkcję i znaczenie literatury w życiu narodu polskiego i dalej o jej stanowisko w świecie. Pytanie to trudne, jak dowodzi okoliczność, iż stawiano je niesłychanie rzadko, a odpowiadano na nie z patosem, który nigdy nie bywa pewnym drogowskazem dla poszukiwaczy prawdy. W ton ten uderzyła w r. 1839 George Sand, gdy zaskoczona niezwykłością *Dziadów* głosiła, iż od czasów proroków Starego Testamentu nikt z równą siłą nie opiewał wydarzenia tak wielkiego, jak upadek narodu. Stąd był krok tylko do uznania wyjątkowości tej literatury i jej znaczenia. Krok ten zrobił Ignacy Chrzanowski, gdy w zakończeniu swej *Historii literatury niepodległej Polski* (1906), najlepszego jej popularnego ujęcia, bardzo ostrożnie twierdził, iż do końca w. XVIII była ona „nie tylko zwierciadłem życia, ale także jego mądrą i uczciwą mistrzynią", a po upadku państwa „wzbiła się literatura nasza na takie wyżyny, jakich nigdy za czasów niepodległości nie dosięgła, odegrała w życiu narodu tak wielką rolę, jak nigdzie indziej na świecie". W parę lat później sformułował to jeszcze lapidarniej, gdy przy objęciu katedry na Uniwersytecie Jagiellońskim (1910), głosił, iż podstawową cechą literatury polskiej jest miłość ojczyzny, jej patriotyzm. Wtórowała mu w tym Orzeszkowa, prawiąc, iż „to jej największa piękność, najwspanialsza ozdoba, jej wyższość nad literaturą cudzoziemską".

Całe to, niepozbawione szlachetnej egzaltacji rozumowanie trudno byłoby wyrazić w języku nauki, po pierwsze bowiem kładzie ono nacisk na tę stronę literatury, która ma wprawdzie ogromną doniosłość, ale nie ukazuje jej funkcji naczelnej, podkreśla więc jej rolę dydaktyczną, przemilcza zaś estetyczną. Po wtóre, przedstawiony pogląd implikuje opinię, że inne literatury nie odznaczają się patriotyzmem czy przynajmniej nie w tym stopniu co polska. Nietrudno byłoby dowieść, że tak nie jest. Po trzecie wreszcie, kryterium „wielkości" polega tu w istocie na ukazaniu odmienności czy odrębności danej literatury od innych, co jest zabiegiem niewątpliwie słusznym, ale wysoce zawiłym i nie do przyjęcia w postaci, którą się zazwyczaj spotyka. Bo przecież uznanie, że dane zjawisko jest czymś wyjątkowym, zakłada, iż ustaliliśmy jego stosunek do zjawisk innych, poczytywanych za normalne. Spoglądając zaś w ten sposób na rozpatrywane zagadnienie, przyjmujemy, iż gdzieś kiedyś istniał jakiś poziom, ponad który usiłujemy wynieść jego składnik wyjątkowy. Do tego dołącza się czynnik drugi, nie mniej istotny. Oto od średniowiecza począwszy, w całej Europie występuje pewna wspólnota kulturalna, obejmująca ludy i narody, a do składników tej wspólnoty należy również literatura. Wspólnota kulturalna wykazuje różne fazy rozwojowe, które występują mniej lub więcej równomiernie co do czasu u narodów przez nią objętych, wskutek czego mówimy o kulturze względnie literaturze renesansowej, barokowej czy romantycznej. A skoro tak, to kryterium wielkości, odmienności czy odrębności badanej literatury musi być dwuczłonowe, ukazywać jej podwójny stosunek do owej wspólnoty, polegający na biernym przyswajaniu jej osiągnięć i na czynnym wydobywaniu z nich wartości nowych, własnych, odrębnych, które wzbogacając wspólnotę, niejednokrotnie promieniują w sensie czasowym i przestrzennym. I dopiero zastosowanie takiego właśnie kryterium, obejmującego zarówno pierwiastki wspólne jak i różne, pozwala obiektywnie i poprawnie oceniać znaczenie literatur narodowych.

W Polsce próbę zastosowania takiej metody poznawczej podjęto w r. 1963 w cyklu odczytów, ukazujących *Literaturę polską w perspektywie światowej*, przy czym przymiotnik „światowa" znaczy tu to samo, co należąca do wspólnoty kulturalnej europejskiej z pochodzenia, dzisiaj zaś powszechnej we wszystkich częściach świata. Wyniki przeprowadzonych badań wstępnych przedstawiają się jak następuje.

W literaturze staropolskiej, rzuconej na to tło procesów historycznych, alegoryzmu, Renesansu i Baroku, stosunek do osiągnięć europejskich przedstawia się różnie w różnych czasach. Włączona do wspólnoty europejskiej bardzo późno, Polska powoli i stopniowo przyswajała sobie jej kulturę literacką, miejscowe bowiem warunki polityczne, społeczne i gospodarcze nie sprzyjały asymilacji pierwiastków obcych. Że jednak nasycanie nimi odbywało się stale i konsekwentnie, dowodzi wiek XV, gdy w odbudowanym po czasach rozterek dzielnicowych królestwie wystąpiła, przygotowana najwidoczniej, nowoczesna literatura polityczno-historyczna w języku łacińskim, dotrzymująca kroku temu, co się działo w Europie zachodniej (Włodkowic, Długosz, Ostroróg), równocześnie zaś proza i poezja w języku polskim, przyswajając i upowszechniając obce zjawiska literackie, poczyna promieniować na ościenne krainy, zwłaszcza ruskie.

Procesy te przybierają na sile w czasach Renesansu, gdy przyswajanie osiągnięć obcych wydaje dużą ilość przekładów dzieł zarówno religijnych, jak i świeckich, od ksiąg biblijnych po *Dworzanina*, gdy myśl polityczno-społeczna znajduje wyraz w dziełach Frycza Modrzewskiego i całego dużego grona moralistów, gdy wreszcie rozkwita poezja rodzima Reja, Kochanowskiego i ich satelitów. Twórczość Kochanowskiego, stanowiąc punkt szczytowy rozkwitu literatury, ma tutaj znaczenie wyjątkowe nie tylko ze względu na swój poziom artystyczny, i to osiągnięty w języku polskim, ale i ze względu na swój charakter dokumentarny. Poeta z całą swobodą panujący nad tym, czym żył ogół pisarzy renesansowych, sięga dalej i wyżej, gdy w *Trenach* ukazuje dramat filozoficzny zespolony z tragicznymi przeżyciami ojca, tracącego ukochane dziecko. Jego zaś rówieśnicy, mistrzowsko władający łaciną, wnoszą wkład polski do kultury europejskiej, zarówno jako informatorzy o życiu zagadkowej Sarmacji, a więc Słowian zachodnich i wschodnich, jak i szermierze myśli religijnej — katolickiej i akatolickiej, a następnie jako heroldowie wojny ze światem otomańskim, sprawy wówczas politycznie doniosłej zwłaszcza dla Słowiańszczyzny, zarówno południowej, jak wschodniej. A wreszcie literatura polska w skali bardzo rozległej przekazuje swój dorobek sąsiadom południowym i wschodnim.

Sto pięćdziesiąt lat wojen wypełniających cały wiek XVII i blisko połowę XVIII, wywołało depresję w rozwoju kultury w Polsce. Nadmiernie długi okres Baroku doprowadził piśmiennictwo do zastoju i rozkładu, podobnie zresztą jak i w innych krajach europejskich. Okres ten jednak zdemokratyzował literaturę, co w Polsce przejawiło się nie tylko w mieszczańskiej humorystyce sowiźrzalskiej, ale również w poezji szlacheckiej reprezentowanej przede wszystkim przez Potockiego i Kochowskiego. Znalazł w niej wyraz nowy, realistyczny stosunek do życia, ten sam, który na polu prozy wydatnie zabarwił *Pamiętniki* Paska, a ich śladem wszelkie niemal późniejsze utwory literackie na temat w. XVII.

Szkody przez depresję tę wywołane usiłowano odrobić za rządów Stanisława Augusta, podejmując wysiłki, by ocalić państwo od zagłady. W poczynaniach tych, gdzie zarówno mądre myśli polityczno-

-społeczne twórców Konstytucji 3 Maja 1791, jak rozpaczliwe bohaterstwo Kościuszki skazane były na nieuchronną klęskę, zmowa bowiem wrogich sąsiadów wykreśliła Polskę z mapy Europy, rolę niepoślednią odegrała literatura. Przyswoiła ona narodowi zdobycze Oświecenia i tym samym uzbroiła go na ciężkie stulecie niewoli, przeorała i unowocześniła jego kulturę umysłową, ale na walkę z przeszłością i walkę o przyszłość zużyła tyle energii, iż nie starczyło jej na stworzenie arcydzieł, na które zresztą nie zdobyła się również żadna inna literatura w tym okresie. Z tym wszystkim dwa jej osiągnięcia zasługują na uwagę. Jej czołowy przedstawiciel, Ignacy Krasicki, sięgnął wyżyn artyzmu przez pisarzy Oświecenia nie przekroczonych. Następnie zaś twórczość pisarzy polskich, którzy bezskutecznie bojowali o ocalenie własnego narodu, stała się moralnym źródłem energii dla narodu bratniego, którego w dwa wieki wcześniej spotkało takie samo nieszczęście. „Odrodziciele" czescy, rozpoczynając walkę o odzyskanie niepodległości, kroczyli śladami polskimi, by ostatecznie wraz z Polską po latach odbudować niepodległe państwo.

Z kolei czasy romantyzmu, a więc epoka Mickiewicza. Potężny cień wielkiego protagonisty wielkiego ruchu przesłonił całą jego epokę — i słusznie. Zarówno bowiem za pobytu w Rosji, jak później na emigracji, aż po Wiosnę Ludów, autor *Konrada Wallenroda* występował nie tylko jako poeta, ale i jako działacz polityczny. Jako rzecznik haseł, które sam głosił, a dzięki którym zdobył rozgłos światowy Byron, Mickiewicz posunął się dalej, gdy bowiem romantyk angielski nie wyszedł poza sprawy greckie, on w *Księgach narodu polskiego* stworzył katechizm polityczny, wyznawany przez wszystkie ludy uciśnione Europy wieków XIX i nawet XX. W ten sposób literatura polska włączyła się w żywy nurt współczesności i poszła dalej. Z jednej więc strony, program upolitycznienia literatury, formułowany i proklamowany przez poetę polskiego, spotkał się z uznaniem niemal powszechnym, z drugiej zaś jego realizacja, *Dziady* i *Pan Tadeusz*, wznosiła literaturę polską na wyżyny dotąd przez nią nie osiągnięte. Za ten niewątpliwy sukces o charakterze międzynarodowym, polegający na uznaniu walki o prawa narodu za podstawowy obowiązek człowieka, a zarazem za motyw literacko najwyższy, literaturze polskiej wypadło zapłacić bardzo drogo. Cień Mickiewicza przesłonił więc dwa zjawiska co najmniej. Pierwszym z nich była genialna twórczość Słowackiego, zarówno na polu epiki jak dramatu. Stuletnie dzieje dramaturgii Słowackiego w Polsce każą przyjąć, że nie kto inny, lecz autor *Lilli Wenedy* był „Shakespearem romantyzmu", dotychczas światu nie znanym. Drugim była twórczość liryczna Norwida, przedstawiciela drugiego pokolenia romantyków polskich, przeoczonego i nie docenionego za życia, podziwianego w latach późniejszych, ale właściwie do dziś nie znanego, choć był to mistrz słowa tej klasy, co Baudelaire lub E. A. Poe.

Romantyzm polski, wychodząc ze zjawisk takich jak bajronizm lub, w zakresie epiki, skottyzm, co dowodziło jego związków z panującymi podówczas prądami literackimi, zachował swą odrębność i stworzył program własny oraz program ten wspaniale zrealizował. I to w skali europejskiej. Że zaś tak było istotnie, nic chyba nie świadczy wymowniej, jak literacka działalność Juliana Klaczki, który rozpoczął ją w Wilnie hebrajskimi przekładami z Mickiewicza, a zakończył jako znakomity literat paryski, autor nie tylko prac o Renesansie włoskim, ale również studium o „polskim poecie bezimiennym", tj. o Krasińskim.

Po romantyzmie obramionym datami dwu powstań, listopadowego i styczniowego, nastąpiły lata pozytywizmu, reprezentowane przez Orzeszkową, Prusa, Sienkiewicza, kontynuujących gigantyczną pracę powieściopisarską Kraszewskiego. Śledząc pilnie myśl i literaturę europejską, podtrzymywali oni kontakty z tym, co działo się poza Polską, jak dowodzą choćby stosunek Orzeszkowej do Taine'a czy Renana, szkice Sienkiewicza o naturalizmie lub uwagi Prusa o myślicielach angielskich, równocześnie kroczyli własnymi szlakami, które wiodły do arcydzieł, dowodzących, iż pisarz, który płynie nawet w nurcie powszechnym, potrafi się wyodrębnić i ukazać swą oryginalność. Oryginalność ta nie zawsze zresztą równoznaczna była z wielkością. *Quo vadis*, najgłośniejsza w skali światowej powieść polska u schyłku w. XIX, spotkała się z bardzo wrogim przyjęciem krytyków francuskich. Na *Faraona* znowuż bardzo niełaskawym okiem spojrzał literat polski. Fakt jednak, iż pierwszym polskim i słowiańskim laureatem Nobla był właśnie autor *Quo vadis*, jeden z najpoczytniejszych pisarzy owoczesnych, ma swą obiektywną wymowę. Jeśli bowiem nawet przyjmiemy, iż podziw dla historii Ligii i Winicjusza był nieporozumieniem, to okoliczność, iż Sienkiewicz dotąd jest czytany w mnóstwie nowych przekładów, dowodzi, iż wszedł on na trwałe w poczet klasyków światowych.

Podobne trudności nastręcza drugi laureat Nobla, Reymont, autor *Chłopów*, epickiego obrazu wsi polskiej na przełomie stuleci. Nie on jeden cieszył się ogromną popularnością. Być może, iż bił go pod tym względem pisarz bardzo niegdyś modny, Stanisław Przybyszewski, najjaskrawszy okaz cygana literackiego w okresie „dekadentyzmu". Rozgłosu obydwu nie zdobył Kasprowicz, jakkolwiek miał wielbicieli w Niemczech, a tym bardziej jeden z pierwszych ekspresjonistów europejskich, Miciński, lub Wyspiański, twórca dzieł utrzymanych na poziomie podziwianym przez współczesnych mu dramaturgów angielskich. A jednak przypuścić wolno, że i Kasprowicz, i Miciński, i Wyspiański zasługują na to, by wejść do panteonu największych pisarzy naszego stulecia, bo byli to pisarze naprawdę wielcy.

Sumując uwagi dotychczasowe, powiedzieć by można jedno, choć ma to wartość jedynie domysłu. W porównaniu z literaturami innych narodów, kładącymi nacisk na życie indywiduum, literatura polska od samych swych początków zwracała uwagę na życie zbiorowe. Znamieniem tego jest dlatego postać Mickiewiczowskiego „Konrada", żyjącego życiem nie tylko własnym, ale i narodowym. A jeśli tak jest w istocie, to tym samym wracamy do stanowiska Chrzanowskiego, z tym oczywiście zastrzeżeniem, że to, co on nazywał patriotyzmem, określamy jako pierwiastek polityczno-społeczny polskiej literatury. Formuła ostateczna brzmiałaby: literatura polska, odtwarzając te wszystkie stadia, które znamy z innych literatur, różni się od nich tym, że nad sprawy życia jednostkowego wynosi zagadnienia życia zbiorowego, politycznego i społecznego. A w ten sposób okazuje się ona literaturą przyszłości.

BIBLIOGRAFIA

(obejmuje wybrane opracowania ogólne, prace monograficzne, teksty i antologie)

Skróty: AU — Akademia Umiejętności, BN — Biblioteka Narodowa, BPP — Biblioteka Pisarzów Polskich, IBL — Instytut Badań Literackich, KiW — Książka i Wiedza, KUL — Katolicki Uniwersytet Lubelski, LSW — Ludowa Spółdzielnia Wydawnicza, Ossol. — Zakład Narodowy im. Ossolińskich, PAN — Polska Akademia Nauk, PAU — Polska Akademia Umiejętności, PIW — Państwowy Instytut Wydawniczy, PWN — Państwowe Wydawnictwo Naukowe, Ser. — seria, TNW — Towarzystwo Naukowe Warszawskie, Un. — Uniwersytet, Wydaw. Liter. — Wydawnictwo Literackie, Kraków.

ALEGORYZM ŚREDNIOWIECZNY

H. Barycz, *Alma Mater Jagellonica. Studia i szkice z przeszłości*, Kraków 1958, Wydawn. Liter., s. 411.
A. Brückner, *Dzieje kultury polskiej*, t. 1, Warszawa ³1958, KiW, s. XV, 735.
J. Dąbrowski, *Dawne dziejopisarstwo polskie do r. 1480*, Wrocław 1964, Ossol., s. 267.
J. Ptaśnik, *Kultura wieków średnich*, Warszawa ²1959, s. 458, ilustr.
M. Plezia, *Kronika Galla na tle historiografii XII wieku*, Kraków 1947, Rozpr. Wydz. Hist.-Filoz. PAU, t. LXXI i odb., s. 214.
Monumenta Poloniae Historica, t. 1 - 6, Warszawa 1960 - 1961 (przedr. fotoofsetowy).
Biblia Królowej Zofii (szaroszpatacka), wraz ze staroczes. przekładem *Biblii*, wyd. St. Urbańczyk i W. Kyas, Wrocław 1965 - 1967, Ossol., s. VI, 248 + 249 - 452.
Bogurodzica, oprac. J. Woronczak, Wrocław 1962, BPP ser. A nr 1, s. 416.
J. Długosz, *Roczniki czyli kroniki sławnego Królestwa Polskiego*, przeł. z łac. St. Gawęda i in., red. i wstęp J. Dąbrowski, Warszawa ²1961, PWN, s. 448.
Galli Anonymi Chronicon, ed. J. Krzyżanowski, Varsoviae 1948, s. 27 tabl. 69 (podobizna rkpsu Zamoyskich).
Galli Anonymi Cronica et Gesta ducum sive principum polonorum. Anonima tzw. Galla Kronika czyli Dzieje Książąt i władców polskich, wyd., wstępem i komentarzem opatrzył K. Maleczyński, Kraków 1952, PAN, s. CXIV, 198.
Gallus Anonymus, *Kronika polska*, przeł. z łac. R. Grodecki, wstępem i przypisami opatrzył M. Plezia, Wrocław 1965, BN I 59, s. XCIV, 193.
Kazania gnieźnieńskie. Podobizna. Transliteracja. Transkrypcja, wyd. i wstępem poprzedził S. Vrtel-Wierczyński, Poznań 1953, Pozn. Tow. Przyj. Nauk., s. XXIV, 165 + podob. rękopisu, tabl. 49.
Kazania tzw. Świętokrzyskie, wyd. i oprac. J. Łoś i Wł. Semkowicz, Kraków 1934, PAU, s. 60, tabl. 10.
M. Kopernik, *Wybór pism w przekładzie polskim*, wyd., przypisami objaśnił i wstępem poprzedził L. A. Birkenmajer, Kraków 1920, BN I 15, s. 143.

Rozmyślanie o żywocie Pana Jezusa tzw. Przemyskie. Podobizna rękopisu, wyd. i wstępem poprzedził S. Vrtel-Wierczyński, Warszawa 1952, TNW, s. XX, 852.
Wincenty Kadłubek, *Kronika polska,* tłum. z łac. A. Józefczyk i M. Studziński, przy wyd. A. Przezdzieckiego *Magistri Vincentii, episcopi cracoviensis Chronica Polonorum,* Kraków 1862, s. XXIII, 237 + 255 (tekst łac. i pol.).
Najstarsza poezja polsko-łacińska. Do połowy XVI w., wyd. M. Plezia, Wrocław 1952, BN I 141, s. XCV, 128.
Średniowieczna poezja polska świecka, wyd. S. Vrtel-Wierczyński, Wrocław ²1952, BN I 60, s. LXXIX, 111.
Średniowieczna proza polska, wyd. S. Vrtel-Wierczyński, Wrocław ²1959, BN I 68, s. CLXXVII, 368.
Wybór tekstów staropolskich. Czasy najdawniejsze do roku 1543, wyd. S. Vrtel--Wierczyński, Warszawa ³1963, s. XVI, 540.
Polskie wierszowane legendy średniowieczne, wyd. S. Vrtel-Wierczyński, W. Kuraszkiewicz, Wrocław 1956, BPP A 2, s. 339.

HUMANIZM RENESANSOWY

J. Krzyżanowski, *Od średniowiecza do baroku. Studia naukowo-literackie,* Warszawa 1938, Rój, s. 376.
— *Romans polski wieku XVI,* Warszawa 1962, PIW, s. 325.
St. Łempicki, *Renesans i humanizm w Polsce,* Warszawa ²1952, s. 474.
Z. Łempicki, *Wybór pism* t. I: *Renesans. Oświecenie. Romantyzm,* Warszawa ²1966, PWN, s. 441, tabl. 1
Wł. Łoziński, *Życie polskie w dawnych wiekach,* Kraków ¹²1964, Wydawn. Liter., s. 252.
K. Morawski, *Czasy Zygmuntowskie na tle prądów Odrodzenia,* oprac. J. Tazbir, Warszawa ²1965, PIW, s. 180, tabl. 9.
J. Nowak-Dłużewski, *Okolicznościowa poezja polityczna w Polsce. Czasy Zygmuntowskie,* Warszawa 1966, Pax, s. 423.
Odrodzenie w Polsce. Materiały Sesji naukowej PAN 25 - 30 X 1953 roku. T. 4: *Historia literatury,* red. J. Ziomek, Warszawa 1956, PIW, s. 557, tabl. 56.
„Reformacja w Polsce" R. 1 - 12, Warszawa 1921 - 1956 oraz kontynuacja tegoż czasopisma „Odrodzenie i Reformacja w Polsce".
I. Chrzanowski, St. Kot, *Humanizm i reformacja w Polsce. Wybór źródeł...,* Lwów——Warszawa 1927, Ossol., s. XII, 503.
Biernat z Lublina, *Wybór pism,* oprac. J. Ziomek, Wrocław 1954, BN I 149, s. CXI, 224.
Ł. Górnicki, *Dworzanin polski,* oprac. R. Pollak, wyd. 2 zmien., Wrocław 1954, BN I 109, s. CXXXIII, 515.
— *Pisma,* oprac. R. Pollak, t. 1 - 2, Warszawa 1961, PIW, s. 526 + 730.
J. Kochanowski, *Dzieła polskie,* t. 1 - 2, oprac. J. Krzyżanowski, Warszawa ⁵1967, PIW, s. 636 + 357.
— *Dzieła wszystkie,* wyd. pomnikowe, t. 1 - 4, Warszawa 1884.
— *Fraszki,* oprac. J. Pelc, Wrocław 1957, BN I 163, s. LXXVI, 166, ilustr.
— *Odprawa posłów greckich,* oprac. T. Ulewicz, Wrocław 1962, BN I 3, s. C, 66, ilustr. 4.
— *Psałterz Dawidów,* oprac. J. Ziomek, Wrocław 1960, BN I 174, s. CLXXVIII, 303.
— *Treny,* oprac. J. Krzyżanowski, Warszawa 1967, PIW, s. 56.
A. Krzycki, *Carmina,* ed. C. Morawski, Cracoviae 1888, Acad. Lit. Cracov., s. LXIII, 302.
— *Poezje,* przeł. E. Jędrkiewicz, oprac. i wstęp A. Jelicz, Warszawa 1962, PIW, s. 157.

A. Frycz Modrzewski, *Opera omnia*, ed. C. Kumaniecki, vol. 1 - 5, Varsoviae 1953 - - 1960, PIW, Acad. Scient. Pol.
— *Dzieła wszystkie*, t. 1 - 5, Warszawa 1953 - 1960, PIW.
M. Rej, *Krótka rozprawa między trzema osobami panem, wójtem a plebanem*, oprac. K. Górski i W. Taszycki w: *Dzieła wszystkie*, t. 1, Wrocław 1953, BPP ser. B nr 1, s. X, 280.
— *Pisma wierszem* (wybór), oprac. J. Krzyżanowski, Wrocław 1954, BN I 151, s. XCI, 472.
— *Żywot człowieka poczciwego*, oprac. J. Krzyżanowski, Wrocław 1956, BN I 152, s. LXXIII, 672.
P. Skarga, *Kazania sejmowe*, oprac. St. Kot, Lwów ²1939, BN I 70, s. XCVI, 190.
M. Sęp Szarzyński, *Rytmy albo Wiersze polskie*, oprac. J. Sokołowska, Warszawa 1957, PIW, s. 104.
Sz. Szymonowic, *Sielanki i pozostałe wiersze polskie*, oprac. J. Pelc, Wrocław 1964, BN I 182, s. CXIV, 236.
Poeci Renesansu. Antologia, oprac. J. Sokołowska, Warszawa 1959, PIW, s. 522.
Proza polska wczesnego Renesansu. 1510 - 1550, oprac. J. Krzyżanowski, Warszawa 1954, PIW, s. 553.
Literatura ariańska w Polsce XVI wieku. Antologia, oprac. L. Szczucki i J. Tazbir, Warszawa 1959, KiW, s. LXXXVI, 664, tabl. 30.
A. Brückner, *Mikołaj Rej. Studium krytyczne*, Kraków 1905, s. VI, 418.
L. Ćwikliński, *Klemens Janicki, poeta uwieńczony. 1516 - 1543*, Kraków 1893, PAU, s. 194.
W. Weintraub, *Styl Jana Kochanowskiego*, Kraków 1932, s. 178, Prace Hist.-Liter. 39.
St. Windakiewicz, *Jan Kochanowski*, Kraków 1930, s. VI, 198.
J. Krókowski, *Mikołaja Hussowskiego «Carmen de bisonte»*, Wrocław 1959, PWN, s. 51.
J. Błoński, *M. S. Szarzyński a początki polskiego baroku*, Kraków 1967, s. 317.

LITERATURA BAROKOWA

J. Białostocki, *„Barok"* — *styl, epoka, postawa* w: *Pięć wieków myśli o sztuce*, Warszawa 1959, PWN, s. 316.
R. Pollak, *Problematyka polskiego baroku literackiego (Zjazd naukowy polonistów 10 - 13 grudnia 1958)*, Wrocław 1960, Ossol., s. 351 - 372.
K. Badecki, *Literatura mieszczańska w Polsce XVII w. Monografia bibliograficzna*, Lwów 1925, Ossol., s. XXXVIII, 543.
— *Polska fraszka mieszczańska*, Kraków 1948, BPP 88, s. XXXVIII, 434.
— *Polska komedia rybałtowska*, Lwów 1931, Ossol. s. XXII, 802.
— *Polska liryka mieszczańska*, Lwów 1936, s. XXXI, 489, Zab. Piśm. Pol. 7.
— *Polska satyra mieszczańska. Nowiny sowiźrzalskie*, Kraków 1950, BPP 91, s. XLVIII, 483.
A. M. Fredro, *Przysłowia mów potocznych*, Sanok 1955, BPT, s. XIV, 86.
W. Kochowski, *Psalmodia polska oraz wybór liryków i fraszek*, wyd. i obj. J. Krzyżanowski, Kraków 1926, BN I 92, s. XCI, 211.
J. A. Morsztyn, *Wybór poezji*, wyd. J. Dürr-Durski, Warszawa 1952, KiW, s. XLVI, 200.
Ł. Opaliński, *Wybór pism*, oprac. St. Grzeszczuk, Wrocław 1959, BN I 172, s. CLXVIII, 328.
J. Chr. Pasek, *Pamiętniki*, oprac. i wstęp R. Pollak, Warszawa 1963, PIW, s. 485.
W. Potocki, *Pisma wybrane*, oprac. i przedm.: J. Dürr-Durski, t. 1 - 2, Warszawa 1953, PIW, s. 451 + 322.
M. K. Sarbiewski, *O poezji doskonałej czyli Wergiliusz i Homer*, przeł. M. Plezia, oprac. St. Skimina, Wrocław 1954, BPP B 4, s. LVIII, 523.

T. Tasso, *Goffred abo Jeruzalem wyzwolona*. Przekładania Piotra Kochanowskiego, wyd., wstępem i obj. zaopatrzył R. Pollak, wyd. 3 całkowite, Wrocław 1951, BN II 4, s. LI, 697.
L. Ariosto, *Orland szalony*, przeł. P. Kochanowski, opr. R. Pollak, Wrocław 1965, BN II 150, s. LXXXIV, 499, 2 tabl., 2 portr.
Sz. Zimorowicz, *Roksolanki*, oprac. A. Brückner, Kraków 1924, BN I 73, s. XVII, 106
Poeci polskiego baroku, wybr. i oprac. J. Sokołowska, K. Żukowska, t. 1 - 2, Warszawa 1965, PIW, s. 1047 + 1077.
Listy staropolskie z epoki Wazów, wyd. H. Malewska, Warszawa 1959, s. 376.
Antologia literatury sowiźrzalskiej XVI i XVII w., oprac. St. Grzeszczuk, Wrocław 1966, BN I 186, s. 644.

LITERATURA WIEKU OŚWIECENIA

W. Borowy, *O poezji polskiej w wieku XVIII*, Kraków 1948, PAU, s. 398.
Z. Libera, *Oświecenie*, Warszawa 1967, PZWS, s. 455.
T. Mikulski, *Ze studiów nad Oświeceniem. Zagadnienia i fakty*, Warszawa 1956, PIW, s. 553.
Wł. Smoleński, *Przewrót umysłowy w Polsce wieku XVIII. Studia historyczne*, Warszawa ³1949, PIW, s. XIX, 382.
W. Bogusławski, *Cud mniemany czyli Krakowiacy i Górale*, tekst wg autor. odpisu z r. 1796 przygot. M. Rulikowski, wstęp, przypisy i odmiany tekstu oprac. St. Dąbrowski i S. Straus, Wrocław 1956, BN I 162, s. CI, 177.
Fr. Bohomolec, *Komedie*, oprac. i wstęp J. Kott, t. 1 - 2, Warszawa 1960, PIW, s. 484 + 520.
Fr. Karpiński, *Wybór poezji i prozy*, oprac. J. Kijas, Kraków 1949, M. Kot, s. 94.
J. Kitowicz, *Opis obyczajów za panowania Augusta III*, oprac. R. Pollak, wyd. 2 zmien., Wrocław 1951, BN I 88, s. LXXVII, 613.
Fr. D. Kniaźnin, *Wybór poezji*, oprac. W. Borowy, Wrocław 1948, BN I 129, s. 189.
H. Kołłątaj, *Stan Oświecenia w Polsce w ostatnich latach panowania Augusta III. 1750 - 1764*, oprac. J. Hulewicz, Wrocław 1953, BN I 144, s. CII, 308.
St. Konarski, *Pisma wybrane*, oprac. J. Nowak-Dłużewski, t. 1 - 2, Warszawa 1955, PIW, s. 355 + 519.
I. Krasicki, *Pisma wybrane*, red. T. Mikulski, t. 1 - 4, Warszawa 1954, PIW.
— *Satyry i listy*, oprac. Zb. Goliński, Wrocław 1958, BN I 169, s. CXIV, 175.
A. St. Naruszewicz, *Liryki wybrane*, wyb. i wstęp J. W. Gomulicki, Warszawa 1964, PIW, s. 211.
— *Satyry*, oprac. St. Grzeszczuk, Wrocław 1962, BN I 179, s. CVII, 103.
J. U. Niemcewicz, *Powrót posła. Komedia w 3 aktach oraz Wybór bajek politycznych z epoki Sejmu Wielkiego*, wstęp i objaśn. St. Kot, Wrocław ⁶1950, BN I 4, s. XLI, 99.
St. Staszic, *Pisma filozoficzne i społeczne*, oprac. i wstęp B. Suchodolski, t. 1 - 2, Warszawa 1954, PWN, s. XXVIII, 384 + 389, BKF.
St. Trembecki, *Pisma wszystkie*, wyd. kryt., oprac. J. Kott. t. 1 - 2, Warszawa 1953, PIW, s. CIII, 346 + 371.
Fr. Zabłocki, *Fircyk w zalotach*, oprac. R. Taborski, Warszawa 1953, s. 127.
— *Sarmatyzm*. Komedia w 5 aktach, tekst ustalił, wstęp i objaśn. L. Bernacki, przygot. do druku, wstęp i objaśn. uzup. T. Mikulski, Wrocław ²1954, BN I 115, s. LVIII, 152.
Poezja polskiego Oświecenia. Antologia, oprac. J. Kott, Warszawa 1956, Czytelnik, s. 499.

ROMANTYZM POLSKI

B. Chlebowski, *Literatura polska porozbiorowa jako główny wyraz życia narodu po utracie niepodległości*, wyd. i przedm. M. Kridl, przejrz. i dopełn. L. Płoszewski, Lwów ²1935, s. X, 616.
J. Kleiner, *Romantyzm*, Lublin 1946, Lamus, s. 78.
— *Mickiewicz*, t. 1 - 2, cz. 1 - 2, Lublin 1948, TN KUL, s. 584 + 493 + 525.
K. Wyka, *Pan Tadeusz*, t. 1: *Studia o poemacie*, t. 2: *Studia o tekście*, Warszawa 1963, PIW, s. 326 + 411.
J. Kleiner, *Juliusz Słowacki. Dzieje twórczości*, t. 1 - 4, Lwów 1924 - 1928.
M. Janion, *Zygmunt Krasiński — debiut i dojrzałość*, Warszawa 1962, WP, s. 274.
K. Brodziński, *Dzieła*, pod red. St. Pigonia, oprac. i wstęp Cz. Zgorzelski, t. 1 - 2, Wrocław 1959, s. XLI, 579.
A. Fredro, *Pisma wszystkie*, wyd. kryt. oprac. St. Pigoń, wstęp K. Wyka, t. 1 - 13, Warszawa 1955 - 1969, PIW.
S. Goszczyński, *Król zamczyska*, oprac. M. Inglot, Wrocław 1961, BN I 50, s. LVI, 85.
— *Zamek Kaniowski. Powieść*, oprac. J. Tretiak, Kraków ²1925, BN I 44, s. 163.
— *Dziennik podróży do Tatrów*, oprac. S. Sierotwiński, Wrocław 1958, BN I 170, s. CXXVII, 337 ilustr.
Z. Krasiński, *Pisma*, wyd. jubileuszowe, wyd. J. Czubek, t. 1 - 8, Kraków 1912, G. Gebethner.
J. I. Kraszewski, *Cykl powieści historycznych obejmujących dzieje Polski*, Przew. Kom. red. J. Krzyżanowski i W. Danek, przedm. J. Krzyżanowski, t. 1 - 29, Warszawa 1958 - 1968, LSW.
— *Dzieła. Powieści obyczajowe*, Kom. red. J. Krzyżanowski i in., t. 1 - 24, Kraków 1959 - 1969, Wydawn. Liter.
T. Lenartowicz, *Wybór*, wyd. drugie zmien., oprac. J. Nowakowski, Wrocław 1956, BN I 5, s. CLXXVIII, 384, ilustr.
A. Malczewski, *Maria. Powieść ukraińska*, oprac. R. Przybylski, wyd. 3 zmien., Wrocław 1958, BN I 46, s. CXXVIII, 108.
A. Mickiewicz, *Dzieła*, wyd. narodowe, Kom. red. pod przew. L. Płoszewskiego, t. 1 - 16, Warszawa 1949 - 1955, Czytelnik.
— *Dzieła*, wyd. w setną rocznicę śmierci poety. Red. J. Krzyżanowski i in., t. 1 - 16, Warszawa 1955, Czytelnik.
C. K. Norwid, *Pisma wybrane*, wybr. i oprac. J. W. Gomulicki, t. 1 - 5, Warszawa 1968, PIW, s. 602 + 399 + 506 + 662 + 731.
J. Słowacki, *Dzieła wszystkie*, red. J. Kleiner, t. 1 - 15, Wrocław 1952 - 1963, Ossol.
J. B. Zaleski, *Wybór poezyj*, oprac. J. Tretiak, Kraków 1923, BN I 30, s. 256.
Polska krytyka literacka (1800 - 1918). Materiały, pod. red. J. Z. Jakubowskiego, t. 1 - 2, Warszawa 1959, PWN, s. 467 + 542.
Wiek XIX. Sto lat myśli polskiej. Życiorysy, streszczenia, wyjątki, red. I. Chrzanowski i in., t. 1 - 9, Warszawa 1906 - 1914, Gebethner i Wolff.

POZYTYWIZM

W. Feldman, *Współczesna literatura polska. 1864 - 1918*, okresem 1919 - 1930 uzup. S. Kołaczkowski, wyd. 8, Kraków 1930, Krak. Sp. Wydawn., s. VII, 714.
Pozytywizm. Cz. 1 - 2, Wrocław 1950 - 1951, Ossol., s. VIII, 541 + 541.
E. Jankowski, *Eliza Orzeszkowa*, Warszawa ²1966, PIW, s. 666.
M. Żmigrodzka, *Orzeszkowa. Młodość pozytywizmu*, Warszawa 1965, PIW, s. 499.
H. Markiewicz, *«Lalka» Bolesława Prusa*, Warszawa 1967, Czytelnik, s. 360.

Z. Szweykowski, *Twórczość Bolesława Prusa*, t. 1 - 2, Poznań 1947, Wielkop. Księg. Wydawn., s. 313 + 269.
J. Krzyżanowski, *Henryka Sienkiewicza żywot i sprawy*, Warszawa 1966, PIW, s. 283, tabl. 36.
— *Henryk Sienkiewicz, Kalendarz życia i twórczości*, wyd. 2 rozsz., Warszawa 1956, PIW, s. 355, tabl. 69.
A. Asnyk, *Pisma*, po raz pierwszy razem zebrane, życiorys i przedm., I. Chrzanowski, wyd. obj. H. Schipper, t. 1 - 2. *Poezje*, Warszawa 1938 - 1939, Nasza Księgarnia, s. LI, 339 + 393
M. Konopnicka, *Pisma wybrane*, red. I. Śliwińska (proza) oraz St. R. Dobrowolski (poezja), t. 1 - 7, Warszawa 1951 - 1952, KiW.
E. Orzeszkowa, *Pisma zebrane*, red. J. Krzyżanowski, t. 1 - 52, Warszawa 1947 - 1953, Wiedza, KiW
B. Prus, *Kroniki*, oprac. Z. Szweykowski, t. 1 - 20, Warszawa 1953 - 1970, PIW.
— *Pisma*, red. Z. Szweykowski, t. 1 - 29, Warszawa 1948 - 1952, KiW.
H. Sienkiewicz, *Dzieła*, wyd. zbior., red. J. Krzyżanowski, t. 1 - 60, Warszawa 1948 - 1955, PIW.
Realizm i naturalizm, t. 1 - 3 serii IV Obrazu Literatury Polskiej, Kom. Red. K. Wyka i in., IBL, Warszawa 1965 - 1969, PWN, s. 491 + 541 + 790.
Polska krytyka literacka (1800 - 1918). Materiały, jw. t. 3, Warszawa 1959, PWN, s. 571.

NEOROMANTYZM

J. Krzyżanowski, *Neoromantyzm polski. 1890 - 1918*, Wrocław 1963, Ossol., s. 444.
I. Matuszewski, *Z pism I. Matuszewskiego*, t. III: *Słowacki i nowa sztuka. Modernizm*, oprac. S. Sandler, Warszawa 1965, PIW, s. 434.
K. Wyka, *Modernizm polski*, Kraków 1959, Wydawn. Liter., s. XIII, 338.
Z problemów literatury polskiej XX wieku. Księga zbiorowa, Kom. red. S. Żółkiewski i in., t. 1: *Młoda Polska*, Warszawa 1965, PIW, s. 547.
W. Berent, *Dzieła wybrane*, t. 1 - 6, Warszawa 1956 - 1958, Czytelnik.
J. Kasprowicz, *Dzieła wybrane*, pod. red. J. J. Lipskiego, t. 1 - 4, Kraków 1958, Wydawn. Liter.
Wł. Orkan, *Dzieła*, wyd. zbior., red. pod kier. St. Pigonia, 1960 - 1968, t. 1 - 11.
St. Przybyszewski, *Wybór pism*, oprac. R. Taborski, Wrocław 1966, BN I 190, s. LXXVIII, 346.
Wł. St. Reymont, *Pisma*, przedm. Z. Szweykowski, oprac. i do druku przygot. A. Bar, t. 1 - 20, Warszawa 1948 - 1952, Gebethner i Wolff.
— *Fermenty*, wyd. kryt. pod red. Z. Szweykowskiego, przygot. T. Jodełka i I. Orlewiczowa, Warszawa 1962, PIW, s. 833.
— *Komediantka. Powieść*, wyd. kryt. pod red. Z. Szweykowskiego, przygot. T. Jodełka i I. Orlewiczowa, Warszawa 1961, PIW, s. 412.
— *Ziemia obiecana. Powieść*, wyd. kryt. pod red. Z. Szweykowskiego, przygot. T. Jodełka i I. Orlewiczowa, Warszawa 1965, PIW, s. 819.
K. Przerwa Tetmajer, *Legenda Tatr*, t. 1 - 2, Kraków ²1966, Wydawn. Liter., s. 178 + 197.
— *Poezje wybrane*, przygot. J. Krzyżanowski, Wrocław 1968, BN I 123, s. CIV, 277.
St. Wyspiański, *Dzieła zebrane*, red. L. Płoszewski i in., t. 1 - 15, Kraków 1958 - 1968, Wydawn. Liter.
G. Zapolska, *Dzieła wybrane*, wyd. i red. J. Skórnicki i T. Weiss, t. 1 - 16, Kraków 1957 - 1958, Wydawn. Liter.

S. Żeromski, *Dzieła*, red. St. Pigoń, Seria 1 - 3, Warszawa 1955 - 1967, Czytelnik.
Stefan Żeromski. *Kalendarz życia i twórczości*, oprac. St. Kasztelowicz i St. Eile, Kraków 1961, Wydawn. Liter.
Literatura okresu Młodej Polski, t. 1 - 2 serii V Obrazu Literatury Polskiej, Kom. red. K. Wyka i in., IBL, Warszawa 1967 - 1968, PWN, s. 855 + 547.
Polska krytyka literacka (1800 - 1918). Materiały, jw., t. 4, Warszawa 1959, PWN, s. 450.

NEOREALIZM

K. Czachowski, *Najnowsza polska twórczość literacka 1935 - 1937 oraz inne szkice krytyczne*, Lwów 1938, Państw. Wyd. Ks. Szk., s. 273.
— *Obraz współczesnej literatury polskiej 1884 - 1935*, t. 3: *Ekspresjonizm i neorealizm*, Warszawa—Lwów 1936, Państw. Wyd. Ks. Szk., s. 782.
S. Kołaczkowski, *Literatura lat 1919 - 1930*, w: W. Feldman, *Współczesna literatura polska*, wyd. 8, Kraków 1930.
I. Fik, *Dwadzieścia lat literatury polskiej. (1918 - 1938)*, Kraków ²1949, Placówka, s. 182.
S. Papée, *Współczesna literatura polska 1918 - 1947. Szkic informacyjny*, Kraków 1948 (odb.).
Z problemów literatury polskiej XX wieku, jw., t. 2: *Literatura międzywojenna*, Warszawa 1965, PIW, s. 493.
T. Boy Żeleński, *Pisma*, pod red. H. Markiewicza, Kronikę życia i twórczości oprac. B. Winklowa, t. 1 - 24, Warszawa 1957 - 1965, PIW.
Wł. Broniewski, *Wiersze zebrane*, Warszawa ²1956, PIW, s. 431.
M. Dąbrowska, *Pisma wybrane*, t. 1 - 3, Warszawa 1956, Czytelnik, s. 1079 + 862 + 738.
K. I. Gałczyński, *Wybór poezji*, oprac. M. Wyka, Wrocław 1967, BN I 189, s. LXXVII, 421.
J. Iwaszkiewicz, *Dzieła*, t. 1 - 10, Warszawa 1958 - 1959, Czytelnik.
M. Jasnorzewska-Pawlikowska, *Wybór poezji*, oprac. J. Kwiatkowski, Wrocław 1967, BN I 194, s. CXIV, 289.
M. Jastrun, *Wiersze zebrane*, Warszawa 1956, PIW, s. 586.
J. Kaden-Bandrowski, *Czarne skrzydła*, t. 1 - 2, Kraków 1961, Wydawn. Liter., s. 353 + 376.
L. Kruczkowski, *Kordian i Cham*, Warszawa ²1966, Czytelnik, s. 308.
J. Lechoń, *Poezje*, wyb. i życiorys M. Toporowski, Warszawa 1957, Czytelnik, s. 202.
B. Leśmian, *Poezje*, oprac. J. Trznadel, Warszawa 1965, PIW, s. 566.
Z. Nałkowska, *Pisma wybrane*, wyb. i przedm. W. Mach, wyd. 2 rozsz., t. 1 - 2, Warszawa 1956, Czytelnik, s. 700 + 776.
J. Przyboś, *Poezje zebrane*, Warszawa 1959, PIW, s. 495.
A. Słonimski, *Poezje zebrane*, Warszawa 1964, PIW, s. 599.
L. Staff, *Poezje zebrane*, t. 1 - 2, Warszawa ²1967, PIW, s. 1146, 1 tabl. portr. + 1032, Biblioteka Poezji i Prozy.
J. Tuwim, *Dzieła*, Kom. red. J. W. Gomulicki i in., t. 1 - 5, Warszawa 1955 - 1964, „Czytelnik".
Poezja polska 1914 - 1939. Antologia, wybór i opracowanie R. Matuszewski, S. Pollak, Warszawa 1962, s. 880.
Polska krytyka literacka (1918 - 1939). Materiały, pod red. J. Z. Jakubowskiego, Warszawa 1966, PWN, s. 654.

INDEKS

(Nie obejmuje bibliografii — cyfry półgrube sygnalizują główne omówienie poszczególnych autorów w tekście książki)

Abel, patriarcha 534
Abgarowicz Kajetan (Sołtan Abgar) 403
Abramowski Edward 611
Adam, patriarcha 15, 20, 24, 50, 299, 471, 480
Adamczewski Stanisław 633, 640
Adaukt św. 8, 645
Adwentowicz Karol 482, 548
Ajdukiewicz Kazimierz 643
Ajdukiewicz Tadeusz 441
Ajschylos 472
Akademia Krakowska zob. Uniwersytet Jagielloński
Akademia Umiejętności 433, 441, 546
Albert, wójt 22
Albertus rotmistrz 146
Albertus z wojny 95, 96, 146
Albrecht Hohenzollern 37, 74
Aleksander I, car 306, 336
Aleksander Wielki 47
Aleksy św. 21, 22, 621
Anakreon 174, 201
Anczyc Władysław Ludwik 371, 422, 492
Andersen Jan Christian 511
Andriolli Michał Elwiro 349
Andrzej z Jaszowic 14
Anna Jagiellonka 53
Antithemius 148
Antoine André 413
Apokalipsa 471
Apokryfy 14, 15
Apollinaire Guillaume 583, 584
Apulejusz 466

Arciszewski Krzysztof 120
Ariosto Lodovico 91, 274, 280
Arnsztajnowa Franciszka 587
Arystofanes 491, 493, 500, 511
Arystoteles 46, 47, 61, 581
Askenazy Szymon 517, 547, 549, 643
Asnyk Adam 278, 360, 361, 363, 389, 415, 422, 423 - 427, 428, 430, 43^, 438, 440, 441, 497, 639
„Ateneum" 357, 377, 540
„Athenaeum" 317
Attyla, król Hunów 625
Augier Emil 416
August Oktawian zob. Oktawian August
August II Sas 109, 150
August III Sas 109, 111, 150, 151, 168
Aulnoy Marie-Catherine Jumel de Berneville 131, 144

Bacewiczówna Grażyna 644
Bachleda Klimek 477
Backvis Claude 639, 640
Baczyński Krzysztof 592
Badecki Karol 639
Bajka 41, 131, 186 - 188, 335, 464, 482, 488, 511
Baka Józef 567
Baliński Stanisław 565
Balzac Honoré de 229, 323, 634, 636
Balzer Oswald 442, 547
Bałucki Michał 284, 357, 364,
  365, 366, 401, 402, 415, 416, 417, 422, 609
Banach Stefan 643
Bandrowski Juliusz Kaden zob. Kaden-Bandrowski
Baranowicz Łazarz 161
Barbara Radziwiłłówna 45, 213, 220, 620
Barclay John 129, 136
Bartels Artur 430
Bartłomiejczyk Edmund 646
Bartoszewicz Julian 341
Bartusówna Maria 368
Barycz Henryk 639
Baryka Piotr 146, 309
Baszko Gocław (Godzisław) 10
Batory Andrzej 314
Batory Stefan zob. Stefan Batory
Baudelaire Charles 298, 305, 567, 651
Baudouin de Courtenay Jan 441, 547
Bazylik Cyprian 63
Bebel Henryk 58
Bécu August 262
Bécu Salomea z Januszewskich zob. Słowacka-Bécu Salomea
Bekwark Greff Walenty 36
Belfagor 464
Bełcikowski Adam 371
Bełza Władysław 368, 369
Bem Józef 303, 305, 347
Bembus Mateusz 148
Bentkowski Feliks 432
Béranger Pierre Jean 430
Berent Wacław 449, 490, 504,

Indeks

534, **535 - 537**, 543, 549, 599, 611
Berga Auguste 640
Bergson Henri 451, 596
Bernacki Ludwik 638, **639**
Bernatowicz Feliks 215
Berwiński Ryszard 223, **335 - 336**, 343
Białobocki Bronisław **435**
Biblia 14, 57, 69, 131, 139, 150, 252, 456, 559, 630, 649
Biblia Brzeska 69
Biblia Gdańska 69
Biblia Królowej Zofii (Szaroszpatacka) 14, **433**, 639
Biblia Leopolity 69
Biblia Nieświeska 69
Biblioteka Jagiellońska 341
Biblioteka Narodowa w Warszawie 145, 152
„Biblioteka Warszawska" 357, 540
Bielski Joachim 51
Bielski Marcin **50 - 51**, 92, 100, 101, 105, 106
Biernacki Mikołaj (Rodoć) 366, 430
Biernat z Lublina **42 - 44**
Bismarck Otto Edward Leopold 386
Björnson Björnstjerne 503
Blake William 266, 446
Bliziński Józef 365, 366, **417 - 419**
Błażewski Marcin 51
Błok Aleksander Aleksandrowicz 575
Bobrzyński Michał 359, 360, 377, 442
Boccaccio Giovanni 72, 129, 130
Böcklin Arnold 398
Bodin Jean 62
Bogucki Józef Symeon 330
Bogurodzica **19 - 20, 21, 24, 115**
Bogusławski Edward **330**
Bogusławski Stanisław 316
Bogusławski Wojciech 170, **199 - 200**, 218, 316, 645
Boguszewska Helena 605 - **606**, 616
Boguszewski Krzysztof 111
Bohomolec Franciszek 149, **196 - 197**, 218, 325, 416

Boileau-Despréaux Nicolas 173
Bojko Jakub 355
Bolesław Chrobry 5, 6, 9, 13, 22, 276, 277, 347, 519, 520, 626
Bolesław Krzywousty 9
Bolesław Śmiały 5, 9, 212, 240, 276, 277, 314, 494, 498, 502, 548
Bolesław Wstydliwy 14
Bolesławita zob. Kraszewski Józef Ignacy
Bona Sforza 39, 40, 70
Borkowski Leszek Dunin 306, 329
Borowski Tadeusz **592**
Borowy Wacław 633, 640, 641
Borzymowski Marcin **127 - 128**
Borzymowski Wojciech 111
Boy-Żeleński Tadeusz 450, 451, 490, 503, 555, 610, **634 - 636**
Brahmer Mieczysław 642
Brandes George 359, 393
Branicki Ksawery 175
Breiter Emil 633
Brockhaus Friedrich Arnold 297, 302
Brodziński Kazimierz 163, 229, 234, 545
Broniewski Marcin (Filaret Krzysztof) 68
Broniewski Władysław **569 - 571**, 575, 576, 590
Brown John 303
Brożek (Broscius) Jan 141, 142
Bruchnalski Wilhelm 547
Brückner Aleksander 15, 16, 88, 132, 358, 432
Bruner Ludwik zob. Sten Jan
Brzękowski Jan 581
Brzozowski Karol **335**, 343, **466**
Brzozowski Stanisław 395, 446, 457, 459, 524 - 525, **543 - 544**, 548, 557, 582, 585, 622, 640
Brzozowski Stanisław Korab **466**
Buchanan George 94

Budny Szymon 69
Bukowiński Władysław 541
Bulla papieska z r. 1136 (tzw. złota bulla języka polskiego) 17
Bullinger Heinrich 57
Buonaccorsi Filip zob. Kallimach
Burley (Burleigh) Gwalter (Walter) 50
Byliny 641
Byron George Noel Gordon 222, 242, 255, 260, 270, 274, 288, 650
Bystroń Jan Stanisław 642
Calderon de la Barca Pedro 108, 230, 283, 285
Castiglione Baldassare 70, 71
Cazin Paul 639, 641
Cejnowa Florian Stanisław 331
Cervantes Saavedra Miguel de 96, 108, 230
Cesarska Biblioteka w Petersburgu 152
Cezar (Caius Julius Caesar) 175
Chałubiński Tytus 407
Charles Edmond zob. Chojecki Edmund
Chateaubriand François René de 270, 287
Chełmoński Józef 392, 441
Chesterton Gilbert Keith 505, 528, 641
„Chimera" 459, 489, 540, 541, 609
Chlebowski Bronisław 358, **434, 435, 436**
Chłędowski Kazimierz 356, 376, **434**
Chmielnicki Bohdan 108, 110, 120, 124, 129, 347, 393
Chmielowski Benedykt 150, 151
Chmielowski Piotr 356, 357, 358, 365, 376, 379, 432, 433, **434, 435, 436, 437, 450, 541**, 542
Chochlik zob. Zagórski Włodzimierz

Chodakowski Zorian Dołęga (Czarnocki Adam) 335
Chodkiewicz Jan Karol 123, 132, 133
Chodźko Aleksander, 255, 343
Chodźko Ignacy 328, 373
Chodźko Michał 256
Chojecki Edmund (Charles Edmond) 286, 340
Chopin Fryderyk, 300, 303, 305, 347, 348, 450, 573, 644, 645
Choynowski Piotr 607 - 608
Chrostowski-Ostoja Stanisław 646
Chrystus z martwych wstał je (Christe surrexisti) 19
Chrzanowski Ignacy 547, 647, 652
Cicero Marcus Tullius 29, 55, 59, 78, 79, 100, 102, 361
Cichocki Kasper 140 - 141
Ciekliński Piotr 94 - 95
Cieszkowski August 292, 344
Ciołek Stanisław 22
Cizjojanusy 25
Cnapius zob. Knapski, Knapius (Cnapius) Grzegorz
Collège de France 237, 253, 255, 339
Comte Auguste 350
Conrad Joseph 384, 537, 595, 612, 641
Cooper James Fenimore 243
Corazzi Antonio 644
Corneille Pierre 108, 119, 145, 172, 212, 230, 494
Costin (Kostyn) Miron 161
Craig Edward Gordon 547, 598, 634
Curie-Skłodowska Maria 320, 441, 547, 645
Cwojdziński Antoni 595
Cybis Jan 645
Cybulski Wojciech 339
Cyganeria Warszawska 331, 342, 368, 491
„Cyrulik Warszawski" 589
Czachowski Kazimierz 554, 598, 634
Czacki Tadeusz 208
Czahrowski Adam 85, 90
Czajkowski Michał 327, 335, 343, 372
Czaplic Celestyn 179

Czarniecki Stefan 121, 123, 138, 212, 233, 293, 394
Czarnocki Adam zob. Chodakowski Zorian Dołęga
Czarnowski Stefan 642
„Czartak" 553, 579, 580
Czartoryscy 201
Czartoryska Izabela z Flemingów 201
Czartoryski Adam Jerzy 201, 208, 272, 327
Czartoryski Adam Kazimierz 168, 173, 195, 197, 201
„Czas" 449, 541
Czechow Anton 503
Czechowic Marcin 69
Czechowicz Józef 587 - 588, 591
Czeczot Jan 235, 255
Czekanowski Jan 642
Czerwieński Bolesław 430
Czubek Jan 434
Czuchnowski Marian 590, 617
Czyżewski Tytus 580
Dachnowski Jan Karol 118
Dama dla uciechy młodzieńcom i pannom, 90, 116
Damiani Enrico 641
Daniłowski Gustaw 449, 506, 521 - 522, 525
Dante Alighieri 230, 241, 272, 289, 332, 340, 457, 468, 589
Dantyszek Jan 40
Darwin Charles Robert 265, 351, 377, 408, 409
Daszyński Ignacy 603, 604, 605
David Pierre 640
Dawid, król 76, 80, 209, 502
Dąbrowska Maria 385, 599, 611 - 616
Dąbrowski Henryk 165, 206, 250, 328, 517
Dąbrowski Jan 642
Dąbrowski Jarosław 491, 492
De Morte prologus zob. *Rozmowa Mistrza ze Śmiercią*
Decjusz Jodok (Just) Ludwik 50
Deczyński Kazimierz 627, 628
Defoe Daniel 193

Dembowski Edward, 338, 339
Demostenes 64
Deotyma zob. Łuszczewska Jadwiga
Descartes René zob. Kartezjusz
Desportes Filip 75
Dębicki Zdzisław 466
Dialogus in laudem Christi nati 147
Dickens Charles 229, 321, 323, 386, 397
Długoraj Wojciech 36
Długosz Jan 11 - 12, 22, 32, 45, 49, 50, 370, 397, 649
Dmowski Roman 605
Dobrodzicki Jerzy 631
Dobrowolski Stanisław Ryszard 585 - 586
Dobrzański Stanisław 421
Dołęga-Mostowicz Tadeusz 608
Domenichi Lodovico 72
Dostojewski Fiodor Michajłowicz 457
Draper John William 400
„Droga" 553
Drużbacka Elżbieta 131, 144
Drzewiecki Zbigniew 644
Dubiska Irena 644
Duhamel Georges 614
Dumas Alexandre, ojciec 330, 393
Dunikowski Ksawery 547, 645
Dürer Albrecht 36, 398
Dürer Hans 36
Dyboski Roman 631, 640, 642
Dygasiński Adolf 318, 364, 365, 366, 408 - 410, 411, 412, 427, 429, 438, 526, 529, 531, 640
Dymitr Samozwaniec 53, 120, 287, 491
Dzieduszycki Wojciech 369
Dziekoński Albin 571
Dziekoński Józef 326, 361
„Dziennik Literacki" 330, 376, 561
„Dziennik Mód Paryskich" 329, 330
Dzierzkowski Józef 329 - 330
Dziewostąb dworski 96, 97
Dzwonek serdeczny 90

Indeks

"Echo Polskie" 481
Ehrenberg Gustaw 336
Eibisch Eugeniusz 645
Einstein Albert 595, 596
Ekier Jan 644
Eliasz, prorok 485, 487
Eliot George 319
Elżbieta, królowa węgierska 10
Elżbieta Granowska, żona Władysława Jagiełły 22
Enfantin Prosper 288
Erazm z Rotterdamu 31, 47, 48, 50, 104, 132, 141, 536
Eryk XIV, król szwedzki 51
Estreicher Karol 433
Eurypides 94
Evert Ludwik Józef 643
Everyman 92
Ewa 24, 50
Ewangelia Nikodema 15
Ezop 43, 150, 186, 487

Facecje polskie 72, 105, 146
Faleński Felicjan 363, 368, 373 - 376, 415, 483
Fałat Julian 547
Feldman Wilhelm 507, 540, 541, 542, 545
Feliks św. 8, 645
Feliński Alojzy 213 - 214, 215, 219, 220, 279, 280
Feliński Szczęsny 264
Ferdynand, cesarz 623
Fiedler Arkady 632
Fijałek Jan 547
Folkierski Władysław 642
Folti n Franciszek 578
France Anatole 539
Franciszek I, cesarz 58, 623
Franciszek z Assyżu św. 473, 479
Fredro Aleksander 146, 248, 279, 306 - 313, 315, 316, 337, 339, 342, 418, 419, 434, 436, 505, 545, 595, 636, 639, 641
Fredro Andrzej Maksymilian 142 - 144, 313
Fredro Jan Aleksander 421
Fredro Maksymilian 306
Frenkiel Mieczysław 548, 592
Freud Sigmund 451, 538, 595
Frowinus 22
Frycz Karol 631

Frycz Modrzewski Andrzej 38, 61 - 63, 65, 67, 105, 355, 535, 649
Fryderyk II Wielki 140, 181, 491, 492
Fundusz Kultury Narodowej 633

Gajcy Tadeusz (Topornicki Karol) 592
Gajewski Jan 300
Galasiewicz Jan 422
Gall-Anonim 9, 10, 11
Gall Jan 441
Galsworthy John 614
Gałczyński Konstanty Ildefons 588 - 590, 591
Gałecki Tadeusz zob. Strug Andrzej
Gałka Jędrzej (Andrzej) z Dobczyna 23
Ganszyniec (Gansiniec) Ryszard 638, 641
Garczyński Stefan 254, 256, 339
Gardner Monica M. 640
Gast Johannes 72
Gaszyński Konstanty 292
Gaude mater Polonia 19
Gawłowicki Szymon 131
Gawroński Andrzej 642
"Gazeta Literacka" 553, 580
"Gazeta Lwowska" 399
"Gazeta Polska" 317, 390
"Gazeta Warszawska" 167
Gąsiorek Stanisław zob. Kleryka Stanisław
Gąsiorowska Natalia 643
Gąska Stanisław zob. Stańczyk
Gebel Henryk 620
George Stefan 460
Gesta Romanorum (*Historie rozmaite z Rzymskich i innych dziejów*) 47
Gibbon Edward 290
Gierymski Aleksander 441
Gierymski Maks 441
Glaber Andrzej z Kobylina 46, 47, 49
Gliński Kazimierz 400
"Głos" 356, 406, 412, 448
Głowacki Aleksander zob. Prus Bolesław

Głowacki Bartosz 336, 371
"Gmina" 357
Gnatowski Jan 405
Godebski Cyprian 205, 207, 208, 209, 214, 518
Goetel Ferdynand 607, 632
Goethe Johann Wolfgang 236, 241, 343, 348
Gojawiczyńska Pola (Apolonia) 616
Gombrowicz Witold 630 - 631
Gomółka Mikołaj 36
Gomulicki Wiktor 285, 401, 430 - 432, 438, 439, 589
Gongora Y Argote Luis de 113
Gorki Maksim 503
Gosławski Stanisław 94
Goszczyński Seweryn 260 - 261, 264, 306, 329, 340, 639
Goślicki Wawrzyniec Grzymała 72
Górnicki Łukasz 35, 51, 59, 70 - 72, 74, 94, 99, 100, 102, 193, 194, 299, 649
Górski Artur 258, 360, 444, 445, 446, 636
Górski Jakub 72, 100
Górski Konrad 639
Grabiński Stefan 628 - 629
Grabowiecki Sebastian 82 - 83
Grabowski Michał 321, 338, 339
Gregorowicz Jan Kanty 422
Grochowski Stanisław 85, 118
Grodecki Roman 642
Grossman Leonid Pietrowicz 625
Grottger Artur 349
Grubiński Wacław 508, 511 - 512
Gruszecki Artur 364, 366, 406, 411, 412
Gryfita zob. Ronikier Bohdan Jaksa
Grzegorz XVI, papież 292
Grzegorz z Sanoka 22, 32
Grzegorz z Żarnowca 68
Grzymała Siedlecki Adam 541, 545 - 546
Guarini Giovan Battista 145
Gut Stapińska Aniela zob. Stapińska Aniela Gut

"Haliczanin" 343
Haller Jan 45
Hamsun Knut 492, 503
Handelsman Marceli 643
Hannibal 290
Hauptmann Gerhard 503
Hauteroche Noël Lebreton de 198
Hegel Georg Wilhelm 236, 292, 337, 573
Heidenstein Rajnold (Reinhold) 53
Heine Heinrich 368, 424
Heliodor 136, 393
Hempel Jan 458
Henryk Walezy 51, 75
Heraklit 573
Herbest Benedykt 100
Herburt Jan Szczęsny 88
Herder Johann 226, 291
Herman Maxime 640
Herostratos 579
Hertz Paweł 368
Hiob 82, 387, 473, 595
Historia o cesarzu Otonie 105
Historia o siedmiu mędrcach zob. Poncjan
Historia o Szczęściu (Fortuny i cnoty różność) 43
Historia o żywocie Aleksandra Wielkiego 47
Historie rozmaite z Rzymskich i innych dziejów zob. *Gesta Romanorum*
Hoene-Wroński Józef 226, 458, 636
Hoffman Jan 644
Hoffmann Ernst Theodor Amadeus 325
Hoffmanowa Klementyna z Tańskich 405
Hofman Vlastimil 549
Hohenzollernowie 320
Homer 80, 184, 275, 334, 342, 393, 408, 466, 478, 496, 499, 530, 555, 637
Homulus 92
Horacy (Quintus Horatius Flaccus) 70, 80, 100, 115, 173, 174, 201, 337
Hozjusz Stanisław 51, 105
Hryniewiecki Bolesław 563

Huberman Bronisław 643
Hugo Victor 370
Hulewicz Jerzy 555
Hulewicz Witold 555
Hus Jan 12
Huxley Aldous Leonard 598
Huxley Thomas Henry 351
Hynek z Podiebradu 43

Ibsen Henrik 452, 503, 505
Iłłakowiczówna Kazimiera 566
Ingarden Roman 643
Intermedia 146, 147, 148
Irzykowski Karol 537 - 538, 599, 629, 630
Iwan Groźny, car 277
Iwaszkiewicz Jarosław 561 - 564, 565, 576, 593, 644
Izabela, królowa węgierska 44

Jabłonowski Aleksander 360, 442
Jabłonowski Jan Stanisław 150
Jabłoński Henryk 336
Jacek Odrowąż św. 13
Jackowski Maksymilian 355
Jadwiga, królowa polska 6, 7, 14, 168, 212, 347, 370, 376, 396, 643
Jagiellonowie 6, 20, 32, 33, 36, 37, 54, 111, 321, 546
Jagodyński Stanisław Serafin 145
Jakimowski Marek 121
Jakub, patriarcha 502
Jakub I Stuart 141
Jan Ewangelista św. 471
Jan Kazimierz 108, 109, 118, 121, 137, 138, 140, 141, 145, 161, 210, 394, 441, 465
Jan III Sobieski 108, 109, 110, 118, 121, 123, 130, 131, 134, 136, 137, 138, 139, 140, 142, 145, 149, 154, 155, 202, 211, 361, 370, 391, 394, 442, 636
Jan III Waza, król szwedzki 51
Jan z Kijan 89
Jan z Koszyczek 46 - 47
Jan z Lublina 36
Jan z Ludziska 12

Jan z Sącza 47
Jan z Wiślicy 39
Jan Zapolya, król węgierski 44
Janicius Klemens 29, 35, 38, 41 - 42, 44
Janko z Czarnkowa 10
Janocki Jan Daniel 152
Janosik 462, 465, 470, 617, 620
Jantek z Bugaja (Kucharczyk Antoni) 432, 525
Januszowski Jan 99
Jaracz Stefan 593
Jarema Józef 645
Jarzębski Adam 111
Jasieńczyk Marian zob. Karczewski Wacław
Jasieński Bruno 580, 590
Jasiński Jakub 205 - 206, 207, 212, 586
Jasnorzewska Maria zob. Pawlikowska-Jasnorzewska Maria
Jastrun Mieczysław 258, 571 572-574
Jedlicz Józef (Kapuścieński) 525
Jeremiasz, prorok 573
Jerzy św. 21, 139
Jeske-Choiński Teodor 364, 399 - 400
Jezierski Franciszek Salezy 169 - 170
Jeż Teodor Tomasz (Miłkowski Zygmunt) 297, 335, 365, 367, 368, 372, 373, 394, 448
Jędrkiewicz Edwin 63
Joyce James 538
Józef, patriarcha 47, 55, 148
Judasz Iskariota 506
Juliusz II, papież 494
Junosza Klemens zob. Szaniawski Klemens Junosza
Jurkowski Jan 88, 89, 96 - 97, 147, 148, 416

Kaczkowski Zygmunt 223, 328 - 329, 367, 394, 399, 417
Kaden-Bandrowski Juliusz 511, 596, 599 - 605, 606, 609, 611, 616

Indeks

Kadłubek zob. Wincenty Kadłubek
Kafka Franz 634
Kain 534
Kalendarze 25, 49
Kalinka Walerian 359, 442
Kallenbach Józef 293, 547
Kallimach (Buonaccorsi Filip) 32, 39, 70, 370
Kalwin Jan 57
„Kamena" 553
Kamieński Henryk 269, 294
Kamiński Jan Nepomucen 304, 343 - 344
Kamiński Kazimierz 548
Kamykowski Ludwik 639
Kant Immanuel 426, 451
Kapuścieński Józef zob. Jedlicz Józef
Karczewski Wacław (Jasieńczyk Marian) 410 - 411, 529
Karmanowski Olbrycht 117
Karny Alfons 645
Karol V, cesarz 40, 622, 623
Karol Gustaw, król szwedzki 141
Karpiński Franciszek 67, 203 - 205, 206, 209, 218
Kartezjusz (Descartes René) 634
Kasa im. Mianowskiego 441, 547, 644
Kasprowicz Jan 385, 432, 436, 444, 445, 448, 449, 453, 459, 464, 468, 469 - 475, 476, 479, 480, 495, 506, 513, 525, 531, 541, 549, 552, 578, 606, 640, 646, 651, 652
Katarzyna II, cesarzowa 178
Katarzyna Jagiellonka 51, 109
Katolicki Uniwersytet Lubelski 657
Kawczak Stanisław 631
Kawecki Zygmunt 507, 593
Kazania 15 - 16
Kazania Gnieźnieńskie 16
Kazania Świętokrzyskie 16, 17, 639
Kazanowscy 111
Kazimierz Jagiellończyk 6, 11, 12, 13, 24, 32, 33
Kazimierz Sprawiedliwy 10

Kazimierz Wielki 5, 6, 7, 8, 10, 19, 22, 27, 70, 276, 399, 494, 496, 500, 624
Kędra Władysław 644
Kinga (Kunegunda) św. 13, 14, 637
Kisielewski Jan August 488, 504 505, 509, 538, 545, 594,
Kitowicz Jędrzej 151, 168
Klaczko Julian 286, 287, 300, 340, 651
Kleiner Juliusz 638, 639
Kleryka (Gąsiorek) Stanisław 42, 44 - 45, 70
Klonowicz Sebastian Fabian 81, 86 - 88, 89, 104, 317, 333, 340
Kmita Piotr 41
Knapski, Knapius (Cnapius) Grzegorz 143, 148, 153 - 154
Kniaziewicz Józef 207
Kniaźnin Franciszek 178, 201 - 202, 203, 204, 218, 319
Kobierzycki Stanisław 120, 126
Kobyliński Krzysztof 41
Kochanowski Andrzej 123
Kochanowski Jan 29, 32, 35, 36, 37, 39, 45, 50, 51, 52, 57, 73 - 81, 82, 83, 84, 85, 86 89, 94, 99, 100, 101, 102, 104, 105, 106, 110, 113, 115 119, 123, 133, 137, 143, 154, 157, 158, 174, 175, 186, 201, 203, 215, 254, 263, 264, 268, 339, 342, 367, 374, 375, 399, 433, 434, 435, 460, 473, 566, 573, 575, 577, 624, 639, 640, 641, 649
Kochanowski Piotr, 39, 91, 105, 123, 125, 157, 158, 264, 342, 346
Kochowski Wespazjan 110, 120, 121, 124, 137 - 139, 161, 202, 393, 394, 434, 649
Kolanowski Ludwik 643
Kolberg Oskar 91, 331, 336, 348
Kolbuszewski Stanisław 641
Kolędy 21, 118, 204
Kołaczkowski Stefan 633, 640, 641
Kołek Adam (Paxillus) 94, 95

Kołłątaj Hugo 165, 168, 169, 171, 172, 199
Koło tańca wesołego 90
Kołodyński Jan zob. Mazepa
Komedya o Wawrzku 146
Komedya rybałtowska nowa 96
Komisja Edukacji Narodowej 165, 168 - 169, 170, 216
Komitet Pomocy Ofiarom Wojny w Polsce 367, 391
Komornicka Maria 453
Komunistyczna Partia Polski 551
Komunistyczna Partia Robotnicza Polski 356
Konaczek Mikulasz 50
Konarski Stanisław 152 - 153, 157, 158, 161, 163, 164, 166, 167, 169, 360
Konarski Szymon 289, 336
Konczyński Tadeusz 507
Kondratowicz Ludwik zob. Syrokomla Władysław
Konopczyński Władysław 643
Konopnicka Maria 350, 361, 363, 364, 365, 367, 368, 381, 404, 406, 423, 427 - 430, 431, 432, 438, 439, 468, 528, 529, 530, 588, 612, 620
Konstanty Michajłowicz z Ostrowicy 48
Konstanty, W. Książę 244
Konstantyn, cesarz 24
Kopczyński Onufry 158 216, 217
Kopernik Mikołaj 38, 40, 62, 104, 105, 141, 152, 210
Korczak Janusz 540
Korczyński Adam 130
Kordecki Augustyn 121, 124, 126, 371, 492
Kornacki Jerzy 605 - 606
Korolenko Władimir Gałaktionowicz 403, 539
Korsak Kazimierz 21, 621
Korzeniowski Józef 229, 306, 313 - 316, 319, 323, 324, 325, 328, 339, 340, 364, 375, 416, 417, 419
Korzeniowski Teodor Józef Konrad zob. Conrad Joseph

Korzon Tadeusz 360, 377, 442, 443
Kossak Juliusz 349, 407, 441, 566, 621
Kossak Wojciech 566
Kossak (Kossak-Szczucka, Kossak-Szatkowska) Zofia 22, 606, 621 - 622, 623
Kossowska Barbara 178
Kossowski Jerzy 606
Kostrzewski Franciszek 386
Kostrzewski Józef 642
Kościuszko Tadeusz 164, 165, 166, 180, 198, 199, 205, 239, 276, 282, 303, 334, 360, 361, 371, 377, 442, 443, 492, 517, 532, 586, 650
Kot Stanisław 639
Kotarbiński Józef 422, 541
Kotarbiński Tadeusz 643
Kowalski Tadeusz 642
Kozaczek (Pieśń o Kulinie, Pieśń Kozaka Płachty) 90, 91
Kozicki Władysław 541, 545
Kozikowski Edward 580
Koźmian Kajetan 212, 220, 311
Koźmian Stanisław 422
Kraiński Krzysztof 68
„Kraj" Petersburski 357, 541
Krasicki Ignacy 71, 166, 170, 180 - 195, 197, 198, 214, 218, 219, 274, 317, 325, 346, 399, 434, 491, 556, 639, 641, 650
Krasińska Maria z Radziwiłłów 287
Krasiński Gabriel 126
Krasiński Wincenty 287
Krasiński Zygmunt 233, 259, 264, 269, 279, 280, 286 - 296, 298, 299, 303, 304, 306, 334, 339, 340, 343, 345, 359, 375, 435, 447, 460, 473, 475, 486, 506, 514, 639, 641, 651
Kraszewski Józef Ignacy 126, 183, 229, 314, 315, 316 - 323, 325, 326, 328, 330, 339, 340, 342, 343, 349, 364, 365, 366, 368, 372, 376, 378, 381, 393, 394, 400, 405, 410, 419, 434, 435, 441, 532, 610, 632, 646, 651

Krechowiecki Adam 399
Krejčí Karel 640, 641
Kremer Józef 337, 344
Kridl Manfred 640
Kromer Marcin 51, 61, 69, 86, 103, 104, 106
Kroniki 9 - 12, 27
Krowicki Marcin 61, 69
Kruczkowski Leon 627 - 628
Krupiński Franciszek 356, 377
Kryłow Iwan Andriejewicz 488
„Krytyka" 449, 540
Krzeptowski Jan zob. Sabała
Krzeptowski Stanisław Biały 620
Krzycki Andrzej 40, 42, 45
Krzyś Szymon 463
Krzywoszewski Stefan 507 - 508, 593
Krzyżanowski Julian 640, 641
Księga Henrykowska 17
Kubala Ludwik 394
Kucharczyk Antoni zob. Jantek z Bugaja
Kukiel Marian 643
Kukulski Zygmunt 639
Kuligowski Mateusz Ignacy 130 - 131
Kulisiewicz Tadeusz 646
Kumaniecki Kazimierz 63
Kuna Henryk 645
Kuncewiczowa Maria 616
Kuraś Ferdynand 432, 525
Kurek Jalu 581, 617, 618, 620
„Kurier Lwowski" 449
„Kurier Warszawski" 167
Kurpiński Karol 348
„Kwadryga" 553, 585, 586, 587, 588, 608, 624

La Rochefoucauld François 142
Lafontaine Jean 173, 187, 488
Lalewicz Marian 644
Lam Jan 357, 364, 401, 421
Lament chłopski na pany 146 - 147, 148
„Lamus" 541, 555
Landowska Wanda 643
Lange Antoni 444, 459 - 460, 468, 541

Langiewicz Marian 477
Langlade Jean 640
Laplace Pierre Simon 426
Laskowski Kazimierz 589
Laszczka Konstanty 547
Laugier de Porchères H. 114
Lawrence David Herbert 598
Lechoń Jan (Serafinowicz Leszek) 556, 563, 627
Lednicki Wacław 640
Legendy — o św. Aleksym 21, o cesarzu Auguście i Sybilli 16, o Kazimierzu Korsaku 21, 621
Lelewel Joachim 208, 253, 272, 347, 494
Lemański Jan 487 - 489, 493
Lenartowicz Teofil 297, 331, 332, 340, 349, 427, 428, 588
Leo Edward 390
Leonard z Bończy 47
Leonardo da Vinci 479
Leopolita Jan (Nicz Jan) 69
Leopolita Marcin 36
Lepecki Mieczysław 632
Leszczyńscy 622
Leszczyński Bolesław 422
Leszczyński Edward 466
Leszczyński Stanisław zob. Stanisław Leszczyński
Leśmian Bolesław 374, 482 - 487, 577
Leśniewski Stanisław 643
Lewestam Fryderyk Henryk 339 - 340
Lewis Matthew Gregory 211
Libelt Karol 337, 344
Liceum Krzemienieckie 208
Liebert Jerzy 587
Lieder Wacław Rolicz 460 - 461, 468
Liga Narodowa 356
Liga Polska 356
Limanowski Bolesław 356, 448, 517
Linde Samuel Bogumił 153, 154, 208, 221, 232, 311, 342
„Linia" 580
Lipiński Karol Józef 348
Liwiusz (Titus Livius Patavinus) 136
Locher Jakub 92
Lompa Józef 331

Indeks

Loredano Gian Francesco 144
Lorentowicz Jan, 420, 446, 503, 511, 541, 546, 634
Lubieniecki Krzysztof 111
Lubieniecki Teodor 111
Lubomirski Jerzy 121, 140, 142, 145
Lubomirski Stanisław Herakliusz 142, 145, 146, 157, 173
Lubowski Edward 421
Lüde-Żmurkowa Aleksandra 422
Ludwig Emil 625
Ludwik XIV, król francuski 108, 118, 131, 140
Ludwik XVI, król francuski 172, 205
Ludwik Napoleon zob. Napoleon III, cesarz
Ludwik Węgierski 10
Ludwika Maria 118, 119, 144, 155
Ludycje wieśne 49
Lukan (Marcus Annaeus Lucanus) 123
Luter Marcin 42
Lutosławski Wincenty 441, 446, 450, 451, 456, 621

Ładysław z Gielniowa 21
Łascy 62, 104
Łaski Jan, prymas 20, 45
Łaski Jan, reformator 62
Łaski Stanisław 48, 49, 623
Łempicki Stanisław 639
Łempicki Zygmunt 638
Łoziński Walery 330, 364, 400, 518
Łoziński Władysław 360, 400
Łukasiewicz Jan 643
Łukasiński Walerian 244, 499, 549
Łuszczewska Jadwiga (Deotyma) 365, 368, 369 - 370, 622

Maciejowski Ignacy (Sewer) 364, 366, 401 - 402, 411, 414, 421, 439, 526, 532
Maciejowski Samuel 71
Maciejowski Wacław Aleksander 340 - 341, 348, 433

Madách Imre 477
Maeterlinck Maurice 285, 447, 458, 485, 498, 533, 594
Magielona 105
Mahomet, prorok 186
Majakowski Władimir Władimirowicz 575
Makuszyński Kornel 482
Malczewski Antoni 259 - 260, 271, 314, 338, 342, 349, 531, 639
Malczewski Jacek 547, 549
Malewska Hanna 622 - 625
Malicki Tadeusz 620
Małachowski Stanisław 169
Małaczewski Eugeniusz 607
Małcużyński Witold 643
Małecki Antoni 122, 267, 340, 434, 437
Mann Thomas 598, 610
Manzoli Pier Angelo zob. Palingenius
Marancya 96, 97, 98
Marchlewski Leon 547
Marchołt 46, 47
Maria Kazimiera Sobieska 110, 144, 155, 635, 636
Marini Giovanni Ambrogio 144
Marini Giovanni Battista 113, 118, 119
Masaryk Tomasz Garrigue 457
Maskiewicz Samuel 53, 120
Matejko Jan 66, 67, 361, 393, 396, 397, 407, 441, 622
Mateusz z Przemyśla 98
Matlakowski Władysław 407
Matuszewski Ignacy 278, 446, 473, 541, 544 - 545, 581
Maupassant Guy de 405, 540
Maurois André 625
Maver Giovanni 641
Mazepa (Kołodyński Jan) 122
Mączyński Jan 99, 153
Mereżkowski Dmitrij Siergiejewicz 457, 625
Meyzner Józef 268, 300
Mianowski Józef 360
Miarka Karol 331
Miaskowski Kacper 88
Michalski Jan 643

Michał Anioł Buonarroti 340, 457, 479
Michał Korybut Wiśniowiecki 108, 120, 121, 126, 134, 137, 394
Michałowski Piotr 349
Michaux Aleksander (Miron) 368
Miciński Tadeusz 408, 453 - 457, 458, 473, 480, 541, 597, 644, 652
Mickiewicz Adam 52, 66, 67, 91, 160, 179, 194, 210, 211, 212, 222, 225, 226, 227, 228, 233, 234, 235 - 259, 261, 262, 266, 267, 269, 270, 272, 273, 275, 276, 278, 279, 280, 281, 283, 286, 287, 288, 290, 293, 296, 298, 299, 303, 304, 306, 307, 310, 311, 326, 327, 328, 330, 332, 335, 337, 338, 339, 340, 341, 342, 343, 344, 346, 347, 348, 349, 359, 363, 367, 383, 393, 425, 427, 428, 433, 434, 435, 436, 437, 446, 447, 462, 473, 475, 488, 494, 495, 497, 498, 499, 500, 501, 514, 515, 517, 518, 531, 549, 559, 565, 566, 570, 573, 576, 577, 635, 639 - 641, 642, 645, 647, 650, 651, 652
Mickiewicz Władysław 258
Miechowita (z Miechowa) Maciej 47, 49, 50, 53, 86, 104
Mieczysławska Makryna 272
Mielczewski Marcin 111
Mierosławski Ludwik 347
Mieszko I Stary 5, 6, 8, 276, 277, 647
Mieszko II 371
Międzynarodowa Komisja dla Badań Zbrodni Hitlerowskich 610
Mięsopust 96, 97, 98
Mikołaj I, car 262, 263, 272, 282, 290, 324
Mikołaj z Husowa (Hussovianus) 40
Mikołaj z Koźla 23
Mikołaj z Wilkowiecka 93 - 94
Milton John 291

Milutinović Sima Sarajlija 279
Miłkowski Zygmunt zob. Jeż Teodor Tomasz
Miłosz Czesław 591
Ministerstwo Wyznań Religijnych i Oświecenia Publicznego 633
Mioduszewski Michał Marcin 118, 147
Mirandola Franciszek (Pik Franciszek) 466 - 467, 629
Miriam zob. Przesmycki Zenon
Miron zob. Michaux Aleksander
Misteria personata 148
Mitzler (Mizler) de Kolof Wawrzyniec 152
Młodnicka Wanda 467
Mniszchówna Maryna, żona Dymitra Samozwańca 287
Mochnacki Maurycy 259, 261, 337 - 338, 345, 348, 556
Modrzejewska Helena 422
Modrzewski Andrzej Frycz zob. Frycz Modrzewski Andrzej
Moers Julian z Poradowa zob. Tuszowska Elżbieta
Mohyła Piotr 161
Mojżesz 465
Molier 149, 173, 195, 307, 312, 466, 634
„Monitor" 167, 181, 194, 216, 329
Moniuszko Stanisław 332, 333, 349
Montemayor Jorge 125
Montesquieu Charles Louis de Secondat 171, 634
Moralitety 92
Morawski Kazimierz 437, 546, 547
Morcinek Gustaw 534, 619 - 620
More Thomas 622
Morris William 528
Morstin Ludwik Hieronim 555
Morsztyn Hieronim 129 - 130
Morsztyn Jan Andrzej 113, 114, 118 - 119, 120, 125, 145, 172, 179
Morsztyn Stanisław 145
Morsztyn Zbigniew 139
Mortkowicz-Olczakowa Hanna 632
Mostowicz Tadeusz Dołęga zob. Dołęga-Mostowicz Tadeusz
Moszyński Kazimierz 642
Mueller (Müller) Antoni Stanisław 537
Murmelius Jan 98
Murzynowski Stanisław 69
„Museion" 555
Musset Alfred 301, 368, 424
Muzeum Brytyjskie 69
Muzeum Mickiewicza 567
Müller (Miller) Burchard 126
Myszkowski Piotr 73, 80, 203
„Myśl Narodowa" 379
„Myśl Niepodległa" 475

Naborowski Daniel 114, 117
Naglerowa Herminia 616
Nalepiński Tadeusz 457 - 458
Nałkowska Zofia 599, 609 - 611, 616, 629
Nałkowski Wacław 395, 610
Napierski Kostka Aleksander Leon 401, 464, 474
Napoleon I Bonaparte 206, 210, 247, 303, 306, 310, 332, 463, 518
Napoleon III, cesarz 238
„Naprzód" 448
Nargielewicz Tomasz 131
Narodowa Demokracja 379, 395, 449, 604
Naruszewicz Adam 168, 170, 174 - 177, 178, 181, 182, 188, 189, 203, 204, 212, 217, 218
Narzymski Józef 416 - 417
Nawrocki Władysław 468
Nehring Władysław 340
Nencki Marceli 547
Nero Claudius 396, 441
Nicz Jan ze Lwowa zob. Leopolita
Nidecki Andrzej Patrycy 74
Niedźwiecki Zygmunt 540
Niemcewicz Julian Ursyn 20, 165, 170, 198 - 199, 211, 214, 215, 242, 537, 570, 632

Niemojewski Andrzej 456, 475 - 476, 484, 506
Niemojowski Stanisław 53
„Niepodległość" 357
Niesiecki Kasper 150, 151
Niewiadomski Stanisław 441
Nikorowicz Józef 334
Nitsch Kazimierz 548, 642
„Niwa" 357
Nobel Alfred 367, 393, 440, 526, 651
Norblin Jan Piotr 190
Norwid Cyprian Kamil 20, 138, 223, 264, 296 - 306, 332, 340, 342, 343, 344, 345, 346, 349, 373, 374, 399, 407, 458, 459, 475, 486, 491, 543, 547, 572, 573, 581, 582, 584, 585, 590, 622, 624, 625, 639, 645, 650
Norwid Ludwik 264
Noskowski Zygmunt 441
Novalis (Friedrich Leopold von Hardenberg) 446
„Nowa Kwadryga" 585
„Nowa Reforma" 541, 543
Nowaczyński Adolf 450, 489 - 493, 511, 593
Nowakowski Zygmunt 608
Nowicki Franciszek 462
„Nowiny" 357, 378, 385
Nowosilcow Nikołaj N. 347
Noyes George Rapall 641

Obertyńska Beata 467, 568 - 568
Oblężenie Jasnej Góry Częstochowskiej 124, 126 - 127
Ochorowicz Julian 356
Odrowąż Jacek (Hiacynt) zob. Jacek Odrowąż św.
Odymalski Walenty 131
Odyniec Antoni Edward 255, 566
Ogiński Michał Kleofas 206
„Okolica Poetów" 553
Okołów-Podhorski Leonard 565
Oktawian August (Caius Julius Caesar Octavianus Augustus) 16, 179
Olczakowa Hanna Mortkowicz zob. Mortkowicz--Olczakowa Hanna

Oleszkiewicz Józef 349
Oleśnicki Zbigniew 11
Olizarowski Tomasz 256
Olszewski Karol 441
Ondraszek 620
Opaliński Krzysztof 128, 142, 155 - 156
Opaliński Łukasz 128, 142
Opeć Baltazar 46
"Opiekun Domowy" 385
Oporinus Johannes 63, 105
Oppman Artur (Or-Ot) 432, 589
Ordon zob. Szanser Władysław
Ordon Julian Konstanty 303, 573
Orkan Władysław (Smreczyński Franciszek) 402, 449, 525, 532 - 534, 552, 578, 579, 617, 618, 620, 640
Orliński Bolesław 583
Ortwin Ostap (Katzenellenbogen Oskar) 543
Orzechowski Stanisław 38, 51, 61, 63 - 64, 65, 66, 67, 69, 102, 104, 333, 500
Orzelski Świętosław 53
Orzeszkowa Eliza 350, 361, 362, 364, 365, 367, 368, 380 - 385, 390, 392, 403, 404, 406, 408, 411, 414, 415, 427, 433, 438, 439, 440, 507, 526, 529, 533, 565, 612, 613, 629, 640, 647, 651
Osiński Ludwik 210 - 211, 508
Ossendowski Ferdynand Antoni 607
Ossjan 230, 292
Osterwa Juliusz 519, 592 - 593
Ostroróg Jan 12 - 13, 649
Ostrowska Bronisława 468
Otto III, cesarz 626, 627
Otwinowski Samuel 130
Owidiusz (Publius Ovidius Naso) 29, 40, 125

Paderewski Ignacy 391, 441
Palingenius (Manzoli P. A.) 58
Paprocki Bartosz 52, 53, 72
Parandowski Jan 637

Parkoszowic Jakub z Żurawicy 25 - 26
Parnicki Teodor 625 - 627
Parvi Zenon 507
Pascal Blaise 141, 634
Pasek Jan Chryzostom 121 - 122, 151, 155, 156, 159, 161, 254, 394, 397, 435, 641, 649
Pauli Żegota 331, 348
Paweł św. 111
Paweł z Krosna 39
Pawiński Adolf 360
Pawlicki Stefan 441
Pawlikowscy 467
Pawlikowska-Jasnorzewska Maria 566 - 568, 593
Pawlikowski Jan Gwalbert 278
Pawlikowski Jan Gwalbert Henryk 620
Pawlikowski Tadeusz 548
Pawłowicz Bohdan 534, 620 - 621
Pawłowski Eugeniusz 534, 627
Paxillus ‘Adam zob. Kołek Adam
Peiper Tadeusz 580, 581
PEN-Club 600, 633, 637
Peregryn z Opola 15, 16
Peregrynacja dziadowska 89, 93
Perrault Charles 131
Perykles 179, 379, 509
Perzyński Włodzimierz 508 - 511, 593, 599
Petöfi Sandor 222
Petrarca Francesco 130, 233, 241, 242, 271
Petroniusz (Titus Gaius Petronius) 396
Pękiel Bartłomiej 111
Piastowie 5, 7, 8, 9, 11, 371, 619
Piechal Marian 617
Piekarski Krzysztof 144, 146
"Pielgrzym Polski" 253
Pieśni, tańce i padwany 116
Pieśń o Rolandzie 634
Pieśń o wójcie Albercie 22
Pieśń o zabiciu Andrzeja Tęczyńskiego 24
Pietkiewicz Antoni zob. Pług Adam
Pigoń Stanisław 639

Pik Franciszek zob. Mirandola Franciszek
"Pikador" 561
Pilat Roman 432, 639
Piltz Erazm 357
Piłsudski Józef 458, 491, 522, 552, 588, 600, 601, 602, 603, 605, 613
Pindar 80, 557
Pini Tadeusz 294
"Pion" 553
Piotr św. 31, 111
Piotr Wielki 140
Piotrowicz Ludwik 643
Piotrowski Rudolf 392
Piramowicz Grzegorz 217
Piskorski Sebastian 130
Pius X, papież 456
Piwiński Leon 599, 633
Platon 29, 299, 369, 441, 446, 452, 478, 622, 643
Plautus Titus Maccius 94, 95
Plejada 104
Plenkiewicz Roman 434
Plutarch 181
Pług Adam (Pietkiewicz Antoni) 365, 373
Pochwalski Kazimierz 441
Podania — o Krakusie 10; o Lechu, Czechu i Rusie 10; o Piaście Kołodzieju 10, 211, 273, 276, 277, 405; o Popielu 10, 182 - 183, 276, 277; o Skałce 371; o Walgierzu Udałym 10, 460; o Wandzie 10, 240, 369, 371; o Wawelu 10; o Ziemowicie 277
Podhorski Leonard Okołów zob. Okołów-Podhorski
Podkowiński Władysław 441
Poe Edgar Allan 446, 629, 651
Poggio Bracciolini Gian Francesco 58
Pol Wincenty 223, 314, 333, 336, 359, 417, 434, 518
Politechnika Warszawska 598
Pollak Roman 639, 641
Polska Akademia Literatury 539, 553, 556, 610, 617, 633
Polska Akademia Nauk 166

Polska Akademia Umiejętności 642
Polska Partia Socjalistyczna 356, 448, 522, 603, 604
Polska Partia Socjalno-Demokratyczna 356
Pomirowski Leon 554, 634
Poncjan. Historia o siedmiu mędrcach 47
Poniatowski Józef 210, 211, 239, 306, 313, 517
Poniatowski Stanisław August zob. Stanisław August Poniatowski
Popławski Jan Ludwik 406, 412
Porębowicz Edward 446, 468, Potoccy 178 [479
Potocki Antoni 446, 541, 542
Potocki Mikołaj Bazyli 110
Potocki Wacław 119, 124, 129, 131, 132 - 137, 144, 151, 154, 155, 156, 158, 161, 190, 194, 649
„Prawda" 357, 378
Prawdowski Filaret zob. Kamieński Henryk
Prawdzicki Spirydion zob. Krasiński Zygmunt
„Pro Arte et Studio" 553
Proletariat 356
„Prom" 553
„Prosto z Mostu" 588, 589
Proust Marcel 538, 614, 634
Prus Bolesław (Głowacki Aleksander) 319, 324, 325, 350, 357, 359, 361, 362, 364, 366, 367, 380, 381, 385 - 390, 392, 394, 401, 403, 404, 406, 408, 410, 427, 431, 438, 439, 441, 526, 527, 529, 533, 536, 544, 607, 612, 640, 651
Pruszkowski Tadeusz 645
Pruszyński Ksawery 632
„Przedświt" 357
„Przegląd Naukowy" 338
„Przegląd Polski" 357, 540
„Przegląd Społeczny" 355
„Przegląd Tygodniowy" 357, 376, 378, 435
„Przegląd Warszawski" 533, 599
„Przegląd Współczesny" 553, 599

Przerembski Stanisław 83
Przesmycki Zenon (Miriam) 297, 444, 447, 458 - 459, 468, 541, 543, 609
Przyborowski Walery 368, 405
Przyboś Julian 581 - 584, 588, 605, 645
Przybylski Jacek 217
Przybylski Zygmunt 421 - 422
Przybyszewski Stanisław 445, 446, 447, 448, 449, 450 - 453, 467, 471, 475, 476, 485, 490, 495, 509, 512, 529, 540, 549, 555, 597, 614, 634, 635, 640, 651
„Przyjaciel Ludu" 335, 355
Przysłowia 43, 132, 143, 154
Psałterz Floriański (Psałterz Królowej Jadwigi) 14, 15, 433, 639
Pułaski Kazimierz 491, 492
Puszkin Aleksander Siergiejewicz 222, 236, 246, 274, 279, 558
Pyrrus, król Epiru 140

Rabelais François 493, 634, 635
Racine Jean 145, 172, 212, 230, 285, 306
Raczyński Bolesław 502
Raczyński Józef Jan Nepomucen 144
Radziejowski Hieronim 128
Radziwiłł Bogusław 139
Radziwiłł Karol Panie Kochanku 110, 322, 326, 327
Radziwiłłowa Franciszka Urszula 149, 150
Radziwiłłowie 110
Rapacki Wincenty 422
Reade Charles 536
Reduta 593
„Reflektor" 553
„Reformacja w Polsce" 639
Reinhardt Max 547
Rej Mikołaj 36, 38, 42, 45, 54 - 60, 66, 67, 71, 72, 73, 75, 76, 81, 85, 86, 89, 92, 93, 98, 99, 100, 102, 104, 105, 106, 154, 194, 329, 339, 435, 491, 649
Remarque Erich Maria 523

Rembek Stanisław 608
Renan Ernest 377, 383, 396, 475, 476, 651
Reszka Stanisław 67, 104
Reymont Władysław Stanisław 365, 411, 421, 432, 444, 459, 464, 488, 521, 525, 526 - 532, 534, 541, 545, 548, 549, 552, 593, 603, 612, 617, 620, 621, 622, 627, 640, 651
Richter (Jean Paul) 318, 325
Rittner Tadeusz 312, 505, 593
„Rocznik Literacki" 599
„Roczniki Krytyki Literackiej" 340
Rodakowski Henryk 349
Rodoć zob. Biernacki Mikołaj
Rodziewiczówna Maria 364, 366, 404, 542
Rogoszówna Zofia 468
Rolicz-Lieder Wacław zob. Lieder Wacław Rolicz
Romagnesi Jean Antoine 197
Romains Jules 614
Romanowski Mieczysław 334 - 335
Romans o Barlaamie i Jozafacie 130
Ronikier Bohdan Jaksa 371
Ronsard Pierre 104
Rose William John 640
Rostand Edmond 430, 491, 608
Rostworowski Karol Hubert 505 - 507, 593
Rousseau Jean Jacques 171, 172, 241, 253, 277, 634
Rozmowa Mistrza ze Śmiercią (De Morte prologus) 24 - 25, 26
Rozmyślania Dominikańskie 15
Rozmyślanie Przemyskie (Rozmyślanie o żywocie Pana Jezusa) 14
„Równość" 357
Różewicz Tadeusz 481
Rubens Peter Paul 115
Rubinstein Artur 643
Rudnicki Adolf 609
Rurykowicze 120
Rusinek Michał 608 - 609
Ruskin John 300, 528
Rutkowski Jan 643

Indeks

Rydel Lucjan 432, 465 - 466, 468, 500, 501
Rygier-Nałkowska Zofia zob. Nałkowska Zofia
Rylejew Kondratij Fiedorowicz 222
Rymkiewicz Aleksander 591
Rysiński Salomon 99, 143
Rząd Narodowy 381, 517
Rzewuski Henryk, 198, 324, 326 - 327, 338, 339
Rzewuski Wacław 149, 150
Rzewuski Wacław, emir 268, 346
Saadi z Szirazu 130
Sabała (Krzeptowski Jan) 397, 408, 463
Sabowski Władysław (Skiba Wołody) 373
Safona 79, 315, 566, 567, 568
Saint Simon Claude Henri 288
Salomea św. 13
Salomon, król 47
Sand George 647
Sarbiewski Maciej Kazimierz 111, 114 - 115, 120, 123, 143
Sarnecki Zygmunt 365, 415, 421
Sarnicki Stanisław 52
Schiller Friedrich 240, 291, 314, 480
Schiller Leon 147, 592, 593
Schober Feliks 422
Schopenhauer Arthur 265, 454, 472
Schulz Bruno 629 - 630, 631
Scott Walter 214, 249, 321, 328, 339, 393, 651
Scribe Eugène 315, 416
Sebastian św. 398
Sebastian z Felsztyna 36
Sebyła Władysław 586 - 587, 591
Seklucjan Jan 69
Seneka (Lucius Annaeus Seneca) 55, 59, 72, 78, 94, 100
Serafinowicz Leszek zob. Lechoń Jan
Sewer zob. Maciejowski Ignacy

Sęp Szarzyński Mikołaj zob. Szarzyński Mikołaj Sęp
„Sfinks" 541
Shakespeare William 40, 72, 146, 199, 230, 231, 240, 284, 285, 291, 314, 395, 460, 491, 650
Shaw Bernard 503
Shelley Percy Bysshe 288, 520
Siciński Władysław 128
Sieczka Maciej 425
Siedlecki Adam Grzymała zob. Grzymała Siedlecki Adam
Siemaszkowa Wanda 548
Siemiński Lucjan 261, 333 - 334, 342
Siemiradzki Henryk 396, 441
Sienkiewicz Henryk 102, 122, 126, 127, 137, 161, 282, 318, 319, 322, 324, 329, 349, 350, 357, 361, 362, 364, 365, 366, 367, 368, 380, 381, 385, 390 - 399, 400, 401, 404, 405, 407, 408, 410, 411, 415, 422, 427, 431, 434, 438, 440, 441, 465, 501, 514, 518, 526, 532, 541, 542, 543, 544, 612, 613, 619, 621, 622, 640, 642, 651
Sieroszewski Wacław 324, 403, 449, 534, 539 - 540, 549, 552
Sierpiński Wacław 643
Sieyes Emmanuel Joseph 170
Sinko Tadeusz 641
„Skamander" 553, 555, 560, 565, 577
Skarga Piotr 60, 61, 65 - 67, 69, 88, 102, 105, 106, 111, 140, 142, 169, 188, 189, 209, 254, 500, 640
Skarga Sebastian 95
Skarszewski Tadeusz Żuk 537, 539
Skiba Wołody zob. Sabowski Władysław
Słodowska Maria Curie zob. Curie-Skłodowska Maria
Skoczylas Władysław 646
Skotnicki Marceli Bogoria 330
Skrzynecki Jan Zygmunt 347

Skwarczyńska Stefania 638
Słonimski Antoni 566 - 561
Słoński Edward 466
Słopuchowski 21
Słota (Złota) 22 - 23
Słowacka-Bécu Salomea z Januszewskich 262
Słowacki Euzebiusz 262, 279, 281
Słowacki Juliusz 20, 92, 122, 138, 146, 160, 161, 225, 228, 233, 234, 254, 255, 259 - 286, 287, 288, 292, 293, 296, 298, 300, 301, 303, 304, 306, 314, 315, 322, 326, 328, 334, 335, 337, 340, 341, 342, 343, 344, 345, 346, 347, 349, 363, 371, 375, 393, 423, 427, 433, 434, 435, 437, 466, 447, 453, 460, 473, 475, 478, 494, 497, 498, 499, 500, 514, 533, 544, 545, 549, 556, 559, 573, 581, 626, 639, 641, 650
„Słowo" (Warszawa) 390
„Słowo" (Wilno) 591
„Słowo Polskie" 411, 449, 541
Smoleński Władysław, 360, 377, 442
Smolik Jan 83
Smolka Stanisław 360
Smoluchowski Marian 547
Smreczyński Franciszek zob. Orkan Władysław
Sobieski Jakub 121, 124, 132
Sobieski Jan zob. Jan III Sobieski
Sobieski Wacław 547
Socjaldemokracja Królestwa Polskiego i Litwy 356
Socyn Faust 37
Sofokles 79, 423, 437, 512
Sokrates 303, 558, 559
Solska Irena 548
Solski Ludwik 482, 506, 548, 592
Sołtan Abgar zob. Abgarowicz Kajetan
Sowiński Józef Longin 268, 300, 345
Sowiński Leonard 369, 370
Sowizrzalskie pseudonimy (Jan z Wychylówki,

Niedopytalski, Piękno-rzycki, Trzyprztycki) 89
Sowiźrzał 105
Sowiźrzał krotochwilny i śmieszny 47
Sowiźrzał nowy 88
Sownociardlko 48
Spasowicz Włodzimierz 357, 359, 377, 432, 434, 541
„Spectator" 167
Spencer Herbert 351
Spengler Oswald 597
Spinoza Baruch 476
Stadnicki Stanisław (Diabeł) 491
Staff Leopold 445, **478 - 482**, 486, 513, 549, 552, 555, 556, 557, 577, 578,
Staff Ludwik Maria 482
Stalin Josif Wisarionowicz 570
Stalmach Paweł 331
Stande Stanisław 569, 590
Stanisław August Poniatowski 149, 153, 163, 164, 165, 166, 167, 168, 169, 170, 171, 172, 174, 176, 180, 181, 183, 192, 195, 202, 203, 205, 208, 215, 229, 321, 327, 442, 491, 637, 649
Stanisław Leszczyński 131, 140, 150, 152
Stanisław z Bochni zob. Gąsiorek Stanisław
Stanisław ze Szczepanowa (Szczepanowski) bisk. 9, 13, 19, 277, 442, 496, 502, 548
Stanisławski Jan 547
Stanisławskij Konstantin Siergiejewicz 547, 593
Stańczyk (Gąska Stanisław) 41, 51, 72, 77, 104, 501
Stapińska Aniela Gut 620
Starowolski Szymon **141 - 142**
Starynkiewicz Sokrat I. 387
Starzewski Rudolf 541
Stasiak Ludwik 401, 464
Staszczyk Adam 371, 372
Staszic Stanisław 168, **169**, 171, 208, 210, 266, 355, 639
Statoriusz zob. Stojeński Piotr

Stefan Batory 34, 36, 38, 39, 51, 52, 53, 82, 95, 361
Steinhaus Hugo 643
Sten Jan (Bruner Ludwik) 541, 542
Sternacki Sebastian 88
Sternbach Leon 547
Sterne Laurence 313
Stojałowski Stanisław 449
Stojeński Piotr (Statoriusz) 99
Stowarzyszenie Ludu Polskiego 336
Strachey Giles Lytton 625
Strindberg August 472, 503
Stronnictwo Ludowe 412
Strug Andrzej (Gałecki Tadeusz) 385, 449, **522 - 524**, 525, 552, 595, 599
Stryjeńska Zofia 645
Stryjkowski Maciej (Matyas) 52, 53, 105, 342
Strzemiński Władysław 645
Stwosz Wit 8, 401, 590
Suchodolski Bogdan 640
Suchorzewski, poseł 199
Sudermann Hermann 503
Sue Eugène 330
Sułkowski Józef 518, 549
Sygietyński Antoni 364, **406 - 407**, 429, 433
„Sygnały" 553
Sylwester I, papież 24
Sylwester II, papież 626
Synod klechów podgórskich 88
Syrokomla Władysław 316, 317, 331, **332**, 341, 349, 373, 430, 431, 434
Szajnocha Karol 316, **347**, 394
Szandlerowski Antoni 453
Szaniawski Jerzy **593 - 594**
Szaniawski Klemens Junosza 364, 365, **402 - 403**, 438, 439, 526, 529
Szanser Władysław (Ordon) 368
Szarffenbergerowie 46
Szarzyński Mikołaj Sęp **82**, 112, 135, 158
Szczepanowski Stanisław 402
Szczepański Ludwik 466
Szczepkowski Jan 645

Szela Jakub 497, 501, 590
Szelburg-Zarembina (Szelburg-Ostrowska) Ewa 617
Szenwald Lucjan **591**
Szewczenko Taras 223
Szkoła Główna Warszawska 339, 390
Szkoła Rycerska 168, 208
Sztyrmer Ludwik **325 - 326**
Szujski Józef 359, **370**, 377, 442
Szukiewicz Maciej 507
Szweykowski Zygmunt 640
Szydłowieccy 35
Szyfman Arnold 548
Szyjkowski Marian 641
Szymanowska Maria 348
Szymanowska-Korwin Stanisława 564
Szymanowski Karol 564, 644
Szymanowski Wacław 547, 645
Szymański Adam 364, **403**, 439
Szymański Edward 590
Szymonowic Szymon **83 - 85**, 86, 88, 94, 104, 159, 203
Szyszko-Bohusz Adolf 645
Szyszkowski Marcin 90

Ściegienny Piotr 289
Ślendziński Ludomir 645
Śniadecki Jan 208, 210, 211, 216, 217, 218, 239, 262
Śniadecki Jędrzej 208, 216, 218, 565, 565
Świderski Ludwik Bruno 640
Świerczewski Karol (Walter) 570, 573
Świętochowski Aleksander 357, 361, **378 - 380**, 406, 477

Tacyt (Cornelius Tacitus) 396
Taine Hipolit 358, 406, 433, 539, 651
Tarnawski Władysław 642
Tarnowscy 35
Tarnowski Stanisław 357, 358, 359, 377, 394, 432, 434, 436, 437
Tarnowski Władysław 369

Indeks

Tasso Torquato 67, 91, 104, 123, 124, 125, 126, 131, 145
Taszycki Witold 638
Tatarkiewicz Jan 122
Tatarkiewicz Władysław 643
Teatr Krakowski 371
Teatr Polski w Warszawie
Teokryt 84 [548
Terencjusz (Publius Terentius Afer) 98
Tetmajer Józef 461
Tetmajer Kazimierz Przerwa 261, 365, 408, 432, 444, 458, 461-465, 466, 467, 470, 479, 481, 495, 506, 513, 532, 534, 546, 548, 579, 593, 620
Tetmajer Włodzimierz 402
Tęczyński Jędrzej 24
Thorwaldsen Bertel 210
Tokarz Wacław 517, 547
Tołstoj Aleksiej Nikołajewicz 625
Tołstoj Lew Nikołajewicz 383, 517, 523
Topornicki Karol zob. Gajcy Tadeusz
Towarzystwo Filaretów 235, 239, 371
Towarzystwo Filomatów 235, 239
Towarzystwo Iksów 212
Towarzystwo Naukowe Warszawskie 547, 644
Towarzystwo Przyjaciół Nauk w Warszawie 166, 208
Towarzystwo Szkoły Ludowej 366
Towiański Andrzej 237, 238, 253, 265, 267, 451
Tragedia żebracza 92
Traugutt Romuald 324, 381
Trembecki Jakub 117
Trembecki Stanisław 177-179, 181, 187, 204, 212, 219, 242, 537, 639
Trentowski Bronisław 304, 343
Tretiak Józef 434, 437
Tretko Jan Aleksander 111
Trębicka Maria 373
„Trybuna Ludów" („La Tribune des Peuples") 238, 254
Trzaska Władysław 643

Trzecieski (Trzycieski) Andrzej 54, 74
Turgieniew Iwan Siergiejewicz 539, 613
Turowski Stanisław 543
Tuszowska Elżbieta (Moers Julian z Poradowa) 371, 492
Tuwim Julian 368, 557-560, 574, 575, 576, 578, 589, 628
Twain Mark 398
Twardowski, Mistrz 479
Twardowski Kacper 117
Twardowski Kazimierz 643
Twardowski Samuel ze Skrzypny 124-125, 126, 129
„Tydzień" 357
„Tygodnik Ilustrowany" 391, 541
„Tygodnik Petersburski" 316
Tymieniecki Kazimierz 642
Tyszyński Aleksander 339

Ujejski Józef 636, 639, 641
Ujejski Kornel 298, 334, 374, 427
Ulanowski Tadeusz 605
Umińska Eugenia 644
Ungler Florian 42, 45
Uniłowski Zbigniew 595, 608, 632
Uniwersytet Jagielloński 11, 70, 141, 143, 161, 316, 333, 357, 370, 396, 437, 541, 546, 640, 647
Uniwersytet Petersburski 642
Uniwersytet Warszawski 643
Uniwersytet Wileński 316
Urban VIII, papież 115
Urbanowska Zofia 405
Urbański Aureli 368

Verlaine Paul 480
Verne Jules 398, 456
Villon François 146, 589, 635
Voltaire 172, 185, 212, 236
Vrtel-Wierczyński Stefan 638

Wacław z Oleska zob. Zaleski Wacław

Wacław z Szamotuł 36
Wagner Richard 240, 494, 641
Walenty z Kielc 98
Wałek-Czarnecki Tadeusz 643
Wandurski Stanisław 569, 590
Wańkowicz Melchior 632-633
Wańkowicz Walenty 349
Wapowski Biernat (Bernard) 50
Warszawianka 348
Warszawskie Teatry Miejskie 634
Warszewicki Krzysztof 72
Warszewicki Stanisław 136
Waryński Ludwik 355, 356, 501, 539, 576
Washington George 205
Wasilewski Edmund 334
Wasilewski Zygmunt 379, 448
Wasylewski Stanisław 636
Wawrzyniak Piotr 355
Wawrzyniec z Łaska 15
Wazowie 111, 122
Wellisz Leopold 459
Wergiliusz (Publius Vergilius Maro) 29, 32, 83, 100, 123, 181, 207, 212, 230, 555
Wernyhora 253, 261, 274, 282, 327, 501
Weyssenhoff Józef 403, 534, 538-539, 542, 544
„Wędrowiec" 406, 407, 412
Węgierski Kajetan 179, 180
Węgrzyn Józef 482, 592
Whitman Walt 575
„Wiadomości Brukowe" 329
„Wiadomości Literackie" 553, 560, 565, 569, 599
„Wiadomości Warszawskie" 167
Wielopolski Aleksander 317
Wierzyński Kazimierz 556-557
Wietor Jeronim (Hieronim) 45, 46
Wiktor Jan 534, 617-619, 620
Wilbur Earl Morse 641
Wilczyński Albert 373
Wilde Oscar 503, 542
Wilhelm II, cesarz 367, 391

43 — J. Krzyżanowski

Winawer Bruno 594 - 595
Wincenty Kadłubek 10, 11, 12, 47, 183, 370, 442
Wincenty z Kielc 13
Windakiewicz Stanisław 93, 547
Wirtemberska Maria z Czartoryskich 201
Wirzbięta Maciej 59
Wiszniewski Michał 341, 348, 433
Wiśniowiecki Jeremi 127, 394
Wiśniowiecki Michał Korybut zob. Michał Korybut Wiśniowiecki
Witkiewicz Stanisław 261, 392, 397, 406, 407 - 408, 441, 455, 459, 462, 501, 521, 532
Witkiewicz Stanisław Ignacy (Witkacy) 595 - 599, 609, 615, 630, 645
Witkowski August 547
Witos Wincenty 596, 603, 604, 605, 617
Wittig Edward 547, 645
Witwicki Stefan 256, 478
Witwicki Władysław 643
Władysław Jagiełło 6, 11, 20, 22, 41, 215, 281, 347, 396
Władysław Łokietek 5, 15, 22, 239, 276, 371, 588, 589, 626, 627
Władysław Warneńczyk 22, 32, 76, 149, 212
Władysław IV Waza 108, 110, 111, 115, 118, 120, 124, 141, 145, 370
Władysławiusz (Wodzisławczyk) Adam 89
Włast Piotr Dunin 22
Włodkowic Paweł 12, 367, 649
Wnuk Włodzimierz 465, 620
Wodzisławczyk Adam zob. Władysławiusz Adam
Wojciech św. 13, 19
Wojciechowski Tadeusz 360, 442, 547, 548
Wolska Maryla 467 - 468, 568
Wolski Włodzimierz 331 - 332
Wolter zob. Voltaire
Worcell Stanisław 261
Woronicz Jan Paweł 67, 202 - 203, 209 - 210, 293, 360

Woytowicz Bolesław 644
Wójcicki Kazimierz Władysław 331, 348
Wóycicki Kazimierz 638
Wroński Józef Hoene zob. Hoene-Wroński Józef
Wróblewski Zygmunt 441
Wujek Jakub 68, 69
Wybicki Józef 165, 206, 218, 280
Wyczółkowski Leon 462, 547
Wyprawa plebańska 95, 96
Wyrzykowski Stanisław 466
Wysłouch Bolesław 355, 449
Wysocka Stanisława 548, 592
Wyspiański Stanisław 278, 285, 371, 375, 436, 444, 445, 448, 458, 460, 463, 466, 478, 490, 493 - 503, 506, 507, 513, 525, 529, 534, 535, 536, 541, 544, 545, 547, 548, 549, 555, 558, 579, 630, 640, 652

„Zabawy Przyjemne i Pożyteczne" 167, 207
Zabłocki Franciszek 197 - 198, 199, 202, 316, 416
Zabłocki Tadeusz Łada 336
Zachariasiewicz Jan 372
Zacharzewski Andrzej 136
Zagórski Jerzy 591
Zagórski Włodzimierz (Chochlik) 430
Zakład Narodowy im. Ossolińskich 208, 547, 636
Zakon krzyżacki 6, 12, 32, 215, 241, 242, 397
Zakrzewski Wincenty 360
Zaleski Antoni 122
Zaleski Antoni (Baronowa X.Y.Z.) 359
Zaleski Józef Bohdan 233, 256, 257, 261, 334, 342, 427, 437
Zaleski Wacław (Wacław z Oleska) 331, 348
Zaleski Zygmunt Lubicz 542, 640
Zalewski Kazimierz 419 - 421
Zaliwski Józef 289
Załuski Józef Jędrzej 136, 151, 152
Zambrzycki Władysław 557

Zamoyski Jan 34, 35, 52, 65, 73, 80, 83, 93, 94, 95, 104, 169, 203, 276
Zamoyski Maurycy 604
Zan Tomasz 235, 255
Zapolska Gabriela 364, 406, 412 - 416, 504, 509, 510
Zawicki Jan 94
Zawistowska Kazimiera 467
Zawisza Czarny 276, 281, 501
Zawodziński Karol Wiktor 599, 615, 633
Zbarascy 124
Zbaraski Krzysztof 124
Zborowscy 370
Zborowski Samuel 276, 281, 282
Zbylitowski Andrzej 83
Zbylitowski Piotr 85
„Zdrój" 553, 555
Zdziechowski Marian 543, 622
Zebrzydowski Mikołaj 65, 88, 140, 621
Zegadłowicz Emil 577, 578 - 580
Zelwerowicz Aleksander 592
Zenon z Elei 573
Ziarnko Jan 111
Zieleński Mikołaj 36, 111
Zieliński Gustaw 336
Zieliński Tadeusz 547, 642
Zięba, błazen 72
Zimorowicz Józef Bartłomiej 128, 159
Zimorowicz Szymon 114, 115 - 116, 126, 128, 157
Zmorski Roman 331
„Zmowa" 357
Znaniecki Florian 597, 642
Zofia (Zonka, Sonka), królowa polska 14, 20, 22, 433
Zola Emil 352, 405, 406, 409, 603
„Zołotoje Runo" 486
Zweig Arnold 523
Związek Literatów Polskich 561, 600, 633
Związek Zawodowy Literatów Polskich 553
„Zwrotnica" 553, 580, 581

Indeks

Zygmunt I Stary 33, 35, 36, 38, 39, 40, 45, 46, 49, 50, 51, 70, 73, 92, 109, 382
Zygmunt II August 33, 34, 36, 37, 38, 45, 53, 57, 60, 64, 70, 73, 78, 104, 109, 204, 212, 213, 466, 494, 620
Zygmunt III Waza 37, 38, 51, 52, 65, 108, 109, 140, 141, 268

„Źródła Mocy" 553
Żabczyc Jan 117 - 118

„Żagary" 553, 591
Żale Matki Boskiej 21
Żeleński Tadeusz Boy zob. Boy-Żeleński Tadeusz
Żeleński Władysław 441
Żeromski Stefan 102, 207, 305, 332, 335, 360, 385, 401, 411, 444, 445, 448, 449, 456, 458, 459, 513 - 521, 522, 524, 525, 527, 532, 533, 534, 541, 542, 544, 548, 549, 552, 557, 561, 562, 593, 606, 612, 618, 622, 628, 633, 640

Żmichowska Narcyza 326
Żółkiewski Stanisław 39, 53, 120, 122, 149, 519
Żuk Skarszewski Tadeusz zob. Skarszewski Tadeusz Żuk
Żukowski Wasilij Andriejewicz 255
Żuławski Jerzy 465, 475, 476 - 478, 546
„Życie" 444, 445, 448, 450, 471, 537, 540
Żywot św. Aleksego 21

SPIS ILUSTRACJI

Kronika Galla Anonima. Odpis z XIV w. BN, sygn. BOZ 28. Fot. Stacja Mikr. BN. 16
Św. Wojciech. Miniatura S. Samostrzelnika z pocz. XVI w. Rkps BN, sygn. BOZ 5. Fot. Stacja Mikr. BN. 17
Mikołaj Rej. Portret B. Puca. Zbiory Mikr. BN, sygn. 5138 32
Mikołaj Rej, *Krótka rozprawa*, Kraków 1543. Karta tytułowa. BN, sygn. XVI. O. 110. Fot. R. Kłosiewicz. 33
Jan Kochanowski. Rysunek W. Eliasza Radzikowskiego. „Silva rerum" V (1930), z. 4/7. 80
Jan Kochanowski, *Fraszki*, wyd. 1584 r. 80
Piotr Skarga. Portret nieznanego malarza. „Tygodnik Ilustrowany" 1912, nr 39, s. 805. 81
Jan Andrzej Morsztyn. Miedzioryt J. Edelincka. Zbiory Graf. BN. Fot. Stacja Mikr. BN. 81
Samuel Twardowski, *Dafnis*, Lublin 1638. Karta tytułowa. 128
Krzysztof Opaliński. Miedzioryt C. Meyssensa. Zbiory Mikr. BN, sygn. 6443. 129
Łukasz Opaliński. Miedzioryt J. Falcka, 1653. Zbiory Mikr. BN, sygn. 6564. 144
«Merkuriusz Polski» 1661 nr 1. Zbiory Mikr. BN. 145
Stanisław Trembecki. Staloryt D. Weissa. Zbiory Mikr. BN, sygn. 6352. XVIII. 176
«Zabawy Przyjemne i Pożyteczne» 1770, t. I, cz. II. BN, sygn. XVIII. PS 22. Fot. Stacja Mikr. BN. 177
Ignacy Krasicki. Portret P. Krafita. Fot. R. Kłosiewicz. 192
Ignacy Krasicki, *Mikołaja Doświadczyńskiego przypadki*, Warszawa 1776, Karta tytułowa. BN, sygn. VIII 1. 811. Fot. Stacja Mikr. BN. 193
Stanisław Staszic. Rysunek St. Sawiczewskiego. Zbiory Mikr. BN, sygn. 6107. Fot. R. Kłosiewicz. 208
Józef Wybicki. Portret M. Bacciarellego. Dział Dokument. Muz. Nar. w Warszawie. 209
Józef Wybicki, *Pieśń legionów polskich we Włoszech.* Autograf. Stacja Mikr. BN. 224
Adam Mickiewicz. Portret Z. Szymanowskiej. Zbiory Muzeum Mickiewicza, sygn. 469. Fot. R. Kłosiewicz. 225
Adam Mickiewicz, *Poezje*, Wilno 1822. Karta tytułowa. Fot. Stacja Mikr. BN. 256
Adam Mickiewicz, *Pan Tadeusz*. Autograf. Bibl. Ossol., sygn. 6.932. Fot. R. Kłosiewicz. 257
Juliusz Słowacki. Rysunek J. Kurowskiego. Fot. Stacja Mikr. BN. . . . 272
Zygmunt Krasiński. Portret Ary Scheffera. 272
Zygmunt Krasiński, *Nie-Boska komedia*, Paryż 1837. Karta tytułowa. . . . 273

Spis ilustracji

Cyprian Kamil Norwid. Fotografia. Zbiory Graf. BN. Fot. Stacja Mikr. BN.	273
Aleksander Fredro. Rys. A. Laub, litografia P. Pillera.	288
Afisz premiery *Pana Geldhaba* A. Fredry w Teatrze Narodowym.	289
Józef Ignacy Kraszewski. Fotografia.	336
«Athenaeum» 1850 t. IV. Strona tytułowa.	337
«Strzecha» 1868. Strona tytułowa. Fot. Stacja Mikr. BN.	352
«Prawda» 1908 nr 1. Strona tytułowa.	353
Eliza Orzeszkowa. Drzeworyt B. Puca.	384
Bolesław Prus. Rysunek St. Witkiewicza.	384
Bolesław Prus. Faraon. Autograf. BN, sygn. II. 6073. Fot. Stacja Mikr. BN.	385
Bolesław Prus przy maszynie do pisania. Rysunek M. Gajewskiego. Zbiory Mikr. BN, sygn. 607.	385
Henryk Sienkiewicz. Fotografia.	416
Henryk Sienkiewicz, *Quo vadis*. Autograf. BN, sygn. IV 6067. Fot. Stacja Mikr. BN.	417
Adam Asnyk. Rysunek St. Witkiewicza. Drzeworyt E. Nicza.	432
Maria Konopnicka. Drzeworyt J. Holewińskiego.	433
M. Konopnicka, W *piwnicznej izbie*, Warszawa 1888. Karta tytułowa.	448
Kazimierz Tetmajer. Fotografia.	449
«Życie» III (1899) nr 1. Strona tytułowa.	464
Stanisław Wyspiański w 1897 r.	464
Stanisław Wyspiański, *Noc listopadowa*. Okładka wyd. 1. wg projektu autora.	465
Leopold Staff. Portret St. Pichora. Fot. Stacja Mikr. BN.	465
Stefan Żeromski. Fotografia.	480
Stefan Żeromski, *Popioły*. Autograf.	481
Władysław Stanisław Reymont. Portret A. Kamieńskiego. Fot. Stacja Mikr. BN.	528
Jan Kasprowicz. Portret F. Krakowskiego.	529
Andrzej Strug. Fot. S. Turski.	544
«Wiadomości Literackie» IX (1932) nr 6. Fot. Stacja Mikr. BN.	545
Julian Tuwim. Portret St. I. Witkiewicza.. Dział Dokument. Muz. Nar.	552
Julian Przyboś. Fot. A. Szypowski.	552
Władysław Broniewski. Fot. R. Kłosiewicz.	553
Jarosław Iwaszkiewicz. Fot. B. J. Dorys.	553
Juliusz Kaden-Bandrowski. Fot. A. Szypowski.	608
Zofia Nałkowska. Fotografia, fot. Stacja Mikr. BN.	609
Maria Dąbrowska. Fot. A. Szypowski.	624
Maria Dąbrowska. *Noce i dnie*. Autograf. Depozyt Muzeum Mickiewicza. Fot. R. Kłosiewicz.	624
Leon Kruczkowski. Fot. A. Szypowski.	625
Jan Parandowski. Fot. D. B. Łomaczewska.	625
Tadeusz Boy-Żeleński. Fot. A. Szypowski.	640
Karol Irzykowski. Fotografia. Zbiory Graf. BN. Fot. Stacja Mikr. BN.	641

SPIS TREŚCI

I. ALEGORYZM ŚREDNIOWIECZNY

1. Kultura Polski średniowiecznej 5
2. Kronikarze i publicyści 9
3. Proza kościelna łacińsko-polska 13
4. Poezja kościelna łacińsko-polska 18
5. Poezja świecka łacińsko-polska 22
6. Zmierzch średniowiecza i brzask nowej epoki 27

II. HUMANIZM RENESANSOWY

1. Kultura „złotego wieku" zygmuntowskiego 29
2. Poezja polsko-łacińska 39
3. Poeci mieszczańscy 42
4. Rozkwit prozy mieszczańskiej 45
5. Marcin Bielski i inni historycy 49
6. Twórczość Mikołaja Reja 54
7. Andrzej Frycz Modrzewski, Stanisław Orzechowski, Piotr Skarga . . . 60
8. Proza reformacyjna 67
9. Łukasz Górnicki i pareneza humanistyczna 70
10. Poezja Jana Kochanowskiego 73
11. Produkcja poetycka u schyłku wieku 81
12. Dramaturgia wieku XVI 92
13. Język literatury renesansowej 98
14. Żniwo i pokłosie 102

III. LITERATURA BAROKOWA

1. Charakter kultury barokowej 107
2. Liryka okresu baroku 112
3. Historycy i pamiętnikarze 119
4. Epika historyczna i satyra polityczna 122
5. Twórczość Wacława Potockiego i towarzyszów 131
6. Proza moralistyczna i powieściowa 140
7. Dramaturgia barokowa 144
8. Czasy saskie — mrok i świt 149
9. Artyzm językowy baroku 153
10. Puścizna barokowa 158

IV. LITERATURA WIEKU OŚWIECENIA

1. Wiek Oświecenia 163
2. Stanisław August i jego polityka kulturalna 166
3. Poeci dworscy 174
4. Książę Biskup Warmiński 180
5. Komedia stanisławowska 195
6. Liryka sentymentalna 200
7. Twórczość poetów schyłkowych 206
8. Przełom w dziejach języka artystycznego 216

V. ROMANTYZM POLSKI

1. Romantyzm i jego charakter 222
2. Adam Mickiewicz i jego koło 235
3. Juliusz Słowacki 259
4. Zygmunt Krasiński i Cyprian Kamil Norwid 286
5. Dramat w teatrze romantycznym 306
6. Kraszewski i powieść romantyczna 316
7. Poezja życia codziennego 330
8. Krytyka literacka 337
9. Romantyczny kult słowa 341
10. Jedność kultury romantycznej 346

VI. POZYTYWIZM

1. Kultura czasów pozytywizmu 350
2. Krzepcy epigoni 367
3. Publicyści 376
4. Eliza Orzeszkowa 380
5. Bolesław Prus 385
6. Henryk Sienkiewicz 390
7. Rozkwit powieści i noweli 399
8. Inwazja naturalizmu 405
9. Komedia obyczajowa 415
10. Poezja czasów niepoetyckich 423
11. Krytyka naukowoliteracka 432
12. Jedność literatury i kultury 437

VII. NEOROMANTYZM

1. Neoromantyzm, jego teoria i praktyka 444
2. Tadeusz Miciński i fantastyka neoromantyczna 450
3. Kazimierz Tetmajer i liryka nastrojowa 458
4. Jan Kasprowicz i poezja myśli 468
5. Leopold Staff i liryka czysta 478
6. Satyra neoromantyczna 487
7. Teatr Stanisława Wyspiańskiego 493
8. Repertuar neoromantyczny 503
9. Stefan Żeromski i powieść społeczna 513
10. Władysław Reymont i powieść chłopska 525
11. Szczyty i doły powieści neoromantycznej 534
12. Krytyka literacka i jej rola 540
13. Literatura a życie zbiorowe 546

VIII. NEOREALIZM MIĘDZYWOJNIA

1. Trudności powojenne a literatura 551
2. „Skamander" czyli tryumf liryki 554
3. Liryka awangardowa 577
4. Kryzys dramatu 592
5. Rozkwit powieści 599
6. Pamiętnik i reportaż 631
7. Krytycy, eseiści, badacze 633
8. Tło kulturowe 642

KSIĘGI LITERACKIE NARODU POLSKIEGO 647

BIBLIOGRAFIA 653

INDEKS 660

SPIS ILUSTRACJI 676